2016

自貢年鑑

ZIGONGYEARBOOK

《自贡年鉴》编辑委员会　编

方志出版社
Publishing House of Local Records

图书在版编目（CIP）数据

自贡年鉴. 2016 / 《自贡年鉴》编辑委员会编. —北京：方志出版社，2016.9

ISBN 978-7-5144-2104-0

Ⅰ. ①自… Ⅱ. ①自… Ⅲ. ①自贡-2016-年鉴
Ⅳ. ①Z527.13

中国版本图书馆 CIP 数据核字（2016）第 238883 号

自贡年鉴（2016）

编　　者：《自贡年鉴》编辑委员会
责任编辑：李志瑜

出 版 人：冀祥德
出 版 者：方志出版社
地址　北京市朝阳区潘家园东里 9 号（国家方志馆 4 层）
邮编　100021
网址　http://www.fzph.org
发　　行：方志出版社发行中心
电话（010）67110500
经　　销：各地新华书店
印　　刷：成都勤德印务有限公司

开　　本：889×1194　1/16
印　　张：34
字　　数：936 千
版　　次：2016 年 9 月第 1 版　2016 年 9 月第 1 次印刷
印　　数：0001~1000 册

ISBN 978-7-5144-2104-0　定价：218.00 元

LING DAO
GUAN HUAI

1 领导关怀

4月28日，省委书记王东明（中）到海川公司调研

1月17日，全国人大常委、环境与资源保护委员会主任委员、中央党的群众路线教育实践活动第七督导组组长陆浩（中）到自贡调研

11月28日，省委副书记尹力（右）到丹桂街方冲社区调研

4月2日，省委常委、省总工会主席李登菊（右一）调研海川公司

12 月 17 日，省委常委、组织部部长范锐平（中）到四川理工学院调研

9 月 18 日，省委常委、省委农工委主任李昌平（前排右二）到沿滩区仙市镇调研新农村建设

7 月 2 日，省人大常委会副主任彭渝（前排左二）率队到市调研督导经济社会发展工作

4 月 23 日，省人大常委会副主任刘道平（左一）到富顺县调研

12 月 4 日，省人大常委会副主任、秘书长曾省权（左二）到大安区凤凰乡永胜村调研

12 月 4 日，副省长刘捷（中）考察四川凯茨阀门制造有限公司

5月26日，副省长曲木史哈（中）率全省幸福美丽新村建设推进会考察组考察仙市镇百胜新村

2月21日，副省长、省公安厅厅长侍俊（前排左二）检查灯会安保工作

6月5日，省政协副主席、秘书长高烽（左二）实地调研自贡中天胜新材料科技公司

2 ZHONG YAO HUI YI 重要会议

1月12日至13日，中国共产党自贡市委第十一届委员会第十次全体（扩大）会议召开

2月10日至13日，自贡市第十六届人民代表大会第六次会议召开

2月9日至12日，市政协第十四届委员会第四次会议召开

2月6日，中共自贡市第十一届纪律检查委员会第五次全体会议召开

5月21日，全市“三严三实”专题教育工作会议召开

2月4日，自贡市2015年组织工作会议召开

11月10日，中共自贡市委群团工作会议召开

3月13日，自贡市2015年金融工作会议召开

5月19日，市县级主要领导干部读书班开班

3月6日，自贡市政协成立60周年座谈会召开

7月28日，自贡商会成立100周年纪念大会在市委大礼堂举行

2月26日，2015年自贡市“新盐商”新春座谈会召开

4月29日，自贡市劳动模范表彰大会在市委大礼堂举行

7月17日，自贡市科学技术奖励大会在市委会议厅举行

6月3日，自贡市首批高层次人才培养引进“双千计划”命名大会召开

10月28日至29日，全国十三城市关心下一代工作第七次经验交流会在自贡召开

6月17日，省“三严三实”制度建设自贡片区座谈会在自贡举行

12月18日，四川省住房公积金贯标工作现场会在自贡召开

6月29日，川南经济区发展协调小组暨川南经济区联席会第二次会议在自贡召开

3 CHENG XIANG JIAN SHE
城乡建设

俯瞰高新区

南湖体育场

高新区一角

自贡城区一角

建设中的自贡东北部新城一角

建设中的卧龙湖花园洋房

釜溪河复合绿道

卧龙湖小景

4 月 27 日，盐都植物园被命名为“四川省重点公园”

12 月 26 日，内威荣高速公路建成通车

12 月，高新区 4 条道路黑化施工

建设中的朝土路“龙之眼”

建设中的大山铺铁路物流园区骨干道路

东兴寺公路大桥及铁路桥建设工地

南湖公园西大门跨线桥建设现场

牛佛沱江二桥引桥墩柱

建设中的小井沟水库大坝

狸狐洞水库坝基混凝土浇筑现场

楼房湾水库施工现场

牛佛镇金牛广场商业步行街一期

三多寨镇徐龙小区

何市镇高庙村农民集中居住区

荣县新农村建设

JING JI
JIAN SHE

4 经济建设

12 月 25 日，四川省 2015 年底重大项目集中开工仪式自贡分会场在凤鸣通用机场项目现场举行

7 月 11 日，华西能源公司与泰国 SPS1999 公司签订 5 个日处理 600 吨垃圾焚烧发电总包项目

7月28日，自贡通航机场发展有限公司与捷克伊赫拉瓦（JIHLAVAN）飞机制造有限公司在成都举行捷克轻型飞机制造项目签约仪式

8月1日，华西能源公司与印度太古代集团签订塞内加尔AESA 3×120兆瓦洁净高效电厂总承包项目合同

10月21日至22日，德国蕾娜范集团董事长范少东到市考察养老护理合作项目

9月22日，“外企看四川”交流考察团到市参观考察

中昊晨光化工研究院有限公司四氟乙烯树脂装置

板仓工业园区

沿滩工业集中区

自贡运输机械集团股份有限公司参与研制的贵阳中化开磷管带机

四川振鹏对外贸易有限公司生产车间

自贡市英潭粉末冶金制品有限公司生产车间

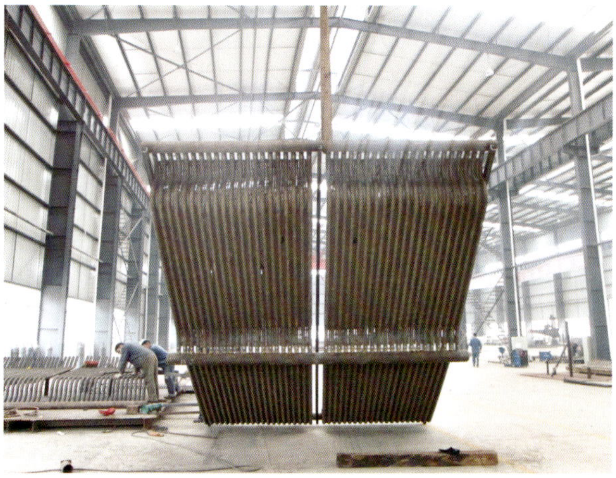

四川国立能源科技有限公司隧道窑余热发电装置

自贡工业泵有限责任公司水泵性能测试中心

富顺纺织服装产业园区生产车间

农副产品精深加工企业

西南（自贡）无水港项目

建设中的西南（自贡）无水港项目

中国川南商贸城一期——中国川南五金城

3月6日，四川花卉（果类）生态旅游节分会场暨自贡市第十六届飞龙峡桃花生态旅游节开幕

3月，自流井区尖山桃花在“川南五大最美桃花胜地”评选中排名第一

9月25至27日，“2015年自贡体育产业博览会”在南湖体育中心举行

2015四川·自贡之夏——首届啤酒音乐节

自贡市税银战略合作协议签约仪式

"园保贷"业务座谈会

11月3日，自贡市第二批现代服务业培训班在复旦大学开班

现代粮食产业基地

万亩水稻示范片

粮经复合产业基地

现代蔬菜生产基地

贡井区龙潭镇蔬菜基地

富顺县甜橙示范园区

沿滩区刘山乡葡萄种植基地

大安区何市镇花卉基地

智能化肉兔养殖场

华西特驱集团尖山原种猪场

荣县麦子山蜀宣花种牛基地

省级标准化示范蛋鸡养殖

现代水产养殖基地

7月16日，自贡100万头生猪养殖富顺家庭农场启动

WEN HUA
JIAN SHE

5 文化建设

2月2日，第二十一届自贡国际恐龙灯会经贸交易会开幕

第二十一届自贡国际恐龙灯会

1 月，自贡彩灯在新加坡展出

2 月 11 日，2015 自贡春节联欢晚会在四川理工学院体育馆举行

6月30日，自贡市庆祝建党94周年主题文艺晚会在市川剧艺术中心举行

9月1日，自贡市纪念中国人民抗日战争暨世界反法西斯战争胜利70周年主题文艺晚会在市川剧院举行

10月1日至5日，自贡市庆祝建国66周年广场文化惠民系列演出活动在春华广场举行

大型原创川剧《还我河山》获巴蜀文艺奖·戏剧奖

原创民族歌剧《盐神的女儿》获首届四川艺术节暨“四川文华奖”剧目奖

10月27日至30日，自贡方言小品《酒醉心明白》参加四川省第十五届戏剧小品（小戏）比赛获优秀剧目奖、优秀编剧奖、优秀演员奖

9月11日至20日，自贡非遗展示在第五届中国成都国际非物质文化遗产节上获组织与表演两项“太阳神鸟金奖”

4月23日，自贡代表队在2015年度省著作权知识竞赛中获第二名

1月17日，蜀光中学教师宋光辉被评为全国第七届“薪火相传——寻找文化遗产守护者年度杰出人物”

第十届中国（武汉）国际园林博览会“自贡园”

5月，央视《寻宝》“走进自贡”节目正式录制

“文明新盐都·快乐自贡人”文化惠民演出

第三届本土原创音乐会

全市职工排舞比赛

“五一”慰问演出

7月，自贡杂技到马边县开展杂技专场惠民演出

4月23日，2015年“文化自贡·书香盐都”全民阅读活动启动仪式在东方广场大戏台举行

12月16日，四川省2015年“农民读书月”活动在荣县启动

10月16日，市文艺评论家协会成立

7月16日，全市首家IMAX影院——星维国际电影城南湖店正式开业

3月16日，市政府与法国里昂市政府签署文化交流合作框架协议

5 月 15 日，自贡恐龙发现 100 周年——龙宫讲坛开讲

10 月 17 日，首届全国国土资源科普讲解大赛在自贡举行

自贡籍海内外当代艺术名家作品邀请展

5 月 17 日，四川省首届农民美术作品展在自贡开展

省文联艺术家到自贡开展笔会

10 月 20 日，第五届川南文化艺术节在自贡开幕

10 月 20 日，“多彩川南·文化自贡”第五届川南文化交流展示活动——书画大赛作品展开展

10 月 27 日，川南四市文学创作座谈会在自贡举行

10 月 28 日，川南四市文学创作采风活动走进燊海井

SHE HUI
JIAN SHE

6 社会建设

龚欣荣、冉燊铭在全市科学技术奖励大会上获杰出贡献奖

6月3日，召开全市首批高层次人才培养引进“双千计划”命名大会（图为优秀（顶尖）创新创业团队）

4 月 18 日，四川理工学院举行建校 50 周年纪念大会

2015 年国学诵读比赛

3 月 20 日，全市中小学幼儿园校园“学、爱、玩”足球活动启动仪式在汇东实验学校举行

自贡市 2015 年“栋梁工程——家乡助你上大学”捐助仪式

欢送市儿童福利院大学新生

市民体验“银医服务”

3月30日，中国疾病预防控制中心传染病预防控制国家重点实验室在自贡建立全国首个新发传染病现场研究基地

建设中的自贡市肿瘤医院

7月6日，中德合作养老护理首期培训班开课

12 月 31 日，2016 年自贡市迎春长跑暨微型马拉松在高新区举行

3 月 15 日，自贡首届篮球联赛开赛

11 月 28 日至 29 日，2015 全市中小学生棋类比赛在南湖棋类文化中心举行

6 月 6 日，自贡市户外运动协会成立

大安区“农信杯”青年足球赛暨中小学“校园足球”活动

3月31日，自贡市第三届道德模范颁奖典礼在市委礼堂举行

劳模先进事迹巡回报告会

省关工委到荣县与西街小学老教师座谈

“奔跑吧，青春”主题活动

夏令营启动仪式

学雷锋活动

“法治与我同行”演讲比赛

9月30日，烈士纪念日公祭活动

群团集中慰问活动

送温暖活动

工会就业援助月活动

1月9日，全市首次“维护职工权益十佳律师”颁奖仪式

6 月 27 日，全市首批建成的 21 个环卫工人爱心服务站正式挂牌

12 月 23 日，“盐义仓社区互助微公益服务标准化试点”项目通过验收，成为全省首个公益服务活动类标准化建设项目

4 月 12 日，舒坪镇敬老院建成投用

11 月，全省城市道路交通管理巡诊会诊教学研讨会在自贡举行

5 月 18 日，自贡高速公路交警大队挂牌成立

全市农村派出所参与道路交通管理现场会

6 月 26 日，2015 年自贡市军地联合水上应急救援演练

自贡市学校禁毒教育、艾滋病防治工作培训会议

联勤武
装巡逻

2015 年森林防火应急演练

“5 · 12”地震应急疏散演练

大安区民兵
军事训练

7 QU XIAN JIAN SHE 区县建设

自流井区 ZI LIU JING QU

东兴寺旧城改造

建设中的动迁安置房

3 月 21 日，飞龙峡徒步游启动仪式

自流井区职工技能（厨艺）大赛

11 月 30 日，全市首部村级志书发行仪式在仲权镇竹元村举行

贡井区
GONG JING QU

贡井平桥新貌

1月15日，四川中航通用航空产业集团有限公司捐助市育才小学签约仪式

成佳渔业生产

龙潭蔬菜基地

2月，省文物石窟造像专家组对贡井旭水河中石佛开展甄别鉴定工作

大安区
DA AN QU

大安区重大项目集中开工现场

自隆高速公路大安段建成通车

4月14日，全市核桃良种科技推广技术培训现场会在大安区召开

9月28日，大安区“铭记历史·传唱经典”歌咏比赛在和大广场举行

江姐中学教师公租房

沿滩区
YAN TAN QU

11 月 23 日，沿滩区返乡创业园暨科技孵化园开园

首届自贡刘山 · 樱花节

黄市镇群英村葡萄采摘园

联络镇中心幼儿园

永安镇云龙新村

荣县
RONG XIAN

驰宇盐化真空制盐节能技改项目

幸福美丽新村

5 月 23 日，2015 荣县大佛文化旅游节开幕

新时期素质教育

10 月 20 日，荣县第六届全民健身运动会开幕

富顺县
FU SHUN XIAN

新落成的富顺县文体中心

富顺瑞祥商贸城一角

富顺县城一角

11 月 10 日至 14 日，富顺县举办首届民俗文化艺术节

富顺县电视问政节目现场

高新区
GAO XIN QU

高新区新城夜景

釜溪河复合绿道一角

3 月 12 日，高新区开展义务植树活动

9 月 1 日，高新区举行纪念抗战胜利 70 周年活动

高新区首届中小学生艺术节

8

TUO PIN
GONG JIAN

脱贫攻坚

7 月 23 日，自贡市召开扶贫开发工作会议

2015 年国家扶贫日活动

2月3日，市委副书记、市长刘永湘到荣县旭阳镇观音铺村慰问贫困学生

市委常委，副市长项晓峰慰问仙市镇蕉湾村困难群众

2月2日，市委常委、自贡军分区司令员黄承伟到永安镇新正村卫生室慰问

2月16日，市委常委、组织部部长李国贵到沿滩区慰问贫困户

9月18日，全市贫困村第一书记选派工作座谈会召开

11月23日，自贡市贫困村第一书记专题培训班在市委党校开班

10月16日，自贡市教育扶贫覆盖行动启动

1月5日，郭街大湾井社区棚户区改造居民签约

大湾井棚户区改造现场

舒坪镇发展养免专业脱贫致富

《自贡年鉴》编纂委员会

编辑说明

一、《自贡年鉴》于1994年创刊，是自贡市人民政府主持编纂的综合性、权威性年度资料性文献，内容包括政治、经济、文化、社会、生态等方面的发展全貌。

二、本书以马克思列宁主义、毛泽东思想、邓小平理论、“三个代表”重要思想、科学发展观为指导，贯彻习近平总书记系列重要讲话精神，坚持辩证唯物主义和历史唯物主义的立场、观点和方法。

三、《自贡年鉴》立足客观记述史实、反映市情，为党政领导机关和各部门、各单位决策提供依据；为各级、各部门、各单位开展爱国主义和社会主义教育提供教材；为续编志书和研究地方发展历史提供翔实可靠的资料。

四、《自贡年鉴》采用分类编纂法，由类目、分目、条目组成，条目为记述主体。《自贡年鉴（2016）》设市情概览、大事记、“十二五”专文、特载、市委、人大、政府、政协、纪检监察工作、民主党派·工商联、群众团体、法治、军事、环境保护、国土资源管理、城乡建设和管理、交通运输、水务、邮政·信息化、综合经济管理、工业、农业、商贸、对外贸易与经济合作、旅游、财政·税务、金融·保险·证券、科技与知识产权、教育、文化、卫生·计生、体育、人力资源和社会保障、民政·居民生活、民族·宗教、区县概况、人物、附录及建设成就图照等类目，反映2015年各方面的主要情况。

五、《自贡年鉴》中的“市情概览”概略介绍自贡地理位置、建置沿革、地形地貌、政区、人口、自然资源、气候、经济和社会发展等方面的情况；“大事记”为2015年度各方面的大事纪要，以日期为序；“十二五”发展专文回顾“十二五”时期全市经济社会发展成就，分别从经济、工业、农业和农村经济、商贸发展、旅游业、城乡建设、交通运输业、国企改革、财税金融、教育事业、卫生事业、文化事业、体育事业、生态文明建设等方面进行总结；“特载”主要刊载市委、市人大、市政府、市政协的重要报告；“人物”主要刊载国家级、省级和市委市政府表彰的优秀单位、先进人物、劳动模范、道德模范；“附录”主要刊载2015年度市委、市政府的重要文件目录及文件选辑；彩版主要刊载建设成就等方面图照。

六、《自贡年鉴》条目中的数据由有关业务主管部门、区县提供；与统计资料不一致的，以市统计局的统计资料为准。标点符号、数字、计量单位的使用遵循国家有关标准。

目　　录

市情概览

大事记

专　文

特 载

市 委

人　大

政　府

政　协

纪检　监察

民主党派·工商联

群众团体

法 治

武　装

环境保护

国土资源管理

城乡建设和管理

交通运输

水　务

邮政·信息化

综合经济管理

工　业

农 业

商 贸

对外贸易与经济合作

旅　游

科技与知识产权

教　育

文 化

卫生·计生

体　育

人力资源和社会保障

民政 · 居民生活

民族 · 宗教

区县概况

人　物

附　录

索　引

市情概览

地理位置

自贡市地处四川盆地南部，位于北纬28°55′37″～29°38′25″、东经104°02′57″～105°16′11″之间。东邻隆昌、泸县，南界江安、南溪、宜宾，西与犍为、井研毗邻，北靠威远、内江。辖区面积4381平方公里。

建置沿革

自贡市建市前，境域分属荣县、富顺县。秦代，富顺和荣县地区分属巴郡、蜀郡。汉代置犍为郡，富顺地区属犍为郡江阳县，荣县则属犍为郡南安县。东汉章帝时，自贡地区即生产井盐，著名的盐井有富世井、大公井。北周武帝时，因盐置县设镇。以富世井为名置富世县，唐代改名为富义县，明代易名富顺县；以大公井为名设公井镇，唐代升公井镇为公井县，隶荣州，宋代废公井县入荣德县，明代降荣州为县。明代嘉靖年间，富顺盐业生产中心西移，新开自流等井。富顺县自流井盐区与荣县贡井盐区相距5公里，产、运、销联系十分密切，“前明以来本属一厂，名曰富义”。富义厂是构成今日自贡城市框架的雏形。清咸丰时期，太平军建都南京，淮盐不能上运，清廷饬令川盐济楚。富义厂盐业生产步入鼎盛时期，年产量占全川的一半以上，年征税银占全川盐税收入的40%，自贡成为四川井盐业的中心，被誉为“富庶甲于蜀中”的“川省精华之地”“盐都”。抗日战争时期，沿海沦陷，川盐再次济楚，但两县分治的弊端却阻碍自贡盐业的进一步发展。为适应经济发展的需要和战时军需、民食及支援抗战，国民政府决定设市。民国28年（1939年）8月，经四川省政府批准，划出富顺县第五区和荣县第二区的产盐区，取自流井和贡井第一字合称自贡市。同年9月1日，自贡市政府成立，隶属四川省政府。1949年12月5日，自贡市解放，隶属川南行政公署。1952年，川南行署被撤销，隶属四川省人民政府。1978年4月，荣县全部及富顺县何市区6个公社划归自贡市管辖。1983年3月，富顺县全部划归自贡市管辖。至2015年无变化。

地形地貌

自贡大地构造系杨子淮地四川台坳、川中台拱、自贡凹陷。北与威远—龙女寺台穹相邻，东南为赤水凹陷，南与泸州凸起相接，西南与凉山褶断带相邻。境内构造简单、岩层产状平缓。东南部褶皱紧密，构造狭长；西北部构造相对宽缓。地形西北部地势高、东南部地势低。西北部是全市低山集中分布区，山岭海拔一般在500米—800米。最高点在荣县丁家山主峰，海拔为901米。东南部海拔一般在300米—400米左右，多为300米（±50米），最低点在沱江出富顺境处水面，海拔为241米。最大相对高差为661米，一般地形相对高差小于50米。地貌类型属低山丘陵，由低山地貌、丘陵地貌、平坝地貌和沟谷地貌组成。低山呈条带状，分布在西北和东南，分布面积广，沟谷纵横交错，穿插在丘间。地形以丘陵为主，平坝地形十分狭小、分布零星，一般多为沿河阶地、丘陵间之平地。全市低山面积占7.1%，丘陵占83.7%，缓丘平坝占9.2%。此外，尚有各类沟谷，分为冲谷、冲沟、侵蚀沟以及喀斯特槽谷和盆地、河谷。各类沟谷密度为每平方公里2.85公里。

政　区

自贡设市后，政区先后多次调整。2015年年末，自贡市辖自流井、贡井、大安、沿滩四区和荣县、富顺县，辖区面积4381平方公里。其中，自流井区辖6街3镇4乡，面积154平方公里；贡井区辖2街9镇2乡，面积410平方公里；大安区辖4街9镇3乡，面积401平方公里；沿滩区辖11镇2乡，面积469平方公里；荣县辖21镇6乡，面积1605平方公里；富顺县辖22镇4乡，面积1342平方公里。

人　口

【人口数量与分布】　2015年年末，全市共有1075397户人口，其中，市辖区521917户（自流井区145774户、贡井区103313户、大安区161768户、沿滩区111062户）、荣县233860户、富顺县319620户。全市总人口3274605人，其中市辖区1505348人（自流井区405082人、贡井区294967人、大安区451427人、沿滩区353872人）、荣县686058人、富顺县1083199人。

【人口构成】　2015年年末，全市总人口3274605人，其中非农业人口1264741人、农业人口2009864人；男性1668180人、女性1606425人，男女性别比为1.039∶1；0～17岁的581194人、18～34岁的710976人、35～59岁的1285024人、60岁及以上的697411人。

【人口变迁】　2015年，全市共出生33057人，死亡30610人，自然增长2447人。全市迁入8625人，迁出21053人。

（市公安局）

自然资源

【土地资源】　全市土壤在特定气候、地形、母质、生物和人为综合作用下，形成5个土类，9个亚类，25个土属，70个土种。高产土壤占32.7%，中产土壤占42.9%，低产土壤占24.2%，紫色土占土壤总面积的50.1%，水稻土占土壤总面积的34.6%，新积土占土壤总面积的0.9%，黄壤土占土壤总面积的13.7%，黑褐土占土壤总面积的0.7%。

（曾荣耀）

【矿产资源】　自贡属矿产资源贫乏地区，矿产资源种类有岩盐、煤、石灰岩、石英砂岩、膨润土、陶瓷土、高岭土、砖用页岩、矿泉水等17种。主要矿种为盐和煤。其中，岩盐资源集中分布在荣县西侧的长山镇一带，是著名的“威西岩盐体”的1/3；煤炭资源集中分布在北西部的荣县和南东侧的富顺县；石灰岩矿分布在荣县、富顺县、贡井区、大安区境内；石英砂岩主要分布在荣县、富顺县、沿滩区、自流井区；膨润土主要分布在荣县双石镇、贡井区龙潭镇；高岭土集中分布在荣县西北侧的于佳、双古、铁厂镇一带；普通建材类矿产资源、砖瓦页岩广泛分布于全市各区、县境内。已探明的岩盐资源储量79.3亿吨；煤炭资源储量1.7亿吨；高岭土矿资源储量891万吨；石灰岩矿资源储量1.07亿吨。

（市国土资源局）

【水资源】　自贡市境内河流分属岷江、沱江两大河流水系。西部越溪河、茫溪河属岷江水系，境内流域面积1207平方公里，其余河流属沱江水系，沱江水系在市境内有一级支流釜溪河、二级支流旭水河、威远河、长滩河、镇溪河等重要河流。全市流域面积在5平方公里以上的河流有142条，其中流域面积在50平方公里以上的河流为17条，河流形状多为羽毛状或树枝形。自贡水资源极度匮乏，水资源总量约为16亿立方米，是全国50个最严重缺水城市之一。全市人均水资源量585立方米、亩均水资源量868立方米，仅为四川省人均、亩均水资源量的18.84%、23.5%。特别是人口稠密、厂矿集中、商贸繁荣的城市中心区，缺水问题尤为突出，人均水资源量仅为307立方米，占四川省人均水资源量的9.7%。

（周　汐）

【野生动物资源】 自贡市有野生动物46科300余种，以蛇、蛙、鸟类等有益的野生动物种群数量居多，主要分布在森林资源较多的丘陵地区。全市有属国家二级保护的陆生野生动物15种：水獭、大灵猫、小灵猫、金猫、鸢、苍鹰、雀鹰、红角鸮、领角鸮、雕鸮、鹰鸮、斑头鸺鹠、长耳鸮、短耳鸮、黄喉貂，其中常见的有水獭、小灵猫、金猫、鸢、苍鹰、雀鹰、红角鸮、领角鸮、雕鸮、长耳鸮、短耳鸮11种；有省重点保护的陆生野生动物11种：香鼬、豹猫、赤狐、普通夜鹰、小白腰雨燕、红翅凤头鹃、鹰鹃、小鸊鷉、宜宾龙蜥、中白鹭、董鸡，其中常见的有香鼬、豹猫、赤狐、小白腰雨燕、红翅凤头鹃、鹰鹃、小鸊鷉、中白鹭、董鸡9种。

自贡市国家重点保护陆生野生动物名录

中文名	拉丁文名	保护级别
鸢	*Milvus migrans*	Ⅱ
苍　鹰	*Accipiter gentiles*	Ⅱ
雀　鹰	*Accipiter nisus*	Ⅱ
红角鸮	*Otus scops*	Ⅱ
领角鸮	*Otus bakkamoena*	Ⅱ
雕　鸮	*Bubo bubo*	Ⅱ
鹰　鸮	*Ninox scutulata*	Ⅱ
斑头鸺鹠	*Glaucidium cuculoides*	Ⅱ
长耳鸮	*Asio otus*	Ⅱ
短耳鸮	*Asio flammeus*	Ⅱ
黄喉貂	*Martes flavigula*	Ⅱ
水　獭	*Lutra lutra*	Ⅱ
大灵猫	*Viverra zibethe*	Ⅱ
小灵猫	*Viverricula indica*	Ⅱ
金　猫	*Flis temminckj*	Ⅱ

自贡市省重点保护陆生野生动物名录

中文名	拉丁文名
香　鼬	*Mustela altaica*
豹　猫	*Felis bengalensis*
赤　狐	*Vulpes hoole*
红翅凤头鹃	*Clamator coromandus*
鹰　鹃	*Cuculus sparverioides*
普通夜鹰	*Caprimulgus indicus*
小白腰雨燕	*Apus affinis*
小鸊鷉	*Tachybaptus rusicollis*
宜宾龙蜥	*Japalura grahami*
中白鹭	*Egretta intermedia*
董　鸡	*Gallicrex cinereacinerea*

【植物资源】 自贡市已知有高等植物71科163属314种，其中乔木48科129种、灌木23科79种、藤本21种、竹类13种、蕨类30种、草本42种。森林以人工松林为主，部分区域有成片针阔混交林。植被类型属川东盆地偏湿性常绿阔叶林。自然植被由亚热带常绿阔叶林、低山常绿针叶林、竹林组成。国家重点保护的野生植物有桫椤、银杏、楠木、油樟、香樟、苏铁、红豆树、厚朴、任豆、红椿、川黄檗、水杉等18种，其中桫椤面积49公顷，达1.3万株。

自贡市国家重点保护野生植物名录

中文名	拉丁文名	保护级别
苏铁属（所有种）	*Cycas spp*	Ⅰ
银　杏	*Cinkgo biloba*	Ⅰ
桫椤科（所有种）	*Cyatheaceae spp*	Ⅱ
翠　柏	*Calocedrus macrolepis*	Ⅱ
台湾格（秃杉）	*Taiwania cryptomerioides*	Ⅱ
樟　树（香樟）	*Cinnamomum camphora*	Ⅱ
润　楠	*Machilus nanmu*	Ⅱ
楠　木	*Phoebe zhennan*	Ⅱ
油　樟	*Cinnamomum longepaniculatum*	Ⅱ
红豆树	*Ormosia hosier*	Ⅱ
紫檀（青龙）	*Pterocarpus indicus*	Ⅱ
鹅掌楸	*Liriodendron chinense*	Ⅱ
厚朴	*Mognolia officinalis*	Ⅱ
任豆（任木）	*Zenia insignis*	Ⅱ

续表

中文名	拉丁文名	保护级别
红　椿	*Toona ciliata*	Ⅱ
喜　树	*Camptotheca acuminata*	Ⅱ
川黄檗（黄皮树）	*Phellodendron chinense*	Ⅱ
水　杉	*Metasequoia glyptostroboides*	Ⅱ
地方树种		
杨叶木江子（溪木）	*Neolitsea wushanica*	
灯台树	*Cornus controuersa*	

（张　涛）

气　候

【概况】　2015 年，全市平均气温 19.0℃，较常年偏高 1.2℃，居历史第 2 高位；平均年总降水量 1045.0 毫米，较常年偏多 7%，属正常范围。冬季气温偏高，暖冬天气明显，春季气温异常偏高，秋季气温显著偏高，夏季气温正常；全市冬季、春季、夏季降水正常，秋季降水显著偏多。汛期暴雨天气频繁，但整体范围小、强度小，洪涝偏轻，局部出现雷暴、大风天气；年内高温酷热时间短，气象干旱总体偏轻；初秋绵雨偏强。农业气象条件总体是利大于弊；大雾对交通运输造成一定影响；森林火灾偏轻；汛末水利工程蓄水不足；环境空气质量达标率较低。经综合分析，2015 年全市气候条件为正常偏好年景。

【气温】　2015 年，自贡市年平均气温为 19.0℃，居历史第 2 高位，比常年偏高 1.2℃，属异常偏高范围。荣县、市区、富顺县极端最高气温分别为 36.1℃、37.0℃、37.0℃，均在常年波动范围内；极端最低气温分别为 2.3℃、3.8℃、3.9℃，均创历史新高。日最高气温≥35℃的天数，荣县、市区、富顺县分别为 6 天、6 天、10 天。2015 年冬季（2014 年 12 月至 2015 年 2 月），全市平均气温 9.8℃，居历史同期第 4 高位，较常年同期偏高 1.1℃，属异常偏高，暖冬天气明显。其中 2014 年 12 月平均气温为 8.6℃，偏低 0.3℃，属正常；2015 年 1 月平均气温为 9.2℃，居历史同期第 2 高位，偏高 1.7℃，属显著偏高；2 月平均气温为 11.4℃，偏高 1.7℃，属正常。2015 年春季（3—5 月），全市平均气温 20.0℃，居历史同期第 3 高位，较常年同期偏高 1.7℃，属异常偏高。其中 3 月平均气温为 16.1℃，偏高 2.5℃，属显著偏高；4 月平均气温为 20.3℃，偏高 1.7℃，属偏高；5 月平均气温为 23.5℃，偏高 0.9℃，属正常。2015 年夏季（6—8 月），全市平均气温 26.2℃，较常年同期偏高 0.2℃，属正常。其中 6 月平均气温为 25.6℃，偏高 1.0℃，属偏高；7 月平均气温为 26.9℃，偏高 0.1℃，属正常；8 月平均气温为 26.2℃，偏低 0.4℃，属正常。2015 年秋季（9—11 月），全市平均气温 19.5℃，居历史同期第 3 高位，较常年同期偏高 1.1℃，属显著偏高。其中 9 月平均气温为 22.6℃，偏低 0.3℃，属正常；10 月平均气温为 19.9℃，居历史同期第 2 高位，偏高 1.7℃，属显著偏高；11 月平均气温为 16.0℃，居历史同期第 3 高位，偏高 2.0℃，属异常偏高。

【降水】　2015 年，自贡市年平均降水量为 1045.0 毫米，较常年偏多 7%，属正常范围。年内≥0.1 毫米的降雨日数，荣县、市区、富顺县分别为 144 天、142 天、139 天；≥25 毫米的降雨日数分别为 14 天、8 天、11 天；≥50 毫米的降雨日数分别为 2 天、4 天、6 天；≥100 毫米的降雨日数分别为 1 天、0 天、0 天。荣县、市区、富顺县日最大降水量分别为 107.9 毫米、80.3 毫米、84.7 毫米。2015 年冬季（2014 年 12 月至 2015 年 2 月），全市平均降水量 41.3 毫米，较常年同期偏少 5%，属正常。其中 2014 年 12 月降雨量为 10.7 毫米，偏少 13%，属正常；2015 年 1 月降雨量为 22.7 毫米，偏多 80%，属异常偏多；2 月降雨量仅有 7.9 毫米，偏少 56%，属显著偏少。2015 年春季（3—5 月），全市平均降水量 165.0 毫米，较常年同期偏少 14%，属正常。其中 3 月降雨量为 39.5 毫米，偏多 27%，属偏多；4 月降雨量为 36.0 毫米，偏少 41%，属偏少；5 月降雨量为 89.5 毫米，偏少 10%，属正常。2015 年夏季（6—8 月），全市平均降水量 543.8 毫米，较常年同期偏少 2%，属正常。其中 6 月降雨量为 128.9 毫米，偏少 23%，属正常；7 月降雨量为 198.1 毫米，与常年持平，属正常；8 月降雨量为 216.8 毫米，偏多 16%，属正常。2015 年秋季（9—11 月），全市平均降水量

288.1毫米，较常年同期偏多50%，属显著偏多。其中9月降雨量为232.8毫米，偏多107%，属异常偏多；10月降雨量为46.3毫米，偏少11%，属正常；11月降雨量为9.0毫米，偏少67%，属显著偏少。

【冬干】 自2014年12月入冬后，在全市73个监测站中有35站出现轻度到中度气象冬干，主要分布在荣县、贡井区北部、大安区大部，干旱时段主要出现在2014年12月中旬到2015年1月下旬前期以及2015年2月上旬到中旬。荣县自2014年12月11日至2015年1月26日，46天总降水量仅有5.9毫米，从2015年2月2日至21日，连续20天无降水。2015年的气象冬干持续时间短、影响范围小、强度偏弱，农业干旱并不明显。

【夏旱】 5月，在全市73个监测站中有40站出现轻度夏旱，主要分布市境东部。随着当月21—22日降水的出现，夏旱得到全部解除。

【暖冬】 2014年12月至2015年2月，荣县、市区、富顺县平均气温分别为9.5℃、9.9℃、9.9℃，分别偏高1.0℃、1.2℃、1.0℃，暖冬特征明显。其中1月平均气温为9.1℃~9.3℃，偏高1.6℃~1.8℃；2月平均气温为11.1℃~11.6℃，偏高1.6℃~1.8℃。

【强降温】 2015年，全市出现3次强降温天气。1月27—29日，日平均气温下降6.5℃左右；4月5—7日，日平均气温下降9.6℃~12.7℃；4月18—19日，日平均气温下降7.2℃~7.8℃。

【暴雨】 2015年，全市境内出现13次局部或区域暴雨天气过程，其中5月1次、6月1次、7月4次、8月4次、9月2次、10月1次。其中，7月14日凌晨到7月15日早晨，全市出现2015年范围最广、强度最大的一次暴雨天气过程，全市普降暴雨，部分地方大暴雨。在全市105个监测站中，过程降雨量≥50毫米的有98站，≥100毫米的有39站；最大过程降雨量为186.8毫米，出现在荣县度佳镇；最大1小时降雨量为33.2毫米，7月14日10时到11时出现在富顺县怀德镇。

【大风】 2015年5—10月，全市出现大风天气5次，风力等级均为8级。5月8日0时至5时，全市普降小到中雨，西部局部地方大雨，与此同时，局部地方出现大风天气，荣县瞬时最大风速达17.3米/秒（8级），自流井区尖山风景区最大风速达18.1米/秒（8级）。7月27日13时至15时，自流井区、大安区局部地方出现短时雷雨大风冰雹等强对流天气，最大风速出现在鸿化厂，达到18.4米/秒（8级）。7月30日夜间到31日凌晨，全市各区县自东向西出现一次雷雨大风天气过程，最大风速出现在富顺县海棠村，达到20.7米/秒（8级）。8月4日16时到5日8时，全市各区县出现一次雷雨大风天气过程，最大风速出现在大安区江姐村，达到17.3米/秒（8级）。10月26日中午，荣县出现短时阵性大风天气，风速达17.2米/秒（8级）。

【秋绵雨】 9月，全市雨日多，日照少，连阴雨天气明显。全月三分之二的天数有降水，降雨日数多达20~21天，无日照天数达14~20天。其中24—30日，连续7天日降雨量大于等于0.1毫米，几乎无日照。

（甘　敏）

经济和社会发展

【概况】 2015年，全市实现地区生产总值（GDP）1143.11亿元，按可比价格计算，比2014年增长8.4%。其中，第一产业增加值127.96亿元，增长3.8%；第二产业增加值664.42亿元，增长8.2%；第三产业增加值350.73亿元，增长10.5%。三次产业对经济增长的贡献率分别为4.4%、60.1%和35.5%。人均地区生产总值4.14万元，按可比价格计算增长7.8%。三次产业结构由2014年的11.5∶59.5∶29.0调整为11.2∶58.1∶30.7。全年非公有制经济实现增加值649.75亿元，按可比价格计算增长8.9%，占GDP的比重为56.8%，对GDP增长的贡献率为60.1%。其中，第一产业增加值40.92亿元，增长4.1%；第二产业增加值405.47亿元，增长8.8%；第三产业增加值203.36亿元，增长9.8%。

图1 2011—2015年自贡地区生产总值和增长速度

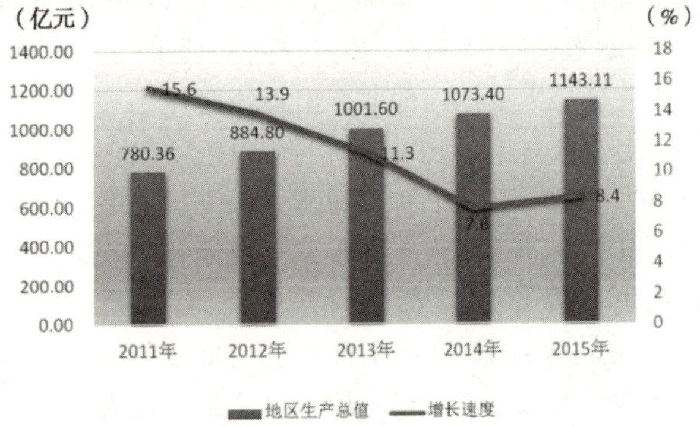

【农业】 2015年，粮食种植面积21.66万公顷，比2014年增加1429公顷；油料种植面积2.87万公顷，增加1266公顷；蔬菜种植面积5.65万公顷，增加1003公顷。全年粮食产量132.6万吨，比上年增产3.8%；油料产量6.2万吨，增产5.9%；蔬菜产量200.03万吨，增产5.0%。全年肉类总产量27.91万吨，比2014年增长0.7%。其中：猪牛羊肉产量17.78万吨，下降1.8%；生猪出栏226.3万头，下降2.7%；肉牛出栏4.4万头，增长8.3%，肉羊出栏111.34万只，增长4.7%；家禽出栏2641.9万只，增长2.7%。全年水产养殖面积7883公顷，比2014年增加50公顷；水产品产量6.48万吨，增长4.8%。全年完成人工造林8013.33公顷。其中，造林补贴项目333.33公顷。完成低产低效林改造2233.33公顷；森林抚育总面积333.33公顷；"四旁植树"989.9万株。全市森林覆盖率33.7%，比2014年提高1个百分点。年末农业机械总动力118.16万千瓦，增长5.8%。

图2 2011—2015年自贡粮食产量

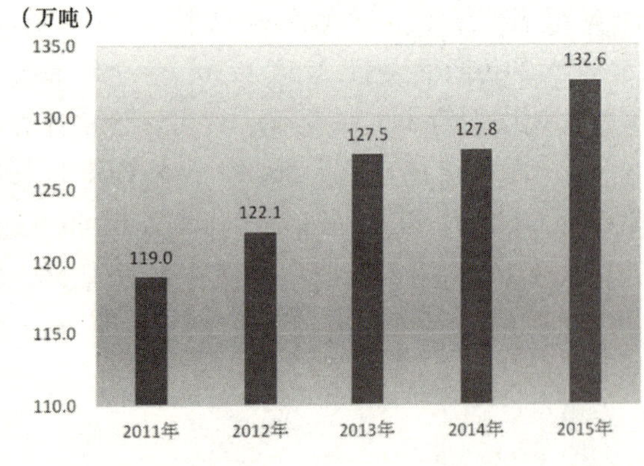

【工业和建筑业】 2015年，实现全部工业增加值605.02亿元，比2014年增长7.9%，对经济增长的贡献率达到53.4%。年末规模以上工业企业户数为554户，全年规模以上工业企业（年主营业务收入2000万元以上）实现增加值491.65亿元，增长8.1%；实现出口交货值30.20亿元，下降27.3%；工业产品销售率为98.7%；实现主营业务收入1702.88亿元，增长8.3%；盈亏相抵后实现利润总额65.17亿元，下降5.7%；实现利税142.80亿元，增长3.2%。在规模以上工业中，轻工业增加值比上年增长11.7%，重工业增加值增长7.2%，轻重工业增加值比例为21.8∶78.2；煤炭开采和洗选业增长3.4%，采盐业增长3.9%，农副食品加工业增长10.7%，食品制造业增长13.5%，化学原料及化学制品制造业增长8.0%，医药制造业增长19.5%，化学纤维制造业下降0.4%，塑料制品业下降1.7%，非金属矿物制品业增长12.7%，黑色金属冶炼及延压工业增长8.8%，有色金属冶炼及延压工业下降16.3%，金属制品业增长7.8%，通用设备制造业增长9.2%，专用设备制造业下降0.5%，电气机械及器材制造业增长21.3%，电力热力的生产和供应业增长13.6%。在纳入统计的规模工业产品中，原盐91.07万吨，下降16.1%；饲料44.82万吨，增长13.8%；鲜冷藏肉34.24万吨，增长3.6%；纱3.32万吨，增长30.5%；人造板45.72万立方米，下降3.6%；机制纸及纸板3.51万吨，增长2.3%；碳酸钠（纯碱）2.93万吨，下降67.0%；合成氨0.94万吨，下降75.6%；农用氮磷钾化学肥料8.00万吨，下降3.7%；中成药0.64万吨，增长67.9%；塑料制品36.76万吨，下降19.1%；水泥132.90万吨，下降9.2%；平板玻璃8.25万重量箱，下降90.8%；电站锅炉10.86蒸发量万吨，下降7.7%；金属切削机床0.37万台，下降7.8%。全年实现建筑业增加值62.31亿元，比上年增长10.8%。全市建筑业企业有237户，其中，纳入联网直报统计的建筑业企业121户，完成总产值202.45亿元，增长15.7%；房屋建筑施工面积1807.44万平方米，增长7.0%。

图3 2011—2015年自贡规模以上工业增加值和增长速度

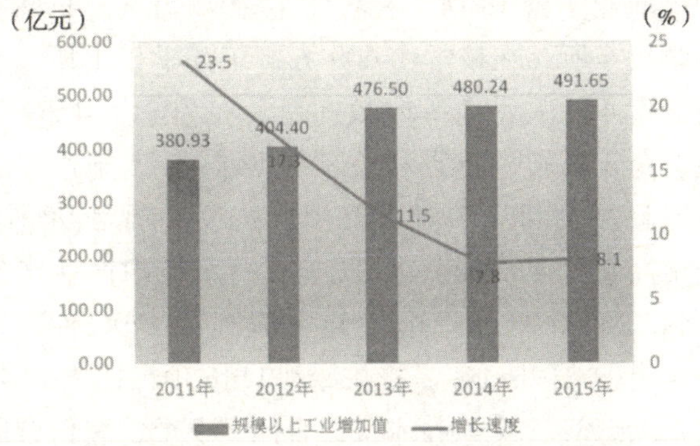

图4 2011—2015年自贡建筑业总产值和增长速度

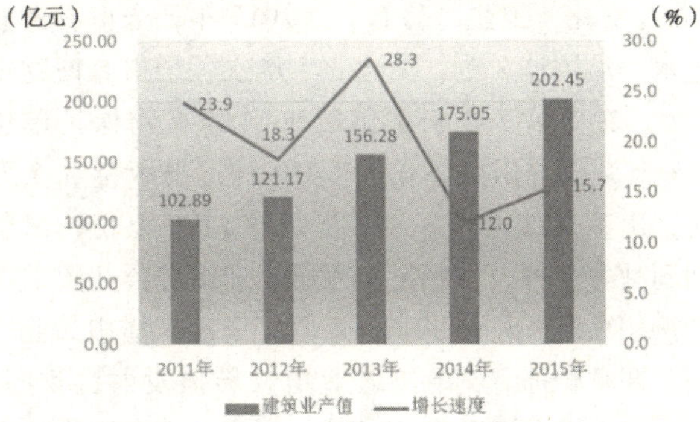

【固定资产投资】 2015年，全社会固定资产投资完成638.95亿元，比2014年增长6.9%。其中，民间投资391.75亿元，下降4.6%。分产业看：第一产业完成投资67.44亿元，增长42.2%；第二产业完成投资146.69亿元，下降1.7%，其中工业投资143.18亿元，下降3.0%；第三产业完成投资424.82亿元，增长6.0%。全年房地产开发投资完成125.81亿元，比2014年增长24.3%。商品房屋施工面积1054.00万平方米，增长24.8%，其中，住宅施工面积721.72万平方米，增长17.5%。商品房新开工面积313.35万平方米，增长3.0%。其中，住宅新开工面积200.13万平方米，下降6.5%。商品房竣工面积157.61万平方米，增长35.2%。其中，住宅竣工面积119.05万平方米，增长21.6%。商品房销售面积193.99万平方米，增长15.1%。其中，住宅销售面积177.14万平方米，增长11.1%。商品房待售面积71.20万平方米，增长60.7%。其中，住宅待售39.62万平方米，增长47.5%。

【国内外贸易】 2015年，实现社会消费品零售总额501.63亿元，比2014年增长12.1%。按经营地分：城镇消费品零售额387.41亿元，增长12.0%；乡村消费品零售额114.22亿元，增长12.4%。按行业分：批发业零售额49.11亿元，增长9.5%；零售业零售额387.34亿元，增长12.3%；住宿业零售额2.31亿元，增长11.2%；餐饮业零售额62.87亿元，增长12.4%。在限额以上批发和零售业零售额中，食品、饮料、烟酒类增长16.5%，服装、鞋帽、针纺织品类增长9.1%，化妆品类增长1.1%，金银珠宝类增长7.1%，日用品类增长14.5%，书报杂志类增长24.2%，汽车类增长7.0%，中西药类下降1.2%，石油及石油制品增长7.3%，建筑及装潢材料类增长29.7%，体育、娱乐用品类增长37.1%，家用电器和音像器材类增长15.9%，通信器材类增长6.0%，文化办公用品类增长7.6%。全年进出口总额4.9亿美元，下降27.0%。其中，出口额2.66亿美元，下降13.9%；进口额2.24亿美元，下降38.2%。

图5 2011—2015年自贡社会消费品零售总额和增长速度

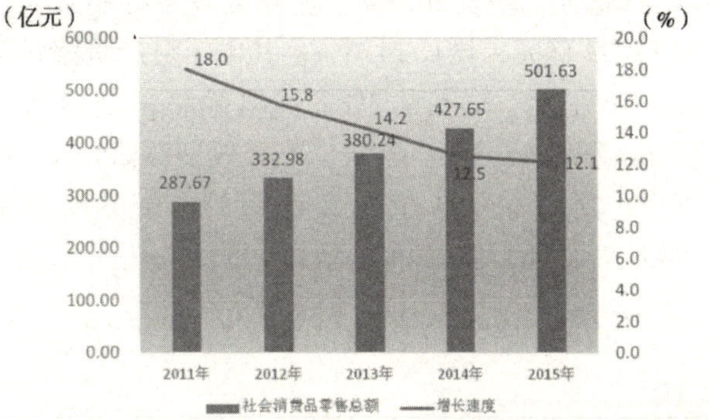

【交通和邮电】 2015年年末，全市公路通车里程6509公里。其中，高速公路234公里，一级公路113公里，二级公路178公里，三级公路311公里，四级公路4456公里，等外级公路1217公里。全年完成公路客运量5904万人，旅客运输周转量20.18亿人公里；完成公路货运量4795万吨，货物运输周转量52.45亿吨公里；水路客运量102万人，旅客运输周转量636万人公里；水路货运量224万吨，货物运输周转量4019万吨公里。全市共有汽车15.97万辆，增长16.4%。其中，营运车辆1.93万辆，增长1.1%；非营运车辆14.02万辆、增长18.8%，非营运小型车辆12.62万辆、增长21.8%。全年完成邮电业务总量31.45亿元，比

2014年增长24.2%。其中，邮政业务总量3.14亿元，增长17.7%；电信业务总量28.31亿元，增长19.4%。全年光缆线路长度4.04万皮长公里，增长12.2%；年末固定电话用户33.62万户，年末移动电话达到208万户。

【财政和金融】 2015年，全市财政总收入106.40亿元，比2014年下降16.0%。其中，公共财政预算收入44.83亿元，增长7.9%。公共财政预算支出173.35亿元，增长17.7%。全市实现税收收入69.87亿元（含关税），比2014年下降0.8%。其中，国税税收收入31.21亿元，增长8.7%；地税税收收入38.66亿元，下降7.4%。年末金融机构人民币存款余额1319.76亿元，比2014年末增长22.7%。其中，住户存款819.38亿元，增长14.1%。金融机构人民币贷款余额614.57亿元，增长18.0%。其中，中长期贷款324.74亿元，增长22.4%；短期贷款262.10亿元，增长9.3%。全年保费收入26.22亿元，增长21.2%。其中，财产险收入8.28亿元，增长10.5%；人身险收入17.94亿元，增长26.9%。全年处理各种赔案支付额11.99亿元，增长14.6%。其中，财产险赔付金额4.26亿元，增长7.9%；人身险赔付金额7.74亿元，增长18.7%。年末全市有效证券账户19.49万户，其中本年新开户2.41万户；证券交易额2985.18亿元，比2014年增加1950.42亿元。

图6 2011—2015年自贡公共财政预算收入和增长速度

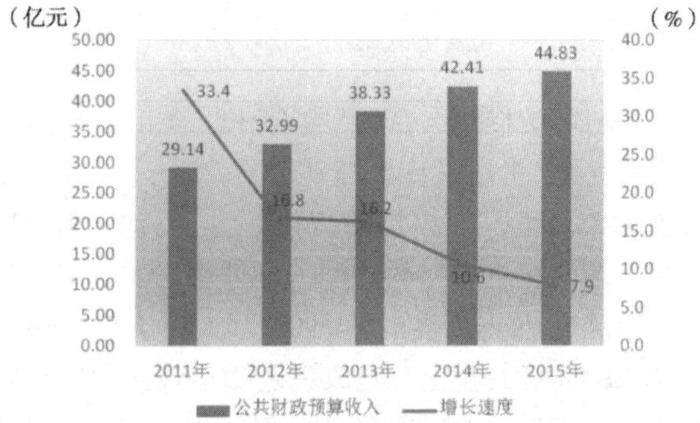

【教育和科技】 2015年年末，全市有各级各类学校（园）731所，在校生39.56万人，教职工2.39万人。其中，幼儿园398所，在园幼儿7万人；小学171所，在校学生17.77万人，学龄儿童入学率100%；初中116所，在校初中生7.53万人，初中毕业生升学率95.2%；普通高中21所，在校学生4.12万人，高中阶段毛入学率88.6%；中等职业学校18所，在校学生3.02万人；特殊教育学校6所，在校学生609人；工读学校1所，在册学生420人。高等院校3所，在校学生4.69万人。全年实施省重点科技项目84项，实施市以上重点科技项目153项，其中科技攻关项目90个。全市高新技术产业企业87户，高新技术产业产值达到726.90亿元。全年共申请专利1796件，比2014年增长26.1%。授权专利1146项，比2014年增长15.2%。全年技术交易合同295个，登记合同金额3.8亿元。

【文化　卫生　体育】 2015年，全市有专业艺术表演团体3个，演出394场次。全市有博物馆4个，文化馆7个，文化站96个，文物保护单位165个。全市出版图书种类10种，出版量3.5万册；出版报纸种类3种，出版量2196万份；出版期刊种类4种，出版量6万册。全市有公共图书馆7个，图书总藏量50.83万册。全市广播电视台3座，调频转播发射台3座，电视转播发射台5座。广播电视综合覆盖率98.7%。年末全市有卫生计生机构2346个。其中，村卫生室（站）1623个，医院、卫生院167个，等级医院56个，疾病预防控制机构7个，妇幼保健机构7个，乡镇卫生院96个。床位1.76万张，人员2.23万人。其中，医院、卫生院技术人员13103人；执业医师（助理）6481人，注册护师、护士7241人。医院门诊人次为501.91万人次。全市法定传染病报告发病率为307.81/10万，孕产妇死亡率为39/10万，婴儿死亡率为4.74‰，五岁以下儿童死亡率为8.37‰。年末全市有体育馆8座，全民健身路径417条，全年新增227条。全年举办体育竞赛表演120场次。全年获得省级以上奖牌125块，其中国际金牌1块、全国金牌4块、省级金牌52块。

【环境保护和安全生产】 2015年，完成9户工业企业污染治理任务，环评项目48个。市污水处理厂和贡井污水处理厂的污水日处理量分别达到12.05（一期+二期）万吨和2.66（一期+二期）万吨，全市城区生活污水集中处理量为5797.36万吨，城市饮用水源达标率为100%。城区生活垃圾无害化处理率为95.0%；环境空气质量达标率为64.2%；全年区域环境噪声平均等效声级52.7分贝。全年平均气温 19.1℃，平均降水量 994.7 毫米，年均日照 1104.2 小时。全年各类安全事故死亡 30 人，比 2014 年减少 11 人，下降 26.8%。未发生较大及以上生产安全事故。全市亿元 GDP 生产安全事故死亡人数为 0.03 人，下降 23.7%。

【人民生活和社会保障】 2015 年，城乡居民人均可支配收入 1.87 万元，比 2014 年增长 9.3%，其中城镇居民人均可支配收入 2.63 万元，比 2014 年增长 8.8%；人均消费性支出 1.84 万元，增长 11.9%。农村居民人均可支配收入 1.21 万元，比 2014 年增长 9.4%；人均消费性支出 9331 元，增长 11.2%。全年下岗失业人员再就业 0.93 万人，比 2014 年下降 4.1%。失业保险参保单位 2657 个，参保 12.36 万人。年末城镇登记失业人员 2.49 万人，城镇登记失业率 4.2%。全市城镇基本养老保险参保 67.40 万人，比 2014 年增加 2.84 万人，增长 4.4%。其中个体参保 37.15 万人，增长 8.9%；参加基本养老保险的职工 30.25 万人，下降 0.7%。全年养老保险费征缴率 93.5%，比 2014 年提高 0.8 个百分点。工伤保险参保 17.24 万人，增长 2.6%，生育保险参保 13.37 万人，增长 5.6%。全市城镇基本医疗保险参保 88.21 万人，比 2014 年增加 1.36 万人，增长 1.6%。其中，个体参保 4.22 万人，增长 6.5%；参加基本医疗保险的职工 36.84 万人，增长 1.0%。新型农村合作医疗保险参保 208.54 万人，比 2014 年减少 7699 人，下降 0.4%。全市保障性住房全年完成投资 3.66 亿元，下降 67.2%，其中公共租赁住房完成投资 3.27 亿元。保障性住房施工面积 26.5 万平方米，下降 94.5%，其中公共租赁住房施工面积 26.5 万平方米。保障性住房竣工面积 16.97 万平方米，下降 47.6%，其中公共租赁住房竣工面积 16.15 万平方米。

图7 2011—2015年自贡城镇居民人均可支配收入和增长速度

图8 2011—2015自贡农村居民人均可支配收入和增长速度

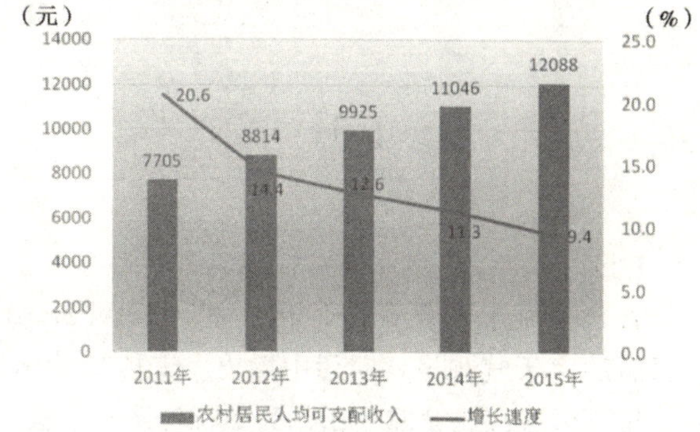

【物价】 2015 年，居民消费价格比 2014 年上涨 1.7%。其中，食品价格上涨 2.5%，非食品价格上涨 1.2%；服务项目价格上涨 2.7%。工业生产者出厂价格下降 4.6%，工业生产者购进价格下降 4.1%。

图9 2011—2015年自贡居民消费价格涨跌幅度

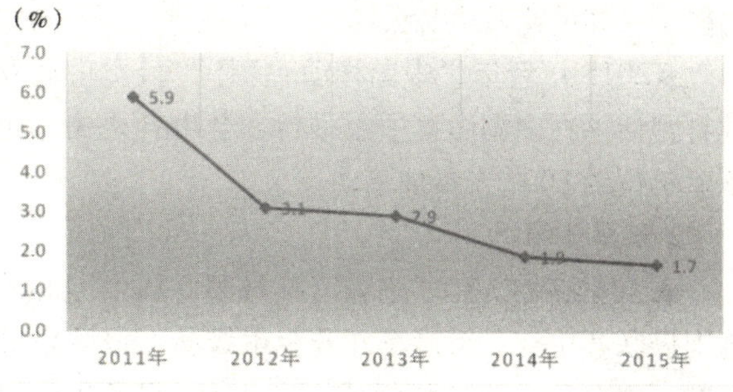

（市统计局）

大事记

1月

1日

▲自贡城市形象宣传片在央视《新闻30分》栏目后的《天气预报》时段中播出。宣传片播出为期1年，内容以恐龙博物馆作为地标性图片。

▲龙湖公园建成开园。该公园总投资约1.2亿元，位于沿滩新城，地处S206以南、S305以北，占地面积约46.67公顷，其中水域面积32.4公顷。公园环湖通道长6.5公里，以湖景为主，湖中建有“两桥、两坝、一闸”，形成三级水面两级瀑布，有彩叶、翠海、花林、热带、湿地、香樟和竹林7大主题景区，是集生态、休闲、养生、保健、观景等功能于一体的市政生态公园。

▲2015年新年“中国移动4G杯”自贡市迎春健身跑活动在南湖体育中心举行。全市各机关、企事业单位约8000人参加活动。

2日至3日

▲自贡围棋队在“南珠宫”杯第六届中国北部湾围棋联赛中获乙组冠军并升级甲级队。该队由邹远航、郭新宇、李晓晖组成，在43支乙级队中以七轮全胜的成绩晋级。

4日

▲首批40辆城市公交高级车和4辆气电混动新能源公交车正式投入运营。该批高级公交车分别投放1路、10路、16路、32路、61路等5条公交线路，与普通公交车混编错时运行；票价实行每人每次2元通票制，对学生、低保户、老年人、残疾人等特殊群体执行相关优惠政策。

▲自流井区、沿滩区被确定为全省体育（艺术）区域整体推进改革试点县。其中，自流井区为“省体育区域整体推进改革试点县”，沿滩区为“省艺术区域整体推进改革试点县”。

6日

▲自贡景区入选全省冬季特色旅游新线路。新线路共10条，在主推的川南自驾游、美食特色线路中，“自贡彩灯公园（逛灯会）”“自贡同兴路美食一条街”“自贡恐龙博物馆”成为其中的旅游线路节点。

8日

▲大山铺公交枢纽站至江姐村正式开行310路公交线。该线路发车时间为7：00至17：30，车型为中型普通级公交车，在大山铺公交枢纽站和江姐村之间往返运行，中途设大山铺招呼站、江姐小学、大山铺农贸市场、大山铺、啤酒厂、大学堂等站点。

9日

▲全市首次“维护职工权益十佳律师”评选活动正式揭晓。该活动由市总工会、市司法局、市律师协会联合开展，于2014年5月启动，经过推荐、审核、网络投票等环节，何信建、刘刚、李伟、钟铃、杨小英、李永根、谢镜华、周正文、宋锐翔、王舰10名律师获评“十佳律师”。

10日

▲自贡籍“布鞋院士”李小文因病逝世。李小文生于自贡，是遥感与地理学家、中国科学院院士，2014年7月受聘担任四川理工学院院士（专家）工作站首席专家，带领专家团队以釜溪河流域

为试点开展水污染治理创新性研究。

▲第二十一届自贡国际恐龙灯会“灯会宝贝”选拔赛总决选在自贡电视台举行。自贡、内江、宜宾、绵阳等地约200名选手参加，选出的50名“灯会宝贝”承担灯会开幕式及大型活动礼仪和观灯嘉宾接待、讲解工作。总决选中，罗茜、陈若为、余艳玲、周茂霞、段莉5位选手被评为“金牌宝贝”。

12日

▲全市首个客运自助检票机投入试运行。该检票机位于市客运总站第四号检票口，乘客只需持有效车票在自助检票机上进行扫描即可快速进站乘车。

12日至13日

▲中共自贡市委十一届十次全体（扩大）会议在市委大礼堂举行。会议贯彻落实中共十八大，十八届三中、四中全会和中央、省委经济工作会议精神，总结2014年工作，部署2015年工作，审议通过《中共自贡市委关于全面推进依法治市的决定》《中共自贡市委关于全面推进从严治党的决定》和《中共自贡市委2015年工作要点》。市委书记雷洪金，市委副书记、市长刘永湘等出席会议。

13日

▲全市首批电动汽车智能充电桩正式布点安装。首批智能充电桩共10根，主要分布在全市地标性酒店、公园、广场、医院以及文化娱乐场所，并设立近20个充电车位。电动汽车3—4小时可完成充电，续航能力120—200公里。

▲中国国际航空股份有限公司在自贡正式推出地空联运服务。旅客可在客运中心站或国航指定代理人处一次性完成机票和车票购买，凭身份证乘车直达成都双流国际机场，搭乘国航航班到达目的地，实现空中、地面交通“一票通达”。

14日

▲市政府召开全市大气污染防治工作会议。会议贯彻落实新《中华人民共和国环境保护法》和国务院加强环境监管执法的要求，推出“建立并推行网格化管理模式和‘网格长、网格员、巡查员、监督员’制度，在重点防治领域实行燃煤设施、在建工地、餐饮企业、废旧车辆、工作任务‘五张清单’”等空气污染治理新举措。市委副书记、市长刘永湘等出席会议。

▲首届盐帮菜“十大名厨”评选结果揭晓。该活动规定参赛选手在30分钟内分别制作出指定和自选两道菜品，以菜品的质地、色泽、味别、成型、环保、装盘、营养等为评判标准。经过评委现场点评和打分，何伟、黄利强、郑小波、赖利、邓波罗、曾宏、余跃、王春炳、佘建伟、陈长彬等10位厨师被评为首届盐帮菜“十大名厨”。

▲市公安局发布禁止燃放烟花爆竹通告。禁燃区域包括自流井区新街、郭家坳街、五星街、东街街道办事处所辖区域，大安区龙井街、马冲口街、大安街、凉高山街街道办事处所辖区域，贡井区贡井街、筱溪街街道办事处所辖区域和自贡国家高新产业开发区丹桂街、学苑街街道办事处所辖区域。

16日

▲澳洲宝泽集团在自贡举行中国企业赴澳洲上市座谈会。座谈会围绕投资、融资和上市三大平台建设开展交流，市内新材料、机械装备制造等领域的10余家企业负责人和澳洲宝泽金融集团大中华区上市服务总经理符晓出席座谈会。

17日

▲全国人大环境与资源保护委员会主任委员陆浩到市考察。陆浩先后实地考察盐业历史博物馆、荣县双石镇金台村和吴玉章故居。省委常委、秘书长陈光志，市委书记雷洪金，市委副书记、市长刘永湘等陪同考察。

▲自贡诺诚足球队在2014“谁是球王”五人制足球民间争霸赛西南大区社会组决赛中获冠军，晋级全国八强赛。

▲首届川南融合教育、随班就读与康复技术研讨会在自贡召开。会议围绕特殊教育和普通教育的关系、随班就读、盲童随班就读实验、融合教育等内容开展交流研讨。北京、重庆、西安、成都、乐山、宜宾、泸州等地的特殊教育专家、教师、特殊儿童家长约100人参加会议。

▲蜀光中学教师宋光辉被评为全国第七届“薪火相传——寻找文化遗产守护者年度杰出人物”。自贡市第二次获此殊荣，也是全省唯一两次获奖的城市。

20日

▲自贡灯会首次推出的电子门票正式上线销

售。该门票在电商平台“UU163旅行在线”开通，游客通过网购后凭手机短信验证码或身份证刷机入园，也可在自助取票机上取票入园。

21日至23日

▲第二十一届自贡国际恐龙灯会暨自贡市世界地质公园旅游推介活动在成都、重庆、乐山、泸州、遵义、昭通等地举行。活动中，市外事侨务旅游局、灯会指挥部、地质公园管理处、恐龙博物馆、荣县大佛寺、盐业历史博物馆、桑海井及市旅游协会旅行社分会、康辉旅行社等组成自贡市旅游促销团，向四省六市的旅行商和新闻媒体推介自贡独特的旅游资源和丰富的人文景观。

22日

▲市政府第六次全体（扩大）会议召开。会议总结2014年政府工作，安排部署2015年政府工作，讨论通过2015年《政府工作报告（送审稿）》《自贡市2014年国民经济和社会事业发展计划执行情况与2015年计划草案报告（送审稿）》《自贡市2014年财政预算执行情况和2015年财政预算草案的报告（送审稿）》。市委副书记、市长刘永湘等出席会议。

23日

▲市统计局发布2014年经济统计数据。全市实现地区生产总值（GDP）1073.40亿元，同比增长7.6%，其中，第一产业增加值123.20亿元，增长4.1%；第二产业增加值639亿元，增长7.9%；第三产业增加值311.20亿元，增长8.1%。

▲川南首家戒烟门诊在市一医院开设。该门诊依托省级甲级重点专科呼吸科设立，可为戒烟者提供专业指导。

▲汇川路大岩洞路口发生一起八车相撞交通事故。一辆车牌号为川CR2800的面包车自西向东行驶，先后撞上1辆摩托车、1辆面包车、4辆轿车和1辆公交车，致使8人受伤，8辆车不同程度受损。

26日

▲自贡籍海内外当代艺术名家作品邀请展在南湖体育场艺术展厅开展。展览由市政府、省美术家协会主办，甘一飞、贺思恩、李青、刘明孝、米金铭、邱光平、舒帝、王念东、钟士敏等9位自贡籍当代著名画家携72幅作品参展。

27日

▲截至14时，自贡空气质量指数（AQI）为346，实时排名全国倒数第一。

▲川南大气污染防治工作第一次联席会议在自贡召开。会上，自贡、泸州、内江、宜宾四市分别介绍2014年在大气污染防治工作中取得的成效和存在的问题，提出联防联控的建议意见，并签订《川南地区大气污染防治联防联控工作协定》。

27日至28日

▲央视到自贡拍摄业余足球专题片。摄制组先后对获2014“谁是球王”五人制足球民间争霸赛西南赛区冠军的自贡诺成足球队和获2013年全国青少年校园足球赛冠军的江姐中学女子足球队以及体育场馆等进行拍摄。

28日

▲首届盐帮菜“十大名店”评选结果揭晓。该活动以菜品特色、文化底蕴、行业影响、大众喜爱等为评审标准，经过大众投票、实地评审和评委评分，英祥锦江酒店盐道食府、檀木林城市名人酒店、阿细·汉菜馆、一窝兔·兔好吃、盐商菜、大安烧牛肉、世纪春天酒楼、和信酒楼、江南春、富顺小留芬酒楼等被评为首届盐帮菜“十大名店”。

29日

▲盐帮菜LOGO标识正式揭晓。该标识以碗筷、天车和辣椒为基础元素，以红色作基底，辅以“自贡盐帮菜”和“zigong yanbang cuisine”等字样，共同诠释盐帮菜的行业特色、历史渊源、文化传承和地域风情。该标识作为唯一官方认可的盐帮菜LOGO标识，将被运用到全市盐帮菜行业规范、文化交流和对外宣传推广中。

30日

▲川南区域精神卫生第一次工作会在市第五人民医院举行。会议围绕川南区域精神卫生工作发展策略开展研讨并签订业务合作协议，市第五人民医院在会上被授牌为“四川省区域精神卫生中心”。川南4市20余家市县精神卫生中心负责人和精神卫生专家100余人参加会议。

▲富顺县政府与黑龙江省盛恒基房地产开发集团签订黄桷树－商业广场地下商业街人防工程建设使用协议。该项目投资近2亿元，拟在县城釜江大道东段黄桷树－商业广场沿街地下建设长约790

米、宽22米、建筑面积1.4万平方米的人防工程地下商业街。

是月

▲自贡长城硬面材料有限公司通过英国皇家认可委员会（UKAS）的AS9100C航空质量管理体系认证，公司热喷涂材料产品获进入国际航空制造业资格。

▲全市第二个综合性物流中心——自贡市舒坪货运站竣工。该货运站占地13.33公顷，其中，大型停车场1.47万平方米、露天堆场2.52万平方米、仓储区域9480平方米。

2月

1日

▲“网络自贡灯会”和“百货自贡”网络平台正式上线。“网络自贡灯会”采用全景交互体验技术和HTML5技术，可实现场景720度旋转，为游客提供网上观灯服务；“百货自贡”集电视、网络、实体店、宣传与销售为一体，游客可在该购物平台上购买自贡特色产品。

▲全市农村派出所正式参与道路交通安全管理。根据深化公安机关警务机制改革的要求，全市28个农村派出所分批次参与该项工作，主要担负维护交通秩序、查处交通违法、处理交通事故的职能。

▲全市9户农民专业合作社获全省首批“百强合作社”称号。9户农民专业合作社分别是自流井区农团食用菌农民专业合作社、自贡市牧天种养殖专业合作社、贡井区万鑫奶牛养殖专业合作社、自贡市家明蔬菜专业合作社、荣县绿源兔业专业合作社、荣县兴隆畜禽养殖专业合作社、荣县兴农农作物种植专业合作社、荣县华鑫养兔专业合作社和富顺县世英农牧专业合作社。自贡市成为除成都市外当选百强最多的市州。

2日

▲自贡市政府航空队暨市公安局警务航空支队AC311型警用直升机首飞仪式举行。该机为全省首架警用直升机，由中航工业昌河飞机（集团）有限责任公司制造，主要用于执行维稳处突、巡逻防控、城市管理、应急抢险、防灾救助等任务。公安部、省公安厅、中航工业四川航空局、昌河飞机工业集团公司相关领导出席首飞仪式。

▲第二十一届自贡国际恐龙灯会经贸交易会开幕。省政府参事陈保明，市委书记雷洪金，市委副书记、市长刘永湘，市人大常委会主任陈华，市政协主席潘泽金等出席开幕式。本届灯会在园内共设8大灯景区、126组灯组。

3日

▲由市政府和省投资促进局主办的第五届“携手灯城·龙聚盐都”招商推介会在英祥锦江大酒店举行。推介会共推出产业项目131个，总投资额约630亿元，涵盖航空产业制造、节能环保装备制造、新材料三大产业。捷克贸易促进局驻成都代表处、加拿大驻重庆总领事馆等驻华机构和日本三菱重工、西门子、中航工业集团等世界500强企业代表参会。市委书记雷洪金，市委副书记、市长刘永湘等出席推介会。

4日

▲市第一人民医院举行川北医学院附属医院挂牌仪式。

▲四川大西洋焊接材料股份公司与上海核工程研究设计院签署共建全国首个核电焊材研发中心协议。根据协议，该中心将按上海核工院提出的技术要求，主攻核电焊材研发并建立产品数据库，形成成套供货基地和再创新基地；双方将建立信息平台，共建共享研究成果，共同开展相关领域博士后、博士研究生、硕士研究生等高层次人才培养；知识产权和成果所有权归双方共同拥有。

4日至5日

▲韩国固城郡副郡守李埰建率队到市访问。李埰建一行先后到恐龙博物馆、盐业历史博物馆、燊海井、自贡灯会等景区景点实地参观。市委副书记、市长刘永湘等会见李埰建一行。

6日

▲中共自贡市第十一届纪律检查委员会第五次全体会议在市委大礼堂召开。出席会议的市纪委委员25人，列席308人。会议传达学习十八届中央纪委五次全会和十届省纪委四次全会精神，总结部署全市党风廉政建设和反腐败工作。市委书记雷洪金，市委副书记、市长刘永湘，市人大常委会主任

陈华，市政协主席潘泽金出席会议。

▲“川南城市群公益组织联盟”成立大会在自贡召开。会上，自贡、泸州、宜宾、内江4市的公益组织负责人展开交流座谈，并签订《川南城市群公益组织联盟成员合作备忘录》。该联盟将研究制定川南公益组织各类行业制度、准则，开展公益项目资源对接和指导，举办各类学术论坛、沙龙，联合开展各类公益活动等。

▲富顺县政府与重庆德康农牧集团举行100万头生猪养殖及加工项目签约仪式。该项目总投资16亿元，其中在富顺县投资6亿元，建设工期3年，占地约20公顷。市委副书记、市长刘永湘，华西希望集团总裁、特驱投资集团董事长王德根，重庆德康农牧集团总裁胡伟等参加签约仪式。

6日至10日

▲川南品牌商品交易会暨自贡特色农业产品年货节在檀木林体育场举行。市内外及川南各地近100家企业和1000余类商品参加展出，汇集自贡优质特色休闲肉食品、腌制食品、调味食品、粮油、水果、酒类等品牌商品，共7万余人次入场参观选购。

9日

▲东锅公司自主研制的首台高效超净排放1050兆瓦超超临界发电机组锅炉在重庆万州电厂投运。该锅炉是国内首台投运容量最大、参数最高的燃煤电站锅炉，氮氧化物、硫化物、烟尘排放指标符合国家“超低排放”标准，性能达到世界领先水平。

▲市民卡专属电子商务平台（www.962959.com）正式上线。该平台签约商家包括餐饮、住宿、休闲、汽车美容等业态，市民可持市民卡进行刷卡消费。

9日至12日

▲市政协十四届四次会议在市委大礼堂召开。会议听取和审议政协第十四届自贡市委员会常务委员会工作报告；听取和审议政协第十四届自贡市委员会常务委员会关于十四届三次会议以来提案工作情况的报告；列席市第十六届人民代表大会第六次会议，听取和讨论市政府工作报告及计划、财政报告；听取和讨论市中级人民法院、市人民检察院工作报告；通过政协第十四届自贡市委员会提案委员会关于十四届四次会议提案审查情况的报告；通过政协第十四届自贡市委员会第四次会议决议；听取中共自贡市委书记雷洪金的讲话。会议补选王朝华、毛逢银、但积忠为政协第十四届自贡市委员会常务委员会委员。

10日

▲市汽车客运总站在四川汽车票务网正式开通网络售票平台。乘客登录四川汽车票务网或进入其官方微信服务平台，可根据提示进行实名注册，查询购买自贡至各地的汽车票。

10日至13日

▲市第十六届人民代表大会第六次会议在市委大礼堂召开。会议听取和审查市人民政府工作报告，审查自贡市2014年国民经济和社会发展计划执行情况与2015年计划草案、自贡市2014年财政预算执行情况和2015年财政预算草案，听取和审查市人大常委会工作报告、市中级人民法院工作报告、市人民检察院工作报告，并通过相关决议。会议审议通过《自贡市人民代表大会议事规则（修订案）》；补选詹勇为市十六届人大常委会副主任；补选杨廷卫、罗林为市十六届人大常委会委员。

11日

▲自隆高速公路狮市沱江大桥主跨合拢。该大桥起于富顺县互助镇永和村，止于狮市镇花园村，全长705米，双向4车道，总投资1.65亿元。

▲成自泸赤高速公路自贡万家桥枢纽互通路段发生数十辆车连环相撞事故。事故造成2死34伤，50余辆车不同程度受损。

▲2015自贡春节联欢晚会在四川理工学院体育馆举行。晚会演出时长130分钟，分情、韵、颂三个篇章，20个节目涵盖舞蹈、歌曲、小品、杂技、器乐演奏、魔术等。

12日

▲富顺县首个单建式人防工程——釜江广场过街通道人防工程建成投入使用。该工程位于县城釜江广场西侧、东瓜山市场与百思特超市之间的釜江大道，建筑面积609.41平方米，属常规六级乙类人防工程，兼备过街通道、设备储存功能。

11日至13日

▲中国摄影家协会副主席、《中国日报》总编辑助理王文澜率国内著名摄影大师到自贡参加为期3天的第二届“大师走基层聚焦新自贡——中国摄

影家协会灯城行系列活动”。活动包括“采风自贡灯会”“采风城市风光、民风古朴的乡镇”“辅导基层会员”。其间，大师们观赏第21届自贡国际恐龙灯会和城市夜景，到“花海”、赵化古镇等地记录民风民俗，并在自贡文化艺术讲坛举办“大师走基层聚焦新自贡”专题讲座，辅导基层会员。

12日至13日

▲美国、德国、泰国、新加坡、斯里兰卡等五国驻蓉领事团到市考察访问。领事团先后参观盐业历史博物馆、桑海井、恐龙博物馆、川南皮革城、自贡国家高新技术产业开发区和第21届自贡国际恐龙灯会。市委副书记、市长刘永湘会见领事团一行。

13日

▲自贡市支小再贷款和定向政策释放资金支持小微企业签约仪式在高新孵化园举行。仪式上，人民银行市中心支行与市商业银行签订3亿元支小再贷款合同和4亿元“央行科票通”再贴现合作协议，与中国银行自贡分行签订4亿元“央行科票通”再贴现合作协议；市商业银行与4户企业签订“支小助科贷”授信合同，与2户企业签订“央行科票通”贴现意向协议，6户企业签署诚实守信承诺书。人民银行成都分行副行长李铀，市委副书记、市长刘永湘等参加签约仪式。

▲自贡恐龙全景博物馆正式上线。该全景博物馆借助百度百科数字博物馆平台，运用3D全景技术，采用超高清拍摄，通过地图加以导航和串联，并配以音频解说，实现线下实体博物馆与线上数字博物馆结合，方便游客了解自贡恐龙，提升自贡恐龙文化传播力。

14日

▲自贡迎新春“挑（背）盐”竞赛活动在龙湖公园举行。活动按性别、年龄分成男子和女子AB组，其中男子组挑盐40公斤，女子组背盐25公斤，在45分钟内走完2.4公里路程，最终决出男子组、女子组前三名。有104位选手参加该竞赛活动。

17日

▲富顺县代寺镇在全市率先开行乡镇环城公交。该公交线路总长6公里，设8个站；公交车先期投入2辆，每隔约20分钟相向绕场镇环线开行；全程票价1元，对70岁以上的老人、残疾人和现役军人实行免费。

19日

▲釜溪河复合绿道板仓驿站、陈家坝驿站、玫瑰庄园、东环之兴4个驿站建成迎客。4个驿站设有会议室、客房、餐厅、烧烤、娱乐休闲室等设施。

▲自贡杂技团到台湾高雄市举行2015年“欢乐春节”首场演出。该演出活动是文化部2015年“欢乐春节”走入台湾活动内容，将持续到3月中旬，主要在高雄关帝庙和尖山元辰殿等地定点公益演出。

21日

▲副省长、省公安厅厅长侍俊到彩灯公园检查、指导灯会安保工作。

24日

▲美国加州植物馆总裁Barb、总助理Hoa、宣传部长Cat、加州旅游局长Jane以及加拿大皇家博物馆馆长格兰一行到市参观考察自贡彩灯文化和自贡恐龙博物馆。

27日

▲大安区太大路22公里+100米处（牛佛镇藕塘村）发生一起交通事故。一辆车牌为川CND168的小轿车与一辆车牌为川C45800的中型客车相撞，造成3人死亡，11人受伤，两车不同程度受损。

28日

▲自贡2个村、3个单位入选第四届全国文明村镇和文明单位。其中，大安区大山铺镇江姐村和荣县双石镇金台村被评为“全国文明村镇”，国网自贡供电公司、市地税局和东方电气集团东方锅炉股份有限公司被评为“全国文明单位”。

是月

▲全市取消收费许可证制度，并统一停止收费许可证办理。

▲8辆高级小公交车正式开行区域小公交线路。该车车内配置有空调、车载信息系统、3G视频、半软高级座椅等设备设施，运行时间为7：00至18：30，站点按100—200米距离设定，票价实行2元/人次通票制。

▲自贡4项发明专利获2014年度四川省专利奖。4项获奖专利中，市轻工业设计研究院有限责

任公司的“一种真空制盐卤水及锅炉废气净化处理工艺及其装置”、东方电气集团东方锅炉股份有限公司的“一种旋流粉煤燃烧器”发明专利及四川川润股份有限公司的“一种水泥生产线余热发电系统”实用新型专利获二等奖，中昊晨光化工研究院有限公司的发明专利“外加热式F22与水蒸气混合裂解方法及加热装置”获三等奖，获奖总数与绵阳市并列第二。

▲四川首款木质明信片正式销售。该明信片以优质椴木为基质，采用版画工艺制作，经过激光处理技术雕成。明信片在全国限量发行1000套，一套3枚，分别为千年盐都、南国灯城、恐龙之乡3组图案，集观赏、收藏、纪念于一体，是反映自贡文化特色的旅游纪念品。

▲全市开展整治银行卡网上非法买卖专项行动。该专项行动围绕“清理不良信息、严厉打击犯罪、规范发卡行为、加强宣传教育”进行整治，由人民银行自贡市中心支行与市公安局、市工商局、自贡银监分局、市互联网信息办公室联合开展，从2月开始至7月结束。

▲自贡6人入选省文物专家库。其中，教授级高级规划师刘铭武入选专家顾问组；市恐龙馆研究员彭光照、叶勇，副研究员余勇，市盐业历史博物馆副研究员程龙刚、黄建等5人入选博物馆类专家组。

3月

1日

▲《自贡市公共租赁住房管理办法》正式实施。该办法分总则、规划与建设、申请与审核、轮候与配租、租赁管理、退出管理、出售管理、监管与法律责任、附则9章49条。该办法实施后，《自贡市廉租住房实物配租管理办法》同时废止。

1日至7日

▲台湾《大陆寻奇》栏目组到自贡拍摄电视专题片。该专题片以盐业历史博物馆、燊海井、久大舒坪制盐基地、恐龙博物馆、灯会、彩灯企业与彩灯制作现场、自贡名店、仙市古镇等为主要内容，共拍摄3集，每集30分钟，计划6月至8月在台湾播出。

2日

▲南湖体育场和檀木林体育馆内场正式向市民开放。开放后，附属设施均开设免费和限时免费项目，部分项目开设低收费时段。

4日

▲全省依法保护女童安全法治宣传“进校园”启动仪式在富顺县东湖小学举行。省妇联、省政府妇儿工委办、省高级人民法院、省检察院、省公安厅等相关领导及东湖小学教师、家长代表参加启动仪式。

5日

▲新加坡驻成都总领馆商务领事张德隆一行到市考察。张德隆一行先后考察华西能源工业股份有限公司、自贡市亘古龙腾科技有限公司、自贡中艺彩灯亮化艺术有限公司等企业，重点调研锅炉和彩灯产业发展情况，并就企业拓展国际市场等情况进行交流。

6日

▲市政协成立60周年座谈会在市委会议厅举行。市委书记雷洪金、市政协主席潘泽金等出席座谈会。

▲四川花卉（果类）生态旅游节分会场暨自贡市第十六届飞龙峡桃花生态旅游节在荣边镇尖山广场开园。该旅游节由省生态旅游协会、市林业局、市外事侨务旅游局主办，自流井区政府承办。

▲市妇幼保健院与南京市妇幼保健院举行结对支援签字仪式。仪式上，双方签订《西部地区妇幼卫生能力提升对口帮扶协议书》，并进行专题授课及现场业务指导。

6日至10日

▲省委、省政府经济工作第四督查组到市调研。督查组先后实地调研东方电气集团东方锅炉股份有限公司、自贡硬质合金有限责任公司、四川久大盐业（集团）公司、华西能源工业股份有限公司、四川凯茨阀门制造有限公司等企业，自贡国家高新技术产业开发区、自贡晨光科技园区、郝家坝工业集中区等园区，富顺县、荣县、自流井区、大安区、沿滩区、贡井区等区县，并召开企业座谈会，听取自贡市经济工作情况汇报。

9日

▲马来西亚驻昆明总领事馆商务领事、马来西亚外贸促进中心成都代表处主任钟润章一行到市考察。实地参观自贡灯会，并与东方电气集团东方锅炉股份有限公司、四川大西洋焊接材料股份有限公司、中橡集团炭黑工业研究设计院等10余户企业开展交流座谈。

▲全省教育法治与综合改革工作会在自贡召开。会议总结交流2014年全省教育政策法治和综合改革工作的情况，并研究部署2015年工作。

10日至11日

▲川南工商工作联席会第一次会议在自贡召开。会议就商事制度改革、市场监管、消费维权、队伍能力建设等进行讨论和交流。自贡、内江、宜宾、泸州、乐山、资阳六市工商局及省工商局相关负责人出席会议。

11日

▲“海联金桥连川港”巡回讲堂首轮讲座在自贡开讲。讲座由省委统战部、香港贸发局发起，四川海外联谊会、省工商联实施。香港的经济、金融、法律等行业专家分别进行专题讲座，全市100余家民营企业负责人参加讲座，并与香港授课专家互动交流。

12日

▲市知识产权服务中心正式挂牌成立。该中心将集成整合资源，完善知识产权信息库、数据库，提升知识产权服务能力，推动知识产权与经济融合，为科技创新和经济发展提供服务。

12日至13日

▲中国照明学会2015自贡论坛在檀木林城市名人酒店举行。论坛以“灯会会灯”为主题，就传统灯饰艺术与现代照明技术的融合发展开展探讨。全国照明行业内的专家、建筑及城市规划设计师、政府部门及企业代表共80余人出席论坛。

15日

▲第二十一届自贡国际恐龙灯贸会闭幕。本届灯会历时42天，共接待中外游客181万人次，门票销售81万余张，日均观灯人次、单日观灯总人数、春节黄金周观灯总人数及门票收入均创新高。

▲自贡首届篮球联赛在市体育馆开赛。该联赛为期3个半月，共17轮146场比赛，决出前12名作为首届篮球联赛甲级队。全市共22支代表队参加比赛。

16日

▲《自贡市深化城乡建设用地增减挂钩试点办法》正式实施。该办法规定：对在城镇已有或者已经购买商品住房，或者与城镇直系亲属共同居住的农户，自愿放弃宅基地使用权的，按照宅基地复垦面积并结合房屋结构，区别土木、砖木、砖混结构，分别给予每亩16万元、18万元、20万元补助，并可购买低于市场价20%的限价商品房。如果农户登记为城镇居民，可享受城镇居民同等的相关政策，并给予每户每亩2万元养老保险补贴。

▲市政府与法国里昂市政府签订彩灯文化交流合作框架协议。根据协议约定，两市将开展送灯参展、共创彩灯、艺术家互访等交流项目。里昂市市长助理让·福郎索、里昂市文化交流负责人里澳勒等参加签约仪式。

17日

▲捷克总统顾问、前总理兼外长科胡特一行到市参观访问。科胡特一行先后实地考察板仓工业园区、华西能源工业股份公司、恐龙博物馆、自贡凤鸣机场建设现场和海川实业有限公司，并围绕通用航空项目、轻型飞机组装和研发合作等与市领导、相关部门及企业进行座谈交流。副省长刘捷，市委书记雷洪金，市委副书记、市长刘永湘等陪同考察。

18日

▲东源井发生间歇性井涌，天然气、硫化氢等气体飘散贡井、大安、自流井等主城区。

20日

▲自贡·雅安对口灾后恢复重建工作座谈会在自贡举行。座谈会上，双方围绕对口援建荥经县灾后重建工作展开交流。市委副书记、市长刘永湘等出席座谈会。

▲全市中小学幼儿园校园“学、爱、玩”足球活动启动仪式在汇东实验学校举行。

23日

▲全市首家智能中药房在富顺县中医院建成投用。该药房利用机械、电子、网络信息技术，集传统饮片与中药配方颗粒用量自动换算、医嘱和处方自动打印、常用处方的设定和自动调取、最大药量

提示、剂量随症加减、电子审查配伍禁忌、药品库存管理和有效期管理七大智能系统为一体，对中药配方颗粒实行智能分装。

▲全省“中国100幅经典书画进校园巡展”活动自贡站启动仪式在蜀光中学举行。巡展作品选自故宫博物院等博物院（馆），是具有代表意义的高仿真书画精品。作品跨越晋、唐、宋、元、明、清及现代等时期，作者包括王羲之、颜真卿、米芾、唐寅、郑板桥、徐悲鸿、张大千、齐白石等书画大家。

23日至26日

▲自贡市第31届中小学生“三好杯”“萌芽杯”田径运动会在南湖体育中心举行。参赛队伍有小学组22支、初中组26支、高中组22支，参赛运动员约1000人。塘坎上小学、富顺一中、蜀光中学分获小学组、初中组、高中组团体总分第一名。

24日

▲全市2015年投资和重大项目工作会召开。会议通报2014年投资和重大项目推进情况，安排部署2015年投资和重大项目推进的重点工作。2015年，市委、市政府确定全年固定资产投资663亿元，增长11%；安排市重大项目255个，总投资2428亿元，年度计划投资335亿元；全市25个项目列入省重点项目计划。市委书记雷洪金，市委副书记、市长刘永湘等出席会议。

▲龙汇街移动公司路口发生一起交通事故。一辆路虎越野车与一辆出租车相撞，出租车司机和乘客2人当场死亡，两车受损。

26日

▲荣县人邱勇担任清华大学第十九任校长。

27日

▲华西能源公司与巴基斯坦 Grange Power Limited 公司签订150兆瓦燃煤电站项目 EPC 工程总包合同，总金额约11.83亿元。该项目包括设备供货和建安服务，合同在2015年至2017年执行。

29日

▲全市2015年上半年公开招录公务员开始报名。经省上批准，全市计划招录公务员（含参公管理单位工作人员）385人，其中市级44人、县（区）136人、乡镇（街道）机关205人。

30日

▲市疾病预防控制中心与中国疾病预防控制中心传染病预防控制国家重点实验室签订合作协议，在自贡建立全国首个新发现传染病现场研究基地。

31日

▲第三届自贡市道德模范颁奖典礼在市委礼堂举行。曹翔，肖建禄、赖群英夫妇，李模林，胡世平，王森典，石胜，降春雷，黄海，邓先会，罗春容被表彰为“第三届自贡市十大道德模范”，郝润先等15人获“第三届道德模范提名奖”称号。市委书记雷洪金，市委副书记、市长刘永湘，市政协主席潘泽金等出席颁奖典礼并为道德模范颁奖。

是月

▲全市首例涉嫌污染环境案被查处。该案涉及某报废汽车公司非法处置汽车发动机废机油6.23吨，涉嫌污染环境罪。

▲大安肿瘤医院正式变更为自贡市肿瘤医院。

▲自流井区尖山桃花在“川南五大最美桃花胜地”评选中排名第一。

▲高新区丹桂幼儿园建成。该幼儿园是高新区建设的第一所公办幼儿园，位于汇东公园以南，明珠小区以北地段，总用地面积约1.16公顷，总建筑面积约8342平方米，拟开设16个班，可解决480名幼儿就读。

▲全市6项目确定纳入2015年省级内贸流通服务业项目。6个项目中新申报项目5个、继续支持项目1个，涉及项目总投资超60亿元。新申报项目中，有省级现代服务业集聚区项目1个、电子商务项目4个。其中，川南汽贸产业园（省级现代服务业集聚区）、自贡市电子商务集聚区（省级电子商务聚集区）、荣县电子商务进农村项目（省级电子商务进农村综合示范项目）3个项目为具有支撑性和示范引领作用的重大项目。

▲自贡中考首次实行“网上报名”。全市初2015届毕业生学业考试报名人数为24184人，比2014年减少881人；初2016届学生生物、地理结业考试报名人数为24691人，比2014年减少1030人。

▲创建市级防震减灾科普示范学校1所（大安区庙坝镇中心校），区县级防震减灾科普示范学校5所（贡井区成佳中学、富顺县北湖实验学校、大安区回龙镇中心小学校、大安区新店镇中心校、自

流井东方小学），区县级地震安全示范社区3所（高新区学苑街南苑社区、贡井区青杠林社区、大安区大安街仁和社区）。

4月

1日

▲全市8项科技成果获2014年度省科技进步奖。其中，东方锅炉股份有限公司的“燃煤洁净高效利用技术试验平台开发及应用”“大型电站锅炉烟气脱硝技术开发及工业应用”和四川理工学院的“特色水果酿酒发酵技术研究与应用”等3项成果获省科技进步二等奖；自贡运输机械集团股份有限公司参与的“磷石膏输送管状带式输送机”、四川凯茨阀门制造有限公司的“石油天然气集输及石化装置用多功能新型球阀”、中昊晨光化工研究院有限公司的“2500吨/年新型聚四氟乙烯分散浓缩液产业化技术开发”、自贡硬质合金有限责任公司的“高性能精密硬质合金耐磨系列产品开发”、四川国立能源科技有限公司的“隧道窑辐射换热式余热发电技术”等5项科技成果获省科技进步三等奖。

▲地税业务实施“全市通办”。该业务涉及税务登记类、发票办理类、申报纳税类、证明办理类、宣传咨询类、权益维护类、文明服务类、其他涉税类等8大类76个涉税事项，纳税人可任意选择全市地税办税服务厅办理地方税收涉税事宜。

▲特殊公交IC卡扩面。即日起，对户籍在自贡市内的盲人和其他重度残疾人（一、二级）、革命伤残军人、市级及以上劳动模范办理特殊公交IC卡，实行免费刷卡乘车，其中，盲人和其他重度残疾人（一、二级）办理“关爱卡”、革命伤残军人办理“优抚卡”、市级及以上劳动模范办理“劳模卡”。

1日至2日

▲省委常委、省总工会主席李登菊，省人大常委会副主任彭渝率队到市调研。李登菊、彭渝一行先后实地调研富顺县东湖镇山林村、中航工业园凤鸣机场、海川实业公司、舒坪综合物流园区、大西洋焊接产业园、西南（自贡）无水港项目、普润电商博览城及釜溪河复合绿道规划建设情况。市委书记雷洪金，市委副书记、市长刘永湘，市人大常委会主任陈华等陪同调研。

8日

▲省环保厅公布《2015年度各市（州）可吸入颗粒物（PM10）年均浓度目标分解表》，确定自贡PM10年均浓度≤105微克/立方米。

9日

▲2015年四川省幼儿体操教练员、裁判员培训在自贡开班。培训会上，省级体操专家讲授幼儿体操训练大纲知识、艺术分评判办法和艺术创编方法等知识，并进行幼儿体操训练示范。全省各市州260多名幼儿体操教练员、裁判员参加培训。

▲第二届“大师走基层·聚焦新自贡——中国摄影家协会灯城行摄影作品展”在南湖体育文化中心开展。摄影展由自贡国际恐龙灯会指挥部和市文联主办，作品由中国摄影家协会副主席王文澜等10名摄影大师在第二十一届自贡国际恐龙灯会期间拍摄，展出活动至4月15日结束。

10日

▲川南页岩气煤层气勘查开发试验区推进工作座谈会在自贡召开。会上，自贡市政府、宜宾市政府、内江市政府分别汇报各市页岩气产业发展的推进情况。国土资源部地勘司、油气处、油气战略研究中心及中国地质调查局油气调查中心等相关负责人参加座谈。

10日至15日

▲央视《乡土》栏目组到荣县拍摄专题片。专题片以荣县龙乡漫画为主题，选取大佛寺、金台村、双溪水库、双石花船、留佳麒麟灯等文化旅游品牌和黑山羊、肉兔、豆花、鼎新蔬菜等特色农产品、美食进行拍摄。

11日

▲2015年自贡市业余足球春季联赛在檀木林体育场开幕。联赛在2014年排位赛的基础上，分超级、甲级、乙级、乙级资格赛四级联赛，26支队伍600余名运动员参赛，决赛于6月21日进行。

▲四川省微电影艺术协会自贡分会成立并正式启动全市首届微电影大赛。该分会是省微电影艺术协会在全省各市州建立的首个分会；微电影大赛征集和展播时间为6月至8月，全市各机关、企事业单位、学校、人民团体及社区民众可围绕“中国梦

·盐都情”主题创作拍摄微电影，优秀作品将在自贡电视台公共频道和网络平台进行播映，并于10月进行评选颁奖。

12日

▲荣县首例眼角膜捐献仪式在县殡仪馆举行。眼角膜捐献者袁紫依是荣县古佳乡人，7岁，于12日上午因病去世。袁紫依是全市第二例眼角膜捐献者，也是全市年龄最小的捐献者。省眼库中心、市县红十字会等相关部门工作人员参加仪式。

13日

▲全市科级干部、乡镇长示范培训班在市委党校开班。两个培训班均采用“党校+高校”模式进行，学期10天。科级干部示范培训班侧重提高中层干部的综合素质与执行力，增强党政机关中层骨干力量推动改革发展的能力；乡镇长示范培训班侧重阐释新常态下推动乡镇经济社会发展的新问题和新机遇，增强基层治理能力。

▲荣县发生一起学生溺水事故。该事故发生在荣县旭水河望江村段，5名荣县金科职业技术学校的学生结伴捉龙虾，其中2人滑入河道溺亡。

▲为期一周的自贡市企业家“新常态下企业转型升级发展”高级研修班在浙江大学开班。研修班开设“新常态下宏观经济形势分析、企业转型升级与战略调整、企业成长的极限与突破”等6门课程，并组织学员到杭州下沙经济技术开发区、众泰控股集团和西子奥的斯集团开展现场互动教学。全市重点培育的工业企业董事长、总经理及工业系统党政干部60余人参加培训。

14日

▲市级领导联系重大项目和重点培育企业工作会在市委会议厅召开。2015年是全市实行市级领导联系重大项目和重点培育企业制度的第四个年头，全市确定55个重大项目、42户重点企业，会议围绕“两个联系”工作进行专题部署。市委书记雷洪金，市委副书记、市长刘永湘，市人大常委会主任陈华，市政协主席潘泽金等参加会议。

▲“世界500强”法国欧尚集团入驻自贡签约仪式在华商国际城举行。签约仪式上，欧尚集团开发总监乔汇君对欧尚概况、经营业态等进行介绍，并与四川友华科技集团相关负责人一起就项目进展情况回答记者提问。

16日

▲省政协副主席罗布江村率队到市调研。罗布江村一行到荣县度佳镇灯坡村，察看该村合作造林林地，了解收益权、参股经营、建设“绿色银行”等情况，并听取荣县政府和基层干部汇报。市政协主席潘泽金等陪同调研。

▲央视《寻宝》“走进四川·自贡”大型民间收藏鉴宝活动正式启动。活动由央视综合频道和市委宣传部主办，于4月16日至5月21日举行。其中，5月15日前征集藏品，5月16日、17日组织藏品海选，5月18日到21日开展鉴宝活动。被选定的藏品可参加节目录制，并从中评选出1件作为全市“最具历史文化价值的藏品”。活动录制分上下集，每集50分钟，在央视黄金时段播出。

▲海军装备部专家组一行9人到市考察。专家组一行专程到自贡中天胜新材料科技有限公司，就海军舰船生产制造中所需的高性能聚酰亚胺泡沫隔热吸声材料实地考察生产现场和产品技术检测检验中心。市委书记雷洪金会见专家组一行。

17日

▲“健康中国”计划自贡站活动在檀木林名人酒店启动。全市14所公立医院与趣医网联合上线“趣医院”掌上医院平台，用户通过智能手机下载安装“趣医院”APP，即可实现预约挂号、查询专家医生排班信息等功能。

▲全市首次个人彩灯设计作品展在南湖体育文化中心举行。该展览展出彩灯创意设计作品132件，从高级工艺美术师陈家鸣创作的近5000幅作品中选出。展览以时间为轴线，分为“手绘彩灯”“传统彩灯”“现代彩灯”“创意彩灯”“参展彩灯”五部分；类型包括门型灯组、廊型灯组、主题灯组、气氛灯组；内容包括灯品、灯组、灯景；体量上既有小于1米的灯品，也有高50米以上的特大灯组。

18日

▲四川理工学院举行建校50周年纪念大会。教育部原副部长、中国高等教育学会会长周远清，省人大常委会原副主任、省高教学会会长卢铁成，市委书记雷洪金，市委副书记、市长刘永湘，市人大常委会主任陈华，市政协主席潘泽金等出席大会。

▲全省高等教育学会“大学与地方经济社会发展论坛”在自贡举行。论坛围绕大学如何适应、引领经济社会发展展开讨论。市委副书记、市长刘永湘出席论坛并做报告。

19 日

▲2015 年川酒文化国际传播研究中心学术研讨会在四川理工学院召开。研讨会围绕“酒文化的国际传播与营销战略”开展学术交流和成果汇报。全省 7 所大学和 8 个省级科研平台的负责人及代表参会。

20 日

▲全市首次税企高层对话在自贡市电视台演播厅举行。对话围绕“共话新常态，共谋新发展”主题展开，分为政策打包送、企业心里话、税企互动谈三个环节。对话由市国税局、市地税局联合举办，华西能源工业股份有限公司、市商行等 4 家企业负责人参加。

21 日

▲市政府召开 2015 年第一季度经济形势分析会。会议通报一季度全市经济运行情况及发展趋势，研究部署下一步工作措施。一季度，全市地区生产总值（GDP）预计增长 7.6%，基本稳定在 2014 年度增长水平，其中，第一产业增加值增长 3.3%，第二产业增加值增长 8.2%，第三产业增加值增长 7.0%。全社会固定资产投资完成 146.91 亿元，增长 10.9%，其中房地产投资增长 62.5%。建筑业产值增长 16.5%，完成“开门红”预期目标。

▲自贡市道德模范与师生交流活动启动仪式在盐业历史博物馆举行。朱建平、曹翔、杨进强、降春雷、黄海、罗春容、宋淑芳等 7 名省、市道德模范代表现场与解放路中学 200 余名师生交流心得。

▲大安区何市镇发生一起交通事故，一辆出租车冲出道路坠落到路旁悬崖下，造成 1 死 3 伤。

22 日

▲市政府出台《自贡市 2015 年促投资稳增长八条措施》。该措施内容包括：加快重大项目建设、鼓励大众创业万众创新、大力实施“回引工程”、千方百计促销扩产、加大融资扶持力度、强化要素保障协调、加大专项资金扶持、依法执行优惠政策等。

▲全市首家校园快递超市在自贡职业技术学校揭牌并正式投入运行。该快递超市与 10 余家快递企业达成合作协议，承揽校园收件派件等快递服务，工作时间分两段，即每天 12：00 至 14：00、16：20 至 17：00，快递员主要由自贡职业技术学校营销专业的学生担任。

22 日至 24 日

▲贡井区艾叶镇参加 2015 中国·四川住房城乡建设博览会。该镇以“传承村落历史、彰显井盐文化”为参展主题，集中展示自贡民居建筑、传统工艺、民俗风情、地方美食等内容。

23 日

▲2015 中外知名企业四川行自贡招商推介会在成都世纪城国际会议中心举行。推介会共推出项目 131 个，总投资约 630 亿元，涵盖航空制造、机械加工、装备制造、新材料、节能环保、电子电器、商贸物流、城市建设等领域。印尼实嘉集团、金轮集团、汇融集团、中航工业集团等中外知名企业代表 120 余人参加会议。省政协副主席罗布江村，市委书记雷洪金，市委副书记、市长刘永湘等出席推介会。

▲巴蜀佛文化旅游精品线路景区合作洽谈会在荣县召开。会议就联合打造“巴蜀佛文化旅游精品线路”及营销重点、发行联票、构建旅游要素企业诚信体系等相关事宜进行磋商。省旅游协会、重庆市旅游协会、乐山大佛景区、峨眉山风景名胜区、遂宁观音故里景区、大足石刻研究院、安岳县旅游景区管理服务中心、川南自驾联盟、川南六地市旅行社协会等相关负责人参加会议。

▲全省中小学后勤保障暨食品安全工作现场会在自贡召开。会议总结交流 2014 年工作经验，安排部署 2015 年全省中小学后勤管理工作。会上，眉山市教育局、绵竹市教育局、泸州 12 中等单位作交流发言。会前，与会人员先后到富顺县职业技术学校、蜀光绿盛实验学校南湖校区实地参观。省教育厅、各市州教育局及部分市直属学校相关负责人参加会议。

▲全市首个技术标准联盟——“自贡仿真恐龙产业技术标准联盟”成立仪式在四川理工学院举行。该联盟是根据国务院深化标准化工作改革要求，由市质监局、灯贸委联合四川理工学院，鼓励

引导自贡亘古龙腾等9家仿真恐龙生产企业发起成立。联盟秘书处设在四川理工学院彩灯文化与设计研究所，自贡恐龙博物馆为顾问单位。

▲釜溪河水环境数字化体系项目通过验收。该项目由机房装修改造及设备安装工程、釜溪河流域综合治理监控平台、省控重点污染源自动监控系统组成，总投资308.79万元。项目实施后可实现釜溪河水环境自动监测断面、污水处理厂及重点污染源自动监测点位在三维地图上的实时数字化显示，建立地表水和重点污染源自动监测数据库，构建釜溪河水环境数字化体系平台，为釜溪河水环境质量现状分析及水环境综合整治、环境应急指挥决策提供信息化、数字化的技术支持。

▲2015年“文化自贡·书香盐都”全民阅读活动启动仪式在东方广场大戏台举行。活动由市委宣传部、市精神文明建设办公室、市文化广电新闻出版局主办，内容包括开展地方特色文化系列公益讲座，送图书、电影、科普、知识“四送”进基层惠民活动，作品讨论活动，作者与读者交流活动及各种公益免费培训活动等。

23日至24日

▲省人大常委会副主任刘道平率第四督查调研组到市调研。调研组先后到富顺县东湖镇政府、富顺县人大常委会实地走访调研和座谈，了解县、乡镇人大工作情况；召开省委人大工作会议暨贯彻实施新立法法专题调研汇报会，了解市人大常委会自身建设、依法行权、支持和保障人大代表依法履职等情况。市委书记雷洪金、市人大常委会主任陈华等陪同调研。

24日

▲全省公安出入境管理工作暨队伍正规化建设会议在自贡召开。会议总结推广自贡队伍正规化建设成功经验，并就2015年出入境工作进行安排部署。会前，与会人员参观市出入境管理支队服务大厅。会上，自贡、成都等进行交流发言。省公安厅、各市州公安局相关负责人参加会议。

26日

▲荣县鼎新镇一少女跌入废弃氨水池，救援失败致2人死亡。氨水池位于鼎新镇鲤鱼村，深约2米，因废弃多年且长期封闭，产生毒气致掉入者死亡。施救过程中先后有人中毒，其中1人死亡。

▲自贡组队参加省第三十届青少年科技创新大赛获一等奖7项、二等奖23项、三等奖28项，入围全国大赛5项，创近十年获省级大赛一等奖数量最多、历年入围全国大赛作品最多的佳绩。

27日

▲盐都植物园被命名为“四川省重点公园”。该植物园位于西山路，占地面积53公顷，由原西山公园改建而成，是川南地区规划占地面积最大的一座集植物科普知识普及、休闲、观赏、健身、娱乐为一体的植物园。园内有盐生植物区、恐龙伴生植物区、花田体验区、茶园区、水生植物区等特色区域。

▲自流井电子商务集聚区发展战略合作签约仪式在自流井区政府举行。市商务局、自流井区政府、四川理工学院、四川普润控股集团有限公司相关负责人共同签订《自流井电子商务集聚区发展战略合作协议》。协议约定四方加大商务信息、资源和政策整合等方面合作，培育以电子商务为主导的新兴产业，促进实体经济与电子商务深度融合。

28日

▲省委书记王东明到市考察调研。王东明先后实地考察自贡东北部新城川南现代服务业集聚区和贡井工业园区海川公司，调研新兴产业培育、航空与燃机产业及新材料产业发展情况。省委常委、秘书长吴靖平，市委书记雷洪金等陪同调研。

▲“四川自贡岩口簿档案文献”入选第四批《中国档案文献遗产名录》。该档案文献现存市档案馆，共121册，详细记录从清代到民国时期及建国初期开凿的92口盐井的凿井过程、每道工序使用的工具、每天钻凿的进度、岩层地质情况、井下发生事故的原因和处理事故所采取的措施及方法。文献是记录全国古代钻井方法最早的地质工艺档案，对研究古代深钻井技术和生产力发展，研究自贡地区地质结构和矿产资源分布等方面具有极大的价值和作用。

▲自贡3人获全国劳动模范称号、1人获全国先进工作者称号。其中，东方锅炉股份有限公司焊接高级技师孔建伟、中昊晨光研究院有限公司研发总监张建新、富顺县金农辣椒专业合作社高级研究员陈炳金获全国劳动模范称号，市第一人民医院眼科主任李爽乐获全国先进工作者称号。

28日至29日

▲省政协调研到莅市调研地下管网建设和管理情况。调研组先后到东环立交桥、汇南路、丹桂大街和南岸科技新区了解地下管廊规划建设、地下综合管沟建设情况，实地考察釜溪河复合绿道，并召开座谈会听取工作汇报。市政协主席潘泽金等陪同调研。

29日

▲全市劳动模范表彰大会在市委大礼堂举行。大会表彰近五年在经济、政治、文化、社会和生态文明建设中做出突出贡献的100名劳动模范。市委书记雷洪金，市委副书记、市长刘永湘，市人大常委会主任陈华，市政协主席潘泽金等出席大会。

▲川南城际铁路前期工作协调会在自贡召开。会议听取川南城际铁路项目的进展情况汇报，分析存在的主要问题。成都铁路局、中铁二院、省铁投集团、川南四市发改委（市铁建办）负责人及川南城际铁路公司相关负责人参加会议。

29日和30日

▲美国好莱坞著名纪录片导演克里斯蒂·里比率摄制组到自贡拍摄纪录片。该纪录片名为《复兴之路·刘宇一的艺术世界》，是《神秘中国》系列纪录片的最新一部。摄制组主要拍摄久大盐业公司、市盐业历史博物馆、王爷庙等地，展示“共和国首席画师”刘宇一出生并生活6年的家乡自贡。

30日

▲市汽车客运总站正式开通微信购票功能。该微信公众号为“zgkyz96595”，关注该微信公众号的旅客只需点击屏幕左下方的“在线购票”，按系统提示购票成功后，凭验证码在总站二楼自助取票区域取票。

▲自贡4单位1个人在全省首届“书香之家”评选中获奖。该活动于2014年12月24日启动，由省委宣传部、省新闻出版广电局、省全民阅读活动指导委员会办公室主办，共评出10个书香校园、10个书香企业、10个书香社区、10个书香之镇、10个书香之城、20个书香之家。自贡入选的单位和个人分别是：川力实业有限公司获评“书香企业”、红旗乡悦景社区获评“书香社区”、丹桂街道获评“书香之镇”、自贡国家高新区获评“书香之城”、姜小平获评“书香之家”。

▲自贡市华燃天然气有限责任公司与中国城市基础设施集团有限公司签订管道燃气战略合作框架协议。根据协议，双方将利用各自优势展开合作，共同开拓管道燃气市场。

▲全市首个乡镇优秀青年农民联合党支部在荣县双石镇挂牌成立。该支部现有党员9人，平均年龄30.4岁，其中大专及以上学历7人；9名党员的工作涉及镇政府、司法所、卫生院、学校等多个领域和行业。支部的主要职责是加强对优秀青年农民党员的培养、发展、管理，带动群众共同致富。

是月

▲全市第十一次按规定调整企业退休人员基本养老金标准。调整采取定额调整、挂钩调整和适当倾斜相结合的方式。具体办法：每人每月增加120元；对于缴费年限超过15年的，每超过1年每月增加7元基本养老金。在此基础上，对企业高龄退休人员、企业退休军转干部等群体再分别给予适当倾斜。此次调整涉及全市30万名企业退休人员，人均月调增基本养老金191.4元，调整后全市月人均养老金水平达1767.98元。

▲全市新增105个城市噪声监测点位。其中，区域环境噪声监测点位数由210个增至307个，道路交通噪声监测点位数由42个增至50个，功能区噪声监测点位不变。

▲全市启动实施农作物秸秆全面禁烧工作。该工作以“村”为秸秆禁烧工作主体，从4月开始至10月结束。其中，4月20日至25日为组织动员阶段，4月26日至5月15日、7月20日至10月31日为督促检查阶段。

▲台湾《大陆寻奇》栏目拍摄的自贡专题片开始播出。该专题片主要介绍“盐龙灯”文化、盐帮美食和荣县、富顺县的地域文化等，分别为《千年盐都南国灯城》《恐龙之乡吃在盐都》《四川荣县历史风情》《四川富顺县富而好学文甲西蜀》4集，每集约45分钟。

▲注册资本1.5亿元的自贡市信融能源投资建设有限公司正式成立。该公司采取PPP模式，由市交投公司出资2250万元发起，并引入6家民营企业共同组建。公司以加快发展全市油气站点为基础，运用产融结合方式，推进“清洁能源装备”和“页岩气开发应用”两大产业发展。

▲川南城际铁路获中国铁路总公司、省政府批

复立项。该铁路为客运专线，速度目标值 250 公里/小时。自贡境内设 5 站，其中内江—自贡—宜宾段设自贡、板桥 2 站，自贡—泸州段设沿滩、富顺、中石 3 站。

▲蜀南气矿自贡采气作业区首座中心站——音 3 井正式运行。该井主要担负 31 口天然气井的生产管理及民用供气任务，日处理气量 4 万立方米。

▲全省首个强制医疗规范性文件——《关于规范强制医疗执行活动的实施办法》在荣县出台。该办法由荣县检察院、法院、公安局、精神病医院共同制订，共 4 部分 13 条，重点对强制医疗执行的交付程序、执行机构、治疗与监管、评估解除和检察监督 5 方面进行规范，明确强制医疗执行中相关部门的具体职责，保障被强制医疗人的合法权益。

▲汇东大酒店在首届“海峡两岸主题旅游饭店高峰论坛”上获“最佳主题旅游饭店奖”。该酒店依托自贡独特的井盐文化，从 2007 年开始打造国内首个盐文化主题旅游饭店，2012 年 8 月通过四级主题旅游饭店评定，在体现盐文化特色的产品和服务上特色明显。

▲沿滩区被确定为全省首批计划生育家庭养老照护试点区。试点推出集中供养、日间照料、居家服务三种模式，由区政府向承办主体购买居家养老服务，社会养老服务组织、城乡社区日间照料中心社会志愿者组织作为承办主体，为每位老人提供年均 300 元的助餐、助浴、助洁、助急、助医等居家养老服务。

▲牛佛沱江二桥工程开工。该桥位于牛佛大桥下游约 1 公里处，东起沱江左岸金牛大道，西连沱江右岸接星光村、佛岩村，止于工业大道。路线全长 764 米（其中桥长 751.75 米，主桥长 320 米，引桥长 431.75 米，起点引道长 14.05 米）。项目设计速度 60 公里/小时，路基宽度 23 米，桥梁宽度 30 米。项目总投资 18012 万元，计划 2017 年 4 月建成通车。

5 月

1 日

▲宜宾机场自贡城市候机楼在温州商城开业投用。候机楼提供沙发、免费茶水、上网服务及免费巴士接送，可为旅客办理航班进出港信息查询、售票、值机等业务。

▲自贡首家 4D 影厅正式开放。该影厅位于五星街星维国际电影城，影厅的顶部、墙体、座椅上安装有专用设备，可模拟电影中的闪电、灯光、震动、身体撞击等特效，真实展现电影剧情。

2 日至 5 日

▲全市首届性健康与优生优育文化节在东方广场举行。围绕性健康主题，文化节现场分“公益活动”“古代性文化”“人体彩绘情趣内衣表演活动”等 3 个展区。活动展出 300 余件馆藏的古代性文物及人体彩绘，并开展现场健康咨询。

4 日

▲市政府出台《关于稳定住房消费促进房地产市场平稳健康发展的七条措施》。该措施内容包括：住房金融、公积金贷款、购房财政补贴、用地管理、项目审批、保障性住房和征地拆迁、企业融资等。相关政策措施适用期最长至 2016 年 12 月 31 日。

▲沿滩区和荣县获批全省首批农村产权抵押融资试点县。内容包括集体林权、土地经营权、集体经营性建设用地、农村房屋所有权等抵押融资试点。

5 日

▲南湖公园西大门跨线桥修筑及下沉式广场（改建）项目正式开工建设。该项目位于南湖公园西大门西侧，跨线桥局部高架立交，涉及改造路段长 660 米；桥下修筑 7000 平方米下沉式广场，连接南湖公园和南湖市民广场；下沉式广场增设公共厕所、小卖部、饮品店、儿童乐场、健身器材等设施，并在南湖市民广场增加停车位 200 余个，主干道两侧增设港湾式公交站点。

▲人民网四川频道曝光大安区张家坝渣场近百万吨工业垃圾堆釜溪河边。该渣场是张家坝地区多家老工业企业产生的固体废弃物堆场，主要包括煤渣、钡渣、盐石膏泥等无机化工废弃物，对釜溪河、沱江、长江和地下水存在污染，无害化处置需要上亿元资金。

▲全市 1% 人口抽样调查工作启动。调查将抽取 159 个小区，首次采用电子终端设备 PDA 采集数

据。调查内容为小区内人口和住户的基本情况，主要包括姓名、性别、年龄、民族、受教育程度、行业、职业、迁移流动、社会保障、婚姻、生育、死亡、住房情况等，入户时间为2015年11月1日至11月15日。

▲川南片区蔬菜设施培训会在贡井区龙潭镇举行。与会人员在苗山村现场观摩设施西红柿栽培管理模式及防治灾害状况，围绕蔬菜避雨栽培技术进行交流。省农科院园艺研究所研究员唐丽就设施蔬菜发展与栽培关键技术要点、蔬菜避雨栽培、设施规范建设及管理技术等进行培训。泸州、内江、宜宾、乐山、自贡等川南片区农技专家、农业专合社、家庭农场、种植大户等120余人参加培训。

6日

▲自贡未完成一季度PM10控制目标被扣收空气质量激励资金25万元。2015年起，全省实施环境空气质量考核激励制度，设定全年空气质量改善目标和季度控制目标，未完成目标任务的市（州）按季度、年度分档从年初发放的500万元治霾激励资金中扣收，扣收依据指标是PM10平均浓度。

▲自贡市第二期“社会治理能力提升专题研修班”在复旦大学开班。培训以“十八届四中全会精神解读”“领导干部法治思维的养成和法治方式的运用”“社会治理创新与能力提升”为主要内容。市级相关部门领导，区县党委、政府分管领导，区县政法委及政法部门领导班干部及乡镇（街道）党政主要负责人共68人参加培训。

7日

▲市纪委、市委组织部在全省首创出台乡镇干部管理规定——《自贡市乡镇干部工作纪律管理八项规定》。该规定内容包括加强日常管理、严格外出报备、严格住宿管理、严格责任追究等，制定全市各乡镇上下班签到签离、请销假、去向公示、公务接待、值班、公车管理等系列制度，并建立逢场天集中办公、民事代办、预约上门、包村驻组联户等直接服务群众的制度。

8日

▲全市第二批老旧弃管小区电力设施改造工程在贡井区泥塘湾盐工新村启动。该工程以“电亮幸福小区”活动为载体，拟投资近1亿元，涉及111个老旧弃管小区，惠及20万人。

8日至10日

▲自贡市第十二届房地产展示交易会在南湖体育中心北广场举行。活动期间，有24个房地产开发企业的28个楼盘参展，观展人数约6.88万人次。现场预定房屋614套，其中非住宅46套。网上签约248套，总成交额1.11亿元，其中住宅204套、1.87万平方米，成交额8089.55万元；非住宅44套、2528平方米，成交额3047.3万元。

9日

▲乐自高速公路自流井连接线贡井段开工建设。该项目预算总投资2亿元，其中建设资金1亿元，房屋拆迁、补征地、青苗补偿、农转非等补偿资金1亿元。路段长864.28米，路基宽40米，设计双向6车道，时速60公里；工期预计18个月。

10日

▲自贡市青少年足球培训启动仪式在南湖体育文化中心举行。仪式由市体育局三大球管理办公室、市体育中心主办，市足球协会承办。著名足球运动员魏群、姚夏参加仪式并担任名誉教练。

11日

▲全市首例“民告官”案在市中级人民法院开庭。该案件发生在2013年，因荣县房管局拆迁房屋引发争议，导致原告多次到荣县县委、县政府上访，且不服从荣县集中处理信访突出问题及群众性事件联席会议办公室的处理结果，将荣县人民政府告上法庭。按照5月1日实施的新《中华人民共和国行政诉讼法》增加条款，荣县人民政府副县长冯永志作为行政机关负责人出庭应诉。

12日

▲贡井区开出秸秆禁烧首张罚单。在农作物秸秆禁烧专项行动中，由贡井区大气办、区环保局、区农牧林业局等组成的巡查组发现该区艾叶镇石辊村6组一村民露天焚烧秸秆，执法人员当场制止其焚烧行为，并做出对当事人罚款50元的行政处罚。

▲自贡国家粮食地方储备库建设项目选址沿滩区永安镇内宜高速路金银湖出口处。该项目总投资1.35亿元，占地面积约10公顷，建成后可存储粮食10万吨。

13日

▲中国风险投资公司总裁王一军一行到市考察。市委书记雷洪金在汇东大酒店会见王一军一行

并介绍自贡经济社会发展情况。王一军介绍中国风险投资公司发展情况并表示将推动与自贡合作，拟在自贡设立四川办事处。大西洋、华西能源、川润股份、久大集团、海川实业等企业主要负责人参加座谈。

▲全市科技金融结合创新融资对接会召开。会上，市商业银行与2户科技型小微企业分别签订专利权和商标权质押贷款合同，授信总金额3000万元；工行自贡分行与1户科技型企业签订金额为1000万元的贷款合同；华西证券公司与1户生物科技公司签署新三板、四板上市战略合作协议。会后，金融机构、专利服务和证券公司向与会企业负责人培训专利权和商标权质押贷款产品及注意事项、知识产权评估流程、新三板、四板融资要求和直接债务融资工具等业务知识。

14日

▲贡井区成佳镇发现大型明代墓葬群。该墓葬群长840厘米、宽390厘米。墓葬的形制、构筑方法基本一致，墓室顶部均为楔形石条垒砌而成，单个墓室长192厘米、宽90厘米、高195厘米。墓室后龛刻有花纹和花瓶图案，共发现残破土陶片3件、土陶碗6件、谷仓罐5件、青花瓷枕1个、酱黑色陶壶瓶1个。墓门为铁环双开石门，在墓室两侧发现有排水设施，墓室之间均相互连通。

▲自贡老干部网络宣传骨干队在市老年大学成立。该宣传队由熟悉电脑操作且有较强文字功底的老干部组成，通过在相关网站和博客社区等新媒体发帖，正确引导网民关注涉及自贡的热点问题，营造形成文明的网络环境。

15日

▲2015海峡两岸记者“重走四川抗战大后方”联合采访活动在自贡开展。中央电视台、中新社、台湾TVBS电视台、《台湾导报》等媒体的20余名记者参加活动。记者们围绕自贡井盐增产赶运、日军的“盐遮断”大轰炸、节约献金救国运动、“还我河山”石刻等进行采访拍摄。

▲全省重点市州农资案件线索执法检查总结会商会在自贡召开。会议总结2015年全省春季农资执法打假工作，安排部署下一步工作。国家质检总局、省质监局及自贡、内江等7个市州质监局相关人员参加会议。

15日至16日

▲“川盐文化·体系构造与当代价值”学术研讨会在四川理工学院举行。会议围绕川盐文化的理论构建、历史演变、区域比较，川盐文化与区域经济、社会、文化发展，以及川盐文化的历史叙述与当代表达形式等议题，对川盐文化展开考察与探索。会议由中国盐文化研究中心主办，中山大学、云南大学、西南大学、四川大学、桂林理工大学、贵州民族大学、重庆师范大学等30所高校、科研院所的60余名盐文化研究专家参加研讨会。

16日

▲中国保龄球青少年训练基地授牌仪式在南湖体育中心市民广场举行。仪式上，南湖保龄球馆被确定为保龄球青少年训练基地，蜀光中学、汇东实验学校、绿盛实验学校被确定为保龄球青少年运动员输送学校。国家体育总局小球运动管理中心、市政府等相关负责人出席授牌仪式。自贡成为第三个全国青少年保龄球训练基地，保龄球成为全市第一个国家级青少年体育运动项目，可直接向国家队培养输送人才。

▲富顺县特校学生罗廷均代表四川参加第六届全国特奥会比赛获羽毛球男子单打、双打两枚银牌。

18日

▲自贡高速交警大队在乐自高速公路贡井站正式挂牌成立。该大队主要负责乐自高速自贡段的交通管理工作，下阶段再承接成自泸赤高速自贡段、自隆高速自贡段和内威荣高速自贡段等自贡境内的高速公路交通管理工作。

▲中国流动科技馆巡展贡井站在川南五金城正式启动。该科技馆以“体验科学”为主题，设置声光体验、电磁探秘、运动旋律、数学魅力、健康生活、安全生活、数字生活和科普影视等10个主题展区，50余件展品与科学表演、科学实验及科普影视相结合，为公众免费提供参与科学实验的平台。巡展活动至6月19日结束。

18日至19日

▲第四届川南旅游联盟联席会议在自贡召开。会议以“以智慧旅游为引领，促进区域旅游目的地经济建设”为主题，并就推动旅游资源、客源、商机的互补与共享等展开研讨。会议期间，参会代表

到贡井老街陈家祠堂观看川剧，参观自贡恐龙博物馆和燊海井，观摩自贡市“5·19”中国旅游纪念日活动暨第十一届乡村旅游活动开幕式。自贡及重庆永川、云南水富、贵州赤水等川渝滇黔的近20个市州、区县旅游部门和景区代表等参加会议。

19日

▲阿里巴巴电商考察团到自贡考察农村电子商务项目。考察团先后参观普润电子商务基地和自流井区漆树乡、仲权镇，实地考察电子商务发展现状，并听取全市经济社会发展状况介绍。

▲自贡市“5·19”中国旅游日纪念活动暨第十一届乡村旅游活动在贡井区建设镇固胜村开幕。活动为期一月，首次加入智慧旅游和“互联网+旅游”元素，开展线上、线下活动。线上主要以微信互动、网上订购、“关注抽奖”“媒体网络互动、大众广泛参与”为主；线下主要以“野外踏青、景观垂钓、采摘乐趣、枇杷佳肴、健身暴走、畅享自然”为活动主线。

▲全市县级主要领导干部读书班在市委会议厅开班。读书班为期4天，以“讲政治、守纪律、守规矩，贯彻‘四个全面’的战略布局和‘三严三实’要求，奋力推进‘四个全面’的自贡实践”为主题，采取市委常委作专题讲座、分组讨论和学习交流等方式集中学习。市委书记雷洪金，市委副书记、市长刘永湘，市政协主席潘泽金等出席开班仪式。

▲四川省天翔豆花文化产业有限公司在上海股交中心正式挂牌，成为富顺县首家进入股权托管交易中心（Q板）的企业。该股权简称“天翔豆花”，代码为205315。

▲公安部中国公安民警英烈基金会到市慰问调研。慰问调研组先后走访慰问16名涉伤残大病、特困民警，现场发放困难补助金，并召开座谈会收集关于公安民警英烈抚恤工作的意见建议。

21日

▲全市“三严三实”专题教育工作会议在市委大礼堂召开。

22日

▲自流井区仲权镇深化城乡建设用地增减挂钩试点项目获批立项。项目涉及仲权镇群光村、竹元村，共批复挂钩指标规模40.42公顷，搬迁农户279户1451人，农民集中居住区建设总规模约1.6万平方米。该项目是全市首个经省国土资源厅批准立项的项目，也是2015年全省首个经省国土资源厅批准立项的项目。

23日

▲2015荣县大佛文化旅游节在荣县开幕。旅游节以“畅游巴蜀福地·亲近荣县大佛”为主题，开展百车自驾荣州福地、首届荣州特色餐饮店评选、巴蜀佛文化旅游论坛、千人素食宴、佛教音乐晚会、“如来福地”土特产品展销会暨美食节等活动。开幕式上，巴蜀佛文化旅游精品线路——“成都→峨眉山→乐山大佛→荣县大佛→遂宁观音故里→安岳石刻→大足石刻→重庆”正式启动。

24日至27日

▲自贡考察团赴捷克考察轻型飞机生产线项目。考察团由市投资促进局及四川通航集团、英祥集团、自贡运机、嘉丰置业、金灿光电组成，先后实地考察捷克航空研究院、Skyleader、Directfly和Shark三家飞机制造公司，并在布拉格与捷克航空航天制造商协会签署合作备忘录。

26日

▲副省长曲木史哈率全省幸福美丽新村建设推进会考察组到市考察。考察组先后到沿滩区黄市镇、仙市镇，实地考察新村建设情况。泸州市、内江市、乐山市、眉山市及凉山州主要领导参加考察活动，市委书记雷洪金陪同考察。

▲市政府与国家发改委国际合作中心签署“中德合作职业教育试点推广项目”合作协议。该项目以市职业院校为依托，在全市首次推广德国双元职业教育模式。项目设置3个专业，即中德航空及燃机零部件机械制造专业、汽车维修机电专业、养老护理专业。

27日

▲全国首届化石标本数据库培训会在自贡举行。培训内容包括化石标本数据库建设标准、数据整理及入库流程和数据库系统实际操作。全国30个省、直辖市、自治区国土资源厅（局）环境处负责人、省级古生物专家委员会负责人及相关技术人员共100余人参加培训会。

▲四川九红信息科技有限公司在上海股交中心正式挂牌，成为全市首家进入资本市场的电子商务

企业。

▲全市首批建成的21个环卫工人爱心服务站正式挂牌。服务站统一配备空调、微波炉、饮水机、风扇和医药箱，帮助环卫工人解决实际困难。

28日

▲省委省政府稳增长政策落实综合督查组到市调研。督查组先后到自流井区、高新区，实地调研华商国际城建设施工现场和普润电商博览城，并召开座谈会了解经济运行情况。

29日

▲全市服务业发展暨投资促进工作会在市委大礼堂举行。会议通报2014年全市服务业发展和投资促进工作情况，安排部署2015年服务业发展和投资促进工作。市委副书记、市长刘永湘出席会议并讲话。

30日

▲全市首届航空模型展在南湖体育馆开幕。展览为期3天，展出固定翼特技机、战斗机、直升机、固定翼无人机、多旋翼无人机、滑翔机、抢险救灾动力伞及大型太阳能飞机等航空模型。开幕活动上，举行拉烟表演、编队表演、花式直升机表演及战斗歼击机、大型直升机模拟空中阻击战等航模飞行表演。

是月

▲自贡6户企业列入省“一带一路”战略“251三年行动计划”100户优势企业。6户企业分别是华西能源工业股份有限公司、四川汇维仕化纤有限公司、自贡硬质合金进出口贸易有限责任公司、四川大西洋焊接材料股份有限公司、自贡腾达彩灯文化艺术有限公司和自贡中艺彩灯亮化艺术有限公司。

▲全市6个项目列入“四川省2015年100个重点支持项目名单”。6个项目分别是自贡旧城改造工程、川南通用航空产业基地、西南（自贡）无水港、川南公路物流枢纽中心、自贡火车南站三货场改扩建工程、自贡彩灯文化产业园。6个项目将在用地指标和要件批复等方面获省上优先重点支持，助推项目建设进程。

▲《自贡市建筑垃圾处置管理办法（试行）》出台。该办法从建筑垃圾处置方式、信息平台建设、处置管理、运输管理、消纳管理、罚则等方面进行规定，重点加强建筑施工源头、渣土运输、消纳处置三个环节管理，控制和减少扬尘污染。

▲全省首届农民美术作品展在自贡举行。活动共展出179件作品，其中以沿滩农民版画、荣县农民漫画为主。市委书记雷洪金，市委副书记、市长刘永湘等出席展出活动。

▲全市首台发票自助领取服务终端在贡井区国税局办税服务大厅投入使用。该服务终端具有发票申领自助服务功能，办税人员可凭借办税服务卡自助办理增值税申报、防伪税控报税和清卡、发票验旧、发票领购及发票领购簿打印等业务。

▲《城乡居民家庭购买自贡市自住商品房财政补贴实施细则》正式出台。该细则涉及购房补贴的标准、范围、申报、发放等，其中在2015年5月8日至2016年12月31日期间在自贡购买自住商品房的城乡居民家庭，可享受100元/平方米的财政补贴。

▲四川理工学院4个专业列入一本招生。4个专业分别是化学工程与工艺、过程装备与控制工程、电气工程及其自动化、酿酒工程，4个专业有440名一本招生计划，其中普通类招生410人，地方专项30人。

▲2015年新增111辆高级公交车正式投入运营。该批高级公交车总投资6000万余元，其中汽电混动新能源高级公交车40辆、CNG高级公交车71辆。高级公交车分别投放1路、2路、8路、10路、16路、17路、31路、32路、33路、35路、38路、61路等12条线路，与普通公交车混编错时运行。

▲沿滩区11岁男孩陈其雨获2015中国青少年斯诺克系列赛海宁公开赛少年组冠军。陈其雨是沿滩小学五年级学生，7岁半开始打斯诺克。

▲全市首家“社区O2O”平台——“温馨家园”社区生活服务平台正式上线运行。该平台可实现互联网与社区生活服务结合，为社区居民提供在线交易、实时配送、家政服务等便民服务。

▲全市首笔全域通模式下经首都机场转关出口货物结关。该份报关单出口货物为盐酸依立替康注射液，共计18084支，货值7万英镑，全域通模式下于6月11日在自贡海关申报，经机场海关验放转关至首都机场海关并于6月16日放行出口结关，

最终目的地为马耳他。

▲全市首个乡镇优秀青年农民联合党支部在荣县双石镇挂牌成立。

6月

1日

▲自贡被确定为全省既有建筑增设电梯试点市。省住建厅、省质量技术监督局、省公安厅印发的《四川省既有建筑电梯增设指导意见》，将自贡确定为全省既有建筑增设电梯试点地区。增设电梯的既有建筑须符合城乡规划、建筑设计、消防、抗震、结构等相关规定和标准，同时未列入房屋征收范围和计划；既有建筑增设电梯以按梯号为单位进行申请。

▲S305成佳镇路口发生一起交通事故。一辆从荣县开往自贡的客车在进入成佳镇上场口时与一辆自贡开往荣县的出租车相撞，两车车头损毁严重，出租车司机当场死亡，出租车和客车上5名乘客受伤。

2日

▲市老年文化艺术展示活动开幕式在汇东公园广场举行。活动为期3天，现场展示全市老龄工作“十二五”成果，宣传《中华人民共和国老年人权益保障法》，并举行老年人艺术表演。全市各区县机关事业单位及社会团体2000余名老人参加活动。

3日

▲全市首批高层次人才培养引进“双千计划”命名大会在市委会议厅召开。会上，有7个创业创新团队和11名杰出创新人才获670万元资助资金，其中：东方锅炉公司电站锅炉烟气污染物排放治理技术研发团队等4个团队为“自贡市优秀创业创新团队”，分别给予50万元至100万元资助资金；自贡中天胜新材料科技有限公司董事长程杰等10人为“自贡市杰出创新人才”，分别给予10万元资助资金；海川实业技术中心航空发动机关键零部件研发团队等3个团队为“自贡市顶尖创业创新团队”，分别给予50万元至100万元资助资金；四川德马新能源科技研发有限公司总经理熊德明为“自贡市领军人才”，给予20万元资助资金。市委书记雷洪金，市委副书记、市长刘永湘，市人大常委会主任陈华，市政协主席潘泽金等出席会议。

4日

▲全国首个新发传染病现场研究基地在自贡挂牌成立。中国工程院院士、中国疾控中心传染病预防控制所所长徐建国为基地授牌。省内外疾病预防控制专家200余人参加授牌仪式。

4日至5日

▲省政协副主席、秘书长高烽率省政协调研组到市开展专题调研。调研组实地调研自贡中天胜新材料科技公司，并召开座谈会听取工作汇报。市委书记雷洪金、市政协主席潘泽金等出席会议。

4日至6日

▲省第八届老年人运动会象棋比赛在自贡举行。全省24支代表队共88名运动员参赛。

6日

▲自贡市户外运动协会成立。成立大会上，有6家单位和58名户外运动成员首批入会，会议表决通过《自贡市户外运动协会章程》，并选举出第一届理事会。省登山户外运动协会、省山地救援总队、川南片区应急志愿服务总队等相关单位负责人出席会议。

7日

▲2015年高考开考。全市设6个考区、10个考点、496个考场。考生人数为15255人，其中报考对口招生的职教师资和高职班的考生607人，报考普通高校的文科考生7642人、理科考生7006人。

8日至12日

▲泰国代表团到自贡恐龙博物馆学习考察。代表团由泰国Phu Wiang恐龙博物馆馆长、诗琳通恐龙博物馆馆长和罗永岩石地矿博物馆5位高管和专业人员组成，主要就化石标本采集、管理、研究、恐龙翻模与装架及市场营销模式等与自贡恐龙博物馆进行培训交流，并对龙贯山恐龙脚印进行考察。

9日

▲全国知名商会自贡行座谈会在北京召开。会议通报自贡商会成立100周年庆祝活动筹备情况、自贡市情及投资项目现状。国家、省、市工商联及相关部门负责人和全国工商联五金机电、房地产、旅游等16家直属商会负责人受邀参会。

▲富顺县童寺镇发生一起持刀伤人事件。该镇老寨村一名57岁的男子手持菜刀在街上先后砍伤3名学生和1名妇女，男子在行凶过程中被群众制服并被警方控制。

11日

▲荣县公安机关抓获全省“猎狐行动”首列境外逃犯。该逃犯涉嫌职务侵占罪，于2013年案发失联潜逃至澳门藏匿，经澳门警方协助被抓获归案。

▲2015年中考开考。全市设37个考点、824个考场，2015届初中毕业生参考人数24198人，另有24697名初2016届学生在94个考点、885个考场参加生物、地理结业考试。

12日

▲全国老年大学地级校规范化建设推进会在自贡召开。会议研讨地级老年大学规范化建设，围绕“五个十工程”地级校项目编写工作提出修改建议。中国老年大学协会老年教育学术委员会、省老年大学协会及重庆市、苏州市、泉州市、景德镇市、自贡市等10地市老年大学负责人及相关工作人员参加会议。

13日

▲沿滩区第三届九洪西瓜节在九洪乡开幕。西瓜节为期10天，以亲情游和童趣体验为主题，开展“西瓜大王”评比、吃西瓜比赛、文艺表演、泥田捉鱼捉泥鳅等活动。

17日

▲市委常委、高新区管委会主任刘任远调任中共成都市新都区委书记。

18日

▲民政部党组成员、全国老龄办常务副主任王建军率队到市调研基层老龄工作。王建军一行先后实地调研市老年大学、贡井区龙潭镇中坝村老年协会、荣县度佳镇杨佳社区老年协会，了解老年教育、基层老年协会建设和“银铃保险”工作情况。

21日

▲自贡首家IMAX影院挂幕。该影院坐落于华商国际城，营业面积6000平方米，有VIP厅、商务厅、私人影吧等个性化定制影厅。IMAX银幕宽22.4米、高13.5米，采用激光放映技术和数字影音系统。

22日

▲2015年高考成绩公布，全市重本上线人数1290人，较2014年增长81.18%，连续三年大幅度增长，创全市高考历史最高纪录；本科人数较2014年增加305人，实现连续三年增长。

23日

▲省决策咨询委员会川南城际铁路土地综合开发调研组到市开展专题调研。调研组一行实地察看川南城际铁路自贡东站项目建设进展情况，并听取市住建局、市国土资源局、川南城际铁路公司、同济建筑设计研究院等相关负责人对川南城际铁路项目整体推进情况的介绍。

24日

▲《寻宝·走进自贡》（上集）在央视第一套节目频道首播。

▲2015年四川省一级社会体育指导员培训班在自贡开班。该培训班由省体育局主办，培训内容包括社会体育指导员的责任义务与组织管理、群众体育赛事及活动中的风险管理、日常体育锻炼的损伤与预防、运动锻炼与慢性病、运动锻炼的营养知识等。全省21个市州和省直有关单位共240余人参加培训。

25日

▲全市发布首批政府和社会资本合作（PPP）项目。首批项目主要涉及五大类30个，估算总投资372.8亿元。其中，交通设施项目5个，估算投资247.6亿元；城镇基础设施项目9个，估算投资57.9亿元；污水处理设施项目3个，估算投资2.3亿元；水利设施项目2个，估算投资9.6亿元；公共服务项目11个，估算投资55.4亿元。

▲自贡市通用航空零部件制造有限公司成立签约仪式在海川实业公司举行。该公司落户贡井区成佳镇川南航空产业园，由海川实业、英祥实业、嘉丰置业等3家公司出资成立，计划总投资5亿~8亿元。市委副书记、市长刘永湘等出席签约仪式。

▲沿滩区永安镇云龙村一村民捕获一条野生娃娃鱼。该娃娃鱼长0.6米、重1.5千克，已放归自然。

28日

▲市跳水运动学校二队队员刁智广在国际泳联大奖赛西班牙站比赛中获男子双人三米板冠军，并获男子单人三米板第四名。

29 日

▲川南经济区发展协调小组暨川南经济区联席会第二次会议在自贡召开。会上，自贡、泸州、内江、宜宾四市签订川南一卡通、向家坝灌区工程PPP、轨道交通、创投基金、流域综合治理等专项合作协议。会议讨论通过《川南经济区联席会章程》。省委常委、省总工会主席、川南经济区发展协调小组组长李登菊，副省长、川南经济区发展协调小组副组长刘捷，市委书记雷洪金，市委副书记、市长刘永湘等出席会议。

30 日

▲自贡市第三批院士（专家）工作站授牌仪式在市委会议厅举行。自贡市江阳磁材有限责任公司、自贡中天胜新材料科技有限公司、四川安益生物科技有限公司、四川久大制盐有限责任公司分别被授予第三批市级院士（专家）工作站。

是月

▲自贡籍残奥会射击冠军董超在第九届全国残运会射击比赛中获 5 金 2 银 1 铜。8 项获奖项目分别是 SH1 男子气步枪立射 60 发个人及团体冠军、SH1 男子小口径自选步枪 3X40 个人及团体冠军、SH1 混合小口径步枪卧式 60 发团体冠军和个人亚军、SH1 男子混合气步枪卧式 60 发团体亚军、个人季军。

▲自贡首个生活污水处理厂污泥干化项目建成投用。该项目所采用的污泥干化技术，以板框压滤法处理污泥，使污泥含水率由原来的 80% 左右降至 60% 左右，形成的固态污泥体积小、重量轻、方便运输，可用于焚烧发电、甲烷气体提取、生物堆肥等。

▲富顺县华英实验学校在全国第 30 届青少年科技创新大赛中获集体项目一等奖。该获奖项目为“环境因素对含羞草触觉灵敏度影响的研究”，是全省唯一参评的集体项目，也是全市青少年获得的第一个科技创新竞赛项目一等奖。

▲自贡产品在全省首届生态旅游博览会上获奖。其中，四川弘鑫农业有限公司“双溪湖油茶籽油”获金奖；沿滩区立丰花椒合作社“自贡刘山九叶青花椒”和富顺锦明笋竹食品有限公司“半坡脆笋”获银奖；远达集团富顺县美乐食品有限公司“美乐香辣酱”、大农和农业开发有限公司“大农和产品”及四川绿茗春茶业有限公司“绿茗春茶叶”获铜奖。

▲北环路二期（东大家具城至一桥段）加宽扩建工程启动建设。该工程全长 4.16 公里，路面宽 30 米，设计时速 60 公里/小时，工程概算总投资 9610 万元，工期 18 个月。

▲“自贡抗战纪念碑”主体竣工。该纪念碑位于南湖公园，由一块主碑和 6 块副碑组成。主碑以“万众一心”为主题，取“众”字和“一”字为表现形体；“众”字碑由汉白玉砌成，象征圣洁的盐山，寓意自贡人民在抗战中众志成城的决心和意志；“一”字碑上雕刻的是红色大字——自贡抗战纪念碑，由著名书法家欧阳中石题写，碑体背面雕刻的是为立碑捐款的单位和个人。6 块副碑分别镌刻着自贡抗战历史文献资料。

▲《关于规范邮政快递运输车辆外观标识实行便捷通行的通知》正式出台。该通知对全市邮政快递车辆的外观标识、车身广告和从事道路运输经营等事项进行要求，允许载重量不超过 1 吨的厢式货车在城区开展快递揽投业务，转载邮件、快件及临时停放装卸货物等。

▲国家级社区教育实验室——“i－彩灯实验室”在自贡电大挂牌成立。该实验室由四川电大和自贡电大共建，采用“互联网＋”教育模式，以创新、个性、互动、有乐、激发的理念为核心，通过开展现场教学培养学员的彩灯实际制作能力和动手能力，亲身体验并完成简单的彩灯制作工艺流程。

▲全市居民健康卡信息核查工作全面启动。信息核查内容包括姓名、居民身份证号码、新农合证（卡）号、出生日期、性别、民族、婚姻状况、文化程度、职业、地址、医疗费用支付方式、本人电话、联系人姓名、联系人关系、联系人电话等信息。该卡具备身份识别、基础健康信息存储、跨地区跨机构健康服务、费用结算与金融应用等 4 项功能，实现跨地区跨院挂号、就诊、查询、缴费等“一卡通”。

7 月

1 日

▲东兴寺公路大桥及铁路桥改造工程开工。工

程总工期16个月，分为三个阶段：第一阶段从7月1日至9月30日，将完成立交区域的杆管线改造、东兴寺大桥部分匝道和东西向便道施工、解放桥南侧至水涯居大桥的断头路改造，以及外围龙井转盘、火车站转盘等改造；第二阶段从10月1日至2016年2月29日，将完成东兴寺大桥新建拱肋基础施工、部分匝道桥路及河堤挡土墙施工、东兴寺跨河钢便桥和东西两端便道施工；第三阶段从2016年3月1日至10月31日，对铁路桥扩宽、桥下主道、匝道桥、两侧引桥路堤段进行建设，完成东兴寺大桥主桥面拆除及重建。

▲《自贡市既有住宅增设电梯实施意见》正式实施。该意见明确：在自贡市中心城区范围内，具有合法权属证明并已建成投入使用5年以上的4层及4层以上无电梯既有住宅，且增设电梯在原产权建设用地红线范围内属于此次试点范围。试点采取“财政补贴+业主资金筹集”模式，财政最高补贴为20万元。该意见由市住建局、市财政局、市质监局、市公安局、市国土局、市气象局联合制定，有效期两年。

▲市政府发布公告划定秸秆禁烧区。禁烧区范围包括主城区东环线、S305线（南环线）、北环线以内区域及各区县部分区域，8月1日起违反规定将处以200元以下罚款。

2日

▲省人大常委会副主任彭渝率队调研督导全市经济社会发展工作。彭渝一行实地走访富顺县东湖镇山林村，并听取市委、市政府工作汇报，了解上半年全市经济社会发展的总体情况。市委副书记、市长刘永湘，市人大常委会主任陈华等陪同调研。

▲自贡至泸州大件公路项目推进会在自贡召开。会议确定项目起于大安区北环路中段大塘山，经贡井区、自流井区、沿滩区、富顺县进入泸州境内，经江阳区石寨镇、通滩镇、丹林镇、江北镇，止于泸州火电厂赵坝码头。该项目全长114.78公里，总投资约70亿元，为双向四车道一级公路，其中自贡至泸州方向半幅按1000吨荷载标准建设，设计速度每小时60公里，路基宽度23.0米，泸州往自贡方向为一级公路建设标准。

▲全市首届“光明书香节”在汇东公园广场开幕。该“书香节”是在全国各地举办的品牌文化活动，自贡主题为“助力全民阅读，建设书香自贡”，涵盖图书种类5000余种15万册，涉及历史、地理、经济、文化、艺术等方面。“书香节”从7月2日至12日在汇东公园广场举办11天，15日至26日在沿滩区委广场举办12天，9月份在荣县和富顺县举办。

3日

▲全市首个公益众筹项目——“阳光助学花蕾行动”在腾讯正式上线。该项目通过网络平台以众筹的方式筹资4万元，资助39名品学兼优的小学段贫困留守儿童。

5日

▲市跳水运动学校二队队员刁智广在国际泳联大奖赛意大利站比赛中获男子双人三米板冠军。

6日

▲自贡业余足球队获2015年中国足协业余联赛四川赛区亚军。在历时5天的比赛中，自贡队先后战胜南充队、三台队、绵阳队，最终在点球决胜中负于四川青年队获亚军，获得参加南区大区赛的参赛资格。自贡队守门员刘成刚被评为“最佳门将”。

7日

▲自贡广告产业发展研究基地揭牌成立。该基地由四川理工学院和市工商局共同创建，分设一个广告文化传播研究中心和一个广告文化产业研究发展联盟。其中，广告文化传播研究中心由四川理工学院主导，主要从事广告文化研发，提供广告创意；广告文化产业研究发展联盟由市工商局组织协调，主要从事广告发展课题研究，并将研究成果运用于企业实践，为政府引导广告业健康发展提出更多指导性意见。

8日

▲全市首例注射死刑由市中级人民法院依法执行。被执行人邱某、王某伙同他人多次制造毒品甲基苯丙胺，因数量大、犯罪情节特别恶劣、社会危害性极大被判处死刑。

10日

▲央视纪录片《天下逐盐》在自贡开机拍摄。取景点包括市档案馆、燊海井、盐业历史博物馆、陈家祠堂、贡井老街、东垣井、大安盐厂旧址等。

▲自贡市邮政快递车辆专用证公开发放仪式在

南湖体育广场举行。仪式上，9 家企业的 96 辆邮政快递车辆取得“自贡市邮政快递车辆专用证”。该证用于从事城市快递揽收、投递服务的车辆，由市快递行业协会统一制作带“自贡快递”标识张贴于企业标识下侧，并报市交警支队备案。

11 日

▲华西能源公司与泰国 SPS1999 公司签订 5 个日处理 600 吨垃圾焚烧发电总包项目。该项目装机容量达 9.5 兆瓦，合同总金额 16.4 亿元。市委书记雷洪金，泰国总理顾问、能源委员会副主席阿卡尼上将，泰国改革委员会委员巫提上将，泰国国防委员会秘书长苏拉萨上将，泰国维持国家稳定安全委员会委员德差中将等出席签约仪式。

11 日至 12 日

▲省关工委执行主任张中伟率调研组到自贡市调研关心下一代工作。张中伟一行先后到沿滩区仙市镇仙滩社区、荣县西街小学和桂林街社区，调研关爱帮扶“五失”青少年、创建“六好”“四好”和开展“三爱”教育等工作情况，并召开关心下一代工作座谈会，听取市关工委及部分区县、教育部门关工委的工作汇报。市委副书记、市长刘永湘等陪同调研。

13 日

▲全市电子商务集聚区首期培训班开班。该培训班为期 3 天，内容包括用互联网思想推动传统企业转型与发展、电商政策解读、互联网经济加速发展、电商成功案例分享、园区电商扶持办法解读等。开班仪式上，普润电商博览城被授牌为全市电子商务集聚区、电子商务培训基地、电子商务创业孵化中心、市工商联（总商会）电子商务培训基地。

14 日

▲市委常委会召开“研究宏观经济政策，把握经济发展方向”专题学习会。会上，与会人员围绕学习主题，研究分析全国、全省宏观经济形势和政策及自贡经济形势，对下一步经济工作提出建议意见。市委书记雷洪金，市委副书记、市长刘永湘等参加会议。

15 日

▲全市召开融入“一带一路”和“长江经济带”战略座谈会。会议听取华西能源公司、大西洋公司、海川实业公司、亘古龙腾科技公司、腾达彩灯文化艺术公司等外向型企业和相关部门的工作汇报，并部署相关工作。市委书记雷洪金，市委副书记、市长刘永湘等出席会议。

15 日至 16 日

▲“中华环保世纪行”采访团到自贡采访。该采访团由《人民日报》《光明日报》《中国日报》等 14 家媒体组成，先后采访中昊晨光化工研究院的治污设施、高新区工业园区污水处理厂、市污水处理厂和双溪水库等，实地了解沱江和釜溪河流域城镇、工业（园区）、农村水污染防治及饮用水水源地保护等情况。

16 日

▲自贡 100 万头生猪养殖富顺家庭农场启动会在富顺县召开。会上，市政府、富顺县政府及华西希望·德康集团相关负责人分别就富顺县 30 万头生猪产业化生态循环经济园项目及家庭农场建设工作等进行安排部署。市委副书记、市长刘永湘，华西希望集团总裁王德根及农业部畜牧司、省农业厅相关负责人出席会议。

▲韩国固城郡青少年交流团到自贡市访问。该交流团由韩国固城郡固城高中的 16 名高一学生组成，访问以“体验异国文化”为主题，并与自贡一中的高一学生开展结对交流活动。

17 日

▲全市科学技术奖励大会在市委会议厅举行。会议对第八届自贡市科技杰出贡献奖和 2015 年度自贡市科学技术进步奖进行表彰奖励，龚欣荣、冉燊铭获科技杰出贡献奖，分获 20 万元奖金。市委书记雷洪金，市委副书记、市长刘永湘，市人大常委会主任陈华，市政协主席潘泽金等出席大会，并为获奖单位和科技工作者颁奖、授牌。

17 日至 19 日

▲浙江卫视《十二道锋味》栏目摄制组在自贡开机拍摄。摄制组先后到盐业历史博物馆、燊海井、仙市古镇、花海等地取景拍摄，谢霆锋、陈伟霆、马苏、胡海泉等明星参与节目录制。

18 日

▲中国红十字会第一副会长郭长江一行到沿滩区九洪初中，就学校自救互救、心理健康教育工作进行调研，并对学校开展的博爱家园、青少年红十字宣传等工作进行指导。

21 日

▲《刘光第手稿及研究》首发式在自贡举行。该书编撰以富顺县档案馆收藏的《裴邨诗钞》《南旋记》《都门偶学记》《古愚室诗钞》《赋·试帖诗》《方志·方言记》等6本手稿档案为基础，由省档案局、市档案局和富顺县档案局联合编辑出版，正文由刘光第手稿实录、刘光第手稿研究注释、刘光第生平逸事辑等三部分组成。

▲大安区马吃水盐都大道塞纳河畔小区附近红绿灯路口发生一起五车连撞事故。事故造成多车受损，4名乘客不同程度受伤。

22 日

▲自贡市推进机关管理服务标准化建设工作会议召开。会议在总结前期试点工作的基础上，对全面推进机关管理服务标准化建设工作进行部署。

23 日

▲省委常委、省总工会主席李登菊到自贡市调研。李登菊实地察看富顺县东湖镇山林村水产养殖项目建设，并听取全市上半年经济运行情况汇报。市委书记雷洪金等参加调研。

▲省人大常委会副主任黄润秋率省人大常委会《中华人民共和国安全生产法》《四川省安全生产条例》执法检查组到市对相关企业进行检查并听取汇报。市委书记雷洪金，市委副书记、市长刘永湘，市人大常委会主任陈华等陪同检查。

26 日

▲汇东通达支路发生一起公交车自燃事故。一辆301路公交车从同兴路开往汇东公交枢纽站，行驶至绿盛家园站附近突发大火，事故造成公交车报废，没有造成人员伤亡。

27 日

▲全国知名商会自贡行投资推介会在市委大礼堂举行。会上，共推出总投资596亿元的91个招商项目，涵盖航空与燃机、节能环保装备制造、汽车及零部件制造、新材料和电子产业、基础设施、文化旅游、现代农业等。全国工商联直属商会、友邻省（市）工商联、省工商联直属商会和异地商会及省内市州工商联、自贡异地商会等相关负责人近300人参会。省政协副主席、省工商联主席陈放，市委副书记、市长刘永湘等出席推介会。

▲自贡市十六届人民政府第七次全体（扩大）会议召开。会议总结上半年政府工作，分析当前形势，安排部署下半年政府工作。市政府班子成员、市政府工作部门主要负责人出席会议，市委、市人大常委会、市政协、市纪委、市法院、市检察院、自贡军分区负责人应邀参加会议。

▲全市技术装备和综合功能最先进的海事“巡航艇”（川海巡—321）在沿滩区正式投入使用。该艇每小时最大巡航速度可达20公里，配有消防炮、安全执法视频监控、水上夜间抢险探照和应急救援抢险物资等，集水上交通安全执法、应急救援、抢险为一体。

27 日至 29 日

▲2015年四川省青少年体操锦标赛在自贡举行。成都、乐山、泸州、南充、自贡等10个市州的243名运动员参赛。自贡代表队获女子甲组跳马1枚金牌和女子甲组自由体操、平衡木、个人全能项目3枚铜牌。

28 日

▲自贡通航机场发展有限公司与捷克伊赫拉瓦（JIHLAVAN）飞机制造有限公司在成都举行捷克轻型飞机制造项目签约仪式。该项目总投资10亿元，由自贡通航机场发展有限公司和英祥集团、友华科技公司、嘉丰置业公司、金灿光电公司等四家企业共同投资。副省长刘捷，捷克共和国总统助理顾问虎彼得，市委书记雷洪金，市委副书记、市长刘永湘等出席签约仪式。

▲自贡商会成立100周年纪念大会在市委大礼堂举行。会议回顾自贡商会100年的发展历程，并提出自贡商会在新时期新阶段新局面中的工作思路。全国工商联直属商会、省工商联直属商会和异地商会、省内各市州工商联、市友好商会、自贡异地商会及民主党派负责人等近300参加会议。副省长陈文华，省政协副主席、省工商联主席、省商会会长陈放，市委书记雷洪金，市委副书记、市长刘永湘，市政协主席潘泽金等出席会议。

▲2015民间商会（自贡）高峰论坛在市委大礼堂举行。论坛以“新常态新机遇新作为”为主题，研讨商会组织在不同历史时期的重要作用，并以全体参会人员的名义向全国商会组织发出《2015民间商会（自贡）共同行动倡议》。全国工商联直属商会、友邻省（市）工商联、省工商联直属商会

和异地商会及省内各市州工商联、自贡异地商会等相关负责人等近300人参加论坛。省政协副主席、省工商联主席、省商会会长陈放，市委副书记、市长刘永湘，市政协主席潘泽金等出席论坛。

▲自贡市首家智能化农业平台——“大农和云平台”正式启动。该平台是由四川大农和农业开发有限公司与电信网络公司合作开发的一种集生产基地种植、机耕、机收、技术服务、农村金融、市场销售、消费者实时监控等功能为一体的软件系统。

29日

▲中国人民大学党委书记靳诺率队到自贡市考察调研。靳诺一行先后参观吴玉章故居、辛亥革命首义荣县军政府旧址，并实地考察富顺县彭庙镇莲池村，参与“千人百村”社会调研活动。

▲自贡市及自贡国家高新技术产业开发区被评为2015第六届C21论坛“四川最具投资价值城市”和“四川最具投资价值产业园区”称号。

30日

▲富顺县首个垃圾压缩站建成投用。该压缩站位于富顺县城富州大道东段，每天压缩处理垃圾80吨，约占县城日产垃圾量的50%。该压缩站也是全市区县中建成的首个生活垃圾压缩站。

31日

▲全市首台抑尘车在高新区投用。该车车身后配有炮筒似水雾喷洒装置，可360度旋转，射程可达三四十米，能有效控制大气粉尘污染，降低空气中的PM2.5浓度。

是月

▲全市首届高校毕业生创业大赛开赛。大赛主题为“放飞梦想·成就未来”，分为初赛（初选）、复选（参加电视展播）、复赛、决赛四个阶段。大赛设一等奖2名、二等奖3名、三等奖4名，分别奖励：一等奖5万元、二等奖4万元、三等奖2万元。

▲富顺县和荣县列入全国首批特大型生物天然气工程试点县。由国家发改委、农业部开展的特大型生物天然气（沼气提纯后达到天然气标准）工程，全省争取到2个试点项目分别在富顺县、荣县实施，共投资2.52亿元，其中，中央补助8000万元。富顺项目中央补助资金5000万元，为全省农业单个项目争取中央投资的最大额度。

▲全市环保大检查正式启动。该检查活动涉及6个重点，即：所有排污单位污染排放状况；各类资源开发利用活动对生态环境影响情况；违法违规建设项目清理情况；阻碍环境监管执法的“土政策”清理废除情况；对群众举报投诉重点案件或地方长期未得到根治的突出环境问题；淘汰落后产能。活动将持续至年底。

▲美中友好协会暑期英语教师培训班在荣县举办。培训班为期12天，主要围绕英语口语练习、听力、阅读、教学方法和理念等内容展开，荣县有120名中小学英语教师参加培训。

▲市政府常务会审议通过《自贡市关于调整全市最低工资标准方案》。该方案明确：从2015年7月1日起，全市行政区域内最低工资标准从每月1250元上调至1380元（每日63.4元），上调幅度为10.4%；非全日制用工小时最低工资标准执行每小时14.4元。新标准包含个人应缴纳的社会保险费和住房公积金。

▲“全氟烷基乙基丙烯酸酯”项目正式投产。该项目位于富顺县晨光科技园区，总投资1.2亿元，是2013年四川战略新兴产业专项资金支持项目，所生产产品是重要的高级化工新材料，已获国家2项发明专利，主要用于高档织物、高级纸张、新医药、高级涂层等领域。

8月

1日

▲华西能源公司与印度太古代集团签订塞内加尔3×120兆瓦洁净煤燃烧发电总承包项目合同。该合同金额约5.72亿美元，是塞内加尔国内最大的发电项目，项目执行期为2015年至2018年。市委副书记、市长刘永湘等出席签约仪式。

▲北环路二期（东大家居城至一桥）加宽扩建工程举行开工仪式。该工程全长4.16公里，路面宽30米，工期18个月。

3日

▲自贡六中女子足球队在绵阳举行的2015年四川省女足锦标赛上获第三名并获体育道德风尚奖。

▲荣县双古镇（龙都绿茶）被农业部认定为第五批全国一村一品示范镇。

▲自贡警方联合广东省陆丰市和成都、泸州市禁毒部门，成功破获部督目标2015－660特大贩卖毒品案。抓获涉嫌贩卖毒品嫌疑人倪某等共14名；共缴获各类毒品16.68635公斤，其中，毒品冰毒15.2458公斤、“麻古”1.43967公斤、海洛因0.88克；缴获子弹2发，管制刀具2把；暂扣涉案车辆2台，现金4.8万元。

5日

▲贡井区育才小学获批为省知识产权普及教育试点学校，成为全省首批十三家试点学校之一。

6日

▲自贡东北部新城燎北路建设工程正式开工。该道路全长1.82公里，按城市次干道标准、双向六车道设计，道路设计为40米路宽，工程预算投资1.24亿元，工期370天，拟于2016年3月30日前完成路基建设。

8日至9日

▲沿滩区逸夫小学7名学生在第十届中国少年科学院“科学实验嘉年华”全国展示交流活动中获4金2银1铜。

10日至12日

▲2015年全省青少年艺术体操锦标赛在自贡举行。成都、自贡、达州、南充、乐山、泸州等9支代表队参赛。自贡代表队获6金1银2铜，并获团体总分第一名和体育道德风尚奖。

11日至15日

▲受泰国地矿资源局邀请，自贡恐龙博物馆对泰国进行交流访问。泰国Phu Wiang化石研究中心及恐龙博物馆与中国自贡恐龙博物馆缔结为姊妹馆。

12日

▲省委副书记、省长魏宏率队调研自贡市经济运行情况。魏宏一行先后实地考察华西能源工业股份有限公司、海川实业有限公司、自贡红谷实业有限责任公司、中昊晨光化工研究院、永年锦盛源现代农业产业园和光凤片区综合改造项目现场，了解企业生产经营情况，并听取全市棚户区改造情况汇报，强调要做好稳增长、促发展工作，推进老工业城市转型升级。市委书记雷洪金，市委副书记、市长刘永湘等陪同调研。

12日至13日

▲新西兰驻成都总领事孔思达到自贡市参观访问。孔思达一行实地参观盐业历史博物馆，并与四川理工学院、海天公司相关负责人进行座谈。

14日至15日

▲北大博士后E7班学员到自贡市参观考察。该班学员主要由国家部委、地方领导干部，上市公司董事长、总经理，民营企业家等组成。市委副书记、市长刘永湘会见该班全体学员，并介绍自贡社会经济发展情况。

15日

▲央视《奋斗》栏目组到自贡拍摄。栏目摄制组以自贡某电子商务企业为主线，先后到汇东梨苑农贸市场、学苑街等地对商家进行采访拍摄，反映企业的发展历程、经营模式、管理经验和做法。

18日

▲华西能源公司与新疆其亚铝电有限公司签署6×360兆瓦超临界燃煤机组锅炉项目，合同总金额10.20亿元。合同主要在2016—2017年度执行，其中，一期项目价格3.4亿元，二期项目价格6.8亿元。

▲自贡代表队在2015年四川省青少年拳击锦标赛上获3金2银2铜。其中，张雨婷、汤余建、涂智鹏分获女子乙组48公斤级、男子丙组56公斤级、男子丙组58公斤级金牌，陈丽、徐嘉忆分获女子乙组46公斤级、女子丙组52公斤级银牌，张洧胤、郭雄峰分获男子乙组54公斤级、男子甲组75公斤级铜牌。

▲富顺县两名少女在晨光大桥附近的沱江滨江路码头溺亡。事发时，其中一名少女轻生跳河，另一名少女下水相救，两人均溺水身亡。

19日

▲全市调整失业保险金发放标准，由875元/月·人调整为966元/月·人，其他失业保险待遇相应调整。新标准自2015年7月1日起执行。

20日

▲自贡第五次获“省双拥模范城”称号。该称号是继1997年、2001年、2005年、2010年被命名为“省双拥模范城”后连续第五次获得。根据省委、省政府、省军区联合发出的《关于命名表彰四

川省双拥模范城（县、区）和双拥模范的决定》，荣县和自流井区连续第七次获“省双拥模范县（区）”称号，大安区连续第六次获“省双拥模范区”称号。

▲中国首部方言儿童爆笑网络剧《自贡小伙伴》在雄飞假日影院举行首映仪式。剧中小演员全部在本土校园招募，著名喜剧表演艺术家沈伐老师的弟子巴蜀笑星高木木出演剧中角色。

20 日至 21 日

▲人民网“行走四川·新型城镇化之路”全媒体采访报道组赴自贡宣传报道。主要针对新型城镇化工作开展策划，重点聚焦全市城乡一体化发展、城市旧城棚户区改造、城市新区建设以及产城融合、生态文明和特色小城镇等方面的建设，以图文并茂的形式，全面反映全市新型城镇化工作的特色亮点。

22 日

▲中国房地产协会副会长、华远地产公司原董事长任志强在市委大礼堂作“经济与房地产形势分析”专题讲座。讲座围绕当前宏观形势，分析当前经济走向和房地产业的发展形势，提出三、四线城市房企在当前市场环境下的发展战略及应对措施，并对今后一段时期内的房地产市场发展进行预测。

23 日

▲富顺县华英实验学校的《环境因素对含羞草触觉灵敏度影响的研究》获第 30 届全国青少年科技创新大赛青少年科技创新项目一等奖、《青蛙卫士》获科幻画一等奖，富顺县东湖小学的《地沟油的新去处》获科幻画二等奖。

24 日

▲自贡与苏宁云商股份有限公司签订战略合作协议。协议包括推进全市实体商业互联网转型、建设 O2O 实体零售商业体验中心、推动地区物流设施和运营能力的完善和升级、推动全市农村电子商务发展、推动全市电商人才培养引进、扩大全市“互联网 +”等内容。

▲富顺县 90 后学生李模林被评为第四届四川省见义勇为道德模范。李模林于 2012 年 3 月 24 日在放学途中，成功救起落水的 4 名妇女和 1 名儿童。

24 日至 25 日

▲全省新型饲用作物现场观摩交流会在自贡召开。会议围绕新型饲用作物的种养殖前景、新型牧草的种植技术和推广应用等进行交流探讨。其间，与会人员到大安区三多寨镇、何市镇和荣县望佳镇参观种草养殖基地。中国工程院院士向仲怀、朱有勇、荣廷昭及中科院、中国热带农业科学院、西南大学、四川农业大学、西北农林科技大学等科研院所的专家学者参加会议。市委副书记、市长刘永湘等出席会议。

25 日

▲全省首个获批进入施工阶段的老房子加装电梯项目——高新区汇兴路科信苑小区 4 栋加装电梯项目正式施工。该小区 2004 年建成，电梯安装费由政府专项补贴 20 万元，再根据不同楼层按比例出资，并在施工中引入第三方审计单位、监理公司，确保费用透明和工程质量。

▲四川自贡百味斋食品股份有限公司（代码：833410）在新三板挂牌上市，成为全省第一家主营调味品的上市企业。

▲自贡市关工委在中国关心下一代工作委员会成立 25 周年暨全国关心下一代工作表彰大会上被评为“全国关心下一代工作先进集体”，荣县旭阳镇桂林街关工委顾问王正国、沿滩关工委执行主任姜玉良、富顺县富世镇后街社区关工委副主任宋淑芳荣获“全国关心下一代工作先进个人”。

26 日

▲市商务局与 O2O 财富联盟战略合作签字仪式在汇东大酒店举行。按照协议，全市一、二、三产业将通过财富联盟的积分平台和网络商城，实现企业入网上线 1000 户以上，地方产品和服务上线 100 个以上，网络成交 50 亿元，其中网购网销零售 20 亿元以上，带动上游生产 100 亿元，电商产业解决就业 3000 人以上，三年内基本实现财富联盟积分全覆盖。

27 日

▲以色列驻成都总领事馆总领事蓝天铭率队到自贡市考察访问。蓝天铭一行先后到荣县、板仓工业园区实地考察荣县绿食佳农业有限公司和华西能源公司、金灿光电公司等企业。市委书记雷洪金在檀木林城市名人酒店会见蓝天铭一行，双方就可能达成合作的领域进行交流。

31 日

▲自贡援建雅安市荥经县最大项目严道一中完工开学。该项目是荥经县灾后重建最大的社会事业项目，也是自贡最大的援建项目，建设面积 2.11 万平方米，其中第二栋教学楼命名为“盐都楼”，连接学校的公路命名为“盐都路”。

是月

▲自贡市中介机构信用信息查询平台（zjb. zgzw. gov. cn）正式上线运行。该平台涉及代理、咨询、介绍、担保、鉴证、评估、监理、培训、审计、经纪等中介组织，可与省中介机构数据库信息共享，方便公众查询中介机构信用信息。

▲全市 11 家“妈咪宝贝屋”建成投用并被评为首批市级示范点。“妈咪宝贝屋”主要为女职工建设标准化的“四期”（经期、孕期、产期、哺乳期）保护服务平台，为女职工提供便利。11 家示范点分别为：自贡汽车客运总站母婴候车室、高新区工会新严村妈咪宝贝屋、富顺县客运中心母婴候车室、沃尔玛（四川）百货有限公司自贡汇兴路分店工会亲亲宝贝屋、四川川润股份有限公司川润动力妈咪宝贝屋、自贡职业技术学校园丁妈咪宝贝屋、大安区妇幼保健院妈咪宝贝屋、荣县妇幼保健院快乐宝贝屋、自贡市妇幼保健院妈咪宝贝屋、自贡市第一人民医院妈咪宝贝屋、富顺县妇幼保健院妈咪宝贝屋。其中，自贡汽车客运总站母婴候车室、沃尔玛（四川）百货有限公司自贡汇兴路分店工会亲亲宝贝屋、自贡市妇幼保健院妈咪宝贝屋被评为省级示范点。

▲《富顺古诗三百首》出版发行。该书由中国出版集团现代出版社出版，共收录 129 位作者的 360 首诗词，包括富顺县籍进士、举人、廪贡、文士、才女的诗词及历朝职官和外籍名士有关富顺的诗作。

▲《抗战中的自贡——纪念抗战胜利七十周年文集》出版。该书由中央文献出版社出版，约 18 万字，配以 70 余张老照片，围绕自贡抗战中发生的“风起云涌的抗日救亡运动”“挫败日军的‘盐遮断’专题轰炸”“增产赶运自贡盐场的特殊贡献”“献金甲天下”“准备杀敌力量”等典型事件，收集相关研究文章及部分珍贵史料性文件。

▲富顺县琵琶镇 220 千伏输变电工程开工建设，该项目占地 1.33 公顷，总投资 1.84 亿元。

▲《荣县志》嘉庆本影印出版。该书由清嘉庆年间许源（1802 年任荣县知县）主纂，刊刻于嘉庆十七年（1812 年），全书 41 万字。

9 月

1 日

▲自贡市纪念“中国人民抗日战争暨世界反法西斯战争胜利 70 周年”主题文艺晚会在市川剧艺术中心举行。该晚会以“铭记历史、缅怀先辈、珍爱和平、开创未来”为主题，通过歌舞、小品、情景剧、杂技、配乐诗朗诵等形式、展现先辈们艰苦斗争、浴血奋战、保家卫国、勇于牺牲的革命大无畏精神。市委书记雷洪金、市委副书记、市长刘永湘等领导观看演出。

▲自贡抗战纪念碑揭碑仪式在自贡南湖公园内举行。纪念碑由 1 座主碑和 7 块副碑组成，记录抗战期间自贡因盐设市、遭受日军侵略者轰炸、自贡人民慷慨从军、节约献金救国、增产赶运等史实。纪念碑还添加现代元素，刻印二维码，通过扫描二维码可以了解更多自贡抗战历史。

▲自贡市妇幼保健院开通省内异地城镇职工、居民医保即时结算功能，成为全省首家实现异地就医即时结算的地级市（州）妇幼专科医院。省内异地患者需提供医保本和第二代社保卡（临时社保卡）及异地安置、转诊转院、急诊证明中的任一项即可在该院完成住院医保即时结算。

▲荣县、富顺县成为基网完善工程国家试点县。市政府与中国移动四川公司举行“中西部地区中小城市（自贡）基础网络完善工程暨扩大试点项目”签约启动仪式。该工程建设期 2 年，工程完工后，两试点县将实现 100% 光纤覆盖，城镇家庭用户光纤宽带接入能力达 20 兆。自贡移动拟按城镇家庭用户宽带接入能力达 100 兆进行建设。

▲自贡市召开纪念九三学社创建 70 周年暨九三学社自贡市委建社 30 周年座谈会。

▲自贡市各区县交警大队设立轻微道路交通事故快速处理中心，并在 13 个驻外中队设立服务点。原设立在“汇川路四达汽贸公司内”的“快处快

赔服务中心”停止运行。

3日

▲高新区明珠社区柴陵华作为抗日英烈子女代表参加抗战胜利70周年阅兵式接受检阅。柴陵华父亲柴意新在抗战中任国民革命军陆军第74军57师少将参谋长兼169团团长，在常德会战时牺牲。1985年被民政部公布为烈士，2014年9月1日被民政部公布为第一批300名著名抗日英烈之一。

6日

▲《自贡市餐厨垃圾管理办法》出台。该办法共5章28条，对餐厨垃圾产生、收集、运输、处理等各环节的禁止性情形做出全面规定，并实施全过程监管及处罚措施，办法自2015年11月1日起施行。

8日

▲重达180余吨的西南最大箱式浸出器落户自贡市舒坪综合物流园西南无水港粮油生产基地。该浸出器预计年底投产，投产后可年加工生产20万吨植物油。

▲高新区丹桂幼儿园正式开园。该幼儿园位于汇东新区汇东公园以南，明珠小区以北地段，总用地面积约1.16公顷，总建筑面积约8342平方米，拟开设16个班，可解决480名幼儿就读，是全市目前建园规模、硬件设施、师资力量和后勤服务最好的公办幼儿园。将解决周边明珠、银桦、新汇、蓝鹰、龙城、桂湖和悦景7个社区的适龄儿童入园问题。

▲科技部2015年“根在基层　青春担当”青年干部调研实践团16名成员到自贡高新区考察。实践团一行先后听取高新区规划建设及园区发展情况介绍，参观市科技成果交易中心、华西能源工业股份公司、浙江大学自贡创新中心和釜溪河复合绿道。

10日

▲自贡举行“全光网城市”揭牌仪式。全市所有宽带和固定电话实现光纤网络接入，正式建成城乡一体化、家庭百兆普及、企业千兆普及的“全光网城市”。市委副书记、市长刘永湘，中国电信四川公司总经理赵麦庆出席仪式并为“全光网城市”揭牌。

▲市委、市政府出台《关于实施精准扶贫攻坚行动的意见》。通过实施“八个一批”（生产发展减少一批、就业增收扶助一批、基础条件改善一批、教育扶持提升一批、移民搬迁安置一批、低保政策兜底一批、医疗救助帮扶一批、财政金融帮扶一批）精准扶贫行动，每年减少2.5万贫困人口。到2020年，全市消除绝对贫困，实现10.1万农村贫困人口脱贫、113个贫困村“摘帽”。

12日

▲玄幻电影《锁龙井》在沿滩区仙市古镇杀青。《锁龙井》自9月6日开拍，历时7天，所有镜头均在仙市古镇完成。

12日至19日

▲自贡市运动员在全国第九届残运会暨第六届特奥会获6枚金牌、7枚银牌、2枚铜牌。其中董超在射击比赛中获5金2银1铜，张玉在射击比赛中获1金2银1铜，刘法科在地滚球比赛中获1枚银牌。特奥运动员罗挺军获羽毛球比赛2枚银牌。

15日

▲2015年川南经济区联席会议在汇东大酒店举行。会议通报川南经济区完善区域合作机制、强化跨区域重大基础设施建设、推动产业分工协作、推动要素市场一体化建设、推动公共服务对接共享、加强生态环境共建共治等七项重点工作推进情况，征求重点工作细化分解任务意见。

▲四川川油天然气科技股份有限公司（代码：833065）在“新三板”挂牌上市。这是全市第二家登陆“新三板”的企业。

▲第十届中国（武汉）国际园林博览会“自贡园”建成。“自贡园”位于北片展区，投资700万元，占地1000平方米，绿地率69.7%，以传扬自贡千年井盐文化为造园重要脉络，展示井盐钻取提炼技艺为造园营建主题，以重现昔日盐场辉煌场景为造园表现手法，以自贡乡土植物营造节约型植物景观，形成以“盐之园”为核心理念的精品展园。这是自贡市以“国家园林城市”的身份首次参会。

16日

▲第五届中国成都国际非物质文化遗产节举行“自贡主题日”活动。在230平方米自贡展览厅内，展出自贡灯会、自贡井盐深钻汲制技艺、自贡龚扇、自贡扎染、自贡剪纸、高氏手工微刻4个国家

级、2个省级“非遗”保护项目；在“非遗”博览园内广场举办两场以表现自贡井盐深钻汲制技艺、川剧资阳河流派、草靶龙、童寺唢呐、富顺连萧、长山锣鼓等“非遗”项目及自贡传统民间民俗文化方面的综艺文化演出。

▲自贡市启动首批“智力服务团”挂职服务活动。首批“智力服务团”成员由四川理工学院和浙大自贡创新中心的17名博士组成，涉及材料工程、电子商务、现代农业等专业。“智力服务团”成员按照“双向选择、专业对口、市县均衡”的原则到相关单位、企业开展智力服务。

▲自贡市商业银行获全国最佳新锐城市商业银行荣誉称号。该荣誉由中国银行家高峰论坛暨“2015中国商业银行竞争力评价报告”发布。

17日

▲自贡市政府与乌克兰伊万诺弗兰科夫斯克州签署友好合作备忘录。双方将在工业、农业、毛皮兽饲养业等方面共同投资，并为彼此介绍互利的资源及投资机会。乌克兰驻中国大使馆副大使维克多塔那斯耶恰克，伊万诺弗兰科夫斯克州议会副议长、乌克兰国家石油公司副董事长博格丹捷琴斯基，市委书记雷洪金，市委副书记、市长刘永湘等出席洽谈会和双方友好合作备忘录签字仪式。

18日

▲省委常委、省委农工委主任李昌平到市调研。李昌平一行先后到沿滩区仙市镇百胜村、富顺县福善镇韩咀村了解农村深化改革、新农村建设、农业产业发展、扶贫开发等工作情况，并听取工作汇报。市委书记雷洪金等陪同调研。

▲自贡市军分区领导班子进行调整。马立云任军分区政委，原政委补鹤龄因服役达到最高年限光荣退休。

21日

▲市政府办印发《关于支持返乡人员创业的实施意见》。从即日起，创业担保贷款政策将向所有返乡创业人员（含在外务工、经商的城乡居民）敞开。从事个体经营或创办企业，均可按规定程序申请创业担保贷款，最高额度为10万元，期限2年。

22日

▲“外企看四川——国家高新产业自贡”交流考察团到自贡，参观板仓工业园、川力公司、华西能源、东方物流公司。市委副书记、市长刘永湘出席产业推介会并代表市政府与省对外友协签署战略合作协议。

▲仙市百胜慢餐文化园正式开园。该文化园总投资5561万元，占地33.33公顷，共建成“慢餐”体验乐园22套，主要包括生态湿地、滨水步道、花果绿地、民俗广场等乡村游设施和休闲产业。

23日

▲美国全美中餐业联盟密西根分会代表团到自贡，对盐帮菜及其文化进行考察。

▲四川理工学院的“自贡市晨曦农业科技有限责任公司”“灰姑娘手工公益社”作为高校组团队，荣获2015年“创青春”中国青年互联网创业大赛全国总决赛铜奖。

23日至24日

▲省委常委、省总工会主席李登菊到自贡考察。对稳定增长和转型升级、扶贫攻坚和改善民生、全面深化改革、依法治理和维稳工作及党的建设等工作进行调研。

24日

▲海川实业有限公司获第四届中国创新创业大赛先进制造业总决赛第三名。海川公司凭借“整体叶盘关键技术研发”项目被评为四川省先进制造行业最高分，成为全市唯一晋级全国总决赛的企业。

25日

▲自贡市全面启动“三证合一、一照一码”登记模式。将以前由工商、质监、税务三个部门分别核发的不同证照，改由工商部门核发加载统一社会信用代码的营业执照。四川摩立方庆典策划有限公司成为首个领取新型营业执照的单位。

25日至27日

▲“2015年自贡市体育产业博览会”在南湖体育文化中心举行。此次体博会吸引近百家参展单位参与，参展范围主要有体育产品的制造和销售、体育健身培训、体育服务、体育旅游、体育文化及其他相关类别。

26日

▲沿滩小学学生陈其雨获2015年江宁·横溪中国青少年斯诺克系列赛“石塘人家杯”南京公开赛少年组冠军。

▲华商国际城一期“乐活城”建成开业。“乐

活城”建筑面积18万平方米，以购物为主，集休闲娱乐、餐饮文化、观光旅游、体育健身、办公商务、居住功能于一体。

27日

▲市委副书记、市长刘永湘会见印度马哈拉施特拉邦首席礼宾长穆力克先生及中国驻印度孟买总领事郑曦原先生一行。

28日

▲富顺县刘光第研究会在赵化镇成立。研究会首批会员61人，选举刘家臻为第一届理事会会长，伍松乔等6人为顾问。

29日

▲省人大常委会副主任彭渝率队到富顺县锦盛源现代农业产业园、中昊晨光化工研究院、红谷皮具有限公司开展调研督导。市人大常委会主任陈华陪同调研。

30日

贡井至成佳、贡井至石凤等两条农村客运班线启动公交化改造试点。改造后，两条公交线路将开行10辆公交车，票价由原来的2元、3元统一下调为普通公交车1元、高级公交车2元。

是月

▲自贡市116名抗战老战士获颁抗战胜利70周年纪念章。根据中央决定，以中共中央、国务院、中央军委名义，向约21万名抗战老战士老同志、抗战将领或其遗属颁发中国人民抗日战争胜利70周年纪念章，表彰他们的历史功勋。

▲原创大型川剧《还我河山》获文化部、财政部国家艺术基金2015年度大型舞台剧和作品项目资助250万元。

▲自贡世界地质公园360度全景网上地质公园正式上线。自贡网上世界地质公园360度全景虚拟游，包括恐龙博物馆、盐业历史博物馆、燊海井、荣县大佛4个景区，选取主要热点景观80余个，高品质地展览和虚拟呈现公园特色鲜明、独一无二的自然资源与人文景观。

▲中国邮政集团自贡市分公司在市委、市政府、市交通大厦、南湖浙江商城、鑫龙康居、东方威尼斯、贡山壹号住宅小区等7个地点设立智能包裹（快件）柜运。快递员只需扫描快递运单号，输入收件人的联系电话，再将快递放入箱中，一条短信就会发送到取件人的手机上，收件人凭短信内的密码可以随时到智能快件箱收取快件，提高快递末端投递服务能力。

▲自贡市对全市旅游景区门票价格开展专项整治工作。在2015年9月至2016年8月的专项整治期间，全市原则上不出台新的上调景区门票价格方案，各景区、景点也须承诺不擅自上调门票价格。

▲自贡市更名改造辖区内13处高速公路标识标牌。具体情况：将成自泸赤高速公路大安区北收费站、自贡东收费站、瓦市收费站、富顺县代寺收费站、瓦市服务区分别更名为大安区团结收费站、自贡收费站、自贡瓦市收费站、富顺县东湖收费站、自贡瓦市服务区；将内宜高速公路大山铺收费站、自贡收费站、自贡北服务区分别更名为自贡大山铺收费站、自贡汇东收费站、自贡汇东服务区；将乐自高速公路桥头收费站、舒坪收费站、荣县南收费站分别更名为贡井区桥头收费站、自流井区舒坪收费站、荣县收费站；将自隆高速公路沿滩收费站、沿滩服务区分别更名为自贡沿滩收费站、自贡沿滩服务区。

▲荣县双古镇（龙都绿茶）被农业部认定为第五批“全国一村一品示范镇”。这是该县继古文镇（忆天香蔬菜）之后，被认定的第二个全国一村一品示范镇。

10月

1日

▲全市启动实施高污染“黄标车”综合治理行动。治理措施包括在主城区限时限段通行，其中五星街至公园口、新民街实行黄标车限时禁止通行，禁行时间为7：30至19：30。从2016年1月1日起，对违反规定在禁行区域内通行的禁行车辆，将依据《中华人民共和国道路交通安全法》进行处罚。

2日

▲自贡无臂书画家胡林随省残疾人艺术团到香港，受到香港特首梁振英、原特首董建华接见。

8日

▲四川龙都茶业被联合国物资采购监管中心确定为茶叶指定采购基地。联合国物资采购监管中心

副部长齐国利为四川龙都茶业集团有限公司授牌。

▲中国西部首家口述历史研究机构在四川理工学院成立。该机构以“以史为鉴，为世留真”为宗旨，重点开展教育口述史、工业口述史与劳工口述史、传统工艺传承人口述史、战争亲历者口述史、文学艺术家口述史和家庭口述史，特别是盐业社群、三线建设移民、本土历史文化名人和文学艺术家的口述史项目。

▲华西能源与巴基斯坦 Grange Power Limited（格兰奇电源有限公司）签订《增资入股协议》。根据协议，华西能源增资 1.88 亿元后持有格兰奇公司 51% 的股权，成为该公司控股股东，将全面负责巴基斯坦 GP 电站项目的投资、建设、运营。

9 日

▲东方锅炉公司签订印度尼西亚芝拉扎燃煤电站三期 1×1000 兆瓦扩建项目锅炉设备采购合同。该项目是全省启动实施“一带一路”战略“251 三年行动计划”后首个签约的重大项目，实现国内首台 1000 兆瓦等级超超临界机组锅炉出口海外，打破西方同类产品对东南亚市场的垄断。

▲全国社会艺术水平考级自贡报考站成立。该报考站由省考级工作委员会与自流井区交通服务职业培训学校联合举办。

10 日

▲全国首部古盐道题材电影《盐马帮》开机新闻发布会在雄飞假日酒店举行。该影片由市委宣传部与成都巴蜀艺田文化传媒有限公司联合摄制，展示自流井地区从事井盐生产和运输的文化特色，主要拍摄地有西秦会馆、王爷庙、仙市古镇、王家大院、牛佛古镇、三多寨、吉成井、燊海井、贡井老街、陈家祠堂、南华宫、玉川公祠等。影片拟于 2016 年春节期间在自贡首映并在全国公映。

11 日

▲四川远达集团董事长张远平获首届四川“十大扶贫好人”称号。

12 日至 13 日

▲农业部农业生态与资源保护总站李景明一行到自贡督查指导国家首批四川两个特大型生物天然气试点项目筹备及实施工作。督导组先后到富顺县和荣县考察项目现场，听取情况汇报，并与市县相关部门负责人、两县党政领导和建设单位负责人就发酵原料供应、沼渣沼液消纳、沼气提纯利用、方案编制审批、资金管理使用、建设进度、项目管理和安全防护措施等进行座谈交流。

13 日

▲全省首批、全市首个县级希望公益服务中心在贡井区挂牌成立。该中心由省青少年发展基金会和贡井区人民政府共同成立，重点承接资助农村中小学建设、资助农村贫困学生等公益服务项目。

13 日至 21 日

▲央视《走遍中国》栏目组一行 5 人到自贡拍摄。摄制组分两组先后到大安烧牛肉、自贡英祥锦江大酒店、盐业历史博物馆、燊海井、富顺等点位，拍摄烧牛肉、冷吃兔、水煮牛肉、富顺豆花等自贡美食。

14 日

▲全省中小学校责任督学挂牌督导创新县评估标准研讨会在富顺县召开。会议通过集中、分组讨论的方式，围绕《四川省中小学校责任督学挂牌督导创新评估标准》开展研讨，对评分细则进行补充完善。省教育厅和成都、德阳、宜宾、自贡等相关负责人及专家参加会议。

15 日

▲自贡市中小学首届校园足球联赛总决赛开幕式在汇东实验学校进行。总决赛共 75 支校园足球队、1000 余名队员按照男女小学组、初中组、高中组各级别参赛，分别在汇东实验学校、绿盛实验学校和蜀光中学三个比赛场地进行。

▲市驾驶培训行业协会正式揭牌成立。该协会的主要职能是做好全市驾培业自律和管理，提高服务质量并维护行业、学员权益。

15 日至 17 日

▲自贡代表团到绵阳参加中国（四川）电商发展大会。代表团由全市近 20 家电商企业、集聚基地、示范县及市商务局、四区两县和高新区相关负责人组成，主要参加大会开幕式暨领袖峰会、电子商务创新圆桌论坛、农村电商论坛、跨境电商论坛等峰会论坛和专项活动。其中，四川同创新锐信息技术有限公司、四川天皓科技有限公司作为省内创新企业在电商重点企业展区参展；自贡市（普润）电子商务博览城作为省级集聚区在基地展区参展；荣县作为省级电子商务进农村综合示范县在电商进

农村展区参展；百味源食品、盐帮文化传播等13家电商企业在地方特色馆参展。

16日

▲“蒲荣祥王国洲书画作品公益展”在自贡开幕。蒲荣祥是北京军区空军原政委、空军中将，现为中国书法家协会会员。王国洲现任空军研究员，专职画家。展览由空军指挥学院政治部、中央数字电视书画频道和中国基本建设优化研究会文化创意发展中心主办，公益展为期4天，展出蒲荣祥书法作品和王国洲国画精品100余件。中国书法界泰斗、中国书协顾问权希军，空军原副政委黄新中将，海军原副司令员赵兴发中将，空军指挥学院政治部主任肖晓明少将，中国基本建设优化研究会常务副秘书长孙晓洲等参加开幕式。

▲2015年国土资源科普基地工作讨论会在自贡召开。会议由国土资源部科技与国际合作司、国土资源科普基地管理办公室、中国地质博物馆主办，自贡恐龙博物馆承办。

▲自贡世界地质公园与雷琼世界地质公园举行缔结姊妹公园签字仪式。根据协议，双方将不定期进行互访，互送管理人员相互学习；联合举行旅游促销和学术交流活动，相互宣传对方地质旅游资源优势；积极开展公园管理、资源保护等领域的合作与交流，促进双方公园共同发展与进步。

▲自贡职业技术学校举办建校五十周年暨合校十周年校庆纪念活动。市人大、市政府、市政协相关领导和原自贡农校、财经校、工业校、职工中专、釜溪职高的历届校友及学校师生共一万多人参加活动。

▲全省首家“电子书工坊”在市图书馆建成投用。该“电子书工坊”是集电子书阅读、创作、馆藏、全程展示于一体的公共图书馆读者应用服务平台，通过从传统阅读到电子书阅读，再到电子书创作的体验，为青少年儿童提供一个创作与交流、展示与参与的平台。

17日

▲首届全国国土资源科普讲解大赛总决赛在自贡举行。大赛由国土资源科普基地管理办公室主办，自贡恐龙博物馆承办，全国各省、市、自治区科普基地遴选出的29名选手参赛。自贡恐龙博物馆的朱莎和王晓娟均获一等奖，被授予“国土资源科普大使”称号。

19日

▲全市首届高校毕业生创业大赛闭幕。大赛于2015年7月启动，共初选42个项目参赛，涵盖电子商务、绿色农业、智能机械、农业种养殖、教育培训等十余个行业。经过复赛，9个项目进入决赛。其中，创业者陈肖肖和钟古义分别以“川椒产业科技园”和“舞台道具、仿真恐龙设计生产销售”项目获一等奖，各获创业奖金5万元。另有3名创业者获二等奖、4名创业者获三等将，分别获创业奖金4万元、2万元。

▲“全国大众创业万众创新活动周”自贡分会场活动正式启动。活动为期5天，分别开展成果展示、政策宣传、创业比赛、研究讨论等一系列创新创业活动。市委副书记、市长刘永湘出席启动仪式。

20日

▲自贡市争创第五届全国文明城市动员大会在市委大礼堂召开。会议部署安排创建全国文明城市工作。会议代中央文明委向国网自贡供电公司等3个第四届全国文明单位、大安区大山铺镇江姐村等2个全国文明村授牌；代省委、省政府向市公交集团有限责任公司等3个第三届省级最佳文明单位、市工商行政管理局等6个省级文明单位、自流井区仲权镇全胜村等4个省级文明村、高新区丹桂街道明珠社区等2个省级文明社区授牌；会议表彰创建省级文明城市的先进单位和个人。市委书记雷洪金，市委副书记、市长刘永湘、市政协主席潘泽金等出席会议。

20日至28日

▲第五届川南文化艺术节在自贡举行。文化艺术节历时9天，共举办仪式、演艺、比赛、展览、交流等5大类、13项活动，直接参与人数2000余人次，观展、观演市民3万余人次。

22日

▲2015年中国西南地区规划院论坛在自贡举行。该论坛由四川、云南、贵州、广西、重庆的14家甲级规划设计单位主办，市城市规划设计研究院承办。论坛以“新常态新规划”为主题，分院长论坛、学术论坛两部分，主要研讨新时期、新形势下的规划转型发展及未来规划事业的走向和前景。与

会期间，参会代表参观考察市盐业历史博物馆、燊海井、仙市古镇、仙市镇百胜村慢餐文化园及釜溪河复合绿道示范段。

▲市政府召开2015年第四季度经济工作推进会。分析当前全市经济运行状况及发展趋势，研究部署第四季度经济工作。市长刘永湘主持会议。前三季度，全市地区生产总值869.32亿元，同比增长8.5%，比全国高1.6个百分点，比全省高0.5个百分点，增速列全省第11位。

23日

▲全市首届“诵读经典弘扬国学”中小学生诵读比赛在南湖体育中心北广场举行。参赛队伍以《孝经》《诗经》《木兰辞》《千字文》《中庸》等进行诵读演绎，表演融合音乐、舞蹈等艺术形式。全市9支队伍、400余人参加比赛。

23日至27日

▲自贡组团参展“中国西部（四川）进口展暨国际投资大会”。展出主要涉及航空与燃机、综合物流中心、西南（自贡）无水港等产业和项目。市委书记雷洪金，市委副书记、市长刘永湘等到自贡展区巡馆。在集中签约仪式上，全市成功签下29个项目，总投资额112.94亿元。

26日

▲富顺籍运动员吴燕妮以13秒60的成绩获首届全国青运会女子100米栏冠军。

27日

▲市政府召开大气污染防治攻坚工作会。会议通报1—10月全市环境空气质量状况，安排部署近期大气污染防治攻坚重点工作。10月1日至25日，全市可吸入颗粒物（PM10）浓度平均值136.3微克/立方米，同比上升34.7%，综合指数排名全省倒数第一。

▲中昊晨光化工研究院等离子项目（2000t/a等离子裂解有机氟残液技术改造）竣工验收。该项目由中昊晨光化工研究院自主设计、自行建设，采用自主知识产权的专利技术属于国家优先支持的环保科技领域，符合国家产业政策和无害化处理方向。该技术与传统技术相比，裂解温度高，对高难度有机氟残液分解能避免二噁英等有害物质产生。

28日至29日

▲全国十三城市关心下一代工作第七次经验交流会在自贡召开。会议围绕创建“五好”关工委、加强基层组织建设、关爱帮扶留守学生和“五失”青少年弱势群体等内容交流工作经验。九江、大同、无锡、包头等十三城市的关工委领导和基层代表100余人参会。省关工委副主任李尚志，市委书记雷洪金等出席会议。

29日

▲自贡在全国城市成长竞争力排行榜中名列第一。该排行榜由东海证券、上海财经大学商学院、上海财经大学金融重点实验室联合举办，包括“综合竞争力排行”“地级市竞争力排行”“规模竞争力排行”“盈利竞争力排行”“成长竞争力排行”等。其中，在“成长竞争力排行榜”中，自贡位居全国市级行政区榜首，较2014年排名上升8位。

31日

▲四川省老龄保龄球比赛在自贡开赛。比赛由省老年人体育协会、市老年人体育协会主办，有个人赛、双人赛、四人队际赛等项目。全省65名老龄保龄球爱好者参加。

是月

▲全市首例居民分布式光伏电源正式并网发电。该光伏电源位于北苑小区一居民家楼顶，装机总量为3千瓦，弱光发电，并网电压为220伏，采用电量自发自用、余量上网出售的方式并入电网。

▲东方锅炉公司“600兆瓦超临界循环流化床锅炉研制”项目获中国机械工业科学技术奖一等奖。该项目主要采用东方锅炉自主开发设计的全新技术，兼备CFB燃烧技术和超临界蒸汽循环的优点，具有污染物排放低、燃料适应范围广、调峰能力强、燃烧效率高等特点，节能和环保效能处于世界前列。

▲自贡运机集团“超长距离管状带式输送机关键技术研究应用”项目获中国机械工业科学技术奖二等奖。该项目根据超长距离复杂地形输送物料的特殊性，应用动态计算分析、优化设计和仿真等创新技术，成功开发能适应复杂地形布置，具有高带强、大运量、大倾角、高落差空间曲线布置、超长距离输送功能的管状带式输送机，解决极端复杂地形条件下的输送难题。项目已获授权实用新型专利9项，发明专利2项。

▲荣县被列为省级电商进农村综合示范县。

11 月

1 日

▲檀木林幼儿园在由国家体育总局、国家体育管理中心举办的 2015 年“奥体青少年体育俱乐部杯”全国快乐体操比赛中获男女团体金牌和集体操一等奖。

2 日

▲自贡与松潘县签订《战略合作框架协议书》。根据协议，自贡作为松潘县的长期战略合作伙伴，为该县经济社会发展及城市建设提供规划咨询、技术服务和决策参考，并建立信息定期通报制度和人才培养交流制度。

5 日

▲绵阳市党政代表团到自贡考察。考察团先后实地参观南湖公园、釜溪河复合绿道、板仓工业园区及华西能源公司，了解自贡城市规划建设和工业转型升级发展情况。市委书记雷洪金，市委副书记、市长刘永湘等陪同考察。

▲自贡市彩灯产业企业标准联盟正式成立。该联盟由 23 家单位发起，拟通过研究制定满足产业发展需要的联盟标准，以联盟标准引导产业统一标准、提升档次，解决产业集群标准不一、产品质量不稳等问题。

7 日

▲自贡代表队获四川首届中等城市网球团体赛冠军，实现自贡网球成绩历史性突破。该比赛由省中等城市网球协会联盟举办，成都、自贡、泸州、广元、遂宁、南充、资阳、达州、凉山、巴中等城市的 100 余名网球选手参赛。

▲全国小儿脑瘫公益救助工程四川项目启动仪式暨义诊活动在富顺县举行。活动由省扶贫开发协会主办，全国小儿脑瘫康复专项基金承办。义诊活动筛选家庭特别困难患儿到北京免费治疗，未被选中申请到北京治疗的，由专项基金会提供医院和部分专项基金补助。

8 日至 10 日

▲旅游卫视《跨越中国途观之旅》栏目组到自贡拍摄。摄制组围绕探寻丝绸之路的文化、历史，先后到仙市古镇盐运码头、贡井陈家祠堂等地取景拍摄。节目拟于 2015 年年底在旅游卫视黄金时段播出。

9 日

▲《自贡市发展党员工作责任追究办法（试行）》正式出台。该办法共 6 条，主要从责任追究对象、责任追究情形、责任追究处理三方面强化发展党员工作。

▲央视《奋斗》栏目组到自贡采访市全敏农业科技开发公司。

10 日

▲中共自贡市委群团工作会议在市委大礼堂召开。会议贯彻落实中央、省委党的群团工作会议精神和部署，总结交流群团工作经验，并对新形势下全市群团工作进行部署。会上，市总工会、团市委、市妇联、荣县、自贡水务集团公司等单位作交流发言，市侨联、残联等 6 个单位进行书面交流。市委书记雷洪金、市人大常委会主任陈华、市政协主席潘泽金等出席会议。

13 日

▲全市首个国家级公共服务综合标准化项目通过验收。该项目于 2012 年 12 月获国家标准委批准立项并开展试点，重点围绕自贡市城市公共交通智能化、数字化、规范化建设，在城市公共交通行政管理、公共汽车运营和出租汽车运营等三个领域推进标准化体系建设，包含通用基础标准、服务保障、服务提供、工作标准等四部分共 223 项标准。

16 日至 17 日

▲“自贡恐龙发现 100 年国际学术研讨会”在自贡举行。恐龙学界泰斗、自贡恐龙博物馆科学顾问董枝明，中国科学院院士、美国科学院外籍院士、中科院古脊椎动物与古人类研究所所长周忠和，中国新一代恐龙研究代表人物、古脊椎动物学家徐星，恐龙足迹专家、美国 Martin G. Lockley 教授，法国恐龙专家 Eric Buffetaut 教授，法国知名龟鳖类专家佟海燕博士，泰国恐龙研究专家 Suravech Suteethorn 教授，北京、天津、重庆、辽宁、山东、甘肃、河南等地从事古生物学、博物馆学研究的专家学者近 120 余人参加会议。与会专家学者围绕恐龙发现和研究历程、恐龙化石新发现和新成果、恐龙化石保护技术和方法、古生物化石利用、博物馆

和地质公园的科普教育等主题进行交流，并举行“侏罗纪地层与古生物研究中心”揭牌仪式。

18 日

▲市委组织自贡市省党代会代表集中视察调研全市经济社会发展情况。省党代会代表先后到海川实业公司、沿滩新城龙湖远达社区、华西能源公司、釜溪河复合绿道、东兴寺棚户区改造现场实地视察，调研了解省委和市委重大决策部署、重大工作、重要事项落实及党员群众关心的热点难点问题，并听取自贡经济社会发展和党风廉政建设情况汇报。省委、省政府决策咨询委员会主任甘道明，市委书记雷洪金等省党代会代表及基层的党代表参加视察调研活动。

▲自贡市创建全国文明城市工作安排会在市委会议厅举行。会议强调要重点实施好牢固的思想道德基础奠定行动、良好的经济社会发展环境营造行动、长效常态的创建工作机制构建行动“三大行动”，确保在 2017 年实现建成全国文明城市的目标。

18 日至 19 日

▲由中央、省级媒体组成的“法治中国·走进四川”采访团到自贡采访。采访团先后走进自流井区解放桥社区、高新区学苑街、沿滩区岱山法治公园、蜀光绿盛实验学校、大安区“法治夜校”、荣县双石镇等进行实地采访，报道全市推进依法治市取得的新成就。

19 日至 23 日

▲自贡组团参展第三届四川农业博览会。全市参展的龙头企业、农民专合社、家庭农场共计 62 家，参展产品有特色肉制品、调味品、休闲食品、酒类产品、土（林）特产品、果蔬产品、手工艺品、茶叶产品等 8 大类 323 个品种。博览会上，共签约招商项目 4 个，总投资额 2.34 亿元，其中云南客商自贡生态种养殖农业观光旅游度假项目（一期）、重庆腾苑自贡苗木基地基础设施及名贵花木种植项目、江西正邦自贡年产 20 万吨规模饲料厂项目参加集中签约。其间，省委常委、省农工委主任李昌平，副省长曲木史哈，市委副书记、市长刘永湘等到自贡馆巡馆。

23 日

▲沿滩区返乡创业园暨科技孵化园正式开园。返乡创业园规划建设工业科技创新创业园、现代农业创业园、文化旅游创业园“三大园区”；科技孵化园占地 2 公顷，总投资 8000 万元，建成 13450 平方米孵化器及附属设施，入驻两院（节能环保研究院、食品研究院）、三园（返乡创业园、大学生创业园、企业孵化园）和一俱乐部（开放式综合服务平台）。市委副书记、市长刘永湘出席开园仪式。

24 至 27 日

▲自贡组团参展“川货全国行·上海站”。四川久大制盐有限责任公司、四川太源井醋业有限公司、自贡市刀刀爽食品有限公司、自流井区巴人治灶调味品厂、富顺县雷三食品有限公司等 10 户企业参展，展品包括调味盐、冷吃兔、晒醋、豆花蘸水、香辣大头菜等。

25 日

▲自贡凤鸣通用机场项目通过省政府批复。这是国务院将新建通用机场项目核准权下放到省级政府后，省政府核准的第一个通用机场项目。该项目建设内容包括 1 条 1200 米跑道、3 条滑行道、办公航站楼、塔台、站坪、停车场，配套建设通信、导航等设施。

26 日

▲自贡市创建全国文明城市指挥部第一次全体会议在市委会议厅召开。会议通报前一阶段全市创建全国文明城市突出问题的梳理清单，审议创建工作有关方案和制度，并安排部署当前和今后一个时期的创建工作。年初，自贡被中央文明委确定为第五届全国文明城市提名城市，按照全国文明城市评选表彰每三年举行一次的制度安排，全市的创建工作要在 2017 年内全面完成。市委书记、市文明委主任、市创建指挥部指挥长雷洪金出席会议并讲话。市委副书记、市长、市创建指挥部指挥长刘永湘与市创建工作组负责人、四区及高新区签订目标责任书。

27 日

▲中昊晨光专利项目“一种聚四氟乙烯浓缩水性分散液、制备方法及其应用”获第十七届中国专利优秀奖。该专利已投入产业化生产，累计实现销售收入 14.3 亿元，利润 5.2 亿元，出口创汇 4.1 亿元。

▲全省植物检疫行政执法培训及检疫监管经验交流会在荣县召开。会上，荣县、梓潼、仪陇、古

蔺等县就开展植物检疫行政执法及检疫监管进行交流发言。全省各市（州）及重点县（市、区）植物检疫（植保植检）相关负责人共100余人参加会议。

27日至28日

▲省委副书记尹力到自贡调研。尹力先后到四川理工学院、浙江大学自贡创新中心、丹桂街方冲社区、龙井街华大社区、板仓工业园区、华西能源公司、釜溪河复合绿道等实地察看，调研依法治省工作推进落实情况。市委书记雷洪金，市委副书记、市长刘永湘等陪同调研。

27日至29日

▲自贡市第十三届房地产展示交易会在南湖体育中心北广场举行。房交会以“逸居自贡圆梦金秋”为主题，有22家企业参会、27个楼盘参展，共接待参展群众6.5万人次，现场预订房屋645套（间），总成交金额6408.86万元。房交会期间，市民购房可享受每平方米100元政府补贴，棚改居民购房可享受每平方米500元政府补贴。

28日

▲四川中医医院院长高级学术交流暨深化医改形势下医院发展推进会在自贡举行。会议围绕新形势下医疗卫生体制改革，全省中医药事业发展、人才队伍建设、中医药传承和“十三五”规划进行讨论和交流。省内外100多家中医医院院长和专家参加会议。副省长陈文华出席会议并讲话。

28日至29日

▲2015年自贡市中小学生棋类比赛在南湖棋类文化中心举行。比赛设象棋、围棋、国际象棋、国际跳棋4个项目。各中小学校、幼儿园等38个单位1140名学生参加比赛。副省长陈文华到现场观赛并指导。

30日

▲自贡天健生物科技股份有限公司获准在新三板挂牌上市，成为高新区首家挂牌新三板的科技型中小企业。该公司成立于2009年11月，主要从事中药材种植及植物提取物的研发、生产、销售、服务。公司股票简称“天健生物”，证券代码834979。

▲全市首部村级志书《竹元村志》首发仪式在自流井区仲权镇竹元村举行。《竹元村志》共14章、54节、39万字，有图片150幅，记载自流井区仲权镇竹元村的自然、社会、政治、经济、文化、生态、环境、民风、民俗等方面的历史和现状，突出记述改革开放后农村在包产到户、村民自治、产权制度变革、统筹城乡综合配套改革等方面的变化及卢德铭、李仲权等人物事迹。

▲全国第三家心灵阳光国际康复会所在市精神卫生中心（市第五人民医院）挂牌成立。该会所设置多媒体、开心厨房、理发、洗车、种植养殖等康复项目，为精神疾病患者开发潜能，提供回归社会和就业的能力。国际会所顾问、康复会所专家、香港“卓越之友”康复会所创始人邱凤贤出席挂牌仪式。

30日至12月1日

▲由新华社、《中国财经报》、四川电视台、《四川日报》、四川新闻网、新华社四川分社、《四川农村日报》等中央、省级媒体组成的采访团到荣县采访。采访团集中采访荣县农村公共服务运行维护机制建设示范试点工作开展两年的情况。

是月

▲东方锅炉公司承制的国家700℃高温材料验证试验平台集箱部件研制成功。该项目属于国家能源局国家能源应用技术研究及工程示范项目——“700℃超超临界燃煤发电关键设备研发及应用示范”，可为国家发展700℃超超临界燃煤发电示范机组提供技术支撑。

▲四川省城市道路交通管理巡诊会诊教学研讨会在自贡市举行。会议围绕城市交通管理进行教学研讨，并对自贡城市交通管理进行巡诊、会诊，提出意见建议。

▲自贡交通指挥平台建成投入运行。该平台由81个卡口、293个红绿灯、25个电子警察组成，具有科技含量高、覆盖面广、快捷准确等优点，在全市交通秩序管理、交通资源调度、交通事故救援等方面发挥作用。

▲全市现代物流重大工程包项目——“自贡大山铺铁路物流园区铁路专用线”纳入国家2015年现代物流重大工程包。该项目总投资20.3亿元，总铺轨长度为14.209公里，配套建设散堆场、货物仓库、物流信息平台、综合信号楼等附属工程及配套设施。

▲大安区江姐故里和荣县吴玉章故居入选全国红色旅游经典景区名录备选名单。

▲自贡职业技术学校成功创建“国家示范校”。该校于2012年6月被教育部、人社部、财政部确定为“国家中等职业教育改革发展示范校立项建设单位”，经两年创建通过验收成为全市第一所中等职业学校“国家示范校”。

▲自贡跳水学校队员在首届全国青运会跳水比赛中获3金1铜。其中，苗裕琳获女子双人十米跳台冠军，陈慧琳获三米板第三名，两人均获女子团体冠军。

▲荣县农副产品加工园区（工业园区）被农业部新认定为国家农业产业化示范基地，成为全省4个第三批国家农业产业化示范基地之一。

12 月

2 日

▲向家坝灌区北总干渠一期工程可研报告获审查通过。该项目总投资105亿元，其中自贡灌区规划灌面约5.09万公顷，城区供水量7144万立方米，计划2016年开工。

▲市委举行中共十八届五中全会和省委十届七次全会精神宣讲报告会。报告会由市委书记雷洪金主持，省文化厅厅长郑晓幸作题为《深刻领会精神实质，科学谋划“十三五”发展，在五大理念引领下努力实现“两个跨越”》的宣讲报告。

3 日

▲自贡市成为全省首批行使地方立法权的设区市。根据省第十二届人大常委会第十九次会议第三次全体会议表决通过的《四川省人民代表大会常务委员会关于确定自贡、攀枝花、泸州、德阳、绵阳、遂宁、南充、宜宾、广安、达州、巴中、雅安、眉山市开始行使地方立法权的决定》，正式赋予自贡市行使地方立法权。根据决定，自贡可对城乡建设与管理、环境保护、历史文化保护等方面的事项制定地方性法规，并报省人民代表大会常务委员会批准后实施。

▲全市农村首例分布式光伏发电系统正式并网投入使用。该光伏发电系统位于贡井区牛尾乡新民村6组一养鸡场顶棚，第一期装机总量为8千瓦。

4 日

▲副省长刘捷率队到自贡调研。刘捷一行先后到沿滩区返乡创业园暨科技孵化园、沿滩工业园区、四川凯茨阀门制造有限公司实地查看，了解返乡创业“归雁经济”发展及园区建设情况，并听取全市经济发展和科技创新的情况汇报。市委书记雷洪金，市委副书记、市长刘永湘等领导及省科技厅、省经济和信息化委员会等相关部门负责人陪同调研。

▲省人大常委会副主任、秘书长曾省权到自贡调研。期间，曾省权到大安区凤凰乡永胜村，走访联系省人大代表、永胜村党总支书记贺光玉，实地调研村组经济社会发展情况，并看望该村贫困户和留守儿童。

▲全市首届“互联网+”创业大赛启动仪式和初选比赛在普润电商博览城开幕。大赛以“智联自贡、创新未来”为主题，参赛团队超80余支，决赛暨颁奖大会定于2016年1月举行。

5 日

▲全国公益抗击癫痫活动在自贡启动。活动由省扶贫开发协会、市扶贫开发协会和北京燕都医院的癫痫病专家团队共同主办，开展包括治疗咨询、病情答疑、健康讲座等活动，并通过审核、筛选出10名贫困患者作为免费救助对象到北京接受治疗。

5 日至 6 日

▲自贡跳水队员在美国路易斯维尔跳水公开赛中获2金。其中，自贡籍队员李劲聪获男子单人三米跳板冠军，自贡跳水学校队员陈慧玲获女子单人三米跳板冠军。

6 日

▲全市5件作品获第八届省巴蜀文艺奖。其中，川剧《还我河山》获巴蜀文艺奖·戏剧奖；小品《宝贝》获巴蜀文艺奖·曲艺奖；国画《竹荫清凉好读书》获巴蜀文艺奖·美术奖；杂技《扛定车》获巴蜀文艺奖·杂技奖；国画《李冰与都江堰》获巴蜀文艺奖·特殊荣誉奖。

8 日

▲中国彩灯民俗文化园正式开工建设。该项目位于自流井区仲权镇黄家村，规划面积24.67公顷，预算总投资2亿元，建设周期5年。“川南道

文化中心”成为入驻该园区的第一个项目。

9日

▲“城市因我而文明”——“衣旧有爱”旧衣回收环保公益项目正式启动。该项目由市文明办主办，市灵犀义工联合会组织实施，计划在全市100个社区（小区）设置爱心箱，经统一回收、清洗、消毒、包装后送到贫困社区、乡村进行精准扶贫，不合适的衣物由环保回收企业处置。

9日至10日

▲中共自贡市委十一届十一次全体（扩大）会议在市委大礼堂举行。会议学习贯彻中共十八届五中全会和省委十届七次全会精神，审议通过《中共自贡市委关于制定国民经济和社会发展第十三个五年规划的建议》和《中共自贡市委关于全面创新改革驱动转型发展的决定》。

10日

▲富顺县赵化大桥及连接线工程开工。该桥位于赵化镇车渡下游约100米处，东连万寿镇泸富路，西接赵化镇S207线。路线全长1.229公里(其中桥长669米，主桥长274米)，桥宽20.5米，总投资约1.23亿元。

11日

▲市委书记雷洪金在檀木林城市名人酒店会见捷克总统顾问、前副总理兼外长科胡特一行。双方就自贡与捷克的轻型飞机制造项目进展情况进行交流，并寻求在制造业、农业及文化、旅游、教育等方面开展项目合作。

▲自贡2剧目7人获首届四川艺术节“四川文华奖”剧目类奖。其中，川剧《还我河山》获“最佳剧目奖”，歌剧《盐神的女儿》获剧目奖，廖时香获“编剧奖”，陈正平、刘开逵、曾宇、朱梦婷获“表演奖”，廖忠荣、韩万斋获“音乐创作奖”。

12日

▲富顺香辣酱上榜2015年中国品牌价值评价信息发布榜单。该活动由央视财经频道联合中国品牌建设促进会等单位主办，富顺香辣酱地理标志产品以品牌强度756.5、品牌价值55.38亿元名列全国第七，成为全省上榜的7个区域品牌之一，也是全市唯一上榜的区域品牌。

▲由上海格林豪泰酒店集团投资管理的自贡格林东方大酒店开业。该酒店位于华商·国际城，总投资7000万元，占地6000多平方米，按照四星级标准建造。

14日

▲中央人民广播电台《中国乡村之声》在富顺县开播。《中国乡村之声》为对农公益广播，全天24小时播出，以直播节目为主，内容含新闻、专题、谈话、文娱类等。该调频电台发射功率1000瓦，覆盖半径约30平方千米。

15日

▲2015年第三批高级公交车投入运营。该批高级公交车共102辆，分别投放至5路、9路、11路、18路、26路、36路、37路、41路、801路等9条公交线路。所有公交车采用美国和国内先进控制系统，绿色环保插电式混合动力，车型以10.5至12米车为主，其中9台车为二级踏步，93台车为一级踏步。

▲自贡最大老旧小区——张化厂老旧小区配电设施改造工程启动。工程改造主要涉及配变增容、配变迁移、更换电杆、架空入地、户表改造等。

16日

▲全省2015年农民读书月活动在荣县启动。该活动由省全民阅读指导委员会、省委宣传部等14家单位联合举办，以“书香天府·全民阅读”为主题，内容包括示范农家书屋创建活动、关爱农村留守学生阅读活动及组织好书评选、送书下乡和出版物联展等。全市各区县代表和双石镇金台村村民1000余人参加启动仪式。

▲全市首批3770张居民健康卡正式发放。该卡具备患者身份识别、就诊挂号、个人健康档案和主要诊疗信息存储、医疗费用自助结算、跨机构跨区域就医“一卡通”及其他领域扩展等功能。

16日至17日

▲省委常委、组织部部长范锐平到自贡调研。范锐平先后到自流井区光凤片区棚户区改造现场、贡井区龙潭镇中坝村、沿滩区龙湖远达社区和沿滩镇百胜村等了解基层党建工作，并实地察看海川实业有限公司、四川理工学院大学生创新创业园、浙江大学自贡创新中心、沿滩区返乡创业园暨科技孵化园，了解人才建设和创新创业工作。市委书记雷洪金等陪同调研。

17 日

▲市城乡建设住房保障局与农发行市分行签署棚户区改造战略合作协议。根据协议，农发行市分行为全市拟实施棚户区改造的项目提供100亿元融资额度支持。

18 日

▲京东商城自贡大件运营中心正式投入运营。该中心位于板仓工业园区东方物流园，首期仓储10454平方米，业务覆盖自贡、内江、泸州、宜宾及下属所有乡镇，提供货到付款、POS刷卡、免费上门配送、取件等服务。

▲全省住房公积金“贯标”（贯彻落实《住房公积金基础数据标准》）工作现场会在自贡召开。会议围绕公积金工作开展经验交流，对2016年工作重点进行安排部署，并向自贡市、阿坝州颁发2015年达标单位奖牌。会前，与会人员到市区部分楼盘和市公积金中心服务大厅现场观摩。住建部、省住建厅和全省各市州公积金管理中心相关负责人参加会议。

21 日

▲马吃水立交桥发生一起重大道路交通事故。一辆货车与一辆电动车相撞，电动车上2人被货车碾压后当场死亡。

23 日

▲“盐义仓社区互助微公益服务标准化试点”项目通过验收，成为全省首个公益服务活动类标准化建设项目。该项目是一个以商家（机关、企事业单位）、社区、居民和志愿者四位一体的公益互助资源整合平台，将社区居民实际需求与商家社会责任感有机结合，利用志愿者发挥民间互助力量，并形成一个有机制的社会公益组织。

25 日

▲全市2015年年底重大项目集中开工暨自贡凤鸣通用机场开工、川南城际铁路开工动员仪式在贡井区成佳镇举行。项目总投资249亿元，涉及项目共37个，其中，基础设施项目18个，总投资157亿元，主要包括自贡凤鸣通用机场、自隆高速路富顺连接线、遂筠路至隆雅路自贡连接线、富顺县农村路网改善工程等项目；产业项目7个，总投资40亿元，主要包括富顺现代家具加工基地、自流井老街旅游文化产业系统开发、贡井新城商业综合体等项目；民生及社会事业项目12个，总投资52亿元，主要包括张家沱棚户区改造、汇柴口棚户区改造、光凤片区保障性安居工程、舒坪镇生活污水处理工程等项目。市委副书记、市长刘永湘，中航工业四川航空工业局局长赵玉波及市级有关部门、区县主要负责人等参加仪式。

▲市第十六届人大常委会第三十二次会议审议通过《自贡市宪法宣誓制度实施办法》。该办法规定：本市地方各级人民代表大会以及县级以上地方各级人民代表大会常务委员会选举或者决定任命的国家工作人员，以及本市各级人民政府、人民法院、人民检察院任命的国家工作人员，在按照法定程序产生后，就职时应当公开进行宪法宣誓。该办法于2016年1月1日起正式实施。

26 日

▲自隆高速公路通车。该高速公路于2011年12月开工，全长70.63公里。主线长50.76公里，其中自贡段33.76公里，起于乐自高速公路与内宜高速公路相连接的永安互通式立交桥，途经沿滩区、富顺县，止于迎祥枢纽互通，与成渝高速公路相接。路面为双向4车道，宽24.5米，设计时速80公里。主要工程有各类桥梁71座，各类涵洞213道，全线设互通式立交8处，沿滩服务区1处。

▲内威荣高速公路通车。该高速路于2013年3月开工，全长62.67公里，其中荣县段长14.4公里，起于内江市经开区交通乡冷家湾，经内江市市中区、威远县，止于荣县规划区南侧双土地，与乐自高速公路相接。路面为双向4车道，宽24米，设计时速80公里。主要工程有各类桥梁37座，涵洞及通道157道，全线设互通式立交8处，服务区1处。

26 日至 28 日

▲央视《走遍中国》栏目播出《牛香百味盐帮菜》《一种豆花千般滋味》。

28 日

▲全市首个智能制造数字化车间在华西能源公司建成投用。该项目由华西能源公司与上海自动化仪表研究院合作研究，2013年获工信部立项审批并以华西能源为示范点，总投资2.16亿元。该车间具备机器人智能焊接、探伤工艺等工艺手段，实现焊接质量在线监测、故障智能诊断、自动物流输送

和多设备协调控制等。

▲全市供销系统首家 B2B 电子商务平台——“未来时购”正式上线。该平台以城镇中小型超市为服务对象，集市场、采购、销售、仓储、物流、客服为一体，具有采购管理、网络分销、网络零售、网络营销、策划执行及物流管理等优势。

▲全省首个富硒产业技术研发中心在四川理工学院揭牌成立。该中心以富硒技术为研究对象，重点开展“硒源开发”“富硒农产品生产”“富硒食品加工”等研发工作，致力于推动富硒产品生产的标准化进程。

30 日

▲全市首次发布霾橙色预警。市气象台根据连日区域性污染态势，于10 时 51 分发布霾橙色预警信号。预警称，未来 24 小时内全市有中度霾，并按照《自贡市重污染天气应急预案》采取限产停产、扬尘控制等污染源治理措施。

▲2016 盐都新年音乐会在四川理工学院举行。音乐会上，意大利威尼斯爱乐乐团先后演奏《纳布科》《拉德斯基进行曲》《蓝色多瑙河》《卡门组曲》等 15 首经典乐曲。市委书记雷洪金等观看演出。

▲南湖公园西大门跨线桥竣工通车。跨线桥包括道路和桥梁，于 2015 年 5 月开工。其中，道路全长 660 米，宽 50 米；东幅桥梁长 193.52 米，由 6 跨箱梁组成，西幅桥梁长 72.148 米，由 2 跨箱梁组成。

▲全市首条公交车专用车道开通。该车道北起汇北路口，南至汇南路口，全长 0.66 公里，设计时速 50 公里。专用车道满足公共交通车辆优先通行，其他社会车辆限制使用。

▲首届白庙血橙采摘月活动在贡井区白庙镇旭东村启动。活动为期 1 个月，包括特色农产品展示、乡村体验游、生态采摘游、欢乐暴走、年货采购、摄影比赛、万亩果园环线骑游等内容。

▲卧龙湖医养中心项目正式开工。该项目位于卧龙湖国际旅游区内，占地 13.33 公顷，预计总投资 7.4 亿元。项目分两期建设，一期占地 5.33 公顷，投资 3.4 亿元，设置床位 500 张，功能布局包括中医老年养护中心、市名中医馆、保健养生中心、治未病中心、康复训练中心等 6 个子项目。

▲全市首例农村承包土地经营权流转项目成功交易。该流转交易为协议出租方式，转让方为大安区牛佛镇双河村 1、9、10 组，受让方为自贡双河农牧专业合作社，出租面积 7.37 公顷，期限 14 年，成交单价 77350 元/年，成交总金额 108.29 万元。

▲荣县行政中心和自贡职业技术学校被国家机关事务管理局、国家发改委、财政部等三部门公布为全国第二批节约型公共机构示范单位。

31 日

▲省委常委、省总工会主席李登菊到市开展“送温暖”活动。李登菊先后到自贡硬质合金公司、富顺县东湖镇山林村，了解企业职工和农村困难群众生产生活情况，并对劳模、困难职工和群众开展慰问活动。

▲川南经济区发展座谈会在自贡召开。会上，自贡、泸州、内江、宜宾 4 市就推进川南经济区一体化建设工作情况进行交流，省发改委通报川南经济区工作情况，会议研究部署 2016 年川南经济区一体化建设工作。市委副书记、市长刘永湘等参加会议。

▲2016 年自贡市迎春健身跑暨自贡首届城市微型马拉松在南湖体育中心举行。两个活动约 8000 人参加，其中，健身跑全程 4 公里，微型马拉松全程约 8 公里。市委书记雷洪金，市委副书记、市长刘永湘，市政协主席潘泽金等出席开幕式并参加健身跑。

▲富顺县首届特色农产品展销会在该县东湖镇豆花村开幕。该展销会为期 5 天，共设干货、畜禽、水产 3 个展区，44 个展位，农业龙头企业、农业示范园区、农民专业合作社、家庭农场和种养大户等 26 个镇乡的 76 家新型农业经营主体参与，展出调味饮品类、林业类、果蔬类、酒类、禽蛋类、加工类、鲜活类等七大类 40 余种特色生态农产品。

▲全市首个村级集体资产经营管理公司在荣县金台村成立。该公司经营范围：对村集体经营性资产、资源性资产进行经营管理、转包、发包；经营种植业、养殖业、建筑、建材、乡村旅游开发、酒店、餐饮等，参股企业发展一、二、三产业，对外租赁；资产拍卖、转让、出售、承担国家支持发展农业和农村经济的项目建设等。

是月

▲全市基层法院首家执行指挥中心在沿滩区人民法院成立。该中心是执行工作中的快速反应机构，既整合司法资源，又可通过专线网络与房管、工商、银行、民政等部门联网，反馈并掌控被执行人信息。

▲全市争取国家（1—4 批）专项建设基金 23.73 亿元。资金支持项目包括鸿鹤公司整体搬迁改造、川南城际铁路、大安旧城改造一期等 31 个项目。

▲大安区获批“国家知识产权强县工程示范区”。在该批次被确定为知识产权强县工程示范区的县区中，全国有 27 个县区，全省有 4 个县区。

▲高新区获批“国家知识产权质押融资试点园区”。在该批次被确定为国家知识产权投融资试点的名单中，全国有 42 个地区和单位，全省有 1 个地区 2 个单位。三年试点期间，高新区将建立完善知识产权质押融资运作体系和风险控制体系，构建质押融资信息服务平台，不断扩大科技型中小企业知识产权质押融资受益面。

▲全市 13 个项目入围全省首批促进发行债券和资产证券化创新融资重点项目名单。13 个项目分别是玉林生活垃圾焚烧发电、东部新城地下综合管廊、城市停车场、中华彩灯大世界、东北部新城及大山铺铁路物流园区安置房、川南城际铁路（自贡段）、高新孵化中心、贡井区成佳工业园地下综合管廊、荣县污水处理厂、荣县大佛寺寺院恢复重建、新华印刷厂片区棚户区改造、飞龙峡风景区整体旅游开发、自贡天健生物科技股份有限公司石杉碱甲产业化项目，项目个数居川南第一位、全省第四位。

▲汇东新区 4 条道路完成黑化施工。4 条道路包括华园街、学苑街、春华路、文化路，黑化总长度约 2700 米。

▲东锅公司自主研制的“1000 兆瓦超超临界单列高压加热器”被认定为四川省重大技术装备国内首台（套）产品，并获证书。

专 文

“十二五”经济发展

“十二五”时期，面对国际金融危机的深层次影响和国内外发展环境的变化，自贡市围绕主题主线的转型发展取得明显成效，主要目标基本实现，各项重大战略任务基本完成，经济社会保持平稳较快发展，人民生活水平不断提高，区域中心城市建设取得重大进展。

一、经济实现平稳较快增长

“十二五”时期，围绕全面建设小康社会总目标，着力推进“五个自贡”建设，克服金融危机持续深化的影响和沉重的经济下行压力，经济保持平稳较快发展，综合经济实力进一步增强。“十二五”时期，全市经济总量突破千亿大关，年均实现11.3%的增长，到2015年，地区生产总值1143.11亿元，是“十一五”期末的1.8倍。人均地区生产总值增加到41447元，实现从3000美元到6000美元的跨越。固定资产投资实现高速增长，五年累计完成投资突破2500亿元，是“十一五”时期的2.8倍。在经济得到较快发展的同时，经济效益也得以进一步提高。地方财政一般预算收入由2010年的21.84亿元增加到2015年的44.83亿元，年均增长17.46%，实现翻番。总体来看，在面临外部发展环境十分恶劣，经济发展“新常态”的形势下，“十二五”时期全市保持住发展定力，取得较好的经济发展成效。

二、基础设施建设成效显著

“十二五”期间，全市在交通、城乡基础设施等方面实施一系列重大项目建设，取得显著成效，发展条件得到明显改善。

重大基础设施建设实现新突破。区域综合交通枢纽初具雏形，成自泸、乐自、自隆、内威荣高速公路建成通车，川南城际铁路开工建设，新增2条国道、10条省道。建成东环线、东盐都大道等重大城市交通基础设施，高速公路连接线加快推进，“一环三横五纵”特大城市骨干网络框架基本形成。水、电、气、通信等基础设施基本完善，仙市220千伏等9个输变电工程建成投用。4G通信网络加快覆盖，城市20兆以上宽带实现全覆盖，乡镇宽带达4兆水平，行政村全部接通宽带。重大水利工程建设成效显著，小井沟水利工程基本完工，狸狐洞水库、楼房湾水库、大坡上水库开工建设，移民搬迁顺利推进。农村基础设施逐步完善，建设通乡公路、重要乡镇联网路、农村公路等740公里，实现100%的乡镇通水泥路油路，农村安全饮水工程有序实施。

城乡建设步伐明显加快。城市规模不断扩大，南湖新城、沿滩新城、贡井新城基本建成，东北部新城建设初具雏形，东部新城启动建设，城市建成区面积109平方公里，城区人口106万人。城市功能不断完善，区域商贸中心、物流中心初步形成，建成川南皮革城、川南汽贸城，西南（自贡）无水港、西南粮食物流产业园、自贡（普润）电商博览城加快建设，城市集聚和辐射能力明显增强。建成区绿化覆盖率40.2%，城市人均公园绿地面积11.3平方米，新建南湖公园、汇东公园、釜溪河复合绿道等公共休闲场所，成功创建国家园林城市和省级环境优美示范市。大力推进旧城改造，东兴寺、西山路片区改造有序实施，西秦会馆—中华路街区、汇柴口—火井沱街区、贡井老街河街等历史文化特色街区初具雏形。荣县、富顺县城承载能力不断增强。12个“百镇建设”试点镇和幸福美丽新村建设取得新成效。

三、经济结构进一步优化

“十二五”时期，全市突出调结构促转型，三次产业实现协调发展。2015年，三次产业结构从2010年的13.1∶57.2∶29.7调整为11.2∶58.1∶30.7，非农产业（二、三产业）比重提高1.9个百分点，对经济的支撑作用进一步增强。

工业结构调整积极推进。“十二五”时期，五大高端成长型产业加快发展，航空与燃机产业培育实现新突破，自贡航空产业园建设全面推进，自贡凤鸣通用机场成为核准的全省首个通用机场，组建以航空零部件制造为主业的瀚宇航空科技公司，海川燃机配件制造三期建成投产。节能环保装备制造和新材料产业平稳发展，华西能源列为国家智能制造示范企业，中天胜特种聚酰亚胺及复合材料产业化、大西洋焊接产业园等项目顺利推进。2015年战略性新兴产业增加值占比达28.8%。“十二五”末，全市园区（集中区）建成面积49平方公里，成功建成国家高新技术产业开发区，实现集聚发展。建成一批技术创新平台，高新技术产业增加值占比达25%。

服务业加速发展。“十二五”时期，服务业企业明显增加，限额以上企业从2010年的141家增加到2015年的379家。商贸物流业集聚发展势头良好，贡井汽贸产业园成功申报省级服务业集聚区，川南皮革城二期、川南五金城一期和华商国际城一期建成运营，舒坪现代物流园、大山铺铁路物流园建设有序推进。电子商务业快速发展，自流井电子商务基地申报为省级电子商务集聚区，“UU163”旅行在线等本土电商平台应运而生。文化娱乐、健康养老和旅游业加快发展，自贡国际恐龙灯会接待游客和综合效益屡创新高，服务业对经济的拉动作用逐步增大。

现代农业稳步发展。“十二五”时期，农业现代化进程加快推进，建成现代农业万亩亿元示范区33个，建设6个现代农业园区，主要农作物耕种收综合机械化水平达43%。新型农业经营主体不断涌现，产业化经营水平稳步提升，34个农产品加工流通项目加快建设，西南（自贡）无水港油脂生产线项目主体完工，100万头生猪产业化生态循环经济暨食品加工综合项目启动实施，荣县农副产品加工园被认定为国家农业产业化示范基地。

四、改革开放取得重大进展

“十二五”时期，全面深化改革攻坚突破，统筹城乡综合配套改革深入推进，国企改革攻坚任务取得阶段性成果，简政放权、财税金融、政府机构和事业单位等重点领域改革取得重要进展，科技、教育、卫生等社会事业领域改革有序推进。“创新自贡”深入开展，建成浙江大学自贡创新中心等一批创新平台，高新区成功升级为国家级高新技术产业开发区，“双千计划”和十项重点人才计划深入实施，科技企业孵化平台稳步增加，科技成果转化率持续上升，自主创新能力显著提高。

招商引资成效显著，利用外资规模逐步扩大，五年累计引进市外资金2700亿元。境外投资和外贸进出口规模逐步扩大，自营出口累计突破21亿美元。

五、人民生活质量显著提高

“十二五”时期，“幸福自贡”成效显著，人民生活水平不断提升。2015年，城镇居民人均可支配收入达到26267元，农村居民人均可支配收入达到12088元，年均分别增长12%和13.6%。城乡居民居住条件明显改善。社会保障进一步加强，城乡居民养老保险制度实现全覆盖，重特大疾病医疗救助逐步加强，市内定点医疗机构住院基本医疗保险和补充医疗保险实现同步结算。社会救助得到加强，城乡低保月人均补助水平稳步提高，县区社会救助福利中心、农村敬老院加快建设。城镇登记失业率控制在4.5%以内。国民教育体系更加健全，城乡义务教育均衡发展取得显著成效，职业教育、高等教育品牌影响力显著提升，成功创建四川卫生康复职业学院。公共卫生和医疗服务能力持续提升，医药卫生体制改革取得重大进展，三甲医院数量居川南第一，全民健身运动广泛开展，群众健康水平明显提高，区域卫生高地基本形成。

存在的主要问题是历史包袱沉重、发展空间受限、对外开放合作水平较低、经济总量偏小的问题仍然较为突出，发展不足仍然是最大的现实；创新能力较弱、产业结构不优、产业支撑乏力的问题依然存在，经济运行潜在风险逐步显化，转型升级面临巨大压力；脱贫攻坚任务艰巨，群众持续增收面临诸多困难，涉稳矛盾仍然较多，发展中不平衡、不协调、不可持续的问题依然突出，保障改善民生的任务非常繁重。

（市发改委）

“十二五”工业发展

“十二五”期间，以工业强市为引领，全市工业面貌发生巨大变化，工业经济持续快速健康发展，工业投入迅速增长，园区建设取得突破性进展，产业结构不断优化，企业技术创新成果显著，工业节能成效明显，信息化建设稳步推进，较好地完成“十二五”工业经济各项发展目标任务。

一、工业经济健康平稳发展

“十二五”期间，受宏观环境的影响，全市工业经济发展从“十一五”期间的高速增长逐年回落到中高速增长，并呈现出先高后低的发展态势，规模以上工业增加值增速从2010年的27.6%回落到2015年的8.1%，与全国、全省走向一致。2015年，全市规模以上企业完成现价工业总产值1760亿元，年均增长15.6%；完成工业增加值491亿元，年均增长13.5%，完成“十二五”规划目标的63.7%；实现主营业务收入1702亿元，完成“十二五”规划目标的60.7%；工业增加值占GDP的比重达52.9%，工业对经济增长的贡献率在53%以上。工业在全市经济发展中发挥着主导和支撑作用。

二、工业投入快速增长

“十二五”期内，工业投资成绩斐然，全市累计完成工业投资675亿元，是“十一五”累计投资的2.4倍，东锅公司600MW超临界循环流化床锅炉自主研制、中昊晨光有机氟新材料产业化项目、运机公司节能环保型成套输送装备产业化、海川实业公司燃机配件制造、大西洋焊接产业园、工业泵公司节能高效工业泵研发制造基地等一大批工业重点项目落地建设，部分项目已投产，大大增强工业发展后劲。

三、园区建设取得突破性发展

“十二五”末，全市工业园区建成区面积达46平方公里，比“十一五”末增加25平方公里；入驻工业企业518户，比“十一五”增加346户。园区发展新格局基本形成，以省道305线为主轴梯次布局工业，规划建设工业集中发展带，形成“一带一核多园”的产业空间布局。自贡高新技术开发区为国家级高新技术开发区，同时也是省级重点1000亿培育园区，四川晨光工业园区、沿滩工业园区2个省级500亿重点培育园区，荣县、自流井、贡井、大安4个市级工业园区。通过全市园区产业定位，引导各个园区着力发展各自特色产业，推动园区产业特色化、产业培育集群化，初步形成节能环保高端装备制造、金属及化工新材料、盐及盐化工、生物医药、农产品加工、航空燃机等特色产业聚群。高新区成为国家级节能环保产业示范基地、国家级新材料基地，晨光园区（化工新材料）被评为全省新型工业化产业示范基地、循环经济园区。“十二五”期间，全市园区基础设施投入近100亿元，园区水电气视讯路等配套服务功能基本能够满足企业建设和发展需要。2015年，全市园区实现主营业务收入突破1100亿元，占全市工业主营收入的比重达到63%；园区从业人员14万人，其中工业企业从业人员9.5万人，园区工业已成为全市工业增长的“新引擎”。

四、产业结构不断优化

“十二五”期间，全市工业紧紧围绕“转型升级”这一中心任务，加快推进工业经济由要素驱动的传统产业体系向依靠创新驱动的现代产业体系转变。一方面，大力实施传统产业提升战略，运用高新技术改造传统产业，推动机械产业向高端装备制造升级，成功打造以节能环保装备为主导的国家级新型工业化产业示范基地；推动盐化产业向材料化工延伸，发展特色硅氟化工新材料，夯实国家新材料产业化基地基础。另一方面，大力培育新兴产业，筛选确定航空与燃机、节能环保装备、新材料、页岩气、新能源汽车五大高端成长型产业，实施重点培育，航空与燃机产业发展迈出坚实步伐，航空产业园建设全面启动，被确定为全省三个航空与燃机产业集聚区之一，节能环保装备制造被确定为全省两大基地之一，新材料产业快速发展，页岩气勘探开采取得重大突破。在工业转型升级上，着力强化创新驱动，加快完善技术创新体系，大力支持省级企业技术中心、院士（专家）工作站等创新平台建设，初步形成特色鲜明、布局合理、支撑有力的区域创新体系，极大提升全市企业的核心竞争力。“十二五”末，全市战略性新兴产业增加值占比达28.8%，高新技术产业增加值占比达32%，完成“十二五”规划目标的114%。

五、企业技术创新成果显著

“十二五”期间，着力推进企业技术创新工作，企业创新项目实施、技术中心建设、产学研联合取得新进展。加大企业技术创新投入，“十二五”期间，全市实施技术创新项目520个，完成投资73.64亿元，比“十一五”期增长92.5%。加大企业技术中心建设力度，完善以企业为主体、市场为导向、产学研相结合的技术创新体系，提高产学研结合和科技成果应用转化水平。截至“十二五”末，全市共建立企业技术中心42户，其中国家级3户、省级15户、市级24户，分别比“十一五”末增加2户、5户和24户。积极推动全市公共创新平台建设，全市50多户企业与四川大学、电子科技大学、北京化工大学、中南科技大学和浙江大学等建立技术合作关系，深化与四川理工学院的合作，四川理工学院节能环保装备产业技术研究院、食品产业技术研究院揭牌，华西能源公司等企业与理工学院签订共建协议，建成浙江大学自贡创新中心，有效地促进全市工业产品研制开发、升级换代。

六、工业节能成效明显

“十二五”期间，万元工业增加值综合能耗累计下降52.3%，完成“十二五”规划目标的227.3%。共实施淘汰落后产能或关闭小企业58个，涉及化工、轻工、水泥、建材、机械、造纸、平板玻璃、焦化等多个行业。其中，全市已关闭水泥行业全部机立窑，共淘汰产能144.1万吨/年，新建设并投运300万吨/年产能的新型干法旋窑水泥生产线；严格控制页岩红砖的发展，淘汰关闭7户砖厂，共淘汰产能1.49亿匹砖/年；处于城区范围的四川久大制盐有限责任公司自流井分公司于2011年、大安分公司于2012年实现整体关闭。

七、信息化建设稳步推进

“十二五”期间，全市信息化基础设施建设共投资约11亿元，新建光纤（光缆）2.61万皮长公里，建成信息化小区102个，建成52个数字化楼盘。一是网络覆盖能力大幅提高。城市20兆位/秒及以上宽带接入端口达28.38万个；农村宽带接入端口达到21.82万个，其中4兆位/秒及以上宽带接入端口达到20.73万个，占农村宽带接入端口的95%。二是固定宽带接入覆盖面扩大。自贡基础网络覆盖家庭用户达55万户，固定宽带接入用户达38.62万户，用户接入率为35.8%。三是宽带速率进一步提升。主城区用户实现20兆位/秒以上宽带接入能力，4兆位/秒以上用户占比超过71%。四是全市移动用户数增多。“十二五”末，移动用户数达到203.86万户，占全市人口的61.5%，其中3G、4G移动电话用户达到120.26万户，占全部移动用户数的59%。五是移动基站建设步伐加快，4G基础启动建设。到“十二五”末，建成移动电话基站数共5658个。其中：3G/4G基站3172个，占比约56%；WIFI（WLAN）站点共2400个。规模以上工业企业管理系统信息化率达到60.7%。东锅公司、硬合公司、大西洋公司等企业信息化程度比较高，不同程度分别实现研发设计、物料配送、质量管控、技术检测、生产控制、市场管理、办公系统、现场监控、视频会议等多环节信息集成。东方公司于2015年5月23日被工业和信息化部评为“两化”融合贯标试点企业（四川省共10家企业）。

（市经信委）

“十二五”农业和农村经济发展

一、主要预期指标超额实现

农村居民人均纯收入：“十二五”预期目标为10150元（可支配收入11241元），年均增长12%。2015年达10971元（可支配收入12150元），比2010年增加5209元、增长90.4%，年均增长13.75%。

农业增加值：“十二五”预期目标为108亿元。2015年达130亿元，比2010增加45.32亿元，年均增长3.9%（扣除物价指数）。

二、特色产业基地规模发展

“十二五”期间，全市优质粮食、蔬菜、畜禽、林果、水产等5大特色产业基地成片成园成带发展。全市建成“中稻+再生稻”基地70万亩、“高粱+再生高粱”基地20万亩、蔬菜基地40万亩；建成年出栏生猪240万头、肉（奶）牛4万头、黑山羊120万只、禽兔8600万只的畜禽基地，荣县、富顺县保持全省生猪调出大县地位；建成柑橘基地51万亩、竹椒茶基地83万亩（麻竹等竹林45.4万亩，花椒10万亩，茶叶9.5万亩，油茶18.1万亩），荣县成为全省唯一被列为全国100个油茶示范林基地建设县，成为“四川油茶之乡”；建成健康水产基地10万亩，发展休闲渔业0.9万亩。全市形成3个“种养结合”的产业带：旭水河沿岸20万亩蔬菜，越溪河、自荣路沿线至富顺30万亩柑橘，自贡环城60公里乡村旅游。龙潭、白庙、古文、双古4个镇成为全国“一村一品”示范镇，自贡荣县菜稻轮作现代农业示范园区（鼎新、乐德）被命名为首批省级示范园区。自贡市和荣县、贡井区、自流井区在S305线的望佳至农团的10个乡镇共同创建现代农业示范区，初步形成菜畜、果畜、休闲观光等5个万亩核心区及5万亩辐射区。

三、新型农业经营主体加速发展

“十二五”期间，龙头企业、农民合作社、家庭农场等新型农业经营主体不断涌现，全市特色产业基地都有一批龙头企业作引领、农民合作社作带动，农业产业化和组织化居全省中上水平。全市新型农业经营主体达3.95万个（5年新增2.34万个）。其中县级以上重点龙头企业174户，包括国家级重点龙头企业1户、省级重点龙头企业21户（5年新增7户）、市级重点龙头企业114户（5年新增37户）；农民合作社1302个（5年新增799个），其中，国家级示范社13个（全部为5年新增）、省级示范社46个（5年增加30个）；家庭农场1027个（全部为2013年后新增）；种养殖大户3万户（5年新增1.46万户）。农业产业化经营组织带动农户面68%，增加10个百分点。龙头企业销售收入超10亿元的1户、超5亿元的2户、超1亿元的18户（5年新增6户），农民合作社销售收入超500万元的185个。2015年年末，县级以上龙头企业总资产101.9亿元、固定资产30.8亿元、销售收入153.6亿元、利润14.9亿元、上缴税金2.58亿元。促进龙头企业直接融资，7户龙头企业在四板挂牌展示，四川自贡百味斋食品股份有限公司、自贡天健生物科技股份有限公司成功在新三板上市。推进农村合作金融建设，成立了2个农村资金互助合作社（大安区三绿、沿滩区立丰）。促进发挥带动作用，着重创新两种紧密型利益联结机制。荣县探索“财政资金折股到户”，累计量化财政生产性项目资金1470万元给1073户农户，由农民组建合作社，再参股四川巴尔农牧集团有限公司，发展6个万头猪场，入股农户获保息金72万元。该机制在2014年9月召开的全省深化农村改革推进会上作经验交流发言。在富顺县甜橙产业、沿滩区花椒产业推行“农民合作社产业代管”新机制。

四、农产品加工营销快速提升

“十二五”期间，农产品加工营销体系长足发展，4个农产品加工园区加快建设。规划4平方公里的荣县农副产品加工园区聚集了18户企业，年加工产值超70亿元，利税超2亿元，解决就业超3000人。2015年10月，该园区被农业部认定为“国家农业产业化示范基地”。自流井区在贡舒片区规划建设西南（自贡）无水港，其20万吨油脂加工厂进入设备安装；在荣边镇规划食品工业园区，四川牧天食品有限公司50亩的“自贡冷吃兔地标产业园”完成平基。富顺县在东湖镇规划4.2平方公里的农产品贸易加工物流园区，建立园区管委会，采取“一园多区”模式开展建设。全市农副产品加工业主营业务收入超200亿元，实现两位数增长。五年间，农产品精深加工和食品工业快速发展，新建肉食品、香辣酱、茶叶、水果饮料、白酒、中成药等加工厂26个，多数企业完成新一轮技改扩能。农产品市场流通体系加快建设，农产品自营直销、进社区进餐馆成为趋势。电子商务加快推广，四川大农和农业开发有限公司“大农汇”电商平台、“大农和云平台”成为典型代表。占地120亩的西南粮食市场（贡舒片区）开工建设。

五、农业品牌化建设成效显著

“十二五”期间，实施区域性、地域性特色农产品品牌创建活动，农产品质量和品牌认证快速推进。五年间，新增认定认证中国驰名商标1件（美乐香辣酱），总数3件；地理标志商标2件（荣县油茶食用油、油茶籽）；国家地理标志保护产品6个（自贡火边子牛肉、富顺豆花蘸水、太源井晒醋、新桥枇杷、五宝花生、自贡冷吃兔），总数7个；农产品地理标志产品1个（龙都早香柚），总数2个；有机农产品23个（龙潭镇蔬菜14个，荣县油茶籽、山茶油各1个，琵琶镇水产5个，农团乡鸡、鸡蛋各1个）；绿色食品51个（龙都茶叶5个，绿食佳蔬果15个，巧媳妇大米7个，锦明笋竹10个，蜀佳调味品4个，美乐调味品5个，富世镇和琵琶镇的血橙及金橘，仙市镇百胜村的西瓜及黄市镇的塔罗科血橙，白庙镇的塔罗科血橙新系），总数57个；全国名特优新农产品2个（龙都香茗、荣州椪柑）；四川著名商标6件，总数20件；四川名牌产品11个，总数17个。自贡火边子牛肉、冷吃兔，富顺香辣酱、豆花蘸水，龙都茶叶，荣县油茶籽油成为具有四川地方特色的名优品牌，市场竞争力明显提升。

六、新农村建设扎实推进

“十二五”期间，全市建成2个省级新农村建设示范片（荣县旭水河示范片30个村，富顺县富东示范片20个村，建设期为2010—2012年），省委、省政府授予荣县“四川省省级新农村建设示范片优秀单位”，授予富顺县“优良单位”。2013—2015年，建成2个省级新农村建设成片推进示范县（荣县旭水河片区和小井沟片区41个村，沿滩区仙市古镇片区和金银湖片区43个村），并通过省上三年终审验收。四个市辖区建设环城现代农业暨新农村示范园区（60个村）。2014—2015年，全市建成“业兴、家富、人和、村美”幸福美丽新村166个。全市新农村建设覆盖334个村，占全市总村数的29.5%，形成“产村相融、四级居住（新型小城镇、新农村综合体、新村聚居点、新农家大院）”新面貌，实现基础设施和公共服务大提升、农村危房改造大提速，完成农村廉租房建设1015户，努力实现农民住上好房子、过上好日子、养成好习惯、形成好风气目标。富顺县“回引社会资本支持新农村建设”、沿滩区黄市镇“农村困难群众安居模式”、自流井区农团乡“整乡实施增减挂钩项目”成为全省经验。荣县双石镇金台、富顺县东湖镇棬坝、沿滩区仙市镇百胜、大安区何市镇高庙、贡井区七星湖、自流井区农团乡东升等新农村综合体成为示范典型。

七、农业农村发展环境得到改善

“十二五”期间，以项目为抓手，硬环境得到明显改善。启动并推进小井沟、狸狐洞、大坡上、楼房湾等4个大中型水库建设，移民搬迁安置有序推进，移民总体稳定。启动向家坝自贡灌区等水利工程前期工作。解决了92万农村人口饮水安全问题。新改建农村公路1633公里。实施城乡建设用地增加挂钩项目19个，整理复垦耕地221.13公顷，城镇建新区可使用节余挂钩周转指标154.07公顷。实施深化城乡增减挂钩项目1个，复垦耕地40公顷，城镇建新区可使用节余挂钩周转指标34.33公顷。实施土地整理项目105个，整理土地5.5万公顷、新增土地3620公顷。启动新一轮扶贫开发，实现传统扶贫向精准扶贫转变，5年完成扶贫开发投入14.4亿元（其中争取专项扶贫投入2.1亿元、整合行业扶贫投入4.5亿元、撬动社会扶贫投入7.8亿元），农村贫困人口从39.68万人减少到7.58万人。以改革为抓手，软环境得到明显改善。启动新一轮农村改革，完成林权制度改革、土地确权登记，建立了市农村产权交易中心，开展了农村产权抵押融资、农村资金互助合作、增加农民财产性收入等改革试点，推出“政府投入量化折股”等全省推广的改革经验。

（市政府农工办）

“十二五”商贸发展

一、主要指标情况

（一）服务业增加值。2015年，全市服务业增加值完成350.73亿元，较2010年增长1.82倍，年均增长10.6%，在全市GDP中占比由2010年的29.7%提高到30.7%。

（二）社会消费品零售总额。2015年，全市实现社会消费品零售总额501.6亿元，较2010年增长105.7%，年均增长17.6%。

（三）“三外指标”完成额。“十二五”期间，全市累计完成进出口37.53亿美元，较“十一五”增长54.0%，其中出口20.43亿美元、增长79.2%，进口16.99亿美元、增长31.3%；实际利用外资1.08亿美元，增长93.13%；实现境外投资额8215万美元，增长71%；完成境外工程承包营业额2.73亿美元，实现“零”的突破。

二、主要发展特点

（一）总体规模不断扩大，贡献作用明显增强。“十二五”期间，全市服务业规模不断扩大，服务业实现增加值从2010的192.2亿元到2015年350.73亿元，增加值规模扩大1.82倍。全市服务业总增长态势平稳，规模不断扩大、领域不断拓展、效益不断提高，对整个经济的贡献作用明显增强。服务业税收总量从2010年的19.15亿元增至2015年的39.82亿元，增长107.8%，增速高于全市税收增速28.3个百分点。服务业税收占比由2010年的49.2%提高至2015年的57%，提高7.8个百分点。服务业对经济的平均贡献由2010年的22.6%提高至2015年的35.5%。服务业从业人员数以及在全市从业人员中的比重一直处于稳步增长状态，实现年均6%的增长，高于全市从业人员5%的增速，成为全市吸纳就业主要领域。

（二）产业特色逐渐显现，重点行业优势突出。“十二五”期间，全市服务业得到较快发展，产业特色逐渐鲜明。2015年，全市实现社会消费品零售总额501.6亿元，比2014年增长12.1%。批发、零售、住宿与餐饮业实现增加值105.68亿元，占服务业比重30.1%。全市旅游业在产业体系中的支柱地位不断增强，实现旅游经济综合收入200.38亿元，比上年增长25.03%。全市从事物流业务的人员达到1.5万人，占全市城镇从业人数的2%左右，物流业的带动效益初步显现。

（三）空间集聚程度见长，现代集聚初现端倪。“十二五”期间，全市城区（自流井区、贡井区、大安区、沿滩区）服务业增加值占全市服务业增加值比重一直保持在66%以上，其中自流井区和大安区服务业比重占全市服务业增加值的比重达到50%以上。自贡川南（大山铺）现代服务业集聚区（商贸流通）、贡井川南汽贸产业园区先后成功列入省级服务业集聚区建设，获得省级服务业专项资金支持；自流井区以普润电子商务博览园为基础，成功申报为省级电子商务发展集聚区；荣县成功申报为电子商务进农村综合示范县。

（四）空间布局趋向合理，载体实力持续提升。《自贡市第十二个五年规划纲要》和《自贡市服务业发展“十二五”规划》强调总体功能布局，形成“一圈”“一带”“两片区”的整体功能布局，重点优化4个城市功能区（自流井、贡井、大安城区、汇东新区），承担中心城区的集聚功能、辐射功能和服务功能。随着越来越多的服务业重点项目推进，“十二五”期间全市服务业发展的载体品质在不断提升。截至“十二五”末，全市一大批大型专业市场投入使用，彩灯博物馆、恐龙博物馆等服务业载体实力持续提升。

（五）“三外联动”协同发展，开放水平明显提高。“十二五”时期，以机制创新为突破口，整合资源，提出“外贸引外资、外贸带外经、外经促外贸”的发展思路，实现“三外联动”发展。以特色产业基地建设为载体，在深入打造国家科技兴贸创新基地（新材料）的同时，结合产业特色提出打造自贡彩灯文化出口基地和华西能源节能环保锅炉制造基地的思路，推进开放型经济发展。全市对外开放水平明显提高，主体队伍进一步壮大，产业结构优化转型，产业特色更加突出。“十二五”期间，全市新增外贸备案企业210户，是“十一五”的3倍；有进出口实绩企业数达98户，较“十一五”末增长71.93%；进出口额超千万美元企业13户，较“十一五”增加5户，其中2户企业出口突破一亿美元大关；新增境外投资企业11户、境外工程承包企业3户、外资企业10户。

三、重点工作进展情况

（一）繁荣市场，推进商贸流通水平快速提升。一是培育消费热点稳增长。开展各种形式的促销活动，进一步加强市场监管力度，开拓消费市场，改善消费环境，培育消费热点，推动消费结构升级，不断刺激消费。二是连锁经营业态迅速发展。十二五期间，争取沃尔玛超市、百盛、国宾府酒店、锦江酒店等国内乃至国际名牌企业落户自贡，引导自贡大商集团千盛百货、新玛特超市、自贡百盛商业有限公司等本土企业做大做强，全市超市及连锁经营企业在社会消费品零售中所占的比重进一步提高。三是限额以上企业显著增加。全市限额以上企业从2010年的141家增加到2015年的379家，较为客观真实地反映全市消费水平。

（二）招大引强，推进区域商贸中心建设见成效。一是农贸市场建设成效显著。“十二五”期间，全市新建成东方尚城农贸市场、毛家坝农贸市场、益民农贸市场、杨家坝农贸市场等4个农贸市场。不断完善农贸市场配套，立足原有农贸市场，先后提质改造灯杆坝农贸市场、五星街农贸市场、天花井农贸市场、郭家坳农贸市场、大来井农贸市场、青杠林农贸市场、筱溪街农贸市场、长土农贸市场、艾叶农贸市场、高硐农贸市场、马冲口农贸市场、大高路农贸市场、龙井街农贸市场、和大农贸市场、沿滩镇农贸市场、沿滩新区农贸市场、梨园农贸市场、一对山农贸市场、丽景世家农贸市场、通达农贸市场、绿盛农贸市场、沙坪农贸市场等22个市场。二是重点商业街区提档升级。突出餐饮、旅游、休闲的主题，精心设计、合理布局，对同兴路餐饮娱乐街区、五星街综合购物街区、汇兴路特色餐饮街区、丹桂大街北段时尚购物街区、东方广场品牌服饰街区、贡井青杠林餐饮街区、汇东路东段夜宵餐饮娱乐街区、贡井盐道文化休闲街区等商业街区公共服务配套设施进行完善，特色商业街区文化特色更加突出。三是专业市场不断壮大。十二五期间，全市商品经营由分散到集中，逐步形成一系列大中小型专业市场，建设规模由小到大、由分散建设到集中发展、由立足本地向辐射川南、由传统模式向现代模式转变。川南农副产品批发市场、川南皮革城、华商·国际城、川南五金城、川南汽贸城、川南钢材市场、川南家具城等辐射川南的功效逐步显现。截至“十二五”末，年成交额上亿元的大型专业市场成交总额约125亿元，同比“十一五”末实现翻番。其中，年交易额上10亿元的专业市场有5个，上亿元的有10个。

（三）打造引擎，引导电子商务快速发展。一是电子商务集聚发展。2014年全市成功申报为省级电子商务发展基地，2015年自流井区电子商务集聚区成功申报为省级电子商务发展集聚区，自贡（普润）电子商务博览城被省商务厅认定为省级电子商务集聚示范基地，该项目一期电商线下“普润五金机电体验交易中心及电商办公中心”一批次10万平方米竣工，400余家线下商家及电商签约入驻；电商培训中心建成，首批近30家电商企业及创客成功入驻。2015年7月中旬，四川普润电子商务博览城被授予“自贡市电子商务聚集区”“自贡市电子商务培训基地”“自贡市电子商务创业孵化中心”“自贡市工商联（总商会）电子商务培训基地”“四川理工学院电子商务（普润）实训基地”“自贡市职业技术学校电子商务（普润）实训基地”的称号。二是电商扶持政策更加完善。“十二五”期间，市服务业发展领导小组出台《自贡市六大新兴先导型服务业发展推进机制》《自贡市电子商务发展扶持办法》《电子商务业发展工作推进方案》和《关于做好2015省级现代服务业综合改革资金项目申报工作的通知》等多项政策措施，调动企业积极性，营造良好的发展氛围。市商务局代市政府起草的《促进电子商务发展的八条措施》正式印发，由市政府统筹规划安排850万元电子商务发展专项扶持资金。三是龙头企业示范效应初现。坚持引进和培育并举，先后与阿里巴巴集团、上海齐家网信息科技股份有限公司、四川省易网科技有限公司、北京华商街电子商务服务有限公司、深圳市百米生活电子商务有限公司、香港赢客企业集团等数十家电商企业及配套支持企业进行对接，并邀请部分企业到自贡市进行重点考察，引进北京华商街电子商务服务有限公司、深圳市百米生活电子商务有限公司、香港赢客企业集团“O2O”财富联盟入驻自贡，引进四川省易网科技有限公司在自贡注册成立分公司，引进深圳市百米生活电子商务有限公司在全市部分重点商业区和多路公交车上实现免费无线网络覆盖。2014年重点引进的北京黉门文化发展有限公司推出“网络灯会”和“百货自贡”平台，重点打造自贡在线、“UU163”旅行在线、茶码头、购川南等一批有基础、成长性好的本土平台及企业，进一步发挥示范带动作用。2015年，助推四川同创新锐信息技术有限公司、四川天皓科技有限公司成功申报为省级电子商务创新企业，共获60万元的专项资金扶持。四川金软科技有限公司投资数百万元建立的物流信息平台，实现车货信息互通，并实现线上下单、签约、支付等功能，将全市3000多台12吨以上货车纳入全天候无间隙监管。

（四）集聚发展，推动现代物流业新突破。一是重点物流项目稳步推进。“十二五”期间，加大推进舒坪生产资料物流园区、大山铺铁路物流园区建设力度，加快荣县、富顺等3个物流中心和5个城市配送中心建设，全市物流集聚发展初具雏形。自贡川南（大山铺）现代服务业集聚区（商贸流通）、贡井川南汽贸产业园区先后成功列入省级服务业集聚区建设，获得省级服务业专项资金支持。西南（自贡）无水港的子项目—舒坪综合物流园一期工程油脂生产线建设项目全面竣工投产。大山铺铁路物流园区完成选址、用地预审等工作；西南（自贡）无水港高新保税物流园综保区规划设计方案通过初审，并向省政府提交成立西南（自贡）无水港高新保税物流园综保区申请。荣县长山镇农产品物流交易配送中心建设项目总投资0.6亿元，2013年全面建成并投入使用。自贡三辰实业有限公司建设的“川南公路物流港”成功运行，先后被授予“国家‘AA’级综合服务型物流企业”“西部物流百强企业”“2011年度、2012年度四川物流企业50强”“国家‘AA’级信用企业”“国家‘AA’级物流信用企业”“国家二星级仓库”等荣誉。二是快递物流企业入驻增量。十二五期间，先后有顺丰、国通、圆通、韵达、中通、宅急送、速尔等7家快递公司分别入驻物流园区，顺丰、申通、汇通、圆通等4家公司的川南分拨中心在自贡落户。三是物流通道进一步完善。到“十二五”末，全市基本形成以内昆铁路、成自泸赤、乐自高速公路为依托，隆雅路、遂筠路、资泸路3条省道为骨干，36条县道和121条乡道为支线的公路网络，自隆高速、内威荣高速公路2015年年底建成通车，内自宜城际铁路、成简（新机场）自泸铁路、乐自泸铁路等重大交通基础设施启动建设，物流通道进一步完善。

（五）对外开放，扩大外向型经济发展成果。一是“三大基地”基本形成，外贸结构逐步转型升级。在深入打造国家科技兴贸创新基地（新材料）的同时，提出打造自贡彩灯文化出口基地和华西能源节能环保锅炉制造基地的工作思路，通过培训孵化、搭建平台、政策扶持、品牌建设、电子商务等措施，“三大基地”初具规模。截至“十二五”末，自贡科技兴贸创新基地（新材料）外贸备案企业达70户，其中有进出口实绩企业40余户，“十二五”期间进出口达18.81亿美元。自贡彩灯文化出口基地外贸备案企业达53户，其中有出口实绩企业达23户，8户企业被商务部等6部委命名为国家文化出口重点企业，“十二五”期间赴境外办灯展超过50场次，恐龙等文化产品出口全球近60个国家，文化产品出口及以彩灯为主的对外文化贸易出口达4200余万美元，自贡彩灯文化出口基地于2013年被商务厅命名为省级服务贸易特色基地。华西能源节能环保锅炉制造基地“十二五”期间实现出口4.41亿美元，被商务厅命名为省级外贸发展示范基地。通过招商引资、承接产业转移等途径，先后引进四川振鹏鞋业等皮鞋皮件劳动密集型出口企业6户，培育自贡外贸新的增长点。二是境外承包取得重大突破，境外投资呈多元化发展。“十二五”前，全市获得境外工程承包权企业仅1户，且一直无境外工程承包实绩。随着国际国内形势变化，特别是国家“一带一路”战略的实施以及自贡产业发展的加速，引导华西能源等有条件的民营企业率先“走出去”，抢抓“一带一路”商机，通过开展境外工程承包业务实现企业结构调整。“十二五”期间，华西能源、川润动力、华锐锅炉等3户企业先后获得境外工程承包权，并相继开展境外工程承包业务，取得骄人业绩。“十二五”期间实现境外工程承包额达2.73亿美元，位列全省第三。三是投资环境不断改善，利用外资平稳增长。“十二五”期间，开展外资负面清单清理工作，市人民银行外管处、成都海关自贡办事处、市国税局等单位签订《自贡市外贸管理联合监管备忘录》，建立信息共享机制，加强外资企业的服务和管理，工作效率不断提高，投资环境不断改善。“十二五”期间，全市新批外商投资企业10户，合同利用外资1.05亿美元，实际利用外资1.08亿美元。利用外资实现平稳增长。

（市商务局）

“十二五”旅游业发展

2011年以来，围绕市委、市政府“十二五”总体发展规划，着力实施“十二五”旅游发展规划，旅游业发展取得明显成效。

一、旅游经济持续快速增长

2015年，全市旅游综合收入248.49亿元，比2010年增长193.72%，年均增长24.05%；接待游客2695.41万人次，比2010年增长135.37%，年均增长18.67%，圆满完成“十二五”初期制定的旅游综合收入170亿元、接待游客2300万人次的目标任务。“十二五”期间，累计实现旅游综合收入856.1亿元，接待游客9503.31万人次。

二、旅游基础设施明显改善

“十二五”期间，一批旅游项目实现开工建设，一批旅游资源得到修缮，一批旅游景观投入使用。盐卤浴项目实现开工建设。投入各类资金2944万余元，对仙市古镇、江姐故居、贡井老街等旅游景观进行保护性修缮。贡井七星湖乡村旅游生态园、荣县金台村乡村旅游示范区、富顺豆花村生态文化园、双石镇国家级乡村旅游示范区、釜溪河复合绿道、荣县大佛寺梧桐水街、仙市百胜村慢餐文化园等旅游景点景观建成投入使用。

三、行业管理质量明显提升

“十二五”期间，英祥锦江大酒店被评为四星级饭店，檀木林城市名人酒店通过国家星评委五星级评定，实现全市五星级饭店零的突破。汇东大酒店、恐龙博物馆徐娟获省政府“金熊猫”奖。成功创建旅游标准化示范县1个、省级旅游标准化示范企业7户。建成星级农家乐（乡村酒店）63家，27家乡村旅游单位列入国家首批乡村旅游“千千万万”品牌名单，贡井区建设镇固胜村获“中国乡村旅游模范村”称号，七星湖凯基度假酒店等26家农家乐获“中国乡村旅游金牌农家乐”称号。

四、旅游宣传营销明显加强

“十二五”期间，创新旅游宣传营销手段，在川南首创以“信息发布、社区论坛、旅游电子商务”三位一体的旅游网络营销方式，开展以灯会旅游为核心，带动其他旅游景区景点共赢发展的整合宣传营销活动。以市场化为推动，在川南率先建成全市景区电子门票销售系统，本土旅游电商从无到有、高速发展。建成旅游政务网，官方微信微博。在创新开展网络平台宣传营销的同时，坚持开展以渠道宣传、城市推介、区域合作、交易博览为主的传统宣传营销工作，实现全市旅游宣传营销的“两轮驱动”。

五、乡村旅游活动更加丰富

“十二五”期间，以“幸福自贡”为主题，指导举办自流井区飞龙峡桃花生态旅游节、贡井区乡村旅游活动、大安区乡村文化旅游暨三多寨梨花风筝放飞活动、沿滩区仙市古镇民俗风情旅游节、荣县大佛文化旅游节、富顺县豆花文化旅游节等一批乡村旅游节会活动并形成传统，辅以自驾游、采摘活动、赏花活动等主题旅游项目，使市民生活更加丰富，乡村旅游市场经济更加活跃。

六、旅游市场环境更加优化

“十二五”期间，全市旅游行业安全连续5年实现零事故。开展旅游市场检查60余次，处理旅游投诉200余件，为游客挽回经济损失50万余元，有效维护合法经营者和广大游客的合法权益，旅游市场环境得到优化，在游客满意度测评中，自贡市长期保持在全省前列。

（市外事侨务旅游局）

“十二五”城乡建设发展

“十二五”期间，紧紧围绕建设成渝经济区西南部区域中心城市目标，牢固树立科学发展理念，以推进新型城镇化发展为主线，坚持高起点规划、高质量建设、高水平管理、高效率运营，大力推进体制机制创新，城乡建设迎来历史上理论成果最多、发展速度最快、建设品质最好、环境面貌改变最大的时期，为“十三五”城乡建设奠定坚实的基础。

一、新型城镇化发展格局基本形成

实施全域规划，统筹谋划市域城镇、产业、基础设施、公共服务、文化、生态、安全“七大体系”，《自贡市城市总体规划（2011—2020）》经省政府正式批准实施，基本构建起多规合一、统筹城乡的全域规划体系和全域规划数据信息平台。坚持产城一体，以城带产、以产促城，推进产城“圈层梯次”发展，构建“一带多园三新城”的市域产城结构布局，完善城乡协调、功能互补、结构合理的城镇体系。坚持立体开发，高度重视城市地上、地下两个空间综合开发利用，开展地下管网普查和信息系统建设，积极推进地下综合管廊和海绵城市建设，成为全省地下综合管廊建设试点城市。

二、城市规划建设水平奠定川南领先地位

坚持开放搞设计，与清华大学、新加坡山鼎国际等国内外顶级团队合作，高起点编制城乡各级各类规划300余项，在全省率先编制《生态基础设施规划》等前瞻性规划，全面启动城市设计。坚持以项目建设为总抓手，先后建成东环线、东盐都大道、釜溪复合绿道示范段、汇东公园等一大批城建项目，成功创建国家园林城市，被联合国环境基金会等5家机构评为“杰出绿色生态城市”，釜溪河复合绿道示范段节约型园林建设荣获中国优秀园林工程大金奖。坚持尊重自然、尊重历史、尊重设计，完整保留城区87座山体、74处湿地，并登记造册，严格设立禁建区；坚持“大山为屏、中山为园、小山为链”，对建成区48座山体实施绿化提升；确定8大历史街区，4个乡镇成为国家历史文化名镇，7个社区成为国家级传统村落，三多寨镇、狮市镇成为省级历史文化名镇，建成自贡盐业税史陈列馆（博物馆）；与中国美院在城市价值、城市美学两个方面开展合作，在川南率先建立起CIS城市形象系统。实施全域绿化，大力推进城镇园林绿化建设，加快釜溪河综合开发治理，优化公共服务设施和公共环境空间布局，控制视线走廊，串联城市主要功能景观中心，打造釜溪河生态人文景观带；以水系和城市主次干道绿化为骨干，以大面积的城市公园为节点，推进绿道建设，构建网状生态绿地脉络。自贡市城市绿地系统规划项目获2015年度第三届中国风景园林协会优秀风景园林规划设计奖二等奖。

三、城市建设重点难点取得重大突破

统筹推进新区建设和旧城改造取得重大进展，按照“五先五后”的原则，启动东部新城建设，统筹推进南部、西部、东北部新区开发建设，中心城区建成“双百”城市；坚持“改造一片旧区、复兴一片街区、造福一片百姓”的根本取向，按照“原貌修复、局部更新、整体重构”3种模式，推进棚户区改造，累计改造棚户区居民房屋5.21万户。千方百计扩大固定资产投资创历史最高水平，围绕“一水、一线、十大工程”，先后实施840多个城建项目，“一环三横五纵”大城市骨干路网全面形成，累计完成城乡建设固定资产投资755亿元，占全社会固定资产投资的三分之一，比“十一五”增长187%。房地产业、建筑业克服经济下行压力保持健康发展，二者贡献的税收超过地方一般预算财政收入的50%。“十二五”期间，出台《促进房地产业平稳健康发展的七条措施》以及《城乡居民家庭购买自贡市自住商品房财政补贴实施细则》，全市房地产开发完成投资437.86亿元，是“十一五”期的2.98倍；房屋新开工面积1289万平方米，竣工面积810万平方米。出台《促进建筑业转型升级健康发展的意见》，培育新增施工总承包一级企业3家，累计完成建筑业总产值814亿元，比“十一五”增长174%；实现增加值279亿元，增长125%。创新体制机制破解资金难题取得历史性突破，组建市城市投资开发有限公司作为城市建设投融资平台，累计融资近80亿元；积极向上争取资金，总计争取中央、省级城建类补助资金近30亿元，在全省21个市、州中仅次于成都。

四、居家民生得到明显改善

加大住房保障力度，编制《自贡市保障性住房建设规划》，出台《自贡市公共租赁住房管理办法》，铸钢花园2014年获“四川省结构优质工程”，全市累计新建保障性住房2.91万套。全力改善农民居住条件，累计建成18个新农村综合体、375个新村聚居点、50个“幸福美丽新村”，改造农民危旧房3.57万户。开展老旧社区整治，编制完成《老旧社区整治改造工程建设规划》，对全市老旧社区进行整治改造，累计整治背街小巷253条，启动全市121个居民住宅小区供配电设施改造。实施居住小区改造，实施周家冲小区、巴茅塘盐业职工宿舍、雷公滩社区空压厂职工宿舍、科信苑小区4个试点小区公共服务配套设施建设。推进既有住宅增设电梯工作，自贡被纳入全省既有住宅增设电梯工作试点城市之一，并出台《自贡市既有住宅增设电梯实施意见》。全面提升物业管理水平，全市已有物业服务企业106家，其中本地一级资质1家、二级资质8家、三级资质80家，外地入市备案17家。大力开展建筑工地扬尘治理和工程质量治理2年行动，分别有22个、27个项目被评为省级建筑施工标准化文明工地和省结构优质工程。创新开展规划进社区，大力发展后街经济，打造“500米生活圈”，完成汇东新区33个社区规划编制，东区邻里中心加快建设。规范交易登记行为，率先在全省建立存量房交易资金监管系统，市房屋权属登记中心成功创建全国房地产交易与登记规范化管理先进单位。

五、行政效能规范化建设不断深化

深入开展行政审批制度改革，实施“集装箱”管理，审批事项、流程等不断优化、改进，行政审批效率大幅提升，行政许可审批时限由原来的103个工作日压缩为20个工作日。推进机关管理服务标准化建设，按照“有人就有工作标准、有事就有质量标准、有物就有管理标准”的思路，市住建局发布《局机关管理服务标准》188项，其中机关管理保障标准51项、机关服务提供标准30项、机关岗位工作标准107项，标准化体系基本建立并实现标准全覆盖。全面开展行政权力清理，制定和公开权力清单以及负面清单，累计清理行政权力总计

643项；认真开展行政许可和非行政许可清理，依法取消和简化行政审批前置条件9项，取消非行政许可17项；规范无法律法规和规章制度规定或地方部门自行设立的中介服务事项11项。加大执法力度，执法与服务并重，5年共查处各类违法建设案件440余件，并在依法合规的前提下打破常规，帮助企业、群众解决大量历史遗留问题。累计承办人大建议62件、议案1件，办理政协提案145件，办理满意率均达到100%，城市品质得到进一步提升、民生得到进一步改善。

六、城建队伍建设迎来历史最好时期

以“负责、创新、追求卓越”为共同价值追求，推动干事创业，构建“城市大讲堂”学习教育体系，组织举办公益城市大讲堂28期，参与人员1.26万人次。开展精品教育3次，强化城建人和全市各级各类干部的城市意识、城市见识和城市知识，为提高城市经营管理水平、加快推进全市新型城化进程提供智力支持。加大智力援藏力度，在全省率先成功举办“自贡－松潘城乡规划建设管理专题培训班”，无偿培训松潘县各级干部70人。以“为民、务实、现代化”为取向，全面深化改革，以信息化推动管理规范化、标准化、精细化，探索建立“一控规两导则”规划管理体系，建成工程建设、市政设施、园林绿化、物业管理视频监控系统；市规建局与市房管局实质性整合，有效推进城乡规划建设和住房保障工作；成立市园林局，全面开展全市园林绿化生态建设工作；成立市代建中心，将政府非经营性建设项目引入代建制；成立市城投公司，加强项目建设，加大对上争取补助力度，拓宽融资渠道；成立乡镇规划员管理中心，加强乡镇规划管理水平。以“忠诚、干净、担当”为基本遵循推进干部作风建设，开展党的群众路线教育实践活动，“四风”突出问题得到有效遏制，开展“三严三实”专题教育，“不严不实”、不敢担当等问题得到有效整改，积极构建廉政风险防控机制和惩防体系框架，五年来市住建局机关未发现一起违纪违法案件，城乡建设的群众满意度不断提高。

（刘恒搏）

“十二五”交通运输发展

“十二五”是自贡交通投入力度最大、发展速度最快、成效最为显著的5年，实现了交通边缘城市向枢纽城市的重大跃升。

一、交通基础建设实现新发展

“十二五”期间，全市累计完成交通固定资产投资236.64亿元，是“十一五”期间投资完成总量的4.1倍，投资总额创历史新高。建成成自泸赤、乐自、自隆和内威荣4条高速公路，全市所有县（区）实现高速公路直接覆盖，形成以中心城区为核心、辐射各区县及周边地区的高速公路网络，“市域半小时、川南1小时、成渝2小时”通达目标全面实现；新增普通国道2条，结束境内无普通国道的历史，省道增加至10条，全市各区县实现普通国省道全覆盖；6条城区高速公路连接线等一批干线公路联网畅通工程相继开工建设，普通国省干线公路升级改造稳步推进，全市高速公路、干线公路互连互通能力显著增强，路网等级和服务水平明显提升；农村公路总里程达到5586公里，96个乡镇全部实现通畅，建制村通畅率达到93%，较“十一五”末提高21个百分点；乡镇通班车率保持100%，建制村通班车率达83.07%、较“十一五”末提高5个百分点。2015年年末，全市公路总里程6510公里，较“十一五”末增加667公里。

二、交通运输能力取得新突破

“十二五”期间，全市新增高速公路客运班线42条、跨省班线3条、跨地市班线26条、农村客运线路77条；2015年全市客运站平均每日旅客发送量5.2万人，比2010年增加1.5倍；公交运营线路增加960公里，新增和更新公交车270台，全市四城区出租汽车GPS监控系统升级为3G视频监控系统；开通自贡至成都、自贡至重庆城际货运专线，建成川南地区第一个公共物流信息平台；新增机动车维修业户78户，机动车驾驶员培训经营业户6户，培训机动车驾驶员8.5万人。全市营运汽车、船舶、城市公交、出租车数量分别达到1.85万辆、597艘、849辆、1436台；公路货运量增长27.53%、货物周转量增长35.01%，道路客运、城市公交、出租车平稳运行。建成公交精品线6条、高速公路客运精品线3条，6条农村客运线路实行公交化改造。

三、服务管理水平得到新提升

“十二五”期间，市交通运输局完善45项交通行政执法制度，交通运输行政执法“三基三化”和“四统一”形象建设取得显著成效；完成交通运输475项行政权力事项代码流程图编制，26项行政审批事项进驻市政务中心窗口集中办理。大力开展“平安交通”建设，全面落实安全生产责任制，积极推进安全生产标准化建设，深化安全生产专项整治，交通运输安全生产向事前事中预警预防转变，全市交通安全生产形势持续好转。深入开展工程建设领域突出问题专项治理行动，相继出台《自贡市交通工程建设五项制度实施细则》等制度，全面推行工程建设质量安全终身制，建成以乐自高速公路和S305富顺绕城线等为代表的一批优质工程。积极推进交通信息化建设，全市“两客一危”和重型普通货运车辆卫星定位系统安装率达到100%，公交智能调度中心、客运企业联网售票等道路客运服务智能化网络初步建立，建成机动车维修二级维护监控系统、驾培“O2O”服务平台。

四、行业队伍建设创出新成果

“十二五”期间，坚持全面从严治党，从严从实加强行业党风廉政建设，全面落实“两个责任”，认真履行“一岗双责”，不断完善交通运输惩防体系。扎实开展党的群众路线教育实践活动和“三严三实”专题教育，开展党章党规党纪专题集中学习，持之以恒抓好作风建设，推进正风肃纪常态化，深入开展“富民路·连心桥”以评促建活动，系统作风进一步转变，政风行风满意度提升。加强行业精神文明建设，积极培育选树和大力宣传一批行业先进典型，市公交集团公司驾驶员朱红获全国交通运输系统劳动模范、全国爱岗敬业驾驶员，省汽运自贡集团公司驾驶员郑子良获全国爱岗敬业驾驶员，刘平洪获全国交通技术能手，市海事局赖永秀获省优秀共产党员、市劳动模范，市路政支队获全国交通运输依法行政先进集体，市汽车客运总站售票组被全国总工会评为“五一巾帼标兵岗”，队伍精气神极大提振、行业凝聚力不断增强。

（市交通运输局）

攻坚突破　分类推进

——“十二五”全市国企改革取得阶段性成效

“十二五”期间，按照“攻坚突破、分类推进”的思路，强力推进国企改革工作，国有企业改革、发展、稳定取得新的阶段性成效。

一、困难国有企业改革攻坚突破

（一）“三年国企改革攻坚”完美收官。从2008年年底开始，全市启动实施“三年国企改革攻坚”。截至2011年年底，市纺织公司等36户困难国有企业改制顺利实施，2.78万名国企职工得到妥善安置，支付职工经济补偿金、企业欠职工各项费用、职工社会保险金等8.88亿元，化解22亿元债务，释放12.88亿元的闲置存量资产，5000多名职工再就业。建陶工业公司等16户国有厂办集体企业改革，安置职工2200多人，“三年国企改革攻坚”实现完美收官。“十二五”期间，共有22户企业先后启动实施依法破产工作，分别是市标准件总厂、市水利机械厂、自贡川玻南华实业股份有限公司、市光明食品厂、市糖果厂、市灯泡丝材厂、市建筑陶瓷总厂、市特种工程塑料厂、市油毡厂、自贡新华印刷厂、市电化厂、四川自贡百货集团有限公司、市工业供销总公司、市纺织工业供销公司、自贡东方电器设备有限公司、市新星企业经济服务中心、市机械工业供销总公司、市空压机总厂、市汽车运输总公司、市化学试剂厂、汇鑫公司、粉末冶金有限责任公司。

（二）改革后续工作持续推进。“十二五”期间，破产改制企业6500余户水电气“转改直”工作全面完成，其中，用水改造4767户、用电改造1340户、用气改造411户。15户企业62处公共资产完成移交。市灯泡丝材厂等18户企业完成社会职能和非经营性公共设施移交。划转公共资产11宗，涉及资产总额853万元。新华印刷厂等10户改制企业职工620套非成套房移交辖区政府管理。市双峰公司等17户企业破产财产完成收储收购，财产总额2.24亿元，涉及划拨土地使用权46.67公顷。市树脂厂破产财产通过挂牌拍卖实现成功转让，成交价1051万元。完成1.06万户国有企业棚户区改造和61户厂办大集体改革的摸底和各项准备工作。开展国有企业退休教师待遇补差工作，发放补差资金2931.75万元，涉及2146人次。

（三）破产企业大部分实现清算终结。“十二五”期间，加大破产企业清算工作力度，倒排工作时间表，责任到人，确保破产终结工作顺利推进。对有条件的破产企业，加快破产财产的处置变现，为破产案的终结创造条件，加快困难国有企业的退出。截至2015年年底，市国资委成立后启动实施的39户国有企业中，有31户企业实现破产终结，分别是：市工业泵股份有限公司、市高压容器总厂、市釜江化工厂、市工艺美术工业总公司、四川自贡运输机械总厂、市水利机械厂、自贡川玻南华实业股份有限公司、市纺织工业供销公司、自贡东方电器设备有限公司、市新星企业经济服务中心、自贡纺织股份有限公司、市瓷厂、市双峰电子总公司、自贡化工供销公司、市光明食品厂、市糖果厂、市灯泡丝材厂、市机械工业供销总公司、市空压机总厂、市汽车运输总公司、四川檀木林宾馆、市炭黑厂、市磁性材料总厂、市建筑陶瓷总厂、市特种工程塑料厂、市油毡厂、自贡新华印刷厂、市电化厂、自贡市化学试剂厂、汇鑫公司、粉末冶金有限责任公司。

（四）部分企业实现产业延续。檀木林宾馆依法破产后通过引进中铁二局实施重组，成功打造成为全市第一家五星级酒店。运输机械总厂、工业泵股份公司2户破产企业资产被四川自贡运机股份公司收购，运机股份公司迅速扩张发展，年销售收入由1亿元增加到12亿元，一跃成为全市机械装备制造行业的骨干企业。由改制企业职工发起组建的春华公路运输公司、兴华印务公司，通过租赁原市公路运输公司、新华印刷厂破产资产，企业发展显示出新的生机和活力。

二、重点国有企业改革成效明显

（一）东碳重组成功实施。2012年，促成山西阳煤化工集团等定向增发东碳公司股份，募集资金40多亿元，对重组剥离的资产、债务进行清理和处置，完成人资债交割和东碳股份公司重组，向重组方争取到重组资金9700万元，2013年通过在西南联交所公开挂牌交易，完成东碳有限公司全部股权的转让重组。实施在汇鑫公司依法破产后金蜂公司的对外租赁经营工作，成功实现原有产业的延续和发展。自贡东碳医院整体改制并移交自流井区人民政府。东碳系3户企业改制重组及职工安置工作圆满完成，妥善安置职工约1700名，集中安置率达到98%以上。

（二）市商业银行深化改革取得阶段性成效。2013年，引进战略投资者华西能源公司，募集资金19亿元，对市商业银行增资扩股6.5亿股，注册资本金达到10亿元，净资产超过30亿元，总资产达150亿元，为进一步做大做强奠定了基础。截至2015年年末，市商业银行注资本达20亿元，资产总额达404亿元，贷款104亿元，存款253亿元，实现利润5.78亿元、税收2.52亿元，圆满完成市委、市政府提出的“三年500亿，五年1000亿”发展战略阶段性目标。2015年，该行资产规模、各项存款、各项贷款、实现利润4项主要指标增速在全省13家法人城商行中排名第一。

（三）国有资本布局进一步优化。一是成功组建市国有资产能源投资公司。指导市国投公司从政府融资平台向新兴产业转型升级，出资 1.26 亿元组建市国有资产能源投资公司，作为四川省页岩气勘探开发公司自贡方出资人。该公司注册资本 6 亿元，推动全市页岩气产业发展。二是成功组建市信融能源投资公司。整合交投及相关企业资产，引入项目“PPP”模式，成功组建信融能源投资公司，公司注册资本 1.5 亿元，推动全市页岩气开采等新能源装备产业发展。三是市公交集团公司开展车辆检测业务。市公交集团公司以 697 万元收购“自贡机动车辆及驾驶员安全技术检测站”资产，成立安信机动车检测有限公司，现已投入运营，主要从事机动车安全技术检验。四是智慧城市运营公司成功组建。市国资委以电子政务外网运营中心为基础，牵头组建市智慧城市网络公司，公司注册资本 1000 万元。新公司组建后将为提升智慧城市运行管理水平、推动城乡统筹发展等提供强大的支持。五是市保安公司改革全面完成。在完成市保安服务总公司接收的基础上，牵头对该公司实施“管办分离、政企分开”和公司制改造，市保安有限公司于 2015 年 8 月 31 日正式挂牌运营，这是全市全面深化国资国企改革积极探索发展混合所有制经济过程中第一户企业员工持股的成功案例。六是自贡水务集团公司实现股权回购。在市政府主导下，2015 年自贡水务集团公司完成股权回购，成为市属国有独资公司。同年，自贡水务集团公司董事长、党委书记、总经理调整到位，“两会一层”调整充实。七是指导企业调整产业结构。公交集团公司成功组建公交运营公司；市国投公司出资设立工信企业投资有限公司、参与组建川南城际铁路有限责任公司；大西洋股份公司出资设立大西洋焊接材料北美销售公司，并将地处成都市 1.4 公顷土地使用权作价投资成立新都远宏房地产开发有限责任公司，对该宗土地进行开发。八是指导企业增资扩股。指导中钨高新自硬分公司以净资产向自贡硬合公司增资 2.3 亿元，公司股本由原 5 亿元增至 7.3 亿元，从而增强发展后劲和抗风险能力。利用对上争取的扶持资金，高新投资公司增加注册资本金 3000 万元，注册资本达到 1.3 亿元。指导汇东公司完成增资扩股，利用产权市场加快结构调整，提升资本实力。

（四）重大项目建设推进有力。支持四川省大西洋公司重大项目建设，焊接产业园项目 2012 年动工，截至 2015 年年底累计完成投资 8.7 亿元，一期 5 个项目 5 个标段主体工程全部封顶断水。总投资 7950 万元、总储气量为 10 万立方米的市燃气公司贡井储配站建成投入使用，提高全市城市燃气调峰能力。汇东公交枢纽站完成改造，市公交集团公司 151 辆公交高级车投放到 12 条公交线路，完成投资 7823 万元。

（五）融资平台进一步夯实。支持国投公司参与组建城投公司，指导国投公司组建市国投融资担保公司和资产管理公司，指导高新投资公司组建高新普润融资担保公司，全市投融资平台进一步夯实。“十二五”期间，指导企业利用多层次资本市场融资，通过发行企业债、短期融资券、中期票据、上市公司国有股权质押、非公开发行 A 股股票等融资工具，累计融资 74 亿元，为企业发展提供有力的资金支持。

三、“十三五”国资国企改革完成总体布局

2015 年，市委、市政府出台《关于深化国资国企改革促进发展的实施意见》和《市级经营性国有资产统一监管实施方案》，标志着全市新一轮全面深化国资国企改革工作拉开序幕。《关于深化国资国企改革促进发展的实施意见》对“十三五”全市国资国企改革进行总体设计。为使国资国企改革工作有序推进，市国资委成立全面深化改革领导小组，并下发《关于全面深化国有企业改革工作实施方案》，制定市国资委全面深化改革领导小组工作规则及办公室工作细则，进一步明确工作职责和要求，细化工作流程。根据《贯彻落实市委十一届九次全会重要部署责任分工方案》，在国有企业和科技体制改革专项小组的领导下，研究制定贯彻落实意见，成立 8 个深化改革专项小组项目工作组，建立 12 项工作台账，细化改革内容、明确具体的改革任务、责任人和牵头科室。2015 年，指导先行推进改革的大西洋公司、公交公司、燃气公司制定改革方案，并逐步实施。

（市国资委）

发挥公共财政职能，全力保障和改善民生

——“十二五”财政保障改善民生情况综述

“十二五”时期，全市各级财政部门调整优化财政支出结构，加大对民生社会事业投入，全力保障和改善民生，努力让老百姓“学有所教、病有所医、老有所养、居有其屋、活有所乐”，全面提升市民幸福感。

一、让百姓“学有所教”

坚持教育优先发展战略，充分保障不同需求的市民受教育权利，促进教育均衡发展。“十二五”期间，各级财政教育投入资金114亿元，重点推进包括幼儿教育、义务教育、职业教育、普通高中以及高等教育在内的教育事业发展。一是高度重视幼儿教育。“十二五”期间，全市安排资金4.5亿元，支持学前教育发展。实施学前教育三年行动计划，全市新改（扩）建106所公办幼儿园、308所附属幼儿园，支持民办普惠性、公益性幼儿园发展。实施学前教育“三儿”资助，从2011年秋季学期起，对普惠性幼儿园在园家庭经济困难儿童、孤儿和残疾儿童，每人每月减免保教费100元，由财政对幼儿园给予补偿。建立公办幼儿园经费保障机制，从2012年起，按照“工资全保、公用适量、收费补充”思路，建立公办幼儿园经费保障基本制度，确保公办幼儿园正常运转。二是全力保障义务教育。“十二五”期间，安排资金61亿元，推进义务教育发展。实施城乡义务教育“三免一补”（免学杂费、免费教科书、免费作业本、贫困寄宿生生活费补助）财政补助政策：从2006年、2008年起，分别实施农村、城市义务教育免学杂费政策，按照农村普通小学不低于每生每年600元、普通初中不低于每生每年800元标准，城市小学不低于340元、普通初中不低于440元标准免除学杂费；从2006年起实施免费教科书政策；从2014年起实施义务教育学生免费作业本政策；从2006年、2013年起，分别实施农村、城市贫困寄宿生生活费补助政策，按照小学每生每年1000元、初中每生每年1250元标准，补助贫困寄宿生生活费。“十二五”期间，全市各级财政投入10.5亿元实施城乡义务教育“三免一补”。不断改善教育教学条件：“十二五”期间，全市各级财政投入资金2.5亿元，按照700元/平方米标准，开展农村中小学校舍维修改造。加大中小学薄弱学校改造力度，统筹城乡义务教育资源均衡配置，促进基本公共服务均等化。2014年，全市各级财政投入资金8323万元，对农村义务教育薄弱学校图书和设备配套、扩容改造和附属设施建设给予补助；2015年，全市财政部门筹集资金，更加注重效益，做到改一所、成一所，逐步达到国家各项办学条件要求。三是积极发展普通高中教育。“十二五”期间，不断调整教育布局结构，安排资金5.1亿元对自贡一中、蜀光中学、旭川中学、荣县中学、荣县新城中学、富顺二中等普通高中进行新建和改扩建，普通高中基本办学条件得到较大改善。同时，积极推进高中学校信息化建设，实现优质教育资源班班通，学校实现有线无线双网覆盖，所有教室装备多媒体教学系统，教师全部配备电脑。从2014年春季起，普通高中经济困难学生免学费。四是大力发展职业教育。“十二五”期间，安排资金9亿元，支持职业技术学校、职业技术学院等中等职业技术学校发展。从2009年起，实施中职学生免学费政策，按每年生均2000元标准，免除公办中等职业学校全日制正式学籍一二三年级（民办中等职业学校一二年级）学生学费（艺术类相关表演专业除外）。“十二五”期间，全市各级财政投入资金1.33亿元。五是积极支持高等教育。“十二五”期间，市本级财政投入资金1亿元，支持四川理工学院升级四川理工大学、自贡

卫校升格为四川卫生康复职业学院，全市高等教育迈入新的台阶。

二、让百姓“病有所医”

加大医疗卫生投入力度，让城乡居民“看得上病，看得起病，看得好病”，切实解决“看病难、看病贵”问题。“十二五”期间，全市各级财政投入资金78亿元，重点推进新农合、基本药物制度、医疗救助、计划生育等民生事项。一是完善新型农村合作医疗制度。“十二五”期间，全市各级财政投入资金29.4亿元，财政补助标准从年人均200元提高到380元。2015年，全市新农合参合率99.75%，政策范围内住院费用报销比例和实际报销比例分别达77.45%、65.12%。二是完善城镇居民基本医疗保险制度。“十二五”期间，各级财政投入资金6.6亿元，财政补助标准从年人均200元提高到380元。三是完善基本公共卫生服务。“十二五”期间，各级财政投入资金3.9亿元建立基本公共卫生服务体系。2015年，按照人均不低于40元标准，继续向全体公民免费提供基本公共卫生服务。四是完善基本药物制度。“十二五”期间，各级财政投入资金2.8亿元，按照一定补助标准，保障基层医疗卫生机构和村卫生室全面实施国家基本药物制度，向全体公民提供基本药物。五是实施县级公立医院全面取消药品加成。从2013年10月1日起，县级公立医院取消药品加成（不包括中药饮片），实行药品零加价销售。2013—2015年，各级财政投入资金1900多万元，将全市实施范围扩大到所有县级公立医院。六是完善医疗救助体系。“十二五”期间，各级财政投入资金2.5亿元，对符合条件的城乡困难群众分类实施医疗救助。七是落实计划生育奖励扶助政策。实施农村孕产妇住院分娩补助，2014—2015年各级财政投入资金1700多万元，按人均补助500元标准，对农村孕产妇住院分娩进行补助；实施独生子女父母奖励，“十二五”期间，全市各级财政投入资金5086万元，按每人每年不低于120元标准，落实独生子女父母奖励；是实施农村部分计划生育家庭奖励扶助，“十二五”期间，全市各级财政投入资金1.55亿元，按每人每年不低于960元标准对符合子女和年龄条件的计划生育家庭发放奖励扶助金，直到亡故为止；是实施计划生育家庭特别扶助，“十二五”期间，全市各级财政投入4858万元，按伤残家庭对象每人每年不低于3360元标准、死亡家庭对象每人每年不低于4200元标准，对符合子女和年龄条件的计划生育家庭发放特别扶助金，直到亡故为止。

三、让百姓“老有所养”

坚持“广覆盖、保基本、多层次、可持续”基本方针，以社会保障、社会救助、社会福利为基础，以基本养老、基本医疗、最低生活保障制度为重点，加快完善社会保障体系。“十二五”期间，各级财政投入资金100亿元，重点推进实施城乡居民养老保险、最低生活保险、再就业等社保民生事项。一是建立城乡居民基本养老保险制度。2014年，在全市范围建立统一的城乡居民基本养老保险制度，政府对符合领取城乡基本居民养老保险待遇条件的参保人全额支付基础养老金，并对参保人缴费给予补贴，补贴标准不低于40元/人·年。对选择100元至3000元不同档次缴费的，政府分别对应补贴40元至160元不等。对重度残疾人（指一、二级残疾人），领取最低生活保障待遇并参保的三、四级残疾人，独生子女伤残死亡家庭（指独生子女三级以上残疾或死亡且未再生育或收养子女的家庭）夫妻，由政府按个人缴费最低档次为其代缴养老保险费。“十二五”期间，各级财政投入资金14亿元。二是健全城乡居民最低生活保障制度。“十二五”期间，各级财政投入资金11.4亿元，对持有非农业户口且共同生活的家庭成员人均收入低于当地城市居民最低生活保障标准的城市居民提供生活补助。各级财政投入资金5.5亿元，对家庭年人均纯收入低于户籍所在地农村最低生活保障标准的农村贫困家庭给予适当补助。三是健全优抚对象抚恤和生活补助保障制度。“十二五”期间，各级财政投入资金5.3亿元，按照不同分类补助标准，对各类重点优抚对象提供生活补助和抚恤保障。四是落实农村五保供养政策。“十二五”期间，各级财政投入资金2.1亿元，给予农村五保户供养补助。

四、让百姓“居有其屋”

“十二五”期间，各级财政投入资金28亿元，推进保障性住房建设、棚户区改造、农村危房改造等。一是推进公共租赁住房建设。“十二五”期间，全市各级财政投入公共租赁住房建设资金18.74亿元。二是推进棚户区改造。“十二五”期间，中央和省、市级财政投入资金9.35亿元，启动棚户区居民房屋改造2.39万户、107万平方米。2014年，争取国家开发银行危旧房棚户区改造项目专项贷款，第一批危旧房棚户区改造项目新增授信24.7亿元，全面启动东兴寺片区、西山和光凤片区棚户区改造。2015年，全市计划改造城市棚户区1.74万户，总投资78.23亿元；争取国家开发银行危旧房棚户区改造项目专项贷款，第二批危旧房棚户区改造项目新增授信18亿元；全面启动大安旧城等棚户区项目改造。三是推进农村危房改造。2014年，市政府出台《关于加快推进我市农村困难群众危房改造的实施意见》（自府发〔2014〕23号），计划2014—2016年完成全市5.40万户农村困难群众危房改造任务。2014年，全市（不含荣县和富顺县）安排1828万元，完成新建（D级危房改造）一般困难户1321户，散居五保户、建卡困难户287户，低保户225户，特别困难户56户；维修加固（C级危房改造）一般困难户1813户，散居五保户、建卡困难户217户，低保户（特别困难户）268户。

五、让百姓“活有所乐”

“十二五”期间，全市各级财政投入资金15亿元，加大对文化体育建设投入，创新机制体制，加强政策扶持，推进城市文化建设，切实改善农村文化生活，让广大人民群众共享先进文化发展成果。重点推进农村公益性电影放映工程、“五馆”免费开放、农家书屋、体育场馆免费开放等文化民生事项实施。一是实施农村公益性电影放映工程。“十二五”期间，财政投入资金1382万元，按1村1月放映1场、不低于220元/场标准，对农村公益性电影放映给予补贴。二是实施“五馆”免费开放。“十二五”期间，财政投入资金4040万元，按照分级分类补助标准，免费向公众开放博物馆、纪念馆、美术馆、图书馆、文化馆等公益性文化设施，丰富群众文化生活。三是建设农家书屋。从2009年起，在全市行政村启动农家书屋建设，按照每个农家书屋2万元标准进行建设，并于2012年全面完成建设工程。“十二五”期间，各级财政投入资金705万元，用于出版物补充。

（市财政局）

“十二五”金融业发展

“十二五”期间，全市金融业贯彻落实中央、省、市有关金融改革重大部署，围绕服务实体经济、严守风险底线、深化银行业改革等开展工作，维护全市经济金融平稳健康发展。

一、发展概况

（一）银行业

“十二五”末，全市有各类银行业机构17家，其中：法人机构7家、非法人二级分支机构10家、网点数量525个，银行业机构和网点数量分别较“十一五”末增加3家、41个。全市银行业资产、负债、存款、贷款余额分别达1556.04亿元、1498.98亿元、1297.95亿元、615.55亿元，分别是“十一五”末的2.61倍、2.58倍、2.41倍、2.45倍；累计实现净利润53.13亿元，是“十一五”时期的3.24倍；累计上缴利税9.13亿元。法人机构整体资本充足率、拨备覆盖率分别较“十一五”末提升5.59个百分点和102.11个百分点；法人机构资本净额达52.22亿元，是“十一五”末的8倍。

（二）证券业

2011年11月10日，华西能源在深交所上市；2015年5月1日，天成机械通过混改注入方式实现上市（ST建机）；2015年，川油科技、百味斋、天健生物3家企业在“新三板”挂牌上市。“十二五”期间，累计发行30亿元企业债，其中：国投公司发行10亿元；高投公司发行20亿元；主板上市公司直接融资18.3亿元。截至2015年年末，全市有主板重点上市企业培育资源库29户，纳入省新三板重点企业后备库17户，四板上市企业培育库14户，其中10户企业在川藏股权交易中心（四板）挂牌展示。

（三）保险业

全市保险业保额达3784.93亿元，比2011年增长32.4%；2015年保费收入26.22亿元，比2011年增长30.6%；保险深度2.29，保险密度954.21。是年末，机构网点数152个，比2011年增加5个。

（四）其他金融服务业

截至2015年年末，全市有小额贷款公司13家，实现四区两县全覆盖；贷款余额11.75亿元，较“十一五”末增加10.76亿元。融资性担保公司从4家增加到17家，其中注册资本1亿元以上的14家，在保余额26.95亿元。

二、主要工作

（一）扩大信贷规模，调整信贷结构。“十二五”期间，先后印发《自贡市加强服务稳定工业发展的八条措施》《金融支持实体经济十项措施》《自贡市金融改革实施方案》《自贡市银行业机构2015年支持地方经济发展工作目标考核奖励办法》《自贡市政府可调控资金存款与信贷支持挂钩考核暂行办法》，制定《自贡市农村金融改革实施方案》《金融服务“三农”实施意见》《自贡市中小微企业金融服务提升工程实施方案》，出台《自贡市中小企业信用体系试验区建设工作方案》。通过信贷窗口指导、差别存款准备金动态调整、资金工具等政策，引导金融机构创新科技金融和小微企业金融产品与服务方式，推动更多信贷资金投向科技型小微企业。

（二）鼓励信贷产品和服务创新。出台《自贡市工业企业应急临时周转金暂行办法》，为久大集团、泰丰集团、鸿鹤化工等76户企业提供165笔应急转贷资金，周转总额20.22亿元。全省首家农村资金互助社——大安三绿农村资金互助社于2014年11月开业，为41户入社农户提供1000万余元资金支持。引进锦泰财险、农银人寿，主要服务农村经济。鼓励、支持金融机构设立三农金融事业部、农村专营支行等方式，健全金融机构服务能力。创新发展种植业、养殖业，开展承包权、林权、农房抵押贷款试点等。2014年，全市推出生猪价格指数保险试点，为7万余头生猪系上价格保险绳，规模位列全国第一。

（三）深化地方性银行业金融机构改革。推动市商业银行改制，股本金由1.00亿元扩大到10.07亿元，增长10倍；推动大安、沿滩、中新三家城区联社合并组建自贡农商银行，两县联社组建县级农商行。

（四）拓展资本市场业务。2015年，市政府印发《自贡市2015年促投资稳增长八条措施》，对成功上市的企业每户给予20万元—100万元补助。年底，印发《关于对全市通过多层次资本市场直接融资企业给予补助的通知》，对市内进行工商注册和税务登记的企业，在境内外证券交易所主板、国内中小板、创业板首次公开募股（IPO）上市补助100万元，在新三板成功上市补助50万元，在川藏股权交易中心挂牌展示板补助2万元，挂牌融资板补助10万元，挂牌交易板补助30万元。企业借“壳”上市并将其上市公司注册地迁至自贡，按照不同板块层级对应给予相应补助。探索引进风险投资、产业投资基金、信托融资等，解决中小企业融资难题。筹备设立政府风险引导基金。

（五）引进和发展各类金融机构。“十二五”期间，引入成都农商银行在自贡设立中成村镇银行，引入乐山商行、攀枝花商行、南充商行等异地城市商业银行在自贡设立3家市级分行。新增国都证券、海通证券、国信证券，证券机构数量由3家增加到6家。

（六）加快金融信息化进程。银行卡发行量由2011年末的450万张增加到2014年末的688万张，增长52.89%；刷卡消费额由240亿元增加到640亿元，增长166.67%。金融IC卡成功纳入全省首批试点，全市发行金融IC卡130万张。

（七）打造金融生态环境示范市。加强与省级监管部门、各省分行的联系沟通，强化银政合作、银企合作，构建良好的金融生态环境。成功处置新星源事件被列为2014年全省法院十大典型案例之一，并受到国务院、省政府领导的肯定。2011年，荣县被授予“金融生态示范县”称号。2012年，富顺县被授予“金融生态环境达标县”称号。2014年，富顺县和沿滩区分列全省180多个县级行政单位“县域金融生态环境测评”第22名、第60名。

（舒 平）

“十二五”科技事业发展

“十二五”期间，加快推动创新改革驱动转型发展，以提高自主创新能力为核心，以加快产业结构调整和经济发展方式转变为主线，大力实施科技创新“八大工程”，着力构建区域创新体系，全社会科技进步水平与区域科技创新能力显著提升，科技进步与经济发展融合更加紧密，自贡连续四个考核年度被授予全国科技进步先进市称号。

一、科技创新综合实力明显增强

“十二五”期间，全社会科技投入呈增长趋势，R&D投入占GDP的比重达到0.8%，累计投入科技创新资金30.9亿元，其中，政府引导投入2.3亿元。全市直接从事科技活动的科技人才达1.08万人，其中高级人才579人，比“十一五”末增长66%，享受国务院特殊津贴专家121人、省有突出贡献的优秀专家36人、省学术和技术带头人16人。依托“千人计划”，引进海外专家13名，培养科技领军人才10人、科技创新团队28个，东锅公司霍锁善被授予四川省科技杰出贡献奖，刘泰生、陈炳金、叶茂、龚欣荣、冉燊铭被授予自贡市科技杰出贡献奖。“十二五”末，全市共拥有高新技术企业61家，位列全省第四，国家、省级创新型企业69家，国家、省级知识产权试点示范企业41户，科技创新综合能力位居全省第四。

二、科技创新平台建设蓬勃发展

“十二五”期间，加快打造升级科技创新基地，稳步推进各类创新平台建设。成功创建国家技术创新工程四川省试点示范市和国家知识产权试点城市，高新区成功升级为国家级高新技术产业开发区，自贡国家新材料基地通过科技部复审，南岸科技新区孵化园列入省级重点推进项目，浙大自贡创新中心成功建成，市技术转移中心跻身国家级技术转移示范机构，国家炭黑材料工程技术研究中心、大西洋焊接材料国家企业技术中心、四川焊接工程技术研究中心等一批行业领先的研发机构成功组建。“十二五”末，全市共拥有国家级高新区1个，国家和省级高新技术产业化基地4个，省级农业科技园3个，建成博士后工作站点5个，劳模创新工作室5个，各类科技创新平台112个，其中国家和省级创新平台51个，平台数量位列全省第三。

三、科技创新成果取得重突破

“十二五”期间，大力组织实施产学研协同攻关，先后在新材料、节能环保、装备制造等领域开展技术攻关，掌握一批具有国际、国内领先优势和自主知识产权的核心技术。累计组织实施国家、省重大科技项目385项，其中产业链重大攻关项目50项，新增技术成果236项，获得国家科技进步奖2项、省部级科技进步奖35项。其中，“600兆瓦超临界‘W’型火焰锅炉”填补国内外超临界参数高效燃用无烟煤锅炉的空白，获得国家机械工业科学技术一等奖和省科技进步一等奖；“超长距离管状带式输送机”解决长距离物料输送一系列关键技术问题，处于国际先进水平；东锅公司“电站燃煤锅炉烟气脱硝处理用混合装置”获中国专利优秀奖。全市累计新增自主创新产品28个，国家、省级重点新产品和战略性新兴产品54个，实现专利申请5951件、年均增长35.7%，发明专利申请1618件、年均增长30.4%，PCT国际专利申请13件。“十二五”末，全市高新技术产值占规模以上工业增加值比重25%，战略性新兴产业增加值占比28%，产业实力明显增强。

四、科技成果转化显著加快

“十二五”期间，实施技术创新成果转化重推计划，构建起“一条龙”的公共服务模式和集成果发布、运用、转化和推广于一体的公共服务体系，创新环境持续优化，成功推进“千吨级特种聚四氟乙烯分散浓缩液产业化”“管线钢用焊接材料系列专利技术成果的转化及应用”“多功能橡塑交联剂六亚甲基己二胺氨基甲酸盐产业化”等132个国家、省重点科技成果转化实施项目，完成新增产值222.4亿元，全市新增实施专利1658项，新增产值125.5亿元，新增利税13.8亿元，创汇2.1亿美元。重点推广农业新品种和新技术20项，实施农村科技计划项目120余项，登记各类科技成果236项、技术合同761项，完成技术合同成交额12.8亿元，帮助企业享受税收减免4亿元，累计实现知识产权质押融资2.36亿元，建成全省首家科技银行——自贡工商银行高新科技支行，以高新区南岸科技新区为载体的“盈创动力模式”试点，纳入全省重点推进工作。2015年，全市科技进步对经济增长的贡献率53%，高于全省平均水平3.5个百分点。

（朱晓文）

“十二五”教育事业发展

“十二五”期间，全市教育工作紧紧围绕“五个自贡”建设，咬定建设教育强市目标，深化改革，破解难题，提高质量，顺利完成各项目标任务，教育事业取得新的成就。

一、教育投入不断加大，办学条件持续改善

“十二五”期间，全市共投入改善办学条件的资金达22.27亿元。实施中小学薄弱学校改造、农村初中工程、学前三年行动计划、中职基础能力、教育信息化等系列建设项目，80%以上的义务段学校实施1个以上的建设改造项目，完成蜀光中学、自贡职业技术学校、自贡职业培训学院、汇东实验学校南湖校区、绿盛实验学校南湖校区、荣县一中、富顺职业技术学校新校区等重大项目建设，搬迁自贡二十八中学校。建成市教育城域网网络中心、教育音视频专网和一批数字化校园，部分区县实现“班班通”，并将各学校校园监控系统接入公安“天网”，与市食药监局共建“阳光食堂”，实现对校园实时情况和学校食堂安全的有效监控。

二、各类教育协调发展，办学水平稳步提升

“十二五”期间，以提高质量为核心，全力推动各类教育健康协调发展。第一轮学前教育三年行动计划和三年职教攻坚任务全面完成。“十二五”末，学前三年毛入园率86.2%（全国70.5%、全省74.7%）；九年义务教育巩固率和高中阶段毛入学率分别达96.6%和89.1%（全国、全省分别为92.6%、92%，86.5%、88.1%）。自贡职业技术学校“国家中等职业教育改革发展示范学校”创建通过教育部验收，顺利组建自贡市职业教育集团。自贡卫校创建为四川卫生康复职业学院，填补全市高等职业教育发展的空白。特殊教育稳步推进，“三残”儿童入学率94.5%。高等教育不断发展壮大，自贡电大招生规模等各项发展指标跻身全省市州电大前列，四川理工学院成为川南地区实力最强的综合性大学，正全力申创四川理工大学。全市已构建从学前教育到高等教育、从普通教育到职业教育、从成人教育到特殊教育较为完善的国民教育体系和终身教育体系，体现教育发展水平的各项指标均高于全国和全省平均水平。

三、队伍建设力度不断加大，教育核心竞争力有效增强

“十二五”期间，全市开展以“强师德、铸师魂、树师风”为主题的师德师风建设“三大活动”，出台并严格执行自贡市师德师风建设“十个禁止”规定，全面实施“一三一”教师素质能力提升工程。评选40名“幸福自贡·最美教师”，自贡市100名优秀教师、校长、班主任，21名“四川省优秀教师”、特级教师，5名全国优秀教师和教育工作者。招聘新教师2213人，保证学校教育教学工作正常运转。建立教师轮岗流动制度，全市有75所学校结成对子，先后派出1142名优秀教师到偏远农村学校支教，上挂锻炼47名教师，区域之间、校际之间良性帮扶机制有效形成。广泛开展提升培训，组织教师参加国培、省培5.1万人次，参训率、合格率均达100%。启动“自贡教育大讲堂”“网络晒课”等培训项目，利用现代教育技术，打造具有自贡特色的教师培训品牌。2013年、2014年暑假，在华东师范大学、北京师范大学举办两期“校长领导力建设”高级研修班，2015年7月在浙江大学举办“建设幸福自贡·自贡市高考改革专题研究培训班”，系统培训各级各类重点学校校长、市县区教育局负责人，市委、市政府分管领导及市人大、政协专委会主任等分别带队参与培训。通过“请进来、走出去”等形式多样的培训活动，有效地提升系统干部教师的师德素养和能力水平，也为适应新高考进行针对性的超前培训和准备。

四、学校文化建设持续推进，校园文化特色栉比彰显

“十二五”期间，以“文化自贡”建设为契机，坚持“提升教育品质，促进内涵发展”的教育工作思路，以“感恩、博爱、开放、超越”的新自贡人文精神为主线，制定实施全市学校文化建设五年规划、工作方案和评估细则。全面启动并持续推进全市学校文化建设，积极构建具有自贡区域特色的学校文化体系，促进校园文化向学校文化的转变和提升。先后投资300多万元，培育30所市级学校文化建设示范学校，“一校一品”“一校一景”的校园文化特色学校竞相涌现。学校校园环境更加优美整洁，校园制度文化逐步完善，校园文化活动丰富多彩，师生精神风貌良好，教师乐教奉献、学生乐学上进蔚然成风。浓郁的校园文化氛围，为师生的学习、工作、生活、成长奠定坚实的文化基础。

五、教育惠民政策全面落实，城乡教育差距不断缩小

“十二五”期间，“以县为主”的义务教育经费保障机制全面建立和有效落实，义务教育“三免一补”等各项惠民政策全面实施，做到“应免尽免”“应补尽补”。自贡市“两基”工作作为代表全省接受国家检查的8个市（州）之一，高水平通过国家督导检查。大安区作为全国教育体制改革确定的义务教育均衡发展试点县于2013年率先在川南通过县域义务教育均衡发展省级评估验收。截至“十二五”末，大安区、自流井区、沿滩区先后顺利通过县域义务教育均衡发展省级评估，大安区、沿滩区通过国家认定。包括幼儿教育、义务教育、职业教育、普通高中以及高等教育在内的学生资助政策体系进一步健全，全市各级财政投入14.03亿元，受益学生150.6万人次。以促进民生为重点的公共教育体系，以服务社会为宗旨的教育支撑体系，以优先发展为目标的教育保障体系初步形成。

六、教育综合改革有序推进，教育教学质量稳步提高

“十二五”期间，按照十八大和十八届三中、四中全会关于教育改革的要求，集全市教育人的智慧，逐步完善实施全市教育教学改革的思路和举措。以“立德树人”为根本任务，确定并坚持“四个更加突出”的教育改革发展思路，全面推进素质教育，在全市中小学积极开展“阳光体育”活动和中小学生社会实践教育，深入推进幸福教育进校园、进课程、进课堂。在学习借鉴外地先进经验的基础上，结合实际制定出台大力推进义务教育学校教育教学管理改革、中小学课堂教学改革、加快发展现代职业教育、深入推进校企合作等一系列实施意见，建立健全基础教育和中职教育办学水平综合评估办法，分层分类推进课堂教学模式改革，选定培育13所市级试点学校，给全市教育注入生机与活力，提升教育教学质量的效应逐步显现，全市高考重本和本科上线人数逐年提升。2013年重本上线人数较2012年增加54人，2014年再增加59人，2015年首次突破1000人大关，达到1290人，同比增长81.18%，扣除全省政策性增长，绝对增长高达37.79%，创历史新高。“十二五”期间，为各类高校输送新生6.07万人，比“十一五”期间增加7078人，增幅达13.2%。2013年，四川卫生康复职业学院的“9+3”学生参加全国职业院校技能大赛民族技艺决赛取得优异成绩，受到国务院副总理刘延东的亲切接见和表扬，全市中小学生在各类竞赛中获省级以上等级奖3000余项。

（吴吉斌）

“十二五”卫生计生事业发展

“十二五”期间，全市卫生计生工作紧紧围绕建立覆盖城乡的基本医疗卫生制度和建设区域医疗卫生高地的奋斗目标，坚持推改革、促发展、强内涵，“十二五”卫生计生事业发展目标全面完成，多项指标走在全省前列、领先川南，区域医疗卫生高地基本形成，群众健康水平显著提升。

一、主要发展指标全面完成

群众健康水平大幅提升。全市人口平均预期寿命达76.05岁，较2010年增加2.05岁，居全省第三。孕产妇死亡率最低控制在7.57/10万，较2010年下降48%。婴儿死亡率控制在4.72‰，较2010年下降8.51%。法定传染病报告发病率300/10万左右，连续12年低于全省平均水平，全市居民健康水平总体上处于全省市州前列。

医疗卫生资源居全省前列。全市每千人卫生技术人员数达6.20人，较2010年增长50.1%，居全省第二；每千人执业（助理）医师数达2.36人，较2010年增长36.4%，居全省第三；每千人注册护士数2.64人，较2010年增长61%，居全省第二；每千人床位数6.43张，较2010年增长63.6%，居全省前列。

新农合保障水平显著提升。全市参合率99.75%，较2010年增长5.71%，基本实现“应保尽保”；人均筹资标准470元，政策范围内住院补偿比77.45%，分别较2010年增长235.71%、90.82%。重大疾病保障和大病保险制度全面实施，参合农民大病负担有效减轻。

核心竞争力持续增强。重点专科集群已具规模，拥有国家重点实验室现场研究基地1个，国家级医学重点建设专科2个，省级重点专科、实验室（含在建）26个，较2010年增长188.89%，省级重点专科和重点建设专科总数居川南第一。卫生科教实现新突破，引进医学新技术232项，推广适宜技术16项，省级科研课题立项84项目。引进培养硕士研究生及以上学历卫生专业技术人员284名，较2010年增长47%；引进培养省级学术技术带头人12名，较2010年增长400%。

人口发展目标全面实现。全市出生人口15.34万人，总人口为330万人，较2010年增加1.42%，育龄妇女年均总和生育率1.41，处于低生育水平；年均人口出生率、自然增长率分别为9.5‰、2.7‰，出生人口性别比107.44，基本趋于平衡。

二、区域卫生高地基本建成

优质医疗卫生资源区域领先。建成7所三级医疗卫生机构，形成功能完善、门类齐全的三级医疗卫生机构集群。自贡卫校成功升格为四川卫生康复职业技术学院。

疾病防控工作名列前茅。市疾控中心建成全省首家市州级“三级甲等”疾控中心，取得国家细菌分子分型网络实验室认可资质，是中西部地区唯一取得该项资质的市级疾控中心。新发传染病国家重点实验室现场研究基地落户自贡。自贡市被确定为全国第三轮艾滋病综合防控示范区，自流井区建成全国慢性病防治示范区，自流井区、贡井区、大安区、荣县建成省级结核病综合防治示范区（县），自流井区、贡井区、大安区、高新区建成国家级、富顺县建成省级艾滋病综合防治示范区（县），贡井区、荣县建成省级免疫规范示范区。

精神卫生工作区域领先。市精神卫生中心建成全省首个区域心理卫生培训基地、精神科住院医师规范化培训基地和区域精神卫生中心。自贡市被确定为省级精神卫生综合管理示范区建设单位。全市严重精神障碍患者管理治疗水平居全省前列，患者检出率5.03‰，居全省首位；管理率88.45%，居全省前列。

妇幼保健服务水平川南领先。市保健院建成全省新生儿疾病筛查分中心。市保健院、大安区保健院综合实力进入全国百强，分别位列全省第2位和第4位，大安区建成国家级、省级妇幼健康优质服务示范区。

社区卫生服务模式独具特色。采取“厂矿医院转型、大型医疗机构延伸、社会力量参与”模式，建成社区卫生服务机构35个，实现城镇居民全覆盖，形成城市居民“15分钟健康服务圈”。推进内涵建设，建成2个国家级、3个省级示范社区卫生服务中心、1个国家级社区卫生协会培训基地，创建数量居全省第二。

三、医改红利不断释放

基层医疗卫生机构综合改革成效初显。全市所有政府办基层医疗机构和村卫生室全部配备基本药物，实行零差率销售。全市乡镇卫生院、村卫生室、社区卫生服务机构标准化率分别达100%、100%、99%，乡村医生养老保障在全省率先破题，基层医疗卫生机构诊疗量较2010年增长14.77%，基层医疗卫生机构硬件建设、软件建设、服务能力明显改善。

基本公共卫生服务项目普惠城乡。基本公共卫生服务财政补助标准由人均15元提高到40元，服务项目9类41项扩大到12类45项，年均服务量达600万人次。城乡居民电子健康档案规范化建档率、儿童系统管理率及孕产妇产科健康管理率分别达96.45%、96.05%及97.22%。

分级诊疗制度全域实施。分级诊疗制度初见成效，基层首诊、双向转诊、急慢分治、上下联动的合理就医格局初步形成。

公立医院改革加快推进。县级公立医院综合改革全面实施，全市13家区县级医院全部实施“取消药品加成”改革，累计让利患者6017.36万元。城市公立医院改革启动实施。

四、医疗服务体系转型发展

卫生队伍实现增量提质。全市医疗卫生机构补充卫生专业技术人员2670名，卫生计生人员总数达22321人。市、县、乡三级医疗卫生机构编制到位率75%。加强名医培育，57名专家获省、市表彰学术技术带头人、优秀专家等称号，卫生队伍增量提质。

医院内涵发展模式初见成效。以“服务好、态度好、环境好”为目标，深入实施医院内涵建设年活动，建成温馨医院25个，健全质量管理控制体系，强化医疗质量监管，规范诊疗行为，改进医院服务环境和态度，“以病人为中心”的理念进一步深化，实现“一升、一降”初步成效，即：门诊和住院患者综合满意度从2010年的84%提高到92%；医患纠纷和信访数量明显下降，在总诊疗人次增长6.52%的情况下，医患纠纷较2010年下降48%。

社会办医力量不断壮大。社会办医环境进一步优化，深入开展民营医疗机构“规范服务年”活动，将非公立医疗机构纳入统一的医疗质量控制与评价范围，医疗服务行为进一步规范。全市现有民营医疗机构53家、诊所420个，较2010年分别增加88.9%和10.24%，民营医疗机构诊疗量329.8万人次，较2010年增加148.27%。荣县新城医院建成全市首个民营“二级甲等”综合医院，群众多元化就医格局进一步形成。

中医药事业快速发展。基层中医药服务能力提升工程成效显著，4所县级中医医院建成“二级甲等”中医院，基层医疗卫生机构中医药服务网络实现全覆盖。扎实推进中医“名医、名科、名院”建设，冯志荣被授予“全省十大名中医”称号，全市省级以上名中医人数达8人，较2010年增加166.67%，车德亚等同志被确定为自贡市“十大名中医”，冯志荣工作室建成国家名中医工作室。

卫生信息化加快推进。作为全省卫生信息化建设“3+20”试点地市之一，建成省级数字医院10家，率先建成首个市州级卫生信息专网，实现市级医疗机构、乡镇卫生院、社区卫生服务机构及卫生室全覆盖。远程医疗服务加快推进，市一医院建成区域医学影像远程诊断平台，辐射基层医疗机构50余家，阅片报告量领先其他市州。

五、卫生基础建设再上新台阶

资金争取再创新高。抢抓卫生改革重大机遇，争取中央、省下达卫生服务体系建设、精神病防治、职业病防治、中医事业发展、卫生信息化等项目建设资金32.63亿元，争取项目资金量连创新高。

项目建设取得新成效。全市实施560个卫生项目建设，计划建筑规模38.41万平方米，计划总投资8.58亿元，完成投资8.51亿元。市一医院住院医技及教学实训楼、市中医院国医大楼、川南精神卫生中心大楼、市三医院住院大楼、市保健院综合楼等重大项目和一大批基层医疗机构建设项目建成投入使用，市四医院住院大楼和消毒中心综合楼项目完成主体工程，卧龙湖康疗中心项目一期工程正式开工建设。

项目储备不断增强。编制卫生储备项目1479个，计划建筑面积144万平方米，总投资63亿元。四川卫生康复职业学院新校区暨医养结合基地等项目加快推进。

六、公共卫生水平持续提升

疾病防控有力有效。市、县、乡、村四级疾病防控体系健全完善，形成覆盖城乡的疾病防控体系。重大疾病防治力度不断加大，艾滋病防治各项指标全面完成，结核病发病率保持在全省较低水平。免疫工作水平不断提升，国家基础免疫接种率98.75%以上，扩大免疫规划疫苗接种率98.24%以上，预防门诊规范化建成率100%。慢病防治网络健全完善，高血压、糖尿病健康管理率分别达60.61%、51.47%。

应急综合能力大幅提升。市级应急指挥平台建设全面完成。有效应对人感染H7N9禽流感、埃博拉出血热、中东呼吸综合征等突发公共卫生事件。以市紧急救援中心为指导枢纽，荣县、富顺两县医院为分中心，乡镇卫生院为急救点的市、县、乡三级急救网络全面建成。

卫生监督执法规范有力。卫生执法监督体系进一步健全，实施县级卫生监督机构片区派驻制度和协管员制度，全面实现卫生监督网格管理。医疗卫生、公共场所卫生、饮用水卫生、学校卫生等监督覆盖率100%。

国家卫生城市基础不断夯实。爱国卫生运动深入开展，卫生创建工作取得新成效，荣县建成省级卫生县城，全市省级卫生镇覆盖率37.5%、省级卫生村覆盖率31.5%，居全省第二；市级卫生镇覆盖率79.2%、市级卫生村覆盖率43.8%；农村卫生厕所普及率79.2%。

七、计划生育服务管理水平持续加强

综合改革扎实推进。单独两孩政策平稳实施。生育证件办理改革深入推进，社会抚养费征收实现“收支两条线”，违法生育处理率90%。全面完成市、区县、乡镇计划生育服务机构与妇幼保健机构（乡镇卫生院）整合，计划生育技术服务条件和环境大幅改善。

惠民政策效果显著。计划生育家庭奖励和扶助政策不断完善，开通计生特殊家庭就诊绿色通道，全面落实医疗费用减免优惠政策，发放“两项制度”扶助资金1.5亿元，惠及计生家庭1.5万个。试点开展计划生育家庭居家养老照护工作。出生缺陷干预、避孕节育知情选择等优生服务全面实施，累计孕前优生检查6.72万人。

流动人口服务管理力度加大。全面实施流动人口基本公共卫生计生均等化服务，加大流动人口信息核查力度，避孕节育措施等重点信息反馈率、接受率、及时率98%以上。

（李　询）

开拓进取　创新超越　文化发展谱写新篇章

——自贡市“十二五”文化改革发展纪实

“十二五”期间，坚持以人民为中心的工作导向，紧紧围绕市委深入实施“三大发展战略”、更高水平推进“五个自贡”建设、加快构建区域中心城市、全面建成小康社会的总体部署，全面提升公共文化服务水平，推进文化基础设施建设，促进文化产业发展，强化文化产品创作生产，增强文化治理能力，创新文化体制机制，各项工作取得明显成效，为实现自贡经济社会更好更快发展和全面建成小康社会提供强大的文化支撑和文化动力。

一、全面深化文化体制改革，文化发展活力迸发

全面完成国有文艺院团转企改制，将4个专业院团改制为“两公司一中心”，即市川剧艺术中心、市歌舞曲艺演艺有限责任公司和市杂技团演艺有限责任公司，并完善其法人治理结构、内部管理制度和分配方式，推动拓展国内外演出市场和文旅融合。深入推进广电体制转型发展，顺利完成市广播电视局、广播电视台、广播电视有限责任公司的分设，全市四个区广播电视分局成建制移交所在区县，四川有线广播电视网络股份有限公司自贡分公司成功组建。全面完成文化市场综合执法改革，组建市、县（区）级文化市场综合执法机构。完成市文化新闻出版局与市广播电影电视局的职能整合，以及市文化广播影视新闻出版局与市灯贸管理委员会整合，新组建的市文化广电新闻出版局于2015年6月正式运行。完成市文化艺术学校与市文化馆的合并。

二、推进公共文化服务体系建设，文化惠民能力提升

公共文化基础设施不断完善。自贡文化艺术中心一期工程文化馆（含市美术馆、市非遗保护中心）完成主体外墙钢结构安装，市文化艺术中心大剧院列入全市首批“PPP”模式融资重大项目。市图书馆建设多功能阅读厅、少儿阅览室、数字资源部，数字图书馆与省图书馆实现联网运行，盲人阅览室建成使用。投资400多万元建成市文化展示馆和群众文化活动馆，自贡市、富顺县和荣县文化馆被推荐为国家一级文化馆，贡井区和大安区文化馆被推荐为国家三级文化馆。市图书馆、富顺县图书馆被确定为全省首批古籍重点保护单位，荣县图书馆为古籍保护单位。建成96个乡镇综合文化站、260个社区文化活动室、12个城市社区文化活动中心、1131个农家书屋和267个社区书屋，初步形成覆盖城乡的四级公共文化服务网络。依托乡镇综合文化站建成110个留守儿童文化之家、10个农民工文化驿站、10个乡村文化院坝。建成公共电子阅览室205个。

广电网络形成业务发展新格局。建成拥有中央、省、市、县四级广播电视台44套节目、覆盖全市的地面数字电视系统，广播电视信号实现有线、无线、数字化全覆盖。完成全市城乡有线电视数字化整体转换，有线数字电视用户超过50万户。建成覆盖全市的光纤骨干网、全省地市州一流的土地坡核心机房和川南一流的有线电视标准化营业厅，以及IP网和有线广播电视城域环网。有线电视网络双向化改造城区覆盖率达98%以上，基本形成数字电视、宽带、专网等全业务发展新格局。企事业单位网络整合全面完成，实现“一城一网”。完成广播电视“村村通”盲村覆盖及行政村广播“村村响”全覆盖，实施直播卫星户户通工程，安装直播卫星用户1.35万户。

公共文化服务能力显著增强。制定《自贡市公共文化设施设备管理办法》《自贡市文化志愿者管理办法》等规章，建立全市优秀群众文化节目库（110个）和专业文艺剧节目库（178个）。面向基层群众文化骨干开展群众文化、非遗保护培训，组织开展“深入生活·扎根人民”主题实践文艺创作采风活动。全市建立33支文化志愿者服务队伍，拥有文化志愿者1137名，年参加各种文化志愿服务与文化遗产保护宣传。“十二五”期间，市图书馆举办讲座102次，参加人数2.25万人次；举办展览33场，参观人数1.65万人次；流动服务书刊借阅11.43万册次。市文化馆举办品牌群众文化活动28场次、常态文艺活动871场次，参加人数97.27万人次；举办展览124场，参观人数26.5万人次；举办公益讲座260场次，参加人数9.18万人次；开展送文化下乡300余场次，受益群众20余万人。市美术馆举办美术知识讲座130余场，美术书画摄影展览展示190余场，参加人数4.2万人。全市乡镇文化站举办文艺活动2342场次，参加人数11.78万人次。组织放映农村公益电影6.81万场，观众达300余万人次。

三、文艺精品创作和特色文化活动亮点纷呈

精品文艺创作成果丰硕。“十二五”期间，以“中国梦·盐都情”为主题，相继创作、编排与展演川剧《夕照祁山》和《还我河山》等新品力作

100余个，共摘得120余项省级以上奖项，其中国家级奖9项。原创大型现代川剧《还我河山》受邀参加“纪念中国人民抗日战争暨世界反法西斯战争胜利70周年优秀剧目西南片区巡演”和首届四川艺术节暨“四川文华奖”剧目首场展演，获四川艺术节暨“四川文华奖”最佳剧目奖、编剧奖、导演奖、表演奖、音乐创作奖以及第八届四川省巴蜀文艺奖，成为全国七个优秀剧目之一和全省四个重点签约剧本之一；《倒立飞砖》获第七届西班牙国际马戏节最高奖——金奖和特别奖，是60多年里自贡杂技获得的首个国际大奖；《夕照祁山》获中国戏剧节最高奖优秀剧目奖、省“五个一工程”奖、省巴蜀文艺奖戏剧类特别奖；《文化站长》获全国戏剧文化奖大型剧本类银奖、省文华奖剧目奖。

文化艺术活动形成品牌。围绕“与太阳同行”“推动新跨越·喜迎十八大”“文明新盐都·快乐自贡人”等主题，策划开展新年音乐会、自贡春晚、春节团拜会、市文化艺术节、社区文化艺术展演等文化艺术品牌活动，第五届川南文化交流展示活动开创两个“首次”（首次举办川南大学生文艺展演和原创歌曲歌手比赛），成为水平最高、形式最丰富的一届。全民阅读活动持续开展，自贡市、大安区、荣县双石镇被评为四川省全民阅读先进单位，荣县金台村成为2015年全省“农民读书节”启动仪式现场举办地。全市每年开展群众文化活动1000余场次，各专业团体开展文化下基层演出300余场次。

四、加大文化名城保护力度，特色历史文化底蕴展现

文物保护创新突破。成功组织自贡盐业遗址及盐运古道考古调查、“寻访川盐古道”等多项学术考察。贡井艾叶、大安牛佛创建为国家级历史文化名镇。自贡成为首个整体通过全省第三次全国文物普查实地文物调查验收的城市之一，率先完成全省第一次全国可移动文物普查摸底调查登记。“十二五”末，全市共有不可移动文物2404处，其中，国保单位11处15个点，省保单位36处，市保单位50处；全市国有单位收藏可移动文物1.36万件，其中，馆藏珍贵文物4591件，国家一级文物106件，二级文物255件，三级文物4230件；全市有博物馆3个，纪念馆1个，其中国家一级博物馆1个，国家二级博物馆1个；全市有国家级历史文化名镇4个、省级2个，有国家级传统村落7个、省级1个。

地质公园建设卓有成效。自贡世界地质公园成功入选“中国最美地质公园”，完成边界调整、标徽征集等11项中期评估整改任务和主碑广场建设。成功举办国内首次《中国世界地质公园10周年回顾展》，获中国旅游地学30周年纪念报告会4项地学科普奖。与昆仑山地质公园、泰国诗琳通恐龙博物馆、雷琼世界地质公园等缔结姊妹馆园关系。以“盐的故事科普展”“世界地球日”等为主题，面向社区、学校开展科普活动60次，受教育观众6万人次。彭光照作为全省唯一人选，被推选为第二届国家古生物化石专家委员会委员。

博物馆事业取得新进展。自贡恐龙博物馆开发具有“自贡恐龙”特色的文化创意衍生品，被评为全国优秀科普教育基地、省级“文化服务标准化试点”合格项目和省旅游产业TOP榜单旅游目的地。成功组织全国国土资源科普基地研讨会暨首届全国国土资源科普讲解大赛总决赛并获第一名，成功举办自贡恐龙发现100周年国际学术研讨会系列活动，以“大山铺恐龙化石群遗址”为代表的自贡化石产地跻身第一批国家级重点保护古生物化石集中产地名录。自贡盐业历史博物馆免费推出戏曲、杂技、非遗表演和电影展演，定期举办“西秦讲坛”，邀请国家、省专家开展文化遗产保护利用专题讲座，被表彰为首批省级优秀科普基地和科普工作先进集体。成功举办“川盐古道与区域发展”学术研讨会等活动，自贡盐税史陈列成功开展，“中国盐展”在香港成功举办，实现自贡井盐史在境外展出零的突破。中国彩灯博物馆成功举办“弘扬中国文化·情系自贡彩灯——百名学生现场制作工艺彩灯灯笼”等系列活动。

非遗保护传承有力。完成《自贡非遗集成》《自贡民俗集萃之一》等书籍编印及自贡非遗项目专题片拍摄；组织非物质文化遗产项目参加第三、四、五届成都国际非遗节博览会获多个奖项。自贡扎染“盐场古韵”获第46届全国工艺品旅游品暨家具用品交易会创新产品设计大奖赛铜奖，火边子牛肉制作技艺入选第三批省级非物质文化遗产名录，资阳河川剧艺术、自贡扎染工艺、自贡火边子牛肉制作、太源井晒醋酿制技艺等4个非遗项目5名传承人确定为第五批省级非物质文化遗产代表性传承人。“十二五”末，全市共有省级非遗传承人13名，市级非遗传承人48名。自贡龚扇被评为首批四川省非物质文化遗产传习基地，6个县区、乡镇被评为四川省民间文化艺术之乡，富顺县被评为中国民间文化艺术之乡。

五、文化产业加快发展壮大，发展趋势强劲向好

文化项目建设强力推进。包装储备重点文化项目35个，总投资147亿元。市文化艺术中心等13个产业项目纳入全省文化产业对外招商重点项目。市文化艺术中心总体规划获批，一期工程市文化馆完成主体外墙钢结构安装。富顺西城文体中心完成投资1.8亿元，大安川南音乐文化广场完成投资5亿元，自流井老街旅游文化产业项目完成投资3.2亿元，投资3000万元的市灯贸公司彩灯机电元件及产品制造项目投入使用，投资1500万元的四川力拓景观科技公司迁建技改项目投入试运行。

文化园区建设进展顺利。中国（自贡）彩灯文化产业园被命名为“四川省首批文化产业实验园区”，列入全省重点支持的100个项目；荣县大佛文化产业园二期“梧桐水街”全面完工，三期完成投资1200万元；富顺豆花文化产业园总投资20亿元，其占地3000亩的豆花村休闲旅游园完成投资1.6亿元。“自贡龙乡文化产业园”被评为全省十佳文化产业示范基地之一。

文化企业稳步做大做强。“中国彩灯文化艺术创意中心”成立，全市彩灯企业达365家，常年从业人员4万余人，年产值超过20亿元。9户企业被列入全省首批重点文化企业目录，5家单位入选“四川民营文化企业百强”，3户企业获首届“四川特色文化旅游品牌企业”称号，4户企业获评“国家文化出口重点企业”。全市影院票房收入连续实现高速增长，累计达1.16亿元。全市图书、邮政报刊、电子出版物、音像制品等累计实现销售总额1.4亿元。120家印刷企业年均实现工业总产值3.4亿元。

文化交流贸易繁荣发展。自贡彩灯文化对外合作纳入省政府“一带一路”战略“251三年行动计划”，2家彩灯公司进入百户优势企业，15家彩灯企业和9个项目先后被评为国家文化出口重点企业与重点项目，彩灯文化出口基地成为国家重点文化产品出口基地，彩灯展览贸易额居全国第一。灯会赴英国、美国、日本、中国台湾等成功展出，观众达200万余人次。自贡恐龙完成广西、西安等7个外展项目，接待观众逾500万人次；出展美国、日本、泰国、韩国等国家和中国香港地区，观众达450万人次。自贡杂技、歌舞赴欧洲、南非、中国台湾等地开展文化交流222场次，观众达9.5万人次。全市对外文化交流项目35个，推荐参加“欢乐春节”对外和港澳台文化活动项目数占全省55%。

自贡灯会年年实现新超越。“十二五”期间，自贡灯会累计接待中外游客856万人次，门票收入1.49亿元。第21届自贡国际恐龙灯会实现日均观灯人次、单日观灯总人数、春节黄金周观灯总人数及经济总收入四个新突破；第22届自贡国际恐龙灯会灯组方案以“自贡灯会+”模式实现创意创新，首次推出异域风情园区，尝试用灯组表现“一带一路”国家战略，制灯工艺实现新突破。

六、文化治理能力逐步提高，文化市场安全稳定

文化市场管理规范到位。文化市场综合执法实现文化、广电、文物、新闻出版等领域全覆盖，执法案件实现在全国文化市场技术监管服务平台、全省行政权力依法规范公开运行平台的有序运行。清理优化市县两级行政权力清单669项，确认公布306项本级部门行政权力事项。承接省政府11项行政许可项目、省新闻出版广电局三级纵向联动审批事项3项，下放3项市级管理权限目录至扩权县。持续开展文化市场系列专项整治和清源、固边、净网等五大“扫黄打非”专项行动，办理文化市场执法案件357件，实现优秀重大案件零的突破，确保文化市场总体平稳有序。

广播电视实现安全播出。修订完善全市广播电视安全播出应急预案，建立健全《网络安全运行维护管理制度》等系列制度。投入资金1693万元进行硬件升级和软件提升，全市广播电视安全播出设施全部达到三级以上标准。全市广播电视实现零停播和零插播。

七、提升能力素质，自身建设迈上新台阶

干部队伍建设扎实推进。建立完善文化系统高层次人才信息库，收录副高级以上人才60余人。

制定市文广新系统《后备人才管理办法》《人才培训管理办法》等制度，采用送培、自培等形式累计选送500余名业务骨干到中央音乐学院、北京舞蹈学院等高等学府，参加文艺创作、舞蹈编导等专题培训；设立“文化讲坛”，有针对性举办项目管理、产业发展、行政审批、综合执法、财务管理、书屋管理等业务培训，文化干部队伍的能力素质得到进一步提升。“十二五”期间，全系统2人被评为省劳动模范，2人被评为省先进工作者，1人被评为全省有突出贡献的优秀专家和全市杰出创新人才，1人被评为市劳动模范，1人被评为全市培养类优秀专家，5人被评为全市优秀专业技术人才，7人被评为全市优秀示范人才，1人被评为全市优秀基层文化工作者。

团队文化建设取得实效。“十二五”期间，市文化广电新闻出版局年年被评为全省扫黄打非工作先进集体和全省全民阅读先进单位、全省文化文物事业统计工作先进单位、全省第四届广播电视公益广告创作大赛优秀组织单位、第五届中国成都国际非物质文化遗产节组织工作突出贡献单位、全省文化市场综合执法二十佳案卷及制作单位、全省文化市场重大案件及办案单位，荣获全省文化行政执法案卷评比优秀奖、全省首届版权知识竞赛第二名、第五届国际版权博览会优秀组织奖、第十一届深圳文博会优秀展示奖、全省首届农民艺术节暨民间艺术节优秀组织奖、全市廉政文化“五个一”优秀作品奖，并被团省委评为五四红旗团委。

（市文广新局）

“十二五”体育事业发展

“十二五”期间，大力开展全民健身群众体育活动，不断创新青少年体育发展模式，积极探索体育产业发展方向，各项工作取得重要突破，圆满完成“十二五”规划目标任务，全市体育事业健康有序发展，为全市体育事业与体育产业实现跨越式发展奠定坚实基础。

一、群众体育活动蓬勃开展

“十二五”期间，深入贯彻《全民健身条例》和《自贡市全民健身实施计划》，以增强人民体质为根本任务，以全民健身、构建和谐社会为服务宗旨，加强公共体育基础设施建设，广泛开展形式多样、内容丰富的体育活动，推动全市体育事业健康有序发展。

一是群众体育工作多样化开展，构建出“大群体”格局。全市城乡体育人口数量呈逐年增长趋势，城乡居民达到《国民体质测定标准》合格以上的人数比例明显增加，2014年全市体质监测结果与全省监测结果相比，总体体质达标率高于全省2.4个百分点。每年举办市级群众体育赛事或活动200余项，区县群众体育赛事或活动120余项，参与人数270万余人次/年，逐步打造出“品牌—特色—亮点”区域群体赛事和活动，探索出全民健身活动和体育旅游、休闲、康复等产业相互融合、相互促进的体育休闲模式。市体育局2次获全国“全民健身活动优秀组织奖”，连续5年获四川省“全民健身活动优秀组织奖”。

二是全民健身设施建设稳步推进，管理制度逐步健全。截至“十二五”末，建成国家级全民健身中心1个、国家级农民健身工程示范点1个、省级农民健身工程示范点3个、“雪碳工程”2个、全民健身路径417条、农民体育健身工程637个、全民健身广场261个，实现城市社区全民健身设施全覆盖。落实场馆免费或低收费开放措施，出台《关于开展政府向体育场馆购买免费低收费开放服务的实施意见》，各级各类体育场馆逐步实现免费低收费开放，丰富体育公共服务实现方式，做到全民健身惠及全民，群众体育服务群众。

三是公共体育设施日趋完善，社体社团队伍不断壮大。全市建设完成体育场地总数1911个，总场地面积196万平方米，其中大型体育场（馆）2个、室内体育场46个，基本形成以市本级为主、县（区）为辅的体育场馆群。截至2015年年末，全市每560人中拥有社会体育指导员1名，成为群众体育活动顺利并丰富开展的重要保障。“十二五”期间新增行业体协8个，2015年末，全市有市级单项体育协会29个，90%以上的街道社区建立体育组织，街道、乡镇体育组织183个，社区健身俱乐部117个、健身站点170个，城市社区晨晚练点214个，农村健身组织223个，老年体育组织8个，各级体育组织每年开展活动近1000余次，参与人数超过150万人次。

四是积极探索创新，实现跨越式发展。创新体育社团管理机制，出台《加强我市体育社团建设工作的实施意见》《自贡市市属单项体育协会考核奖励办法》，对市属单项体育协会等各类体育社团组织进行规范管理，逐步实现“政事分开”“管办分离”，增强体育协会工作活力，充分发挥各自效能。创新体育文化传播途径，推广群众性传统体育类项目进机关、进企业、进校园、进社区、进乡镇；建设体育文化陈列展示示范室；举办体育文化论坛，开办体育科学健身讲座；利用报刊、电视和广播等传统媒体评选十大体育好新闻，借助网站、微博与微信等新媒体，在《四川新闻网》《省体育局网站》《自贡在线》《盐都视角》开设《体育新闻》等专栏，与《中国体育报》合作、与市广播电台合办《运动977》等宣传群众体育活动信息，提高群众体育工作影响力和感召力。创新国民体质监测管理机制，筹建“自贡市国民体质监测系统网络和数据库”和“体质测定与运动健身指导平台”，形成纵向市、区（县）、乡镇，横向社区、单位、健身俱乐部等的站点网络。创新体育精神传播途径，定期开展“关爱留守儿童”“爱心进校园”等体育用品捐赠、趣味体育比赛等活动，重点关注场地设施简陋、健身器材匮乏的偏远乡镇和农村，着力改善这些地区青少年体育意识和体育行为，传播体育正能量。创新体育科技合作模式，与高校开展科研合作，逐渐实现“产学研结合”，完成地厅级纵向课题2项，在研横向课题2项，公开发表学术论文4篇，为全市体育事业未来发展思路和改革方向提供参考和借鉴。

二、青少年体育水平持续提升

提升竞技体育整体实力，加强后备人才培养，在省十二届运动会上，自贡市体育代表团511名运动员参加21个项目比赛，获30金、34银、37铜，奖牌总数101枚，奖牌数位列全省市州第九名，团体总分第六名，重点项目总分第二名、金牌第五名，市体育代表团获体育道德风尚奖，实现精神文明双丰收。“十二五”期间，全市向省级以上训练队输送19名运动员，输送人员位居全省第二。南湖保龄球馆被国家体育总局授予“中国保龄球青少年训练基地”，市体育中心、市跳水学校被省体育局授予“四川省高水平体育后备人才基地”，江姐中学、自贡一中被省体育局分别授予“四川省女子足球培训基地”“四川省男子排球培训基地”，富顺县体校和贡井区体校被省体育局授予“四川省县级业余训练重点单位”，自流井区檀木林幼儿园、自流井区第一幼儿园、贡井区育才小学附属幼儿园等3所幼儿园被授予“四川省幼儿体育基地”，有13所幼儿园被省体操协会授予“四川省快乐体操幼儿园”。13所省级和1所国家级体育传统项目示范学校，9所国家级青少年体育俱乐部，涵盖足球、排球、游泳、射击等20个专业项目。

三、体育产业初显规模

“十二五”期间，全市体育产业逐步向多元方向发展，以体育彩票、体育用品生产销售、体育健身、体育人才培训、体育会展、体育竞赛、体育旅游为主要内容的体育产业发展势头良好，服务型体育产业发展迅速。群众的体育消费意识得到加强，除传统实物型消费外，参与型消费和欣赏性消费转变明显提高。体育用品、服装、鞋帽及相关体育产品销售收入明显提高；体育健身市场快速发展，涉及游泳、羽毛球、足球等10余个项目；体育彩票年销售量持续增长，体彩销售网点195个，5年实现销售额近5亿元，提取公益金2515万元。体育产业统计等基础性工作取得重大进展，完成第一次全市体育及相关产业专项普查，全面了解全市体育产业基本情况，为体育产业科学发展奠定基础。

（市体育局）

"十二五"生态文明建设

"十二五"期间，围绕"生态自贡"建设，坚持宣传发动、重点突破、统筹推进，牢牢抓住釜溪河流域综合治理、城区污染企业关闭搬迁、城区园林绿化建设"三大"突破口，统筹推进蓝天、清水、绿地、宁静、利废"五大"行动，全力改善生态环境。

一、大力实施蓝天行动，进一步改善空气质量

（一）工业废气治理。先后完成久大集团大安分公司等43户工业企业落后产能淘汰或关停，督促金星化工公司等2户企业安装烟气在线监控、视频监控系统等，督促金龙水泥等11户工业企业完成废气治理工程，督促硬质合金公司等8家企业开展清洁生产审核，淘汰燃煤锅炉47台（共计105.38蒸吨），完成112个加油站和43台油罐车油气回收治理。

（二）生活废气治理。督促284家机关企事业单位和餐饮企业安装油烟收集净化装置，189家餐饮企业实施煤改气（电），33家夜宵摊点实施整治，取缔划定区外夜宵摊点17家。

（三）节能降耗。积极开展节能宣传，完成民用建筑、校安工程、城镇基础设施等40个项目的节能评估审查，推广财政补贴高效照明产品约10万只，指导市第一人民医院创建节约型公共机构示范单位。

（四）扬尘污染治理。修复人行道路约2万平方米，道路沥青路面约6000平方米，更换水窗板、沟盖板1238块，道路完成好率达98%以上。对达到条件的119个在建工程现场安装视频监控系统，对施工现场的基本情况、工程形象进度、现场文明施工及扬尘控制情况、工程质量安全等进行实时监控。全市商品混凝土的推广运用达95%以上，预拌砂浆达到70%以上。对9家渣运公司的163台渣运车辆重新核发渣土运输许可证。坚持对主要街道实行每天4次洒水降尘，城市道路机扫率达到63.5%。

（五）机动车尾气污染治理。建立机动车污染防治管理机制，确保新车发放率100%。对环保检测不合格的机动车，不予办理转移登记手续，切实加强源头管理，减少不合格车辆上路行驶。设置新车环保标志发放点4个，建成机动车环保检测点4个，全市新增压缩CNG汽车3500辆。

（六）环境空气质量监测。建成9个空气自动监测站，实现区县全覆盖。2015年，全市空气质量达标天数233天，与2014年持平。首要污染物为细颗粒物（PM2.5）、颗粒物（PM10）、臭氧8小时（O_3-8h）、二氧化氮（NO_2）。国家考核指标可吸入颗粒物（PM10）的平均浓度为102.5微克/立方米，比2013年的118微克/立方米下降15.5微克/立方米。

二、大力实施清水行动，进一步改善水环境质量

（一）水源开发工程。小井沟水利工程大坝顺利封顶，完成5座副坝施工，推进剩余2座副坝施工。狸狐洞水库完成导流洞施工，左右坝肩土石方开挖，完成投资6375万元。楼房湾水库完成坝前压重平台填筑、放水放空洞衬砌施工，完成溢洪道开挖施工。大坡上水库完成主体工程进场便道、放空洞洞挖施工，进行水库管理房屋、溢洪道等施工。向家坝自贡灌区工程项目建议书通过国家发改委审批，积极开展可研报告编制工作。

（二）安全饮水工程。实施双溪水库饮用水源保护项目，整治病险水库41座，完成投资5753万元。完成分散供水工程1124处，完成集中供水工程69处，解决30.9万农村人口饮水安全问题。

（三）江河治理工程。实行釜溪河流域跨界断面水质超标资金扣缴制度，累计扣缴资金约4600

万元。加强釜溪河流域的监测工作，建成5个跨界断面水质自动监测站。完成富顺县城区段等3个堤防工程，完成贡井区伍家坡等5处中小河流治理工程。

（四）污水治理工程。完成荣县、贡井、富顺等3个城镇生活污水处理厂二期工程，完成沿滩区生活污水处理厂和富顺县污水处理厂一期深度处理项目主体工程，建成1个工业园区工业废水处理厂（板仓园区污水处理厂）、76个乡镇生活污水处理设施，取缔釜溪河、旭水河（自贡段）、威远河（自贡段）和饮用水源水域外200米范围内的规模化畜禽养殖企业82户，完成规模化畜禽养殖污染治理68户。

（五）生态修复工程。每年推广测土配方施肥技术23.33万公顷，推广秸秆还田3.33万公顷，完成绿色防控技术3万公顷。累计完成水土流失综合治理118.8平方公里。2015年，沱江入境断面脚仙村总磷年平均浓度0.258毫克/升，出境断面怀德渡口总磷年平均浓度0.233毫克/升，出境浓度较入境浓度下降0.025毫克/升；釜溪河出口断面邓关断面氨氮年平均浓度为1.84毫克/升，较2012年的4.23毫克/升下降2.39毫克/升，降幅达56.5%。2015年10月、12月，釜溪河出口邓关断面水质为四类，达到水环境功能区要求。城市饮用水水源水质达标率达到100%；城区生活污水集中处理率达到90%以上。

三、大力实施绿地行动，建成国家园林城市

（一）城市绿化工程。累计新增城市绿地765公顷。完成燊海井公园、彩灯公园、张家花园、沿滩公园、富台山绿地、汇川路带状公园等一批绿地的改造提升，西山公园改造提升为盐都植物园；完成沿滩新城时代大道、新元路等绿化景观工程。新建汇东、龙井等公园。

（二）水系绿化工程。实施釜溪河复合绿道等工程，累计完成河流绿化71.6公里。

（三）道路绿化工程。累计完成道路绿化约700公里。“十二五”末，全市城市绿地率35.3%，绿化覆盖率40.2%，城市人均公园绿地面积11.3平方米，森林覆盖率33.7%。自贡市被正式命名为“国家园林城市”。

四、大力实施宁静行动，营造安静居住环境

（一）交通噪声污染防治。实行城区通行证管理制度，禁止大型车辆和小型货运车辆在交通高峰期部分路段通行，加强城区限行、限速管理，降低交通噪声污染。完成交通标志29块，交通标线1.54万平方米。严格实施对现有禁鸣街区的管理，增设禁鸣路段1条。

（二）建筑施工噪声污染控制。继续推广使用低噪声机具和工艺，在城市规划区范围内全面禁止采用现场搅拌混凝土等产生高噪声的施工作业。开展建筑工地使用低噪声设备检查28次，检查工地约450个次。

（三）开展各类专项行动。开展工业企业专项执法检查，查处工业企业噪声污染的投诉31起；开展交通噪声整治专项行动11次，开展禁鸣统一集中行动4次，查处不按规定使用喇叭交通违法行为940人次；开展建筑工地噪声专项行动10次，查处夜间施工、通宵施工等噪声扰民问题50件。开展“两考”禁噪、营业性文化娱乐场所噪声、商业噪声、社会生活噪声专项检查行动，检查娱乐文化场所291家，进行口头警告的28家，限期整改5家。

五、大力实施利废行动，进一步改善人居环境

（一）发展循环经济。指导板仓工业集中区开展生态园区创建前期准备工作，督促荣县自力水泥有限责任公司等8户企业加大固体废弃物利用力度，完成资源综合利用重新认定目标并取得“四川省资源综合利用认定证书”。新增沼气集中供气工程5处，沼气用户约8000户。

（二）完善环卫基础设施及项目建设。新增垃圾中转站7个、垃圾库35座，改造公厕77个，改扩建垃圾处理场9个。新建再生资源集散中心1个，设置农村再生资源村级回收点451个，做到镇村再生资源回收站（点）全覆盖。“十二五”末，全市城市生活垃圾无害化处理率95%，医疗固体废弃物无害化处置率97%，人居环境得到进一步改善。

（市环保局）

“十二五”国税事业发展

“十二五”时期，在市委、市政府和省国税局的领导下，通过全市国税系统的共同努力，实现“十二五”规划确定的各项目标，国税事业取得全面发展。

一、税收收入保持稳定增长

“十二五”期间，全市国税系统累计组织税收收入139亿元，是“十一五”的1.76倍，年均增长8.6%。四大主体税种呈全面增收态势，增值税、消费税、企业所得税、车购税收入分别为2010年的1.46倍、2.53倍、1.54倍、1.77倍。“两税”的主体地位未改变，基本保持在税收收入总量的85%以上。税种结构不断优化，所得税收入比重达到17.42%，比2010年提高0.12个百分点。国税收入在地方财政和一般预算中的比重也不断提高。“十二五”期间，7个区县（含高新区）税收收入均突破亿元大关。重点税源加快成长，年纳税500万元以上的企业56户，1亿元以上的企业3户。

二、税收优惠政策全面落实

“十二五”期间，积极落实西部大开发、高新技术企业、小微企业、民政福利企业、调整起征点等各项税收优惠政策，累计办理减免税16.93亿元，是“十一五”的1.3倍，占全市国税同期收入的12.18%。办理出口退免税12.35亿元，是“十一五”的2.07倍，推动全市重点企业、重点行业的升级改造和地区经济发展。

三、税收征管质效显著提升

“十二五”期间，积极推进税收征管服务创新转型，稳步推进“五个集中”，在贡井区国税局进行征管服务现代化改革试点，初步实现由“管户”向“管事”的转变。以风险管理为导向，组建风险管理团队，实施风险分析应对。落实《全国税收征管规范》，全面实施征管服务规范化、标准化建设，优化征管流程，减少审批环节，税收征管更加规范统一，多项征管指标高于全省平均水平，征管质效显著提升。

四、税收秩序明显改善

“十二五”期间，共检查行业36项次，组织企业自查1094户，重点检查纳税人417户，查补税款2.9亿元。开展发票专项整治、行业税收专项检查等，严厉查处一批重大涉税违法案件，增强税务稽查的威慑力，整顿税收秩序，改善税收环境，提升纳税人的税法遵从度。

五、纳税服务不断优化

创新服务理念，以纳税人需求为导向，落实《全国税务机关纳税服务规范》，深入开展“便民办税春风行动”“大走访”行动，扎实推进全职能办税服务厅建设，全面实现“全市通办”和“一窗通办”，大力推行网上办税，贯彻落实《国家税务局　地方税务局合作工作规范（1.0版）》，建立联席会议制度，深化国地税在联合开展欠税公告、税收宣传、推进自贡市经济财税信息平台建设和人才交流等方面合作。加强纳税人学校建设，积极完善12366热线功能，深化“税银互动”，在全省率先推出“退税贷”，纳税服务水平和质量得到较大提高，纳税人满意度进一步提升。

六、班子队伍建设不断加强

加强干部队伍能力建设，全面落实干部培训计划，加大骨干人才和高层次人才培养力度，提升干部队伍能力素质。全市国税系统有全国领军人才1人，省国税局顶尖人才3人、骨干人才库37人次，第一届、第二届兼职教师各2人，注册会计师4人，税务师30人，律师9人。加大干部培养力度，拓宽干部成长成才渠道，上挂下派、交流干部达66人。落实党风廉政建设责任制，全面落实“两个责任”，大力推进“四位一体”风险防控格局建设和内控机制建设，加强廉政警示教育，进一步增强干部职工拒腐防变能力，实现“四个保障”“三个安全”“五个无”目标，市国税局机关连续13年获全市党风廉政建设责任制考核一等次。加强文化建设，深化文明创建，市国税局机关被中央文明委授予“全国文明单位”称号，并通过复查验收。全市国税系统拥有全国文明单位1个、省级文明单位8个、省级最佳文明单位2个、省局级文明单位5个，7个区县国税局均创建成为省级文明单位，实现省级文明单位“满堂红”。

（黎小林）

“十二五”供销事业发展

“十二五”期间，全市供销社系统以科学发展观为引领，以服务“三农”为宗旨，着力健全经营服务组织体系，不断完善农村社会化服务体系，增强为农服务功能，各项工作取得明显成效：2015年，全市供销系统经营服务总额实现72.75亿元，比2010年增长2.94倍；实现销售38.81亿元，比2010年增长2.95倍；消费品零售总额实现19.96亿元，比2010年增长3.58倍；农资供应总额实现5.4亿元，比2010年增长92.86%；农副产品收购实现15.83亿元，比2010年增长5.28倍；利润总额实现4100万元，比2010年增长3.06倍；再生资源回收利用总额实现3.9亿元，比2010年增长3.94倍。

一、农村社区综合服务社、庄稼医院体系建设不断完善

围绕新农村示范片和农村综合体，狠抓农村社会化服务体系建设。“十二五”期间共投资1434万元，建成农村社区综合服务社195个，庄稼医院327个。社区综合服务社年购销农产品8000万余元，庄稼医院年销售1.2亿元，开展咨询服务5000多人次，提供发放各种信息资料1.6万余份，农村购物环境得到改善，有利于农民生产和农民生活，农村生产生活资料产品质量得到提升，社会、经济效益明显。

二、农产品产销对接体系建设步伐加快

按照省供销社农产品产销对接“30+2”农产品产销对接试点工作规划，加快推进“农产品直销工程”建设，完善农产品配送体系，发展农产品冷链物流体系，积极探索“产地集配+零售终端”“基地+销区配送中心+零售终端”“基地+批发市场+零售终端”等多种农产品产销对接模式，减少环节，降低成本，提升流通效率。“十二五”期间，共建立农产品专业市场或集配中心8个，农产品直销店126个，农产品冷库6个，新建农产品经营龙头企业6个，新增连锁经营网点200个，实现连锁经营额新增1亿元。部分企业建立自己的网站和电子商务平台，开展特色农产品网上营销。“十二五”期末，全市系统通过市场带动、直销店建设、产地初加工、品牌化、集约化、网上销售等多种模式，年销售农产品15亿元，年助农人均增收157元。

三、农村再生资源回收利用体系建设成效显著

结合城乡环境综合治理，培育有控制力的区域性龙头企业，建立和完善城乡再生资源回收网络体系。加快区域性再生资源集散市场（中心）建设改造和拆解中心、交易市场建设。加快推进回收网点向农村和城市社区延伸，完善网络体系，扩大网络覆盖面。积极探索、完善工作机制，做强、做实再生资源回收利用龙头企业，合理布局回收网络体系，提升回收网点存活率。“十二五”期间，全市供销系统累计建成再生资源回收企业4个，集散中心3个，镇级回收站96个，村级回收点1120个（其中，固定回收点372个，流动回收点748个），初步构建起再生资源回收利用网络体系。

四、农民专业合作组织和农村经纪人队伍建设稳步提高

“十二五”期间，制定农民专业合作社发展目标，并下发到各区县供销社和直属系统涉农企业。

力争30%以上的农民专业合作社实行标准化生产、品牌化经营、规范化管理；60%以上的农民专业合作社有盈余分配；农民成员的人均纯收入比当地农民的人均纯收入高出20%以上，农民专业合作社真正办成引领农民参与国内外市场竞争的现代农业经营组织。围绕当地主导和特色农副产品，依托地方优势资源和特色产业，通过市场引导、龙头带动等方式，规范发展专业合作社，提升农产品生产的组织化程度。支持专业合作社和龙头企业实施农业产业化经营，形成更加紧密的利益联结机制。积极组建专业合作社联合社，破解单个合作社在市场开拓、资金调剂和标准推广等方面的难题。采取产权结合、牵头领办、业务连接、项目扶持等多种方式和途径，新建一批农民合作社。"十二五"期间，全市系统新发展农民专业合作社116个，总数达255个、入社户数2.47万户，带动户数11.67万户，年销售总额15.9亿元，农民专业合作社联合社6个，促进农业经营集约化、规模化、组织化水平。同时，探索农村资金互助合作社起步。

五、基层组织体系建设得到巩固完善

"十二五"期间，依托供销社农资、农产品、日用消费品和再生资源等龙头企业和专业合作社，以加快构建新型农业经营主体，全力构建公益性服务和经营性服务相结合、专项服务和综合服务相协调的农村综合服务体系，为农民提供全方位、社会化服务。按照《四川省供销合作社关于加快供销社基层组织体系建设的意见》精神，通过项目示范带动，着力发展农民专业合作社、行业协会、农村综合服务社等新型农业经营主体，破解供销社基层组织空白和薄弱难题。"十二五"期末，全市供销系统新建和改造基层社累计68个，总数达96个，农产品及其他行业协会总数达17个，农村社区综合服务社总数达327个，各类经营网点总数达3500余个，实现基层经营组织全市乡镇全覆盖、村级覆盖50%以上。同时，加强"星级综合服务社"创建活动，打造6个建设标准高、服务功能全、群众评价好、管理规范的综合服务社，进一步巩固和完善全市供销社基层组织体系。

六、整合盘活资产，为发展提供资金保障

一是加强供销社理事会自身资产管理。充分考虑市场实际，结合业主经营特点合理定位租金，实现租赁收入稳定增长，确保资产保值增值；加大对供销社投资企业管理，及时了解其经营情况及发展目标，确保分红收益实现。二是理顺对直属企业资产监管。进一步完善了直属企业的监管，对资产投产分红、出租使用、维修维护全过程参与，并对资产重新进行造册登记，盘活部分闲置资产，提高企业收益。三是指导区县完善社有资产管理，开展对全系统社有资产清查，摸清家底，并提出相应管理办法，为全市供销社系统更好的开展业务经营提供物质基础保证。

（王应琛）

特 载

中国共产党自贡市委员会
2016年工作要点

（2016年1月20日中共自贡市委第十一届十二次全体扩大会议审议通过）

中共自贡市委第十一届十二次全体（扩大）会议根据中央、省委决策部署，结合自贡实际，提出2016年工作要点。

一、牢牢把握总体要求

2016年是“十三五”决胜全面小康、建设经济强市的开局之年，也是推进结构性改革的攻坚之年。市委工作总体要求：全面落实党的十八大、十八届三中、四中、五中全会和中央、省委经济工作会议部署，深入学习贯彻习近平总书记系列重要讲话精神，切实践行“四个全面”战略布局和五大发展理念，深入实施三大发展战略，持续推进五个自贡建设，紧紧围绕“决胜全面小康、建设经济强市”主题主线，保持专注发展、转型发展定力，坚持稳中求进工作总基调，突出全面创新改革牵引，扎实推进供给侧结构性改革，着力稳增长、调结构、惠民生、防风险，推动全市经济社会平稳健康发展，进一步提高党的建设科学化水平，确保“十三五”发展开好局起好步。

今年主要目标：地区生产总值增长8010、力争8.5%，全社会固定资产投资增长10%、力争12%，社会消费品零售总额增长11.5%、力争12%，地方公共财政预算收入增长8%、力争8.5%，城乡居民人均可支配收入分别增长9%、10%，力争9.5%、10.5%。

完成全年目标任务，必须把中央、省委决策部署与自贡实际紧密结合，紧扣主题主线，汇集各方智慧，凝聚全市力量，以严的精神和实的作风扎实做好各项工作。

——着力建设经济强市。坚持发展第一要务，着力稳增长与促转型，全力以赴推进产业发展、园区建设、县域经济攻坚突破，高起点规划建设产城融合发展带，不断壮大经济总量、调优经济结构、增强创新能力、提高质量效益。

——着力全面创新改革。坚持创新发展理念，大力实施创新驱动发展战略，推进供给侧结构性改革，落实去产能、去库存、去杠杆、降成本、补短板五大任务，加快形成与经济发展新常态相适应的体制机制和发展方式，增强发展动力活力，推动产业发展迈向中高端。

——着力提升治理能力。坚持法治德治相结

合，不断强化运用法律、政策、制度等管理社会事务的意识，大力推进治理体系和治理能力现代化建设，进一步优化组织架构，提高各级推动经济发展、强化社会治理、化解矛盾问题、维护社会和谐的能力素质。

——着力增进群众福祉。坚持保障改善民生这个根本，紧紧围绕全面建成小康社会，更加注重民生改善，更加注重人文关怀，促进社会公平正义，着力推进脱贫攻坚，不断增强群众获得感，让发展成果更多惠及广大群众。

——着力加强党的建设。坚持把抓好党建作为最大政绩，全面落实从严治党要求，切实履行管党治党责任，大力加强政治生态建设，着力思想建党、制度治党、强基兴党，不断提升党领导经济社会发展的水平。

二、坚持发展第一要务，确保经济平稳健康发展

1. 实施项目推进年。发挥项目投资对经济增长的关键作用，着力优化投资结构，保持合理投资规模。积极对接国家、省项目资金投向，拓展产业发展、基础建设、社会民生等投资空间。坚持市级领导联系重大项目制度，强化项目推进三级责任制，加快推进内自泸城际铁路、自贡通用航空产业园等250个市级重大项目建设，完成投资350亿元。鼓励社会资本以PPP等多种合作模式参与政府公共服务、基础设施项目建设和运营，做好已推出35个PPP项目跟踪实施。

2. 稳步扩大市场消费。以新消费引领新供给，引导企业根据消费升级需求调整产品结构。挖掘传统消费潜力，加快培育健康养老、文化旅游、家政服务等消费热点，不断扩大服务消费、绿色消费、信息消费。完善重点商圈功能配套，鼓励发展消费信贷、消费保险，营造良好消费环境。组织参与“惠民购物全川行动”等市场拓展活动，开展各类活动促销，积极拓展农村消费市场。推进住房制度改革，化解房地产库存，完善购租并举的住房制度，推进公租房货币化，发展住房租赁市场，促进房地产业健康发展。

3. 加快发展县域经济。坚持区县兴、自贡兴，加快自贡国家高新区建设发展，支持各区县依托自身特色和优势做大经济规模、提质升位。完善高新区及区县经济发展管理体制机制，强化区县主体责任，加大市级领导联系服务区县力度。按照“权责一致、重心下移、减少层级”的原则，进一步落实高新区市级管理权限，落实扩权强县、推进扩权强区。健全县级基本财力保障机制，改革完善市、区（高新区）财政管理体制。健全县域经济发展考核机制，加大激励约束力度。支持镇域经济发展，有序扩大扩权强镇试点范围，支持有条件的乡镇发展工业小区。

4. 着力稳定实体经济。坚持和完善稳增长政策措施，深化市级领导联系重点企业制度，指导帮助企业解决实际问题。理性对待优胜劣汰，支持优势企业通过兼并重组、债务重组等方式进行产业整合。对接落实国家、省降低企业成本总体方案，开展降低实体经济成本行动，着力降低制度性交易成本、企业税费负担。制定完善财政金融互动政策，健全贷款风险补偿、信贷投放激励机制，引导金融机构降低企业融资成本。加快推进企业上市和发行企业债券，提高企业直接融资比重。健全支持民营经济发展政策措施，提高民营经济发展水平。加强企业融资、民间融资等方面风险防范，妥善化解经济运行中的各种风险。

三、着力推进转型升级，做大做强产业支撑

5. 加快工业转型升级。创新财政支持产业发展方式，设立产业发展投资引导基金，发挥财政资金引导和放大效应。同步推进传统产业转型升级和新兴产业培育发展，改造提升机械、盐及盐化工、食品等传统产业，大力推进节能环保装备、新材料、航空与燃机等五大高端成长型产业发展。抓住盐业体制改革契机，推动制盐企业提质增效。实施制造智能化提升行动，选择一批企业开展试点示范，鼓励企业购置智能制造装备，建设数字化生产线和数字化车间。实施“大企业大集团”培育计划和中小微企业成长计划，加强高新技术企业培育。通过债务重组、破产清算等方式，推动一批“僵尸企业”市场出清。规模以上工业增加值增长7.8%、力争8.2%。

6. 大力发展现代服务业。实施服务业提速增量、提质增效“双提双增”行动，加快发展现代金融、科技服务、健康养老等六大新兴先导型服务业和彩灯文化、休闲旅游、通用航空三大地方特色服务业。创新发展电子商务，深入实施全企入网、全民触网行动，完善物流配送等支撑体系，加快建设省级电子商务示范基地。积极发展商贸物流业，推进东北部生产资料、西南部生活资料集聚区建设，促进已建成城市商圈和专业市场繁荣发展。大力发展现代金融，充分发挥国有商业银行骨干作用，支持自贡商业银行做强做大，组建市农商银行，规范发展非银行金融机构。提升发展文化旅游业，推进卧龙湖国际盐疗养生度假区、中华彩灯大世界、恐龙王国公园等重点项目建设，打造精品旅游路线，大力发展乡村旅游，办好第二十二届自贡国际恐龙灯会。服务业增加值增长 9.5%、力争 10.4%。

7. 积极发展现代农业。加强农田水利基本建设，稳定粮食生产。持续推进国家现代农业示范园创建，加快农产品加工物流园区建设，推进优质粮油、蔬菜、畜禽、林果、水产五大特色产业基地发展。支持农业电商发展，开工建设中国供销川南农产品电商批发物流园。培育新型农业经营主体，促进土地向家庭农场、专业大户、农民合作社、农业企业集中，发展适度规模经营。加强农业社会化服务体系建设，推广符合丘陵地区特点的农业机械。加强农产品质量安全监管，打造农产品特色名优品牌。农业增加值增长 3.5%、力争 3.8%。

四、持续推进改革创新，增强发展动力活力

8. 积极稳妥推进各领域改革。进一步完善改革推进机制，制订出台一批专项改革方案，加大已出台改革事项的实施力度。改革完善政府预算体系，推进营改增、消费税和资源税改革。完成机关公务用车制度改革。深化事业单位改革，创新事业单位管理机制。稳步推进人事制度和工资收入分配制度改革。积极探索资源要素价格改革。做好公交公司、大西洋公司等企业混合所有制改革工作。开展农村产权“多权同确”、农村集体资产股份权能改革试点，有序推进深化城乡建设用地增减挂钩改革试点。启动城市执法体制改革。稳步推进文化、教育、卫生等领域改革。创新完善协商民主机制，加强政党协商保障机制建设，完善代表、委员联络制度。推进党的建设制度改革和纪律检查体制改革。

9. 强化创新驱动。围绕创建国家创新型城市大力推进国家技术创新工程试点示范市和国家知识产权试点城市建设。建立完善国家、省、市三级企业技术中心递进培育机制。支持企业联合高等院校和科研院所，新建一批重点产业核心技术和共性技术研发平台。进一步发挥浙江大学自贡创新中心、院士（专家）工作站等平台作用，大力开展技术攻关。发挥自贡高新区国家级科技企业孵化器作用，建设沿滩工业园区省级科技企业孵化器。强化重大科技成果转化应用，推动科技金融深度融合，探索科技成果股权化投资，落实促进技术市场发展的优惠政策。实施全民创业创新行动，鼓励发展众创、众包、众扶、众筹等新模式，完善创业服务体系，推动大学生创新创业活动中心建设，支持返乡人员创业，引导和鼓励群众自主创业。

10. 提升开放型经济发展水平。落实“一带一路”战略，深度融入长江经济带和成渝经济区，积极对接天府新区、两江新区，协同推进川南一体化。实施自主品牌出口增长计划，落实出口产品担保补助政策，推动企业抱团走出去，支持企业开拓境外市场，扩大自贡造产品出口规模。加快高新综合保税区建设，深化外贸出口基地建设。创新招商方式，充分发挥行业协会、商会纽带作用，组织和参与各类招商活动，围绕航空装备制造、新材料等重点产业，引进一批重大项目落地。

五、科学统筹城乡建设，有序推进城镇化

11. 建设产城融合发展带。坚持多规衔接，编制产城融合发展带建设规划。启动 G348 自贡段拓宽改造，加快 G348 绕城改线前期工作，同步推进区域内综合交通体系建设。强化产业功能与城市功能对接，以 G348 自贡段为轴带，调整优化产城布局，加快构建每一个区县都有一个以上园区发展格局，完善城镇服务产业发展功能。推动自贡国家高新区转型升级发展，提升市场化开发建设运营能力，强化经济发展核心引擎作用。加快建设航空产业园，推动航空零部件、燃机、通用飞机组装生产等产业发展，培育经济发展新优势。推动沿滩化工新材料产业园加快建设，推进昊华鸿化、中昊炭研院、四川精化院整体迁建。统筹发展各区县工业园区。全年新增园区承载能力 5 平方公里。

12. 优化城镇体系。提高中心城区建设水平，加强新区开发，加快东部新城基础设施建设，统筹推进南部新城、东北部新城、西部新城建设；加快1日城有机更新，推进东兴寺片区、光凤片区、大安旧城等棚户区改造。支持荣县、富顺建设城市新区。加强重点小城镇建设，推进“百镇建设试点行动”和“百万安居建设工程行动”，打造一批工业商贸强镇、文化旅游名镇。坚持“四态一体、共融发展”，成片推进一批幸福美丽新村建设。

13. 完善城镇基础功能。主动对接、积极做好内自泸城际铁路、蓉昆高铁成自段建设等相关工作，推动火车南站铁路三货场建设。建成乐自高速公路自流井连接线，加快建设成自泸赤高速公路大安、沿滩等连接线，启动自泸大件公路和G247建设。改线工程，完成北环路拓宽改造，完善城乡通道、站点、换乘配套系统，积极发展智能公交。建成自贡凤鸣通用机场。协同推进向家坝自贡灌区建设前期工作，小井沟水利工程下闸蓄水，提高城镇供水保障能力。实施地下综合管廊示范工程，扎实推进海绵城市建设试点。加强电力、燃气等能源基础设施建设，提高城镇综合保障水平。推进信息基础网络建设，建立大数据中心，加快建设智慧城市。加强城市综合管理，提升精细化管理水平。

14. 提升生态环境质量。持续推进生态建设“五大行动”，深化省级生态和环境优美示范工程创建。大力实施园林绿化，推进釜溪河复合绿道城区连接段和一批公园绿地、绿化景观建设。推进大气污染防治行动计划，改善空气环境质量。推进水污染防治行动计划，建立水污染防治联席会议制度，加大小井沟、双溪水库饮用水源地生态功能区保护建设控制规划实施力度，划定乡镇集中式饮用水源保护区。推进生态文明体制改革，健全区域联防联控机制，建立完善生态补偿机制。深入实施节能降耗，减少污染排放。持续推进城乡环境综合治理，加强老旧小区、城乡结合部整治，加大农村环境连片整治力度。

六、全面推进依法治市，不断加强民主政治建设

15. 着力构建法治良序。不断完善党委依法决策机制，建立健全重大决策法律咨询、法律支持、合法性审查制度，深化重大政策、重大改革措施、重大项目、重大活动社会稳定风险评估机制。稳步开展地方立法权实施工作。推进依法行政，建设法治政府，深化行政权力依法规范公开运行系统建设，实行权力清单、责任清单、负面清单制度。强化审计监督，保障依法独立行使审计监督权。推进公正司法，加强执法活动法律监督力度，完善执行协作联动机制，深化司法公开。推进全民守法，健全领导干部带头学法制度，持续开展“法律七进”，不断增强群众尊法守法意识。扎实推进基层法治建设示范创建和社会法治工作。

16. 提高民主政治建设水平。积极支持人大及其常委会依法行使职权，强化法律监督和工作监督实效，加强和改进人大代表工作，加强县乡人大工作。积极支持政协履行政治协商、民主监督、参政议政职能，充分发挥人民政协作为协商民主重要渠道作用。加强新时期爱国统一战线工作，全面贯彻落实《中国共产党统一战线工作条例（试行）》，支持各民主党派、工商联和无党派人士履行职能，强化党外代表人士队伍建设，协助民主党派及工商联开展换届工作，加强民族、宗教、外事、侨务、对台和新阶层工作。探索构建“大群团”工作格局，进一步发挥工会、共青团、妇联等群团组织作用。加强村、居民自治组织建设，提高小区自治水平，完善政务、厂务、村（居）务公开。加强国防动员能力和后备力量建设。

17. 强化社会治理。推进社会治理创新，有效激发社会活力，切实维护社会和谐稳定。创新社区工作机制，提升社区服务群众能力。引导社会组织发展，支持社会组织承接政府职能。完善大调解工作体系，深化领导干部接访下访制度，畅通和拓宽群众诉求表达渠道，依法规范信访秩序，推进涉法涉诉信访纳入法制化轨道。完善法律服务体系，健全社区矫正和法律援助制度。推进社会治安防控体系建设，加强反恐防暴工作，严厉打击违法犯罪活动。强化“党政同责、一岗双责、齐抓共管”责任，确保安全生产。严厉惩处制假售假行为，保障食品药品安全。加强应急指挥平台建设，提高突发事件应急处置能力。

七、扎实推进文化建设，协调发展社会事业

18. 加强精神文明建设。培育践行社会主义核心价值观，弘扬优秀传统文化，培育新时期自贡精神。深入开展群众性精神文明创建活动，扎实推进全国文明城市创建工作，提升社会整体文明程度。进一步加强公民道德建设，深化未成年人思想道德建设，切实保障未成年人合法权益。大力开展志愿服务活动，推动志愿服务制度化、常态化。倡导全民阅读，建设书香盐都。

19. 推动文化繁荣发展。加快构建现代公共文化服务体系，加快建设市文化艺术中心、区县图书馆等重大公共文化项目，推进文化院坝、农民工文化驿站建设。深入开展“文明新盐都·快乐自贡人”系列文化活动，制定和落实基本公共文化服务保障标准，落实完善政府购买文化公共服务机制，保障群众基本文化权益，丰富群众文化生活。加强历史文化名镇、街区和国保、省保集中成片传统村落的保护、建设与利用。培育壮大文化产业，开展灯会“百城行动”，支持特色文化“走出去”。加强城乡体育基础设施建设，广泛开展全民健身活动。

20. 加快社会事业发展。持续推进义务教育均衡发展，进一步提高高中段教育质量，大力发展学前教育。全面推进职业教育集团化办学，加快卫生康复职业学院新校区建设，持续推进中德职业教育试点项目。支持四川理工学院发展。统筹发展特殊教育、继续教育。加强“四有”教师队伍建设，提升教师职业道德素养。实施健康中国自贡行动，深化医药卫生体制改革，巩固完善分级诊疗制度，加快推进公立医院综合改革。改善医疗卫生基础设施条件，深入实施名医名科名院工程，加强医德医风建设和医疗卫生服务监管。落实全面二孩政策，扎实做好计生特殊家庭关怀工作。加强科普基础设施建设，深入实施《全民科学素质行动计划纲要》。扎实开展档案、人防、防震减灾、妇女儿童、老龄、残疾人等工作。

八、切实保障和改善民生，不断提升人民群众获得感

21. 提高群众收入水平。加强就业形势监测分析，实施更加积极的就业政策，推进农村转移劳动力、城镇困难人员、退役军人、城镇低收入人员等群体多渠道就业，城镇登记失业率控制在4.5%以内。全面落实劳动合同制度，加强劳动监察执法，开展和谐劳动关系创建活动。健全工资正常增长机制，适时调整最低工资标准，推进企业工资集体协商制度全覆盖。落实各项惠民政策和收入分配政策，多渠道促进城乡居民增收。加强价格监管，维持物价总体平稳。

22. 完善社会保障体系。启动“全民参保登记计划”，实施五险统一征收，强化扩面征缴，促进民营企业、城镇灵活就业人员、农民工和非城镇户籍人员有序参保。推进机关事业单位养老保险制度改革。实施城乡居民基本医疗保险统筹工作，完善城镇职工医保制度，改革医保支付方式，进一步扩大异地就医联网结算范围。开展应对人口老龄化行动，统筹推进城乡养老机构和服务体系建设。探索扶贫线和低保线“两线合一”办法，稳步提高最低生活保障补助水平。整合社会救助资源，健全救急难制度。积极发展社会福利和慈善事业。健全住房保障体系，加快农村廉租房等保障性住房建设，进一步提高住房公积金管理服务水平。

23. 聚力推进脱贫攻坚。坚持精准扶贫，推进“八个一批”脱贫攻坚行动计划。建立市、区县、乡镇、村四级脱贫开发管理机制，实行脱贫攻坚项目台账管理。全面落实脱贫目标、任务、资金、权责“四到县”制度，强化“第一书记”和驻村帮扶工作机制，进一步完善“五个一”帮扶制度。建立多元投入机制，聚合专项投入、行业投入、社会投入、农户投入。完善脱贫攻坚工作监督机制，确保完成农村贫困人口脱贫1.8万人以上、19个贫困村脱贫“摘帽”。

九、全面从严治党，不断提升党的建设水平

24. 加强思想政治建设。强化理论武装，认真学习贯彻党的十八大、十八届三中、四中、五中全会和习近平总书记系列重要讲话精神。扎实推进学习型党组织和学习型领导班子建设，坚持市委常委会学习制度，落实党委（党组）中心组学习制度。持续深化“盐都大讲堂”“周五学习日”等学习平台建设，着力提升党员干部的理论素养。落实党委（党组）意识形态工作责任制，牢牢掌握意识形态工作的领导权和主动权。推进新型智库建设，加强对全市中心工作和重大现实问题的理论研究。进一步加强和改进新闻舆论工作，推动传统媒体和新兴媒体融合发展，加强新媒体建设管理，提升网络舆情研判和应对水平，统筹建设健康向上的主流舆论场。

25. 加强领导班子和干部队伍建设。全面推行领导班子功能结构模型管理，加强综合分析研判，不断改进干部考核评价制度。鲜明用人导向，健全科学有效的选人用人机制，选优配强各级领导班子，抓好县乡换届工作。深化干部人事制度改革，推进干部能上能下、能进能出机制常态化。深入推进年轻干部“壮苗”计划，强化优秀年轻后备干部递进培养、储备、使用。加强女干部、少数民族干部和党外干部培养选拔使用。做好老干部工作。充分发挥党校主渠道作用，完善“五位一体”干部教育培训机制，提升干部教育培训工作质量。实施重大人才工程，加大高层次人才、急需紧缺人才引进力度，加快建设区域人才集聚地。

26. 加强基层党组织建设。强化基层党建工作责任，全面落实“三级联述联评联考”制度，持续开展“党组织书记领办党建项目”。组织开展“学系列讲话、学党章党规，做合格党员”学习教育。深入开展“三分类三升级”，整顿软弱涣散基层党组织。加强基层党组织带头人队伍建设，抓好村（社区）党组织换届工作。加大“两新”组织党建工作力度，抓好社区、园区党建工作。强化基层党组织书记、党务干部教育培训，分层分类推进党员教育培训工作全覆盖。强化大学生村干部管理，有序推进服务期满大学生村官分流。健全党员能进能出机制，完善流动党员教育、管理、服务制度。探索基层党建经费投入新模式，建立村干部报酬合理增长机制，实施党员精准扶贫示范工程。深化党内基层民主建设，全面推行市党代表任期制、区县党代会常任制、乡镇党代会年会制。

27. 加强作风建设。完善作风建设常态化监督机制，构建市、县、乡三级监督检查网络。常态化推进正风肃纪，持续深化盐都问政，加大群众身边“四风”和腐败问题整治力度，重点查处顶风违纪行为。深入推进党风政风行风社会评价，建立完善问政问事问效问责机制。强化领导干部践行“三严三实”负面信息预警管理，构建从严从实的监督管理新常态。继续开展市级领导牵头领办群众反映强烈的突出问题．确保整改实效。深入推进机关管理服务标准化建设。强化效能问责，开展“不作为、乱作为、不会为、不善为”专项整治，进一步提升工作效率和服务水平；鼓励改革创新，宽容试错失误，着力营造敢于担当、务实干事、积极作为的良好环境。

28. 加强反腐倡廉建设。全面落实“两个责任”，不断健全责任体系，开展党风廉政建设巡察工作，加大“一案双查”力度。严明换届纪律，做好换届巡视联络工作，坚决查处违纪行为。有序推进区县纪检监察机关和派驻机构职能转化，完善纪检监察片组工作机制。深入学习贯彻《廉洁自律准则》《纪律处分条例》。深化“惩防衔接、一体联动”，全面实行“双一四四”工作机制，丰富和创新反腐倡廉教育形式，着力构建警示教育长效机制。坚定不移惩治腐败，完善执纪执法部门协商合作机制，加大查办违纪违法案件力度，不断优化风清气正、干事创业、崇廉尚实、遵纪守法的良好政治生态。

各级党组织、广大党员干部要切实把思想和行动统一到市委的决策部署上来，紧紧围绕“决胜全面小康、建设经济强市”主题主线，始终保持务实担当、奋发有为的精神状态，凝心聚力、攻坚克难、扎实苦干，确保全年目标任务顺利完成，奋力开创全市经济社会发展新局面！

自贡市人民代表大会常务委员会工作报告

（2016年2月26日在自贡市第十六届人民代表大会第七次会议上）

自贡市人大常委会主任　陈　华

各位代表：

我代表自贡市第十六届人民代表大会常务委员会，向大会报告工作，请予审查。

2015年工作回顾

2015年是全面深化改革的关键之年，是全面推进依法治国的开局之年，也是"十二五"规划收官之年。一年来，在中共自贡市委正确领导和省人大常委会关心指导下，市人大常委会认真贯彻党的十八大、十八届三中四中五中全会和习近平总书记系列重要讲话精神，牢牢把握人大工作正确方向，努力找准服务大局的结合点、监督工作的切入点和推动经济社会发展的着力点，主动适应发展新常态，按照"从严从实"新要求，依法履行各项职责，积极回应社会关切，扎实开展各项工作，圆满完成了市十六届人大六次会议确定的各项任务。全年，开展视察、执法检查29次；召开常委会会议7次，作出决议决定10项，制定制度规定12个，形成审议意见26份，任免国家机关工作人员39人次（任命18人次，免职21人次）；召开主任会议15次，形成意见交办函7份；开展调研17项，形成调研报告8份，为推进法治自贡建设、促进经济社会平稳健康发展做出了积极贡献。

一、着眼全局，强化职能，在履职行权中坚定政治方向

着力基本遵循，把坚持党的领导贯穿履职全过程。强化党的意识，坚持重大事项向市委请示报告制度；坚持把党的领导贯穿依法履职全过程，落实到人大工作各个方面。自觉坚持紧紧围绕全市工作大局谋划人大工作，在确定工作目标和工作重点、落实工作措施和履职行权时，准确把握人大职能定位，坚持与市委决策同心、目标同向、工作同步，认真贯彻落实市委决策部署。

着力承接立法，认真落实推进依法治国重大举措。在市委高度重视和有关部门的支持配合下，市人大常委会将加强立法能力建设，积极承接地方立法权，作为落实依法治国重大举措的务实抓手，在深入开展立法需求调研、科学编制五年立法规划（草案）和2016年立法计划（草案）、依法草拟地方立法条例、扎实推进立法机构、立法工作队伍和制度建设的基础上，积极向省人大常委会报请确定行使地方立法权。2015年12月3日，省十二届人大常委会第十九次会议做出了关于确定自贡等市行使地方立法权的决定。在全省首批获得地方立法权，对于更好地推进法治自贡建设和人大事业创新发展具有重大意义。

着力贯彻落实，不断加强新时期人大工作和建设。2015年省委和市委召开了人大工作会议，就加强人大工作和建设做出了全面部署。这对于推进人民代表大会制度理论与实践创新、推动全市人大工作和建设与时俱进、完善发展，具有重大而深远的意义。市人大常委会及时贯彻、认真落实，把省委、市委人大工作会议精神和《关于进一步加强人大工作和建设的意见》作为新形势下做好人大工作的政治遵循，作为依法行使立法权、重大事项决定权、监督权和任免权，深化和完善代表工作，加强人大特别是县乡人大建设的行动指南，在贯彻落实上着力抓机遇，在谋求实效上务实下功夫，全市人大工作呈现出新的生机和活力。

二、围绕中心，服务大局，在务实作为中力推转型发展

加强重大事项决定，力促发展大局稳定。坚持人大决定与市委决策的有机统一。紧紧围绕市十六届人大六次会议各项决议决定的贯彻落实和全市改革发展稳定中带全局性、长远性、根本性的重大事项，听取和审议市政府关于国民经济和社会发展计划执行情况、财政预算执行和其他财政收支审计情况、“十二五”规划完成情况以及“十三五”规划编制情况、政府性债务情况等相关工作报告；审查和批准了2014年市本级财政决算、2015年财政预算调整方案、2015年地方政府债务限额的议案，并及时作出决议决定，提出改进工作的建议和要求。同时，深入开展部门预决算审查、财政科技资金分配使用、税收征管情况专题调研；废止了《自贡市人民代表大会常务委员会审查批准城市维护费计划暂行办法》。支持市政府加强财源建设和预算管理，严格债务监管，促进了财政资金分配使用的科学合理，财政预算管理向全面规范、公开透明的方向推进，债务风险防控能力增强。较好地发挥了依法决定重大事项对全市稳定发展大局的促进作用。

加强提质增效监督，力促产业转型升级。围绕市委“产业促进年”决策部署和“大力培育发展五大高端成长型产业”的要求。对我市高端成长型产业发展、重大产业项目和创新孵化平台建设、金融服务实体经济、农业产业化龙头企业发展、“宽带乡村”试点工程建设开展了视察和调研，听取和审议市政府相关工作报告。要求市政府及相关部门科学制定我市高端成长型产业发展规划，推动高端成长型产业创新发展；加强创新孵化平台建设，提高创新成果转化能力；加强农业产业化龙头企业培育，带动农民增收；发挥“宽带乡村”工程的作用，促进农村生产生活方式转变。市政府及相关部门高度重视，采取一系列措施稳增长、调结构、抓转型，务实推动三次产业联动发展、提质增效，并及时出台了《自贡市工业企业应急临时周转金管理办法》。

加强项目建设监督，力促投资稳定增长。围绕市委“稳中求进”工作总基调和“着力稳定经济增长，巩固投资对经济增长的关键作用”的要求。对重大产业项目、社会事业项目和交通基础设施项目建设开展视察和专题调研，听取和审议市政府相关工作报告。针对存在问题，提出了坚持扩大投资规模与优化投资结构并举，努力在强化要素保障、落实优惠政策、破解项目推进难题等方面下功夫，坚定不移大抓项目、抓大项目的要求和建议。市政府及其相关职能部门迎难而上、积极作为，及时出台了《自贡市2015年促投资稳增长八条措施》。同时，常委会班子成员深入现场，加强协调督导，认真落实联系重大项目和重点培育企业责任制，力促所联系项目加快建设和所联系企业稳增长。

加强任后工作监督，力促部门依法履职。围绕推动“一府两院”及其工作部门依法行政、公正司法，对市中级人民法院、市国资委、市教育局、市林业局、市城乡管理行政执法局开展了工作评议。通过工作评议，促进了被评议单位和部门改进工作、完善制度、增添措施，加强依法行政、公正司法的能力和水平建设。同时，对市政府秘书长和未列入评议的政府组成部门主要负责人、市人民检察院副检察长开展了年度履职情况测评，有效增强了被任命人员和政府部门的责任意识、公仆意识和法治意识。

三、突出重点，注重实效，在法律监督中推进依法治市

着眼依法行政，加强法律监督。强化社会主义法治理念，坚持用法治思维和法治方式推进依法治市。组织开展了对环境保护法、传染病防治法、文物保护法、种子法及四川省农作物种子管理条例实施情况的执法检查；并对代表法、修订后的预算法实施情况进行了专题调研，听取和审议了市政府相关工作报告，提出建议20余条。市政府及相关部门积极办理，推动了相关法律法规在我市的贯彻实施。受省人大委托，对四川省预防职务犯罪条例实施情况进行了执法检查；配合省人大对安全生产法、农业技术推广法、四川省农村扶贫开发条例、四川省防震减灾条例在我市贯彻实施情况进行了执法检查和专题调研；对省人大下发征求意见的16部法律法规草案，组织相关部门和人大代表参与立法调研座谈，提出修改建议40余条；对“一府两院”和区县人大常委会报送的44件规范性文件进行了备案审查。通过加强法律法规贯彻实施的监督和规范性文件备案审查，维护了法治的统一和权威，推进了依法治市。

着眼公正司法，加强司法监督。围绕促进公正司法，听取和审议了市中级人民法院关于民商事审判工作和市人民检察院关于检察诉讼监督工作情况的报告。对深化司法改革，发挥审判职能，服务经济发展、民生保障和社会建设；增强诉讼法律监督的针对性、注重对诉讼程序的监督等，分别向审判机关和检察机关提出了建议和要求，力促公正司法。对公安监管工作开展了专题调研，力促规范执法、文明公正执法。

着眼和谐稳定，加强信访督办。着力健全机制、完善制度，运用“五个善于”的信访工作方式，畅通信访渠道、化解矛盾纠纷、督办疑难案件。落实了市人大常委会领导接访和重要信访包案制度。全年，受理来信来访371件次，重要信访包案6宗，推动了一批信访问题的解决。通过认真做好信访工作，依法监督信访办理，既维护了人民群众合法权益，又促进了社会和谐稳定。

四、以人为本，关注民生，在为民履职中增进人民福祉

关注民生诉求，回应民意期待。围绕饮用水生态环境保护、防灾减灾工作等民生诉求，对双溪小井沟饮用水源地生态功能区保护和建设、城乡环境综合治理、污水处理设施建设、节能减排、气象灾害应急准备认证工作开展了专题视察调研，听取和审议市政府相关工作报告，提出了改进工作的要求和建议，并着力推动落实。市政府高度重视、积极办理，构建了双溪小井沟饮用水源地生态功能区保护和建设专项资金保障机制，编制了《釜溪河流域水污染综合治理实施方案（2015—2017）》，出台了《自贡市乡镇生活污水处理设施运行管理的意见》，切实回应民生关切。

关注热点难点，维护群众权益。聚焦棚户区改造、社会化养老服务体系建设、食品药品安全监管体系建设、公立医院改革、城市公共交通、住宅专项维修资金管理等群众关注的热点难点问题，组织开展了集中视察、专题调研和本届人代会议案的持续跟踪督办，听取和审议市政府相关工作报告，并对全市棚户区改造工作开展了专题询问。针对存在问题，提出了落实棚改投入、探索创新棚改拆迁安置方式、强化棚改责任机制和目标考核、加大棚改推进力度；深化养老体制改革、提升养老服务质量、规范养老行业服务标准和监管职责；完善食品药品安全责任追究机制、加快检验监测评估体系建设，提高应急处置能力；探索具有自贡特色的公立医院改革模式等建议和要求。市政府高度重视，积极强化措施，着力改进工作，实行了“五个一”工作机制，加大了棚户区改造工作推进力度；出台了《自贡市养老服务设施布点规划（2015—2030）》及相关配套政策和具体措施；制订了《关于进一步加强全市食品安全监管的议案办理实施方案》并狠抓落实，推动热点难点问题有序解决，维护了群众合法权益。

聚焦精准扶贫，助推全面小康。围绕深化农村产权制度改革、改善基础设施条件、发展特色产业、强化财政金融扶持等，对农村土地承包经营权确权登记颁证工作、农村电力供应保障情况和电力基础设施建设、农村居民饮用水安全、春耕备耕、退耕还林工程、金融服务三农等情况开展视察和调研。督促和支持市政府及其相关部门维护农民合法权益，推进城乡统筹发展；狠抓基础设施建设，改善农村生产生活条件；发展林下经济等特色产业，帮助农民脱贫致富；强化财政金融扶持，缓解贫困群众发展资金短缺问题。制发了市人大常委会服务脱贫攻坚实施意见，把人大监督与推进精准扶贫、精准脱贫结合起来，充分发挥人大依法履职在参与和推动脱贫攻坚、全面建成小康社会中的特殊作用。

五、强化意识，改进服务，在创新举措中加强代表工作

尊重主体地位，优化代表履职服务。坚持有计划地组织全市各级人大代表参加全国和省、市举办的履职培训，为代表免费订送“一报三刊”等学习资料，编印发送《要情动态》，提供“一府两院”工作情况和全市经济社会发展情况的有关资料，通报中央和省、市委重大决策部署以及市人大常委会工作情况；邀请代表列席市人大常委会会议，组织代表参加《盐都问政》活动；建立市人大代表履职服务网络平台，搭建代表联系“一府两院”新渠道，探索服务代表新方式，为代表知情明政、提高履职能力和履行代表职务提供优质的常态化服务。

发挥主体作用，强化代表履职平台。切实加强和拓宽人大代表服务发展的履职平台。积极组织人大代表对我市国民经济和社会发展计划执行、交通基础设施建设、农村精准扶贫和农业产业化发展情况开展视察调研，着力调动代表在完成“十二五”目标任务、谋划“十三五”发展中的积极性、主动性和创造性。加强和拓宽代表联系和服务群众的履职平台，在已经搭建“三联系”和“走基层，人大代表在行动”活动平台的基础上，着眼在参与脱贫攻坚中更好地发挥人大代表联系和服务群众的作用，及时谋划搭建了“扶贫攻坚—人大代表再行动”履职活动平台，全市各级人大代表积极行动，争做脱贫攻坚的参与者、推动者和实践者，以联系到户、帮扶到户的实际行动，帮助贫困家庭解决就业、就学、就医等实际困难，提供致富信息、惠民政策咨询等服务。一年来，全市各级人大代表走访联系群众34000余人次，收集意见建议2900余条，帮助解决具体困难和实际问题1700余个。

回应主体关切，实化议案建议督办。常委会始终坚持将督促“一府两院”把代表所提议案、建议和意见办实办好作为闭会期间常委会的重要职责和回应人大代表关切，发挥代表主体作用的具体体现。既高度重视，将之作为常委会的重要工作，又着力创新举措，在提高督办质量，促进问题解决上下功夫求实效。坚持以“四结合四着力”落实督办责任，强化督办举措，提高督办实效。同时，深入开展议案建议办理“回头看”，力求办理工作落到实处，办出群众满意的实效。市十六届人大六次会议以来，代表提出的107件建议已办理答复完毕，解决和正在解决的占90.65%，满意和基本满意率达100%。

六、改进作风，完善制度，在与时俱进中加强自身建设

抓实专题教育，加强队伍建设。按照全面从严治党要求，以开展“三严三实”专题教育为抓手，着力深化常委会机关的思想政治建设、作风建设和党风廉政建设。组织开展中央和省、市委重要会议精神的专题学习辅导；开展廉洁自律准则、纪律处分条例的学习教育和南充拉票贿选案、衡阳破坏选举案的警示教育；聚焦对党忠诚、个人干净、敢于担当，开展“严以修身”“严以律己”“严以用权”专题学习研讨。强化问题导向，查摆突出问题，严格正风肃纪，狠抓整改落实。通过专题学习和整改落实，教育引导党员干部加强党性修养，坚定理想信念，强化宗旨意识、纪律意识、廉洁意识和担当精神，增强了践行“三严三实”要求的思想自觉和行动自觉，坚定了围绕中心、服务大局的谋事定力和履职定力，班子和队伍建设全面加强。

抓实制度建设，规范履职行为。着眼承接立法权，完善人大职能，着眼推动人大监督工作由程序性监督向实质性监督转变，着眼提高人大履职制度化、规范化、程序化水平，推动人大工作与时俱进。常委会把着力依法制定履职规范、完善行权制度、健全工作机制作为在改革创新中加强自身建设的重要抓手。2015年新制定了对国有资产管理和经营工作加强监督的办法、对重大项目建设及管理工作加强监督的办法、关于加强司法监督工作的办法、关于建立预决算审查监督联席会议制度的暂行办法、自贡市宪法宣誓制度实施办法，修正了规范性文件备案审查规定等制度规定12项，既落实了“三严三实”立规执纪的要求，又促进了人大常委会规范履职行为。

抓实人大宣传，营造良好氛围。高度重视人大宣传在推进人民代表大会制度建设中的先导作用。着力以人大刊物、要情动态、公报、网络报纸专版为重点，全方位强化人大宣传载体建设；多形式多角度宣传人民代表大会制度、改革发展成就、民主法制建设进程、人大工作亮点和代表风采，努力营造全市人大工作和民主法治建设良好氛围。人大宣传稿件先后在国家和省市级媒体刊播400余篇（条），其中，多篇作品在国家级刊物上发表。

各位代表，过去的一年，市人大常委会工作取得了新成绩，这是市委坚强领导的结果；是全体市人大代表、常委会组成人员、市人大各专门委员会和常委会办事工作机构辛勤努力的结果；是市人民政府及相关部门、市中级人民法院、市人民检察院大力支持的结果；也是区县人大、社会各界和全市人民关心支持的结果。在此，我谨代表市人大常委会表示衷心感谢！

在肯定成绩的同时，我们清醒地认识到，常委会的工作与形势的发展、人民的期望和代表的要求还有不少差距：一是立法能力、立法工作制度和机制建设还亟待加强；二是综合运用监督手段不够，监督实效还需进一步增强；三是推动程序性监督向实质性监督转变的能力建设还亟待加强；四是代表履职机制建设还需着力强化，主体作用还需进一步发挥。针对这些问题，我们将认真研究改进措施，努力提高依法履职水平。

2016 年主要工作任务

2016 年是决胜全面小康、建设经济强市的开局之年，也是推进结构性改革的攻坚之年。市人大常委会工作的总体要求：坚持党的领导、人民当家做主、依法治国有机统一，全面贯彻党的十八大、十八届三中四中五中全会和习近平总书记系列重要讲话精神，着眼落实省委和市委决策部署，紧紧围绕“决胜全面小康、建设经济强市”主题主线，认真履行宪法和法律赋予的职责，着力践行“五大发展理念”，服务全市改革发展大局，为持续推进五个自贡建设，促进全市经济社会平稳健康发展，实现“十三五”发展良好开局做出积极贡献。主要工作任务是：

一、围绕市委决策部署，科学决定依法任免

始终坚持党的领导，把握人大工作正确方向。认真学习贯彻党的十八大、十八届三中四中五中全会精神，围绕协调推进“四个全面”战略布局和市委决策部署，科学决定依法任免。着力把市委重大决策部署通过法定程序转化为地方国家意志，转变为全市人民的共同行动，及时对我市带全局性、长远性、根本性的重大事项作出决议决定，推动市委决策部署贯彻落实。坚持党管干部原则和人大依法任免有机统一，确保市委人事安排顺利实现。

二、围绕保证立法质量，扎实做好立法工作

坚持依法立法、科学立法、民主立法，发挥地方立法对改革发展的引领和推动作用。完善地方立法机制。着力构建党委领导、人大主导、政府协同、各方配合、公众参与的“五位一体”立法格局，努力把立法资源转化为发展优势、改革优势、法治优势。保证地方立法质量。建立由市人大相关专门委员会、常委会法制工作委员会组织有关力量起草综合性、全局性、基础性的重要地方性法规草案制度，把好合法、公平、管用三道关口；建立立法起草、论证、协调、审议、评估工作机制，规范立法程序；建立民意采纳机制，进一步夯实立法的民意基础。开展地方立法工作。在调查研究基础上，制定五年立法规划和 2017 年立法计划，完成《自贡市地方立法条例》《自贡市集中式饮用水源地保护管理条例》立法任务，起草《自贡市〈四川省物业管理条例〉实施办法（草案）》并进行一审。

三、围绕推进主题主线，认真履行监督职能

把贯彻“五大发展理念”，推进“决胜全面小康、建设经济强市”作为履行监督职能的主题主线，突出监督重点，科学安排监督议题，通过视察、调查、执法检查、专题询问等形式，加大监督力度，增强监督实效。着眼第一要务，推动创新协调发展。对国民经济和社会发展计划执行、财政预算执行和其他财政收支审计、财政决算及预算执行和调整、政府债务限额、科技创新平台建设、重大项目推进、国有资产管理及经营、农村集体资产股份制改革试点、节能减排等情况开展专题视察，对农发专项资金使用、税收征管、春耕备耕等情况开展调研，听取和审议相关工作报告，并就有关重大事项及时作出决议决定。促进增强持续稳定增长的动力活力，推动形成城乡协调、共同繁荣的良好态势。着眼民生福祉，推动绿色共享发展。听取和审议双溪小井沟饮用水源地生态功能区保护和建设控制规划实施、城乡环境综合治理、棚户区改造实施、中心城区缓堵保畅体系建设和管理工作、气象灾害监测系统标准化建设、食品安全、养老服务体系建设、中等职业教育发展情况的工作报告；对精准扶贫资金使用管理、历史文化名镇保护、医疗纠纷调解、人防工程和城市地下空间利用、体育公共设施管理与服务开展专项调研；对脱贫攻坚推进情况开展专题询问，提出工作要求和建议，力促改善民生的重点工作扎实推进，使全市人民在共建共享中增强获得感，力促优美怡人的生态自贡和繁荣和谐的幸福自贡建设。着眼依法治市，推动法治自贡建设。对食品安全法、献血法和四川省公民献血条例、电力法及四川省电力设施保护和供用电秩序维护条例、四川省农村扶贫开发条例、城镇燃气管理条例和四川省燃气管理条例、不动产登记暂行条例在我市贯彻实施情况开展执法检查，推动法律贯彻实施，促进政府依法行政。对行政审判、刑事执行、社会治安防控体系建设等开展视察调研，促进公正司法，维护社会稳定。加强规范性文件备案审查工作，切实维护法治统一和权威。

四、围绕发挥主体作用，着力加强代表工作

服务代表履职。围绕提高代表履职水平，有计划地组织全市各级人大代表、市人大常委会组成人员和乡镇人大主席参加学习培训；围绕代表知情知政，健全和完善人大代表履职服务网络平台，为代表履职创造条件。组织代表履职。围绕代表主体作用的发挥，加强常委会组成人员与代表、代表与人民群众的联系；坚持主任接待代表制度；坚持邀请代表列席常委会会议和参加常委会视察调研、执法检查的制度；坚持组织代表开展集中视察和专题调研的制度，发挥代表投身决胜全面小康、建设经济强市的积极性、主动性和创造性。深化“扶贫攻坚—人大代表再行动”，进一步发挥代表在脱贫攻坚中联系和服务群众的作用。支持代表履职。加强代表议案建议督办，构建代表建议意见网上办理平台，提高办理质量。在市委的领导下，加强对区县、乡镇人大换届选举工作的指导，依法做好市人大代表换届选举工作。

五、围绕提高履职能力，着力加强自身建设

加强思想政治建设。认真学习党的方针政策、国家法律法规和人大业务知识，全面贯彻中央、省市委决策部署，强化理论武装，筑牢“三个自信”，准确把握人大工作的政治方向；增强法治思维能力，不断提高依法履职水平。加强党风廉政建设。以作风建设为着力点，以“两学一做”学习教育为抓手，以加强班子和队伍建设为目的，坚持“四个必须”和“四个反对”，抓实机关党风廉政建设，着力增强班子和队伍的“严、实”自觉、守纪自觉和“四个意识”，切实改进作风，建设为民务实清廉、忠诚干净担当的干部职工队伍。加强履职制度建设。制定起草地方性法规草案工作规程、审议审查地方性法规草案工作规程、预算审查监督办法、政府债务管理工作监督办法；修订激励和保障市人大代表履职暂行办法，促进常委会履职制度化、规范化、程序化。加强统筹协调。规范机关管理，提高机关运行效率；切实加强老干部工作；加强对区县、乡镇人大工作的指导，密切与上级人大的联系，加强与外地人大的交流，努力把市人大常委会建设成依法全面履行职能的工作机关、密切联系人民群众的代表机关。

各位代表，风正潮平，自当扬帆破浪；任重道远，更需策马扬鞭。让我们紧密团结在以习近平同志为总书记的党中央周围，在中共自贡市委的正确领导下，凝聚全市人民的智慧和力量，以更加专注的发展定力、更加务实的工作作风、更加奋发的履职作为，同心同德，开拓进取，扎实工作，为协调推进“四个全面”、加快推进“决胜全面小康、建设经济强市”主题主线，创造自贡人民更加幸福美好的明天而努力奋斗！

有关用语说明

“十二五”规划：指国民经济和社会发展第十二个五年规划纲要（2011—2015 年）。

“十三五”规划：指国民经济和社会发展第十三个五年规划纲要（2016—2020 年）。

五大高端成长型产业：指自贡市确定的页岩气、节能环保装备、航空与燃机、新材料、新能源汽车五大产业。

自贡市 2015 年促投资稳增长八条措施：一是加快重大项目建设；二是鼓励大众创业万众创新；三是大力实施“回引工程”；四是千方百计促销扩产；五是加大融资扶持力度；六是强化要素保障协调；七是加大专项资金扶持；八是依法执行优惠政策。

“五个善于”的人大信访工作方式：指善于用法治思维推进人大信访改革；善于用法治方式解决矛盾和问题；善于通过信访分析行使监督职权；善于通过法律咨询和重点督办化解矛盾纠纷；善于通过创新工作方式发挥人大信访监督职能。

“五个一”工作机制：指一个项目、一个责任领导、一套管理班子、一个实施方案、一个考核办法。

一报三刊：一报指《人民权力报》；三刊指《中国人大》《民主法制建设》《自贡人大》。

三联系活动：指市人大常委会主任、副主任、秘书长联系市人大常委会委员，市人大常委会组成人员联系市人大代表，市人大代表联系人民群众。

四个全面：指全面建成小康社会、全面深化改革、全面依法治国、全面从严治党。

四结合四着力：坚持市人大各专门委员会和常委会办

事工作机构分工督办与重点难点建议由市人大常委会班子成员牵头重点督办相结合，着力提高重点、难点问题的解决率；坚持市人大组织督办与邀请提议案建议的代表参与督办相结合，着力提高代表的知情率和满意率；坚持全面检查督办回复与逐项查析办理实效相结合，着力督促办理单位和人员提高办理质量；坚持督促办理与参与办理相结合，在督促中积极参与办理，在参与办理中加大督办力度，着力提高代表建议意见的解决率。

三严三实：习近平总书记在十二届全国人大二次会议安徽代表团参加审议时，关于推进作风建设的讲话中，提到“既严以修身、严以用权、严以律己，又谋事要实、创业要实、做人要实”的重要论述。

五大发展理念：指创新发展的理念、协调发展的理念、绿色发展的理念、开放发展的理念、共享发展的理念。

五个自贡：指产业自贡、生态自贡、文化自贡、创新自贡、幸福自贡。

三个自信：指道路自信、理论自信、制度自信。

“两学一做”学习教育：指“学习党章党规，学习习近平总书记系列讲话，做合格党员”学习教育。

四个必须：指省委书记王东明在省纪委十届五次全会上强调的四个必须，即一是必须把纪律建设摆在更加突出位置，真正让守纪律讲规矩成为自觉、成为习惯；二是必须始终保持高压态势，坚决遏制腐败现象滋生蔓延势头；三是必须持续用力正风肃纪，防止作风问题反弹回潮；四是必须全面加强党内监督，推进权力依法规范运行。

四个反对：指省委书记王东明在省纪委十届五次全会上提出的四个反对，即一是坚决反对精神不振、不思进取；二是坚决反对思想保守、因循守旧；三是坚决反对推诿扯皮、不负责任；四是坚决反对不敢担当、无所作为。

四个意识：指政治意识、大局意识、核心意识、看齐意识。

政府工作报告

（2016年2月24日在自贡市第十六届人民代表大会第七次会议上）

自贡市人民政府市长　刘永湘

各位代表：

我代表市政府向大会报告工作，请予审查，并请各位政协委员和其他列席人员提出意见。

2015年和“十二五”工作回顾

过去一年，面对严峻复杂的宏观经济形势，市政府在省委、省政府和市委的坚强领导下，在市人大、市政协的监督支持下，紧紧依靠全市人民，始终保持专注发展定力，积极主动作为，统筹抓好稳增长、调结构、促改革、惠民生和防风险工作，较好地完成了十六届人大六次会议确定的各项目标任务。全市经济平稳较快发展，各项事业取得新的成绩，社会保持和谐稳定，全年地区生产总值实现1143.11亿元、增长8.4%，地方一般公共预算收入完成44.83亿元、同口径增长7.9%。

一、积极应对下行压力，经济保持平稳增长

认真贯彻中央、省稳增长系列政策，及时出台我市促投资稳增长“新八条”，实行月督查、季审计，有力推动政策落实。针对企业突出困难，实施分类帮扶，帮助企业转贷48亿元，减轻负担近2亿元，企业生产总体平稳。建立重大项目调度会议制度、项目推进奖励机制，落实市领导联系重大项目制度，狠抓资金、用地等要素协调，强化项目开工和推进督查，255个重大项目完成投资340亿元，超额完成年度计划，全社会固定资产投资完成638.95亿元、增长6.9%。充分发挥自贡国际恐龙灯会促销效应，举办川南品牌商品交易会等促销活动60余场次，社会消费品零售总额实现501.63亿元、增长12.1%。引导住房消费，出台促进房地产业平稳健康发展“新七条”，商品房销售194万平方米、增长15.1%。

二、突出调结构促转型，三次产业协调发展

工业结构调整积极推进。航空与燃机产业培育实现新突破，自贡航空产业园建设全面推进，自贡凤鸣通用机场成为核准的全省首个通用机场，组建了以航空零部件制造为主业的瀚宇航空科技公司，海川燃机配件制造三期建成投产。节能环保装备制造和新材料产业平稳发展，华西能源列为国家智能制造示范企业，中天胜特种聚酰亚胺及复合材料产业化、大西洋焊接产业园等项目顺利推进。高新技术产业增加值占比达到25%，战略性新兴产业增加值占比达到28.8%。盐化工、食品工业稳步发展，鸿化纳入全国首批城区危化企业整体迁建范围。工业园区新增承载能力5平方公里，主营业务收入实现1100亿元。全市规模以上工业增加值实现491.65亿元、增长8.1%。

服务业加速发展。商贸物流业集聚发展势头良好，贡井汽贸产业园成功申报省级服务业集聚区，川南皮革城二期、川南五金城一期和华商国际城一期建成运营，舒坪现代物流园、大山铺铁路物流园建设有序推进。电子商务业快速发展，自流井电子商务基地申报为省级电子商务集聚区，全年新增电商企业118家，UU163旅行在线等本土电商平台应运而生。文化娱乐、健康养老和旅游业加快发展，第21届自贡国际恐龙灯会接待游客和综合效益再创新高。服务业增加值实现350.73亿元、增长 10.5%。

现代农业稳步发展。国家现代农业示范区创建取得积极进展，建成5万亩核心区，各区县现代农业示范基地巩固发展。新型农业经营主体不断涌现，新增市级以上农民专业合作社113个、家庭农场262家。产业化经营水平稳步提升，34个农产品加工流通项目加快建设，西南（自贡）无水港油脂生产线项目主体完工，100万头生猪产业化生态循环经济暨食品加工综合项目启动实施，荣县农副产品加工园被认定为国家农业产业化示范基地。农业基础设施建设不断加强，新建和改造高标准基本农田18.54万亩。粮食产量达到132.6万吨，农业增加值实现129.48亿元、增长3.9%。

三、统筹推进城乡建设，发展条件持续改善

重大基础设施建设实现新突破。自隆、内威荣高速公路建成通车，5条高速公路连接线[(1)]有序推进，内自泸城际铁路开工。小井沟水库大坝枢纽和输水干渠工程实现竣工，移民安置稳步推进，狸狐洞、楼房湾、大坡上水库加快建设。仙市220千伏等9个输变电工程建成投用。4G通信网络加快覆盖，城市20兆以上宽带实现全覆盖，乡镇宽带达到4兆水平，行政村全部接通宽带。

城乡建设步伐加快。南岸科技新区“一环两纵三横”[(2)]骨干路网形成，地下综合管廊基本完工，东部新城起步区基础设施启动建设，中心城区新增建成区面积2.7平方公里。龙汇街南延线延伸段、南湖公园西大门跨线桥等道路工程建成通车。东兴寺片区“两桥”[(3)]和西山路片区“两路”[(4)]改造全面推进，光凤片区房屋征收基本完成，三大片区安置房开工建设，各区县棚改项目按计划启动实施。荣县、富顺县城承载能力不断增强。12个“百镇建设”试点镇和幸福美丽新村建设取得新成效。

生态环境建设不断加强。盐都植物园二期、卧龙湖湿地公园一期建成开放，建成区绿化覆盖率达40.2%，全市森林覆盖率达33.7%。大气污染防治深入推进，扬尘治理、秸秆禁烧力度加大，城区环境空气质量达标233天，PM10年均浓度下降4.2%。水环境治理进一步深化，釜溪河水质逐步改善，双溪饮用水源地生态补偿机制初步建立。垃圾和污水处理得到加强，莲花垃圾处理厂封场一期工程开工建设，荣县生活垃圾处理场和富顺县、高新区垃圾压缩中转站建成投用，荣县、富顺和贡井生活污水处理二期工程建成运行，沿滩生活污水处理一期工程和18个乡镇污水处理设施建设完成，城市生活垃圾处理率达95%、生活污水集中处理率达90%。11户企业落后产能淘汰任务顺利完成。

四、着力深化改革开放，内生动力加快释放

重点领域改革积极稳妥推进。14项重大改革方案相继制订实施。投融资改革成效明显，南充商业银行自贡分行开业营运，农信社改革有序推进，新增3户企业在“新三板”[(5)]挂牌，市国投私募债、高投公司债成功发行，荣县、富顺、沿滩城区生活污水处理厂建设成功推行PPP模式。新一轮土地承包经营权确权登记全面完成，农村产权抵押融资试点启动实施，深化双挂钩试点在全省率先启动，农村产权资本化的通道逐步拓开。国有企业劳动、人事和分配制度改革深入推进，新华印刷厂等11户企业实现破产终结。企业工商登记全面实行先照后证和“三证合一”[(6)]，新设立企业数同比增长49.8%。简政放权力度加大，市本级非行政许可审批事项全部取消，政府部门权力清单初步建立，投资项目审批服务升级提速。义务教育资源均衡配置、考试招生制度、职教产教融合改革启动实施，县级公立医院综合改革和分级诊疗制度积极推进。事业单位分类改革基本完成。资源要素价格改革稳步实施。

科技创新取得实效。创新平台体系进一步健全，四川焊接工程技术研究中心和4个院士专家工作站组建设立。产业关键技术攻关获得硕果，晨光有机氟项目获国家科技进步二等奖，东锅600兆瓦超临界循环流化床锅炉研制项目获机械工业科学技术一等奖、省科技进步一等奖。国家知识产权试点市和国家技术创新工程试点示范市建设扎实推进，高新区创建成为国家知识产权试点园区，大安区创建成为国家知识产权强县工程示范区。创新载体建设积极推进，沿滩工业集中区孵化器投入使用，一批科技企业和创客团队相继入驻。创新科技体制机制，推动科技成果股权化投资，科技人才领衔解决企业技术难题试点启动实施，全社会创新创造活力进一步释放，科技进步对经济增长的贡献率提高到53%。

开放水平稳步提升。加大产业链招商力度，龙聚盐都招商推介会、全国知名商会自贡行等活动取得实效，成功引进捷克轻型飞机制造等项目，全年到位市外项目资金512亿元。与川南城市在基础设施建设、污染防控、文化旅游等方面的合作不断加强。积极推动优势企业走出去，70多户企业与“一带一路”沿线42个国家开展了经贸合作，华西能源新签订国际订单超过12亿美元，海川、晨光、华刚与美国通用、杜邦等世界500强企业开展了战略合作。

五、切实保障改善民生，社会保持和谐稳定

“九大民生工程”深入实施。民生累计投入117.8亿元，占地方一般公共预算支出的68%。着力稳定和扩大就业，对高校毕业生等群体加强就业扶持，出台促进返乡创业的政策措施，吸引一批在外人士返乡创业，城镇新增就业4.16万人，登记失业率控制在4.4%以内。强化社会保障，机关事业单位养老保险制度启动实施，企业养老金提标兑现落实，城乡居民大病医疗救助力度加大，城乡低保保障水平稳步提高；建成社区日间照料中心107个；开工建设保障性住房5000套、竣工3248套，住房公积金覆盖面、受益面持续扩大，为职工提供购房资金支持19.2亿元。扎实开展精准扶贫，实施“八个一批”[7]脱贫攻坚行动，帮助2.5万群众实现脱贫。加强民生实事办理，18件承诺实事全部办结，新建和改造农村公路580公里，完成老旧小区电力设施改造111个、农村危旧房改造19472户，帮助19.3万农村居民和4.7万农村学校师生解决饮水安全问题，启动既有住宅增设电梯试点，群众生活条件持续改善。城镇居民人均可支配收入达到26267元、增长8.8%，农村居民人均可支配收入达到12088元、增长9.4%。

各项事业协调发展。沿滩和自流井县域义务教育均衡发展分别通过国家认定和省级评估，53所中小学完成标准化建设，12所公办幼儿园开工建设；高考重本上线人数首次突破1000人；自贡职业技术学校创建为国家中职教育改革发展示范校，中德合作双元教育模式推广应用。市四医院新住院大楼主体竣工，基层卫生机构标准化率居全省前列，公共卫生服务不断加强，单独二孩政策平稳实施。市文化艺术中心文化馆、富顺西城文体中心主体完工，《还我河山》等优秀文艺作品参演获得殊荣，纪念抗战胜利70周年系列文化活动广泛开展，第五届川南文化艺术节成功举办，全民健身蔚然成风。全国文明城市创建工作全面启动，已被列为全国文明城市提名城市。统计、外事、档案、防震减灾、地方志、气象、人防、民族、宗教、侨务、对台、邮政、妇女儿童、老龄和残疾人工作取得新成绩。

社会治理进一步加强。完善社区治理机制，推动还权、归位和赋能，社区自治能力得到增强。健全群众权益维护机制，拓展网上信访受理办理，严格诉访分离，推行依法逐级走访和信访代理，落实重要信访包案制，一批信访突出问题得到解决。完善治安防控体系，严厉打击各类违法犯罪，社会保持和谐稳定。贯彻落实新安全生产法，安全生产形势平稳向好，未发生重特大事故。食品药品安全监管不断加强。市应急指挥平台和公安“三大中心”[8]建成运行。依法治理稳步推进，“六五”普法圆满完成。“双拥”共建、国防动员和民兵预备役工作得到加强。

六、务实推进作风转变，自身建设不断加强

扎实开展“三严三实”专题教育，深入贯彻中央和省、市作风建设规定，持续推进正风肃纪专项治理，干部作风进一步转变。自觉接受市人大及其常委会法律监督、工作监督和市政协民主监督，认真听取民主党派、工商联和无党派代表人士的意见，认真组织办理人大议案，代表建议和政协提案办理满意和基本满意率100%。及时依法公开政府信息。加强四级政务服务体系建设，54个乡镇便民服务中心和200个村（社区）便民服务室完成标准化改造。全面落实党风廉政建设“两个责任”[9]，完善重点领域和关键环节制度建设，加强行政监察和审计监督，市公共资源交易服务能力提升，公共资源交易更加规范透明。强化财政预算约束，严控“三公”经费增长，维护了廉洁高效的政府形象。

过去一年是“十二五”的收官之年。回顾过去的五年，是自贡发展历程中极为重要、极其艰辛、极不平凡的五年。过去的五年，全国经济发展逐步进入新常态，宏观经济形势严峻复杂超出预料，经济下行压力持续加大，外部影响因素和自身结构性矛盾交织叠加，发展面临多重困难和艰巨挑战。面对新形势、新常态，我们始终坚持发展第一要务，凝心聚力，克难奋进，“五个自贡”建设取得重大进展，经济社会发展实现新的历史性变化。

五年来，经济持续快速发展。经济总量跨越千亿台阶，年均增长11.3%，人均地区生产总值达到41447元。产业转型升级取得重大进展，节能环保装备制造、航空与燃机等高端成长型产业不断孕育突破，成功创建国家新型工业化（节能环保装备）示范基地，战略性新兴产业产值占比提高1.3个百分点，单位生产总值能耗下降25.8%，超额完成减排任务。园区发展水平显著提高，“一带一核多园”格局构建形成，新增承载能力25平方公里，产业集中度提高到64.4%，高新区升级为国家高新技术产业开发区。

五年来，城乡面貌变化巨大。区域次级综合交通枢纽基本建成，4条高速公路和城市东环线、东盐都大道建成通车，高速公路总里程比“十一五”末增加3.3倍，普通国道从无到有，农村公路基本实现网络化，市域半小时、川南一小时、成渝两小时的通达目标全面实现。“一大三中”(10)4座水库建设相继实施，水资源匮乏的状况将得到根本性改变。新型城镇化步伐加快，中心城区建成“双百”城市，荣县、富顺县城聚居人口均超过20万人，城镇化率提高到47.6%；城乡环境极大改善，建成国家园林城市、省级环境优美示范市，四区两县全部创建为省级环境优美示范县，建成一批特色小城镇和幸福美丽新村。

五年来，改革开放全面深化。统筹城乡综合配套改革迈出新步伐，国企改革三年攻坚圆满完成，投融资、行政审批、教育文化、医疗卫生等领域改革取得新突破。对外开放水平显著提升，年均到位市外资金540亿元，中航工业、沃尔玛、北部湾港务集团等国内外知名企业成功引进，我市企业与世界500强、国内500强企业的合作不断深化，金融、文化、科技、基础设施等领域对外交流合作明显加强。

五年来，社会事业繁荣发展。教育均衡发展取得长足进步，办学条件显著改善，新建成自贡职业技术学校、汇东实验学校南湖校区等一批高品质学校，素质教育全面推进，教育教学质量稳步提升，自贡卫校创建成为四川卫生康复职业学院。医疗卫生服务体系不断健全，建成7所三级医疗卫生机构，省级重点专科数居川南第一，基层医疗服务能力整体提升，居民就医条件极大改善，公共卫生服务明显加强。公共文化服务体系逐步完善，文艺创作成果丰硕，群众文化体育活动蓬勃开展，自贡世界地质公园荣膺“中国最美地质公园”，社会更加文明和谐，成功创建省级文明城市。

五年来，人民生活不断改善。坚持把保障和改善民生作为根本出发点和落脚点，民生累计投入459亿元，是“十一五”期的2.2倍，城乡居民收入年均分别增长12%和13.6%。养老、医疗保险制度实现全覆盖，城乡居民养老保险制度并轨运行，大病医疗保险全面实施，社会保障水平稳步提升。建成保障性住房2.9万套，改造棚户区3.64万户、农村危房6.4万户，每百户城镇居民家庭拥有汽车达到13辆。

各位代表，五年发展取得的成绩来之不易，得益于市委的坚强领导，得益于市人大、市政协的监督支持，是社会各方面共同努力和奋发图强的结果，是全市人民的辛勤劳动和聪明才智的结晶。在此，我代表市人民政府，向各位代表、政协委员，向在全市各条战线辛勤工作的广大干部群众、人民警察、驻市解放军和武警、消防官兵，向各民主党派、人民团体和各界人士，向所有关心支持我市发展的老领导、同志们、朋友们，表示诚挚的感谢并致以崇高的敬意！

在总结成绩的同时，我们不能不清醒地看到存在的问题，不能不清醒地认识到潜在的风险：由于发展形势的变化影响，一些经济发展目标与“十二五”规划预期值存在一定差距；对照去年目标，固定资产投资、城乡居民收入没有完成。发展不足、发展水平不高仍然是面临的最大现实，产业项目支撑乏力，投资增速持续放缓，消费新增长点少，实体经济困难较多，稳增长面临巨大压力；产业结构性矛盾在新常态下日益凸显，传统产业优势趋于弱化，新兴产业接续支撑不足，产业转型升级步履艰难；经济运行中的不稳定、不确定性因素增多，财政收支矛盾加剧，经济运行风险仍在聚集，统筹稳增长、惠民生、防风险面临更多更大挑战。面对新的形势和发展要求，少数干部在思想观念和工作作风上还不适应，所需要的知识和能力还不适应，所需要的责任担当和奋发有为的精神还不适应。对于这些问题和困难，我们将在今后的工作中锲而不舍地加以解决。

“十三五”总体思路和主要任务

“十三五”时期是我市全面建成小康社会的决胜阶段，是老工业城市转型发展、全面振兴的关键时期。国家推进“一带一路”和长江经济带建设，省委省政府系统推进四川全面创新改革试验，加快打造川南经济区新增长极，为我们带来重大历史机遇。我市经过“十二五”的快速发展，在产业、基础、社会事业等方面奠定了坚实基础，站在了迈向全面小康新的更高起点。只要我们坚定信心、保持定力，善于把握机遇，敢于应对挑战，勇于攻坚突破，就一定能开创经济社会发展的崭新局面、书写老工业城市全面振兴的宏伟篇章。

“十三五”时期，我市经济社会发展的总体思路：高举中国特色社会主义伟大旗帜，全面贯彻党的十八大和十八届三中、四中、五中全会精神，坚持以马克思列宁主义、毛泽东思想、邓小平理论、“三个代表”重要思想和科学发展观为指导，深入贯彻习近平总书记系列重要讲话精神，坚持“四个全面”战略布局，坚持发展第一要务，切实践行创新、协调、绿色、开放、共享的发展理念，以做大做强优势产业为基础，以提高发展质量和效益为中心，以改革创新为动力，以增进人民福祉为根本，深入实施“三大发展战略”，统筹推进经济、政治、文化、社会和生态文明建设，加快形成适应经济发展新常态的体制机制和发展方式，持续推进“五个自贡”建设，努力建设经济强市，构建成渝经济区西南部区域中心城市，确保与全国同步全面建成小康社会。主要发展目标：到2020年，地区生产总值和城乡居民收入比2010年翻一番以上，经济年均增长8%，人均地区生产总值保持全省前列；科技创新能力显著增强，产业发展迈向中高端水平；群众生活质量加快改善，贫困村全部摘帽，贫困人口全面脱贫；社会文明程度明显提升；生态环境质量持续改善；各领域制度更加健全完善；社会治理体系和治理能力现代化取得重大进展。

“十三五”时期，要着力在五个方面实现新的更大突破：

一是全面推进创新发展，在增强内生动力、提高发展质量效益上实现新突破。坚持把创新摆在实现老工业城市全面振兴的核心位置，完善全面创新体系，增强产业创新能力，激发全社会创新创造活力，积极创建国家创新型城市。坚持产业兴市不动摇，大力培育发展高端成长型产业和新兴先导型服务业，推动制造业提质增效、三次产业融合发展，做大做强产业支撑，加快建设长江上游重要的先进制造业基地，形成创新发展新格局。

二是全面推进协调发展，在加快城乡一体、促进共同繁荣上实现新突破。坚持两化互动统筹城乡发展，加快构建“一主两副多基点”(11)现代城镇体系，高起点建设以G348自贡段为主轴的产城融合发展带，大力推动产业园区发展和东部新城等新区建设，全面完成棚户区改造，进一步做强城市经济圈和7个县域经济单元，提升“一带一圈两片区”(12)发展水平。加强重大基础设施建设，建成内自泸城际铁路、蓉昆高铁成自段、凤鸣通用机场和一批骨干水利工程，从根本上提升发展的基础保障能力，形成协调发展新格局。

三是全面推进绿色发展，在建设美丽家园、提高可持续发展能力上实现新突破。坚持把绿色发展理念融入经济社会发展各个方面，完善主体功能区规划，深入实施生态自贡建设“五大行动”，建设城乡绿地系统，持续加强空气、水、土壤等污染综合防治，深入推进节能减排，推动形成绿色低碳、高效节约的生产生活方式，加快建设“灵秀山水、精致盐都”，着力构建绿色发展新格局。

四是全面推进开放发展，在促进互利共赢、增添发展活力上实现新突破。坚持引进来和走出去并重，紧紧抓住国家对外开放、对内开发战略机遇，主动融入“一带一路”和长江经济带建设，进一步扩大开放领域，推动自贡优势产业和特色文化走出去；围绕优势产业发展和新兴产业培育，加强产业招商，提高招商引资实效；深化与成渝两核的合作，推动川南城市群一体化发展，形成全方位、多层次、宽领域开放发展新格局。

五是全面推进共享发展，在持续改善民生、增进人民福祉上实现新突破。坚持发展成果共建共享，加快完善覆盖城乡的就业创业服务体系，促进居民收入稳定增长；大力实施精准扶贫，全面消除绝对贫困，坚决打赢脱贫攻坚战；协调发展各项事业，整体提升公共服务水平，积极创建全国文明城市和卫生城市；完善社会保障制度，建成全面覆盖、更加公平可持续的社会保障体系；推进社会治理体系和治理能力现代化，构建共享发展新格局。

2016年工作安排

2016年是决胜全面小康、建设经济强市的开局之年，也是推进结构性改革的攻坚之年。政府工作的总体要求：全面贯彻落实党的十八大和十八届三中、四中、五中全会以及中央、省委经济工作会议精神，切实践行“五大发展理念”，紧紧围绕“决胜全面小康、建设经济强市”主题主线，坚持稳中求进工作总基调，坚持统筹稳增长、调结构、惠民生、防风险，以提高经济增长质量和效益为中心，着力扩大有效需求、增强发展内生动力，着力推进供给侧结构性改革、培育发展新动能，着力全面创新改革、释放发展新活力，加快新型城镇化，切实保障改善民生，促进经济社会平稳健康发展，为“十三五”发展开好局、起好步。

综合宏观经济形势和我市发展实际，全年主要预期目标是：地区生产总值增长8%、力争8.5%，规模以上工业增加值增长7.8%、力争8.2%，全社会固定资产投资增长10%、力争12%，社会消费品零售总额增长11.5%、力争12%，地方一般公共预算收入增长8%、力争8.5%，单位地区生产总值能耗下降完成省下目标，城镇登记失业率控制在4.5%以内，城乡居民人均可支配收入分别增长9%、10%，力争9.5%、10.5%。

一、着力投资消费拉动，力促经济平稳增长

扎实实施项目推进年。坚持以项目为纲，聚力推进250个市级重大项目建设，完成投资350亿元。在交通基础设施方面，加快内自泸城际铁路、5条城区高速公路连接线等项目建设，完成北环路拓宽改造，开工自泸大件公路、乐自高速贡井连接线和G247改线工程，启动实施G348自贡段拓宽改造，做好蓉昆高铁成自段开工准备。在水利设施方面，加快4座大中型水库建设，实现小井沟水库下闸蓄水，建成狸狐洞水库大坝，力促向家坝自贡灌区一期工程开工。在能源、通信设施方面，建成新桥110千伏等5个输变电工程。在产业项目方面，加快百邦盛陶瓷生产线、川南公路物流枢纽中心等104个项目建设，促进大西洋焊接产业园、凯茨阀门工业园一期、川南汽车配件中心一期等22个项目建成投产。在民生和社会事业项目方面，加快四川卫生康复职业学院新校区一期、龙湖实验学校等64个项目建设，确保汇东实验学校南湖校区二期等10个项目建成投用。多措并举深化项目推进制度机制，加大项目推进力度，落实“一个重大项目、一名领导联系、一个推进班子”机制，建立项目责任落实、进度管理、问题协调三本台账，强化项目推进激励，坚持每月督查和季度调度会议制度，及时协调解决资金、用地、审批等环节突出问题，每季度开工一批项目，保持项目推进强度，提高项目推进实效。加强项目储备和争取，力争更多项目纳入国家和省项目计划。

千方百计扩大有效投资。深入对接国家、省政策导向和重大“工程包”，围绕我市发展重点和薄弱环节，积极推动实施一批城区公共停车场、棚户区改造、地下综合管廊、海绵城市(13)建设等基础设施和民生项目，争取实施一批新兴产业、现代物流和增强制造业竞争力项目，扩大投资有效需求。转变财政支持经济发展方式，发挥财政、金融和产业政策协同效应，通过直接融资、股权投资、贷款贴息、项目奖补等方式，推动重点产业项目实施和招商项目落地，引导和鼓励企业投资信心，全年工业投资完成160亿元以上。进一步打开社会资本进入通道，积极鼓励社会资本以参股、控股、独资等方式，参与基础设施、公共服务项目的建设和运营，引导社会资本投资棚户区改造和保障房建设，推动一批PPP模式项目尽快开工，激发民间投资。全社会固定资产投资完成700亿元以上。

积极引导消费需求。落实消费激励政策，组织开展节庆促销活动，鼓励发展消费信贷，进一步挖掘消费潜力。顺应居民消费升级趋势，加快培育健康养老、文化教育、家政服务等消费新热点，扩大服务消费、信息消费、绿色消费，鼓励发展网购网销等新消费模式，促进新消费与新供给良性互动。强化全域旅游意识，整合资源要素延伸旅游链条，推出景区门票优惠月活动，发挥旅游综合带动效应。健全促进房地产业发展政策措施，引导合理住房需求。加强市场秩序维护，保护消费者合法权益。

促进实体经济稳健发展。积极从制度上、政策上营造宽松环境，鼓励和支持各种所有制企业抢抓机遇，稳健发展，加快发展。抓好传统产业巩固发展，支持机械制造、盐及盐化工、食品工业骨干企业加快技术改造，支持产品有市场、有效益的科技型中小企业发展壮大，支持建筑企业做大做强，切实发挥传统引擎支撑作用。加强企业家队伍建设，进一步激发企业家精神，充分尊重和发挥企业家的积极性和创造性，保护各种所有制企业产权和合法权益，改善企业市场预期。高度关注企业生产经营情况，强化分类帮扶，及时出台扶持政策，帮助企业解决融资难等突出问题。积极帮助企业拓展销售渠道，鼓励同等条件下优先采购使用本地企业的产品和服务，实施首台套（首批次、首版次）保险制度，提高“自贡造”产品市场份额。

二、着力推进转型升级，厚植产业发展新优势

抓好结构性改革重点工作推进。认真贯彻国家、省推进结构性改革的工作部署，积极稳妥化解过剩产能，分行业制订细化实施方案，综合运用兼并重组、消化淘汰等方式化解过剩产能，逐步消除“僵尸企业”(14)。扎实开展降低实体经济成本行动，清理规范涉企收费，落实降低制造业增值税、社会保险费、电价、物流费用等政策，引导金融机构降低企业融资成本，切实减轻企业负担。推进房地产去库存，加大棚改货币化安置力度，推行公租房货币化改革，积极发展住房租赁市场，鼓励企业适当降低商品住房价格，创造条件吸纳农业转移人口，促进房地产业平稳健康发展。

加快工业转型步伐。坚持传统产业改造提升和新兴产业培育发展“双轮驱动”，着力在做大总量中优化结构。大力发展五大高端成长型产业，设立产业发展投资基金，实施一批支撑性项目，推动高端成长型产业新突破。加快航空与燃机产业发展，深化与中航工业集团的战略合作，力争捷克轻型飞机制造项目年内组装试飞，促进海川航空发动机动力涡轮部件生产线、瀚宇燃机部件制造项目建设，支持辉腾科技、中天胜等企业“民参军”。加快节能环保装备产业发展，实施智能制造提升行动，抓好华西能源等企业智能制造示范，引导有条件的企业向服务型制造转型，积极培育具有工程总包、解决方案和投资运营能力的大企业，提高国家节能环保装备产业示范基地建设水平。加快新材料产业发展，推进晨光有机氟新材料产业化、中天胜特种聚酰亚胺树脂及复合材料产业化等项目建设，发展壮大高分子合成材料、金属及复合材料等产业集群。加快页岩气产业培育，推动成佳“威29号平台”页岩气开发项目投产，启动一批页岩气利用项目建设。加快传统产业改造提升，抢抓盐业体制改革机遇，推动制盐向深加工、盐化工向精细化工延伸，提升产业层次；支持生物医药、食品工业增强创新能力。深化质量强市建设，引导支持企业开展品牌创建，提高产品市场竞争力。

大力发展现代服务业。加快培育现代金融、科技服务、健康养老等六大新兴先导型服务业和彩灯文化、休闲旅游、通用航空三大地方特色服务业，提升服务业层次。推动商贸物流业集聚发展，重点培育城市东北部生产资料、西南部生活资料集聚区，加快西南（自贡）无水港、普润博览城二期、川南五金城二期、川南IT数码城等项目建设，力争开工建设川南国际食品博览城，加强城区综合体、特色街打造，着力构建川南商贸物流中心。积极发展电子商务，深化全企入网、全民触网行动，支持本土电商平台企业发展，力争引进3～5户知名电商落户。加快发展文化旅游业，深度开发盐龙灯文化旅游资源，办好自贡国际恐龙灯会和首届彩灯文化峰会，开展自贡灯会“百城行”活动，推进卧龙湖国际盐疗养生度假区、中华彩灯大世界、恐龙王国公园建设，实施自流井老街升级改造和汇柴口古盐道保护开发，引导乡村旅游特色发展，加强区域旅游合作，加快建设特色旅游目的地；推进航空文化创意产业园建设，开工建设航空展览中心，培育旅游经济新增长点。

积极发展现代农业。推进国家现代农业示范园创建和区县现代农业示范园建设，促进特色产业基地巩固发展。积极培育新型经营主体，引导适度规模经营。抓好区县农产品加工园区建设，实施龙头企业技改扩能项目30个，加快推进100万头生猪产业化生态循环经济暨食品加工综合项目，开工建设中国供销川南农产品电商批发物流园，提高农业产业化经营水平。积极推广农业机械，提高农业机械化水平。加强农业基础设施建设，完成土地整治6.74万亩，建设高标准农田6.5万亩。全年粮食产量稳定在130万吨左右，农业增加值增长3.5%、力争3.8%。

提升园区发展水平。优化工业园区布局，制定出台《工业空间布局拓展规划》，加快构建“一带一核多园多点”[15]工业园区体系，形成每个区县都有1个工业园区发展格局。进一步明晰各园区产业定位，完善入园项目审查和统筹协调机制，清理闲置土地，盘活空闲厂房，提高园区投资强度和产出水平。推动自贡国家高新区转型升级发展，增强技术孵化、金融服务等功能，提升市场化开发建设运营能力。加快自贡航空产业园发展，建成凤鸣通用机场，实施航天大道、创业大道一期工程，培育经济发展新优势。推动沿滩、晨光化工新材料产业园加快建设，着手实施昊华鸿化、中昊炭研院、四川精化院整体迁建。全年新增园区承载能力5平方公里。

三、着力统筹协调发展，提高新型城镇化水平

提升规划设计水平。创新规划理念，推进城市产城融合、紧凑集约、高效绿色发展，高质量完成自贡市新型城镇化中长期规划、G348自贡段产城融合发展带建设规划、东部新城控制性详规和地下综合管廊建设规划编制，启动东部新城高铁经济区控制性详规、海绵城市建设总体规划和风景名胜区总体规划编制，加快构建科学完善的城镇规划体系。优化城市设计，增强建筑形体、色彩、尺度整体协调性，启动东部新城起步区和卧龙湖国际旅游区城市设计，完善城市形象设计系统，塑造城市整体风貌。

统筹推进城乡建设。加快城市新区开发，开工东部新城“两横两纵”[16]道路和供排水工程；推进南部、西部、东北部新城开发，实施卧龙大道、洪沟大道等道路建设，完善新区功能配套。全面推进旧城棚户区改造，完成东兴寺片区“两桥”改造主体工程和西山路片区“两路”建设，加快大安旧城房屋征收拆迁，开工“三横两纵”道路[17]建设，启动光凤片区光凤路、东光路建设，有序推进贡井老街河街等在建棚改项目，启动釜溪东路、骑坳井、吉成井和建设路等棚改项目。加快荣县、富顺县城开发，建设宜居县城。推动省级试点镇城镇功能提档升级，增强集聚能力。加强“四级居住”形态建设，成片推进新村建设，建成幸福美丽新村200个。创新开发建设理念，推行低影响开发，重视历史遗迹保护，加强城市地上和地下基础设施建设，积极争取国家地下综合管廊和省海绵城市建设试点，建设地下综合管廊5公里。加快智慧城市建设，基本建成大数据中心。

加强城市管理。积极推进城市综合管理体制机制改革，进一步理顺各部门职责分工，统筹整合涉及城市管理的执法队伍，推进城市管理职能向区县、街道下移，充分发挥社区基础作用，广泛发动市民共同参与城市管理。加强城市管理数字化平台建设和功能整合，扩大数字化城管覆盖范围。深入开展城市交通综合治理，加强城市各组团和新老城区交通连接，启动城北高速和张家沱隧道工程，大力发展智能交通，优化城区交通组织，完善公交服务体系，努力缓解交通拥堵，提高城市运营效率。持续开展“五乱”治理，深化省级环境优美示范工程创建，加强背街小巷综合整治，努力让市民生活更方便、更舒心、更美好。

积极推进人的城镇化。健全新型城镇化制度体系，出台户籍制度改革实施方案，全面实施居住证制度，制定吸引农业转移人口进城落户配套政策，维护进城落户农民土地承包经营权、宅基地使用权和集体收益分配权。推进以新市民为主要出发点的住房制度改革，实施农民工住房保障行动，将公租房扩大到非户籍人口，推进城镇基本公共服务向常住人口全覆盖，加快转移人口市民化步伐。

四、着力全面创新改革，培育集聚发展新动能

推动科技创新和成果转化。完善科技创新体系，发挥企业创新主体作用，推动建立企业间联合研发共性技术机制，加强新技术、新工艺、新产品开发，新创省级企业创新平台2个，培育市级企业研发机构5个。依托浙江大学自贡创新中心、四川理工学院等平台，促进政产学研协同创新，重点突破燃煤烟气污染物治理等关键技术，推动芳纶Ⅲ长丝等16项重大科技成果转化。推进科技金融融合，探索科技成果股权化投资，开展科技人才领衔解决企业技术难题试点，以灵活有效的机制激发科技人才创新创业。

推进大众创业万众创新。健全鼓励“双创”的政策措施，加强创业培训和融资服务，帮助创业者降低创业成本，增强创业能力。大力推进返乡创业，支持区县设立返乡创业园，加大政策等扶持力度，吸引更多在外人员回乡创业。发挥自贡高新区国家级科技企业孵化器作用，建设浙大·高新众创空间，抓好沿滩工业园区省级科技企业孵化器创建，支持区县建设大学生创业园。加强创业主体培育，激励科技人员、大学生等重点群体自主创业。

全面深化各项改革。加强经济、社会、行政等重点领域改革评估，进一步聚焦改革重点，加快构建改革主体框架。推动农业农村改革，完成农村土地承包经营权、林权、宅基地使用权确权颁证，探索开展产权变股权改革，推进农村集体资产确权到户和股份合作制改革，继续开展深化双挂钩试点，探索宅基地自愿有偿规范退出机制，稳步开展农村产权抵押融资试点。深化国企改革，完善企业治理结构，推动市公交、燃气等公司发展混合所有制经济，增强国有经济活力。支持民营经济发展，进一步放宽民营资本准入领域，引导民营资本以多种方式参与国企改革、基础设施建设和公共事业发展。深化投融资改革，组建自贡农商银行，支持自贡中成村镇银行增资扩股，积极鼓励发展仓储式金融和融资租赁，帮助3—5户企业在资本市场上市，支持有条件的企业发行企业债券。深化财税体制改革，健全县乡基本财力保障机制，推进营改增、消费税和资源税等改革。深化商事制度改革，全面实行“三证合一”“一照一码”(18)。深化行政体制改革，持续推进简政放权、放管结合，提高行政审批和政务服务效率。深化社会领域改革，推进考试招生制度、职教产教融合制度建设等重点改革，开展医疗、医药、医保联动改革，加快公立医院综合改革，支持社会力量办医办学办文化。

五、着力扩大开放合作，持续增强发展活力

加强引资引智。突出抓好高端成长型产业招商，加强与捷克和中航工业集团、美国通用等的合作，力争新引进1—2户航空与燃机及零部件企业落户。围绕服务业集聚区建设、新兴先导型服务业和地方特色服务业培育，加大项目和企业引进力度。依托农产品基地，努力引进产业化龙头企业。转变招商理念，坚持大中小企业并重、科技型企业与加工型企业并重。创新招商方式，组织参加西博会等重大招商活动，注重发挥园区、企业的招商主体作用，全年引进到位市外项目资金530亿元以上。深入实施高层次人才“双千”计划(19)，着力培养引进产业高端人才、行业领军人才和创新创业团队。

发展开放型经济。实施自主品牌出口增长计划，引导优势企业抓住“一带一路”战略机遇，加快“走出去”步伐，重点支持东方锅炉、华西能源、硬合公司等装备制造企业拓展中亚、南亚、东南亚等国际市场，争取更多境外订单，提高自贡产品国际市场占有率；支持有条件的企业开展国际合作，参与境外工程竞争，主动为国外知名企业提供专业化配套协作，培育跨境产业链。

深化区域合作。积极对接“一带一路”和长江经济带建设，增进与沿线国家和地区在经贸、文化、科技等领域的交流合作。深度融入成渝经济区发展，推动建设连接天府新区的快速通道，加强与成渝双核在航空与燃机、新能源汽车等产业领域的合作。推进川南一体化发展，加快构建互联互通交通网络，推动统一电话区号，强化应急处突、污染联防联控等领域务实合作。

六、着力环境保护治理，加快建设生态文明美丽家园

强化源头保护。合理开发自然资源。健全环境保护机制和生态补偿制度。开展生态区县、生态乡镇、生态村创建。加大环境执法力度，保持高压态势，从严查处各类环境违法行为。

推进全域绿化。持续实施城市绿地行动，推进釜溪河复合绿道城区连接段、仙市至沿滩城区绿道建设，加快狮子山公园二期等城市公园建设，实施西山路、北环路等城区道路绿化，新增城市绿地50万平方米，建成区绿化覆盖率达40.5%。继续实施“天保”工程和退耕还林，森林覆盖率提高1个百分点。

加强污染防治。健全重点污染源清单管理，落实排污许可制度。大力实施污染防治行动计划，深入开展建筑工地及道路扬尘治理、露天禁烧等专项行动，强化机动车尾气排放检测，加快淘汰老旧车辆，努力改善城区环境空气质量；建立水污染防治联席会议制度，强化流域水环境综合治理，推进区域治理协作，促进水环境质量稳定改善。加强小井沟、双溪水库和乡镇饮用水源地保护，推进农村面源污染治理，提高水源水质达标率。完善生活垃圾收运处置体系，建成3座垃圾压缩中转站。推进节能减排，开工建设航空产业园污水处理厂和舒坪污水处理厂，建成长山、代寺、赵化生活污水处理厂。

七、着力保障改善民生，不断增进人民福祉

深入开展脱贫攻坚。建立市、区县、乡镇、村四级脱贫开发管理机制，实行脱贫攻坚项目台账管理，全面落实脱贫目标、任务、资金、权责“四到县”制度，深入开展“八个一批”脱贫攻坚行动，提高精准扶贫、精准脱贫实效，确保完成19个贫困村、1.88万贫困人口脱贫任务。坚持幸福美丽新村建设与脱贫攻坚紧密结合，整合资源加大扶贫投入，凝聚扶贫开发工作合力。

大力实施民生工程。落实积极的就业政策，强化技能培训，加强重点群体就业援助，引导支持企业稳定就业岗位，新增城镇就业3.2万人以上。扩大企业工资集体协商制度覆盖面，健全企业工资水平决定机制、正常增长机制和支付保障机制。完善社会保障制度，实现城乡居民医疗保险制度并轨运行，全面实施城乡居民大病保险，扩大异地住院医疗费用即时结算范围。完善社会救助和养老服务体系，稳步提高低保补助水平，鼓励社会力量兴办养老服务机构。健全住房保障体系，加大住房公积金保障力度，实施棚户区改造23244户。

办好10件民生实事。1. 新建老城区公共停车位1500个。2. 整治背街小巷20条。3. 新建绿化健身小广场5个。4. 新建城市公交专用车道1条。5. 实施74个老旧小区电力设施改造、农网升级改造工程新改建高低压线路4300公里。6. 新建和改建城乡农贸市场7个。7. 新建和改扩建60所义务段学校食堂。8. 帮助1500人实现返乡创业。9. 举办文化惠民演出1000场次、群众文化展演150场次。10. 开展义诊活动100场次。

八、着力强化公共服务，促进社会和谐发展

协调发展社会事业。推进义务教育均衡发展，确保自流井区通过国家认定、贡井区和富顺县通过省级评估；实施新一轮学前教育三年行动计划，发展普惠性幼儿园；推动普及高中段教育，积极发展职业教育，大力支持四川理工学院发展；加强教师队伍建设，提高教育教学质量。发展医疗卫生事业，加强名院名科建设，推进卧龙湖康疗中心、市三医院住院大楼改造、市一医院儿科住院楼及全科医生临床培训基地等项目。实施全面二孩政策，提高出生人口质量。深入开展全国文明城市创建，深化社会公德、职业道德、家庭美德教育，提高全民思想道德素质。健全现代公共文化服务体系，建成市文化艺术中心一期工程，力争开工建设中国盐业博物馆，推动精品文化、群众文化繁荣发展，广泛开展全民健身活动，做好自贡世界地质公园中期评估迎检工作。开展第三次全国农业普查。加强统计、外事、档案、防震减灾、地方志、气象、人防、民族、宗教、侨务、对台、邮政、妇女儿童、老龄和残疾人等工作。

不断创新社会治理。健全基层治理体系，建立社区、社会组织、社会工作者“三社联动”机制，增强社区管理服务能力。加强和改进群众工作，落实重要信访包案制度，化解一批信访积案；加强人民调解组织建设，有效调处矛盾纠纷。深入推进平安自贡建设，健全治安防控体系，严厉打击违法犯罪，依法处置涉众性民间借贷和非法集资问题，切实维护社会稳定。加强基层应急能力建设，开工建设军警综合训练基地，提高应急处置能力。强化安全隐患排查和治理，深入开展煤矿、危化品、道路交通等重点领域专项整治，有效防范重特大事故。实施严格的食品药品监管，严厉惩处制假售假行为，切实保障食品药品安全。做好国防动员和双拥共建工作。

九、着力推进作风转变，建设人民满意政府

坚持弘扬法治精神。认真贯彻《法治政府建设实施纲要》，严格依法履职行权。自觉接受市人大及其常委会法律监督、工作监督和市政协民主监督，认真办理人大议案、代表建议和政协提案。广泛听取各方面意见建议。依法行使部分领域地方政府立法权。建立行政决策咨询制度，推进科学民主决策。完善政府信息公开方式，全面推进财政预决算、公共资源配置、政务服务等领域信息公开。积极推行综合行政执法，强化执法监督，促进规范公正文明执法。

大兴实干进取之风。适应发展新常态要求，加强干部知识学习，促进思想解放和观念更新，切实提高“谋划全局、推动发展，改革创新、破解难题，防范风险、维护稳定，依法行政、依法办事”的能力。坚持弘扬严实精神，倡导推行“一线工作法”，加强和改进调查研究，努力把工作部署落实到基层，把问题解决在一线。健全激励约束、考核评价、问责问效机制，激发干部干事创业、勇于担当，坚决反对和查处庸懒散浮拖和不作为、乱作为行为，切实增强政府执行力。

始终践行为民宗旨。坚持弘扬群众路线，深入开展“走基层”活动，及时了解群众诉求，认真听取意见建议，不断改进政府工作。关心群众生产生活，满腔热忱帮助群众排忧解难，认真解决群众反映的突出问题，切实办好民生实事，以实际行动增进与群众的血肉联系。

不断加强廉政建设。认真落实党风廉政建设责任制，加强干部廉政教育，增强廉洁自律意识。强化重点领域制度建设，加强行政监察和审计监督，促进行政权力规范公开公平行使。加强财政资金管理，完善绩效评价机制，严格控制一般性支出增长，全面完成公务用车改革。持续推进正风肃纪，坚决查处部门和行业不正之风，营造风清气正的良好环境。

各位代表，志无休者虽难必易，行不止者虽远必臻。宏伟美好的蓝图已然绘就，新的发展征程已经开启。让我们肩负起光荣的使命，在市委的坚强领导下，同心同德，开拓进取，砥砺实干，为决胜全面小康、建设经济强市而努力奋斗！

相关用语说明

1. 5 条高速公路连接线：指乐自高速自流井连接线，成自泸赤高速大安、沿滩连接线，自隆高速富顺连接线，内威荣高速荣县连接线。

2. 一环两纵三横：一环指外环线；两纵指新华路北延线和东一路北延线；三横指纬一路、纬二路、纬三路。

3. 两桥：指东兴寺大桥和铁路桥。

4. 两路：指西山路、汇园路。

5. 新三板：指中国证券业协会主办的代办股份转让系统，由证券公司为非上市股份公司提供股份转让服务的市场。

6. 三证合一：指将企业依次申请的工商营业执照、组织机构代码证和税务登记证三证合为一证，提高市场准入效率。

7. 八个一批：指生产发展减少一批、就业增收扶助一批、移民搬迁安置一批、基础条件改善一批、教育扶持提升一批、低保政策兜底一批、医疗救助帮扶一批、财政金融扶持一批。

8. 三大中心：指驾驶人考试办证业务用房、监管中心业务用房、市应急联动暨公安信息化中心和公安技术业务用房。

9. 两个责任：指党委（党组）的主体责任和纪委的监督责任。

10. 一大三中：一大指小井沟水库；三中指狸狐洞、楼房湾、大坡上三个中型水库。

11. 一主两副多基点：一主指自贡主城区；两副指荣县城区和富顺城区；多基点指沿 G348 产城融合发展带布局的多个产城互动发展单元。

12. 一带一圈两片区：一带指 G348 产城融合发展带；一圈指自贡中心城市经济圈；两片区指荣县和富顺县。

13. 海绵城市：指城市在适应环境变化和应对雨水带来的自然灾害等方面具有良好的弹性，下雨时吸水、蓄水、渗水、净水，需要时将蓄存的水释放并加以利用。

14. 僵尸企业：指无望恢复生气，但由于获得放贷者或政府支持而免于倒闭的负债企业。

15. 一带一核多园多点：一带指以 G348 为主轴梯次布局的工业集中发展带；一核指自贡国家高新技术产业开发区的核心带动作用；多园指自流井、贡井、大安、沿滩、荣县、富顺区县工业园区；多点指在部分区县布局的乡镇工业小区。

16. 东部新城“两横两纵”：指东部新城起步区内两条东西向和两条南北向城市干道，两横指北一路、北二路，两纵指和平大街、龙乡大道。

17. 大安旧城“三横两纵”道路：指大高路、千子岗路、站台路、大安老街、大安新街。

18. 一照一码：指在三证合一基础上，实现由一个部门核发加载统一社会信用代码的营业执照。

19. “双千”计划：指我市启动实施的高层次人才培养“千人计划”和引进“千人计划”。

中国人民政治协商会议 自贡市第十四届委员会常务委员会工作报告

（2016 年 2 月 23 日在政协自贡市第十四届委员会第五次会议上）

自贡市政协主席 潘泽金

各位委员、同志们：

我代表政协自贡市第十四届委员会常务委员会，向大会报告工作，请予审议，请同志们提出意见。

2015 年工作回顾

2015 年是“十二五”规划实施的收官之年，也是政协事业蓬勃发展的一年。一年来，市政协高举中国特色社会主义伟大旗帜，深入学习贯彻党的十八大，十八届三中、四中、五中全会和习近平总书记系列重要讲话精神，深刻学习领会中共自贡市委十一届十次、十一次全会决策部署，在中共自贡市委的坚强领导下，坚持团结、民主主题，牢牢把握“稳中求进”工作总基调和“从严从实”要求，围绕市委“着力稳增长促转型、全面深化改革、全面推进依法治市、全面推进从严治党”的部署，主动适应新常态，聚焦改革发展履行各项职能，为深入实施“三大发展战略”、持续推进五个自贡建设和全面建成小康社会做出了积极的贡献。

一年来，市政协工作有重点，有特色，主要表现在四个方面：

一是市委高度重视，各方大力支持，协商民主制度化、规范化持续推进。中共自贡市委高度重视政协工作，坚持“三在前三在先”原则推进各项协商议政，坚持把政协工作与全市中心工作同谋划、同部署、齐推进，确保了政协工作始终沿着正确的方向前进；市政府和各方面大力支持政协按章履职，政府重要决策部署及时通过政协开展协商讨论，认真采纳政协意见建议；市委书记雷洪金、市长刘永湘坚持全程参加全会、资政会等政协重要会议，听取政协委员意见，先后对政协相关工作做出重要批示 12 次；市委副书记谭豹联系政协工作，坚持参加政协重要会议和活动，广泛听取各方面意见建议。省委政协工作会议召开后，市委及时召开了政协工作会议，对当前和今后一个时期全市政协工作进行安排部署，出台了《关于新形势下进一步加强和改进人民政协工作的意见》，为进一步推进协商民主制度化、规范化、程序化，充分发挥政协作用，提供了坚强保障。

二是围绕改革发展大局，积极履行政协职能，助推五个自贡建设务实有为。围绕中心、服务大局，是政协履职的核心。2015 年，宏观经济形势严峻复杂，经济下行压力较大，需要各方面同心协力，务实作为。按照市委总体部署，市政协主席会及各位成员围绕全市改革发展大局，主动汇报，积极争取省政协、各民主党派省委、省工商联对自贡发展的关注和支持，配合省政协开展了城市地下管网建设、农业产业化发展等调研，其中城市地下管网建设的调研报告得到省委书记王东明批示。市政协主动跟进全面深化改革，围绕企业改革发展深入企业调研，有针对性地提出了完善法人治理结构、完善国资监管体系等建议，得到了市委、市政府的重视；围绕发展实体经济、降低企业成本等热点问题，组织了部分企业负责人恳谈会，收集整理成关于“减税让利”的社情民意信息报省政协，积极反映基层呼声；着眼经济转型升级，将九三学社自贡市委、市工商联提出的《关于加快发展电子商务，促进经济转型升级的建议》列为“1号提案”，通过调研视察、常委会民主评议和专题追踪督办等措施，促进了一系列政策出台，努力助推自贡电商发展；聚焦农业农村产业发展融资难问题，专题对农村金融服务体系建设进行了调研，围绕推进农村产权抵押融资试点等提出了意见建议。

三是积极搭建履职平台，努力发挥政协优势，各方参政建言积极踊跃。充分发挥政协人才荟萃、智力密集的优势，鼓励和引导政协各参加单位和广大政协委员主动加强对全市改革发展大局中综合性、前瞻性问题的关注、思考和研究，积极建言献策。通过全会、常委会、资政会等，围绕“提振信心，促进经济平稳健康发展”“全面推进依法治市”等主题组织开展大会发言，近100人次就金融加大对实体经济支持力度、强化要素保障力促工业园区提质增效等方面献计献策，为党委、政府科学民主决策提供了参考。主动创新协商民主形式，探索组织了每月一次的委员协商座谈会，有效拓宽了参政建言、反映社情民意的渠道。组织召开助推文化自贡建设资政会议，提出创新文化人才管理机制、打造盐都风情文化园、推介文化名人等意见建议，受到市委书记雷洪金等党政领导肯定和重视，相关部门积极采纳。

四是深入一线，聚力脱贫攻坚，联系服务群众办实事。始终坚持政为民所议、言为民所建、力为民所出，积极发挥政协优势助推脱贫攻坚，开展了“我为扶贫攻坚做件事”活动，号召动员全体委员参与扶贫工作，积极引导有条件的委员企业家到贫困村开展产业扶贫。联合驻市省政协委员先后深入贡井、大安、荣县调研，助推农村扶贫开发工作；认真组织开展“三联三服务”结对帮扶工作，组织政协机关干部投身脱贫攻坚工作；通过全市政协组织和广大委员，筹集资金2000余万元，帮助贫困村发展富民产业、建设民生工程、实施医疗救助。

一年来，市政协常委会具体开展了以下几个方面工作。

一、广泛凝聚共识，不断夯实履职的思想基础

以“三严三实”为引领，不断强化政治思想建设和政协理论研究，政协履职的思想基础不断夯实。

（一）紧扣“四个全面”战略部署，扎实开展思想政治教育。通过党组会议、主席会议、常委会议、机关学习讲坛等形式，组织政协党员干部、委员深入学习中共十八大，十八届三中、四中、五中全会精神和中共中央《关于加强社会主义协商民主建设的意见》，认真领会“四个全面”重要战略部署和“五大发展理念”，不断增强政治定力；及时传达领会市委十一届十次、十一次全会精神，引导政协委员、各级政协组织和政协工作者始终与中共自贡市委同心同德、同向同行，切实把思想和行动统一到市委决策部署上来，广泛凝聚推动发展的共识和合力。

（二）以“三严三实”专题教育为契机，切实增强政协干部党性修养。按照中央、省委、市委要求和部署，在政协领导班子和县级以上领导干部中深入开展“三严三实”专题教育，先后举办“培育社会主义核心价值观”“加强纪律建设，深化反腐倡廉”专题讲座，围绕“三严三实”主题组织开展专题讨论4场次，专题开展了南充拉票贿选案剖析反思活动，政协干部理想信念更加坚定，法纪意识进一步增强。

（三）深化政协理论研究，不断拓展政协工作新领域。通过政协理论研究会，积极引导政协组织和社会各界参与政协工作理论研究，探索推进协商民主、助推依法治市等理论研究，广泛开展研究成果征集评选工作，形成《深化政党协商与政协协商，推进党派协商民主实践》等研究成果23篇，重点课题“政协委员产生退出机制研究”纳入自贡市哲学社会科学研究规划项目，政协系统研讨政协工作规律、工作方法的氛围日益浓厚。

二、围绕中心履职尽责，全力助推经济社会发展

面对当前经济下行压力较大的现实，市政协始终与党委、政府同频共振，围绕稳增长和全面创新改革务实履职，力促经济社会良性健康发展。

（一）着眼全市工作大局，协商民主迈出新步伐。民主协商突出主动性和计划性，年初即结合全市重要战略部署、重点工作任务，主动与市委、市政府商定年度协商计划，并联合发文对协商内容、程序、成果报送、意见处理反馈等做出明确要求。全年，先后通过全会围绕年度市政府工作报告、国民经济和社会发展计划、财政预决算报告、法检两院报告等重要方面开展了整体协商，与会委员提出实现城乡公交一体化、统筹解决好乡镇农民联建房遗留问题、加大民间非法借贷打击力度等意见建议87条，经分类汇总转送市政府及法检两院并得以逐条反馈办理情况，其中“将体育设施用地纳入城乡规划和土地利用总体规划”“加强土地流转，推进种植业集约化、规模化发展，防止农村土地撂荒”等多数建议被采纳；通过主席会议对市委2015年工作安排等内容进行了重点协商；通过常委会议对“十三五规划纲要”编制等议题进行了专题协商，提出充分关注本土企业，在扶持中小微企业发展上倾注更多精力等意见建议26条，供市委、市政府决策参考；通过相关专委会，围绕“市政府重要规范性文件”和“缓堵保畅”方面提案办理，与市政府法制办、相关提案承办部门开展了对口协商，有力促进了文件规范和提案办理；围绕“我市食品安全监管体系建设”组织开展了界别协商，提出严格落实信息公开制度等四个方面10余条意见建议。组织无主题委员协商座谈10次，近200名委员围绕经济结构转型、中小企业发展、社会保障等热点、难点、焦点问题，提出意见建议132条，经筛选整理送市委、市政府及相关职能部门决策参考，得到了市委、市政府领导批示。

（二）助推经济社会健康发展，调研视察取得新成效。坚持把调研视察作为参政议政的重要方式，关注地方发展，深入乡镇、村和企业一线开展了农村金融服务体系建设、商事制度改革、现代农业发展、重点文物保护、博物馆发展、商贸物流业发展等专题视察活动30余次，对委员们提出的意见建议，以多种形式转达相关部门；心系民生改善，扎实开展公共卫生建设、农村环境保护、小农水建设、地震监测能力建设等调研视察20余次，提出建议100余条，完成依法管理宗教事务、环卫管护作业市场化运作等调研报告。其中，关于我市贯彻执行《安全生产法》情况和老旧住宅小区供配电设施设备改造情况等多项调研报告得到党政主要领导和相关领导的肯定和批示。会同民建自贡市委开展的我市智慧城市建设情况调研被列为2015年全市重点调研课题，特别是对全市义务教育学校食堂建设及经营管理情况的调研，直接促成了《加快我市义务教育学校学生食堂建设及规范经营管理工作的实施意见》的出台，实现了成果有效转化。

（三）围绕城市文脉传承，文史工作书写新篇章。着眼“存史、资政、团结、育人”作用发挥，不断加强文史资料收集整理，编印《自贡文史》3期。以“自贡市政协成立60周年”为契机，通过座谈、走访委员、集中宣传报道和书画摄影展等形式，回顾自贡政协60年成长历程，弘扬传承“团结、民主、务实、为民”的政协传统。举办纪念抗战胜利70周年书画展，展示了中华民族救亡和中国崛起之自贡力量。

三、切实发挥政协优势，主动增进民生福祉

市政协始终坚持问题导向，深入基层，体味群众“冷暖”，发挥自身优势，力促民生改善，增进民生福祉。

（一）突出难点问题，提案工作出质量。继续坚持全会提案提前征集、提前审查，围绕社会经济发展重点领域和民生热点、难点课题，通过多种方式面向社会征集选题，协商确定《提案参考目录》，并督促委员和政协参加单位提前开展视察、调研，确保提案高质量。在办理上，注重向过程要实效，坚持视察督办、办理协商和常委会民主评议重点提案办理等制度，政协班子领导坚持领衔督办重点提案，主席会会同市政府对18个提案承办单位227件提案进行集中督办，有效提高了提案办理质量。

（二）强化民主监督，评议工作见实效。民主评议是政协关注和力促民生改善的有效方式。市政协直面安全生产这一事关经济发展、社会稳定和民生福祉的重大课题，精心组织民主评议工作，有效帮助全市安全监管系统查找自身在依法行政、履职尽责等方面存在的问题，并督促其整改，有效推动了我市安全生产依法治理和安全生产领域深化改革工作。认真组织开展了2014年民主评议市环保局工作“回头看”，有力促进民主评议整改工作落到实处；推荐委员担任相关部门和单位的特约监督员、行风评议员、警风监督员，参与盐都问政等工作，民主监督渠道有效拓宽。

（三）关注民生福祉，联系群众解民忧。进一步发挥政协委员、政协参加单位、区县政协和信息员在社情民意收集中的基础性作用，通过选题策划会和委员协商座谈会等形式收集了大量民情线索，以社情民意信息形式整理报送市委、市政府及相关部门31条，上报省政协40条、全国政协3条，关于推进药监体制改革的信息被全国政协采用，为党委政府汇集分析舆情和科学民主决策提供了有益参考。在办理上，坚持社情民意信息由政协一把手亲自签办机制，并创造性地开展办理情况视察，组织相关委员与市发改委、市交通运输局、高新区管委会等承办单位面对面沟通情况，对办理不理想的持续督推，促进了一批热点、焦点问题及时有效解决。主席会成员分别带队深入各区县专题视察民生工程推进情况，深入东兴寺片区、光凤片区等工程现场，视察助推全市棚户区改造工作。

四、积极发挥统一战线工作平台作用，努力提升合作共事能力

市政协始终牢牢把握团结民主两大主题，注重加强各参加单位之间、界别之间、委员和群众之间，以及“上下左右”的联系和沟通，努力营造合作共事的良好氛围。

（一）*积极支持党派团体参政议政*。坚持政协党组成员联系民主党派和工商联制度，主动邀请各界人士参加市政协有关会议和重点调研、视察活动，与民建自贡市委联合开展智慧城市建设情况专题调研视察，通过座谈和政协会议等平台，支持各界人士议政建言。2015年，市级各民主党派、工商联提交个人提案或联名提案100余件，在政协全会、常委会等重要会议上作主题发言20余人次，报送社情民意信息72条，对全市经济社会发展和民生改善发挥了有力助推作用。

（二）*充分发挥界别作用*。积极探索按界别特点开展活动的形式和方法，坚持主席会成员及各专委会联系界别小组制度和实行界别召集人制度，强化了工作保障，支持界别独立开展活动。先后召开了界别工作专题会议、市区县政协秘书长联系会、党派工商联秘书长联系会，围绕政协界别作用发挥开展交流；相关专委会组织民族宗教界委员深入开展依法管理宗教事务调研；中共界别等先后深入富顺县等区县视察建言工业园区建设等工作；工商联界别会同市政协相关专委会和市总商会，开展驻外市政协委员企业发展情况专项视察活动，为市委、市政府实施“回引”工程营造氛围。支持市工商联（总商会）开展自贡商会成立100周年纪念活动。

（三）*切实加强协同联动*。配合做好了省委政协工作会议专题调研组在我市的调研工作和省政协对我市增加农民财产性收入、农业产业化发展情况等调研工作。积极参加各层次交流会议，先后在全国九省（区）二十四城市政协横向联系会、川南七市政协横向联系会、省政协后勤工作会议上交流经验。组织市政协机关、市级民主党派工商联机关及区县政协业务骨干赴成都、绵阳、宜宾、内江、泸州等地学习考察，与23个省市政协考察组交流了委员管理、机关建设、依法治市和信息宣传等方面工作经验。

五、切实加强自身建设，不断提高政协工作整体水平

主动适应新形势新任务要求，以制度化、规范化、程序化建设为抓手，以机制完善、队伍建设为动能，不断强化自身建设，政协工作整体水平不断提升。

（一）*健全机制，强化委员作用发挥*。坚持主席会成员联系常委和委员制度，完善委员履职管理和考核等办法，实名通报委员年度参加会议、提交提案、反映社情民意、参加调研视察等履职情况，编印《委员履职实例》，规范委员履职行为，激励委员积极主动履行职能。出台驻区县市政协委员参加市政协专门委员会活动的相关办法，为驻区县市政协委员知情明政、建言献策创造更有利条件；邀请驻市省政协委员和不是政协常委的界别小组召集人列席市政协常委会议，提升智慧凝聚的广泛性。

（二）*创新管理，增强政协机关活力*。以“三级互联互通”为基础务实推动政协机关信息化建设，实施政协会议管理系统、委员管理系统、社情民意信息系统等开发建设工作，启动并有序推进机关管理服务标准化工作；以夯实服务基础为目标，努力挖潜改善办公环境，常态化搜集、吸纳干部职工意见建议提升服务水平，不断加大干部培训培养力度，主动丰富政协干部职工业余文化生活，不断强化对离退休老同志的联系服务。全年，组织政协机关学习讲坛6次，先后选送30余名干部职工参加各级各类能力提升培训，安排70余名干部沉入基层参与联系服务，先后筹措资金170余万元，帮助贡井区白庙镇群众解决实际问题，其中，为困难群众送慰问金和慰问品价值7万余元，为18名困难学生筹集助学金2万余元；开展法律咨询服务活动，发放普法资料2000余份，为300余人次答疑解惑。

（三）强化宣传，扩大政协影响。重视政协宣传工作，继续坚持“四同步”（将新闻宣传与政协工作同步策划、同步进行、同步总结、同步跟踪）工作机制，编印《自贡政协》4期，自贡政协门户网站刊发宣传信息1230条，《自贡日报》刊发政协专栏4期，在全国、省、市各级媒体刊发宣传信息400余篇，多层面、多角度宣传人民政协性质、地位和作用，展示政协作为，营造了有利于政协事业发展的良好氛围。市政协在全省政协新闻宣传工作评选中荣获一等奖。

一年来，市政协召开了4次常委会议，10次主席会议；开展专题调研9次，重点视察20次，向市委市政府报送调研报告9份；征集提案333件、立案320件，办复率100%；收集社情民意信息200余条，整理转送市政协委员意见建议300余条；接待委员和群众来信来访160件次。

各位委员，同志们，一年来市政协工作的成绩，是中共自贡市委坚强领导的结果，是全市各级党委、人大、政府和社会各方面大力支持的结果，是政协各级组织、各参加单位和广大委员团结奋斗的结果。在此，我代表市政协常委会向大家表示衷心的感谢！

在肯定成绩的同时，我们也清醒地认识到，与新形势新任务新要求和人民群众的期待相比，一些工作还存在差距，主要是发挥委员作用的方式和途径比较单一；对协商民主研究还不深，推进载体和方式还需要进一步丰富和完善等。对此，我们将在今后的工作中认真研究，采取措施，努力改进。

2016年工作意见

2016年是“十三五”决胜全面小康、建设经济强市的开局之年，也是推进结构性改革的攻坚之年。新的一年，市政协工作总体要求是：深入学习贯彻党的十八大和十八届三中、四中、五中全会精神，切实践行“四个全面”战略布局和五大发展理念，始终坚持团结民主两大主题，牢牢把握“决胜全面小康，建设经济强市”主题主线和稳中求进工作总基调，充分发挥政协优势，围绕稳增长、调结构、惠民生、防风险等重要任务，切实履行政治协商、民主监督、参政议政职能，调动一切积极因素，为全市经济社会平稳健康发展和“十三五规划”的顺利开局做出新的贡献。

一、着力抓好学习教育，不断增进思想共识

切实把学习过程作为统一思想凝聚共识的过程，作为助推自贡发展、协助破解发展难题、提升履职水平的过程。抓好常规学习，继续坚持主席会议会前学习，抓好常委学习日活动和政协机关学习讲坛，深入学习和宣讲党的十八届五中全会和省、市委重要会议精神，引导政协委员、政协机关干部准确把握全会思想内涵和精神实质，不断将思想和行动统一到中央精神上来，引导政协委员、政协机关干部立足本职努力汇聚脱贫攻坚、共推发展的强大合力。抓好专题培训，坚持培训常态化，紧紧依托专委会和界别小组，通过专题讲座、以会代训等形式，认真抓好省、市委政协工作会议精神的学习和政协业务知识培训，引导政协各级组织、全体政协委员将中央和省、市委对政协工作的新要求作为今后开展政协工作、履行政协职能的思想遵循和行动指南，主动为推动自贡新发展、建设经济强市凝聚智慧和力量。继续加大选派政协干部参加各专业机构培训工作力度。

二、围绕“决胜全面小康，建设经济强市”主线认真履职，助推全市经济社会发展

牢牢把握“决胜全面小康，建设经济强市”这一工作主线，始终坚持以助推发展为第一要务，务实履行好政协各项职能，聚力“十三五”规划良好开局。选准工作切入点，紧紧围绕经济转型等重大问题和人民群众关心关注的热点、难点问题，通过调研、视察、提案、信息等履职方式参政议政，真正为党委、政府建务实之言、献有用之策。主动着眼履职实效，紧紧围绕脱贫攻坚、依法治市、创建文明城市等重点工作，积极创新工作思路和方式，通过民主监督等方式有效助推市委、市政府工作部署落实；主动聚力“建设经济强市”这一目标，既要围绕重大项目建设、重大民生问题组织委员开展专项视察，推动一些实际问题的解决，又要通过督办重点提案促推经济社会建设中一些重点问题提速解决。倾力汇聚共识，引导政协参加单位、委员和机关干部主动投身“决胜全面小康”这一伟大事业，努力调动和发挥其积极性、主动性、创造性，共同为发展难题破解、脱贫攻坚和“四个全面”战略目标实现献计出力；加强政协新闻宣传和理论研究，积极引导各族各界群众增进改革共识、发展共识、法治共识、反腐败共识和社会主义核心价值观共识；充分发挥专委会、界别和党派团体作用，进一步探索与区县政协的联动机制，共同为推动我市经济社会平稳健康发展汇聚智慧和力量。

三、充分发挥协商民主主渠道作用，不断夯实统一战线基础

坚持大团结大联合，充分发挥统一战线平台作用，把各界人士紧密团结在党和政府周围。主动探索，进一步完善协商民主程序，拓展协商民主形式，更加活跃有序地组织专题协商、对口协商、界别协商、提案办理协商，增加协商密度，提高协商成效，坚持开展好每月一次的委员协商座谈会。坚持团结引导，进一步密切与各民主党派、工商联和无党派代表人士的联系，主动搭建参政议政平台，支持其发挥作用；进一步探索开展界别活动的新方法、新途径，有效发挥界别联系群众、反映诉求、集聚智慧。积极完善工作机制，推动委员联络机构建设相关工作，为更好地了解民情、集中民智创造条件；进一步发挥委员主体作用，依靠委员宣传党的大政方针，帮助党委、政府沟通思想，理顺情绪，化解矛盾。

四、坚持从严从实要求，切实加强政协自身建设

健全和落实制度机制，巩固扩大党的群众路线教育实践活动和“三严三实”专题教育成果，以优良作风提升政协工作科学化水平。更加重视思想理论建设，把坚持正确的政治方向、坚定不移地走中国特色社会主义政治发展道路作为加强政协自身建设的首要任务，继续发挥政协党组在政协组织中的领导核心作用，始终坚持主席会、常委会学习制度，不断增强政协干部、政协委员政治定力。不断加强政协理论研究，提升政协履职整体水平。更加重视队伍建设，按照建设学习型、创新型、服务型、和谐型机关的要求，从抓载体、建机制入手，通过学习培训和实践锻炼，不断增强机关干部政务性服务和综合协调能力。扎实开展“学党章党规、学系列讲话，做合格党员”学习教育。进一步发挥专委会和界别小组的主体作用，进一步完善委员管理制度，通过量化考评，进一步提高委员队伍履职能力。认真总结十四届市政协工作，切实做好换届相关准备工作。更加重视党风廉政建设，严格遵守宪法、法律和政协章程，严格执行中国共产党廉洁自律准则和纪律处分条例，认真落实中央八项规定和省、市各项规定，不断强化廉政风险防控机制建设，常态化开展警示教育，进一步提高廉洁自律能力，努力打造集干净与干事于一身、勤政与廉政为一体的政协机关干部队伍。

各位委员，同志们，新的一年，充满挑战，更充满机遇。让我们紧密团结在以习近平同志为总书记的中共中央周围，在中共自贡市委领导下，团结全市各界人士，同心同德，务实作为，以更大的决心、更实的作风，为我市“决胜全面小康，建设经济强市”做出更大的贡献！

市　委

重大决策

【第十一届第124次常委会议】 1月5日，召开中共自贡市委十一届第124次常委会议。会议审议市政府党组《关于报请审议自贡市2015年经济工作思路的建议（送审稿）的请示》，听取市委常委、常务副市长项晓峰的汇报。会议决定：同意市政府党组关于2015年主要经济指标安排的建议和工作措施的建议。会议要求：抓好2015年经济工作，一是要坚定信心，以更加积极的态度稳增长、促转型，以更加积极的态度防范和消除经济社会生活中的风险和隐患，加快发展，稳中求进，保持合理增速；二是要确保目标完成，在明确保证目标的基础上，确定奋斗目标，落实分管领导、牵头部门责任，细化工作措施；三是要把握工作重点，要突出重大产业，培育新增长点，分产业、分行业、分企业研究，把握关键环节，梳理企业的具体问题，一个一个地解决，要突出重大投资，以项目为抓手，深挖投资增量，通过主动对接国家投向，突破基础设施瓶颈，吸引社会投资，调整产业结构等扩大投资，要突出主要消费领域，培育新兴先导型服务业，扩张传统服务业，加强专业市场培育，做大旅游业，以灯会为契机，举办自贡特色农产品、商品展，促进消费增长；四是要高度重视一季度工作，各级各部门要把精力集中到加快发展上和一季度工作落实上，加强要素保障，努力实现一季度"开门红"，促进全年经济发展目标的完成。会议审议《中共自贡市委关于贯彻落实党的十八届四中全会精神全面推进依法治市的决定（送审稿）》《中共自贡市委关于全面推进从严治党的决定（送审稿）》，听取市委副书记谭豹的汇报。会议决定：原则同意《中共自贡市委关于贯彻落实党的十八届四中全会精神全面推进依法治市的决定（送审稿）》和《中共自贡市委关于全面推进从严治党的决定（送审稿）》。会议要求：由谭豹牵头根据市委常委会议精神，进一步修改完善后，提交市委十一届十次全体（扩大）会议审议。

【第十一届第128次常委会议】 1月14日，召开中共自贡市委十一届第128次常委会议。会议审议市政府党组《关于报请审定自贡市市、区（县）人民政府任免工作人员办法的请示》，听取副市长唐杰的汇报。会议决定：原则同意请示事项。会议审议市委组织部《关于命名优秀创业创新团队和杰出创新人才的请示》，听取市委常委、组织部部长李国贵的汇报。会议决定：（一）原则同意请示事项；（二）把"浙江大学自贡创新中心"纳入"引进类顶尖创业创新团队"评审范围，由市人才工作领导小组按规定组织评审。

【第十一届第133次常委会议】 2月5日，召开中共自贡市委十一届第133次常委会议。会议审议市政府党组《报请审定关于规范和完善市属事业单位绩效工资水平有关问题的请示》，听取副市长唐杰的汇报。会议决定：同意请示事项。会议要求：相关部门要精心组织，要妥善处理好各类关系和可能引起矛盾的问题，做好宣传解释工作，确保平稳实施。

【第十一届第135次常委会议】 3月2日，召开中共自贡市委十一届第135次常委会议。市委书记雷洪金传达全省领导班子思想政治建设工作会议精神，副书记谭豹汇报全市领导班子思想政治建设工作会议方案及准备情况，市委常委围绕当前全市领导班子思想政治建设存在的问题和加强领导班子思想政治建设工作提出建议意见。会议要求：一要认真贯彻落实全省会议精神，切实增强抓好领导班子思想政治建设的责任感和使命感，深入开展学习讨论，组织好各级部门、单位传达学习，把思想行动统一到省委的要求上来，进一步维护风清气正、崇廉尚实、干事创业、遵纪守法的良好政治生态，3 月 6 日召开全市领导班子思想政治建设工作会议，由谭豹牵头做好相关筹备工作；二要进一步明确目标、把握任务，把领导班子和干部队伍的思想政治建设作为从严治党的重要任务来抓，进一步把省委提出的“六个着力解决”的任务具体化，推动解决各级领导班子在思想上、政治上、作风上的深层次问题，各级领导干部要自觉遵守各项纪律要求，务实执行党的各项决策部署，不断改进工作作风，推动“三严三实”具体化，进一步提高服务发展、服务群众的能力和水平；三要认清当前全市最紧要的任务是稳增长、促发展，要抓好市领导联系区县、联系项目、联系企业工作，加强对区县的指导，抓紧研究全市促进投资、促进工业经济发展的相关措施，切实把领导班子和干部队伍思想政治建设与经济发展、民生改善的实际结合起来，杜绝“两张皮”，确保一季度“开门红”及全年各项目标任务的顺利完成。

【第十一届第 136 次常委会议】 3 月 26 日，召开中共自贡市委十一届第 136 次常委会议。会议审议市政府党组《报请审议〈关于深化国资国企改革促进发展的实施意见〉的请示》，听取副市长唐杰的汇报。会议决定：同意请示事项。会议要求：一是认真总结过去国资国企改革工作的经验和教训，坚持好的做法，积极稳妥推进；二是抓好现代企业制度的建立，提高国企适应市场经济、参与资本市场、融入资本市场的能力；三是市国资委要根据国有企业的不同类型，进行分类研究，进一步界定好不同国有企业的功能，理清职能职责，做好分类监管工作；四是市委组织部、市国资委要进行调查研究，选派年轻干部到国企挂职锻炼，加强国有企业领导班子建设和干部培养。会议审议市政府党组《报请审议自贡市 2015 年重大项目计划草案的请示》，听取市委常委、常务副市长项晓峰的汇报。会议决定：同意请示事项。会议要求：一是抓紧推动项目组织实施，加大工作力度，建立台账，紧盯任务，狠抓落实，目标不减，确保全面完成；二是认真落实市级领导联系项目、联系企业制度，抓早、抓实、抓具体，市级领导要深入联系企业一线、项目一线，切实研究解决工作推进中的问题，加快在建项目的推进；三是进一步出台措施，促进投资增长，产业发展；四是促成一批项目集中开工建设，加快项目前期工作，促成一批项目成熟开工，加强项目储备，谋划、引进、培育一批项目。会议审议市政府党组《报请审议〈关于清理规范税收等优惠政策情况的报告〉的请示》，听取市委常委、常务副市长项晓峰的汇报。会议决定：原则同意请示事项，按程序上报省政府审核；要依法、客观分类处理，市政府要加强政策清理和当前工作推进过程中的指导，客观解决历史问题，促进当前经济发展。会议听取市委办公室、市政府办公室《关于上报〈关于贯彻落实中央八项规定和省委、省政府十项规定精神以及市委、市政府十一项规定情况的报告〉的报告》，听取市委副书记谭豹的汇报。会议要求：一是高度重视，要加强持续推进作风建设的思想自觉，防止作风问题出现反弹；二是正视问题，要针对存在的问题，及时督促整改落实；三是建立健全工作机制，推动作风建设规范化、常态化、长效化，打好改进作风这场攻坚战和持久战；四是带头示范，全市各级领导干部，特别是市级领导干部要以身作则，带头执行，发挥好示范带动作用，促进党风政风持续好转；五是由起草部门按常委会意见修改后上报和下发，谭豹负责审核、把关。

【第十一届第 137 次常委会议】 4 月 16 日，召开中共自贡市委十一届第 137 次常委会议。会议听取市政府党组《关于全市一季度经济形势分析及下一步工作建议的报告》，听取副市长唐杰的汇报。会议要求：全市各级各部门必须紧紧围绕市委十一届十次全会的决策部署，坚持“目标不能降、任务不能减、要求不能松”，始终保持清醒的头脑和专注发展的定力，突出“抓早、抓实、抓紧”，在一季度基础上，进一步加大力度，全力以赴抓好落实。一是要把稳增长作为当前一切工作的重中之重来抓。要高度重视投资促进工作，狠抓重大项目建设工作，二季度要力争推动一批重大项目实质性开工，对已开工的项目要加快建设；要持之以恒地抓产业发展，突出二产业，重点抓好大企业的运行和停产企业恢复生产，促进一、二、三产业协调发展；要全面落实中央、省、市各项稳增长的政策措施，同时，针对当前经济运行中存在的问题，研究出台针对性的政策措施；要全面总结一季度经济运行情况，针对经济运行的基本情况、规律特点、薄弱环节进行系统分析、深入研究；要精打细算，开源节流，防范财政风险，强化财政保运转、促发展的能力。二是要把维护社会稳定放在更加突出的位置。随着经济下行压力加大，维护社会稳定的压力会持续加大，必须高度敏锐，强化对稳定形势的分析研判，切实抓好稳定就业、稳定基本社会保障工作，高度重视各类社会矛盾的化解，从源头上最大限度地减少不稳定因素。会议审议市政府党组《报请审议自贡市2015年促投资稳增长八条措施的请示》，听取副市长唐杰的汇报。会议决定：同意请示事项。会议要求：要抓紧组织实施，突出重点，提高稳增长措施的实效性。会议审议市政府党组《报请审议市本级2015年“三公”经费预算公开工作有关事项的请示》，听取副市长唐杰的汇报。会议决定：同意请示事项。会议要求：一是必须坚持“三公”经费公开，不断强化各级各部门公开意识，主动接受监督；二是推进“三公”经费公开工作的规范化、制度化，提高公开水平，促进各级机关规范财务管理工作；三是在严格执行“三公”经费各项规定的前提下，根据工作需要，实事求是确定“三公”经费预算，规范执行。会议审议市委农工委《报请审定〈关于进一步深化农村改革努力开创“三农”工作新局面的意见（送审稿）〉的请示》，听取市委副书记谭豹的汇报。会议决定：同意请示事项，由市委农工委根据市委常委会议精神修改完善。会议要求：2015年“三农”工作要围绕推进农业现代化、促进农民持续增收和改善农村生态环境建设美丽新村三个方面开展，加快农村改革发展，不断开创“三农”工作新局面。

【第十一届第138次常委会议】 4月28日，召开中共自贡市委十一届第138次常委会议。会议审议市目督办《关于审定〈自贡市2015年九项民生工程及16件民生大事实施方案（送审稿）〉的请示》，听取市委常委、常务副市长项晓峰的汇报。会议决定：同意请示事项。会议要求：在经济发展下行压力加大的情况下，相关部门要坚持底线思维，高度重视就业、扶贫、最低生活保障等基础民生保障工作，解决一批群众切身利益问题，从源头上化解不稳定因素。

【第十一届第140次常委会议】 5月25日，召开中共自贡市委十一届第140次常委会议。会议审议市政府党组《报请审定〈关于全面深化改革加快县域经济发展的实施意见〉等4个文件的请示》，听取市委常委、常务副市长项晓峰的汇报。会议决定：（一）原则同意请示事项；（二）由谭豹、项晓峰牵头按照市委常委会议精神研究修改后下发，其中，《关于全面深化改革加快县域经济发展的实施意见》以市委、市政府名义行文，《加快小城镇建设推进县域经济发展的实施意见》《深化扩权强镇改革加快镇域经济发展的实施意见》《自贡市县域经济发展考核办法（试行）》以市委办公室、市政府办公室名义行文。会议要求：一是统一思想认识，要强化“区县兴、自贡兴”，加快县域经济发展的认识，把县域经济发展作为产业转型升级、经济发展的重要抓手，做大县域经济总量，提升发展质量，要强化乡镇发展经济的意识，有条件的乡镇要因地制宜发展工业经济；二是加强分类指导，强化县域经济发展和乡镇经济发展的分类指导；三是做好简政放权，深化行政审批体制改革，在依法、规范、有序的条件下，加快将一批市级行政审批事项下放到区县，区县审批下放到乡镇；四是强化责任落实，强化区县聚焦县域经济发展的责任，坚持市级领导联系区县制度，强化指导服务，每年召开一次小城镇发展工作会议，加快城镇发展。会议审议市政府党组《关于报请审议聘请边发吉担任中共自贡市委、自贡市人民政府文化顾问的请示》，听取市委常委、常务副市长项晓峰的汇报。会议决定：同意请示事项。会议审议市政府党组《关于报请审议聘请朱共山同志为自贡市经济顾问的请示》，听取市委常委、常务副市长项晓峰的汇报。会议决定：同意请示事项；由谭豹、项晓峰、吴丕牵头研究制定市委、市政府决策咨询的组织体系、管理使用机制等；由市委政研室、市政府研究室负责相关联系、管理工作，确定专人负责联系。会议审议市目督办《关于报请审定〈自贡市区县目标绩效管理办法（送审稿）〉和〈自贡市市级部门目标绩效管理办法（送审稿）〉的请示》，听取市委副书记谭豹的汇报。会议决定：原则同意请示事项；目标考核要围绕中心工作展开，坚持以经济建设为中心，突出稳增长，突出发展的鲜明导向，加大经济发展工作在综合考核中的权重，区县要突出发展目标，党政部门要各有侧重。会议审议市委组织部《关于审议〈关于在县处级以上领导干部中开展“三严三实”专题教育的实施方案〉的请示》，听取市委常委、组织部部长李国贵的汇报。会议决定：同意请示事项，以市委办公室名义行文。会议要求：一要深化认识，要充分认识开展“三严三实”专题教育是党的群众路线教育实践活动的延伸和深化，是推进思想政治建设和作风建设的重要举措，是严肃党内政治生活，严明党的政治纪律和政治规矩的重要抓手，严格按照中央和省委的部署，贯穿严的标准、严的措施、严的纪律，以严促深入、以严求实效；二要解决问题，聚焦对党忠诚、个人干净、敢于担当，着力解决干部存在的“不严不实”问题，解决当前改革发展稳定工作中的突出问题，切实做到两手抓、两不误、两促进；三要坚持领导带头，市级领导要以上率下、做“严”和“实”的表率，要深入基层讲党课，抓好专题教育活动相关工作的落实；四要加强工作协调，市委组织部要加强与省上的对接，加强对区县、部门的指导。

【第十一届第 142 次常委会议】 7 月 10 日，召开中共自贡市委十一届第 142 次常委会议。会议审议市纪委《报请审定〈关于分层分类全面落实“两个责任”的实施意见（送审稿）〉的请示》，听取市纪委副书记、市监察局局长毛碧的汇报。会议决定：由市纪委根据市委常委会议精神修改完善后，再次提交市委常委会审议。会议听取市禁毒委《关于全市禁毒工作情况的报告》，听取市委常委、政法委书记、市禁毒委主任刘笑禹的汇报。会议要求：一要高度重视，毒品严重危害人的身体健康、严重影响家庭和谐、严重影响社会稳定，各级党委和政府必须高度重视禁毒工作，加强组织领导，采取有力措施把禁毒工作深入开展下去，市禁毒委要对禁毒工作开展不力、毒情严重的重点区县、乡镇党委和政府主要负责同志进行约谈，督促落实领导责任和工作责任；二要严打整治，对毒品犯罪决不手软，必须依法严厉打击，特别是要加强对流入渠道、重点区域、重点场所、重点人员等的排查打击力度，坚决遏制毒品犯罪上升势头；三是强化源头治理，加强宣传教育，扎实开展好“六进”活动，增强全市人民禁毒意识，尤其是要加强对青少年群体的教育引导，营造全社会禁毒的良好氛围。

【第十一届第 143 次常委会议】 7 月 17 日，召开中共自贡市委十一届第 143 次常委会议。会议审议市委组织部《关于报请审定〈关于深入推进基层服务型党组织建设的实施意见〉的请示》，听取市委常委、组织部部长李国贵的汇报。会议决定：原则同意请示，由市委组织部根据市委常委会议精神修改完善，以市委办名义行文。会议要求：一是要高度重视，基层党组织是党在基层的“神经末梢”，是党执政的根基，要高度重视乡镇（街道）、村（社区）基层党组织建设和作用发挥；二是要强化服务功能，围绕建设服务型党组织的总体要求，不断拓展基层党组织服务发展、服务社会、服务民生、服务群众、服务党员的功能。

【第十一届第 144 次常委会议】 7 月 24 日，召开中共自贡市委十一届第 144 次常委会议。会议审议市政府党组《关于报请审定自贡市 2015 年上半年经济运行情况及下半年工作措施的建议的请示》，听取市委常委、常务副市长项晓峰的汇报。会议要求，要高度重视经济工作，切实加强对经济工作的领导，密切关注经济运行中的投资问题、工业问题、财政收入问题、融资问题和开放合作问题，把稳增长、推动经济发展作为当前最根本的工作任务。下半年工作中要突出三个方面：（一）全力以赴稳增长。一是强化投资拉动。狠抓政府投资项目，尤其是加快推进重大项目，针对上半年欠进度的投资项目，逐个分析原因，采取“一对一”协调推进机制，确保完成年度目标任务；特别注重研究 PPP 项目建设问题，已经推出的一批 PPP 项目，抓紧前期工作，分类研究，确保有序加快推进。抓好与国家项目资金投向的对接，在有支撑力的项目包装、争取上实现突破，解决后续投资乏力的问题。二是强化产业支撑。围绕目标任务全力以赴抓好一、二、三产业，强化产业项目投资。把稳定工业生产作为当务之急，一方面支持正常生产的、有市场、有订单的企业开足马力生产；另一方面，加强困难企业帮扶，促使停产企业复产和半停产企业满负荷生产。要高度重视建筑、房地产业的健康发展。（二）千方百计防风险。坚持稳增长和防风险两手抓、两不误，在最大限度支持经济发展的前提下，注意财政风险、企业风险和金融风险的防控，确保经济平稳运行。同时，落实责任，千方百计化解各类社会矛盾，防范社会稳定风险，维护社会稳定基本面，为经济发展营造良好社会环境。（三）强化经济分析。进一步健全和完善经济运行分析制度，进行定期综合分析，市级领导每季度要对分管领域工作进行分析，相关部门要逐月分析，加强分区县、分部门、分行业、分企业的分析，通过调查研究和翔实的数据，运用相关专业理论分析，提高分析质量。（四）强化工作推动。坚持目标不变、任务不减，全力以赴抓好下半年工作。强化作风建设，推动全市各级各部门紧紧围绕市委、市政府的中心工作，在工作作风转变上加大力度，在解决关键、突出问题上下功夫，确保各项决策部署落实到位。会议学习省委维稳领导小组《关于对发生大规模群体性事件实施问责查究有关事项的通知》，听取市委政法委《关于2015年上半年全市信访维稳情况报告》，听取市委常委、政法委书记刘笑禹的汇报。会议要求：各级领导、各级各部门务必要保持高度清醒，始终绷紧信访稳定这根弦，维护好社会稳定的基本面。一是进一步抓好省委维稳领导小组《关于对发生大规模群体性事件实施问责查究有关事项的通知》精神的学习贯彻，通过适当的形式，将《通知》要求传达到区县、乡镇。二是切实抓好信访维稳工作。落实领导干部信访维稳“一岗双责”，各级领导按照各自职责和分工，归口负责分管联系领域信访维稳工作，确保落实责任不留空挡。坚持全面排查，全面、及时、准确掌握各种不稳定的苗头性、倾向性问题，做到排查不留空挡。三是高度重视当前信访维稳工作，尤其是纪念抗日战争胜利70周年等重要节点的信访维稳工作，制定有针对性的应急预案。会议决定：下周召开一次全市信访维稳工作会议，对下半年信访维稳工作进行安排部署，由刘笑禹牵头。会议学习《中国共产党统一战线工作条例（试行）》，听取市委统战部《关于学习贯彻〈中国共产党统一战线工作条例（试行）〉的报告》，听取市政协副主席、市委统战部部长肖光俊的汇报。会议要求：要进一步学习、宣传、贯彻《中国共产党统一战线工作条例（试行）》，各级领导班子尤其是市、区县党委和政府领导班子要认真学习，吃透精神，把握要求：由谭豹、肖光俊牵头，对贯彻落实《条例》的有关具体问题进行研究。

【第十一届第146次常委会议】　8月13日，召开中共自贡市委十一届第146次常委会议。会议审议市政府党组《关于报请审定〈健全住房保障和供应体系专项改革方案（草案）〉的请示》，听取副市长张邦举的汇报。会议决定：同意请示事项。会议要求：一是周全考虑、系统设置，按照省上改革方案的总体要求，结合自贡实际，系统谋划，统筹考虑，强化调查研究，搞好试点；二是操作中要落实到位，相关部门要严格执行改革方案，相互配合，形成合力，强化工作推进，确保改革确定的各项任务落实到位。

【第十一届第147次常委会议】　8月28日，召开中共自贡市委十一届第147次常委会议。会议听取市委组织部《关于全市“三严三实”专题教育进展情况的报告》，听取市委常委、组织部部长、市总工会主席李国贵的汇报。会议要求：一是在深化学习教育上严起来实起来，联系正反典型深化专题学习研讨，以焦裕禄、兰辉、毕世祥同志等先进典型为标杆，以周永康、薄熙来、郭伯雄、徐才厚、令计划、苏荣案和四川省查办的重大案件为反面教材，使党员干部受教育、受警醒；二是在解决突出问题上严起来实起来，认真查摆“不严不实”问题，聚焦对党忠诚、个人干净、敢于担当，结合实际把问题查清楚、摆具体，着力推动解决问题见成效；三是在推动当前工作上严起来实起来，把专题教育和当前的改革、发展、稳定等各项工作结合起来，以从严从实的劲头，推动中央、省市委关于稳增长、调结构、促改革、惠民生、防风险和依法治理、扶贫攻坚等各项部署落到实处；四是市委组织部要加强对全市“三严三实”专题教育推进工作的督促指导，提高教育实效。会议审议市委组织部《关于报请审定市委常委班子“三严三实”专题教育不严不实问题清单的请示》，听取市委常委、组织部部长、市总工会主席李国贵的汇报。会议决定：同意请示事项，由谭豹、李国贵牵头进一步修改完善后报省委组织部。会议要求：各常委要结合分管工作，进一步梳理不严不实问题的具体表现，把问题找准、找实，为开好专题民主生活会做好准备。

【第十一届第148次常委会议】 9月18日，召开中共自贡市委十一届第148次常委会议。会议审议市纪委《报请审定〈关于分层分类全面落实“两个责任”的实施意见（送审稿）〉的请示》，听取市委常委、市纪委书记李清的汇报。会议决定：同意《关于分层分类全面落实“两个责任”的实施意见》，以市党风廉政建设责任制领导小组名义印发。会议要求：一是强化学习，各单位党委（党组）和纪检组要抓紧组织学习，落实好工作责任；二是强化监督，市纪委和市委办公室要加强督促、检查，确保落实。会议审议市委组织部、市人力资源社会保障局《关于报请审议〈市委办公室、市政府办公室关于改革完善体制机制大力促进大学生创新创业的实施意见（代拟稿）〉的请示》，听取市委组织部常务副部长熊开来的汇报。会议决定：同意《关于改革完善体制机制大力促进大学生创新创业的实施意见》，以市委办公室、市政府办公室名义印发。会议要求：各相关部门要抓好落实，严格把关，突出实效，全面促进创新创业工作的开展。

【第十一届第149次常委会议】 10月22日，召开中共自贡市委十一届第149次常委会议。会议审议市委编委会《关于设置自贡市人民代表大会法制委员会和自贡市人民代表大会常务委员会法制工作委员会的请示》，听取市委副书记谭豹的汇报。会议决定：同意请示事项，由市委编办按有关法规和程序办理。会议审议市人大常委会党组《关于报请审查〈自贡市人民代表大会常务委员会关于报请批准授予地方立法权的申请〉的请示》，听取市人大常委会副主任胡开洪的汇报。会议决定：同意请示事项。会议审议市人大常委会党组《关于加强我市立法能力建设的请示》，听取市人大常委会副主任胡开洪的汇报。会议决定：同意请示事项，编制问题由市委编委会按程序研究。会议审议市人大常委会党组《关于报请审查〈自贡市地方立法办法（草案）〉的请示》，听取市人大常委会副主任胡开洪的汇报。会议决定：原则同意请示事项，由市人大常委会办公室按市委常委会要求进行修改完善。会议审议市人大常委会党组《关于报请审查〈自贡市人大常委会关于自贡市人大专门委员会及常委会工作机构起草地方性法规草案工作规程（草案）〉和〈自贡市人大常委会关于自贡市人大专门委员会及常委会工作机构审议审查地方性法规草案工作规程（草案）〉的请示》，听取市人大常委会副主任胡开洪的汇报。会议决定：原则同意请示事项，由市人大常委会办公室进一步修改完善。会议审议市人大常委会党组《关于报请审查〈自贡市人大常委会五年立法规划和2016年立法计划〉的请示》，听取市人大常委会副主任胡开洪的汇报。会议决定：（一）原则同意请示事项；（二）2016年立法计划确定为《自贡市地方立法办法》《自贡市〈四川省物业管理条例〉实施办法》《自贡市集中式饮用水源地生态功能区保护管理条例》。

【第十一届第150次常委会议】 11月12日，召开中共自贡市委十一届第150次常委会议。会议听取市委办公室、市纪委和市人大常委会党组、市政府党组、市政协党组、市法院党组、市检察院党组关于贯彻落实中央八项规定、省委省政府十项规定精神和市委市政府十一项规定情况的报告，听取市委常委、秘书长、市委办公室主任吴丕，市委常委、纪委书记李清，市人大常委会主任、党组书记陈华，市委副书记、市政府市长、市政府党组书记刘永湘，市政协主席、党组书记潘泽金，市法院院长、党组书记马泽波，市检察院检察长、党组书记田丰的汇报。会议对继续贯彻落实中央、省委和市委转作风规定提出要求：一要进一步加强思想教育。结合“三严三实”专题教育，把中央八项规定和省市相关规定，作为专题民主生活会的必学内容。加强典型案例的警示教育，切实把作风建设、纪律要求内化于心、外化于行。认真查摆问题，制定整改措施，一项一项整改到位。二是强化“两个责任”的落实。要切实落实党委主体责任、纪委监督责任以及履行一把手责任、落实“一岗双责”等制度。各级各部门领导带头，以上率下、以身正行，发挥示范带动作用，层层传导压力、层层抓好落实，使新风正气成为常态；要坚持问题导向，加强督促检查，确保各项制度规定落到实处、见到实效，坚决防止不良作风反弹，以实实在在的成效取信于民。三是持续加强制度建设。要完善相关制度，切实增强制度规定的系统性、科学性和有效性。要围绕规范财权、人事权、资源分配权等重点领域深化建章立制工作。要不折不扣抓好各项制度的贯彻执行，重点抓好公务接待、办公用房、加班值班、因公出国（境）、请假报告等方面的制度落实，防止制度规定成为“稻草人”。四是持续加强正风肃纪。深化“七项专项治理”、“9＋2”突出问题集中整治以及巡视整改“五个专项整治”成果，重点围绕群众反映强烈的为官不为、作风不实、吃拿卡要、侵害群众利益等问题开展集中整治。坚决查处反面典型，进一步加大典型案例通报力度。突出抓好重点问题整改，千方百计推动落实，确保承诺兑现。会议传达11月9日省委市州委书记会议精神，要求高度重视换届前干部精神状态，着力解决“为官不为”问题；要做好换届前准备工作，严肃换届前工作纪律。会议审议《中共自贡市委关于制定国民经济和社会发展第十三个五年规划的建议（讨论稿）》和《中共自贡市委关于全面创新改革驱动转型发展的决定（讨论稿）》。会议强调：《中共自贡市委关于制定国民经济和社会发展第十三个五年规划的建议》要进一步清晰全市“十三五”时期发展战略目标、战略布局、战略重点、战略举措。会议要求：（一）起草组根据市委常委会议讨论情况，进一步修改完善；（二）市委常委要召集分管部门深入研究讨论《建议（讨论稿）》和《决定（讨论稿）》，提出建设性意见；（三）市人大、市政协要对《建议（讨论稿）》和《决定（讨论稿）》组织讨论修改，市委统战部要组织民主党派讨论，提出意见建议；（四）广泛征求意见修改完善后提交市委常委会审议。会议审议市政府党组《关于报请审定全市2015年前三季度经济运行情况及下一步工作建议的请示》，听取市委常委、常务副市长项晓峰的汇报。会议要求：要全力以赴完成8%的年度目标任务，始终维护好经济发展、社会稳定的基本面。一要找差距、补短板。始终把稳定经济增长摆在突出位置，认真对照全年目标任务，梳理排查差距和不足，提出针对性的措施，确保目标任务的完成。二要保运行、防风险。对经济运行中的企业风险、财政风险、金融风险以及可能带来的社会风险，全市上下要保持高度警觉，千方百计把矛盾和风险化解到最小，维护好社会稳定。三要重总结、抓谋划。全市各级各部门要结合“十三五”规划编制工作，认真总结好2015年工作，深入谋划好2016年发展，确保“十二五”圆满收官、“十三五”良好开局。

【第十一届第151次常委会议】　11月20日，召开中共自贡市委十一届第151次常委会议。会议审议市直机关工委《关于报请审定贯彻〈中国共产党党和国家机关基层组织工作条例〉的实施意见（送审稿）的请示》，听取市委常委、秘书长吴丕的汇报。会议决定：同意请示事项。会议要求：市委组织部要抓紧对市委直属党组织关系和职能进行清理明晰，完善组织体系设置，在2015年12月底前报市委审定。会议审议市委组织部《关于报请审议自贡市深化党的建设制度改革工作方案的请示》，听取市委组织部常务副部长熊开来的汇报。会议决定：同意请示事项；市委党建领导小组办公室抓紧筹备市党建领导小组会议，专题研究贯彻落实工作。会议审议市委组织部《关于命名第二批高层次人才“双千计划”团队（人选）的请示》，听取市委组织部常务副部长熊开来的汇报。会议决定：同意请示事项；市委组织部要研究完善评选机制，确保评选工作公开、公平、公正；抓紧做好命名大会筹备工作。

【第十一届第154次常委会议】　12月11日，召开中共自贡市委十一届第154次常委会议。会议审议市总工会党组《关于报请审定〈中共自贡市委关于加强和改进党的群团工作的实施意见〉（代拟稿）的请示》，听取市委副书记谭豹的汇报。会议决定：（一）原则同意《中共自贡市委关于加强和改进党的群团工作的实施意见》，根据会议讨论意见修改完善后以市委名义行文；（二）删除第十七页中“（三十）夯实群团组织基层基础”中“落实乡镇妇联主席享受乡镇党政领导副职的政治、生活待遇的规定”，乡镇组建“党委群团工作部”的试点范围暂不扩大。会议要求：一是高度重视新形势下群团工作，只能加强不能削弱，只能改进提高不能停滞不前；二是加强群团自身建设，夯实群团组织基层基础，加强群团组织干部队伍建设；三是保障群团工作开展，营造支持群团工作的社会氛围；四是强化各级群团组织围绕中心、服务大局的意识，在决胜全面小康，建设经济强市中做出贡献；五是群团组织要加强对所代表群众的引导，维护好所代表群众的合法权益；六是建立机制，每年召开一次专门群团工作会议，研究部署新形势群团工作的开展。会议审议市纪委、市监察局《关于报送〈中共自贡市委办公室关于印发《自贡市统筹联动中省驻市单位纪检工作实施办法（试行）》的通知（代拟稿）〉的请示》，听取市委常委、纪委书记李清的汇报。会议决定：同意请示事项。会议要求：市纪委要组织相关单位召开专门会议落实好工作安排；各归口牵头单位要按照职责分工抓好工作落实，对所联系的中省驻市单位做到基本情况清楚、联系指导有力、协调解决问题有效。会议审议市纪委《关于报请审定〈自贡市党风廉政建设巡察工作办法（试行）〉和〈自贡市开展党风廉政建设首轮巡察工作方案〉的请示》，听取市委常委、纪委书记李清的汇报。会议决定：同意请示事项。会议要求：市纪委要在巡察工作中加强总结，逐步摸索完善方式方法；突出做到抓早抓小、防微杜渐，提高巡察质量。会议审议市纪委《关于报请审议〈自贡市区县纪委书记、副书记提名考察办法（试行）〉等4个文件的请示》，听取市委常委、纪委书记李清的汇报。会议决定：同意《自贡市区县纪委书记、副书记提名考察办法（试行）》《自贡市纪委派驻纪检组组长、副组长提名考察办法（试行）》《自贡市市管企业纪委书记、副书记提名考察办法（试行）》《自贡市市属学校、医疗卫生机构纪委书记、副书记提名考察办法（试行）》。

【第十一届第155次常委会议】 12月17日，召开中共自贡市委十一届第155次常委会议。会议传达十届省委第155次常委扩大会议精神，听取各区县党委书记和市委组织部、市直机关工委、市委农工委等相关部门主要负责人关于前一阶段开展精准脱贫工作情况和下一阶段工作安排的汇报，市教育局、市民政局等13个单位做书面报告。市委、市政府与各区县党委、政府签订脱贫攻坚责任书，研究部署下一阶段精准脱贫工作，雷洪金在听取汇报发言后作讲话。会议强调，贫困人口脱贫是全面建成小康社会的基本标志。各级各部门要把责任的落实摆在更加突出的位置，层层传导压力，层层压实责任，形成脱贫攻坚的强大推动力，要用好“2+13”政策组合拳，结合自贡市实际实施好“八个一批”行动计划，坚决打赢脱贫攻坚这场硬仗，确保到2020年贫困村全部摘帽、农村贫困人口全部脱贫，让贫困群众住上好房子、过上好日子、养成好习惯、形成好风气。

【第十一届第156次常委会议】 12月18日，召开中共自贡市委十一届第156次常委会议。审议市人大常委会党组《关于报请审定〈中共自贡市委关于进一步加强人大工作和建设的意见（代拟稿）〉的请示》，听取市人大常委会党组副书记、副主任王建威的汇报。会议决定：（一）原则同意市人大常委会党组起草的《中共自贡市委关于进一步加强人大工作和建设的意见（代拟稿）》；（二）将第32条中“明确1名乡（镇）工作人员从事乡（镇）人大具体工作”修改为“明确人员协助乡镇人大主席开展工作”，由谭豹牵头修改完善后以市委名义行文。审议市政协党组《关于报请审定〈中共自贡市委关于新形势下进一步加强和改进人民政协工作的意见（代拟稿）〉的请示》，听取市政协副主席常玉华的汇报。会议决定：（一）原则同意市政协党组起草的《中共自贡市委关于新形势下进一步加强和改进人民政协工作的意见（代拟稿）》；（二）删除第3条“明确政治协商内容”中“市人大、市政府、市政协的领导人选和其他重要人事安排意见”，删除第9条“明确民主监督内容”中“人民法院、人民检察院和其他司法机关重大案件审理情况”，删除第19条“加强政协专门委员会建设”中“专门委员会工作经费要纳入本级财政预算予以保障”的表述，由谭豹牵头修改完善后以市委名义行文。审议市政府党组《关于报请审议〈自贡市工商登记制度改革实施方案〉和〈自贡市企业住所（经营场所）登记管理办法（试行）〉的请示》，听取副市长未也的汇报。会议决定：同意《自贡市工商登记制度改革实施方案》和《自贡市企业住所（经营场所）登记管理办法（试行）》。会议要求：在实施过程中出现的新情况、新问题，要及时研究，及时报告。审议市人大常委会党组《关于报请审查〈自贡市人民代表大会常务委员会关于加强司法监督工作的办法（草案）〉的请示》，听取市人大常委会党组副书记、副主任王建威的汇报。会议决定：（一）原则同意《自贡市人民代表大会常务委员会关于加强司法监督工作的办法（草案）》；（二）将《自贡市人民代表大会常务委员会关于加强司法监督工作的办法》修改为《自贡市人民代表大会常务委员会关于加强司法监督工作的办法（试行）》，删除第三条中“不涉及个案监督”的表述，第五条“讨论决定重大事项”修改为“依法讨论决定重大事项”，按照市委常委会议精神进行修改完善。审议市人大常委会党组《关于报请审查〈自贡市人民代表大会常务委员会关于对重大项目建设及管理加强监督的办法（试行）(草案)〉的请示》，听取市人大常委会党组副书记、副主任王建威的汇报。会议决定：（一）原则同意《自贡市人民代表大会常务委员会关于对重大项目建设及管理加强监督的办法（试行）（草案）》；（二）将《关于对重大项目建设及管理加强监督的办法（试行）》修改为《关于对重大项目建设及管理工作加强监督的办法（试行）》，删除第九条中“并向社会公布”的表述，按照市委常委会议精神进行修改完善。会议要求：市人大常委会对重大项目建设及管理工作的监督要着眼于加快项目建设，促进稳定经济增长，年度监督计划要向市委报告；市政府要对重大项目的标准和范围进行研究明确。审议市人大常委会党组《关于报请审查〈自贡市人民代表大会常务委员会关于对国有资产管理和经营加强监督的办法（试行）(草案)〉的请示》，听取市人大常委会党组副书记、副主任王建威的汇报。会议决定：（一）原则同意《自贡市人民代表大会常务委员会关于对国有资产管理和经营加强监督的办法（试行）（草案)》；(二）将《关于对国有资产管理和经营加强监督的办法（试行）》修改为《关于对国有资产管理和经营工作加强监督的办法（试行）》，将第五条“对各种违规违纪违法行为进行查处的情况”修改为“对各种违规违法行为进行查处的情况”，按照市委常委会议精神进行修改完善。

重大活动

【王东明一行到自贡市调研】　4月27日至28日，省委书记、省人大常委会主任王东明一行到自贡川南现代服务业集聚区、海川实业有限公司调研。市委书记雷洪金，市委常委、市国资委党委书记、市总工会主席王猛，市委常委、秘书长吴丕，市人大常委会副主任、大安区委书记詹勇陪同调研。

【陆浩一行到自贡市考察】　1月17日至18日，全国人大环境与资源保护委员会主任委员陆浩，省委常委、秘书长陈光志一行到市盐业历史博物馆、荣县双石镇金台村和吴玉章故居考察。市委书记雷洪金，市委副书记、市长刘永湘，市委常委、市纪委书记李清，市委常委、秘书长吴丕，市委常委、组织部部长李国贵陪同考察。

【尹力一行到自贡市调研】　11月27日至28日，省委副书记、宣传部部长尹力一行到自贡调研四川理工学院、南湖体育中心、高新区丹桂街方冲社区、板仓工业园区、华西能源工业股份有限公司、釜溪河复合绿道、浙江大学自贡创新中心、大安区龙井街华大社区、海天文化传播有限公司以及自贡恐龙博物馆运行情况。市委书记雷洪金，市委副书记、市长刘永湘，市委副书记谭豹，市委常委、秘书长吴丕，市委常委、宣传部部长刘敏分别陪同调研。

【李登菊一行到自贡市调研指导】　4月1日至2日，省委常委、省总工会主席李登菊，省人大常委会副主任彭渝一行到富顺县山林村、自贡凤鸣通用机场、海川实业有限公司、大西洋焊接产业园、西南无水港（自贡）项目、普润商贸城和釜溪复合绿道调研督导，并听取自贡市工作情况汇报。市委书记雷洪金，市委副书记、市长刘永湘，市人大常委会主任陈华，市委常委、市国资委党委书记、市总工会主席王猛分别陪同调研。6月29日，省委常委、省总工会主席、川南经济区发展协调小组组长李登菊，副省长、川南经济区发展协调小组副组长刘捷一行到自贡参加川南经济区发展协调小组暨川南经济区联席会第二次会议。市委书记雷洪金，市委副书记、市长刘永湘，市委常委、常务副市长项晓峰，市委常委、秘书长吴丕参加会议。9月23日，省委常委、省总工会主席李登菊一行到富顺县调研美乐香辣酱迁建项目、中昊晨光化工研究院有限公司、小北门至红旗大桥段拆迁安置房项目、文体中心及人防工程项目建设情况，在富顺县信访局接待大厅进行接访。9月24日，调研振鹏对外贸易有限公司、沿滩新城龙湖社区以及市政务服务中心，并听取市级相关领导和相关部门工作汇报。市委副书记、市长刘永湘，市委副书记谭豹，市委常委、市纪委书记李清分别陪同调研。12月30日至31日，省委常委、省总工会主席李登菊一行到自贡参加市委常委班子民主生活会，并到自贡硬质合金有限公司开展慰问活动。市委书记雷洪金，市委副书记、市长刘永湘，市委副书记谭豹，市委常委、市纪委书记李清，市委常委、组织部部长、市总工会主席李国贵分别陪同调研。

【范锐平一行到自贡市调研】 12月16日至17日，省委常委、组织部部长范锐平一行到自流井区光凤片区拆迁现场、贡井区龙潭镇中坝村、海川实业有限公司、四川理工学院、沿滩龙湖远达社区、浙江大学自贡创新中心、沿滩返乡创业园暨科技孵化园、沿滩区仙市镇百胜村进行调研，并与沿滩区贫困村第一书记代表进行交流座谈。市委书记雷洪金，市委副书记、市长刘永湘，市委常委、市国资委党委书记、高新区党工委书记王猛，市委常委、组织部部长、市总工会主席李国贵，副市长石岷嘉分别陪同调研。

【李昌平一行到自贡市调研】 9月18日，省委常委、省委农工委主任李昌平一行到自贡调研沿滩区仙市镇、富顺县福善镇新农村建设、农村发展、扶贫开发和产业发展情况。市委书记雷洪金，市委副书记、市长刘永湘，市委副书记谭豹分别陪同调研。

【甘道明一行到自贡市参加省党代表调研活动】 11月18日，省委、省政府决策咨询委员会主任甘道明一行到自贡市参加省党代表调研活动。活动期间，甘道明一行对海川实业有限公司、东兴寺片区综合点、华西能源工业股份有限公司、沿滩区龙湖远达社区和釜溪河复合绿道建设情况进行调研考察，并与省党代表、相关市领导以及市级相关部门负责人进行座谈。市委书记雷洪金、市人大常委会主任陈华，市委常委、常务副市长项晓峰，市委常委、市纪委书记李清，市委常委、秘书长吴丕分别陪同调研或参加座谈。

【科胡特一行到自贡市考察】 3月17日，捷克总统顾问、前副总理兼外长科胡特，副省长刘捷一行到高新区板仓工业园区、华西能源股份公司、恐龙博物馆、自贡凤鸣机场建设现场、海川实业有限公司考察，并就轻型飞机组装和研发合作与中航工业交换意见。市委书记雷洪金，市委副书记、市长刘永湘，市委常委、高新区管委会主任刘任远陪同考察。

【阿卡尼一行到自贡市考察】 7月10日至11日，泰国总理顾问、能源委员会副主席阿卡尼上将，泰国改革委员会委员巫提上将、泰国国防委员会秘书长苏拉萨上将、泰国维持国家稳定安全委员会委员德差中将等一行到自贡市考察，并出席华西能源与泰国SPS1999公司5个日处理600吨垃圾焚烧发电总包项目签约仪式，合同总金额16.4亿元。市委书记雷洪金陪同考察。

【召开自贡商会成立100周年纪念大会暨2015民间商会（自贡）高峰论坛】 7月27日至28日，自贡商会成立100周年纪念大会和新常态新机遇新作为2015民间商会（自贡）高峰论坛在自贡召开。副省长陈文华、省政协副主席陈放等300多人出席活动。市委书记雷洪金，市委副书记、市长刘永湘，市政协主席潘泽金及相关人员分别陪同客人。

【举行第五届川南文化交流展示活动】 10月20日至28日，第五届川南文化交流展示活动在自贡市举行。省文化厅党组成员、副厅长向华全，省文联分管领导，宜宾、泸州、内江等市分管领导及部门负责人60多人出席活动。市委副书记谭豹，市委常委、宣传部部长刘敏，副市长石岷嘉参加活动。

【全国十三城市关心下一代工作经验交流会在自贡市召开】 10月27日至30日，全国十三城市关心下一代工作经验交流会在自贡召开。全国十三城市82名与会代表出席会议。其间，与会代表对自贡市基层关工委工作示范点及爱国、科普教育基地进行考察。市委书记雷洪金、市人大常委会副主任胡开洪、副市长石岷嘉，市政协副主席、市委统战部部长肖光俊分别陪同考察。

重要会议

【中共自贡市委十一届十次全体（扩大）会议】 会议于1月12至13日在市委大礼堂召开。会议贯彻落实中共十八届四中全会、省委十届五次全会精神；研究部署依法治市和从严治党的重大问题；市委书记雷洪金代表市委常委会向全委会做工作报告，安排部署2015年工作；市委副书记、市长刘永湘安排部署2015年经济工作；审议通过《中共自贡市委关于贯彻落实党的十八届四中全会精神全面推进依法治市的决定（送审稿）》《中共自贡市委关于全面推进从严治党的决定（送审稿）》《中共自贡市委2015年工作要点（送审稿）》。市委副书记谭豹，市委常委向华全、王猛、项晓峰、李清、吴丕、黄承伟、刘任远、李国贵、刘笑禹、杜彦坤参加会议。

【中共自贡市委十一届十一次全体（扩大）会议】 会议于12月9至10日在市委大礼堂召开。会议贯彻落实党的十八届五中全会和省委十届七次全会精神；市委书记雷洪金代表市委常委会向全委会做工作报告；审议通过《中共自贡市委关于制定国民经济和社会发展第十三个五年规划的建议（送审稿）》《中共自贡市委关于全面创新改革驱动转型发展的决定（送审稿）》《中共自贡市委十一届十一次全体（扩大）会议公报（送审稿）》《关于缪仲君辞去中共自贡市委第十一届委员会候补委员职务的决定》《关于中共自贡市委第十一届委员会候补委员递补为中共自贡市委第十一届委员会委员的决定》。市委副书记、市长刘永湘，市委副书记谭豹，市委常委王猛、项晓峰、李清、吴丕、黄承伟、刘敏、杜彦坤参加会议。

市委办公室工作

【智力服务】 2015年，构建“大智力”服务格局，完善“综合二室—市委副秘书长—市委常委”的对口联系智力服务机制，发挥政策研究、调查分析、对策建议等作用。创新文稿服务项目小组制和重要文稿联审、会审制，全年累计起草、审改各类文稿200余篇。组织常委专题学习，建立“线上线下”信息收集整理制度，全年组织新型工业化、“互联网+”等常委专题学习10次。围绕产业项目、县域经济等开展调查研究，加强常委专题调研活动协调服务工作。

【服务常委会工作】 2015年，完善常委会议题定期收集机制，建立健全审议议题年度计划、季度安排、分月实施制度，研究和谋划市委常委会议题。健全常委会议题联合预审、合法性前置审查机制，建立“市委办—市级相关部门—市委法律顾问”联审制度，规范议题审查程序，严把上会议题的政策关、法规关、格式关，做到“议题不成熟不上会，政策依据不充分不上会”，提高议题审核和会议组织的质量。

【信息工作】 2015年，完善信息研判、定向约稿等机制，全年报省信息超出目标任务13%，省委书记王东明连续第2年在自贡市报省信息上做出肯定性批示。整合信息服务平台，优化《每日要情》《网情摘报》《领导参阅》等信息刊物，信息刊物被市委主要领导批示6次、其他市委领导批示22次。

【重大会议活动服务工作】 2015年，建立健全“年计划、季安排、月重点、周推进”的会议活动安排机制，统筹协调市四大班子、市委常委活动，统筹协调全市重要公务接待59次、重大活动16次，确保各类公务活动规范开展。加强会议制度建设，印发《关于进一步规范管理市委有关会议的通知》《关于参加市委会议有关注意事项的通知》等制度，全年以市委名义召开的全市性会议30场次，同比下降6.6%。加强会议服务管理，制定《市委会议服务规范》《市委会议服务中心会议室管理办法》，全年完成各类会议服务工作799场次。

【办文工作】 2015年，执行《关于进一步精简规范文件会议切实提高办文效率质量的通知》，严把发文关口。严格文件办理程序及审核制度，全年审核印发市委及市委办文件133件，同比减少10.7%；登记办理中央、省委文件113件；向省委报送市委规范性文件50件并全部通过审核备案，审核完成市委部门和各区县委报送规范性文件并通过备案121件。

【牵头工作】 2015年，建立健全“七个决定”及“两个联系”工作安排部署、台账管理、沟通协调和推动机制，确保市委重要工作安排推进落实。牵头制定《市委党务公开工作实施办法（试行)》，完成市领导领办项目、推进正风肃纪常态化、落实市委党的建设和党风廉政建设主体责任，落实中央“八项规定”和省委、省政府“十项规定”等牵头工作。制定依法治市领导小组工作规则、工作职责和办公室工作细则等制度规定，统筹推进依法执政、依法行政、司法公正、社会法治和学法用法等各项工作。

【督查工作】 2015年，建立健全“年初部署、季度研判、每月分析、每周跟进”的督查机制，组织开展“七个决定”“两个联系”等工作的定期督查。定期召开经济运行分析研判会，针对性开展问题剖析，结合各单位职能职责，提出意见、建议共600余条。其中，整理上报的“一线化、一体化、规范化、制度化推动党委重大决策部署落实”做法，受到了中央办公厅督查室肯定。

【后勤保障】 2015年，深化“大后勤”工作格局，完善订单式管理制度，优化管理模式，严格服务标准，规范服务流程。加强市委大院环境综合治理，完成市委大院道路维修、环境绿化等工作。完善购买社会服务机制，加大监督管理，提高后勤服务效率。规范“三公”经费管理，严格执行八项规定和各项财经纪律，降低行政运行成本，全年“三公”经费支出同比下降43.07%。推行安保工作网格化管理模式，创新大院分级戒护管理机制，加强安保设施和队伍建设，提高安保工作水平。

【应急管理】 2015年，强化应急值班规范化建设，制定《关于进一步加强紧急重要信息报告工作的通知》《市委应急信息报送管理办法》。突出应急值班能力建设，协调处置各类突发事件，推动社会矛盾妥善化解，全年编辑《应急值班快报》《一周值班综述》47期，做到“上情下达及时、下情反馈迅速”。

【密码通信】 2015年，完成应急密码通信车改装和车载应急密码通信设备配备，增强密码通信保障能力。加强机要电报办理工作，确保政令安全畅通，全年共收发办理各类电报8162份，没有失泄密情况发生，被评为全省“保密、优质、高速、无事故”先进单位。推进全市涉密电子政务内网建设，完成建设方案编制评审，启动机房建设。

【邪教防控】 2015年，制定《关于深入推进依法治理邪教工作的意见》和《责任分工方案》，利用反邪教宣传阵地、媒体等平台开展反邪教宣传，集中开展“两排一专”、打击“诬告滥诉”、三年教转攻坚战等重点工作，实现“三零”“三无”目标。

【对台交流】 2015年，协助台湾地区中国电视公司、海峡两岸记者完成《大陆寻奇——走进自贡》专题片、“追寻四川抗战大后方足迹走进盐都”拍摄工作。促成台湾广告农业、茶饮业等落户自贡，完成高新区管委会与台湾相关工业同业协会及制造类企业对接交流，组织自贡杂技团赴台演出，接待台中市政府到市考察等，市台办被省台办表彰为对台工作先进单位。

【学习型机关建设】 2015年，丰富中心组学习、北苑讲坛、北苑专栏、《学习与思考》等宣传学习内容，搭建QQ群、微信群等自媒体学习平台，创新5个专题沙龙活动，全年开展集中学习20余次，刊发《学习与思考》12期。

【干部队伍建设】 2015年，通过上挂、下派、轮岗等形式交流干部34名，优化干部队伍结构。加强干部教育培训，全年选派干部参加各类学习及业务培训76人次，组织市内学习培训15次。开展各类工会活动14次，慰问干部职工及家属72人次。

【作风建设】 2015年，结合践行“五个坚持”，开展“三严三实”专题教育，突出市委秘书长班子、办公室主任班子示范带头作用，开展集中学习讨论10次，县级党员领导干部参与讨论发言82人次。加强党风廉政建设和反腐败工作，严格落实“两个责任”和“一岗双责”。开展“三联三服务”、驻村帮扶等“走基层”活动，帮助童寺镇协调基础设施建设项目，对10名贫困学生实施“春蕾计划”帮扶行动，为对口联系村（社区）捐赠电脑14台、图书1200余册。

（市委办公室）

组织工作

【概况】 2015年年末，全市有党员15万人，其中，1949年9月及以前入党的145人；35岁以下的党员3.06万人；女党员4.08万人。是年，全市发展党员2711人。年末全市党政机关干部1.33万人，其中，市厅级干部38人，县级干部783人；市级党政群机关干部3533人。

【“三严三实”专题教育和领导班子思想政治建设】 2015年，围绕“忠诚干净担当”主题，以书记带头讲党课开局，组织110个县级以上领导班子、800余名县级以上党员领导干部，联系自身实际，强化“四项教育”，开展“不严不实”、不敢担当问题大讨论，专题召开全市领导班子思想政治建设工作会议，学习焦裕禄、兰辉、王文华等先进典型，检视反思南充拉票贿选案、富顺县中石镇腐败窝案等反面案例，对照检查，强化立规执纪，集中整治修身不严、做人不实、理想淡化、信念动摇等7大类28种突出问题。开展“聚焦自身‘不严不实’典型案例”解剖行动，查摆剖析自身工作及分管领域“不严不实”典型案例，举一反三、抓点带面，校正“不严不实”问题，该做法被省委办《每日要情》第171期主条采用。坚持实行市领导立项领办突出问题制度，市领导领办整改的17个突出问题基本完成。围绕公务用车管理、公务接待、财经纪律等五个方面问题，开展专项检查17批次，检查单位968个次，查处违反八项规定精神等案件26起，查办“四风”和腐败问题案件257件，通报曝光156起。谋划并推进制度“废改立”工作，从8个方面研究确定应修订和新建党的建设制度200个，明确牵头部门、责任单位和完成时限。

【党的建设制度改革】 2015年，召开4次市委党的建设制度改革专项小组会议，研究重点问题，推进改革任务。经市委全面深化改革领导小组会议和市委常委会议审定，出台《自贡市深化党的建设制度改革工作方案》，提出2015—2017年需完成的27项改革任务、85项制度成果，明确牵头单位、参加单位、成果形式和时间进度。在推进党的组织制度体系建设方面，制定《进一步加强和改善党委（党组）中心组学习的实施意见》《关于建立健全信息发布和政策解读机制的实施意见》等4项制度。在推进干部人事制度体系建设方面，制定《领导班子功能结构模型管理实施意见》《县以下机关公务员职务与职级并行办法》《干部选拔任用工作纪实制度》《挂职干部管理办法》等制度规定等6项制度。在推进党的基层组织体系建设方面，出台《关于加强基层服务型党组织建设的实施意见》《进一步加强社会组织党的建设工作的实施意见》《不胜任基层党组织书记调整办法》《2015—2018年自贡市党员教育培训工作规划》等6项制度。在推进促进人才集聚发展制度体系方面，制定出台《市级领导干部联系专家制度》《乡镇非领导职务职数核定办法》《乡镇机关事业单位工作人员补贴办法》等7项制度。

【领导班子建设】 2015年，实行干部工作“月分析季研判”、重大工作一线跟踪考察、组工干部跟班了解干部等办法，对50个市管领导班子进行基础性分析研判，调整软班子4个、不胜任干部7人。推进班子功能结构模型分类管理，区县、市级部门班子建立功能结构模型达100%，按功能配备实现常态化。全年新提拔45名县级领导干部，其中36人从区县主干线、发展主战场提拔，占80%。围绕规范党组权力运行，首次召开市委党组（党委）工作会议，在全省率先制定市级部门党组主要职责清单、党组书记职责清单、党组书记党建工作职责清单、党组议事决策指导规则等“三清单一规则”，配套出台区县、乡镇党委书记抓党建责任清单，明确各级党组织和书记的党建主业主责。省委办《每日要情》第196期主条刊登介绍，《四川日报》头版报道这项工作。

【干部队伍建设】 2015年，坚持用好的制度选人用人管人，围绕强化班子运行监管，改进完善干部选任。学习贯彻省委和省委组织部规范干部选任“1+5”文件，细化制定市管干部选拔任用工作流程图和全程记实表，配套制定选任工作关键环节相关制度规程20余个。围绕破解“四唯”等难题，完善加强年轻干部选拔培养、改进综合考核评价等制度，在大安区等3个单位开展公务员平时考核试点工作。落实县以下机关公务员职务与职级并行、职级与待遇挂钩制度，出台《鼓励创新宽容失误优化干部干事创业环境的意见》，被中组部《组工信息》刊登介绍。实施年轻干部“壮苗”计划，全市新遴选递进培养对象668人，通过上挂、下派、外派、轮岗、顶岗、派驻企业等“六个一批”方式历练“壮苗”，提升干部实践能力，一批优秀干部得到提拔重用。

【干部监督管理】 2015年，强化制度纪律刚性约束，建立经济责任审计“监审联动”机制，完善落实干部选拔任用“一评议、两核查、两公示”实施办法、超职数配备干部单位预审制度、提醒函询和诫勉谈话办法、干部个人有关事项报告及抽查核实联系工作机制、党政主要领导干部“三个不直接分管”等制度。加强干部选任工作全程监管，严格审批选人用人工作有关事项报告，开展贯彻《干部选任条例》检查，新聘任2名退休厅级干部作为督查员。专项分析全市109个单位干部选任“一报告两评议”情况，通过发“点球”方式反馈问题、督查整改。坚持新提拔对象个人报告事项“凡提必核”，按市管干部10%的比例进行个人有关事项抽查。对10人有关事项报告不实或有举报反映的干部进行提醒、函询或暂缓任用。对6个落实“三个不直接分管”制度不到位的市直部门督促整改。45名新任市管干部落实任前承诺。基本完成整改消化超职数配备干部。从严开展选人用人“5+1”专项整治、领导干部因私出国（境）证件专项治理、干部档案专项审核等工作。审批（备案）170余名市管干部出国（境）。

【干部教育培训】 2015年，围绕“提升干部专业能力、解决重大现实问题、推动当前各项工作”三大基本任务，优化系列精品班、党校主体班、部门常规班、盐都大讲堂、在线学习“五位一体”格局，培训各级各类干部4.5万人次。全年实施“全面从严治党专题研修班”等市本级“精品班”15个，“递进班”“县干班”“乡镇长班”等市委党校主体班14个，市级部门常规班220个。举办“盐都大讲堂”及其分讲堂17期。依托在线学习平台，开展知识产权远程教育、公务员依法行政全员培训。探索培训效果“产出”评估，跟踪评估2013年实施的5个“精品班”成果转化运用情况，得到市委书记雷洪金肯定性批示，《中国组织人事报》、省委组织部《四川组工动态》刊登介绍。

【党建责任和基层基础保障】 2015年，出台《中共自贡市委关于全面推进从严治党的决定》，组织开展市委书记抓党建工作述职测评，全覆盖开展县乡党委书记、市级部门党组（党委）书记抓党建工作述职评议，逐级落实书记抓党建工作责任制，增强书记抓党建的主业意识。建立健全基层党建工作经费保障机制，全市先后投入各类资金7000万余元，将村（社区）党组织工作经费提高到3.2万元/年，服务群众专项经费5万元/年，每个村（社区）均按4职配备干部。投入800多万元，为村（社区）干部办理养老保险、兑现离职补助，为大学生村干部缴存住房公积金、意外保险。投入资金2000万余元，开展乡镇、村（社区）便民服务网络升级达标工作，新（改）建200个村（社区）活动阵地。协调相关部门，按照每年党委1万元、总支5000元、支部3000元标准，建立非公企业党组织工作经费专项补助机制，全年落实专项经费150万余元。

【基层党组织建设】 2015年，出台《深入推进基层服务型党组织建设的实施意见》，明确农村、社区、非公企业等7个类型党组织建设“政治功能强、服务功能强”的“双强”型基层党组织的目标任务、实现途径和具体措施。推进软弱涣散党组织集中整顿，研究制定7个类型后进党组织“一票否定”标准，研制不合格基层党组织书记处置办法，“一支部一对策”集中整顿转化后进党组织284个。聚焦重点难点领域突破创新，深入推行“国企带民企、大企带小企”的“双带”模式，组织全市136户国有企业、非公企业以党建为纽带结成73个对子，推动企业发展和党建工作相融共进。出台加强社会组织党的建设工作的实施办法，构建组织、民政、行业主管部门等“七方联动”格局。

【党员队伍建设】 2015年，对3年内没有发展党员的村（社区）建立台账跟踪管理，全市新发展党员2711人。出台党支部组织生活预警机制、发展党员工作责任追究办法，严把组织生活“体检关”和党员发展“入口关”，分别被省委办《每日要情》第125期、第214期主条刊登介绍。突出针对性实效性，制订《2015—2018年全市党员教育培训工作实施方案》，推动远程教育站点改版升级，制播“盐都先锋”系列电视节目26期。开展流动党员“服务三乡”、异地转入党员“五送行动”、“失联”党员“找寻工程”，组织党员参与“走基层”“双报到”“三联三服务”等活动，1.8万名在职党员到社区报到，领岗2.1万个，发挥党员先锋模范作用。省委表彰先进基层党组织4个、优秀党员10人和践行“三严三实”优秀党员领导干部2人。全市投入240万余元，走访慰问困难党员、老党员6500多人次。

【村党组织“第一书记”选派工作】 2015年，贯彻落实中央和省、市委关于精准脱贫的重大决策部署，出台为打赢脱贫攻坚战提供坚强组织保证的工作方案，细化8个方面26项措施狠抓落实。分批次在递进培养干部、后备干部中选派230名年轻干部到贫困村、后进村担任第一书记，从市级部门选派300多名优秀年轻干部组建驻村帮扶工作组，实现贫困村、后进村全覆盖。出台工作考勤、目标考核、奖惩激励等政策规定，加强第一书记教育管理，省委书记王东明在省委办《每日要情》上对自贡市做法进行批示。组织96个乡镇党委书记到青岛大学、113个贫困村第一书记到成都村政学院进行全员培训，带动各级全覆盖培训基层干部4000余人次。富顺县建立下派村党组织书记召回制度，省委组织部《四川组工动态》第46期主条刊登介绍。

【高层次人才培养引进“双千计划”】 2015年，市委、市政府召开首批“双千计划”命名大会，重金资助首批入选的7个团队、11名个人共670万元。推进高新区国家级科技创业服务中心、浙江大学自贡创新中心、四川理工学院大学科技园等平台建设，建成院士（专家）工作站9个、省级专家服务基地1个、高技能人才培养示范基地5个，促进高层次人才作用发挥。组织开展“院士专家自贡行”“智力服务团”等招才引智活动，培养引进高端人才64人，优秀创新团队33个，引进各类急需紧缺人才2500余人。

【大学生创新创业“递进扶持工程”】 2015年，出台《关于改革完善体制机制大力促进大学生创新创业的实施意见》，实行由市人才办总牵头，人社、财政等9个部门分工负责，相关园区、高校配合实施的“1+9+N”的“众扶”模式，建设大学生创新创业俱乐部、活动中心、创业园区、产业园区四类“分阶”平台，递进扶持大学生创新创业。建成示范平台2个，开展创业沙龙、创业路演等活动60余场次，培育创业团队163个，孵化创业项目28个。

【人才服务保障】 2015年，完善人才工作领导小组运行机制，明确人才工作领导小组权力清单，建立健全领导联系专家等系列制度，规范人才工作运行。持续加大人才专项资金投入，市本级人才专项资金增加到1000万元。研究政策措施，保障各类人才生活居住、看病就医、子女入学等，组织1000余名中高级人才开展健康体检，实行优秀专家休假疗养制度。完成首批50套高层次人才公寓标准化配备工作。围绕全市经济社会发展“十三五”总体规划，配套起草编制“十三五”人才发展规划和各类重点人才队伍建设专项规划，初步形成人才规划体系。开展全市人才资源普查统计，初步建立“高层次人才专家库”信息系统。

（杨 建 董 志）

宣传工作

【思想理论建设】 2015年，以学习习近平系列重要讲话精神为主线，围绕“五个自贡”建设和区域中心城市构建，在全市开展党的十八届四中、五中全会精神、中纪委五次全会、“四个全面”战略布局等专题学习。组织“三严三实”三个专题学习，开展“三级三讲”活动，强化各级党员干部理想信念和纪律规矩意识，推进各级领导班子思想政治建设。发挥党委（党组）中心组示范带动作用，出台《进一步加强和改进党委（党组）中心组学习的实施意见》，修订完善《市委中心组学习制度》，建立学习通报制度，开展学习交流，强化理论考学，全年市委中心组举行专题学习14次，组织825名县级干部参加年度理论考试。举办“盐都大讲堂”和专业讲堂17次。开展“学习·调研·创新”活动和“争创学习型领导班子争做学习型领导干部”专题读书活动。围绕学习贯彻习近平系列重要讲话精神，强化课题规划立项和社科优秀成果评奖工作，组织开展全市学习贯彻习近平系列重要讲话精神研讨会。推进理论宣传普及，组织开展“四个全面”战略布局、中共十八届四中、五中全会精神、省委十届六次、七次全会、市委十一届十一次全会精神等系列宣讲160余场，将2600余场“微宣讲”与编辑学习习近平系列重要讲话精神系列“口袋书”和系列学习资料推介结合，推进习近平系列重要讲话精神进机关、进学校、进社区、进乡村、进企业、进军营。

【新闻外宣】 2015年，发挥全市“两报两台一中心”媒体资源优势，综合运用多种方式营造促进产业转型升级、全面深化改革、全面依法治市、保障和改善民生、宣传“十二五”成就及“十三五”规划、全面从严治党等工作氛围。全年市级媒体开辟专栏82个，提档升级名优节目8个，刊载（播）新闻稿件9012篇（条）。出台《加强和改进新闻舆论工作的意见》《重大信息发布和政策解读机制》《传统媒体与新兴媒体融合发展实施方案》等规范文件，强化对外宣传管理。探索建立网络新闻发言人制度，全年举办新闻发布会35次，其中组织两场市委全会精神解读新闻发布会。全年举行外宣队伍培训13批次1000余人，评选20个市级“宣传自贡好新闻奖”和30个市级“自贡新闻奖”。加大对区县和外宣领导小组成员单位督促考核，确保全年外宣任务完成。央视《午间天气预报》宣传播放自贡城市形象宣传片365次，推出自贡城市形象宣传语。首次运用大数据宣传自贡灯会，在中央、省级媒体刊（播）新闻稿件78篇（条），灯会官方网站点击率突破9万次，《创建大数据外宣平台提升自贡灯会美誉度》在国新办外宣通讯2015年第10期刊用。央视《寻宝》《天下逐盐》《城市1对1》《走遍中国》等5个栏目及多个地方电视台宣传报道自贡。人民日报、中央电视台、中央人民广播电台、四川日报等中央、省级媒体记者30余批次200余人到自贡拍摄采访。策划报道省进出口投资大会、省电商博览会等8个重大外宣活动。是年，在中央、省级主流媒体刊（播）稿件3500篇（条），同比增长9.25%。组织自贡日报社加速实施文迅采编系统V3.0研发，完成存储子系统、视频子系统部分验证开发和上线试运行，推动移动平台痕迹保留编辑器、中文分词模糊检索等核心技术验证开发。支持自贡广播电视台研发“看度·自贡”，并于年底上线运行。在自贡广播电视台先后开通自贡新闻、直播盐都、自贡FM90.8阅享调频等微信订阅号。

【网络管理】 2015年，组织开展新闻网站驻地方机构清理整顿、“扫黄打非·净网2015”、清理网上歪曲党史国史内容等12个专项行动，清理相关负面信息140条，确保网络空间清朗。加强网站跟帖评论自律管理，在网站显著位置公布互联网违法和不良信息举报电话，促进网络媒体自律管理。开展诚信宣传日线上线下活动。组织开展网络安全大检查，对存在安全隐患的单位下达限期整改通知书22份，督促11家被黑客攻击篡改的政府部门、事业单位门户网站落实整改措施。

【舆情引导和监管】 2015年，开通灯会官方网站、微信、微博和网络灯会，在自贡市主流网站开辟灯会专题网页等10余种线上线下互动活动。开展“走进基层·自贡故事”网络媒体采访活动、第二届国家网络安全宣传周活动、首届网络诚信宣传日活动等重大主题宣传。“自贡网”“微自贡”“自贡共青团”等新闻网站、官方微博、微信结合自贡特色开展社会主义核心价值观传播活动。健全网上舆论引导联动机制，制定《自贡市涉干涉腐网络舆情联动处置工作机制》。针对“抗日战争胜利70周年”“广安邻水事件”“南充贿选案”等全国性、全省性重大专项舆情调控和舆论引导工作，强化网络巡查与处置，及时开展舆情引导，组织网评员发帖130余条，跟帖转帖2897条，及时发现、封堵、删除攻击国家领导人、政治类、敏感类等有害信息84条。开展出租车司机罢工、大面积停水、空气雾霾等全市民生热点问题的网上舆论监管和引导，正面引导发帖40余篇，跟帖引导600余条，删帖20余条。科学分析舆情状况，编辑报送《网络舆情专报》187期，得到市委常委领导批示12次；向省委宣传部报送网络舆情信息3584条，被中宣部采用12条，单独约稿2条。

【培育践行核心价值观】 2015年，开展社会主义核心价值观宣传教育，印发《自贡市2015年培育和践行社会主义核心价值观实施方案》，开展道德实践、文化育人、示范引领、宣传普及、依法治理五大行动。创建全市第一批社会主义核心价值观示范点9个。开展“讲文明、树新风”“城市因我而文明”“追星榜样、关爱模范”等活动。举行2015年自贡市“情暖盐都”文化科技卫生“三下乡”现场服务暨慰问活动。命名“百城万店无假货”示范单位19个。《自贡荣县把培育和践行社会主义核心价值观工作融入二十四节气农耕文化》和《自贡市利用灯会开展社会主义核心价值观宣传》入选由中央电视台央视网、光明日报、光明网同步推出的专栏节目《培育和践行社会主义核心价值观·百家经验》，CCTV13套《朝闻天下》栏目进行专题报道。沿滩版画、荣县漫画入选省委宣传部《我们的价值观图册》，荣县核心价值观系列漫画作品被人民日报漫画增刊《讽刺与幽默》选载。全市3个单位获省级“岗位学雷锋先进集体”称号，4人获省级“岗位学雷锋敬业标兵”称号。

【公民道德建设】 2015年，开展群众性爱国主义教育活动，举办“铭记历史、缅怀先辈、珍爱和平、开创未来”主题书画展、美术展、专场文艺演出、川剧展演、全民阅读征文、参观走访、党团队日、革命主题展、祭扫烈士墓等20余项主题活动和走访慰问活动，参加人数40万人，发放抗战纪念章128枚。组织全市党员干部、学生25万余人次到爱国主义教育基地接受教育。开展对全市抗战纪念设施、遗址和爱国主义教育示范基地的排查工作，加强对抗战纪念设施和爱国主义教育基地建设。强化法治教育，围绕“推进依法治市·建设法治自贡”主题，把学习依法治国的内容作为全市各级党委（党组）中心组五个主要学习任务之一，开展各类宣讲、“微宣讲”5000余场次，听众50万人以上。制发《关于全面开展“以案说法”工作方案》。利用各类媒介开展法治宣传，自贡广播电视台推出系列报道285篇（条），公益广告500多条次，专题17期，《自贡日报》《自贡晚报》刊发稿件650余篇（条）。完善公共场所法治宣传教育设施，开展各类主题活动。运用荣县漫画、沿滩版画和贡井剪纸创作的依法治市宣传作品，形成具有自贡特色的法治文化品牌。推进未成年人思想道德建设工作，做好乡村学校少年宫建设，开展乡村学校少年宫辅导员培训工作、电视节目展播工作、2015年度中央彩票公益金支持建设“乡村学校少年宫”项目申报工作、2011—2014年度34个中央彩票公益金支持建设“乡村学校少年宫”项目实地考核工作、2015年市级“乡村学校少年宫”项目申报工作，筹备第一批市级以上文明单位与“乡村学校少年宫”结对共建活动，筹备举办首届全市“乡村学校少年宫”发展论坛。开展“盐都童谣”征集活动。组织参加全省未成年人思想道德建设工作研讨会论文征集活动。组织公安、工商、文化等执法人员开展全市中小学校暑期社会文化环境净化工作。

【文明城市创建】 2015年，根据中央文明办印发的《关于全国文明城市提名城市（区）和继续保留全国文明村镇、文明单位名单的通报》，自贡市在2014年建成省级文明城市的基础上，入选全国文明城市提名城市。落实省文明办对自贡市2014年度城市公共文明指数暗访测评反馈整改意见。召开市文明委全体会议、创建全国文明城市动员大会筹备会议、全市创建全国文明城市动员大会、市创建文明城市指挥部第一次全体会议，推进争创第五届全国文明城市工作。年底，中央测评组在自贡开展年度测评工作。

【文艺精品创作】 2015年，以“中国梦·盐都情”为主题，打磨推广川剧《还我河山》、歌剧《盐神的女儿》、方言话剧《文化站长》等精品剧目。《还我河山》获文化部2015年国家艺术基金资助250万元，并获省文华奖金奖，与杂技《打定车》等5件作品获第八届巴蜀文艺奖。开展“奋发向上、崇德向善”青少年爱国主义读书教育活动和“文化自贡·书香盐都”全民阅读活动。

【公共文化服务】 2015年，市文化艺术中心文化馆项目正常推进，累计完成投资4193万元，完成装修设计方案初稿。推进市图书馆、贡井区、大安区图书馆改扩建设项目。完成38个社区留守儿童文化之家设施设备配置。全市7个文化馆完成第四次全国文化馆评估定级工作的前期自评和第三方测评。推进全市广播村村响工程建设与管理，完成直播卫星户户通工程。开展公益电影放映，放映农村公益电影1.36万场、社区公益电影300余场，观影人数80万人次。

【文化惠民活动】 2015年，围绕“文明新盐都·快乐自贡人”主题，举办19项大型主题文化活动，其中市级12项、区县级7项，子活动100余项。重点举办新年音乐会、自贡春晚、第五届川南文化交流展示活动和市第十五届文化艺术节等大型文化活动，参与群众6万余人。形成一区（县）一品牌特色文化活动，如自流井区“尖山飞龙峡桃花会”系列文化活动、贡井区“天池文明杯”系列文化活动、大安区“江姐故里红梅赞”系列文化活动、沿滩区“自贡·仙市古镇民俗风情”文化旅游活动、荣县大佛文化旅游节、富顺首届民俗文化节、高新区“高新之光”系列文化活动等。市级专业文艺院团、久大艺术团及部分区县群众文化团体开展送文化下基层演出，开展社区、农村文化活动和广场舞、坝坝舞，各专业团体演出250余场，开展群众文化活动800余场，组织送文化下乡120余场。

【文化产业】 2015年，全市文化产业发展包含演出展出、新闻出版、文化旅游等10多个行业，文化产业增加值占全市GDP的比重在2%左右，增长率保持在10%左右。海天文化公司、自贡灯贸股份公司、自贡中艺彩灯、四川力拓景观有限公司等61户重点文化企业实现营业收入3.59亿元，其中17户彩灯文化企业实现营业收入1.62亿元。全市对外文化交流项目35个，全年对外文化贸易总额达1600万美元，较2014年增长33.3%。自贡彩灯文化对外合作纳入省政府“一带一路”战略“251三年行动计划”。推荐17个项目参加文化部2015“欢乐春节”对外和对港澳台文化活动，占全省项目数的55%。自贡杂技演艺全年到泰国、瑞士、美国等国家和中国台湾地区演出近300场次。

【文化细胞建设】 2015年，贯彻落实《关于进一步加强文化细胞建设的意见》，文化细胞建设工作组织体系、阵地体系、活动体系和行业标准体系“四大体系”基本形成。校园文化方面，在全市中小学校开展“六五二”实践教育活动，深化校园文化建设；企业文化方面，引导企业提炼企业精神，培育企业价值理念，把企业文化建设与企业发展战略制定、市场开拓营销、管理制度建设相融合；新农村文化方面，开展农村群众性精神文明创建活动，开展好家风、好家训，评选好媳妇、好公婆等活动，建成幸福美丽新村示范文化院坝35个、村级“1+6”公共服务中心建设85个，农村文化硬环境得到改善；卫生计生文化方面，以推进全市卫生计生文明行业创建、打造卫生文化品牌等方面着手，开展卫生计生系统思想文化、职业文化、品牌文化、党建文化、廉政文化、精神文化等“六大建设”。

【特色城市文化】 2015年，启动“自贡文化”符号征集工作，组织33项市级以上非遗项目进行“静态展览展示、动态展演展销”活动和13场非遗进校园活动，完成《自贡井盐深钻汲制技艺》《自贡民间民俗集萃之二》两书的编辑整理工作。推荐评选48人作为自贡非物质文化遗产项目代表性传承人。开展自贡盐运陆路暨川黔古盐道多学科综合考察。加大对历史文化街区、古镇的保护利用，开展历史文化街区保护与建设工作，编制完成《自贡历史文化名城保护规划》，启动自流井老街保护改建项目，延续城市文脉。加强文物保护利用，完成吴玉章故居环境整治及风貌塑造、西秦会馆安消防、富顺文庙正殿维修、阖乐祠抢险排危等工程，加强牛佛镇王爷庙社区、仙市镇仙滩社区国家与省保集中成片文物保护，启动贡井创建全省文物建筑抢救保护与展示利用示范区工作，吉成井、燊海井维修二期等工程进展顺利。

【文化体制改革】 2015年，梳理宣传文化领域改革目标任务并细化为28项，其中完成14项、有序推进11项、另有3项待省上出台相关政策后执行。出台《自贡市深化文化体制改革实施方案》《自贡市深化国有院团改革专项方案》《关于自贡市幸福美丽新村（社区）文化院坝建设的指导意见》，制定《自贡市优秀文艺作品扶持办法（试行）》《加强我市文艺社团建设的意见》《推动传统媒体和新兴媒体融合发展实施方案》《关于加快发展对外文化贸易的实施意见》等改革方案和意见。

【人才队伍建设】 2015年，开展2014年度市级新闻媒体领导班子综合考核评价工作，推进媒体建设管理工作。选派宣传文化部门干部59人次参加中宣部、省委宣传部、市委组织部、市委党校的学习培训。组织宣传文化系统中心组学习，创新举办全市政工师培训班、基层宣传文化干部培训班等，参训750人次。组织全市及县（区）宣传文化系统56名干部参加在中国人民大学举行的自贡市宣传文化干部专题培训班。做好企业思想政治工作人员专业技术职务评定工作和新闻专业技术职务推报工作，向省政工职评办推报评审高级政工师4

人，向省新闻职评办推报评审副高级新闻专业技术职务2人。开展贯彻《干部选任条例》自查，从严开展选人用人专项整治。

（刘俊材）

统战工作

【深化“凝心聚力”行动】　2015年，学习贯彻党的十八届五中全会、省市委全会精神及中央、省、市委统战工作会议精神，开展统一战线成员社会主义核心价值体系教育活动，引导广大统战成员与党同心同德、同心同向、同心同行。协助指导各民主党派开展“坚持和发展中国特色社会主义”学习实践活动，并将学习实践活动与中共开展的“三严三实”专题教育实践活动紧密结合，与党派成员正确履行参政议政、民主监督、参加中国共产党领导的政治协商基本职能紧密结合，提升党派成员履行职能服务社会的水平，凝聚民主党派成员政治共识、汇聚发展力量。指导市工商联筹备开展自贡商会成立100周年庆祝活动，彰显新时期自贡盐商新形象，提振全市非公有制经济发展精气神。召开以守法诚信为重点的理想信念教育实践活动动员大会，与会非公经济人士在誓词墙上签署守法诚信誓词，1000余人参加活动。开展“三严三实”专题教育活动，推动形成统战系统风清气正、崇廉尚实、干事创业、遵纪守法政治生态。加强部机关党风廉政和领导班子思想政治建设，建立完善部机关管理规章制度14项。

【深化“助推发展”行动】　2015年，组织召开市委工作要点征求党外人士意见会、市“十三五”规划建议意见征求会等10余次，市级各民主党派、市工商联和无党派代表人士提出意见建议近200条，多数被市委、市政府及相关部门采纳。以“盟沿合作”“建安合作”和“九贡合作”等为载体，开展“三下乡”“精准扶贫”活动，为基层、为群众办好事、办实事。以自贡商会成立100周年为契机，举办全国知名商会自贡行投资推介会，邀请国内企业界、全国工商联系统近300位客商参会，推出总投资596亿元的91个招商项目，促成市政府与全国工商联基础设施商会签订战略合作协议。深入非公企业开展“大走访、大调研”活动，对30多家民营企业产销、融资等情况进行调研，助力“两个健康”发展。10月，在成都召开自贡市异地商会返乡创业座谈会暨第三次联席会，自贡成都、自贡北京、自贡上海等13个异地商会及筹备组就“返乡创业共话产业常态、共谋发展新篇”开展座谈讨论。引导非公有制企业投身光彩事业等公益慈善活动，组织开展百企联百村、百企助百学、百企扶三老等“三百工程活动”，为所联系的村、困难儿童、“三老人员”解决实际问题100余个，捐资捐物550万余元；在2015年“栋梁工程——家乡助你上大学”活动中，引导非公企业资助困难学生513名，资助金额137.25万元。承办由省委统战部、省工商联、省海外联谊会、香港贸易发展局组织的“海联金桥促发展，服务企业市州行”走进自贡系列活动，促进市企业家与省外专家学者面对面沟通交流，提升市企业家综合素质。

【深化“促进和谐”行动】　2015年，开展进园区、进企业、进学校、进社区、进养老院、进农村、进寺庙“七进活动”。“同心·自贡专家志愿者服务团”8个分团共200余人，深入基层、深入群众开展义诊、法律咨询、科技咨询、税务咨询等公益活动10余次，直接服务群众500余人次。开展“民族团结进步创建”活动。以《自贡统一战线》为宣传平台，设置“民族团结宣传”专栏，宣传民族团结政策、民族团结模范集体和个人先进事迹；开展民族团结创建“进企业”活动，指导帮助民族企业四川自贡百味斋食品有限公司发展壮大。举办全市第一期宗教界人士读书班、宗教界“爱国爱教，和谐共荣”交流座谈会，组织宗教界人士参观市重大工程建设项目小井沟水利工程建设和爱国主义教育基地吴玉章故居，引导宗教界人士爱国爱教、发挥正能量。加强与民宗、教育、公安、国安部门联系，做好抵御境外利用宗教进行渗透工作，维护社会稳定。

【深化“区域协作”行动】　2015年，加强市级民主党派、工商联与区县对口合作。拓展区县间协作领域、深化合作项目。加强川南区域统战机关交流，建立长效工作机制，促进区域统战工作发展。促进各民主党派、工商联加强与川南、省内外交流协作，争取中央、省对市统战工作的支持。以统战社团为平台，围绕川南经济区建设等重大课题进行调研、交流、协作，推动川南区域一体化发展。

【深化“强基固本”行动】 2015年，民主党派成员中的市人大代表、政协委员，围绕市委、市政府的中心工作和人民群众关心的热点难点问题，在政协会上提出提案179件，其中集体提案19件、个人及联名提案160件，在市人代会上提出意见建议50余条。组织各民主党派市委委员、市工商联会员学习《中国共产党统一战线工作条例（试行）》和中央、省市委统战工作会精神，坚定道路自信、理论自信、制度自信；协助民主党派市委围绕全市中心、重点工作，开展专题调研，形成《关于加强司法队伍建设，为法治自贡提供人才保障的调研》《关于我市古盐道保护开发的调研》等9篇调研文章。支持民主党派加强自身建设。协助民主党派把好组织发展政治关和政策关，积极发展新成员；协助各民主党派市委搞好区县基层组织的换届工作，对民主党派基层组织设置、委员会及领导班子规模进行把关。加强党外代表人士队伍建设，充实和完善党外知识分子人才库。印发《自贡市委统战部关于进一步做好党外代表人士及其后备人选推荐工作的通知》，建立完善基础台账，了解掌握一批新党外后备人才。推荐10余名优秀党外干部、无党派人士纳入省、市递进培养计划，加强党外代表人士队伍建设。强化统一战线“三支队伍”教育培训。累积选送35名学员参加中央、省社会主义学院举办的各类培训；依托浙江大学，举办以“凝心聚力、促进发展”为主题的新时期统战工作专题研修班，培训党外领导干部40余人；举办民主党派基层组织负责人培训班，培训各民主党派基层组织负责人50余人。推进“法律七进”，尤其是“法律进宗教场所”活动，提高信教群众法治意识和法律素质。

【召开《市委2014年工作总结及2015年工作要点》征求党外人士意见会】 1月8日，《市委2014年工作总结及2015年工作要点》征求党外人士意见会在市委统战部七楼会议室召开。市委副书记谭豹出席会议并讲话，市委副秘书长舒国兴，各民主党派市委、市工商联秘书长以上负责人，无党派代表人士和市委统战部相关领导30余人参加会议。会议由市政协副主席、市委统战部部长肖光俊主持。

【走访各民主党派市委和市工商联机关】 1月16日，市委副书记谭豹在市政协副主席、市委统战部部长肖光俊等陪同下，走访各民主党派市委和市工商联机关，并召开座谈会听取有关情况介绍和意见建议。

【召开全市2014年党风廉政建设和反腐败工作情况党外人士通报会】 1月19日，市2014年党风廉政建设和反腐败工作情况党外人士通报会在市委统战部七楼会议室召开。各民主党派市委、市工商联负责人，无党派代表人士和市纪委、市委统战部相关领导30余人参加会议。会议由市政协副主席、市委统战部部长肖光俊主持。

【市委召开党外人士新春座谈会】 2月15日，市委召开党外人士新春座谈会，听取党外人士对市委、市政府工作的意见建议。市委书记雷洪金，市委副书记、市长刘永湘，市人大常委会主任陈华，市政协主席潘泽金，市委副书记谭豹，市委常委、市政府常务副市长项晓峰，市委常委、市委秘书长吴丕，市委常委、组织部部长李国贵，市政协副主席、市委统战部部长肖光俊出席会议，市政协副主席、民革市委主委叶智英，市政府副市长、民盟市委主委石岷嘉，市政协副主席、民建市委主委牟玉昆，市政协副主席、农工党市委主委徐武斌，市人大常委会副主任、九三学社市委主委罗毅平，市政协副主席、市工商联主席王孝谦，市政务服务中心副主任、无党派代表人士丁立东等参加座谈会。

【举办“海联金桥促发展、服务企业市州行”活动】 3月10日至12日，香港贸易发展局、省委统战部、省工商联、省海联会到自贡举办“海联金桥促发展、服务企业市州行”活动。市委副书记谭豹，省委统战部常务副部长聂文强、香港贸易发展局西部地区首席代表吕剑分别致辞。市委常委、市政府常务副市长项晓峰，市政协副主席、市委统战部部长肖光俊，及市委统战部、市工商联相关负责人等参加活动。

【召开全市依法行政情况党外人士通报会】 4月29日，全市依法行政情况党外人士通报会在市政府312会议室召开，市委常委、常务副市长项晓峰参加会议并作重要讲话。市级各民主党派、市工商联秘书长以上负责人、市委统战部和市法制办负责人参加会议。会议由市政协副主席、市委统战部部长肖光俊主持。

【举办全市第一期宗教界人士读书班】 5月26日，市政协副主席、市委统战部部长肖光俊出席全市第一期宗教界人士读书班开班仪式并与学员合影留念，市委统战部副部长、市社会主义学院兼职副院长丁琴为读书班学员作题为《做合格宗教界代表人士，发挥正能量引领信教群众》的讲话。读书班由市委统战部主办、市社会主义学院承办，共培训全市宗教界人士30人。

【举行浙江大学——自贡市“凝心聚力　促进发展”新时期统战工作专题培训班开班仪式】 6月7日，自贡市“凝心聚力　促进发展”新时期统战工作专题培训班在浙江大学继续教育学院举行开班仪式，市政协副主席、市委统战部部长肖光俊作动员。该专题培训班是全市统一战线深入贯彻落实中央统战工作会议精神和中央4号、省委16号文件精神的具体举措之一，由市委组织部、市委统战部联合组织实施，浙江大学继续教育学院具体承办。市级各民主党派班子成员及秘书长、部分无党派代表人士、市社会主义学院相关领导、市政协相关领导、市和区县委统战部领导、部分国有企事业单位统战工作分管领导、部分县级党外领导干部等46名学员参加培训。

【承办民主党派换届工作川南片区座谈会】 7月13日至14日，省委统战部关于民主党派换届工作川南片区座谈会在自贡市召开，省委统战部副部长刘建军，市政协副主席、市委统战部部长肖光俊出席会议并讲话。自贡、泸州、宜宾、内江、资阳、遂宁等地市州统战部负责人参加会议。

【召开2015年上半年经济社会发展情况党外人士通报会】 8月12日，自贡市2015年上半年经济社会发展情况党外人士通报会在市政府312会议室举行。市委常委、常务副市长项晓峰通报2015年全市上半年经济社会发展情况、当前形势和下半年工作重点。民革市委主委叶智英、农工党市委主委徐武斌、九三学社市委主委罗毅平参加会议并发言，民盟市委主委石岷嘉及各民主党派、工商联秘书长以上负责人，无党派代表人士和市委统战部负责人参加通报会。会议由市政协副主席、市委统战部部长肖光俊主持。

【举行学习贯彻中央和省委统战工作会议精神宣讲会】 8月21日，自贡市学习贯彻中央和省委统战工作会议精神宣讲会在市委会议厅举行，省委统战部副部长、省社会主义学院党组书记、副院长刘仁勇到市作宣讲培训，市政协副主席、市委统战部部长肖光俊主持会议。市、区县党委分管联系领导，市和区县统战部部长、副部长，高新区管委会分管负责人，市级有关单位主要负责人，各民主党派市委和市工商联领导班子成员及机关干部，各民主党派基层组织和区县工商联主要负责人，部分党外代表人士及统战系统干部职工共220余人参加会议。

【市委统战工作会议筹备情况汇报】 9月10日，市委副书记谭豹召集有关部门开会，听取对市委统战工作会议筹备情况和《中共自贡市委贯彻落实〈四川省《中国共产党统一战线工作条例（试行)》实施细则〉有关任务的分工方案》征求意见的情况汇报。会议由市政协副主席、市委统战部部长肖光俊主持。

【召开市委统战工作会议】 9月23日，市委统战工作会议在市委会议厅召开，传达贯彻中央、省委统战工作会议精神，研究部署当前和今后一段时期全市统一战线工作。市委书记雷洪金出席会议并作重要讲话，市委副书记、市长刘永湘，市委常委王猛、项晓峰、李清、吴丕、刘敏、刘笑禹、杜彦坤，市人大常委会副主任王建威、詹勇，市政协副主席、市委统战部部长肖光俊，各区县委书记、统战部部长，市委、市人大常委会、市政府、市政协有关副秘书长，市级各部门、各人民团体和有关企事业单位党组（党委）主要负责人参加会议。会议由市委副书记谭豹主持。

【召开《关于制定国民经济和社会发展第十三个五年规划的建议》和《关于全面创新改革驱动转型发展的决定》征求党外人士意见座谈会】 12月2日，市委召开《关于制定国民经济和社会发展第十三个五年规划的建议》和《关于全面创新改革驱动转型发展的决定》征求党外人士意见座谈会。市委书记雷洪金主持会议并作重要讲话。市委副书记谭豹，市委常委、常务副市长项晓峰，市委常委、秘书长吴丕，市政协副主席、市委统战部部长肖光俊出席会议。民革市委主委叶智英、民建市委主委牟玉昆、农工党市委主委徐武斌、九三学社市委主委罗毅平、市工商联主席王孝谦、无党派代表人士丁立东、民盟市委副主委张力参加会议并发言，市委统战部有关领导参加会议。

（张　丽）

政策研究

【文稿智力服务】　2015 年，紧扣稳增长、调结构、惠民生、抓党建等中心工作，把文稿服务转化为贯彻上级部署、下接基层地气、深入研究工作、提出建议参考的过程，提升文稿针对性和实效性。坚持寓服务于会议文稿，起草和审核市委十一次和十二次全体会议、落实从严管党治党责任等重要会议文稿 100 余篇。牵头研究和起草“十三五”规划《建议》，在市委制定“决胜全面小康、建设经济强市”主题主线、丰富完善全市发展定位、确定构建五个发展新格局的战略重点过程中，发挥参谋作用。参与市“十三五”规划《建议》宣传解读，制作市委全委会精神图解，派员参加新闻发布，促进全市各界对市委决策部署的学习贯彻。构建重大文稿联合攻坚机制，整合相关部门业务骨干、各科室人员力量，共同完成重点任务。探索开展文稿智力服务沙龙，组织市委政研室和区县委文稿服务人员，定期开展培训探讨，推动文稿服务水平整体提升。

【全面深化改革工作】　2015 年，市委改革办筹备组织 3 次改革领导小组会议，推动全面深化改革工作开展。牵头编制《市委十一届九次全会重要改革举措实施规划》，将全市 2014 年到 2020 年的改革任务细分为 212 项、688 条措施；制定《2015 年改革工作要点》，明确全年重点推进的改革事项；汇总制定《2015 年改革工作台账》，形成改革“施工图”。围绕全面深化改革总体目标，突出稳增长、调结构、促转型、防风险、惠民生主题，坚持以经济体制改革为重点，以体制机制和制度性改革为着力，全年共推动审议制定专项改革方案 15 个。

【调研工作】　2015 年，围绕市委中心工作和重大部署，成立 5 个重点课题组，开展重点课题调研，形成《关于自贡市国家高新技术开发区发展的路径研究》《关于破解干部难“下”问题的对策建议》《自贡市电子商务产业发展情况调查》《关于我市实施文化“走出去”战略的研究与思考》《关于我市推进涉法涉诉改革工作情况的调研》5 篇调研报告。围绕全市战略性、综合性、热点性、难点性课题开展调研，形成《自贡农村信用社筹建农商银行的调查报告》《借鉴内江、宣汉经验促进我市科技人员创新创业》等 16 篇调研报告。

【调研工作载体】　2015 年，将《学习与研究》刊物作为服务决策的重要载体，以改革工作、“三严三实”专题教育活动等为重点，征集刊载全市各方面调研文章，全年共刊发 12 期。将《调查研究》改版为《决策参考》，围绕改革发展新部署、新趋势提供“短平快”政策参考，共刊发《工业“4.0”发展状况及启示》《上海“城市更新”的主要做法及几点启示》等热点调研报告 12 篇。

（谢　俊）

群众和信访工作

【概况】　2015 年，市、区（县）两级信访部门信访总量 1.96 万件（人）次，同比下降 2.6%。来信总量 629 件次，同比下降 32.5%；来访总量 1.69 万人次，同比下降 3.7%；网上投诉 2124 件次，同比上升 25.4%；发生到市集体访 228 批 4527 人次，同比批次下降 13.3%、人次下降 20.9%；发生到市委、市政府机关“非访”60 批 1651 人次，同比批次下降 44.9%、人次下降 46.3%。到省上访 100 批 308 人次，同比分别下降 30.5%、15.8%，其中，集体上访 12 批 187 人次，同比分别上升 33.3%、14%；进京上访 72 人 129 人次，同比人数上升 14.2%、人次下降 37.9%；造成“非访”41 人 71 人次（省通报数），同比分别下降 22.6%、47.7%；重复“非访”15 人 44 人次，同比分别下降 51.6%、46.3%。

【健全群众诉求受理机制】　2015 年，市领导带头阅批处理群众来信 110 件，其中市委主要领导阅批群众来信 107 件，占市领导阅批来信的 97%。

坚持在市、区县两级实行重点部门入驻群众工作中心联合接访，提高处理群众信访的效率，减少群众信访成本。全年市群众工作中心接待来访750批4862人次，同比批次下降38%、人次下降21%，其中集体访210批4106人次，同比批次下降18.6%、人次下降21%。强化领导接待日工作制度，将参加接访的范围扩大到联系市领导的秘书长、副秘书长、办公室班子成员和市领导分管或联系的市级部门。全年，组织市领导信访接待日活动47次，接待来访群众96批811人次，其中5人以上集体访43批692人次；各区（县）、高新区县级领导参加领导接待日活动1778次，接待来访群众2785批7613人次，其中集体访309批次。依托全省网上信访信息系统，建设市级视频接访系统，与省信访局实现互联互通。依托全省网上信访信息系统，市、县两级信访部门全部开通本级投诉受理平台，受理群众诉求，为群众信访提供便利。全年通过各类网上信访平台受理和中央及省直转的网上信访共1782件次，同比下降24.4%，其中纳入满意度评价30件次，及时受理率、按期办理率均100%。市、区县信访部门全部应用全国信访信息系统办理业务，应用率100%。市便民呼叫中心共接听群众来电1.94万件次，其中，有效诉求4929件次；办结归档4927件次，办结率99.9%。全市各级领导干部下访1.35万人次，参与干部3.51万人次，解决信访问题3985个。坚持基层信访代理制度，发挥信访代理员“五员”作用，帮助群众代理信访问题，预防和减少群体访、重复访、越级访。全市各区县共选聘信访代理员1444名，代理信访事项2295件次，解决信访问题1587件次，比2014年减少30.85%。

【信访信息化建设】 2015年，网上信访信息系统全面建成，纵向联通国家信访局、省信访局和区县、乡镇（街道），横向联通部分重点职能部门。将办信、接访、网上投诉等业务工作全部纳入网上流转，网上信访及时受理率、按期办理率均达100%，其中，富顺县委群工局被评为“全国网民留言办理先进单位”。推行群众满意度评价，群众对信访部门和责任部门满意度达83.3%。利用信访大数据，从日常信访件中排查处理敏感信访信息，加强对信访数据资源分析研判、综合利用，为党委、政府科学决策提供参考。全年形成信访专报2期，一般信访信息50余条，综合性民情分析报告1篇。

【规范信访事项办理】 2015年，强化“属地管理、分级负责”“谁主管、谁负责”信访工作原则，督促职能部门承担化解本领域职责范围内信访问题的责任，依法按政策处理信访事项，提高初信初访一次性办结率。印发《关于进一步规范信访事项受理办理程序引导来访人依法逐级走访的实施细则》（自府信发〔2015〕1号），促进信访基础业务规范化建设。实行行政信访与诉讼分离，对涉法涉诉事项坚持不受理、不交办、不协调的“三不”原则，对已经或者依法应当通过行政复议、仲裁、诉设等法定途径解决的投诉请求，引导信访人依法向有关机关提出。按期办理省信访局交办的11件信访件；通过信访信息系统转送中央及省转送件573件，按期处理录入率96%；转送进京越级走访件54件，按期处理录入率100%。

【排查化解矛盾纠纷】 2015年，落实乡镇（街道）每半月、区（县）每月、市级部门每季度的定期排查制度，按问题复杂程度、影响范围、风险大小的不同，对排查出的矛盾纠纷分别由市、区（县）、乡镇（街道）进行化解、稳控责任分解。全年各区（县）排查各类矛盾纠纷2287件，化解1904件，化解率83.2%。坚持市、区（县）两级领导共同包案、区（县）领导同步包案化解信访积案工作制度，摸排、筛选出32件具有化解价值的信访积案，逐案明确市、区（县）包案领导以及化解、教育管理责任单位、责任人。全年32件领导包案办结21件，结案率66%；息诉息访20件，息诉息访率63%。对省挂牌督办和交办的153件信访积案难案，逐案明确区县包案领导、化解责任单位、责任领导及责任人；对省联办致函市委书记的8件重点案件，通过点对点致函将案件逐件分解落实到相关区（县）委书记。153件积案难案全部结案，结案率100%；息诉息访128件，息诉息访率83.6%。50余次协调召开大安棚户区改造、沿滩区邓关镇盐业社区居民用气难、沿滩区永兴苑两证办理、沿滩区李永辉、富顺县章存高“三跨三分离”、自贡市高新机械职工保险等信访问题专题分析研判会，逐步推进案件化解工作，确保社会稳定。

【实施惠民助民工程】 2015年，9项民生工程和16件民生大事工作协调推进，9项民生工程的101项量化考核指标和16件民生大事的17项量化考核指标均全面或超额完成。全市实施民生工程共投入资金46.58亿元，占资金安排计划总额的110.68%，办好16件民生大事共投入资金25.93亿元，占资金安排计划总额的102.21%。在元旦春节期间，全市各级各部门开展以“走基层·幸福万家行”“访职工·幸福暖人心”等送温暖慰问月活动，共走访慰问困难群众、优抚对象等各类群体10.35万人，送去慰问金1577.29万元，送去食油、大米、腌腊食品以及棉被等生活必需品折合资金473.24万元。5月，全市各级各部门深入基层，集中开展以“依法维权、为民解难”为主题的群众工作月活动，畅通社情民意表达渠道，排查化解矛盾纠纷，推动机关工作作风转变。

（冉康林）

机构编制工作

【推进政府职能转变】 2015年，市委办、市政府办印发《关于实施〈自贡市人民政府职能转变和机构改革方案〉工作规划和任务分工的通知》，提出未来3~5年内职能转变工作规划和任务分工。开展市本级非行政许可审批事项清理取消工作，市政府承接省政府下放的政府内部审批事项2项，取消市本级非行政许可审批事项2项，市本级不再保留非行政许可审批事项。

【机构改革】 2015年，落实中央和省市关于简政放权、优化机构设置和严控人员编制要求，调整设置市政府工作部门32个、部门挂牌机构10个。推进行业体制改革，整合市机关事业单位社会保险局、市社会保险事业局职责；完成市级不动产登记职责整合；将市、县两级卫生执法监督支队（大队）更名为卫生和计划生育监督执法支队（大队），赋予计划生育行政执法职责，规范乡镇政府卫生和计划生育机构设置和职责分工。

【扩权强镇改革】 2015年，市委办、市政府办联合印发《关于深化扩权强镇改革加快县域经济发展的实施意见》，将涉及安全、城管、文化、民政等47项民生权力纳入市级统一制定的《自贡市扩权强镇授权（委托）行政权力事项参考目录》，各县（区）在原授权（委托）下放的193项县级部门行政管理事项基础上，优化扩权事项。

【事业单位分类改革】 2015年，按“成熟一批、明确一批”原则，全市参与分类事业单位总数为1532个，明确类别1447个，占参与分类事业单位总数的94.5%，分类改革进度和完成率均处于全省前列。加强划入行政类、生产经营类事业单位过渡期间管理。对行政类事业单位管理坚守“两个不突破”底线，完成市知识产权局、市灯贸委、市地方海事局等8个事业单位划归行政机构的改革工作。推进事业单位管理方式创新，市编委印发《创新事业单位机构编制管理方式的意见》和《自贡市事业单位法人治理结构建设试点工作方案》，自贡创新事业机构编制管理的经验做法，被省委编办通过《分类推进事业单位改革专刊》采用并推广。

【机构编制管理】 2015年，开展机构编制核查，形成《关于自贡市机构和人员编制核查情况的报告》，被纳入市委编委会、市委常委会专项议题。按市委常委会要求，市委编办印发《自贡市机构和人员编制核查工作反馈问题整改实施方案》，做到责任落实、整改落实。抓好机构编制目标绩效考核，对照考核评分细则，对全市各县（区）2014年度机构编制工作进行考核评分，拉开考核差距，做到奖优罚劣。从严核定2015年编制使用计划。围绕市委、市政府2015年工作重点，按照“总量控制、逐年补充、保证急需、优化结构”总体原则，结合2014年市级人员补充和自然减员情况以及中央对财政供养人员只减不增的要求，提出2015年市级机关及参公管理事业单位使用编制计划137名，比2014年减少74名，减幅35.1%；市属事业单位用编计划380名，比2014年减少222名，减幅36.9%。

【机构编制调查研究】 2015年，针对机构编制管理中的热点、难点问题和2015年重点改革任务开展调查研究和学习考察，形成《关于赴重庆万州、湖北宜昌两地学习考察整合检验检测机构经验的报告》，报告提出的整合建议方案得到市长刘永湘的肯定性批示：“学习考察有成效，建议方案有见地，可行”；完成全市2015年重点课题调研《关于整合事业单位机构编制资源的探索与思考》；形成《关于赴深圳、温州两地学习考察事业单位法人治理结构建设试点情况的报告》《市级机关单位减编控编调研报告》等8篇调研报告。

（丁　松　袁正平）

老干部工作

【老干部工作机制】　2015年，市委常委会研究老干部工作2次，市政府常务会研究老干部工作2次。市委领导多次参加老干部活动，市委书记雷洪金对老干部工作做出批示，市委副书记、市长刘永湘为老干部作形势报告会，市人大常委会主任陈华与老干部共庆重阳、国庆节日。市委分别召开老干部工作会和离退休干部工作会议，贯彻落实全国、全省会议精神，市委常委、组织部部长李国贵在两次会议上对老干部工作提出要求。春节前夕，市委常委领导带队分别看望慰问老红军、离退休班子老领导、县级以上生病住院老干部以及离休干部遗孀130余名，为他们送去新春祝福，并发放慰问金。

【加强老干部学习教育】　2015年，将学习贯彻全国全省离退休干部工作会精神与学习“四个全面”战略布局相结合，依托自贡党建老干部工作专栏、《自贡老干部工作》和老干部党校、老干部活动中心等思想宣传阵地，引导全市老干部准确把握和领会精神实质，激发老干部、老党员爱党、忧党、兴党、护党的热情和责任，为党和人民事业增添正能量。1月初，印发《关于认真学习贯彻习近平总书记等中央领导同志在全国离退休干部“双先”表彰大会上重要讲话精神的通知》，号召全市离退休干部和老干部工作系统工作人员，系统学习全国“双先”表彰大会精神。4月，举办县级离退休干部轮训班和离退休党支部书记培训班，邀请市委党校教授就“四个全面”主要精神向老同志作解析，全市200余名离退休干部参加培训。组织离退休党支部和支部书记专题学习全国、全省会议精神，开展学习研讨2次。开展全省“四先”推荐表彰，沿滩区老干一支和荣县旭阳镇桂林街社区离退休干部党支部2个离退休党支部、黄效焜等4名老干部、市人大办离退科赵兵等3名老干部工作者被评为全省先进。

【老干部活动】　2015年，组织老干部观灯活动，1300余名老干部参加第二十一届国际恐龙灯会开幕式；组织全市老干部代表30余人到江姐村“老干部林”开展植树、护树活动；组织“体验幸福、快乐生活”老干部钓鱼比赛，全市300余名老干部参加。开展“走、看、促”活动，组织老领导参观视察全市环保、民族宗教工作，形成《关于市老领导视察调研环保工作有关问题的反映》等调研报告，向市委、市政府专题汇报。组织“我看五个自贡建设，共铸千年盐都辉煌”主题活动，组织老干部专题视察3次、专题座谈会4次。建言献策队就“产业自贡”进行专题调研，形成报告报市委市政府参考。

【落实老干部待遇】　2015年，市委老干局会同市财政、人社（医保）等部门，研究调整离休干部医药费统筹金标准；征求老干部意见，加强离休干部定点药店管理服务；落实10名老干部省（部）级医疗报销待遇；协助市四大班子组织老领导外出参观考察（健康休养）活动；组织全市老干部体检，通过比选方式确定市第四人民医院体检中心为体检单位，1300余名老干部参加体检；集中为全市96名破产改制特困企业离休干部办理规范生活津补贴；完成全市机关事业单位离休干部基本离休费调整的审核工作；落实老干部特殊困难帮扶制度，全市170余名困难老干部在生活、医疗等方面得到照顾，帮扶资金40万余元；慰问7名异地安置离休干部，看望10名居住在异地的班子老领导。协调处理久大公司、鸿化公司拖欠老干部待遇问题；针对信访较多的新中国成立初期参加革命工作退休干部，多次召开座谈会传达政策、做好思想疏导，确保全市离退休干部队伍整体稳定。在继续优化市级老干部学习活动阵地建设的基础上，重点指导区县加强建设。是年，沿滩、富顺、荣县三地的老干部活动中心通过省委老干部局对老干部活动阵地规范化建设考核验收。

【组建老干部网络宣传骨干队伍】　5月，组建自贡市老干部网络宣传骨干队伍，通过自荐和单位推荐，确定35名老干部和工作人员，并为每名队员颁发聘书；在市老干部活动中心设立老干部网络宣传骨干队伍工作室，建立完善工作职责、工作流程、定期联席会议制度，并组织2次集中培训，邀请网络专业人士对微博、微信、论坛发帖等知识进行讲授。定期召开老干部网络宣传工作推进会和讨论交流，明确阶段性宣传重点和方向。开通自贡市老干部网络宣传骨干队伍公众微信号“老黄牛”，寓意老干部“老牛自知夕阳晚，不须扬鞭自奋蹄”的追求。老干部网络宣传队借助“老黄牛”、盐都论坛、荣州在线等网络媒体以及《自贡日报》《蜀南文学》等传统媒体，发表《始终强化问题导向》《公宴》《威远河的抗战》《廉事三则》《为〈抗战中的自贡〉写的序》等文章。

【纪念抗战胜利70周年系列活动】 2015年，为纪念中国人民抗日战争胜利70周年，组织全市老干部开展“五个一”系列活动：一次“牢记历史、圆梦中华”访谈，联合自贡日报专题采访自贡市6名抗战离休干部代表，让老干部在追忆历史的同时，感悟抗战胜利后的美好生活，并刊登在自贡日报正版；一场“不老的军魂”摄影展，联合市文广新局、市档案局、市文联、自贡军分区主办《敬礼老兵》自贡抗战老兵风采摄影作品展，展出77名抗战老兵风采，并将展出的照片印制成画册，送给抗战老兵们留作纪念；一次“抗战离休干部专题座谈会”，组织全市46名抗战离休干部召开纪念抗战胜利70周年专题座谈会，并在座谈会上为他们佩戴纪念章，送上党委、政府对老干部的关怀和慰问，感谢他们为中国的发展做出的贡献；一次专题慰问，组织全市对抗战离休干部及遗属开展走访慰问，给予每人一次性慰问金5000元，全市共慰问52人，送去慰问金26万元；一场“铭记历史，共享盛世”歌咏会，发动全市各单位组织歌咏队伍16只，参与老干部780余人，开展纪念抗战胜利70周年抗战歌曲大家唱歌咏活动。

【老干部志愿服务活动】 2015年，志愿服务队以医疗卫生、扶贫关爱、体育文化服务等为重心进行志愿服务。医疗服务队把义诊从乡镇延伸到村、到社区、到市民广场，扩大服务面。关爱服务队从关爱留守儿童扩展到关心关爱留守老人、关注农村弱势群体，组织到敬老院为老年人送爱心，到农村送法律，开辟法律讲堂。建言献策队到部分大的机关、厂矿，为离退休老干部进行宣讲学习，结合“三严三实”活动，深入农村村组向农村党员讲党课。是年，全市老干部志愿服务队累计开展送医、送技术、义诊4次，接受咨询诊断200余人；帮扶留守儿童、贫困群众4000人次；累计开展讲党课10余场次，参加党员600余人。

（市委老干部局）

保密工作

【召开保密工作会议】 4月10日，市委保密委组织召开全市保密工作会议，贯彻落实中央、省委保密委员会会议精神，总结2014年全市保密工作，部署2015年工作任务。

【制订保密工作计划】 4月，印发《自贡市2015年保密工作要点》《2015年度区（县）保密工作考评细则》和《2015年度市级部门保密工作考评细则》，在保密法制、监督管理、宣传教育、保密技术等方面进行任务部署。

【保密宣传教育】 2015年，运用手机保密提醒平台，开展保密常识性教育，在原1300多名县（处）级以上领导干部的基础上，增加市级部门办公室主任72人、重要涉密人员202人，定期发送保密警示信息，全年共发送保密警示短信2万余条。组织涉密人员在岗教育，先后深入富顺县、自贡烟草专卖局、市公安局、自贡机一公司等部门、企业开展保密知识专题讲座，参训人员累积500余人。突出常识性保密宣传教育，设计、制作保密提醒专题鼠标垫2000张，免费发放各区（县）、市级各部门、各涉密单位使用。组织开展《保密工作》等保密专业书籍学刊用刊工作，全年共征订《保密工作》676份、《党政领导干部和涉密人员保密常识必知必读》986份、《定密指导手册》172份、《保密法律法规汇编》138份。

【党政机关保密管理】 2015年，就落实《党政领导干部保密工作责任制规定》提出具体建议要求，并将落实规定情况全面纳入绩效目标考核。3月至5月，组织开展涉密网络保密专项检查，全市387家机关单位上报自查工作报告和《涉密网络基本情况表》。对荣县县委办、富顺县委办、全市防邪系统、全市组织工作系统等单位进行抽查，对存在问题的，立即告知，要求及时整改。开展涉密网络建设使用审批工作，介入市纪委“纪检监察专网”、市委组织部“大组工网”、市检察院内部办案网络、市委机要局电子政务内网等涉密网络建设方案评审、建设实施和现场测评工作，参与晨光化工研究院“ERP”系统建设可行性论证，明确系统建设保密管理要求。5月和7月，分别对全市涉密载体寄递单位、涉密测绘单位进行专项检查，明确保密职责，提高保密意识。

【国家教育考试保密管理】 2015年，市国家保密局与教育、公安、招生等部门联合建立考试保密工作突发事件应急处置机制，加强对“两考”、研究生考试、国家司法考试、成人高考、自学考试、专业技术职称考试、“9+3”毕业生招录、公招等各类考试的保密管理。制发《自贡市2015年“两考”保密管理工作方案》，就“两考”期间市、区（县）两级保密部门工作进行统一安排部署。

【“十二五”保密事业发展总结】 2015年，对全市“十二五”保密工作进行总结：“十二五”期间，全市开展保密培训100多期，参训人员1.5万人次；投入保密技防建设经费124.48万元，完成重要涉密单位互联网出口保密检查监测平台、涉密介质管控平台、保密业务综合管理平台等建设；市委、市政府保密机构新增内设机构2个，设科级领导职数2名，增加行政编制3人；以查促管，先后抽查市级部门54个、区（县）部门94个、国防军工科研生产单位8家、涉密业务定点单位11家，抽检计算机651台、移动存储介质135个、涉密纸质文件资料213份、政府部门门户网站59个，督促12个有保密安全隐患的单位进行整改。

【“六五”保密普法总结验收】 2015年，按照全省“六五”保密普法总结验收工作要求和总结验收督导量化考核标准，市保密局组织开展自查自评工作。“六五”期间，先后举办各类保密专题培训班100余期，集中播放警示教育片23场，组织撰写保密理论文章70余篇，举办保密专题党课363场次，发送保密警示短信近4万条，发放保密法制宣传教育资料1.5万份。

（市委保密办公室）

党史工作

【工作布置】 3月18日，召开区县委党史研究室主任会议，印发《中共自贡市委党史研究室2015年工作要点》。9月16日，召开区县委党史研究半年工作会议，总结上半年工作，安排党史“四个一”工作。

【党史编撰】 11月，完成《中国共产党自贡执政实录》（2014年卷）编纂工作，12月正式出版。全书共2卷，分概述、政务活动、执政方略、执政实践和附录5个篇章，共123万字，是一本大型综合性、资料性工具书。12月，按照省委党史研究室统一部署，完成《四川三线建设资料丛书》（自贡卷）一书。该书由图片、总序、序、目录、综述、文献资料、大事记、后记组成，为挖掘三线建设经验、传承三线建设精神提供服务。12月，完成《中共自贡市委大事记》（2015年）资料征集工作。

【载体建设】 2015年，完成《自贡党史》期刊4期，设本期特稿、风范长存、三线建设、史稿编写、学习体会、史实考证、专题研究等12个栏目，向机关、企事业单位及学校发放刊物8000余册，对自贡地方党史开展宣传。

【党史宣传】 2015年，开展自贡党政网党史网页建设，适时更新工作动态、党史人物、党史研究、领导视察等栏目12个，搭建党史宣传教育平台。开展《自贡市红色旅游景点》征集工作，收集整理全市各红色旅游景点及特色餐饮23个。编撰《红色故事》31个2万余字及图片。组织和参与全省《科学发展在四川》图片展、四川党史界纪念抗战胜利70周年学术征文活动等。

【业务指导】 5月27日，召开区县党史基本著作编撰工作会议，就中共地方党史大纲编写、资料征集、正文撰写及统稿送审等方面开展培训。指导区县党史部门开展党史“四个一”工作，即一套基本著作、一年一次执政实录、一年一份资政报告、一年一次以上宣传教育活动。

（陈　静）

论及实践培训基地申报工作。

党校工作

【学员培训】 2015年，组织“优秀年轻干部和人才递进培养计划”培训班、新任副县级领导干部培训班、基层民主党派负责人培训班、村（社区）干部培训班、公务员初任培训班等主体班14个班次，培训24期、3154人次；开展专题培训班5期，培训421人次。

【开设新专题】 2015年，围绕学习党的十八届四中、五中全会和习近平系列重要讲话精神、“五个自贡”建设实践过程中的重大理论和现实问题、“党性锤炼”、提升思想素质、坚定理想信念等方面设置专题。全年共开设专题114个。其中新专题60个，占专题数的52%。

【创新教学形式】 2015年，在部分培训班开展准军事化训练和户外拓展培训，开设入学教育与入学摸底考评，采取课堂教学与现场教学相结合、专题讲座与座谈讨论相结合、理论学习与工作研讨相结合的方式，增强培训实效性。

【在职研究生教育】 完成2015级省委党校在职研究生招生工作，参考46人，录取16人。加强在职研究生日常管理，严格考勤，严肃考试纪律。

【课题研究】 2015年，完成科研成果113项，其中调研报告（课题）53项。在报刊或论文集发表论文及调研报告60篇（公开报刊19篇，内刊33篇，参加征文交流7篇）。全年获各类各级成果奖13项，其中，获第九届四川省党校行政学院系统优秀科研成果奖6项（其中二等奖2项，三等奖4项）、市第十五次社会科学优秀成果二等奖1项、其他获奖6项。2015—2016年度市哲学社会科学研究规划课题立项4项。

【思想库建设】 2015年，编辑出版《盐都论坛》4期，编辑《重要研究成果专报》3期，并送有关领导及部门参阅；推荐教研人员参加优秀科研个人和优秀科研管理工作者奖评奖，获得科研成果奖6项，其中二等奖2项、三等奖4项。1篇论文获得2015年度省政协理论与实践研究会优秀论文。1名教研人员受聘担任市第六届自然科学优秀学术论文评审专家。组织开展市级中国特色社会主义理论及实践培训基地申报工作。

【加强区县业务指导】 2015年，开展“走基层”基层党校调研；采取多种形式开展师资培训，培训129余人次；举办全市党校系统师资培训班、党校系统管理者培训班，培训60余人次。

（王　力）

接待工作

【概况】 2015年，完成接待任务177批、2395人次，其中省部级接待任务42批。完成全国人大环境与资源保护委员会主任委员陆浩，民政部党组成员王建军，中国人民大学党委书记靳诺，捷克总统顾问、前副总理兼外长科胡特，泰国总理顾问阿卡尼上将，省委书记王东明，省委副书记尹力以及第二十一届自贡国际恐龙灯会开幕式、自贡商会成立100周年、全国13城市关心下一代工作经验交流会、川南经济区发展协调小组暨川南经济区联席会第二次会议等重要接待任务。是年，市接待办公室获“全国优秀党政接待部门先进单位”和“四川省政务接待优秀集体”。

【完成第二十一届自贡国际恐龙灯会开幕式接待任务】 2月2日，第二十一届自贡国际恐龙灯会开幕式在彩灯公园举行。省政府参事陈保明，省文化厅厅长郑晓幸，省旅游局副局长李永清，省投资促进局副局长戴绍泉，市委书记雷洪金，市委副书记、市长刘永湘，市人大常委会主任陈华，市政协主席潘泽金及中外客商、媒体记者等近500人出席开幕式。

【完成陆浩到市调研的接待任务】 1月17日，由全国人大环境与资源保护委员会主任委员陆浩率队的中央第七督导组到市。督导组一考察市盐业历史博物馆、荣县双石镇金台村和吴玉章故居。省委常委、省委秘书长陈光志，市委书记雷洪金，市委副书记、市长刘永湘陪同考察。

【完成科胡特到市考察通用航空项目的接待任务】 3月17日，捷克总统顾问、前副总理兼外长科胡特在副省长刘捷陪同下到市，实地考察市通用航空项目、高新区板仓工业园区、华西能源股份有限公司、自贡恐龙博物馆、自贡凤鸣机场建设现场和自贡海川实业有限公司，并就轻型飞机组装和研发合作与中航工业交换意见。市委书记雷洪金，市委副书记、市长刘永湘陪同考察。

【完成四川理工学院举行60周年校庆接待任务】 4月18日，四川理工学院举行“60周年校庆”活动。教育部原副部长、中国高等教育学会会长周远清，省人大常委会原副主任卢铁城，市委书记雷洪金，市委副书记、市长刘永湘，市人大常委会主任陈华，市政协主席潘泽金参加活动。

【完成王东明到市调研的接待任务】 4月28日，省委书记、省人大常委会主任王东明莅市，调研自贡川南现代服务业集聚区和自贡海川实业有限公司。市委书记雷洪金陪同调研。

【完成王建军到市检查指导工作的接待任务】 6月18日，民政部党组成员、全国老龄办常务副主任王建军莅市，到市老年大学、贡井区龙潭镇中坝村、荣县度佳镇杨佳社区老年人协会检查指导工作。

【完成川南经济区发展协调小组暨川南经济区联席会第二次会议接待工作】 6月29日，川南经济区发展协调小组暨川南经济区联席会第二次会议在自贡市召开。省委常委、川南经济区发展协调小组组长李登菊，副省长、川南经济区发展协调小组副组长刘捷及省级相关部门领导，泸州、内江、宜宾相关市、县、区主要领导参加会议。

【完成华西能源公司与泰国SPS1999公司签约接待任务】 7月11日，泰国总理顾问、能源委员会副主席阿卡尼上将、泰国改革委员会委员巫提上将、泰国国防委员会秘书长苏拉萨上将、泰国维持国家稳定安全委员会委员德差中将莅市，参加华西能源工业股份有限公司与泰国SPS1999公司5个日处理600吨垃圾焚烧发电总包项目签约仪式，合同总金额16.4亿元。市委书记雷洪金出席签约仪式。

【完成自贡商会成立100周年纪念大会暨2015民间商会（自贡）高峰论坛接待任务】 7月28日，自贡商会成立100周年纪念大会和新常态新机遇新作为2015民间商会（自贡）高峰论坛在自贡市召开。副省长陈文华、省政协副主席陈放，市委书记雷洪金，市委副书记、市长刘永湘，市政协主席潘泽金等300多人出席会议。

【完成靳诺到市调研接待任务】 7月29日，中国人民大学党委书记靳诺莅市，考察吴玉章故居并祭拜吴玉章墓，参观辛亥首义纪念馆，看望并慰问中国人民大学社会实践团在富顺县彭庙镇莲池村进行社会实践的学生。市委书记雷洪金等陪同调研。

【完成全国十三城市关心下一代工作经验交流会接待任务】 10月28日，全国十三城市关心下一代工作经验交流会在自贡市召开，省关工委副主任李尚志及全国十三城市82名与会代表出席会议，并考察基层关工委工作示范点及爱国、科普教育基地、市儿童福利院、市盐业历史博物馆。29日，考察吴玉章故居、荣县大佛、荣县关工委周末活动室、社区关工委、自贡恐龙博物馆、燊海井制盐现场。市委书记雷洪金会见客人。

【完成尹力到市调研接待任务】 11月27日，省委副书记、宣传部部长尹力莅市，调研四川理工学院、南湖体育中心；28日，调研高新区丹桂街方冲社区、高新区板仓工业园区、华西能源工业股份有限公司、釜溪河复合绿道、浙江大学自贡创新中心、大安区龙井街华大社区、海天文化传播有限公司以及自贡恐龙博物馆。市委书记雷洪金，市委副书记、市长刘永湘陪同调研。

【完成范锐平到市调研接待任务】 12月16日，省委常委、组织部部长范锐平莅市，调研自流井区光凤片区棚户区改造情况，以及践行群众路线、“三严三实”工作情况，调研贡井区龙潭镇中坝村农村党组织引领产业发展、自贡海川实业有限公司校企合作转型发展；17日，调研四川理工学院大学生创新创业俱乐部及科技成果转化、浙江大学自贡创新中心“校+地+园+企”合作等项目，调研沿滩龙湖远达社区党建工作、沿滩返乡创业园暨科技孵化园、仙市镇百胜村党组织引领新村建设工作和贫困村第一书记工作情况。市委书记雷洪金，市委副书记、市长刘永湘陪同调研。

【完成李登菊出席市委常委班子民主生活会的接待工作】 12月30日，省委常委、省总工会主席李登菊莅市，参加市委常委班子民主生活会；31日，到自贡硬质合金有限公司开展慰问活动。市委书记雷洪金，市委副书记、市长刘永湘出席活动。

（王守安）

人 大

代表大会

【市十六届人大六次会议】 2月10日至13日召开。会议听取和审查自贡市人民政府工作报告；听取和审查自贡市2014年国民经济和社会发展计划执行情况及2015年国民经济和社会发展计划草案的报告，批准2015年国民经济和社会发展计划；听取和审查自贡市2014年财政预算执行情况及2015年财政预算草案的报告，批准2015年市本级财政预算；听取和审查自贡市第十六届人大常委会工作报告；听取和审查自贡市中级人民法院工作报告；听取和审查自贡市人民检察院工作报告；审议通过《自贡市人民代表大会议事规则（修订案）》；对市十六届人民代表大会第五次会议议案办理情况进行表决测评；补选詹勇为自贡市十六届人民代表大会常务委员会副主任；补选杨廷卫、罗林为自贡市十六届人民代表大会常务委员会委员。会议作出关于政府工作报告的决议、关于自贡市2014年国民经济和社会发展计划执行情况与2015年计划的决议、关于自贡市2014年财政预算执行情况和2015年财政预算的决议、关于市人大常委会工作报告的决议、关于市中级人民法院工作报告的决议、关于市人民检察院工作报告的决议。

常委会会议

【市十六届人大常委会第二十六次会议】 1月16日召开。会议审议自贡市人大常委会工作报告（草案），并作决定；审议通过自贡市人大常委会2015年工作要点（草案）；审议通过市十六届人大六次会议方案，通过自贡市人大常委会关于召开市十六届人大六次会议的决定（草案）；补选四川省第十二届人大代表；书面传达市委十一届十次全体（扩大）会议精神。

【市十六届人大常委会第二十七次会议】 2月27日召开。会议听取和审议市政府关于贯彻实施《中华人民共和国传染病防治法》《中华人民共和国环境保护法》情况的报告；书面听取市中级人民法院关于市十六届人大常委会第二十三次会议对全市法院审判执行情况报告审议意见的办理情况报告，书面听取市人大财经委关于市十六届人大常委会第二十五次会议对自贡市2014年节能工作情况报告、对自贡市2013年度财政审计查出问题整改情况报告以及市人大教科文卫委关于市十六届人大常委会第二十五次会议对自贡市推进义务教育均衡发展情况报告的审议意见处理结果报告；书面传达省十二届人大三次会议主要精神；通过人事任免事项。

【市十六届人大常委会第二十八次会议】 4月29日召开。会议听取和审议市政府关于自贡市2014年城市维护费执行情况和2015年计划安排情况、自贡市社会化养老服务体系建设推进情况、自贡市贯彻实施《中华人民共和国种子法》及《四川省农作物种子管理条例》情况的报告，审议通过市人大常委会代表资格审查委员会关于自贡市第十六届人民代表大会个别代表的代表资格审查报告，书面听取市政府关于市十六届人大常委会第二十三次会议对自贡市行政审批制度改革情况、自贡市棚户区改造推进情况、自贡市贯彻实施《消费者权益保护法》情况审议意见的办理情况报告，书面听取市人大教科文卫委、市人大城环资委分别关于市人大常委会第二十七次会议常委会组成人员对自贡市贯彻实施《中华人民共和国传染病防治法》《中华人民共和国环境保护法》情况审议意见的处理结果报告，书面传达省人大常委会第十五次会议主要精神，通过人事任免事项。

【市十六届人大常委会第二十九次会议】 6月25日召开。会议听取和审议市政府关于自贡市高端成长型产业发展情况及重大产业项目推进情况、自贡市宽带乡村试点工程建设情况、自贡市贯彻实施《中华人民共和国文物保护法》情况的报告，听取和审议市人大常委会主任会议关于提请审议《自贡市人大常委会关于规范性文件备案审查的规定（修正草案）》的议案，听取市人大常委会代表资格审查委员会关于自贡市第十六届人民代表大会个别代表的代表资格审查报告，书面听取市政府关于市十六届人大常委会第二十五次会议对自贡市2014年节能工作情况、自贡市推进义务教育均衡发展情况、自贡市2013年度财政审计查出问题整改情况审议意见的办理情况报告，书面听取市人大城环资委、市人大内司委、市人大农委分别关于市人大常委会第二十八次会议常委会组成人员对自贡市2014年城市维护费执行情况和2015年计划安排情况、自贡市社会化养老服务体系建设推进情况、自贡市贯彻实施《中华人民共和国种子法》及《四川省农作物种子管理条例》情况审议意见的处理结果报告，书面传达省人大常委会第十六次会议主要精神，通过人事任免事项。

【市十六届人大常委会第三十次会议】 8月27日至28日召开。会议听取和审议市政府关于自贡市2015年上半年国民经济和社会发展计划执行情况、自贡市2014年财政预算执行和其他财政收支审计情况、自贡市2014年财政决算情况和2015年上半年财政预算执行情况的报告，并就2014年市本级财政决算作决议；听取和审议市人大常委会主任会议关于提请审议《自贡市人大常委会关于对政府债务管理加强监督的办法（试行）（草案）》《自贡市人大常委会关于对国有资产管理和经营加强监督的办法（试行）（草案）》和提请废止《自贡市人大常委会审查批准城市维护费计划暂行办法》的议案；听取市人大常委会代表资格审查委员会关于自贡市第十六届人民代表大会个别代表的代表资格审查报告；书面听取市政府关于市十六届人大常委会第二十七次会议对自贡市贯彻实施《中华人民共和国传染病防治法》《中华人民共和国环境保护法》情况审议意见的办理情况报告；书面听取市人大财经委关于市政府及其相关部门贯彻实施新修订的预算法情况的调研报告和市人大常委会人代工委关于自贡市贯彻实施《中华人民共和国代表法》情况的报告；书面听取市人大财经委、市人大教科文卫委、市人大农委分别关于市人大常委会第二十九次会议常委会组成人员对自贡市高端成长型产业发展情况、自贡市贯彻实施《中华人民共和国文物保护法》情况、自贡市宽带乡村试点工程建设情况审议意见的处理结果报告；书面传达省人大常委会第十七次会议主要精神；听取和审议市政府关于自贡市全面推进棚户区改造情况的报告，并开展专题询问。

【市十六届人大常委会第三十一次会议】 10月26日至27日召开。会议对市中级人民法院、市国资委、市教育局、市林业局、市城乡管理行政执法局5部门进行工作评议。听取和审议市政府关于《双溪小井沟饮用水源地生态功能区保护和建设控制规划》实施情况、自贡市社会事业重大项目推进情况、自贡市2015年市本级财政预算调整情况的报告，作出关于批准自贡市2015年市本级财政预算调整方案的决议；听取和审议市人民检察院关于诉讼监督工作情况的报告；听取和审议市人大常委会主任会议关于提请审议《自贡市人大常委会预算审查监督办法（草案）》《自贡市人大常委会关于对重大项目建设及管理加强监督的办法（试行）（草案）》《自贡市人大常委会关于司法监督的办法（草案）》《自贡市地方立法办法（草案）》《自贡市人大常委会关于自贡市人大专门委员会及常委会工作机构起草地方性法规草案工作规程（草案）》《自贡市人大常委会关于自贡市人大专门委员会及常委会工作机构审议审查地方性法规草案工作规程（草案）》《自贡市人大常委会五年立法规划和2016年立法计划（草案）》等议案；审议市人大常委会关于接受辞职的决定（草案）；听取市人大常委会代表资格审查委员会关于自贡市第十六届人民代表大会个别代表的代表资格审查报告；书面听取市政府关于市十六届人大常委会第二十八次会议对自贡市社会化养老服务体系建设推进情况和自贡市贯彻实施《种子法》《四川省农作物种子管理条例》情况审议意见的办理情况报告；书面听取市人大财经委关于市人大常委会第三十次会议常委会组成人员对自贡市2015年上半年国民经济和社会发展计划及财政预算执行情况审议意见的处理结果报告；书面听取市人大农委关于自贡市农村居民饮水安全情况的调研报告；书面传达省人大常委会第十八次会议主要精神；通过人事任免事项。

【市十六届人大常委会第三十二次会议】 12月25日召开。会议听取和审议市政府关于自贡市国民经济和社会发展“十二五”规划完成情况及“十三五”规划编制情况、自贡市2015年节能工作情况、自贡市2014年财政预算执行和其他财政收支审计工作报告中指出问题的纠正情况和处理结果、自贡市2015年市本级财政预算调整情况的报告；听取和审议市政府关于提请审议批准2015年地方政府债务限额的议案；书面听取和审议市政府关于建立双溪小井沟饮用水源地生态功能区保护和建设专项资金保障机制及市十六届人大六次会议关于进一步加强全市食品安全监管的议案办理情况报告；书面听取市人大教科文卫委关于市十六届人大六次会议关于进一步加强全市食品安全监管议案的督办情况报告，听取和审议市政府关于市十六届人大六次会议代表建议、批评、意见办理情况的报告；书面听取市人大常委会人代工委关于市十六届人大六次会议代表建议、批评、意见的督办情况报告；书面听取和审议市人大常委会主任会议关于提请审议《自贡市人民代表大会常务委员会关于召开自贡市第十六届人民代表大会第七次会议的决定（草案）》的议案；书面听取市政府关于市十六届人大常委会第二十九次会议对自贡市高端成长型产业发展情况及重大产业项目推进情况、自贡市宽带乡村试点工程建设情况审议意见的办理情况、自贡市贯彻实施《文物保护法》情况审议意见的办理情况报告；书面听取市人大教科文卫委关于市人大常委会第三十一次会议常委会组成人员对自贡市社会事业重大项目推进情况审议意见的处理结果报告；书面听取市人大内司委关于2015年自贡市人大常委会开展规范性文件备案审查工作情况的报告；书面传达省人大常委会第十九次会议主要精神，审议通过《自贡市宪法宣誓制度实施办法（草案）》；通过《自贡市人民代表大会常务委员会关于对重大项目建设及管理工作加强监督的办法（试行）（草案）》《自贡市人民代表大会常务委员会关于加强司法监督工作的办法（试行）（草案）》《自贡市人民代表大会常务委员会关于对国有资产管理和经营工作加强监督的办法（试行）（草案）》；审议通过市人大常委会代表资格审查委员会关于自贡市第十六届人民代表大会个别代表的代表资格审查报告；审议通过市人大常委会关于接受辞职请求的决定，通过人事任免事项；2015年新任命人员集体宣誓；对市人大常委会任命的市政府秘书长及政府组成部门主要负责人、市人民检察院副检察长个人年度工作情况进行测评。

主任会议

【市十六届人大常委会第46次主任会议】 1月14日、19日召开。会议听取市人大常委会研究室关于自贡市人大常委会工作报告（草案）及2015年工作要点（草案）的汇报；听取市人大常委会办公室关于市十六届人大六次会议的筹备方案的汇报；听取市人大常委会工作评议办公室关于对市司法局等四个部门开展工作评议的情况和市人大常委会任命人员工作情况测评结果的总结报告；听取市人大常委会人代工委关于补选四川省第十二届人大代表的情况汇报；听取市人大常委会办公室关于市十六届人大常委会第二十六次会议时间及议程安排建议情况的汇报；听取市人大财经委关于市十六届人大常委会第二十五次会议对自贡市2014年节能工作情况、自贡市2014年度财政审计查出问题整改情况审议意见的汇报；听取市人大教科文卫委关于市十六届人大常委会第二十五次会议对自贡市推进义务教育均衡发展情况审议意见的汇报；听取市人大常委会办公室关于市十六届人大常委会第二十七次会议时间及议程安排建议情况的汇报。

【市十六届人大常委会第47次主任会议】 2月6日召开。会议听取市人大财经委关于自贡市2014年财政预算执行情况及2015年财政预算草案初步方案审查意见的汇报；听取市财政局关于落实市人大财经委2015年预算草案报告初审意见的情况报告。

【市十六届人大常委会第48次主任会议】 2月9日召开。会议听取市人大常委会办公室关于各代表团推选团长、副团长、代表小组组长、副组长的情况汇报，关于各代表团讨论大会议程（草案）的情况汇报，关于各代表团酝酿大会主席团和秘书长名单（草案）的情况汇报。

【市十六届人大常委会第49次主任会议】 2月16日召开。会议听取市人大教科文卫委、市人大城环资委分别关于自贡市贯彻实施《中华人民共和国传染病防治法》《中华人民共和国环境保护法》情况的执法检查报告；听取市人大常委会人代工委关于市人大各专委会督办市十六届人大五次会议建议、批评、意见情况测评结果的汇报；听取市中级人民法院有关人事任免议案的情况汇报；听取市人大常委会办公室关于市十六届人大常委会第二十七次会议时间及日程安排建议情况的汇报。

【市十六届人大常委会第50次主任会议】 3月17日召开。会议听取自贡市交通基础设施项目建设情况的报告；听取市人大内司委关于2015年规范性文件备案审查计划的报告；听取市人大教科文卫委、市人大城环资委分别关于进一步加强全市食品安全监管议案的情况汇报；听取市人大教科文卫委关于市人大常委会第二十七次会议对自贡市贯彻实施《中华人民共和国传染病防治法》《中华人民共和国环境保护法》情况审议意见的汇报；听取市人大城环资委关于开展自贡市全面推进棚户区改造情况专题询问工作方案的汇报；听取市人大常委会人代工委关于市十六届人大六次会议议案建议督办任务分解的情况汇报；听取市人大常委会办公室关于2015年市人大常委会讨论决定重大事项、2015年市人大各委室重点调研课题、市十六届人大常委会第二十八次会议时间及议程安排建议情况的汇报；书面听取2014年被评议部门整改落实情况的汇报。

【市十六届人大常委会第51次主任会议】 3月31日、4月17日召开。会议分别听取市检察院和富顺县公安局关于对个别市人大代表采取强制措施的情况汇报。

【市十六届人大常委会第52次主任会议】 4月21日、24日和29日召开。会议听取人事任免情况的汇报；听取自贡市公立医院改革情况的汇报；听取市人大内司委关于自贡市养老服务体系建设情况的视察报告；听取市人大农委关于自贡市贯彻实施《中华人民共和国种子法》及《四川省农作物种子管理条例》情况的视察报告；听取市人大城环资委关于自贡市2014年城市维护费执行情况和2015年计划安排情况的审查报告；听取市人大常委会办公室关于市十六届人大常委会第二十八次会议时间及日程安排建议情况的汇报；听取市检察院关于对个别市人大代表采取强制措施的情况汇报；听取市人代工委关于市第十六届人民代表大会个别代表的代表资格审查报告；听取市人代工委有关人事任免议案的情况报告。

【市十六届人大常委会第53次主任会议】 5月22日召开。会议听取自贡市培育和发展农业产业化经营龙头企业情况的报告；听取市人大农委关于市人大常委会第二十八次会议对自贡市贯彻实施《中华人民共和国种子法》和《四川省农作物种子管理条例》情况的审议意见的汇报；听取市人大内司委关于市人大常委会第二十八次会议对自贡市养老服务体系建设情况的审议意见的汇报；听取市人大内司委关于《自贡市人大常委会关于规范性文件备案审查的规定（修正草案）》的说明；听取市人大城环资委关于市人大常委会第二十八次会议对自贡市2014年城市维护费执行情况和2015年计划安排情况的审议意见的汇报；听取市人大常委会办公室关于市十六届人大常委会第二十九次会议时间及议程安排建议情况的汇报；书面听取市人大内司委关于全市公安监管工作的调研报告。

【市十六届人大常委会第54次主任会议】 6月18日召开。会议听取有关人事任免情况、自贡市城乡环境综合治理及环境基础设施建设情况的汇报；听取市人大财经委、市人大教科文卫委、市人大农委分别关于自贡市高端成长型产业发展情况及重大产业项目推进情况、贯彻实施《中华人民共和国文物保护法》情况、自贡市宽带乡村试点工程建设情况的视察报告；听取市人大内司委关于《市人大常委会关于规范性文件备案审查的规定（修订草案）》的说明；听取市人大常委会工作评议办公室关于工作评议有关情况的汇报；听取市人大常委会人代工委关于自贡市第十六届人民代表大会个别代表的代表资格审查报告；听取市人大常委会办公室关于市十六届人大常委会第二十九次会议时间及日程安排建议情况的汇报；书面听取市人大常委会预算工委关于自贡市财政科技资金分配使用绩效情况的调研报告。

【市十六届人大常委会第55次主任会议】 7月16日召开。会议听取市人大常委会预算工委关于2014年市级部门决算（草案）集中审查情况的报告；听取市人大城环资委关于棚户区改造专题询问相关问题的汇报；听取市人大城环资委关于提请废止《自贡市人大常委会审查批准城市维护费计划暂行办法》的情况汇报；听取市人大财经委、市人大教科文卫委、市人大农委分别关于市人大常委会第二十九次会议对自贡市高端成长型产业发展情况、自贡市贯彻实施《中华人民共和国文物保护法》情况、自贡市宽带乡村试点工程建设情况的审议意见的汇报；听取市人大常委会办公室关于市十六届人大常委会第三十次会议时间及议程安排建议情况的汇报。

【市十六届人大常委会第56次主任会议】 8月19日召开。会议听取市人大内司委关于自贡市贯彻实施《中华人民共和国立法法》加强立法能力建设和立法需求调研的报告；听取市人大财经委关于自贡市2015年上半年国民经济和社会发展计划及财政预算执行情况的视察报告；听取市人大财经委关于自贡市2014年财政决算审查结果的报告，及关于批准自贡市2014年市本级财政决算的决议（草案）的汇报；听取市人大财经委关于市人大常委会政府债务审查监督办法（草案）的说明、国有资产管理和经营监督办法（草案）的说明；听取市人大城环资委关于自贡市棚户区改造情况的视察报告；听取市人大城环资委关于废止《自贡市人大常委会审查批准城市维护费计划暂行办法》的决定（草案）的汇报；听取市人大常委会预算工委关于市人大常委会预决算审查监督联席会议实施办法（草案）的说明；听取市人大常委会人代工委关于自贡市第十六届人民代表大会个别代表的代表资格审查报告；听取市人大常委会办公室关于市十六届人大常委会第三十次会议时间及日程安排建议情况的汇报；书面听取市人大财经委关于市政府及相关部门贯彻实施《中华人民共和国预算法》情况的调研报告；书面听取市人大常委会人代工委关于自贡市贯彻实施《中华人民共和国代表法》情况的报告。

【市十六届人大常委会第57次主任会议】 9月17日召开。会议听取自贡市农村土地承包经营权确权登记颁证工作情况的汇报；听取市人大常委会预算工委关于《市人大常委会预算审查监督暂行办法（修订草案）》的说明；听取市人大财经委、市人大城环资委分别关于市人大常委会第三十次会议对自贡市2015年上半年国民经济和社会发展计划及财政预算执行情况、自贡市棚户区改造工作情况的审议意见的汇报；听取市人大常委会办公室关于市十六届人大常委会第三十一次会议时间及议程安排建议情况的汇报；书面听取市人大城环资委关于自贡市住宅专项维修资金管理情况的调研报告。

【市十六届人大常委会第58次主任会议】 10月9日召开。会议听取市人大常委会研究室关于申请确定授予地方立法权的报告；听取市人大常委会研究室关于《自贡市地方立法办法（草案）》《自贡市人大专门委员会常委会工作机构起草地方性法规草案工作规程（草案）》《自贡市人大专门委员会常委会工作机构审议审查地方性法规草案工作规程（草案）》的情况汇报；听取市人大内司委关于自贡市人大常委会五年立法规划和2016年立法计划的情况汇报；听取市人大内司委关于自贡市诉讼监督工作情况的视察报告；听取市人大财经委关于自贡市2015年市本级财政预算调整方案的审查结果报告以及关于批准自贡市2015年市本级财政预算调整方案的决议（草案）的汇报；听取市人大教科文卫委、市人大农委分别关于自贡市社会事业重大项目推进情况、《双溪小井沟饮用水源地生态功能区保护和建设控制规划》实施情况的视察报告；听取市人大常委会预算工委关于督促市审计局建立部门预算执行审计结果及整改落实情况公开制度的情况汇报；听取市人大常委会评议工作情况的汇报；听取市人大常委会人代工委关于自贡市第十六届人民代表大会个别代表的代表资格审查报告；听取人事任免情况的汇报；听取市人大常委会办公室关于市十六届人大常委会第三十一次会议时间及日程安排建议情况的汇报；书面听取市人大农委关于自贡市农村居民饮水安全情况的调研报告。

【市十六届人大常委会第59次主任会议】 11月16日召开。会议听取市中级人民法院民商事审判工作情况的汇报；听取自贡市2015年政府性债务情况的汇报；听取市人大内司委、市人大教科文卫委、市人大农委分别关于市人大常委会第三十一次会议对市人民检察院诉讼监督工作情况、对自贡市社会事业重大项目推进情况、对《双溪小井沟饮用水源地生态功能区保护和建设控制规划》实施情况的审议意见的汇报；听取市人大常委会工作评议办公室关于工作评议有关情况、市人大常委会人代工委有关人事任免情况的汇报；听取市人大常委会办公室、市人大常委会人代工委关于推进市人大代表网上履职服务平台建设的情况汇报；听取市人大常委会办公室关于向社会公开征集市人大常委会2016年监督议题建议的汇报；听取市人大常委会办公室关于市十六届人大常委会第三十二次会议时间及议程安排建议情况的汇报；书面听取市人大教科文卫委关于全市全民健身活动开展情况、基层食品监管体系建设情况的调研报告；书面印发市人大常委会信访办《新时期人大信访工作的思考》。

【市十六届人大常委会第60次主任会议】 12月17日召开。会议听取市人大财经委关于自贡市2015年节能工作情况、自贡市"十二五"规划完成情况及"十三五"规划编制情况、自贡市2014年财政预算执行和其他财政收支审计工作报告中指出问题的纠正情况和处理结果的视察报告；听取市人大内司委关于2015年市人大常委会开展规范性文件备案审查工作情况的报告；听取市人大教科文卫委关于进一步加强全市食品安全监管的议案办理情况及市人大常委会人代工委关于市十六届人大六次会议代表建议、批评和意见办理情况的督办报告；听取市人大常委会人代工委关于《自贡市宪法宣誓制度实施办法（草案）》的说明和关于市第十六届人民代表大会个别代表的代表资格审查报告；听取市人大常委会办公室关于市十六届人大常委会第三十二次会议时间及日程安排建议情况的汇报；听取市政府关于建立双溪小井沟饮用水源地生态功能区保护和建设专项资金保障机制的汇报；听取市人大财经委关于《自贡市人民政府关于提请审议批准2015年地方政府债务限额的议案》的审查报告以及关于批准《自贡市人民政府关于提请审议批准2015年地方政府债务限额的议案》的决议（草案）的汇报；听取市人大财经委关于自贡市2015年市本级财政预算调整方案的审查报告以及关于批准自贡市2015年市本级财政预算调整方案的决议（草案）的汇报；听取有关人事任免情况的汇报；分别书面听取市中级人民法院、市国资委、市教育局、市林业局、市城乡管理行政执法局关于市人大常委会工作评议意见整改方案的报告。

常委会主要工作

【概况】 2015年，市人大常委会组织开展视察、执法检查29次；召开常委会会议7次，作出决议决定10项，制定制度规定12个，形成审议意见26份，任免国家机关工作人员39人次（任命18人次，免职21人次）；召开主任会议15次，形成意见交办函7份；开展调研17项，形成调研报告8份；受理群众来信来访371件次，重要信访包案6宗。备案审查规范性文件44件。

【承接地方立法权】 2015年，市人大常委会将加强立法能力建设、承接地方立法权作为落实依法治国的抓手，在开展立法需求调研、科学编制五年立法规划（草案）和2016年立法计划（草案）、依法草拟地方立法条例、推进立法机构、立法工作队伍和制度建设的基础上，向省人大常委会报请确定行使地方立法权。12月3日，省十二届人大常委会第十九次会议作出关于确定自贡等市行使地方立法权的决定，成为全省首批获得地方立法权的市（州）。

【依法决定重大事项】 2015年，听取和审议市政府关于国民经济和社会发展计划执行情况、财政预算执行和其他财政收支审计情况、"十二五"规划完成情况以及"十三五"规划编制情况、政府性债务情况等相关工作报告；审查和批准2014年市本级财政决算、2015年财政预算调整方案、2015年地方政府债务限额的议案，并依法作出决议决定。废止《自贡市人民代表大会常务委员会审查批准城市维护费计划暂行办法》。

【加强工作监督】 2015年，围绕市委“产业促进年”决策部署和“大力培育发展五大高端成长型产业”要求，重点对高端成长型产业发展、重大产业项目和创新孵化平台建设、金融服务实体经济、农业产业化龙头企业发展、“宽带乡村”试点工程建设情况开展监督；围绕市委“稳中求进”工作总基调和“着力稳定经济增长，巩固投资对经济增长的关键作用”的要求，重点对重大产业项目、社会事业项目和交通基础设施项目建设情况开展监督。

【加强法律监督】 2015年，对《中华人民共和国环境保护法》《中华人民共和国传染病防治法》《中华人民共和国文物保护法》《中华人民共和国种子法》及《四川省农作物种子管理条例》等法律法规在自贡市的实施情况开展执法检查；对《中华人民共和国全国人民代表大会和地方各级人民代表大会代表法》、修订后的《中华人民共和国预算法》实施情况开展专题调研，推动相关法律法规在全市贯彻实施。对市中级人民法院民商事审判工作、市人民检察院检察诉讼监督工作和公安监管工作开展监督，促进公正司法、公正执法。

【强化为民履职】 2015年，对全市棚户区改造工作开展专题询问，对双溪小井沟饮用水源地生态功能区保护和建设、城乡环境综合治理、污水处理设施建设、节能减排、社会化养老服务体系建设、食品药品安全监管体系建设、公立医院改革、农村土地承包经营权确权登记颁证工作、农村电力供应保障情况和电力基础设施建设、农村居民饮用水安全、春耕备耕、退耕还林工程、金融服务三农等开展监督。

【强化任后监督】 2015年，依法对市中级人民法院、市国资委、市教育局、市林业局、市城乡管理行政执法局开展工作评议。对市政府秘书长和未列入评议的政府组成部门主要负责人、市人民检察院副检察长开展年度履职情况测评，增强被任命人员和市政府部门的责任意识、公仆意识和法治意识。

【代表工作】 2015年，探索服务代表新方式，建立市人大代表履职服务网络平台，搭建代表联系“一府两院”新渠道，为代表知情明政、提高履职能力和履行代表职务提供优质常态化服务。谋划搭建“扶贫攻坚——人大代表再行动”履职活动平台，全市各级人大代表以联系到户、帮扶到户的实际行动，帮助贫困家庭解决就业、就学、就医等实际困难，提供致富信息、惠民政策咨询等服务。全年各级人大代表走访联系群众3.40万余人次，收集意见建议2900余条，帮助解决具体困难和实际问题1700余个。

【议案和建议办理】 2015年，办理完成市十六届人大六次会议确定的《关于加强食品安全监管的议案》和市人大代表提出的107件建议，解决率90.65%，代表满意和基本满意率100%。

【自身建设】 2015年，市人大常委会及时贯彻落实省委、市委人大工作会议精神和《关于进一步加强人大工作和建设的意见》，依法行使立法权、重大事项决定权、监督权和任免权，深化和完善代表工作，加强人大特别是县乡人大建设。

（罗常明　周　曼）

政　府

重大决策

【第 71 次常务会议】　1 月 4 日，市政府第 71 次常务会议审议《关于自贡市 2015 年经济工作思路的建议》《关于命名优秀创业创新团队和杰出创新人才的请示》和 2014 年安全工作开展情况及 2015 年工作安排，报市委审定；审查同意《关于进一步完善市本级国有资本经营预算工作的实施意见》《关于安排 2014 年度市区共同投资土地整理项目资金的请示》《关于 2014 年离休干部医药费统筹资金标准的请示》和高新区管委会《关于一般生产安全事故调查处理权限有关问题的请示》。

【第 72 次常务会议】　1 月 22 日，市政府第 72 次常务会议审查通过《2015 年市政府工作报告》《关于自贡市 2014 年国民经济和社会发展计划执行情况与 2015 年计划草案的报告》《关于自贡市 2014 年财政预算执行情况和 2015 年财政预算草案的报告》，提交市政府全体（扩大）会议讨论通过，由市政府党组报市委。审查同意《自贡市中心城区控规拼合维护方案》《关于调整我市非居民用天然气销售价格的请示》《关于请求安排开展警务航空建设资金的请示》。通过《关于审定〈自贡市区县目标绩效管理办法（送审稿）〉和〈自贡市市级部门目标绩效管理办法（送审稿）〉的请示》，报市委审定。

【第 73 次常务会议】　2 月 5 日，市政府第 73 次常务会议审查通过《关于自贡市规范和完善市属事业单位绩效工资水平有关问题的请示》《关于推进盐卤浴项目清理规范工作有关事项的请示》，报市委审定。

【第 74 次常务会议】　3 月 9 日，市政府第 74 次常务会议审查通过《关于清理规范税收等优惠政策情况的报告》《关于全面深化改革加快县域经济发展的实施意见》《关于加快小城镇建设推进县域经济发展的实施意见》《深化扩权强镇改革加快镇域经济发展的实施意见》《自贡市县域经济发展考核办法（试行）》《自贡市 2015 年重大项目计划草案（送审稿）》《关于深化国资国企改革促进发展的实施意见》和《关于命名授牌自贡市第三批院士（专家）工作站的请示》，报市委审定；审查同意《关于对 3 户国企负责人 2011—2013 年度任期经营业绩考核与奖励有关事项的请示》《关于提请审定 2014 年度安全生产目标考核结果和奖励情况的请示》《大安区牛佛镇总体规划（2013—2030）》和《关于承办 2015 年人大议案代表建议及政协提案情况的报告》。

【第 75 次常务会议】　3 月 26 日，市政府第 75 次常务会议审查通过《关于审定四川省第七届劳动模范和先进工作者人选的请示》《关于开展 2011—2015 年自贡市劳动模范评选表彰工作的请示》《关于市本级 2015 年“三公”经费预算公开工作有关事项的请示》《自贡市 2015 年促投资稳增长八条措施》《自贡市工商登记制度改革实施方案》和《自贡市企业住所（经营场所）登记管理办法（试行）》，报市委审定；原则同意《关于支持组建自贡市信融能源投资建设有限公司相关事项的请示》《关于加快发展现代职业教育的实施意见》和《关于报请审定市本级非行政许可审批事项目录的请示》。

【第77次常务会议】 4月16日，市政府第77次常务会议审查通过《关于全市一季度经济形势分析及下一步工作建议的报告》《自贡市2015年九项民生工程及16件民生大事实施方案》，报市委审定；同意《自贡市2015年〈政府工作报告〉主要工作任务台账》《自贡市2015年〈政府工作报告〉18项民生实事主要工作任务台账》和《关于报请审定〈自贡市2015年度规范性文件计划（草案）〉的请示》，由市政府印发实施。审查同意《关于自贡东北部新城道路命名的请示》和旅游发展、招商引资、服务业发展3项专项资金2014年收支计划执行情况及2015年收支计划。

【第78次常务会议】 4月24日，市政府第78次常务会议审查通过《关于审定自贡市2011—2015年劳动模范人选的请示》《关于2015年度全市机关事业单位编制使用计划的请示》和《关于报请审定〈中共自贡市委自贡市人民政府关于2015年党风廉政建设和反腐败工作的意见〉的请示》，以及《关于自贡市2014年城市维护费计划执行和2015收支计划安排的请示》，报市委审定。原则同意《关于审定〈关于稳定住房消费促进房地产市场平稳健康发展的八条措施〉的请示》《关于报请审定〈自贡市人民政府关于推进建筑业转型升级健康发展的意见（送审稿）〉的请示》，修改完善后由市政府印发实施。

【第79次常务会议】 5月15日，市政府第79次常务会议审查通过《关于报请审定〈2014年度自贡市各区县、市政府部门和单位目标绩效考评情况的报告〉的请示》《关于聘请边发吉担任中共自贡市委、自贡市人民政府文化顾问的请示》和市投资促进局《关于聘请朱共山同志为自贡市经济顾问的请示》，报市委审定；同意《中德合作职业教育试点推广项目合作协议》《关于组建自贡市智慧城市运营有限责任公司的请示》《关于审批2015年度自贡市科学技术进步奖拟奖项目的请示》《关于安排落实自贡市科学技术奖奖励经费的请示》和《关于自贡市第八届科技杰出贡献奖推荐人选的请示》；审查同意教育、文化、计划生育、公共卫生、体育彩票公益金、污水处理费等6项专项资金和地方水利建设基金2014年收支计划执行情况及2015年收支计划。

【第80次常务会议】 6月8日，市政府第80次常务会议审议通过《关于2015年第一批地方政府债券置换存量债务额度安排建议的请示》，报市委审定；同意《2015年自贡市城镇安居工程实施方案》《关于做好2014年退役士兵安置工作有关问题的请示》《关于自贡市市级主要副食品价格调节基金2014年收支计划执行和2015年收支计划安排情况的请示》，决定将2015年主要副食品价格调节基金收支计划结余资金用于支持培育“互联网+农副产品”模式的新兴业态；会议听取市公安局《关于全市开展禁毒工作的情况报告》。

【第81次常务会议】 6月18日，市政府第81次常务会议审查通过《关于自贡市调整机关事业单位工作人员基本工资标准和增加机关事业单位离退休人员离退休费实施办法的请示》和《关于自贡市机关事业单位调整基本工资标准和增加离退休费有关问题的请示》，由市政府党组报市委审定；同意《关于自贡市小井沟水利工程项目有关事项的请示》《关于大安旧城棚户区改造项目有关事项的请示》《关于推广政府和社会资本合作模式的指导意见》；审议《自贡市秸秆禁烧区划定方案》《关于拟发布自贡市政府和社会资本合作（PPP）项目公告的请示》，同意将大安区提出的“自贡东北部新城基础设施”和“川南职业技术学校”等7个拟纳入2015年第一批政府和社会资本合作（PPP）项目及时向社会发布；审查同意农业专项资金、成品油价格和税费改革转移支付专项资金、排污费专项资金2014年收支计划执行情况及2015年收支计划；会议听取市水务局《关于自贡水务集团公司股权转让确保小井沟水利工程建设有关情况的报告》。

【第82次常务会议】 7月3日，市政府第82次常务会议审查同意《健全住房保障和供应体系专项改革方案（草案）》《关于自贡市高新投资有限公司发行10亿元中期票据的请示》，由市政府党组报市委审定；审议通过《关于进一步加强全市食品安全监管议案办理实施方案》《关于报请审定〈关于加强企业职工基本养老保险基金预算管理工作的通知〉的请示》《关于将新建商品住房中配建的保障性住房资产划入自贡市城市建设投资开发有限公司的请示》《关于贡舒控规调整后部分企业用地建设审批和验收有关事项的请示》《关于提请市政府表彰奖励2014年度见义勇为个人的请示》；同意重大项目前期专项资金、人才开发专项资金2014年收支计划执行情况及2015年收支计划。

【第83次常务会议】 7月21日，市政府第83次常务会议审查同意《自贡市2015年上半年经济运行情况及下半年工作措施的建议》《自贡市国民经济和社会发展“十三五”规划基本思路》《关于规范市级机关加班、值班管理的请示》，由市政府党组报市委审定；同意《关于安排对口援建荥经县新增援建项目经费的请示》《关于调整我市最低工资标准的请示》；通过《自贡市〈四川省地方志工作条例〉实施办法（修订送审稿）》，决定以市政府法规形式发布；同意应用技术研究与开发专项资金、工业发展专项资金、福利彩票公益金专项资金、垃圾处理费专项资金、残疾人就业保障金2014年收支计划执行情况及2015年收支计划；会议听取市安监局《关于全市安全生产工作情况的报告》，决定由市政府党组向市委报告全市安全生产工作情况。

【第84次常务会议】 8月7日，市政府第84次常务会议审查通过《自贡市各区县、市政府部门和单位2015年目标绩效综合考评方案》《关于2015年第一批新增一般债券资金安排建议的请示》《关于市城投公司申报发行城市地下综合管廊及城市停车场专项企业债券的请示》《关于改革完善体制机制大力促进大学生创新创业的实施意见》，报市委审定；同意《关于贯彻落实〈省政府办公厅关于印发分类推进事业单位改革中财政配套文件的通知〉精神有关问题的请示》《关于自流井区骑坳井地块棚改项目有关政策的请示》。

【第85次常务会议】 8月17日，市政府第85次常务会议审查同意《关于2014年度市级财政预算执行及其他财政收支的审计工作报告》《自贡市2014年财政决算及2015年1—6月财政预算执行情况的报告》《关于2015年度市本级国有资本经营预算收支草案的请示》《关于2015年第二批地方政府债券置换存量债务额度安排建议的请示》，由市政府党组报市委审定；通过《自贡市餐厨垃圾管理办法》，决定以市政府法规形式发布；审议并原则同意大安区政府《关于大山铺组团B—09和B—27地块项目有关事项的请示》《自贡市四城区2015年出租汽车经营权延续使用实施方案》；会议听取市安监局《关于近期安全生产情况的报告》。

【第86次常务会议】 9月2日，市政府第86次常务会议审查通过《关于贯彻落实〈国有土地上房屋征收与补偿条例〉有关规定的实施意见（修订）》《自贡市人民政府关于城市棚户区改造货币化安置政策有关问题的通知》《关于提高城乡居民最低生活保障和农村五保集中供养标准的请示》《关于对3户国企负责人2014年度经营业绩考核与奖励有关事项的请示》；会议听取市公安局关于公安部、省公安厅“9·1”视频会议精神和全市公安机关“9·3”安保工作情况的汇报。

【第87次常务会议】 9月18日，市政府第87次常务会议决定同意《关于自贡市高新投资有限公司申请非公开发行公司债券的请示》，由市政府党组报市委审定；审查通过《自贡市养老服务设施布点规划（2015—2030）》《关于自贡市城市建设投资开发有限公司向中国农业发展银行自贡市分行申请第一批专项建设基金的请示》《自贡市促进电子商务发展的八条措施》《关于安排解决市本级成品油价格和税费改革转移支付调资缺口资金的请示》《关于自贡市广播电视台向市财政局借款偿还市交通银行贷款的请示》《关于四川大西洋焊接材料股份有限公司非公开发行A股股票有关事宜的请示》《关于市国有资产经营投资有限责任公司借款给四川长征机床集团有限公司的请示》《关于向中国农业发展银行自贡市分行申请项目资本金投资款的请示》《关于支持返乡人员创业的实施意见》。

【第88次常务会议】 10月16日，市政府第88次常务会议审查通过《自贡市城市居民生活用气阶梯价格制度实施方案》和《自贡市实施城市居民用水阶梯价格制度和调整城市污水处理收费标准方案》，由市发改委牵头组织实施风险评估和价格听证工作，从2016年1月1日起实施；同意《关于2015年第二批新增地方政府债券资金安排建议的请示》《关于2015年第三批地方政府债券置换存量债务额度安排建议的请示》《自贡市2015年市本级财政预算调整方案（草案）》和《自贡市东部新城生态示范区一期工程 PPP 模式实施方案》，由市政府党组报市委审定。

【第 89 次常务会议】 10 月 26 日，市政府第 89 次常务会议审查同意《关于全市 2015 年前三季度经济运行情况及下一步工作建议》《关于盐卤浴项目有关问题的请示》，由市政府党组报市委审定；原则同意《关于命名第二批高层次人才“双千计划”团队（人选）的请示》，报市委审定，并对有关评选项目增加评选名额的原因向市委做出说明；原则同意《关于自贡大山铺铁路物流园区铁路专用线项目有关事项的请示》《关于大山铺组团 B－01 地块土地款滞纳金有关事宜的请示》《关于请求审批〈贡舒控规局部地块规划调整〉的请示》。

【第 90 次常务会议】 11 月 12 日，市政府第 90 次常务会议审查通过《关于争创第五届全国文明城市的意见》《自贡市院士（专家）工作站实施办法》《关于我市集中开展机关事业单位养老保险参保登记和基础数据申报审核工作有关问题的请示》，报市委审定；决定同意《自贡市银行业金融机构 2014 年支持地方经济发展工作目标考核奖励办法》《关于对全市通过多层次资本市场直接融资企业给予补助的意见》《自贡市东部新城起步区基础设施及安置房选址方案》《关于大安区马吃水盐都大道南侧 D2—03—2 地块有关事项的请示》《关于向中国农业发展银行自贡市分行申请项目资本金投资款的请示》《关于自贡市国有资产经营投资有限责任公司向自贡市国投融资担保有限责任公司增加注册资本金有关事宜的请示》《关于报送 2016 年市级部门预算编制工作方案的请示》；同意《关于自贡市城市建设投资开发有限公司向国家开发银行四川省分行申请第三批专项建设基金的请示》，由市政府出具承诺函。

【第 91 次常务会议】 12 月 3 日，市政府第 91 次常务会议审查同意《关于 2015 年城维费超收资金安排的请示》《关于自贡航空产业园项目融资相关事项的请示》和《关于自贡市 2015 年市本级财政预算调整方案的报告》，由市政府党组报市委审定；通过《关于我市参与四川省信用再担保有限公司投资入股专项资金安排的请示》《自贡市权责发生制政府综合财务报告制度改革实施方案》《关于四川大西洋焊接材料股份有限公司非公开发行 A 股股票有关事宜的请示》《自贡市科学技术奖励办法》《关于城镇职工补充医疗保险有关问题的请示》。

【第 92 次常务会议】 12 月 17 日，市政府第 92 次常务会议审查同意《关于呈报审查〈自贡市人民政府关于提请审议批准 2015 年地方政府债务限额的议案〉的请示》《关于呈报审查〈自贡市 2014 年度市级财政预算执行及其他财政收支审计处理结果的报告〉的请示》，由市政府党组报市委审定；同意《关于落实建立双溪小井沟饮用水源地生态功能区保护和建设专项资金保障机制的报告》《关于高新区董家山报业地块棚改项目有关政策的请示》《关于城市居民用水阶梯价格制度听证情况及有关问题的请示》《关于城市居民生活用气阶梯价格制度听证情况及有关问题的请示》《关于借款解决四川玻璃股份有限公司职工生活费问题的请示》《关于表彰自贡市第六届自然科学优秀学术论文奖获奖作者的请示》；通过《自贡市农村机电提灌管理办法》，以市政府法规形式发布；会议听取市卫生计生委《关于自贡市艾滋病防治工作情况的报告》。

【第 93 次常务会议】 12 月 30 日，召开市政府第 93 次常务会议，市长刘永湘传达省委经济工作暨城市工作会议精神，会议要求：一是认真研判、系统谋划 2016 年工作，理清发展思路，明确工作重点，并将其融入“十三五”规划纲要和政府工作报告；二是全面梳理、认真总结“十二五”和 2015 年工作，确保完成各项主要目标任务；三是积极作为、全力做好 2016 年开局工作，开好头、起好步，为 2016 年全年目标任务的顺利完成奠定坚实基础；四是突出重点、统筹兼顾，切实做好“两节”期间各项工作，尤其要做好民生保障和安全生产等方面的工作，确保全市人民度过一个欢乐祥和平安的节日；五是严于律己，严守规矩，深入落实中央八项规定和省委省政府十项规定等，严格践行廉洁自律各项规定，坚决做到不触红线，不越底线。会议审议《自贡市进一步推进户籍制度改革实施方案》，由市公安局按照中央有关最新精神对《方案》进行修改完善，再报市政府审定；原则同意《自贡市社会救助实施办法》，以市政府令的形式发布；决定同意《自贡市食品药品违法行为举报奖励办法》和《关于市国资委所持自贡市保安服务有限责任公司55.378%股权转让立项的请示》。

重要会议

【召开第十六届人民政府第六次全体（扩大）会议】 1月22日，市第十六届人民政府召开第六次全体（扩大）会议，总结2014年政府工作，分析当前形势，部署2015年任务。讨论通过2015年《政府工作报告》《自贡市2014年国民经济和社会事业发展计划执行情况与2015年计划草案报告》《自贡市2014年财政预算执行情况和2015年财政预算草案的报告》。市政府班子成员、市政府工作部门主要负责人出席会议，市委、市人大常委会、市政协、市纪委、市法院、市检察院、自贡军分区负责人应邀参加会议；市政府各组成部门、直属机构、办事机构、各区县政府、省市双重领导单位的主要负责人参加会议。

【召开第十六届人民政府第七次全体（扩大）会议】 7月27日，市第十六届人民政府召开第七次全体（扩大）会议，分析总结上半年政府工作和经济形势，安排部署下半年政府工作。会议指出：要认真总结上半年各项工作，认清形势、正视问题，继续把稳增长摆在突出位置，坚定信心，锁定目标，突出重点，扎实工作，全力确保各项目标任务的圆满完成。市政府班子成员、市政府工作部门主要负责人出席会议，市委、市人大常委会、市政协、市纪委、市法院、市检察院、自贡军分区负责人应邀参加会议。

【川南大气污染防治工作第一次联席会议在自贡召开】 1月27日，川南大气污染防治工作第一次联席会议在自贡召开。会上，自贡、泸州、内江、宜宾四市分别介绍2014年大气污染工作取得的成效和存在的问题，提出联防联控的建议意见，签订《川南地区大气污染防治联防联控工作协定》。

【召开2015年全市投资和重大项目工作会议】 3月24日，2015年投资和重大项目工作会召开。会议通报2014年投资和重大项目推进情况，安排部署2015年相关工作，明确2015年工作目标：即实施市级重大项目255个、年度计划投资335亿元，完成固定资产投资663亿元、增长11%。市委书记雷洪金，市委副书记、市长刘永湘参加会议。

【召开第一季度经济形势分析会】 4月21日，市委副书记、市长刘永湘主持召开2015年一季度经济形势分析会。会议通报一季度经济运行情况及发展趋势，研究部署下一步工作措施。副市长石岷嘉、杨征宇、马宏、未也、张邦举出席会议。

【召开服务业发展暨投资促进工作会】 5月29日，全市服务业发展暨投资促进工作会在市委大礼堂召开。会议通报2014年服务业发展和投资促进工作情况，安排部署2015年相关工作。市委副书记、市长刘永湘出席会议并讲话。

【召开川南经济区联席会第二次会议】 6月29日，川南经济区发展协调小组暨川南经济区联席会第二次会议在自贡召开。会上，自贡、泸州、内江、宜宾四市签订川南一卡通、向家坝灌区工程“PPP”、轨道交通、创投基金、流域综合治理等专项合作协议，讨论通过《川南经济区联席会章程》。省委常委、省总工会主席、川南经济区协调小组组长李登菊，副省长、川南经济区协调小组副组长刘捷，市领导雷洪金、刘永湘等出席会议。

【召开全市科学技术奖励大会】 7月17日，全市科学技术奖励大会在市委会议厅召开。会议对第八届自贡市科技杰出贡献奖和2015年度自然科学技术进步奖进行表彰奖励。市领导雷洪金、刘永湘、陈华、潘泽金等出席大会。

【召开全国知名商会自贡行投资推介会】 7月27日，全国知名商会自贡行投资推介会议在市委大礼堂召开。会上推出总投资596亿元的91个招商项目，涵盖航空与燃机、节能环保装备制造、汽车及零部件制造、新材料和电子产业、基础设施、文化旅游、现代农业等。全国工商联直属商会、友邻省（市）工商联、省工商联直属商会和异地商会及省内市州工商联、自贡异地商会等相关负责人参会。省政协副主席、省工商联主席陈放，市委副书记、市长刘永湘出席推介会。

【全省新型饲用作物现场观摩交流会在自贡召开】 8月24日至25日，全省新型饲用作物现场观摩交流会在自贡召开。会议围绕新型饲用作物的种养殖前景、新型牧草种植技术和推广应用等进行交流探讨，与会者参观大安三多寨镇、何市镇和荣县望佳镇种草养殖基地。中国工程院院士向仲怀、朱有勇、荣廷昭及中科院、中国热带农业科学院、西南大学、四川农业大学、西北农林科技大学等科研院所的专家学者参加会议。市委副书记、市长刘永湘出席会议。

【召开第四季度经济工作推进会】 10月22日，市委副书记、市长刘永湘主持召开四季度经济工作推进会议，分析当前经济运行情况及发展趋势，研究部署第四季度经济工作。副市长杨征宇、唐杰、未也、张邦举等出席会议。

【召开第四季度重大项目集中开工动员会】 12月25日，全市2015年底重大项目集中开工暨自贡凤鸣通用机场、川南城际铁路开工动员大会在贡井成佳镇召开。此次开工项目37个，总投资249亿元，主要包括自贡凤鸣通用机场、川南城际铁路、自隆高速公路富顺连接线、自流井老街旅游文化产业系统开发、贡井新城商业综合体、张家沱棚户区改造、光凤片区保障性安居工程等。市委副书记、市长刘永湘，中航工业四川航空工业局局长赵玉波及市级有关部门、区县主要负责人等参加开工动员会。

市政府办公室工作

【文会办理】 2015年，审核办理各类请示性文件和代拟稿918.20万件，拟办意见领导采纳率97%，1个工作日内回复率100%，10天办结率91%；起草并审核以市政府和市政府办公室名义制发的各类文件856件，审核党委与政府联合印发的文件54件，编发《自贡政报》24期。全年召开全市综合性会议6次。先后承办市政府常务会会议22次、市政府全体（扩大）会会议2次、市政府党组会会议8次，组织川南经济区联席会第二次会议、季度经济形势分析会、川南农贸批发市场迁建等工作推进会1600余场次。

【督办工作】 2015，出台《区县目标绩效管理办法》《市级部门目标绩效管理办法》，科学合理设置指标体系和考核权重，规范目标绩效管理。按照“全年总体部署、季度集中研判、每月定期分析、每周聚力跟进”的督查工作机制，实行“开门红”目标任务周监控、稳增长和民生实事月分析、政府工作报告和主要经济指标季跟进，加强重大决策、重点工作、特别重大项目、经济工作主要指标、《政府工作报告》和民生实事台账的日常监控，对全年目标任务完成情况进行预测和分析，为政府科学决策提供参考。对省政府稳增长十六条措施、审计署2014年度稳增长政策措施落实情况问题整改、大众创业万众创新、重点流域水污染防治规划、加快推进省下达任务重点工作、“互联网+”、省委省政府经济工作督查督促协调解决问题、推进九项民生工程及16件民生大事等工作进行专项督查，撰写督查报告26篇上报省政府，推动省政府各项重要决策和重大工作在自贡的贯彻落实。全年开展现场督查332次，形成《督查通报》《督查专报》261篇，其中上报省政府26篇，提出合理化建议325条，确保各项重大决策、部署的落地落实。全年办理人大议案1件、代表建议99件、政协提案302件，人大议案办理测评满意率97.08%，代表建议和政协提案办理满意和基本满意率100%。

【政务信息工作】 2015年，修改完善《政务信息绩效考评办法》，建立重点信息命题式约稿、督查、约谈等制度，对30多个区县及部门开展督查和约谈，对300余名信息工作人员进行业务培训，提高信息编写质量。全年编发《每日要情》249期，编辑政务信息3500余条、舆情信息80余条，向省政府上报信息1100余条、专报信息5条，省政府刊发77条，省政府转报国务院办公厅20条，国务院办公厅采用2条。出台《关于深化政务公开工作的实施意见》，全年通过市政府门户网站公开市政府常务会议2122次，公开政府信息1万余条；通过官方政务微博、微信“微自贡”发布信息2000余条。

【电子政务】 2015年，修订出台《自贡市电子政务建设管理办法》，制订全市政务云和智慧城市大数据中心建设方案。对4个电子政务建设重点项目进行联审，核减投资近400万元。实施全市政府网站集约化建设，推广市政府高清视频会议系统应用，初步建成全市电子政务认证体系，构建起政府网站集约化平台；制定电子政务外网运维规范，启动“OA”系统改版工作，推进市级机关“OA”协同办公系统应用、统一维护200余次。组织开展全国政府网站普查工作，培训基层网管人员300余人，梳理普查政府网站61个，普查合格率100%。加强廉政风险防控机制和行政权力监察平台建设，推进行政权力依法规范公开运行，组织39个市级行政行权部门对除行政许可以外的9类行政权力进行清理和晾晒，设置完成2.49万项行权事项廉政风险点和监察点，实现廉政风险防控全域覆盖。

【调研工作】 2015年，围绕稳增长、调结构、促改革、惠民生工作重点，开展工业经济、项目建设、服务业发展、民生工程等专题调研，形成《自贡市服务业发展研究》《城区停车难问题及对策建议》等调研报告26篇；每季度对经济运行进行预分析，起草《季度经济形势分析报告》《财税形势分析报告》等经济运行分析报告10余篇，为市政府稳定经济增长、推动加快发展提供参考。组织开展10个专题调研，掌握基础素材，完成《政府工作报告》起草工作；参与全市“十三五”规划编制工作。全年完成国家稳增长专项督查汇报、美国硅谷与四川市长对话等汇报材料30余篇，起草审核市政府领导全体会讲话、棚改工作会讲话等文稿110多篇。

【应急能力建设】 2015年，加强应急指挥平台建设，涵盖应急值守、指挥调度和公众应急等十大功能的市政府综合应急指挥平台全面建成。强化应急管理队伍、预防体系和救援体系建设，成立市政府应急指挥中心，新编印重污染天气、处置大规模恐怖袭击事件等应急预案，建立预案数据库和各级各类灾害预测预报系统。推进应急值守规范化建设，建成350兆数字集群无线网，实现值守工作智能化管理。连续3年开展“野外防火宣传月”活动，组织全市森林防火综合应急演练等44个应急演练，成功处置各类突发事件352起，处置市政府门口非正常上访133起，建成3个全国综合减灾示范社区；承办全省11个市州应急联动协作会议。

（市政府办）

外事任务工作

【因公出国管理】 2015年，全市因公出国（境）总人数58人，比2014年增加22人，其中党政干部因公出国（境）人数25人，比2014年增加7人。党政干部因公出国（境）人数占省上下达指标的62.5%。

【领事访问团接待】 2015年，分别邀请和接待省外侨办副主任张继勇带领的美国、德国、泰国、新加坡驻成都总领事馆的领事访问团，韩国固城郡副郡守李埰建，新西兰驻成都总领事孔思达和新西兰亚洲基金会文化官员詹尼佛·金，以色列驻成都总领事馆总领事蓝天铭，捷克总统顾问科胡特一行，乌克兰国家石油公司副董事长、伊万诺弗兰科斯克州副议员博格丹一行，印度马哈拉施特拉邦首席礼宾长穆力克一行，“外企看四川”自贡行外资企业家等到自贡实地考察高新企业、工业园区、大专院校和旅游项目。市委书记雷洪金、市长刘永湘、市委常委刘敏、副市长张邦举等会见有关访问团。

【友好交流】 2015年，开展友好城市拓展和公务员交流工作，与乌克兰伊万诺弗兰科斯克州签订《友好交流备忘录》，与黑山共和国布德瓦市签署友好城市关系意向性协议，派出两名公务员赴韩国顾固城郡开展为期三个月的学习交流。

【组团参加“海科会”】 9月23日至26日，组团参加2015中国西部海外高新科技人才洽谈会。9月24日，市长刘永湘出席“美国硅谷—四川市长合作对话论坛”并做《开放的自贡欢迎你》的演讲，与美国硅谷15个市长及与会嘉宾互动交流，介绍自贡航空与燃机、节能环保装备制造、汽车及零部件制造、新材料和电子产业、基础设施、文化旅游、现代农业等领域的合作基础。

【涉外服务】 2015年，服务通用航空项目与捷克的合作，为自贡与捷克天空领袖旗下公司的签约提供外事支持。服务自贡硬质合金公司、大西洋公司与乌克兰企业的合作，服务华西能源开拓泰国市场。

【“外企看四川”活动】 9月22日至23日，接待日本、马来西亚、法国、美国、英国驻川机构和企业代表以及部分国内知名商协会负责人30余人到自贡开展“外企看四川——自贡篇”活动，并在活动现场推出9个门类90余项招商项目。

【侨务文化交流】 2015年，与浙江乐清、广东清远侨务部门、侨资企业联系交流，达成加强侨务合作、文化交流、经贸协作、灯会展出等多方面合作意向。参加东盟华商会、华创会等重大引资引智会议活动，宣传自贡城市，推出旅游项目。推荐自贡杂技团4名演员参加“泰国四川周”活动。为恐龙、灯会、杂技等对外展演牵线搭桥，推动澳大利亚南海传媒有限公司到自贡考察灯会制作公司，促成自贡灯会在澳大利亚成功展出。协助办理教师在文莱任教期间的工作生活问题，推动自贡文化走出去。

（市外事侨务旅游局）

气象工作

【概况】 2015年，紧紧围绕全市中心工作，加快气象现代化建设，深化部门改革，提升自贡气象事业发展的质量和效益，为“五个自贡”建设、加快构建区域中心城市提供优质气象服务。是年，自贡气象工作获全省气象部门目标考核优秀单位第七名。

【气象业务现代化建设】 2015年，省气象局批复同意《自贡市全面推进气象现代化建设实施方案》。市政府召开全面推进气象现代化建设工作会议并印发《关于加快推进气象现代化建设的实施意见》。编制完成《自贡气象事业“十三五”规划（初稿）》。安装完成3个国家级DZZ5型自动气象站、3个国家级观测站能见度观测仪；实施县级综合一体化业务的运行监控、质控和“MSTP”升级；依托气象山洪防治项目建设，开展市县区域站网信息收集汇集中心建设和市局新中心站网布局，在全市新建和升级19套四要素区域自动站，覆盖全市所有乡镇和山洪地质灾害易发区域。完成短临预报平台、城镇精细化指导预报分析软件的本地化应用工作，开展高影响天气监测预报预警关键技术攻关，研发14个市气象局确立项目。实施“基础业务质量建设年”活动，基础业务质量保持稳定。重要天气预报质量明显提高，寒潮预报质量100%，准确预报“6·29”“7·13”“7·20”等5次暴雨天气过程，暴雨预警信号准确率80%。完善城镇精细化预报业务流程，06/20五天综合质量全省排名为晴雨预报第3名、最高气温预报第2名、最低气温预报第4名。

【公共气象服务】 2015年，制订年度决策气象服务方案，开通官方微信微博气象服务平台。是年，发布中期天气预报产品36期，发布暴雨、雷电等重要天气警报和预警信号共37期、专题预报76期。强化对天气气候的动态监测评估，多渠道开展雨情、旱情、墒情等监测信息服务，报送冬干和夏旱等监测报告、气象信息快报、气候影响评价共55期，并提出有针对性的对策建议。气象为农服务“两个体系”建设进一步深化。完成全市剩余44个乡镇气象灾害应急准备认证工作。荣县保华镇通过中国气象局气象灾害防御标准化乡镇认定。通过四川公共气象服务平台、网络和短信等多种手段，实现对330户专业大户“直通式”服务，为富顺油茶种植精准扶贫提供气象服务。与市环境保护局签署深化大气污染防治合作协议，编制年度大气污染防治实施方案；与市公安消防支队建立合作与应急联动机制；开展暴雨洪涝灾害风险普查和G4215公路交通气象灾害风险普查。是年，城市空气质量预报业务系统获市环境空气质量激励20万元专项资金立项资助。为自贡申报海绵城市建设项目、自贡凤鸣通用机场、川南城际铁路工程可研报告编制和荣县新建瓷业项目的选址提供气象服务。人工增雨解缓蓄水消污困局，市县人影中心共组织人影地面作业65次，争取飞机作业2次，增加大田和工程蓄水量，缓解城区空气污染状况。

【强化气象社会管理】 2015年，组织召开《气象预报发布与传播管理办法》媒体宣传贯彻会。在全省地市级率先印发《自贡市人民政府关于加强气候资源开发利用和保护的实施意见》。由市气象局主编的四川省地方标准《煤炭工业矿井防雷检测技术规范》（DB51/T1932－2014）于2015年1月1日正式实施。市县气象局均聘请常年法律顾问。加强执法队伍建设，全年组织开展行政执法检查5次。市县两级气象部门分别在市县发改、规建、国土、环保、无委会等单位完成气象探测环境保护规范四项强标的备案工作。继续深化行政审批改革，强化规范管理。

【综合改革】 2015年，推进气象事业单位分类改革、社会保险制度改革、工资改革，全年市、县地编招录5人。贯彻落实国务院、省政府和国家气象局简政放权工作要求，取消“防雷装置设计技术评价”“防雷产品测试”行政审批中介服务事项的收费。

（甘　敏）

防震减灾工作

【完善工作机制】　2015年，推进事业改革，将自贡遥测地震台网更名为自贡市地震监测中心，调整完善职能职责。健全工作制度，推进防震减灾社会管理。建立防震减灾工作联席会议制度，召开2015年全市防震减灾工作联席会议，部署全市防震减灾工作。完成省政府办公厅下达的2015年度防震减灾工作考核任务，获2015年度市（州）防震减灾工作年度考核优秀奖。加强基层防震减灾工作考核，首次确定将区县防震减灾工作纳入市委市政府年度目标绩效考评。

【项目建设】　2015年，新建成富顺县童寺地震前兆综合观测台，新增井下钻孔应变、水位、水温三种前兆观测手段，填补市境东南部无地震台站的空白。按期实施贡井区龙潭碾子山地震监测台观测环境改造方案。完成地震监测记录中心的升级改造，安装认证服务器，提高地震监测数据产出质量。

【地震监测预报】　2015年，加强监测设施运行维护和地震观测环境保护，完成西山强震台阵恢复建设工作，全市测震台网仪器设备正常运转率达97.4%，占全年目标任务的130%，没有漏记行政区内2.0级以上地震，未发生观测台站遭到重大破坏事件，无地震监测台站擅自中止或终止事件。健全地震预测预警工作制度，建立和完善《自贡市群测群防工作制度和人员更新备案制度》《自贡市地震预测意见管理办法》《自贡市地震台网管理办法》《自贡市防震减灾系统会商制度》《自贡市地震宏观异常核实工作制度》等工作制度。制订和实施《自贡市2015年度震情跟踪方案》，落实震情跟踪工作措施，召开各类震情趋势会商会50次，召开采盐、采气和页岩气开采注水与地震发生的关系研究及对策研讨会议6次，开展大安区大山铺镇李白河小学附近天然气溢出地表等宏观异常现象调查5次，开展威远县页岩气开采情况现场调查1次，形成专题调查报告3篇，撰写《自贡工矿注采与地震相关性研究》科研报告及《2015年地震趋势跟踪分析报告》《2016年度地震趋势研究报告》等专题分析报告。通过省地震局组织的2015年度全省重点地区震情跟踪工作检查。

【防震减灾宣传教育】　2015年，建立防震减灾宣传联动机制，将防震减灾工作培训、防震减灾宣传教育工作培训、三网一员建设培训纳入《2015年全市常规类培训计划》，印发《关于加强防震减灾宣传教育工作的通知》，明确防震减灾宣传工作的基本原则、主要任务、具体方法和保障措施，印发《关于将防震减灾知识纳入干部学习培训的通知》，将防震减灾宣传教育纳入各级党校、行政学院干部培训必修课程。加强防震减灾宣传阵地建设，建成防震减灾部门门户网站，新建市级防震减灾科普示范学校1所、区县级防震减灾科普示范学校5所、区县级地震安全示范社区3个。组织自流井区和富顺县参加第四届“平安中国”防灾宣导千城大行动。全年开展大型宣传教育活动16场次，设立主题展板1500多张，接受群众咨询2.9万人次，发放宣传资料10余种21万余份，展播宣教片50余场次，组织自贡日报小记者团、市青少年宫小朋友到市地震监测中心现场采风活动2次，举办专题知识讲座5期，依托党校开展面向科级以上领导干部培训2期，举办全市防震减灾工作暨三网一员培训1期（参训人数110人）。

【震害防御】　2015年，完成省人大常委会委托市人大常委会开展的《四川省防震减灾条例》贯彻实施情况调研工作。完成2015年市级推进简政放权放管结合转变政府职能的各项工作任务，推进防震减灾行政权力依法规范公开运行系统与行政执法廉政风险防控系统平台建设，确保防震减灾行政权力公开运行。加强抗震设防要求监管，做好震害防御基础工作，提升重大建设工程、可能发生严重次生灾害建设工程、人员密集场所和城乡民居抗震防御能力。

【地震应急救援】　2015年，调整自贡抗震救灾指挥部成员单位，指导完成市、区县政府和市抗震救灾指挥部成员单位地震应急预案修订、备案工作。加强应急指挥能力建设，开展地震现场信息采集传输系统采购工作，完善市地震应急指挥中心功能。在全市学校、社区、企业、机关开展地震应急演练7场次，参演人数6000余人次。坚持“一岗双责”，加强地震应急管理工作，制定和实施重点时段地震应急处置预案，做好地震应急准备。强化震情跟踪应急值守，严格执行领导带班、震情应急值班、地震监测中心24小时监测值班“三班”应急值守制度。

（许　艳）

政 协

全体会议

【市政协十四届四次会议】 2月9日至12日，市政协十四届四次会议在市委大礼堂召开，出席委员356人，列席190人。会议听取并审议政协自贡市第十四届委员会常务委员会工作报告；听取并审议政协自贡市第十四届委员会常务委员会关于十四届三次会议以来提案工作情况的报告；列席自贡市第十六届人民代表大会第六次会议，听取并讨论市政府工作报告，讨论计划报告、财政报告；听取并讨论市中级人民法院、市人民检察院工作报告；通过政协自贡市第十四届委员会提案委员会关于十四届四次会议提案审查情况的报告；通过政协自贡市第十四届委员会第四次会议决议；补选王朝华、毛逢银、但积忠为政协自贡市第十四届委员会常务委员。听取中共自贡市委书记雷洪金的讲话；9名委员代表不同界别和单位作大会发言。

常委会议

【十四届十二次常委会议】 1月23日，市政协十四届十二次常委会议在市委会议厅举行。会议审议通过《关于召开政协自贡市第十四届委员会第四次会议的决定》《政协自贡市第十四届委员会第四次会议议程（草案）、日程》《政协自贡市第十四届委员会第四次会议秘书长、副秘书长名单》《政协自贡市第十四届委员会常务委员会关于授权主席会议审议十四届十二次常委会议未尽事宜的决定》《政协自贡市第十四届委员会常务委员会工作报告（审议稿）及报告人》《政协自贡市第十四届委员会常务委员会关于三次会议以来提案工作情况的报告（审议稿）及报告人》《政协自贡市委员会2015年工作要点》以及有关人事事项。市政协主席、副主席做年度述职并测评。

【十四届十三次常委会议】 6月25日，市政协十四届十三次常委会议在市委会议厅举行。会议审议通过《关于我市深化国资国企改革促进经济平稳健康发展的调研报告》《关于我市商事制度改革实施情况的调研报告》《关于我市农村金融服务体系建设情况的调研报告》及相关人事事项。对2014年度优秀提案和提案工作先进单位及先进个人予以通报表扬。学习中共中央《关于加强社会主义协商民主建设的意见》。会议围绕“提振信心，促进经济平稳健康发展”主题进行大会发言。

【十四届十四次常委会议】 9月22日，市政协十四届十四次常委会议在市委会议厅举行。会议听取市政府关于2015年1—8月全市经济社会发展情况的通报；审议通过《关于我市贯彻执行〈安全生产法〉情况的调研报告》《关于我市环卫管护作业市场化运作情况的调研报告》及相关人事事项；听取市商务局对市政协十四届四次会议1号提案办理情况和市城乡建设住房保障局提案办理情况的汇报。市政协十四届四次会议1号提案单位及委员代表就提案办理工作进行大会发言。民主测评市政协十四届四次会议1号提案办理工作。会议围绕“全面推进依法治市，建设法治自贡”主题进行大会发言。

【十四届十五次常委会议】 12月25日，市政协十四届十五次常委会议在市委会议厅举行。会上，市政府通报办理政协自贡市第十四届委员会第四次会议以来提案办理工作情况；市纪委（市监察局）通报2015年全市党风廉政建设和反腐败工作情况；市发改委就“十三五”规划纲要编制作说明。会议围绕自贡市“十三五”规划主题进行大会发言，分组讨论自贡市国民经济和社会发展第十三个五年规划纲要（征求意见稿）。

主席会议

【十四届四十一次主席会议】 1月8日，市政协十四届四十一次主席会议召开。专题协商市委2014年工作总结和2015年工作要点。

【十四届四十二次主席会议】 1月19日，市政协十四届四十二次主席会议召开。审议通过《市政协十四届十二次常委会议议程（草案）、日程》《关于召开政协自贡市第十四届委员会第四次会议的决定（草案）》《政协自贡市第十四届委员会第四次会议议程（草案）、日程（草案）》《政协自贡市第十四届委员会第四次会议大会执行主席及各次大会主持人名单》《政协自贡市第十四届委员会第四次会议秘书长、副秘书长名单（草案）》《政协自贡市第十四届委员会第四次会议邀请参加开闭幕大会及列席人员范围》《政协自贡市第十四届委员会第四次会议大会主席台就座人员范围》《政协自贡市第十四届委员会常务委员会关于授权主席会议审议十四届十二次常委会议未尽事宜的决定（草案）》《政协自贡市第十四届委员会常务委员会工作报告（审议稿）及建议报告人》《政协自贡市第十四届委员会常务委员会关于三次会议以来提案工作情况的报告（审议稿）及建议报告人》《政协自贡市委员会2015年工作要点（审议稿）》。审议通过庆祝自贡市政协成立60周年活动方案。学习《中华人民共和国反间谍法》。

【十四届四十三次主席会议】 1月20日，市政协十四届四十三次主席会议召开。专题协商自贡市2014年度财政预算执行情况和2015年预算草案的报告、自贡市2014年国民经济和社会发展计划执行情况和2015年计划草案的报告。

【十四届四十四次主席会议】 1月20日，市政协十四届四十四次主席会议召开。专题协商市中级人民法院和市人民检察院工作报告。

【十四届四十五次主席会议】 1月21日，市政协十四届四十五次主席会议召开。专题协商市政府工作报告；传达学习市委十一届十次全体（扩大）会议精神。

【十四届四十六次主席会议】 2月10日，市政协十四届四十六次主席会议召开。会议审议通过《补选政协自贡市第十四届委员会常务委员候选人建议名单（草案）》《政协自贡市第十四届委员会第四次会议选举办法（草案）》《政协自贡市第十四届委员会第四次会议总监票员、监票员、总计票员建议名单（草案）》《关于政协自贡市第十四届委员会提案委员会关于十四届四次会议提案审查情况的报告（草案）》《政协自贡市第十四届委员会第四次会议决议（草案）》。

【十四届四十七次主席会议】 2月11日，市政协十四届四十七次主席会议召开。会议听取关于市政协十四届四次会议委员小组讨论情况的汇报；审议通过《补选政协自贡市第十四届委员会常务委员候选人名单（草案）》《政协自贡市第十四届委员会第四次会议选举办法（草案）》《政协自贡市第十四届委员会第四次会议总监票员、监票员、总计票员建议名单（草案）》《政协自贡市第十四届委员会提案委员会关于十四届四次会议提案审查情况的报告（草案）》《政协自贡市第十四届委员会第四次会议决议（草案）》。

【十四届四十八次主席会议】 3月19日，市政协十四届四十八次主席会议召开。会议审议通过《关于调整市政协专委会对口联系部门（单位）的方案》《第十四届自贡市政协专委会兼职副主任调整方案》《2015年全市政协新闻宣传暨反映社情民意信息工作会议方案》《市政协部分领导班子成员工作分工调整方案》《第十四届自贡市政协各专委会、区县联系小组委员调整方案》《第十四届自贡市政协农业委员会构成方案》《第十四届自贡市政协专委会特邀成员调整方案》《市政协十四届第十三、十四、十五次常委会议主题及大会发言安排方案》《市政协2015年委员协商座谈会方案》；传达学习中共中央《关于加强社会主义协商民主建设的意见》、习近平总书记在庆祝中国人民政治协商会议成立65周年大会上的讲话以及市领导班子思想政治建设工作会议精神。

【十四届四十九次主席会议】 6月16日，市政协十四届四十九次主席会议召开。会议组织学习习近平总书记关于“三严三实”的重要论述；审议通过市政协十四届十三次常委会议方案、《关于我市深化国资国企改革促进经济平稳健康发展的调研报告》《关于我市义务教育学校学生食堂建设及经营管理情况的调研报告》《关于我市商事制度改革实施情况的调研报告》《关于我市居民老旧（弃管）住宅小区供配电设施设备改造情况的调研报告》《关于我市农村金融服务体系建设情况的调研报告》；审议通过《关于驻区县市政协委员参加市政协专门委员会活动有关事项的通知》《关于表扬2014年度优秀提案和提案工作先进单位及先进个人的通报》以及相关人事事项；书面传达全国九省区24城市政协横向联系会第31次会议和全国地方政协联络工作座谈会议精神；学习《四川省气候资源开发利用和保护办法》。

【十四届五十次主席会议】 7月24日，市政协十四届五十次主席会议召开，专题协商电影《盐马帮》拍摄相关事项。

【十四届五十一次主席会议】 8月5日，市政协十四届五十一次主席会议召开，听取市政府关于全市上半年经济社会发展情况的通报。

【十四届五十二次主席会议】 8月19日，市政协十四届五十二次主席会议召开，听取市中级人民法院、市人民检察院2015年上半年工作情况汇报。

【十四届五十三次主席会议】 9月15日，市政协十四届五十三次主席会议召开。会议传达全省政协后勤工作会议精神、全省政协信息系统三级互联互通推进会议精神；审议通过《关于在委员中开展“我为扶贫攻坚做件事”活动的意见》《关于开展机关管理服务标准化工作的实施意见》《自贡市政协信息化建设实施方案》《关于我市开展智慧城市建设情况的调研报告》《关于我市贯彻执行〈安全生产法〉情况的调研报告》《关于我市依法管理宗教事务情况的调研报告》《关于我市环卫管护市场化运作情况的调研报告》及相关人事事项；对部分主席会成员分工进行调整；学习《中华人民共和国行政诉讼法》。

【十四届五十四次主席会议】 11月5日，市政协十四届五十四次主席会议召开，传达学习中共十八届五中全会精神，并就有关事宜进行通报。

【十四届五十五次主席会议】 11月24日，市政协十四届五十五次主席会议召开。会议协商《中共自贡市委关于制定自贡市国民经济和社会发展第十三个五年规划的建议》《关于全面创新改革驱动转型发展的决定》。

【十四届五十六次主席会议】 12月11日，市政协十四届五十六次主席会议召开。会议审议通过市政协十四届十五次常委会议方案、《关于发挥政协优势助推扶贫攻坚的实施意见》；听取市政协各专门委员会2015年工作情况的汇报。书面传达中共四川省委政协工作会等有关会议精神；学习《中华人民共和国刑法修正案（九）》。

【十四届五十七次主席会议】 12月22日，市政协十四届五十七次主席会议召开，传达学习中共自贡市委十一届十一次全体（扩大）会议精神。

主要工作

【提案工作】 2015年，向党政部门征集提案选题，广泛听取各方面意见，协商确定《提案参考目录》。全年收集提案333件，立案320件。其中，市级各民主党派、工商联、各人民团体和市政协专门委员会集体提案25件，委员个人或联名提案308件。按照分级负责、归口办理原则，市政协将立案提案送交市委、市政府所属54个部门（单位）办理。截至2015年底，立案提案全部办结。其中：所提问题已经解决或采纳的（A类提案）273件，占85.31%；列入计划逐步解决的（B类提案）42件，占13.13%；留作参考的（C类提案）5件，占1.56%。提案者表示满意的314件，占98.13%；基本满意的6件，占1.87%。组织开展提高提案质量专题研讨活动，帮助委员提升建言献策水平。开展提案督办工作，深化重点提案协商督办，坚持市领导督办和部门负责人领办重要提案制度，召开重点提案办理协商会议，对部分单位承办的重点提案办理工作进行视察督办，民主评议1号提案办理情况，听取提案承办大户对办理工作的情况汇报。召开提案协商和提案督办会议，会同市政府办公室联合督办提案工作。召开区县政协提案工作联系会，就各区县政协提案工作及提案信息管理系统推广运用情况进行交流座谈。对2015年优秀提案、提案工作先进单位及先进个人进行表扬，编印《优秀提案汇编》。

【政治协商】 2015年，协商政府工作报告、“两院”工作报告、计划和财政报告，做好委员意见建议的整理、转交和反馈，提高全会整体协商质量。改进常委会内容和形式，紧扣全市发展大局和工作中心确定会议主题，围绕主题开展调研，举行会议发言，进行分组协商建言，常委会专题协商更加深入。坚持主席会对事关全市改革发展重大事项进行重点协商，分别就市委年度工作总结和工作要点、市政府半年工作、重大招商引资项目等进行协商。加强和改进专委会对口协商、提案办理协商，推进政治协商常态化，召开《自贡市科学技术奖励办法》对口协商会议。探索委员小组讨论界别协商，召开2015年政协界别小组工作会议；创新委员协商座谈会机制，组织每月一次的委员协商座谈会，丰富政治协商形式，拓宽参政建言渠道。

【调研工作】 2015年，组织开展专题调研9项，形成调研报告9份。围绕全市经济社会发展，选定重点课题，对全市国资国企改革、智慧城市建设、学生食堂建设及经营管理、贯彻执行《中华人民共和国安全生产法》情况、商事制度改革、宗教事务管理、居民老旧（弃管）住宅小区供配电设施改造、环卫管护作业市场化运作、农村金融服务体系建设等方面进行调研，形成《关于我市深化国资国企改革促进经济平稳健康发展的调研报告》《关于我市智慧城市建设情况的调研报告》《关于我市义务教育学校学生食堂建设及经营管理情况的调研报告》《关于我市贯彻执行〈安全生产法〉情况的调研报告》《关于我市商事制度改革实施情况的调研报告》《关于我市依法管理宗教事务情况的调研报告》《关于我市居民老旧（弃管）住宅小区供配电设施设备改造情况的调研报告》《关于我市环卫管护作业市场化运作情况的调研报告》《关于我市农村金融服务体系建设情况的调研报告》。

【视察工作】 2015年，围绕全市经济社会发展重点，对自贡恐龙博物馆、蜀光中学、公共卫生、现代养殖业、地震监测能力、棚户区改造、《中华人民共和国妇女权益保障法》贯彻执行情况、食品安全监管体系、电子商务发展、农村环境保护、粮食产量抽样调查、文化旅游重点项目、幸福美丽新村建设、农村环境连片整治项目、在建高速公路及连接线、小农水建设、基层文化、重点文物保护、地下空间开发利用、委员企业、驻外市政协委员企业、区县民生工程以及提案办理情况等进行视察。组织驻市省政协委员就扶贫攻坚和农业产业化发展情况进行视察。组织各界别委员开展视察活动。

【民主评议】 2015年，发挥民主评议在履行民主监督职能中的作用，开展对市安监局的民主评议工作。7月至10月，通过召开动员大会、意见反馈会、评议大会等形式，对市环境保护局工作进行评议。组织开展民主评议市环保局工作“回头看”，促进民主评议整改工作落到实处。

【资政会议】 11月11日，市政协助推文化自贡建设资政会议在市委会议厅召开。市级各民主党派、工商联、区县政协代表和部分市政协委员围绕“延续历史文脉、提升城市品位，助推文化自贡建设”主题积极建言。市委、市政府主要领导出席会议，现场听取委员们的意见建议。

【社情民意】 2015年，重视反映社情民意信息工作，调动委员积极性，着眼资政建言，拓宽反映社情民意渠道，提高信息质量。全年共收集社情民意信息272条，整理报送市委、市政府及相关部门31条，上报省政协40条、全国政协3条，其中关于推进药监体制改革的信息被全国政协采用，为党委、政府汇集分析舆情和科学民主决策提供参考。召开反映社情民意信息选题策划会，邀请部分市级民主党派、政府有关部门、区县政协等单位有关负责同志，重点围绕食品药品监管体制改革、“十三五”规划、全省及自贡市经济社会发展等方面进行研讨，收集信息。继续开展社情民意信息办理情况的视察。

【文史工作】 2015年，发挥政协文史资料“存史、资政、团结、育人”功能，加大文史工作力度，编辑出版3期《自贡文史》。发挥市政协书画研究院作用，举行“纪念自贡市政协成立60周年”书画展；举办纪念抗战胜利70周年书画展，展示中华民族救亡和中国崛起之自贡力量。召开自贡国画院2014年年度会议。

【自身建设】 2015年，组织委员参加学习讨论、调研视察、资政建言、民主监督等活动。完善委员管理制度，通过量化考评，提高委员队伍履职能力。创新形式，每月组织一次委员协商座谈会，拓宽委员参政建言、反映社情民意渠道。推荐委员担任相关部门和单位的特约监督员、行风评议员、警风监督员，民主监督渠道有效拓宽。坚持主席会成员联系常委和委员制度，完善委员履职管理和考核等办法，实名通报委员年度参加会议、提交提案、反映社情民意、参加调研视察等履职情况，编印《委员履职实例》。出台驻区县市政协委员参加市政协专门委员会活动的相关办法。邀请驻市省政协委员和不是政协常委的界别小组召集人列席市政协常委会议，提升智慧凝聚的广泛性。引导政协组织和社会各界参与政协工作理论研究，以“加强中国共产党对人民政协领导，更好发挥人民政协在发展社会主义协商民主中的重要作用，研究人民政协理论与制度创新，推进人民政协履职能力现代化建设”为主题，征集政协理论研究论文，开展研究成果征集评选工作，形成《深化政党协商与政协协商，推进党派协商民主实践》等研究成果23篇，重点课题“政协委员产生退出机制研究”纳入自贡市哲学社会科学研究规划项目。向全国政协、省政协理论研究会推荐理论研讨文章，参加省政协理论与实践研究会专题研讨会议，反映自贡市政协工作的建议。完善政协宣传工作“四同步”工作机制，编印《自贡政协》（内刊）4期，《自贡日报》刊发政协专栏4期，在中央和省、市主流媒体刊发新闻稿件400余篇，自贡政协门户网站刊发宣传信息1230条。市政协在全省政协新闻宣传工作评选中荣获一等奖。按照建设学习型、创新型、服务型、和谐型机关的要求，从抓载体、建机制入手，通过学习培训和实践锻炼，选送30余名干部职工参加各级各类能力提升培训，安排70余名干部沉入基层参与联系服务，增强机关干部政务性服务和综合协调能力。开展“学党章党规、学系列讲话，做合格党员”学习教育，重视党风廉政建设，遵守宪法、法律和政协章程，执行中国共产党廉洁自律准则和纪律处分条例，落实中央八项规定和省、市各项规定，强化廉政风险防控机制建设，常态化开展警示教育，提高廉洁自律能力，打造集干净与干事于一身、勤政与廉政为一体的政协机关干部队伍。以“三级互联互通”为基础推动政协机关信息化建设，实施政协会议管理系统、委员管理系统、社情民意信息系统等开发建设工作，启动并推进机关管理服务标准化工作。挖潜改善办公环境，常态化搜集、吸纳干部职工意见建议。组织政协机关学习讲坛6次，开展机关职工书画摄影展等活动。

其他工作

【驻市省政协委员参加省政协十一届三次会议】 1月25日，市政协举行座谈会，欢送驻市省政协委员赴蓉参加省政协十一届三次会议。1月26日至30日，省政协十一届三次会议在成都召开。驻市省政协委员围绕全省和自贡经济社会发展，向省政协全会提交提案、反映社情民意信息，其中多项提案被大会立案督办。

【贯彻落实市委政协工作会精神】 12月24日上午，市委政协工作会在市委会议厅召开。会上，市委书记雷洪金代表市委做重要讲话，并对全市政协工作给予高度肯定；市政府办公室党组等8个单位作交流发言。同日下午，市政协党组召开贯彻落实市委政协工作会精神专题会议，并就贯彻落实市委政协工作会议精神进行分组讨论。

【市政协成立60周年座谈会】 2015年，以“自贡市政协成立60周年”为契机，举行自贡市政协成立60周年座谈会，结合走访委员、集中宣传报道和书画摄影展等形式，回顾自贡政协60年成长历程，弘扬传承“团结、民主、务实、为民”的政协传统。

【联系服务基层】 2015年，市政协主席潘泽金多次率队对市领导联系服务基层联系帮扶点——贡井区的经济发展情况进行调研，详细了解企业生产经营情况和项目进展情况，实地查看农民集中居住区和棚户区改造建设情况，召开座谈会听取贡井区经济工作情况的汇报，与贡井区委、区政府负责人一道研究如何稳增长促转型以及当前亟待解决的问题。

【扶贫攻坚】 2015年，开展“我为扶贫攻坚做件事”活动，全市政协系统通过各种形式筹集资金2000余万元，在富民产业、民生工程、医疗救助等方面扶贫帮困；落实助推扶贫攻坚工作实施意见，组建走基层小组，安排70余名干部沉入基层参与联系服务，为困难群众送慰问金和慰问品价值7万余元，为18名困难学生筹集助学金2万余元；开展法律咨询服务活动，发放普法资料2000余份，为300余人次答疑解惑。选派1名年轻干部脱产下派2年到基层工作。联合驻市省政协委员深入区县调研，提出切实可行的建议意见，助推农村扶贫开发工作。帮助基层办公阵地改造和场镇文化建设，打造文化宣传栏等，完善服务配套功能。会同有关部门召开专门会议，研究白庙镇发展优势和发展定位，协调落实项目和资金，组织新建产业公路5.3公里，实施白庙镇3个村的“小农水”项目建设，协调落实90万元小农水项目资金，改建山坪塘20口，新建维修渠道9980米，整治提灌站3座，惠及群众2000余人。实施“支部+公司+合作社+农户”订单模式经营，帮助白庙镇万亩血橙基地提档升级，首次实现血橙产品出口俄罗斯、销往新疆和哈尔滨等省外市场。帮助建立完善白庙镇乡村旅游标准体系，支持创建特色旅游示范村，协调市级有关部门共同帮助办好白庙镇首届川南血橙采摘节暨自贡市特色农产品展销会，开展血橙采摘鉴赏、生态田园休闲观光、生态特色农业体验及特色农产品展销交易等，果农收入较2014年增收40%以上。

【秘书长联系会议】 2015年，召开市区县政协、市级民主党派、工商联秘书长联系会议，围绕政协界别工作开展以及如何进一步加强民主监督开展交流讨论。

【召开全市政协新闻宣传暨反映社情民意信息工作会议】 3月24日，召开2015年全市政协新闻宣传暨反映社情民意信息工作会议。传达学习省政协新闻宣传和反映社情民意信息工作会议精神，表扬全市政协2014年度优秀调研视察报告、宣传人民政协好新闻、全市政协新闻宣传工作先进单位和个人、反映社情民意信息工作先进单位和个人。4个单位就政协新闻宣传和反映社情民意信息工作作经验交流发言。

【举行2016年新年茶话会】 12月30日，2016年全市各界人士新年茶话会在市委大礼堂举行。市政协主席潘泽金主持会议，市委书记雷洪金出席并致辞，市政协副主席、农工党自贡市委主委徐武斌代表市级各民主党派、工商联、无党派人士发言，四川理工学院教授颜杰代表“三胞三属”、民族宗教界人士发言。

【政协领导到市调研考察】 2015年，全国政协常委、四川省原政协副主席吴正德，省政协副主席、秘书长高烽，省政协副主席罗布江村，省政协办公厅、民族宗教委员会、地方联络委员会有关领导，先后率调研组莅市，分别就区域医疗协同服务平台与分级医疗建设实施情况、新形势下加强和改进政协工作、增加农民财产性收入情况、政协后勤保障工作、城市地下管网建设和管理工作以及宗教活动场所“两证”办理情况进行专题调研。

【加强政协横向联系】 2015年，先后在全国九省（区）二十四城市政协第31、32次横向联系会、川南七市政协工作联系会第26次会议、川南片区政协后勤工作联系会议上交流经验。组织市政协机关、市级民主党派和工商联机关、区县政协业务骨干赴成都、绵阳、宜宾、内江、泸州等地学习考察，交流委员管理、机关建设、依法治市和宣传信息等方面工作经验。接待省内外政协领导到市考察学习23批189人次，其中省政协6批、外省政协2批、省内兄弟市州政协15批。

【《自贡政协》内刊第14至17期出刊】 2015年，市政协分别就十四届四次会议、全力助推经济平稳健康发展、全面推进依法治市、“决胜全面小康、建设经济强市”等主题，出刊发行第14至17期《自贡政协》内刊。

（曾　彪）

纪检　监察

工作部署

【中共自贡市纪委第十一届五次全会】 2月6日，中共自贡市纪委召开十一届五次全会，传达学习十八届中央纪委五次全会、十届省纪委四次全会精神，总结2014年全市党风廉政建设和反腐败工作，安排部署2015年全市党风廉政建设和反腐败工作。出席会议的市纪委委员25人，列席308人。市委书记雷洪金出席会议并讲话。市委、市人大常委会、市政府、市政协班子成员和有关方面负责人参加会议。全会审议通过李清代表市纪委常委会所做的《坚持依规治党，聚焦主业主责，坚定不移推进党风廉政建设和反腐败斗争》的工作报告。

【全市纪检监察工作会议】 4月21日，召开全市纪检监察工作会议，总结一季度工作，对抓好全年重点和创新工作进行再部署。市纪委副书记、市监察局局长毛碧出席会议并讲话，市纪委、市监察局领导班子成员，市、区县纪检监察组织负责人参加会议。8月13日，召开全市纪检监察工作会议，总结2015年上半年纪检监察工作、贯彻落实省纪委和市委系列工作部署、安排下一阶段纪检监察工作任务。市委常委、市纪委书记李清出席会议并讲话，市纪委、市监察局领导班子成员，市、区县纪检监察组织负责人参加会议。

【召开全市新任县级领导干部集体廉政谈话会】 12月15日，召开2015年度全市新任县级领导干部集体廉政谈话会，72名县级领导干部接受集体廉政谈话并签订廉政承诺书。市委常委、市纪委书记李清参加会议并讲话。

【“两项法规”知识竞赛】 12月15日，全市《中国共产党廉洁自律准则》和《中国共产党纪律处分条例》知识报纸竞赛开考，全市14.9万余名党员通过省、市两级媒体参与答题检验。12月29日，市纪委、市委组织部、市委宣传部主办“党纪党规印我心”全省党员学习廉洁自律准则和党纪处分条例知识竞赛自贡赛区电视决赛，市教育局获得一等奖，荣县和高新区代表队获二等奖，富顺县、市直机关工委、大安区代表队获三等奖。市委常委、市纪委书记李清，市委常委、市委组织部部长李国贵，市委常委、市委宣传部部长刘敏到场观看比赛，并为获奖代表队颁奖。

【落实“两个责任”集体谈话会】 12月16日，召开全市纪检监察系统落实“两个责任”集体谈话会，对各级纪检监察组织履行“两个责任”、加强干部监管、严防不良习气提出要求。市委常委、市纪委书记李清参加会议并讲话。

督促检查

【罗冬灵到市调研】 3月2—3日，省纪委常委罗冬灵率省纪委监察厅有关部门负责人到自贡市调研落实“两个责任”和深化党风廉政建设等情况。罗冬灵一行先后到荣县部分乡镇（社区）、板仓工业园区、市廉政警示教育基地、市地税局等进行实地查看了解，并召开座谈会听取情况汇报和意见建议。市委常委、市纪委书记李清陪同调研。

【中纪委调研组到市调研】 4月22—23日，中央纪委调研组到自贡市开展“筑牢制度笼子、推进预防腐败治本工作”专题调研，对全市推进“惩防衔接、一体联动”工作给予肯定。

【祁培文到市调研】 5月28—29日，中纪委原常委祁培文到自贡市调研纪检监察和经济社会发展情况。市纪委、市监察相关领导陪同调研。

【李世成到市调研】 7月21—22日，省纪委副书记李世成带领省纪委督导组，就自贡市对解决发生在群众身边的“四风”和腐败问题等工作进行专题调研。李世成一行深入富顺县镇、村听取群众意见，并召开座谈会听取情况汇报和意见建议。市委常委、市纪委书记李清陪同调研和座谈。

【调研督导党风廉政建设重点工作】 8月1—4日，市纪委监察局组织3个督导检查组，到全市四区两县就解决群众身边“四风”和腐败问题、强化纪律审查、落实“两个责任”等重点工作推进情况开展调研督导。8月26日，市委常委、市纪委书记李清到荣县长山镇、留佳镇、过水镇和荣县第一中学等地调研解决发生在群众身边的“四风”和腐败问题等重点工作落实情况。

【省纪委第七联合检查组到市检查工作】 9月18—21日，省纪委第七联合检查组对全市学习贯彻落实省委常委、省纪委书记王雁飞重要批示精神的情况开展专项检查，听取工作汇报。市纪委相关负责人陪同检查。

【邓治平到市调研】 9月21—22日，省纪委副厅级纪检监察员、省纪检监察学会副会长兼秘书长、省纪委监察厅党风廉政建设研究中心主任邓治平一行莅市调研党风廉政理论研究、纪检监察学会建设和运行等工作。

工作交流

【召开党外人士通报会】 1月19日，召开党外人士通报会，向党外人士通报2014年党风廉政建设和反腐败工作情况。与会的市民革、民盟、民建、农工党、九三学社、工商联以及无党派代表人士等党外人士对全市2014年党风廉政建设和反腐败工作给予肯定，并提出意见建议。会议由市政协副主席、市委统战部部长肖光俊主持，市委常委、市纪委书记李清出席会议并通报情况。

【党风廉政建设宣传工作座谈会】 4月2日，市纪委召开宣传工作座谈会，四区两县以及市级相关部门的党风廉政宣传工作负责人围绕“如何将特色亮点工作转化成为中省媒体资源”和“如何通过全覆盖的宣传提高社会评价满意度”等重点工作进行讨论。

【全面落实监督责任研讨会】 4月24日，市纪委召开全面落实监督责任研讨会。市直部门纪检组长（纪委书记）、监察室主任、副县级专职纪律检查员、中央和省驻市单位纪检组负责人等围绕全面落实监督责任进行研究讨论，对推进“三转”、开展“创铸树”活动、落实纪委监督责任等工作情况进行交流。

【廉政文化座谈会】 4月27日，市纪委召开廉政文化座谈会。与会的中国盐文化研究中心、市委宣传部、市委党史办、市文联等部门相关领导和专家，就廉政文化如何与自贡市悠久的盐商文化和红色文化相结合，如何丰富载体展示全市廉政文化精品等，提出建议和意见。

【特邀监察员工作座谈会】 6月26日，市监察局召开特邀监察员工作座谈会，总结2015年上半年特邀监察员工作情况，通报市纪委监察局内设机构调整后突出主业主责和落实“三转”的情况，安排2015年下半年特邀监察员工作，听取特邀监察员对特邀监察员工作、纪检监察工作的建议意见。

队伍建设

【开展履职行为规范整治活动】 2月中旬起，在全市开展为期1个月的纪检监察干部履职行为规范整治活动，督促各级纪检监察干部带头弘扬新风正气，做到打铁自身硬。2月16日，市纪委监察局组织机关干部率先签订《自贡市纪检监察干部行为规范“十二个严禁”承诺书》。

【举办全市2015年纪检监察工作专题研修班】 6月2日至8日，市纪委、市委组织部在四川大学全国干部教育培训基地举办“自贡市2015年纪检监察工作专题研修班”，全市纪检监察系统共60名干部参加培训。这是全市首次借助高校全国干部教育培训基地组织纪检监察干部集中培训。

【“三严三实”专题党课暨专题教育部署会】 6月11日，市纪委监察局机关召开“三严三实”专题党课暨专题教育部署会，传达学习中央、省、市关于开展“三严三实”专题教育会议精神以及市委书记雷洪金讲话精神，对市纪委监察局机关开展“三严三实”专题教育进行安排部署。市纪委副书记、市监察局局长毛碧在会上作“三严三实”专题党课报告。

（邓　毅）

民主党派·工商联

民革自贡市委

【概况】 2015年，民革自贡市委有基层委员会1个，支部19个，其中有总支部4个、支部15个。有党员444名，其中有省、市、区（县）人大代表、政协委员120人次（含交叉任职），包括各级人大代表25人次（含交叉任职）和各级政协委员95人次（含交叉任职）。在人大代表中，有省人大代表1人、市人大常委2人、区县人大常委7人；在政协委员中，有省政协委员3人、市政协常委8人、区县政协常委19人、特邀市政协委员4人。

【召开全委（扩大）会议】 1月22日，民革自贡市委在市委统战部会议厅召开七届十一次全委（扩大）会议，总结部署年度工作，就迎接2015年全市“两会”进行动员。市委委员、各支部主委，党员中的市人大代表、市政协委员，中山学校负责人等40余人出席会议。会议讨论并原则通过民革自贡市委2014年工作总结暨2015年工作思路；就民革自贡市委及党员中的市人大代表、市政协委员2014年参加“两会”的情况，特别是提交市政协提案、市人大建议等履职及获奖等情况作通报，并就参加2015年“两会”作动员和提出具体要求。会议还进行市委机关人员述职测评等其他事项。

【召开纪念抗战胜利70周年座谈会】 8月27日，民革自贡市委在市委统战部七楼会议室召开纪念抗战胜利70周年座谈会，重温历史，缅怀抗日先烈，弘扬抗战精神。市委委员、支部主委、党员代表及抗战将士后人代表等50余人参加会议。

【学习中共中央和省委统战工作会议精神】 8月27日，民革自贡市委在市委统战部七楼会议室召开会议，学习中共中央和省委统战工作会议精神。市委委员、支部主委、理论政策学习研究工作委员会成员等50余人参加会议。

【召开2015年度理论研讨会】 8月27日，民革自贡市委在市委统战部七楼会议室召开2015年度理论研讨会。市委委员、支部主委、理论政策学习研究工作委员会成员及论文作者等50余人参加会议。理论研讨围绕“发展中国特色社会主义与构建区域中心城市”和“纪念抗日战争胜利70周年”主题进行，共收到理论文章30篇。会议对获奖论文即一等奖4篇、二等奖6篇、三等奖8篇、优秀奖9篇和特别奖3篇进行表彰。其中一等奖论文《建设现代产业新城，构筑区域中心城市》《论家庭冷暴力的法律规制》和二等奖论文《以灯为媒，倾力共建“自贡国际灯城”》的获奖作者作大会交流发言。

【召开党员“三胞”亲属代表中秋座谈会】 9月23日，民革自贡市委召开民革党员中的“三胞”亲属代表中秋座谈会。会议学习党和国家关于推进祖国和平统一进程的方针政策，交流与台湾和海外亲朋联系、沟通的情况及对台湾中国国民党中央候补委员邓治平先生的接待和参加自贡市“五侨”联席活动的基本情况。

【召开基层组织负责人学习会】 12月10日，民革自贡市委召开2015年基层组织负责人学习会议。民革自贡市委班子成员、基层组织负责人等30

多人参加会议。会议由市委主委叶智英主持，学习中共十八届五中全会、民革中央十二届十二次中常会、省委十届七次全会及市委十一届十一次全会精神。

【承办民革省委特约编辑及宣传干部培训会】 2015年，民革四川省委为期2天的特约编辑及宣传干部培训会在自贡举行。培训会上，民革中央《团结报》副主任韩金伟做《唯有源头活水来》的辅导讲座。民革全省各地方组织宣传干部，民革自贡市各基层组织负责人、宣传骨干参加培训会。

【组织参观爱国将领旧居】 12月10日至12日，为响应民革中央关于开展“观故居，走多党合作之路”活动的号召，增强民革党员特别是基层组织负责人的历史使命感，组织全市基层组织负责人到重庆张治中、冯玉祥旧居进行参观学习。民革自贡市委班子成员、基层组织负责人及市委机关人员30多人参加活动。

【开展系列抗战纪念慰问活动】 2015年，为纪念中国人民抗日战争暨世界反法西斯战争胜利70周年，开展包括征文比赛、座谈会、走访慰问等一系列纪念活动。自8月开始，市委主委叶智英先后率领市委班子成员、机关工作人员、部分基层组织负责人等陆续慰问陈芳模、倪文渊、杜兰生等民革党员中的抗战将士遗属代表和已故党员黄埔军校老战士王晋琦的夫人及王耀明、余永昌等部分自贡籍远征军老兵，为他们送去慰问品、慰问金和纪念抗战胜利70周年的主题文化衫。

【参政议政】 2015年，围绕市委、市政府工作重点和民生问题，提交意见建议和提案等124件，包括在市政协会上提交集体提案4件和个人提交议案、提案120件，其中：1件集体提案、2件个人提案被列为市政协重点督办案。民革富顺县总支提交的议案《加快北湖公园建设进度》被县人大列为唯一督办案议案；民革荣县支部提交的《关于加快我县现代林业产业化发展的建议》被县政协列为一号提案。在市政协十四届四次全会上，民革自贡市委作《用法治思维和法治方式推动法治政府建设》的大会发言。是年，市政协对2014年优秀提案、提案工作单位及先进个人进行表彰，民革自贡市委的集体提案《我市农产品质量安全存在的问题和对策建议》和2件个人提案被评为优秀提案；民革自贡市委被评为提案工作先进单位；2名党员被评为提案先进个人。是年，民革自贡市委主要领导参加《政府工作情况通报会》《我市依法行政工作情况通报会》《自贡市国土资源管理工作情况通报会》《自贡市十三五规划纲要》等各种协商会、通报会25人次，提出意见、建议40余条。民革自贡市委所属党员中的17名各级各类特约员、监督员，分别参加有关部门组织的民主监督、行风评议、正风肃纪等工作，提出意见、建议50余条。

【调研资政】 2015年，围绕市委、市政府重点工作，完成《我市律师队伍建设情况的调研报告》；在市政协十四届十四次、十五次常委会上，先后作《关于加强自贡市停车场建设管理的建议意见》《关于加强政府法制能力现代化建设的建议》的大会发言；在市政协“关于全面深化改革推进文化自贡建设”专题资政会上，做《关于构建川南旅游文化中心城市的建议》的大会发言。协助民革中央和省委开展优秀传统文化进校园问卷调查工作。

【宣传工作】 2015年，向民革中央、民革省委、市政协、市委统战部等上报信息170余条，其中：被《团结报》采用1条，被民革中央、民革省委和市委统战部采用47条，被《四川政协报》采用1条，被《自贡日报》采用1条，被民革省委和市政协网站采纳99条；上报社情民意14条，其中《浅谈我省医疗保险管理中存在的问题》和《关于政府采用“BT”模式推进重点项目建设有效规避和防范法律风险建议》上报省政协。

【扶贫助困活动】 2015年，组织动员市委机关、基层支部、党员群众开展扶贫助困活动。其中，市委机关为一名贫困学生送去台式电脑1台和U盘、无线网卡等电脑配件。党员程新超的成龙文体有限公司和市委机关多次向杰克森关爱中心捐款捐物。党员陈贵军的自贡市阳光农业发展有限公司被省扶贫基金会自贡市分会授予产业扶贫示范基地称号。全年累计帮扶困难群众220余名，资助金额60余万元。在省扶贫基金会自贡市分会和市扶贫开发协会召开的自贡市社会扶贫表彰会上，党员李金玉的巴尔集团、陈贵军的自贡市阳光农业公司获社会扶贫之星称号；党员李金玉的四川巴尔农牧集团有限公司和党员罗贵明的自贡市广交园林工程有限公司分别获爱心企业称号。

【办学成果】 2015年，民革自贡市委主办的市中山学校开办大专、本科班26个，学生608人；开办各类短期培训班（包括小升初、初升高、会计从业培训班、成人高考补习班等）12个，学生652人。在2015年四川省成人高考中，四川理工学院中山（学校）直属班282名学生参考，244名上线，上线率86.5%。在市教育局年度考评中，市中山学校再次获优秀等级。

【参加“我与民革”征文活动】 2015年，在民革四川省委纪念省委成立60周年举办的“我与民革”征文活动中，民革自贡市委共组织报送征文15篇，是组织征文最多的民革市级组织。

【组织建设】 2015年，成立自流井区基层委员会，贡井区总支，荣县总支及下属荣县总支一支部、荣县总支二支部，原自流井区总支、贡井区支部、荣县支部建制终止；将昊华西南公司支部、自贡市仁济医学中心支部分别更名为昊华鸿鹤化工有限责任公司支部、四川卫生康复职业学院支部。完成大安区总支、四川理工学院支部、昊华鸿化公司支部、中山学校支部、蜀光支部、四川卫生康复职业学院支部、大安区一支部、大安区二支部等8个基层组织换届工作。截至2015年年底，民革自贡市委基层组织增加到21个。全年新发展党员19名，其中女性7名、博士1名、本科14名。年末党员总数444名，其中男279名、女166名，平均年龄54.4岁。党员中博士研究生占0.45%，硕士研究生占5.84%，本科占55.06%，专科占26.07%；高级职称占38.06%，中级职称占53.23%；在职党员中，副厅级1名，正县级2名（其中在市政府组成部门中担任正职1名），副县级12名（含非领导职务），正科级21名，副科级22名；担任市侨联常务副主席、青联副主席、残联副理事长和工商联副主席各1名。

【年度荣誉】 11月25日至26日，民革全国宣传思想理论工作会议在京举行。会议对100个先进集体和100名先进个人进行表彰。民革自贡市委获民革全国宣传思想理论工作先进集体，是四川省4个先进集体之一。市委副主委郭连被民革中央评为“坚持和发展中国特色社会主义学习实践活动”先进个人。

（袁惠明）

民盟自贡市委

【概况】 2015年，民盟自贡市委按照三个《纪要》精神，稳妥推进组织发展工作，全市共发展新盟员28人，发展率4.4%。是年末，全市共有盟员660人，平均年龄54.4岁，具有高级职称盟员314人，占47.6%，中上层人士652人，占98.8%；自贡民盟下属32个基层组织，其中：1个基层委员会，5个总支委员会，26个支部委员会。盟员中有全国人大代表1名，省人大代表1名，市人大代表9名；省政协委员1名，市政协委员28名。自贡民盟担任县处级领导职务的盟员17人，担任科级领导职务的32人。

【召开十三届六次全委（扩大）会议】 2月4日，盟市委召开十三届六次全委（扩大）会议。盟市委全体班子成员、市委委员、各基层组织负责人及各专委会成员70余人参加会议。会议学习中共十八届四中全会精神和民盟四川省委十一届四次全会精神，听取《用行动为全面深化改革护航》的工作报告和《民盟自贡市委各基层组织、专委会2014年目标任务完成情况》的通报，表彰2014年度基层组织建设工作先进集体。会议同意朱莉辞去民盟自贡市委委员、副主委职务，补选曹泽均为民盟自贡市第十三届委员会委员。

【召开十三届七次全委（扩大）会议】 8月26日，民盟自贡市委召开十三届七次全委（扩大）会议。盟市委委员、专委会主任及各基层组织负责人50余人参加会议。会议补选丁杰为民盟自贡市委第十三届委员会副主任委员，通报民盟自贡市委2015年上半年工作完成情况和《自贡民盟70年》编纂情况。

【参加首届四川民盟法治论坛】 7月27日至28日，首届四川民盟法治论坛在成都举行，论坛主题为“深化改革与依法行政”。民盟自贡市委主委石岷嘉带队参加该论坛，市盟员撰写的《行政执法与刑事司法衔接工作的现状与探讨》《以柔性方式促进改革——怎样平衡改革与法治可能的冲突》《依法行政背景下如何发挥人民调解在维护社会稳定中的积极作用》被收入《深化改革与依法行政

——2015 年四川民盟法治论坛文集》。

【参加四川民盟教育论坛】 9 月 28 日至 29 日，2015 四川民盟教育论坛在成都举行。此次教育论坛的主题是民办教育，传达学习民盟中央第三节教育论坛（苏州）精神、表彰 2015 年四川民盟民办教育优秀调研报告和政策建议。民盟自贡市委派出 2 人参加论坛。

【参加第十四次西部盟务工作会议】 10 月 27 日，由民盟西部省级组织主办、民盟四川省委承办的第十四次西部盟务工作会议在成都市举行。全国政协副主席、民盟中央常务副主席陈晓光出席会议并作重要讲话。本次会议以“加强民盟机关建设”为主题。民盟自贡市委派出代表参加会议。

【举办新盟员培训班】 11 月 6 日至 7 日，民盟自贡市委在市社会主义学院举办 2015 年度新盟员培训班，来自全盟 32 个基层组织的 57 名新盟员参加培训。培训内容有《感知民盟的光辉历史　分享民盟的光荣——盟史辅导报告》、《从专业知识分子走向公共知识分子》讲座、《中国道路与中国的选择》辅导报告。培训结束后，民盟自贡市委编辑形成《自贡民盟 2015 年度新盟员培训心得体会文集》。

【重阳节活动】 1 月 15 日，民盟自贡市委联络委、老龄委在市老年大学联合开展庆祝活动，港澳台、海外亲属的侨眷侨属盟员及 30 多名各基层组织 60 岁以上的离退休老盟员参加活动。

【思想宣传建设】 年初，制定印发《民盟自贡市委 2015 年宣传思想工作要点》。中共十八届五中全会召开后，及时印发《民盟自贡市委关于学习贯彻中共十八届五中全会精神的通知》，召开主委会议专题学习全会精神，各基层组织组织全体盟员学习全会精神。中央、省、市统战工作会议召开后，全市盟组织及时学习《中国共产党统一战线工作条例（试行）》。全年编发《盐都盟声》12 期，向各级报送宣传信息、盟员风采 50 余条（篇），其中《四川统一战线》采用 1 篇、民盟四川省委网站采用 14 条（篇）、《四川民盟》采用 11 条（篇）、《自贡统一战线》采用 15 条（篇）、市政协网站采用 35 条（篇）、《自贡政协》采用 9 条（篇）。开展《自贡民盟七十年》编纂工作，年初确定编纂委员会名单，讨论内容、版面等问题，安排各章节具体撰稿人。

【组织建设】 2015 年，完成民盟四川理工学院委员会及 3 个支部、荣县总支及 3 个支部、富顺县总支及 3 个支部、沿滩区支部、贡井区支部、文艺支部、医疗卫生支部、蜀光支部共 17 个基层组织换届工作，新建民盟贡井区总支及 3 个支部，盟市委基层组织增加到 32 个。新任用基层组织主委 16 人、副主委 26 人、委员 68 人。

【参政议政】 2015 年，民盟自贡市委申报的《关于我市农村养老服务业发展情况的调研》中标民盟四川省委招标课题。完成市委下达的重点调研课题《关于我市古盐道保护开发的调研报告》。各基层组织上报《关于大安区征地拆迁安置问题的调研报告》《继续提升自流井区义务教育均衡发展的调研》等 10 篇调研报告。在市政协十四届四次会议上，民盟自贡市委提交《关于我市健康养老产业发展的建议》《关于加强我市普通高中教育投入的建议》《关于加大我市卫生执法监督体系建设的建议》《关于民间资本进入现代金融服务业的监管建议》等 4 条集体提案，并以《关于加快我市健康养老产业发展的建议》为题作大会发言。在省人大十二届三次会议上，省人大代表何德华提交的《关于四川省重拳整治雾霾的建议》，成为省政府领导领衔办理的 8 个重点建议之一，由副省长陈文华领衔办理，陈文华两次对该建议的办理工作做出批示。为助推文化自贡建设，民盟自贡市委做《关于我市文艺院团改制后存在的问题与建议》《关于促进我市文化产业大发展大繁荣的意见》两篇发言材料。在市政协十四届十四次常委会议上，民盟市委撰写《完善政府信息公开工作　推进法治政府建设》的发言材料。是年，民盟各基层组织上报的社情民意信息 100 条，其中《以区域影像协同服务为抓手　积极推进我省分级医疗的建议》《关于尽快实施盐业专营管理体制市场化改革的建议》《关于加快现代职业教育建设的建议》《对“十三五”全民健身计划（2016—2020 年）的几点建议》等 11 条社情民意信息被民盟四川省委采用；《以区域影像协同服务为抓手　积极推进我省分级医疗的建议》的社情民意信息被民盟四川省委作为集体提案向政协四川省十一届四次会议提交。完成《新形势下加强和改进政协工作》专题调研。民盟自贡市委班子成员参加市委、市政府组织的各类协商会、通报会，就依法行政、科技平台建设、国土资源管理工作等提出意见和建议100余条。5月28日，主委石岷嘉率领民盟自贡市委领导班子成员、市委委员、调查研究室成员、基层组织负责人一行32人赴泸州与民盟泸州市委开展“参政议政工作经验交流”活动。是年，民盟自贡市委获得民盟四川省委表彰的“四川民盟调查研究工作先进集体”；获得市政协表彰的“自贡市政协系统优秀调研视察报告三等奖”、反映社情民意信息工作先进单位；曹泽均被民盟四川省委表彰为“反映社情民意信息工作先进个人”；黎明被自贡市政协表彰为“反映社情民意信息工作先进个人”。

【社会服务】 2015年，为自贡民盟的“社会服务年”。年初，印发《民盟自贡市委关于开展社会服务年活动的通知》。2月6日，参加市委统战部组织的“全市统一战线走基层办实事惠民生”服务活动，将192册、价值7000多元的《新农村卫生健康手册》送到富顺县琵琶镇农民手中，发放种养殖、疾病防控宣传资料500余份，为农民朋友书写100多副春联。6月24日上午，民盟自贡市委教育委员会组织民盟市委“同心·教育专家服务团”成员到荣县中学开展高考志愿填报咨询活动，为荣县中学几百名考生进行学校选择、专业选择、职业规划等高考志愿填报咨询活动。大安总支副主委刘利英获“自贡市社会扶贫先进个人”称号。

【“盟沿合作”】 2月16日，民盟自贡市委主委石岷嘉率领盟市委23个基层支部负责人到“盟沿合作”的沿滩区九洪乡，对盟市委各基层支部结对帮扶的23户困难群众进行慰问，为他们送去价值3000多元的大米、食用油、糖果大礼包等慰问品，每个民盟基层支部还为各自帮扶对象送上200元慰问金，共计4600元。石岷嘉还视察石塔山村委会阵地建设和新农村集中居住区、文化广场建设情况，落实项目资金10余万元。5月29日，民盟自贡市委会同市体育局到沿滩区九洪乡中心校开展对留守儿童的慰问活动，为沿滩区九洪乡中心校捐赠价值3000元的足球、篮球、象棋等体育用品。96岁高龄的盟员刘介澄为15名品学兼优的留守儿童捐献3000元慰问金。民盟沿滩区支部为长期帮扶的5名贫困学生发放1000元奖学金。7月，帮助九洪乡石塔山村落实市红十字会“博爱家园”项目资金30万元、村卫生室建设项目资金6万元，并落实农村文体广场建设项目。

【“黄丝带”帮教行动】 4月27日，为全力响应民盟中央打造“黄丝带帮教行动”品牌号召，民盟自贡市委会同市文广新局，在自贡监狱举行主题为“共享和煦阳光”的送演出进高墙活动。市歌舞曲艺演艺有限责任公司、市杂技团演艺有限责任公司和川剧艺术中心等市级文艺团体的艺术家为自贡监狱3000多名服刑人员表演舞蹈、杂技、男女对唱、小品、川剧、萨克斯演奏、葫芦丝独奏、谐剧等13个节目。民盟江姐中学支部的盟员关爱、帮扶服刑人员子女，解决他们学习上、生活上的困难。

（黎　明）

民建自贡市委

【概况】 截至2015年年底，民建自贡市委辖1个基层委员会、4个总支、17个支部。全年共发展会员34名，其中1名博士、1名硕士，中高级职称15人，发展率5.82%，净增率4.33%。共有会员627人，经济界会员占91%，担任各种经济实体业主、高管人员109人。

【纪念活动与理论研讨】 2015年，开展“民建光辉历程大家谈”“与党同心读书活动”“读会史颂伟业　学会章树新风征文”“发展中国特色社会主义与构建区域中心城市征文”“图说四川民建”“合作共事写春秋”等纪念民建成立70周年系列活动，收集征文20余篇，征集报送书画作品5幅。开展民建省委年度理论研讨课题调研，形成《民主党派如何在依法行政中发挥独特的作用》理论文章。

【宣传工作】 2015年，建立全省民建市级组织第一个微信公众平台。利用门户网站、《自贡民讯》、微信公众号3个平台展开宣传工作。是年，自贡民建网站发布稿件180余篇；自贡民建微信公众号发布信息120余条；在市级以上各类媒体刊发稿件300余篇（次），其中省级以上139篇（次），被民建中央、省委网站采用稿件75篇。

【参政议政】 2015年，提交提案50件，政协大会发言3次。其中，集体提案3件（《适应“新常态”，全力打造自贡高新技术产业开发区升级版》《关于加快创新推进我市新型工业化的建议》《关于自贡市人口及人力资源战略的建议》），个人或联名提案47件。2件集体提案和5件个人提案被列为市政协十四届四次会议重要提案。关于全力打造自贡高新技术产业开发区升级版的提案，推动引进浙江大学自贡创新中心和四川省装备制造业产业集群窗口平台，推动建立川南地区首家国家级高新技术创业服务中心和科技成果转化平台；关于加强医疗卫生人才队伍建设的提案，被市政府采纳，并出台《关于加强卫生计生队伍建设的实施意见》，推动市编委制发《关于创新事业单位机构管理方式的意见》；关于做好就业创业工作的提案，促进《关于进一步做好新形势下就业创业工作的实施意见》等一系列就业创业扶持政策的完善；关于解决龙井转盘处堵车问题的提案，督促市城乡住房保障局会同市交警支队、市规划设计院、自流井区政府进行现场踏勘和多次研究，结合东兴寺片区综合改造和“两桥”立交改造，搬迁城市雕塑、撤除环岛、实施节点渠化、安装信号控制灯。

【专题调研】 2015年，民建市委与市政协经济委合作开展调研，形成《关于我市开展智慧城市建设情况的调研报告》；深入富顺、荣县、沿滩三个地区和重点现代农业示范项目展开调研，向市委市政府提交《我市现代农业发展及示范园区建设情况的调研报告》。组织会员赴全市各工业园区和相关部门开展专题调研，形成《加快园区转型升级步伐　增强我市经济发展新活力》《关于在新常态下我市金融支持实体经济发展的建议》2篇调研成果，并在政协常委会和委员协商会上进行专题建言。开展组织工作调研活动，完成《民建自贡市行业基层组织情况调研报告》。

【社情民意】 2015年，共编发社情民意信息16条，其中《关于加大力度、重点扶持、积极引导各类社会组织参与扶贫开发的建议》被省政协采用。

【组织建设】 2015年，召开4次中心组学习、1次民主生活会，组织各级班子成员35人次参加民建中央、民建省委和统战部门组织的在浙江大学、重庆社会主义学院、省社会主义学院和市社会主义学院等地的培训，基层组织副主委以上会员受训面40%以上。配合民建省委实施“同心温暖工程”，慰问会员25名，发放慰问金5.6万元。11月24日成立荣县总支，10月13日沿滩支部换届，12月5日大安一支部换届，共20名优秀年轻会员进入班子。

【社会服务】 2015年，继续实施思源扬帆计划，向受助学校捐书1381本。组织7名会员在富顺县琵琶镇参加同心专家服务团“自贡市统一战线走基层服务活动”，开展送春联和法律、农业技术咨询。集中开展捐资助学活动，向40名贫困大学新生发放助学金8万余元。引导会员企业开展“送温暖、献爱心”活动，富顺玉洁家纺公司、自贡华燃天然气公司、久诚商贸公司等23余户会员企业在扶贫、助学、助困等公益事业和参与新农村建设中共投入146.2万元，帮扶五保户、弱势群体、贫困学生103人。持续推进定点帮村工作，争取民建省委和思源工程基金会支持，募集新一轮定点帮扶资金65万元，帮助盐井村新建2公里排灌渠道，解决当地旱片死角农业用水困难。

【服务非公经济】 2015年，重点对自贡烋田建筑材料公司等10余户会员企业开展走访调研。举办“物联网时代的中小企业转型创新之路”报告会，邀请西南财大工商管理学院副教授、博士生导师金家飞作专题辅导，引导会员企业适应经济新常态，促进企业发展。企业家俱乐部与大安区信用联社签订战略合作协议，为企业融资信贷创造条件。向乐山商行自贡分行等金融单位战略合作伙伴推介企业融资项目，争取信贷支持，全年15户会员企业获得授信贷款、融资担保2.46亿元。协助四川理工学院统战部召开理工学院支部“服务地方、服务经济”经验交流会，指导企业家俱乐部与理工学院支部建立战略合作关系，建立会员企业“教学实习基地”。

【对外交流】 2015年，参加民建乐山市委承办的民建四川省西南片区10市（州）工作交流会议；与民建南充市委、民建巴中市委、民建雅安市委开展交流活动；指导民建四川理工学院支部与民建西南财经大学支部开展结对共建活动并签订合作协议，西南财经大学工商管理学院和四川理工学院签署战略合作协议，达成院校合作意向。

【召开十一届八次全委（扩大）会】 2月5日，在民建市委会议室召开十一届八次全委（扩大）会。会议学习中共十八届四中全会精神、传达学习民建中央十届三中全会和民建四川省委八届四次全委会议精神；审议通过民建市委2014年工作报告；表彰民建市委2014年度信息宣传工作、社情民意工作先进个人和先进集体。民建市委委员、基层组织主委、各专委会主任及市委会机关各部室负责人参加会议。

【召开十一届九次全委会】 7月31日，在民建市委会议室召开十一届九次全委会。会议学习中央统战工作会议精神；总结民建市委2015年上半年工作，对下半年工作进行安排布置；表决通过李浩然申请辞去民建市委委员、副主委人事事项，增补选举张碧辉为民建市委副主委。民建市委委员、基层组织主委及市委会机关各部室负责人参加会议。

【召开十一届十次全委（扩大）会】 12月28日，在东方锅炉股份有限公司召开十一届十次全委（扩大）会。会议传达学习民建中央十届四中全会、市委十一届十一次全会、市委政协工作会议精神；审议通过民建市委2015年工作报告；安排布置2016年参政议政工作；表彰2015年度新闻宣传和社情民意工作先进集体、先进个人。民建市委委员、基层组织主委、各专委会主任及市委会机关各部室负责人参加会议。

【获奖情况】 2015年，民建市委参政议政工作被民建中央表彰为先进集体。在民建省委各项评比中，民建市委的会务工作、组织工作、宣传工作、调研工作、社会服务工作、机关工作共获1个综合、5个单项先进集体，对外宣传工作获一等奖，组织管理系统信息工作获一等奖，反映社情民意工作获二等奖。新闻宣传工作、反映社情民意信息工作被市政协评为先进集体和先进单位；《自贡市在川南经济区中的人力资源战略关键问题及对策研究报告》《关于我市开展智慧城市建设情况的调研报告》被评为2015年度全市政协优秀调研视察报告二等奖。

（古若愚）

农工党自贡市委

【概况】 2015年年末，农工党市委辖县级委员会1个，基层组织24个，包括2个基层委员会、1个总支委员会和21个支部。共有党员501人，其中中高级以上职称433人，占86.43%；中上层人士481人，占96.01%。按党员界别划分：医药卫生260人，占51.9%；人口资源、生态环境60人，占11.98%；科学技术、教育、文化艺术、政府部门等181人，占36.12%。党员中有省、市、县人大代表、政协委员103人，9人担任市级特邀检察员、监察员、审计员、教育督导员和行风监督员。

【思想理论建设】 2015年，组织学习中共十八届五中全会、中央统战工作会议、《中国共产党廉洁自律准则》、《中国共产党纪律处分条例》以及习近平总书记系列重要讲话精神和省市重要会议精神，组织开展“农工党章”“农工党史”“多党合作历史”专题学习和知识竞赛活动。在支持农工党全国一干会址建设活动中，全市党员缴纳特别党费1.71万元。参加农工党省委、市政协、市委统战部组织的理论研究工作，提交理论文章6篇，其中《不断创新履职，促进成果转化》被《四川政协报》采用，《高举旗帜　坚定信念，大力推进农工党组织自身能力建设》等4篇文章汇编入市委组织部、市委统战部《凝心聚力促发展》专刊。收集、编写农工党地方党史，形成1.8万字的《农工党自贡市委员会简史》。

【调研资政】 2015年，向省市报送调研报告和社情民意40篇，向市委统战部推荐“发展中国特色社会主义与构建区域中心城市”征文20篇。调研报告《自贡市医药卫生改革情况报告及县级公立医院改革难点分析和建议》，被农工党中央采用，被市政协评为二等次；《在扶贫攻坚中如何实施“医疗救助扶持一批”的建议》被农工党四川省委采用；《关于加大农村环保投入和监管的建议》被农工党中央《前进论坛》和《四川统一战线》采用。社情民意信息《关于推进我省县级公立医院改革的建议》《关于公务卡使用率长期偏低的原因分析及建议》《关于推进城市生活垃圾焚烧发电项目的建议》3篇被省政协采用；《政府简政放权要放到位更要放得下》《关于加大农村环保投入和监管的建议》《对〈政府工作报告〉的反映（四）》《加强重精神病人管理，维护社会和谐稳定》《关于推进城市生活垃圾焚烧发电项目的建议》《关于推进我省县级公立医院改革的建议》6篇被省委会采用；《建议尽快启动订单定向培养防止乡村医生后继断档》和《建议将环境服务业纳入我市“十三五”规划》被市政协采用；《自贡市农工党员高度关注“十三五”基层生态文明建设》被市委办《每日要情》采用。《人民政协报》刊用的《李秀英的民生情结》和《四川政协报》刊用的《让委员走进百姓心里》获市政协“华西能源杯”好新闻二等次，《人民政协报》刊用的《加快川南城市群一体化发展》被评为三等次。

【参政议政】 2015年，在市“两会”上，提交《关于建立空气质量防控长效机制的建议》等集体提案4件、个人提案19件、建议13件。集体提案《加强基层环保能力建设 提升我市生态文明水平》被评为优秀提案，3名党员提案被评为优秀个人提案；李秀英代表市委会作《关于建立空气质量防控长效机制的建议》的大会发言；刘桥代表农工九三界别小组参加市委、市政府就加强中小企业创新能力建设建言；邓昭红等3名委员在媒体采访中分别就医疗卫生、环保等问题建言呼吁。围绕自贡在成渝经济区发展中的基础设施建设、节能环保装备等高端成长型产业发展和越溪河流域污染监管等问题，向省人代会提交议案1件、建议8件；向省政协会提交个人提案6件。市委会领导班子参加市党风廉政建设和反腐败工作、市依法行政、科技平台建设等情况通报会、征求意见会和相关座谈会17次；参加“1号提案”和市住建局提案办理视察等11次，参加市政协委员协商座谈6次，提出建议、意见60余条。9名特邀检察员、监察员、审计员、教育督导员及行风监督员参与对口单位的重大活动，开展行风政风测评、问政暗访等民主监督。

【社会服务】 2015年，春节、六一等节日期间到23名困难群众家中走访慰问，送去价值7万余元的大米、植物油、学习用品和日常药品及慰问金。开展义诊服务活动15次，受益群众5000余人次，发放5000余元的健康药品及2万余份宣传资料。4月，农工党自贡市委和市第三人民医院联合携手北京中关村益心医学工程研究院开展“益心公益”助患公益活动，为市第三人民医院捐赠一批价值20余万元的医疗器械，免费为4名困难心脏病患者实施手术，农工党员王平洪为每名接受手术的患者资助2000元现金。5月，农工党省委、农工党自贡市委、省中药所总支联合向自流井区仲权镇百胜村、朱山村卫生室捐赠价值6万余元的医疗器械和药品。11月，农工党四川省委、省直综合总支二支部联合向富顺县富世镇中心卫生院及联合村、团结村卫生室捐赠价值10万元的医疗器械和药品。农工党市委委员曾玉清，引进川农大荣廷昭院士研发的新型优饲草，建立种苗繁殖基地及“种草—养蓄—产粪—肥田”生态循环种养模式80公顷；农工党员罗云宽免费为市总工会、自流井区总工会、老街等开展“维护职工合法权益——送法进企业”法制讲座及咨询服务，免费帮扶企业困难职工维权10余起。

【获奖情况】 2015年，市委会获农工党中央“优秀地市级组织”表彰，富顺县委会和大安区支部荣获农工党中央“先进基层组织”表彰。在农工党省委的年度考评工作中，市委会获“2015年度综合先进集体”和2015年度机关建设、组织建设、组织管理、社会宣传、社情民意信息和社会服务工作6项单项先进集体表彰。市委会获2014年度市政协系统调研视察、反映社情民意信息、新闻宣传等工作先进单位。

（张智敏）

九三学社自贡市委

【自身建设】 2015年，及时传达学习中央、省市统战工作会议精神、《中国共产党统一战线工作条例（试行）》和十八届五中全会精神。全年培养批准28名新社员，比2014年增长6.5%，年末全市共有社员460人。完成8个基层组织换届，其中九三学社贡井区支社变更为九三学社贡井区委员会。开展市九三学社第七届委员会届中述职民主测评，九三学社省委领导参加并主持。召开纪念“建社70周年暨社市委成立30周年”座谈会。社市委编辑出刊《履职汇编》，收集记载77篇自贡九三社员调查研究、参政议政、建言献策、九三抒怀部分成果。

【参政议政】 2015年，召开参政议政座谈会，为市“两代会”召开做准备。九三学社自贡社员中有22名政协委员和2名特邀代表参加市政协第十四届四次会议，刘小莉代表九三学社自贡市委在会上做《关于加快申报设立自贡综合保税区的建议》发言，市政协委员彭龑接受多家媒体采访，就“人和物有机融合、推进新型城镇化”提出见解。市政协第十四届四次会议期间，市九三学社全体政协委员共提交大会提案43件，占整个提案的15%，其中提出个人和联名提案39件、集体提案4件。由社市委提出的《关于加快发展电子商务，促进经济转型升级的建议》的集体提案，被作为2015年市政协的“一号提案”进行重点督促办理。在市政协十四届十四次常委会上，推荐不是政协常委的市九三学社青年社员、四川拓宇律师事务所专职律师潘家聪代表九三学社做《关于进一步推进政府简政放权的建议》发言。在市政协资政会议上，社员刘小莉代表九三学社市委做《地方与高校文化齐发展，共推经济社会转型再升级》发言。

【推进“九贡合作”】 至2015年，依托“九贡合作”，贡井区白庙镇旭东村由一个道路交通不畅、经济发展滞后、村民生活困难的贫困村，发展成为全镇乃至全区产业发展示范村。是年，在全社开展扶贫开发攻坚战，成立九三学社自贡市委扶贫工作领导小组，下设办公室。确定贡井区牛尾乡骑龙村作为新一轮九贡合作重点扶持对象，实施精准扶贫，目标是到2020年前帮助10户贫困户脱贫。具体措施：扶贫目标任务明确到各基层社，做到每个贫困户都有具体帮扶人员和帮扶措施；指导基层社有针对性制定扶贫方案；督促基层社把各项扶贫措施落到实处。主要采取生产发展和就业发展一批，配合为贫困户争取低保政策、医疗救助政策扶持一批；协调生产发展项目倾斜为主、安排专门资金为辅。

【建岗立业】 2015年，2名社员被自贡市运管处聘请为政风行风义务监督员；自贡市科学技术奖励会上，市九三学社东方锅炉股份有限公司支社社员郑兴胜参与的“600MW超临界循环流化床锅炉研制”项目和周棋参与的“新疆高钠、钾煤的应用研究”项目分别获得特等奖和二等奖；在长春举办的九三学社首届全国青年论坛上，社员陈张铭参加大会并做主题演讲；在北京人民大会堂举行的2015年度国家科学技术奖励大会上，社员胡显权、刘斌、段绍书参与研究的“有机氟单体及高性能氟聚合物产业化新技术开发”项目被授予国家科学技术奖励科技进步二等奖。

【“走基层、办实事、惠民生”活动】 2月6日，九三学社市委“科技服务分团”专家参加市委统战部在富顺县琵琶镇便民服务中心组织的“走基层、办实事、惠民生”服务活动，共发放农业健康宣传资料300余份，受益群众400余人。

【小学生青春期知识讲座】 4月14日，九三学社自贡市委在贡井区育才小学为六年级女生举行一堂青春期知识讲座。九三社员、市妇幼保健院医生张丽莎应邀授课。

【“大接访”活动】 九三市委组织社员参加“自贡市2015年‘依法维权·为民解难’群众工作市级机关现场服务活动”，接待群众50多人次咨询。

【何市镇法律知识下乡活动】 5月22日，组织律师到大安区何市镇开展法律知识下乡活动，发放农村健康知识书籍120册，何市镇镇村干部和企业代表80多人聆听讲座。

【百名专家下基层送医疗活动】 11月13—14日，九三学社四川省医疗卫生专委会和九三学社自贡市委联合举办《2015年百名专家下基层送医疗活动——“富顺行”活动》，内容包括学术讲座、现场义诊、教学查房、老干部讲座，共义诊群众455人，现场治疗群众204人，开出处方109单，发放药品258件、医疗资料300份，为100多名离退休干部和303位医疗卫生系统人员举行健康及学术讲座。

（九三学社自贡市委）

市工商联

【教育活动】 2015年，以守法诚信为重点的理想信念教育活动启动后，逐级进行动员部署，将活动精神传达到各区（县）工商联、商（协）会以及会员企业，参加动员会、宣誓、签名承诺的非公经济人士代表共1000余人，并完成教育实践活动专题网络监测工作。

【举办自贡商会成立100周年系列纪念活动】 2015年，以自贡商会成立100周年系列纪念活动为契机，强化思想政治引导，促进“两个健康”。1月初，以“弘扬盐商精神·助推文化自贡”为主题，举办首届民营企业文化成果展览，30余个单位参展；在市委会议厅召开本地企业与在外企业家2015新盐商新春座谈会，发挥异地商会在重大项目、招商引资、借才引智、扩大交流与合作等优势，强化互动。7月27日，举办全国知名商会自贡行投资推介会，邀请国内企业界、全国知名商会近300位客商参会，共推出91个招商项目，总投资596亿元，并签订战略合作协议。7月28日，召开自贡商会成立100周年纪念大会，回顾自贡商会100年发展历程，总结经验成果，挖掘盐商特点，弘扬盐商精神，宣传商会作用，立足新时期、面向新时代、适应新常态，巩固深化合作共享；举办“新常态新机遇新作为”2015民间商会（自贡）高峰论坛，邀请知名专家、学者和全国知名商会代表到自贡共商新常态下商会定位、发挥作用及参与社会管理创新等，并发出共同行动倡议。出版《百年自贡商会》（上卷）大型文献，展示百年商会史和各时期自贡社会经济发展状况，发挥其存史资政作用。拍摄《自贡商会百年》专题片，展示100年盐都商人和商会组织为国家、自贡发展所作出的贡献。出版《盐都商界》百年商会专刊，突出“三大核心纪念活动”情况，反映百年商会系列纪念活动全貌。

【参政议政】 2015年，提交市政协集体提案2件，其中《培育新的产业增长点加快电子商务发展》合并为市政协一号提案；向省工商联提交集体提案2件；就工业经济转型发展、推进彩灯产业发展、文化自贡建设等提出意见建议；报送社情民意12件；完成《新常态下发挥商会的独特作用促进非公经济健康发展》《自贡市返乡兴业情况》等调研报告。

【宣传教育工作】 2015年，举办深入学习贯彻中共十八届五中全会精神“盐都商人沙龙”专题活动，举办新盐商大讲堂活动4期，组织企业家、会员和行业商会参加各类培训1200人（次）。提升宣传质量，出版《盐都商界》会刊3期。开展纪念自贡商会成立100周年活动宣传，《中华工商时报》用4000余字予以报道和解读，《人民政协报》以“盐都百年商会换新颜”为题进行报道，并连续2次报道自贡市特色行业及产品；省市级主流媒体以制作专版、刊登社论等宣传自贡商会成立100周年。是年，在各级主流媒体刊登（播出）宣传稿件110篇（条）。市工商联获2015年省工商联宣教工作先进单位。

【光彩扶贫事业】 2015年，动员组织民营企业参加“三百工程”、扶贫、新农村建设和社会公益活动。全市有141户企业与115个村进行结对帮扶，130余户企业与100名“三老”建立结对帮扶。开展“家乡助你上大学”活动，组织募集助学金170多万元，资助700多名贫困大学生上学。是年，市工商联获市社会扶贫先进集体、省工商联社会扶贫先进单位。市总商会常务副会长、四川远达集团董事长张远平入选首届四川“十大扶贫好人”榜单。

【推进返乡创业兴业】 2015年，在异地商会中开展返乡人员创业、兴业摸底调查，掌握1300多人有回乡投资意愿。10月中旬，在成都召开全市异地商会第三次联席会暨返乡创业座谈会，解读自贡市返乡人员创业政策，13个异地商会及筹备组参与座谈讨论。组织北京、上海、成都商会和天津商会筹备组到荣县、富顺县、沿滩区等开展投资考察。

【组织建设】 2015年，开展“五好”县级工商联创评。沿滩区率先实现乡镇商会全覆盖，区工商联自身建设达标，被省工商联认定为2015年度“五好”县级工商联。富顺县、大安区被认定为全国“五好”县级工商联。成立自贡市建筑材料商会，指导自贡安岳商会等行业（异籍）商会筹备组开展筹备工作，指导天津、重庆、广州、东莞组建自贡商会筹备组。全年召开商会秘书长联系会4次。

【服务全市经济发展】 2015年，组织市电子商会赴贵州遵义学习考察，参加黔滇川桂渝毗邻地区工商联第7次协作会，与澳门闽台总商会及四川川联矿业商会缔结友好商会。组织民营企业参加省第二十五届西博会、川南品牌博览会推介会等，协助举办春节年货节活动、车展3次。发挥“自贡市非公有制经济维权投诉中心”作用，开展泰丰集团与成都自贡商会纠纷调解工作等，向市委、市政府报送《情况反映》4期。帮助协调温州自贡商会会员纠纷、子女就学等事宜。参与“市协调劳动关系三方会议”相关工作，引导民营企业家主动维护企业员工合法权益，构建和谐劳动关系。推进银企商合作，协助会员入股川商银行，协调会员贷款融资。

（王朝阳）

群众团体

市总工会

【概况】 2015年，全市有基层工会5930个，其中：独立基层工会5321个、联合基层工会609个。全市工会会员累计114.34万人，其中农民工会员累计81.09万人。全市工会组织建率96.5%，职工入会率98.6%。

【召开第十六届三次全委（扩大）会议】 3月13日，市总工会第十六届三次全委（扩大）会议召开。市委常委、市总工会主席王猛出席会议并讲话。会议增补孙红、罗少聪2人为市总工会第十六届委员会委员，免去程刚远、赖建辉、胡小波、钟淳、谢伟、张廷兴、刘厚宁等7人的市总工会第十六届委员会委员职务，替补余斌、熊珍银、王平、余泓、李平、倪琳、罗八一等7人为市总工会第十六届委员会委员。会议免去钟毅慧的市总工会第十六届经费审查委员会委员职务，替补江义权为市总工会第十六届经费审查委员会委员。会议选举孙红为市总工会第十六届委员会常务委员。

【召开市第十六届四次全体会议】 8月21日，市总工会召开第十六届委员会四次全体会议。会议替补市委常委、组织部部长、党校校长李国贵为市总工会第十六届委员会委员，选举李国贵为市总工会第十六届委员会常委、主席。

【职工竞赛活动】 2015年，推进“中国梦·劳动美·争跨越”和“促发展·稳增长·调结构”主题劳动竞赛，全市开展劳动竞赛单位3990个，开展竞赛项目达540个，规模企业参与面达95%以上，参与职工20.82万人（次），节创经济效益2.47亿元。开展10万职工“大培训、大练兵、大比武”活动，全年开展技能大赛单位1288个，举办竞赛项目80个，参与职工10.7万人（次）。开展10万职工合理化建议和“六个一”活动，全年职工提合理化建议9944条，实施采纳5378条；技术革新项目1602项，职工创造发明412项，获国家专利121项。开展“五一先锋·巾帼建功行动”等劳动竞赛活动，各级工会组织女职工开展岗位练兵技术比赛710场（次），参与人数6万人（次）。

【“劳模创新工作室”工作】 2015年，以“五化五强”班组为载体，推动“工人先锋号”“劳模创新工作室”“首席员工”评选创建工作。选树技能带头人单位173个，选树“金牌工人”“首席职工”“首席技师”858人，师带徒结对85人（对）。加强对14个全国、省、市级劳模创新工作室的指导和服务，发挥引领作用。全年14个劳模创新工作室完成82个重大项目研发，开发新产品11个，攻克技术难题107项，技术创新、技术成果152项，创经济价值10.6亿元。

【劳模工作】 2015年，推荐评选34名全国、省劳动模范。开展自贡市2011—2015年劳动模范评选推荐并表彰市劳模100名，开展全国、省、市劳模宣传工作。组织劳模关爱周活动，全市各级工会走访慰问各级劳模1916名，发放各类慰问金80.69万元，召开劳模座谈会38场次，为劳模解决实际困难和问题求诉57次。组织286名全国、省劳模免费体检，为240名市劳模办理劳模免费公交爱心乘车卡，为省部级、市级困难劳模发放生活补贴金15万余元。

【权益维护】 2015年，参与涉及职工切身利益等政策法规的制定和修改，在全面深化改革、新型城镇化建设过程中反映职工群众利益诉求。开展职业病防治情况、劳务派遣用工情况、《中华人民共和国劳动合同法》和《中华人民共和国社会保险法》实施情况等调查，向人大、政府和政协提交报告、建议、议案4篇。完善工会与政府联席会议制度和劳动关系三方协商、最低工资标准三方协商机制。强化律师团规范化建设，修订完善《自贡市总工会维权律师团管理办法》和《自贡市总工会办案经费补助办法》。推动各区县总工会建立完善职工维权律师团，帮助指导区县工会建立法律顾问委派制度，市、区县总工会向152户企业工会委派法律顾问。深化“安康杯”竞赛活动，全市575户企业近18万名职工参加活动，其中，515户非公有制企业的16.5万名职工参赛。东锅公司等4户企业连续获全国“安康杯”竞赛活动优胜单位，通用能源公司等企业获全省“安康杯”竞赛活动优胜单位，市总工会连续获全省“安康杯”竞赛活动优秀组织单位。开展“六五”普法宣传教育，开展“走基层、送法律、惠民生”三百行动，向广大职工特别是农民工发放普法宣传品。组织开展“女职工关爱行动”，对建档的437名单亲、患重病、停产企业女职工、女农民工进行帮扶慰问，慰问金额34.96万元。开展女职工大病互助保险工作，全年有1.07万名女职工参保，参保资金136.43万元，赔付134人，赔付金额164万元。

【推动企业民主管理】 2015年，注重厂务公开民主管理规范化建设，开展“公开解难题、民主促发展”主题活动，组织职工参加全省企事业单位“优秀职工代表提案”评选活动。是年，全市国有、集体及控股企业职代会建制率95%以上，其他事业单位和规模以上已建工会非公有制企业职代会建制率均在91%以上，股份制企业职工董事、职工监事建制率90%以上。

【推进企业工资集体协商】 2015年，开展企业工资集体协商“集中要约行动月”活动，续签和新签合同1413户，覆盖职工人数15.15万人。开展工资集体协商提质增效考评工作和典型示范选树工作，对全市2707个企业进行考核，选树31户全市工资集体协商示范单位。加强省、市专兼职工资集体协商指导员队伍建设，对受聘的工资集体协商专职指导员定额补助10.2万元。截至2015年年底，全市已建工会企业签订工资集体协商合同2585份，区域性、行业性合同243份，覆盖企业（含个体工商户）1.06万户，覆盖职工34万余人，已建工会企业工资集体协商建制率94.8%。推进女职工权益保护专项集体合同签订，全市签订女职工专项集体合同2725份，覆盖企业1.06万家，覆盖女职工11.50万人，占已签集体合同的100%。

【帮扶网络建设】 2015年，深化劳动关系和谐企业（园区）创建和“双爱双评”等活动。基层工会法人资格登记率99%以上。完善劳动关系预防、预警、调处机制和职工诉求表达机制。发挥“12351”职工维权（普法）热线作用，市本级工会职工法律援助中心接待来访、电话咨询的职工700多人（次），涉及职工3000余人。受理职工信访6件，处理回复6件，接待处置职工群体上访4件（次），调解处置职工群体劳资纠纷3起，涉及职工近1万人。截至2015年底，全市建立基层工会劳动争议调解组织3776个，占企事业基层工会组织的92.0%，配备劳动争议调解人员8154名，100人以上的基层工会100%建立基层工会劳动争议调解组织；全市建立乡、街、社区工会法律维权帮扶站123个。

【项目化帮扶工作】 2015年，完成全市工会帮扶项目书编制预报工作，共编制七大类帮扶项目书18个，申请使用帮扶资金719.9万元。指导四川久大盐业公司、长征机床公司、职工校等企事业编制帮扶资金项目申报书，获审批立项，争取资金95万元。开展2014年度帮扶资金绩效评估工作，形成综合评估报告、职业培训专项资金绩效评估报告，并将现场评价资料审核上报省总工会。开展2014年度帮扶工作项目化情况总结，在全省工会帮扶项目工作片区会上作交流发言。通过项目争取到省总工会专项资金35.4万元，全部用于全市各乡镇（街道）和村（社区）基层群团组织社会服务中心开展帮扶服务，帮扶人数406人。

【开展“四季送”活动】 “春送岗位”：开展“工会就业援助月”“春风行动”“民营企业招聘周”等就业服务活动，组织各类招聘会66场，提供免费服务人数4.09万人（次），本地企业吸纳农村劳动者就业7752人，职业技能培训1178人（次），创业培训450人（次）；开展送岗位到基层活动5次，提供政策咨询服务和就业指导1.06万人（次），成功介绍923人就业，提供劳动维权服务和法律援助5735人（次）；推进就业促进工程，帮助2740名下岗失业人员（农民工）实现再就业，完成市委、市政府民生工程目标任务的104%。“夏送清凉”：全市各级工会组织筹资近300万元，走访慰问一线职工12万余人（次）；市总工会本级安排专项资金30万元，购买清凉药品，走访慰问60户企业、6000多名一线职工。“金秋助学”：全市工会系统共筹集资金208.62万元，资助1043名建档困难职工家庭大学新生子女入学，完成市委、市政府民生工程目标任务的149%；开展金秋助学回访活动，组织受助学生参加创业和就业知识讲座，为81名在校贫困大学生发放困难补助24.3万元。“冬送温暖”：市本级筹集送温暖资金372万余元，带动全市各级工会共筹集资金547万余元，在“两节”期间，对1.27万户、2.93万名建档困难职工开展送温暖慰问活动。

【困难职工帮扶工作】 2015年，组织开展困难职工档案年审和集中清理工作。全市工会系统为8796名建档困难职工实施医疗、生活和意外灾害救助，金额400.59万元，全面完成市委、市政府民生工程对建档困难职工平均每户每年给予300元~1000元生活和医疗救助的扶贫解困工作目标任务。深化乡镇（街道）帮扶站规范化建设，全市112个乡镇（街道）全部规范化建站，其中建成24个市级示范站、88个市级达标站。完成5个基层群团组织社会服务中心建设任务。为符合条件的建档困难职工办理年审手续，发放爱心乘车卡1267张、电力卡1943张、粮油卡2800张。全年为市属企业5000名困难职工进行免费体检一次。安排专项资金开展“关癌行动”，为部分身患癌症的困难职工提供救助。推进环卫工人爱心服务站建设活动，投入近7万元建成21个服务站。

【创业扶持和技能培训】 2015年，实施工会创业贴息小额贷款项目，确定下岗失业人员（农民工）创业扶持对象15名，为10名创业扶持对象发放贷款80万元，发放贴息资金11.29万元。制定下岗失业人员（农民工）职业技能培训计划，结合“工会就业援助月”活动，开展送培训到基层。全年投入资金68.3万元，共举办培训班16期，培训841人，培训项目为物业管理、家政服务、月嫂、电工、焊工、烹饪（厨师）和计算机应用等。

【对口扶贫帮扶】 2015年，帮助富顺县东湖镇和山林村、高石村研究扶贫脱困计划和措施，落实五项举措开展精准扶贫工作。建立结对帮扶制度，市总工会每名班子成员结对帮扶2户贫困户，机关支部结对帮扶1户贫困户，落实专项扶贫资金51.5万元。

【职工思想文化建设】 2015年，组织职工参加四川省职工党的十八届四中全会精神知识竞赛，7名职工获奖。推动社会主义核心价值观融入企业精神和职工的生产生活中，企业参与面90%以上。开展“中国梦·劳动美”主题活动，推动全国文明城市创建。深入到农民工集中的工业园区和建设工地等进行调研，指导企业工会做好农民工思想政治工作、职工读书活动的开展。全年创建省职工文化驿站示范点1个，创建全国职工书屋示范点2个，命名市级职工书屋示范点8个，自建职工书屋20个。开展庆“五一”慰问，先后到多个社区和广场演出。组织基层职工参加排舞培训、篮球、羽毛球等体育活动。组织职工参加全国总工会、省总工会各类职工文体赛事活动。组织职工参加全省工会微电影大赛获得铜奖，参加全国职工全健排舞大赛获得四个组别的一等奖。市总工会荣获“2015年全国全健排舞省市优秀组织推广奖”。

【组织建设】 2015年，超额完成省总工会下达的农民工集中入会行动任务。建立区（县）和企业（公司）基层工会建设情况的综合考核评价体系，健全工会干部改进作风、联系基层、服务职工的长效机制。推进基层工会规范化建设三年行动，全市命名99个示范乡镇（街道）、社区工会。召开基层工会规范化建设现场观摩会，下拨乡镇（街道）、社区工会专项资金137.52万元。开展“职工之家”建设，创建一批全国、省级、市级模范职工之家和模范职工小家，评比表彰一批全国、省级、市级优秀工会工作者。

（市总工会）

团市委

【青春建功行动】 2015年，启动实施“盐都青年创业促进计划”，成功申报SYE项目办公室，招募创业导师70名，接收创业青年项目申报76个，通过实地面试项目13个，争取无息无担保无抵押贷款300万元。组织开展三型青工培训3.5万人次，新评选市级青年文明号32个。

【青春筑绿行动】 2015年，开展植绿、护绿、环境洁美志愿者系列行动，20余万青少年参与。组织志愿者进社区开展生态文化宣传近164次，参与人数达2万余人。在“3·12”期间，组织青少年开展植树造林种草、治理污染、保护水资源等系列活动170余场次，参与人数4.5万人。

【青春育人行动】 2015年，引导青少年培育和践行社会主义核心价值观，深化“我的中国梦”主题教育实践活动，开展形式多样的青少年实践教育活动。市青少年宫累计开展素质培训达2万余人次、公益培训9000余人次。开展“放飞梦想·快乐成长”“庆六一游园活动”“快乐大巴”等大型公益活动20余场，4万余名青少年免费参加活动。

【青春激智行动】 2015年，评选“优秀共青团员”73名、“优秀共青团干部”54名、“优秀共青团组织”40个，获全国优秀共青团员、全国优秀共青团团干部各1名；推荐产生第七次全国少代会队员代表1名，受到习近平等国家领导人接见。组织开展“奔跑吧青春”系列活动及青年电影周等活动，发挥青联、青企协的作用，展示青春风采，激发青年活力。开展荣县“人大支教团”服务工作。建成一支7万余人的网络文明志愿者队伍。

【青春爱心行动】 2015年，开展暖冬行动、快乐观影、好书赠阅等关爱活动，累计整合社会公益资金210余万元，共创建星级留守学生之家55所，惠及留守学生11万余名。开展“轻松备考‘12355’与你同行”阳光行动，联合开展“爱心送考”公益活动。加强“12355”青少年服务台建设，履行“未保”“预青”职责，维护青少年合法权益。

【协力构建“大群团”工作格局】 2015年，履行轮值单位职责，精选13个乡镇（街道），在全省率先探索开展党（工）委群团工作部试点，从组织架构层面深化“大群团”格局。履行牵头职责，制订《群团组织社会服务中心2015年工作方案》，组织完成中心“扩面”建设，全市基层群团组织服务中心总数41个；加强与省中心以及各群团组织、公益组织的对接联系，累计整合项目188个，筹措中心建设经费343.3万元，用于群团服务中心的硬件、软件和日常运行支出，服务群众16.9万人次。组建以市委分管领导为总队长的全市群团组织志愿服务总队，整合群团组织志愿服务力量；加强对志愿者队伍建设的规划、管理和指导，发挥联络、引导、吸纳、培育作用，打造一支来源广泛、结构合理、作用突出、规模较大、各具特色的群团组织志愿者队伍；组织开展专业化培训，提高服务意识、服务能力和服务水平。

【探索推进“互联网+共青团”】 2015年，打造“青年之声”互动交流平台，构建起以“两微一站”（自贡共青团官方微信、自贡共青团官方微博、自贡共青团官方网站）为骨干的共青团网络工作枢纽，创新构建“互联网+共青团”工作格局。探索联系动员青年的O2O模式，同四川理工学院联合开展“艺青杯”美术作品设计大赛，其“线下发动—线上参与，校团联动”的工作模式被收录进团省委新媒体教学案例。

【巩固扩大“盐义仓”试点成果】 2015年，实施“盐义仓”社区互助微公益项目，累计建成“盐义仓”社区志愿者服务站20个，开展志愿服务及发放爱心物资近70万元。开展“盐义仓”社区互助微公益服务标准化试点，高分通过验收，成为全省首个公益类服务标准化项目。

【青年志愿者服务】 2015年，深化青年志愿服务，组织3000余人次青年志愿者参与春运志愿服务和自贡第二十一届国际恐龙灯会志愿服务。以网络文明、阳光助残、留守关爱、植绿护绿等为主要内容，集中开展“益起来·更精彩”学雷锋志愿服务月活动。加强青少年事务社工队伍建设，举办自贡市首届公益人才（社工师）培养计划培训班。

（团市委）

市妇联

【“新家园、新女性、新生活”项目】 2015年，继续实施“新家园、新女性、新生活”项目，创新“女新市民”服务提升机制，全方位服务“女新市民”。通过开展“‘换好脑子’，提升思想意识”“‘当好学子’，提升素质修养”“‘谋好路子’，提升发展能力”“‘教好孩子’，提升家庭教育”“‘过好日子’，提升生活品质”等“五子、五提升”活动，提升“女新市民”综合素质，推进农村转移人口“市民化”。是年，“三新”项目开展家庭教育、就业技能、公益主题等各类特色活动100余次，服务群众8000余人次。项目实施后，所在社区出现“三下降、两增强”：在2014年的基础上，邻里纠纷下降30%，妇女维权和家庭纠纷下降35%，小区社会治安案件下降30%；农转非居民的自信心得到增强，坚定“我是城里人”信念，感觉到“城市，让生活更美好”；政府工作得到群众支持力度增强。“三新”项目在2015年全省群团工作会上进行交流发言。北京大学中国经济研究院《农本》、省委政策研究室内参《调查与决策》《自贡改革专报》《自贡改革动态》《学习与调研》《自贡日报》对该项目进行专题宣传，入选《2015年四川城镇化蓝皮书》典型案例。5月，省社科院对“三新”项目进行专题调研和评估：该项目具有“低成本、造血式、普适性”的特点，开启一条以满足妇女需求为导向，以资源整合、服务对接为手段，以组织机制建设为保障的妇联组织助推“人的城镇化”、创新参与社会治理的新路子。

【“新农村、新女性、新生活”项目】 2015年，继续开展以“女新农民”为主体的“新农村、新女性、新生活”项目，通过实施“学习培训—实践体验—引领提升”系统工程，推行“比庭院整洁，看美丽新农村”“比邻里和谐，看文明新风尚”“比教子有方，看最美小家庭”“比致富能手，看创业女能人”“比生活品质，看农村新女性”的“五比五看”模式，提升“农村新女性”综合素质，打造“自立、文明、美丽、幸福”社会主义新农村新女性。截至12月末，共开展“五比五看”特色活动40余次，服务群众1500余人次。

【实施“紫薇花”家庭微公益项目】 2015年，“紫薇花”家庭微公益项目开创“全家总动员”志愿服务模式，通过父母“带着孩子做公益”，以“公益家风”带动“社会新风”。在块上，以社区（村）为支点，以“五助五坊”为活动载体服务基层特殊人群，通过“五助”（即助老人、助儿童、助妇女、助家庭、助社区），建立“五坊”（吾老暖心坊、儿童希望坊、巾帼手工坊、家风读书坊、社区公益坊），实行“每天志愿服务”。在条上，通过成立“巾帼家庭志愿联盟”，组建各类服务支队（即：绿色环保服务支队、文明传播服务支队、关爱互助服务支队、科普体验服务支队），推广家庭志愿活动，带动更多家庭加入巾帼公益队伍。截至2015年年底，共登记巾帼志愿者家庭410户、1230人，先后组织开展26次大型公益主题活动，形成条块结合、连锁互动、共同促进发展的家庭微公益发展模式，达到帮扶困难人群、促进家庭和睦、改善社会风气、创新社会治理的目的。1月，新华社、中央电视台、《光明日报》《中国妇女报》对该项目进行专题报道。6月，在全省群团工作培训班上做交流发言，在省妇联“家庭微公益”启动仪式上全省推广。10月，新华社《内参选编》（2015第41期）以《四川自贡以家庭微公益为载体传递社会正能量》为题，对项目运行情况进行报道。是年，“紫薇花”家庭微公益项目获“四川省十佳志愿服务项目”，并被省精神文明办推荐参加由中央宣传部、中央组织部、中央文明办等单位组织的“100个最佳志愿服务项目”评比。

【巾帼建功活动】 2015年，新创建全国“巾帼文明岗”3个、市级“巾帼文明岗”25个、“巾帼创业就业示范基地”15个（其中：全国示范基地1个，省级示范基地1个，申请到100万元妇女居家灵活动就业项目扶持资金），市公积金管理中心、市地方税务局第二直属税务分局第一办税服务厅、市妇幼保健院遗传生殖医学中心获“全国巾帼文明岗”，市第一人民医院眼科主任李爽乐获“全国巾帼建功标兵”，东方锅炉股份有限公司工会女工委员会获“全国巾帼建功先进集体”。

【双学双比活动】 2015年，新挂牌命名“巾帼文明示范村”13个。筹备创建示范性妇女行业组织，培养农村女科技致富带头人，召开成立“自贡市妇女绿色种植业、生态养殖业发展促进会”筹备大会，全市70余名从事绿色种植业、生态养殖业的女性参加会议。举办全市首期妇女电子商务培训班，110人参加培训。是年，全市共开展家政服务、农村实用技术等就业创业培训班14期，培训妇女820余人。

【为妇女儿童办实事】 2015年，整合资源328万元，开展系列慰问活动426次，服务妇女儿童4.92万人次。通过“两癌”免费检查项目筛查11.36万人。成立留守妇女互助组，开展心理疏导及生产生活帮扶行动。11月18日，全国妇联、中国儿童基金会召开“百万家庭亲情一线牵”推进暨“恒爱行动”实施十周年纪念会议，市妇联作为全省唯一的“中国儿童慈善奖——恒爱行动·优秀组织奖”在人民大会堂接受颁奖。

【构建“大维权”工作格局】 2015年，依托乡镇司法所、大调解办等，在90%的乡镇建立婚姻家庭纠纷调解中心，落实婚姻家庭纠纷调解个案补贴。依托村（社区）妇女之家，在50%以上的村、社区建立妇女信访代理，接待信访、心理咨询等308件，处理率100%。加大维权力度，制定完善《妇联信访制度》《领导接待制度》《首问负责制》《妇联信访流程》等信访工作制度；市妇联与市司法局、市律师协会联合组建成立“自贡市巾帼维权女律师服务团”，开展法律咨询、法律援助、心理咨询等，为妇女提供便捷、快力、准确服务，在乡镇（街道）、社区（村）、学校、单位等举办法治大讲堂50多次；组建法律志愿者服务队伍，各区县妇联聘请650余名司法、公安、社区干部，组成妇女儿童维权志愿者队伍，推荐18名妇联干部进入陪审员队伍，推荐2名妇联干部任劳动保障监督员。截至2015年底，全市有妇女儿童法律援助中心8个、妇女法律服务工作站（中心）119个、“110”家庭暴力报警中心114个、家暴投诉站1100多个、家庭暴力伤情司法鉴定中心2个、妇女儿童心理咨询站1个，妇女维权热线“12338”覆盖全市四区两县。是年，市妇联被省妇儿工委、省妇联评为“四川省推进男女平等基本国策二十周年特别贡献奖”先进集体。

【“三八”妇女维权周法治宣传活动】 2015年，全省“三八”妇女维权周法治宣传“进校园”活动启动仪式在自贡市举行。市妇联以“巾帼维权·送法到‘家’”为主题，开展第十六个“三八”妇女维权周活动。3月4日，全省“贯彻男女平等基本国策、依法保护女童安全——‘三八’妇女维权周法治宣传‘进校园’活动”启动仪式，依法保护女童安全法治大讲堂和儿童防性侵主题班会在富顺县启动。

【“好军嫂”评选活动】 2015年，以“八一”建军节为契机，市妇联联合自贡军分区政治部组织开展好军嫂评选活动，评选出20位“政治素质好、思想品德好、爱家敬业好、教育子女好”的军嫂，授予自贡市“好军嫂”称号，并授予20名好军嫂家庭为自贡市“最美家庭”。

【“我的最美家庭”评选活动】 2015年，以评选“好媳妇”“优秀女干部”、庆祝“三八”妇女节等活动为载体，开展以“家风力量·幸福守望”为主题“向幸福出发”寻找“最美家庭”特别活动。组织“好家风好家训、幸福家庭最美时刻”摄影作品征集，全市参与寻找“最美家庭”活动的“妇女之家”总数1128个。各级妇联组织8万多户家庭参与“晒、议、讲、展、秀”活动，参与群众30余万人，晒出家庭照片6500余幅；举办最美家庭故事会520余次；举办家风家训展示、评议会480次；征集好家风好家训1100余条，征集幸福家庭最美时刻摄影照片150多幅；评选出“自贡市最美家庭”10户。市妇联获省委宣传部、省文明办、省网信办、省妇联评选的2015年度四川省寻找“最美家庭”活动优秀组织奖。自贡市推荐的作品中“家庭优秀摄影作品9件，家庭优秀故事视频1件，好家风征文优秀作品6件，好家训优秀作品8件”获四川省2015年“我的最美家庭”优秀家庭题材作品。

【平安家庭创建活动】 2015年，开展“平安家庭”示范户评选活动，组织、引领妇女参与“平安家庭”创建，增强家庭成员懂法守法意识、安全防范意识、禁毒防艾意识、健康文明意识、和睦相处意识、男女平等意识。是年，评选自贡市“平安家庭”示范户100户。截至2015年年底，全市各级“平安家庭”创建达标80余万户，“平安家庭”创建率80%以上，评选“平安家庭示范户”2000余户。

【城乡环境综合治理“进家庭”】 2015年，实施“巾帼绿美家园”工程，结合“巾帼志愿者行动”、“紫薇花”家庭微公益项目，深化城乡环境综合治理“进家庭”活动。开展“千村妇女争创绿美庭院”活动，评选出“绿美庭院”60户。宣传“低碳生活”，鼓励广大妇女“立足家庭、践行环保节能”，倡导绿色环保意识。通过“紫薇花”家庭微公益项目中的“巾帼志愿家庭联盟”，成立绿色环保服务支队，开展“把环保‘袋’回家”活动，增强社会环保意识。

【农村女童安全救助行动】 2015年，继续施行“农村女童安全救助行动”，探索实施“党委政府重视、制度措施落实、群防群治震慑、宣传关爱到位”的女童安全救助模式。全年编辑、印制、发放3000册《儿童防性侵》画册进行宣传。是年，全市对存在安全隐患的1545名3～14周岁女童建立结对卡，遏制女童性侵害案件发生。

【推动“两纲”实施】 2015年，召开自贡市政府妇女儿童工作委员会四届二次全委（扩大）会议暨2015年两纲监测统计工作会，传达省政府妇女儿童工作委员会五届二次全体（扩大）会议精神，总结2013年至2014年妇女儿童工作和两纲推进情况，安排部署2015年两纲监测统计工作，并对报表的填报进行指导说明，市政府妇儿工委34个成员单位分管领导和两纲统计负责人近100人参加会议。12月，省政府两纲中期评估督导检查第六督导组到自贡开展两纲中期评估督导工作，督导组实地考察蜀光绿盛实验学校南湖校区、市儿童福利院、沿滩新城板仓社区、市妇幼保健院等部门，在查阅档案资料、听取汇报后，对自贡两纲工作予以肯定。是年，自贡市《两纲》116项监测指标中，提前达标指标57项，占49%；预期可达标指标58项，占50%；暂无监测数据指标1项，占1%。

【关爱留守儿童】 3月，举办“让爱回家，守护成长——援助留守儿童父母返乡创业就业服务周”专场招聘会，共有477家企业为留守儿童父母提供各类就业岗位1.28万个，1.38万人进场求职，达成意向性协议3412人，现场提供就业创业指导、政策咨询4300人次，发放宣传资料2.02万份。在《自贡晚报》上连续4期刊登“让爱回家·守护成长”关爱留守儿童专刊，制作“让爱回家·守护成长”关爱留守儿童公益视频广告。通过该项目引导留守儿童父母回乡务工，留在孩子身边陪伴成长，缓解农村“留守儿童、留守妇女、留守老人”的问题。省妇联主席吴旭在市妇联《让爱回家　守护成长》简报上批示：“办公室请转成专报报全国妇联和省委”。7月18日，市妇联关爱留守儿童工作举措被省委办公厅《四川信息专报》采用。

【家庭教育工作】 2015年，开展“成就孩子梦想、成就家庭梦想、成就中国梦想”家庭教育讲座116场，参听家长1.2万人，发放家庭教育宣传资料1.6万份。开展2015—2016年现代家庭教育优秀论文征集评选活动，收集征文60余篇。在100%的城市社区建立社区家长学校，命名表彰12所“自贡市示范社区家长学校”。启动“幸福成长爱满家”家庭教育项目。12月22—23日，市家庭教育“十二五”规划终期评估工作接受省家庭教育评估督导组督导检查，督导组评价：自贡市家庭教育工作领导重视、机制完善、宣传有力、项目驱动、载体创新，经验做法值得全省推广学习。

【完善现代媒体宣传网络】 2015年，推进全国妇联“妇联通”手机APP和PC客户端下载安装工作，各级妇联干部全员关注、下载安装全国妇联“女性之声”微信客户端和“四川女性”微博、“四川省妇联幸福女性”微信公众号。市妇联在“自贡妇女”网基础上拓宽宣传路径，开通自贡市妇联“紫薇花开”微信公众平台，让群众近距离了解妇联工作，发挥妇联联系妇女群众的桥梁作用。

【建设枢纽型妇联组织】 2015年，依托“妇女之家”在基层开展构建“五型”（发展型、孵化型、网格型、特色型、服务型）特色妇联基层组织工作，增强基层妇联组织对妇女的“五力”（发展促进力、公益传递力、治理影响力、枢纽辐射力、幸福引导力）影响。引导女性社团奉献社会，传递正能量，市女企业家协会组织20余家企业参与“让爱回家、守护成长”援助留守儿童父母返乡创业就业活动，为留守儿童父母提供400余个岗位；邀请北京大学三宽家长教育研究院院长萧斌臣在南湖实验学校举行题为“智慧家长的八个关键词”大型公益讲座，免费赠书280套；市女摄影家协会组织会员关爱残疾儿童，对贡井区辅读校的“三残”儿童进行摄影培训，“六一”儿童节带孩子们外出采风，教授摄影技巧。培育孵化服务妇女儿童社会组织，成功孵化以村、社区公益服务为主要服务范围的“自贡市紫薇家园社会服务中心”和以开展家庭教育为主要服务范围的“‘爱满家’家庭教育服务中心”。

【妇联组织建设】 2015年，从四个方面夯实妇联组织建设：一是开展系统讨论，围绕落实中央、省、市委党的群团工作会议精神，在全市妇联系统开展如何增强新时期妇联组织和妇联工作“政治性、先进性、群众性”的讨论，收集意见建议77条。二是强化业务培训，与市委党校联合举办全市首期村（社区）妇女干部培训班，110名村（社区）妇女干部参加培训。三是规范阵地建设，规范基层“妇女之家”建设，实现村、居妇代会、“妇女之家”组建率100%，确保基层妇联组织有阵地、有牌子、有人员、有经费、有活动。四是体现转型特点，在基层组织建设方面，通过体现“五有”（有阵地意识可拓展，有组织基础可实施，有社会组织可借力，有科学评估可依据，有机制建设可推广）、“五个功能”（增强妇联的依法维权功能，引导孵化功能，人才集聚功能，资源支撑功能，务实服务功能），推进妇联组织转型发展。

【参与“大群团”工作格局构建】 2015年，根据市委构建“大群团”工作安排，市妇联负责大群团办公室第一轮轮值工作，制定相关制度，建立联络员QQ群，保障上下对接，推动机构运转；通过各类媒体宣传，在全社会营造“大群团”工作氛围；组织开展“情暖盐都·群团关爱”系列慰问活动。建设基层阵地，在巩固完善2014年试点建设的3个群团组织社会服务中心基础上，指导新建5个群团组织社会服务中心和3个群团工作部。《自贡改革动态》2015年第21期对市妇联参与“大群团”工作进行报道。

（张　燕）

市科协

【学术交流与评选表彰】 1月，市科协所属团体围绕“五个自贡”建设，开展学术活动120余次。开展自贡市第六届自然科学优秀学术论文奖评选表彰工作，各基层组织收到论文500余篇，经初评后，共有185篇优秀论文上报市论文评审委员会办公室，经学科专家组初审、市评委会复审、市政府第92次常务会审定，最终评定《含有O－烷基或O－芳基二硫代磷酸骨架和双膦配体的单核［镍］金属配合物的合成新方法和结构表征》等4篇论文为一等奖，《Robin型离散Schwarz波形松弛算法的收敛性分析》等11篇论文为二等奖，《烟道气净化石膏型卤水技术及应用》等35篇论文为三等奖。

【“金桥工程”与“四技服务”】 3月，确立《钻井水溶开采矿区卤水伴生气的综合治理》等13个项目为2015年度自贡市科协系统重点金桥工程项目并作为省级项目上报，项目完成后，预计年创产值2.15亿元、年增利润3261万元、年增税收1537.99万元。推荐《川早系列核桃新品种苗木扩繁与生产示范》《汽轮机集装润滑装置》2个项目为省级优秀金桥工程项目。2015年，全市学会和企事业科协完成“四技服务”签订技术合同53份，登记金额108.5万元。

【院士（专家）工作站建设】 6月，举行自贡市第三批院士（专家）工作站授牌仪式，美国医学生物工程院院士宋国立等6名院士专家应邀出席，市委市政府领导为四川安益生物科技有限公司等4家建站单位授牌，并为宋国立、高鸿等项目首席专家颁发聘书。9月，自贡中天胜新材料科技有限公司申报省级院士（专家）工作站。至2015年末，全市共建成市级院士（专家）工作站9家，引进院士5名、高层次专家25名，开展项目合作12项，促进企业实现新增产值20多亿元。12月，经过初评，确定第四批院士（专家）工作站申报名单：自贡市疾病预防控制中心、自贡硬质合金有限责任公司、四川省海川实业有限公司。

【基层科普行动计划】 3月，实施“基层科普行动计划”，市科协在基层科协推荐申报入库项目的基础上，深入各区县进行实地调研。2015年，推荐上报国家级项目8个，大安区庙坝镇肉牛协会等5个协会、1个基地、2个社区受到中国科协和财政部表彰，获得奖补资金160万元；推荐省级项目7个，获奖补资金62万元；争取其他省级科普项目经费133万元。全年共争取中央、省科普奖补资金355万元。

【“银会合作”】 6月，市科协与市邮储银行联合印发《关于进一步加强市科协系统与市邮储银行合作的意见》和《自贡市科学技术协会“银会合作”财政贴息实施细则（试行）》。全年为35户贷款户争取到省级贴息资金22万。“银会合作”实现贷款累计1430笔，共帮助全市农技协、科普基地、科普带头人落实贷款1.29亿元，其中2015年落实贷款6381万元。市科协与邮储银行共同投资，在全市乡镇、街道建成不锈钢标准科普画廊和电子显示屏62个。12月底，市科协被评为全省“银会合作”工作优秀单位，并在全省“银会合作”推进会上作交流发言。

【推动“纲要”实施】 2015年，把实施《全民科学素质行动计划纲要》作为全市科普工作总抓手，将“纲要”工作纳入市科协目标考核任务。组织召开全市2015年“纲要”工作联络员会议，加强平时工作督促落实，组织24家单位完成“十二五”期间“纲要”实施情况自查总结。9月，通过省《全民科学素质行动计划纲要》工作督查组的督查。

【创新科普载体形式】 2月，以市老科协艺术团、大安区科普艺术团、贡井社区科普艺术团为主搭建全市文艺科普格局雏形。大安科普艺术团自2012年成立后，累计创作科普歌曲16首，制配乐诗1首，制作科普MTV两部，年均安排演出15场次以上。2015年，大安科普艺术团演出12场次，观众1万多人次。

【打造特色科普】 5月，在大安区和贡井区建立社区科普大学，开设老年班、青少年班、技能班、文艺班等多个班次，针对不同群体制订教学计划，长期聘请在法律、环保、绿色消费、心理健康、医疗卫生等领域的志愿人员担任辅导老师向居民学员授课。全年共开班8期，服务群众400余人次。

【科普宣传活动】 5月，举办全市“科技之春”科普宣传月、科技活动周、全国科普日等大型品牌科普活动，在各种纪念日开展以“节约资源、保护生态、改善环境、安全生产、防灾减灾、应急避险、合理消费、低碳经济、食品安全知识”等为主题的科普活动。在科普活动中发放各类宣传单、科普知识小册子和科普宣传挂图6.12万份，市、区（县）共举办科普日活动启动仪式7场次，送科技下乡22场次，举办实用技术培训31场次，科普讲座36场次，推广应用新技术、新品种41项，接待科技咨询群众6138人次，印发科技光碟920张，受益群众11.7万人次。

【第30届青少年科技创新大赛】 2月，举行自贡市第30届青少年科技创新大赛，共收到各类参赛作品1089件，评出各类等级奖305项。推荐参加省级大赛的75项作品，获省级一等奖7项、二等奖23项、三等奖28项，入围全国大赛5项，有2项科技创新作品获得全国大赛一等奖，有2项获全国二等奖，创近10年获省级大赛一等奖数量最多、入围全国大赛作品最多的成绩。

【第十届自贡市青少年科技创新市长奖】 10月，开展第十届自贡市青少年科技创新市长奖评奖工作。在全国科普日自贡活动启动仪式上，副市长石岷嘉为获奖的9个项目学生代表颁发证书和发放奖金5500元。

（市科协）

市文联

【组织重点作品创作】 2015年，组织全国、全省重大题材美术作品《李冰父子与都江堰》《辛亥革命.荣县首义》《抗战中的盐都》《川盐古道中国画创作工程》的深度打磨，组织川剧《还我河山》、歌剧《盐神的女儿》、方言剧《文化站长》、杂技《扛定车》、舞蹈《金蛇狂舞》《菜板交响曲》、电影《我是乡下爷》《盐马帮》以及本土原创音乐的创作等。

【组织文艺作品参加展演】 2015年，有81件作品（人次）参加国家级、省级展览演出，其中川剧《还我河山》进入国家舞台精品工程，郭聆的书法、欧勇的版画《桌上的风景》分别入选全国第十一届书法篆刻作品展和第二十一届全国版画作品展，谭清云等7人的作品获得中国美协、中国硬笔书协的奖励。71人次荣获省级以上奖励，其中5件作品荣获第八届四川省巴蜀文艺奖（川剧《还我河山》获戏剧类奖，张跃进与人合作的《李冰与都江堰》获美术类特殊荣誉奖，谭清龙的《竹阴清凉好读书》获美术类铜奖，徐崧、关大兴的小品《宝贝》获得曲艺类铜奖，《扛定车》获得杂技类铜奖）；17件作品入展“大山大水·大美四川”创作工程作品展，5件获优秀奖（张跃进国画《阆中古镇》、谭清龙国画《琴书竹影伴清音》、肖华油画《南国灯城之一》、黄芸芸版画《盛世观灯》、江毅雕塑《盐都遗韵》），被四川美术馆收藏；王彩彩核雕等11件作品入选“品四川·颂中国”民间文艺创作工程优秀作品展；黄达等8人作品入展“永逸杯”四川省首届行草书大展；余刚等3人作品入展“看四川”优秀摄影作品展；陈远俊的书法作品入展“看四川——诗书创作工程”优秀书法作品展；川剧《还我河山》、歌剧《盐神的女儿》分别荣获首届四川艺术节文华奖“最佳剧目奖”“剧目奖”，廖时香等8人荣获个人单项奖。

【青少年题材小说创作】 2015年，李开杰的短篇小说《淡红色的黄昏》《寻找快乐》《白纸片》《无法回避的从前》分别发表于国家级刊物《儿童文学》和《少年文艺》。李利、赵应的微电影《无法逃避》《麦地》《还原真相》等相继拍摄播出。

【开展蜀南文学小说评奖】 2015年，开展《蜀南文学》年度小说评奖，在出版的四期刊物中，评出2014年优秀中短篇小说4篇并给予奖励。其中，陈晓东的中篇小说《张俊峰敌特案本末》、黄珂的短篇小说《丹特耶瓦77号》、毛艺舟的短篇小说《新月桃花》、李开杰的短篇小说《泥里的树》分别获得表彰。

【文艺展演交流活动】 2015年，围绕纪念抗日战争胜利70周年，市文联与市委宣传部联合自贡日报社、自贡晚报社、广播电视台举办“众志成城——纪念抗战胜利70周年征文活动”。举办抗战老兵照片展、纪念抗战书画展、纪念抗战胜利主题晚会等大型活动；组织“川南四市书画大赛优秀作品展”等大型展览，举办“川南四市文化交流展示活动暨自贡市第十五届艺术节”系列演出活动。围绕“文化自贡”建设，全年在南湖艺术展厅举办大型艺术展览25次，展出作品近3000幅，观众累计10万余人，其中，由市政府和省文联联合主办，市文联和省美协承办的“四川省首届农民美术作品展”，展出以自贡农民版画、漫画为主的美术作品共179幅，20余位四川知名书画家出席展览并参加在仙市古镇举办的“到人民中去”主题活动，为现场群众献书画近100幅。举办“第二十一届自贡国际恐龙灯会‘翰墨缘·自贡情’情归故里——自贡籍海内外当代艺术名家作品邀请展”“第二届‘大师走基层、聚焦新自贡’中国摄影家协会灯城行摄影作品展”“第三届彩灯创意设计作品展”“遂宁—自贡硬笔书法手卷展”“自贡市油画双年展”“自贡市政协成立60周年书画作品展”“力与美的瞬间——自贡市首届体育摄影展”“中国灯痴创意设计作品展”“李泽民个人摄影展”“自贡本土艺术家作品展”等，举行“自贡市第三届原创音乐会”。组织市杂协参加文化部2015年“欢乐春节”进台湾演出活动，为宝岛民众奉献30多场杂技艺术，参加由中国文联、文化部组织的赴泰国参加“纪念中泰建交40周年庆典”演出活动。市舞协到美国华盛顿州举行近110场次交流巡演。与广东、陕西、内江、宜宾、泸州、遂宁、德阳等地开展艺术交流活动。

【品牌文化活动打造】 2015年，重点打造“文化艺术讲坛——2015年国学系列讲座”文化品牌。全年共举办12场国学讲座，包括《论语》《大学》《中庸》《庄子》《诗经》《史记》《杜诗》等经史子集，听众2000余人。举行“《蜀南文学》2015年笔会”，50余名作者参加笔会培训交流。举办“2015年中秋诗会暨自贡市第二届诗歌散文朗诵比赛”，吸引川南地区爱好者参加，推出一批新人新作。

【文艺队伍建设】 2015年，新成立“自贡市文艺评论家协会”“四川省微电影艺术协会自贡分会”。向国家级、省级协会推荐人才，全年新增国家级会员1名（摄协1人）、省级会员38名（摄协24人、杂协8人、民协5人、曲协1人）。制定《自贡市文艺家协学会管理办法》，对协学会的思想政治建设、组织建设、业务工作、日常工作、考核评定等进行规范管理。选送25名优秀文艺人才到中国文联、省文联、省作协、省文化厅，参加曲艺、书法、美术、文学、音乐创作培训班，6名文联工作人员参加全国和省宣传文化干部业务培训。

（罗先荣）

市社科联

【思想理论建设】 2015年，市社科联与市委宣传部联合开展学习习近平系列重要讲话精神研讨会，征集理论文章57篇，汇编理论成果35篇，约16万字。沿滩区社科联与沿滩区委宣传部围绕经济发展新常态下沿滩如何办，召集基层一线的社科工作者召开理论研讨会。市社科联配合市委宣传部，组织社科人才投入中共十八届四中、五中全会、省委十届六次、七次全会精神的宣讲工作，全年市委宣讲团累计宣讲160余场。在会刊《社科天地》设立“学习习近平总书记系列重要讲话精神”专栏，刊载理论文章14篇。

【课题规划立项和成果评审】 2015年，围绕推进“五个自贡”建设和构建成渝经济区西南部区域中心城市的战略定位，制定并发布《自贡市哲学社会科学研究2015年规划课题指南》，在全市各单位和学协会申报的67个课题中规划出《自贡航空产业培育引导问题研究》《自贡培育践行社会主义核心价值观对策研究》等10个重大课题和《自贡网络理政效能提升路径研究》《自贡现代公共文化服务体系建设研究》等20个重点课题。争取市委、市政府支持，将每个重大课题补助标准由4000元提高到6000元，每个重点课题补助资金的标准由1000元提高到2000元。开展市第十五次社科优秀成果奖评奖，共评出一等奖2项、二等奖11项、三等奖37项。

【科研成果转化】 2015年，采取倾斜政策，对应用性较强、转化率较高的申报课题优先考虑。加强《重要成果专报》工作，及时发现、推荐和宣传重要的社科研究成果，全年报送《重要成果专报》10期。

【科普宣传】 2015年，翻印《四川省科学技术普及条例》并发到各学协会，用于科普下乡活动宣传。1月28日，市社科联组织市图书馆学会、市井盐史研究会、省盐文化社科普及基地等社科组织开展以“情暖盐都”为主题的“科技文化卫生下乡”活动，共发送科技资料和书籍5000份（本），展出展板10幅，接待咨询群众100多人次。3月14日，组织省社科普及基地、计生协会、卫生经济学会、律师协会等15个单位和学术团体的专家、学者、社科工作者41人，到自流井区仲权镇开展下乡咨询服务活动，接受群众咨询100多人次，免费义诊200多人次，发放科技资料、书籍等2万份（件）。是年，全市社科类各学会共开展咨询服务、讲座、培训等各类科普活动300余次；参加的社科工作者5000多人次；发送科技资料36万多份（本），服务群众近10万人次。出台《自贡市哲学社会科学普及示范基地管理办法》，探索开展市级社科普及基地建设工作，命名全市首批“社会科学普及示范基地”。

【创新举办《社科天地》】 2015年，实施会刊《社科天地》的改版工作，从封面到栏目设计进行全方位创新。启动市哲学社会科学联合会网站的改版工作。《社科天地》全年按时出刊6期，除开设“重点课题选登”“工作研究”“学术交流”“领导讲话”“企业建设”“热点聚焦”“区县经济研究”“区县社科工作”“科普知识”等栏目外，适时开设“学习习近平总书记系列重要讲话精神”“五个自贡建设”“理论前沿”“热点聚焦”“扎实开展三严三实教育”“深化体制改革”等栏目，共刊发文章65篇，涉及社科信息、社会观察、科普知识20余则，共40多万字。

【社科组织建设】 2015年，利用市委组织部柔性引进人才的政策，市社科联从四川理工学院引进1名博士生挂职副秘书长，加强课题规划立项及与市内高校的联系与合作。7月7—9日，组织区县社科联负责人到成都、德阳、绵阳等城市，就学术研究、成果评奖、社科普及、社团建设、办刊工作等进行交流和探讨，参观考察成都金沙讲坛、洛带古镇等社科普教育基地。8月3—9日，组织18名社科理论骨干，参加“厦门大学——自贡·泸州理论社科骨干培训班”，提高全市社科干部宣传文化理论素养和实际工作能力。

（李　兰）

市侨联

【开展走访慰问活动】 1月15日，市委常委王猛，市政协副主席肖光俊率市侨联等6家群团部门负责人在自流井区富台山社区举行“群团关爱、情暖盐都”慰问活动，向144名困难侨眷、困难职工、贫困留守学生、贫困母亲、贫困残疾人、科技工作者发放慰问金和慰问品。2月14日，中国侨联组织人事部长李杰、省侨联副主席赵建忠一行7人到自贡开展“送温暖、献爱心”活动，走访慰问困难、重点归侨侨眷，市委常委王猛陪同慰问。8月31日，在中国人民抗日战争暨世界反法西斯战争胜利70周年到来，市政协副主席、民革自贡市委主委叶智英率民革市委、市侨联及民革基层组织赴大山铺镇和永安镇看望慰问王耀明、余永昌等部分自贡籍远征军老兵代表。

【出台《关于加强和改进新形势下侨联工作的实施意见》】 1月19日，市委办公厅印发《关于加强和改进新形势下侨联工作的实施意见》（自委办〔2015〕6号），该实施意见就进一步加强和改进新形势下全市侨联工作，更好团结服务归侨侨眷和海外侨胞，在总体要求、主要工作任务、强化组织保障、创新转型发展等方面做出安排部署。

【举行节日座谈联谊会】 2月15日，市侨联联合市外事侨务和旅游局共同召开全市侨务工作暨侨界迎春座谈会，通报2014年全市侨联工作情况，安排部署2015年侨联工作，副市长未也等出席会议。7月14日，召开市侨联六届十一次全委（扩大）会，组织学习中央群团工作会议精神和习近平重要讲话精神，特邀自贡浙大创新中心李博士做“大众创业、万众创新”的专题讲座并座谈。9月25日，召开“美国密西根侨胞自贡行暨自贡侨界中秋联谊会”，全美中餐业联盟密西根分会考察团侨胞、市侨联委员、归侨侨眷、港澳同胞眷属代表、侨商协会会员代表60余人参会，市政协副主席、市民革主委叶智英等出席会议。

【建立侨心书屋】 3月，由旅居加拿大侨胞黄显淑女士和富顺县侨眷张量才共同捐资，在富顺县飞龙镇发农村小学建成第三家《显淑量才侨心书屋》。5月，由旅居加拿大侨胞黄显淑女士捐资，在富顺县琵琶镇佛见村小学，建成富顺侨联的第四家《显淑侨心书屋》。

【开展基层侨联活动】 4月6日，邀请骨干教师，在富顺县狮市镇小学开展“关注农村教育，侨心送教下镇乡”活动。9月21日，在富顺县永年镇开展送医下乡义诊义务体检活动和知识讲座，为社区老人讲解保健、自救知识讲座，共260人次接受义诊咨询和培训。9月，组织第十六届世界华人学生作文大赛，7名学生获得奖励（其中一等奖2名、二等奖3名、三等奖2名），7名教师获得指导奖，富顺县侨联获得组织奖。

【承办“2015年中外知名企业四川行自贡招商推介会”】 4月23日，市政府和省侨联在成都世纪城国际会议中心举行“2015年中外知名企业四川行自贡招商推介会”，推介会由市委副书记、市长刘永湘主持，市委书记雷洪金致欢迎词，会上共推出项目131个，总投资630亿元。

【出版《富顺侨之光》】 6月，富顺县侨联出版《富顺侨之光》一书，将“凝聚侨心和侨力，圆我中华强国梦”征文稿件、“侨之光”文化作品及工作照片编辑出版。

【召开“五侨”联席会】 12月16日，组织召开由市人大城环资委、政协外联委、外事侨务和旅游局、民革市委和侨联组成的“五侨”联席会，并实地考察调研自贡市银海房地产开发有限公司、华刚耐磨材料有限公司和阿细食品有限公司壹餐厅等侨资企业，会议通报2015年全市侨情摸底调查工作进展情况和侨商协会发展状况，并就坚持“五侨”联动机制，发挥各自优势、形成合力摸清侨情和推动新形势下侨商协会的发展等达成共识。市政协副主席、民革自贡市委主委叶智英出席会议。

（市侨联）

市残联

【“量服”工作】 2015年，全市录入残疾人12.51万人，占目标任务的104.97%；持证残疾人8.64万人，占目标任务113.33%。其中，需求人数12.50万人、141.11万项次，人均需求12.53项次；落实人数12.49万人、122.15万项次；人均落实服务10.85项次；持证残疾人落实覆盖率99.86%；手持终端录入率99.03%；质量抽查合格率99.33%。第一季度，完成残疾人基本状况的“专项调查”工作。

【残疾人民生工程】 2015年，全市帮助3.65万名城乡残疾人实现居家灵活就业，占任务的179.31%；居家灵活就业直接补贴2243人，占任务的113.05%；帮助3.59万名农村贫困残疾人改善生产生活条件，占任务的945.92%；为5259名贫困残疾人适配亟需的辅助器具，占任务的292%；居家托养智力、精神和重度残疾人2487人，占任务的112.89%；为395户残疾人家庭实施无障碍改造，占任务的127%；救助贫困家庭脑瘫儿童214名，占任务的107%；救助贫困家庭重度听力残疾儿童50名，占任务的121.9%；救助智力残疾儿童174名，占任务的145%；资助全市2.13万名重度残疾人护理费用，占任务的102.33%。

【残疾人基础设施建设】 3月，市残疾人康复中心建设项目立项，12月破土动工，计划2016年底完成主体工程。该工程规划选址在汇东新区南湖地块，占地0.71公顷，总建筑面积8000平方米，总投资约2500万元，申请上级补助资金约1000万元，自筹1500万元。是年，实施自流井区、贡井区、大安区和沿滩区各1500平方米残疾人综合服务（或托养）中心建设。

【残保金征收】 2015年，采取发放宣传资料、层层召开动员会、对拖欠单位在新闻媒体上通报、市政府残工委主席向单位领导写信、申请法院强制执行等举措，依法征收残保金。全市共征收残保金2514万元，比2014年增长32.25%。

【残疾人康复工作】 2015年，为1363名贫困白内障患者实施复明手术，其中免费手术640人。继续实施国家“彩金”康复项目和“七彩梦行动计划”康复项目，全年有45名孤独症患儿分别在花园佳特教特训康复中心和市智残康复站接受康复训练。为11名6岁以下聋儿实施助听器救助和听力语言康复训练，为6名听力残疾儿童实施人工耳蜗植入手术。为1000余名残疾人提供康复和辅具救助。其中，为200名精神病患者提供服药补贴，为50名精神病患者提供住院治疗救助；为90名7岁以下智力残疾儿童提供康复救助，实施系统的康复训练；为24名成年听力残疾人配备助听器；为700余名视力残疾人配发助视器、盲杖等辅助器具2200余件。

【残疾人教育】 2015年，协助做好高考残疾学生志愿填报、录取工作。全年共筹资4.9万元，资助23名残疾大学新生上学。

【残疾人就业援助】 1月，市残联协同市人社局联合开展就业援助月活动，全市共入户家访1470户，登记失业残疾人1411人，发放各类政策宣传资料2万份，帮助残疾人实现就业259人。全年共举办残疾人专场招聘会8场，100多户企业参加，共帮助1204名残疾人实现就业。

【残疾人扶贫】 2015年，开展农村残疾人种养殖培训，共培训农村残疾人2810名。筹集145.5万元扶持8667名农村残疾人。扶持16个残疾人扶贫基地，涉及15户残疾人就业（创业）扶贫户。

【盲人按摩培训】 2015年，市残联会同市人社局、市职业培训学院联合举办盲人按摩免费培训班，30名学员参加中医基础理论、人体解剖学、按摩基础知识、法律知识、商务礼仪等方面的学习，对培训考试合格的学员颁发相关职业等级证书。

【残疾人基本养老保障】 1月，《自贡市城乡居民基本养老保险实施办法》（自府发〔2014〕19号）正式实施，办法规定：凡全市享受低保并办理“中华人民共和国残疾人证”（二代）的三、四级残疾人，由当地政府按个人缴费最低档次为其代缴养老保险费，缴费标准为100元/年，由政府全额补贴。全年有2574名三、四级残疾人低保户享受该政策，自贡是全省继绵阳和德阳实施后的第三个开展该项工作的市州；全市扩面的三、四级残疾人低保户缴费标准等同于重度残疾人，为全省首个实施的市州。

【残疾人信访维权】 2015年，全市办理残疾人来访1200多人（次），其中市本级办理残疾人来信来访1件（次），信访案件办结率100%。全年未发生残疾人赴京集体上访事件。市残联多次与市交通局、市运政处联系，并召开残疾人代表座谈会，妥善解决张某等17名取得C5驾照的残疾人出租营运的诉求。

【残疾人体育】 8月，组队参加在成都举办的全国第九届残疾人运动会暨第六届特殊奥林匹克运动会，在该运动会和相关国际赛事中，全市参赛运动员共获得7金6银2铜。10月，在檀木林体育馆举行市第19届残疾人“志坚杯”运动会，设羽毛球等8个大项60多个小项，共产生4个优秀组织奖、7 个参赛奖。

（刘　静）

市红十字会

【博爱送万家活动】 2015 年，“博爱送万家活动”总共投入资金 12.92 万元。其中，省红会下拨物资 7.65 万元，市红会筹集资金 2.12 万元，区县红会累计投入资金 3.15 万元；受益家庭 646 户，受益群众 1938 人。其中，市红十字会直接慰问困难家庭 48 户，给予每户 200 元至 400 元的现金慰问；市红十字会与市关工委一起到市儿童福利院慰问特殊家庭；由副市长、市红会会长石岷嘉带队，慰问沿滩区九洪村和石塔山村特困家庭；各级红会与卫生部门配合，结合精准扶贫和“三联三服务”工作对困难家庭进行慰问。

【救助工作】 8 月 25 日，由市红十字会和自贡光明医院联合主办的捐资助学金发放仪式在光明医院会议室举行，向 15 位家庭困难的大学新生送上爱心助学金 3 万元。2015 年，市红会救助特困家庭 15 户，资金 8.2 万元。向中国红十字基金会天使阳光基金申报大病患儿资料 10 份，获得批准 3 人，资金 9 万元。

【红十字博爱周活动】 5 月 8 日，市红十字会邀请离休老将军为九红中学学生讲励志故事，现场赠送特困学生文具用品和现金。老将军代表现场为九洪中学挥毫泼墨，赠写“同沐阳光，追逐梦想”“润物无声”等书法作品。市红十字会与市教育局启动“2015 防灾减灾月宣传月活动”，组织市红十字应急救援志愿队骨干志愿者到市解放路中学现场表演应急救护技术。市红十字会与富顺县教育局在狮市中学举办“2015 防灾减灾月宣传月活动”。“5·8”红十字博爱周期间，全市各红十字灾后恢复重建医院、乡镇卫生院组织医务人员深入街道、社区开展义诊，散发红十字宣传单和健康知识宣传单，全市接受义诊 2684 人次，散发各类宣传资料 5000 余份。

【卫生救护培训】 2015 年，市红十字会深入全市街道、社区、机关事业单位，开展应急救护普及培训，参训人员 4700 人。利用沿滩区九洪中学生命健康安全教育项目资金，在学校和社区开展应急救护培训证书班 12 期，培训合格的急救人员 612 人。

【博爱家园项目】 7 月，沿滩区九洪乡石塔山村、九洪村成功申请到中国红十字基金会博爱家园项目，每个点项目资金 35 万元，用于硬件设施建设和社区居民软势力提升，改善社区居民生存环境，提高卫生健康水平、防灾减灾和应急避险能力。其中，每个项目点安排生计基金 10 万元，用于贫困家庭发展生计，帮助脱贫致富。

【生命健康安全项目】 7 月，中国红十字生命健康安全教育项目落户沿滩区九洪初级中学，项目资金 15 万元，主要用于在学校和社区开展应急救护培训、亲子教育等活动。该校利用第三届九洪乡西瓜节开展宣传教育活动，通过志愿者知识宣传及自救互救技能演练等形式，开展应急救护知识宣传。该项目共培训合格急救人员 612 人。

【器官遗体捐献】 11 月 11 日，市红十字会与市卫计委联合召开人体器官及遗体捐献会议，市一、三、四医院和荣县人民医院、富顺县人民医院及县卫计生局有关负责人参会。会议要求在医院内公共区域，设置人体器官及遗体捐献岗、宣传栏，指定院内专兼职人员负责发放宣传资料，为志愿捐献人体器官及遗体的市民提供咨询服务。2015 年，申报成为器官遗体捐献的志愿者 75 人，成功捐献 5 人。

【志愿救援队伍建设】 2015 年，以四川山地救援队自贡通信支队为依托，整合“97”爱心车队资源，成立全市第一支“自贡市红十字应急救援志愿队”。争取项目资金 3 万元，配备急需的救援装备，提供办公场所。该救援志愿队全年共接受红十字会组织的培训 22 次，累计培训 1200 余人次。

【交流及调研活动】 2 月 2 日，珠海市爱心促进会会长陈鹰、成都慈善总会秘书长杨荣辉一行到自贡市考察，先后赴沿滩区九洪初级中学和九洪乡中心小学，实地考察学校的办学环境、教育特色及困难学生等情况。7 月 9 日至 8 月 4 日，由澳门红十字会组织的“分享爱·青春行”青少年生活体验团一行共 17 名中学生，进驻荣县雷音小学、自流井区第 35 中学，开展为期一周的农村生活体验和澳门—自贡两地学生交流。7 月 18 日，中国红十字会总会副会长郭长江、中国红十字基金会理事长孙硕鹏、省红十字副会长丁地禄一行到自贡，在副市长石岷嘉等陪同下，调研全市红十字会事业发展建设情况，考察沿滩区九洪乡九洪村及石塔山村博爱家园项目点。

（市红十字会）

市消费者协会

【维权宣传】 2015 年，以宣传和贯彻落实新《中华人民共和国消费者权益保护法》为重点，组织“携手共治，畅想消费”3·15 系列宣传活动，先后召开通信行业及汽车维修行业约谈会。推行消费投诉转案工作，先后有 27 件消费投诉转有关行政机关依法进行处理。

【维权成果】 2015 年，强化消费维权数据分析利用，公示消费者诉求、消费市场状况分析，引导消费市场健康发展。全年受理消费投诉 2324 件，调解办结率 99%，调解执行率 100%，为消费者挽回经济损失 157 万元。“12315”中心受理消费咨询 5658 件。是年，市消委会获中消协全国消协组织先进集体。

（市消费者协会）

市关工委

【自身建设】 2015 年，印发《关于认真学习贯彻习近平总书记重要指示的通知》，召开先进“五老”志愿者座谈会，举办中共十八届四中全会精神和如何开展青少年法治教育培训会，培训各级关工委干部 300 余人。各区县关工委利用学习日、片区会等形式培训基层关工委干部 4000 余人。富顺县对“五老”从事关工委工作予以保障，晨光科技园区内的 14 家民营企业建立关工委组织；荣县部分社区把关工小组是否开展活动与机关干部收入挂钩；高新区强化工作措施，细化工作内容，落实工作保障；市教育局党组印发《关于进一步加强教育系统关工委工作意见》，全市直属学校全部建立关工委组织并基本达到“七有”标准。全市网吧义务监督员对发现的网吧违规接纳未成年人、黑网吧等问题，以“协办函”的方式向相关部门反映，促进问题解决。

【育人铸魂活动】 2015 年，开展“三爱”教育、法治教育、家庭教育、科技辅导、健康教育等各类报告近 800 场，受教育青少年约 20 万人。各级关工委以世界反法西斯暨抗日战争胜利 70 周年为契机，开展形式多样的纪念活动。市、区县关工委与教育局、文明办、团委联合开展“践行三爱·放飞梦想”夏令营活动，以“三爱”教育体验活动为主题，全市 1200 名青少年参与。市关工委联合团市委、市青少年宫开展“放飞梦想·快乐成长”趣味活动进乡村学校、“关爱进社区”义诊义教活动、“快乐大巴”文艺巡演行动等。各级关工委创新关爱教育形式，通过在报刊上撰写青少年教育方面的言论，扩大宣讲效果；在自贡晚报上开辟家庭教育专栏、在电台举办婴幼儿早期教育专题讲座，创新家庭教育模式；帮助大安区朝天村做种植规划和旅游规划，推动该村脱贫致富。富顺县关工委组织关爱艺术团下乡演出、先进“五老”事迹报告巡讲等活动。

【“六好四好”创建活动】 2015 年，沿滩区关工委突出在阵地建设、制度建设上升级；富顺县关工委开展“走基层、进百村、帮千户”活动，激发基层关工委组织活力；荣县关工委推荐出全省十佳“五老”领军人物王正国；大安区关工委协调解决三多寨学校安装天然气等基层困难问题。是年，《在打造创建“六好、四好”活动升级版中的实践与思考》理论调研文章在省关工委理论研讨会上作交流发言，并收录在省关工委理论调研文集中。截至 2015 年年底，全市有 70% 的关工组织创建为“六好”，有 1 万多名“五老”争创为“四好”志愿者。

【“三爱”教育】 2015 年，通过开展清明祭扫、读书演讲、体验教育等方式，对学生进行“三爱”教育。各学校通过 LED 显示屏、横幅标语、宣传板报、班级文化墙以及升旗仪式等形式，营造“三爱”教育氛围。市关工委联合市教育局关工委撰写《认真实践“三爱”教育，倾情倾力立德树人——自贡市中小学开展“三爱”教育的实践与思考》理论文章报省关工委，收录进省理论报告文集。

【“五失”帮扶工作】 2015年，市委办、市政府办印发《关于转发市关工委等六部门〈关于加强关爱帮扶“五失”青少年工作的意见〉的通知》（自委办〔2015〕33号），明确市关工委为总牵头部门，市政法委、市教育局等单位为单项关爱工作牵头部门。市关工委将儿童福利院作为关爱“失亲”青少年联系点，赠送一批电脑和关爱物资援建电脑室，文教报告团和医疗服务团对“失亲”儿童开展心理辅导和康复治疗工作。在市关工委的关爱下，市儿童福利院2015年有7名孤儿圆大学梦，首次实现儿童福利院学生考上大学本科的梦想。市关工委划拨2万元资金与团市委联合开展贫困学生的“阳光助学”项目；富顺县将全县107名事实孤儿纳入散居五保83人，纳入农村低保20人，认定为孤儿并享受孤儿待遇4人，解决34名无户口青少年的户籍、上学等问题。荣县县级机关在联系乡镇确定帮扶对象，领导带头结对。自流井区划拨5.4万元工作经费助学“五失”青少年。沿滩区把“五失”帮扶工作纳入党建工作目标考核内容。高新区关工委与市职业技术学校签订结对帮扶协议。截至2015年年底，全市建立起一支由“五老、社区保安、镇村干部、社会爱心人士”组成的1.8万人关爱队伍，“五失”青少年由“五失”得到“五助”（助学、助困、助孤、助残、助业），由“五失”变为“五有”（失足青少年有帮教、失亲青少年有代理、失学儿童有助学、失管青少年有义工、失业青年有就业）；全市5383名“五失”青少年中有3338人得到转化、入学、就业和健康成长，占总数的62%。是年，全市“五失”青少年关爱帮扶工作经验在全国十三城市关心下一代工作会议上交流。

【关爱项目拓展】 2015年，市关心下一代公益联盟继续整合关爱资源，与“997”爱心公益协会策划“爱心送考”公益活动，300多辆爱心送考车把700多名参加“两考”的农村学生送到考场。是年，市关心下一代关爱资金各成员单位全年筹措645万元资金，关爱4528名贫困青少年。全市各级关工委把创建“五无两有”先进社区（村）与关爱帮扶“五失”青少年工作同步推进，1332个社区（村）中有81%达到目标要求。大安区继续实施“5+1”工作措施加强“五无两有”先进社区（村）创建工作，到2015年年底，全区“五无两有”先进社区（村）达90%。市关工委划拨14万专项资金，重点支持打造各区县的工作品牌和关爱阵地建设。富顺“宋婆婆”爱心辅导班对教室、厕所等进行装修，扩大活动面积，改善学习环境。荣县关工委完善周末活动室配套设施，增强接纳青少年的能力。自流井区六中法制教育基地通过开展“两学、三讲、五活动”，连续三年全校无一人违法犯罪。贡井区成立“贡井区心理关爱教育基地”，开展青少年心理健康的课题研究，推进阵地建设。大安区“曾老师”关爱辅导班专门打造一间辅导教室，添置设施，吸引孩子到辅导班学习。沿滩实行电子阅览室“绿色网吧”免费开放，全年接待未成年人近1万人次。高新区关工委明珠社区青少年科普体验馆完善硬件设施，通过动手设计、制作及互动等活动提高科普水平。

【宣传工作】 2015年，召开新闻宣传工作座谈会，印发宣传工作计划。组织编写《社会主义核心价值观与青少年法治教育》读本。通过省关工委《关爱明天》筑梦天府市州行，全面展示自贡市关心下一代工作；在《自贡日报》刊发全市纪念中国关工委成立25周年专题文章，并连续报道全国十三城市经验交流会情况，整版刊发十三城市关心下一代工作经验掠影。自贡手机报、市老干局《老黄牛》微信平台多次转发关工委工作信息。是年，各级各类媒体报道自贡市关心下一代工作信息346篇，较上年增加72篇；基层上报信息750篇，比上年增加153篇；市各级关工委、新闻媒体选送的4篇稿件分获全省第一届新闻佳作评选二等奖1个、三等奖3个；2015年全市订阅《关爱明天》再居市州首位，连续3年获“关爱明天杂志宣传发行工作先进单位”。

【举办全国十三城市工作经验交流会】 10月，全国十三城市关心下一代工作第七次经验交流会在自贡市举办。年初，市委常委会专题听取市关工委的汇报并表示支持。9月，市委成立由市委、市政府领导和相关部门组成的筹备组。相关部门密切配合，确保了会议顺利召开。

（市关工委）

法　治

政法委及综治工作

【保障服务经济发展】　2015年，市委政法委印发《关于进一步发挥政法工作职能保障服务经济发展的指导意见》。全市政法系统开展“探索司法新机制，服务经济新常态”专项工作，对重点行业、重大项目、重要事项等“三重”领域矛盾纠纷监控掌握，防范行业性、区域性、系统性稳定风险，提出法律对策建议。依法妥善处理20件非法集资等重大涉众涉稳经济案件和纠纷，涉案金额6.8亿元。妥善处置和化解泰丰、久大、鸿化等重点企业涉诉涉法风险，创造执法司法环境。

【维护社会稳定】　2015年，开展重大事项稳定风险评估199件，有效预防化解一批不稳定隐患。深化“大调解”体系建设，探索多元化纠纷化解机制，排查矛盾纠纷1.39万件，调处成功率97.4%，进入全省“一类市州”行列。妥善化解省挂牌督办和交办的153件信访积案和“鑫缘科贸”公司集资诈骗案涉稳问题等一批“骨头案”“钉子案”。保持反恐防暴和反邪教高压态势，成功粉碎“6·19”新疆籍“伊吉拉特”恐怖组织人员企图蛰伏自贡市借道出境的阴谋活动，成功破获由省督办的反邪教“7·17”自贡分专案。健全和运行重要敏感时段维稳工作机制，确保“两会”“6·4”“9·3”“灯会”等敏感时期和重要“节点”的社会稳定。

【“平安自贡”建设】　2015年，以社会治安“六张防控网”“平安细胞”建设为载体，深化平安自贡建设。推进立体化社会治安防控体系建设，全市投入1.24亿元，新增高清监控点位2100个，公共安全视频监控覆盖面大幅度提高。加强网格化管理服务工作，全市网格终端活跃度长期位居全省第一位，网格事件受理30.9万件，办结率94.1%。抓好特殊人群管控，对筛查评估出的1.35万名重性精神疾病患者全部登记建卡，并落实监控责任；研制开发“自贡市社区矫正定位管理系统”，实现自动跟踪、定位查询、越界报警、警示告知等，实现对社区矫正人员“点对点”跟踪管理。集中开展寄递物流、危爆物品等五大专项整治，有效防范公共安全事故发生。以“春雷行动”“飓风扫毒”等专项行动为载体，严厉打击各类违法犯罪活动，深入开展社会治安重点地区排查整治，着力解决人民群众反映强烈的“两抢两盗”和黄赌毒问题。全年侦破各类刑事案件5475件，侦破“2015—9”等3件公安部督办涉毒案件。

【依法治市工作】　2015年，全市政法系统继续深化执法司法公开，推进“阳光司法”，以公开促公正。开展规范司法行为专项整治活动，提升司法公信力。推进立案登记制改革，创新网上立案方式，保障当事人诉权。创设“码头法庭”“背包法庭”等巡回审判方式，并率先在全省实现巡回审判全覆盖。建立轻微刑事案件快处机制，节约司法资源。全面推行涉法涉诉信访改革，将涉法涉诉信访案件594件规范分流导入司法程序处理。健全法律服务体系，推动落实普遍建立法律顾问制度，推荐13名优秀律师担任市委、市政府法律顾问。以“法律七进”活动为载体，加强法治宣传教育，培养“法律明白人”6050人。开展“寻找身边法治人物”活动，从组织推荐、社会推荐、个人自荐中选拔出29名基层一线典型法治人物，通过网络点赞、报纸投票，组织发动群众20万余人参与，投票超过23万余次（张），最终评选出2015年度法治人物和提名奖人选。创办电视普法栏目《百姓看法》，贴近民生释法说理，为推进法治自贡建设营造舆论氛围。

【加强队伍建设】 2015年，加强全市政法系统领导班子思想政治建设，开展市级政法部门领导班子运行状况分析，加强对政法系统领导干部监管。开展“三严三实”专题教育和“守纪律、讲规矩、做忠诚卫士”活动，坚定队伍理想信念，锤炼干警工作作风，确保政法队伍“刀把子”纯洁可靠、方向正确。开展“技能练兵”、法律知识竞赛和“亮剑盐都”反恐防暴综合演练等活动，组织复旦大学“自贡市社会治理能力提升专题研修班”“盐都政法大讲堂”等系列专题培训、讲座，提升政法队伍业务技能和法治素养。对腐败问题“零容忍”，坚决查处违纪违法行为，全年政法系统立案查处违纪违法案件12件13人。全年有110个集体146人次分别获中央、省级表彰。

（杜来花）

法治政府建设

【开展创建法治政府活动】 2015年，市政府办公室印发《自贡市人民政府2015年度推进依法行政工作安排》，确定依法行政重点工作和任务，对各项工作进行细化、分解，明确责任单位。召开全市廉政与依法行政工作会议，市委常委、常务副市长项晓峰部署全年依法行政工作，强调要严格遵守依法行政“十项规定”。市政府组织市目督办、市法制办等市级有关部门，对各区县政府贯彻落实“十项规定”情况进行督查并通报。组织开展省级依法行政示范创建先进单位评选，全市4个单位获省政府依法行政示范创建先进单位。

【强化对规范性文件管理监督】 2015年，制定《自贡市人民政府办公室请示性公文处理程序规定》（自府办发〔2015〕11号），规定重大行政决策事项在做出决策前，都要履行必经程序，健全合法性审查制度。提高规范性文件备案率、及时率，全年向省政府、市人大常委会报送规范性文件14件并通过备案审查。严格执行规范性文件有效期制度。

【规范行政执法行为】 2015年，坚持行政执法人员必须通过培训、考试合格才能取得执法资格，行政执法人员从事行政执法工作必须持证上岗和亮证执法等制度。市级相关部门对照本单位行政权力清单，细化、量化本行业行政执法裁量标准，规范裁量范围、种类和幅度，全市16个部门细化173项行政执法权裁量标准报市政府法制办备案。采取培训会、研讨会、外出交流等方式，加强行政执法人员培训，全年累计培训各类执法人员1400余人次。

【加强依法行政监督检查】 2015年，经过培训和考试合格，报经省政府法制办批准，在市人大、政协、民主党派或无党派人士及律师界等领域具有法律工作经验的人员中，聘请7人为首届行政执法特邀监督员，聘期2年。转发《四川省人民政府依法行政工作领导小组办公室关于做好依法行政突出问题承诺整改工作的通知》（自依法行政办函〔2015〕2号），23个市级部门共梳理依法行政、行政执法中群众反映的42项突出问题，在市政府公众信息网公告公示栏予以公告。各部门制订依法行政突出问题整改方案，明确整改事项、落实整改责任人。

【办理行政复议案件】 2015年，落实《四川省县级以上人民政府行政复议规范化建设实施方案》，召开区县政府法制办主任会议进行部署。推进行政复议规范化建设，建立落实行政复议责任追究制度，市政府印发《关于设立自贡市人民政府行政复议委员会的通知》（自府函〔2015〕77号），决定成立市政府行政复议委员会。是年，全市行政复议机关新收行政复议申请46件，其中，符合法定条件予以受理44件，不予受理2件，申请人撤回复议申请6件。

【推进政务公开工作】 2015年，宣传贯彻《四川省人民政府办公厅关于深化政务公开工作的实施意见》（川办发〔2015〕34号），细化分解任务，落实牵头单位及责任，重点深化决策公开、管理公开、服务公开和结果公开，坚持执行重点领域信息公开牵头单位季报制度，对重点领域牵头单位进行专项督查，全年主动公开重点领域信息 6000 余条。印发《自贡市人民政府政务公开工作的实施意见》，指导和推进全市政务公开工作。结合全国政府网站普查，启动政府网站集约化建设，规范政府网站建设。拓展现代媒体公开方式，印发《自贡市关于加快推进即时工具政务公众账号发展的通知》。

（市政府法制办）

公　安

【概况】　2015 年，全市共破刑事案件 5475 起，抓获各类违法犯罪嫌疑人 4446 人；查处治安案件 7925 起，查处违法人员 5815 人。

【维稳工作】　2015 年，全市公安机关建立情报主导下的合成作战机制，开展社会风险点研判评估，新增一批专业设备和专业情报力量，确保全年未发生无预警涉稳事件。全年立破各类邪教案件 6 起，查获各类邪教违法人员 22 人，查缴各类邪教宣传品 7213 件；发现并处置有害信息 2900 余条，开展专项导控任务 100 余次，正面开展引导评论 4000 余条；矛盾纠纷调解成功率 99.4%，公安信访事项办结率 98.7%，上级机关交办的 84 件次信访事项全部办结回复；全年未发生一起非法进京、到省上访事件，没有出现重大涉稳事件。在省公安厅统一指挥下，成功侦破“6·19”组织他人偷越国（边）境案。投入 3000 万余元，新增定位车等特殊装备。组织为期 3 个月的反恐防暴集训，成功举行“盐都亮剑”反恐应急综合演练。

【打击防范工作】　2015 年，现行命案发案 14 件，破案 14 件，破案率 100%，连续四年全破；破毒品案件 272 件，打击处理毒品犯罪嫌疑人 307 人，缴获各类毒品 103 千克；破公安部督办案 3 件、省公安厅督办案 4 件；建成覆盖全域的治安“六张防控网”。圆满完成第二十一届“自贡国际恐龙灯会”、世界反法西斯暨抗战胜利 70 周年安保工作。是年，新建高清视频点位 2100 个（含卡口 700 个），交通事故“四项”指数继续实现“零增长”，消防管理连续 16 年无较大以上火灾，公安监所管理工作获省公安厅二等功表彰。

【基层基础建设】　2015 年，继续开展基础信息采集工作，新增采录实有人口 13891 人，注销采录实有人口 16010 人；新增采录实有单位 452 家、从业人员 4350 人，注销采录实有单位 294 家、从业人员 6819 人；流动人口登记申报 25354 人，全市“一标三实”和“流动人口”信息采集登记工作被省公安厅评为先进集体，荣记集体二等功 1 次。开展信息化建设与应用工作，推进扁平化指挥体系建设，开展基础信息采集和警综平台深度应用，市公安局“出入境自助填表系统”、富顺县公安局动态视频防控平台等一批自主科技创新项目，获公安部科技创新奖，并被公安部立项推广。

【推进公安改革】　2015 年，推动全市公安改革工作全面破局、引领全省。全省公安机关出入境管理工作、综合情报部门服务禁毒工作、县级公安机关警务运行机制改革 3 个现场会在自贡召开，出入境管理创新、警务运行机制、执法运行体系等领域推出有成效改革举措，出入境自助填表系统、受立案分离“两统一”、“1＋N”执法运行管理体系、动态视频防控平台等改革工作在全省推广。全面推广情指联动、合成作战、刑侦改革、动态视频防控平台等举措。

【民生警务】　2015 年，重拳打击经济犯罪，破经济案件 86 起，打击处理犯罪嫌疑人 126 人；紧盯危害群众切身利益的“民生小案”，深入开展“春雷行动”“夏季攻势”等专项行动，破获多发性侵财类案件 4614 起，追缴赃款赃物折合人民币 116.21 万元。采取合法合理措施，帮助企业化解债务危机。全面清理规范公安行政审批事项，加强警务公开和行政告知、为群众提供《办事指南》、简化工作流程等举措，开展出入境舒适、便捷、人性、绿色、专业“五个服务”，推行车管业务“一窗式”服务、“流动车管所”、“流动检测车”、“966669”公安交警远程便民服务。推出户政业务审批“一网办”制度，户籍审批业务时限由 30 个工作日缩短为 10 个工作日。

【职业化警队建设】　2015 年，开展“三严三实”专题教育，建立完善《市公安局十二项规定》《重大事项报告》《市公安局议事规则》等规章制度，开展队伍突出问题集中整治，依法查处民警职工违纪案件9起10人。组织开展70余期1500余人次的全警轮值轮训和32场各类实战比武竞赛培训活动，落实《自贡市公安局从优待警十二条》，涉及民警荣誉、优抚、维权、慰问、帮困和心理服务等工作。以文化警，建成市公安局警史馆、警官俱乐部、警体训练馆、健身房、图书馆等文化驿站，组建警营兴趣小组，拍摄8部公安题材微电影，参加省公安厅文艺汇演获金、银、铜奖，自贡公安足球队、羽毛球队、乒乓球队、“雄风跑团”多次参加省市比赛获佳绩。全年共有186个集体和1158名个人受到各级各类表彰。

【召开全市公安工作总结会】 1月29日，召开2014年度全市公安工作总结暨灯会、春节、两会安保工作部署会。会议传达学习副省长、省公安厅厅长侍俊关于大型群众活动安保工作重要批示精神，部署灯会、春节、两会安保工作，表彰2014年度先进集体和先进个人。副市长马宏出席会议并讲话。

【举行警务航空队首飞仪式】 2月2日，成功举行市政府航空队、市公安局警务航空支队首飞仪式，自贡市率先在全省公安机关装备的“AC311”警用直升机正式升空，并加入到第21届自贡国际恐龙灯会、羊年春节、市各级“两会”期间安保工作，警务航空工作正式开启。

【侍俊检查灯会安保工作】 2月21日，副省长、省公安厅厅长侍俊到自贡，检查春节期间社会治安管控和“自贡灯会”活动安保情况并看望慰问执勤民警。

【召开全市反恐怖工作会议】 3月27日，全市反恐怖工作会议在市公安局召开，会议传达学习《中共中央、国务院关于进一步加强反恐怖工作的意见》，交流反恐工作经验，总结2014年全市反恐怖工作，研究部署2015年反恐工作。

【承办全省公安出入境管理工作暨队伍正规化建设现场会议】 4月23日，全省公安出入境管理工作暨队伍正规化建设现场会议在自贡召开，参会人员实地参观市公安局出入境管理支队工作暨队伍正规化建设、出入境接待大厅窗口建设、监督体系建设、信息化自助系统建设等情况，并听取市公安局出入境相关工作情况介绍。

【市公安局交通警察支队高速公路大队挂牌成立】 4月18日，市公安局交通警察支队高速公路大队挂牌成立仪式在乐自高速公路贡井收费站大队驻地举行。

【开展第28个国际禁毒日宣传活动】 6月26日，市禁毒委集中开展第28个国际禁毒日宣传活动。全市共挂禁毒宣传标语116幅，展示宣传展板353块，发放禁毒宣传资料1.60万份、禁毒宣传物品1000余个，接受群众咨询1万余人次，受教育群众3万余人。

【市委常委会听取全市禁毒工作情况报告】 7月10日，市委书记雷洪金主持十一届市委第142次常委会议，专题听取全市禁毒工作情况报告。会议认为：在相关部门共同努力下，全市禁毒工作成效明显，但禁毒形势仍然复杂严峻，必须高度重视，综合治理。

【开展“打非治违”专项整治行动】 8月1日至18日，全市公安交警部门组织开展“打非治违”专项整治行动。出动警力1800余人次，走访单位42家，检查大客车1599辆、旅游客车213辆、“营转非”车辆199辆，粘贴喷涂专用标示280辆，电话短信提示8000余次，查处故意遮挡号牌7起、未悬挂号牌6起、套牌3起、无证驾驶7起、准驾不符1起、其他涉牌涉证违法行为82起。

【开展治安隐患大整治工作】 8月27日，天津“8·12”重特大火灾爆炸事故后，市公安局会同相关部门全面展开治安隐患大排查、大整治工作。全市公安机关共检查重点化危品生产存储企业86家、涉枪重点单位30家、加油站96家、学校95所、大型商业场所247家、娱乐场所130家，发现安全隐患436处并予以责令整改。

【完成抗日战争暨世界反法西斯战争胜利70周年纪念活动安保工作】 “9·3”纪念活动期间，全市各级公安机关共出动警力2653人次、车辆500余台次；设置武装盘查卡点11个，盘查车辆835辆，盘查人员796人，挡获被盗嫌疑车辆1辆；检查出租房屋1300余户、宾馆旅店138家、废品收购站14处、娱乐场所311家、加油站25个；发现并整改治安隐患23处；排查重点单位57家、涉枪涉爆危化品单位11家；管控非正常访重点人员6人、肇事肇祸精神病人333人；破获刑事案件8

件、治安案件15件；抓获违法犯罪嫌疑人员47人；刑事拘留8人、治安处罚37人。

【举行反恐防暴暨应急处突综合演练】 12月23日，在四川省明君汽车有限公司广场举行代号为“亮剑盐都”的反恐防暴暨应急处突综合演练。市委书记雷洪金，省公安厅党委委员、副厅长段毅君，市委副书记、市长刘永湘，市政协主席潘泽金，市委副书记谭豹，市委常委、常务副市长项晓峰，市委常委、自贡军分区司令员黄承伟，市委常委、政法委书记、市反恐领导小组组长刘笑禹等出席并观看演练。演练中，参演公安民警、消防官兵先后分应急分队防暴队形、汽车特技及查缉战术、警务技能、女子警务技能展示、暴力恐怖袭击事件处置等项目，在卫生、环保、水电气等部门全力配合下，共同演绎实战演练，展示过硬本领和顽强作风，得到领导和观众的肯定和赞扬。

【破获一起故意杀人案】 3月28日，荣县公安局破获一起故意杀人案。犯罪嫌疑人蒋某刚因婚恋问题伙同邹某林，窜至何某家中，将何某现任男朋友张某当场刺死，并将何某（医治无效死亡）及其母亲刺伤后逃逸。

【破获一起强奸案】 3月31日，大安区凤凰乡派出所抓获涉嫌强奸的犯罪嫌疑人伍某君（男，21岁，富顺县人），破获一起强奸案。是日5时许，犯罪嫌疑人伍某君尾随受害人吕某至市第二十八中学附近一小巷内，采用扼颈、语言威胁等暴力方式将受害人吕某带至其位于大安区凤凰乡辖区一出租屋内，对吕某实施强奸。

【破获三起非法吸收公众存款案】 4月3日，市公安局破获一起非法吸收公众存款案。2014年5月至12月期间，犯罪嫌疑人袁某、朱某、赖某某以自贡市汇生银行投资管理有限责任公司为中介平台，通过宣传遵义、广安、成都等地房地产公司开发项目为名，在全市范围向社会不特定人群非法吸收现金存款1500万元。12月4日，市公安局破获一起非法吸收公众存款案。犯罪嫌疑人林某成为四川均亿投资管理有限公司实际控制人，柴某为其中一个项目融资方。该公司以提供居间服务、向社会公开宣传、承诺高额利息、定期还本付息方式，非法吸收公众存款逾1000万元。12月21日，市公安局破获一起非法吸收公众存款案。2014年4月至2015年5月期间，犯罪嫌疑人张某福以自贡恒通投资咨询服务有限公司法人名义向社会公众宣传融资项目、提供居间服务、承诺定期还本付息的方式非法吸收公众存款1143.5万元，涉及投资群众100余人。

【破获一起重大制造贩卖毒品案】 4月20日，市公安局将涉嫌制造毒品的黄某、王某二人抓获，现场查获疑似麻古、麻古半成品、制毒原料共12.25千克及制毒工具等物品。

【破获一起非法买卖制毒物品案】 7月24日，市公安局破获一起非法买卖制毒物品案，抓获犯罪嫌疑人张某某等5人，现场缴获制毒原料麻黄素100千克，扣押车辆3台，查获疑似毒品冰毒4.67克；在张某某家查获制毒原料麻黄素44.8克，步枪子弹31枚，五四手枪子弹、弹夹各1个。

【破获系列持刀拦路抢劫案】 7月30日，市公安局破获系列持刀拦路抢劫案12起。2015年6月至7月，犯罪嫌疑人张某某在荣县旭阳镇老城区，趁夜黑尾随身体薄弱的女性至小巷道内以持刀威胁的方式实施抢劫，共作案12起，受害人中有3人被刺伤。

【破获特大贩卖毒品案】 8月3日，市公安局联合广东省陆丰市和成都市、泸州市禁毒部门，成功破获特大贩卖毒品案。抓获涉嫌贩卖毒品嫌疑人倪某等14人；缴获各类毒品共16686.35克，其中，毒品冰毒15245.8克、“麻古”1439.67克、海洛因0.88克；缴获子弹2发、管制刀具2把；暂扣涉案车辆2台、现金4.8万元。

【破获一起重大涉枪案】 8月27日，市公安局侦破一起重大跨省涉枪案，抓获犯罪嫌疑人王某某，查获“64式”子弹10颗、未知名子弹约120颗、疑似步枪子弹约100颗、疑似高射重机枪子弹10余颗、射钉弹几百颗、弹壳及弹头、疑似手榴弹13颗、疑似迫击炮弹12颗及火药、红磷、手枪套、手铐、武警钢盔等军警物品。

【破获系列巨额骗保诈骗案】 11月12日，市公安局破获系列巨额骗保诈骗案，挽回经济损失100万余元。2012年至2014年，犯罪嫌疑人罗某红以帮人代办医保、社保、病退申请手续为幌子，先后在贡井区、高新区、大安区、自流井区等骗取刘某等33人320万余元。

（市公安局）

检　察

【服务工作大局】　2015年，制定实施发挥检察职能服务和保障全面深化改革的35条意见、服务和推进扶贫开发工作的18条意见。组织开展惩治和预防惠农扶贫领域职务犯罪专项工作，及时总结分析涉农惠民专项资金管理和使用中存在的问题，提出预防对策，向市委建言献策获采纳。慎重对待改革探索中的各类案件，依法惩治犯罪者、挽救失误者、支持改革者。

【营造发展环境】　2015年，与13家国有、民营企业建立检企共建制度，搭建法律咨询、调解服务平台，帮助解决法律问题120余个。保障政府投资安全，对通用航空产业园等14个重大项目开展全程跟踪服务，强化专项预防。查办项目审批、资金管理使用、招投标等重点环节职务犯罪嫌疑人37人，立案查办经信系统10人在关闭小企业补助审批环节玩忽职守、造成国家专项资金重大损失系列案件。针对行贿拉拢、围猎干部问题，开展打击行贿犯罪专项行动，查办行贿犯罪嫌疑人20人。维护公平竞争的市场秩序，起诉制假售假、非法经营等严重破坏市场经济秩序犯罪嫌疑人55人，起诉非法吸收公众存款、集资诈骗等涉众型经济犯罪嫌疑人25人。

【强化民生领域执法办案】　2015年，推动精准扶贫，依托乡镇检察室完善落实司法便民措施，参与矛盾纠纷化解，提供法律咨询服务。贡井区检察院加大对扶贫项目实施、扶贫资金管理使用的法律监督，确保帮扶资金无截留、不缩水，工作经验被省检察院推广。打击拐卖妇女儿童、性侵未成年人等群众反映强烈的犯罪，起诉犯罪嫌疑人23人。组织开展破坏环境资源犯罪和危害食品药品安全犯罪专项监督活动，监督行政执法机关移送涉嫌犯罪案件21件，起诉销售假冒伪劣食品、滥伐林木、污染环境等犯罪嫌疑人13人。沿滩区检察院与区环保局联合制定加强环境保护与治理的工作制度，就企业治污不到位等现象发出检察建议。立案查办医疗卫生、社会保障、涉农等民生领域职务犯罪嫌疑人46人。查处富顺县中石镇原党委书记陈某某、原镇长谢某某等人在新村居民点建设过程中收受贿赂200万余元案件，向县委提出预防对策建议，推动全县开展集中清理整改新建农民集中居住点专项行动。

【查办职务犯罪】　2015年，立案查办职务犯罪103件119人，立案人数同比上升15.5%，挽回经济损失1.4亿元。其中，贪污贿赂犯罪案件79件92人，渎职侵权犯罪案件24件27人。立案查办大案100件，县处级以上要案13人（含厅级3人），同比上升44.9%和62.5%。立案查办市民政局原局长张某某涉嫌受贿260万余元案、贡井区委原副书记廖某某涉嫌受贿160万余元案、富顺县原副县长马某某、荣县原副县长杨某某涉嫌受贿窝案。经省检察院指定管辖，立案查办省疾控中心原主任康某某（副厅级）、原党委书记宁某某（副厅级）等人涉嫌受贿800万余元特大案件；绵阳市高新区管委会原主任魏某某（副厅级）涉嫌受贿2750万余元特大案件。

【规范职务犯罪侦查制度】　2015年，完善与纪检监察、公安、行政执法等部门协作配合机制，落实案件移送、信息通报等制度，形成惩治腐败合力。加强侦查信息化和装备现代化建设，执行办案区看审分离、审录分离、讯问职务犯罪嫌疑人全程同步录音录像制度，规范适用指定居所监视居住强制措施。规范涉案财物管理，查封、扣押、冻结、处理涉案财物一律实行电子台账、全流程管理，工作经验被最高人民检察院推广。建立职务犯罪侦查环节非法证据防范机制，依法全面客观收集证据，全年起诉职务犯罪嫌疑人114人，法院判决77人，有罪判决率100%，办案质量居全省前列。

【强化职务犯罪预防】　2015年，开展个案专项预防调查25次，发出预防检察建议21份，均被采纳。开展行贿犯罪档案查询1600余次，发现并纠正19个有犯罪记录的单位、个人参与市场竞争。分析系统性、行业性、区域性职务犯罪的特点和原因，形成预防职务犯罪年度报告、专题报告21篇，其中路政系统职务犯罪剖析报告被评为全省优秀预防调查报告。依托市廉政警示教育基地、职务犯罪预防巡回宣讲模式，开展廉政教育宣传活动，受教育人数上万人，推动全市反腐倡廉建设。邀请市委中心组全体成员现场旁听双流县原县委书记高某某涉嫌受贿案庭审，工作经验被省检察院推广。

【打击刑事犯罪】 2015年，共批捕各类刑事犯罪嫌疑人1185人，起诉1915人。惩治故意杀人、绑架以及两抢一盗等侵害群众生命财产安全的犯罪，批捕575人，起诉763人；打击毒品犯罪，批捕258人，起诉237人。依法对无社会危险性的不捕138人，对情节轻微的不诉52人，促使改过自新、回归社会。依法对37名未成年犯罪嫌疑人不捕、不诉，为25名涉罪未成年人提供法律援助，对80名未成年人犯罪记录予以封存。对依法不负刑事责任的3名精神病人提出强制医疗申请。

【司法权益保障】 2015年，落实诉讼权利义务告知程序，确保诉讼参与人行使权利、履行义务。加强对强制措施适用的监督，对捕后无羁押必要的51人提出释放或变更强制措施建议。保护刑事被害人及其家属的合法权益，开展司法救助48人。荣县检察院办理的代某某司法救助案被评为全省精品司法救助案例。保障律师执业权利，听取律师提出的无罪、罪轻、变更强制措施等意见；保障律师会见、阅卷权，专设律师接待室，搭建网上律师预约平台，接待律师查询、阅卷、会见申请等525人次。自流井区检察院构建新型检律关系，建立案件程序性信息推送机制，主动向律师告知案件程序变更信息。

【刑事诉讼监督】 2015年，监督侦查机关立案39件，纠正不当立案28件；对违法取证等侦查活动提出纠正意见101件次；对刑事裁判提出抗诉39件。市检察院提出抗诉的陈某某运输毒品案，历时4年2次抗诉，省高级法院撤销一审无罪判决，改判其有期徒刑7年。针对刑罚执行和监管活动违法行为，提出书面纠正意见63件；监督纠正减刑、假释、暂予监外执行不当74件；针对社区服刑人员脱管、漏管开展专项检察，纠正脱管、漏管54人，督促收监执行15人；对纪念抗战70周年特赦部分服刑罪犯工作实施法律监督，对报请特赦不当依法予以纠正。全市刑事执行检察工作在全省检察长工作会议上作经验交流。

【民事行政诉讼监督】 2015年，对民事行政裁判提出抗诉、再审检察建议30件，采纳率66.7%；对民事行政审判、执行活动提出监督意见36件；实现息诉18件。开展虚假诉讼专项监督活动，提出监督意见21件，法院采纳并裁定再审16件，改判12件。

【行政执法监督】 2015年，监督行政执法机关移送涉嫌犯罪案件45件。推进“两法衔接”平台建设，建立与行政执法机关联席会议、案件咨询、案件通报等制度，“两法衔接”工作纳入全市依法行政年度考核。全市行政执法部门登陆接入平台260家，登陆接入率100%，导入行政处罚案件1426条，行政机关录入涉嫌犯罪案件信息40条，居全省前列。“两法衔接”工作在全省检察机关工作会上作经验交流。

【规范司法行为专项整治】 2015年，以问题为导向，将13个检察业务条线全部纳入整治范围，全面排查2013年起办理的案件，集中解决司法不规范突出问题。坚持开门整治，征求法院、公安、司法行政机关、律师事务所12个方面194条意见建议。针对梳理出的问题，全部实行台账管理、逐项整改，对7起不规范司法典型案例向全市通报并追责，对存在问题集中整改。建立规范司法行为长效机制，制定完善职务犯罪案件全程动态监督、审查逮捕阶段听取律师意见等12项规范司法行为制度。完善案件集中管理模式，加强办案流程监控，细化各诉讼环节的程序规范，依托统一业务应用系统对所有案件实行全程动态监管。规范司法行为专项整治工作在全省工作会上作经验交流。

【推进检察改革】 2015年，推进案件信息公开，通过门户网站、“人民检察院案件信息公开网”等发布程序性信息3364条，发布重要案件信息145条，公开法律文书1070份。加快新媒体建设，推进门户网站、微博、微信等信息平台互动，市、区县两级检察院门户网站访问量达20余万次，编发微信、微博1800余条，网络举报平台受理举报线索98件。推进涉法涉诉信访机制改革，健全信访案件统一受理、诉访分离、依法导入、依法终结等工作机制，依法息诉化解信访229件。探索建立律师参与化解和代理涉法涉诉信访案件制度，律师参与办理信访案件、开展释法说理、化解矛盾纠纷26件。建立案件公开宣告、公开答复制度，对24件不起诉、刑事申诉案件公开审查、公开答复。

【接受监督】 2015年，接受人大及其常委会监督，报告规范司法行为专项整治、诉讼监督、检察改革等重大工作情况35次。向政协通报工作，听取意见建议，推进检察环节协商民主。加强与人大代表、政协委员联络工作，在门户网站开辟“代表、委员联络平台”，邀请人大代表、政协委员视察调研、参与执法检查等活动715人次，征求意见建议。推进人民监督员制度改革，拓展监督范围、规范监督程序，人民监督员监督案件12件，参与监督讯问职务犯罪嫌疑人、查封、扣押财物等81人次。

【班子队伍建设】 2015年，坚持把“三严三实”专题教育融入班子队伍思想政治、纪律作风、党风廉政建设。探索建立符合管理体制、具有检察特色的协管干部办法，配齐配强市和区县两级检察院班子成员，5名科级领导干部异地交流任职、上挂下派。在全省检察机关率先探索建立市和区县两级检察院学习、培训、保障、考核一体化党建工作格局，工作经验被最高人民检察院推广。推动党风廉政建设“两个责任”落实，强化对执行纪律禁令的跟踪督察。加强内部监督管理，制定完善《“五小情形”情况说明制度》，工作经验被省检察院推广。组织举办素能培训班5期，选派业务骨干参加检察官学院以及浙江大学等院校培训538人次。5名干警在全省检察机关业务竞赛中获“十佳”，1名干警在全国刑事执行检察业务竞赛中获“业务能手”称号，1名干警被省委、省政府荣记一等功公务员。发挥全国、全省“文化建设示范院”作用，开展检察文化理论研究、艺术创作、艺术活动。成功组织全市检察机关第二届文艺汇演及法治微电影《无法逃避》首映礼。全年15项反映检察工作的文学艺术作品获省级以上奖项。

【基层基础工作】 2015年，落实联系指导、基层院检察长述职述廉等工作，两个基层检察院通过全省基层院建设抽样评估。加强基层院人员配备，缓解基层办案力量紧缺问题。强化检察信息化建设，全面上线运行电子卷宗系统，接入全省远程视频讯问系统，增强检务保障能力。强化办案技术支撑，办理各类检察技术案件457件，推进司法鉴定工作，进行司法鉴定并出具各类文书314件。市检察院被表彰为全国检察机关检务保障先进集体。

【年度荣誉】 2015年，全市检察工作在全省检察机关绩效考评中名列第四，15项工作经验被最高人民检察院、省检察院推广，66个集体、115名检察人员受到各级表彰。市检察院驻自贡监狱检察室被评为全国检察机关示范检察室，成为截至2015年全省唯一获此殊荣的检察室。市刑事执行检察局获全省“岗位学雷锋先进集体”称号，被省检察院记集体二等功。自流井区检察院、大安区检察院被表彰为全国检察宣传先进单位。富顺县检察院被表彰为全省政法系统先进集体。

（市检察院）

法　院

【概述】 2015年，全市法院围绕“司法为民、公正司法”工作主线，发挥审判职能作用，服务市委中心工作，推进依法治市，争创“两个一流”。全年受理各类案件3.08万件，办结2.94万件。

【惩治刑事犯罪】 2015年，审结刑事案件1608件，判处犯罪分子2092人。其中，杀人、抢劫、绑架等严重暴力犯罪和盗窃、抢夺、诈骗等多发性侵财犯罪案件683件1012人，食品药品、非法集资、非法吸收公众存款等经济犯罪案件39件75人，贪污贿赂、渎职等职务犯罪案件29件48人，制造、贩卖毒品等毒品犯罪案件205件260人。审理涉案金额2.56亿元的吴某某集资诈骗案、省法院指定管辖的双流县原县委书记高某某受贿案，对制造“川南建材市场杀人案”等罪行极其严重的被告人依法判处死刑，对未成年人犯罪判处非监禁刑47人。做好纪念抗战胜利70周年特赦工作。

【调节民商事关系】 2015年，审结民商事案件1.93万件，涉案标的额90.89亿元。其中，婚姻家庭、抚养继承等案件2966件，人身损害、劳动就业、教育医疗等案件2653件，买卖、物流、加工承揽等合同纠纷4372件，土地使用权转让、重大工程建设、商品房销售等房地产纠纷案件249件，金融借款、民间借贷纠纷案件4509件。统一劳动争议、道路交通事故等常见多发案件裁审标准，依法化解留佳镇新农村建设所涉合同纠纷、中昊晨光公司所涉债权转让纠纷等一批社会影响大、各界关注度高的大要案。

【化解行政争议】 2015年，审结行政案件341件，审查行政非诉案件1726件。完善行政纠纷综合协调机制，妥善化解劳动保障、征地拆迁等突出行政纠纷。深化与行政机关联系会议制度，推动市政府将行政机关负责人出庭应诉情况纳入依法行政考核范围，二审行政案件行政机关负责人出庭率82.35%。

【审判执行】 2015年，执结案件5447件，执行到位标的额11.90亿元。加强与公安机关、金融机构、房管部门等合作，继续推进“点对点”司法查控机制建设，实现对被执行人房产车辆、资金存款的实时准确查控。开展“反规避执行”“集中打击拒不执行判决、裁定犯罪行为”等专项行动，压缩“老赖”生存空间，限制高消费862人，媒体曝光88人，司法拘留和刑事处罚37人。建成执行指挥中心，实施“申请执行人权利清单”制度，推进执行工作信息化、规范化建设。

【服务经济新常态】 2015年，开展“探索司法新机制　服务经济新常态”专项工作，建立司法研判、应对、化解、延伸服务四项工作机制，对全市重点行业、重大项目、重要事项等“三重”领域矛盾纠纷监控掌握，防范行业性、区域性、系统性稳定风险，提出法律对策建议，服务市委市政府科学决策。该项工作得到市四大班子主要领导肯定批示，工作经验成效被省委依法治省办、省委政法委专题刊载，同时被《人民法院报》、中国长安网等多家媒体报道20余次。

【深化司法公开】 2015年，深化裁判文书公开，全市法院在互联网公布裁判文书1.40万份；市中院应上网裁判文书上网率100%，获全省裁判文书上网工作先进法院。深化审判流程公开，当事人及律师通过互联网可即时查询案件审理进度及相关节点信息。深化执行信息公开，全市法院在互联网上公开执行案件5447件。深化庭审公开，市中院开庭案件科技法庭使用率100%，达到同步录音录像、同步记录、同步显示庭审记录“三同步”。拓展人民陪审员陪审范围，陪审员参审案件2779件，占一审普通程序的88.56%。坚持减刑假释公开，对“涉黑、金融、职务犯罪”三类减刑案件全部开庭审理，相关信息网上公示。

【弘扬法治精神】 2015年，以“市委中心组学习在法庭”等形式，邀请党员领导、机关干部和各界人士旁听职务犯罪案件庭审，开展现场警示教育。强化婚姻家庭、邻里纠纷等案件的裁判指引，坚持惩恶扬善，维护公序良俗。开展“新行政诉讼法及司法解释宣传周”活动，举办“法官与律师恳谈会”，印发“执行链接征信　公正守护你我”宣传册，开办“法庭报道”“百姓看法”栏目，开展“国家宪法日”“体验民情　传播法治”活动，完善新闻发布会制度，综合运用传统媒体和微信、微博、微电影等新兴媒体，加强法治宣传。全年在市级以上新闻媒体发表法治宣传稿件1893条，微博直播庭审92次。

（李　胜　陈精伟）

司法行政

【社区矫正执法工作】 2015年，研究编制《自贡市社区矫正工作实务指南》，把社区矫正执法7大环节32个子项做详细分解，并在司法部《社区矫正执法文书格式》基础上，研究制定16种补充工作文书，实现社区矫正执法和工作各环节环环相扣、全程留痕。投入专项资金50万元，研制开发“自贡市社区矫正定位管理系统”，通过网络终端和手机管理终端，实现自动跟踪、电子围栏、定位查询、轨迹回放、越界报警、警示告知、短信指令等功能，并配发社区矫正定位系统手机管理终端123部、定位手机1340部（开通使用471部）。在全省率先探索政府购买社区矫正非执法类公共服务新机制，全年市和区县两级财政共安排政府购买社区矫正公共服务专项资金265.22万元，全市购买社区矫正服务岗位35个、社区矫正工作辅助岗位193个，招募社会志愿者2838人，社区矫正工作经费纳入同级财政预算。是年，全市新接收社区服刑人员1015人，累计在册2654人（其中给予警告处罚、提请治安处罚135人次，建议撤销缓刑、假释、收监执行35人，再犯罪5人，再犯罪率0.19%），解除矫正

1245 人（含特赦 61 人），仍在矫正的 1409 人。

【刑释人员管控】 2015 年，规范刑满释放人员信息核查、档案管理，落实重点帮教对象“必接必送”，做好特赦人员安置帮教工作。提高帮教工作水平，选派 7 人次参加中国政法大学安置帮教培训班，开展“亲情帮教大走访”，全市走访刑满释放人员 1080 人次，走访刑满释放人员亲属 1446 人次，回访解除社区服刑人员 990 人次，组织亲属参与亲情帮教 5306 人次，群众参与社会帮教 6319 人次。加强刑释人员扶贫帮困，全市刑满释放人员落实低保 18 人次，落实一次性救济金 39 人次 7800 元，落实财政住房救助资金 2 人次 8 万余元。2 月，全市司法行政机关开展亲情慰问活动，为家庭贫困的狱所服刑人员、社区服刑人员未成年子女送慰问品、慰问金 3.1 万元。是年，全市接收刑释人员 2071 人，过渡性安置 2060 人（安置率 99.5%），帮教 2069 人（帮教率 99.9%），无重新违法犯罪。

【人民调解工作】 2015 年，完善民间纠纷排查调处长效机制，加强纠纷研判，开展涉稳、疑难纠纷“攻坚破难”化解行动，在春节、“两会”、国庆等重大活动、重要节点开展矛盾纠纷集中排查 2012 次、预防各类纠纷 1269 件。加强人民调解员队伍建设，选派 10 名调解骨干参加全省医疗纠纷人民调解培训班，组织各级各类业务培训 436 次、1.20 万人次，有 3 个集体、8 人受到省级以上表彰。强化重点领域纠纷调解工作，全市受理调处医疗纠纷 113 件，调解成功 99 件（成功率 87.6%），涉及患方诉求 2143.56 万元，调解后实际赔付 613.3 万元。受理化解劳动争议、征地拆迁、环境污染、交通事故、物业管理等重点领域纠纷 1922 件。是年，全市各类人民调解组织受理调解案件 7211 件，涉及当事人 1.75 万人，调解成功 7159 件，成功率 99.3%。

【法律服务】 2015 年，市司法局、市财政局印发《自贡市法律援助经费使用管理办法》，修订《自贡市法律援助中心法律援助案件办案补贴标准》。全年办理法律援助案件 2316 件、其他法律援助事项 1.60 万件，提供法律援助 2.06 万人次，完成年度法律援助民生工程目标任务的 137.22%；新建规范化法律援助工作站 6 个，各级法律援助机构收到群众锦旗、表扬信 20 件次。精选 13 名优秀律师分别担任市委、市政府法律顾问，市律师协会在全省率先成立律师行业行风监督委员会。建成“自贡市最佳文明服务示范窗口”1 个、“自贡市文明服务示范窗口”2 个，有 2 个集体、18 名律师分别受到省、市表彰，全年律师代理各类案件 4190 件。开展全市公证案件质量评查、“重经济效益、轻公证质量”专项整治及“送公证进企业”“绿色通道”、公证惠民等行动，全市各公证机构为重大项目提供专项法律服务 5552 件次，为当事人提供预约上门及延时服务 260 件，减免公证收费 70 万余元，全年办理公证案件 1.81 万件。开展司法鉴定行业质量建设年活动，评查全市司法鉴定机构 5 家、抽查案卷 85 件，2 家机构通过全省机动车项目扩项评审，全年接受委托鉴定案件 3107 件。严格执业准入、执业监督，推动基层法律服务机构和从业人员规范诚信执业，全年提供基层法律服务 2120 件。

【法治宣传教育】 2015 年，坚持“以问题为导向”深化“法律七进”工作，编印《自贡市“六五”普法巡礼》《自贡市“六五”普法经验材料汇编》，完成全市“订单式普法”“法律跟进”等“六五”普法经验成果的总结提炼工作，开展全市“六五”普法和法治工作检查，实地检查区县（含高新区）7 个、基层单位 30 个。市司法局配合市委政法委、市委组织部完成《百姓看法》、“六五”普法专题片拍摄工作，全市建立岱山法治公园、自贡监狱、江姐小学等法治教育基地 15 个。狠抓法治创建重点，落实创建经费，规范工作台账，召开市级法治示范创建工作推进交流会 2 次，开展创建工作社会化宣传 130 次，申报各级各类法治示范单位 66 个，有 48 个单位获省级以上命名表彰，沿滩区建成“省级法治示范区”。是年，全市开展集中送法下基层 40 次，印发法制宣传资料 65 万份，提供法律咨询和服务 52 万人次，开展“法律七进”“法制宣传进万家”活动 2720 次，培养“法律明白人”6050 人，开展送法进村（社区）入户 5 万户。

【依法履职能力建设】 2015 年，加强领导班子思想政治建设，开展“三严三实”专题教育，整改落实“不严不实”问题 6 个 23 种具体表现。

加强队伍建设，市司法局机关公开招录公务员2人（已完成招录1人），推荐提拔副县级调研员2人，选任提拔科级领导干部6人，配合调整区县司法局主要领导2人，全系统公开招录司法助理员43人（已完成招录23人），组织干部职工参加各级各类业务培训、读书班2000余人次。落实简政放权各项要求，优化行政权力清单，清理行政权力事项22项，将84项行政处罚权力事项全部录入“行政权力依法规范公开运行平台”，实现行政权力规范运行。强化案件质量管理，开展案件质量评查活动，自查人民调解、公证案件1653件，抽查65件。加强行政审批项目监管，市司法局在全省系统及全市率先启动行政审批电子政务工作。深化市司法局行政审批服务窗口建设，完成法律服务惠民岗位常驻法律服务机构调整，推行预约、延时、上门等特色行政审批服务工作。是年，市司法局行政审批服务窗口办理行政审批和行政管理服务事项197件、同比增加51.5%，提供法律咨询706人次，收到群众表扬或感谢信9封。市司法局窗口在市政务中心考核中获一等奖第一名。

【外宣工作】　2015年，打造司法行政对外宣传工作平台，《自贡司法行政》出刊35期，市司法局互联网官方网站刊载各类信息496则，媒体刊发司法行政相关新闻宣传报道256篇（中央媒体6篇、省级媒体91篇、市级媒体159篇）。

【基础设施建设】　10月，市司法局业务及办公用房项目建成投入使用，项目占地0.5公顷，总建筑面积4955平方米。同步规划建设全司法行政综合信息平台，依托全省政法专网，建成市司法局向下联通各区县司法局、基层司法所的政法三级、四级网，开通100兆主干光纤1条、60兆专项光纤7条、10兆专线光纤108条。市司法局业务及办公用房项目、信息化建设工作在全省司法行政系统处于领先水平，受到国家发改委、司法部、省司法厅、市委、市政府肯定。

【获奖情况】　2015年，全市司法行政系统有12个集体、26人受到市级以上表彰，其中，市司法局被市委评为2015年度维护社会稳定工作优秀单位、社会治安综合治理工作优秀单位、全市党委信息工作先进单位，在省司法厅2015年重点工作目标考核中获二等奖。市司法局华静获“四川省优秀共产党员”“2011—2015自贡市劳动模范”称号。

（陈俊敏）

仲　裁

【概况】　2015年，共受理各类案件65起，涉案标的额7000万余元，案件数量和标的额分别比2014年增长12%和26%；年内平均结案时间为34.6天；调解和解率、快速结案率和自动履行率分别达65%、85%和80%。

【参加全国仲裁工作年会】　11月17日，派人参加在安徽省合肥市举行的全国仲裁工作年会，并围绕“案件受理多样化、纠纷处理多元化”和“互联网+仲裁”等会议主题，就创新管理机制、推进“两化”工作与参会人员进行交流。

【创新宣传方式】　2015年，坚持在“推行”和“融入”的方法和手段上提高仲裁制度的社会影响力。深入社区、企事业单位、行业协会就如何规范合同、如何规避经营风险为群众提供法律咨询800余人次。召开有律师、保险专家参加的保险案件研讨会，扩大仲裁在律师及保险界的影响。向市直机关、企事业单位、行业协会发放《自贡仲裁》期刊1万余份。举办仲裁员培训班，提升仲裁员职业道德、业务技能和办案技巧，并依靠和发挥全市115名仲裁员所处多行业优势，宣传仲裁法律知识，在全社会营造认识仲裁、信赖仲裁、依靠仲裁解决民商事经济纠纷的社会氛围。

【办案质量管理】　2015年，修订《仲裁暂行规则》和《仲裁员守则》，完善和规范案件受理、审理制度和仲裁程序。加强监督，实行督办和庭审旁听制度，发现并纠正办案过程中出现的问题，确保案件审理公平公正。对裁决书、调解书实行评审制度，发现并纠正仲裁审理中出现的错误和瑕疵，完善文书质量。发挥专家咨询委员会作用，对重大、疑难案件召开会议进行研讨，为仲裁庭提供咨询意见。

【仲裁队伍建设】　2015年，严把仲裁员选聘关，完善仲裁员聘任、遴选和公示的各项制度。结合仲裁受理案件的特点，对仲裁员队伍进行分类优化，使仲裁员队伍配备更加专业、合理。成立仲裁员考评小组，制定《自贡仲裁委员会仲裁员管理办法》，对仲裁员进行考核。开展十佳优秀仲裁员评比活动。实行仲裁员淘汰制，对不适应工作需要的仲裁员暂停其仲裁员资格，任期届满后不予续聘。开展“严格仲裁操守、严肃仲裁纪律”为主题的教育活动，强化仲裁员、仲裁秘书业务培训，提升仲裁队伍职业道德素质和业务水平。

（马昌泉　熊　娟）

武　装

自贡军分区

【思想政治建设】　2015年，围绕习近平系列重要讲话和“三严三实”专题教育整顿，组织开展十八届五中全会和全军政工会精神学习，全年完成4个专题党委中心组理论学习。开展“三严三实”专题教育整顿，组织召开“三严三实”理论学习交流大会，考察遴选分区“三严三实”典型线索，以“四个说清楚”为重点，召开党委民主生活会，开展干部工作大检查、财务工作大清查、训风演风考风等八项清理整治工作。开展“学习践行强军目标，做新一代革命军人”主题教育，组织建党94周年歌咏比赛、第二届“国防杯”篮球赛，荣县人武部结合驻地红色资源开展“向吴老那样读书学习”活动。对文体活动室进行改造整治，更新宣传展板和荣誉室资料，营造军营文化氛围。开展抗日战争暨世界反法西斯战争胜利70周年系列纪念活动，组织官兵观看大型爱国教育题材川剧《还我河山》、自贡市抗战纪念文艺汇演，组织官兵收看“9·3”大阅兵。加强亮点工作报道和先进人物采写，全年累计在军地各类媒体上稿960篇，其中中央级36篇。

【军事斗争准备】　2015年，修订完善各级各类预案，加强应急救援队伍训练，组织部队和民兵参与全市森林防火演练、应急救援大队适应性训练和军地联合水上应急救援演练；组织民兵先后6次参与森林灭火抢险行动；组织民兵军事训练，超额完成省军区下达的训练任务。坚持自主训练和考核，推进分区本级军事训练绩效档案建设，针对弱项短板，以考促训、反复训考；组织冬季野外拉练，完成摩托化机动和徒步行军，半年和年终通过省军区军事训练考核检验。选派基层专武干部参加省军区集训，并组织1期全市专武干部、民兵连排长集训。组织辖区内以四川理工学院为重点的高中以上学校学生军训。指导乡镇、街道武装部开展基层人民武装部规范化建设，基本完成达标任务。加强征兵工作，完成士官选改和新兵征集任务。

【党组织和干部队伍建设】　2015年，组织学习《中国共产党纪律处分条例》和《中国共产党廉洁自律准则》，规范党员言行。参加省军区师团职领导干部理论读书班，组织2期副团以下干部理论集训。贯彻落实军区《党员领导干部参加党的组织生活实施细则（试行）》，规范党内组织生活、党费交纳使用，严格党委议事规程，坚持议训、议教、议管制度。专列预算作为读书成才经费，支持官兵在职学历教育。坚持按打仗标准选人用人，全年提升和晋职的干部，做到班子成员形成共识、多数群众认可、官兵职工满意。

【正规化和基层建设】　2015年，定期分析安全稳定工作形势，开展安全大检查和“百日安全‘三无’竞赛活动”。加强文电、移动存储介质管理，加强保密教育，开设保密知识讲座，签订保密责任书，完成保密室改造建设。突出正规“四个秩序”，坚持机关早操和体能训练制度。加强安全防范措施，各单位营区和武器仓库实现高清视频远程监控。升级改造民兵武器库安全设施，修缮部分铁丝网，加固库房围墙，更新消防器材。对办公楼、公寓楼进行维修整治。

【后勤装备综合保障】 2015年，接待费和行政消耗性开支同比大幅下降，经费使用更多向军事训练和国防后备力量建设倾斜。对全军分区固定资产进行清查，建立详细的固定资产档案。妥善解决军械所职工分流，规范社会人员聘用管理，完成物资采购评审专家库和供应商库建设任务，完善油料管控措施。参与创建全国文明城市活动，开展文明行车，全面普及卫生防病和生殖健康常识教育。组织官兵进行健康体检，建立健全老干部健康档案。

【参建参治工作】 2015年，协调地方政府足额落实全市义务兵优待金和大学生入伍一次性补助，覆盖面100%。持续开展扶贫开发工作和“直接联系服务群众最后一公里”活动，市军分区和区县人武部两级建立扶贫开发基金共170万元，全军分区联系7个贫困村、6家卫生院、8所学校。军分区为永安镇新正村提供村道建设经费30万元，大安区人武部筹措20余万元改造回龙镇村道。全年走访慰问困难群众、党员和复退军人90户，捐助帮困资金10万余元、生产生活物资200余件。以国防教育“三进”试点为契机，与自贡电视台筹划开展特色国防教育活动，组织全市军歌大比拼、小记者进军营等活动，贡井区人武部利用荣誉室多媒体展示系统开展中小学生国防教育，营造爱国拥军氛围。协调地方解决21名军人子女入学，妥善处理涉军纠纷25起，沿滩区人武部会同相关部门化解1起20余年的历史遗留问题。

【民兵整组业务培训】 1月28日，通过电视电话会议系统组织民兵整组业务培训，部署年度民兵整组及基层武装部规范化建设任务，集中学习民兵工作相关法规政策，培训民兵整组业务知识，统一民兵转型建设标准。各区（县）人武部军事科干部、职工及所有基层武装部专武部长、干事参加培训。

【慰问贫困家庭】 2月2日，军分区司令员黄承伟率队到永安镇新正村、镇卫生院及黄厚勇等18户贫困户家中进行走访慰问，为新正村及镇卫生院送空调，为贫困户送米、面、油、灯笼、对联等年货。

【组织干部集中轮训轮考】 4月中下旬，按照集中组织、分批实施、训考结合的方式，分2期组织全军分区干部进行学习训练和检查考核，主要科目包括识图用图、战术标图、轻武器分解结合、通信装备操作、军事理论和基础性体能等。

【组织专武干部参加省军区集训】 4月下旬，组织部分专武干部，赴省军区教导大队参加专武业务知识和基本军事技能集训。在集训中，有3人被省军区表彰为“优秀学员”。

【民兵应急队伍建设】 4月，军分区与市政府联合下发市民兵综合应急营干部任命通知，完成区（县）民兵应急队伍集中点验。结合行业风气专项整治活动，对部分单位应急队伍整组点验中存在的问题进行纠正，限期整改，重新检查验收，确保各级应急力量体系建设措施的落实。

【征兵业务培训】 5月4日，组织征兵准备工作业务培训。从网上兵役登记、预征工作落实、应征青年初检初考、征兵网使用管理、调整健全征兵机构、宣传手段及资料准备、深入基层指导工作、开展“兵役法暨入伍预征宣传动员周”活动、军事科目表演进校园和征兵宣传“五个一”活动等9个方面进行规范统一，在落实兵役登记的基础上，掌握预征动员的基数，确保完成征兵任务。

【组织干部理论集训】 5月17日至20日，组织第一期团以下干部理论集训。通过授课辅导、观看录像、讨论交流等方式，学习习近平系列重要讲话精神特别是古田政工会精神，推动军分区民兵预备役工作。

【省军区领导检查本级专武干部集训】 5月26日，省军区参谋长杨吉贵到自贡市专武干部暨民兵连排长集训现场检查指导工作，对全体学员提出要求：思想上要自觉接受；学习上要认真投入；作风上要培养强化；规章上要严格遵守；安全上要全力保证。

【参加省军区“三分之一”轮训】 6月至7月，派人参加省军区“三分之一”轮训，对基本军事理论和技能进行强化学习训练，为军事工作的组织开展培养骨干力量、打下基础。

【督导基层党委专题民主生活会】 6月上旬，组建督导组，由军分区党委常委带队，分别听取各基层单位开展“三严三实”专题教育整顿情况汇报，检查年度工作落实情况，与班子成员逐个谈话，审阅党委班子和班子成员对照检查材料，督导召开专题民主生活会。

【参加省军区半年军事训练考核】　6月23日至25日，由省军区贾理东带队的考核组，对自贡军分区机关半年军事训练进行考核，并抽考部分人武部。

【组织水上应急救援演练】　6月26日，组织军地联合水上应急救援演练。该演练由军分区主办，富顺县人民政府、县人武部承办，海事、公安、消防、交通、卫生、气象等部门共同参与。演练以沱江水上应急救援为背景，检验以市民兵应急救援大队水上分队为主体的应急救援力量训练水平，密切军政、军民关系。

【帮训市消防支队轻武器射击】　6月30日至7月2日，针对市消防支队官兵从未有过轻武器操作经历的实际，军分区派出训练骨干，组织开展以轻武器操作使用、实弹射击为主要内容的帮训代训。通过训练，支队官兵基本掌握轻武器操作技能。

【“庆七一”歌咏比赛】　7月1日，举办“庆七一”暨纪念抗日战争胜利70周年歌咏比赛。军分区机关和人武部的数百名官兵、职工和民兵预备役人员，以唱革命传统歌曲为载体，表达永远感党恩、听党话、跟党走的心声。

【组织夜训】　7月9日，按实战化训练要求，探索军分区系统结合自身任务特点开展夜训的方法，组织首长机关、民兵应急分队夜间集结机动和轻武器夜间射击训练，检验部队夜间条件下应急机动能力，积累组织开展夜间训练的经验。

【庆“八一”系列活动】　“八一”建军节期间，组织参观抗日老兵图片展，聆听老兵功绩、感念老兵恩情；邀请市文联艺术家送书画进军营，为官兵奉献文化大餐，提升军营文化氛围；举办“军民一家亲、军歌亮灯城”军歌大比拼竞赛活动，全市社会各界40余支团体和个人参加，军地共唱红色军歌。

【常态化军事业务集中学习】　2015年，坚持每月月初集中全军分区军事干部、职工，结合当前业务工作特点，着眼解决实际问题，重点围绕政策法规、业务知识、军事技能等内容，采取理论讲解、交流研讨和实际操作等方式组织业务培训，锻炼提升军事工作人员谋打仗的能力素质。

【督导征兵体检】　2015年，军分区司令员黄承伟、参谋长白路分别带巡查组赴各区县检查指导征兵体检工作。重点就体检站设置、体检工作组织实施和新修订的体检《标准》和《办法》执行落实情况进行检查督导。分区首长现场询问应征青年思想状况，并与人武部及体检组相关单位负责人进行座谈，就抓好征兵体检、确保兵员质量提出要求。

【安全检查】　8月下旬，针对三、四季度安全稳定工作政治要求高、大项任务重、节假日多、热点敏感问题集中、官兵思想活跃等特点，重点围绕人员、武器弹药、营房、保密、车辆、药品、值班执勤、补选退、征兵工作、大项任务安全10个方面，组成联合工作组，由军分区常委带队，采取查、看、听、问的方式，对所属人武部、干休所、武器库以及军分区机关进行拉网式检查。通过检查规范部队“四个秩序”，消除6处安全隐患。

【规范化达标验收】　11月底，依据《四川省基层人民武装部规范化建设三年达标规划》，由军分区司令部牵头，各人武部分管参谋参加，采取交叉进行、现场查验的方式，组织基层人武部规范化建设达标验收，通过现场量化打分、综合评判，发现和解决存在的问题和不足，制定落实推动规范化建设发展的长效机制，巩固深化规范化建设成果。

【参加省军区年终军事训练考核】　11月4日至5日，省军区政治部主任李阳带领考核组，对自贡军分区年度军事训练情况进行考核。主要通过查阅资料、现场点验、集中考核等方式，考核军分区在制度坚持、教育管理、末端落实等方面的工作情况。

（自贡军分区）

武警自贡市支队

【概况】　2015年，支队各级按照总队、支队党委的总体部署，坚持以习近平建军治军系列重要思想为指导，以强军目标为统领，围绕建设全面过硬一流总队，科学谋发展，用力打基础，反复抓落实，部队全面建设取得丰硕成果。是年，支队被总队表彰为“安全工作先进单位”，连续第19年表彰为“预防事故案件工作先进单位”，连续第33年实现执勤无事故单位，连续第19年被总部表彰为实现“三无”单位。

【思想政治建设】 2015年，开展主题教育和“新一代革命军人样子大讨论”活动，规范落实推门听课、精品授课、视频录课、网上评课等制度，强化思想政治教育。荣县中队政治指导员阮兵被总队表彰为优秀“四会”政治教员。开展案件警示教育，清查清理各类不良信息，官兵“三个绝对”思想更加牢固。注重用优良传统、红色基因、先进典型激励官兵斗志，完成支队网上史馆、二中队荣誉室建设。“小胖瘦身记”获总队强军故事会“十佳故事”，政治处被总队表彰为“先进政治处”。

【多样化任务】 2015年，组织“卫士－15·雪域”演习，特勤排、应急班对抗训练，教练员集训、勤训轮换、首长机关训练和军事比武竞赛，开展“争当做创”活动，提升部队实战化训练水平。支队坚持战斗力标准抓训练的事迹在中央电视台军事频道、武警网络电视台报道。开展执勤安全教育整顿和勤务鉴定活动，成功处置影响目标安全事件。完成自贡国际恐龙灯会安保、春运执勤、设卡清查、长途押解、联勤武装巡逻等临时勤务。二中队、三中队被总队评为“正规化执勤优秀中队”。司令部作训股股长罗笠萍被总队评为“优秀参谋”。

【安全工作】 2015年，修订完善支队执勤训练、干部管理、车辆枪弹、物资采购、机关管理等15个措施规定，开展“条令法规学习日”“学法规、守法规、用法规”活动，落实安全工作“八个规范”要求，召开安全工作专题研究分析会，制定安全管理措施。开展群众性创安、百日安全竞赛活动，组织安全隐患大检查、反恐大排查，消除各类隐患，清退拒服兵役新兵，确保部队安全稳定。支队连续第19年被总部表彰为“安全工作先进单位”。

【基层建设】 2015年，召开精细化管理工作现场会，规范落实《基层精细化管理实施细则》。采取主官轮训、“三办”培训、业务评比、干部夜校、函授作业等形式，开展“大练基本功”活动，加强各级干部按纲抓建的能力素质。落实“常委包队帮带、部门结对帮弱、股长挂钩帮建”机制，派出工作组蹲点帮建，安排机关干部蹲点当兵，建立季度考评末位帮带制度，组织集中“挂星”“挂旗”，部队创先争优氛围浓厚，基层全面建设进步明显。二中队、三中队、富顺县中队被总队评为“基层建设先进中队”。

【后勤综合保障】 2015年，修订各类应急保障预案，抓好“一组五队”建管训，实现一次性出动100人快速独立保障的要求。坚持党委理财，严把经费预算、审核、报销关，落实公务卡使用规定，经费管理使用规范。开展“伙食管理规范年”活动，定期组织司务长集体办公、炊事员技能培训，提高基层后勤保障能力。开展枪弹管理隐患排查，落实“车场周”和每月20日车辆警示教育训练，严格干部私家车管理，确保枪弹、车辆管理规范安全。富顺县中队新营房主体工程建设完工，机关公寓房规划设计推进顺利。

【作风建设】 2015年，学习习近平建军治军重要思想、十八届五中全会、古田政工会精神，增强班子成员理论素养、法治思维。强化“四个整顿”“八个专项清理整治”“六个肃清”工作，推进干部工作大检查、财务工作大清查问题纠治。召开党委常委“三严三实”专题民主生活会，研究制定整改措施20条，解决基层官兵困难问题。全年在调整使用干部、选送技术学兵、立功入党、选取士官等方面议事程序规范、决策科学合理、部队反映良好、官兵满意服气。

【拥政爱民活动】 2015年，按照精神文明建设要走在社会前列的要求，注重发挥部队优势，做好拥政爱民工作，参加创建文明卫生城市、双拥模范城等活动。组织官兵义务献血8000多毫升，义务植树200多棵，军训学生500多人次，慰问孤寡老人10人次，捐资助学5万元，开展便民活动4次，清运垃圾10余吨，举办国防知识讲座2场。全市部队自觉接受地方党委政府领导，官兵严格遵守部队纪律和群众纪律，没有发生警民纠纷问题。

【安全保卫任务】 1月1日，担负“元旦”节日城市武装巡逻勤务。1月22日，担负自贡市设卡清查勤务。2月22日至3月15日，担负第二十一届国际恐龙灯会安保任务。2月9日至14日，担负自贡市“两会”期间机动备勤任务。2月20日至3月15日，担负自贡火车站春运执勤任务。3月3日至31日，担负全国“两会”期间和三月敏感期安保备勤任务。4月27日至28日，担负省委书记王东明考察自贡期间住地警卫勤务。5月16日至17日，担负中央电视台“寻宝”栏目走进自贡现场安保勤务。5月23日，担负荣县“大佛文化旅游节”开幕式现场要点警戒和场外机动备勤任务。8月10日至9月5日，协助公安机关开展敏感期社会治安整治行动。9月15日，担负自贡市新兵起运现场安保勤务。10月1日至7日，协助公安机关担负联勤武装巡逻勤务。10月9日，担负“远达之夜·唱响自贡”群星演唱会安保勤务。10月19日至20日，担负荣县运动会护旗任务。12月12日，担负荣县“2015好声音唱响美吉特”演唱会安保勤务。

【武装押解勤务】　4月16日，协助自贡监狱干警将罪犯转押至成都锦江监狱。6月29日，协助自贡监狱干警将罪犯由成都火车东站转押至自贡监狱。8月5日，协助自贡市看守所干警将罪犯押解至金堂监狱。9月17日至12月25日，每周2次担负自贡市看守所犯人外出就医时押解勤务。12月8日，协助富顺县看守所干警将罪犯押解至乐山雷马屏监狱。

【上级领导检查指导工作】　1月19日，总队副司令员严德辉出席支队宣布命令大会。3月9日至11日，总队副司令员李俊国率工作组到支队检查指导工作。6月1日至6日，总队后勤部部长张志洪率工作组到支队考帮建。8月12日至14日，总队副司令员汤达友率工作组到支队进行安全大检查。9月16日至20日，总队副政委张启营率工作组到支队检查指导工作。11月23日至12月1日，总队后勤部部长张志洪率工作组到支队考帮建。12月13日，总队参谋长郭小列到支队检查指导新兵野营拉练工作。

【地方领导检查指导工作】　2月16日，市委副书记、市长刘永湘率队到支队慰问官兵。2月21日，副省长、省公安厅厅长侍俊到灯会安保现场慰问官兵。5月29日，副市长兼公安局局长马宏到支队检查指导工作。7月30日，市委副书记、市长刘永湘率队到支队慰问官兵。

【荣誉】　2015年，支队卫生队队长范加俊荣立三等功；9人被表彰为“优秀机关干部”；9人被表彰为“优秀基层干部”。

（胡瑞典　孙继峰）

人民防空

【平战结合建设】　2015年，开发利用各类人防工事，为社会提供就业岗位500余个，提供车位2050个，实现产值3000万余元，实现利润25万余元。指导大安区完成江姐中学地下人防工程现状测绘、地质勘查、方案设计等工作，该工程将改造为音乐教室，打造为全省坑道式人防工程改造利用典范。

【通信警报建设】　2015年，全市新增33台警报器，实现所有乡镇警报器全覆盖。“9·18”警报试鸣日，全市166台警报器按时、按规定信号统一鸣响，实现100%鸣响率。

【应急指挥建设】　2015年，完成全市四区区级防空袭方案修订，为两县提供县级防空袭方案修订模板。推进四区机动指挥所建设，下拨补助经费、完成招标建设工作。全市建成13个人防战时（应急）人口疏散基地，可接收安置城市人口11.8万人。完成全市重要经济目标分类分级工作，确定特级防护目标1个、一级防护目标3个、二级防护目标16个、三级防护目标88个。3月26日，完成“2015年全市森林防火演练”卫星通信保障任务；5月12日，联合贡井区政府、贡井区住建局（人防办），在旭川中学开展“防空防灾应急疏散演练”；10月21日至23日，组织市人防办全体人员开展“2015年野外应急保障实战化训练”。

【专业队伍建设】　2015年，印发《关于做好2015年人防专业队伍组训工作的通知》，市人防支队参加贡井区、沿滩区人防专业队伍整组整训现场会，并为专业队伍整组全程提供卫星通信保障，共组训人防专业队伍骨干队员640人。坚持无线电台值勤和机动指挥所日常训练，参与省人防办有线的互联互通训练35余次，完成电视电话会议2次，机动指挥所日常训练11次，各类展示和保障性任务5次。

【行政审批工作】　2015年，开展行政许可项目对应工作，接收省下放的权力清单目录4个，向两县下放行政审批事项2个。市人防办审核新建民用建筑修建防空地下室易地建设8件，办理人防易地建设收费44件、2万平方米以下人防工程建设2件，收取人防易地建设费2646.2万元，现场办结率和群众满意率100%。

【安全工作】 2015年，全市各级人防部门，按照省人防办和消防部门统一部署要求，层层签订安全生产目标责任书，开展隐患排查整治和“百日安全”专项检查活动，全年未发生安全责任事故。对全市8万平方米公共人防设施进行维护，对15个早期人防工程进行加固改造。

【宣传教育】 2015年，继续开展防空防灾知识进党校、社区、乡村、学校、企业“五进”活动，完成8500名中学生和2200名大中专学生防空防灾知识教育。完成人防宣传教育长廊灯箱改造、宣传内容更新。利用“3·1”国际民防日、“9·18”警报试鸣日，开展系列宣传活动，摆放防空防灾知识展板近150块，发放《防空防灾知识手册》《民防知识读本》《人民防空法》1万余册，人防知识问答、人防宣传单2万余张，人防宣传布袋1000个，接受群众咨询1000余人次。9月14日至19日，推出“自贡人防之路”专题宣传，在《自贡日报》《自贡晚报》开辟专栏对市人防体系进行报道。

（周小婕）

消 防

【思想政治建设】 2015年，召开党委会24次，议决“三重一大”事项130余件，专题议教、议管、议训、议财9次，召开民主生活会2次，开展中心组学习11次。聘请四川理工学院、成都武警警官学院等3家单位专家为心理、法律类客座教授，对官兵开展针对性指导工作。开展“三清”工作，投入20万余元整改超标办公室10间。修订出台营职领导干部竞争性选拔工作办法和实施方案、主官岗前培训、干部绩效、班子和干部年度考评等11项制度办法。对9名拟提拔、调整的团营职领导干部进行执法责任离任审核，对4个大队开展经济责任审计，实施督察访查104次，督察单位130个（次），发现整改问题140余条。

【部队管理】 2015年，将议管议训作为常态化工作，坚持支队党委每月、大队党委每半月、中队支部每周分析研判部队管理教育形势，并出台部队正规化管理规范性文件，部署开展“安全大教育、隐患大排查、苗头大整治”、条令条例暨规章制度学习月、专职消防员遵纪守法专项教育整顿等8个专项活动，排查解决“三违三重”问题62个，建立《士兵管理教育档案》179份，并采取视频、GPS定位系统等手段督导部队102次，发现整改问题140余处，实现“八无”安全目标。

【综合训演】 2015年，坚持全员练兵，明确机关全年训练不少于30天、大队不少于60天、中队不少于100天。全市9个中队主官全部通过指挥能力一级考评、28名执勤中队干部相应等级指挥能力考评通过率100%。参加“闪电—C”地震救援跨区域拉动演练和川南战区危化品大面积泄漏处置大型综合演练。指导基层开展实战演练、六熟悉5000余次，制定预案1320份。完成第21届国际恐龙灯会、央视“寻宝”现场、“9·3”安保及“5·25”富顺县盐酸泄漏事故处置等重大任务。

【后勤保障】 2015年，全市消防经费总量首次突破4000万元，较2014年增长13.33%。“三公”经费、接待费支出为零，机关车辆油料费同比下降50%。新建成自流井区仲权镇、荣县双石镇、富顺县赵化镇3个政府专职队，贡井消防站正式动工建设，大安消防站完成立项，支队小型训练基地建设工程完成方案设计。投入157万元黑化营区道路、完善多功能厅和餐厅等基础设施；投入300万余元升级改造信息化软硬件设施，三级消防专网升级为100M光纤，建成车载3G图传、移动办公终端、数据备份等系统；投入1515万元新购置各类车辆13辆、器材装备3000余件（套）。对在自贡无住房且符合随军条件干部、双军人、离异和未婚干部分配22套公寓房，解决官兵住房问题。

【安全责任制】 4月27日，市政府召开消防工作会，逐级签订消防工作责任书，落实“谁主管、谁负责”消防工作机制。市政府将消防工作纳入全市经济社会发展总体规划、政府目标绩效考核和社会管理综合治理内容3大板块，组织召开4次消委会联席会议，政府消防“三项”责任全面落实。制定出台《自贡市2015年消防工作实施意见》《关于构建全市火灾防控综合治理体系的实施意见》

等文件，启动“十三五”消防规划编制工作。

【执法监督】　2015年，全市共检查单位8861家，督促整改火灾隐患4019处，下发责令改正通知书3337份，下发处罚决定书282份，罚款146.84万元，临时查封62家，责令“三停”42家，实现全市连续16年无较大以上亡人火灾事故的目标。开展劳动密集型企业、消防产品、夏季消防安全检查、易燃易爆危险品场所消防安全检查等5项专项整治活动；开展消防培训43场，队站开放174次，在中央、省市等新闻媒体刊播稿件1000余篇；消防安全重点单位实现100%“户籍化”管理；新增初级建（构）筑物消防员126人，中级建（构）筑物消防员31人。是年，被总队评为执法规范化“先进单位”。

【获奖情况】　2015年，1名干部获全省政干比武三等奖，市消防支队获组织奖；4名官兵获总队“两优一先”表彰，1名干部代表总队参加全国搜救犬比武获单项第三名。文艺小分队自编自演微电影《一群唱军歌的兵》获全省首届“三微”大赛三等奖，《兄弟英雄》代表四川消防部队参加“全省公安系统文艺创作汇演”专场演出。3个基层单位、9名官兵获总队专项表彰；保持“省级文明单位”称号；市消防支队被评为全省消防部队2014年度财务会审先进支队；3所学校消防课件被评为“四川省消防安全示范课”课件；装备革新项目《深沟球轴承金属拉梯滑轮》获省公安厅第三届基层技术革新三等奖。

（唐春雨）

环境保护

概　述

2015年，全市以改善环境质量为核心，以生态自贡建设为主抓手，狠抓污染防治、总量减排等重点工作，集中力量解决一批突出环境问题，遏制生态环境质量恶化趋势，大气、水环境质量等公众关心的环境问题有所改善。是年，全市空气质量达标天数233天，与2014年持平，全年空气质量考核指标可吸入颗粒物（PM10）年均浓度102.5微克/立方米，比2014年下降1.5微克/立方米，下降率1.44%，完成省下达的年度空气质量改善目标。釜溪河水质有所改善，釜溪河出口断面邓关断面氨氮年平均浓度为1.84毫克/升，较2012年的4.23毫克/升下降2.39毫克/升，降幅56.5%。2015年釜溪河水系总体水质为重度污染，断面达标率14.3%，与2014年相比无明显变化。

大气环境保护

【大气环境保护机制】　2015年，出台《自贡市2015年度大气污染防治实施方案》，严格实行大气污染防治联席会议制度，按季召开全市大气污染防治联席会议。市委、市政府主要领导多次专题听取工作汇报，市长刘永湘主持召开2次大气污染防治专题工作会议，安排部署大气污染防治工作，各区县政府、市级各相关部门按照任务分解，狠抓落实，确保全市大气污染防治年度目标任务完成。是年，自贡市成为全额获取省环境空气质量改善考核激励资金500万元的17个市州之一。

【建立完善工作机制】　2015年，坚持“日督查、周通报”制度。成立现场督查组，落实专人对城区及周边扬尘控制措施落实情况进行督促检查。市目督办会同市大气办联合发出督查通报，对现场发现的问题进行全市通报，提出整改要求。累计检查项目4732个（次），印发各类通报115期，通报问题1496处，其中露天焚烧794处、建筑扬尘255处、未安装油烟净化装置餐饮企业185个、带泥上路138处、道路扬尘120处、老旧车辆冒黑烟4处。建立川南地区大气污染防治联席会议制度，按季组织召开联席会议，内江、泸州、宜宾和自贡四市政府签订联防联控工作协定，跨区域的环评会商、联合执法、信息共享机制初步形成。加强空气质量监测预警，实时在自贡环保网上发布AQI日报数据；每周向市委、市政府报送空气质量周报；每月向市委、市政府、市人大、市政协、市城管局、市城乡建设与住房保障局等报送空气质量月报，向各区县环保局印发空气质量通报。建立环保行政执法和刑事司法联动机制，加强环保执法；建立环境保护、城市管理与食品安全协同推进机制，开展餐饮油烟整治；建立住建、环保、城管联合执法机制，加强城区建筑和道路扬尘控制；建立环保气象协作机制，加强预测预警与分析研判；建立环保宣传教育机制，营造社会氛围。对工作进度滞后、空气质量改善目标完成困难的区县政府实行预警约谈，针对问题分析研究整改方案并督促落实。

【秸秆综合利用和禁烧】　2015年，依托“耕地保护与质量提升”项目，在富顺县和大安区推广秸秆还田综合技术1066.67公顷，建立生石灰+秸秆腐熟剂还田万亩示范片1个，稻草覆盖+秸秆腐熟（还田）千亩示范片1个。在自流井区漆树乡和荣县长山镇召开农作物秸秆全程机械化示范机收暨秸秆还田现场会，宣传倡导还田作业。争取中央资金8000万元，推进荣县、富顺县有机废弃物综合利用项目建设。全市秸秆综合利用率82.03%。开展露天禁烧专项行动，印发《露天禁烧专项通报》38期，发放宣传资料10万份，悬挂横幅100余条，发现并制止露天焚烧603处，共处罚金2950元。

【建筑及道路扬尘治理】 2015年，组织开展建筑扬尘专项整治行动，现场整改问题311个，发出限期整改通知书26份、停工通知5份，对16个整改不力的项目负责人进行约谈，对3个项目实施行政处罚。完成372台渣运车全密闭运输设施安装工作，黑化道路49.67万平方米。新增洒水车4台、吸尘车1台、水炮车1台，定期对街道进行冲洗。自流井区、高新区、富顺县成立专业街道冲洗队伍，配备专用车辆6台，对区内主街大道每天进行轮流冲洗，其他区县保证每周定期对街道进行冲洗。加强道路巡查执法力度，现场制止60起，责令清除洒落及带泥路面痕迹49处。全年城市道路机械化清扫率63.5%。

【餐饮油烟治理】 2015年，出台《2015年自贡市餐饮油烟防控实施方案》，培训宣传3813人次，发出监督意见书189份。组织清理3个国控监测站周边餐饮店，新增油烟净化装置44套。组织开展露天烧烤专项治理，取缔划定区外夜宵17家，实施整改33家，进店经营5家。

【工业废气污染治理】 2015年，实施加油站油气回收治理工程73个，累计实施112个，完成全市总量的88%。淘汰建成区燃煤小锅炉9台，累计淘汰建成区燃煤小锅炉38台，完成全市应淘汰锅炉总量的76%。实施油罐车油气回收治理40辆，完成全市总量的93%；完成落后产能淘汰企业11家，完成工业污染治理项目3个。

【机动车污染防治】 2015年，建立4个环保检测站（点）16条检测线，开展在用车辆环保检测。在市车管所和3家汽车4S店设置环保窗口，负责新购免检车辆环保标志的发放，新车环保标志发放率100%，在用车辆尾气检测及环保标志发放率95%。减少机动车尾气污染对城市造成的影响，与市交警支队共同对黄标车进入中心城区行驶出台《关于主城区部分路段限制未取得绿色环保检验合格标志汽车通行的通告》，将五星街、新民街设置为禁行路段。

声环境保护

【城区噪声整治】 2015年，实行城区通行证管理制度，开展集中交通噪声整治专项行动3次，查纠（警告）不按规定使用喇叭的交通违法361人。坚持每月1次对低噪声设备使用情况进行检查，重点对学校、居民区周围的施工工地进行监督。

【噪声污染执法】 2015年，发放宣传单3100余份，处理商业噪音案件68起，查处社区复合型噪声扰民案件5起，处理工业类噪声问题7件，责令20家娱乐场所进行整改。加强“12319”受理平台对居民噪声污染的投诉处理，全年受理各类噪声投诉案件1504件，其中建筑工地施工噪声147件、商业噪声1254件、坝坝舞噪声103件，处置1472件，处置率97.87%。

水环境保护

【饮用水源保护】 2015年，对双溪水库、镇溪河高硐堰、碾子滩水库集中式饮用水水源地开展年度环境状况评估，并对2014年度评估中存在的问题进行整改；实施双溪水库库周环境连片整治、镇溪河流域综合整治、碾子滩水库环境整治项目，改善集雨区水环境质量。启动小井沟水库饮用水水源保护区划定工作。对区县乡镇集中式饮用水水源“一库一策”整治方案实施情况进行督查，按季通报督查情况；实施荣县双龙水库、富顺县飞安水库、大安区双龙桥水库、沿滩区高滩水库等乡镇集中式饮用水源地环境综合整治项目；督促在用的60个乡镇饮用水源所在乡镇编制饮用水源应急预案并备案。

【废水污染治理】 2015年，清查涉水企业

307 家、生活污水处理厂 63 个，建立涉水污染源清单；继续开展跨界断面水质超标资金扣缴工作，全年扣缴各区县 1596.6 万元；与内江市、眉山市环保局签订《越溪河流域水污染联防联控合作协定》，加强上下游协调联动。加强生活污水治理，建成荣县污水处理厂二期、富顺县污水处理厂二期、贡井区污水处理厂二期等 3 个城镇污水处理厂、18 个乡镇生活污水处理设施、3 个新农村集居点污水处理设施。沿滩区生活污水处理一期及配套管网项目、荣县长山镇污水处理厂、富顺县东湖镇污水设施项目、代寺镇污水处理厂、赵化镇污水处理厂完成主体施工。

自然生态保护

【生态保护】 2015 年，继续开展“生态自贡”建设，推进釜溪河流域水污染综合治理。全年累计推广测土配方施肥技术 23.07 万公顷，推广秸秆还田等农业可持续发展生产技术面积 3.65 万公顷，实施绿色防控技术 3.01 万公顷，完成规模化畜禽养殖场污染治理 12 户，完成水土流失综合治理 118.8 平方公里。新增城市绿地 101.5 公顷，新增公园绿地面积 20 公顷。实施乡村绿化工程，新增造林面积 5333.33 公顷，其中新建甜橙产业基地 1026.67 公顷。实施水系绿化工程，完成河流绿化 8.8 公里。实施道路绿化工程，完成道路绿化 180 公里。划定并上报国家级生态红线保护区 2.31 平方公里。

【生态细胞创建】 2015 年，建成市级生态村 30 个，累计建成省、市级生态村 373 个，占全市村庄的 33%；建成省级生态乡镇 13 个，累计建成省级生态乡镇 21 个，占全市乡镇个数的 21.9%。自流井区、贡井区、荣县等 3 个区县启动生态区县创建工作，贡井区和自流井区完成生态区规划编制并通过人大审议，推进省级生态区创建。

环境管理

【日常监管巡查】 2015 年，编制《2015 年环境监察巡查工作计划》，确定全市重点污染源 A、B、C 类别，调整污染源巡查频次，按要求开展巡查，做好现场记录和电子档案记录，针对巡查发现的问题，按月按季对巡查工作开展统计、分析和督查。全年实施日常现场巡查 330 次，提高环保设施正常运行率和污染物排放达标率，确保辖区环境安全。结合污染源的排污特征、环境管理水平、季节变化和污染源周边环境敏感程度等情况，对区县重点污染源进行抽查和环境问题的督查督办。

【远程在线实时监控】 2015 年，加强对在线监控设备的管理及运用，及时更新 11 户国家重点监控企业污染源自动监控数据传输有效率考核基数，全年 39 套自动监控系统和 10 台视频监控设备正常运行，涉及企业 21 户，通过验收企业 18 户。每日查阅在线监控数据，每周统计周报，对发现的传输异常情况和超标情况进行通报。对荣县安装在线监控的企业进行专项督查，现场抽查荣县污水处理厂和自力水泥公司，检查废气废水在线监控设备运行情况，对富顺县污水处理厂数据超标情况进行调查处理。督办玉洁家纺公司、板仓污水处理厂、能投华西公司等 3 家企业新安装在线监控设备和联网等工作，并收集在线监控设备备案表，录入系统接收数据。企业自动监控数据传输有效率 89.95%。

【环保专项行动】 2015 年，开展清理废除阻碍环境监管执法“土政策”工作。经清理，全市未出台阻碍环境监管执法的“土政策”，也无阻碍现场执法检查和违反排污费征收使用管理规定及征收新标准、擅自减免征收排污费或降低收费标准等行为。全市共出动执法人员 685 余人次，出动车辆（含大客车）154 台次，检查园区企业、重点排污单位、集中式污水处理厂、规模化畜禽养殖场、矿山采选企业和重点排污行业企业共 355 户。是年，全市环保系统排查建设项目 280 个，发出 92 份责令改正违法行为决定书或通知书，要求相关建设项目业主单位限期整改或限期验收；立案查处 26 户企业违法行为。

【环保信访】 2015 年，全市环保系统共接到并受理各类投诉 802 件次（不包括省环保厅交办的 8 件信访件），按期办结 798 件次，未办结 4 件次。投诉案件中：来电投诉（包括“12369”热线）612 件次，来信投诉 54 件次，来访 80 件次（64 人次），网上投诉56件次。从投诉类型分：水污染类投诉95件次，大气污染类投诉307件次，固废污染类投诉4件次，噪声污染类投诉145件次，电磁辐射类投诉6件次，三产类投诉245件次。全年市本级收到并受理各类投诉149件次，其中来信5件次、来访8件次、来电118件次、网上投诉18件次，均全部办结。

【环保执法】 2015年，对发现的150起环境违法违规问题做出责令改正违法行为的行政命令，其中，未批先建、批建不符、久试不验、污染治理设施未建成主体工程投入生产等“三同时”类违法行为和未取得排污许可无证排污共98起；超标排污类违法行为9起；不正常运行污染治理设施类违法行为6起；危险废物规范性管理类违法行为15起；其他类22起。对62起严重环境违法行为进行立案查处，其中，超标排污案件16起；建设项目“三同时”类案件26起；不正常使用污染防治设施案件6起；涉嫌污染环境罪的严重违法行为移交公安机关立案查处3起；其他类案件15起；涉及罚款167.7万元，实际入库77.5万元。对3户企业实施限制生产的行政处罚。

【核与辐射安全监管】 2015年，组织专门力量，出动180余人（次）、70余车（次）对核技术应用单位开展“拉网式，全覆盖”现场检查工作，掌握全市开展野外使用放射源与射线装置单位底数，严格核技术利用单位的辐射安全与防护设施、辐射安全管理组织机构、内部管理规章制度、辐射事故应急预案、从业人员资质、放射源与射线装置台账等要件审查，督促核技术利用单位全面落实辐射安全防护主体责任，严格放射源收贮备案制度，通过宣传消除群众对输变电站、移动通信基站、广播电视塔（台）等产生电磁辐射的担忧。邀请省环保厅宣教中心在自贡市举办第39期辐射安全及操作上岗专题培训班，各重点核技术利用单位近400人参加培训，全市核与辐射利用单位探伤岗位管理和业务骨干做到全覆盖。组织开展核安全文化宣传贯彻推进专项行动，检查全市核技术利用单位21家，制订《自贡市核与辐射现场检查要求》并下发各企业。争取省环保厅核与辐射安全监管处支持，免费将2枚废旧料位计用放射源（铯－137）送贮，及时消除辐射环境安全隐患。

【环境应急管理】 2015年，印发《关于进一步加强环境应急管理工作的通知》（自环发〔2015〕83号），要求全市环保系统统计需要进行应急预案备案的企事业单位名单，全市需预案备案企业69家，其中已备案的40家、未备案的29家。分别依托中昊晨光化工院有限公司、市富源化工有限公司开展危险化学品泄漏、火灾事故应急救援演练，并组织市监察执法支队相关人员现场观摩。全市出动980余人次、327车次，检查环境风险源企业580个次，发现环境风险隐患44处并整改完毕。全年发生一般性突发环境事件3起，分别为“3·18”贡井区东源井井涌致天然气泄漏事件、“5·25”富顺县邓关水厂盐酸泄漏事件、“8·21”大安区大有井气体泄漏事件。3起突发环境事件严格按照“五个第一”原则进行处置。

【重点减排项目管理】 2015年，推进沿滩区、荣县长山镇、富顺县代寺镇、赵化镇污水处理厂（Ⅱ期）等总量减排项目建设。全年上报总量减排项目145个，其中工业减排项目12个、污水处理厂减排项目52个、规模化畜禽养殖减排项目59个、全口径统计和目标责任书项目22个。

【污染物排放许可证核发】 2015年，按照《四川省排污许可证管理暂行办法》，严格对排污许可证申报资料进行审核，全年共发放排污许可证145份（不含区县）。

【建设项目环境影响评价审批】 2015年，市本级审批建设项目48个，其中编制报告书16个、报告表20个、登记表12个，新建项目总投资74.5亿，其中环保投资4.2亿。对凤鸣机场项目等25个重大项目进行技术指导和环评服务。全年没有新上高污染、高耗能、严重破坏环境的项目。采取召开座谈会、对环评报告编制质量不高的环评中介机构约见谈话等形式，加强环评中介机构的日常监管。

【建设项目竣工验收】 2015年，企业申请环保验收的建设项目75个，其中报告书项目11个、报告表项目53个、登记表11个，完成率100%。

【农村环境管理】 2015年，实施旭阳、墨林、东兴、农团、万寿、赵化、琵琶、三多寨、牛佛等9个乡镇农村环境连片治理项目，内容包括生活污水收集处理设施、生物隔离带、垃圾分类收集池、沼气池、水源保护警示牌（桩）等建设。

环境监测

【监测能力建设】 2015年，自流井区环境监测站通过标准化建设验收，市环境监测中心站和富顺县环境监测站代表四川省接受环保部验收组对四川省环境监测站标准化建设整体验收的现场核查。组织完成城市噪声监测点位的更新和补充，全市新增105个噪声监测点位。完成沱江、岷江流域生态补偿监测点位（断面）的设立、确认工作。

【空气质量监测】 2015年，按照环境空气质量新标准，利用空气自动监测系统对全市范围进行二氧化硫（SO_2）、二氧化氮（NO_2）、可吸入颗粒物（PM10）、细颗粒物（PM2.5）、臭氧（O_3）、一氧化碳（CO）6项指标每天24小时连续监测，监测数据分别进行日报、周报、月报、季报、年报。是年，全市环境空气达标率为64.2%，其中：优占9.4%，良占54.8%，轻度污染占20.7%，中度污染占4.7%，重度污染占10.4%，无严重污染天气出现。同比2014年，达标率上升1.7个百分点。

【酸雨监测】 2015年，按照《酸沉降监测技术规范》（HJ/T165—2004）要求，对pH、电导率、降雨量、硫酸根离子、硝酸根离子5项必测项目及氟、氯、铵、钙、镁、钠、钾7项选测项目进行分析，并按月报、季报、年报进行数据报送。是年，全市降水总体评价为轻酸雨区，酸雨率41.3%，主要致酸物质为硫酸盐。与2014年相比，全市酸雨污染基本持平，但城区酸雨污染在加重。

【地表水水质监测】 2015年，每月对沱江、釜溪河、旭水河、威远河的13个国、省、市控断面进行取样分析监测。沱江自贡段脚仙村、釜沱口前、李家湾、怀德渡口4个监测断面实测水质均为中度污染（Ⅳ类），均未达标，与2014年水质相比无变化。釜溪河水系7个断面达标率为14.3%，水质为重度污染，主要污染物总磷、氨氮浓度升高，生化需氧量浓度有所下降。岷江越溪河自贡段黄龙桥断面水质为中度污染，与2014年无明显变化，主要污染物为氨氮、生化需氧量、化学需氧量；两河口两断面水质为优，与2014年同期相比有所好转。

【城市集中式生活饮用水源地水质监测】 2015年，每月完成对市级集中式生活饮用水源地水质监测，每季度完成县（区）所在地集中式生活饮用水源地水质监测，每半年完成乡镇饮用水水源地水质监测。是年，市级、县（区）级集中式生活饮用水源地水质达到《地表水环境质量标准》（GB3838—2002）规定的Ⅲ类水质要求；乡镇集中式生活饮用水源地水质达标率为21.9%，与2014年相比有所下降。

【噪声监测】 2015年，完成每季度城市功能区噪声监测（8个监测点）、一年一次城市区域噪声监测（210个监测点）、一年一次交通干线噪声监测（42个监测点）任务。是年，城市功能区噪声整体情况较好，全市平均等效声级为52.7分贝（A），与2014年相比降低0.8分贝（A）。全市昼间区域环境噪声达标率为68.1%，平均等效声级57.8分贝（A），处于55.1～60.0之间，等级为三级，声环境质量一般。超标因素主要是出租车、摩托车流动频繁以及人群社会活动造成的。2015年全市交通噪声平均等效声级为68.5分贝（A），与2014年同期相比较略有下降，声环境质量等级为二级。全市42个测点中昼间有15个测点等效声级超标，超标路段比例为35.9%，与2014年相比下降3.4个百分点，超标主要原因为车流量较大、多条路段有汽车鸣笛声、道路质量差和路窄。

【重点工业污染源监督性监测】 2015年，对影响全市环境质量的国控、省控、市控污染源进行监督性监测，对安装在线监控设备的企业进行比对监测。在国控、省控重点污染源中，主要污染物化学需氧量、氨氮、颗粒物、二氧化硫达标率均100%，个别企业非主要污染物存在超标现象。对下达的市控重点污染源中（包括废气排放重点污染源企业42家，废水排放重点污染源企业65家），要求各污染源单位完善监测条件，安排定期监测及自行监测，做好排污口的规范和检测装置的管理，保持正常运行状态，随时接受各级监测站的监督性监测。是年，市控污染源整体完成情况较好。

（市环保局）

国土资源管理

国土资源规划

【综合规划】 2015年，共上报用地824公顷，占省下达计划560公顷的147%，小井沟水利工程项目和内威荣高速公路用地1670公顷获国务院批准。全年征收土地882公顷，同比增长38.03%。开展规划调整完善及永久基本农田划定，优化用地结构布局。完成市级、县（区）级、乡（镇）级土地利用总体规划（2006—2020年）的编制审批备案。开展调规9次，面积175.65公顷，保障餐厨垃圾处理等重大项目急需用地。

【专项规划】 2015年，开展深化增减挂钩改革试点工作，搭建政策框架，出台《实施方案》《操作指南》，自流井区仲权镇试点项目用时8个月即获省国土资源厅终验，归还挂钩周转指标40公顷、节余挂钩周转指标34.33公顷。完成原有增减挂钩项目14个，节余挂钩周转指标188.47公顷。

土地资源管理

【建设用地】 2015年，经省政府依法批准农用地转用土地征收项目35宗，总面积445.22公顷，其中耕地275.53公顷，保障东部新城、中航通用航空产业园等省市重大项目用地。

【耕地保护】 2015年，加强制度性保护，逐级落实市、县（区）、乡（镇）、村四级耕地保护责任，将耕地和基本农田保护责任逐一落实到地块和农户，耕地和基本农田保有量稳定在18.91万公顷和15.89万公顷以上。加强土地开发整理，改善农村生产、生活条件，全年投入1.28亿元，实施9个高标准基本农田建设项目和14个改造项目，建成、改造高标准基本农田1.20万公顷。

【土地市场】 2015年，加强土地供应全程监管，召集各区对土地监管系统中457条待巡查项目进行巡查，巡查率100%，在全省居前列。应对土地市场疲软，加大营销策划力度，全市共招拍挂出让土地50宗，土地面积119.27公顷，实现土地出让价款12.32亿元，土地价款同比2014年增长5.57%。

【农村土地交易】 2015年，全市农村产权交易中心建设全面完成，建成市、区、乡三级农村产权流转交易平台，落实机构、人员，12月正式运行。

地籍管理

【核发证书】 2015年，全市农村集体土地建设用地使用权证发证率100%，农村宅基地使用权证发证率100%，农村集体土地所有权证发证率100%。

【抵押登记】 2015年，办理国有土地证3.65万本，完成土地抵押登记293宗，抵押面积804.28公顷，抵押金额41.04亿元。

地质矿产资源管理

【矿山监测检查】 2015年，完成2014年度151个应开展矿山储量动态监测的矿山储量年报评审、备案工作。对全市矿山开展年度矿产开发利用检查。

【矿业管理】 2015年，完成富顺县、荣县及自流井区矿业权修编（非34个重要矿种）设置方案。依法提请上报注销13个过期、关闭煤矿采矿许可证，经公示无异议后，依法注销3家采矿许可证。

地质环境管理

【地质灾害防治】 2015年，建立健全市、县、乡、村地质灾害防治体系，投资77.5万元完成22户地质灾害防灾避险搬迁安置工作，投资812万元开展8处重大地灾防治项目，落实专人监控排查出523个地质灾害隐患点。

【矿山修复】 2015年，开展富顺县兜山和大安区盐卤矿山环境恢复治理工作，大安区吉成井修复和恐龙博物馆珍品厅改造完工。

执法与监察

【工作机制】 2015年，出台《进一步规范市辖区国土资源违法行为案件查处工作的规定》，加大市区联合执法巡查力度，突出以供地监管平台为核心的供后动态跟踪监管机制。

【违法查处】 2015年，全市开展动态巡查1200余次，重点区域巡查覆盖率100%，发现并制止土地违法行为为53件，涉及面积23.07公顷，其中耕地11.80公顷。上报立案40件，面积20.80公顷，其中耕地10.07公顷，其余均非立案处置到位。

（谢瀚麒）

城乡建设和管理

概　述

2015年，按照“全域覆盖、全局统筹、多规衔接”的总体目标，统筹推进自贡市全域规划体系的编制工作。《自贡市中心城区控规拼合维护方案》经市政府审批实施，2015年度控规调整经市规划委员会审议通过；《自贡市全域体系规划》编制工作顺利推进；编制完成牛佛等小城镇规划和艾叶镇李家桥社区等4个国家级传统村落保护修缮规划，以及54个新村综合规划。对全市28个棚户区改造地块和重要节点、重点地段开展城市设计，引领城乡建设发展。自贡市城市绿地系统规划项目获2015年度第三届中国风景园林协会优秀风景园林规划设计奖“二等奖”。严格按照批准的城乡规划指导城乡建设，确保城乡规划实施不走样。全面落实圈层管理，延伸规划管理触角，加强乡镇规划管理，对14个乡镇派驻专职规划管理员，完善三级规划管理体制，遏制乡镇违法建设势头；根据总规确定的建设用地范围和要求，依法做好城市规划管理工作。

全市城乡建设累计实施项目约170个，完成固定资产投资220.3亿元，同比增长22%。争取到位中央、省补助资金6.93亿元。推进项目代建制，发挥市城投公司投融资平台作用，争取银行贷款资金，吸引社会资本融入城市建设中，确保重点项目资金的供给。助推“PPP”融资模式，东部新城等重大项目达成意向性融资近26亿元。持续推进新区建设，南岸科技新区“一环两纵三横”路网基本建成，新区内总长约3.9公里地下综合管廊基本完工。有序实施旧城改造，东兴寺片区综合改造安置房和公租房项目、铁路桥拓宽、东兴寺大桥立交改造工程加快建设，西山光凤片区安置房项目、汇柴口古盐道保护改造安置房建设开工，大安旧城改造正式启动。开展海绵城市、地下综合管廊等建设，完成地下排水管线普查并启动综合管线普查及信息平台建设工作，完成南岸科技新区3条道路地下综合管廊建设。是年，全市累计实施“百万安居”农村住房建设6494户，实施1.95万户农村困难群众危房改造，累计完成村镇固定资产投资27.5亿元，其中12个“百镇建设行动”完成项目建设投资6.97亿元，带动全市小城镇基础设施建设投资18.56亿元，就地就近吸纳农业人口3.49万人，“渔民上岸”安居工程竣工105户。

出台《促进房地产业平稳健康发展的七条措施》等相关政策，房地产业健康发展。2015年，全市房地产开发累计完成投资125.81亿元、同比增长24.3%，商品房实现销售面积193.99万平方米、同比增长15.1%。出台《促进建筑业转型升级健康发展的意见》，开展工程质量治理2年行动，全年完成建筑业总产值202.45亿元、同比增长15.7%，实现增加值62.31亿元、同比增长10.8%。

全市新开工改造危旧房棚户区1.74万套（户），棚户区改造完成投资20.3亿元。全市保障性住房新开工建设5000套，续建1.01万套，其中基本建成2848套、竣工3548套，全年保障性住房建设投资完成4.78亿元。全年完成园林绿化项目建设投资4.5亿元，建成区绿地率35.35%，城市绿化覆盖率40.2%，人均公园绿地面积11.3平方米。成功申报为全省既有住宅增设电梯工作试点城市，争取到省级专项补贴资金2000万元。实施4个老旧小区综合整治和121个老旧小区电力设施改造，完成背街小巷综合整治128条，实施社区绿化小广场建设8个。

深化行政审批制度改革，实行“集装箱”管理模式，压缩审批时限，简化审批流程，健全各项制度，将项目建设审批时限由原来的103天压缩为20天，提速80.58%，承诺时限办结率和群众满意率均100%。全面开展行政权力清理，制定和公开权力清单，下放行政审批权力3项。落实行政执法责任制，规范和优化案件审查，全面总结“六五”普法活动，积极谋划“七五”普法，推进省级学法用法示范机关创建。

城乡规划

【完成全域规划初步方案】 2015年，围绕“七大体系”专项规划编制工作，重点落实中心城区建设用地范围以外的市辖区用地布局规划、产业体系规划、基础设施体系规划、公共服务体系规划、生态体系规划、文化体系规划和安全体系规划，实现城乡规划的无缝对接和多规合一，完成中心城区控规的定期调整维护。

【推进全域规划数字信息平台建设】 2015年，推进自贡全域规划数字信息平台建设，推进数据入库标准化处理、系统开发、数据录入等工作，完成系统平台的订制研发、调试运行，以城市控制性详细规划为核心的城市规划数据完成标准化处理和入库运行。

【重点项目规划服务】 2015年，围绕中航通用航空产业园建设，加强与中航四川航空局、成都杨振之来也旅游发展公司的沟通、衔接，推进《中航自贡——千年盐都航空文化旅游区产业发展规划》的编制完善工作，并协助贡井工业园区管委会完成成佳工业园区控规的环评工作。围绕东部新城起步区建设，完成《东部新城起步区综合设计方案》编制工作。围绕川南城际铁路建设，开展线路走向和站点设置方案研究，提出建设性意见。围绕舒坪铁路三货场的建设，配合相关单位和区政府进行选址，修编舒坪片区控规。围绕中华路片区改造和贡井河街老街历史文化街区保护改建，完成《中华路片区城市设计》《贡井河街老街历史文化街区保护改建规划设计》。围绕工业园区布局和发展，组织编制《自贡市工业空间拓展规划》。围绕优化城市空间布局、提高城市品质、建设复合绿心，委托知名规划咨询机构——美国AECOM开展城市复合绿心概念规划编制。

【完善历史文化街区保护规划】 2015年，在历史文化名城保护规划的基础上，完善历史文化街区保护规划。委托天津城市规划设计研究院开展大安凉高山老街历史文化街区保护规划编制，形成初步成果；委托市规划设计院完善中华路片区城市设计研究和修详编制，开展《西秦会馆—中华路历史文化街区规划设计方案》编制工作；委托市规划设计院开展大山铺老街历史文化街区保护规划；围绕棚户区改造工作，完成大安老街历史文化街区保护规划；继续完善艾叶横街、贡井河街老街、汇柴口—火井沱历史文化街区保护规划。

【开展创新规划课题研究】 2015年，以沿滩区仙市镇百胜村为例，开展新型城镇化背景下的乡村规划建设研究，并形成研究报告。

【加强与国内外高校合作】 2015年，配合新加坡国立大学洪光麟教授团队，编制完成《光大街—凤凰坝片区棚户区规划设计》。深化“校市合作”，中国人民大学公共管理学院城市规划与管理系23名学生在沿滩区政府、市城乡建设住房保障局、高新区规划分局、市城市规划设计研究院、四川远建建筑工程设计有限公司5个单位展开实习，安排8名专业实习导师指导学生参与实践锻炼，完成7篇实习报告。

【推进规划编制审查工作】 2015年，先后审查完成《自贡市艾叶历史文化名镇保护规划》《自贡市养老服务设施布点规划》《自贡市大山铺铁路物流园控制性详细规划》《贡舒控规局部地块规划调整》《自贡市城市公共交通规划（2015—2030）》《自贡市人民防空建设规划（2011—2030）》等，为规划管理提供法定依据。

市政建设

【新区建设】 2015年，基本建成南岸科技新区“一环两纵三横”道路。东部新城生态示范区一期工程PPP模式实施方案通过市委市政府审议，完成东部新城起步“两横两纵”道路工程前期工作并启动施工招标。文化艺术中心文化馆主体基本完工。沿滩新城锦城大道、板南大道、时代大道东段等道路建设持续推进，东北部新城燎北路完成路基工程施工。

【旧城改造】 2015年，东兴寺片区综合改造房屋征收完成总量的95%以上，安置房和公租房项目和铁路桥拓宽、东兴寺大桥立交改造工程按计划加快建设；西山路、汇园路、盐都植物园二期等工程建设顺利推进，开工片区动迁安置房项目；开工汇柴口古盐道保护改造项目的安置房建设，启动汇柴口隧道项目，房屋征收完成总量的98%；大安旧城改造正式启动。

【海绵城市和地下综合管廊建设】 2015年，在东部新城生态示范一期工程基础设施和安置房项目方案设计中植入海绵城市建设理念，建成卧龙湖湿地公园一期工程，完成地下排水管线普查并启动综合管线普查及信息平台建设工作，完成南岸科技新区地下综合管廊建设。

【市政设施日常养护】 2015年，市区累计修复人行道2万余平方米，道路沥青路面中修6000余平方米，更换水窗板、沟盖板1150块，清洗护栏1万米×11次，隔离墩90平方米×20次，隧道清洗6000余平方米、粉刷乳胶漆2800平方米，修复水涯居大桥栏杆裂缝、裂纹700平方米，道路标志标线施划1.3万平方米，维修路灯2100余盏，维修和更换被盗电缆6000余米，更换路灯配电箱18个，油漆锈蚀配电箱35个，对交通路、五星街、中华路等城区主要地段的地埋电缆接头进行防水绝缘处理。全年市政设施完好率96%以上，道路完好率98%以上，路灯完好率98%以上，亮灯率99%以上。

【市政设施精细化管理】 2015年，办理临时挖掘城市道路审批手续4件，均属老城区燃气管道设施老化急需更换，对不符合开挖申请条件的单位一律不予审批。坚持对城区市政设施维护管理情况进行定期和不定期巡查督查，实行双月通报制度，对检查发现的问题，责成相关单位立即整改；对新闻媒体报道和群众反映的市政道路突出问题，及时督促辖区市政部门立即办理。加强对G348路灯的管理工作，多次对G348富顺至荣县段路灯亮灯情况进行检查，市目督办印发《关于G348路灯管护长效机制实施意见（试行）》（自目督发〔2015〕3号）。是年，G348富顺至荣县段路灯亮灯率97%以上。

【背街小巷整治】 2015年，完成背街小巷整治128条。印发《2015年城区背街小巷整治任务的通知》（自规建住发〔2015〕138号），对自流井区龙凤山社区、贡井街席草田1组1－38号、大安冒鞋石小巷、沿滩邓关盐业社区杨家山至公厕等背街小巷进行整治改造。

【南国灯城园外灯组建设】 2015年春节期间，对城区涉及43公里、27条街道的主要观灯线路进行灯饰美化亮化，对全市主城区观灯线路临街楼宇进行景观照明亮化，完成滨河广场、东盐都大道、解放桥立交桥等灯组恢复工作，在滨河广场、东盐都大道、解放桥立交桥等地段新制作“南国灯城”“青春舞曲”“三羊开泰”“迎新灯笼”等灯组。

【缓堵保畅工作】 2015年，结合东兴寺立交桥改造工程，完成对龙井转盘、火车站转盘的节点改造。

【城市照明节能改造】 5月21日，对各区下达《2015年城区LED路灯节能改造任务的通知》（自规建住发〔2015〕87号），落实各区2016年年底前实施完成城区28条道路、1713盏路灯的节能改造任务。

【燃气管理工作】 2015年，贯彻落实国务院《城镇燃气管理条例》（第583号令），要求各区县和燃气企业分别填报《辖区燃气调查表》《燃气企业基本情况统计表》。为确保2015年元旦、春节期间平稳供气，妥善处理贡井区成佳镇等居民用气难问题，市思宇燃气有限公司在自流井区漆树乡行政区域内经营管道燃气，协调解决邓关、中航、舒坪等供气矛盾，确保燃气管理工作平稳有序开展。4月16日，转发《国务院安委会办公室关于城镇燃气安全生产状况的函》（自规建住发〔2015〕67号），要求各区、县建设行政主管部门、市级相关部门认识燃气管理的重要性，加强组织领导，明确管理职责，建立健全监管责任体系；吸取“8·12

天津市滨海新区港务集团瑞海物流危化品爆炸事故”教训，防止自贡市发生类似事故；加强对各区县燃气主管部门开展燃气行业安全大检查工作进行督查，并对燃气经营企业的安全生产工作进行抽查。

村镇建设

【镇村规划编制】 2015年，贡井区艾叶镇、沿滩区邓关镇、富顺县赵化镇、永年镇4个“百镇建设”行动试点镇的总体规划编制调修全部完成，除艾叶镇外，均通过专家会评审。完成赵化镇、永年镇控规编制，并上报市规委会审查，按程序报批；邓关镇的控规完成初稿，在完善过程中；艾叶镇的控规开始编制。全面指导编制完成大安区三多寨镇三多寨村、富顺县长滩镇长滩坝社区、赵化镇培村社区、狮市镇狮子滩社区4个国家级传统村落的保护规划，并通过省住建厅专家会评审。

【开展“百镇建设”试点行动】 2015年，在12个乡镇开展“百镇建设”试点行动。截至12月底，12个试点镇完成市政公用基础设施建设总投资6.97亿元，就地就近转移农业人口2.02万人；带动全市小城镇完成市政公用基础设施建设投资18.56亿元，就地就近转移农业人口3.49万人。

【农村住房保障建设】 2015年，实施农村住房建设“百万安居工程”，全市农村住房建设任务6400户，全年完成6494户农村住房建设。实施农村困难群众危房改造工程，全市农村危房改造市级任务为1.95万户（含省级任务6063户），分别获中央和省补助资金4547.25万元、市级财政配套403.76万元，截至12月底年度目标任务全面完成，各区县将组织竣工验收后拨付补助资金。实施“渔民上岸”安居工程，共获中央预算内补助资金198.75万元、省级配套99.38万元，通过不同形式的安置，全面完成105户“渔民上岸”安居工程建设。是年，全市村镇建设固定投资计划完成25亿元，实际完成27亿元，超额完成年度目标任务。

【申报国家级传统村落】 2015年，为挖掘自贡传统历史文化，加大对传统村落的保护，组织人员对传统村落进行摸排梳理，全年申报全国第四批国家级传统村落21个。是年，成功申报富顺县长滩镇长滩坝社区、赵化镇培村社区、狮市镇狮子滩社区为国家级传统村落。

棚户区改造

【概况】 2015年，全市城镇保障性安居工程建设任务为新开工改造危旧房棚户区（含开工修建安置住房和货币安置）17385套（户），其中，新开工城市棚户区改造11531户、小城镇危旧房棚户区改造2792户、国有工矿棚户区改造3062户；货币化安置5382户。是年，制订自贡市《2015年保障性安居工程实施方案》，将棚户区改造任务分解落实到各区县及市本级，至年底，城镇保障性安居工程建设任务全面完成，争取中央、省补助资金6.6亿元，棚户区改造完成投资18.45亿元。

【东兴寺片区综合改造项目】 该项目总投资42.26亿元，于2012年6月正式启动。截至2015年，累计拆迁居民房屋2455户，占总拆迁量的99.8%；钓鱼台安置房、管子站安置房、配套的东兴寺保障房（公租房）项目和东兴寺立交改造工程、铁路桥拓宽改造工程开工建设。东兴寺片区规划面积1.21平方公里，以打造“三城之心”“盐都之窗”“市民之河”为目标，主要建设内容包括征收房屋2458户、47.21万平方米，征用农地38.85公顷，搬迁41户企事业单位，修建安置房39万平方米和企业代建房23.29万平方米，实施铁路桥拓宽、东兴寺大桥立交改造和12.71千米城市道路改造，新建约9万平方米滨河绿地广场，对釜溪河两岸45.23万平方米进行风貌整治和景观打造。

【光凤片区改造项目】 2015年，启动实施光凤片区棚户区改造，房屋征收完成总量的96%。项目由光凤片区和火井沱（原路边井）社区组成，总占地面积44.23公顷，征收拆迁棚户区总户数为3530户，项目总投资约40亿元。工程建设内容分为三部分：一是完成一期建筑面积约45万平方米安置房建设；二是完成光凤路、大同路西二段、伍云路、东光路、大同隧道等道路基础设施建设；三是完成棚户区配套绿化设施建设。

【西山路片区改造项目】 2015年，启动实施西山路片区棚户区改造，房屋征收完成总量的54%。项目位于自贡中心城区西北部，属自流井区、大安区和高新区交界区域，总占地约160公顷。整个片区房屋征收、拆迁999户，转征用农地36.64公顷，项目总投资约20亿元。计划实施约22.06万平方米（含地下车库3.68万平方米、配套商业1.05万平方米）安置房建设；将西山公园打造提升为植物园；新建和改扩建4条城市道路（新建汇园路800米×28米、改造西山路1827米×24米、谢家松林路770米×16米、新建T3路680米×24米）。

【大安旧城改造项目】 2015年，启动实施大安旧城棚户区改造，项目位于自张铁路以北，燊海井公园山脊以南，九安寨山脊以西的区域，总面积184.33公顷（含集体土地23.87公顷），居民住户和企业等1.34万户。按照“整体锁定，分期实施”的思路，先行实施大安旧城一期工程“老街片区”（含整个旧城公房居民的搬迁腾挪）。一期工程占地面积63.6公顷，其中起步区占地37.33公顷，主要实施“三横两纵、两广场、一安置区”建设，概算投资15亿元。计划征收私有产权房屋1943户、12.45万平方米；搬迁腾挪公房居民1237户、近5万平方米；征收大安盐厂等38个单位房屋15.19万平方米；修建居民安置住房、安置营业房和城市道路。

房地产开发与管理

【概况】 2015年，全市房地产投资额完成125.81亿元，同比增长24.3%，比全省平均水平高14.1个百分点。投资额增长拉动土地市场、建筑业、建材、家居装饰、金融担保、营销设计、家用电器等行业发展。全市商品房网签销售面积248.19万平方米，同比下降1.06%；销售面积193.99万平方米，销售收入90.26亿元，分别增长15.1%、11.9%；全市商品房统计销售均价4653元/平方米，同比下降2.7%，其中住宅统计销售均价4447元/平方米、同比上涨0.4%。房地产业实现税收14.2亿元，同比下降12.66%。是年，全市房地产市场新开工面积313.35万平方米，同比增长3%；竣工面积157.61万平方米，同比增长35.2%；房屋施工面积1054万平方米，同比增长24.8%。

【举办房交会】 5月8—10日，举办“践行责任地产、构筑美好家园”为主题的第十二届房地产展示交易会，共吸引全市24家房地产开发企业、28个楼盘项目、31个展位、6个政府部门、8家金融机构和数十个精品楼盘参展，商品房网上签约248套，成交金额1.11亿元，创历届新高。11月27—29日，举办“逸居自贡、圆梦金秋”为主题的第十三届房地产展示交易会，全市22家开发企业、5家银行及经纪机构和27个精品楼盘参展，商品房网上签约138套，成交金额6408.86万元。

【房地产市场管理】 2015年，为促进全市房地产市场平稳健康发展，满足广大群众合理住房需求，市政府印发《关于稳定住房消费促进房地产市场平稳健康发展的七条措施》，主要针对房地产开发建设、交易和房地产中介机构违法违规行为开展为期3个月的房地产市场秩序专项检查。

【房地产企业及从业人员管理】 2015年年末，自流井区、贡井区、大安区、沿滩区、高新区共有88家房地产开发企业，其中一级资质5家、二级资质12家、三级资质33家、四级资质3家、暂定二级资质5家、暂定三级资质29家、暂定四级资质1家。备案的房地产中介机构共26家，其中，经纪机构（含分支机构）16家、评估机构10家。是年，对房地产中介从业人员执业资格考试、初始注册、变更、发证等进行引导，全年全市报名参加评估师考试11人，房地产经纪从业人员初始注册、续期注册、变更注册共29人次，评估师初始注册4人次、变更2人次。

建筑业

【资质管理】 2015年，宣传贯彻建筑业企业新的资质标准及管理规定，举办各类培训班8次，培训人员1500余人（次）；集中开展上门服务5批，为63家企业进行业务指导。全年完成换发新资质证书35件，新办资质1件，延续2件。是年年末，全市有建筑业企业255家，其中总承包企业108家、专业承包企业80家、施工劳务企业67家。总承包企业中，一级资质7家、二级资质49家、三级资质52家；专业承包企业中，二级资质11家、三级资质69家。全市有注册建造师3150人，各类岗位管理人员5000余人，持证上岗生产操作人员1万余人，建筑业从业人员12万余人。

【规范市场秩序】 2015年，开展工程质量治理2年行动，对全市房屋建筑和市政基础设施建设工程实施拉网式检查，打击“三包一挂”行为。全年组织各类检查52次，检查工程项目224个，罚款近500万元，市本级下发质量安全隐患整改通知书39份，下发市场行为限期整改通知书21份，约谈监理企业1家，实施信用惩戒3起，曝光违法违规典型案例2起，对2个项目进行复检并立案查处。严把招投标、行政审批、施工图审查、施工许可、施工现场管理和工程竣工验收备案等关口，强化项目批后跟踪管理，保证建筑施工质量和安全。全年建筑工程报建率、施工图审查率、工程质量监督率、应招标工程招标率、工程质量合格率均100%。开展拖欠工程款和民工工资清理工作，接待上访民工80批1400余人次，协调解决拖欠工程款1.07亿元，其中民工工资5500万元，涉及35家施工企业、46个工程项目、161个施工班组的5800余名民工。

【建筑业效益】 2015年，全市完成建筑业总产值202.45亿元，同比增长15.7%；实现增加值62.31亿元，同比增长10.8%，建筑业增加值占全市GDP的比重5.45%。完成省外产值24.5亿元，成建制组织劳务输出4.6万人，实现劳务收入5.4亿元。新建建筑施工阶段节能标准执行率100%，推广使用新型墙体材料25万立方米，使用率85%以上，推广运用预拌混凝土200万立方米、预拌砂浆20万吨、散装水泥60万吨，预拌混凝土、预拌砂浆使用率分别超过95%、90%，水泥散装率54.23%。培训农民工6800名，完成职业技能鉴定560名。

【施工现场管理】 2015年，将建筑工地扬尘污染防治作为重点工作，坚持“六必须、六不准”和“五个100%”要求，全面推行绿色施工。全年组织各类检查160余次，参加人员626人次，现场整改问题311个，发出限期整改通知书26份、停工通知5份，对16个整改不力的项目负责人进行约谈，对3个项目实施行政处罚。加强建筑工地食堂管理，保证农民工食品卫生安全。加强建筑工程施工现场文明施工管理，在全市47个在建项目现场建立视频监控系统，完善现场巡查、视频监控、网络管理相结合的质量安全监督管理体系，确保工程质量和安全。开展宁静利废专项行动和蓝天行动，以“工地噪声、扬尘控制”和“标准化管理”为重点，巩固城乡环境综合治理成果。

园林绿化

【工作交流】 2015年，第十届中国（武汉）国际园林博览会“自贡园”建成并展出，引起《人民日报》关注并报道。是年，接待攀枝花市、安顺市等省内外10余批次城市考察团到自贡市进行创建国家园林城市和绿地建设的交流考察。市园林局组织编写的《公园，让城市更美好》一文在全国“公园·生态·生活”为主题的高层论坛上作交流，其做法得到住建部、省住建厅和专家的肯定。组织参加川派盆景展，获“三金两银”。组织专业技术人员到武汉、成都、遂宁等城市学习考察园林绿化先进理念和做法。

【园林规划设计】 2015年，优化第十届中国（武汉）国际园林博览会“自贡园”方案；编制完成8个社区健身绿化小广场的规划设计方案；起草《自贡市创建国家生态园林城市的调研报告》；完成国家园林城市主题雕塑和4座革命先辈、4座文化名人雕像的方案设计；编制完成的城市绿地系统规划，获全国优秀风景园林规划设计“二等奖”。

【项目建设】 2015年，完成园林绿化项目投资4.5亿元，超目标任务1.5亿元。完成3个城市山体公园打造，建成39公顷的卧龙湖（一期）湿地公园；建成水气电等设施齐备、功能完善的汇东公园，面积13.92公顷；推进盐都植物园、狮子山公园、釜溪河复合绿道城区连接段等公园绿地建设；朝土路、卧龙大道、龙汇街延伸段等一批道路绿化景观建设全面竣工；新建8个社区绿化健身小广场；组织开展单位绿化、小区绿化等绿化项目建设，全年新增单位绿化、小区绿化24公顷。是年年末，城市建成区绿地率35.35%，绿化覆盖率40.2%，人均公园绿地面积11.3平方米。

【绿化管护】 2015年，初步制定自贡市城区绿地管护标准和规范、《东环线园林绿化养护管理暂行规定》，印发《自贡市园林局关于加强棚户区树木管理的通知》；元旦、春节、“五一”、中秋和国庆等重要节日，在城区及釜溪河复合绿道摆放鲜花622.3万盆；组织开展创建市级园林式单位（居住小区）活动，评选出7个园林式单位（小区）。规范城市园林绿化审查审批工作，全年办理临时占用绿地审批5件，办理树木移植审批4件，办理园林绿化规划设计方案审查5件，办理园林企业资质初审6件，完善外地园林绿化企业入市登记资料。

【龙湖公园建成开园】 1月1日，龙湖公园建成开园。该公园总投资约1.2亿元，占地面积46.7公顷，其中水域面积32.4公顷。公园环湖通道长6.5公里，以湖景为主，湖中建有“两桥、两坝、一闸”，形成三级水面两级瀑布，有彩叶、翠海、花林、热带、湿地、香樟和竹林7大主题景区，是集生态、休闲、养生、保健、观景等功能于一体的市政生态公园。

（市城乡建设和住房保障局）

环境卫生

【环卫基础设施建设】 2015年，建成垃圾库9座、公厕18座、垃圾压缩中转站2座，超年初任务50%。建垃圾池5732个，超任务186%。新增小型填埋场2座，荣县生活垃圾处理场建成使用，莲花垃圾场封场一期工程开工建设。

【环卫基础设施运行】 2015年，城区道路机械化清扫率63.5%，城市生活垃圾实现日产日清，农村垃圾实行定期清运。全年处理城市生活垃圾22.45万吨、渗滤液9.09万立方米、餐厨垃圾1.49万吨、医疗废弃物757吨，城市生活垃圾无害化处理率95%，餐厨垃圾处理率32%，医疗废弃物无害化处理率97%。

【城市环境治理】 2015年，全市可吸入颗粒物（PM10）浓度比2014年下降2微克/立方米以上，中心城区生活污水集中处理率90%以上。沿河服务业排污问题得到治理，城市集中式饮用水源水质达标率95%。建成区绿地率、绿化覆盖率分别达35.35%、40.2%，城市人均公园绿地面积11.3平方米，城市生活垃圾无害化处理率95%。

【农村环境治理】 2015年，农村生活垃圾的“户定点、组分类、村收集、镇（乡）集中、区（县）运输、市（县）处理”体系全面建立，全国抽检100%的村庄农村生活垃圾得到治理，高分通过全国首批农村垃圾治理验收，治理经验在全省交流。

城乡管理

【执法管理】 2015年，强化日常执法管理，管控占道经营、油烟煤污染、社会噪声等城市“顽疾”，逐步建立源头发现、及时制止的违法建设监控体系，遏制违法建设。规范乡镇场镇秩序，基本实现“摊点划线规区摆买、店招牌设置有序、车辆定点停放”。全年规范占道经营6000余个，取缔占道经营摊点1000余个，查处违法案件1159件，处罚533.99万元，拆除违法建设131件，拆除面积1.09万平方米，审批户外广告120个（次），拆除广告牌、软体广告1000余块。

【专项治理】 2015年，全面推行并完成150平方米以上餐饮企业油烟净化装置安装工作，机关事业单位伙食团油烟净化装置安装率95%以上；露天烧烤使用环保灶具推广面逐步扩大，并全部实行定点经营。是年，核准1个建筑垃圾消纳场，核发建筑垃圾处置许可证9个、城市生活垃圾经营性清扫（收集、运输）服务许可证8个，发放“渣土运输证”201张，督促5家建筑工地办理建筑垃圾处置许可，查处违规处置建筑垃圾行为6起，取缔划定区外露天烧烤17家、实施整改33家，督促57家新增餐饮企业和机关事业单位食堂安装油烟净化装置。

【示范创建】 2015年，对照创建标准，制订方案，细化、量化创建任务，注重基础设施投入和制度建设，加强宣传引导和检查指导。是年，富顺县、8个乡镇（街道）、45个村庄（社区）环境优美示范创建成功，11个乡镇环境品质提升和7条街道的店招店牌打造升级工作全面完成。

【机制建设】 2015年，按干管分离、政企分开管理模式，推进贡井区、沿滩区、高新区、荣县和富顺县实行环卫作业市场化，总面积约300万平方米。创新建筑垃圾治理模式，开展建筑垃圾“产生、运输、消纳”三环节一体化治理，强化源头审批和过程监管。出台《自贡市建筑垃圾处置管理办法（试行）》，将建筑垃圾处置原则、技术标准、部门职责以及处置、运输、消纳管理和罚则进行明确。通过治理，回填利用、资源化利用的建筑垃圾规范化处理模式初步成形。完善全市垃圾分类收集试点，启动城市生活垃圾分类收集处置“PPP”（政府主导、企业主体、社会参与）项目。城乡生活垃圾收运体系建设框架形成雏形，生活垃圾压缩运输试点推开。加强餐厨垃圾收集运输处理监管，市政府出台《自贡餐厨垃圾管理办法》。优化调整医疗垃圾收集处置体系。

（漆　洁）

交通运输

基础设施建设

【概况】 2015年，全市交通固定资产投资完成46亿元，连续4年保持在40亿元以上。列入部省补助交通建设项目共11类，项目总投资57.14亿元，共争取部省补助资金5.97亿元。

【高速公路建设】 12月26日，自隆、内威荣高速公路建成通车。乐自高速公路自流井舒坪连接线完成主体路基工程；成自泸赤高速公路大安连接线剩余3.3公里完善施工图设计；成自泸赤高速公路沿滩瓦市连接线完工6公里，剩余7.8公里路段开工建设；乐自高速公路贡井桥头镇连接线启动征地动迁。

【干线公路建设】 2015年，完成S206马口田至赵家坪、S305荣县至竹园等路段和贡草、邓关至理工学院道路大中修工程；推进干线公路提升改造项目建设，完成S305线富顺段绕城改建工程A段2.6公里沥青混凝土路面及绿化和B、C段4.6公里路基工程，完成G348线荣县至竹园段改建工程立项批复和初设批复，北环路拓宽改建、王贡路路面改造工程开工建设，S206、S207大安区过境公路改线工程累计完工39.6公里，S305线沱江三桥、牛佛沱江二桥建设顺利推进。

【乡村公路建设】 2015年，新改建农村公路580公里，分别为省、市民生工程目标任务的161.1%和116%，其中，完成通乡油路和农村公路改善210公里、通村公路370公里，建成公路安全路侧护栏343公里。

【客运站点和水运设施建设】 2015年，7个跨年实施的汽车客运站提升改造项目开工建设6个，竣工2个、完工1个；完成渡改人行桥9座，完成公益性渡口码头建设6座，候船亭19处。

【重大项目前期工作】 2015年，对宜宾至仁寿高速公路开展工程可行性方案编制前期工作，争取南溪至内江高速公路进入省交通运输厅规划方案；G247提升改建工程初步设计获省交通运输厅批复；沱江（自贡至泸州段）航道升级工程完成前期勘察工作，由省交通运输厅交通勘察设计研究院进行预可研报告编制。

【自隆和内威荣高速公路】 12月26日，自隆高速公路、内威荣高速公路建成通车，全市高速公路通车里程235公里。自隆高速公路、内威荣高速公路于2011年12月开工建设。自隆高速公路由两段组成，全长70.45公里，自贡境内共43.3公里，由四川自隆高速公路开发有限公司按照BOT方式建设、运营及管理；内威荣高速公路全长62.66公里，自贡境内约15公里，由四川内威荣高速公路开发有限公司按照BOT方式建设、运营及管理。

【北环路二期改扩建工程】 8月1日，北环路二期改扩建工程开工建设。该工程起于北环路与东环路交叉口，经盐卡子、董家、深家沟，止于一桥，路线全长4.16公里，项目总投资1.75亿元。其中K0+100－K3+603.202段拓宽改建为一级公路，路面宽30米，设计时速60公里/小时，计划工期18个月。

客货运输

【运输保障能力】 2015 年，全市完成公路货运量、货物周转量分别为 4795 万吨、52.45 亿吨公里，完成公交客运量 1.83 亿人，完成出租汽车客运量 5199 万人次，道路客运平稳运行。完成“春运”“十一”等关键时段重点物资和旅客运输任务。优化运力结构，全市中高级客车发展到 704 辆，占客运车辆总数的 52.69%；大中型货车发展到 6082 辆，占货运车辆总数的 35.51%。

【推进城乡客运一体化】 2015 年，编制完成《自贡市公共交通规划（2015—2030)》，开展创建国家级城市公共交通服务综合标准化试点工作，创新开行支线小公交，主城区实现公交线网全覆盖，6 条公交线路创建为精品线，城市公交机动化出行分担率达 20%。完成县域范围 20 公里内 16 条农村客运线路的调查摸底工作，6 条农村客运线路实行公交化改造。新增高速公路客运班线 42 条、跨省班线 3 条、跨地市班线 26 条、农村客运线路 77 条；公交线路增加 65 条，运营线路总长度增加 960.1 公里。全市乡镇通班车率保持 100%，建制村通班车率达 83.07%。在荣县乐德片区开展农村客运片区化、公司化、网络化经营方式改革试点，试点区域实现客运班车“村村通”。

【道路货运】 2015 年，推进东方物流、三辰物流等一批传统货运企业向骨干物流企业转型，20 台车以上的道路运输物流企业发展到 42 家。2 家货运企业开通自贡至成都、自贡至重庆城际货运专线。自贡三辰实业有限公司自主开发建成川南地区第一个公共物流信息平台，实现与宜宾港、泸州港两大内陆港公水多式联运的信息交换。

【道路运输信息化建设】 2015 年，全市市际以上道路客运班车全部安装 3G 视频监控系统，其他道路客运车辆、危险货物运输车辆和核定车货总重 12 吨以上普通货运车辆全部安装卫星定位动态监督车载终端，全市四城区 1096 辆出租汽车 GPS 监控装置全部升级为 3G 视频监控系统。全市安装卫星定位车载终端的道路运输车辆共 8028 辆，平均上线率达 90% 以上。完成市级道路运输车辆政府监管中心服务项目政府采购。建立完善运政管理、道路运输车辆动态监督、客运联网售票、驾培计时计程管理、机动车二级维护监控、包车客运管理、车辆二维码管理系统等 11 个信息服务和管理平台，全市两级运管机构实现道路运输行业行政审批、行政处罚基础管理信息化，并与全省运政信息网联网。在全省创新推行驾培“O2O”服务平台，实现一人一车一教练的预约培训模式，自主预约培训比例 80% 以上。

【城市公共交通服务综合标准化项目】 12 月，自贡市城市公共交通服务综合标准化试点项目通过国家评估验收。该项目于 2012 年年底由国家标准委批准实施，建设周期 2 年。截至 2015 年年底，全市建成覆盖城市公共交通行政管理、公共汽车运营、出租汽车运营 3 个领域，包含通用基础标准、服务保障、服务提供、工作标准等 4 部分共 223 项标准的城市公共交通服务综合标准化体系，市民对公共交通服务总体满意度达 95.9%。

【投放区域小公交】 2015 年，推进公交盲区覆盖，于 2 月 2 日投放 8 台区域高级小公交，在汇东东区、南湖东区、自流井老城区试运行。区域小公交车身长 5.03 米，宽度与轿车接近，可轻松穿梭于背街小巷，满足市民“最后一公里”出行需求。此次投放的 8 台区域高级小公交配置有空调、车载信息系统、节能环保等设施，乘坐舒适、快捷，能满足不同层次市民的乘车需求。票价实行 2 元每人次通票制，对普通 IC 卡乘客、学生和低保对象、老人及残疾人、军人、市级以上劳模实行优惠或免费。

【投放城市高级公交车和气电混动新能源公交车】 1 月初，首批 40 辆城市公交高级车和 4 辆气电混动新能源公交车正式投入运营。该批高级公交车分别投放 1 路、10 路、16 路、32 路、61 路等 5 条公交线路，与普通公交车混编错时运行；票价实行每人每次 2 元通票制，对学生、低保户、老年人、残疾人等特殊群体执行相关优惠政策。

【舒坪货运站竣工投入使用】 2015 年，经过近 3 年的建设，全市第二个综合性物流中心——自贡市舒坪货运站竣工投入使用。该站地处全市规划市场集群核心——舒坪工业物流园区内，北接南环路，南连 S305，毗邻 S206、S207，距自贡火车南站2公里，与成自泸、内宜高速公路相连。该货运站占地13.33公顷，拥有1.47万平方米大型停车场和2.52万平方米露天堆场、9480平方米的仓储区域。该站建有全市首家物流信息平台——舒坪货运站物流信息中心，为物流企业随时提供最新供需动态，破解传统货运市场车源、货源信息互通难题。

行业管理

【交通运输改革】 2015年，探索推进交通运输综合执法等深化交通运输改革的7项重点工作，明确深化全市四城区道路运输许可改革、改革市运政执法支队管理模式、探索改革路产路权管理模式3项改革目标任务，探索建立路政养护协管联勤机制，将市运政执法支队4个执法大队"下沉"到四区；深化行政审批制度改革，编制完成26项交通运输行政许可事项服务指南；落实两集中两到位，交通运输行政审批事项、管理服务事项的按时办结率、承诺办结率、现场办结率和群众评议率、评议满意率均为100%。

【公路养护管理】 2015年，实施国省干线公路大中修及改造69.4公里；推进公路日常养护和病害治理，全市干线公路养护站（道班）15个、农村公路养护站（道班）达38个，国省干线路面性能指数PQI为87.2，农村公路列养率100%，县道、乡道、村道的经常性养护率分别达100%、72.7%、56.8%。开展以S305线富荣段为主的干线公路示范路创建工作，推进路域环境专项治理，干线公路实现畅、洁、绿、美、安。开展超限治理，建成国家站、省级站和流动点三级联动治超网络体系，货运车辆严重超限运输行为得到遏制，超限率控制在省控指标以内。

【交通行政执法】 2015年，出动运政执法人员3059人次，检查各类客货运输车辆3702台，查处违章车辆1292台，查获涉嫌非法营运车辆473台；出动路政执法人员4356人次，查处超限车辆1.73万台次，卸载425台次，超限率控制在4%以内；出动海事执法人员2309人次、海事巡查车艇546台次，检查航运企业等生产经营单位568户次、船舶802艘次，查处违法行为18起。

【交通建设管理】 2015年，以问题为导向，加强工程质量和造价管理，对总投资59.83亿元共41个在建交通项目开展工程质量监督检查142次，查处各类质量安全问题162个，累计审查37个项目共15.38亿元施工图预算，审减1.09亿元，审减率7.1%。

【交通安全监管】 2015年，以"平安交通"创建活动为主线，强化红线意识和底线思维，全面落实安全生产"两个责任"。全年检查企业及运输业户106次、3045户次，交通行业管理机构与企业签订安全责任书6412份，累计举办各类培训195期，培训各类从业人员8236人次，完成78家企业安全生产标准化达标考评。开展安全生产大检查大整治、道路交通安全综合整治深化巩固年、"打非治违""百安""安全生产月"等专项活动，保持安全生产常态化高压态势。全年累计检查各类客货车辆6.99万辆次、船舶314艘次、运输及维修企业687户次、客运站及码头136次，查处违章984起，暂扣或吊销许可证33个，排查整改安全隐患167处。

【年度荣誉】 2015年，市公交公司驾驶员朱红获交通运输部和人社部表彰的全国交通运输系统劳动模范，市海事局船检科赖永秀获省优秀共产党员、市劳动模范，市路政支队获全国交通运输依法行政先进集体，市汽车客运总站售票组获全国总工会"五一巾帼标兵岗"。市公路局公路养护段退休职工、抗战老战士沈琪，获中共中央、国务院、中央军委制作颁发的"中国人民抗战胜利70周年纪念章"。

（市交通运输局）

水　务

水利工程

【小井沟水利工程】　2015年，开展大坝枢纽、输水干渠、溢洪道、副坝等工程施工，大坝填筑至设计高程，完成年度投资1.52亿元，占年度投资计划的102.29%。

【向家坝灌区工程】　2015年，一期工程项目建议书通过水利部审查和国家发改委审批，开展可研报告编制并争取尽早获批开建。

【双溪水库灌区工程】　2015年，项目可研报告编制完成并上报省水利厅审查。该项目概算总投资6.98亿元，

【长征渠引水灌区工程】　2015年，项目前期工作有序推进，自贡、眉山、乐山、内江、宜宾5市联合向省政府报送《关于加快长征渠引水工程建设的报告》，开展规划报告修编工作。

【中心城区水系规划】　2015年，《自贡市中心城区水系规划》通过省水利厅批复审查。该《规划》概算总投资138.91亿元，建设期限为2013—2030年，拟在自贡市中心城区约140平方公里范围内通过新建宜昆河、农印河、宜陈河、宜家河等8条输水工程和整治维修釜溪河、威远河、旭水河等6道自然河道，构建布局合理、循环通畅、蓄泄兼筹的河湖库水网体系。

【中型水利工程】　2015年，狸狐洞水库完成投资5750万元，累计完成投资2.75亿元，导（截）流工程顺利通过省水利厅验收。楼房湾水库完成年度投资3450万元，完成坝前压重平台填筑、放水放空洞衬砌、溢洪道开挖施工，进行溢洪道砼、左右坝肩开挖、放水放空洞进口明渠段和出口暗涵、闸室段和闸房施工。大坡上水库完成年度投资4348万元，完成进场便道、放空洞洞挖施工，进行水库管理房屋、溢洪道、大坝齿槽开挖、放空洞衬砌施工。

【城镇防洪堤工程】　2015年，大安区牛佛镇防洪堤工程完工，东兴寺防洪堤可研报告通过审批按计划推进建设，富顺县城区E2段堤防工程和荣县双古镇、荣县旭阳镇、大安威远河城区中小河流防洪治理项目有序推进。

城乡供水

【城市供水】　2015年，全市总供水量和售水量分别达8381万立方米和6325万立方米。城市供水能力（含市中心城区、荣县、富顺县城区）达到35.2万立方米/日。中心城区、荣县城区、富顺县城区城市自来水普及率分别达99.9%、98%、100%，城市居民饮用水达标率100%。应对双溪水库蓄水严重不足，编制《自贡、荣县城区供用水配置方案（2015年10月—2016年5月）》。完成卧龙湖供水工程建设，沿滩水厂二期工程主体基本完工。

【农村供水】　2015年，完成45处集中供水工程、1302处分散和143所农村学校供水工程建设任务，解决19.3万农村居民及4.7万农村学校师生饮水安全问题。

水务管理

【成立水资源监测中心】　2015年，在全省率先创新成立公益一类事业单位——自贡市水资源监测中心，承担全市水资源开发利用、配置、管理、保护和节约以及排水、污水处理、水环境保护等技术性工作。

【水生态修复】　2015年，实施釜溪河流域综合治理清水行动，全方位、全流域治污，全年完成釜溪河河面漂浮物打捞4.5万吨，综合治理水土流失面积110平方公里。

【水务执法】　2015年，组织开展全市水务综合检查行动912次，查处沙溪涉河违法建筑等违法行为3件。完成省水利厅执法总队牵头开展的执法案卷评查工作。

水土保持

【水保监督】　2015年，集中开展2012年开始审批的生产建设项目水保督查行动，组织各区县开展水保监督检查50余次，其中市本级对10个重点生产建设项目开展监督检查，配合省水保局对狸狐洞水库、荣威省级公路等部省级审批建设项目开展重点督查。6月，沿滩区全国第二批水土保持监督管理能力建设县通过省级验收。开展水保宣传教育活动，散发水保宣传资料1000余份，发送公益短信5万余条。

【水土流失综合治理】　2015年，全市完成水土流失治理任务110平方公里，完成水系绿化8公里。

防汛抗旱

【工作布置】　4月下旬，召开防汛工作会议，对全年的防汛工作进行安排部署，并在《自贡日报》上公告“我市各行政辖区和主要江河、重点水利工程防汛责任人名单”，强化责任人防汛意识，接受社会和群众监督。

【工作监督】　2015年，汛前督促区县和相关部门储备、落实各类机动船只68艘，筹备防汛草袋、砂石料、救生衣等物资。全市组建应急抢险队伍224支、抢险人员8200人。从5月1日到10月14日，组织开展24小时防汛值班，密切监视水、雨情，及时准确传递信息，确保汛情、政令畅通。强降雨天气出现后，及时对江河洪水进行预测分析，及时预警，组织开展抗洪抢险救灾工作，全年未出现重大汛情。

（周　汐）

邮政·信息化

邮政管理

【概况】 2015年年末，全市邮政营业网点172处、揽投点179个、邮政报刊零售终端72个、便民服务站992个、三农服务站（村邮站）269个；有快递法人企业15家，备案分支机构110家（其中区域分拨中心4家），涵盖26个品牌，从业人数1500余人，各类车辆300余辆。是年，市内邮政企业和快递企业累计完成邮政业务总量3.14亿元，同比增长17.65%；快递企业累计完成快递业务量470.48万件、同比增长40.52%，累计完成快递业务收入0.73亿元、同比增长38.68%。

【行业队伍建设】 2015年，市邮政管理局联合市快递行业协会举办全市邮政快递业第二届突发事件应急演练。是年，快递业务员职业鉴定考试5次在自贡设立考点，自贡、泸州、宜宾、内江快递业务员523人次在自贡参加考试。市邮政管理局联合市精神文明办、市安监局、市林业局、市公安消防支队、市反恐怖工作领导小组办公室等单位，举办全市邮政快递行业安全文明知识暨技能培训班。

【学历教育】 9月，经省高等教育招生考试委员会、省教育厅、省人力资源和社会保障厅批准，全市首个快递员中等职业学历教育专业课程——“邮政通信管理”在自贡倍乐职业技术学校开设，共招生60人。自贡倍乐职业技术学校与市快递行业互建为“人才培养基地”和“邮政快递专业实训基地”。

【市场主体监管】 2015年，通过日常检查、专项检查、交叉检查及联合检查方式，市邮政管理局立案调查企业违法案件15起，处罚12起；受理用户申诉100余件，全部协调处理完毕；销毁圆通、申通、中通、汇通等快递企业快递面单640万余份。印发《关于实行从业人员黑名单制度的通知》及《关于在全市邮政快递业实行违法违规行为有奖举报的通知》，加强市场主体监管。开展星级网点评定工作，对40家申报网点进行现场考评，其中12家快递营业场所获“自贡市星级快递网点”称号，并统一授牌。

【快件末端投递】 2015年，市快递行业协会与自贡职业技术学校合作，在自贡职业技术学校设立川南地区首家校园快递超市——“e享校园快递超市”，为毕业学生搭建专业实训、创业实践、贫困生勤工俭学等校企合作平台，省盐业学校快递超市正式投入运营。在市内部分小区试点智能快件箱，邮政公司自贡市分公司及日日顺公司在市委、市政府等机关和部分居民小区铺设智能快件箱，建有格口1548个。在大型成熟居民小区设立小区快递服务站，全市统一店招，每个小区由一家快递企业主导，其他各快递企业进驻统一管理，水岸豪庭、塞纳河畔、南湖国际社区、明珠小区等快件投递站正式运营。

【规范车辆便捷通行】 2015年，市邮政管理局与市公安局、市交通运输局和市工商行政管理局联合印发《关于规范邮政快递运输车辆外观标示实行便捷通行的通知》，明确便捷通行条件、事项，并举行全市邮政快递车辆专用证公开发放仪式，全年发放邮政快递车辆专用证114张。

【“三个100%”制度】 11月1日起，按照中央综治办、公安部、国家邮政局等要求，全市实行“三个100%制度”，即：“100%收寄验视、100%实名收寄、100%过机安检”。

【行业风采】 2015年，自贡市圆通速递有限公司兴川街营业厅被团市委评定为2015—2017年度“青年文明号”，成为全市快递企业首个“青年文明号”快递网点。

【年度荣誉】 2015年，市邮政管理局局长黄贵明被评选为“全国优秀市（地）邮政管理局局长”；市邮政管理局办公室主任马骏被国家邮政局授予“空白乡镇邮政局（所）补建工作先进个人”称号；市邮政管理局党支部2015年度“乐山局、自贡局联合开展‘三严三实’严以用权专题学习会”活动被中共自贡市直属机关工委评为“优秀党组织生活”。

（文志雪）

邮政业务

【业务发展】 2015年，全市邮政业务收入2.42亿元，同比增加2446万元，增长11.26%。其中金融业务全年累计实现收入1.85亿元，规模列全省第9位，同比增加2034万元，增长12.33%。代理保险业务全省排名第5，获四川邮政中邮保险首届金熊猫奖年度成就铜奖；包裹快递业务全年实现收入639万元，增加64万元，增长11.13%；报刊业务实现收入1217万元，其中收订《经典作文》系列丛书3064套，同比增幅达2964%，获集团公司《经典作文》优秀组织奖。

【内控管理】 2015年，强化财务预算均衡性，完善预算闭合管理，强化财务统计基础工作和建章立制工作，针对财务规范及“小金库”检查回头看，开展财务专项检查。提升人力资本投入和产出效益，优化薪酬分配结构，推进干部管理工作科学化、制度化、规范化，开展整治违反标准程序、跑官要官、裸官、违规兼职、“三超两乱”、档案造假等六方面问题。加大对业务招待、会风会纪、公务用车等基础性工作的精细管理力度，加强经营合规管理，排除代理金融风险隐患，完成8个专项检查活动，自主开展“啄木鸟”专项排查和“夜间突击检查”活动，确保全市邮政金融资金安全。

【基础建设】 2015年，升级改造31个网点，累计建设便民服务站992个，发展邮掌柜755个，建成村级邮乐购电商平台体验店2个，村邮电商服务站64个，签约智能包裹柜小区73个，投入使用35个，建设进度全省排名第2位。完成中心机房改造，物资管理、公交驾校代收费、培训评价等系统投入使用，打造“自贡市公安交警远程便民服务平台”，为全市所有网点开通代办车管所证照业务。完成邮件处理中心提能改造，扩大处理场地面积100平方米，龙都揽投部扩容改造至300平方米，增开9条邮路，全市共计开行27条邮路，实行夜班作业，实现出口邮件同比提前18小时，进口邮件同比提前24小时。

【特色活动】 2015年，协助市政府召开全市村邮电商服务站推进会，打造村邮电商服务站；与恐龙博物馆联合主办“恐龙邮文化研讨会”，开发首套“盐、龙、灯”木质明信片，为宣传自贡恐龙文化提供新的载体，推动自贡恐龙形成国家名片；联合市委宣传部举办“光明书香节”报刊图书巡展活动，助力全民阅读；与市扶贫办、扶贫基金会开展“小包裹、大爱心”爱心包裹活动；与市教育局举办“集邮、报刊、书信文化进校园”活动，并开展学生书信比赛，融入地方发展。

【恐龙邮文化研讨会在自贡召开】 11月17日，由中国邮政集团公司自贡市分公司和自贡市恐龙博物馆联合主办的恐龙邮文化研讨会召开。中国邮政集邮总公司副总经理林刚，著名邮票设计家阎炳武、史渊，著名古生物学家董枝明，市委常委、宣传部部长刘敏，副市长石岷嘉出席会议。与会专家学者围绕自贡恐龙的价值地位及恐龙邮文化进行探讨，对自贡恐龙申报发行特种邮票的可行性进行论证。

（梁开菊）

信息化建设

【信息基础设施建设】 2015年，全市信息化基础设施建设投资5亿元，新建光纤（光缆）1.66

万皮长公里。完成改、扩建基站1700个，其中新建成4G基站1550个，全市城市家庭20兆及以上宽带接入能力达100%，农村家庭4兆及以上宽带接入能力达95%，乡镇宽带速率基本实现4M及以上水平，全市信息网络覆盖率100%。9月1日，市政府与中国移动四川公司举行中西部地区中小城市（自贡）基础网络完善工程项目签约启动仪式。9月10日，市政府与中国电信四川公司举行“宽带中国、智慧自贡”“全光网城市”建成揭牌仪式。

【“宽带中国”建设】 2015年，按照省通管局、省经信委、省发改委联合印发的《关于开展2015年度“宽带中国”示范城市（城市群）创建工作的函》要求，市经信委、市发改委、市公安局、市财政局等部门完成《创建“宽带中国”示范城市》申报材料起草工作，经市政府审定后于2月6日向省通管局进行申报。5月4日，市经信委印发《关于加快推进我市铁塔等通信基础设施建设的通知》，推进铁塔等通信基础设施共建共享工作。7月23日，市经信委、市发改委、市教育局、市科技局等印发《关于实施自贡市“宽带中国”2015专项行动的意见》，进一步推进全市“宽带中国”战略实施。

【“智慧城市”建设】 2015年，按照市委市政府的安排部署及2014年12月10日市长刘永湘主持召开的智慧城市规划建设专题工作会议精神，起草并多次修改完善《编制〈自贡智慧城市建设规划项目调研报告〉〈自贡智慧城市建设规划〉和〈自贡市智慧城市建设技术方案〉采购方案》。该方案分别于2015年4月24日和28日通过市经信委党组会议研究和自贡市智慧城市规划建设领导小组办公室主任会议审定，并形成会议纪要。市经信委在与浪潮集团、万国数据、汉柏科技、航天恒星科技、省通信服务公司、软通动力等国内知名公司进行洽谈交流的基础上，启动《自贡智慧城市建设规划》编制工作，并于6月通过省政府采购网向社会发布《自贡智慧城市建设规划》公开招标文件，成都数之联科技有限公司中标。10月初，《自贡智慧城市建设规划》初稿形成。

【企业“两化融合”项目建设】 2015年，加强自贡东方通用能源有限公司计算机综合信息化管理系统DT－CIMS、自贡市嘉特数控机械制造有限公司全智能加工系统等信息化项目建设，电火花线切割机床上的集成创新应用、四川大禹机械密封件制造有限公司数字化产品设计及制造系统集成和四川东方锅炉工业锅炉集团有限公司企业资源计划系统ERP建设项目等重点信息化项目建设积极推进，定期跟踪分析重点信息化项目建设情况。组织开展2015年度企业信息化项目申报入库工作，经收集汇总，全市入库项目15个，总投资1.50亿元，其中：富顺县2个，荣县4个。组织开展企业信息化项目申报工作，全市申报项目共9个，总投资1.10亿元，其中：富顺县2个，荣县4个；获省上支持的信息化项目4个，落实省财政扶持资金285万元。强化清理信息化项目的申报资料，着重对全市从2011年到2015年省级和市级“两化融合”资金支持项目的下发文件、申报推荐文件、资金落实文件和企业申报材料进行全面清理。制定自贡市工业发展资金（“两化融合”）项目申报指南，印发《关于申报2015年自贡市工业发展资金中技术改造、“两化融合”及创新驱动发展项目的通知》，组织开展市“两化融合”项目的入库和申报工作。

【信息服务业发展】 2015年，全市实现电信业务总量26亿元，比2014年增长18.5%。基础网络覆盖家庭用户55万户，固定宽带接入用户37.59万户。移动用户数203.86万户，3G、4G移动电话用户120.26万户。数字电视用户普及47.2万户，互联网出口总带宽达270G。

【信息安全管理】 2015年，强化重要会议、重大活动的通信保障工作，制定抗战胜利纪念日阅兵活动期间通信保障预案，保障通信畅通与安全。组织通信企业制定中考、高考通信保障预案，对各考点、招办、考生食宿地通信设施和监控设施进行检查维护，确保两考的通信畅通与安全。开展重要部门、重点领域和通信企业信息安全管理工作，确保信息网络安全。开展净化网络环境的联合整治行动，组织通信运营企业加强对互联网的接入管理，清理查处非法网站、违规网站的接入，没有发现未经省通信管理部门核准的非法违规网站接入情况。组织企业参加省经信委信息网络安全体验展活动，开展信息网络安全宣传周宣传活动。

【“农村通信”工程建设】 2015年，全市农村通信建设投入资金2.3亿元，新开通31个自然村通电话，占年度目标任务的103.3%；建设“宽带乡村”试点工程村787个，占年度目标任务的109.3%。四区两县全部纳入“宽带乡村”试点工程建设范围，组织开展“宽带乡村”试点工程建设申报工作。

（市经济和信息化委）

电　信

【概况】　2015年，围绕“智慧城市”建设和“宽带乡村”建设，自贡电信完成投资近10亿元。9月，建成“全光网城市”，实现100兆光纤宽带入户，1000兆进小区，全年有16个信息化项目投入运行。

【“智慧城市”建设】　2015年，建成天网升级改造项目、网格E通信息化建设项目、宽带乡村建设项目、“全光网城市”建设项目、居家养老项目等重大信息化项目，并投入城市运营中。其中，天网升级改造项目为公安系统提供智能化的立体安防监控体系，有效提升社会治安、科技预警能力；网格E通信息化项目实现对全市社区、农村智能化的网格管理，提升城市农村的信息化管理水平；宽带乡村建设项目及“全光网城市”建设项目在自贡城区、农村乡镇、农村乡村的光纤网络覆盖率分别为100%、95%、90%；居家养老项目针为全市老年人提供一体化线上线下信息化养老服务，实现“老有所依、老有所养、老有所乐”的养老产业新局面。

【“宽带乡村”建设】　2015年，围绕加快农村信息化建设进程，推进全市“宽带乡村”建设，促进农村电商、快递业、产业园、乡村旅游业等发展。电信电视实现教育资源共享，农村孩子可以享受到全国优质教育资源；在农村开通4K超高清电视节目，丰富农村文化娱乐生活；投入7000万元，用于美丽乡村建设；免费开通“想家”业务平台，实现实时可视通话。通过中国电信四川天府云商信息化平台，农民农产品的销售路径得到扩宽，为提高农民收入和农村创业创新创造有利条件。

【网络运营服务】　2015年，全市主要骨干网络出口宽带再次提速扩容，达到160G，中国电信成为同行业中最大骨干网出品带宽的运营商。全市4G网络覆盖率城区达98%以上，农村乡镇全覆盖。

（电信自贡分公司）

移动通信

【网络建设】　2015年，总投资3.2亿元实施网络建设，建设4G基站超1600个，规模超过2G、3G，实现全市所有城区、乡镇、重点村社、高速公路、旅游景区等区域4G网络覆盖，满足移动用户的高速数据通信需求。

【“中小城市”工程建设】　2015年，通过向国家发改委和工信部争取，富顺县和荣县被纳入国家中西部地区中小城市基础网络完善工程试点县，并向四川移动争取专项投资在全市四区进行扩大试点，自贡成为全省首个实施扩大试点项目的地级市。该工程拟投入资金2.8亿元，2015年完成投入1.2亿元，累计光纤宽带端口建设达到20万线，并推出宽带+高清电视、免费提速等多项惠民政策，10万用户享受到移动光纤宽带服务。工程全部完工后，将实现城镇家庭有线宽带接入100%覆盖，用户宽带接入能力达到100兆位/秒。

【“智慧乡村”建设】　2015年，以提高农民群众信息应用为重点，依托现有信息服务网络和光纤入乡、4G入镇、高清电视入户工程，加快农村现代通信和宽带基础设施建设，推进信息技术在农业生产经营、农村社会事务、农户生活品质提升等方面的应用。截至2015年年末，4G网络100%覆盖全市所有乡镇及840个行政村，农村光纤宽带累计开通行政村400余个，覆盖农村用户5万户。

【渠道补点工程】　截至2015年年末，共投资1亿元扩建营业服务网点。全市累计建设营业服务网点超1200个，其中乡镇服务网点超350个，村级服务网点600个，服务范围涵盖全市四区两县主城区、96个乡镇以及50%以上的主要行政村，实现行政区域全覆盖。

【应用培训】　2015年，响应农业部“用3年时间教会农民手机上网”的通知要求，成立专业队伍下乡到村，开展送4G信息下乡活动，组织农民免费参加手机应用技能和信息化能力培训。全年组织人员200余人次，开展培训108场，覆盖四区两县农民近3万人次。

【农村智慧应用项目】 2015年，整合四川移动电商优势资源，以“和聚蜀商”为核心，拓展本地特色农产品，助力自贡经济结构转型。创新“农信通项目”，为全市近10万户农民群众提供农信通业务。在大安、自流井、沿滩3个区安装40余个LED大屏，实时发布有价值的农业政策和信息，助力农业管理现代化。全面打造“十户联防”项目，以“6995”十户联防为平台，以村委会、大队为网格，在村内形成多个联防小组，通过拨打“6995”，实现“一家求助、九户帮忙、互帮互助、群防群治”的社会治理模式。

（移动自贡分公司）

联合通信

【主营业务】 2015年，主营业务收入累计完成1.9亿元，完成收入预算85.60%，全省排名第八，同类分公司排名第二。完成总投资1.6亿元，其中：移动网投资9655万元，新增4G站点1030个、3G站点5个、2G站点363个；传送网投资3890万元，新建光缆6.9万芯公里，新增汇聚设备7套、接入10GE设备69套，接入GE设备152套；网络光纤化改造投资完成1543万元，建设光纤到户端口4.32万个。

【服务体系建设】 2015，变职能管理为以流程贯穿的事件管理，压缩服务层级，提高服务效率。依托大服务平台，完成咨询业务受理双100%，投诉处理80%的目标。根据投诉top区域，开展对重点投诉区域问题的分析及解决方案的制定；坚持前后台机业联席会，围绕市场需求开展运维工作。控制掉站数的增长，全年日均掉站数基本与2014年持平。开展传输整治、基站整治等专项工作，提升网络健壮性和抗风险能力。

【“智慧城市”建设】 2015年，以“智慧城市”和行业应用为牵引，聚焦政务、交通、环保和医疗、民生5大领域，重点打造交通物流和残疾人两个生态圈；开展中小市场楼宇圈楼和园区信息化平台合作，通过校园信息化应用深化对大中院校的信息化建设。全年投资501.82万元，其中实施60万元以上重大项目5个、100万元以上重大项目3个。完成21栋楼宇的圈定，签约幼儿园6所、大中职学校2所。

（王　玮）

综合经济管理

国民经济发展综述

【概况】 2015年，全市地区生产总值(GDP)实现1143.11亿元，按可比价格计算，比2014年增长8.4%，增速比2014年快0.8个百分点、比全省平均水平高0.5个百分点、比全国高1.5个百分点。其中，第一产业增加值127.96亿元，增长3.8%，增速比全省高0.1个百分点；第二产业增加值664.42亿元，增长8.2%，增速比全省高0.4个百分点；第三产业增加值350.73亿元，增长10.5%，增速比全省高1.1个百分点。

【农业生产稳定】 2015年，全市粮食产量132.6万吨，比2014年增长3.8%；油料产量6.2万吨，增长5.9%。生猪出栏226.3万头，下降2.7%；肉牛出栏4.4万头，增长8.3%；肉羊出栏111.34万只，增长4.7%；家禽出栏2641.9万羽，增长2.7%。

【工业平稳增长】 2015年，全市规模以上工业增加值491.65亿元，比2014年增长8.1%，增速比全省平均水平高0.2个百分点。按轻重工业分：轻工业增加值107.18亿元，增长11.7%；重工业增加值384.46亿元，增长7.2%。按行业分，16个大类行业中有12个行业增加值实现增长。其中：煤炭开采和洗选业增加值增长3.4%，采盐业增长3.9%，农副食品加工业增长10.7%，食品制造业增长13.5%，化学原料和化学制品制造业增长8.0%，医药制造业增长19.5%，非金属矿物制品业增长12.7%，黑色金属冶炼和压延加工业增长8.8%，金属制品业增长7.8%，通用设备制造业增长9.2%，电气机械及器材制造业增长21.3%，电力、热力生产和供应业增长13.6%，化学纤维制造业下降0.4%，塑料制品业下降1.7%，有色金属冶炼及压延加工业下降16.3%，专用设备制造业下降0.5%。全年规模以上工业企业实现出口交货值30.20亿元，比2014年下降27.3%。规模以上工业产销率98.71%。全年规模以上工业企业实现主营业务收入1702.88亿元，同比增长8.3%；实现利润总额65.17亿元，下降5.7%。

【投资规模扩大】 2015年，全市完成全社会固定资产投资638.95亿元，比2014年增长6.9%。按产业投资分：第一产业投资67.44亿元，比2014年增长42.2%；第二产业投资146.69亿元，下降1.7%，其中工业投资143.18亿元，下降3.0%；第三产业投资424.82亿元，增长6.0%。全年房地产开发完成投资125.81亿元，比2014年增长24.3%。商品房施工面积1054.00万平方米，增长24.8%；商品房竣工面积157.61万平方米，增长35.2%；商品房销售面积193.99万平方米，增长15.1%。

【消费增长较快】 2015年，全市实现社会消费品零售总额501.63亿元，比2014年增长12.1%，增速比全省平均水平高0.1个百分点。按经营单位所在地分：城镇消费品零售额387.41亿元，增长12.0%；乡村消费品零售额114.22亿元，增长12.4%，增速比城镇快0.4个百分点。按消费形态分：批发业零售额49.11亿元，增长9.5%；零售业零售额387.34亿元，增长12.3%；住宿业零售额2.31亿元，增长11.2%；餐饮业零售额62.87亿元，增长12.4%。

【财税收入增加】　2015年，全市地方公共财政预算收入完成44.83亿元，同口径增长7.9%；公共财政预算支出实现173.35亿元，增长17.7%。全市税收收入68.97亿元，增长0.8%。其中，国税税收收入30.31亿元，增长13.7%；地税税收收入38.66亿元，下降7.4%。

【城乡居民增收】　2015年，城镇居民人均可支配收入2.63万元，同比增长8.8%，增速比全省平均水平高0.7个百分点。农村居民人均可支配收入1.21万元，同比增长9.4%。

【物价基本稳定】　2015年，居民消费价格比2014年上涨1.7%。其中，城市上涨1.5%，农村上涨1.9%。按类别分：消费品价格上涨1.3%，服务项目价格上涨2.7%；食品价格上涨2.5%，非食品价格上涨1.2%。工业生产者出厂价格下降4.6%，工业生产者购进价格下降4.1%。

（市统计局）

发展和改革

【投资和重大项目建设】　2015年，全社会固定资产投资完成638.95亿元、增长6.9%，投资率55.9%。全年实施255个市重大项目建设，完成投资340亿元，超额完成年度计划。推进特种工程塑料制品等130个续建项目，其中东锅600兆瓦超临界循环流化床锅炉等50个项目建成投用，凯茨阀门工业园等80个项目相继开工。争取到位国家专项建设基金23.73亿元。建立全市“PPP”项目储备库，投资规模超过500亿元，推进实施东部新城基础设施、沿滩污水厂等“PPP”项目。

【产业结构转型升级】　2015年，推进自贡航空产业园建设，自贡凤鸣通用机场成为核准的全省首个通用机场；东锅、华西能源列为国家智能制造示范企业，推进中天胜特种聚酰亚胺及复合材料产业化等项目建设；推进页岩气开发，金页“1HF”井成功试采。是年，战略性新兴产业增加值占比达28.8%。稳步推进老工业基地改造，转型发展盐化工、食品加工等产业，鸿化公司纳入全国首批城区危化企业整体迁建范围。推进大西洋焊接产业园、晨光科技园等特色园区发展，新增园区承载能力5平方公里，实现主营业务收入1100亿元。实施大企业大集团培育计划和中小微企业成长计划，3户企业在“新三板”挂牌交易。推进省级现代服务业综合改革试点，贡井汽贸产业园申报为省级服务业集聚区，川南皮革城二期、川南五金城一期和华商国际城一期建成运营，舒坪现代物流园、大山铺铁路物流园建设有序推进。自流井电子商务基地申报为省级电子商务集聚区，荣县获批省级电子商务进农村综合示范县，全市新增电商企业118家。推进国家、省级现代农业示范区创建，建成5万亩核心区，区县现代农业示范基地巩固发展。培育新型农业经营主体，新增市级以上农民专业合作社113个、家庭农场262家。推进34个农产品加工流通项目建设，荣县农副产品加工园被认定为国家农业产业化示范基地。推动农产品品牌创建，富顺香辣酱上榜国家地理标志产品。

【重大基础设施建设】　2015年，自隆、内威荣高速公路建成通车，乐自高速自流井连接线等5条高速公路连接线有序推进，内自泸城际铁路开工建设，蓉昆高铁成自段纳入省铁路网规划，内江—富顺—南溪高速公路、宜宾—荣县—仁寿高速公路、自贡至泸州大件公路等前期工作稳步推进。南岸科技新区“一环两纵三横”主干路网形成，东兴寺片区“两桥”、西山路片区“两路”改造启动实施，龙汇街南延线延伸段、南湖公园西大门跨线桥等道路建成通车，东部新城地下综合管廊开工建设。仙市220千伏等9个输变电工程建成投用。推进4G通信网络建设，城市20兆以上宽带实现全覆盖，乡镇宽带达到4兆水平，行政村全部接通宽带。小井沟水利工程大坝枢纽和输水干渠工程实现竣工，狸狐洞、楼房湾、大坡上水库加快建设，推进向家坝灌区、双溪水库灌区、长征渠引水灌区等前期工作。

【行政审批制度改革】　2015年，建立完善行政审批“清单制”，搭建起三级并联审批工作新平台，实现省、市、县三级并联审批，审批提速达81.3%。清理市政府各部门及所属事业单位非行政许可审批事项225项，调整省级设立的非行政许可审批事项17项，发布《自贡市市级行政许可项目目录的公告》。保留地方核准权限项目16小类，缩小核准权限范围，落实企业自主权。

【市场投融资改革】 2015年，市政府印发《自贡市2015年促投资稳增长八条措施》，对成功上市的企业每户给予20万元~100万元补助。出台《自贡市企业资本市场融资鼓励办法》，天成机械通过“混改注”方式实现在沪上市，川油科技、百味斋2家企业成功在“新三板”挂牌上市，运输机械公司完成“IPO”申报工作。创新政府向社会力量购买公共文化服务模式，向社会公布首批“PPP”项目30个，总投资372.8亿元。

【行政权力改革】 2015年，制定《关于全面推进依法行政依法理财加快法治财政建设的实施意见》，将财政行政权力事项由161项统一为63项。深化财税体制改革，在全省率先实现涉税业务“全市通办”。推进县级以下机关公务员职务与职级并行制度改革。市属事业单位分类获省批复169个、占应批复机构数的87.6%；指导各县（区）批复分类事业单位1147个，占应分类事业单位的88.4%。

【科技创新平台建设】 2015年，建成市技术转移中心等46个省级（国家级）以上创新平台。出台《中小企业研发机构认定管理办法》，新建10户中小企业研发机构。组织浙江大学自贡创新中心、四川理工学院与全市企业开展产学研合作，组织实施9项省级、40余项市级重大产业技术联合攻关。围绕五大高端成长型产业，实施国家和省科技支撑计划、战略性新兴产品、国际科技合作等各类项目55项。

【其他领域改革】 2015年，制定出台《关于调整我市非居民用天然气销售价格的通知》，分别召开城市居民用气、用水阶梯价格制度实施方案听证会，确定阶梯价格体系。成立市公务用车制度改革领导小组，完成公务用车制度改革数据填报工作。推动县域经济发展，制定《关于全面深化改革加快县域经济发展的实施意见》《加快小城镇建设推进县域经济发展的实施意见》《深化扩权强镇改革加快镇域经济发展的实施意见》《自贡市县域经济发展考核办法（试行）》《自贡市融入“一带一路”战略实施方案》。

（市发改委）

国有资产监管

【概况】 2015年年末，纳入市国资委国有资产统计报表范围企业60户，资产总额373.45亿元，负债总额158.80亿元，归属于母公司所有者权益总额185.88亿元、工业总产值26.23亿元、实现营业收入41.15亿元、利润总额2.60亿元，归属于母公司所有者的净利润1.55亿元、上缴税金2.29亿元。其中，市国资委监管企业6户（大西洋公司、公交公司、燃气公司、国投公司、高投公司、自贡水务集团），资产总额342.88亿元，占总量的91.8%；负债总额138.28亿元；归属于母公司所有者权益总额175.84亿元。市国资委非监管和区县监管企业资产总额30.57亿元；负债总额20.52亿元；归属于母公司所有者权益总额10.04亿元。是年末，国有资本及权益总额185.17亿元，国有资本保值增值率100.96%。

【完善产权管理制度体系】 2015年，出台《自贡市企业国有产权交易管理暂行办法》等规范性文件，完成出资人审批事项清理，市政府出台《关于推进国有资产统一监管的实施方案》。指导市保安服务总公司、市智慧城市运营管理公司等2户企业制定公司章程，指导市公交集团公司、市高新投资公司、自贡硬质合金有限公司、水务集团公司、市国投公司等5户企业修订《公司章程》，规范公司行为。

【产权管理基础工作】 2015年，审批股权转让项目3项，其中包括市公交公司转让荣县信立驾校51%股权、大西洋集团公司转让越南大西洋公司50%股权、市国投公司转让硬合公司14.18%股权。推进企业转型升级，启动市保安公司55.378%国有股权转让的立项。为监管企业办理担保审批14项，对外担保总额22.11亿元，其中水务集团公司为小井沟担保2笔9.35亿元。开展监管企业及其全资、控股、参股企业共69户企业产权登记工作，国家出资25.68亿元。

【优化国有资本布局】 2015年，市国投公司出资1.26亿元组建市国有资产能源投资公司，投资页岩气勘探开发。整合交投及相关企业资产，引入“PPP”模式组建注册资本1.5亿元的信融能源投资公司，推动全市页岩气开采等新能源装备产业发展。市公交集团公司以697万元收购“自贡机动车辆及驾驶员安全技术检测站”资产，成立安信机动车检测公司并投入运营。以电子政务外网运营中心为基础，组建市智慧城市运营管理公司。市保安服务总公司实施“政企分开”改制并移交市国资委管理。水务集团公司完成股权回购，为市国资委监管的国有独资企业。市国投公司向国投担保公司增加注册资本金5000万元。四川大西洋焊接材料股份有限公司非公开发行A股股票，募集资金总额3.8亿元，用于收购深圳市唯特偶新材料股份有限公司51%的股份。

【盘活国企资产】 2015年，市公交集团公司采用融资租赁方式解决购置高级车资金缺口。长征集团公司位于贡井区的一宗国有土地使用权由市土储中心收储，预收收储费2000万元，缓解企业资金困难。大西洋股份公司将地处成都新区马超村6社1.4公顷土地使用权作价投资成立新都远宏房地产开发有限责任公司，对该宗土地进行开发。

【国有资本经营预算工作】 2015年，编制市国资委监管企业国有资本经营预算收入草案，通过市人大和市委、市政府批准同意。是年，监管企业上缴2014年国有资本经营收益730万元，其中：市国投公司36万元、市燃气公司164万元、大西洋集团公司530万元，市公交公司未实现利润无国有资本收益。

【强化国企监管】 2015年，对大西洋公司等3户企业派出监事会进行年度监督检查，对大西洋焊接产业园等重大投资项目实施全过程监督，对企业负责人加强审计监督。对大西洋公司等3户国企负责人开展年度和任期经营业绩考核。

【重大产业项目推进】 2015年，市国资委系统企业国有投资类项目完成投资3.1亿元，占全年工作目标的103%。其中，大西洋焊接产业园项目完成投资2亿元，占年度目标任务的133%，主体工程5个标段全部封顶断水，累计完成投资8.7亿元；市公交集团公司投放213辆高级公交车，项目投资1.1亿元。

【经济运行状况】 2015年，全市统计范围内的国有及国有控股工业企业22户，占入统企业的3.97%。全市国有及国有控股工业企业累计完成工业总产值209.8亿元，同比下降6.3%，占全市工业总产值的11.9%；实现主营业务收入205.92亿元，同比下降6.2%，占全市主营业务收入的12.1%；亏损总额3.88亿元，全市工业企业同期利润总额65.17亿元。

（金继红　高建红　李　莉　汪桂林）

统　计

【统计调查工作】 2015年，完成国民经济综合统计、国民经济核算、工业统计、农经统计、投资统计、贸经统计、人口和就业统计、能源和环境统计、社会和科技统计、服务业统计、城乡住户调查、县级经济统计监测、社会经济调查工作等各项统计监测任务。

【经济运行预警预测和统计分析】 2015，建立主要经济指标月度预警预测制度，按月编印《预警预测专刊》和专题报告。全年撰写统计分析41篇，一系列稳增长、调结构、促改革、惠民生的措施建议被市委、市政府采纳。

【开展全面小康进程监测】 2015年，根据《四川省全面建设小康社会统计监测方案》，收集汇总自2000年起自贡市全面建设小康社会的指标数据，对全面建设小康社会进展情况进行测算和分析，撰写《自贡市全面建设小康社会统计监测报告（2014）》。

【特色统计监测】 2015年，推进“两化”互动、建设“五个自贡”统计监测，市级领导联系的重点企业和特重大项目统计监测，战略性新兴产业、新材料产业、农业产业化调查等统计调查工作，为市委市政府领导决策提供科学依据。

【社情民意调查】 2015年，先后开展2014年度市级部门党风政风行风群众满意度社会评价调查、2014年度全市乡镇（街道）党风廉政建设社会评价调查、2014年度全市卫生系统政风行风群众满意度调查、2014年度市级党委政府机关和区县党委政府目标绩效管理社会评价问卷调查、2014年度全市地税系统纳税人满意度调查、2015年度汇东地区社会治安安全感公安工作群众满意度调查等社情民调工作。

【统计改革】 2015年，组织学习国民经济核算方案，开展核算人员具体业务培训，对国民经济核算监测体系进行完善，改进部分行业增加值核算方法，初步建立起统一的经济核算制度，对全市各区县GDP实行统一核算。采取“统一布置、专业分工”的模式，在全省率先将投资改革试点报表纳入各专业“四上企业”报表制度，对涉及规模以上工业、限额以上商贸、建筑业等多个专业投资项目全部实地核查、指导，组织分区县进行专门培训，推进全市固定资产投资改革落到实处。试点启动后，全市试点报表一直保持100%的报送率。

【经济普查工作】 2015年，发布市、县经济普查公报；编印《自贡市第三次全国经济普查数据提要》和《经济普查年鉴》；对全市第三次全国经济普查32个优胜单位、455个优胜个人进行通报表扬，颁发优胜单位奖牌和优胜个人证书；全面进行经济普查工作总结和业务技术总结；开展经济普查课题研究。

【农业普查工作】 2015年，印发《关于做好第三次全国农业普查工作的通知》（自府发〔2015〕29号），组建市级农业普查领导小组及办公室。完成在荣县的省级专项试点工作，市、区县“五落实”工作基本完成。

【1%人口抽样调查】 2015年，全市1%人口抽样调查抽样框单位数159个村（社区），按照调查流程和工作步骤，扎实推进，稳步实施，做到组织、人员、经费、设备、责任“五落实”。

【城镇化测算评定工作】 2015年，对常住人口、城镇人口进行分析推算，完成市本级及区县常住人口与城镇化核定数据的推算、上报等阶段性工作。

【一套表和联网直报工作】 2015年，推行数据在线预审功能和监管工作，完善《自贡市统计局联网直报平台日志监管制度》《自贡市联网直报平台日志监管台账》，每月建立数据修改痕迹、数据异动台账，并做好每日平台日志备案。加强统计数据关联性审核，及时对企业上报数据进行预审查询，对数据异常、波动过大现象进行核查、纠错，降低数据差错率。

【基层规范化建设】 2015年，指导各区县统计局继续巩固提升规范化达标建设成果，年中进行自查“回头看”。对全市各乡镇的《乡镇统计工作台账》进行督查，对20%的“四上企业”基础工作进行抽查。贡井区五宝镇、沿滩区永安镇创建基层统计规范化建设示范乡镇。

【统计法制建设】 2015年，对全市统计系统执法人员开展统计执法能力提升培训，对全市乡镇街道统计人员进行案例讲解分析，全面总结统计“六五”普法工作。在自贡统计信息网设立“统计上失信企业公示”专栏，开展违法违规和不规范报数专项整治，针对冒名报数、指令报数行为开展专项整治，重点整治用不真实或已破产、停歇业的调查对象报送数据，代调查对象修改报送虚假数据，强令授意引导调查对象报送虚假数据等现象。

【统计信息化建设】 2015年，推进区县街乡信息系统建设工作。对“自贡市统计信息网”（内网、外网、党政网）全面升级改版。严格遵守和执行长效信息加载制度和审核机制，及时加载统计信息、统计宏观数据库数据。加强网络维护和安全管理。随时跟踪、监测网络运行情况，发现故障及时排除，确保网络畅通、正常运行。

（市统计局）

价　格

【概况】 2015年，全市价格工作以“稳增长、调结构、促改革、惠民生”为基调，价格总水平保持基本稳定，居民消费价格总水平同比上涨1.7%，实现年初省下达3%的预期调控目标。

【价格监测】 2015年，稳定全市45个价格监测网点，完善市、区（县）两级价格监测网络体系。对价格监测点实行“四定”（定人员、定品种、定上报时间、定上报方式）管理，确保价格监测的及时性和准确性，以及价格预警分析的科学性。全年向国家和省报送各类监测报表133期；完成应急监测报表52期，应急监测价格情况简报14期；完成节假日期间市场价格监测报表2份，动态分析材料14份；编写月度分析预测材料12期；印发各类简报、信息28期；完成调研报告1份。

【落实国家粮食价格政策】 2015年，执行国家在稻谷主要产区实行最低收购价政策：2015年生产的早籼稻（三等，下同）、中晚籼稻和粳稻最低收购价格分别为每50公斤135元、138元和155元，保持2014年水平。

【价格调节基金征管】 2015年，征收主要副食品价格调节基金4300万元。全年安排主要副食品价格调节基金1200余万元，用于支持农业产业化建设和扶持农副产品种养业生产基地建设。完善重要商品储备制度，建立1400吨食用植物油储备，专项用于储备油轮换费息补贴安排基金147.27万元。促进电子商务发展，安排培育“互联网+农副产品”模式的新兴业态补贴资金500万元。促进农超对接，安排产销对接项目补贴资金200万元。安排市区农副产品质量安全管理和价格监测补贴资金119万元。安排春节送温暖工程资金180万元，用于关心困难职工和下岗职工。安排15万元资金用于禁猪肉少数民族牛肉补助款。安排天然气价格专项调节金2500万余元，对城市公交因燃气成本上升和70周岁以上老人免费乘车进行专项补贴。

【价格调控】 2015年，对省级电网大工业用电每千瓦时降价2.01分，在趸售电价表中增设110千伏电压等级电价标准，每千瓦时在35千伏电压等级电价标准基础上降低1.5分。落实非居民用天然气价格并轨政策，非居民用天然气价格每立方米降低0.77元，车用压缩天然气转供和销售价格每立方米降低0.10、0.70元，二项合计每年可减少企业开支1.5亿多元。根据道路旅客运输价格与成品油挂钩政策，多次调整全市道路旅客运输价格，申报制定成自泸和自隆高速公路收费标准。申报制定燊海井旅游开发有限公司旅游泡菜盐等多品种盐价格。

【资源环境价格改革】 2015年，深化成品油、天然气价格改革，非居民用天然气价格实现存量气与增量气并轨，调整全市非居民用天然气销售价格、压缩天然气转供价格和销售价格。对阶梯水量、气量及价格进行调研测算，清理规范城市供水价格中的不合规收费项目，拟定实施居民用水用气阶梯价格制度和调整污水处理收费标准方案，组织召开听证会，建立居民用水用气阶梯价格制度。先后放开非居民用水、特种用水、水电气工程安装及检查维修价格，实行市场调节价。调整部分交通运输价格定价管理权限。

【规范收费管理】 2015年，取消、暂停、减免（含小微企业免征）行政事业性收费政策涉及部门16个，涉及收费项目81个，每年可减轻社会负担约1500万元。及时公布涉企收费项目清单，落实收费公示制度；加强教育收费管理；做好市盐业历史博物馆门票价格调整方案的上报工作；深入调研，探索规范停车管理的新思路；推进医疗服务价格改革，完成9360个新旧医疗服务项目的清理、对接和平移工作。

【成本调查和监审服务】 2015年，对市盐业历史博物馆门票定价成本、城市供水定价成本、城市居民管道用气定价成本、贡井天然气储备运营成本、城市污水处理定价成本进行监审，为政府制定价格提供成本依据。开展对城市供水、水泥、污水处理等重要商品的成本调查工作。开展涉案价格鉴定工作，全年办理刑事价格鉴定519件，涉案金额792.83万元。

【价格监督检查】 2015年，针对经济工作热点和民生价费难点，开展教育收费、资源要素价格、涉企价格和中介服务收费等专项检查，查处一批价格违法案件。召开药品、旅游行业价格提醒告诫会，重点开展元旦、春节、国庆等节假日和第22届国际恐龙灯会等重要节点期间商贸零售、交通运输、餐饮旅游、停车收费、粮油蛋奶等市场价格检查，纠正和处理各类违法违规行为，稳定物价总水平。深化价格诚信建设，开展“2015年百城万店无假冒示范店（示范街）”创建活动，打造出五星街千盛广场“明码实价示范店”，完善东方广场“明码标价示范街”，对获得全市“价格诚信示范单位”进行年度复评。完善价格举报投诉处理机制，成功对接“12358”全国联网系统，及时查处群众举报投诉的乱收费行为，全年受理群众价格投诉举报咨询648件，结案回复率98.15%。

（市发改委）

工商行政管理

【商事制度改革】 2015年，出台《自贡市工商登记制度改革实施方案》和《自贡市企业住所（经营场所）登记管理办法（试行）》。推行“先照后证”，落实国家、省关于前置审批改为后置审批事项148项。下放登记权限，将注册资本在1000万元以下企业注册登记全部下放区工商局登记，方便投资者就近办理工商登记手续。9月25日，全市各级工商政务窗口与全省同步推出“三证合一、一照一码”改革。是年，新办各类企业4268户，同比增长49.8%；注册资本134.43亿元，同比增长28.6%；新发展个体工商户8243户，同比增加22%；新发展私营企业2377户，同比增加23%；新发展农民专业合作社142户，同比增加2.2%。全市累积有各类企业2.5万户，注册资本（金）852.14亿元，分别比2014年增长15.5%、12.4%；累积有个体工商户7.8万户，从业人员11.04万人，注册资金36.17亿元，同比分别增长11.17%、15.63%、44.46%；累积有私营企业1.84万户，从业人员6.49万人，注册资金648.35亿元，同比增长6.91%、1.51%、35.71%；累积有农民专业合作社1302户，同比增长14.51%。

【招商引资】 2015年，全市工商系统完成项目包装2个，提供招商引资线索8条。全年完成招商引资1500万元，其中到位省外资金700万元。

【信用监管】 2015年，公示市场主体登记信息3864条、注销登记信息774条；公示2013年度、2014年度市场主体年报信息1.62万条、1.87万条；公示被列入异常经营名录企业2431户。

【融资服务】 2015年，在落实动产抵押、商标权质押、股权出质等企业融资帮扶措施的基础上，在全省率先试点农村产权动产抵押融资，为3户养殖户、蔬菜种植大户办理贷款79万元。全年共帮助企业、个体户融资172.87亿元，比2014年同期增长188%。

【商标管理】 2015年，深化四川省商标战略示范城市建设。围绕“商标品牌建设”主题，编制“十三五”商标发展规划，开展商标示范区（县）、乡镇、社区、园区、企业建设工作，商标注册总量超过5600件，新培育著名商标6件、市知名商标11件、国际注册商标4件，总量达119件。立案查处商标侵权假冒案件46件，案值27.8万元。

【流通领域商品质量监管】 2015年，出台《流通领域商品质量抽查检验工作规程》，推进流通领域消费维权。引入“双随机”监管模式电脑随机抽取抽检对象、执法队伍，规范通领域商品质量抽检及监管工作。全年抽查检验流通领域商品184个批次。

【市场秩序监管】 2015年，开展“红盾春雷行动2015”“清理整顿融投资理财咨询公司”“查处典型违法广告”、推进红盾网剑等专项行动，全年查处各类违法违章案件6229件，其中，立案查处案件462件，案值2560万元；捣毁制售假窝点8个，移送司法机关案件1件。全年监测广告1.1万条（次），查处违法广告案件44件；驱散传销人员109人（次），捣毁传销窝点9个，解救误入传销人员25人，处理传（直）销投诉9起；查处各类农资违章违法案45件。

【“双创”工作】 2015年，围绕“大众创业、万众创新”主线，出台《关于充分发挥工商职能大力推进大众创业万众创新的实施意见》，提出29条助推措施。全年为1000余名大学师生开办专题讲座5次，为400余名大学生创业者办理营业执照。引导返乡农民工申办个体工商户865户、企业102户、农民专业合作社142户。

【创建广告产业发展研究基地】 2015年，市工商局与四川理工学院以“政策引领＋智力支撑”模式联合创办广告产业发展研究基地，并上报拟纳入国家工商总局广告业扶持发展项目。通过“研究基地”组织全市广告产业在创意、高新科技应用、企业管理等领域的培训、推广、交流，培育一批拥有自立品牌和技术先进、主业突出、特色明显、核心竞争力强的广告实体企业。在广告产业发展研究基地的带动下，全年全市广告业经营额比2014年增长12%，增加广告创意设计岗位就业100余人，违法广告案件比2014年减少67%。

（市工商局）

质量技术监督

【质量管理】 2015年，加强质量强市工作，根据《自贡市质量发展“十二五”规划（2011—2015年）》，推动“十二五”规划各项指标按期完成。颁发《自贡市质量工作考核办法》，市目督办首次将质量工作纳入对区县政府、市级相关部门的工作绩效专项督查。引导企业导入卓越绩效、六西格玛、精益生产等先进生产管理模式和方法，鼓励企业开展QC小组等群众性质量活动，提高质量管理水平。搭建质量信用体系平台，健全和完善以代码为基础的质量信用体系基本框架和运行机制，建立质量信用“黑名单”制度，为中国人民银行自贡市支行提供代码信息1.36万条，为统计部门提供代码信息1.53万条。是年，全市工业产品监督抽查合格率98.3%，连续4年稳定在95%以上。

【标准化工作】 2015年，出台《自贡市标准化工作奖励暂行办法》，将标准化奖励经费纳入市级工业发展基金使用范围，并连续3年拿出200万余元进行奖励。指导高新区管委会申报国家高端装备制造业标准化（节能环保装备）试点，该试点是国家首次开展。指导协助自贡中天胜新材料有限公司制定新材料企业标准2项。建立彩灯、仿真恐龙产业标准联盟，制定管理办法，发布联盟标准2项。全市首个国家级公共服务综合标准化项目——自贡市城市公共交通综合服务标准化项目通过验收，全省首个社会服务公益类标准化项目——“盐义仓”社区互助微公益服务标准化项目通过省级验收，自贡盐业历史博物馆服务标准化建设项目通过省级验收。推动荣县农村公共设施运行维护标准化项目建设和沿滩区九洪西瓜、荣县蔬菜示范区建设。完成企业产品采用国际标准和国外先进标准10项。建成四川省标准文献信息资源服务平台（自贡），为企业提供标准采购服务265次。

【计量管理】 2015年，开展“计量惠民生、诚信促和谐”双十工程活动，与四川省自贡市大商投资有限公司超市等9家单位签订诚信计量承诺书。完成15户耗能企业的能源计量审查，5家企事业单位22项社会公用计量标准的考核，30家加油站、加气站计量验收合格证的复查，富顺县疾病预防控中心等5家实验室资质认定获证机构的定期监督检查。完成首次36个检验检测机构的统计、审核工作。在元旦、春节、“五一”等节假日期间，检查加油机84台、商场（超市）31个、集贸市场17个，完成省质监局下达的定量包装和过度包装的监督抽查任务。

【品牌建设】 2015年，东方电气集团东方锅炉股份有限公司跻身第二届中国质量奖提名奖候选名单，为全国114家入围企业之一。培育第十二届四川名牌争创企业20户。指导沿滩区创建“四川省质量强市示范城市（镇）”通过验收，指导高新区“四川省知名品牌示范区”建设。12户企业正式向国家质检总局申报使用国家地理标志保护产品标识，国家地理标志保护产品——富顺香辣酱上榜国家50亿价值品牌，全市国家地理标志保护产品产值11亿元以上。

【特种设备安全监管】 2015年，开展电梯安全监管大会战、油气输送管道隐患整治攻坚战和燃煤锅炉节能减排攻坚战“三大战役”。完成全市2550台电梯建立辖区电梯数据库，做到“一企一档”“一梯一档”；排查301家电梯使用单位、1815台电梯，发现问题电梯308台，全部进行建档登记，逐一评估安全风险，逐一制定整改方案，逐一落实整改销号，整改率96.4%；检验电梯2342台，整改消除1863台电梯的5067项隐患，整改率100%。开展5次专项检查整治活动，发出17份特种设备安全监察指令书，消除33起安全隐患；举办3次特种设备安全应急演练；创新监管模式，运用“四川省特种设备安全监察网”和运用“互联网+二维码技术”建成自贡市特种设备安全监管平台，加强特种设备安全监管工作，推动企业落实安全主体责任，实现从管设备向管企业转变，提高特种设备登记率、检验率和检验量。

【检验检测能力建设】 2015年，新建PVC管材、消费品有害元素筛查、室内空气三个项目的检测，并通过认证。扩大阀门检测范围。新建机动车超速自动检测系统和50米综合检测平台项目，对三相电能表检定装置项目进行改建。完成2个国家质检总局开展的“技改技装”项目申报工作，增强检验检测能力。是年，全市质监技术机构新投入资金200万余元购置检验仪器设备。

【依法行政】 2015年，市质量技术监督局与市政府签订《依法行政责任书》，全面落实依法行政责任制。加强行政执法监督工作，建立健全合法性审查制度，坚持重大行政决策集体决定制度。开展阳光执法，实行行政执法“四分离”“开门审案”，落实重大行政执法行为备案制度。强化行政执法案件审理工作，所有办理案件统一登记备案，需要集中审理的案件全部集中审理。围绕行政审批制度改革，清理市级行政权力事项441项，编制公布行政权力清单，推进行政权力依法规范公开运行。制定深化政务公开具体措施，推进财政预算决算、“三公”经费及社会公益事业建设等重点领域的政府信息公开。10月1日，完成“三证合一”登记制度改革工作。全员实行执法人员持证上岗制度。

【打假治劣】 2015年，围绕国家质检总局和省质监局部署的“质监利剑行动”，开展农资、建筑用钢材、车用汽柴油等11次专项整治，检查企业980余家次，出动执法人员4061人次，查处各类违法行为30件，立案29起，涉案金额约100万元，结案27起，移送公安机关2起。“12365”投诉举报智能处理中心接听有效来电投诉130起，根据投诉举报查获案件12起，处理率100%。

（袁　媛）

食品药品监管

【议案办理】 2015年2月，在市第十六届人民代表大会第六次会议上，加强全市食品安全监管工作的建议被列入此次会议唯一议案。由市人大教科文卫委员会提交的《关于进一步加强全市食品安全监管的议案》，分别就监管体系、检测资源整合、队伍和保障体系、信息发布、源头的安全控制、监管执法等6个方面提出具体建议意见。市食品药品监督管理局围绕加强监管执法力量、提高监管能力素质、提供强力监管保障、检验检测资源整合改革和社会共治机制、责任体系、“行刑结合”工作机制的建立完善等方面工作进行办理，提升食品安全水平。

【重大活动】 3月18日，省食安办主任、省食品药品监督管理局局长姚义贤率队检查调研自贡市食品药品安全工作，与市委书记雷洪金、市长刘永湘就食品药品安全工作、监管队伍和能力建设、食品药品产业发展等方面交换意见。3月25日，省食品药品监督稽查总队副总队长贺扬率队督导食品药品稽查执法工作，督导组对全市开展药品违法广告治理、中药饮片专项整治等稽查工作情况进行检查和督导。4月8日，市食品药品监督管理局深入全市首家生物食品医药企业四川安益生物科技有限公司调研，了解企业在发展过程中需要政府部门帮助解决的问题和困难。5月18日，市长刘永湘专题调研四川安益生物科技有限公司科研及生产现场，帮助企业破解发展难题。6月3日，省食品药品监管局副局长张大中率食品生产处、食品流通处、餐饮监管处及财务处相关负责人到自贡调研“明厨亮灶”工作。7月31日，市政府副市长、市食品药品安全委员会副主任未也率队对沿滩区创建食品安全示范县（区）工作进行调研督导。7月10日，市政协副主席钟莉率部分政协委员视察食品安全监管体系建设工作，视察组先后到一窝兔餐饮店、沃尔玛超市、市天味食品有限公司等企业视察。

【专项整治】 2015年，以打击食品药品违法犯罪春季“雷霆”行动为主线，重点围绕白酒质量、火锅底料、病死猪肉、豆芽菜、调味面制品以及中药饮片、医疗器械“五整治”等开展专项整治。全市共出动执法人员3.75万人次，监督检查“四品一械”相对人2.98万家次，取缔食品无证经营户50余户，立案查处“四品一械”违法案件1082件，结案967件，罚没款322万元。现场处罚37件，依法移送公安机关食品药品涉嫌犯罪案件16件。

【抽验工作】 2015年，全市抽检食品1711批次，合格率96.3%；抽验药品819批，合格率96.2%；快检食品3012批次，发现疑似问题样品42批次，送检34批次，检出亚硝酸盐等不合格样品22批次，均立案调查。

【食品生产企业整治】 2015年，在全市范围内开展为期4个月的食品生产企业落实企业主体责任暨环境卫生规范整治。通过整治，巩固一批企业，基础条件较好的10余家企业投入约4亿元资金进行厂区改建；提升一批企业，整改前环境卫生条件较差的20余家食品生产企业投入近2000万资金进行升级改造；淘汰一批企业，对全市11家生产条件较差又未整改的企业，生产许可到期建议其不再申请换证。

【基层所建设】 2015年，新建成基层监管所16个，打造规范化监管所7个。强化干部队伍培训，制定《2015年度食品药品监管教育培训工作方案》，采取送到高校等集中培训方式，重点对食品生产、流通、餐饮服务、医疗器械监管技能和行政执法案件办理、快检技能等进行专题培训。全年组织开展监管执法人员业务培训130余场，培训6500余人次；组织乡镇食品安全管理员和村（社区）协管员培训7场，培训2000余人次。

【重大活动保障】 2015年，完成第21届灯贸会、春节及市十六届人大六次会议和市政协十四届四次会议等重大活动期间的餐饮服务食品安全保障任务。

【创新监管举措】 2015年，针对餐饮行业监管难、风险高的现状和特点，开展以“在线视频厨房、透明厨房、隔断厨房”等为重点的“明厨亮灶”建设和整治工作。建成市食品安全信息监管指挥中心，建成四川理工学院等10所学校23个食堂的“在线视频厨房”、275家社会餐饮单位的“视频厨房”、220家社会餐饮单位的“透明厨房”或“隔断厨房”，实现餐饮食品加工过程展示和餐饮食品加监管部门、主管部门、主体单位和消费者“四位一体”实时监管，控制和降低食品安全风险。探索、创新“点菜式”食品快检方式，通过快检筛查，发现可疑再抽检，提高抽验检测的靶向性。在川南农贸批发市场、摩尔玛特等大型超市，创新建设食用农产品农药残留快速检测室。鼓励药品零售企业发展连锁经营，并用执业药师远程药学服务的“互联网+”举措，提升全市药品零售行业服务水平，全年新组建规模以上药品零售连锁公司10家，集中统一管理210多家单体药店，新增税收1000万元，实现扩规模、上档次、增效益、保安全的目标。

【推进GSP与GMP认证实施】 2015年年末，全市有药品生产企业8家，除鸿鹤制药（鸿鹤坝生产基地）外，全部通过新修订GMP认证。有药品批发企业18家，通过新修订GSP认证检查17家。有药品零售企业1021家，全部通过新修订GSP现场检查。

【不良反应监测】 2015年，全市开展食品安全风险监测2041批次，发现不合格样品数量20批次，合格率99%；全市共监督涉药单位上报药品不良反应病例报告表2748份，上报医疗器械不良事件报告582例。对食品药品企业进行风险分级管理，对风险等级高的企业加大监督检查和抽检频次。

【行政审批】 2015年，办理行政许可及服务事项1950件，所有办理事项现场办结率100%，按时办结率100%。

（市食品药品监管局）

审　计

【审计成果】 2015年，完成各类审计项目41个，审计查出主要问题金额25.28亿元，其中违规金额10.22亿元、管理不规范金额15.06亿元；审计发现非金额计量问题75个；损益收支不实675万元；审计期间整改金额5826万元。审计处理处罚17.81亿元，其中，应上缴财政金额4.08亿元，应减少财政拨款或补贴0.30亿元，应归还原渠道6.10亿元，应缴纳其他资金3.24亿元，应调账处理金额4.09亿元。通过审计，促进整改落实有关问题资金5.01亿元，其中，为财政增收节支4.12亿元（上缴财政3.95亿元，减少财政拨款或补贴1634万元，归还原渠道51万元），缴纳其他资金272万元，调账处理金额8353万元；核减政府投资额3006万元。提出审计建议111条，其中，被采纳57条，建议制定修改部门规定5条；提交审计报告和专项审计调查报告、审计信息328篇；公告审计结果8篇；向纪检监察、地税等部门移送案件线索5件。

【审计重大政策措施落实情况】 2015年，围绕推动中央和省、市关于“稳增长、促改革、调结构、惠民生、防风险”政策措施落实到位，组织开展跟踪审计。以重大建设项目推进情况、推进简政放权政策落实情况、财政存量资金清理和盘活情况、主要领域重大政策措施贯彻落实情况为主要内容，加大审计力度。向市政府、省审计厅提交全市综合报告，并向有关部门发出审计整改函。针对跟踪审计发现的问题，剖析原因、提出建议，提交的审计信息多次被市委、市政府采用，推动全市各项政策措施落实到位。

【专项资金审计调查】 2015年，重点对城镇保障性安居工程、小井沟水利工程移民资金、农村信用社信贷政策情况等民生项目和资金开展专项审计或调查，重点关注民生资金分配、管理、使用等情况以及强民惠民政策实施效果，维护人民群众根本利益。

【财税审计】 2015年，加强对部门预算管理、预算下达、国库集中支付等审计，开展市本级财政预算执行、财政决算（草案）编制、地税收入征管情况审计，开展荣县债务和财政运行情况、大安区和富顺县债券审计调查，以及7个市级部门2014年度预算执行情况和其他财政收支情况审计。

【经济责任审计】 2015年，市审计局会同市纪委、市委组织部、市监察局等部门建立经济责任审计“监审联动”监督协作机制。完善经济责任审计联席会议制度，制定经济责任审计5年规划，10部门联合印发《贯彻落实〈党政主要领导干部和国有企业领导人员经济责任审计规定实施细则〉的意见》。全年完成领导干部经济责任审计项目7个，审计领导干部8名。

【政府投资审计】 2015年，探索推行政府投资审计“转思路、转职能、转方式”，逐步实现从工程造价“单环节监督”向“多环节、全过程、全方位监督”转变，强化对投资审计成果的分析与转化，提高审计意见和建议的针对性与指导性，促进相关部门完善制度、规范建设资金使用、加强建设项目管理、提高投资效益等。全年审计各类工程项目13个，核减工程投资3006万元。组织全市审计系统业务骨干，多次赴雅安市荥经县开展对口援建项目跟踪审计工作。

【审计效能建设】 2015年，以新建立的数据分中心为载体，统筹各区县7个审计组完成全市8个部门业务数据采集、清洗和分析，首次从真正意义上实现数据纵向和横向扫描，全市联网审计模式逐渐成熟，审计信息化建设和应用取得新进展。

【审计成果运用】 2015年，市政府印发《关于进一步加强审计工作的意见》，从发挥审计的保障和监督作用、完善审计工作机制、狠抓整改落实、提升审计能力等4个方面提出具体意见，强化审计工作制度保障。市政府办公室连续第2年下达《审计任务整改清单》，督促被审计单位强化责任，落实整改。市人大常委会加强对审计整改工作的监督，要求对审计发现问题整改不力的被审计单位主要负责人列席人大常委会会议接受质询。

【年度荣誉】 2015年，赵嗣利、漆超、曹玉3人分别获得审计署成都特派办、四川省审计厅和审计署广州特派办、广东省审计厅表彰的四川省土地出让收支和耕地保护情况审计先进个人；杨晓东获省人力资源和社会保障厅、省审计厅表彰的四川省审计系统先进个人。

（杨　瑶）

安全生产监管

【概况】 2015年，全市发生各类生产安全事故405起，同比下降25.55%；死亡78人，同比下降20.41%；受伤523人，同比下降5.6%；直接经济损失904.5万元，同比上升0.71%。4项统计指标同比实现“三降一升”，全市安全生产形势总体稳定。考核内生产经营性死亡30人，同比下降26.28%，占省政府下达全年控制指标的57.69%。全市连续11年未发生重大及以上生产安全事故。

【安全生产责任体系】 2015年，按照“党政同责、一岗双责”要求，撤销原“自贡市人民政府安全生产委员会”，在全省率先成立“自贡市安全生产委员会”，增补1名市委常委任市安委会副主任，并对市安委会成员单位进行调整。按照《自贡市安全生产目标考核管理办法》，兑现2014年度安全生产目标考核单项奖励，并加大工作实绩占安全生产目标考核的权重，提高全市上下抓安全生产工作的积极性和主动性。按照国务院安委会关于安全生产责任体系“五级五覆盖”和企业“五落实五到位”要求，全市于10月底提前实现市、县、乡、村“四级五覆盖”和规模以上企业“五落实五到位”，各级党委政府将安全生产与经济社会发展各项工作同规划、同部署、同推进。是年，修订完善《自贡市安全生产警示和约谈制度》《自贡市安委会议事规则》等制度，健全安全生产责任体系。

【安全宣传和教育培训】 2015年，实现对市、县、乡三级政府领导和全市安全监管人员新《安全生产法》培训全覆盖。安全生产月期间，宣传覆盖群众23万余人次，发放宣传资料15万余份（册）、用品6.9万余件。全年累计培训各类人员1.4万人次，其中，企业主要负责人和安全生产管理人员1500余人次，特种作业人员9000余人次，其他从业人员 4000 余人次。

【安全生产专项整治】 1—3 月，在全面检查的基础上，重点强化对人员密集场所、消防、道路交通、水上交通、煤矿、金属非金属矿山、危险化学品和烟花爆竹、建筑施工、城市公用设施、特种设备、旅游、灯会等重点行业（领域）的检查力度，累计组织检查组 1527 个，出动检查人员 1.24 万人次，检查生产经营单位 6901 家次，排查安全隐患 1180 项，按照隐患治理“五落实”要求全部整改，按期整改率 100%。自 8 月下旬起，按照中央、省统一部署，持续强化对矿山、危化品和烟花爆竹等重点行业领域的整治。

【安全监管能力建设】 2015 年，更换并新增 1000 平方米市安监局机关办公用房，市政府将安全生产执法经费纳入年初预算并予以足额保障，并将经费来源与罚没收入彻底脱钩。9 月下旬，市安监局会同市编办、市委组织部等部门赴南江县考察学习安全生产执法中队建设经验，探索和提升全市安全生产基层执法工作。利用政府购买服务方式，组建全市安全生产专家库，出台《自贡市安全生产专家库管理办法》和《自贡市安全生产专家报酬支付管理办法》，并请专家定期和不定期参与各类安全专项检查，提高检查的针对性和实效性。

【重点行业领域安全监管】 2015 年，落实市包县、县包矿制度，推进煤矿整顿关闭和兼并重组，对 7 户小煤矿进行关闭，强化对 25 个煤矿隐患整治，推进煤矿、非煤矿山开展非煤矿山及相关行业企业专家“会诊”监管、风险分级监管、微信助力监管工作。督促危化品和烟花爆竹企业贯彻落实《化工（危险化学品）企业保障安全生产十条规定》《强化危险化学品监管“八项”举措》等规定，特别是天津港“8·12”瑞海公司危险品仓库特别重大火灾爆炸事故发生后，迅速印发《自贡市安全生产委员会关于在全市开展危险化学品生产、经营、存储、运输、使用环节安全大检查工作的紧急通知》等文件，对危化品安全大检查工作进行安排部署，并立即对全市 17 个危险化学品重大危险源和各危化品企业进行全面检查，对发现的问题或隐患均当即下达限期整改指令并跟踪督办。是年，累计组织各类检查组 1450 个，检查生产经营单位 7239 家次，排查一般隐患 2333 项，整治 2198 项，整改率 94.21%，排查重大隐患 3 项并全部按期整治完毕，其余一般隐患按照“五落实”要求实施整治；打击非法违法行为 29.97 万起（道交居多），整治违规违章行为 7273 起，责令 4 家生产经营单位停产整顿，对 2 家企业依法实施关闭取缔，罚款 3343.73 万元。开展道路交通安全综合整治“深化巩固年”、粉尘防爆专项整治、油气输送管道隐患整治攻坚战等系列专项整治行动，持续加大对道路交通、建筑施工、特种设备等重点行业领域监管，保持重点行业领域安全生产形势的持续稳定。

（雷　玲）

行政审批管理

【投资项目行政审批制度改革】 1 月，投资项目行政审批服务区在市政务服务中心底楼大厅正式投入运行，该审批服务区专门为进入投资项目行政审批新流程的项目业主提供咨询、辅导和接取件服务。2015 年，自贡海川有限责任公司、自贡金成硬质合金有限公司等企业的 38 个项目按新流程办理建设审批事项，审批提速 81.3%。强化项目审批再提速，将川南通用航空产业项目——自贡凤鸣通用机场项目纳入代办范围，实行“一对一”服务，从项目立项、用地、环评等方面提前介入和跟踪，提前与省政务服务和公共资源交易中心沟通协调和衔接，开辟项目审批快速通道，请求省政务服务和公共资源交易中心协调省级有关部门到自贡市对该项目进行现场服务。是年，市、区县政务服务中心、工业园区管委会为新建或续建的 214 个项目开展代（领）服务，协调解决企业反映问题 260 个，对 138 个项目进行并联审批。结合商事制度改革，修订完善企业设立登记、变更、注销“一表制”示范文本，强化与入驻窗口的衔接配合，全年共为自贡瀚宇航空科技股份有限公司、自贡阳光源贸易有限公司等 87 户企业提供企业设立登记服务，提速 71.5%。建立行政审批“清单制”，市政务服务中心会同市政府法制办编制《自贡市市级行政许可项目目录》，该目录共列行政许可事项 230 项，涉及全市 31 个行政审批部门，230 项行政许可事项全部进驻市政务服务中心受理办理，接受社会各界监督，并于3月由市政府向社会公布。深化进园区、进企业、进项目现场的行政审批直通车“三百行动”。深入自贡东北部新城、高新区板仓工业园区、沿滩工业集中区持续开展“政务服务进园区审批直通车行动”，为自贡海川有限公司、西南电线电缆公司等121户企业现场协调、解决建设用地“两证”办理、综合验收等问题260个，直接服务项目建设300余次。对荣县、沿滩区和高新区板仓工业园区等76个重大项目进展情况进行分析，针对项目审批中遇到的新情况、新问题，逐一分析，提出建议意见。中共自贡市委全面深化改革领导小组办公室将自贡市深化投资项目行政审批制度改革作为地方改革的典型案例，上报省委全面深化改革领导小组办公室，并向中央全面深化改革领导小组办公室推荐。

【优化政务服务环境】 2015年，狠抓窗口建设，从运行模式、行为规范、日常管理、投诉受理等方面，实行制度化、规范化、标准化管理。推行窗口单位“六个清楚”服务要求，即“咨询一次写清、表格一次发清、要求一次讲清、材料一次收清、内容一次审清、规费一次算清”，并对“六个清楚”的落实情况进行督促检查，将督查结果与窗口工作人员政务服务绩效考核奖挂钩。持续推进政务大厅环境美化绿化工作，市政务服务中心被评为2015年“市级园林绿化先进单位”。开展“阳光政务、贴心服务”窗口服务品牌创建活动。印发《市政务服务中心创建特色服务窗口方案》，为服务对象量身制作服务类型卡，明确服务内容、服务方式和服务时限。是年，市政务服务中心受理、办结审批服务事项1298.9万件；即时办结873.5万件，承诺办结425.4万件；按时办结率100%，现场办结率100%，群众评议率98%、满意率100%；各窗口开展延时服务1270人（次），休息日预约服务16次，上门服务13次。

【公共资源交易平台建设】 2015年，成立市公共资源交易管理委员会，市长刘永湘任主任，并主持召开第一次全体会议，审议并原则通过《自贡市公共资源交易管理委员会议事规则》《自贡市公共资源交易管理委员会办公室工作规则》《自贡市市本级公共资源交易现场管理暂行办法》。新建市公共资源交易中心，按功能设置4个开标厅、4个评标室、监督室、抽专家室，安装相关软件、设备，建成规范、标准、高效的公共资源交易平台。制定《自贡市市级公共资源交易目录（第一批）》，该目录包括工程建设招投标、政府采购、土地使用权和矿业权出让、国有产权交易等5大类92项内容，凡列入目录内的项目必须纳入公共资源交易平台集中交易。制定《自贡市国有土地出让交易管理制度》《自贡市矿业权交易管理制度》等10个制度，严格按照流程管理。市政务服务中心会同市发改、国土、财政等市级主管部门完成突出问题专项整治，并建立健全自查自纠机制。是年，公共资源交易平台共完成采购项目352个，组织采购活动293次，执行采购预算6.04亿元、实际采购金额4.74亿元、节约资金1.30亿元，节约率21.6%；办理协议供货采购业务1924宗，完成采购金额6125.41万元；工程交易共安排开评标项目151个，抽取评标专家827人（次），工程涉及投资预算金额51.07亿元、中标金额40.30亿元、节约资金10.77亿元、节约率21.09%；国土矿权交易完成30个项目，其中，土地使用权出让项目28个、预算金额8.32亿元、成交金额9.61亿元、溢价1.29亿元、溢价率15.44%，矿业权交易项目2个、成交金额31.97万元。

【健全便民服务体系】 2015年，基层便民服务机构升级达标工作被列入市政府为民办的18件实事之一，市政务服务中心印发《关于深入推进村（社区）便民服务室建设的通知》，会同市委组织部、团市委等部门制定《自贡市乡镇（街道）便民服务中心、村（社区）便民服务室升级达标建设实施方案》，推进54个乡镇（街道）便民服务中心、200个村（社区）便民服务室达标建设。全年全市投资730万元进行乡镇（街道）便民服务中心、村（社区）便民服务室场地升级达标建设，建成54个标准化乡镇（街道）便民服务中心、200个标准化村（社区）便民服务室。印发《自贡市人民政府政务服务中心关于开展逢场天送便民服务下乡活动的通知》，开展逢场天送便民服务下乡、集中办公服务等个性化、差异化服务。是年，四区两县开展逢场天送便民服务下乡12次，接待办事群众1500余人次，慰问困难群众80余人。针对特殊时段、特殊人群需要，在房屋权属中心、医保等办事群众多的窗口推行紧急事项延时服务制、特殊事项预约服务制、老弱病残上门服务制等特色服务。市政务服务中心31个窗口部门的局长（主任）分别到部门窗口开展服务群众活动，接待办事单位266个、办事群众575人次，办件229件。组织市工商局、市质监局、市人社局、市国税局、市地税局、市农行在四川理工学院开展大学生自主创业企业设立登记“进校园”专题讲座，为200余名大学生在工商营业执照、组织机构代码证、税务登记证办理所需资料、流程和优惠政策等方面进行讲解，现场向3名学生发放工商营业执照，解答大学生创业中存在的困惑，发放宣传资料1000余份。同时，在市政务服务中心二楼服务大厅综合窗口专门设立“大学生、返乡农民工、退伍军人”创业企业“设立登记免费服务窗口”，为其办理企业设立登记提供就业指导、政策咨询和企业设立登记代办服务工作，全年为76名大学生办理工商营业执照、组织机构代码证等事项，打造“大众创业、万众创新”政务环境。

【推进行政权力规范运行】 2015年，成立自贡市推进简政放权协调小组，印发《自贡市2015年推进简政放权放管结合转变政府职能工作方案》，将工作细化为43项具体任务，确定责任主体和完成时限，召开推进简政放权放管结合转变政府职能工作部署会，配合市目督办对简政放权工作进行按月督查，及时掌握工作进展情况。全年完成简政放权工作涉及的43项任务中的39项。开展简到位、放到位、管到位试点工作，选取市国土资源局、市城乡建设住房保障局、市工商局和市公积金中心的部分审批和服务事项进行试点，4个试点单位共提出25条“简、放、管”的具体措施和办法，做到点在突破、面在深化，推动简政放权工作向纵深发展。明确行政权力依法规范公开运行领导小组成员单位职能职责，市政务服务中心会同市监察局、市政府法制办、市电子政务办，对各区县、10个市级部门开展行政权力运行情况实地督查，针对部分行政权力部门办件为零、监察点和风险点设置不科学不合理等问题提出具体解决办法和工作要求。每月对各区县、市级各部门行政权力平台运行情况、存在的问题进行定期通报，指导各行权部门集中开展试运行数据和预警报警数据处理工作，全市集中处理试运行办件6594条。

【惠民帮扶活动】 2015年，先后到大安区凉高山社区、自流井区小桥井社区等4个社区开展“惠民帮扶进社区”活动，现场接待群众咨询1023人次，发放宣传资料2643份，提供就业岗位743个，就业咨询163人次，达成就业意向57人，开展惠民义诊752人次，慰问社区困难群众220人，发放慰问品和慰问金2.91万元。开展困难群众日常救助工作，救助困难群众29名，发放救助现金2.5万元，为困难群众解决就业、就医、子女入学、修缮房屋等实际困难10余件，高新区春华社区、大安区凉高山社区分别赠送市政务服务中心“携手共建促和谐　惠民帮扶暖人心”锦旗。

【中介数据库建设】 2015年，充实中介数据库，将涉及工程咨询、环评、安评等40类327家中介机构进入目录规范管理，实现与全省中介机构数据库信息共享，全市62家中介机构被纳入省中介机构数据库管理。5月，四川卫视记者对自贡市中介机构服务行政审批工作进行专题采访，省政府网站、自贡日报等媒体分别报道平台的建设和运行情况。截至12月底，有6万多人次对平台进行访问。

（王姝婧）

市场管理

【资产经营】 2015年，全市国有农贸市场店面出租率99.5%，摊位出租率97.5%。实现事业收入883万元，同比增长6.77%。市场水费、电费、卫生费收支平衡。是年末，国有农贸市场总资产1.19亿元，总负债2151万元，资产负债率18.11%。

【市场建设】 2015年，自流井区灯杆坝—五星街—龙井和贡井区筱溪街2个“一刻钟便民服务圈”的市场项目竣工验收合格。完成贡井区筱溪街蔬菜大棚局部改造工程，实施大棚钢结构加固和防锈处理，更换大棚屋面300平方米。完成一对山工业品市场和富台山隧道商场电源线路、电源控制二次回路等技术改造。

【环境卫生管理】 2015年，修订完善《农贸市场环境卫生管理标准》《农贸市场长效管理办法》等规章制度，市场环境卫生和综合管理逐步实现网格化全覆盖和规范化、制度化。落实卫生责任制，及时清运市场内积存的生活垃圾、建筑垃圾和排水沟内的杂物350余吨，铲除千脚泥2余吨。市场肉、禽、水产品等交易区严格实行每周冲洗、消毒制度，冲洗、消毒市场400个（次）约20万平方米。改造、完善供排水系统3套，清淤、疏通阴阳水沟4000米。

【市场秩序整治】 2015年，开展市场交易秩序专项整治8次，拆除、取缔违章构筑物和经营设施、占用消防通道和出入口的临时摊点120个。依法取缔市场周边各类占道经营的游摊、坐商不归店、乱张贴广告行为，改善市场周边容貌。健全“打、防、控”一体化的市场治安防范网络，完善群防群治工作体系。打击假冒伪劣、短斤少两、欺行霸市等违法行为，营造宽松和谐的交易环境。推进“放心肉”和“无公害蔬菜”工程，坚持食品安全检查登记备案制度，严把食品进场关，全年无食品安全责任事故发生。

【市场服务】 2015年，开展市场政策咨询服务12次，坚持换零钞、设置公平秤、爱心雨伞等便民服务措施。坚持调查统计并报送城区重点农贸市场主要农副产品价格信息48期，通过省农经网和市级报刊、电台、电视台、公交车载视频等媒介发布，及时为经营者和消费者提供信息服务。调解各类纠纷120余次，受理服务对象投诉和反映问题200余人次，维护经营者和消费者合法权益。

【安全生产】 2015年，落实“一岗双责”和“党政同责、共同担责”的安全责任制度，层层签订目标责任书，坚持“日巡查、周检查、月抽查、季督查”的安全检查模式，重点市场实行24小时值班和交接班制度。开展新《中华人民共和国安全生产法》专题学习培训5次，发放学习资料1000份，参训人员150余人次。组织大型安全检查6次，对供电线路老化破损、私拉乱接、市场内使用易燃易爆危险物、店面与生活用房混合使用、地面坑洼不平、屋面漏水等安全隐患进行整改，全年市场无安全责任事故发生。

（杨　勃）

住房公积金管理

【公积金归集管理】 2015年，印发《关于进一步提高住房公积金使用效率促进住房消费的通知》《关于适度放宽住房公积金提取政策的通知》等文件，推出父母子女购房互提公积金、放宽租房提取、放宽延长贷款年限提取等8条政策措施，增强缴存职工购房消费能力。全年新建制单位137个，新建制8300人，完成年度计划的103.75%；新增归集住房公积金13.95亿元，完成年度计划的107.31%；为职工办理住房公积金提取9.52亿元，完成年度计划的136%。至年末，累计归集住房公积金84.22亿元。是年，完成全市2.34万名“辞职专户”和停缴单位职工账户清理和封存工作，合并1人多账户2212个。印发宣传单4万余份，向缴存职工投递对账单10万余份，在各类媒体发表文章99篇。

【公积金贷款管理】 2015年，出台放宽贷款放款条件、降低贷款保证金比例、提高个贷最高贷款额度等贷款新政，开展异地贷款业务，优化贷款流程，全年为4707户职工家庭发放住房贷款12.47亿元，同比增长54.29%，完成年度计划的178.14%，公积金个贷率87.9%。至年末，累计发放贷款62.12亿元。

【公积金风险防控】 2015年，制定风险防控措施，通过省住房公积金廉政风险防控工作检查，并获得99分的高分。完善财务管理，全年未发生1笔资金风险，资产优良率保持100%。强化外部监督，接受各类检查监督，未发现一起违纪违规问题。

【提升管理效益】 2015年，创新资金运营模式，科学合理运营资金，实现增值收益最大化目标。全年实现增值收益1.3亿元，同比增长46.25%，完成年度计划的136.84%。全年提取廉租住房建设补充资金1.12亿元，同比增长47.95%。

【信息化建设】 2月，通过住建部、省住建厅“贯标”检查验收，成功举办全省“贯标”工作现场会议，为全省住房公积金“贯标”工作积累经验、提供样板。建成网上营业厅和全省综合信息服务平台，开展微信平台和手机wap建设，提高服务能力和服务效率。

（罗钦波）

工　业

综　述

2015年，全市规模以上工业完成现价总产值1760亿元，同比增长9%；完成增加值491.65亿元，同比增长8.1%；完成工业投资143.2亿元；完成主营业务收入1702.88亿元，同比增长8.3%；全市工业园区新增承载能力5平方公里；战略性新兴产业增加值占比28.8%，规模以上工业企业管理系统信息化率60.7%。

突出转型升级找出路。一是狠抓高端产业的培育和发展。航空与燃机产业培育实现新突破，自贡通用航空产业园建设全面推进，凤鸣通用机场成为全省首个获准立项的通用机场项目，组建自贡通用航空零部件制造公司，成功引进捷克轻型飞机制造项目，海川燃机配件制造三期项目建成投产，航空与燃机产业培育走在全省前列。节能环保装备制造和新材料产业平稳发展，东锅、华西能源被列为国家智能制造示范企业，华西能源清洁高效锅炉智能制造数字化车间成为国内锅炉行业首个智能制造数字化车间。中天胜特种聚酰亚胺及复合材料产业化、大西洋焊接产业园等项目顺利推进。全年新增高新技术企业3户，高新技术产业工业增加值占比25%，同比提高1个百分点；战略性新兴产业增加值占比28.8%。二是支持传统产业特色化品牌化发展。依托旭阳药业发展现代中药产业园，促进生物医药业特色化发展；以汇维仕公司为依托，加快化纤纺织产品升级换代步伐；依托美乐迁建项目打造调味品产业基地，推动酿酒基地建设带动订单农业规模化生产；加快顺永新型建材添加剂等项目建设，推动传统建材向新型建筑材料发展。三是大力推进节能减排。确定20户重点耗能企业和优势企业纳入日常节能监察，对15户企业实施单位产品能耗对标专项监察；11个企业（生产线）纳入淘汰落后和过剩产能计划，其中，富顺县森晖玻璃产业有限公司、江阳玻璃有限公司被纳入国家计划。

突出创新驱动添活力。一是不断增强自主创新能力。推荐凯茨阀门公司申报省级企业技术中心认定，组织认定市级企业技术中心9户。浙江大学自贡创新中心、四川理工学院节能环保装备产业技术研究院、食品产业技术研究院与东锅公司等市内企业合作进一步深化。组织实施重点科技成果和专利技术转化项目150项，新培育自主创新产品7个，科技进步对经济增长的贡献率达53%。二是加快信息化与工业化融合发展。加强信息安全管理，推进“信息惠民”工程建设。推进东方通用能源公司计算机综合信息化管理系统、嘉特数控公司全智能加工系统等重点信息化项目，规模以上工业企业管理系统信息化率达到60%左右。完成自贡智慧城市建设规划和技术方案编制。是年，全市信息化基础设施建设完成投资4.4亿元，三是壮大优质企业。列入全省重点培育的小巨人企业58户、成长型企业73户、“专精特新”企业48户。对大西洋、硬质合金等优势国有企业采取嫁接先进成熟技术和建立现代企业制度的方式，促进企业不断发展壮大。大西洋与上海九庆公司合资成立自贡大西洋特种金属粉末有限公司，拓宽焊接技术的应用领域。

突出园区建设优布局。一是完善全市工业园区规划。明确修订完善全市工业园区产业发展总体规划的思路和要求，积极推进农产品加工园区规划建设。二是着力创建特色园区。成佳航空产业园、大西洋焊接产业园、晨光科技园等特色园区建设推进有序，西南静脉园等特色园区进程加快，凯茨阀门工业园项目进入主体工程施工。三是加快园区承载能力和项目建设。全年园区实施基础设施项目 14 个，新增承载能力 5 平方公里，实现主营业务收入 1100 亿元，新开工工业项目 25 个，完成投资 6.9 亿元。

突出精准施策稳增长。一是用好用活工业应急临时周转金。全年为 192 户企业完成转贷 279 笔、金额 31.67 亿元，较好地稳定现生产，化解资金链断裂的风险。二是积极搭建融资平台。召开重大项目融资对接会、知识产权质押融资银企专题对接会等各类融资会 11 次，推出有融资需求的重大工业项目 28 个，意向融资额度 14.9 亿元。三是直接融资实现新突破。18 户企业申报纳入全省“新三板”挂牌重点后备企业库，百味斋等 3 户企业在新三板挂牌上市。四是落实直购电和富余电量扶持政策。通过积极争取，在保留晨光院等 2 户企业直购电基础上，新增硬合公司等 10 户企业进入全省直购电试点范围，全年为企业节约电费 1200 万元。五是积极帮助企业开拓市场。成功举办“自贡造·订货月”产品购销系列活动 17 场次，签订产品购销和投资类项目金额 71 亿元；举办第四届“携手灯城·龙聚盐都”招商推介会，邀请中航工业集团、中港国际投资集团、富士康科技集团等 68 户国内外知名企业参会，推出工业招商引资项目 48 个，总投资 286 亿元。六是健全项目推进机制。进一步完善市级领导联系重大项目制度、市级机关派驻服务企业联络员制度、高端成长型产业项目协调推进机制，落实 1650 万元工业发展资金用于用电补贴等现生产和项目开竣工激励，全市 53 个工业、能源、通讯重大项目完成投资 48.9 亿元。

工业规模及结构

【工业规模】　2015 年，全市规模以上工业企业 554 户，完成工业总产值（按现行价格，下同）1760.54 亿元，同比增长 9.0%。实现工业增加值 491.65 亿元，同比增长 8.1%，增速高于全省 0.2 个百分点。实现工业销售产值（按现行价格，下同）1737.77 亿元，居全省第 7 位，同比增长 7.4%，居全省第 8 位。产销率达 98.7%，高于全省 2 个百分点。实现主营业务收入 1702.88 亿元，同比增长 8.3%。实现利润总额 65.17 亿元，同比下降 5.7%。其中，大中型企业 142 户，占全市规模以上企业总数的 25.6%，完成总产值 781.05 亿元、同比增长 2.4%，占全市规模以上企业总产值的 44.4%，实现销售产值 769.04 亿元、同比增长 1.5%，产销率 98.5%；小微企业 412 户，占全市规模以上工业企业总数的 74.4%，完成总产值 979.49 亿元、同比增长 14.8%，占全市规模以上企业总产值的 55.6%，实现销售产值 968.73 亿元、同比增长 14.8%，产销率 98.9%。

【轻重结构】　2015 年，轻工业完成总产值 374.70 亿元、同比增长 15.4%，占全市规模以上工业企业产值的 21.3%；实现增加值 107.18 亿元、同比增长 11.7%；实现销售产值 363.25 亿元、同比增长 13.2%，产销率 96.9%。重工业完成总产值 1385.84 亿元、同比增长 7.3%，占全市全市规模以上工业企业产值的 78.7%；实现增加值 384.46 亿元、同比增长 7.2%；实现销售产值 1374.52 亿元、同比增长 7.4%，产销率 99.2%。

【所有制结构】　2015 年，全市国有企业完成工业总产值 9.62 亿元、同比增长 11.4%，占全市 0.5%，产销率 98%。集体企业完成工业总产值 13.72 亿元、同比增长 42.3%，占全市 0.8%，产销率 99.6%。股份合作企业完成工业总产值 11.30 亿元、同比增长 23.3%，占全市 0.6%，产销率 92.3%。股份制企业完成 1577.19 亿元、同比增长 8.9%，占全市 89.6%，产销率 98.7%。外商及港澳台商投资企业完成工业总产值 52.52 亿元、同比增长 8.9%，占全市 3.0%，产销率 98.9%。其他经济类型企业完成工业总产值 96.19 亿元、同比增长 5.3%，占全市 5.5%，产销率 98.9%。

【行业结构】　2015 年，在规模以上工业企业中，机械产业 202 户，占全市工业企业 36.5%，完成工业总产值 815.41 亿元、同比增长 11.1%，占全市 46.3%。盐化产业 93 户，占全市工业企业 16.8%，完成工业总产值 338.06 亿元、同比增长

7.5%，占全市19.2%。食品产业79户，占全市工业企业14.3%，完成工业总产值215.47亿元、同比增长17.2%，占全市12.2%。新材料产业30户，占全市工业企业5.4%，完成工业总产值119.40亿元、同比下降2.8%，占全市6.8%，实现增加值34.15亿元、同比下降2.4%。节能环保产业50户，完成总产值308.67亿元、同比增长7.6%，实现增加值89.18亿元、同比增长6.5%。高端制造产业5户，完成总产值15.09亿元、同比下降6.7%，实现增加值4.22亿元、同比下降6.1%。生物医药产业10户，完成总产值50.39亿元、同比增长25.6%，实现增加值14.10亿元、同比增长23.1%。

【区县工业产值概况】 2015年，自流井区完成工业总产值97.63亿元，对全市总产值的贡献率7.0%，规模以上工业增加值增长12.1%，居全市第4位。贡井区完成工业总产值324.49亿元，对全市的贡献率23.9%，规模以上工业增加值增长12.2%，居全市第3位。大安区完成工业总产值452.29亿元，对全市的贡献率28.5%，规模以上工业增加值增长10.5%，居全市第7位。沿滩区完成工业总产值239.86亿元，对全市的贡献率21.4%，规模以上工业增加值增长15.9%，居全市第1位。荣县完成工业总产值204.48亿元，对全市的贡献率14.5%，规模以上工业增加值增长12.1%，居全市第4位。富顺县完成工业总产值252.50亿元，对全市的贡献率16.8%，规模以上工业增加值增长12.0%，居全市第6位。在全市中，高新区完成工业总产值369.63亿元，对全市的贡献率29.7%，规模以上工业增加值增长15.0%，居全市第2位。

工业投资

【概况】 2015年，全市完成工业投资143.2亿元，与2014年基本持平；完成更新改造投资136.3亿元，同比下降21.7%。工业投资的稳步推进增强了工业发展后劲，全年有44个工业项目竣工投入试生产，贡献产值54.1亿元。

【重大项目】 2015年，实施省领导联系指导重大产业项目4个，总投资81.9亿元，年内计划投资9.9亿元，实际完成投资12.8亿元，完成年度计划的129.3%。全年实施省级投资上亿元重点工业及技改项目17个，总投资176.7亿元，年内计划投资34.7亿元，实际完成投资35.7亿元，完成年度计划的102.8%。全年实施市级重大工业项目53个，总投资165.9亿元，年内计划投资48.5亿元，实际完成投资48.7亿元，完成年度计划的100.4%。大西洋焊接产业园、中昊晨光氟硅新材料产业化项目等一批重大工业项目进展顺利，东锅公司600MW超临界循环流化床锅炉自主研制、节能高效工业泵研发制造基地、华西能源科技工业园等一批重大项目竣工投产，凯茨阀门工业园等一批重大项目开工建设。

【项目管理】 2015年，出台一系列稳增长、稳投资的政策措施。继续实施市级领导联系重大项目制度，对市级领导联系重大项目进行相应调整，加大协调力度；继续实施并完善五大高端成长型产业项目协调推进机制，加强五大高端成长型产业重大项目推进实施的综合协调、动态跟踪，研究解决项目建设中的问题；继续实施力促项目投产达产的普惠政策，对总投资在3000万以上、年内按计划开工并正常建设的项目和年内按计划竣工投产的项目予以奖励。

机械装备产业

【概况】 2015年，全市机械装备制造业规模以上企业实现主营业务收入808.5亿元、同比增长12.0%，利润总额32.7亿元、同比下降8.9%。生产制造电站锅炉10.86万蒸发量吨、同比下降7.7%，金属切削机床3653台、同比下降7.8%。产业规模、效益、就业人员、资产总额等主要经济指标均排在全市工业各行业之首。

【重点企业】 2015年，东方电气集团东方锅炉股份有限公司、四川长征机床集团有限公司、华西能源工业股份有限公司、四川省自贡运输机械集团股份有限公司、四川川润股份有限公司等5户四川省重大技术装备重点企业实现主营业务收入178.5亿元、同比增长2.6%，利润总额5.5亿元、同比下降42.9%。

【重点项目】　2015年，机械装备企业实施市及以上重点项目26个，占全市工业类重点项目的49.0%，计划总投资69.8亿元，全年完成投资24.15亿元，超计划17.1个百分点。节能高效工业泵研发制造基地、燃机配件制造项目（三期）、低排放余热高效节能锅炉产业化项目、机械密封设备生产线项目等12个项目建成或竣工投产。

【技术创新】　2015年，机械装备企业实施寿光1000兆瓦高效超超临界机组对冲燃烧锅炉、贵州茶园660兆瓦超临界机组“W”火焰锅炉、呼伦贝尔金新气化炉、8万吨（焊口外置型）磁硫铁矿制酸余热锅炉、球罐用CHE607QR焊条、核岛主设备用带极埋弧堆焊用CHF303HR焊剂、脱硫三环双端面机械密封等47个省技术创新计划项目，实施电站锅炉烟气脱硝设备、航空发动机试车台设备开发、化工行业用特种硬密封球阀研制等7个省重大技术装备创新研制和产业化专项。开展国家、省、市三级企业技术中心体系建设，到2015年末，机械装备企业建有国家级企业技术中心1个、省级企业技术中心10个、市级企业技术中心16个。

盐化产业

【概况】　2015年，全市盐化产业规模以上企业93户，完成现价工业总产值338.06亿元，同比增长7.5%；主营业务收入323.3亿元，同比增长5.9%；利润总额8.5亿元，同比增长28.5%。

【优势骨干企业】　2015年，久大集团完成现价工业总产值12.70亿元，同比增长2.6%；主营业务收入14.6亿元，同比下降3.6%，实现利润0.35亿元，同比下降8.1%。昊华鸿化公司完成工业总产值1.02亿元，同比下降9.0%；主营业务收入1.46亿元，同比下降25.8%；亏损6.0亿元，增亏7.8%。

【重点项目建设】　2015年，推进晨光院5000吨/年特种高品质聚四氟乙烯悬浮树脂生产线、氟加工制品项目、企业技术中心、晨光化工园区集中供热平台建设工程项目，实施动能公司水厂扩能改造项目；天龙化工更新多功能电子清洗剂四甲基氢氧化铵、多功能聚胺单体、3－二胺基－4、4－二羟基二苯砜进入配套设施安装和人员培训、设备调试阶段；高性能全氟聚酰亚胺单体及其聚合物的规模化生产项目加快推进；中天胜年产一万吨特种聚酰亚胺树脂及复合材料产业化项目（一期）泡沫生产线技改工程进入设备调试阶段；自贡中新药业联手四川科伦、科创药业建设占地13.27公顷、总投资4亿元、符合GMP标准的现代中药饮片加工基地、中药材提取中心、功能食品、生物保健品及中成药生产、研发基地基本完成基础施工。占地10公顷、投资2.33亿元，从事医药中间体、植物提取物的旭阳药业生产和销售基地迁建项目——现代中药产业园一期正式生产，二期金岁方药业饮片车间内装修基本完工，进入综合厂房钢结构主体施工。

【结构调整及产品研发】　2015年，以中昊晨光院为龙头，做大“盐—基础化工—精细化工—硅氟化工—后加工产品”特色氯碱产业链。发展精细化工，重点发展有机氟、特种有机硅，重塑工程塑料加工，兼顾发展含氟精细化学品；加快有机氟材料结构调整，做好特种聚四氟乙烯、氟橡胶、特种有机硅、含氟精细化学品、氟树脂、氟橡胶深加工应用；开发国内空白的高端含氟聚合物；加强苯基特种有机硅产品的开发，实现规模化生产，打造国内一流的特色氯氟化工基地。四川健能制药自主研发新品种（新药和仿制药）30多个，旭阳药业开发出40余个细胞破壁（膜）品种。

农产品加工业

【概况】　2015年，农产品加工业实现产值215.47亿元，同比增长17.2%，占全市规模工业的12.26%；完成工业增加值62.48亿元，同比增长15.5%，占全市工业增加值的12.7%，增幅均高于全市平均水平。全年食品行业企业争取省各类专项资金支持278万元。

【企业发展】　2015年，四川自贡百味斋食品股份有限公司（代码：833410）在新三板挂牌上市，为全省第一家主营调味品的上市企业。百味斋从2014年底开始进驻各大电商平台，2015年开通淘宝、一号店、微店等平台的百味斋旗舰店，建立微信公众号、官方微博账号等推广渠道。是年，经国家质检总局审查，自贡添宝花生制品有限公司成功获得“五宝花生”专用标志使用许可，成为全市第一家获准使用“五宝花生”专用标志企业。该商标于2013年12月成功申报为国家地理标志保护产品。

【项目建设】 2015年，开展食品行业重点项目督促、协调服务工作。收集、整理全市食品企业及发展基本情况，形成全市食品工业“十三五”规划。是年，四川请你来餐饮管理有限公司的芭夯总部基地项目及四川省万寿酒业有限公司的新建标准化包装车间5000平方米项目顺利实施，四川绿茗春茶业有限公司的优质生态绿茶清洁化生产线及茶精加工项目、自贡盐味源食品有限公司的1250吨/年泡菜生产线建设项目、富顺县雷三食品有限公司的新建豆花蘸水生产线项目、四川省远达集团富顺县美乐食品有限公司的美乐香辣酱及系列产品生产基地迁建项目（一期）竣工投产。

【资金支持】 2015年，开展四川省中小企业发展专项资金农产品加工类项目申报，自贡市国名食品有限公司获得资金补助40万元，四川自贡百味斋食品股份有限公司贷款贴息项目获得补助资金43万元，四川省远达集团富顺县美乐食品有限公司贷款贴息项目获得补助资金37万元，富顺县蜀佳味业有限公司贷款贴息项目获得补助资金37万元。是年，8户企业共争取省上各类资金278万元。

【市场开拓】 2015年，组织四川省远达集团富顺县美乐食品有限公司、四川自贡百味斋食品股份有限公司、自贡市刀刀爽食品有限公司、自贡市国名食品有限公司、自贡盐味源食品有限公司5户企业参加在山东省烟台及河南省驻马店的展会，吸引10余户采购商和进出口贸易商与企业进行洽谈并签署合作协议。

【重点企业】 截至2015年，全市农产品加工业中，重点企业有四川龙都茶业（集团）有限公司、自贡新星源食品有限公司、荣县阳光农业发展有限公司、四川自贡百味斋食品有限公司、四川省富顺锦明笋竹食品有限公司、四川省远达集团富顺县美乐食品有限公司、富顺县蜀佳味业有限公司、自贡市天花井食品有限公司等企业。

战略性新兴产业

【概况】 2015年，全市战略性新兴产业完成总产值493.55亿元，同比增长3.95%；完成增加值136.98亿元，同比增长3.41%；实现主营业务收入484.64亿元，同比增长3.19%；实现利润17.29亿元，实现利税总额40.95亿元，战略性新兴产业增加值占全部规模以上工业增加值的比重为28.8%。

【新材料产业】 2015年，被列入全市战略性新兴产业的新材料企业33户，实现工业总产值119.40亿元，占全市工业总产值6.78%，占全市战略性新兴产业总产值24.19%；实现工业增加值34.15亿元，占全市工业增加值6.94%，占全市战略性新兴产业增加值24.12%；主营业务收入115.27亿元，利润1.02亿元，利税总额5.26亿元。初步形成以企业为主体、以科研院所和高校为依托的产学研创新机制，有综合性理工大学1所，国家级科研院所2个，省、市科研院所3个；国家工程技术研究中心3个，省级工程技术研究中心5个；国家企业技术中心3个，省级企业技术中心4个；省级重点实验室4个。氟聚合物、芳纶纤维、聚苯硫醚树脂合成及纺长丝、等离子体法制备富勒烯、含氟聚酰亚胺、硬质合金深加工、特种焊接材料等一批关键技术达到或接近国际先进水平，拥有一批自主知识产权。形成以自贡硬质合金有限责任公司、四川大西洋焊接材料股份有限公司为龙头的金属及复合材料产业群，以中昊晨光化工研究院有限公司、自贡中天胜新材料科技有限公司、四川辉腾科技股份有限公司为龙头的高分子合成材料产业群，以中橡集团炭黑工业研究设计院、自贡东新电碳有限责任公司为龙头的新型碳材料产业群，以四川久大盐业（集团）公司、四川省精细化工研究设计院为龙头的精细化工新材料产业群。

【节能环保产业】 2015年，研究制定全市节能环保装备产业“十三五”发展规划、年度计划和促进产业发展的政策措施，完善产业发展路线图，推进节能环保装备产业发展。以自贡高新技术产业开发区为载体，以东方锅炉、华西能源、川润股份等骨干企业为龙头，加快重点产品培育和关键核心技术研发，挖掘节能环保装备制造及资源循环利用潜力，重点发展固体废弃物治理、大气污染防治、水污染治理、清洁能源装备等，加快建设国家新型工业化示范基地—节能环保装备制造基地。是年，全市节能环保产业实现总产值308.67亿元，增加值89.18亿元，主营业务收入303.79亿元，利润13.55亿元，利税总额30.12亿元。

【高端装备制造产业】 2015年，依托海川公司、长征机床、运机公司等骨干龙头企业，促进海川实业有限公司燃机关键零部件制造等重点项目投产，打造燃气轮机、机床设备、机械制造等优势产品，推进川南通用航空产业园建设，带动全市通用航空产业及配套产业发展。是年，高端装备制造产业实现总产值15.09亿元，增加值4.22亿元，主营业务收入14.80亿元，利润0.76亿元，利税总额1.28亿元。

【生物医药产业】 2015年，重点培育发展安益生物、旭阳药业、旺林堂药业等一批生物制药企业，并在一批关键核心技术上实现突破。推进安益生物科技产业园、旭阳药业现代中药园建设，旺林堂整体迁建项目竣工投产，促进全市生物医药产业企业集聚发展。是年，生物医药产业实现总产值50.39亿元，增加值14.10亿元，主营业务收入50.78亿元，利润1.96亿元，利税总额4.29亿元。

（马博强）

航空与燃机产业培育

【完善工作机构】 2015年，市委、市政府对市航空与燃机产业发展推进小组及自贡通用航空产业园领导小组进行整合，成立市航空与燃机产业发展领导小组，市委书记雷洪金担任顾问，市长刘永湘任组长，市委常委王猛、项晓峰任副组长，领导小组办公室主任由王猛兼任，常务副主任由贡井区委书记兼任，副主任由市委分管副秘书长、市发改委主任、市经济和信息化委员主任、贡井区区长兼任。

【规划编制】 2015年，启动《自贡航空产业园发展规划》编制工作。航空产业园规划范围包括自贡高新技术产业园区贡井工业集中区成佳工业园及周边共约15.2平方公里。园区定位为以航空与燃机及相关零部件生产等高端装备制造、通用飞机生产组装、航空与燃机新材料研发应用、航空服务业为主的特色产业园区。通过10～15年建设，将自贡建成全省航空与燃机产业发展集聚区和西部通用航空区域枢纽，打造成为西南航空与燃机零部件研发生产基地、西部航空与燃机新材料研发应用基地、西南通用飞机组装基地和西南通用航空服务基地。

【项目推进】 11月25日，自贡凤鸣通用机场项目经省政府以川府函〔2015〕244号文核准批复同意建设，是国务院核准权限下放后省政府核准的第一个通用机场项目。是年，自贡通航机场发展有限公司与捷克伊赫拉瓦飞机制造有限公司成功签约，引进捷克2人座轻型飞机生产线建设项目。

【企业培育】 2015年，自贡市航空零部件生产龙头企业四川省自贡市海川实业有限公司与四川英祥实业集团有限公司、四川自贡嘉丰置业有限公司合资组建自贡瀚宇航空科技有限公司，该公司拟投资2亿元建设航空零部件制造项目。

（市发改委）

工业园区

【概况】 2015年，全市园区规模以上工业企业实现工业总产值1139.8亿元，工业增加值326.1亿元，利润总额45.94亿元，实现主营业务收入1100亿元，工业园区产值占规模以上工业的比重64.74%。园区新增承载能力5.13平方公里，累计建成投产面积46平方公里，新开工工业项目26个，园区入驻规模以上工业企业273家，园区就业人数13万多人。

【特色园区建设】 2015年，借助《自贡市工业空间布局拓展规划》，强化特色园区规划布局，完善水、电、气、路、通信等基础设施，加强各类公共服务平台和园区信息化建设。推进自贡航空产业园、大西洋焊接产业园、自贡食品工业园、华西科技园、电力产业园、晨光科技园等特色园区建设，高新区南岸科技新区“一环两纵三横”道路骨架基本形成，孵化园二期项目建设如期完成。

【产业集群培育】 2015年，加强锅炉及容器、高分子合成材料、有色金属新材料、焊接新材料、食用盐及调味品等产业集群培育，园区规模以上工业企业工业总产值1139.8亿元。

【创新管理机制】 2015年，贯彻落实省委2015年15号文件和省委办2015年41号文件精神，逐步推行"政区合一"。将经济事务权限下放到各园区管委会，让企业在园区内部享受"直通车"服务。按照"政企分开、政资分开"原则，推动园区由政府主导向市场主导转变。探索完善"管委会+公司"的开发模式，推广政府和社会资本合作（PPP）的开发模式，创新园区产城联动开发模式等。

【创新目标考核】 2015年，围绕增强园区承载能力、产出能力、创新能力、纳税能力、就业能力，建立目标考核体系，配套建立月督查、季通报、半年现场会检查、年度考核奖惩的推进机制，引领园区强化各项能力建设，做大做强全市工业的主战场。

【推进项目建设】 2015，按照"争开工、抓续建、保投产、促前期"的要求，完善项目责任机制、保障机制、整合机制和考核奖惩机制，推进航空产业园建设，促进燃机零部件生产制造、捷克轻型飞机、德明电站锅炉扩建、龙腾机械加工生产线开工建设，确保大西洋焊接产业园一期、西南（自贡）无水港植物油加工等一批项目投产。

【融资服务】 2015年，建立和完善园区税收分成补偿机制、土地成本补偿机制和规费补偿机制，建立和做大园区投融资公司、信用担保公司，探索园区业主制投资、合作融资、"以商补园"等多元化园区建设发展新模式，破解资金制约瓶颈。争取中央、省上支持，发挥财政资金的引导作用，在全市建立贷款应急周转金、高新开发区"园保贷"和科创小微贷等，对接协调金融机构与园区的融资工作，为园区搭建多渠道融资平台。

（马博强）

电力生产和供应

【电力生产】 2015年，全市发电量2.63亿千瓦时。其中，国网四川省富顺县供电有限责任公司辖属的黄葛灏水电站装机容量1.28万千瓦，黄泥滩水电站装机容量1.8万千瓦，全年发电量2.07亿千瓦时；自贡市垃圾焚烧电厂装机容量2.4万千瓦，全年发电0.56亿千瓦时。

【电力供应】 2015年，全社会用电量32.09亿千瓦时，同比下降7.19%；工业用电量15.77亿千瓦时，同比下降19.17%；20户主要工业企业主网用电量6.24亿千瓦时，同比下降7.26%。是年，争取省上电力政策支持，落实直购电和富余电量扶持政策，在保留中昊晨光化工研究院有限公司和昊华鸿鹤化工有限责任公司2户企业直购电的基础上，新增自贡硬质合金有限责任公司和四川汇维仕化纤公司等10户企业进入全省直购电试点范围，12户企业共减少电费支出约1483万元；全市8户企业享受丰水期富余电量消纳政策，共减少电费支出约180万元。

【电力建设】 2015年，为适应自贡市"一带、四园、七区"产业发展布局，开展电网诊断分析，编制"十三五"电网发展规划，完成110千伏向华线工程前期工作。开工220千伏琵琶输变电工程，投运220千伏天成变电站，竣工南湖等4个35千伏及以上输变电工程，推进110千伏沙坪等5个输变电工程建设。完成乐向一线等43条输电线路、园湾等21座变电站的技术改造。实施城市配网基建项目建设，新建14条10千伏线路，新增电缆线路26.32公里、架空线路30.14公里、配电变压器98台、环网柜19台、柱上开关189台。城网故障停运率同比降低46.2%。全面完成农网工程建设投资3.15亿元，新建及改造10千伏及以下线路2849公里，新增配变1196台、容量11.96万千伏安。实施农电"精品"工程，胡家村配电台区工程获"国家电网公司2015年度农网（配电）百佳工程"，成为省电网公司两家连续三年获此殊荣的地市供电单位之一。

（马博强）

【国网自贡供电公司概况】 国网自贡供电公司属四川省电力公司特二型企业，担负自贡市四区两县4000多平方公里和内江市威远县部分区域的电能供应、电网建设和运行管理任务。公司本部设11个职能部室，辖8个直属二级单位，有全资子公司国网荣县供电有限责任公司和自贡电力设计院。2015年，实现富益电力公司改制，控股国网富顺县供电有限责任公司。是年末，自贡供电公司固定资产净值20.2亿元。

【企业安全生产】 2015年，坚持以人为本、安全发展，贯彻“举全力、保安全”理念，完善制度27项，开展专项行动31项。创新“塔基孤岛”隐患整治方式，首次实行施工作业政府行政许可制度，遏制外力破坏事故多发苗头。完善电网运行风险预警机制，完成“自贡灯会”等220次重大保电任务。开展各类联合反事故演习和“无脚本”演练39场次，完成±800千伏宾金直流线路接地极抢险救援，打赢“迎峰度夏”攻坚战。是年，自贡电力公司获省电力公司“安全生产特殊贡献单位”荣誉、全国“安康杯优胜单位”称号。截至2015年12月31日，实现连续安全生产4122天。

【企业经营管理】 2015年，完成售电量27.13亿千瓦时，线损率9.1%，完成投资9.88亿元。流动资产周转率从34次提高至635次，提高18倍。电能替代3018.6万千瓦时，完成省电力公司下达目标的300%。台区线损自动监测率提升35%。智能电表换装率、采集接入率分别达到90.26%、97.66%。坚持精益理念，实行项目储备制度，强化全面预算管理，12项亮点或典型经验在省电力公司平台交流，3项对标经验入围《四川省电力公司典型案例集》。警企协作创建“平安电力”，发挥“检企共建”预警功能，强化警示和党纪法规教育，自贡电力公司2015年获省电力公司“依法治企工作先进单位”称号。

【供电服务】 2015年，以提升客户感知为目标，深化配电抢修、停电短信服务“双平台”应用，超额完成“掌上川电APP”注册率目标，实现客户对停电信息从被动告知到主动获取的重大转变。深化“政企协作”改造老旧小区，完成111个老旧小区现场改造任务，约30万居民直接受益。率先在全省探索规范新建住宅小区供配电设施工作。实施“业扩报装环境整治百日行动”，创新两个“1+2+1”服务新举措，试点业扩报装“可视化”新模式，业扩报装容量比2014年增加17.75%，业扩报装服务规范率100%。建成自助缴费终端34台，新增电费代收网点1630个。通过“行风热线”接受社会监督，在12个市级公共服务单位行风社会评价中获得第一名。

【企业组织建设】 2015年，落实中央从严治党要求，制定公司基层党组织工作考核办法，发挥党组织政治核心作用。聚焦老旧小区改造、低电压台区治理等重点工作，架好联系服务群众的“连心桥”。是年，2个基层党组织、1人次获国家电网公司表彰，自贡电力公司获省电力公司2014—2015年度“红旗党委”称号。自贡电力公司被中央文明委授予“全国文明单位”称号，创建工作经验在全省宣传部长座谈会上作交流发言。推进企业文化进供电所活动，刘山供电所成功创建省电力公司首批企业文化建设示范点。

【集体企业改革与发展】 2015年，自贡供电公司完成6家集体企业重组，集体企业改革改制工作在四川省电力公司作经验交流。集体企业面向市场组建专业营销团队，新建川南最大镀锌生产车间；集团公司中标琵琶输变电项目建设，首次实现220千伏级变电和线路工程的同时整体中标；翔能公司首次获得国网公司订单；盛玉拓能公司成功中标甘孜、宜宾电杆采购项目。电力产业园全年签约订单量首次突破2亿元，实现向省外拓展业务的历史跨越。

（邹 庆）

天然气和成品油供应

【天然气供应】 2015年，全市天然气供应量为3.91亿立方米，同比下降5.38%。推进天然气设施项目建设，完成成佳配气站和贡井燃气储配站站外配套管网线工程建设。

【燃气基础设施建设】 2015年，投资1275.8万元，新建、改造主干管网19.1公里；投资477.15万元改造民用附属设施，完成成栋楼房改造3181户。

【成品油供应】 2015年，中石油自贡销售分公司供应成品油32.26万吨，同比增长8.95%，其中：汽油15.06万吨，同比增长16.64%；柴油17.18万吨，同比增长3.35%。

（马博强）

【市燃气有限责任公司】 2015年，公司天然气销售量1.39亿立方米，新发展民用气户1.78万户，商业用气发展537户。全年投资1275.8万元，新建、改造主干管网19.1公里；投资477.15万元改造民用附属设施，完成成栋楼房改造3181户。全年实现千人负伤率为零，企业内重伤、死亡事故为零，重大设备事故为零，重大安全、火灾事故为零，重大环保事故为零的安全生产目标。

（市燃气有限责任公司）

工业节能环保

【淘汰落后产能】 2015年，全面完成省下达11户企业的淘汰落后产能任务。组织区县开展收集、审查上报2015年淘汰落后和过剩产能计划（其中有2个平板玻璃厂被纳入国家计划），配合省经信委委托的节能监察机构实施现场核查，保证纳入国家和省淘汰落后产能计划任务的推进和完成。组织开展全市工业节能节水和淘汰落后产能项目网上申报、审查上报、专家评审等工作，有1个工业节能节水和7个淘汰落后产能项目通过专家评审，共获省级财政专项资金1181万元。开展“十二五”淘汰落后产能企业转型升级情况的调研。

【节能绩效】 2015年，单位工业增加值能耗降至0.839tce，较2014年降低21.07%，超额完成省下达的2%目标任务。“十二五”累计降幅60.75%，超额完成省下达的23.5%目标任务，全省排名第一。省下达自贡市碳排放总量确认为127万吨，为全市工业经济发展创造条件。组织完成“千户企业”（39户）节能、“百户企业”（15户）节水工作情况考核，接受并通过省政府节能节水和淘汰落后产能目标责任评价考核，经考核认定为“全面超额完成”：39户企业“十二五”期累计完成节能量目标任务的158.90%；单位工业增加值能耗下降27.85%，超目标任务24.85个百分点；15户重点耗水企业“十二五”期完成节水量959.24万立方米，完成目标任务的83.2%。

【节能监察】 2015年，对20户重点耗能企业和优势企业开展日常节能监察，对15户实施单位产品能耗对标开展专项监察，对20户企业实施落后机电设备（产品）淘汰情况开展专项监察。配合省节能中心，完成3户燃煤锅炉企业节能环保提升、3户工业固定资产投资项目节能评估审查落实情况的现场监察。审查推荐四川盛鑫源电器设备制造有限公司7个干式电工钢带配电变压器、10个油浸式电工钢带配电变压器参加2015年国家节能机电设备（产品）推荐及“能效之星”产品评价，通过省上组织的专家评审。在节能宣传周组织对各区县经信局和工业园区管委会节能管理人员进行培训。

（马博强）

企业改革

【集体企业改革改制】 2015年，鸿兴公司在主办企业鸿化公司及市级相关部门的指导下，制订《企业改制及职工安置方案》，按照“先人后资”，争取上级公司中国化工集团公司支持资金5300余万元，8月30日实施在职职工安置工作，488名在职职工与企业解除劳动关系并领取经济补偿金，社会保险关系顺利转移。

（马博强）

【深化国资国企改革】 2015年，市委、市政府出台《关于深化国资国企改革促进发展的实施意见》和有关配套方案，标志着全市全面深化国资国企改革完成总体设计，新一轮改革拉开序幕。是年，市国资委对深化国资国企改革实行项目管理和台账管理，组建8个项目组，建立12项工作台账。出台《自贡市国资委出资企业分类监管的实施意见》，推进“三项制度改革”等工作试点，研究谋划《市国资委系统市属国有及国有控股企业董事会成员管理办法》。

【推进混合所有制企业改革】 2015年，深入国有企业调研，指导先行推进改革的大西洋公司、公交公司、燃气公司拟制改革方案，报国企改革领导小组审核通过。探索员工持股方式，推进市保安公司改制。

【破产企业资产处置】 2015年，市树脂厂破产财产通过挂牌拍卖实现成功转让，成交价1051万元。粉末公司通过拆迁补偿、挂牌拍卖、市国投公司收储收购等方式，实现破产财产变现1090.4

万元。至年末，粉末公司、市油毡厂、市磁性材料总厂等企业破产财产处置完毕。

【推进企业破产终结】 2015年，推进国有破产企业清算工作，新华印刷厂、炭黑厂、粉末公司、市电化厂、汇鑫公司、市建陶总厂、檀木林宾馆、市磁材总厂、市油毡厂、市化学试剂厂、市特塑厂等11户企业完成破产清算终结。

【市保安公司改制】 2015年，对市保安服务总公司实施“管办分离、政企分开”和公司制改造，审定公司《章程》，组建临时党委，完善“两会一层”配备，完成工商登记注册，正式挂牌运营。新保安公司注册资本总额1000万元，其中国有法人股占比55.4%，员工持股占比44.6%，是全市探索发展混合所有制经济过程中第一户企业员工持股的案例。

【国有资本布局】 2015年，市国投公司出资1.26亿元组建市国有资产能源投资公司，投资页岩气勘探开发。整合交投及相关企业资产，引入“PPP”模式组建注册资本1.5亿元的信融能源投资公司，推动全市页岩气开采等新能源装备产业发展。市公交集团公司以697万元收购“自贡机动车辆及驾驶员安全技术检测站”资产，成立安信机动车检测公司并投入运营。以电子政务外网运营中心为基础，组建市智慧城市运营管理公司。

【国有资本运营】 2015年，大西洋股份公司与上海九庆公司合资成立自贡大西洋特种金属粉末有限公司。市水务集团公司完成股权回购。市国投公司向国投担保公司增加注册资本金5000万元。市高投公司、市国投公司发行短期融资券，大西洋股份公司非公开发行A股股票，总体融资规模32.5亿元。

【历史遗留问题处置】 2015年，国有企业棚户区改造、厂办大集体改革完成前期工作。川玻公司、长征公司改革方案初步形成。开展全市国有企业办中小学退休教师待遇补差工作，补差金额950多万元，涉及44户企业、758人。

（市国资委）

企业上市

【概况】 2015年，市内企业上市主攻方向定位于进入门槛相对较低、上市周期相对较短的“新三板”“四板”市场。是年，加强与上海股权托管交易中心、全国股份转让系统公司（北京）等交易市场管理机构对接，推介全市的上市培育企业，邀请知名券商到市考察调研，并对企业进行专题培训和“一对一”业务洽谈。是年，自贡百味斋食品股份有限公司、四川川油科技股份有限公司、自贡天健生物科技有限公司3户企业成功在全国中小企业股份转让系统（新三板）挂牌上市。

【培育上市企业】 2015年，确定培育上市企业的基本条件：主营业务收入1亿元以上；完成股改前期基础工作或者对实施股份制改造主观意愿强烈、积极性较高的企业；成长性较好，企业产品在市场中处于领先地位的“专精特新”企业。经过筛选，最终确定四川自贡百味斋食品股份有限公司、四川川油天然气科技公司、自贡天健生物科技有限公司、四川省自贡运输机械集团股份有限公司、四川省自贡市海川实业有限公司等为重点培育企业。

【上市指导服务】 2015年，协调会计、审计、法律、证券、创投、财务、上市公司、主管部门等各类服务资源向培育企业倾斜，为培育企业的公司制度建立、发展战略、治理机制、企业文化、创新能力、品牌建设及流程管理等提供咨询诊断服务，提出整改意见建议。帮助企业根据咨询诊断的意见建议，逐项进行整改完善，协调解决企业上市改制中涉及的土地、税收、登记注册等问题，确保企业顺利上市。

优势企业

【概况】 2015年，全市主营业务收入超10亿元企业38户，其中，100亿元以上企业1户，与上年持平；30亿元～100亿元企业1户，较上年减少2户；10亿元～30亿元企业36户，较上年增加2户。

【重点企业培育】 2015年，列入全市大企业集团（主营业务收入10亿元以上企业）培育企业38户，实现主营业务收入698.46亿元、同比增长1.91%，占全市规模以上工业的41.02%、同比下降1.18个百分点；实现利润总额22.81亿元、同比下降28.54%，占全市规模以上工业的35%、同比下降10个百分点。

【新增优势企业】 2015年，新增自贡东方热能锅炉设备制造有限公司、自贡中天胜新材料科技有限公司等6户列入省“小巨人”培育企业，全市列入省“小巨人”培育计划的企业累计达到58户；新增四川煜峰鞋业有限责任公司、自贡东联泵阀制造有限公司、自贡市中皓化工有限公司等24户企业列入省“成长型”培育中小企业，全市列入省“成长型”培育计划的中小企业累计达到73户；新增华夏阀门有限公司、四川金瑞克动物药业有限公司、自贡东方通用能源有限公司等12户列入省“专精特新”培育企业，全市列入省“专精特新”培育计划的中小企业累计达到46户。

名优特产品

【政策引导】 2015年，帮助拥有省级以上名牌产品、中国驰名商标和四川省著名商标的企业通过各种渠道争取专项资金，并在生产要素保障上给予重点倾斜，对首次获得四川名牌产品、中国驰名商标和四川省著名商标称号的企业给予补助，对牵头参与修制订国家、行业标准和采用国际标准的企业给予补助，鼓励企业提高产品质量，争创品牌。组织企业参加四川省工业企业品牌培育和先进质量管理方法培训，组织企业参加中国工业企业质量信誉承诺活动，指导企业加强品牌建设，建立和完善品牌培育管理体系。开展品牌培育管理体系试点企业认定，促进企业发挥四川省著名商标、中国驰名商标的作用。开展四川地方标准立项工作，推进企业全面质量管理。

【名牌产品创建】 2015年，组织20家企业开展争创第十二届四川名牌，至是年末，全市累计有74个四川名牌产品。组织申报2015年四川省地方名优产品，四川大西洋焊接材料股份有限公司等57户的产品列入《2015年四川省地方名优产品推荐目录》，东方锅炉股份有限公司等66户的产品列入《2015年自贡市地方名优产品推荐目录》。

【推进实施商标战略】 2015年，继续实施“个十百千”工程，完善“三主双融合，两增一并重”商标战略实施工作格局，制定《自贡市知名商标认定审查标准》及《自贡市商标发展“十三五”规划》。全市建立园区商标指导站（点）6个，板仓工业园区被确定为省级园区商标工作示范指导站。深化四川省商标战略示范城市建设，印发《自贡市人民政府关于建设四川省商标战略实施示范城市的意见》，制订《关于开展自贡市商标战略实施示范区（县）、示范乡镇（社区）、示范村、示范园区、示范企业工作的实施方案》。强化商标品牌培育，指导商标国际注册，新增国际注册商标4件。强化商标品牌运用，四川龙都茶业（集团）有限公司“龙都”系列商标质押贷款1500万元。强化商标专用权保护，开展打击侵犯知识产权和制售假冒伪劣商品工作及“红盾春雷行动2015”打击侵犯注册商标专用权子行动。截至2015年年底，全市有9户企业的10件商标被认定为中国驰名商标；四川戎春酒业有限公司的“戎春及图形”等6户企业的商标为年内新认定的四川省著名商标，全市累计有51户企业的57件商标被认定为四川省著名商标。

2015 年度自贡市新增四川省著名商标一览表

序号	企业名称	“三名商标”类别	商标
1	四川戎春酒业有限公司	著名商标	
2	注册人：李必祥 被许可使用人：自贡市白庙塔罗科血橙专业合作社	著名商标	
3	四川省自贡市海川实业有限公司	著名商标	
4	自贡市江阳磁材有限责任公司	著名商标	
5	自贡工业阀门制造有限公司	著名商标	
6	自贡市贝尔吉教学仪器设备有限公司	著名商标	

（马博强）

农 业

概 述

2015年，全市农村居民人均可支配收入12088元、同比增长9.4%，农业增加值129.48亿元、同比增长3.9%，实现农民增收、农业增效目标。

以项目建设为载体，促进农业农村发展。2015年，计划实施的农业产业基地建设、统筹城乡发展和新农村建设、农产品加工及流通、农业农村基础设施和生态建设等4大类85个、年度投资50.9亿元的农业农村发展支撑项目，实际完成投资51.5亿元。市政府出台返乡人员发展农业适度规模经营和产业化奖补政策。组织开展涉农资金项目专项审计监督检查，促进项目规范实施，确保资金使用安全和发挥最大效益。

以改革创新为动力，释放更多改革红利。深化城乡建设用地增减挂钩试点、构建新型农业经营体系、增加农民财产性收入、农村集体资产股份合作、农村产权抵押融资试点、财政支农项目资金形成资产转交农民合作社持有和管护、农村资金互助合作组织试点等改革落地实施。全市试点推进农村产权抵押融资，荣县、沿滩区纳入省级试点。全市发放农村产权抵押贷款76笔、1.05亿元。荣县开展新型农业经营主体信用保证保险试点，建立500万元风险补偿基金及地方政府、承办银行、保险公司分摊比例承担贷款风险机制，发放四川大农和农业有限公司贷款300万元。自贡市农业融资担保公司注册资本金追加至2亿元，在保余额8.63亿元、同比增加6.46亿元，位居全市担保行业第一，其中，61户新型农业经营主体在保余额1.65亿元。稳妥推进农村资金互助合作试点，大安区三绿农村资金互助合作社、沿滩区立丰农村资金互助合作社纳入省级试点。推进生猪目标价格保险试点，锦泰财险自贡中心支公司承保生猪23.2万头，为农户提供风险保障3.4亿元，为全国最大规模的价格险试点。推进支农再贷款省级示范基地建设，沿滩区九洪乡九台山瓜椒专业合作社、富顺县优质“中稻—再生稻”产业基地和优质酿酒“高粱—再生高粱”产业核心区获支农再贷款3.28亿元。

以园区建设为平台，加快现代农业发展。抓融资、上项目、稳生产、促技改，大力培育发展新型农业经营主体，农业产业化加快推进。全市区县各建成1个“万亩亿元”现代农业示范园区。荣县菜稻轮作现代农业示范园区成为首批省级现代农业示范园区。整合项目资金，带动社会投入，市和荣县、贡井区、自流井区继续沿S305、旭水河一线共同创建6666.67公顷现代农业示范区，初步形成3333.33公顷核心区、3333.33公顷辐射区。促进农产品加工流通项目进工业园区，全市实施农产品加工项目29个，完成投资13亿元。建成洛源果汁饮料、巴尔肉食品、巴尔兽药、泸蓉酒业、旺林堂药业等12个新厂；祥泷农业宜江春酒、六顺黑山羊加工、贡富笋竹肉食品等5个新厂加快建设。占地8公顷的西南粮食市场（贡舒片区）开工建设，完成投资0.7亿元。市级以上136户重点龙头企业普遍与新型农业经营主体和农户建立“合同订单保护价、优质优价、高于市场价收购”等比较稳固的利益联结机制，绝大多数龙头企业生产经营正常。2015年年末，全市工商注册农民合作社1302户，比2014年增加164户，其中：国家级示范社13户、新增8户，省级示范社46户。工商注册家庭农场1027户、新增925户；种养大户发展到3万户。新启动的华西希望特驱集团出口欧盟100万头生猪养殖项目、荣县100万头生猪联合养殖行动加快实施。全市新发展蔬果、花木、水产等农林特色产业基地3533.33公顷，畜牧示范养殖基地46个。荣县农副产品加工园区（工业园区）被农业部认定为“国家农业产业化示范基地”，荣县双古镇（龙都绿茶）成为全国“一村一品”示范镇，贡井区白庙镇塔罗科血橙认证为绿色食品，富顺香辣酱上榜国家区域品牌（地理标志产品）50亿元以上50强榜单。

以整村实施为基础，推进幸福美丽新村建设。实施“扶贫解困、产业提升、旧村改造、环境整治、文化传承”五大行动，提升建设幸福美丽新村50个，启动建设幸福美丽新村200个，建成新村聚居点140个、农村廉租房1015户、新村聚居点污水处理设施5个，完成年度投资11.6亿元。市、区县强化新村建设项目与土地整理、产业发展项目等统筹整合推进，推广富顺县“回引社会资本支持新农村建设”新机制，撬动社会投入，带动农户投入，形成持续建设热潮。5月召开的全省幸福美丽新村建设推进工作会议期间，与会代表参观考察沿滩区仙市镇百胜新村、黄市镇群英村农村廉租房。荣县、沿滩区省级新农村建设成片推进示范县共84个村实现“三年大变样”目标，争取到位省级新农村建设成片推进示范县专项资金2150万元，通过省上三年终审验收。

以全面小康为目标，打响脱贫攻坚战。一是全面部署。全市各级各部门高度重视扶贫开发工作，以前所未有的工作力度，打响脱贫攻坚战。5月，由市领导带队，分别对6个区县开展扶贫督查调研。7月起，先后组织召开全市扶贫开发工作会及配套会议，对脱贫攻坚工作进行深入研究和全面部署，加快工作启动和推进，形成上下联动、齐抓共促的工作局面。二是措施更实。市委、市政府印发《关于实施精准扶贫攻坚行动的意见》（自委发〔2015〕10号），启动生产发展减少一批、就业增收扶助一批、基础条件改善一批、教育扶持提升一批、低保政策兜底一批、医疗救助帮扶一批、财政金融扶持一批等“八个一批”脱贫攻坚行动，打出“2+13”政策组合拳。扶贫小额信贷评级授信1.51万户、4.60亿元。全年争取省专项扶贫资金4435万元、同比增加243万元，市、区县财政投入专项扶贫资金3042万元，累计完成扶贫投入7.1亿元、脱贫2.5万人。三是帮扶更实。向贫困村下派“第一书记”113名，市、区县495个单位8000余名干部对建档立卡贫困户开展全覆盖帮扶。组织开展扶贫宣讲活动、干部驻村培训，对干部驻村进行专项督查，各帮扶单位、驻村干部深入贫困村、贫困户，帮助找问题、析原因、编规划、添措施、增投入，形成帮扶合力。

统筹城乡综合配套改革

【创新农村要素流动机制】　2015年，农村土地承包经营权确权登记全部完成，颁证前期准备工作有序推进；分别在自流井区开展“多权同确”试点，在荣县开展“并地确权”和小型水利工程确权试点，在富顺县开展农田水利设施确权试点。《自贡市进一步完善和深化集体林权制度改革方案（送审稿）》由市全面深化改革领导组第六次会议审议通过。挂牌组建市农村产权交易中心，出台农村产权流转交易管理办法，探索建立数据共享和服务平台。开展全国唯一深化城乡建设用地增减挂钩改革试点，在项目区设置、安置方式、指标管理、项目编制、审批流程等5个方面大胆创新，探索农村宅基地自愿有偿规范退出机制，完成沿滩区九洪乡和自流井区仲权镇试点，集中居住群众474户2080人、货币化安置117户710人、复垦土地40.4公顷。

【创新农村金融服务】　2015年，全域开展农村产权抵押融资改革试点，将农村土地涉及7种产权全部纳入抵押融资范围，建立风险补偿和风险分担机制，配套建立抵押登记办法和农村产权评估、农村信用2个体系，区县设立300万元~500万元不等的风险补偿金，全市发放农村产权抵押贷款8954万元，全市融资性担保行业担保总额扩大到20亿元以上，市农业担保公司资本金壮大至2亿元，年末在保余额8.3亿元。在荣县开展新型农业经营主体信用保证保险试点。推进农村资金互助合作试点，2014年成立的大安区三绿农村资金互助合作社运行规范，实现非社员贷款、逾期贷款、欠息贷款“三无”目标，2015年各区县分别扩大1个试点，申报沿滩区立丰资金互助社为省级试点。推进生猪目标价格保险试点，累计承保生猪15.8万头，为农户提供风险保障2.22亿元。开展支农再贷款省级示范基地建设，全市支农再贷款1.59亿元，沿滩区纳入支农再贷款支持现代农业省级示范基地，获7000万元专项支农再贷款。

【创新镇域发展机制】 2015年，全市扩权强镇试点范围从2010年的19个乡镇扩大到39个乡镇，计划到2017年覆盖全市乡镇，富顺、自流井等区县自主开展全域试点。实行扩权事项目录清单管理，将全市乡镇划分为城镇经济型、工业主导型、农业主导型三大类型，按照民生类事项全放，经济发展类优（先）放、行政执法类慎放原则，实行一镇一清单、授权程序化管理，全市下放乡镇行政管理事项193项。按责下放人财物实权，推行乡镇办事机构综合设置，鼓励乡镇满编运行，派驻机构、片区管理机构人员管理及待遇全部纳入乡镇，区县级超收收入通过转移支付全部安排给试点乡镇，土地净收入和城市基础设施配套费返还试点乡镇，项目建设及用地指标给予倾斜。实行动态管理分类考核，分3类建立监测指标体系，以层级监督为主，辅以电视问政等社会监督形式，从时、空2个维度进行差异化监测和考核。试点乡镇经济总量、公共财政、城乡收入等指标数据比非试点乡镇明显提高，且呈现出差距拉大趋势，试点镇功能逐渐完善，镇域经济发展机制逐渐形成。

【创新农业经营机制】 2015年，推广政府投入量化折股改革，要求财政支农项目资金形成资产转交农民合作社持有和管护，所有政府生产性投入全部折股量化到农户。截至2015年年底，全市7个万亩以上产业基地专业合作社扶持资金全部实现折股量化。推广农村要素股份化改革，推动农户个人所有的农村承包地经营权、林权、农房产权、劳动力、权益收益、劳务收入等参股专业合作社或企业合作经营，同时创新合同收购、二次返利、租金务工双保底等利益联结形式，保证农民多渠道持续增收。启动集体资产股份化改革，制订改革试点方案，开展清资核产、身份认定等工作。建立发展农业适度规模的奖补及土地流转保证金、风险金、预付金等制度。推广返乡人员多元化投入改革，引导返乡农民工向农业专业大户转变，对新农村建设、农村公益性工程和项目，采取购买服务、政府与社会资本合作等方式，引导返乡人员参与建设、管护和运营，全市2.1万名返乡创业人员创办各类实体1612个，全市规模经营0.67公顷以上的种养大户2.73万户，注册家庭农场136户、农民合作社1138户、重点龙头企业191户。

【创新新村建设机制】 2015年，合理引导农民四级居住，顺应农村分化、农民分工、居住分级特点，引导农民自愿选择新型城镇、新农村综合体、新村聚居点、新农家大院四级居住，全市新建小城镇农民新居160万平方米、新农村综合体18个、新村聚居点119个、新农家大院132个，加快建设250个幸福美丽新村建设快速推进。创新建设及投入机制，整合深化挂钩、移民安置、地质灾害搬迁、危房改造等项目，完成四级居住农房建设2.4万套（户）；采取“拆大建小、过渡性安置、农房置换、邻里互助、现房租赁”等方式建成农村廉租房860套，公租房定向分配给农民工1200套；构建“政府引导扶持、民营企业带动、农民群众参与”的多元化投入机制，全市参与四级居住建设的民营企业112户，实施投资1000万元以上项目128个。创新管理机制，推进户籍制度改革，放开城镇落户限制，保护农村权益，引导农业转移人口就地市民化，全市近1万人转户进城；推行农村社区化管理，植入以物业管理为主的市场化服务，全市建成农村社区135个。

（市政府农工办）

种植业

【概况】 2015年，全市粮食产量132.6万吨，蔬菜产量200万吨、比上年增长7%，水果产量31万吨、比上年增长3.3%。

【油菜全程机械化生产试点】 至2015年5月，自流井区漆树乡杨柳村油菜全程机械化生产试点示范面积6.67公顷，核心区1.67公顷。按照农户自愿、集中成片、多方联建、全程机械化和试验示范结合的原则，集中开展油菜机耕、机播、机管、机收、秸秆粉碎还田全程机械化示范，油菜品比、机械直播与人工撒播比较试验，农机社会化服务外包尝试，探索适宜全市油菜种植全程机械化生产的技术规范和生产组织模式。4月30日，全市油菜全程机械化示范机收暨秸秆还田现场会召开，经现场实收测产与成本测算，示范区油菜平均亩产139.1公斤，比大面积传统人工种植亩产120公斤增产15.9%，播、收环节生产效率较人工种植提高20倍以上，实现亩增收180元以上。

【全省植物检疫行政执法培训及检疫监管经验交流会在荣县召开】 11月27日，省农业厅在荣县召开全省植物检疫行政执法培训及检疫监管经验交流会。会议期间，与会人员参观荣县检疫执法监管与内部档案管理现场；成都市农业综合执法总队副总队长王有泉讲授《农业行政执法规范实务》，对执法程序规范、法律适用规范和执法文书规范等进行专题培训；荣县、梓潼、仪陇、古蔺、屏山5县分别就市场监管、产地检疫、种苗管理、行政处罚、档案管理作经验交流。省农业厅植物检疫站站长、副站长及专职植物检疫员，其他市（州）植物检疫站站长及重点县（市、区）植物检疫（植保植检）站站长，市农业局局长、分管局长、植物检疫站站长及专职植物检疫员，荣县分管县长、植物检疫站站长及专职植物检疫员，其他五区县植物检疫（植保植检）站站长共100余人参加培训和会议。

畜牧业

【概况】 2015年，全市肉、蛋、奶产量分别达28.8万吨、5.4万吨和1.65万吨，分别比上年增长4%、4%和5%；畜牧业重大项目完成投资3.72亿元，占年度目标的100%；畜牧业产值比2014年增长3%，畜牧业为农民人均增收贡献100元。

【生猪价格指数保险试点】 2015年，生猪价格指数保险试点深化推进，实现生猪业自然、疫病和市场风险的全覆盖，全市承保生猪价格指数保险23.3万头，提供风险保障3.34亿元，投保规模保持西南地区最大，2014年12月至2015年6月生猪价格偏低期间保险赔付413.02万元。

【新型饲用作物种植示范】 2015年，全市引进示范种植桂牧1号、“玉草5号”“薏苡”等新型饲用作物面积3333.33公顷（其中桂牧1号3233.33公顷、玉草5号和薏苡100公顷），增加牛羊出栏32万头（只）。8月24日至25日，“3院士参会的新型饲用作物现场观摩交流会”在自贡召开，中国工程院院士荣廷昭、向仲怀、朱有勇，省农业厅总经济师肖小余、省科技厅副巡视员郑超英等出席会议，与会专家、领导对全市新型饲用作物示范种植和饲用取得的成绩给予肯定，对全市发展饲用作物、调整种植业结构、推进种草养畜和草牧业建设给予赞扬。

【100万头生猪产业化生态循环经济暨食品加工综合项目启动】 10月，全市1000户年出栏生猪1000头的种猪家庭农场建设项目正式启动实施，计划到2018年年末全市新增生猪出栏100万头。该项目推行“公司+家庭农场”模式，建立健全“寄（代）养”产业化利益联结机制，由公司提供种猪给农户进行自繁自养，按照“统一规划布局、统一培训指导、统一物料供应、统一防疫治疗、统一生产管理、统一回收商品猪”的六统一方式组织生产经营。整个生产过程中，农户只需缴纳一定的保证金，种猪、饲料、兽药等均采取记账方式，出栏合格商品猪农户即得到“寄（代）养”费。

【动物防疫】 2015年，全市重大动物强制免疫密度达95%以上，抗体合格率70%以上。全省春防交叉检查中，抗体平均合格率89.6%，排名全省第五名，全省秋防交叉检查中，秋防抗体平均合格率88.7%，排名全省第六名。动物防疫工作在全省21个市州处于上游水平。

【饲料兽药及畜禽定点屠宰】 2015年，全市查处饲料兽药违法案件21起，罚没金额9.7万元，查处率100%，饲料及饲料添加剂总产量38.78万吨，饲料产品质量合格率99.01%。生猪定点屠宰检疫及肉品品质检验开展面达100%，定点屠宰场病死猪无害化处理率100%，全市生猪定点屠宰场规范为105家，完成省级下达的清理任务目标，推进城区屠宰企业整合。

（曾荣耀）

林　业

【城乡绿化】 2015年，全市新增造林5333.33公顷，新增城市绿地101.5公顷，实施公路绿化180公里，实施河岸绿化8.8公里，森林覆盖率同比提高1个百分点，达33.67%。是年末，城市建成区绿地率35.3%、绿化覆盖率40.2%，人均公园绿地面积11.3平方米。

【林业产业】 2015年，全市新造木质原料林653.33公顷，低改竹林133.33公顷，新造花椒20公顷，新造油茶林140公顷、低改66.67公顷，新造核桃233.33公顷，发展桂花、香樟、红香椿等珍稀树木基地386.67公顷。是年末，全市木竹原料林基地面积4.96万公顷，特色经济林基地4.72万公顷。年内完成林业重大项目建设和固定资产投资6.19亿元，实现林业总产值40亿元，农民人均从林业中获得收入1103元。

【民生工程】 2015年，管护国有林3920公顷，巩固退耕还林成果2.06万公顷，完成集体公益林生态效益补偿面积2.03万公顷。全面完成2014年度巩固退耕还林成果后续产业建设种植项目4081.33公顷、养殖项目10.7万平方米。

【生态旅游】 2015年，依托飞龙峡森林公园、高石梯森林公园、青山岭森林公园等森林旅游景点，与“农家乐”乡村旅游相融合，发展生态旅游产业。是年，全市林业生态旅游437.7万人次，实现生态旅游与休闲服务产业收入8.59亿元。

【集体林权制度改革】 12月，市委办、市政府办印发《自贡市完善和深化集体林权制度改革方案》。推进“回头看”工作，对已发放林权证进行纠错、查漏补缺、整改完善，确保主体改革成果，年内全市林权纠错37本、纠错面积169.24公顷。推进集体林权流转，坚持依法、自愿、有偿原则，对流转主体、程序、合同实施监督管理，引导林权流转公开交易，全市流转森林资源101宗、流转金额1329万元。推进林权抵押贷款，完善森林资源资产评估，推进“量价分离”评估机制，全市林权抵押贷款32宗、贷款金额4689万元。强化林木采伐管理，严格执行森林采伐限额和凭证采伐制度，全市办理林木采伐证990张、采伐蓄积2.36万立方米。加强林业行政审批服务，办理行政审批项目277件，即时办结率、按时办结率、提前办结率、现场办结率、群众满意率均100%。

【森林资源保护】 2015年，坚持“打防结合”，组织开展“利剑行动”“清网行动”“天目—15禁种铲毒行动”“林地行动”“雷霆行动”等专项行动，维护森林资源安全和林区稳定。是年，全市立案60件，侦破查处59件，查出违法犯罪人员62人。加强林地管理，实行林地用途管制，全市办理占用、征收林地25宗，面积68.12公顷，为乐自路连接线工程、川南通用航空产业项目等重大工程项目保障服务。

【应急管理】 2015年，加强森林防火工作，落实“五长”责任制，开展“六有”乡镇建设，建立市护林防火指挥部成员单位联系指导重点林区乡（镇）森林防火工作机制，狠抓森林火灾隐患排查整治、森林防火宣传、森林防火演练及物资储备工作。全年发生森林火灾3起，火场总面积2.1公顷，受害森林面积1.27公顷，实现“清明节”“五一节”“国庆节”期间森林火灾零发生，未发生重大森林火灾和人员伤亡事故。强化林业有害生物防治，组织开展越冬代虫情调查和春季有害生物普查，调查监测松林面积2.33万公顷，发布各类预报4期。狠抓松材线虫病和疑似松材线虫病疫木除治。富顺县完成成片松疫木皆伐除治127.4公顷，并对所伐疫木进行安全处理；完成5975株零星枯死木清除任务。

（张　涛）

水产业

【概况】 2015年，坚持“整合资源、集中成片、整体推进”的指导思想，将水产产业发展与幸福美丽新村建设结合，强化科学规划、基地建设和体制机制创新，水产业特色鲜明，产业基地规模扩大，建成健康水产养殖基地6666.67公顷，新续建5个水产产业化示范基地。水产品质量提升，建成农业部水产健康养殖示范场25个、面积1333.33公顷，认证无公害水产养殖基地25个、面积

5333.33公顷，认证无公害水产品种144个。产业结构优化，特色水产养殖业快速发展，“稻渔共生、鱼菜共生”、畜—草（蚯蚓）—渔等生态循环农业模式广泛应用，休闲观光渔业增收明显，水产品产量达6.48万吨、比上年增长4.7%，产值14.32亿元、比上年增长5.1%，未发生渔业安全责任事故。

【全省渔业大县渔业部门负责人培训会在自贡召开】 9月22至23日，四川省水产局在自贡召开全省渔业大县渔业部门负责人培训会。省水产局有关领导及专家在会上解读中央、省“三农”政策，讲解“三农”工作法制化、如何提高依法行政能力，以及渔业科技发展现状和推广应用等内容。会议期间，与会人员参观自流井区特种养殖基地——仲权镇千亩泥鳅养殖基地、贡井区休闲渔业核心基地——七星湖水产养殖基地。全省52个完成机构改革的水产品产量大县（市、区）农业（农牧、畜牧水产）局（委）分管渔业的副局长及水产（渔政）站（股）负责人120余人参加培训。

农村经营管理

【概况】 2015年，启动调整完善农作物良种补贴（含花生和马铃薯良种补贴）、种粮农民直接补贴和农资综合补贴政策，把农业“三项补贴”合并为“农业支持保护补贴”，补贴资金2.36亿元。全市受益农户62.94万户，受益农民212.06万人。农机购置补贴328.61万元，比上年增加4.5万元。

【农村土地承包及流转管理工作】 2015年，全市6个区县的农村土地确权登记工作基本完成，实测承包地块1132.06万块，外业调绘面积19.71万公顷，占应确权面（国土二调面积21.64万公顷）91.1%，覆盖92个乡镇（自流井区红旗乡、高峰乡，大安区凤凰乡、富顺县富世镇等4个乡镇由于属于城市规划区或水库建设移民区暂缓确权登记），完成全市统一确权登记管理信息平台建设前期准备。全市耕地流转面积2.77万公顷，耕地流转率20%，签订土地规范化流转合同6.2万份，规范流转土地面积1.82万公顷，占土地流转总面积的65.5%。

【农民专业合作社及家庭农场建设】 2015年，出台《自贡市示范家庭农场认定管理办法（试行）》《落实农民返乡发展农业新型经营主体补助政策》等政策措施，落实专项资金700万元给予扶持，农民合作社、家庭农场分别累计达1309个、1049家，分别新增农民合作社171个、家庭农场936家，创建省级示范家庭农场6个、省级农民合作社示范社10个。是年末，国家级农民示范社累计达13家、省级示范社累计达37家，省级示范家庭农场达6家。

【农村集体资产股份制改革】 12月31日，全市深化农村改革试点第一村——荣县双石镇金台村成立全市首个农村集体资产经营管理股份合作有限责任公司。第一批领取股权证书的农户从“村民”变成“股民”，金台村成为全市探索农村集体资产股份制改革试点村，树立创新农民利益联结机制的改革样板。

【休闲农业】 2015年，休闲农业快速发展，休闲农庄、主题公园等休闲农业经营主体数量和质量明显提升。自贡市百胜生态农业体验园创建为全国休闲农业与乡村旅游示范点，自贡市沿滩区仙市古镇休闲农业公园、花香田园循环农业公园创建为省级示范农业主题公园。开展农业节庆活动，沿滩区“信步沿滩、美过周末”、贡井区“龙都早香柚节”等系列休闲农业主体活动举办40余场次。

农业行政管理

【农业综合执法】 2015年，加强全市动物检疫执法，实施电子联网出具“动物检疫合格证明”，产地检疫畜禽504.07万头（只），屠宰检疫畜禽377.79万头（只），检出染疫猪377头、禽兔2559只，运输环节完成瘦肉精抽检3494条、屠宰环节完成瘦肉精抽检3.19万条。打击违法行为，全市出动执法人员1.32万人次，监督检查屠宰场1144个次、农贸市场及超市1750个次、养殖场3482个次、仓储场所365个次、加工场所111个次、诊疗机构161个次，共办理违法案件105件，没收生猪483头、肉品598公斤、鱼类20公斤，没收兽药627合、6105袋、56瓶，没收农药97袋、64瓶，没收销毁地笼网27条、罾网1张，没收违法所得2.65万元，罚款15.90万元。

【农产品质量安全监管】 2015年，制定出台《自贡市农产品质量安全突发事件应急预案》，指导全市农产品质量安全突发事件应对工作。开展农药及农药使用、“瘦肉精”、生鲜乳违禁物质、兽用抗菌药经营使用、生猪屠宰、水产品禁用药物和有毒有害物质、农资打假等7大农产品质量安全专项整治行动，农产品质量安全水平稳中有升，部、省例行抽检总体合格率99.5%。推进省级农产品质量安全监管示范县创建，荣县和大安区被省政府办公厅认定为第三批四川省农产品质量安全监管示范县。

【农业行政审批】 2015年，完善法规及执法体系，深化行政审批制度改革，清理审批事项，健全运行平台，简化程序提高效率，做到“两集中、两到位”，群众满意度100%。重推执法改革，推进全市农业综合执法，明晰执法人员权责，出动执法人员1.3万人次，监督检查相关生产经营场所0.9万个次，查处违法案件105件，挽回经济损失1020万元。是年，市农牧业局获“自贡市市级法治示范创建单位”。

农业科技

【科技人员】 2015年，全市有各类农业科技人员1755人，其中，编制内人员1740人、编制外人员15人；高级职称144人、中级职称549人、初级职称777人。

【农业技术】 2015年，贡豆23号、贡夏9号、贡夏10号通过四川省新品种审定，引进农业良种40个、推广技术25项，示范推广农业优质高产生产技术16.67万公顷，建成“中稻+再生稻”“高粱+再生高粱”“玉米—大豆”带状复合种植、秋冬马铃薯四大优势特色粮油产业基地8.67万公顷。实施川南黑山羊高繁系和肥羔系选育，建立濒临灭绝的四川麻鸭保种核心群，为开发利用奠定基础。组织开展培训新型农民1690人、基层农技人员知识更新1132人，分别占目标任务的100%、100.7%。

名优特产

【“三品一标”认证】 2015年，认证换证无公害产品22个，认证续展绿色食品20个。

【特优新农产品展销活动】 2015年，组织美乐香辣酱、刀刀爽、泰福大头菜、绿茗春茶业等10余家龙头企业及美乐牌香辣酱、刀刀爽牌火边子牛肉、龙须淡口头菜、绿茗春茶叶等系列产品40余个，参加在福州举办的第十三届中国国际农产品交易会及在成都举办的第四届中国四川茶业博览会。

农业机械

【农村机电提灌】 2015年，市财政安排农村机电提灌站维修改造补助资金300万元，修复改造机电提灌设备3359台/3.13万千瓦，其中修复提灌站613处/635台/2.44万千瓦、改造提灌站28处/28台/1454千瓦，新增提水设备652台/3750千瓦，其中新增提灌站10处/13台/570.5千瓦。全年全市新增控灌面积6926.67公顷，组织提水7021.4万立方米，灌溉7.39万公顷次。

【农机化发展】 2015年，全市共组织购机4699台（套），兑付中央补贴资金328.61万元，受益农户4543户，兑付地方累加补贴资金16.62万元。全市农机装备总动力118.16万千瓦、比上年增长5.8%，全市耕种收综合机械化水平达44.7%、比上年增长6.1%。完成机耕作业面积16.59万公顷次，机播作业面积8800次，机收作业面积5.33万公顷次。开展水稻全程机械化示范111.6公顷、油菜全程机械化示范61.33公顷、马铃薯全程机械化示范42.67公顷。荣县佳诚农机服务专业合作社、富顺宏源农机服务专业合作社获评市级示范社，自贡艾康农机专业合作社、自贡先科农机专业合作社获评省级示范社。

农村新能源

【沼气建设】 2015年，全市拥有沼气用户20.05万户，沼气工程47处，农村沼气村级服务网点240个。农村能源建设实现“三个转变”，即在项目结构方面，由单一发展户用沼气向多能互补多元化发展转变，因地制宜发展沼气工程；在功能定位方面，由数量增长型向质量效益型转变，大力开展“三沼”综合利用；在后期管护方面，由重建轻管向建管并重转变，创新机制，提升服务质量和水平，打造集中供气示范工程，巩固沼气建设成果，实现农村能源建设的转型升级。

【全国首批特大型生物天然气试点工程】 2015 年，全省仅有的两个全国首批特大型生物天然气试点工程在富顺县、荣县实施，项目共投资 1.76 亿元，其中中央补助 8000 万元，创全省农业单个项目争取中央投资的最大额度。两个项目建成后，预计年产生物天然气 1400 万立方米；年处理 58 万头猪粪污，减少 10 多万吨二氧化碳排放，生产 12 万吨固体有机肥、56 万吨沼液，为周边 6666.67 公顷农田提供优质有机肥料；生物天然气和有机肥料每年可获 1.36 亿元收益。

（曾荣耀）

商　贸

服务业管理

【概况】 2015年，全市服务业增加值完成350.73亿元，增长10.5%。服务业增加值增速较2014年提高2.4个百分点，高出全省增速1.1个百分点，高出GDP增速2.1个百分点，高出工业增速2.3个百分点；对全市经济增长贡献率为35.5%，同比提高5.7个百分点，拉动经济增长3.0个百分点。全市服务业完成税收39.82亿元，增长1.2%；服务业税收占比达57%，同比提升1.1个百分点。全市累计实现社会消费品零售总额501.6亿元，增长12.1%，人均水平居全省前列。全年完成服务业投资424.82亿元，同比增长6%，服务业固定资产投资占全市固定资产投资66.49%。其中，农林牧渔服务业，文化体育和娱乐业，卫生、社会保障及社会福利业分别增长160.7%、150.4%、56.8%；服务业重大项目投资完成156.33亿元，占全市重大项目投资的45.9%，成为全市“产业项目进度较快”主因。

【搭建产业发展平台】 2015年，出台《自贡市六大新兴先导型服务业发展推进机制》《自贡市电子商务业发展工作推进方案（2015年—2017年）》《自贡市现代物流业发展工作推进方案（2015年—2017年）》，完成《自贡市电子商务规划》《自贡市服务业集聚区规划》等，对全市服务业经济发展明确定位，强化商务经济规划引导。出台《自贡市电子商务发展扶持资金管理办法》《自贡市促进电子商务发展的八条措施》，对电商企业、电商集聚区等重点培育。

（市商务局）

商贸网点

【专业市场】 2015，川南五金城专业市场（一期）项目、川南皮革城（二期）项目、华商国际城（一期）项目、温州商城升级改造项目建成营业；川南家居城二期（义乌小商品市场）主体完工；川南汽贸产业园、美吉特.荣县家居建材科技博览城项目顺利推进；川南IT数码电器城顺利启动。

【农贸市场】 2015年，新建和改造城乡农贸市场10个，市场总投资8570万元。完成改造大安区何市镇农贸市场、沿滩区王井镇农贸市场、荣县铁厂镇农贸市场等，新建贡井区莲花镇余家农贸市场、沿滩区兴隆镇农贸市场、富顺县黄东综合农贸市场等。

【特色商业街区】 2015年，完成贡井平桥熙街、华商国际城商业街区、沿滩楼荫塘商业步行街项目建设，启动自流井老街建设项目，推进特色商业街打造。

【物流园区】 2015年，板仓加工制造业物流园区、沿滩工业物流园区建成完工。

【服务企业】 2015年，市电子商务创业孵化中心、四川理工学院电子商务（普润）实训基地等5个培训基地挂牌运营。

（市商务局）

【个体经营】 2015年，新发展个体工商户

8243户，同比增加22%；累积有个体工商户7.8万户，从业人员11.04万人，注册资金36.17亿元，同比分别增长11.17%、15.63%、44.46%；新发展私营企业2377户，同比增加23%；累积有私营企业1.84万户，从业人员6.49万人，注册资金648.35亿元，同比增长6.91%、1.51%、35.71%；新发展农民专业合作社142户，同比增加2.2%，累积有农民专业合作社1302户，同比增长14.51%。个体工商户及农民专业合作社年报率分别达到80.97%、85.51%。开展2015年民营企业“诚信守法企业”示范创建活动，命名省级“诚信守法示范企业”7户、市级“诚信守法示范企业”7户。出台《自贡市工商局关于支持个体工商户转型升级为企业工作实施意见》，全年实现“个转企”223户。

（市工商局）

批发零售贸易业

【概况】 截至2015年年底，全市有限额以上商贸企业385户，其中自流井区31户；贡井区45户；大安区46户；沿滩区39户；荣县53户；富顺县111户；高新区60户。

【产业经营】 2015年，批发业实现社会消费品零售额49.11亿元，同比增长9.5%；零售业实现社会消费品零售额387.34亿元，同比增长12.3%；全市批发和零售业实现增加值71.69亿元，同比增长7.2%。

餐饮业

【概况】 2015年，全市餐饮业实现零售额62.87亿元，同比增长12.4%，餐饮业实现增加值31.76亿元，同比增长6.9%。

【市场拓展】 2015年，指导市餐饮美食协会开展“盐帮菜市场拓展”活动，协助台湾地区中国电视公司、中央电视台、四川电视台等媒体走进自贡拍摄盐帮菜专题片，加强全美中餐业联盟密西根分会合作，牵线自贡“盐帮菜”系列落户美国，建立中国特色美食文化中心；开展第七届盐帮美食节等活动，打造“食之府”自贡城市名片，拉动全市消费经济增长。

住宿业

【概况】 2015年，全市住宿业实现营业额2.31亿元，同比增长11.2%，实现增加值2.24亿元，同比增长6.3%。

【行业管理】 2015年，促进行业规范，倡导诚信、守法经营秩序，开展住宿行业大检查；加强对外宣传，借助国际恐龙灯会的举办，向省内外游客推荐全市酒店住宿特别推荐单位。

（市商务局）

电子商务

【概况】 2015年，自贡市电商交易额约300亿元，其中网络零售交易额60亿元，新增电商企业约118家。自贡网商密度全省第四。主要有三类：一是电子商务第三方服务平台，二是电子商务应用企业，三是电子商务服务企业。成立于2014年11月18日的自贡市电子商务协会，会员企业100余家。

【扶持引导】 2015年，出台《自贡市电子商务业发展工作推进方案（2015年—2017年）》《自贡市电子商务发展扶持资金管理办法》《自贡市促进电子商务发展的八条措施》，设立850万元电子商务发展专项扶持资金，推动全市电子商务发展。10月，组织20家电商企业到绵阳参加中国（四川）电商发展大会，其中，四川同创新锐信息技术有限公司、四川天皓科技有限公司作为省内创新企业在电商重点企业展区参展；自贡市（普润）电子商务博览城作为省级集聚区在基地展区参展；荣县作为省级电子商务进农村综合示范县在电商进农村展区参展；百味源食品、盐帮文化传播等13家电商企业在地方特色馆参展。

【电商集聚区培育】 2015年，成功将自流井电子商务集聚区申报为省级集聚区，荣县获批省级电子商务进农村综合示范县。

（市商务局）

【农村电子商务】 2015年，全面启动互联网+模式，以信息化手段改造农村传统流通网络，在全市供销系统举办3期电商培训班，动员和培训农村电商人才300余人次。由市农村合作经济组织联合会、广通优品电子商务有限公司、浙江景宁四川商会陈光平共同投资200万元组建的四川省未来时购电子商务有限公司，搭建起以中小型超市为服务对象的B2B批发交易平台。沿滩区供销社与社会力量合作，投资200万元组建四川好品农业科技有限公司，建立“好品农业”O2O电商平台，组织自贡桃花源农产品种植专业合作社建立“麦子山”电子商务交易平台。荣县供销社同四川大农和农业开发有限公司合作，开通大农和交易平台，为农户提供农业、农机、农技服务。与电信签署《战略合作协议》，推动供销社系统300余家农民专业合作社和10余家龙头企业利用“天虎云商”电子商务交易平台进行代购、代销，在农村市场推广、宣传农产品销售，有6家企业和18个农民专业合作社利用该平台实现网上销售。是年，上述5个交易平台实现交易额2000万余元。5月，阿里巴巴电商考察团到自贡考察农村电子商务项目。

（王应琛）

供销合作

【概况】 2015年，全市供销系统实现经营服务总额72.75亿元，同比增长8.83%；实现销售38.81亿元，同比增长9.91%；消费品零售总额实现19.96亿元，同比增长10%；农资供应总额实现5.4亿元，同比增长5.8%；农副产品收购实现15.83亿元，同比增长7.25%；利润总额实现4000万元，同比增长8.11%。

【供销合作社改革】 2015年，按照全国供销总社、省供销社统一部署和市委、市政府要求，制定全市供销社综合改革要点，确定以围绕加强基层组织体系建设、推进服务规模化、促进流通现代化、发展农村合作金融等主要任务，加快组织体系创新、服务机制创新、农村流通模式创新的总体思路，明确年度目标任务。创新治理机制，市供销社、富顺县供销社初步建立理事会、监事会。探索建立供销社金融合作发展平台，成立大安区三绿农村资金互助合作社和自贡市沿滩立丰农村资金互助合作社。确定富顺县供销社、贡井区供销社作为全市供销社综合改革试点，鼓励两个区县社在联合社治理、基层组织体系建设、农村电子商务、土地托管等方面先行先试。全年争取省供销社综合改革资金245万元（其中市供销社70万元、荣县供销社100万元、富顺县供销社75万元），实施项目9个，带动社会资本投资800万余元。

【基层组织建设】 2015年，新建新型基层社20个，占计划的100%，累计达到96个，100%覆盖全市乡镇；新建标杆基层社6个，完成任务的100%；新发展农民专业合作社22个，完成计划任务的122.2%，农民专业合作社累计达到256个；培育经营规模500万元以上的专合社3个，累计达到8个；创建国家级示范专合社2个、累计达到4个，省级示范专合社8个、累计达到25个；培育并发展专合社联合社6个；新建社区综合服务社70个，占计划的100%，累计达到620个；新建农产品直销店23个，占计划的115%，累计达到126个。全市供销社系统基层组织体系逐步完善，因地制宜推进基层社改造，实现农民得实惠、基层社得发展的双赢局面。打造农资和日用消费品配送中心、再生资源集散加工中心、农副产品专业市场和批发市场，实现乡镇有中心超市、直营店，村有连锁便民店的网络格局。

【土地托管】 2015年，市供销社围绕“谁来种地”和“地怎么种”课题，首次尝试开展土地托管，服务三农。全市供销系统围绕机耕、机播、机防、机收和农民对于土地托管的接受程度以及成本核算等情况开展调研，制定规划。采取区县联动、供销社和农业局部门联动、基层社和专合社联动，培育市场主体，搞好项目储备。采取资金入股或资产入股方式，组建土地托管市场主体3个，分别是自贡市科田农业综合服务有限公司，注册资金800万元，供销社入股38%；四川大农和农业开发有限公司，注册资金1000万元，供销社入股45%；自贡康径现代农业有限公司，注册资金1000万元，供销社入股35%。储备项目3个，计划5年内托管土地6666.67公顷。明确荣县供销社、大安区供销社、贡井区供销社为试点单位，三个区县社已开展先行示范工作。全市供销系统通过农资供应、耕作、插秧、施肥、防治、收割、营销等经营模式开展全托管和半托管，土地托管面积1359.33公顷，其中土地全托管面积242.4公顷、土地半托管面积1116.93公顷。

【项目工作】　2015年，全市供销系统从培育项目和载体入手，储备入库项目35个，培育龙头企业和农民专业合作社、农民专业合作社联合社等项目载体55个，申报项目13个，组织实施项目15个，完工并验收项目14个，完成投资3450万元，获中央、省、市项目补助资金589万元，其中，中央财政补助资金100万元、省级财政补助资金245万元。投资40万元，组建四川未来时购电子商务公司；引进浙江、北京4名个人和企业入股960万元，投资1500万余元建成超市和城乡社区综合服务中心12个。注重把项目资金与培育壮大社有企业、专业合作社相结合，加大供销社在企业和专合社的股权结构，全年新增供销社实收资本160万元。

（王应琛）

粮　油

【粮油购销】　2015年，全市入统企业社会粮食收购24.41万吨，较2014年下降3.25%；油菜籽收购0.18万吨，较2014年增长17倍；从市（省）外采购粮油33.16万吨，较2014年下降2.79%；销售粮食39.48万吨，较2014年下降0.28%。

【项目建设】　2015年，推进2个粮油仓储设施项目建设，完成投资6925万元。推进粮油质量检验机构项目建设，投资230万元采购24台检测设备，配套检验室改造资金237.5万元。“危仓老库”项目通过省财政投资评审中心评审。是年，全市粮油项目完成总投资2065.81万元，其中维修投资1743.86万元、储粮三项技术提升投资321.95万元，维修仓容17.04万吨、储粮三项技术45.39万吨。

【服务“三农”】　2015年，争取农户科学储粮小粮仓计划6000个，建成后可为农户减损粮食300吨以上，减少农户储粮损失82.8万元。9月25日，正式启动2015年中籼稻最低收购价执行预案，全年全市国有粮食企业按政策收购稻谷0.72万吨，助农增收200万元以上。

【“放心粮油”工程】　2015年，组织四川大农和农业开发有限公司、荣县阳光农业发展有限公司、荣县七厢土花生有限公司、四川巧媳妇米业有限公司、四川四方酥食品有限公司、市相互优惠粮油专业合作社等7户粮食企业24个粮油产品参加“第二届川渝（遂宁）精品粮油展示展销会暨粮油产销衔接会”，获得四川省2015年第二批粮食流通产业发展放心粮油工程项目专项资金599万元，占全市放心粮油工程项目总投资的40%。

【粮食流通市场监管】　2015年，先后组织开展粮食收购资格、最低最高库存政策落实、政策性粮食销售出库等监督检查275次，出动执法人员878人次，检查企业和经营户642个次，查处的行政处罚案例55件，其中责令改正23件、警告32件。开展全市粮食库存检查工作，出动执法人员130人次，检查国有企业3户，检查库点15个、储粮仓间122个，粮食库存实物8.8万吨。出动执法人员121人次，对全市6个最低收购价稻谷委托收储库点开展专项检查，实现最低收购价收购稻谷1.38万吨。加强质量监管，检测样品749份，其中：全市收获新品质调查142个，检测政策性粮油607批次。

【粮食科技应用】　2015年，全市准低温储粮能力达到2.85万吨；粮情测控技术在8户企业推广应用，涉及仓容15.76万吨；环流熏蒸储粮仓容达14.75万吨；机械通风储粮仓容达20.26万吨。全年共检查粮油24.7万吨，“一符四无粮油”达100%，以机械通风、粮情测控、环流熏蒸和准低温为主的科学储粮比例98.8%。是年，自贡市获得全省粮油保管、检验人员技能竞赛团体二等奖，3名选手获省粮食局单项表彰奖，1人获得全国“四无粮仓”精神传承先进个人，五谷公司和盐泉公司获得全省“四无粮仓”精神传承先进单位，2人获得全省“四无粮仓”精神传承先进个人。

【粮油价格】　2015年，国家公布的小麦（三等）最低收购价格为2.36元/公斤，早籼稻（三等，下同）、中晚籼稻和粳稻最低收购价分别为2.7元/公斤、2.76元/公斤、3.1元/公斤；2015年生产的玉米（国标三等）临时收储价格为内蒙古、辽宁2.00元/公斤，吉林1.99元/公斤，黑龙江1.95元/公斤。除政策期内按最低保护价收购外，其余期间按市价收购，全市年平均实际中等收购价格：小麦2.56元/公斤、稻谷2.56元/公斤、玉米2.31元/公斤；年平均实际中等销售价格：小麦2.62元/公斤、稻谷2.58元/公斤、玉米2.32元/公斤；年平均实际零售价格：面粉（特一粉）4.60元/公斤、大米（三级）4.31元/公斤、菜籽油（四级）16.33元/公斤。

（市发改委）

烟草专卖

【卷烟营销】 2015年，全市销售卷烟8.05万箱（5万支/箱），完成年度总销目标；实现销售收入20.54亿元；实现税利5.82亿元，同比增长17.91%。

【专卖管理】 2015年，开展“川滇铁路沿线整治”“卷烟非法流通整治”“天府金剑”等各类专项整治，全市查处各类违法案件1767起，查获违法卷烟1198万支、案值525万元。查获1万元以上大要案件69起，其中，5万元以上大要案件41起，同比增加19起，增幅86.4%；查处并通过省烟草专卖局验收100万元以上网络案件3起，涉案金额1120万元，共刑拘16人、逮捕12人、判刑12人；未侦结涉刑犯罪案件8起。

【公益事业】 2015年，向定点帮扶村镇、贫困零售客户捐赠64万元，用于阵地建设、基础设施建设、产业扶助、贫困慰问等。

（市烟草专卖局）

对外贸易与经济合作

进出口贸易

【概况】 2015年，全市完成进出口4.9亿美元，同比下降27.0%。新增外贸备案企业数51户，新增进、出口实绩企业数12户，成立境外子公司3户，引进外资企业1户，新增拓展海外市场国家和地区数7个。

【经贸活动】 2015年，全市9户企业赴13个国家和地区举办境外灯展23场次，实现服务文化贸易创汇收入800万美元，灯展场次、创汇收入分别同比增长91.6%和128%。全市64户企业与“一带一路”沿线42个国家有贸易往来，占全市有进出口实绩企业64%，进出口总额1.45亿美元，占全市总额31.05%。全年“万企出国门”活动参与企业达100户次，使用展位80个，签订意向性合同4.1亿美元。

外商投资与对外经济技术合作

【外商投资】 2015年，全市实际利用外资2200万美元，实现境外投资额3959万美元，完成境外工程承包营业额2000万美元。

【对外经济技术合作】 2015年，全市6户企业被列为省政府“251三年行动计划”100户优势企业，华西能源巴基斯坦燃煤发电项目被列入“251三年行动计划”首批重点项目。是年，华西能源工业股份有限公司与泰国、巴基斯坦等“一带一路”沿线国家签订总额12亿美元的境外工程承包合同。

（包旭明）

招商引资

【概况】 2015年，全市到位市外项目资金512亿元，完成目标任务的102.4%。其中，形成固定资产投资302亿元，完成目标任务的151%。到位省外项目资金295亿元，完成目标任务的103.51%。全市新签约招商引资重大项目90个，完成目标任务的112.5%，累计总投资达259.93亿元。

【基础工作】 2015年，加强“六库”（项目库、客商库、政策库、节会库、人才库、技术库）建设，建成市—区（县）—各级部门的三级行业招商体系，丰富行业招商内涵。收集整理项目222个、总投资额1226.37亿元，客商资源5820个，重大节会12个。完善行业招商“八大机制”（组织领导机制、信息搜集机制、快速决策机制、项目预审机制、统筹协调机制、定期通报机制、目标管理机制、工作保障机制），夯实招商引资基础。定期召开招商引资项目协调调度会，督促各区县、各部门优化服务流程，为投资者提供服务。发挥外来投资企业投诉服务中心的作用，督促各区县、各部门践行政府承诺，营造公平、公开的市场环境和法治环境。利用展会、招商活动、小分队拜访等形式，推进“全域开放”，营造招商氛围、环境。

【招商活动】 2015年，组织参加全省“中外知名企业四川行活动”“长三角地区投资推介会”“珠三角地区投资推介会”、中国西部（四川）国际投资大会，累计签约项目83个，总投资536.65亿元。其中，“长三角地区投资推介会”上，全市签约重大项目6个，总投资37.11亿元，签约成绩位列全省第三位。举办第五届“龙聚盐都·携手灯城”招商推介会，获得新项目线索20余个，总投资近200亿元，对接大连万达、中国中车、中航工业集团等知名企业，推动项目进程。

【项目推进】 2015年，抢抓全省高端成长型产业发展先机，引进航空与燃机、新能源汽车、信息安全等产业。促成海川实业、英祥实业、嘉丰置业“强强联合”，组建成立自贡市瀚宇科技股份有限公司，投资8亿元打造川南航空零部件生产基地，标志全市通航产业向规模集聚化迈进。引进捷克轻型飞机制造项目，实现“三个第一”：中国与捷克共和国在通用航空领域达成的第一次合作；四川省第一个通用航空飞机整机生产项目；自贡市第一个航空制造业的突破。该项目由自贡通航机场发展有限公司联合英祥集团、友华科技、嘉丰置业、金灿光电4家企业成立四川自贡通用航空飞机制造股份有限公司共同投资建设。

（徐亚莉）

海　关

【概况】 2015年，全市实现对外贸易进出口总值30.35亿元人民币，较2014年下降26.4%。其中：出口16.46亿元，下降13.2%；进口13.89亿元，下降37.7%。

【区域通关一体化改革】 2015年，依托“长江经济带一体化通关”和“全域通”两大平台，建立健全配套机制，加快辖区内无纸化通关进程，优化现场通关流程、简化企业手续，提升内陆海关的口岸功能。拓展“送政策、送服务”活动，采取召开宣讲会和上门调研宣传等形式，加大海关改革举措和相关政策宣传，扩大辖区通关业务改革的企业惠及面，强化关企互通合作。全年通关无纸化率超90%，“全域通”适用率超80%，一体化通关货运量5333吨，集装箱538个，监管货值3289万美元。

【推进关检合作】 2015年，落实关区改革部署方案，执行《成都海关四川出入境检验检疫局关于全面推进关检合作“三个一”实施方案》，强化与辖区检验检疫部门的联系合作，结合辖区海关无监管场所的实际，推动与联检单位的“一站式作业”，让关检合作便利措施最大限度惠及辖区企业。

【改革成效跟踪】 2015年，强化关企沟通联系机制，掌握辖区进出口企业经营状况、税源变化、异地报关等情况，对辖区内四川汇维仕、东方锅炉、四川大西洋、自贡硬质合金、久大盐业、华西能源等重点企业开展针对性调研，全年调研企业40余次。收集掌握辖区企业意见建议，开展业务改革成效评估，为推进各项业务改革奠定基础，确保改革红利更多惠及辖区企业。

【项目与决策服务】 2015年，建立重大项目专人联系、全程服务制度，参与地方重大项目的招商引资工作。为特殊监管区申建协助开展可行性方案论证以及协调沟通等相关工作。为地方领导决策和经济发展建言献策，全年向地方党委、政府报送外贸统计分析文章24篇。

【服务辖区外贸企业】 2015年，关注“燃机和航空产业”“节能环保装备产业”两大产业项目的发展，跟进、指导并解决民营龙头企业海川公司设备及生产线进口和投入使用。加大对重点企业华西能源、东方锅炉、汇维仕的“三定举措”服务，协调并妥善解决汇维仕公司非政策性退税的后续办理事宜。为自贡灯贸公司彩灯出国参展量身定做本地通关路径。协调解决、及时化解汇维仕因常规运输受阻所面临的停产风险。支持并采取措施缓解海川公司、长宏皮具资金困难。为辖区企业协调解决口岸海关通关难题。优先保障高资信企业的进出口货物通关，对该类企业的进出口货物现场查验率控制在0.5%左右。

【落实海关优惠政策】 2015年，办理征免税证明139份，同比增长18.8%；审批货值4866万美元，同比增长98.7%，减免税款2718万元。

（丁泓宇）

旅　游

概　述

2015年，全市旅游工作按照市委、市政府“三大发展战略”部署，以深化改革和依法治旅为抓手，主动适应经济社会发展新常态，抓好“十二五”旅游产业收官工作，着手制定“十三五”旅游发展规划，着重实施“一二三十”的工作重点，着力打造中国独具特色的文化旅游目的地，实现全市旅游业的持续稳定发展。全年接待游客2695.41万人次，同比增长27.99%；实现旅游综合收入248.49亿元，同比增长24.01%。

旅游景点

【概况】　自贡是中国历史文化名城、中国优秀旅游城市、世界地质公园，有亿万年恐龙奇观、两千年井盐文化、八百年彩灯风采3种旅游资源。全市拥有AAAA级景区2个（恐龙博物馆、荣县大佛），AAA级景区2个（彩灯博物馆、盐业历史博物馆），AA级景区4个（双溪湖风景区、七星湖休闲度假区、飞龙峡风景区、吴玉章故居）。

【井盐文化】　自贡是世界井盐之都，有近2000年的井盐生产史，井盐文化源远流长，井盐文化旅游资源丰富，遍布自贡市的古盐井、古镇古街、行帮会馆建筑等盐史文物代表着中国辉煌的古代文明。

【恐龙化石】　自贡是亚洲恐龙王国，自贡地区已发现170余处恐龙化石点，其中“大山铺恐龙化石点”是世界上最集中、最完整的恐龙化石遗址，自贡恐龙博物馆是世界三大田野恐龙博物馆之一，也是中国旅游胜地40佳之一。

【自贡灯会】　自贡是中国彩灯之城。自贡灯会有800多年的历史，是国家旅游局向海外推出的中国最具影响的大型民俗节庆活动之一，被誉为“天下第一灯”。

【红色旅游】　自贡是红色旅游之地，江姐故居、渣滓洞影视拍摄基地、卢德铭故居、邓萍故居、吴玉章故居、荣县军政府旧址等形成一条红色旅游环线。

【乡村旅游】　主要旅游景点有釜溪河复合绿道、仙市镇百胜村慢餐文化园、富顺豆花文化产业园等。

旅游项目

【概况】　2015年，全市旅游项目固定资产投资总额约6亿元。其中，向上争取省级旅游发展专项资金260万元。

【卧龙湖国际盐泉生态城盐卤浴场】　2015年，卧龙湖国际盐泉生态城盐卤浴场基础工程有序推进，大众盐卤浴接待中心工程主体完工，外装饰完工，进入内装饰阶段；大众盐卤浴场地下水稳层施工完工，地上建筑主体工程完成两层施工，总建筑面积2.8万平方米；毗邻盐卤浴场的奇幻乐园完成规划设计调整，基础平场工程已基本完成。魔幻时光旅游综合体项目建设工作有序开展，会议中心及配套五星级酒店工程建设报批工作顺利进行，主题乐园项目用地指标获省上批准。双石镇国家级乡村旅游示范区主要业态工程完工并投入使用，仙市镇百胜村慢餐文化园项目建设基本完成并投入开放。燊海井文物保护改造项目完成第一期工程。自流井老街改造旅游基础设施项目正式启动。

旅游市场

【灯会旅游宣传营销】 2015 年，实施旅游网络宣传营销，与四川新闻网、自贡在线、UU163 旅游电子商务网三家网络公司开展“信息发布、社区论坛、旅游电子商务”三位一体的旅游网络营销合作，实施“网络赠票”“旅游达人游自贡”等促销活动，提升自贡灯会在互联网上的营销效果，提高省内外游客对自贡灯会的关注度，增加游客在网上获取自贡灯会旅游资讯、购买各种旅游产品的便利性。在 2015 年灯会期间，通过上述三家网络合作商，共辐射联系网站约 150 家，总点击量达 730 万次，本地景区电子门票 6.7 万张，销售额 362 万元。建立自贡旅游消费数据即时采集系统，扶持以 UU163 为平台的景区电子门票销售系统，实现灯会门票和其他景区门票的在线联动销售，实现电子数据实时上传灯会指挥部应急管理平台。积极申报并成功将第二十一届灯会纳入四川省 2015 年重点旅游产品宣传计划，通过省级宣传营销网络，将自贡灯会推向海内外。扩大自贡灯会旅游城市宣传范围，联合自贡世界地质公园管理处在成都、重庆、乐山、泸州、遵义、昭通等六地市召开自贡国际恐龙灯会暨自贡市世界地质公园旅游推介会。组织主要景区及旅行社与四省六市的旅行商交流洽谈，吸引游客到自贡观灯旅游。成渝两地及遵义、昭通的旅行社与自贡多家旅行社签订旅游专线采购合同，乐山、泸州等川南城市组织散客定时发班车到自贡开展灯会专线游。第二十一届灯会 43 天共吸引游客 181 万人次，日均游客数 4.34 万人次，日均游客同比增长 20.7%。

【会展营销】 2015 年，组织全市各级旅游主管部门、旅游行业企业参加第二届四川国际旅游交易博览会、2015 四川国际文化旅游节、2015 年海峡两岸旅游博览会、中国旅游城市新媒体营销石家庄峰会暨第二届石家庄旅游交易会、第七届中国国际旅游商品博览会第四届敦煌行·丝绸之路国际旅游节、第四届中国·兰州黄河文化旅游节暨国际旅游博览会等旅游交易博览会，宣传营销成效明显。在第二届四川国际旅游交易博览会上，全市 10 家旅游企业与国内外的 30 家旅行商开展 80 多轮洽谈，达成各类意向合作 26 项，涉及金额 5000 多万元。在 2015 四川国际文化旅游节上，全市 30 多种旅游商品参展。重庆市江津区、云南省昭通市、贵州省遵义市、宜宾市、自贡市等八市区共同签署《川滇黔渝结合部旅游合作协议》，并举办联合推介会。

旅游活动

【特色旅游】 2015 年，自流井区举办第十六届飞龙峡桃花生态旅游节；贡井区举办“5·19”中国旅游日纪念活动暨第十一届乡村旅游活动；沿滩区举办仙市古镇第 16 届民俗风情旅游节、2015 年金秋旅游套餐活动暨第二届仙市古镇金秋旅游节；荣县举办 2015 荣县大佛文化旅游节等。

【特色活动】 2 月 5 日至 6 日，开展“感悟灯城魅力、幸福盐都之旅”旅游达人游自贡活动。活动通过网络招募各地旅游达人到自贡观光体验，整个活动费用全免。四川、江苏、辽宁等地的旅游达人报名参加，其中有一位非洲的国际友人。旅游达人先后参观游览自贡恐龙博物馆、燊海井、盐业历史博物馆、仙市古镇等著名景点及自贡灯会，并品尝盐都特色美食。

行业管理

【旅游市场整治】 2015 年，开展节假日和重大活动市场检查。制订旅游市场检查工作方案和应急预案，全年开展 14 次旅游市场检查，出动旅游执法检查车辆 90 余台次，检查人员 400 余人次，检查旅游包车 20 余台，导游 IC 卡 143 个，涉及企业 156 户，覆盖面 100%。抽查电子行程单 90 余份，旅行社电子行程单使用情况检查率100%，对未填报旅游团队动态信息和未使用电子行程单的旅行社进行行政约谈或诫勉谈话。开展规范出境旅游专项整治，召开出境旅游业务监管工作专题会议，开展规范出境社经营检查，对发现的问题要求及时整改。查处2家不具备出境资质旅行社的违规宣传，收缴超范围宣传资料600余份，对相关负责人进行诫勉谈话。开展打击以QQ群、在线网络为平台的非法经营行为，加大对车友会、暴走群等旅游新业态的依法监管，在市级媒体刊发10余篇稿件进行旅游法律法规宣传和案例分析，引导游客依法理性出行。完成国家旅游局交办的2件涉旅乱象案件的调查处置。

【旅游投诉办理】　2015年，健全市、县（区）和涉旅企业旅游投诉机构，完善全市"96927"旅游投诉管理体系，整合以"96927"为基础的区县旅游局投诉电话。对涉旅企业质监投诉电话进行监管，指导企业加强游客投诉管理。印制发放4000余份旅游投诉处理告诉书，增强广大游客法制意识和维权意识。2015年共接到群众旅游咨询和游客投诉反映102件，旅游投诉立案件结案率100%，为游客挽回经济损失12.5万元。

【旅游行业安全】　2015年，与各区县旅游行政部门和全市A级旅游景区、星级酒店、旅行社等41家涉旅企业签订《2015年旅游安全责任书》，督促全市涉旅企业建立健全"十项"安全规章制度，落实安全工作"一岗双责"。全年组织开展安全执法检查共计52次，出动检查人员180余人次，共检查涉旅企业96户，检查出不规范操作及安全隐患194个，督促企业完善安全标识149处、张贴安全标语24幅，对检查出的问题进行现场指导，提出限期整改意见。修订完善《自贡市旅游行业安全应急预案》，组织开展应急演练活动，全市涉旅企业现场观摩，互动参与，指导涉旅企业开展安全应急培训及演练活动。全年全市星级酒店、景区、旅游车公司组织应急演练共计18次，达到应开展演练企业的100%，连续10年实现重大安全责任零事故。

【行业人才培养】　2015年，开展旅游饭店职工技能练兵活动，组队参加全省旅游饭店技能竞赛和地方旅游特色菜大赛，获得技能竞赛多项奖励。组织行业人员参加省旅游局组织的乡村旅游带头人赴台学习交流活动。制订年度旅游人才培训计划，实施全市星级饭店、乡村酒店从业人员培训工作，市、县、旅游企业三级共完成实地教育培训和在线培训3347人次。开展导游培训年审工作，全市一次性通过146人，完成2015年导游考试工作。推选产生10名旅游服务质量社会监督员、1名省级劳动模范、1名市级劳动模范，对促进全市旅游行业服务质量提升起到带动监督作用。

（市外事侨务旅游局）

财政·税务

财　政

【财政收支】　2015年，全市地方一般公共预算收入完成44.83亿元，同口径增长7.93%（自然增长5.71%）。其中：税收收入完成30.24亿元，下降2.68%，占地方一般公共预算收入的比重为67.47%；非税收入完成14.58亿元，增长28.71%。全市一般公共预算支出实现173.35亿元，增长17.68%。全市政府性基金预算收入完成21.43亿元，下降50.73%；政府性基金预算支出29.12亿元，下降50.37%。全市国有资本经营预算收入完成1241万元，国有资本经营预算支出1271万元。全市社会保险基金预算收入完成70.72亿元，社会保险基金预算支出95.86亿元。

【服务经济发展】　2015年，继续推进落实“营改增”及小微企业税收优惠等结构性减税政策，执行“简政放权”，落实停、免、减征行政事业性收费各项规定，减轻企业负担。安排1000万元用于购房补贴，累计建立规模为3亿元的“工业应急临时周转金”，出资参与组建四川省信用再担保有限公司，筹措资金2180万元鼓励金融机构支持实体经济。推进重大产业和基础设施建设，安排财政资金16亿元，重点保障水利工程、公路新建和改扩建、棚户区改造及保障性住房、自贡航空产业园、城市新区等建设资金需要。整合地方政府债券资金、财政专项资金等各类财政资源，支持航空与燃机产业、节能环保装备制造业、新材料产业等高端成长型产业发展。安排资金3062万元，重点支持外经贸企业技改研发项目、电子商务发展、市内重大经贸促销活动等。安排资金5亿元，推进新村基础设施建设及新农村成片推进示范项目建设，继续实施畜牧业、农产品加工、“小农水”等现代农业项目建设，以及整村扶贫连片开发、高标准农田建设项目。提供融资担保9亿元，促进农业产业化发展。安排工业发展专项资金4000万元，争取中央及省专项资金1.05亿元，支持企业创新驱动、产业结构调整、科技自主创新和节能环保等。安排资金2900万元，实施煤矿整顿关闭工作。

【支持国有企业改制改革】　2015年，市财政局与市国资委合作，完成自贡瓷厂、市公路运输总公司等8户破产企业的国有划拨土地收储及资产收购工作，共计7454万元。安排国企改制资金7045万元，用于解决东碳企业改制、四川玻璃股份有限公司职工生活费、市高压容器厂等10户破产改制企业大龄职工社会保险费用等国有企业改革遗留问题。筹措资金949万元，解决50户国有企业举办的中小学758名退休教师“补差”资金。安排资金2530万元，支持荣县、富顺县整顿关闭煤矿28座。安排资金617万元，支持解决自流井区、贡井区、大安区、沿滩区大中型水利水电工程1260名移民生产、生活问题。

【推进重大项目建设】　2015年，共支付基建资金5.53亿元，推进城市新区、楼房湾水库、狸狐洞水库、高标准农田、小城镇建设、中医院全科医生临床培养基地、贡井生活污水处理二期工程、农村饮水安全、市法院审判庭等重大项目建设。全年争取上级补助资金5.04亿元，涉及水利设施、城乡建设、农林发展、医疗卫生、企业发展、公共安全、节能环保、国土资源、发展改革、文化教育、旅游发展、社会保障等。

【保障改善民生】 2015年，安排资金47.27亿元，保障“九大民生工程”和16件民生实事实施，推进教育、文化、卫生等发展，完善社会保障体系，推进保障性安居工程建设，提高基本公共服务水平。是年，全市一般公共预算民生保障支出达117.8亿元，较2014年增加22亿元，占一般公共预算支出的68%。

【财税改革】 2015年，贯彻落实新修订的《中华人民共和国预算法》，推进财政管理改革。完整编制“四本预算”并全部提交市人代会审查，政府所有收支全部纳入预算管理；细化预算编制，一般公共预算按功能分类大部分编列到项级科目；扩大市级国有资本经营预算编制范围。推进项目支出绩效评价和部门支出绩效评价，扩大评价范围，强化绩效预算管理。按照“公开是惯例，不公开是例外”的要求，在《中华人民共和国预算法》规定的时限内及时公开财政预、决算和预算调整报告和方案，除涉密部门外，市级73个部门全部公开本系统部门预、决算和“三公”经费预、决算。深化国库集中支付制度改革，强化银行账户管理，推进市级公务卡制度改革，完善预算执行动态监控。加强政府采购监督管理，全年市级政府采购资金节约率11.2%。加强基层财政管理，所有乡镇纳入基本财力保障机制改革，全面推开农村公共服务运行维护机制示范点建设。出台加快法治财政建设的实施意见，强化依法行政、依法理财。推进重点领域改革，出台《关于推广政府和社会资本合作模式指导意见》，推广政府和社会资本合作（PPP）模式；出台《自贡市人民政府关于开展政府向社会力量购买服务工作的实施意见》及《自贡市政府向社会力量购买服务指导目录》，推进政府购买服务工作。

【财政收入管理】 2015年，强化收入目标管理，加大督查力度；开展税源分析调研，强化财税收入分析报告机制；继续深化全市餐饮娱乐行业推行机打发票管理，提高有奖发票中奖率和中奖面，最高奖额5万元，在餐饮业税收大幅下降的情况下，推行机打发票的纳税人入库营业税2062万元，增长0.59%；推进涉税信息交换与共享保障制度和涉税信息交换平台建设工作，制定《自贡市涉税信息交换与共享保障实施办法》和《自贡市涉税信息交换目录》，提升税收征管水平。贯彻落实《四川省非税收入征收条例》，修订《自贡市财政票据管理实施办法》，从源头上加强非税收入管理；规范非税收入预算管理，深化非税收入汇总分析；严格执行国家取消、停征、降费政策，强化收费基金目录动态监控，完善“非税收入收缴系统”，加强专户资金、经营服务性收费、代收代管资金审核与拨付管理，整合统筹非税财力。稳步推进交通运输业和部分现代服务业以及铁路运输、邮政业、电信业“营改增”改革，试点纳税人总体税负从原营业税的4.23%下降至3.04%，促进全市经济结构调整；推进地方税改革，完成煤炭资源税从价计征洗选煤折算率测算，并向社会公开；完成税收优惠政策清理；制订市区财政体制调整方案，启动市区财政体制调整。继续实施“营改增”及小微企业税收优惠等结构性减税政策；推进“简政放权”，减、停、降各项行政性收费、政府性基金等，支持实体经济。2015年，受土地相关基金收入大幅下降52.5%的影响，全市财政总收入完成106.4亿元（不含专户收入2.28亿元），同比下降15.95%。其中，地方一般公共预算收入44.83亿元，同口径增长7.93%，增幅同比回落1.67个百分点，与全年8.4%的经济增速基本协调；税收占比67.5%，同比下降5.8个百分点。

【政府性债务管理】 2015年，开展政府存量债务清理甄别，并分类纳入预算管理。完善政府性债务管理制度，制订《自贡市政府性债务管理办法》。实施政府债务限额管理，按规定将地方政府债务限额及时报送同级人大常委会审查批准。完善债务监督考核办法，将债务率、新增债务率指标纳入政府综合绩效目标考核。向上争取地方政府债券资金置换存量政府债务，缓解当期财政支出压力和债务风险，全市共置换存量政府债务38.8亿元。2015年年末，全市政府债务余额196.5亿元，较2014年年末下降1.13%，控制在省下达的债务限额（207.1亿元）内。

【财政监督管理】 2015年，编印《财经纪律政策法规制度汇编》，组织市级预算单位财经纪律专题培训。开展预决算公开情况、盘活财政存量资金、涉农资金、少数民族发展资金、公路安保工程资金、农村公共服务运行维护补助资金等专项检查，提高财政资金的使用效率。开展“小金库”及滥发钱物、会计信息质量、“五项费用”制度等专项督查，严肃财经纪律。参与正风肃纪、源头治理日常监督，预防财经违纪违规。

【政府采购管理】 2015年，编印《政府采购宣传手册》，开展采购人、政府采购评审专家的业务培训。继续贯彻《中华人民共和国政府采购法》及《实施条例》，强化政府采购预算管理，建立政府采购信息公开制度，完善政府采购监管手段。扩大政府采购范围和规模，全年市本级执行采购预算8.84亿元，同比增长43.39%，节约资金1.3亿元，资金节约率达21.6%。完成公务机票网上购买政府采购、政府采购社会代理机构检查等工作。

（王丽玫）

国家税务

【税收收入】 2015年，全年共组织税收收入30.31亿元，同比上升13.69%，增收3.65亿元，完成年度计划的105.98%；完成市县（区）地方本级收入5.29亿元，同比上升9.49%，增收4585万元。全年累计办理出口退（免）税1.54亿元，其中办理出口退税7285万元，办理免抵调库8152万元。

【税收优惠】 2015年，办理税收减免3.98亿元，其中，高新技术企业减免5318万元，民政福利企业减免3018万元，其他减免3.15亿元。

【税收征管】 2015年，贯彻落实《全国税收征管规范（1.0版）》，以征管指标为导向，加强征管基础信息清理核查，全市征管质量综合指数得分98.64分，在全省22个征收单位中排名第7位，比2014年上升6位。全面实施风险管理，组建风险办和行业风险管理团队，开展产业链风险分析和专项风险管理，全年共完成795户次风险应对任务，查补入库税款及滞纳金5891.15万元；组织14人团队对省国税局重要涉税事项风险进行现场核查，共计调增入库税款5.51亿元。加强“营改增”试点企业后续管理服务，全市“营改增”试点纳税人共入库增值税1.11亿元，直接减税6042.08万元。分类分批推进增值税发票系统升级，加强卷烟批发环节消费税税收政策调整工作。强化企业所得税预缴管理、核定征收管理和年度汇算清缴工作，防范执法风险。严格落实《出口退税管理工作规范（1.0版）》，从4月1日起将生产企业出口退（免）税审批权下放至各区县国税局。推进车购税征管服务改革，改变车购税征收管理模式，5月1日起将车购税所有业务下放至富顺县和荣县，实现车购税业务“全市通办”。

【纳税服务】 2015年，开展便民办税春风行动，推广使用“掌上办税”平台。举办“共话新常态，共谋新发展”税企高层对话，实施大企业涉税精准服务计划，与2户列名企业首次签订税收遵从合作协议书。推进“税银战略合作”，推出“税金贷”、“退税贷”金融产品，全年累计为43户中小微企业授信1.06亿元，19户企业累计使用信用4460万元。是年，市国税局纳税人满意度测评综合得分排名由2014年的第21名上升到第10名。

【税收改革】 2015年，推行“三证合一”“一照一码”登记制度改革，贯彻落实《国家税务局　地方税务局合作工作规范（1.0版）》，工作经验和做法被中央电视台《新闻联播》栏目、中国税务报等媒体报道。推进“金税三期”建设，12月1日，“金税三期”双轨运行成功上线。

【依法治税】 2015年，坚持会前集体学法制度，制订《自贡市国家税务局法治文化建设实施方案》，开展依法行政示范单位创建工作，组织开展法治文化知识竞赛、征文、演讲比赛和法治卫士评选等系列主题活动。推进依法行政，采取定期发布预警、及时提醒纠错、重点约谈整改等形式，提高执法正确率。是年，市国税局执法正确率达99.97%，排名全省第4位，比2014年提升2位。落实简政放权，全市59项税务行政审批事项中，仅保留5项行政许可，43项行政审批事项予以取消，11项行政审批事项调整为其他权利事项。制定《自贡市国家税务局重大决策规范》和《自贡市国家税务局重要政务事项管理规范》，组建法律人才团队，聘请1名职业律师担任单位常年法律顾问，防范重大决策法律风险。强化税务稽查，推进“黑名单”制度，开展行业自查和专项检查，严厉打击发票违法犯罪，全年查补收入总额7123万元。全年稽查选案准确率、稽查案件到期结案率、协查信息完整率、协查选票准确率、查补入库率均达到100%。

【队伍建设】 2015年，贯彻落实《中国共产党党组工作条例（试行）》，完善党组议事规则、党组会议制度、局长办公会议、局务会议制度，坚持普通党员、一般干部列席党组会议和局长办公会议制度，提高班子科学决策、民主决策水平。贯彻落实新修订的《巡视工作条例》，对高新、大安国税局开展综合巡视检查，对沿滩、富顺国税局进行巡视整改检查。制定《自贡市国家税务局文化建设、组织建设、思想建设的实施意见》，加大骨干人才、专业人才培养力度，举办科级干部暨优秀骨干人才培训班，全年各级各类培训1244人次，培训量7692人天。开展第二届“赛比争”活动，团体成绩进入全省前8名，被省国税局评为优胜单位，1人获“四川省青年岗位能手”称号，9人获四川省国税系统岗位能手称号。

（黎小林）

地方税务

【地税收入】 2015年，全市地税系统完成总收入41.78亿元，同比下降7.19%。其中税收收入38.67亿元，同比下降7.33%；基金附加收入3.11亿元，同比下降5.33%。完成省级及以下地方级税收33.77亿元，同比下降6.39%，其中省级税收8.84亿元，同比下降10.06%。完成市级及以下地方级税收24.93亿元，同比下降5.02%，其中市本级税收14.02亿元，同比下降6.08%。

【税收改革】 4月，在全市四城区（含高新区）涉税业务“同城通办”基础上，将荣县、富顺县纳入通办范围，实现“全市通办”，初步构建“征、管、评、查”既分离又联动的现代税收征管体系。率先在全省试点“金税三期”工程双轨运行。10月，召开全市地税系统加速推进自贡地税税收现代化进程现场会，提出自贡地税税收现代化目标：建立“三大中心”（现代税收服务中心、现代税收风险管理控制中心、现代税收支撑保障中心），实现“三个全面”（全面发挥税收职能作用、全面消除税收风险、全面提升地税人幸福指数），到2018年基本实现税收现代化。按照“全覆盖、分层级、信息化、重实效”的原则，全面推进税收风险管理，建立完善分行业风险管理模型，在风险控制系统中建设指标元24个、指标18个、模型2个。协同推进“三证合一、一照一码”登记制度改革，“多赢”效应被中央电视台《新闻联播》栏目报道。落实《国地税合作工作规范》，完善国地税合作机制，建立常态化联席会议制度，实现征管信息互通共享，探索实施“前台一家受理、后台分别处理”的深度交融式合作，促进“同城通办+涉税通办”办税模式形成。

【纳税服务】 2015年，实行行政审批事项清单管理，全面取消非行政许可审批事项。在办税服务厅推行“免填单”，打造“全职能”服务窗口，实施“窗口接件、内部流转、窗口出件”一站式服务。执行《全国税务机关纳税服务规范》。4月，将“同城通办”升级扩展到“全市通办”，涉税业务范围由原来的5大类34项扩大至包括税务登记、申报纳税、发票办理、证明办理、宣传咨询、权益维护在内的8大类76项涉税事项。开展“银税互动”，帮助58户企业获取信用贷款1.25亿元，解决就业人数1150人左右。市地税局“12366”呼叫中心成功开通各区（县）远程人工座席，受理纳税人电话诉求3000余条，现场咨询62条，网厅咨询152条，远程帮助纳税人200余户次，刊发《12366热线要情》12期，回访纳税人满意度达到100%。推进网上申报工作，全市可通过网上办税服务厅申报缴税的纳税人达6335户，企业纳税人网上可申报率达到90%以上。举办各类专题培训37期，培训纳税人2200余人次。开展纳税人信用等级评定，共3544户纯管户参评，评出A类纳税信用等级企业75户（国地税共评定出A级纳税人284户）

【依法治税】 2015年，共清理出市本级行政执法权力83项，非行政许可审批事项128项，取消和下放税务行政审批项目工作9项。开展依法行政示范创建活动，申报参加创建的地税机关共10个，荣县地税局、大安区地税局、沿滩区地税局和三分局被确定为省地税局示范单位。沿滩区地税局被确定为省地税系统法治税务示范基地创建单位。严厉打击税收违法行为，整顿和规范税收秩序，全年查补入库1.14亿元，占全市税收性收入的2.93%。

【税收惠民】 2015年，共计减免地方各税约5亿元，占全市税收收入总量的15%。其中，促进房地产市场平稳健康发展减免税2亿元；促进小微企业发展减免税金0.6亿元；西部大开发企业减免税0.4亿元；改善民生、鼓励高新技术、促进企业转型升级等减免税2亿元。

【队伍建设】 2015年，完成干部调训38期，共参训152人次。组织649名公务员参加全省“提升依法行政能力，做人民满意公务员”全员网络在线培训，参训率达100%，均取得“合格”证书。各区县地税局、市地税局直属单位组织开展二级培训126期，培训税务干部和纳税人约7900人次。组织“学习讲坛”12期，培训人数2700余人次。与四川理工学院合作建立本科生实践教学实习基地。与市国税局开展互派3名副科级干部挂职交流，8月31日《中国税务报》（要闻版）头条以《互派干部挂职“取经”自贡国地税试水人才合作》为题进行报道。全年共14人入选省地税局人才库和师资库。

【文化建设】 2015年，塑造“四位一体”的“粲税”文化品牌，弘扬“崇法厚德、粲税富民”核心价值观，共吟《自贡地税赋》、同唱《自贡地税之歌》，筹建粲税文化展厅，打造文化品牌阵地。成功创建“全国文明单位”，获全市“十佳学习型机关”和“十佳学习标兵”两项殊荣；第二直属分局办税服务厅获“全国青年文明号”“全国巾帼文明岗”称号。

【基层建设】 2015年，开展市地税局班子成员定点联系区县地税局活动和干部谈心谈话活动。开展县以下机关公务员职务与职级并行工作，全年办理29名基层税务干部晋升职级待遇，其中晋升正处级1人，晋升副处级22人，晋升副科级6人。落实异地单身职工集体宿舍工作。制订2015年“三联三”服务和干部驻村帮扶实施方案，明确帮扶责任和具体任务。开展帮扶村走访调研，细化落实具体帮扶措施。完成帮扶村甘庙、清辉的村道、村委会、村活动场地建设。

【作风建设】 2015年，创新建立“一二三四”工作机制（即秉持一个理念：制度+科技+文化；构建两个体系：横向分类、纵向分层的责任体系；完善三个载体：责任清单、管理台账、工作手册；遵循四个原则：围绕中心、服务大局，纵横压实、人人参与，自动预警、过程监控，文化引领、奖惩并重），分层分类落实“两个责任”，明确主体责任482项，监督责任181项，将责任清单化，召开落实“两个责任”工作推进会，层层签订主体责任书、监督责任书。推广应用“两权”监督系统，实时监控税收执法权22个风险点、行政管理权24个风险点，做到“预警前置、过程监控、实时处置”，实现人工防控向科技防控转变。开展集体和个别廉政谈话，对涉税问题进行“一案双查”，发放“四早四卡”，做到问题早发现、早提醒、早处置。组织开展贯彻落实中央八项规定精神和纠正“四风”问题专项检查，制定解决发生在群众身边的“四风”和腐败问题工作任务分工表。组织开展明察暗访25次，开展税收执法督察、存量房交易税收征收管理专项执法监察。推广应用“两权”监督信息系统，做到“预警前置、过程监控、实时处置”，共安装客户端535台，登录用户数793人、总登录17万人次；共触发事中预警提示5732次，事中阻断风险操作201次。

（郑　耘）

金融·保险·证券

综 述

2015年年末，全市除人行市中心支行和自贡银监分局2家金融主管和监管机构外，有17家银行业金融机构，营业网点525个，从业人员5432人；融资性担保公司16家，从业人员163人；小额贷款公司13家，从业人员147人；保险公司25家，其中产险公司13家、寿险公司12家，有保险代理公司4家，营业网点152个，从业人员9132人；证券公司6家，从业人员264人。

2015年，全市金融业运行情况整体平稳，银行业存贷款持续增长，12月末，全市银行业金融机构人民币存贷款余额1934.33亿元。其中：存款余额1319.76亿元，同比新增245.38亿元，增幅22.84%；贷款余额614.57亿元，同比新增93.76亿元，增幅18.00%。证券市场交易活跃，证券开户数和交易额持续增长，全年证券开户数17.81万户，同比增加2024户；全市证券累计成交3275.15亿元，同比增加2139.51亿元，增幅188.4%。保费收入稳步增长，12月末，保费收入26.22亿元，同比增加4.6亿元，增幅21.3%，保险赔款和给付支出11.99亿元，同比增长2.49亿元。是年，2家融资性担保公司增加注册资本7000万元。12月末，小贷公司贷款余额11.75亿元，同比减少1.67亿元，降幅12.44%；融资性担保公司在保余额26.95亿元，同比减少6.18亿元，降幅18.65%。全市重大项目完成信贷投放45.36亿元。12月末，全市涉农贷款余额274.12亿元，占全部贷款余额的44.60%。全市首家农村资金互助社—大安三绿农村资金互助社开业，截至12月末，累计发放社员贷款55笔共1612.6万元。全市小微企业贷款余额184.88亿元，占全部贷款余额的30.08%，同比增幅34.82%，增幅超全部贷款增幅16.82个百分点。

（市政府金融办）

存贷款

【存款规模】 2015年年末，全市金融机构本外币存款余额1321.66亿元，同比增长22.67%，全年新增244.79亿元。其中人民币存款余额1319.76亿元，同比增长22.75%，新增245.38亿元；外币存款余额2929.92万美元，同比下降17.98%，降低642.38万美元。全市金融机构住户存款余额819.38亿元，同比增长16.18%，新增101.03亿元，其中，个人协议存款新增48.91亿元，成为拉动住户存款增长的主力。单位存款余额476.45亿元，同比增长45.11%，全年新增147.7亿元。其中单位活期存款余额220.61亿元，同比增长56.2%；单位定期存款余额135.68亿元，同比增长13.84%；单位协议存款余额33.78亿元，同比增长734.49%；单位协定存款余额40.85亿元，同比增长49.22%；单位保证金存款余额40.33亿元，同比增长34.48%。

【贷款规模】 2015年年末，全市金融机构本外币贷款余额615.55亿元，同比增长17.48%，全年新增92.60亿元。其中人民币贷款余额614.57

亿元，同比增长18%，全年新增93.76亿元；外币贷款余额1510.19万美元，同比降低56.79%，全年减少1984.95万美元。全市人民币短期贷款余额262.10亿元，同比增长9.33%，全年新增22.37亿元；中长期贷款余额324.74亿元，同比增长22.43%，全年新增59.5亿元；票据融资余额26.27亿元，同比增长93.18%，全年新增12.67亿元。

【支持实体经济发展】 2015年，信贷增量（不含贴现）主要投向个人贷款，以及交通运输和邮政业、批发和零售业、公共管理、社会保障和社会组织、租赁和商务服务业五大行业，共新增84.88亿元（个人贷款22.4亿元、交通运输和邮政业18.64亿元、批发和零售业22.67亿元、公共管理、社会保障和社会组织12.68亿元、租赁和商务服务业8.48亿元），增加额占全部贷款增加额的104.93%，集中度较2014年年末上升16.97个百分点。其中个人购房贷款同比增长21.28%，高出全市各项贷款增速3.28个百分点，较年初新增22.43亿元，占全市贷款新增的27.4%。年末辖区大、中、小、微型企业贷款余额（不含贴现）分别为40.93亿元、94.44亿元、179.35亿元和5.52亿元，其中小微占比为57.73%，较2014年年末提高7.27个百分点。全年小微企业新增贷款45.12亿元，占企业贷款新增额的95.53%。一至四季度，全市金融机构加权平均贷款利率分别为8.64%、8.34%、7.10%、6.93%，分别低于2014年同期0.42、0.96、2.11和2.02个百分点。

货　币

【现金投放】 2015年，全市现金投放同比增长14.40%，回笼现金同比增长14.67%，收支品迭为净回笼，净回笼同比增长16.07%。

【反假货币工作】 2015年，建立市县两级银行机构反假货币联席会议制度，加强信息沟通，发挥银行在反假货币工作的重要作用；加强银警联动，配合公安机关开展打击整治假币违法犯罪专项行动，公安机关零星收缴假币占比大幅提升；组织辖内银行机构柜员参加反假货币培训考试，综合合格率69.69%；坚持网点常态宣传，助农取款服务点、农村金融综合服务点延伸宣传，利用春节、“3·15”、集中宣传月等重要节点，组织开展反假知识进校园、进社区、进乡村等活动，扩大反假宣传受众面。全年辖内收缴假人民币张数、金额同比分别增长10.51%、8.12%。

【冠字号码记录查询和贴标工作】 截至2015年11月末，辖内银行业金融机构自助设备渠道和柜台渠道实现人民币冠字号码查询，并完成贴标工作。

【小面额人民币供应】 2015年，制定《自贡市银行业金融机构小面额人民币兑换管理办法》，明确第一责任网点、小面额人民币备付等管理规定；规范窗口建设，制作统一的“零钞、残钞兑换”标识牌放置营业窗口，方便公众零钞业务办理；公开服务承诺，制作《自贡市银行业金融机构小面额人民币兑换服务承诺书》张贴营业场所，接受公众监督；2月起，辖内各银行机构根据所辖网点《小面额人民币预约兑换登记簿》记录情况，按月汇总填制《小面额人民币预约兑换情况汇总表》报备人民银行。全年，投放小钞张数、金额同比分别增长13.95%和17.59%。

支付结算

【农村支付结算“迅通工程”】 2015年年末，全市助农取款服务点2617个，助农取款服务点覆盖96个乡镇、覆盖率100%，覆盖行政村1135个、覆盖率100%。全年办理助农取款业务47.10万笔，同比增长85.58%，办理金额1.03亿元，同比增长146.31%；办理助农转账、缴费等其他业务11.06万笔，同比增长5.5倍，办理金额1.41亿元，同比增长3.13倍。

【改善农村支付服务环境】 2015年，荣县、富顺两县城区网点行内系统接入79户，乡镇网点行内系统接入198个；两县城区网点大小额支付系统接入79户，乡镇网点大小额支付系统接入198个；两县城区网点支票影像系统接入23户；两县城区网点农信银和城商行资金清算系统接入28户，乡镇网点农信银和城商行资金清算系统接入79个。

外汇管理

【跨境资金流动监测】 2015年，全市跨境外汇收支交易规模5.93亿美元，同比下降34.05%。其中，跨境外汇收入3.03亿美元，同比下降22.42%；跨境外汇支出2.91亿美元，同比下降39.3%；跨境外汇收支顺差1208万美元，与2014年跨境外汇收支逆差8860万美元相比，呈现外汇资金小额净流入态势。

【货物贸易外汇管理】 2015年，国家外汇管理局自贡市中心支局受理并办结45家企业名录登记申请、26家企业名录信息变更和20家企业的注销。年末全市名录登记企业共计224家。

【资本项目外汇管理】 2015年，辖内共办理资本项目业务17笔（外汇局办理8笔、辖内银行办理9笔）。其中：外商投资权益确认业务6笔，金额1382.43万美元；外商投资企业注销业务1笔；外商投资对内义务投资及实际转股业务3笔，金额1481.11万美元；对外义务投资4笔，金额4384.5万美元；外债业务3笔，金额300万美元。全年应参加存量权益登记的外商投资企业23家，成功完成数据申报的21家，数据申报成功率91.3%；应参加存量权益登记的境外投资企业15家，成功完成数据申报的15家，数据申报成功率100%。

金融市场

【货币市场】 2015年，全市货币市场成交3090笔，同比增长177.13%，成交量共计4741.86亿元，同比增长400%。其中同业拆借成交147笔，同比增长48.48%，成交量共计125.05亿元，同比增加41.46%；债券质押式回购成交1484亿元，同比增加115.7%，成交量共计3828.34亿元，同比增加444.96%；现券买卖成交1423笔，同比增加343.3%，成交量共计753.18亿元，同比增加389.7%。

【票据市场】 2015年，全市票据业务累计发生额511.36亿元，同比增加52.88%。其中，银行承兑汇票累计签发310.73亿元，同比增长26.11%。票据贴现累计发生额195.27亿元，同比增加128.85%。再贴现累计发生额5.36亿元，同比增长94.64%。年末，票据余额175.38亿元，同比增长28.65%。其中，银行承兑汇票余额147.64亿元，同比增长22.03%；票据贴现余额26.27亿元，同比增长93.16%，再贴现余额1.47亿元，同比减少15.30%。金融机构贷款加权平均利率和贴现利率保持下行，一至四季度票据贴现利率分别为5.201%、4.6349%、4.8061%、4.1335%。

（人行市中心支行）

金融监管

【概况】 截至2015年年末，全市辖区内有政策性银行、国有商业银行、城市商业银行、邮储银行、农村信用社和村镇银行6类机构17家（其中法人机构7家），营业网点525个，从业人员5432人。全市银行业资产总额1556.04亿元，其中各项贷款余额615.55亿元，比年初增长17.70%，贷款余额全省排名第15位，增幅排名第6位。负债总额1498.98亿元，其中各项存款余额1297.95亿元，比年初增长23.56%，存款余额全省排名第13位，增幅排名第1位。不良贷款余额24.82亿元，不良率4.03%，分别比年初增加8.98亿元、上升1.00个百分点。全年全市银行业机构实现净利润13.40亿元。

【支持实体经济发展】 2015年，全市银行业机构向255个重大项目新发放贷款45.36亿元，贷款余额65.83亿元。开展稳增长政策落实情况的专项督查，督促落实“续贷”政策和减费让利，规范银行经营行为，严格执行“七不准、四公开”规定，集中组织开展银行业不规范服务收费专项清理活动，共取消收费项目184项，精简整合203项，降低收费63项。自“续贷”新政落实后累计办理续贷43.9亿元。组织开展银企对接活动39场，活动范围覆盖全市各区县，与700余户小微企业签订意向融资金额12.19亿元，实际投放贷款11.99亿元。在全省范围内率先搭建“税银合作”平台，选定3家银行业机构开展“税银互动　助力小微”活动试点，累计向28户小微企业授信8120万元，发放信用贷款4460万元。引导银行业机构探索和创新“三权”、农机具抵押贷款等信贷产品，开发产业链金融服务新途径、新模式。在农村基础金融服务全覆盖的基础上继续推进“三大工程”和“村村通”工作，鼓励银行业机构向乡镇延伸金融服务网点，批准新设乡镇网点2个。涉农贷款、小微企业贷款分别实现“一个不低于”和“三个不低于”目标。部署开展金融扶贫工作，督促银行业机构为贫困乡、贫困户“量身定制”金融产品，全年全市银行业机构向贫困群体捐款146万元。开展“送金融知识下乡集中宣传周”“金融知识进万家宣传服务月”和“小微企业金融服务宣传月”等宣传活动；加强消费者权益保护工作，全年接到消费者投诉23件，办结率100%。

【防控重点领域风险】 2015年，督促银行业机构真实反映资产质量，加大风险处置力度，累计清收、核销和处置不良资产15.25亿元。利用“一户一策”对10余户困难企业（涉及银行业融资余额171.68亿元）进行持续帮扶。推动政府将应急转贷资金的使用范围扩大到全市所有困难企业，全年累计帮助192家企业转贷279笔，转贷金额31.67亿元。强化法人机构流动性管控，督促村镇银行与主发起行完成细化流动性支持协议的工作。指导法人机构完善流动性风险管理制度，加强流动性风险监测，做好风险防范和压力测试，完善应急处置预案。督导开展存款保险制度等正面宣传，提升公众信心，防止因信息不对称诱发流动性风险。全年法人机构未发生支付风险。保持案防高压态势，狠抓长效机制建设，开展柜面业务操作风险、贸易背景真实性系统运用、票据及同业业务全面风险等专项排查，强化四川银行业机构从业人员处罚信息的管理和运用，推广使用四川银行业务贸易背景查询与监管系统、透明式交易密码键盘。组织银行业机构开展处非宣传月活动，配合公安机关等部门开展打击非法集资，加大对银行业员工参与民间借贷、非法集资活动的预警排查和案件问责，查处参与非法集资和“飞单”销售的违规行为。开展押品价值波动风险排查，加强信息科技风险监管，重视管控声誉风险，守住不发生系统性区域性风险的底线。

【推动银行业改革】 2015年，督促法人机构完善“三会一层”的治理结构和制衡有效、激励兼容的运行机制。督导自贡商行推进内设机构改革，完成10家管理型支行设置、内部部门改造和业务流程整合。推动自贡中成村镇银行遴选本地优质民间资本股东入股和引进管理经验丰富的高管人员。按照银监会“先财务重组、后股份制改造”“成熟一家、改革一家、确保质量”的工作要求，推进农村信用社改制工作。全市所有农信社改制工作全面启动，三个区联社和富顺联社分别进入筹建申报阶段，荣县联社财务重组工作有序推进。全面开展同业业务改革评估和类信贷同业业务专项检查，加快存量不合规业务的整改进度。推进自贡商行同业业务系统建设，同业业务资金运营系统预计2016年上线。支持域外银行到自贡新设分支机构。南充市商业银行自贡分行于10月27日开业；恒丰银行、光大银行在自贡设立分行获筹建批复。

（王甘露）

金融服务

【增强金融机构服务能力】 2015年，推进信用联社改制为自贡农商行，组建临时党委班子，3个城区信用社清产核资工作完成，预计在2016年9月底挂牌；推动市国投融资担保公司增加注册资本5000万元，推动市国投融资担保公司和市农业融资担公司担保费下调0.5—1个点，加大小微企业服务力度。

【完善企业融资风险分担机制】 2015年，建立贷款风险补偿机制，荣县、富顺、沿滩、自流井、高新等区县先后设立1000万元~3000万元不等的风险补偿金。加强政府、银行、保险合力，在荣县开展信用保证保险贷款试点，构建“三方合作、互利共赢、风险公担”的融资模式，鼓励银行向小微企业提高授信。

【强化金融招商】 2015年，引进2家保险公司（光大永明人寿自贡市自流井区支公司、恒大人寿保险有限公司自贡中心支公司），引进1家银行（南充商行自贡分行10月份开业），中国风险投资公司拟在自贡市设立风险投资基金、广州无线电集团广电运通公司拟在自贡市设立金融外包公司等工作有序推进。全年实际到位域外资金1.97亿元，完成金融招商目标任务的197%。

【开展多渠道融资】 截至12月末，实现直接融资64.5亿元，其中，市国投公司发行中期票据5亿元，高投公司发行私募债10亿元，华西能源、大西洋等上市公司非公开募集资金31亿元，其他融资18.5亿元。加强企业上市培育，全市纳入省级上市和挂牌后备资源库入库企业数43户，全年新增川油科技、百味斋、天健生物等新三板挂牌企业数3户，进入四板挂牌企业数11户。

【引入风险投资】 2015年，发挥政府资金引导作用，探索引进中国风险投资公司在沿滩区试点设立风险投资政府引导基金，以1∶5的杠杆率引导社会资本共同设立产业并购、创业和风险投资、天使投资等各类投资基金，支持全市创新型、先导型和创业型企业发展。

【完善金融服务体系】 截至12月末，市工业企业应急周转金为久大集团、泰丰集团、鸿鹤化工等262户企业提供402笔应急转贷资金，周转总额达47.84亿元，降低企业过桥成本、防范和化解企业资金链断裂风险。全市首家农村资金互助社大安三绿农村资金互助社开业一年，累计发放社员贷款55笔共1612.6万元。

【金融扶贫】 2015年，全市部署金融机构对口帮扶20余个村组，在金融产品、机具布局、人才培养以及资金、物资等方面给予对口村组支援。建立"普降+定降"释放资金支小支农对接机制，实施支农再贷款"基地化"管理和支小再贷款"红名单"制管理，命名川力实业等8户企业为"自贡市金融守信红名单企业"。设立涉农风险基金，推动富顺县政府设立3500万元风险补偿基金用于支持县域涉农信贷投放，推动荣县和沿滩区政府各自设立300万元风险补偿资金专项用于农村产权试点工作推进。推动中新联社、邮储银行等以借款人依法取得的农村土地承包经营权及地上定着物（附着物）、林权、土地经营权、集体经营性建设用地、农村房屋所有权等农村产权直接抵押作为主要担保方式的小额贷款业务。

【打击非法集资和规范民间融资】 2015年，坚持处置和打击非法集资高压态势，成功处置省委、省政府挂牌全省突出涉稳问题鑫缘科贸集资诈骗案。配合成都、内江和贵州省遵义等省、市联合查处"夏小龙""汇生行"非法集资案件。开展非法集资问题专项整治活动，印发《2015年打击和处置非法集资宣传月工作要点》《自贡市2015年防范打击非法集资宣传月活动方案》。继续对民间融资按照从重处理一批、市场退出一批、媒体曝光一批、教育引导一批的原则进行规范。

（市政府金融办）

银行业

【农发行市分行】 2015年，发放贷款21.32亿元，同比增加12.82亿元；年末贷款余额48.89亿元，同比增加18.36亿元，贷款余额和投放量均创历史新高。全年累计投放各类粮油贷款5820万元，收购、销售、轮换粮油21吨，支持7户国有粮食控股企业全部实现盈利，保护种粮农民利益。全年上报审批水利建设贷款10.85亿元，投放重点建设基金0.85亿元。与市住建局签订100亿元的《棚户区战略合作协议》，建立起"政府推荐、银行审查、风险可控、利益分享"的合作模式，累计投放贷款12.69亿元，同比增加6.62亿元。完成国家发改委下达4批共计5.92亿元的专项基金投放工作，为自贡南湖、荣县棚改及东部新城地下管廊改造等9个项目提供低成本资本金支持。对6个进入还款期的项目进行期限重置，全年少收回贷款2.35亿元，减轻政府还款压力。全年实现账面利润8168万元，同比增加1558万元，实现历史最好经营绩效。年末各项存款余额19.07亿元，较年初增加11.37亿元；各项存款日均余额11.5亿元，同比增加4.67亿元。全年贷款利息收入2.18亿元，综合收息率100.06%；实现中间业务收入313.26万元，同比增加55.74万元；全年信贷计划执行率100%，未发生无计划、超计划放款情况。

（龙　泷）

【工行自贡分行】 2015年，全行所辖对外营业网点28个，从业人员500余人。是年末，各项存款余额121亿元，各项贷款余额59亿元。通过投放项目、中小企业、个人住房贷款，支持全市经济社会发展。全年新建4家自助银行、1家融e购O2O线下体验店、1家智能银行体验店，满足居民金融需求。

（工行自贡分行）

【农行自贡分行】 2015年年末，各项存款余额170.4亿元，较年初增加14.63亿元，在“工农中建交”五大行中，存款存量占比30.67%，位居首位；人民币各项贷款余额100.6亿元，首次突破百亿大关，贷款比年初增加8.2亿元，贷款存量、增量在五大行中占比分别为36.76%、28.39%，均保持第一。全年实现中间业务收入1.2亿元，与2014年持平，全市同业排名保持第一。实现拨备前利润3.7亿元，实现拨备后利润1.1亿元，比2014多增4000万元。支持县域经济发展，新增涉农贷款5.73亿元，增速20.13%。支持县域重点工程，储备和新增城镇化建设、棚户区改造、水利工程等项目7个，涉及贷款11.15亿元。支持农户产业脱贫，帮扶新型农业主体，发展“惠农贷”，农户贷款净增4312万元，增幅达44.91%。完善农村支付体系，围绕新农村建设推进金穗“惠农通”工程，建成助农取款点1400个，覆盖全市80%行政村。加大对自贡实体经济的支持力度，重点支持省、市政府的重大项目，与自贡市高新投资有限公司、内威荣高速工程、城投公司、川南城际铁路公司进行对接，陆续投放项目贷款近10亿元。全年对46户企业新增贷款12.57亿元；为33户企业转贷12.23亿元；为28户企业办理政府应急资金周转46笔、3.6亿元；为企业减免或缓收各项费用1680万元；择优支持小微企业，小微企业贷款净增3.73亿元；加大力度服务民生，个人贷款余额35.74亿元，较2014年增长4.25亿元。2015年新建离行式自助银行9个，改造原有自助银行1个，新增现金类自助设备22台，被市人民银行授予“2015年度ATM跨行转账业务宣传先进机构”。反洗钱工作连续5年被市人行评为金融机构反洗钱工作A级行，在市人行的2015年综合评价中得分第一。

（吴　云）

【中行自贡分行】 2015年，实现净利润9232.21万元，同比减少2666.49万元，降幅22.41%；实现净利息收入2.11亿元，同比减少2012.79万元，降幅8.71%；实现中间业务净收入3983.95万元，较2014年减少407.87万元，同比下降9.29%。全辖本外币各项存款时点余额127.15亿元，较年初新增43.36亿元，增幅51.75%；本外币核心存款市场份额24.57%，余额排名第二位（四大行，下同），市场份额较年初提升5.19个百分点，增减排名第一位，新增份额50.44%，新增份额排名第一位。本外币贷款余额421601.86万元，较年初新增17992.72万元，增幅4.46%。其中，人民币贷款余额421566.01万元，较年初新29653.14万元，增幅7.57%；外币贷款余额5.52万美元，较年初下降1905.95万美元，降幅99.71%。本外币贷款市场份额17.13%（四大行口径），市场份额较年初下降0.93个百分点，新增份额7.95%，余额、占比、新增份额均列第四位。其中，公司贷款市场份额19.61%，余额排名第三位，较年初下降1.46个百分点，份额增减排名第四位，新增贷款份额排名第三位；零售贷款市场份额14.04%，余额排名第四位，较年初提升0.16个百分点，份额提升排名第二位；新增贷款份额排名第四位。

（中行自贡分行）

【建行自贡分行】 2015年，内设职能部门10个，有营业机构24个，其中两县支行7个、城区17个，在岗员工346人。年末全行存贷规模140.79亿元，其中各项存款余额96.09亿元、各项贷款余额44.70亿元，实现经营利润1.57亿元，上缴税款1972.57万元，较2014年增加129.40万元。2011—2015年，累计对全市公路、铁路、园区建设项目提供授信117亿元。2013—2015年，累计对全市高端装备制造业、新材料新兴产业提供授信47亿元，累计投放贷款22亿元，向小微企业投放贷款13亿元，发放个人住房贷款及助业贷款31.5亿元。通过债务置换直接向政府投放贷款，满足各类客户的信贷资金需求。2011—2015年，对辖内17个网点进行装修改造，新增2个小企业专营支行，新设自助银行网点12个，增投各类机具近1000台，是建行系统全省渠道改进力度最大的二级分行；在“自贡通—市民卡”的发行工作中，实现发卡10万余张；与市第四人民医院合作，推出集银行储蓄、医院就诊于一体的龙卡“银医服务”，共投入银医自助设备36台。年末不良贷款余额

2522万元，不良率0.56%，不良额、不良率均低于同业水平。是年，建行自贡分行职工之家获省总工会命名“四川省模范职工之家”称号；分行高新、汇东、春华路支行，荣县支行荣州大道所、富顺支行大十字所等5个营业网点获市“巾帼文明岗”称号；分行保持省级最佳文明单位。

（钟 莉）

【交行自贡分行】 2015年，交行自贡分行执行总行公司客户评级规定标准，优先发展具有传统优势行业和符合国家政策导向的信贷业务，对严重产能过剩行业中小客户采取审慎介入态度。对于存量贷款，从行业、客户、产品、担保方式等维度对信贷资产结构进行分析，风险较大的行业、企业及时压缩，平稳有序退出。以“展业通”品牌为龙头，加大对小微企业支持力度。推广短期融资融券、信托、资产证券化等业务品种，加大金融创新力度，支持自贡经济发展。围绕消费金融，发展房贷、汽车消费信贷、教育类等消费贷款和经营类贷款；加大信贷投放力度。2015年累计完成风险过滤144次，风险实地排查144次，并形成书面报告。开展岗位培训，加强队伍建设，组织各类培训501期，组织各条线考试63场，利用总行E校园系统，组织2409人次的网络学习。

（叶 华）

【省农村信用社联合社自贡办事处】 2015年末，自贡农村信用社辖1个办事处，5家县级法人联社（荣县、富顺、沿滩、大安、中新联社），182个营业网点，在岗职工1388人。资产总额290.71亿元，存贷规模393.24亿元（存款259.45亿元，贷款133.79亿元），拨备前利润5.08亿元，缴纳税金1.11亿元，存贷款规模居全市各金融机构第一位。围绕现代农业及农村产权改革创新推出“富农贷”、农村“四权”抵押贷款等信贷产品。截至12月末，全市涉农贷款余额122.06亿元，占各项贷款余额的91.23%，较年初净增10.79亿元，增速高出各项贷款平均增速3.15个百分点。推出“退税贷”、信用保证保险贷款等信贷产品，满足小微客户融资需求。截至12月末，全市共有存量小微企业客户2.26万户、较年初增加432户，贷款余额75.75亿元、较年初净增9.21亿元，小微贷款余额占各项贷款余额的56.62%，增速高出各项贷款平均增速5.24个百分点。聚焦“三城”，建立“N+农信”的金融服务模式。拓展IC行业应用，创新推出校园一卡通——“蜀信·学府卡”等产品；丰富移动支付，开展闪付“8元特惠洗车”等活动；推进全市特惠商圈建设，创建“盐都惠”微信公众服务平台；探索混业经营模式和社区银行模式，布局打造便民社区银行。全年累计投放个体工商户经营贷款20.82亿元，余额35.8亿元；累计投放各类消费贷款18.72亿元，余额17.32亿元。全年共投入2300万余元用于80个营业网点的优化改造和新增金融机具，提升网点功能和服务水平。截至12月末，累计发行蜀信卡128.24万张，安装ATM等自助设备320台，布放电话支付终端1400台、手机银行80711户、短信银行客户17.86万户；建立助农取款服务点1386个、聘请金融联络员1297人。2014年11月，省政府办公厅下发关于同意大安、沿滩、中新三家城区联社改制组建自贡农村商业银行的通知，省联社下发关于同意富顺县农村信用合作联社启动改制组建农村商业银行工作的批复，自贡农信社改革转型工作正式启动。2015年1月，市政府成立以市长刘永湘为组长的改革领导小组、以副市长项晓峰为组长的筹建工作小组；5月，富顺县人民政府成立以县长邹登权为组长的筹建工作小组。截至12月末，3家城区联社、富顺联社完成清产核资和资产评估、筹建工作验收、整改与复验、净资产确认和分配、原股金处置、征集发起人、筹建农商行资料申报等工作。截至2015年年末，为全市6452户建档立卡贫困户进行授信评级，授信贷款总额1.95亿元；累计发放妇女创业贷款6687笔，金额3.54亿元，余额63万元；累计发放“助学”贷款8896笔，金额1.02亿元，余额2349万元；累计发放大学生村干部创业贷款3笔，金额15万元；累计发放返乡农民工创业贷款2笔，余额50万元。投入300万余元，免收农户手续费，义务承担各级政府对农户的粮食直补、退耕还林、危房改造等20余项各类惠农补贴资金的代发。

（刘雅琴）

【市商行】 2015年年末，全行资产总额404.19亿元、存款余额252.62亿元、贷款余额104.35亿元（其中，票据融资14.52亿元），分别较年初增长54.68%、49.05%、37.36%；资本充足率13.32%，拨备覆盖率264.73%，贷款损失准备充足率474.96%；实现利润5.77亿元，较2014年增长53.58%；上缴税收1.76亿元。其中，市商行控股组建的金堂汇金村镇银行资产总额26.57亿元、存款余额16.40亿元、贷款余额11.04亿元，分别较年初增长133.25%、87.94%、43.78%。按照“3年500亿，5年1000亿”的目标，制定“十三五”期间《业务发展》《资本补充》《IT建设》《人力资源》《机构建设》等5个发展战略。按照“前、中、后”条线管理的现代银行经营模式，完成总行内设部门和管理行模式改革，实行“一级法人、三级机构、分级管理”，为未来设立异地分支机构打好基础。在总行个别部门和产品研发中心试行事业部制改革，逐步实现“去行政化”，由“审批银行”向“流程银行”转变。按照建立大零售体系的转型方向，发展各类零售类业务和以银行卡为中心的渠道类业务，为业务机构调整和转型升级打下基础。参与全市居民健康卡发卡工作，按季组织开展储蓄存款营销激励活动；完成理财业务开发申报工作，满足客户多元需求。调整信贷结构，加大信贷投放，支持全市城市基础设施建设、节能环保、传统产业技术改造等重大项目，支持创（高）新型企业、小微企业和个人住房消费。向人民银行争取5亿元支持小微企业再贷款指标，推出“商圈贷”“订单便捷贷”“专利权质押贷款”“联连贷”等“小微时贷”系列专属产品，缓解小微企业“融资难、融资贵”。

（史孝川　何丽娜）

【邮储银行市分行】　2015年年末，全行所辖自流井、富顺、荣县3个一级支行，有员工403人，营业网点164个（居全市第二），其中分布在县域及以下网点147个，占89.63%。全年实现收入2.56亿元，列全省第六位；利润0.58亿元，列全省第10位。年末各项存款余额197.17亿元，净增22.37亿元；信贷余额30.79亿元，净增4.92亿元，累计投放26.6亿元，较2014年增加2.3亿元。全行逾期贷款5004万元、逾期率1.63%，不良贷款4415万元、不良率1.43%，风险总体可控。

（邮储银行市分行）

【自贡中成村镇银行】　2015年年末，全行在职员工134人，设有9个营业网点，其中一级支行7个，即自流井支行、贡井支行、大安支行、沿滩支行、荣县支行、富顺支行、汇川支行；二级支行2个，即荣县新城支行、荣县长山支行。是年末，全行资产总额9.79亿元，各项贷款余额8.03亿元，各项存款余额5.48亿元，不良贷款余额0.24万元，存贷比91.17%，涉农贷款占比86.56%，小微企业贷款占比64.61%，资本充足率13.61%，核心资本充足率12.54%、不良率2.98%，拨备覆盖率159.41%。2015年，完成董事会、监事会和经营管理层调整完善及第一届董事会、监事会换届工作。扩大农户贷款和缓解农户贷款难等问题，把支农贷款发放到农户、涉农企业、农村专业合作社等。在业务拓展上，加大对城乡结合部、特产集市、工业园区等企业的主体业务服务；在业务办理上，全面推行全流程管理，打造“支农支小”绿色通道。探索对特定群体或特定范围的小微客户进行批量化贷款业务营销金融服务模式。对庙坝肉牛微贷批量业务、大农和微贷批量业务、农团食用菌微贷批量业务等项目实现信贷投放42笔799万元。建立多方联动的风险防控机制，加强与地方政府、监管部门、司法机关的信息和工作联动。健全完善信贷管理制度，制定《自贡中成村镇银行2015年度信贷工作指引（试行）》。全年对1800余个授信客户进行五级分类认定，了解客户风险状况，提前发出风险预警。全年组织召开信审会15次，组织会签项目53次，对251个授信申请进行审查，金额6.39亿元。完成人才引进11人，其中管理层2人、执行层1人、操作层8人。全年开展每周业务培训35个课时，参训人数1734人次，考试一次性合格率95%。

（杨　青）

【乐山商行自贡分行】　2015年年末，分行各项存款余额15.07亿元，各项贷款余额23.5亿元，其中公司类贷款21亿元、个人类贷款2.5亿元。是年，与社区联谊并为社区困难户捐赠生活用品，金额超过5万元。

（乐山商行自贡分行）

【攀枝花商行自贡分行】　6月8日，攀枝花市商业银行自贡分行迁址至自流井区龙汇南街1号，同时在原址自流井区春华路123号成立自贡分行第一家支行——攀枝花市商业银行自贡自流井支行。是年末，分行员工 27 人，下设自流井支行、办公室、营业部、信贷经营部、风险控制部、财务会计部、市场部共 6 个部门。自贡分行全年存款 8.55 亿元，其中储蓄存款 1.12 亿元，理财产品 5889.7 万元，各项授信余额 6.25 亿元，上缴税收 530 万元。

（唐　海）

【南充商行自贡分行】　10 月 27 日，南充商行自贡分行在自流井区丹桂大街南段西侧惠川广场挂牌开业。2015 年年末，全行资产总额 1.69 亿元，负债总额 1.68 亿元，各项存款 0.68 亿元。年内未开展信贷业务。

（杨博臣）

保险业

【概况】　2015 年，全市有 25 家保险公司，比上年新增 1 家，其中产险 13 家、寿险 12 家，另有代理公司 4 家。全年保费收入 26.22 亿元，同比增长 21.3%，居全省第 14 位，增速高于全省 2.62 个百分点。其中，产险业实现保费收入 8.28 亿元、同比增长 10.6%，寿险业实现保费收入 17.94 亿元、同比增长 26.9%。累计处理各种赔（给）付案件 38.9 万件，支付赔（给）付款 11.99 亿元。保险深度达 2.29%，保险密度达 954.91 元。有利润公司（财险）11 家，占公司数 44%；产险利润 4869.08 万元。上缴营业税金及附加 6548.14 万元；代收代缴车船税 5538.55 万元，代收代缴率 100%。

【协会工作】　2015 年，市保险行业协会被省人社厅、民政厅评为先进社团组织，为全省表彰的两个市州协会之一。加大新保险国十条宣传，协助政府相关部门办理城乡居民大病保险、职工补充医疗保险、生猪价格指数保险、三农保险等事项，申请地震保险试点等。促成自贡、宜宾、内江、泸州、资阳五地协会联合召开商车费改工作研讨会，对费改后如何提升服务、维护良好市场环境、防止恶意竞争等进行讨论，形成共识。开展全行业的营销员诚信等级考评工作，对 25 家会员公司全部从业销售人员进行等级评定，评选出 80 名行业典范，授予诚信明星称号，颁发荣誉证书。同市公安经侦支队、交警支队联合反保险欺诈，全年涉嫌保险欺诈违法案件 218 件，涉案金额 1514.2 万元，减少损失 1393.34 万元。其中向市公安经侦、交警部门报案 29 件，涉案金额 373.32 万元，公司自行处理案件 189 件，涉案金额 1140.88 万元。案件涉及车险 178 件，金额 1162.2 万元；意外险 1 件，金额 20 万元；责任险 1 件，金额 60 万元；寿险 38 件，金额 272 万元。全年共处理群众上门和电话咨询 180 件；受理投诉案件 89 件，同比增加 97.8%；转办案件 27 件，做到 2 天内回复客户受理情况，95% 案件均在 2 天内完结；处理媒体介入的投诉案件 4 件。与市司法局、市司法鉴定协会建立起沟通交流机制。11 月中旬，召开全市首次涉保司法鉴定工作座谈会。各保险公司理赔、法务工作人员、自贡所有的司法鉴定机构的负责人、市保险协会和市司法鉴定协会领导和人员参与座谈会，对涉保司法鉴定工作提出问题及意见 20 多条。

（市保险行业协会）

【人保财险自贡市分公司】　2015 年，公司实现保费收入 3.04 亿元，同比增长 0.46%，市场份额 36.77%，居自贡财险市场第一。

（人保财险自贡市分公司）

【中国人寿自贡市分公司】　2015 年，公司实现总保费收入 4.79 亿元，其中，首年标准保费 2995 万元，同比增长 36.5%；首年期交保费 5646 万元，同比增长 11.42%；趸交保费 1.09 亿元，同比增长 121.92%。市场份额 26.7%，同比增加 0.8 个百分点，全市排名第一。代理财产险业务保费 1394 万元，同比增长 50.05%。全年累计满期给付 1.12 万件，满期给付金额 1.75 亿元；处理各类赔案 2.95 万件，赔款金额 8549 万元；上缴各类税金 560 万元。

（郝金超）

【太平洋产险自贡中心支公司】　2015 年，公司实现总保费收入 1.02 亿元，比 2014 年下降 1.80%，其中，家庭用车保费 6191.77 万元；品质团车保费 1378.5 万元；责任险保费 358.76 万元；企财险保费 143.10 万元；中小企业保费 169.86 万。全年受理车险、非车险各类报案 1.79 万件，滚动结案率 94%，赔款支出金额 5974.36 万元，其中，车险赔款 5753.02 万元，非车险赔款 239.73 万元，全年实现利润 879.28 万元。代扣代缴车船税 2.69 万辆，实现代征率 100%，保险金额 328.20 亿元、同比减少 3.99%。推行“四有关爱”工程，帮困救助困难职工 1 人。先后开展爱家“码上保”推广活动、窗口服务竞赛活动、“海洋之星”客户洞见应用举措及客户体验提升建议征集评选活动、“中国太保 APP”推荐有礼活动，国庆期间在自贡高速出口开展为期 7 天的“安全出行我护航畅享理赔乐无忧”主题理赔活动。调整车险结构，发展非车险，承保狸狐洞工程险、四川省运输集团承运人责任险、非机动车第三者责任险等。2015 年，破获各类骗赔案件 36 余笔，挽回直接经济损失 152.93 万元。

（太平洋产险自贡中心支公司）

【太平洋寿险自贡中心支公司】 2015 年，公司实现保费收入 1.73 亿元，市场份额为 9.6%，自贡市场寿险保费排名第六。银邮合作实现保费收入 3806 万元，个人代理业务 1.18 亿元。其中，新单保费 5371.87 万元，续期保费 1.19 亿元。全年开展包括反洗钱知识、反销售误导、公司制度及法律法规等培训 50 余次，参训人员 1520 余人次；处理各类赔案 5681 件，赔款和给付支出 4715.81 万元。在荣县推进老龄险试点，覆盖当地 28 个镇乡、社区，参保老龄人 3.60 万人，提供老龄保险保障 4 亿元，发生理赔案 1244 件，理赔款 114.8 万元。全年上缴税费 223.42 万元，其中代扣代缴个人所得税 164.33 万元，营业税金及其他附加税金 46.69 万元。

（太平洋寿险自贡中心支公司）

【平安财险自贡中心支公司】 2015 年，公司实现保费收入 1.59 亿元，较 2014 年同期增长 20.7%，为全市经济发展提供 467.42 亿元保险保障，为自贡地区各类客户提供 1.19 亿元保险补偿，业务规模在全市 13 家产险公司中居第二位，市场份额达 19.38%。截至 2015 年，集团旗下产险、寿险公司为自贡市解决就业人员 1800 多人，2013—2015 年上缴各类税款 5700 多万元（其中，印花税、营业税及附加等 2464 万元、代扣代缴车船税 2422 万元、个税 840 万元）。公司经营范围涵盖车险、水险、非水险、责任险等 200 余个险种，涉及政府采购、电力、化工、旅游、交通、基建、工业制造等领域。2015 年起，利用平安“95511”全国服务热线，陆续开展车险产品、意健险产品的电话销售业务等服务。借助业内领先的 IT 平台，率先在省内实现车险全国通赔服务、车险赔案 E 化处理等创新举措。公司客服中心推出 7 天 ×24 小时查勘理赔服务、事故处理及人伤救治咨询服务、电话回访、VIP 客户增值服务（含非道路事故救援、导医导诊、国内急难援助、代收索赔资料、代缴养路费等 25 项增值服务）等服务措施。

（平安财险自贡中心支公司）

【平安寿险自贡中心支公司】 2015 年，公司实现总保费 3.06 亿元（新契约 1.07 亿元 + 续期保费 1.99 亿元），银代收入 1164.9 万元，个人业务保费收入 20.84 万元/人，赔款支出 1902.1 万元。是年，平安寿险连续蝉联自贡个险市场占有率第一。

（倪冰影）

【泰康人寿自贡中心支公司】 2015 年，公司实现保费收入 1.80 亿元。其中，个险实现标准保费 2183.82 万元；银行保险实现规模保费 5799.85 万元。全年处理各类赔案共计 664 件，累计赔款金额约 527 万元。是年，公司 30 万元以上的重大理赔 1 件。

（泰康人寿自贡中心支公司）

【中华联合财险自贡中心支公司】 2015 年，公司实现保费收入 9485 万元，同比增长 29.21%。市场份额占 11.5%，较 2014 年上升 1.7 个百分点，业务增速超过行业 18.6 个百分点，在自贡财险公司中排名第四位。全年累计支付赔案 7971 件，同比增加 1961 件，增长率 32.6%；支付赔款 4378 万元，同比增长 20.9%；上缴各类税收 450 万元，代收代缴车船税等 647 万元。是年，重获农险承办资格，并独家获得荣县区域农业保险承办资格；中标获东方物流公司车险和货运险业务承办权。

（刘　莉）

【大地财险自贡中心支公司】 2015 年，公司实现利润 532.69 万元，在大地公司四川分公司系统内排名第一位。实现保费收入 4590.40 万元，较 2014 年增长 0.24%，处理各类赔案 6477 件，支付赔款 1852.88 万元，结案率 95.23%，市场份额为 5.54%，列全市第 5 位。

（大地财险自贡中心支公司）

【华安财险自贡中心支公司】 2015年，公司实现保费收入599.5万元，与2014年相比增长12.3%，赔款支出404万元。

（华安财险自贡中心支公司）

【永安财险自贡中心支公司】 2015年，公司实现保费收入2008.5万元，同比下降1.2%，市场占有率2.4%。赔款支出1157.89万元。全年为6.9万存量客户提供风险保障，柜面服务3万人次，处理各类赔案2013余件，其中赔付万元以上赔案208件，赔付金额777.61万元。代扣代缴个人所得税24.16万元，代扣代缴车船税275.61万元，上缴营业税金及其他税金计113万元。

（魏群兰）

【天安财险自贡中心支公司】 2015年，公司实现总保费收入1279.5万元，同比增长60.8%，其中，新单保费1108.62万元、续期保费170.88万元。市场份额1.5%，全市排名第九。赔款和给付支出569.85万元，同比增长61.18%。全年处理各类赔案960余件，代收代缴车船税42.84万元，代扣代缴个人所得税34.08万元，上缴营业税金及其他税金共计71.24万元。加大与银行合作力度，与银行合作业务同比增长140%。传统业务实现扭亏为赢。加大理赔管理力度，案件降赔近40万元。提前支付自贡市首例预付机动车商业险大额赔款10万元，赢得客户好评。

（张 健）

【安邦财险自贡中心支公司】 2015年，完成保费收入329.51万元，其中富顺机构完成签单保费实收90.47万元，占公司保费收入的27.46%，本级完成签单保费实收239.04万元，占比72.54%。代收代缴车船税30.8万元。赔款支出249.82万元。12月，通过商车费改验收，并完成全部系统切换。

（陈 勇）

【中宏人寿自贡市自流井营销服务部】 2015年，实现总保费收入2276.09万元，同比增长29%。其中个险保费2150.27万元，同比增长24.75%，团险保费125.82万元，同比增长241%。全年赔款及给付1530件，赔款及给付总额273.19万元，较2014年下降2.69%；短期险理赔款金额22.32万元，件数252件；死伤医疗给付金额227.97万元，件数1037件；年金给付金额22.9万元，件数241件；退保金额66.4万元，件数100件。全年上缴税金53.02万元，较2014年增长4.42%；代收代缴税金31.85万元，较2014年增长16.47%。

（中宏人寿自贡市自流井营销服务部）

【民生人寿自贡中心支公司】 2015年，公司实现保费收入1612.43万元，同比增长23.46%。全年举行反洗钱、反销售误导、反非法集资的培训、讲座、宣传30次，参加人员650人次；在行业内率先推出“非常6+1”快速理赔服务；运用大数据、云计算、移动互联网等新技术，通过“E行销”方式，让客户笔记本、平板电脑等终端设备在3G、WIFI、ADSL等网络环境下实现操作。是年，被评为“中国价值成长性十佳寿险公司”。

（民生人寿自贡中心支公司）

【新华保险自贡中心支公司】 2015年，公司累计实现规模保费2.13亿元，新契约保费1.44亿元，其中期交保费2406.6万元。个险期交保费1557.1万元，续期交保费330.3万元，银代渠道期交保费212.8万元，财富期交保费306.4万元，团险渠道规模保费217.9万元。全年给付理赔款482.87万元，其中身故赔付182.1万元、医疗赔付219.87万元、其他80.9万元。12月，新华保险进行先赔重疾再赔身故的理赔事例，共计赔付10.06万元。

（骆春友）

【华泰财险自贡中心支公司】 2015年，公司实现总保费收入1116.92万元。其中，车险完成846.23万元，非车险完成270.09万元，赔付率39.92%，综合成本率93.41%，全年实现承保利润73.03万元。全年共接报案1295件。

（华泰财险自贡中心支公司）

【合众人寿自贡中心支公司】 2015年，公司实现保费收入1985.91万元，比2014年增长19.63%。全年累计满期给付638件，给付金额1661.84万元；处理各类赔案108件，赔款金额161.67万元；上缴各种税款23.85万元，其中代扣代缴个人所得税21.93万元、营业税金及附加税金1.92万元。

（合众人寿自贡中心支公司）

【人保寿险自贡中心支公司】 2015年，公司实现保费收入3.37亿元，同比增加63.51%，市场份额为16.58%，自贡市场寿险保费排名第一。银邮合作渠道网点159个，实现保费收入2.03亿元，银邮新单保费市场排名第一；个人代理业务1.34亿元，其中期缴保费2083万元，短险保费409万元，整体达成率排名全省第三，综合绩效考评居全省第一。全年处理各类赔案480件，受理理赔4596人次，赔款和给付支出1217.68万元。承保农村小额人身保险1.74万人，实现保费收入62.53万元，发生赔案164件，赔款38.75万元。上缴税费110.37万元，代扣代缴个人所得税86.82万元、营业税金及其他附加税金23.55万元。

（人保寿险自贡中心支公司）

【太平人寿自贡中心支公司】 2015年，公司实现保费收入4742.58万元，同比增长236.52%。其中：个险渠道保费收入1014.22万元，同比增长580.31%；团险渠道保费收入5.29万元，同比下降517.80%；银行、邮政代理渠道保费收入3715.31万元，同比增长195.37%；电销渠道保费收入6.63万元，同比增长81.98%；其他渠道保费收入1.13万元，同比下降25.17%。全年赔款及给付金额合计129.73万元，同比增长387.19%，共计135件。

（太平人寿自贡中心支公司）

【国寿财险自贡中心支公司】 2015年，公司实现保费收入3257.35万元，同比增长20.5%，高于全市财险市场增速9.91个百分点；市场份额3.9%，市场排名第六位。全年共受理4691起案件，解决案件3418件，未解决案件229件，赔款支出共计1458万元，赔付率较2014年下降1.93个百分点。全年查处保险欺诈案件9件，挽回直接经济损失15万余元。是年，公司上缴营业税金及其他附加税金183万元，代扣代缴个人所得税6万元，代收车船使用税236万元。

（国寿财险自贡中心支公司）

【锦泰财险自贡中心支公司】 2015年，公司实现保费收入2557.35万元，同比增长46.18%，市场份额为3.09%，在自贡市场名列第七位，同比上升1位。是年，开展包括反洗钱知识、业务技巧技能培训、公司规章制度、法律法规和合规经营等培训共38场，参加人数共计623多人次。受理各类案件1976件，其中已决案件1858件，赔款和给付支出1076.90万元，未决赔款293.44万元。累计承保生猪16万余头，为190户养殖大户提供2.26亿元的生猪养殖市场风险保障，签单保费规模1246.72万元，赔付71户参保户413.02万元。

（锦泰财险自贡中心支公司）

【太平财险自贡中心支公司】 2015年，公司实现保险金额28.47亿元，保费收入共计1067万元，比2014年同期增长16.91%。其中承保车辆2461辆，保费收入958万元。全年处理各类赔付案件391件，赔付金额623万元。未出现财产险类保险欺诈司法案件。所有税款按时缴纳，共计上缴各类税金149万元。

（太平财险自贡中心支公司）

【农银人寿自贡中心支公司】 2015年，公司累计完成规模保费8850万元，计划任务达成率110.63%，同比增长71.61%。公司与农行建立业务联系，农行ETC项目达成合作意向（办理ETC送农银意外险）、农行的员工福利计划承保，行司联动取得新突破。是年被分公司评为“优秀中心支公司”。

（农银人寿自贡中心支公司）

【光大永明人寿自贡支公司】 1月13日，公司正式注册成立。下半年，团险业务部正式成立，实现多种渠道销售，满足客户养老、意外、医疗、教育、资产管理等保险保障和财富管理需求。2015年，公司实现银保渠道保费收入2亿元，个险渠道保费收入300万元。全年参与开展“7·8”保险公众宣传日活动，组织4次反洗钱培训。

（徐雯颖）

【恒大人寿自贡中心支公司】 11月5日，公司正式注册成立，有员工12人，设立总经理室、综合部、银保部、运营部、团险部、续期部。开业后组织1次消防知识培训和3次反洗钱知识培训，接受人民银行反洗钱检查。截至年末，实现保费收入67.84万元。

（恒大人寿自贡中心支公司）

证券业

【华西证券自贡五星街营业部】 2015年年

末，营业部及所辖代管三家营业部有员工97人，管理客户资金账户7万余户（其中有效客户资金账户5.53万户），有效客户同比增长26%。全年实现A股、基金、国债及其他证券交易量874亿元，完成各类业务收入1.70亿元。8月25日，推荐上报四川自贡百味斋食品股份有限公司为成都川藏股权交易中心挂牌展示企业并成功转版新三板上市企业（证券名称“百味斋”，证券代码“833410”）。完成5户新三板储备企业前期调研工作并上报其中1户企业基本资料。全年开展投资策略报告会、投资理念培训会、专题讲座等150余场次，参与投资者4000多人次；开展新老客户电话回访1.26万次，向客户发送风险提示短信85.06万条。采用投资者教育园地、横幅、宣传折页、户外定点宣传等方式，开展“反洗钱”监管和打击非法证券活动工作。2015年，连续第四年获评“反洗钱”监管工作“A”级机构。

（宋亚波）

【华西证券自贡丹桂街营业部】 2015年，新增客户7450户，新增资产6.2亿元；全年实现收入1.13亿元，实现利润7348.76万元；营销团队由2014年的15人增至25人，完成产品销售2.39亿元；新业务日均融资融券余额1.40亿元，实现收入2602.99万元。

（华西证券自贡丹桂街营业部）

【中投证券自贡解放路营业部】 2015年年末，营业部合格账户数为4.33万户。创新发展新三板、企业融资等业务，服务实体经济。通过公司呼叫平台和营业部人工座席，为客户答疑解惑，并执行各类回访任务，全年新开客户、创业板客户回访比例为100%。全年举办投资者沙龙46场，客户参与1587人次。开展专项活动6场，客户参与8955人次，通过“3·15金融消费者权益日”、反洗钱宣传月、打非宣传月、理性投资专项教育活动、“12·4法制宣传日”等专题活动，开展现场咨询和户外宣传，为市民答疑解惑；举办2015年度投资报告会暨投资者保护宣讲活动。

（戚巧云）

【国都证券自贡紫薇路营业部】 2015年，营业部合格账户数为750余户，实现客户交易量46亿元。制订完善信息系统安全运行保障制度和信息系统应急预案，全年进行4次专项应急预案演练。全年新开客户、创业板客户回访比例为100%。通过投资者教育专栏、横幅、宣传折页等形式进行业务宣传和反洗钱、打击非法证券活动等投资者教育工作，保护投资者权益。利用“3·15”投资者维权保护日、反洗钱宣传月、打非宣传月、“12·4”法制宣传日等契机，帮助投资者认识自身权利和义务，维护投资者合法权益，提高专业服务形象。

（郑洁丹）

【海通证券自贡营业部】 2015年年末，营业部客户资金账户1.15万户，客户资产5.28亿元，A股、基金、国债交易总额211.44亿元；融资融券业务客户50户，融资融券授信总额6725万元。全年举办9次投资者教育讲座，累计参加人数98人次。举办“3·15”投资者教育普及、反洗钱知识普及、防范非法证券等活动，全年向投资者发放宣传折页和手册2000份。向客户发送通知、风险警示、投资者教育警示词条等短信886条。全年新客户回访比例100%，存量客户回访率为22.3%。

（文　凤）

科技与知识产权

概　述

2015年，全市科技工作贯彻落实中央、省、市各项政策措施和重大决策部署，以国家知识产权试点市和国家技术创新工程试点示范市建设为抓手，围绕科技创新“八大工程”，主动适应新常态，在创新服务上求成效、在精准发力上促落实，强化科技对经济发展和转型升级的支撑和引领。全年科技进步对经济增长贡献率53%，被评为全省科技创新工作先进单位。

科技产业

【科技项目实施】 2015年，发挥节能环保、高端装备和新材料产业优势，以优势骨干企业为龙头，实施2015年全省产业链重大科技项目11项。在“含氟聚酰亚胺泡沫产业化”“炭黑工业延期脱硫脱硝净化处理成套装置及处理技术”等领域取得重大突破，首次将自贡彩灯产业技术集成纳入省级重点支撑计划支持；四川丹罗斯公司“高密封性及使用寿命的脱硫循环泵密封装置”、四川金软科技公司“精细化生产排程管理系统”等5个项目纳入省级科技型中小企业技术创新基金支持；自贡双龙化工公司“油气田废水输送环保节能装置开发”等7个项目纳入全省一般科技支撑计划支持。全年争取各类国家、省科技项目80余项，到位资金5000万元。

【工业科技服务】 2015年，围绕国家“十三五”先期启动计划开展技术创新研究，形成“高温固态粒状钢渣余热锅炉设计制造”“超高强度智能数控锻造阀门坯件工艺”“三代核电主设备用焊接材料”等技术创新报告。培育科技型中小企业成长，支持成长期企业技术创新，拓展市场竞争能力，全年新培育四川科达节能公司、四川西艾氟科技公司等科技型中小企业9户。加强众创空间培育发展，以国家高新区和各区县工业集中区为重点，加快科技企业孵化器和众创服务机构建设，高新区与浙大自贡创新中心联合打造的“自贡·盐都众创空间”顺利推进，在第四届中国创新创业大赛中，自贡6户企业全省榜上有名，自贡海川实业公司在全国总决赛中获全国先进制造业第3名。

【农业科技服务】 2015年，重点开展农业科技实验示范，培育和壮大区域优势特色产业，促进农业农村创新创业，全年重点推广农业新品种15个、新技术5项，发掘并推广新模式2种。服务产业化龙头企业，组建农业科技专家服务团队深入川椒种业公司、安义益生物公司等企业开展科技服务工作，实现从解决难题的“单一保姆式服务”向指导企业发展的“全面引导式服务”转变。

科技创新与成果

【创新平台建设】 2015年，强化创新平台建设，沿滩工业园区孵化器建设取得重大进展，四川焊接工程技术研究中心、自贡市密封件产业技术创新联盟建成，四川盐都产业技术研究公司正式挂牌，新增自贡中兴耐磨新材料有限公司“新型硬质材料研发中心”等10个中小企业研发机构。自贡市技术转移中心被科技部确定为国家级技术转移示范机构。

【成果转化与应用】 2015年，实施技术创新成果转化重推计划，四川高精净化设备公司“含油工业污水真空分离净化回用装置产业化”、东锅股份公司“水动力技术在超（超）临界锅炉开发上的应用”等19项重点成果转化项目顺利实施。加强技术市场工作，首次组织开展对全市33户企业332个研发项目的鉴定工作，鉴定后的研发投入由各企业报税务部门申请税前加计扣除，为企业减免税收5000万元，促进企业对研发的投入力度。全年登记科技成果37项，登记技术合同288份，实现技术合同成交额3.8亿元，连续三年实现11%以上增长。

【高新科技产业发展】 2015年，加大高新技术企业培育，四川大西洋焊接材料公司等4户企业通过国家高新技术企业复审，四川新国荣能源材料公司等13户企业通过国家高新技术企业评审，新增高新技术企业3户，全市高新技术企业累计61户，位列全省第四。全年高新技术产业产值725亿，占规模以上工业增加值比重25%。加大高新技术产品培育，自贡硬合公司“高性能精密硬质合金耐磨系列产品”、自贡嘉特数控机械公司“全智能型精密数控电火花线切割机床”等7个产品纳入四川省战略性新产品，全市自主创新产品累积60个。

科技活动

【科技普及】 2015年，利用《自贡日报》科技专版等载体，及时报道全市在科技创新、产业发展、知识产权等方面取得的成效，策划并推出一批重大科技宣传专题报道，引发社会对创新驱动、体制改革的思考、讨论。抓活动载体，通过举办“双创活动周”“科普宣传月”等综合性科技创新活动，调动社会公众参与热情，普及创新创业知识，增强产权保护意识，营造全社会“大众创业、万众创新”良好氛围。

【合作与交流】 2015年，创新科技合作与交流载体，四川理工学院与自贡市建立新一轮院市合作机制，建立酿酒生物和节能环保2个产业技术研究院。浙大自贡创新中心举办“浙江大学—自贡第二届校地对接会”，该中心与市内企业联合承担省、市重点科技项目6项，新开发产品4个。拓展科技合作活动渠道，自贡市与川南其他3市联合签署国家全面创新改革试验区（四川）川南经济区协同创新改革合作框架协议，为川南四市之间加强交流合作，促进区域产业发展、科技创新、资源整合等奠定基础。组织参与绵阳科博会、中国西部（四川）进口展、川南科技金融对接与成果发布会等展会，为自贡企业提供对外展示交流平台，在第三届中国（绵阳）科技城国际科技博览会组织工作中，市科技局被省政府办公厅授予先进集体称号。

【科技服务民生】 2015年，注重社会民生科技发展，加强两河流域水污染专项整治，为釜溪河流域水污染综合治理提供科技支撑。该项目5个子项中，“智能控制的复合微生物污水处理关键技术研究”等4个项目建设完工，高浊度工业污水净化技术集成与示范项目稳步推进，示范效果显著。推进军民结合产业发展工作，海川公司“飞机系统件生产项目”、中天胜公司“年产200吨航空用聚酰亚胺泡沫产业化改扩建”等3个项目获省军工办资金支持。

知识产权

【管理与保护】 2015年，自贡高新区国家知识产权试点园区建设通过试点验收，大安区成功创建国家知识产权强县（区）工程示范区，晨光院、东锅公司、自贡硬合3家企业相继完成贯标认证工作，贡井育才小学成为全省首批知识产权试点学校。是年，全市新增国家知识产权优势企业2户。全市专利申请1796件，同比增长26%，其中发明专利484件，同比增长34%。晨光化工院“一种聚四氟乙烯浓缩水性分散液制备方法及其应用”获中国专利优秀奖，市轻工院等企业4项专利分获省专利奖二、三等奖，获奖总数位列全省第二。全年累计实施专利545项，新增产值50.3亿元，同比增长 16.4%，新增利税 5.6 亿元，同比增长 18.6%，其中 36 个专利项目获得省、市专项资金支持。

【宣传培训】 2015 年，以“4·26”世界知识产权日、专利周等活动为载体，加强知识产权舆论宣传，全年开展集中宣传咨询活动 18 次，发放知识产权宣传资料 3.6 万份，在各类媒体上发表宣传稿件 78 篇（次）。组织部分知识产权试点示范企业、科技服务中介机构代表赴浙江大学参加知识产权管理和运用能力提升研修班学习 1 次；举办知识产权海外保护专题培训会 1 期；通过远程教育平台自贡分站线上培训 9404 人次，培训人次位居全国地级市第二、全省第一。全年举办各类知识产权培训班 8 期，培训县处级领导干部 65 人次，培训企事业单位工作人员 903 人次。

【维权保护】 2015 年，开展“双打”及“维权护航”专项行动，通过横向协作、上下联动、集中整治等手段，优化市场环境，维护权利人合法权益。全年累积出动执法人员 75 人次，开展集中执法检查 32 次，检查各类商品 2.35 万件，查处涉嫌假冒专利产品案件 60 件，调处专利侵权纠纷案 2 件，结案率 100%。组织华西能源公司等 20 余家企业参加市中级人民法院知识产权模拟庭审观摩活动，寓教于案，以案普法。

科技人才

【科技人才评价】 2015 年，通过完善科技评价体系，激励科技人才不断创新，新修订《自贡市科学技术奖励办法》及其实施细则，增设科技奖励项目，提高奖励标准。是年，龚欣荣、冉燊铭 2 人被评为自贡市第八届科技杰出贡献奖。

【科技人才培养】 2015 年，以人才培养项目为载体，开展首届“自贡市青年科技创新苗子工程”评选，培育支持 8 名在校大学生开展科技创新，组织开展自贡市第二批高层次人才“双千计划”评选，6 个团队被评为优秀创业创新团队，18 名个人分别获杰出创新人才、优秀专家等称号。四川理工学院教授陈建获得国家自然科学基金项目支持，自贡双龙机械公司李晓辉被评为省科技创业领军人才。依托园区、重点实验室、工程技术（研究）中心、博士后工作站等，采取“项目＋带头人＋团队”的方式，培养和吸聚一批支撑优势产业发展的核心研发团队。全年新认定科技创新团队 30 个，经全市认定的高层次科技创新团队累计 58 个。

（朱晓文）

教　育

概　述

2015年年末，全市有各级各类学校743所，在校生44.42万人，教职工2.55万人。其中幼儿园403所（其中公办园108所，民办园295所），在园幼儿7.02万人；小学170所，在校学生17.34万人；初中117所（含九年制学校79所），在校初中生7.67万人；普通高中21所（其中省一级示范高中4所、省二级示范高中2所），在校学生4.25万人；中等职业学校22所（其中全国1000所改革发展示范学校1所；国家级重点学校5所，省级重点学校3所；由教育部门管辖的20所，其他部门管辖2所），在校学生3.25万人；特殊教育学校6所，在校学生597人；工读学校1所，在册学生460人；高校3所，在校学生4.83万人。

教育改革

【教育综合改革】　2015年，全市教育领域综合改革遵循省市总体部署，根据基础条件和难易程度分层分类推进，全年教育综合改革目标：均衡配置教育资源，优化教育结构；改革人才培养方式，提高教育质量；推进教育信息化，提高现代化水平；改革考试招生制度，拓宽成才渠道；改革管理体制，提升治理能力；改革办学体制，增强教育活力。是年，把教育改革列为全市教育中心工作和重点工作，强化全市教育综改领导小组及7个专项工作组的职能职责，加强组织领导。年初制定《2015年度教育综改工作任务分解表》，梳理出全市教育领域7个方面22项改革事项，结合市委十一届九次全会和2015年度改革工作要点，细化出15个重点改革项目，制订具体实施方案，遴选出10项关键改革举措细化落实到各区县、各学校，层层压实，分类推进。聚焦省、市各项改革部署，强化问题导向，在均衡资源、立德树人、教育信息化、考试招生、教育管理和办学体制改革等“六个重点”方向持续攻坚突破。全年共研究制订专项改革方案3个、重要改革及相关配套文件10余个，列入市委重点改革任务的15项改革事项稳步推进。年内全省教育法治与综合改革工作会和中小学后勤保障暨食品安全工作现场会在自贡召开。建立教育领域综合改革台账，把全年的改革工作分为年内完成、启动推开、试点探索、研究谋划4个类别，逐项确定责任领导、牵头科室、进度安排和成果检验形式，实行改革工作项目化管理和动态化督查。继续将综改工作纳入分片区教育督导和精细化管理考核范围，通过挂牌督导和年度考核推进综改工作。

【试点项目推进】　2015年，先后申报立项“自贡市产教融合制度建设”“自流井区体育改革”“沿滩区艺术改革”等3个全省教育体制改革区域试点项目，开展试点调查研究，制定试点方案，确定试点范围、内容、原则和评价标准。以试点项目为载体，把解决全市教育领域热点难点问题与攻克面上共性改革难题结合，控住改革风险和“试错成本”，实现重点突破与整体创新。是年，在试点项目基础上探索出的“以产教融合改革助推现代职业教育”“以职业教育改革服务发展”等试点经验，先后被省教育厅《四川教育体制改革简报》和市委改革办《自贡改革动态》刊发，形成局部领域改革红利和以点带面的示范效应。

各类教育

【学前教育】 2015年，根据《四川省第二期学前教育三年行动计划（2014—2016年）》，制定出台《自贡市第二期学前教育三年行动计划（2014—2016年）》，巩固学前教育第一期三年行动计划成果，落实推进学前教育改革发展的各项政策措施，促进学前教育发展。发展乡镇公办幼儿园，推进乡镇中心幼儿园规范化建设，全年完成新改扩建公办幼儿园12所。落实促进民办幼儿园发展各项优惠政策，鼓励社会力量举办幼儿园，全年发展民办幼儿园25所。加强示范性幼儿园建设，促进示范性幼儿园在办园思想、办园理念、办园目标和教育管理、队伍建设、教育教学等方面发挥示范辐射作用。贯彻《3—6岁儿童学习与发展指南》，开展园长和教师培训，促进幼儿园科学开展保教。

【义务教育】 2015年，坚持就近入学原则，全面实行划片招生；严格执行免试入学规定，规范招生行为。加强进城农民工、流动人口随迁子女接受义务教育工作，全市统筹解决进城农民工、流动人口子女在城区学校接受义务教育共5272人，凡是符合条件提出申请的100%统筹解决。4月，按照《自贡市教育督导考核评估实施办法》和《自贡市义务教育学校办学水平综合督导评估办法》，采取分区县组织专业评估组、区县之间交叉循环评估的办法，对全市117所初中学校办学水平进行综合督导评估，将评估结果纳入2015年省级示范性普通高中招生计划的均衡分配。落实全市分区县实现县域义务教育基本均衡规划，纳入地方经济社会发展总体规划和目标考核，强化义务教育均衡发展的目标责任。落实《中共自贡市委自贡市人民政府关于加强偏远农村教育工作的意见》，分解任务，落实考核，从校点布局调整、学校基本建设项目安排、教师周转房建设、师资队伍建设、学校交通及食品安全、留守儿童管理、教育质量提升等方面，优先保障偏远农村教育发展所需，促进义务教育学校均衡发展。完善义务教育经费投入保障制度，大力加强义务教育薄弱学校建设。继续实施提高教师素质能力“一三一”工程，师资培训重点向农村教师倾斜，提升农村教师整体素质；继续实行城乡教师轮岗交流制度，安排365名城镇教师到农村学校支教。沿滩区作为全市第二个推进县域义务教育基本均衡发展区于3月通过国家评估认定，自流井区通过省级评估验收，全市累计3个区县实现县域义务教育基本均衡发展。

【职业技术教育】 2月16日，四川省教育体制改革领导小组办公室印发《关于开展四川省教育体制综合改革试点工作的通知》（川教改办〔2015〕2号），将自贡市确定为全省首批教育体制教育综合改革试点市，承担“产教融合制度建设试点”工作。市教育局建立产教融合制度建设试点工作领导小组，制订《自贡市教育局产教融合制度建设试点实施方案》，确定四川卫生康复职业学院、自贡职业技术学校为试点学校，并接受省教育厅的试点工作年度评估。3月12日，市委书记雷洪金主持召开全市职业教育成才典型座谈会，分析加快发展全市现代职业教育的重要性和紧迫性，强调职业教育要围绕地方经济发展、企业的人才需求，培养合格的技能型人才。5月19日至22日，市教育局、市人力资源和社会保障局举办全市中等职业学校第八届专业技能大赛，300余名学生参加财经、机械、汽车、电子、学前教育、旅游、计算机、护理等8个专业11个项目比赛。决赛分类别评出一等奖24个、二等奖34个、三等奖46个，个人一等奖57人、二等奖82人、三等奖112人，优秀指导教师奖138人。是年，自贡市代表队在全省2015年中等职业技术学校学生技能大赛7个专业大类11个赛项中，荣获一等奖1人、二等奖5人、三等奖10人。5月26日，市政府与国家发改委国际合作中心签署中德合作职业教育试点推广项目合作协议，确定在3所国家重点职业院校建立中德职教班，在“汽车机电维修”“航空燃机与零部件维修”“养老护理”等专业领域进行职业教育试点项目合作，引进德国先进的教育理念、教学方法，为全市职业教育与世界先进职业教育接轨搭建平台。5月29日，市政府召开全市职业教育工作会议，出台《自贡市人民政府关于加快发展现代职业教育的实施意见》，市教育局、市发改委等6部门联合制定《自贡市现代职业教育体系建设规划（2014—2020）》，明确全市发展现代职业教育的总体要求、建设内容、重点任务、制度创新和实施保障。9月，自贡职业技术学校被确定为省首批“现代学徒制”试点学校，探索校企分工合作、协同育人、共同发展的长效机制。10月28日，根据教职成厅函〔2015〕48号文件，自贡职业技术学校被教育部、人社部、财政部正式授予“国家中等职业教育改革发展示范学校”。同年，该校还被确定为“全国第二批节约型公共机构示范单位称号”。12月7日，自贡市东方职业技术学校正式设立。是年，继续强化“9+3”学生的思想和行为规范教育，开展“三禁两不”和“十不准”教育，推进“9+3”学生常态化、规范化管理。年末，全市有5所学校举办“9+3”免费职业教育，其中藏区“9+3”学校3所、彝区“9+3”学校2所；“9+3”在校学生423人，其中2013级179人、2014级152人、2015级92人；驻校干部教师9人。

【普通高中教育】 2015年，全市普通高校报考1.46万人，重本文考上线1290人，首次突破1000人大关，创历史最高纪录，同比增长81.18%，扣除政策性因素增长43.39%。蜀光中学万泓伶以理科670分入读北京大学。是年，对6所省级示范高中开展三轮交叉督查指导，加强高三备考工作。推进课堂教学改革，评选奖励10所课堂教学改革先进学校。开展新高考制度改革研究，成立“自贡市教育局适应新考试招生制度推进教育教学改革研究与实践工作领导小组”，组建6个研究工作小组，制订《自贡市教育局关于适应新考试招生制度推进教育教学改革研究与实践的工作方案》。

【高等教育】 2015年，四川理工学院有16个二级学院（部）、4个一级学科硕士学位授权点、28个二级学科硕士学位授权点、2个专业学位硕士授予权类型（其中工程硕士具有5个领域）、75个本科专业；有全日制本专科学生2.95万人、研究生299人；有专任教师1551人，其中教授、副教授696人，具有博士、硕士学位教师1066人。该校是国家“中西部高校基础能力建设工程”重点建设高校，也是省政府授予的“四川省高新技术产业示范科研单位”。四川卫生康复职业学院有康复治疗技术、护理、医学影像技术、药学、医学检验技术、医学美容技术、助产等7个专业，其中，教育部“高等职业学校提升专业服务产业发展能力项目”重点专业1个、市级重点专业2个、市级特色专业1个；有在校学生7208人，其中全日制学生6262人，成人大专946人；有专任教师420人，其中副高及以上职称91人，具有硕士学位教师75人，“双师型”教师100余人。该校为全国医学信息技术人才培养工程指定教学基地、四川省专业技术人员继续教育基地、国家卫生计生委职业技能鉴定指导中心四川分中心自贡工作站。自贡电大开设中专、专科、本科、研究生教育，共有教职工131人，外聘兼职教师203人，其中校本部具有副高以上职称14人，研究生以上学历12人，外聘兼职教师80人；开设本、专科专业50个，与12所全国重点高校有合作办学关系；有各类学历教育在籍生9800余人、在读学生9300余人。是年，学校开展各种短期培训、教师继续教育、社区教育、非学历教育培训；加强“四个一建设”，即把学校建设成为独具特色的地方高等教育重要阵地，技术先进的现代远程教育区域中心，服务一流的教师继续教育主要基地，影响广泛的市民终身学习支持平台，推进广播电视大学向开放大学转型，创建国家开放大学自贡学院。

师资队伍

【概况】 2015年末，全市各类学校有教职工2.55万人，其中中小学教职工2.39万人，其中专任教师2.06万人，具有大学本科以上学历1.14万人，中、高级职称1.13万人。

【教师队伍建设】 2015年，制定《自贡市中小学教师违规补课、家教及订购使用教辅资料处理办法》，健全师德考评制度和监督机制，把师德作为岗位责任的重要内容。选树师德典型，推荐评选18名“四川省优秀教师”，3名“四川省优秀教育工作者”，在全市教育系统选树30名“师德标兵”。完善教师轮岗流动、优质学校与薄弱学校对口支援、骨干教师对口帮扶、薄弱学校教师到优质学校跟岗学习等制度。组织城镇学校与农村学校开展学校、教师结对帮扶活动，全市108所学校结成对子，派出362名优秀教师到偏远农村学校支教，135名教师上挂锻炼，派出70名赴凉山支教教师、6名援藏和援灾干部，接收22名凉山、荥经县校长、教师到自贡市学习锻炼。

【干部队伍建设】 2015年，组织选任市教育局机关中层正职1人、副职2人；加强直属单位（学校）班子建设，组织选任市教育基金会办公室副主任，对28中班子运行情况进行专题调研并完成主要领导调整，完成部分干部提拔任职工作。制订和实施《教育系统年轻干部选拔培养方案》，开展县域内义务教育学校校长轮岗交流管理办法调研，并形成方案初稿。

基础建设

【项目建设】 2015年，实施新一轮学前教育三年行动计划，开工建设12所公办幼儿园。实施农村薄弱学校改造计划，启动53所义务教育标准化学校建设，开工建设校舍6.78万平方米，完成126所学校设施设备采购。开工建设农村义务教育学校食堂3440平方米。开工建设市本级教师公租房168套，面积1万平方米；建成农村教师周转房194套，面积8776平方米。是年，全市教育固定资产投资入统项目63个，完成投资10.9亿元。

【教育信息化建设】 2015年，全市教育信息化总投入1.4亿元，建成自贡市教育城域网网络中心、自贡教育音视频专网，建成一批数字化校园学校，部分区县实现“班班通”，教育办公自动化系统、财务管理系统、晒课网等一批管理平台上线运行。与市公安局共建校园安保系统，与市食药监局共建“阳光食堂”。制订《自贡市教育信息化应用实施方案》，全市共培训教师5000人次、教育管理人员560人次。开展“一师一优课、一课一名师”活动，全市1.68万名教师参加活动，晒课1.48万节。开展国家、省优质教育资源应用，在国家教育资源公共服务平台中教师注册率90%以上；在省教育资源公共服务平台中，师生实名制网络学习空间注册率100%。推行同步课堂和远程协同教研，全市共有16间全高清自动录播教室，通过音视频专网将录播教室的授课内容直播到全市中小学校有闭路点位的教室、会议室，供师生收看收听，实现自贡教育频道直播服务。

校园文化

【德育】 2015年，围绕“创设激情、点燃激情、燃烧激情”，开展社会主义核心价值观主题教育活动，推进德育课程化建设，坚持文化阵地建设与文化实践活动相结合，利用课堂主阵地、重大节庆日、纪念日开展一系主题教育活动。培育兴趣小组、社团、协会等学生组织，持续开展“校园读书成才”、中华诗文诵读和文艺体育竞赛等活动，以校园网站、广播站、校报校刊、文化宣传栏、学生手抄报等为载体开展德育教育。开展“理想伴我行，共筑中国梦”社会实践教育活动，全市30万余名中小学生参与“我的中国梦”演讲、绘画、书法、主持人、讲故事、征文等比赛，8000余名学生获市级以上奖，学生综合素质有效提升。开展“三爱”、可爱家乡、环境保护、“三节”以及“四有四不三洁”主题教育活动，提升学生思想境界，规范学生行为。在全市中小学校开展“学习传统文化，传承民族精髓”优秀传统文化教育和经典诵读比赛活动。推进法制进校园进课堂。组织学生向革命烈士扫墓致敬，开展文明礼仪教育，树立学生美德典型。以“六五二”为活动内容，推进学生参加“走进军警营”“走进劳动基地”等社会实践活动，完善青少年校外活动中心。开展校园文化建设工作，评比命名10所校园文化建设示范学校，优化德育环境。命名表彰市级“三好学生”1200名，优秀学生干部230名，先进班集体210个，自贡市美德少年30名，自贡市学校德育工作在全省作经验交流。

【阳光体育】 2015年，树立“健康第一”的思想，坚持以体育与健康课为中心，按照部颁课程规定开齐开足体育课。推进校园足球活动，举行有74支男女队、1200多名运动员参加的自贡市首届中小学“学爱玩”校园足球联赛。组织开展全市中小学生田径运动会，“三好杯”“萌芽杯”足球、排球、篮球、乒乓球、游泳比赛等活动，以竞技体育引领全市学校体育工作。加强大课间活动和课外体育活动，组织检查评比，确保学生每天1小时校园体育活动。以创省级、市级“阳光体育示范学校”为抓手，推进阳光体育活动。全年6所中小学校被命名为省级阳光体育示范学校，命名20所市级阳光体育示范学校，市级阳光体育示范学校达65所。确定自流井区为体育改革试点区。

【艺术教育】 2015年，按部颁标准开齐开足艺术教育课程，深化艺术课程教学改革，提高艺术教育教学质量。组织开展“四川省第十届优秀艺术人才大赛”暨自贡市第九届中小学艺术节、庆祝“六一国际儿童节”文艺节目比赛、“六一欢歌”专场演出、全市中等职业学校“文明风采”大赛、全市中小学“拥抱新年、唱响校园”迎新大合唱比赛等艺术活动。确定沿滩区为艺术改革试点区。

教育管理

【课堂教学】 2015年，高中、初中、小学分学段实施高效“6+1”课堂、“先学后教、当堂训练”“生本课堂”等课堂教学模式改革，把课堂教学引向学生的能力培养与素质提升，提高课堂教学效益。全面实行教师集体备课制度，推进教研工作改革，推行教辅资料校本化等。是年，全市评选2015年度中小学课堂教学改革先进学校10所。

【教育科研】 2015年，全市共申报9个课题参加四川省资助金课题“研究阶段成果”评审，获二等奖3个，获三等奖6个。完成第二届市级微型课题的立项申报工作，共推荐申报市级微型课题800余项，确定651项课题为2015年市级微型课题立项项目。5月22日和11月10日，分别举行“自贡市2015年教育科研培训暨成果推广大会”，对市特殊教育学校获省政府教学成果一等奖的成果、华英实验学校获市第六届教学成果一等奖的课题成果《小学生态环境教育资源开发与利用的研究》在全市推广。是年，全体教研员参与学校课题研究的咨询、指导、服务，撰写、修改各类报告近100篇，开展《中小学教育科研的生态系统》《开展微型课题研究，推动教育科研发展》等专题讲座10多场，完成省市级课题开题25项、结题20项、阶段小结15项。完成省教育厅教育科研资助金课题申报19项，获准立项项目8个，其中重点项目3个、一般项目5个。9月，配合省教科所完成《四川省中小学校教科室建设现状调查问卷》对自贡市样本县荣县和富顺县的调研工作。采用网络问卷调研的方式，组织全市6所中职学校完成省教科所关于开展四川省中等职业学校计算机类专业发展现状专题调研工作。开展自贡市教学教研调查研究，全年撰写调研报告10余篇，其中《自贡市教育科研现状调研报告》在四川省第二届教育发展改革研究优秀成果评选活动中获一等奖，《四川省中等职业学校旅游服务与管理专业市场调研与课程重构分析报告》获四川省2015年中等职业教育优秀研究成果一等奖。

【后勤管理】 2015年春秋开学前，对全市学校食堂、学生公寓开展常规检查，共检查、暗访131所学校，发放学生满意度测评问卷9000余份，发现并纠正违规学校36所。是年，组织全市学校食堂建设和管理培训会3场，参训人数1600余人次。完成全市义务教育阶段学生作业本的采购监督工作，完成全市学生服装生产服务入围企业的比选工作。强化全市教育系统风险保障服务体系建设，校方责任保险参保率100%，学生“居民医保”和“新农合”投保率97.5%，“学生平安保险”参保率90.6%。强化城乡环境综合治理“进学校”工作，全市教育系统城乡环境综合治理“进学校”活动被省教育厅、市城乡环境综合治理工作领导小组评为“优秀单位”。4月22日，四川省中小学后勤保障暨食品安全工作现场会在自贡召开。5月6日，市政协对全市义务教育段学校食堂的经营管理情况进行调研，形成专题报告。10月，市政府召开研讨会议，印发《关于加快我市义务教育学校学生食堂建设及规范经营管理工作的实施意见》（自府办发〔2015〕35号文件）。11月25日，教育部教育装备研究与发展中心到自贡重点调研学校食堂的“两化一建”（即自主化经营、精细化管理，着力构建“阳光食堂”）和学生“公寓”建设管理等学校后勤保障工作。

（吴吉斌）

文　化

概　述

2015年，围绕文化发展的新形势、新任务和新要求，坚持以人民为中心的工作导向，全面提升公共文化服务水平，推进文化基础设施建设，促进文化产业发展，增强文化治理能力，为实现全市经济社会更好更快发展和全面建成小康社会提供强大的文化条件与保障。是年，市文化广电新闻出版局被评为省扫黄打非工作先进集体、省2015年度全民阅读先进单位、省第四届广播电视公益广告创作大赛优秀组织单位、第五届中国成都国际非物质文化遗产节组织工作突出贡献单位、2015年度全省文化市场综合执法二十佳案卷及制作单位、2015年度全省文化市场重大案件及办案单位，获第五届中国成都国际非物质文化遗产节组织工作“太阳神鸟金奖”、2015年度全省著作权知识竞赛二等奖、第十一届深圳文博会优秀展示奖、市廉政文化“五个一”优秀作品奖。

体制改革

【管理体制改革】　2015年，完成市文化广播影视新闻出版局与市灯贸管理委员会整合，新组建的市文化广电新闻出版局于6月正式运行。成立全市公共文化服务体系建设协调组，推进市图书馆理事会制度和法人治理结构试点。《自贡市深化国有文艺院团改革专项方案》正式出台。建立群众基本文化需求征集和反馈机制，出台《群众基本文化需求征集和反馈办法》。制定“振兴川剧”和扶持地方戏曲发展政策措施。健全文化市场综合执法机制。

【事业单位分类改革】　2015年，市盐业历史博物馆、中国彩灯博物馆（自贡彩灯公园管理处）、市文化馆（市美术馆、市文化人才培训中心）、市图书馆、自贡世界地质公园管理处划定为公益一类事业单位，自贡恐龙博物馆、市广播电视台、市歌舞曲艺演艺中心、市杂技团演艺中心划定为公益二类事业单位，市广播电视服务部划定为生产经营类事业单位，市川剧艺术中心、市文化市场综合执法支队暂未进行分类改革。

【人员安置】　2015年，完成四川有线广播电视网络股份有限公司自贡分公司机关事业人员安置、身份转换和市广电公司人员分流，妥善安置33名乡镇广播站退休人员，基本解决乡镇（公社）老放映员历史遗留问题。

文化设施

【项目建设】　2015年，市文化馆主体完成外墙钢结构安装，进行内部装修设计。投入150万元升级改造市图书馆少儿阅览室和数字资源部，增加面积600平方米。完成全市五区（含高新区）38个社区和市图书馆留守儿童文化之家的设施设备配置。全市256个社区文化活动室、110个留守儿童文化之家、10个农民工文化驿站、10个乡村文化院坝设施设备配置到位。完成自贡文化展示馆非遗、文化成就、历史遗存等版块图片、文字资料的更新完善。推进全市四区图书馆、文化馆改扩建项目，大安区图书馆完成规划设计方案和项目征地，贡井区依托图书馆建设5个便民阅读点，自流井区文化馆改扩建项目完成前期规划论证和选址。自贡、富顺、荣县文化馆被省文化厅推荐为国家一级文化馆，贡井与大安文化馆被推荐为国家三级文化馆。

【基层文化工程】 2015年，第二批60个室内电子多功能阅报屏投入使用。建立全市优秀群众文化节目库（110个）和专业文艺剧节目库（178个）。完成广播电视“村村通”盲村覆盖及413个行政村广播“村村响”工程。实施直播卫星户户通工程，安装直播卫星用户1.35万户。广电网络双向化改造38.16万户，城区覆盖率达98%以上。完成1.35万场农村公益电影放映，观影人数近70万人次。完成300场城市社区和农民工文化驿站公益电影放映，观影达3.3万人次。

文化活动

【大型文化活动】 2015年，以“文明新盐都·快乐自贡人”为主题，策划举办“颂歌献给党”——自贡市庆祝建党94周年主题文艺晚会、八一建军节军歌大比拼、纪念抗战暨世界反法西斯战争胜利70周年主题文艺晚会等系列大型文化活动300多场。新年音乐会、自贡春晚、春节团拜会、社区文化艺术展演等10余项特色文化活动形成品牌。成功举办自贡第十五届文化艺术节和第五届川南文化交流展示活动，3500多人直接参与，观展市民6万余人次，并开创两个“首次”（首次举办川南大学生文艺展演，原创歌曲歌手比赛），共举办富有自贡特色的演艺、比赛等4大类14项主题活动和具有川南独特历史人文、风俗人情的演艺、比赛、展览、交流等5大类13项活动。首次组织专业文艺院团和区县创作表演骨干开展“深入生活·扎根人民”主题实践文艺创作采风活动，汲取创作营养。推进全民阅读活动，组织开展新书和优秀书目推介、精品图书联展、“文化自贡·阅读圆梦”校园阅读活动、全民阅读“六进”、纪念抗战胜利70周年征文比赛等各类活动40余场，自贡市、大安区、荣县双石镇被评为全省全民阅读先进单位，荣县金台村成为2015年全省“农民读书节”启动仪式现场举办地。组织编排创建文明城市的群众性文艺节目开展巡回演出，参与全国文明城市创建。

【文化惠民活动】 2015年，举办“情暖新盐都·欢乐进万家”送文化下基层惠民演出、“龙腾狮跃”闹元宵民俗活动、第21届自贡国际恐龙灯贸交易会园内外文艺演出等文化活动1200场，参与群众160余万人。以第五届川南文化交流展示活动暨自贡市第十五届文化艺术节为平台，举办区县综艺专场、十大歌手比赛、第十四届舞蹈新作比赛、第十八届戏剧小品比赛等群众文化活动。自贡川剧每月坚持在贡井陈家祠堂、市盐业历史博物馆开展文化惠民戏曲驻场演出，培养一批川剧爱好者；自贡杂技、川剧、歌舞探索将市恐龙博物馆、荣县大佛寺等作为常态化演出阵地。组织开展文学鉴赏、舞蹈形体、声乐、戏曲、美术、摄影等10余门类文化公益培训1465场，其中，舞蹈394场次、乐队220场次、合唱202场次、声乐147场次、美术108场次、摄影6场次、公益讲座24场次，近5万人次参加。

【宣传报道】 2015年，全市广播电视播发新闻2万余条，中央、省电视台采用553余条。《中国文化报》头版刊发《自贡彩灯：文章越做越大了》，《中国文物报》刊发央视《寻宝》栏目走进自贡系列报道，《四川日报》头版刊发《自贡彩灯闪耀国际舞台——对外文化贸易出口同比大幅增长》，中央、省、市三级广电、报刊媒体刊发文化方面文章700余篇，网站刊发转载1000余条。世界地质公园网站采用自贡信息居国内公园首位。央视《寻宝》《探索发现》《盐逐天下》及海峡两岸记者“追寻四川抗战大后方足迹”等栏目走进自贡现场拍摄专题节目，台湾地区中国电视公司《大陆寻奇——走进自贡》电视专题片、公益微电影《盐都迹忆》成功公演。参加全省第四届广播电视公益广告创作大赛，10件参选作品中：《保护遗产传承文化》《敬业》2件作品获一等奖，《依法治国·构建和谐社会》《不变质的心》《让生命延续》《角色》《珍爱和平》《马大哈》等6件作品获二等奖，获奖数列全省第三，仅次于四川电视台和成都市电视台。盐业文化纪录片《井盐神技》获省政府纪录片二等奖。28件广播电视作品获四川广播电视节目奖，获奖率87.5%。2名记者获省第三届“创绿”技能大练兵比赛优胜奖。策划编辑出刊《自贡文化》杂志4期。利用网站、微信等渠道强化自贡文化和灯会的对内对外宣传推介。

艺术创作

【舞蹈】 2015年，《七朵莲花》获中华全国总工会排舞一等奖，《那人那爱》获排舞单曲一等奖，《不眠之夜》获排舞串烧一等奖。双人舞《二人世界》《在路上》与群舞《这么近·那么远》入围2015年四川省舞蹈新作比赛决赛。

【歌曲】 2015年，《苗岭谣》《盐巴妹儿》与《美丽盐都我的家》分别获省第二届“天籁之音·石海之约”民歌大赛三等奖和优秀奖。

【杂技】 2015年，《扛定车》获省第二届小品、杂技比赛节目类三等奖，获省第八届巴蜀文艺奖杂技类铜奖。《三人柔术》获省第八届巴蜀文艺奖杂技类优秀节目奖。

【曲艺】 2015年，新创清音《千年盐都等你来》、四川盘子《采花》、车灯《好吃嘴》等曲艺节目。三人评书谐剧《人之初》获省第二届小品、杂技比赛曲艺类一等奖。

【小品】 2015年，方言小品《酒醉心明白》获四川艺术节暨第十五届戏剧小品（小戏）比赛优秀剧目奖、优秀编剧奖、优秀演员奖。小品《宝贝》获省第八届巴蜀文艺奖曲艺类铜奖。

【戏剧】 2015年，历经7次打磨的川剧《还我河山》受邀参加文化部“纪念中国人民抗日战争暨世界反法西斯战争胜利70周年优秀剧目西南片区巡演”和首届四川艺术节暨“四川文华奖”剧目首场展演，获四川艺术节暨“四川文华奖”最佳剧目奖、编剧奖、导演奖、表演奖、音乐创作奖以及第八届省巴蜀文艺奖，获得250万国家艺术基金资助。大型原创民族歌剧《盐神的女儿》获四川艺术节暨“四川文华奖”剧目奖。方言话剧《文化站长》获四川艺术节暨“四川文华奖”剧目奖，赴资阳专场演出。川剧《秋江》参加第三届川剧丑角戏传承展演。

【绘画】 2015年，版画《盐魂》、雕塑《盐都遗韵系列——NO.2》分获第二届四川文华美术奖大赛二、三等奖。作品《父亲的战场》（国画）、《行书陆游诗》（书法）、《都市木偶系列》（水彩）、《美丽自贡九洪天宫圣景乡土乐章》（版画）参加四川文华美术奖作品展览。

文化遗产保护

【文物保护】 2015年，首次联合省文物考古研究院，邀请北京大学、中国人民大学、中国国家博物馆等30多名全国考古学、建筑学、交通史、盐业史方面专家，行程1660公里，对自贡盐运陆路及川黔古盐道进行多学科综合考察，拟遴选有价值文物点联合向“国宝”发起冲击，《四川日报》等多家媒体予以关注。桑海井保护规划获省文物局核准，自贡市历史文化名城保护规划经省住建厅评审通过。编报28个国家、省级文物保护项目及2个中国传统村落总体保护项目，到位国家、省级文保资金2574万元，占全省文保资金总量的9%。完成吴玉章故居风貌整治、富顺文庙主殿维修等重点文保项目，启动贵州庙、胡元和宅等抢险排危工程，开展川南城际铁路、自泸大件路建设用地考古调查。组织开展以“梳理自贡抗战文物·留住盐都抗战记忆”为主题的抗战文物集中梳理宣传展示系列活动和“铭记历史·开创未来”为主题的自贡抗战文物展，展出抗战文物327件、档案17件、视频2段、照片106张。可移动文物普查比计划的2016年提前1年通过省验收，认定全市国有单位收藏可移动文物7697件。加强社会文物管理，成功举办央视《寻宝——走进自贡》活动。市人大对《中华人民共和国文物保护法》贯彻执行情况进行视察，市政协对文物保护重点工作进行视察。

【自贡世界地质公园】 2015年，推进中期评估整改，完成自贡世界地质公园边界调整，重新申报至联合国教科文组织，中期评估迎检工作有序推进。开展地质遗迹保护，申请国土资源部“十三五”地质遗迹保护资金1.3亿元，落实国家主体功能区生态补助资金330万元，用于恐龙博物馆后山遗址保护展示、吉成井环境整治和燊海井保护及科普科研等。创新宣传营销，首次与中国国家地质公园网络中心联办中国世界地质公园网络10周年展览，建成国内首个360度全景网上地质公园；改版升级地质公园中英文网站，全年发布信息量位居全国33家世界地质公园的第一位。务实和创新科普活动，首次与香港世界地质公园合作开展地学夏令营活动，首次邀请恐龙专家走进大学校园——四川理工学院与师生们面对面交流分享。倡议并组织《中国世界地质公园10周年回顾展》首展，获中国旅游地学30周年纪念报告会4项地学科普奖。与泰国诗琳通恐龙博物馆、雷琼世界地质公园缔结姊妹馆园关系。

【博物馆事业】 2015年，自贡恐龙博物馆经国土资源部批准成为“国家级重点古生物化石集中产地”和“甲级古生物化石收藏单位”，建立世界首个“侏罗纪地层与古生物研究中心”，作为全省第二批青少年科普基地通过全省博物馆青少年教育功能试点项目验收，评为全国地质公园科普工作先进集体和省旅游产业TOP榜单（十大“南丝绸路最值得期待”）旅游目的地。“百度百科·恐龙全景博物馆”成为全省首个正式上线的百度百科自然类全景数字博物馆。成功组织全国国土资源科普基地研讨会暨首届全国国土资源科普讲解大赛总决赛并获第一名。成功举办发现自贡恐龙100周年国际学术研讨会和中国·自贡恐龙邮文化研讨。举办第二期“自贡恐龙博物馆小小讲解员培训班”，成为全市青少年暑期活动的项目之一。公益科普人偶剧《恐龙去哪儿了》巡演28场，获第二届中国青年志愿服务项目大赛银奖。打造“自贡恐龙复活节”项目品牌，入选国土资源部2015年全国15个“科普示范活动”项目（名列第二）。市恐龙博物馆在中国科学技术协会全国科普教育基地2014年度工作考核中被评为优秀。市盐业历史博物馆组织重走古盐道系列活动，“自贡盐运文化遗产体系与保护”课题立项为2015年度全市哲学社会科学研究规划重点项目。《四川古代文化线路——川盐古道》系列丛书入选教育部全国高校出版社主题出版项目名单，并将其列为“弘扬中华优秀传统文化”类目（四川省仅2项），是建馆56年首次获教育部荣誉。全年举办中华农耕文化展、川盐古道文化遗产图片展览、“历史不能忘记”——近代以来中国人民抗击日本侵略展览等展览14场次。与东莞可园博物馆合作举办《自贡市盐业历史博物馆馆藏字画展览》，组织参与重庆会展中心举办的文化产业博览会——盐博展区的策划及展览。组织《盐的故事》《自贡文化遗产摄影展》科普巡回展览23场次，观众2.5万余人次。中国彩灯博物馆成功举办弘扬中国文化·情系自贡彩灯——百名学生现场制作工艺彩灯灯笼系列文化活动。是年，恐龙馆接待观众69.33万人次，同比增长8.01%，创历史新高；盐史馆接待观众8.45万人次，同比增加28%。开展对外文化交流与合作，恐龙馆完成外展4个，是历史上举办外展最多的一年，续签展览1个，签订境外展览1个。盐史馆举办展览17场次，盐史展览实现零的突破；市盐业历史博物馆精品展览进入国家文物局编印的《中国博物馆展览海外推介目录2016》，为精品展览进入国际市场奠定基础。

【非物质文化遗产】 2015年，完成第五批国家级非物质文化遗产代表性项目代表性传承人和第六批省级非物质文化遗产代表性项目代表性传承人的申报工作。完成市级非遗保护项目代表性传承人的申报，32个项目的48名代表性传承人评为市级非遗保护项目代表性传承人。组织参加第五届中国成都国际非物质文化遗产节，中新社四川分社、中国文化报、成都电视台、华西都市报、成都商报、自贡日报、自贡电视台等新闻媒体对自贡参展情况进行报道，自贡非遗展示获第五届中国成都国际非物质文化遗产节组织与表演二项“太阳神鸟金奖”。结合全国第十个“文化遗产日”，组织32项市级以上非遗项目进行静态展览、动态演示、舞台表演、产品展销，普及非物质文化遗保护知识。组织开展非遗进校园活动18场，非遗传承人深入中小学课堂，向学生们传承技艺，增强非遗传习活动的效果。加强对民间民俗文化的挖掘和整理，完成《自贡井盐深钻汲制技艺》《自贡民间民俗集萃之二》的资料收集、整理和出版工作。大安区牛佛镇被评为省民间文化艺术之乡。

文化产业

【产业服务引导】 2015年，牵头协调“彩灯文创贷”金融扶持计划，组织编写“传统彩灯技术”职教培训教材，组建彩灯和仿真恐龙产业技术标准联盟。指导企业申报文化产业扶持项目，自贡灯贸公司、富顺太平洋影城等8户企业获780万元中央和省专项资金扶持，叁友文化传播有限公司成为全省6户获国家“实体书店扶持试点项目”的企业之一，获中央财政专项资金扶持100万元。

【项目招商推介】 2015年，组织参加深圳文博会、义乌文化产品交易博览会、小微文化企业投融资路演暨项目推介活动等，自贡文化企业与多家客商签订合作意向。中艺彩灯作为全省16家企业之一参加香港授权展。

【文化项目及园区建设】 2015年，彩灯文化产业园列入全省100个重点支持项目。中华彩灯大世界完成初步规划、选址分析与方案报送。市文化艺术中心大剧院列入全市首批“PPP”模式融资重大项目，中航自贡航空文化创意产业园发展规划完成初稿。市灯贸公司彩灯机电元件制造、力拓景观公司迁建技改等项目投入使用。恐龙地质公园、桑海井景区扩建、中国农民漫画产业园、中国彩灯之乡等项目推进建设。

【文化旅游业】 2015年，推动文化旅游与宣传、影视，网吧与茶饮、咖啡、书刊等业态融合发展。指导文化产业与旅游、农业、新村建设、职业教育融合发展，规划中国彩灯之乡项目。荣县大佛文化旅游节实现突破，首次创新举办西南佛教音乐推荐榜活动。春节、国庆等黄金假期，主要文化旅游景区接待游客51万余人次，实现旅游收入2200万余元，分别同比增长8%和10%。第21届自贡国际恐龙灯会经贸交易会实现日均观灯人次、单日观灯总人数、春节黄金周观灯总人数以及经济总收入的四个历史突破，接待中外观众181万人次，实现收入4797万元，分别同比增长20.7%和7%。

【演艺娱乐业】 2015年，全市举办商业演出41场，市歌舞曲艺公司承办市内外大中型商业演出8场，市杂技团演艺公司赴国（境）外开展文化交流商业演出40场。

【文化创意设计业】 2015年，出台《推进文化创意和设计服务与相关产业融合发展实施方案（2015—2020年）》。推动恐龙文化产业与数字化产业融合发展，研发新一代智能化仿真恐龙产品。恐龙博物馆与奥特莱斯合作投资1000万元，打造360度球幕飞行影院于国庆期间正式开业。开展以“重返侏罗纪·欢乐博物馆”为主题的第二届自贡恐龙复活节，推动文物文博与演艺融合发展。“八里秦淮——中华盐灯文化群落”“中华彩灯大世界一期”“艾叶中华盐运第一镇一期”3个融合发展文化创意产业项目列入中航自贡航空文化创意产业园发展规划。海天公司获评文化新业态最具成长型企业。在深圳文博会上，参与设计承制的融合自贡彩灯元素的四川展区获优秀展示奖。

【新闻出版业】 2015年，全市教材教辅实现销售收入3521万元，利润628万元，同比增长3%，文轩自贡书城实现销售收入680万余元。叁友文化公司成为全省6户获国家“实体书店扶持试点项目”的企业之一，获中央财政专项资金扶持100万元。

【文化产业统计监测】 2015年，重点监测文化企事业单位71家，涉及文化旅游、创意设计、演艺娱乐、广播影视、新闻出版、印刷包装装潢等行业门类。是年，61户重点文化企业实现主营业务收入6.26亿元，10家文化事业单位实现营业收入1.46亿元。年内实现营业收入1000万元以上企业17户，5000万元以上1户，新增营业收入1000万元以上企业5户。文化产业系统完成固定资产投资5.25亿元，同比增长47.74%。

【文化贸易交流】 2015年，自贡彩灯文化对外合作纳入省政府“一带一路”战略“251三年行动计划”，腾达、中艺2家彩灯公司进入百户优势企业。彩灯企业在美国、英国、俄罗斯、澳大利亚、荷兰、比利时、意大利、希腊、新西兰、加拿大、南非、韩国、新加坡、泰国等14个国家和地区举办灯展，部分企业将彩灯文化与展出地本土文化结合，与国外投资者共同出资、合作运营灯展项目，实行利益分成。天煜文化传播公司等4户企业获评2015—2016年度国家文化出口重点企业。与法国里昂市建立文化交流合作关系，推动自贡彩灯与国际灯光节共融发展。促进传统灯饰艺术与现代照明技术融合发展，成功举办中国照明学会“灯会会灯”论坛。推荐17个项目参加文化部2015“欢乐春节”对外和港澳台文化活动，占全省项目数的55%。自贡杂技等文艺剧节目赴国外演出60余场，展演展销展示自贡优秀传统文化。是年，全市有文化出口实绩的文化企业25户，对外文化交流项目35个，对外文化贸易总额达1678万美元，同比增长38.2%，占全市外贸总额的3.2%。

文化市场监管

【行政审批】 2015年，清理优化市县两级行政权力清单669项，确认公布306项本级部门行政权力事项。承接省政府11项行政许可项目、省新闻出版广电局三级纵向联动审批事项3项，下放3项市级管理权限目录至扩权县。完成406家新闻出版单位年度核验、准印申请和换证。

【安全管理】 2015年，出台《自贡市文化市场安全检查规范（试行）》，明确开展日常安全检查工作的原则、方式、要件、程序及检查内容。建立市本级和区县文化市场10类安全档案。分门别类抽查区县安全工作立制建档情况和文化市场经营场所安全措施落实情况，强化安全生产监管。落实日常巡查制度，坚持日常巡查与专项检查相结合，经常性巡查做到逐一登记。规范《文化市场安全检查情况定期抄告函》《文化市场经营场所重大安全隐患抄告函》等文书，全年抄告工商部门174家、消防部门200家、环保部门66家。对文化重点场所进行拉网式排查，立案查处高新区大唐盛世网络休闲会所未对安全设备进行经常性维护保养和对生产经营场所安全出口进行锁闭一案。全年共检查850余家次，建议整改50处，重点整改7家，处罚3家，关闭1家。

【监管整治】 2015年，实现文化市场综合执法案件在全国文化市场技术监管服务平台、全省行政权力依法规范公开运行平台的运行，以及与刑事司法衔接信息共享平台对接。执法领域实现文化、广电、新闻出版等领域全覆盖。组织区县与辖区乡镇政府签订《文化市场委托协管责任书》，下放文化市场简易程序处罚权，做到权责明确。清理整顿四川日报等5家省直新闻单位驻自贡机构，全面监管30家内部资料性出版物和自贡日报等6种报纸、期刊。开展网吧、娱乐场所、社会艺术考级、演出市场、校园周边环境、地面卫星电视接收装置、“两考禁噪”等文化市场系列专项整治和非法出版物、涉藏、非法政治性出版物查缴行动及清源、固边、净网等五大“扫黄打非”专项行动。创建全国文明城市文化市场专项整治行动中，检查网吧、校园周边、出版物、印刷摊店等场所9500家次，出动执法人员4072人次、执法车辆360台次，警告125家、停业整顿21家、取缔16家。开展网吧接纳未成年人、擅自设立互联网上网服务经营场所等违规行为专项整治，检查网吧824家次，立案查处58家。开展打击无证经营、规范经营行为的歌舞娱乐经营场所专项整治，检查422家，立案查处46家。开展校园周边环境专项整治，检查校园周边文化市场40所次，出动执法人员60余人次，收缴儿童非法出版物380册，暴力游戏卡片674张。开展两考禁噪专项整治，检查文化娱乐场所150余家，责令整改12家。开展电影放映企业专项检查，警告12家。现场监管艺术考级机构5家次、考生1796人次。对3场涉外演出和1场佛教音乐会进行现场监管。是年，全市开展文化市场日常执法巡查1246次，开展各类专项行动16次，立案查处案件138件，其中歌舞娱乐类61件、电子游戏游艺2件、网络游戏类1件、互联网上网服务管理场所58件、新闻出版类12件、卫星电视广播1件、安全类3件，收缴非法出版物2.27万（盘）册，删除、屏蔽网络有害信息418条，取缔非法出版物经营摊点35个，“扫黄打非”工作获省主管部门肯定，全年接听受理“12318”专线举报192起。是年，2个案件被评为省文化市场重大案件，2个案件分别被评为省文化市场综合执法二十佳案卷和规范案卷，实现安全类、网络游戏类、卫星电视广播类案件办理“零突破”。

图书出版发行

【出版印刷管理】 2015年，首次举办全市

“扫黄打非”和版权保护工作专题培训，对69家内部资料性出版物单位进行新《内部资料性出版物管理办法》培训和解读。全年组织开展各类检查730余次，出动执法人员5110人次，检查出版物经营店（摊）3020家次、印刷企业1945家次，办理新闻出版类案件12个，其中出版物7个、印刷业5个。联合公安、工商、城管等部门对出版物市场、电脑市场和车站码头、繁华街区、过街天桥、地下通道等重点地段进行集中清理排查，查缴各类非法出版物1600余盘（册）。组织开展医刊专项整治，检查民营医院23家次，立案查处2起。以中、小学校为重点，对学校周边音像、书刊、打字复制、玩具店进行清理，重点打击盗版教辅读物，查处危害未成年人健康成长的色情、恐怖、迷信类动漫图片、画册、口袋书籍和音像制品等文化垃圾，查缴“口袋本”非法出版物、儿童仿真版人民币纸钱包、盗版光碟等300余件。开展教辅教材专项治理，检查学校19家次，责令整改3家，立案查处4起。

【版权保护】 2015年，办理版权作品登记166件（位列全省第三），获省首届版权知识竞赛第二名。

【图书出版】 2015年，编辑出版《中国共产党自贡执政实录》《百年自贡商会》等10种图书3.5万册。

【图书阅览】 2015年，市图书馆采购图书5437种1.06万册（套）。订阅报刊467种、人大资料51种、港台期刊6种。收集地方文献105种182册、其他赠书496种1322册。全年接待读者15万人次，网上读者点击率达4.62万人次。

【图书活动】 2015年，全市“文化自贡·书香盐都”全民阅读活动在自流井区东方广场正式启动，市委、市政府、市政协和市级相关部门领导与全市中小学师生代表、部队官兵代表、文化志愿者代表约1000人参加启动仪式。该届全民阅读活动包括“阅读伴我成长”中小学生阅读征文竞赛、“诵读经典·弘扬国学”比赛、“爱心图书”征集、“纪念抗战胜利70周年”全民征文活动、“爱家乡·话自贡”第二届少儿DIY自制图书活动、关爱留守儿童“爱心视频”等主题活动。活动期间，举办公益文化讲座22场，内容包括地方特色文化、国学、健康和道德讲座，听众近3000人。开展送文化进基层50余次，作者与读者见面会4次。全年收到“阅读伴我成长”征文450篇、纪念抗战胜利70周年征文890篇、少儿“DIY”自制图书202册，对优秀征文进行收藏和汇编。在学校、军营、客运站、社区、乡镇等地举行“爱国主义教育影片展播”50场，观众人数1万余人。在省图书馆、省数字图书馆推广工程举办的“网络书香过大年”系列活动之“我心中的图书馆”少儿绘画大赛活动中，市图书馆51幅作品获得省图书馆颁发的优秀奖。在市二十二中学、市三十四中学、江姐中学、旭川中学组织举办读书活动，提供文学、艺术、社会科学、历史、地理等方面图书各500册。组织流动图书车下基层56次，参加“自贡市2015年科普日活动”和“三下乡”活动，发放《农村科技致富信息》等资料3000余份，放映电影50余场次，流动车阅览500多人次，为基层阅览室交换图书6000多册。每周利用共享工程市级中心平台为不同读者免费播放电影，全年馆内外放映121场次（馆外52场次）。春节期间，开展视频拜年、对春联、猜灯谜等网络文化活动，为农民工提供网上订票等服务。全民阅读系列活动的开展得到《华西都市报》《自贡日报》《自贡晚报》、自贡电视台公共频道、综合频道、自贡电台等省、市级新闻媒体关注，开辟专题、专栏全程进行宣传报道，励志网、四川在线、华西都市报电子报、四川文明网、自贡网、自贡在线、自贡三农网等多家网络媒体及时报道活动动态和活动成果，市图书馆获省首届“数字图书馆推广工程”优秀宣传单位称号。

报　刊

【报刊发行】 2015年，全市公开发行的报纸有3种，即：《自贡日报》《自贡晚报》《四川理工学院院报》；公开发行的期刊4种，即：《中国井矿盐》《盐业史研究》《四川理工学院学报（社科类）》《四川理工学院学报（自然科学类）》。是年，公开报纸发行2196万份，公开期刊发行6万册。自贡日报、自贡晚报年发行数量2160万份。《自贡文化》《自贡人大》《自贡政报》等66家报刊型内部资料出版单位按期出版出刊。

【报刊活动】 2015年，《自贡日报》主要推出“践行三严三实推进四个全面”“凝心聚力共谋发展，全力构建五个自贡”“发展镇域经济夯实底层基础，贯彻市委镇域经济发展座谈会精神”“德耀盐都——第三届自贡市道德模范风采录”“积极适应新常态，稳中求进促转型——2015自贡半年报告”“纪念抗日战争胜利70周年——自贡记忆·抗战档案”“纪念世界反法西斯胜利70周年·自贡记忆”“纪念抗日战争胜利70周年——自贡记忆·抗战老兵”“精准扶贫，共建小康”等专栏，对全市经济文化社会建设进行宣传报道。围绕市委市政府工作中心，推出《改革创新砥砺奋进开创自流井全域发展新局面》《主动适应新常态加快发展谱新篇》等专题报道，聚焦全市产业发展状况；开设“积极适应新常态，稳中求进促转型”栏目，推出《插上航空翅膀“新材料”转型飞天》等展示城市产业发展成果的报道；在“积极适应新常态，稳中求进促转型——2015自贡半年报告”专栏中，推出《逆势而行稳中趋好》《逆风扬帆提质增效》《科技创新撑腰自贡经济划出新轨迹》《新常态下民生改善再提速》等专题报道。在《记者走基层》专栏基础上，开设《2015新春走基层》《走进基层自贡故事》专栏，集中刊发《在坚守中迎接新年》《书香味里过新年》等基层报道。开设“精准扶贫，共建小康”专栏，推出《艰难的脱贫路》《2200万元资金用于扶贫开发》《优秀干部子女到贫困村任职》《贫困村渴望修建致富路》《大老板帮村中老板帮组小老板帮户》《新闻扶贫助章佳乡小古找到一个好饭碗》等消息、通讯。开设《廉政聚焦》《大力推进“四个全面”战略实践》《加强领导班子思想政治建设》等专栏，推出《深入学习贯彻习近平总书记系列重要讲话精神》《严格执法，监督问责，提供坚强纪律保障》《激浊扬清树正气反腐倡廉聚民心》等大量消息、通讯，刊发“重洁身以自好”“手莫长，心莫贪，尽职尽责做好官”“崇廉尚洁，美丽盐都”“揪出蛀虫，刻不容缓”等公益广告及文字图片200余件。《自贡晚报》在两会期间推出“全面深改促转型，稳中求进谋发展”“2015自贡两会特别报道·直播两会”等专题报道；生活情报站推出《名医候诊室》专栏，邀请自贡名医答疑解惑；加强与读者互动活动的策划开展，推出“奔跑吧，自贡”“王井仔乌鱼厨王争霸赛”“打谷文化周”等活动；发起“援助留守儿童父母返乡创业就业”公益活动，推出“让爱回家守护成长”专栏；联手德居房产推出家乡学子助学计划，为10名贫困家庭考生提供4年助学金；推出“自贡恐龙发现100年”系列报道栏目，解读对恐龙的研究；刊发“践行社会主义核心价值观”“改善城乡环境，建设现代文明”“禁毒”“节约保护水资源，大力建设生态文明”等公益广告40余次。是年，全年专题栏目和新闻稿件获奖篇数和排名居全国晚报前茅，其中，《盐工串串香》获“赵超构新闻奖”优秀专栏，《男人的担待：“在恼火，我都要扛下去”》获“中国地市报新闻奖”摄影奖，《被拐31年后再见面，她一头扎进老父怀里》《“撑伞哥”：雨中撑起生命的“保护伞”》获“赵超构新闻奖”二等奖。

广播电影电视

【广播影视业】 2015年，完成城区有线广播电视网络双向化改造38.16万户，城区覆盖率98%以上。全省第四家巨幕高端影城——自贡星维国际影城南湖店和富顺紫晶影城建成营业，全市新增银幕14张、座位2362座，实现全市县级数字影院全覆盖。是年，全市9家影院全年票房收入约4897万元，同比增长63.7%，连续四年实现高速增长，位居全省市州城市影院票房收入前列。

【广播影视管理】 2015年，强化广播电视、农村公益电影、影城和广告投放日常监管，全市广播电视实现规范播出。首次对广电系统广告从业人员开展新《中华人民共和国广告法》培训。开展虚假违法广告专项整治，查处违规发布虚假违法广告行为，全市广播电视广告播放实现零违法。开展非法安装、设置境外电视网络接收设备和卫星电视广播地面接收设施专项整治，立案查处成都松翎物业服务有限公司擅自设立广播电视发射台案，收缴非法设施设备6件，规范全市广播电视播出传输秩序。对播出机构和境外卫星电视节目接收单位开展季度检查，会同市公安局、国安局开展擅自接收境外卫星电视节目专项检查，检查宾馆27家次。加强农村公益电影和城市影院管理指导，开展12次农村公益电影放映现场抽查，对全市9家城市影院开展安全检查。

【安全播出管理】 2015年，组织开展全市广播电视安全播出自查和隐患排查专项行动，确保广播电视播出和有线网络传输机构的安全运行。在元旦、春节、全国“两会”“9·3”“十一”等重要节点、时段和重要敏感日，启动广播电视安全播出应急预案，坚持24小时值班制度和安全播出“零报告”制度，实现全市广播电视的零停播、零插播和零事故。

灯　贸

【第二十一届自贡国际恐龙灯会经贸交易会】 2月2日开幕，历时42天，接待中外观灯游客181万人次，日均接待观众4.34万人次，同比增长20.7%。其中春节黄金周期间接待观众36万人次，同比增长20%。实现灯会总收入4797万元，同比增长7.0%，其中门票收入4600万元，同比增长10.2%。第21届自贡国际恐龙灯会实现日均观灯人次、单日观灯总人数、春节黄金周观灯总人数以及经济总收入四个历史性超越。该届灯会展出吉祥如意、中国印象、祥龙贺岁、扇舞春风等126组巨型灯组。灯会期间，举办7场针对困难职工、农村居民、先进劳模、留守儿童、本地大学生、中专生、职专生等特殊人群的“观灯公益专场”和“市民答谢专场”，接待观众15万余人，并对残疾人、老年人、儿童、现役军人等7类人群实行免票观灯。

【灯会宣传】 2015年，中外媒体记者500余人全方位、多渠道发布自贡灯会的报道、专访、消息等1000余条（次）。QQ、微信、微博等记载和传播中外观灯游客赏灯情景。自贡灯会官方网站点击率突破30万余次，同比增长3倍以上。

【彩灯产业发展】 2015年，市工商登记注册彩灯企业365家，从业人员约5万人，彩灯年销售额达20亿元。开展特种作业培训，88人获得“特种作业证”资格证书。加强人员培训、政策支持、融资协调、申请专项资金等服务，组织动员彩灯企业参与第22届自贡国际恐龙灯会创意、策划、设计、灯组投标与承制等。历时三个月、五易其稿的第22届自贡国际恐龙灯会灯组方案以“自贡灯会+”模式实现创意创新，首次推出法国风情园区，突出国际性，尝试用灯组表现“一带一路”国家战略，制灯工艺实现新突破，省文化厅厅长郑晓幸给予“中国非遗——自贡灯会，中国工艺——自贡彩灯”的肯定性评价。是年，自贡灯会获中国节庆文化活动与城市发展峰会“金手指奖”。

【南国灯城建设】 2015年灯贸会期间，对城区22条主街道、58个节点实施灯饰亮化和彩灯景观打造，彰显自贡历史文化内涵和城市特色，展示南国灯城魅力，提升城市建设、管理和服务水平。

【彩灯公园园林园貌建设】 2015年，投入资金200多万元改造公园供电设施，修复广场路面、水窗板、沿湖塑钢栏杆、护栏、路面、休闲座椅、垃圾桶、路灯等园内设施，补栽绿化植物植被，整治园内卫生环境和卫生死角，加强园内经营业主食品卫生与公共安全等方面管理。

（王　云）

精神文明建设

【社会主义核心价值观宣传教育活动】 2015年，组织开展“讲文明树新风”公益广告征集和宣传活动，活动以公益广告、荣县漫画、沿滩版画、贡井剪纸、标语口号等为载体，发挥市级各类媒体及宣传阵地作用，在机关、企业、学校、乡镇、街道、社区宣传核心价值观的基本内容。举行2015年“践行核心价值观童心共筑中国梦”迎新又艺汇演和“少年强中国梦”主题教育实践活动等。

【道德模范表彰】 3月，市文明委在市委大礼堂举行第三届自贡市道德模范颁奖典礼，表彰10名道德模范及15名提名奖获得者。《自贡日报》、自贡广播电视台、自贡网开设专栏、专题节目，对10名道德模范的先进事进行宣传，推动全社会形成讲道德、树新风、促和谐的良好风尚。

【道德模范引领活动】 4月，举办自贡市“争做品德高尚自贡人”道德模范与学生代表交流互动活动。曹翔、杨进强、降春雷、罗春容、黄海、朱建平等6位道德模范代表，畅谈自己践行社会主义道德规范的体会，并在互动环节回答现场提问，市解放路中学近100名学生参加活动。

【微电影拍摄】 12月，组织拍摄并向省文明办报送微电影《静静的百里冲河》，再现第三届自贡市十大道德模范、第四届四川省道德模范李模林勇救5名落水群众的感人事迹。

【首届美德少年评选命名活动】 2015年，命名朱星宇等6人为“孝心美德少年”，曹达昌等6人为“爱心美德少年”，林晨等6人为“诚信美德少年”，赵慧等6人为“勤俭美德少年”，罗宇雄等6人为“自强美德少年”。

【文明城市创建活动】 2月28日，中央文明办印发的《关于全国文明城市提名城市（区）和继续保留全国文明村镇、文明单位名单的通报》，自贡被中央文明办确定为全国文明城市提名城市。9月15日，市委书记雷洪金主持召开市文明委全体会议，调整市文明委副主任及成员，组建创建指挥部及其办公室和六个工作组，建立健全创建工作机制。10月20日，召开全市创建全国文明城市动员大会，部署安排全市创建第五届全国文明城市工作，以“为民创建、创建为民”为主题的“城市因我而文明”系列活动在全市开展。年底，完成中央文明办对自贡的年度测评任务。

【城市公共文明指数测评】 2月，根据省文明办对自贡2014年度的城市公共文明指数暗访测评反馈意见，将存在的问题分解到区（县）及有关责任部门，要求提出整改意见，限期整改到位。10月，组织开展文明城市创建的自测评工作，排查出31个突出问题。

【“乡村学校少年宫”建设】 2015年，举办两期自贡市“乡村学校少年宫”辅导员专业技能培训班，邀请专家对全市142名辅导老师进行每期4天的培训。10月，贡井区建设小学制作的电视专题片《小小少年梦飞扬》在四川电视台妇女儿童频道播出。公益科普人偶剧《恐龙去那儿了》到乡村学校少年宫巡演13场。成功申报项目学校10所，获项目资金200万元，并获2011—2014年度的34个中央彩票公益金支持建设“乡村学校少年宫”运转经费170万元。筹备第一批市级以上文明单位与‘乡村学校少年宫”开展结对共建活动。

【志愿服务活动】 2015年，开展“志愿自贡·一起来”青年志愿者服务行动、“城市因我而文明—共筑绿色家园，共建生态自贡”义务植树志愿服务活动、网络文明志愿服务行动、公益科普人偶剧《恐龙去那儿了》巡演活动、省上“弘扬雷锋精神·践行核心价值观”知识竞赛、心得征文和公益广告征集活动、省“四川志愿·携手圆梦”第三届四川省志愿服务评选等活动。

（甘京艳）

地方志

【概述】 2015年，市地方志办公室贯彻落实国务院总理李克强、国务院副总理刘延东在全国地方志系统先进模范座谈会上的批示、讲话精神，继续强化《地方志工作条例》和《四川省地方志工作条例》宣传工作，围绕市委、市政府中心工作，努力拓展地方志工作思路，进一步增强服务经济社会发展和文化建设的能力。以深入基层调研为契机，加强对区县的业务指导和督促检查。通过以会代训等形式，召开区县地方志主任会传达学习第五次全国地方志工作会议、第八次全省地方志工作会议精神，交流地方志工作经验，总结部署全市地方志工作。组织全市地方志系统参加全省、全国的地方志业务培训，全年共参加市州志办主任学习培训3次，组织全市地方志系统从业人员参加依法修志、名镇志编纂、宣传信息等各类培训5次。3月下旬，应邀与江苏中盐金坛盐化有限责任公司交流厂志编修业务工作。

【修订《自贡市〈四川省地方志工作条例〉实施办法》】 2015年，以贯彻落实新修订的《四川省地方志工作条例》为契机，强化依法治志工作，对2006年市政府印发的《自贡市〈四川省地方志工作条例〉实施办法》进行修订。该实施办法7月21日经市政府常务会议审议通过，于9月1日起正式施行。修订后的实施办法除与国务院《地方志工作条例》和2014年1月1日起实施的《四川省地方志工作条例（修订）》保持一致外，进一步明确市和区县政府、地方志工作机构及国家机关、社会团体、企事业单位和其他组织在地方志工作中的责任，规范地方志工作程序，强化地方志服务功能，确立市、区（县）志鉴的法律地位，规定市和区县地方志书每20年左右编修一次，市和区县综合年鉴一年一鉴，公开出版。

【强化执法准备】 6月，全市地方志系统集中办理“四川省行政执法证”23个，实现四区两县全覆盖。10月，完成《地方志工作法规及文件选编》编纂，免费印送市和区县部门及乡镇。

【行业（部门）志修编】 鼓励各市级部门和单位在完成市志续修工作的基础上，对已收集的市志资料进行补充和完善，开展行业（部门）志修编。全年先后指导《国税志》篇目结构设置，并到市国税局开展续修编纂培训；指导《自贡工商联志》编修工作；组织审读全市首部村级志书《竹元村志》和《自贡市第一人民医院志》，并提出修改意见和建议。

【编辑出版《自贡年鉴（2015）》】 《自贡年鉴（2015）》在保持框架设计相对稳定和资料连续性的同时，突出体现篇目规范，将“纪委”单独设类目，将政法、政府法制并入“法治”类目；突出体现年度特色，设立“党的群众路线教育实践活动专辑”，刊载自贡市党的群众路线教育实践活动实施方案、教育实践活动工作总结、文件等有关文字资料以及相关照片，形成文字专辑和图片专辑；突出体现地方特色，重点记述全市项目建设、产业发展、环境改善、国企改革、民生工程及“五个自贡”等方面内容，展现各区县和市级各部门工作新举措、新成效，客观反映全市经济社会发展的特点和规律。另外，新增年鉴索引设置，方便读者快捷查阅信息资料，促进年鉴信息资源的深度开发利用，突出年鉴对经济社会的服务功能。全书共设部类37个，彩页58页，约110万字，由方志出版社出版发行。

【创新年鉴编辑规范】 年初，印发《〈自贡年鉴（2015）〉编写规范》，指导部门、单位和区县从文体、条目、称谓、时间、数字、标点符号、计量单位、图片文字说明、保密事项、撰稿和审稿署名等方面加以规范，进一步提升年鉴稿件质量。全年通过电话培训年鉴撰稿人员数十批次，对教育、科技、国土等重点部门进行分类培训，实时指导类目设置和条目撰写。落实编校责任，坚持年鉴编纂程序，由编辑初审、科室编纂、分管领导审核、主要领导审定，强化审核把关，确保年鉴质量。

【地情资料建库工作】 2015年，市地方志办把地情资料建库作为全年重点工作，采取交换、征集和采购等方式充实地情资料室藏书量。4月，在全省率先启动以交换志书为载体的地情资料交换活动，主动向全国地级城市发出资料交换公函，并通过沟通交流与部分地区建立友好关系。截至年末，共寄出《自贡市志》222套，收到157个地级市志书及地情资料208套，征集率达37.3%（全国地级区划333个，北京、上海、天津、重庆所属区县87个），超额完成年初目标任务。全年征集市内部门、单位和民间编纂出版的《自贡商会100年》《抗战中的自贡》《刘光第手稿及研究》《自贡商人》等地方文献10余部。筹措资金购买《四川历代方志集成》（第一辑、第二辑）和部分四川省第二轮省志等各类珍贵志书史料。

【地情资料开发利用】 3月，《自贡概览》和《自贡建市75周年大事记》编纂工作正式启动。截至12月，《自贡概览》文字编写有序推进，《自贡建市75周年大事记》文字录入基本完成，进入编排和查漏补缺阶段。全年先后为市政府金融办等近10个部门、单位提供地情资料，为《自贡纪念抗战胜利70周年文集》提供相关资料并参与策划工作，为“自贡抗战纪念碑”建设提供史料并撰写部分碑文及建碑始末。荣县和自流井区常态化开展大事记编纂工作，出版实现图文并茂并全彩印刷。

【地方志理论研究】 2015年，在全力抓好地方志主业的同时，地方志系统强化理论文章撰写和工作信息报送工作。年内，先后向《自贡日报》《巴蜀史志》等报刊报送理论文章和工作信息8篇，采用5篇。全年围绕“第五届中国地方志学术年会”，撰写近6000字的论文《〈厦门市志（1996—2005）〉浅读略谈》；围绕“段玉裁诞辰280周年纪念暨段学、清学国际学术研讨会”，撰写8000余字的论文《段玉裁在富顺的为官治学之道及当代启示》，论文在研讨会上公开交流并发表。9月，有1人受聘为刘光第研究会名誉会员。

（市地方志办）

档　案

【概况】 截至2015年年末，全市档案馆馆藏档案、资料总量132.6万卷（册），其中市档案馆馆藏档案、资料总量43.9万卷（册）；全年全市各级国家档案馆共接待档案利用者 5.4 万人次，提供利用档案 12.5 万卷次，其中市档案馆接待查档人员 2269 人次，提供档案 3.14 万卷次；全年新接收进馆各门类档案共计 2.04 万卷，其中市档案馆为 1.73 万卷，区、县档案馆为 3112 卷。

【业务指导】 2015 年，对全市 77 个机关单位档案工作规范化进行业务指导和检查，对自贡市蜀光中学、自贡电信等市级科技事业单位、国有及国有控股企业、民营企业的档案工作进行调研指导，全市共检查指导 235 个单位。按照省级规范化标准，对 71 个机关、企事业单位进行复查或认定。印发《关于认真做好自贡市 2015 年省、市重大建设项目档案管理工作的通知》《关于对重大建设项目档案进行督查的通知》，对自贡高新技术产业园区和 14 个省市重点项目进行现场指导、监督，省级项目档案登记率达 100%。开展农村土地承包确权登记档案工作业务培训和现场指导，各区县政府将档案局纳入新农村建设领导小组，并将新农村建设档案工作纳入党委政府目标考核。全市 9 个乡镇创建为省级社会主义新农村建设档案工作示范乡镇，累计建成省级示范乡镇 67 个，完成率达 70.53%，在全省位居前列。出台《关于加强农民集中居住点建设项目档案管理工作的通知》，加强对农民集中居住点建设项目档案的管理。开展全市民营医院建档试点工作，分别纳入市目督办和省档案局的创新工作。

【法制工作】 2015 年，转发省委办公厅、省政府办公厅《关于加强和改进新形势下档案工作的实施意见》并提出全市贯彻意见（自委办〔2015〕38 号），出台《关于加强民营医疗机构档案管理的实施意见》等规范性文件。利用“6·9 国际档案日”“12·4 宪法日”，宣传《档案法》及其《实施办法》《档案管理违法违纪行为处分规定》（监察部 30 号令）、《关于加强和改进新形势下档案工作的意见》《关于加强和改进新形势下档案工作的实施意见》文件精神及《四川省国家档案馆管理办法》等法律法规。完善行政权力依法规范公开运行和“两法衔接”工作，以落实《档案管理违法违纪行为处分规定》为重点，对 17 个单位开展档案执法检查和专题调研。

【信息化建设】 2015 年，将全市档案数字化工作纳入智慧城市建设总体规划。市档案馆档案数字化项目进入实施阶段，共完成 1.70 万卷档案的数字化，形成电子档案目录 20 万条，扫描档案 210 万页。各区县档案馆全面启动数字档案馆建设，完成数字化目录 85 万条，扫描档案 474 万页。推进数字档案室建设，确定国网自贡分公司和市安监局为试点单位。对市档案局门户网站进行规范化改版，出台《自贡市档案局网站管理办法》，全年发布行政公开类信息 89 条，工作动态类信息 244 条，网站群众互动信息 38 条。

【资源开发】 2015 年，市档案馆馆藏 121 册岩口薄申报为第四批《中国档案文献遗产名录》。举办《自贡抗战老兵风采摄影展》，编印《不老的军魂》自贡抗战老兵风采摄影集，编辑完成市政协《纪念抗战胜利 70 周年自贡文史专辑》，承编《百年自贡商会》（上卷）专著并正式出版，与省档案局、富顺县档案局共同编辑出版《刘光第手稿及研究》。贡井区档案局完成《贡井人杰》的编写出版工作。

【档案接收工作】 2015 年，开展对机关事业单位、破产改制企业、民生档案的接收和地方特色文化档案资料的征集。全年接收四川久大制盐有限责任公司等 10 户破产改制企业档案 4.70 万卷，接收征集创建国家园林城市资料汇编 16 本（含 2 张光盘）、群教活动档案 801 件、名人档案 31 卷、20 世纪 70 年代报纸剪贴本 75 本、抗战老兵及自贡老照片 100 余张。

【宣传教育】 2015 年，与《自贡晚报》联办《盐都记忆》4 篇，与《自贡日报》联办纪念抗日战争胜利 70 周年“自贡记忆抗战档案”专栏 6 篇，其他媒体宣传报道 10 篇。推进爱国主义教育基地建设和中小学档案教育社会实践基地建设。全年市档案馆爱国主义教育基地和盐税史馆共接待机关、社区、学校参观 3.57 万人次，四区两县利用辛亥革命军政府旧址、学校等组织爱国主义教育图片巡展共 5 次，接待参观群众 1.82 万人次。利用“6·9”国际档案日，开展档案宣传进机关、进社区、进企业的“三进”活动。全市举办档案人员培训班 6 期，培训人员 2345 人，其中 5 月在省档案校组织 1 期全市各区、县、部门和单位 105 人参加的自贡市档案业务人员培训班，选送 23 人到省档案局参加培训。

（陈彰兰）

卫生·计生

概　述

2015年，全市人均预期寿命76.34岁，超过全面小康标准，比2010年提高2.34岁，位居川南第一。首家国家级新发传染病重点实验室现场研究基地落户自贡。创建中国疾病预防控制中心在四川的首个院士工作站。率先在全省完成市级妇幼保健和计划生育技术资源整合。建成川南区域精神卫生中心，严重精神障碍管理治疗工作全省领先。创新探索以东碳医院为核心、五个平台建设为支撑的"一站式服务"模式，艾滋病抗病毒治疗信息化建设全省领先。是年，乡镇卫生院、村卫生室和社区卫生服务中心等基层医疗卫生机构标准化建设总达标率达99.94%，居全省首位。建成冯志荣国家名老中医工作室。申报省级重点建设专科4个。大安区建成国家级妇幼健康优质服务工程示范区。自流井区建成省级免疫规范示范区、急性传染病综合防控示范点及国家慢性病综合防控示范区。自贡市卫生计生委与工商银行自贡分行签订战略合作协议，融资20亿元，推动全市卫生计生基础设施建设。在全省市州卫生计生群众满意度测评中，综合排名较2014年提升10位次。

卫生计生机构及人员

【卫生计生机构】　2015年年末，全市卫生计生机构总数2346个（含村卫生室1623个，计划生育技术服务机构41个），其中三级医院7个、社区卫生服务中心（站）31个、乡镇（中心）卫生院96个、村卫生室1623个、疾病预防控制中心7个、妇幼保健院7个、急救中心1个、采供血机构1个、卫生执法监督机构8个、计划生育技术服务机构41个。

【卫生计生人员】　2015年年末，全市卫生计生人员总数22321人，较2014年增长3.48%。其中，卫生技术人员17022人，占76.26%；其他技术人员636人，占2.85%；管理人员1208人，占5.41%；工勤人员1867人，占8.36%；乡村医生1528人，占6.85%；卫生员60人，占0.27%。

医疗卫生服务

【诊疗服务】　2015年，全市总诊疗人次数1431.86万人次，较2014年下降1.00%。其中，医院总诊疗人次数501.91万人次，较2014年增长0.71%；乡镇（中心）卫生院总诊疗人次数263.28万人次，较2014年下降0.09%；妇幼保健院总诊疗人次数73.75万人次，较2014年增长8.00%。

【住院服务】　2015年，全市医疗卫生机构入院60.58万人次，较2014年增长5.20%。出院60.40万人次，较2014年增长5.40%，其中，医院出院40.45万人次，占66.98%，较2014年增长7.70%；乡镇（中心）卫生院出院16.30万人次，占26.99%，较2014年增长0.40%；妇幼保健院出院2.89万人次，占4.79%，较2014年下降3.10%。

医疗技术及设备

【医疗技术】 2015年，全市卫生计生系统有1项科研成果获市政府科学技术进步奖二等奖，9项科研成果获市政府科学技术进步三等奖。确立市卫生系统科研立项课题30项，组织开展引进医学新技术和推广医学新成果项目评审，确定新技术项目46项。

【医疗设备】 2015年年末，全市医疗卫生机构有1万元以上设备1.05万台，总价值11.06亿元，较2014年增长11.72%。其中，10万元以下7506台，10万元至49万元1562台，50万元至99万元191台，100万元以上132台。

医疗管理

【医疗机构能力建设】 2015年，全市评审确定二级乙等综合医院1家、一级甲等综合医院5家，复评合格二级乙等综合医院3家、一级甲等综合医院3家。

【医疗服务质量和安全管理】 2015年，全面实施改善医疗服务行动，细化落实11项措施，围绕“三长一短”等群众反映突出问题，改善医疗服务。强化医疗质量监管，推进临床路径管理，二、三级医疗机构实施临床路径管理病种分别达28和103种。健全医疗质量控制体系，调整完善32个市级医疗质量控制中心，促进医疗质量管理和评价规范化、同质化。启动实施大型医疗机构巡查，完成市一、四医院巡查工作。组织开展优质护理、院感管理、抗菌药物使用、“四合理”和病历书写质量等常态化专项检查及为期3个月的民营医疗机构集中专项整治。开展医院环境整治及维护医疗秩序打击违法犯罪专项行动，医疗纠纷发生数较2014年下降20.37%。

【血液安全管理】 2015年，采血2.38万人次，采血量7.93吨。通过形象大使、《自贡日报》《自贡晚报》、自贡市电台等开展无偿献血宣传招募。推进荣县、自流井区爱心献血屋建设。自贡市第四次获得“全国无偿献血先进市”称号，四川理工学院和131名个人受到国家卫计委表彰。

疾病防治

【重点疾病防控】 2015年，全市报告法定传染病发病率307.81/10万，连续12年低于全省平均水平。省下达艾滋病各项防控指标全面完成，全国第三轮艾滋病综合防治城市示范区工作全面推进。探索医防联合体建设，新涂阳肺结核患者治愈率95.80%。

【免疫工作】 2015年，全市基础免疫接种率99.56%，扩大免疫规划疫苗接种率99.55%，新生儿乙肝疫苗首诊及时接种率98.8%，实现无脊灰。建成“AAA预防接种门诊”2个，全市规范化门诊覆盖率100%。

【慢病综合防控】 2015年，完成骨质疏松健康促进、脑卒中筛查项目，实施肿瘤登记。发挥省级区域精神卫生中心作用，全市严重精神障碍患者检出率5.03‰，居全省首位；患者年管理率88.45%，居全省前列。

【疾控机构能力建设】 2015年，新发传染病国家重点实验室研究基地落户自贡市。市疾控中心院士工作站建设工作全面推进。富顺县、贡井区疾控中心通过等级评审，全市疾控机构等级评审率85.71%，居全省前列。

公共卫生

【基本公共卫生服务】 2015年，全市区（县）、乡（镇）卫生计生资源实现整合。加强基层服务能力建设，举办乡镇卫生院内儿科、管理人员、妇幼重大公共卫生项目、产科适宜技术等培训班19期，参训人员7100余人次。实施基本公共卫生服务项目，累计建立规范化城乡居民电子健康档案263.55万份，规范化电子建档率96.25%，高血压、糖尿病规范化管理人数分别达22.02万人、9.86万人，健康管理率分别达60.59%、52.38%，农村妇女“两癌”（宫颈癌和乳腺癌）筛查8.07

万人，补服育龄妇女补叶酸2.40万人，补助农村孕产妇住院1.66万人。

【妇幼保健】 2015年，率先在全省完成市级妇幼保健院和计划生育指导所资源整合。大安区建成国家级、省级妇幼健康服务示范区。全市建成省级爱婴医院12家、首批市级“妈咪宝贝屋”示范点11家。接受省妇儿工委“两纲”（2010—2020年）中期评估，市卫生计生委被授予“推进男女平等基本国策20周年特别贡献奖”。是年，全市孕产妇死亡率控制在39/10万以下，婴儿死亡率控制在4.72‰，5岁以下儿童死亡率控制在8.37‰，孕产妇住院分娩率99.98%。

【卫生监督】 2015年，强化监督执法队伍和能力建设，推进卫生计生监督执法资源整合，卫生监督移动终端使用率100%。成功举办全市卫生计生监督技能竞赛。开展打击非法行医、违法生育、扰乱医疗卫生秩序等重点领域整治行动，开展以棉纺织消毒服务机构和集中空调通风单位为重点的公共场所卫生监督监测工作，全市医疗、公共场所、学校、放射、生活饮用水等卫生执法监管覆盖率100%。

【食品安全】 2015年，新增市三医院、大安区肿瘤医院为食源性疾病监测哨点医院，全市哨点医院6家，实现区县全覆盖。市疾控中心建成全省食品安全风险监测示范单位。强化食品企业标准备案，备案食品企业标准30件。

【爱国卫生】 2015年，全市卫生创建工作实现新突破，大安区大山铺镇、沿滩区仙市镇通过全省首批国家卫生镇技术评估考核验收；荣县建成省级卫生县城。是年，全市新建成省级卫生镇8个，省级卫生村40个，市级卫生镇6个，市级卫生村42个，全市省级卫生镇覆盖率37.5%，省级卫生村覆盖率31.5%，市级卫生镇覆盖率79.2%，市级卫生村覆盖率43.8%。卫生厕所普及率79.20%，无害化卫生厕所普及率63.2%。强化健康教育工作，建成川南地区首家戒烟门诊。强化环境卫生整洁行动，夯实爱国卫生城市基础。

【卫生应急管理】 2015年，全面做好埃博拉出血热等重点传染病应急防控工作。开展中东呼吸综合征疫情处置等应急演练。推进全市医疗卫生综合应急指挥平台建设，完成应急指挥平台数据采集工作。全力做好对口支援荥经县卫生工作，派驻专业技术人员20余人次，赠送卫生检测设备6台。全市未发生一般及以上突发卫生公共事件。

卫生计生项目与设施

【卫生项目】 2015年，市四医院住院大楼及消毒中心综合楼内部系统安装、装修工作进入扫尾阶段。卧龙湖康疗中心一期工程开工建设。市一医院儿科住院楼和全科医生临床培养基地项目开工。市三医院住院部一号楼改扩建工程提前开工建设。四川卫生康复职业学院新校区暨医养结合基地项目前期工作取得进展。2011—2015年国家卫计委下达项目总开工率、完工率、投入使用率分别达93.66%、82.07%、71.74%，其中，2011—2014年国家卫计委下达项目开工率、完工率和投入使用率位居全省前列。2015年，争取到国家卫计委预算内卫生服务体系建设项目112个，完成投资6326万元，其中国家卫计委补助资金3238.7万元，建成面积3.90万平方米。完成基层机构标准化建设任务，全市社区卫生服务机构、乡镇卫生院及村卫生室标准化建设达标率均100%。

【卫生计生设施】 截至2015年年底，全市医疗卫生机构总资产50.71亿元，较2014年增长12.20%。其中，负债19.22亿元，净资产31.49亿元；资产负债率37.90%，较2014年下降1.97个百分点。

中　医

【中医药服务能力建设】 2015年，国家、省、市、县（区）财政投入全市中医药事业发展资金515万元。4个县级中医医院均建立基层常见病、多发病中医药适宜基础基地和县级中医药适宜技术推广平台，实现错位式发展。荣县建成国家级农村中医工作先进县，自流井区建成全国基层中医药先进单位。冯志荣工作室建成国家名中医工作室，市一医院建成国家级中医药防治传染病临床基地。实施基层中医药服务能力提升工程，中医药服务网络实现基层全覆盖，基层中医门、急诊人数180万余人次，占门诊总人次的45.07%。全市乡镇卫生院和社区卫生中心平均推广适宜技术10项以上，村卫生站和社区卫生服务站平均推广适宜技术6项。

【项目与文化建设】 2015年，市一医院中医肺病科、治未病科，市保健院中西医结合科，“治未病”中心及自流井区中医院老年病科等建设项目稳步推进。打造中医药文化，中医药文化知识普及行政村90.93%，普及社区94.8%，普及家庭87.54%。

医药卫生体制改革

【公立医院改革】 2015年，围绕调整医疗服务价格体系、改革医保支付方式、建立公益性保障运行机制等重点，在荣县、富顺全面实施县级公立医院综合改革。全市所有县级公立医院实施以取消药品加成为主的综合改革，药品让利患者3680.84万元，总诊疗人次173.13万，同比增长0.9%；门诊药费、住院药费占医药费比例分别比2014年下降0.1和0.9个百分点。启动城市公立医院改革试点，确定市三医院开展以调整医疗服务价格、取消药品加成和法人治理结构建设为重点的综合改革。

【分级诊疗】 2015年，分级诊疗制度全域实施，基层首诊、双向转诊、急慢分治、上下联动的合理就医格局初步形成。患者县域就诊率93%。

【医疗保障】 2015年，全市新农合参合率99.75%，同比实现稳中有增。政策范围内住院费用报销比例和实际报销比例分别为77.45%、65.12%；22种重大疾病补偿率73.96%，大病保险制度全面实施，受益人数4058人次，补偿金额1863.68万元，参合农民大病医疗负担减轻。

【优质资源服务基层】 2015年，全市二级以上医疗对口帮扶110家基层医疗机构，下派人员数和诊疗量同比提高5%和10%。加快医疗联合体建设，全市三级医院与75所县级医院、民营医院及基层医疗机构签订医疗联合体建设协议，47家县级医院和乡镇卫生院参与医疗联合体，实现跨区域、跨层级医疗协作和资源共享。转变医师执业方式，鼓励符合条件的医师开展多点执业。

【社会办医】 2015年，鼓励和支持民营医疗机构发展，将二级以上民营医院纳入城乡对口支援范围，指导1家民营医院建成“二甲”综合医院。全市新设置审批民营医疗机构4家、诊所49个，社会办医总诊疗量同比上升。

卫生计生帮扶与宣传

【计生帮扶】 2015年，计划生育奖励扶助和特别扶助金标准分别为每人每月500元、400元，全市发放扶助金额7760万元，惠及计划生育家庭13.5万户。深化计划生育“三结合”工作，落实帮扶任务4840户。沿滩区省级计划生育家庭居家养老照护试点区工作积极推进。继续实施“安居工程”，投入资金130万余元，为109户计生困难家庭改善住房条件。

【卫生计生宣传服务】 2015年，围绕分级诊疗制度、公立医院改革、生育政策调整完善等重点开展宣传，全年在省级及以上媒体刊载新闻稿件98条，市级媒体刊载122条。加强宣传机构和队伍建设，设立新闻发言人24名、新闻通讯员49名、网络评论员33名。制定《机关新闻宣传工作制度（试行）》，规范新闻宣传工作。巩固完善人口与健康文化阵地，基本实现“卫生计生便民服务宣传”村、社区全覆盖。

政策落实与职业化培训

【计生政策落实】 截至2015年年底，全市总人口329.1万人，死亡人口2.29万人，死亡率6.99‰；出生人口3.28万人，出生率10.03‰；人口自然增长率3.04‰，符合政策生育率79%，出生人口性别比为105.22，实现人口发展年度目标。推进计生综合改革，平稳实施单独两孩政策，全面开展生育证件办理改革，再生育审批时限压缩70%以上。社会抚养费征收实现“收支两条线”，违法生育处理率超90%。加强流动人口服务管理，全市流动人口避孕节育措施等重点信息反馈率、接受率、及时率98%以上。全面实施流动人口卫生计生基本公共服务，建立健康档案1.1万份，免费提供计生技术服务0.18万人次、发放避孕药具1.24万人次。

【卫生计生职业化培训】 2015年，实施“精品人才培养”计划，市卫计委与“复旦大学”联合举办第3期自贡市院长综合素质与创新管理能力培训班，培训人员51名。举办全市基层医疗卫生机构院长专题培训班，培训人员113名。强化卫生计生专业人员培训，送培全科医生规范化培训、全科医生转岗培训及农村订单定向医学生培养600余名，开展住院医师规范化培训，全市招收住院医师规范化培训学员270名，将首批农村订单定向毕业医学生纳入招收范围。

（李　询）

体　育

概　述

2015年，全市体育工作围绕年度工作总体要求和工作目标，加快足球改革，完善基层公共体育服务，开展全民健身活动，积极发展体育及相关产业，着力促进群众体育、训练竞赛、竞技体育等体育事业协调发展。全年举办城乡体育健身活动、群众性全民健身赛事100余项，免费开放市属体育场馆，体育锻炼群众260多万人次；共注册运动员949人，组织21个项目789名运动员参加省青少年锦标赛，获金牌52枚、银牌26枚、铜牌40枚；在省内第一次开展体育及相关产业普查；全市体育彩票销量达1.08亿元。

群众体育

【体育活动】　1月1日，举办新年迎春健身跑活动，全市8000多名干部群众参加。是年，成功组织四川省第8届老运会象棋比赛、川南五市俱乐部及领导干部羽毛球邀请赛、川南四地市幼儿体操邀请赛、自贡市首届篮球锦标赛、盐都杯足球比赛以及千名小棋手展示活动等品牌体育赛事6项。组织开展“龙腾狮跃”闹元宵民俗文体活动，组织开展排舞、乒乓球、羽毛球、武术、钓鱼、庆“三八”健美操比赛、庆“五一”活动、职工运动会、太极拳展示活动等城乡体育健身活动、群众性全民健身赛事100余项。

【业务培训】　2015年，首次成功举办四川省一级社会体育指导员培训班，各市州的健身骨干300余人参加。全年开展体育骨干健身培训2次，培训人数200余人次。

【全民健身状况调查】　2015年，在省体育局指导下，完成对1600个全民健身状况调查样本户的填写收集工作。

【“六一”慰问活动】　“六一”儿童节期间，组织近5万元的学生体育器材，赠送给全市各区县22所边远学校。

【足球管理机制改革】　2015年，探索足球运动“管办分离”管理机制，举行市足球协会换届，选举出由民间人士担任协会主席、副主席和秘书长的新一届市足协。全年有4个体育项目交由足球协会和俱乐部进行管理和训练，市足球协会在各区县开展由市、区县体育部门授权的青少年足球推广和教练员、裁判员的培训工作。

竞技体育

【管理体制】　2015年，创新竞技体育管理模式，引进社会力量兴办体育事业，将能普及的体育运动项目委托给体育协会、体育俱乐部承担，形成“协会+俱乐部、体育部门、教育部门、学校”四方联动、共同运作的新模式，从“大政府小社会”向“小政府大社会”方向转变。

【主要赛况】　2015年，组织21个项目、35支运动队、789名运动员参加省青少年锦标赛，获金牌52枚、银牌26枚、铜牌40枚；组织8名运动员组成的中国青少年保龄球队参加7月25日至31日在香港举行的第16届亚洲中学生锦标赛，组织15名青少年保龄球运动员参加在江苏盐城举行的2015年全国青少年保龄球锦标赛，获铜牌2枚，6人次进入各项比赛前六名。组织参加2015年“奥体青少年体育俱乐部杯”全国快乐体操比赛，市檀木林幼儿园体操队在单杠、跳马、平衡木、自由操的团体赛上获男子团体金牌和女子团体金牌，在集体操比赛中，以9.31的最高分获一等奖。6月28日，组织参加国际泳联大奖赛西班牙站比赛，市跳水学校二队队员刁智广获男子双人三米板冠军、男子单人三米板第四名。组织参加第一届全国青年运动会“世纪金源杯”跳水比赛，四川跳水二队自贡跳水学校队员苗裕琳获女子双人十米跳台冠军、陈慧琳获三米板第三名，两人并获女子团体冠军。在湖北宜昌举办的2015年全国青少年“未来之星”阳光体育大会活动中，自贡市组队代表四川参加活动，获“三对三篮球”团体三等奖和篮球三分远投第三名。是年，圆满承办2015年四川省青少年体操、艺术体操、排球、跳水锦标赛和省幼儿跳水、首届大学生、中学生体操锦标赛。

体育训练

【赛训结合】 2015年，坚持“以赛促训”，全年安排组织820名运动员参加全国和省级21个项目的比赛；举办市青少年田径、三大球、游泳、“三好杯”“萌芽杯”等各类比赛11次。

【少儿基地建设】 2015年，在南湖体育中心保龄球馆成功创建“中国保龄球青少年训练基地”，是全市第一个也是截至2015年年底唯一的国家级青少年训练基地，并授予自贡市蜀光中学、自贡市汇东实验学校、自贡市绿盛实验学校“中国保龄球青少年训练基地运动员输送学校”称号。是年，市体育中心、市跳水学校被省体育局授予“四川省高水平体育后备人才基地”称号，自流井区檀木林幼儿园、自流井区第一幼儿园、贡井区育才小学附属幼儿园等3所幼儿园被授予“四川省幼儿体育基地”称号，有10所幼儿园被省体操协会授予“四川省快乐体操幼儿园”称号。是年末，全市拥有12所省级体育传统项目示范学校和8所国家级青少年体育俱乐部，涵盖足球、排球、游泳、射击等20个专业项目。

体育设施

【概况】 截至2015年年末，全市建成国家级全民健身中心1个，国家级农民健身工程示范点1个，省级农民健身工程示范点3个、“雪碳工程”2个、全民健身路径417条、农民体育健身工程637个，全民健身广场261个，实现城市社区全民健身设施全覆盖。

【设施建设与维护】 2015年，争取项目资金669万元，建设维护市属体育场馆和富顺、荣县体育场馆；投入资金480万元，建设完成160个农民健身工程和73条全民健身路径，并为部分街道、社区、乡村学校等基层单位增添体育器材、维护健身设施。总投资7000万元的南湖体育中心南区综合运动馆建设项目启动立项。

体育产业

【基础工作】 2015年，在省内率先开展全市体育及相关产业首次普查工作。落实场馆的免费、低收费开放措施，出台《关于开展政府向体育场馆购买免费低收费开放服务的实施意见》。加强日常行政审批及安全生产工作，7月13日至24日，对40个经营游泳类高危险性体育项目经营场所的专项整治工作进行现场检查。

【场馆开发利用】 2015年，正式启动南湖体育文化中心综合运动馆及体育服务区项目，完成南湖体育场内场的开放，所有入驻项目都实现低收费开放，全年免费开放体育场馆，体育锻炼群众260多万人次，在体育项目普及、科学健身指导、群众参与健身等方面较2014年大幅提升。举办首届“体育产业博览会”，促进全市体育招商。加强场馆利用，举办2015第六届川南现代生活时尚汽车展、汽车西南巡展、第三届月饼节、“远达之夜唱响自贡”明星演唱会等文化活动，举行大型商业展出共13次。

【项目引进】 2015年，新引进真人CS、便民服务点、户外运动协会、国民体质监测中心、雅驰体育、武缘竞技等项目6个，引进社会资本60余万元。在南湖体育中心建设国民体质检测中心和运动处方、运动调理和运动康复项目。

（李小军）

人力资源和社会保障

人事人才工作

【人才队伍建设】 2015年，实施"盐都引才千人计划"，加大教育、卫生、规建等重点行业和领域的队伍建设，强化面向基层考录，全年共补充机关事业单位工作人员和硕博士研究生、紧缺专业人才2176人。加强专业技术人员和高技能人才队伍建设，分类推进职称制度改革，全年新增专业技术人员3589人（其中高级专业技术人员553人）、技能人才1.19万人（其中高技能人才1280人）。成功获批"天府高端"等引智项目5项，全年引进国外专家30余人次。

【人事人才改革】 2015年，落实县以下职务与职级并行制度，全年共有1603人实现职级晋升。乡镇机关公务员科级非领导职务职数设置全面完成，96个乡镇设置科级非领导职务314名。出台《自贡市市、区（县）人民政府任免工作人员办法》，规范人事任免工作。出台分类推进事业单位改革中人事管理和社会保障工作的贯彻意见、机关事业单位工作人员和编外人员管理的实施意见等政策文件，健全事业单位"按需设岗、竞聘上岗、按岗聘用、合同管理"的长效机制。

【人才公共服务】 2015年，开通市人才服务中心公众微信平台，完善"两网、两库、两平台"建设，发挥网络招聘、现场招聘、报纸招聘、手机短信"四位一体"的招聘服务平台作用，提高人才市场信息辐射能力。开展档案托管、职称评定等人事代理服务，全年共为158家机关、事业单位6222名各类人员提供人事代理服务。

【人事考试】 2015年，组织国家、省、市人事考试30余项，参考人数4.62万人次，考试考务工作平稳有序，没有发生失、泄密和安全责任事故。

就业创业

【概况】 2015年，全市城镇新增就业4.16万人，失业人员实现再就业9632人，就业困难人员实现就业3534人，分别完成省下目标任务的130.03%、120.4%、117.8%；实现高校毕业生创业331人，完成省下目标任务132.4%；实施职业技能培训1.97万人，其中青年劳动者技能培训6545人，完成目标任务145.44%；实施创业培训4985人，完成省下目标任务249.25%。城镇登记失业率4.15%，控制在4.4%的目标范围内，全市就业形势总体基本稳定。

【就业创业服务体系建设】 2015年，先后出台《关于支持返乡人员创业的实施意见》《关于改革完善体制机制大力促进大学生创新创业的实施意见》《自贡市就业和失业登记实施细则》《自贡市就业失业登记证管理实施细则》等文件，完善就业创业工作联席会议制度，健全政策体系。截至2015年年底，全市共有公共就业创业服务平台1360个，其中人力资源市场7个、街道96个、社区275个、行政村982个。市本级"公共就业创业服务中心"开展求职登记、失业登记、职业介绍、培训指导、就业援助、劳动人事代理等"一条龙"服务，并与市总工会、市妇联、市残联和市政务中心等部门合作，先后组织开展“春风行动”“就业援助月专场招聘会”“留守儿童父母返乡就业专场招聘会”“残疾人专场招聘会”“民营企业周专场招聘会”等专场招聘活动及常规招聘会共161场次，接待用工单位近7676个次，提供就业岗位数6.14万个，5.56万人次求职者进场招聘。推进《自贡公共招聘网》建设，上线招聘单位常年保持在440家左右，提供岗位1.7万个，网上求职和简历投递超过1600人次。推动“大学生创新创业递进扶持工程”，成功举办全市首届高校毕业生创业大赛，筹建大学生创业活动中心。

【创业带动就业】 2015年，发放创业补贴329万元，带动345名高校毕业生实现创业。举办主题为“放飞梦想·成就未来”的首届高校毕业生创业大赛，选出获胜选手15人，推出全市创业成功典型人物21人。全年2个省级高校毕业生创业园区共孵化高校毕业生创业企业16个、个体工商户111个，直接扶持高校毕业生创业204人，带动吸纳就业670人。落实创业担保贷款政策，全市累计发放创业担保贷款821万元，直接扶持自主创业140人，带动吸纳就业779人。实施“大众创业万众创新活动周”和“回引工程”专项就业服务活动，全年新增返乡创业2508人，创办企业551个，吸纳就业1.29万人，实现产值约4.29亿元。

【实名制动态管理】 2015年，全市就业实名制登记入库5.18万人次，办理“就业失业登记证”7761本；全市农村劳动力系统实名制登记入库137.89万人次，其中务农人数49.25万人、自主创业3.62万人。

【园区用工监测】 2015年，将全市7个园区全部纳入用工监测范围，有165家企业入统监测系统，提供岗位总数2.74万个，其中，一线工人岗位2.27万个，管理人员岗位4656个。

【就业信息化建设】 截至2015年年末，全市累计完成800余个“就业E通”节点建设，涵盖165个市（区县）本级节点、245个街道（乡镇）节点和392个社区（行政村）节点，实现业务经办网络基层全覆盖。全面应用《四川就业服务管理信息系统》，对失业登记、就业援助服务、就业证件发放、就业资金补助管理、失业保险管理、就业培训管理等业务模块实行联网办公。

【稳岗援企工作】 2015年3月1日起，失业保险费率由3%调减为2%，全年失业保险参保企业因降费率受益3200万元，全年共为214户企业支付补贴资金2778万元，缓缴和减征各项社会保险费等5000万余元；为4.42万人次城镇失业人员及失地无业农民发放失业保险金1.36亿余元，缴纳医疗保险3.65万人次，支付医保费1143.2万元；为1.66万人次领取失业保险金的被征地农民缴纳基本医疗保险费453.51万元。

【就业培训】 2015年，制定《就业专项培训监督管理的办法》，强化就业专项培训资金使用及管理，创业培训定点机构严格按照“组织—申请—审批—培训—验收—公示”流程开展创业培训。利用四川理工学院、四川卫生康复职业学院优势条件，采取与校联合办学形式，开展青年劳动者技能培训和创业培训。邀请全市各行业专家重点讲解高校毕业生就业分析与最新就业创业解读等课程，开办创业工作骨干培训班，培训基层创业指导人员近500人。推进农民工职业技能提升计划——“春潮行动”，推动职业资格管理改革，加强职业技能鉴定国家题库市级分库建设，调整纳入职业培训补贴的工种目录，由上年的101个增加到130个。是年，开展各类培训3.32万人次，新增各类技能人才1.19万人，建立高校毕业生就业见习基地104个。

【中德职业教育合作试点推广项目】 5月，市政府与国家发展改革委国际合作中心签署《中德合作职业教育试点推广项目合作协议》，在全省率先开展航空及燃机零部件机械制造、汽车维修机电、养老护理项目，并与德国国际合作机构（QIZ）、德国蕾娜范控股股份有限责任公司、珠海高级技工校签订具体专项执行协议，推广德国双元职业教育模式。是年，完成航空燃机、汽车维修4个中德合作实验班140人次招生和第一学期的各项教学任务，中德养老护理专业培训101人。

社会保险

【概况】 2015年年末，全市企业职工养老、城乡居民社会养老、城镇基本医疗、失业、工伤、生育保险参保人数分别达33.57万人、99.24万人、

88.20 万人（城镇职工参保单位 4392 个，人数 36.84 万人；城镇居民参保 51.36 万人，其中成年人 32.6 万人、学生儿童 15.86 万人、大学生 2.9 万人）、12.35 万人、17.24 万人、13.36 万人，享受待遇人数 139.51 万人次。全年社会保险费征缴总收入 55.38 亿元，其中城镇基本医疗、企业职工养老、工伤、生育、失业保险费征缴分别为 13.93 亿元、34.79 亿元、5900.26 万元、2866.16 万元、1.19 亿元。支付各项社会保险基金 85.88 亿元，其中城镇基本医疗保险 14.09 亿元。企业养老保险省级补助收入 41.06 亿元，基金年末累计余额 22.47 亿元。

【社保待遇】 2015 年，出台养老保险个体参保人员中断缴费补缴、特殊工种提前退休处置、医保基金支付总额控制等政策指导意见，城镇居民大病保险实现市内联网结算，持社保卡异地就医及时结算医院增加至 7 家。全年支付各项社会保险基金 85.88 亿元，其中，为 31.47 万名企业离退休职工支付养老保险待遇 64.62 亿元，为 4214 人支付丧葬抚恤费 1.42 亿元，为 2991 人支付工伤保险待遇 7200.49 万元，为 4484 人次支付生育保险待遇 2827.97 万元，社会化发放率、按时足额支付率均为 100%。连续第 11 次调增离退休人员养老金，全市 29.66 万名企业退休人员人均月调增养老金 191.4 元，调整后月人均养老金水平 1767.98 元，调增离退休人员待遇月增加支出 5676.5 万元。城乡居民养老保险基础养老金提高到 75 元/人·月，失业保险待遇 966 元/月，1～4 级工伤人员待遇 1975 元/月，生育保险人均支付待遇 8095 元。城镇职工和居民医保年度统筹基金支付限额分别达 26 万元和 15 万元，城镇职工补充医疗保险年度最高支付限额达 30 万元，城镇职工、城镇居民医保政策范围内报销比例达 82% 和 72%。将治疗慢性粒细胞白血病和胃肠间质瘤的酪氨酸激酶抑制剂药品费用纳入医保报销，将城镇职工门诊特殊病种办理次数增加为一年 2 次。

【建成省级协查认证系统】 2015 年，全力推进省级协查认证工作，构建市、区县、乡镇（街道）、社区四级省级养老保险待遇领取资格协查认证平台，建成 101 个乡镇 213 个社区金保网络专线，为 2016 年全面启动省级协查认证系统打下基础。截至 2015 年年末，全市社会化登记管理人数 31.43 万人，社会化管理率 99.22%；养老金资格认证率 96.67%。

【启动机关事业养老保险制度改革】 10 月份，完成社会保险与机关事业保险机构整合，调整内设机构，加强工作力量，为机关事业养老保险制度改革打下基础。对 1996 年至 2014 年 9 月参加机关事业保险的职工个人缴费台账、参保单位欠费情况、退休人员基本情况等进行清理核对，为处理原机关事业保险试点问题做准备。开展机关事业单位参保登记信息采集工作，截至 2015 年年末，全市 1890 个机关事业单位，在职职工 5.36 万人、退休职工 3.42 万人的基础信息采集入库完毕。

【推进“五险合一”统一征收工作】 2015 年，推进金保工程信息建设，出台《关于实行社会保险费统一征缴和稽核的通知》，确定实行五项社会保险“统一登记申报、统一核定缴费、统一征收稽核、统一信息系统建设、统一目标考核、分险种支付”的措施办法。投资 2600 万余元，完成市级数据中心机房等基础建设，医保智能审核监管系统等业务系统投入使用。组织力量对参保单位、人员基本信息进行清理、核对，优化业务经办工作，开展“五险合一”统一征收稽核模拟经办和系统测试，拟订《关于“五险合一”统一征收稽核工作推进方案》，研究解决试点运行中出现的问题，推动全市“五险合一”统一征收稽核工作。

【启动社保业务经办下延试点】 2015 年，启动全市社保经办业务下延乡镇试点工作，富顺县采取“四个一”工作举措，完成全县所有乡镇、街道社保业务下延全覆盖，便民、利民、优质、高效的社保服务得到群众认可。

【医保便民举措】 2015 年，拓宽医保缴费渠道和网店，全市开通 21 处商业银行代收代缴业务和 65 个社区 POS 机刷卡缴费业务。实现城镇居民大病保险和肝、肾移植病人门诊视同住院费用联网即时结算，全年新增 3 家全省异地就医联网结算医院，全市累计有 7 家异地就医联网结算医院。完善退休人员异地安置规定，即异地安置退休人员在所选城市的定点医院均可看病就医。取消特殊病种持有证，特殊病种信息实行系统管理，特殊病种人员可直接凭医保卡到“两定点”就医购药。

【医保基金智能化监管审核】 9月，医保基金监控系统和智能审核系统成功上线运行。新系统突出全程监控和实时监控，并根据医保政策，在系统中制定相应审核规则、审核参数，由系统根据设定规则自动审核、筛查疑点。该系统提升监管工作及时性，改变传统人盯人、医疗费用事后审核检查的监管方式，利用医疗保险信息系统即时结算优势，建立起医疗监管预防性实时监督机制，做到医疗监管三个“实时”：实时传输医疗费用数据明细，实时审查医疗费用，实时发现和处理定点机构的违规行为。三个“提升”：提升监管工作精确性，通过系统对费用和人次异常、重复住院等实时监控与跟踪，初步筛选出存在疑点的服务行为，有针对性地组织检查人员到现场核实；提升监管工作覆盖面，通过智能审核系统加入的审核规则对费用进行初步审核，审核面扩展到100%，解决监管人手不足的问题，投入更多人力到现场监督检查；提升监管工作客观性，由智能审核逐步替代日常人工审核，避免审核中人为因素，提高审核标准、扣款尺度的一致性。

【完善《协议》管理】 2015年，加强基本医疗保险定点医疗机构服务协议管理，按照人社部最新协议范本，结合自贡实际制定，统一蓝本、统一标准。《协议》明确处罚标准和手段，提升可操作性，新增住院患者抗菌药物使用率和康复理疗支付项目指标，将物理和康复治疗医疗技术人员资质纳入《协议》管理。

【居民大病保险】 2015年6月底，完成上年度大病保险追溯给付工作。7月1日起，实现城镇居民大病保险联网结算，参保居民符合大病医保支付范围的市内住院费用，在办理出院结算时，由系统自动与医保局联网即时结算，免去参保居民往返报账环节。

【整合城乡居民医疗保险制度】 2015年，制订《自贡市统筹城乡居民基本医疗保险工作实施方案》，明确整合全市城镇居民医保和新农合制度，优化职能配置和机构设置，建立起统筹城乡、惠民高效、公平可及、群众受益的居民基本医疗保险制度等工作目标，是年末，按照“上下联动、协同推进，整体移交、注重衔接，积极稳妥、有序推进，强化监管、规范运行”原则，正式启动对城乡居民医疗保险制度的整合。

【提升社保服务水平】 2015年，巩固开展党的群众路线教育实践活动成果，持续开展社保系统行风政风建设、党风廉政建设，参加“问政盐都”节目，结合社保实情，立说立查立改，出台加强社保内控管理及服务的相关文件。持续开展社保业务经办进“大厅”活动，强化首问负责、限时办结、一站式服务措施。

劳动关系和收入分配

【劳动关系创建】 2015年，开展劳动合同签订专项行动和集体劳动合同签订攻坚计划，推进“构建和谐劳动关系年”活动，提高企业劳动合同签订率。全市劳动合同签订率92.2%，已建工会企业集体合同签订率89.3%。规范劳务派遣及用工行为，全市已创建和谐劳动关系工业园区、乡镇、街道、社区19个，建成基层劳动关系协调工作平台375个。

【调整收入分配机制】 2015年，推进工资集体协商“集中要约月”活动，发布企业工资指导线。完善与经济发展水平相适应的最低工资标准正常调整机制，全市最低工资标准从1250元调整提高到1380元，非全日制用工小时最低工资标准执行每小时14.4元。推进国有企业负责人薪酬改革，完成全市国有企业基本情况及企业负责人薪酬情况调查摸底，拟定《自贡市关于深化市属国有企业负责人薪酬制度改革的实施意见》。印发《关于乡镇机关事业单位工作人员实行乡镇工作补贴的通知》。完成机关事业单位工作人员基本工资标准调整和增加离退休费工作，完成全市其他事业单位实施绩效工资工作。

劳动保障执法维权

【劳动监察执法】 2015年，开展“农民工工资支付情况专项检查”“清理整顿人力资源市场专项行动”等执法检查，以涉嫌恶意欠薪罪向司法机关移送案件3件，全年共受理并依法查处群众举报、投诉案件533件，当期处理结案率98%（法定时效内结案率100%)，为劳动者追发工资1.70亿元（其中农民工工资1.45亿元)，补缴社会保险费67万元。

【劳动维权】 2015年，加强劳动争议调解仲裁、信访工作，全年办理劳动人事争议案件1423件，为劳动者挽回经济损失4787.38万元，法定时效内结案率99.2%；接待来访4.19万批次4.68万人次，按时办结率100%。

（市人力资源和社会保障局）

民政·居民生活

民　政

【城乡基层组织建设】　2015年，规范“三委两站一会”治理模式，推进社区标准化建设，启动农村社区建设试点，新增社区服务站16个，社区综合服务设施覆盖率达到95%。推动“还权”“归位”“赋能”，在大安区试点清理规范民生领域村（社区）证明材料，还社区自治组织自治权；试行社区公共服务准入，发挥业主委员会在小区治理中的作用，通过实行“居站分离”，去除“行政化”，实现居民自治组织的归位；探索购买社区服务，逐步建立“三社互动”机制，增强社区治理能力。开展示范创建活动，荣县南街社区被评为第六批“全国法治示范社区”，大安区仁和社区、沿滩区龙湖远达社区成功创建为省依法治村（社区）示范社区。坚持“四议两公开一监督”制度，建立健全村民议事制度，督促落实村规民约，完善村（居）民议事、民情恳谈、社区听证、社区论证、社区评议等制度。深化村务公开和民主管理，规范统一村（居）务公开，实现公开内容具体化、公开形式标准化、公开程序规范化、公开时间统一化和公开管理制度化，并逐步延伸到村民小组。

【民间组织管理】　2015年，坚持培育发展与管理监督并重、社会组织党建与登记管理联动，新登记社会组织167个。放宽城乡社区服务类、老年服务类、志愿者等社会组织成立登记条件，实行行业协会商会类、科技类、公益慈善类、城乡社区服务类社会组织直接登记工作和社会组织评估工作，全年直接登记29个，4个社会组织获“AAAA”级、1个获“AAA”级。启动行业协会商会脱钩试点，推动行业协会商会在机构、职能、资产、财务、人员等方面与行政机关脱钩。加强社会组织监管，出台《关于加强社会团体分支（代表）机构财务管理的通知》和《关于加强社会组织反腐倡廉工作的意见》。

【优抚安置】　2015年，落实优抚安置政策，接收安置1367名退役士兵，安置率99.5%，其中岗位安置48名转业士官。加强退役士兵职业教育和技能培训，共培训1125人，占有意愿培训人数的100%。接收安置1名军休干部、1名军休职工，落实军休干部“两个”待遇和退（离）休军工地方性补贴，开展“规范化建设单位”创建活动，维修改造市军干所军休服务用房。完善优抚政务公开、抚恤补助金社会化发放工作机制，优抚政务公开面100%。加强优抚数据和资金的规范化、信息化、精细化管理，完成伤残警察证书和烈士证书换发工作，加强享受抚恤补助优抚对象档案管理，残疾等级评定上报材料合格率90%。加强烈士褒扬工作，组织开展清明祭扫烈士墓、烈士纪念日公祭烈士活动。加强光荣院管理，床位入住率达到80%。开展双拥创建活动，自贡市成功创建为第十届省级双拥模范城，荣县、自流井区、大安区创建为省级双拥模范区县。及时畅通信息，将涉军集体访化解在萌芽状态。

【社会救助】　2015年，印发《自贡市社会救助实施办法》，在基层建立社会救助“一门受理、协同办理”工作机制，组织开展社会救助政策法规培训和宣传活动。巩固低保专项治理成果，执行全省低保保障标准低限制度，城乡低保保障标准分别调整为370元/人·月、2280元/人·年，城乡低保累计分别保障97.3万人次、121.8万人次，发放资金2.37亿元、1.50亿元，累计月人均补助分别达到243.4元、123.1元。资助低保对象、三无对象参加城镇居民基本医疗保险和新型农村合作医疗，建立同步结算“一站式服务”机制，下发《关于协助做好疾病应急救助有关工作的通知》，城乡医疗累计救助23.6万人次，支出资金7527.7万元，城乡医疗救助政策范围内住院自付费用救助比例达到70%。加强农村敬老院建设暨五保供养工作，建立4个农村区域性养老服务中心，基本解决敬老院法人登记、工作人员配备和工作经费问题，将农村五保集中供养标准提高到370元/人·月。启动最低生活保障信息系统应用工作，在荣县开展“救急难”综合试点，完善低收入家庭认定办法，临时救助2.4万户次，发放救助金703.4万元。全市救灾应急指挥体系实现互联互通，完善落实市、区县两级财政分担自然灾害生活救助资金的工作机制，对救灾款物管理使用情况进行督促检查，开展防灾减灾应急演练和宣传活动，培训基层灾害信息员280人。开展创建活动，贡井区龙潭镇龙潭场社区、荣县旭阳镇南街社区、富顺县富世镇宋渡社区成功创建为全国减灾示范社区。

【社会福利和慈善事业】 2015年，市政府出台《自贡市养老服务设施布局规划（2013—2030年）》；在大安区试点探索由政府建设服务硬件、社会组织承接养老服务的运营模式，构建日间照料中心运营长效机制；巩固荣县“银龄保险”试点成果，为老龄人权益保障引入商业保险机制做出探索。落实市政府《关于加快推进养老服务体系建设的实施意见》，开展省级养老服务社会化示范社区创建活动，按照不低于50%的要求，安排本级留成福彩公益金统筹建设城乡养老机构，建成79个农村幸福院，新增改造养老床位3080张（其中，新增公办机构床位104张、民办机构床位2100张，维修改造公办机构床位876张），建成城乡社区日间照料中心107个（其中，城市社区64个，农村社区43个），全市城市社区居家养老服务覆盖率100%，农村社区居家养老服务覆盖率75%。统筹养老服务事业和养老服务产业同步发展，落实优惠政策，鼓励更多民间资本进入养老服务领域。统筹居家养老和机构养老互补发展，通过政府购买服务为7.95万名困难家庭的失能老人和80周岁以上高龄老人提供居家养老服务支持，沿滩区政府出台《购买居家养老服务实施办法（试行）》。举办全市老年文化艺术展示活动，为1.1万名90岁以上的老人发放高龄津贴，出台为65周岁以上老人免费体检一次政策。完成除农村敬老院外的养老机构设立许可清理及换证工作，对24名养老护理员开展培训及职业技能鉴定。探索建立儿童福利服务指导中心运营管理制度和城乡社区儿童福利督导制度；实施“明天计划”“疝气行动”，认定孤儿和艾滋病病毒感染儿童405名；落实孤儿保障政策，孤儿基本生活费及时足额发放到位。开展民政精神卫生福利机构标准化建设，市精神病人康复院达到建设标准（合格）。对福彩公益金使用情况进行专项检查，配合销售福利彩票1.55亿元。

【婚姻家庭】 2015年，在荣县、富顺县婚姻登记机关开展等级评定创建活动，规范婚姻、收养登记管理与服务，全市办理结婚登记2.43万对、离婚登记9289对、收养登记23个，登记合格率100%。完成1990年开始后的婚姻历史数据补录工作，实现婚姻网络预约登记服务。

【社会事务管理】 2015年，市委办、市政府办出台贯彻党员干部带头推动殡葬改革意见的办法，推动殡葬改革，倡导生态、节地葬法，引导群众文明祭祀；逐步扩大惠民殡葬受益面，在富顺县启动试点，推行生态安葬奖补1000元的政策。推行救助管理标准化建设，开展救助机构开放日活动。加强部门协作配合，开展“接送流浪孩子回家”和“流浪孩子回校园”专项救助行动。在市救助站设立反家暴庇护中心，在富顺县启动未成年人社会保护试点工作。按照“一标三实”要求完善楼门牌设置，启动第二次全国地名普查工作。规范地名命名更名管理，对大安区东北部新城地名命名；实施平安边界创建活动，配合完成省内市州间大安与东兴、富顺与泸县、荣县与井研的县级行政区域界线联检工作。

（欧光胜）

居民生活

【城镇居民收入】 2015年，城镇居民人均可支配收入为26267元，较2014年增加2125元，增长8.8%。构成可支配收入的工资性收入为13748元，经营净收入为3240元，财产性收入为1375元，转移性收入为7904元。

【城镇居民消费】 2015年，城镇居民人均消费性支出为18361元，人均增加1935元，增长11.9%。其中食品支出为7369元，衣着支出为1535元，居住支出为2888元，生活用品及服务支出为1346元，交通通信支出为1914元，教育文化娱乐支出为1525元，医疗保健支出为1106元，其他用品和服务支出678元。城镇居民恩格尔系数为40.1%。

【农村居民收入】 2015年，农村居民人均可支配收入12088元，比2014年增加1042元，增长9.4%。其中，工资性收入5517元，增收491元，增长9.8%；家庭经营收入3993元，增收212元，增长5.6%。

【农村居民消费】 2015年，农民人均生活性消费支出9331元，增加941元，增长11.2%。其中，食品支出为3926元，衣着支出为577元，居住支出为1844元，生活用品及服务支出为677元，交通通信支出为887元，教育文化娱乐支出为558元，医疗保健支出为728元，其他用品和服务支出135元。农村居民恩格尔系数为42.1%。

【居民住房】 2015年，城镇居民人均拥有房屋面积34.99平方米，农村居民人均拥有房屋面积49.04平方米。

（市统计局）

民族·宗教

民族工作

【概况】 2015 年年末，全市有彝族、藏族、回族、苗族、土家族等 42 个族别的少数民族，常住人口 6500 多人。全年外来少数民族流动人口 1 万多人次。常住人口中，除一个乡镇外，全市各个乡镇、街道都有少数民族人员，分布广泛。大多数常住少数民族人口是因工作、婚姻生活等原因迁移到自贡市，世居少数民族人口很少。全市少数民族呈现典型散杂居状态，没有聚居现象。城乡少数民族生产生活情况差别大，城镇少数民族的物质文化和精神文化生活比农村少数民族丰富，部分农村少数民族生产劳动技能单一，多被列入当地党委、政府重点扶贫对象。

【学习培训】 2015 年，召开全市民宗干部会议，传达学习中央民族工作会议和省委民族工作会议暨全省第七次民族团结进步表彰大会精神以及全市统战工作会议精神，专题学习《中共中央、国务院关于加强和改进新形势下民族工作的意见》和《中共四川省委、四川省人民政府关于做好新形势下民族工作的意见》，结合工作实际，制定贯彻意见。选送 6 名民宗干部参加省民族宗教委学习贯彻省委民族工作会议专题研讨班，选送 2 名新上任的民宗办主任、副主任到北京参加新任民族宗教局长培训

【政策争取与落实】 2015 年，争取到省民宗委少数民族发展资金 100 万元（含荣县）；争取到 2015 年度民族特需商品定点生产企业技术改造专项资金 75 万元；争取到市财政“家庭拒绝非法宗教防渗透反暴力活动”专项补贴资金 42 万元；争取到市财政新增工作经费 4 万元；争取到市委编办在全市控编内为市政府办新增 2 名行政编制，主要用于充实市民宗局工作力量。继续落实具有清真饮食习俗少数民族人员每人每年 100 元的清真牛羊肉补贴政策。为 41 名符合更改民族成分条件的群众更改民族成分，开具民族身份证明 6 件。

【工作调研】 2015 年，加强清真食品监管，探索清真食品监管途径，对全市清真食品生产经营单位进行检查，形成《关于开展清真食品管理工作法治化问题调研的报告》。做好新疆籍少数民族服务与管理，协调解决 2 户新疆籍流动少数民族子女入学问题。对全市民族关系状况进行调研，形成《关于开展民族关系状况调研分析的报告》。

【开展“民族团结进步”创建活动】 2015 年，7 名少数民族和宗教界人士受聘成为四川省促进民族团结、宗教和睦工作联络员，负责协助民族宗教工作部门宣传民族宗教政策、监督政策法规执行、协调处理矛盾纠纷和维护社会稳定。在少数民族相对集中的大安区龙井街道，新建少数民族联络站。对建成的少数民族联络站和服务中心给予工作经费补助，帮助市职业技术学校建立“9 +3”学生心理咨询室和多功能活动室。继续开展民族用品生产企业为民族学生捐订《民族》杂志活动，由富顺蜀佳味业有限公司捐资，为全市民族学生赠订 2016 年全年四川《民族》杂志，并在富顺职业技术学校开展民族团结进步创建活动——关注“9 +3”少数民族学子捐订《民族》杂志特别活动。

宗教工作

【概况】 截至2015年年底，全市有佛教、道教、基督教、天主教、伊斯兰教五大宗教，有全市性宗教团体3个：市佛教协会、市基督教三自爱国运动委员会、市天主教爱国会。区县性宗教团体4个：富顺县佛教协会、富顺县天主教爱国会、荣县基督教三自爱国运动委员会、荣县天主教爱国会。有富顺县清真寺民管小组1个。批准开放宗教活动场所48处，其中，佛教32处、道教1处、天主教5处、基督教9处、伊斯兰教1处。纳入依法管理的基督教以堂带点活动点40处，经认定备案的宗教教职人员98人，其中，佛教90人、伊斯兰教1人、天主教4人、基督教3人。各种信徒在册3.5万人，宗教界代表人士、团体和场所民主管理组织成员近300人，全市信教群众30万余人。

【依法管理宗教活动场所】 2015年，印发《关于切实做好宗教活动场所管理工作的通知》，从7个方面对宗教活动场所管理提出要求。定期对宗教活动场所进行检查，指导宗教活动场所做好“十防”工作。在重大节日期间进行安全、维稳和防暴恐专项检查，在夏季和冬季进行消防安全专项检查。全市场所按照安全、整洁、美观、生态环保要求进行环境卫生整治，改善卫生状况。督促全市宗教活动场所按照《宗教活动场所财务监督管理办法(试行)》要求，对场所财务监督管理进行自查，并按照要求开立单位银行结算账户，全市大部分场所完成开立账户。启动汉传佛道教场所悬挂标识牌工作，指导佛道教界填报“汉传佛教道教基本信息登记表”，完成基础信息的统计核查收集、整理各场所基础信息，为悬挂标识牌工作夯实基础。对全市宗教活动场所重新换证，并完成场所登记、旧证收集、原始批文收集与上报工作。

【宗教场所规划】 2015年，召开全市宗教活动场所全域规划工作会议，对“十三五”宗教活动场所规划工作进行安排部署。在调研基础上起草《关于做好自贡市宗教活动场所“十三五”全域布局规划的建议》，指导全市“十三五”期间宗教活动场所布局。

【主要教职人员任职备案】 2015年，根据《宗教活动场所主要教职任职备案办法》及各宗教关于主要教职人员的任职标准，按照场所推荐、民主评议、团体审核、主管部门审批的程序，依法对全市佛教、天主教、基督教、伊斯兰教首批符合条件的15名主要教职人员进行备案。

【提案办理】 2015年，市民宗局会同17个单位办理政协委员《关于加大对邪教组织的打击力度，保障信教群众的信教自由》提案，对如何打击邪教、保障信教群众信教自由提出办理意见。

【非法违法活动治理】 2015年，召开全市宗教专题工作联席会议，开展佛道教寺观管理问题和基督教私设聚会点专项治理工作，依法终止非法宗教活动，对未经批准在建的宗教设施进行清理，对大型露天造像进行摸底登记，提出治理意见。开展违法违规设立功德箱等借教敛财行为的专项整治工作。启动面向全市107万户家庭的“家庭拒绝非法宗教防渗透反渗透”活动。

【成立慈善公益组织】 2015年，指导市佛教协会经过筹备，成立全市佛教界慈善组织“自贡市佛教公益慈善会”，增设内设机构“自贡市佛教协会众缘普济社”，2个组织都秉承扶危济困宗旨，从事公益慈善活动，弘扬宗教优良传统、发挥宗教正能量。

【开展“宗教慈善周”活动】 2015年，指导宗教界稳步推进“慈爱人间·五教同行”宗教慈善周活动。全市宗教界采取扶贫、济困、助残、救灾、养老、助学等形式开展公益慈善活动，共捐献募集款物100万余元。市佛教协会众缘普济社为凉山3地麻风村儿童发放营养餐、奶粉，为昭觉县麻风村赠送电机、衣物、文具，为市内脑瘫儿童捐赠专用轮椅，开展“爱盐都环保公益活动”等。

（雷　霞）

区县概况

自流井区

概 貌

【位置 面积 人口】 自流井区地处四川省自贡市中心区，是全市政治、经济、文化中心，是市党、政、军机关所在地。位于四川盆地南部浅丘地带，东邻沿滩区卫坪镇、兴隆镇、永安镇，南与沿滩区富全镇、贡井区莲花镇、宜宾市宜宾县接壤，西邻贡井区长土镇、建设镇、桥头镇，北与大安区凤凰乡、和平乡接壤。2015 年年末，全区总面积 154 平方公里，辖 4 个街、3 个镇、4 个乡、51 个村、42 个社区。2015 年年末户籍人口 36.81 万人。

【建置沿革】 自流井区原属富顺县。民国 28 年（1939 年）因盐设市，富顺县第五区全部划归自贡市，其中桐垱、长垇二镇即为今日自流井区。民国 31 年（1942 年），桐垱镇改为自井镇。民国 33 年（1944 年）改镇为区，自井镇改为第一区，长垇镇改为第二区，直至自贡市解放。1950 年 3 月，一、二区合并称一区。1953 年命名为自流井区，所辖红旗、永胜、世平、巩固 4 个乡合并为红旗、永胜两个乡；6 月，两乡划郊区管辖，自流井区成为纯城市区。1957 年 1 月，大安区合并于自流井区，1960 年两区又分设。1960 年 6 月，和平、凤凰和红旗 3 个公社先后划归自流井区。1979 年 7 月，和平、凤凰和红旗公社划归大安区，自流井区再次成为纯城市区。2005 年 8 月 1 日，仲权镇、荣边镇、高峰乡、舒坪镇、农团乡、漆树乡、红旗乡划归自流井区管辖。2005 年 8 月 9 日，自贡市委、自贡市人民政府决定，在新的行政区划实施后，由自流井区政府将所辖红旗乡成建制委托高新区管委会管理。2006 年 5 月 21 日，经自贡市人民政府批复同意自流井区设立丹桂街办事处、学苑街办事处，同时明确两街办事处由自流井区人民政府委托高新区管理。2012 年 12 月 1 日，根据自贡市人民政府决定，自流井区将高峰乡整体托管给高新区管委会管理。

【自然环境】 境内地势西北高，东北低，无大山。属中亚热带湿润季风气候，春旱、夏热、秋雨、冬暖，雨量丰富集中，无霜期长，平均达 323 天，阴天多，湿度大，霜雪少，热量充足，四季分明。旭水河、威远河在区境西北双河口汇合后称釜溪河，河水由西向东蜿蜒流经区内，经沿滩、邓井关到富顺县李家湾入沱江，属沱江水系，全长 74 公里，河面平均宽 60 米，平均天然流量为 42.25 立方米/秒。

【自然资源】 境内自然资源丰富，有大量天然气资源和卤水资源，中国最早进行大规模开采的气田就在境内，卤水资源中除含有大量氯化钠外，还有硼、钾、碘、锂、锶、铷、铯等 30 多种化学元素，为盐业和化学工业发展提供丰富物质基础。此外，还有岩盐、型砂等可供开采利用。

【旅游资源】 境内有各级文物保护单位及文物点 328 处。国家级文物保护单位西秦会馆，始建于清乾隆元年（1736 年），占地面积 3000 平方米，为清代陕西籍盐商集资修建的同乡会馆，现作为自贡市盐业历史博物馆，再现四川井盐生产技术的演变发展和盐工的劳动、生活。省级文物保护单位人称“釜溪第一楼”的王爷庙，是一座精美的清代中期建筑，占地面积1000平方米。国家级文物保护单位桓侯宫，又名张飞庙、张爷庙，为旧时屠宰行业会馆，已规划为自贡民间工艺美术博物馆址。市级文物保护单位小桥井，是自贡保留的唯一的清乾隆时期开凿的天然气井，是全国生产时间最长的天然气井。位于石塔上后山坡的彩灯公园，是历届“自贡灯会”都在园内举办，园内建有全国唯一的“中国彩灯博物馆”。飞龙峡风景区是国家AA级自然生态旅游风景区和国家级水利风景区、省级森林公园，拥有全市中心方圆20平方公里内保存最完好的自然生态旅游资源，水库面积26余公顷，库容量264万立方米，森林面积3200公顷，境内有地处城中心的龙凤山公园，有集山、水、树、庙、井、人工瀑布、古道、民居等要素于一体的张家沱精品景观地段，有地处五十梯的“水涯晓渡”，有整旧如旧的自流井老街。

【交通】 自流井区地理位置优越，内（江）昆（明）铁路穿境而过。内（江）乐（山）公路、内（江）昆（明）高等级公路连接成渝高速公路和西南出海通道，距成都、重庆200余公里。2015年，辖区公路总里程322.42公里，其中，国道12.02公里、省道12.77公里、县道48.77公里、乡道49.56公里、专用道0.8公里、村道198.5公里。全区有7个客运站，1个货运站；城市公共交通线路34条，其中城区至农村公交线2条，公交线路里程810公里。通客运班车的行政村44个，其中县内农村客运班线3条，县际农村客运班线过境线路22条。境内铁路19.5公里，途经舒坪、仲权、俞冲；另有厂矿专用铁路自鸿线4.75公里、自安线1.2公里。全区通航里程20.6公里，客运渡口3道，码头6个。

【邮电通信】 境内邮政、互联网、有线电视、固定电话、移动电话覆盖全区城乡。邮政营业窗口实现现代化，封发邮件实现机械化，报刊发行实现微机化，电信通讯实现交换程控化，信息传输实现数字化，电信、移动、联通联网自动化。城乡有线电视、电话、移动通信、宽带普及率位居全市前列。

【经济社会事业】 2015年，地区生产总值297.29亿元，比2014年（下同）增5.9%。其中，第一产业增加值4.3亿元，增3.8%；第二产业增加值151.7亿元，增1.5%；第三产业增加值141.3亿元，增11.6%。非公有制经济增加值135.3亿元，增6.4%。区属规模以上工业增加值26.58亿元，增12.1%。社会消费品零售总额181.62亿元，增12.1%。区属全社会固定资产投资153.6亿元，下降1%。地方级一般预算收入9125万元，增长11%；地方公共预算支出12.31亿元，下降2.4%。城镇居民人均可支配收入2.82万元，农民人均纯收入1.31万元。粮食总产量2.77万吨，蔬菜产量7.82万吨，肉类总产量1.07万吨。农业增加值4.4亿元，增4%。工业污水规范排放率98%，工业固体废物处置利用率99%，医疗废物无害化处理率100%；区域环境噪声平均值57.1分贝，声环境质量总体等级二级，比2014年下降0.2分贝。普通中小学校32所（含民办学校），特殊教育学校1所，在校学生4.7万人。新型农村合作医疗参保6.81万人，参保率99.75%。辖区内有各级各类医疗卫生机构266家，病床位1582张，卫生技术人员2277人。

政治建设

【区委办公室工作】 2015年，起草文稿270余件，审核办理自井委文件46件，自井委办文件63件。编发区委常委会会议纪要27期，撰写调研报告22件。完成区委第十届代表大会第五次会议筹备组织、省市领导到区调研等会务工作及活动安排，完成区委“三严三实”专题民主生活会、十届区委十一次、十二次全委会和8次全区性会议会务工作。完成重要接待的组织、筹划和服务工作11次。建立区委工作要点、“中心一新城”建设等8本督查台账，采取纵深督查、立体督查、全时督查等方式，实行“台账管控全年、定期督查考核、随时发点球”的督促检查制度。完善目标督查网站和督查管理系统功能，基本实现督查任务动态管理、结果数据自动生成、任务落实全程监管，督查工作公信度和影响力进一步提高。开展各类督促检查500余次，编发自井目督通、自井目督交办查文件72个，《督查专报》《督查快报》20余期。

【人大工作】 2015年，召开区十七届人民代表大会第四次会议，出席代表186人，列席人员79

人。召开常委会会议10次，听取和审议“一府两院”工作报告19次，形成专项报告16篇，提出审议意见59条。召开主任会议22次，听取和审议“一府两院”工作汇报2次，提出审议意见7条，形成调查报告2篇。全年依法作出决议、决定11项。根据“一府两院”提请，任命国家机关工作人员17人，免职5人，接受辞职4人；选举区人民法院院长；补选3名市人大代表。受理群众来信来访46（件）次，办结率100%。确定专题调研课题，形成《关于区属工业企业经济运行情况的调研报告》和《关于创建中小企业园的调研报告》2篇报告。协调解决群众反映的问题60余件，组织人大机关干部到对口帮扶的仲权镇永胜村、小桥井社区了解民情，结对帮扶困难群众。协调资金，帮助解决永胜村道路、产业发展等问题10余个。

【政府办公室工作】 2015年，完成各类会议讲话材料300余篇，汇报材料100余篇，各类调研文章30余篇；编辑《常务会议纪要》16期、《政务信息》46期，报送政务信息100余条。印发各类文件1600余件，发文270余件；接听处理各类来电2万余条，传达各类通知8000余人次。办理市人大代表意见建议4件、市政协提案7件，满意率100%。通过门户网站面向社会主动公开区政府信息1456条。开展办件录入工作，受理案件1511件，办结案件1441件。新增楼层交换机8台、网线8根、光线路保护设备1套，增加光纤50M单独用于互联网。开展电子政务工作人员专业培训5次，并多次组织专业人员到各部门进行技术交流和基础知识普及。接收突发事件信息159件，处置道路交通事故、医患纠纷、非访引发的群体性事件及各类自然灾害等突发事件31次。

【政协工作】 2015年，召开全体会议1次、常委会议4次、主席会议6次、专委会对口联系会议6次。形成《协商专报》4篇，提交全会建议16篇，界别协商意见180条，提案96件（其中转市提案25件）。选取企业生存发展、养老服务体系建设等课题，形成《关于我区休闲养老与康疗需求的调研报告》和《关于我区中小微企业生存情况的调研报告》，查找分析存在问题11个，提出对策建议14条。政协各参加单位、政协委员共提出提案96件，立案71件，委员满意、基本满意率均100%。围绕城市管理、群众生活、就业就学就医等领域撰写社情民意63条，编发《社情民意》信息15期。组织政协机关22名副科级以上领导干部对口帮扶漆树乡46户贫困群众；协调资金17万余元，帮助漆树乡杨柳村发展生产、解决困难。编发《自流井政协》10期，向中央、省、市级政协系统媒体和其他新闻媒体报送信息宣传信息126篇，《人民政协报》《四川政协报》《自贡政协》等平台采用文章稿件14篇。

【纪检监察工作】 2015年，开展党风廉政建设工作调研30余次，讲廉政党课20余次；开展廉政谈话1100余人次，接访群众407余人次，化解信访积案难案23件。监督检查1300余次，发现并纠正问题119个，发放提醒警示卡10张，各级纪检组织实施问责114人。党纪政纪立案29件，其中乡科级干部11人，给予撤销党内职务以上重处分13人，移送司法机关7人，处分同级党委管理的乡科级“一把手”8人，处分纪检干部1名，追逃1人。全区行权部门受理行权事项1511件，办结1441件。行权平台和监察平台督查督导105次，查找问题77个，督促整改问题77个，执纪监察36次。编印并组织全区党员干部学习《自流井区警示教育案例读本》，组织党员干部、纪检干部5500余人次观看《作风建设永远在路上》《国资之蠹》《纪检干部违法违纪警示录》等警示教育片，组织党员干部参观警示教育基地200余人次，组织庭审旁听140余人次。征集廉政微故事、公益广告、诗歌等作品210余件，其中微电影《马桑沟那些事》、微故事《廉正》等作品在全市廉政文化建设“五个一”作品征集活动中获优秀奖。收到各类信访举报32件次，其中来信16件次，接待来访5件次，来电7件次，网络举报4件次。

【组织工作】 2015年，区委常委会任免干部123人，其中，提拔正科级领导干部5人，提拔副科级领导干部21人，交流科级领导干部27人，免职27人，挂职13人，机构改革调整干部25人，取消试用期按期转正任职5人。培训入党积极分子110人，新发展党员93人，预备党员转正125人。召开区十届五次党代会，组织188名代表对29名区委委员履职情况进行民主测评。公开选拔20名村（社区）主要负责人后备干部。组织开展“党务干部素质能力提升北京大学专题培训班”和“新型城镇化建设清华大学专题研修班”，培训干部100余人次。分类开展电子商务、干部选任、全面深化改革等干部培训大课堂、干部讲坛、干部读书班8期，培训干部2000余人次。举办各类干部培训班100余次，培训各级干部1万余人次。组织老干部集中学习中央重要会议精神2次，发放各种学习资料200余份。对全区27名新中国成立初期参加革命工作的退休干部执行困难补助和医疗补助执行情况进行审核，为2名新中国成立初期参加革命工作的退休干部办理生活不能自理照顾政策。为1名失独退休厅级干部办理特殊困难帮扶资金8万余元，为6名离休干部协调报销住院期间护理费5万余元。

【宣传工作】 2015年，成立区委宣讲团和“微”宣讲小分队到各乡镇、街道、部门单位开展各类宣讲活动300余场次。邀请省委党校杨颖教授和省委党校副校长裴泽庆教授做专题辅导报告。处置各类重大舆情18件，编印舆情信息6期，上报网络舆情291条。新建村村响工程22个，实现全区村级点位全覆盖；为5个留守儿童之家、44个社区书屋、1个农村院坝、1个农民工文化驿站、1个乡镇固定放映点统一配备设施设备、演出服装和道具。为26个社区、村安装健身器材104件。改扩建区图书馆、文化馆，修建檀木林小学综合楼，新建塘坎上、珍珠寺2个社区小广场以及荣边镇农村文化健身广场；建成舒坪镇、仲权镇黄家村、荣边镇雨潭村、农团乡东升村、郭街核桃湾社区5个幸福美丽新村（社区）文化院坝。开展重大文化活动17场，群众文化活动148场次；举办文化专干、文艺骨干免费培训8期，培训骨干800余人次。利用学雷锋纪念日、植树节、劳动节、建党节等开展各类主题志愿服务活动12场。推荐上报“岗位学雷锋”先进集体11个、敬业标兵26人。扶持区优秀人才、剪纸艺术传人沈成林创作长达近50米的剪纸作品《辉煌岁月盐都魂》。

【统战工作】 2015年，吸纳2名党外领导干部、后备干部成为民主党派成员；新增补3名党外代表人士为政协委员，新增党外后备干部8人。组织和引导全区民主党派和党外代表人士学习贯彻党的十八大和十八届四中、五中全会精神、中央统战工作会议、《中国共产党统一战线工作条例（试行）》精神、各级重大决策部署。组织30位自流井区民主党派干部到中山大学参加党外基层组织干部综合能力提升班学习。召开4次民族宗教联席会议，分别研究依法治区、“法律进寺庙”、重要节点风险防控、民族宗教界代表人士队伍建设等工作。落实彭荫刚先生资助10名农村贫困小学生，发放资助金5000元；帮助台胞、台属咨询、解决问题等30余人次。开展“走基层”“三联三服务”活动，为“两新”组织协调解决难事急事9件。“两新”党组织党员干部220人次参与36次服务群众活动，投资260余万元排扰济贫助困，捐助19名困难学生。

【政法工作】 2015年，在城镇小区、农村院落、市场（商场）、车站等新建一线调解窗口16个。排查受理各类矛盾纠纷1166件，其中可调案件1157件，调解成功1113件；受理道交赔偿纠纷案件381件，调解纠纷374件，调解成功346件。受理网格化民生服务事件1.5万件，走访特殊人群3707次，收集社情民意4029条，核查宣传流动人口信息1105条，特殊人群信息600条，治安隐患信息20条。在乡镇（街道）、村（社区）建立闲散青少年、流浪儿童、服刑人员未成年子女、留守儿童、留守学生档案，组织义工和1000多名志愿者有针对性地开展法制宣传、心理咨询与帮扶。排查不稳定因素269件，化解率97.96%。对辖区内12件重大涉稳问题实行领导包案，实施专案攻坚，结案化解2件，办结9件。市挂牌督办的3件涉稳突出问题和涉稳案件全部稳控化解。处置突发事件70余件，其中医患纠纷30余件。组织专题辅导2次、集中培训1次，开展课题调研并形成调研文章20余篇，组织政法干警收听收看省、市政法大讲堂16余批次。

【公安工作】 2015年，搜集上报各类情报信息450条，情况报告39篇。排查、化解热难点矛盾纠纷174起，处置突发性事件79起。破获刑事案件1053起，打击处理469人，其中提请逮捕171人、起诉219人、强戒79人。新建高清探头237个，升级原有探头124个、高清卡口78个。发生街市面刑事案件1244起，下降2.66%，居民区发案721起，下降10.55%。打击公共娱乐场所涉黄、涉赌问题，查处涉黄涉赌案件45起，查获违法嫌疑人208人，其中治安拘留83人、罚款125人，收缴并销毁“大金沙”“捕鱼机”等赌博游戏机51台。检查涉爆单位26家，收缴各类枪支5支、子弹1653发、管制刀具25把。成立快反突击队2支，5人一组、“人装同行”、三班运转，24小时屯守武装屯警点，“一揽子”开展警情处置、处突反恐、逢疑盘查等勤务运行工作。开展“110宣传日”宣传活动，设立宣传点5个，出动警力60余人次，悬挂宣传条幅10条，发放宣传材料1200余份，接受群众现场咨询500余人次，收集群众意见建议15个，现场为群众解决问题10个。

【刑事检察】 2015年，批准逮捕各类刑事犯罪嫌疑人305人，提起公诉526人。立案查办职务犯罪案件15件20人，其中查办贪污贿赂案件9件14人、渎职侵权案件6件6人。查处徇私舞弊少征税款犯罪1件1人、玩忽职守犯罪5件5人。立案监督案件14件21人，纠正漏捕3人、漏诉13人。在四川理工学院、四川路桥集团等大专院校、国有企业开展预防宣传讲座7场次；自贡市廉政警示教育基地全年接待各机关、团体和社会各界人士及群众的参观78批次4162人次。对区司法局提请特赦的4名社区服刑罪犯从报请、裁定、宣告释放等各环节全程同步监督，其中发现不符合特赦条件1人；加强社区矫正法律监督，依法提出书面纠正意见61件，纠正61件；对情节轻微、证据不足和不构成犯罪的，决定不批捕100人、不起诉21人。依法办理涉案毒品重达65公斤、涉案毒资200余万元的特大毒品犯罪案。

【法院工作】 2015年，受理各类案件5593件，审、执结5268件。其中，受理刑事案件431件，审结413件，判处591人刑罚；受理民商事案件4022件，审结3738件，涉案标的24.41亿元，化解此类案件658件，调撤率51.06%；受理行政案件137件，审结134件；受理执行案件1003件，已执结983件，执行到位标的额3.24亿元，执行和解案件162件，将失去信用的252人和42家企业纳入“失信被执行人名单”，决定司法拘留20人，将1名涉嫌拒不执行判决、裁定犯罪线索移交公安机关立案。开展巡回审判1116次。对符合法律规定的536件案件缓、减、免诉讼费400.55万元。指派审判工作经验丰富的法官担任人民调解指导员，建立人民调解与司法调解衔接工作联席会议制度，通过不定期召开会议，及时通报情况、交流信息、总结经验，解决和协调衔接配合中出现的问题。委托自流井区人民调解中心成功调解婚姻家庭、劳动争议、民间借贷等各类案件37件，委托调解成功率100%。

【司法行政】 2015年，开展“以案说法·法律进乡村（社区）”专题宣传活动9次。选派理工学院法学院126名大学生志愿者到全区4个街道、28个社区，向基层群众宣传普及法律知识。编写《自流井区“以案说法”婚姻法讲稿》，由各司法所到辖区村（社区）深入田间地头开展巡回宣讲，共开展35场次，1000余名干部和居民群众接受教育。培养497名“法律明白人”、802户“学法中心户”。调解道交纠纷249件，调解医疗纠纷11件；全区各级人民调解委员会排查矛盾纠纷424件，受理纠纷701件，调解成功685件。受理法律援助案件345件，办结341件，解答法律咨询1545人次，代写法律文书462份，法律惠民工程服务群众2697人次，避免或挽回受援人经济损失687万元。在棚户区改造现场为400多户被拆迁户办理继承、赠予公证，并减收公证费30余万元。办理国内经济及民事类公证2572件，接待法律咨询6895人次，为当事人代写、修改法律文书2665件次。宣意律师事务所为辖区城乡居民提供法律咨询服务562人次，为企业提供“法律体检”103件次，接案166件，办结154件。接收监所释放的刑满人员68人，期满矫正对象108人；接收社区服刑人员105人，解除108人，转出2人，终止7人，死亡2人，撤销缓刑1人，给予警告10人次。

【保密工作】 2015年，组织开展网络核查分类，实行机关单位自查与保密部门检查相结合、定期检查与随机抽查相结合、综合检查与专项检查相结合的保密检查制度，加强对各单位涉密人员、涉密载体、涉密网络、涉密计算机等重点工作、重点领域的督促检查，对检查中发现的不足和隐患实行限期整改。开展《中华人民共和国保密法》和《保密法实施条例》学习宣传，全面完成“六五”保密法制宣传教育总结验收工作。加大泄密案件查处力度和惩治力度，失泄密事件当年结案率100%。全区未发生一起失泄密事件。

【党史编研】 2015年，完成自流井区部门大事记资料收集、归档工作。编撰《自贡市自流井区执政实录》（2014年卷），已印刷发行。完成资政报告《关于自流井区农村宅基地情况的调研报告》编写，按照创新自流井和全域城镇化建设的要求，摸清区农村宅基地情况，合理使用和管理好农村宅基地，提高节约用地水平，改善农民生产生活条件等。结合当地党史纪念活动开展党史宣教活动。在自流井区新闻外网发表《党史故事——7.1党的生日的来由》《发挥地方党史研究的作用，加强领导干部思想》2篇文章。

【党校工作】 2015年，举办各类培训10期，培训学员1260余人。其中，举办自流井区2015年入党积极分子培训班4期，培训入党积极分子150人；承办党外干部培训班一期，培训40人。协助党工委举办两新党组织书记培训班1期，培训40人。联合区委组织部开展优秀年轻干部和人才递进培训班1期，培训41人。组织自流井区112名入党积极分子在富台山社区开展志愿服务。围绕“五个自贡”“三中心一新城”这一核心战略开展调研，申报省级课题《自贡市推进新型城镇化的实证研究》。走访舒坪、荣边、仲权等乡镇，毛家坝社区、区委等相关部门，完成《自流井区推进新型城镇化的实证研究》《自流井区社区民主建设的调查研究》《对自流井区推进协商民主广泛、多层、制度发展的调查与思考》等5个市级课题和区纪委下达的反腐倡廉调研课题《基层干部贪腐问题分析及对策研究》。

【武装工作】 2015年，集中综合应急连民兵进行为期15天的队列、拳术、警棍操、实弹射击等科目训练。8月，组织民兵铁路护路分队28人进行为期4天的集中训练。11月，组织民兵防空分队进行集中训练。是年，完成新兵征集任务，新兵大学生比例达47%。先后组织六中、二十二中、绿盛实验学校2000余名学生和四川理工学院7100余名新生开展军训。组织部队和民兵预备役人员2000余人次，完成应急维稳、环境绿化、山林灭火、防汛救灾、城乡环境综合整治等任务。协调解决11名军人子女入学。投入5万余元改善漆树乡星火村广场各项建设，向百胜村赠送价值3万余元的农耕机械和办公用品，向联系点贫困户赠送1.5万元的鸡鸭羊等牲畜。

【工会工作】 2015年，全区共有基层工会454个，职工5.57万人，会员5.51万人。举办专场招聘会，吸引500余人进场求职，招聘会共有40余家用工单位遴选200余个“家门口”岗位，区工会直管企业首次加入招聘行列。活动现场发放《农民工进城务工百问百答手册》50本，四川省农民工合法权益维护卡200余份，四川省劳动法律、法规、政策实用手册100本，近50人达成用工意向。生活救助42人次，发放救助金4.1万元；医疗救助46人，发放救助金9.2万元。为347名特困职工办理“工会爱心乘车卡”，为350名特困职工发放“工会爱心电力卡”。组织指导全区规模以上餐饮企业30余家，医疗单位20多个，开展劳动竞赛200多场次，2.1万余名职工参与竞赛活动。

【共青团工作】 2015年，新发展团员423人，推优入党39人。5个基层团组织和7名团员、团干部受到省、市表彰，团区委连续五年被表彰为市优秀共青团组织。成功申报省级青年文明号2个，市级十佳青年文明号1个，市级青年文明号2个。在全市率先开展“志愿社区工作者大结对”活动，组织青年志愿者到郭街、新街社区参与事务管理。在全区各级学校开展“光盘行动我先行”“争做环境小卫士”等主题的团（队）日及环保知识主题教育宣传、城乡环境综合治理等活动40余场，参与团员青少年1500余人次。开展“清明祭英烈”“红领巾相约中国梦”“向国旗敬礼”“我为核心价值观代言”等主题团（队）日活动100余场。启动实施“盐都青年创业促进计划”，申报建立自流井区SYE项目工作站，招募创业导师志愿者12人，申报创业项目3个。筹集6.6万元物资，慰问贫困青少年296人。开展“拥抱团旗·爱心助学”活动，联系3名爱心企业家为17名贫困大学生捐赠8万元爱心助学金。联合四川理工学院“生工人”志愿服务组织与荣边小学、舒坪小学开展“大结对”活动20余次，参与志愿者300余人次，受帮扶留守学生1000余人次。

【妇联工作】 2015年，以活动为载体，庆祝第105个“三八节”。组织“培育践行核心价值观，争做时代新女性”知识竞赛。全区500余名机关单位妇女干部职工及乡镇（街道）村（社区）妇女工作者参加。举办“把爱留下，送爱回家”女性就业专场招聘会，主要面向女性农村劳动者、返乡妇女、城镇失业妇女和普通高校女毕业生招聘。在春节前夕为全区 68 名贫困妇女发放 1.44 万元慰问金，为 3 名残疾人发放 600 元慰问金。免费为 7569 名农村妇女和 1685 名城镇困难妇女进行“两癌”筛查。对全区贫困妇女儿童进行重新摸底建库，分类建立农村女童台账，农村留守妇女儿童台账，贫困妇女台账，患病妇女台账，全面了解贫困妇女儿童生活状况，并实行动态管理。在舒坪小学实施“关爱留守，沐浴阳光”项目，利用暑假开展留守学生夏令营活动，组织孩子们参观江姐故居、渣滓洞爱国主义教育基地。开展“平安家庭”创评活动，全区共评出 17 户“平安家庭”。成功申报市级“巾帼文明示范村”2 个、市级“巾帼文明岗”2 个和市级“巾帼就业创业示范基地”2 个。

【工商联工作】 2015 年，辖舒坪、仲权二个乡镇商会，有会员 338 人，其中企业会员 127 个，团体会员 3 个，个人会员 208 人。新吸收会员企业 13 家。全年会员中的人大代表、政协委员共撰写提案、议案 15 余件，各种意见建议 30 多条。走访大业高容、东脑电器、金尚置业、龙祥包装、科润锅炉配件厂等 40 余家会员企业，撰写《当前我区民营企业现状及发展对策》调研报告及《“寒冬过后必是春”——对我区民营企业走出困境的思考》等文章。协调金工网络印章、东脑电器、华高阀门厂、天马屠宰等企业所涉及各种矛盾纠纷 50 余件次。组织“物联网时代中小企业转型创新之路”“2015 年劳动用工风险预防与规制”“‘新盐商大讲堂’电子商务知识普及培训”等专题学培训习 20 余次。组织企业家团队到浙江杭州、宁波等发达地区学习考察，并与浙江四川商会、宁波四川商会签订《友好商会协议》。

【政务服务】 2015 年，受理采购项目 322 个，成交项目 307 个；受理工程采购项目 98 个，成交项目 90 个。为区各类投资项目提供审批代办项目 17 个，办结项目 1 个，完成代办具体事项 10 余项。开展政务服务进社区、村组活动 4 次，现场办理事项 30 余项，接受群众咨询 200 余人次，发放宣传资料 400 余份。开设网上预审体验区，网上预审项目达 90% 以上，实现网上预审 12 例。惠民帮扶中心累计实施法律援助 2393 人次，职业介绍 9328 人次，帮助实现就业 2732 人次；惠民医院就诊 1395 人次，优惠金额 3.4 万元；惠民药房购药 4980 人次，优惠 2.37 万元。

【群众工作】 2015 年，受理信访总量 1987 件（人）次，其中受理来信 3 件；接待来访群众 282 批 1973 人次，其中集体来访 85 批 1634 人次；受理区便民呼叫中群众来电 191 件，涉法涉诉窗口共计接待群众 45 批次 168 人次；完成市局交办件 32 件。23 名县级领导参加“周工作日”接访下访活动，共计 250 个工作日，现场接待处置群众来访 88 批次 595 人次。牵头组织信访积案领导包案化解活动，化解省交办第一批、第二批领导包案信访积案难案 16 件、市领导包案信访积案 2 件。开展“群众工作月”活动，参与群众 7 万余人次。

经济建设

【工业经济】 2015 年，区属规模以上工业企业 78 户，完成增加值 26.58 亿元，实现销售收入 9.60 亿元，实现利润 6.96 亿元，实现现价产值 97.62 亿元。其中机械与装备制造行业实现产值 44.85 亿元，农产品加工行业实现产值 18.93 亿元，能源与化工行业实现产值 15.23 亿元，新材料与包装制品行业实现产值 9.36 亿元，其他行业实现产值 9.26 亿元。

【园区建设】 2015 年，自流井工业园区（区综合物流中心）工业企业实现营业收入 50.2 亿元，新增承载能力 36.67 公顷。西南（自贡）无水港一期植物油加工项目筒仓、罐区主体完工；大西洋焊接产业园项目一期厂房主体竣工；川南现代粮食物流中心项目平场基本结束；普润电商博览城项目一期市场投入运营；申通快递、百世汇通等 20 余户快递物流企业入驻投运；电子商务培训中心及电商办公区建成投用，“购川南”电商平台成功上线，茶码头、58 同城等近 20 户电商入驻经营。普润博览大道北段、东西干道普润段建成通车，丹阳街南延线延伸段、乐自高速自流井连接线路基成型。水电气及通讯等各类管网迁改敷设配套推进，保障项目建设和企业生产。1392 套动迁安置房主体全面封顶，内装、外装结束，全面进入户外配套工程施工；全年组件报征土地 74.8 公顷，取得土地批文 50.2 公顷。

【农村工作】 2015 年，新建农团乡安置点 9 个，安置居民 340 户。新建仲权镇群光村、竹元村挂钩项目 2 个，安置农户 162 户 741 人。完成新村聚居点基础设施建设 6 个，完成投资 2000 万元，涉及农户 2964 户。建成农村廉租房 15 户，改造农村危房 199 户。完成仲权镇竹元村、建设村、仲权村及农团乡东风村和草堂村新村聚居点道路 18.7 公里；新建仲权镇竹元村、建设村、群光村等村截污管网 3100 米。在农团乡新国村新建自来水管 8610 米，蓄水池 4 口，解决 1100 余人用水难问题。引进健康田园、自贡市久强、威尔特等 10 余户农业企业，新发展垂钓基地 33.33 公顷、优质水果采摘基地 20 公顷、蔬菜及花卉苗木观赏基地 26.67 公顷。基本建成 1 万亩生态循环农业产业示范园、1 万亩农团山花卉苗木基地、1 万亩特种生态水产养殖基地。新建仲权镇仲权村、群光村农团乡草堂村等村群众文化活动广场 5500 平方米、村民活动室 1100 平方米及停车场 3500 平方米；在仲权镇群光村、仲权村及建设村新建绿化面积 3000 平方米。完成狸狐洞水库库区及枢纽区 57.09 公顷土地征收补偿，青苗附着物补偿全部完成，安置补偿协议已签订 90%，拨付资金（包括生产安置费）1446.39 万元；安置农团乡草堂村、东升村、东风村共计 97 人。

【农业】 2015 年，农作物播种面积 9120 公顷，粮食总产量 2.77 万吨，蔬菜播种面积 2853.33 公顷，产量 7.82 万吨。推广主导品种 22 个、主推技术 17 项，推广面积 7333.33 公顷次，其中中稻 - 再生稻高产栽培面积 2000 公顷，配方施肥面积 1720 公顷。病虫绿色防控面积 666.67 公顷，膜侧玉米 200 公顷，建成漆树乡麦—玉—豆粮油高产高效示范片 333.33 公顷，建成漆树乡玫瑰李种植示范基地和柳源生猪养殖示范基地。发布植保情报 4 期，推广绿色防控 666.67 公顷。农作物病虫害防治 3826.67 公顷。新建农村户用沼气工程 1 处。开展新型农民培训 160 人，农民实用技术培训 2.8 万人。将农业“三项补贴”（即农作物良种补贴、种粮农民直接补贴和农资综合补贴）调整为农业支持保护补贴，实施耕地地力保护补贴，共计资金 624.02 万元，探索实施粮食适度规模经营补贴，共计资金 112.77 万元；管护公益林 2040 公顷和国有林 83.13 公顷。开展种子、农药、化肥为重点的农资市场专项检查，打击制售假劣违法行为，净化农资市场。

【畜牧业】 2015 年，出栏生猪 8.87 万头、肉牛 0.18 万头、山羊 2.07 万只、小家禽畜 124.43 万只；完成禽蛋产量 0.3 万吨、牛奶产量 0.22 万吨；完成畜牧总产值 2.93 亿元，促进农民增收 185 元/人以上。建立荣边镇粮油高产示范基地、经济作物产业示范基地和漆树乡肉兔养殖示范基地。组建 54 名技术队伍指导农牧业科技示范户应用、推广新品种和新技术。春季普免猪口蹄疫 1.32 万头，猪瘟 1.32 万头，猪高致病性蓝耳病 1.32 万头，牛、羊口蹄疫 0.22 万头，高致病性禽流感 55.32 万羽，新城疫 53.67 万羽；秋季普免猪口蹄疫 1.34 万头，猪瘟 1.34 万头，猪高致病性蓝耳病 1.34 万头，牛、羊口蹄疫 0.27 万头，高致病性禽流感 58.45 万羽，新城疫 55.18 万羽。圈舍消毒面积 81.34 万平方米，发放消毒液 1.87 吨。免疫犬只 2224 只，均填发犬只免疫证。检测舒坪奶站生鲜乳制品 86 份，“三聚氰胺”“黄曲霉素”检测结果均为阴性；辖区内各养殖大户、饲料兽药生产经营户、奶站均签订承诺书。每月对各类市场检查 1—2 次，对 9 个大超市、12 个城乡区市场、2 个冻库和 8 个加工场（点）的防疫条件进行检查，对不符合的场所责令整改。全年共出车 28 台次，出动执法人员 72 人次。

【林业】 2015 年，全区有 3052 公顷天然林资源，巩固退耕还林面积 615.7 公顷，管护国有林 80 公顷，补偿集体公益林 2095 公顷。实施退耕还林后续产业建设 53.73 公顷，营造林面积 133.33 公顷，其中新造以甜橙为主的经济林 66.67 公顷。发放防火宣传年画 2000 份，防火资料 4000 份；利用尖山桃花会在门票上印制防火标语 8 万份；添置标语 20 幅、墙标 18 幅、林区警示牌 200 块；配合市森林防火指挥部在农团乡开展森林防火专题宣传，接待群众 1500 人左右。全年未发生特重大森林火灾，森林火灾损失率控制在 0.1‰内。种苗产地检疫 260 万株，办理木竹材经营加工和种苗产地检疫植物检疫登记证 9 家，开具森林植物调运检疫证92份。人工防治松褐天牛333.33公顷，防治竹蝗和马尾松毛虫80公顷；安装230套诱捕器，释放20万头肿腿蜂，人工喷施噻虫啉防治333.33公顷，设置700株诱木等措施对松褐天牛开展综合防治，防治作业面1596.33公顷，清除松树中的倒木、枯死木、腐木3685株。清理排查违法占用林地行为3起，涉及林地面积0.31公顷。

【旅游】 2015年，举办四川省花卉（果类）生态旅游节暨自贡市第十六届飞龙峡桃花生态旅游节、“萄李芬芳”系列活动和“金秋旅游系列活动”，全年综合旅游收入70亿元。在飞龙峡景区新安装2个旅游标识标牌、4个旅游分流标识及6个农家乐标识标牌。对景区3家四星级乡村酒店、8家三星级农家乐和4家二星级农家乐进行评定复核。对不符合星级农家乐食品卫生安全和厨房设施、设备卫生安全标准的星级农家乐责令其整改。建立农家乐（乡村酒店）标准化评定委员会1个。对景区景点内的道路安全、水上安全、食品安全、特种设备安全等重点部位进行监督检查。组织联合检查6次，出动检查人员10余人次，检查景区业主单位20余家，对6家存在安全隐患的业主单位提出整改要求。

【商贸流通】 2015年，完成服务业增加值141亿元，完成社会消费品零售总额181亿元。建成电商博览城“普润生资交易中心”，10万平方米已竣工投入运行。以自贡（普润）电子商务博览城为孵化中心，400余家线下商家及电商签约入驻。以科伦药业、申通快递为龙头的仓储物流投入运营，其中25户电商企业，全年网上交易额约近20亿元。引进购川南、58同城、茶码头、自贡市果畅通电子商务有限公司、四川赞天府电子商务有限公司、四川小肆电子商务有限公司、四川百味源食品有限公司等7家电商入驻自贡普润电商博览城，提供就业岗位1000余个。

【招商引资】 2015年，新签约1亿元（其中农业项目0.5亿元）及以上重大项目10个，其中引进省外5亿元以上重大产业项目2个；包装重大项目33个。参加第五届“携手灯城·龙聚盐都”招商推介会、“2015年中外知名企业四川行”“长三角地区四川省投资推介会”“珠三角地区四川省投资推介会”、中国西部（四川）进口展暨国际投资大会等一系列招商活动，新签约重大招商项目共8个，协议资金12亿元。

【财政工作】 2015年，地方公共财政收入9125万元，同比增长11%；一般公共预算支出12.31亿元，同比增长12.22%；政府性基金预算收入4.65亿元；社会保险基金预算收入8029万元；财政纳入预算内管理的非税收入5441万元，同比增长19%。兑付农业支持保护补贴资金736.78万元，其中，耕地地力保护补贴资金624.02万元，注入市农担公司的粮食适度规模经营补助资金101.49万元，粮食适度规模经营中现金直补和重大技术推广项目以及贷款贴息补助11.27万元，受益农户2.1万户，6.1万人；储备新增地方政府债券项目19个、PPP项目19个。举办全区新《中华人民共和国预算法》暨财经纪律政策培训班，先后为区四大班子讲解新《中华人民共和国预算法》。强化政府采购，政府采购项目节约率15%，项目评审审减金额1852万元。

【国税工作】 2015年，完成税收收入13.84亿元，同比增长27.92%；实现区级收入1137.01万元，同比增长8.48%。减免纳税人税金4706.88万元，其中，对未达起征点纳税人减免增值税719.51万元，对小微企业减免企业所得税56.88万元，对高新技术企业减免企业所得税1656.39万元，对西部大开发企业减免企业所得税13.73万元，为金融资本市场减免企业所得税556.58万元。办理出口退税业务63笔，办结退税463.17万元。举办3期纳税人学校，对辖区内244家企业和个体商户共760人次进行培训，重点普及所得税申报、小微企业新政和三个规范内容。开展以“新常态、新税风”为主题的税宣月活动，发放各类宣传资料1000余份，为纳税人提供相关税收咨询服务50余次。

【地税工作】 2015年，全区地税总收入7.76亿元，增收1797万元。其中，税收收入6.68亿元，增收821万元；基金附加收入1.08亿元，增收976万元。省级税收收入2.03亿元，增收1784万元；市本级收入4.1亿元，增收1847万元；区级收入2547万元，增收180万元。开展建安、房地产等行业及税种系列专项检查，自查和辅导检查20家企业，查处税款罚款和滞纳金650万元，曝光11家欠税大户。组织开展电力、金融、餐饮、娱乐等12个行业、50家大中型企业纳税评估，收回陈年老账3500万元。全年减免各类税款7179万元。

【科技工作】 2015年，成功实施国家、省、市级科技项目23项。全区专利申请230件，其中发明专利申请91件，实用新型133件，外观专利6件。在全区各乡镇、街道新建科普画廊4个，电子科普显示屏1个。获市第三十届青少年科技创新大赛36项大奖。

【发展和改革工作】 2015年，实施66个重大项目，项目总投资358亿元。审批政府投资工程74个，总投资2.86亿元；备案企业投资项目12个，总投资6.95亿元。93个区政府投资工程通过招标、比选或竞争性谈判方式确定施工或勘察、设计、监理单位，其中公开招标5个、比选8个、竞争性谈判80个，累计节约政府资金1520万元，节资率20%。受理办结群众价格投诉（含市价格监督检查局转办件）51件，咨询35件，案件办结率100%。出动执法人员260余人次，罚没1.37万元上缴国库，退还消费者多付价款1602.4元。对11个单位的停车场收费、景区门票价格和服务收费、短期培训收费进行审批；与区民政局等多个部门配合，对区10家民办养老机构新增床位建设补助进行实地查验。价格鉴证120件，价格认证1件，标的金额240万元。与辖区内7个粮食企业签订《粮食供应、储藏、加工、运输应急协议》、12个企业签订《粮食安全责任书》。区社会粮食指导性收购完成3.35万吨，油菜籽收购完成120吨，粮食销售完成13.4万吨，食用油销售完成0.52万吨。全年新办、续办、变更14个“粮食收购许可证”，注销2个“粮食收购许可证”。

【统计工作】 2015年，完成全国第三次经济普查，全区登记证照个体户9398户、法人单位2927户、产业活动单位3623户；发布3期普查公告，普查数据被广泛应用。到13个村级样本中开展1%人口抽样调查调查小区地图绘制和摸底清查，登记1199户3314人。撰写GDP、投资、工业等《统计预警预报》专刊5期，统计分析10篇、统计信息75条。完成10户重点单位检查，8户单位发出整改通知书。完成75个基层单位的数据查询检查。全区统计从业资格和继续教育报名人数401人，参考人数居全市首位。建立健全统计教育登记制度，实行统计人员继续教育数据库管理，“四上企业”注册率和统计人员注册率均100%。

【审计工作】 2015年，完成审计（调查）项目113项，其中保障性安居工程跟踪审计1项、固定资产投资审计项目80项、区级财政预算执行审计1项、地税税收征管审计1项、区本级决算草案审计1项、经济责任审计4项、部门预算执行审计7项、专项资金审计10项。分阶段完成宏观政策措施落实情况跟踪审计8项，出具审计报告11份。审计查处问题金额6119万元，其中违规金额823万元、管理不规范金额5296万元。全年出具审计决定60份，审计决定执行率100%。编报审计信息27篇，“自流井区2013年度（区本级）预算执行情况及其他财政收支情况审计”等13项审计结果在自流井区政府门户网站向社会公开。对“2014年农村安全饮水项目未投入使用”问题，审计督促被审计单位及时通水验收，解决3260人饮水不安全问题。

【工商管理】 2015年，全区在册个体工商户8643户，在册各类企业3522户，其中登记各类企业1538户，注册资本（金）15.12亿元。新增企业313户、个体户1522户，新增注册资本2.54亿元。新申报注册商标216件，核准注册商标175件。查处各类违法违章案件623件，案值95万元。开展“3·15”宣传咨询活动及消费维权“五进”活动，抽检服装、手机、鞋类、纸制品、床上用品等八大类商品56个批次。办理“诉转案”11件，受理各类申投诉452件，办结426件，为消费者挽回经济损失60.36万元。审核通过准予发布户外广告151件，监测各类广告1657条，查处广告案件79件。检查农资市场23个次，检查农资经营户616户次，立案查处1件；受理投诉51件，为农民挽回经济损失7.2万元。全年查处取缔无证无照经营120户，引导办照98户。

【质量技术监督工作】 2015年，全区拥有中国名牌2个、四川名牌6个。26户企业通过四川省质量信用等级评价，45户企业通过ISO 9000系列质量管理体系认证。采用国际标准或国外先进标准12项，培育国家地理标志保护产品1个。巡查取证企业26家，建立企业档案32家。全区工业企业产品质量监督合格率达94%以上，企业生产的相关产品生产许可证、CCC目录内产品认证证书覆盖率100%。检查特种设备使用企业160余家，发出安全监察意见书36份，排除安全隐患28处。对辖区内危化品生产使用单位、液氨气瓶使用的2家单位进行专项检查。建立电梯使用单位档案，检查电梯289台，排除安全隐患24起。在辖区医院、商场、大型小区宣传特种设备安全知识，发放各类宣传资料2万余册。举办特种设备管理人员操作人员培训1次，参训人员200余人。检查集贸市场、加油站、医院计量器具2.1万余件。

【市场管理和服务】 2015年，区内各市场共有店面647间，出租使用559个；摊位823个，出租使用677个。组织安全专项检查70余次（140场次），整改安全隐患90余处，当场处理70处，限期整改20处。对富台山商场的电路及电器设备的安全隐患进行整改，为各市场补充更换消防灭火器10具、消防水带、水枪4套。组织群众性清洁卫生大扫除90次，清理垃圾1800余吨，清理“牛皮癣”及乱张乱贴2500余处，疏通市场阴阳沟、排洪沟3500米，铲除“千脚泥”约20吨，拆除乱搭乱建摊点467个，清理私拉乱接的电源、电话线2400余米，清理施工现场卫生死角垃圾50吨，清扫市场屋顶墙面蛛网吊尘4200余平方米。组织对摊点的划行归市350余个，取缔流动摊点700个。新增垃圾箱、果皮箱（桶）20个，统一制作店招牌及区指示牌、警示牌20个。

【供销工作】 2015年，供销系统实现经营服务总额6.52亿元，销售总额3.42亿元，消费品零售额2.23亿元，农资供应总额0.39亿元，农副产品收购总额2.69亿元，再生资源回收总额0.28亿元。改扩建农村社区综合服务社4个，新建庄稼医院1所。销售各类化肥2000余吨、农药10余吨、农地膜10余吨、种子10余吨。新增实施农产品产销对接龙头企业1个，新增产销对接专合社2个，新建农产品直销店3个，新发展农民专业合作社1个，引导企业或专合社开展电子商务2个，新培育农产品品牌1个。新改建乡（镇）回收站5个，新建村级固定回收点13个、村级流动回收点29个。自流井区龙园特种水产养殖专业合作社在仲权镇竹元村新建2公顷泥鳅、鳝鱼养殖池5口。在荣边镇拱桥村新发展存栏10万羽林下鸡规模养殖场1个，年出栏肉鸡20万羽，鸡蛋80吨。

城乡建设

【基础设施建设】 2015年，沥青路面中修及修补道路坑凼约4000平方米，维修主城区压边石200米，施划道路标志标线1万平方米，油漆隔离墩反光标识王爷庙27个、广华等地60个；维修人行道板2500平方米，压模砼130平方米；维修人行护栏600米、更换200米、油漆1万平方米。新安防坠网75平方米，粉刷乳胶漆2800平方米。清掏下水道水窗600个、新增30个，疏通下水道5000余米，更换污水井盖12套。维修管辖区内路灯熄灯620余盏，改造水涯居大桥路灯线路230米，恢复毛家坝和东兴寺被盗、被损坏电缆700余米，恢复S305线被盗箱变1台，处理S305线、贡舒路、马舒路线路短路、断路30余次，恢复被损路灯电缆1300余米，维修、更换、增补路灯及亮化地埋电缆3500余米，维修路灯配电箱15台，油漆锈蚀配电箱60余台，更换交流接触器18台，时控钟12台，维修及增补沿河、山体的亮化灯具550余盏。在东环线、S305线试点“智慧市政”中的路灯三遥及防盗系统，安装路灯控制终端7套、行程开关器21个、路灯监控基础软件1套及短消息告警系统1套。完成19个老旧小区供配电设施改造，完成5个乡镇、41个行政村光纤宽带新建和改造任务。

【房地产】 2015年，直管公房大修面积2000平方米，中修面积6500平方米，小修1900户次；租金收入780万元；清理转租转让5户，调剂安置住房困难户20户。纳入廉租住房租金补贴家庭2031户，保障3600余人，发放资金177万余元。凤鸣苑五组团保障性住房406套1.99万平方米竣工验收并交付使用，南湖C-21保障性住房384套和顺龙坝保障性住房900套即将竣工验收，漆树乡新建36套保障性住房开工建设。东兴寺片区综合改造项目总户数1560户，被拆除房屋面积11.44万余平方米，完成签约1482户；老街改造项目总户数818户，被拆除房屋面积4.8万余平方米，完成签约796户；西山路改造项目总户数386户，被拆除房屋面积4.3万余平方米，完成签约166户。凤凰村3组60套安置房建设已竣工验收并交付使用。

【园林绿化】 2015年，清理行道树及花台绿带内干枯枝1500多次。定期和不定期修整交通路、五星街、火车站、自由路、光大街、檀木林街等路段的行道树4000多株次。补栽死亡行道树70余株，补栽花台绿带内植物6万多株，补栽（播）草坪2100平方米，补栽解放桥立交桥、十字口大桥等路段被盗花卉6000余盆。对各类花台绿带、广场植物施药治理病虫害10余次，对龙井公园、钟云山体育公园、富台山绿色长廊、钟云山社区长廊、人大广场、同兴广场、水涯居盐运船家文化广场、滨河广场绿地等地以及主街大道双向近66公里长的6748株行道树的后续养护管理。2015年，全区森林覆盖率31.23%，绿化覆盖率38.8%，人均公园绿地面积9.28平方米。

【交通工作】 2015年，开工项目6个，在建工程1个。完成农村改善工程27.5公里，村道建设35公里，渡改公路桥和危桥建设6座。县乡道养护里程98.33公里。自流井区乐自高速公路连接线建设工程完成征地动迁和主要水、电等杆管线搬迁，完成征地34.67公顷，弃土场流转土地15.33公顷，路基工程全部完工，并已完成单幅垫层190米试验段和单幅下底基层180米试验段。互通式立交桥项目完成匝道建设。荣舒路改善工程总投资1400万元，建设里程5.3公里，已竣工并通车。农漆路改善工程总投资1900万元，建设里程5.597公里，完成全部路基工程、边坡整治及挡墙工程。路侧护栏建设项目完成11公里。建成通村公路35公里。

【环境保护】 2015年，治理在建工地3个，拆迁现场4个。出动执法人员150余人次，车次70余次，累计检查工业企业46家、“三同时”建设项目27家、在线监控企业1家、医疗单位35家、饮用水水源地4个、乡镇污水处理设施4个。下发行政命令28份，立案查处环境违法企业3家，限期整治企业3家，关停企业2家。清理打捞漂浮在河道的垃圾、水葫芦及杂草、枯烂树枝200余吨。组织开展夜间检查5次，实施“两考禁噪”期间专项检查2次以上。完成11个村级废弃物资回收点定点建设，新建垃圾中转房30个，建设垃圾库2个，添置垃圾桶（果皮箱）220个，添置环卫车辆2台。审批新改扩建建设项目43个，其中登记表19个，报告表20个，报告书4个。监督性监测排污单位73家，监测乡镇污水处理厂12次，监测乡镇饮用水源2次。完成20个建设项目环境保护本底监测和验收监测，完成环境污染纠纷仲裁监测10次。

【国土资源管理】 2015年，全区耕地保护面积5007公顷，基本农田保护面积3110公顷。建成高标准基本农田1840.13公顷，其中漆树乡杨柳等4个村和荣边镇尖山村高标准基本农田项目已验收。开展2014年度土地矿产卫片执法检查工作，涉及卫片图斑52个、38宗用地，监测总面积56.99公顷，对7宗违法用地进行立案查处，查处面积2.22公顷，已查处结案6宗，收缴罚没款3.5万元，没收违法建筑297.85平方米。开展土地执法巡查80次，278人次参加，发现涉嫌违法用地行为19宗，涉及面积2.95公顷（其中耕地1.6公顷），均依法进行制止。依法出让挂牌出让1宗采矿权，注销2家企业采矿权许可证，全面完成矿山企业的年检工作。上报5个城市批次和1个独立选址项目，总用地206.24公顷。全年国有土地登记发证1383宗，其中单位宗277宗、私人宗1106宗。

【水务工作】 2015年，狸狐洞水库工程完成固定资产投资7000万元，进场公路建设工程和管理用房工程竣工，枢纽工程完成导截流验收、坝基及消力池重要隐蔽工程验收工作，完成坝肩及消力池开挖和喷混凝土支护、大坝坝基开挖、围堰铺筑、导流隧洞工程、主线延伸线公路等工程；完成仲权、荣边城市供水管网延伸主体工程。仲权管网延伸工程总投资372万元，建设管网3公里，新建加压站一座，解决仲权镇7000多人饮水安全。荣边镇管网延伸工程总投资480万元，建设管网10公里，新建加压站一座，解决荣边镇9000多人饮水安全。开展清水行动，累计打捞垃圾2090吨。完善应急抢险预案、加强应急演练和防汛物资储备，实行领导带班责任制，落实专人24小时值班，组织召开全区防汛抗旱工作会，对各防汛成员单位签订安全责任书。

【人民防空】 2015年，联合区武装部在汇东南湖体育中心举行自流井区民兵整组暨人防专业救援队伍整训。东锅、川玻等15家企业的专业队伍分别进行军事基础科目训练汇报表演及应急救援的组织和实施、工程抢险演练等12个科目。9月15日，联合市人防办和蜀光中学开展“9·18”人民防空、防灾减灾及反法西斯爱国主义宣传教育活动，完成“9·18”人民防空宣传活动及防空警报器鸣放工作。开展消防、建筑安全、易燃易爆危险化学品生产存放专项安全检查，分别对辖区内的15条直管工程进行逐个检查，对地区单位的人防工程采取单位自查，人防办抽查的方式进行，发现问题责令及时整改。组织召开人防工程消防安全管理工作会，对租赁户业主、人防工程管理单位负责人进行消防安全专题培训。投资100余万元对5个人防工程进行升级改造。

【消防工作】 2015年，办理建设工程消防设计备案3个、竣工验收备案11个；下发建设工程消防设计审核意见书3份、验收意见书3份；办理公众聚集场所营业（使用）前消防安全检查合格证28个。钟云山路消防中队共接警320余起，出动车辆387台次，出动官兵2043人次，抢救疏散被困人员67人，保护财产价值700万元左右，灭火成功率100%；为民服务230余次，取马蜂窝600余个。到单位或场所上消防课40余次，消防站开放日接待群众5000余人，印发消防宣传资料1万余份，受益群众1万余人次。全年检查单位和场所1484个，发现并督促整改火灾隐患927件，填发责令改正通知书550份。立案查处消防违法行为34起，下发行政处罚决定书33份，其中罚款单位23家，罚款个人10人，罚款金额共计26.48万元，责令“三停”5家；下发临时查封决定书8份。

【防震减灾】 2015年，在各乡镇、街道建立“三网一员”队伍，同时加强震情应急值班，组建预报人队伍11人，健全24小时值班制度，特殊戒备期间严格实行异常零报告制度。全区有25个避难场，均设立地震应急避难场所标志牌，并进行功能分区规划。组建由卫生、国土、建设、教育、公安、乡镇、街道和志愿者300余人组成的地震应急救援队并制定应急制度和应急措施。利用“3·29”“5·12”“7·28”等重要纪念日组织大型防震减灾宣传活动8次，出动宣传人员130余人次，发放各类宣传资料3.2万余份、播放宣传电影6场、电视新闻报道10次，学生知识竞赛9次。

【城市管理】 2015年，出动执法队员2万余人次，规范占道（越门）经营5000余起，取缔游摊、野摊500余个。开展户外广告和店招店牌专项治理，督促业主自拆和组织力量强拆违章设置、陈旧破损的户外广告、店招店牌等240余副。拆除违法建设面积2000余平方米，清除乱张贴、乱喷涂7万余处。建立区建筑垃圾治理领导小组和联系制度，组织专项执法行动4次，下发整改通知书2份，增设宣传广告2幅，组织渣土运输单位、施工单位和相关部门集中培训1次，各责任单位自觉签订承诺书。完成新增150平方米（含150平米）以上或75座（含75座）以上的餐饮企业及机关、企业事业单位食堂油烟净化装置安装，安装率100%；区餐饮业及机关、企事业单位食堂煤改气率100%。

【海事管理】 2015年，召开各类安全会96次，举办船舶所有人、经营人、船员、签单人员学习班3期，培训99人次。播放水上交通安全教育37碟次；发放各类安全文件360份，发放安全画、安全资料及安全传单1336余张、标语310余幅，接受群众咨询450人次；召开各类现场会102余次，发放救生浮具100具。出动检查组36次，检查人员626人次，检查车213辆次，检查各类船舶3036艘，其中，渡口船112艘次、客船246艘次、游乐船2186艘次、清漂船492艘次；检查客渡码头483道次。船舶报检率和报废率均100%。

文化建设

【文化工作】 2015年，开展各类大型文化活动12场，创作小品、舞蹈、声乐、书法、文学等作品100余件（幅）。对辖区内机关、企事业单位的可移动文物1.29万件（套）再次进行梳理，完成数据收集、整理和填报。上报编制《桓侯宫整体保护规划》立项报告，并通过国家文物局审批。在全市率先成立社区文艺志愿者队伍，有2支队伍共150余人。开展乡镇（街道）、村（社区）文艺骨干各类培训12次，参训人员500余人。为44个社区书屋和41个农家书屋更新补充出版物近2万余册。开展送文化下乡10次，举办各类群众文化活动154场次，参与演出和观看的群众8000余人次。检查图书、音像店12家次，打字复印、印刷企业37家次，查收非法印刷复制品200余册，收缴内容不健康非法出版物200余册、盗版图书300册。对辖区内各中小学周边进行专项治理，检查互联网上网营业场所12家次，书刊、音像店7家次，查缴非法出版图书100余册。全年放映农村公益电影620场。

【精神文明建设】 2015年，开展全国文明城市创建工作，印发宣传单、宣传画、倡议书等宣传资料40万份，设置大型广告牌71块，在全区机关企事业单位和商家150多个户外LED大屏、电子显示屏和楼宇电视滚动播放创建内容。围绕核心价值观、纪念抗战胜利70周年、传统道德文化等内容开展基层微宣讲活动18场，组织各级文明单位开展道德讲堂宣讲活动50多场。开展“弘扬雷锋精神 培树文明新风”“我们都来学雷锋”等各类主题志愿服务活动12场，参与“互联网+圆梦村小”志愿服务活动，组织捐款1.1万元。推荐上报“岗位学雷锋”先进集体11个、敬业标兵26名。评选表彰区级美德少年20人，其中5人被评为市美德少年。

【档案工作】 2015年，建立婚姻、社保、就业、医保、知青、招工、军人等30余万条民生档案目录数据库，完成婚姻档案扫描1200卷，接待查询档案1705人次，查询档案5115卷，档案查询2270余人次。完成区70个立档单位、2.36万件文书档案集中立卷归档工作。配合市档案局在自流井区东街辖区开展“6·9”国际档案日“档案与你相伴”主题宣传活动，参与群众近1000人，发送宣传资料5000余份。开展卢德铭烈士陈列馆宣传活动，德铭中学校组织近1000名中、小学生参观有关实物档案。

【地方志工作】 2015年，完成《四川年鉴（2015年卷）》6000字、《自贡年鉴（2015）》4万字自流井篇的撰稿和上报。选送记述自流井区政治、经济、文化和社会事业发展变化方面的彩照35幅入编省、市年鉴。编纂《自流井年鉴（2015卷）》，并面向全国公开出版发行。在往年10个专题的基础上，新增设“群教活动”“新农村”等8个专题，编纂完成《自流井图鉴（2015年卷）》。11月，全市首部村级志书《竹元村志》出版发行。全年出版地方综合年鉴1部、图片年鉴1部、村志1部。

社会建设

【教育工作】 2015年，全区秋季小学招生2124人，初中招生537人，高中招生724人；初中毕业率98.9%，小学毕业率100%；小学在校学生辍学率0，初中在校学生辍学0.2%，高中在校学生辍学率1.3%。投入整改资金500余万元，整治校园各类大小安全隐患20余处。全区各校开展消防、地震等各类应急演练80余次。开展法制教育课及法制教育专场报告40余次。组织98名市级骨干教师参加“一三一”工程骨干教师培训。组织230名幼儿园教师参加全区保教质量提高培训班。举办“阳光下成长”全区中小学生艺术节，选送27个节目参加全市中小学生艺术节展演，15个节目获一等奖。组织高考、中考、成考、自考、非学历考试报名11次，组考5次。全区高考生3497人，其中文科1426人，理科2062人，职教9人。重本录取442人，本科录取811人，专科录取1346人，对口高职录取4人。初三毕业考生4187人，成人高考考生1866人，其中文科考生518人、理科考生564人、专升本考生784人。自学考试2次，2787人报名。

【卫生工作】 2015年，辖区内有医院23家，基层医疗卫生机构233家，专业公共卫生机构9家，其他卫生机构1家。总诊疗108.54万人次，门诊急诊100.66万人，出院4.06万人次。全区新农合参合6.8万人，参合率99.75%。新农合统筹基金累计支出2729.2万元，共救助重大疾病患者40人。注销2个诊所，医疗机构变更注册23家次。对全区67所托幼机构在园儿童体检1万余人次，新生儿疾病筛查2407人；免费婚检2410对，免费孕前健康检查、评估1116人，其中农村638人，城市居民478人；孕产妇艾滋病、梅毒、乙肝检测2428人，农村孕产妇住院分娩补助637人；新生儿死亡率0.71‰，婴儿死亡率1.43‰，5岁以下儿童死亡率3.93‰。全年报告传染病13种929例，总发病率384.71/十万，较2014年同期高4.15%。国家免疫规划疫苗（一类）接种2.81万人次，接种4088人次，二类疫苗接种8463人次。监督检查公共场所经营单位1036户次。检查6所中学、16所小学、22所幼儿园，对存在问题的单位发出《卫生监督意见书》。监督检查医疗机构（含民营医院）427户次，下发卫生监督意见书431份，处理投诉举报3件。与区检察院、区公安分局联合开展打击非法行医专项监督活动，出动执法人员96人次，取缔流动非法行医摊点16处，没收非法药械9箱。受理卫生行政许可申办832件，其中公共场所卫生许可158件，医师执业注册369件，护士执业注册300件，医疗机构变更5件。

【计划生育工作】 2015年，全区出生人口3028人，人口出生率8.37‰，自然增长率2.62‰，符合政策生育率92.04%。审批办理再生育614件，其中单独两孩再生育审批476件。全区享受计划生育"两项制度"奖励扶助对象共2219人，发放奖励扶助金674.23万元；计划生育手术并发症对象纳入特别扶助20人，发放扶助金4.8万元。享受独生子女父母奖励9686户，兑现奖励金78.69万元。建立计划生育特别扶助对象管理档案568户，帮扶847人次，发放慰问金13.6万元。为1116名目标人群进行免费孕前优生健康检查。投入保险费3.86万元为全区3860名农村和城市低保家庭中0～18周岁的独生子女办理平安保险。受理流动人口一孩生育服务登记7例；免费为流动人口提供技术服务163人次，发放避孕药具2950份；为流动孕产妇提供孕期保健9人次，孕前优生健康检查1人次；为60名0～6岁流动儿童建立预防接种档案，针对流动人口集聚地进行传染病监测97次。组织开展各类大型宣传活动，发放宣传资料3.48万份，药具1.73万只，接受义诊2853人，接受群众咨询人数6995人。区计生站实施计划生育手术801例，开展免费生殖健康"三查"3.27万人次，B超检查2.08万人次，接待门诊就诊1325人次。全年发放避孕药具58万只。

【劳动就业】 2015年，全区城镇劳动力11.27万人，城镇就业11.07万人，失业1993人；农村劳动力3.03万人，外出务工1.18万人。职业技能培训2506人，青年劳动者技能培训860人，品牌培训300人，创业培训2006人。城镇新增就业1.07万人，其中城镇失业人员再就业2688人，就业困难人员再就业913人，城镇登记失业率4.1%。发放失业保险待遇1166.96万元1.26万余人次。促进高校毕业生实现创业41人，发放创业担保贷款60万元，提供就业岗位450余个；创建高校毕业生见习基地14个，发放就业见习补贴55.9万元。为60名特困低保大学生和46名获国家助学贷款的高校毕业生发放求职补贴8.48万元。开发公益性岗位857个，用于安置"4050"等就业困难人员。组织开展"就业援助月""春风行动""民营企业招聘周""高校毕业生就业服务月"四大公共就业服务活动，发放宣传政策9000余份，提供就业岗位1800余个，签订意向协议400余人，与23名就业特困人员签订为期3年的就业服务协议。为427名灵活就业困难人员发放社保补贴183.5万元。为9985名城镇失业人员、进城务工人员办理免费登记建档工作，同时免费职业介绍成功4291人。

【医疗保险】 2015年年末，城镇职工医疗保险参保541户2.28万人；城镇居民医疗保险参保15.34万人，其中大学生参保2.9万人。参保职工出院5956人次，住院费用5327万元，城镇职工政策范围内住院报销比例82%；参保居民出院2.74万人次，住院总费用1.6亿元。开展两次全区特殊门诊特殊疾病的资料收集、上报，经专家鉴定有259名符合条件，对符合条件的患者，核发门诊特殊疾病医疗证。与省平台联通实行异地持社保卡联网实时结算的"两定"机构达22家，结算医疗费用47.7万元。

【社会保险】 2015年年末，全区企业退休职工1.72万人，机关事业单位退休职工648人。企业职工基本养老保险参保3.22万人，工伤保险参保1.7万人，生育保险参保1.08万人，城乡居保参保4.13万人，缴费1.97万人。新参保企业163家，新参保849人，个体新参保1661人，城乡居保转个体参保314人。稽核用人单位128户，查处漏保、瞒报、少缴养老保险费10.82万元、工伤保险费0.17万元、生育保险费0.08万元，追收企业欠缴社保基金520万元，对长期拖欠社保费的企业按程序申请区人社局行政划拨。办理被征地农民新参保1191人，征收养老保险基金7142.07万元。采取社区集中认证、上门认证、QQ视频认证等形式对退休人员进行生存认证4.76万人，认证率99.16%。

【民政工作】 2015年，城市低保累计保障

10.3万人次，发放金额2556.19万元；农村低保累计保障7.83万人次，发放金额900.85万元。临时救助191人次，发放临救资金5.44万元；城乡医疗救助1.65万人次，发放救助金796.86万元；认定符合疾病救助条件对象4人；救助特困家庭肇事肇祸倾向重型精神病人66人次，发放救助金77.8万元；救助受灾群众8610人次，98万元救灾资金全部纳入“一卡（折）通”发放。为16名2014年夏秋季入伍的大学生发放一次性奖励金3.6万元，发放义务兵家属优待金151户135万余元，发放自主就业退役士兵一次性地方经济补助金88人224.33万元；全年接收退役士兵127人。慰问抗日老战士15人，送去慰问品、慰问金共计5万余元，授予抗日纪念勋章11枚。新增民办机构床位431张、维修改造公办机构床位130张，建成城乡社区日间照料中心13个，为4000名困难家庭的失能老人和80周岁以上高龄老人提供居家养老服务。全区现有孤儿19人，发放孤儿生活费17.7万元。救助困难群众及贫困学生32人，发放慈善救助金5.44万元。新登记社会组织15个，备案社区社会组织6个。落实惠民殡葬救助资金89人5.67万元。办理结婚和补办结婚登记2847对、离婚登记1525对，补发结婚证1240对、离婚证167对，出具婚姻证明4921份，补录婚姻登记历史信息1万余条。发放高龄老人长寿补贴金1.06万人次110.84万元。

【食品药品监管】 2015年，检查企业1092家次，利用快检试剂检测生鲜肉及腌腊制品105批次，出动执法人员846人次，出动执法车辆208台次，下达责令整改通知书87份。食品抽检317批次，抽样品种含粮食加工品、食用油、肉制品、饮料、酒、水产品等26个食品大类。抽检药品98批次，其中制剂86批次、中药饮片12批次。检查学校食堂53所、养老院18所、单位食堂45所。现场监督检查药品、化妆品生产企业69家次，要求企业严格落实生产企业授权人制度，确保产品质量源头安全。与131药品经营企业签订“守法经营承诺书”，与44家医疗器械经营企业签订“医疗器械经营质量安全责任书”。全区103家药品零售企业通过GSP认证检查。评价药品不良反应病例报告601例，评价医疗器械不良事件19例。组织辖区农村群宴厨师、各学校（含幼托机构）分管领导及首席食品安全管理员、养老机构、机关企事业单位、大中型餐饮单位负责人共计278人参加新食品安全法培训。对60余名从事农村自办宴席专业加工服务队伍或个人以及乡镇协管员开展农村自办宴席食品安全培训，发放培训资料60余份，对辖区内18名农村群宴厨师进行造册建档。全年办理违法案件122件，结案108件，收缴罚没物资300余公斤，收缴罚没款共计19.87万元；办理食品流通许可337件、餐饮许可239件；受理各类投诉举报145件，受理群众食品药品咨询302件。

【安全监督工作】 2015年，在全区组织开展安全生产“大讲堂”活动、6月16日宣传咨询日、“三寻找”先进人物事迹宣讲活动、安全事故应急处置演练等系列活动。编写《安全生产简报》32期，组织安全培训7期，培训各类人员734人次。检查非煤矿山、烟花爆竹和危化企业238个次，查处各类安全隐患128件，督促整改128件。组织全区性危险化学品、人员密集场所、地质灾害、森林防火等应急实战演练4次。集中开展安全生产大检查、深化“打非治违”和专项整治工作，组织督查组48个，参加检查人员154人次，督促单位121家，排查各类安全隐患158处，整改158处。完成网上申报职业危害企业128户。利用职业卫生宣传周设7个宣传点，接待群众咨询315人次，发放宣传资料1.37万份。

【残联工作】 2015年，对全区9个乡镇（街道）的持证残疾人和0—15岁未办证的疑似残疾儿童开展基本服务状况和需求专项调查，共调查持证残疾人5629人。其中完成调查5488人，因死亡、搬迁、外出等原因未能调查141人。开发适合残疾人就业的公益性岗位35个，促进2687名城乡残疾人实现居家灵活就业。发放就业扶持资金33万元，其中发放就业（创业）直补对象232人。投入10万元，帮扶农村贫困残疾人1096人。投入12.5万元，为737名亟须辅助器具的城乡贫困残疾人适配辅具。康复救助贫困家庭脑瘫儿童26人，其中手术治疗2人、康复训练24人；康复救助贫困家庭智残儿童21人。为26名贫困白内障患者实施免费复明手术；对15名患者给予住院救助，对110名患者报销500元/年的门诊服药补助；关注孤独症儿童，向3名患儿发放康复补助金1000元；对46名有代步车的下肢残疾人发放每人每年365元的机动代步车燃油补贴；对6名下肢残疾人安装假肢发放4000—6000元的补助。

乡镇街概况

【舒坪镇】 辖10个村、1个社区、106个村民小组，10个居民小组。2015年年末，户籍人口2.5万人（农业人口1.8万人，城镇人口7000人），常住人口2.8万人。是年，农业增加值1.3亿元，农民人均纯收入1.37万元。粮食产量7500吨，蔬菜产量1.45万吨，生猪出栏1.97万头，牛出栏763头，羊出栏4572只，鸡22.36万羽，兔40万只。全镇规模以上工业总产值38.4亿元，固定资产投资总额7.5亿元。人口自然增长率3.63‰，符合政策生育率78.4%。新农保适龄人员参保6151人，办理农转非人员养老保险782人、医疗保险984人、失业保险541人。发放大病医疗救助金、新农合医疗保险资助金、冬春救助金、临时生活救助金、优抚定补及优待金共239万元。发放粮食直补、农机补贴等惠农政策资金141万余元，兑现退耕还林政策补助资金15.2万元。

【仲权镇】 辖11个村、1个社区、130个村民小组、4个居民小组。2015年年末，常住人口3.12万人。全年粮食产量1.25万吨，蔬菜产量2.94万吨，生猪出栏2.2万头，牛出栏921头，羊出栏4241头，活家禽存栏30.44万羽。农业生产总值2.2亿元，工业总产值7.9亿元，固定资产投资6.8亿元，农民人均纯收入1.32万元。城镇登记失业率控制在4.0%以内。农民工技能培训1000人次，培训结业率100%，就业率90%。城乡居民社会养老保险缴费5308人。

【荣边镇】 辖12个村、1个社区、104个村民小组。2015年年末，总人口1.62万人，其中农业人口1.54万人。全镇耕地面积985.14公顷，林地812.37公顷。全年粮食产量1.01万吨，蔬菜产量1.18万吨，生猪出栏2.56万头，牛出栏99头，家禽出栏63.06万羽。农业总收入2.98亿元，农业增加值7508万元；农民人均纯收入1.13万元；规模以上工业增加值实现9.34亿元；固定资产投资完成17个项目6.8亿元；桃花节和葡萄节旅游综合收入300万元，接待游客40万人次。外出务工6612人。新增城乡低保157人、五保6人，救助重大疾病困难群众137人次，救助金额23.13万元。

【农团乡】 辖5个村、1个社区、3个居民小组。2015年年末，总人口5458人，其中农业人口5226人、社区常住人口232人。常年外出务工人员2600人。全乡耕地面积149公顷，林地面积1940公顷，森林蓄积56万立方米。全年粮食产量1396吨，蔬菜产量3066吨，生猪出栏3990头，牛出栏62头，家禽出栏13.2万羽。完成地区生产总值1.5亿元，规模以上工业增加值670万元，全社会固定资产投资5亿元，旅游综合收入1821万元，农民人均纯收入1.22万元。开展大病救助等各类救助123人次，救助金17.4万元。落实春荒救济款6.95万元，救济困难户298户744人次。新型城乡居民社会养老保险参保2740人，新型农村合作医疗参合4758人。

【漆树乡】 辖4个村、1个社区、4个居民小组、35个村民小组。2015年年末，总人口7067人，其中常住人口6851人，农业人口6623人。计划生育率72.4%，人口自然增长率5‰。全乡耕地面积564.38公顷，林地面积243.54公顷。全年粮食总产量3050吨，生猪出栏6800头，蛋鸡存栏7万羽。完成地区生产总值2.84亿元、农业总产值8765万元，工业固定资产投资5300万元，社会固定资产投资2.4亿元，招商引资9000万元。农民人均纯收入1.13万元。发放农村低保金120万元，发放优抚金近9万元，优抚对象51人。发放义务兵优抚金5.25万元。实施大病医疗救助150余人次，救助金18.3万元。发放救灾救济资金12万元，救济240余人。

【新街】 辖4个社区、86个居民小组。2015年年末，户籍人口2.13万人，常住人口2.15万人。全年安置公益性岗位87人，新增就业人员750人。办理就业失业登记证217个，就业援助对象105人，困难认定102人，职业介绍成功15人。城镇居民医疗保险新参保及续保共9750人；参加小额人身意外伤害险178人；城乡居民养老保险参保350人、缴费130人，超龄人员参保220人。退休人员社会化管理认证4872人。

【五星街】 辖6个社区、107个居民小组、居民1.67万户。2015年年末，户籍人口6.4万人。新增就业和再就业1079人，其中困难人员就业607人。全街从业人员2.54万人，失业人员366人。城镇居民医保新参保715人，续保1.23万人，其中转出541人、死亡48人、放弃续保人员137人；安置下岗失业人员1084人。退休职工社会化管理认证1.15万人，企业离退休人员省级协查认证11人。

【东兴寺街】 辖8个社区。2015年年末，户籍人口8.1万人。新增就业1415人，其中就业困难对象303人。城镇居民养老保险参保827人，城镇居民医疗保险续保和新参保1.86万人。发放低保1.78万人次、金额420万元；临时救助58人次，救助金额1.5万元；事后医疗救助118人次，救助金额41万元。符合政策生育率100%，全街享受独生子女父母奖励金家庭1157户1610人，发放奖励金9.11万元；特别扶助对象255人，发放扶助金136.68万元。

【郭家坳街】 辖5个社区、81个居民小组。2015年年末，总人口4.48万人。全年实现社会消费品零售总额1.14亿元，城镇人均可支配收入3.12万元。办理“就业失业登记证”946件，城镇新增就业1088人。全街有低保户1473户，2243人纳入最低生活保障范围，发放低保金598万元。为123户群众解决公租房123套。53名就业困难对象养老保险纳入社会保险补贴；退休人员领取养老金资格认证1.24万人；城镇居民基本医疗保险参保1.2万人；城乡居民社会养老保险参保836人，缴费304人。

（自流井区地方志办）

贡井区

概 貌

【位置 面积 人口】 贡井区系自贡市辖区，位于自贡市中部。辖区面积410平方公里。全区辖长土、艾叶、建设、成佳、龙潭、五宝、桥头、白庙、莲花9个镇，章佳、牛尾2个乡，筱溪、贡井2个街道，33个社区，149个行政村、1304个村民小组。2015年年末，总人口29.49万人，其中：男性14.98万人、女性14.51万人；非农业人口10.35万人；18周岁以下4.35万人，18周岁至60周岁17.87万人，60周岁以上7.27万人。

【建置沿革】 贡井区历史悠久，原名“公井”，因1400余年前的大公井而闻名，是驰名中外的井矿盐发祥地之一。在唐以前，大公井与富世盐井在四川享有盛名。明嘉靖时期（1522—1566年），大公井所产之盐质纯味美，作为朝廷贡品，故改“公井”为贡井。民国28年（1939）9月1日，自贡建市，“自贡”之名源于著名盐井自流井和贡井两地合称。贡井地区为三、四、五区。1949年12月5日贡井和平解放。1950年三、四区合并为二区。1953年1月，二区改称贡井区。

【自然资源】 贡井区位于川中盆地南部，地处浅丘，属沱江水系的旭水河自西向东横贯全境。亚热带湿润季风气候，年平均气温17.8℃，年积温6539.9℃。常年月平均最高温度27.8℃（8月），最低7.5℃（1月）。年平均日照为1238小时。年均降雨量1048.7毫米，气候温和，雨量充沛，相对湿度80%左右，年蒸发量972毫米。全年阴雨天多、雾日多、空气透明度小，日照多集中于夏季，日照时数历年平均为1247.2小时，属全国日照时数偏少的地区之一。辖区主要河道96.79千米。全区水资源总量4.28亿立方米，已开发利用量为1.32亿立方米，占水资源总量的31%。人均水资源量448立方米，亩均水资源量599立方米。

【旅游资源】 贡井区历史悠久，旅游文化特色明显。有源于东汉年间的“大公井”，被誉为世界奇迹的近千米深井东源井，有旭水河艾叶至平桥段的“八里秦淮”古运盐水道，有城中平桥瀑布景观，有贡井人民公园（张家花园）。省级重点文物保护单位夏洞寺，自贡地区佛教文化重要寺庙天池寺及60多座宫、观、庙、寺（祠）等。有南北环路沿线的花卉生产基地、三台梨花、固胜农民新村、七星湖旅游度假新村、莲花竹海、龙潭白鹭群等，形成乡村休闲观光和特色美食旅游、牛尾—莲花—桥头远郊自然生态旅游、欢乐暴走郊游。2011年3月，在牛尾乡石柱村二组发现国家二级保护野生动物金猫。

【交通条件】　贡井区地理位置优越，距成都、重庆200余公里，距宜宾航空港40余公里，均有高速公路和铁路相连。区内有省县乡村公路635公里，形成以省道乐自路、隆雅路（S305）、资泸路（S207）为骨架，县道北环路、资贡路、自犍路、双龙路、高黎路为支撑，乡村道为网络的交通格局。全区有水域通航里程70余公里，渡口2个，客运码头1座；二级客运站1个，乡镇客运站11个。

政治建设

【区委工作】　2015年，出台区委文件62件、区委办文件85件。召开全区性会议28次。向省委办报送信息26条；向市委办报送信息761条。县级领导到基层调研1464次。区委集体研究决策"三重一大"事项96项，审查8次。组织保密法制讲座2次，未发生泄密事件。

【人大工作】　2015年，组织召开常委会议8次，听取和审议"一府两院"专项工作报告14项，检查法律实施情况2部，做出决议决定7项，审议意见10份交"一府两院"处理。对3个政府部门开展工作评议，开展视察、执法检查16次，开展专题调研8项，形成调研报告24份。组织视察、执法检查、工作评议138人次。组织代表围绕群众关心热难点问题和重点工作开展视察调研128人次，提出建议意见365条，形成调研报告8篇。依法任免国家机关工作人员53人次，其中任命35人次。许可司法机关对3名涉嫌违法的区人大代表依法采取强制措施。接受市区代表辞职3名，补选区人大代表1名、市人大代表4名。在结对联系群众中，收集建议意见168条，帮助解决实际问题246件。受理群众来信来访36件42人次，信访办结率100%。

【政府办公室工作】　2015年，收到并传送中央、国务院、省委、省政府、市委、市政府公文1280件，其中机要文件130件。区政府发文83件，区政府办公室发文49件，上报请示报告类文件45件。印发《区政府常务会会议纪要》15期，编辑《贡井政务信息》16期，上报信息720条，被市政府办公室《每日要情》采用94条。开展电子政务工作人员专业培训2次，面向社会主动公开政务信息1319条；通过市政府门户网站公开信息210条。办理市人大代表建议1件，市政协委员提案1件，区人大代表建议92件，区政协委员提案90件。承办区政府常务会议15次，承办区政府全体（扩大）会、项目工作推进会、经济形势分析会议10余次，接待视察和检查30余次。

【政协工作】　2015年，提出提案98件，立案90件，参与撰写提案委员115人次，所提问题已解决或基本决解（A类提案）48件，列入计划逐步解决（B类提案）39件，因条件限制，暂时不能解决（C类提案）3件，提案办理满意率98.9%。

【纪检监察】　2015年，分层分类建立"两个责任"清单，签订主体责任承诺书65份，监督责任承诺书41份；主体责任书73份，监督责任书41份。收到群众信访58件，立案查处违纪党员干部41人，其中查处科级领导干部13人。印发文件通报3期、挂网通报6期、内部通报1期，开展案发地专题民主生活会5次，通报违纪人员15人。立案查处"四风"类案件27件，点名道姓通报曝光发生在群众身边的"四风"和腐败案件9起14人。开展监督责任谈话41人，任前廉政谈话26人，约谈23人，对1个领导班子进行诫勉谈话，发出作风通报批评2期，18人受到问责。5个片区协作巡查工作组开展专项督查16次，检查单位（部门）555个（次）；通过检查向区纪委纪检监察室移送案源线索2件，办理信访件33件，协助查办案件4件次，通报批评7期，发督办卡12张；整改"两个责任"落实、社会评价宣传、干部作风、违反财经纪律等问题50余个，清退违规发放差旅费、司机补助、电话费、节日慰问费等26.09万元。选取群众身边典型违法违纪案例编辑《贡井区警示教育读本2》。制定《贡井区党员干部旁听法院庭审工作实施办法》，组织党员干部参加涉嫌职务犯罪案件庭审3次。动态排查风险点648个，制定防控措施723条。监督管理行政权力依法规范公开运行平台和监察平台，全年无一预警、报警件。通过发送"四卡"提醒纠错，发放白色提示卡179张、黄色函询卡4张、红色纠错卡1张。

【组织工作】　2015年年末，区级公务员（含参公管理人员）629人，其中，女性133人，中共党员511人，硕士19人，学士125人，研究生49人，本科431人，专科128人，中专及以下19人。乡镇公务员213人，其中，女性89人，中共党员182人，学士88人，研究生3人，本科144人，专科56人。基层党组织452个，其中，区党委（党工委、党总支）25个，二级党委（党总支）11个，党支部416个，党员1.2万人。全年新发展党员159人，220余人参加入党积极分子培训。基层组织补缴党费5.34万元。全区各级投入资金270余万元对8个社区阵地进行新建和改扩建。新提拔正科级领导干部3名、副科级领导干部22名，交流科级领导干部53名，取消干部试用期5人。完成53名超职数配备科级干部及非领导职位消化整改任务。分类遴选60名科级干部培养对象和29名村（社区）主要负责人。审核领导干部档案351卷，党群一般干部110卷。县级领导干部开展“三严三实”专题教育。整顿28个软弱涣散党组织，下派第一书记20名。对6名领导干部开展经济责任审计。引进急需人才178名。培训干部1.1万人次。出台《关于健全完善区人才工作领导小组运行机制的意见》《关于加强乡镇干部队伍建设的实施意见》《贡井区领导班子功能结构模型管理办法》，制定《贡井区科级非领导职务晋升实施意见（试行）》《贡井区优秀人才评选管理暂行办法》。

【人事人才工作】 2015年，完成上半年区级部门、乡镇（街道）机关25名公务员招录工作；公开招考补充事业单位工作人员55名，新补充人员于9月份到岗。制定全区人才发展规划。加强乡镇干部队伍建设，将非领职数下到各乡镇。印发《贡井区县以下机关建立公务员职务与职级并行制度的实施意见》，开展乡镇公务员补贴发放前期准备工作。争取资金化解29名困难企业军转干部不稳定因素问题。

【宣传工作】 2015年，在主流新闻媒体发稿2076篇（条），其中国家级媒体532篇（条）、省级媒体468篇（条）、市级媒体1076篇（条）。在《自贡日报》刊发头版头条稿件27篇、头版新闻66篇。出刊《贡井宣传》4期。刊播《话说西城》12期46篇次；设置《贡井之窗》网站专题专栏7个，刊发新闻稿件和图片800余篇次。举办外宣活动9场次，征集贡井城市形象宣传表述语1200条，筛选10条待区委区政府审定。以“贡井发布”政务微博和“微贡井”平台，发布民生类、政策类和其他公告公示信息150余条，接受网友咨询60余条，回复网友问询信息60余条。11月，制作创建全国文明城市大型户外公益广告19幅，印发宣传资料20万余份，制作标语横幅、宣传挂图1200余条，开展市场环境、卫生环境、文明劝导行为27次。

【统战工作】 2015年年末，有党外领导干部30人，其中，副县级领导干部3人，正科级领导干部1人，保留正科级待遇1人，副科级领导干部25人。区政府领导班子中配备1名党外副区长，区政府工作部门中12个部门安排党外科级领导干部14名，占政府工作部门总数52%。区人大常委中有党外人大常委6名，区政协有1名党外副主席、党外区政协常委20名、党外区政协委员100名。全年发展党外正科级后备干部5名、党外副科级后备干部9名。组织召开民主协商会、情况通报会7次，提出建议意见100余条。落实资金1.7万元开展走访慰问、助学助残活动。非公经济人士捐款捐物15万余元，其中8户企业为育才小学校园文化建设捐款10万元。举行“三胞”及亲属、民族宗教界人士联谊会，接待20余人次。争取少数民族扶贫资金10万元。3月4日，台湾地区中国电视公司《大陆寻奇》栏目组赴贡井拍摄民俗民情和自然文化资源。

【政法工作】 2015年，开展社会稳定风险评估23件次，排查、化解各类涉稳隐患64个。集中排查14次，收集信息100余条；排查矛盾纠纷1346件，其中可调解案件1265件，调解成功1226件；成功处置群体性苗头事件57件次，依法打击违法人员4人次。录入网格基础信息41万余条，其中人口信息31万余条、房屋信息9万余条。走访特殊人群3624人次；受理网格事件4.1万件。培训网格员18场次2600余人次。5月底，在全市率先完成网格地图绘制。区委政法委被省委政法委、省人社厅评为“四川省党委政法先进集体”。

【公安工作】 2015年，接处警4595起，出动警力1.37万人次；立刑事案件1176起，破455起，抓获各类犯罪嫌疑人339人（提请逮捕127人、移送起诉197人、刑拘202人、取保候审121

人、监视居住7人、强制戒毒45人），追回网上逃犯79人；受理治安案件842起，查处749起，治安处罚195人（其中治安拘留131人）。破刑事案件455起，其中速破“8·24”故意伤人致死案，保持连续九年命案全破；先后破获省挂案件、省督毒品案件各1起，市挂案件2起；破八类恶性案件15件，团伙案件47件；为受害群众追赃挽回损失425万余元。查处治安案件749起，查处涉黄案件15起、涉赌案件40起、涉毒案件123起，刑事处罚88人，治安处罚152人，其中制止戒毒执行数上升104.55%。加强立体防控体系建设，新增221个天网点位和86个治安卡口。建设流动人口申报点482个，采录各类数据7141条。办理二代居民身份证1.05万张。贡井区在省委综治委开展的2013年至2015年平安建设群众满意度测评中排名全市首位。创作的微电影《注射器》获省公安厅优秀奖。

【检察工作】 2015年，立案查办职务犯罪案件10件14人；立案查办贪污贿赂犯罪6件9人；立案侦查渎职侵权犯罪4件5人。批准逮捕刑事犯罪嫌疑人90件116人，提起公诉101件160人，其中批捕毒品、抢劫、抢夺、盗窃、诈骗多发性案件61件81人，起诉毒品、抢劫、抢夺、盗窃、诈骗案件47件61人。办理民事、行政案件6件，提请省检察院抗诉1件，提出执行检察建议1件。打击破坏社会主义市场经济秩序犯罪，批捕犯罪嫌疑人3件4人，起诉2件3人。开展院内培训15次，选派干警参加各级培训55人（次）。开展检务督察14次，督促整改问题12个。有160篇文章被中央、省、市媒体采用，其中国家级37篇。

【法院工作】 2015年，受理案件2822件，审结2559件。受理刑事案件151件，审结133件，判处被告人198人，其中，判处5~10年有期徒刑3人，五年以下有期徒刑137人。受理民商事案件1752件，审结1572件，其中调解、撤诉案件1057件。受理行政诉讼案件21件，审结20件，审查非诉行政案件365件。受理执行案件503件，执结451件，执结标的额2.67亿元。区法院被省高院、省人社厅表彰为全省法院先进集体，被省高院表彰为“司法大拜年”专项执行活动先进单位。

【司法行政】 2015年年末，全区有人民调解委员会236个2281人。全年排查民间纠纷297件，受理261件，调解成功257件。承办法律援助案件（事项）260件，其中律师承办34件（通知辩护案17件），基层法律服务工作者承办64件，其他人员承办162件（法律援助工作站）。提供咨询、代书服务1620人次，其中为农民工提供服务450余人次。办理公证877件，接待咨询2600余人次，减免困难群众公证服务费4.84万元。基层法律服务所担任16家单位法律顾问，代理民事诉讼案件120件、非诉讼案件80件，避免和挽回经济损失390万元，解答法律咨询580余人次，代写法律文书80件，调解纠纷35件。

【机构编制管理】 2015年年末，区政府工作部门23个、部门挂牌机构8个。是年，完成158个事业单位网上登记年度报告公示审核。机构总数达215个，域名注册205个，其中，行政机构57个（含法院、检察院）、事业单位158个（含残联）；政法类派出机构16个。机关事业单位编制4277人，其中：党政群机关506人，乡镇街道296人，政法系统160人，事业单位3315人（含残联）。机关事业单位在编在职人员总数3465人，其中党政群机关行政编制在编在职450人（不含残联），乡镇街道实有253人，政法系统在编在职144人，各类事业单位在编在职2618人（含残联）。

【党校工作】 2015年，承办4期“十八届四中全会及中央、省委全面从严治党系列重要文件专题学习培训班”，以及乡镇（街道）干部培训班、优秀年轻干部人才递进培养计划第二期培训班、机关公务员依法行政培训班、农村党员示范培训班、“两新”组织党员示范培训班和流动党员示范培训班，集中培训508人，培训考试903人。组织撰写抗战胜利70周年征文《信仰的力量》，完成1个市级调研课题《关于贡井区乡镇集镇生活垃圾处理的调研报告》。指导学员完成10篇调研文章。

【工会工作】 2015年，新建工会12个，新入会员1200人；942名女职工投保大病互助保险1069份10.69万元，赔付9名患癌女职工大病保险金；职工住院保险参保903人7.22万元，为50名因病住院职工申请赔付3.50万元。向4名涉及劳资关系及工伤处理案件打官司困难职工（含农民工）发放法律援助资金6000元，向困难劳模发放生活困难补助金、慰问金8万余元；争取资金33.6

万元开展“情暖盐都”送温暖慰问月活动；为群团组织社会服务中心试点争取19.5万元专项补助资金；元旦、春节期间慰问102户职工8.69万元；帮助250名城镇下岗人员实现再就业；开展“送清凉”活动金额3万元；“金秋助学”帮助56名困难职工或农民工家庭子女就学筹集13.2万元；对274名困难职工进行生活和医疗救助33.45万元；申请省困难职工基金会项目资金5万元，为650余名一线环卫职工购买清凉药品，建成2个户外工作小屋。四川文森电器有限公司库房工会小组分别获得中华全国总工会、省总工会颁发的“模范职工小家”；贡井街老街子社区工会委员会获省总工会颁发的“省级示范社区”。

【共青团工作】 2015年年末，直属团组织23个，村、社区团组织182个，非公有制企业团组织75个，驻外团工委37个；全区学校团委9个，团总支6个，团支部130个。创建“星级留守学生之家”5所。建立志愿者队伍19支，引导3900余名团员成为注册志愿者。开展“圆梦西城”“大手牵小手、文化送下乡”关爱活动40场。整合资源，筹集款物60余万元，服务青少年1.7万人次。开展“逐梦计划”，提供大学生实习岗位50个。邀请19家企业参与“放飞梦想、青春建功”招聘会为200多名青年搭建就业平台。开展各类青年技能培训8场，培训青年500余人次。

【妇联工作】 1月12日，召开贡井区第十一次妇女代表大会，选举产生执行委员会领导班子。全区14个规模以上企业建立妇联组织，全国妇联命名的基层示范妇女组织4个，区妇联命名的基层示范妇女组织20个。“六一”节期间，组织慰问中小学、幼儿园10余所，赠送教具、体育用具、办公用具慰问品500余件，价值6万余元。“情暖西城”活动中慰问贫困母亲300余人，贫困儿童60余名，送出慰问金、母亲邮包、生活用品4万余元；重阳节为30名高龄贫困母亲送去大米和食用油2000余元；筹措新学年“春蕾计划”资金3.2万元，帮助55名贫困学生继续学业。与市五医院联合开展贫困女性救助公益就医项目，制作2700张价值25.83万元免费医疗就医卡。600余人参加“春风送岗位”大型招聘会，26个用工单位提供就业岗位217个，政策维权咨询180人次，91人与用人单位达成就业意向。创建市级巾帼创业示范基地2个，帮助100名妇女实现就业。为长土镇罗石塔社区9岁白血病患者筹集资金10余万元。

【工商联工作】 2015年年末，有会员358个，其中：企业会员163个，个人会员192个，团体会员3个。是年新发展会员企业26户，其中企业会员12户、个体会员14户。指导7个基层商会完成换届工作。向区委统战部推荐7名优秀民营企业家作为党外代表人士后备人选。开展春节慰问老工商业者和新华村贫困党员、贫困群众、贫困学生30余人，慰问资金6000余元；10余户企业在“栋梁工程—家乡助你上大学”活动中资助贫困大学新生20名。

【信访和群众工作】 2015年，受理信访总量3151件（人）次，其中区信访局受理信访总量2026件（人）次；处理来信328件（市级314件），接待来访411件1698人次（集体访74批1159人次）。区群众工作中心接待群众632批2247人次，较2014年增加149批次947人次，通过现场咨询、解释、解答等疏导化解221批549人次，初信初访化解率80%。办理上级转送交办网上信访314件，其中：“全国信访信息系统”156件，办结145件；“人民网留言”67件，办结65件；“市委书记市长信箱”75件，办结75件；“省委书记信箱省长信箱”16件，办结16件；未办结13件。组织“领导接待日”48次，接待来访群众26批115人次，其中集体访6批79人次。现场交办11件，其中领导批示办理8件；一般交办7件。区级领导阅批群众来信、来访共30件，交办23件，办结18件。列入县级领导包案12件，其中属于调处化解类9件、稳控类3件，化解3件。干部下访8085次，参加人数1.50万人次，解决信访问题974个，收集群众意见950条，协助处理问题255个，提供技术指导1002次，落实帮扶资金142万元，送物资折合人民币73万元，解决苗头性问题198个，主动下访解决问题293个，督查督办重点信访案件52个，纠查纠正存在问题19个。

【政务服务】 2015年，30个区级部门集中办理182项行政审批（许可）和公共服务事项。受理、办结各类政务服务事项26.14万件，区惠民帮扶中心窗口接待群众4314人次，开展民政救助

2979 人次、医疗救助 145 人次、就业援助 178 人、就学扶助 425 人。对 12 个部门 43 个项目进行清理，保留前置服务项目 61 个、取消 3 个。9 月 25 日，设立企业登记窗口，推进“三证合一、一照一码”政策落实。全年将区工商局、区质监局、区国税局、区地税局审批事项纳入一个窗口联合办理 398 件。开展行政权力平台系统操作培训 4 次，行权平台办件 3077 件。政府采购项目 88 个，预算金额 4393. 37 万元，实际成交金额 3540. 69 万元，节约资金 852. 68 万元。

经济建设

【主要经济指标】 2015 年，全区 GDP 完成 120. 95 亿元；民营经济增加值 71. 36 亿元；工业总产值 324. 5 亿元；区属固定资产投资 55. 38 亿元；社会消费品零售总额 46. 35 亿元；城市居民人均可支配收入 2. 59 万元。

【工业】 2015 年，有规模以上工业企业 78 户。完成工业总产值 324. 5 亿元，工业增加值 93. 79 亿元，主营业务收入 333. 2 亿元，实现利润总额 10. 28 亿元，完成工业类投资 17. 8 亿元。高新技术产业增加值占规模以上工业增加值的比重 50%。海川实业、赛尔阀门等 5 户企业纳入第十二届四川名牌培育企业，海川实业、久大新型材料企业纳入四川省著名商标培育企业，华刚新材料等 6 户企业完成市知名商标资料申报。为 21 户企业争取 45 笔周转金 4. 7 亿元。举办安全培训 4 批（次）、培训人员 60 人（次）；开展生产经营企业职业健康管理人员培训 1 次 200 人；组织安全检查 15 批次，参加检查人员 79 人（次）。是年末，高新技术企业 16 户，拥有著名商标企业 5 户、四川名牌企业 7 户。园区高新技术企业 8 户，建有省级企业技术中心 1 个、市级企业技术中心 3 个。园区新增承载能力 136. 67 公顷，完成工业类投资 6. 8 亿元，园区 21 户规模以上工业企业实现主营业务收入 176. 6 亿元、实现利润总额 4. 6 亿元。

【农业农村工作】 2015 年年末，农业龙头企业 36 家，其中市级龙头企业 14 家；资产总额 7. 86 亿元；从业人员 2230 人。龙头企业实现销售收入 5. 85 亿元，上缴税金 663 万元，实现销售利润 4028 万元。培育家庭农场 131 个，其中种植业 23 个、畜牧养殖 64 个、种养结合 6 个、水产养殖 38 个。专业大户 1200 余户，发展种养业产业基地 1000 余公顷。争取省市扶贫资金 714 万元，新建和改造 40 个村组道路 27. 15 公里；整合土地整理、道路交通、现代农业、小农水等资金 1. 1 亿元，改造通乡道路 61. 5 公里，建成高标准基本农田 1533 公顷。投入资金 87. 4 万元扶持 874 户贫困户发展蔬菜、水果、油茶种植 80. 47 公顷，发展各类养殖业 363 户，人均增收 1600 余元。举办各类培训班 69 期 2000 余人次。完成 4775 户建档立卡贫困户评级授信工作，与信用社、邮储银行签署合作协议，启动扶贫小额信贷，财政贴息和风险补偿资金到位 340 万元。发放大病救助、医疗保险、农村低保等政策资金 1500 余万元，受益贫困户 8000 人次。整合各类涉农项目资金建成幸福美丽新村 32 个，实施交通干线及产业环线民居风貌塑造 1142 户，改善 4500 余户人居环境；建成成佳镇石龙村、龙潭镇幸福村、莲花镇余家村等新村聚居点 22 个，建成住宅 3096 套，入住农户 2012 户。小春栽插面积 1. 17 万公顷、粮食产量 1. 11 万吨，小春油料作物产量 7704 吨；大春栽插面积 2. 13 万公顷、粮食产量 9. 74 万吨；引进蔬菜新品种 4 个，开展番茄嫁接示范 3 公顷、一体化栽培示范 1 公顷、避雨栽培示范 13 公顷。新增优质蔬菜基地 73 公顷；新增优质水果 73 公顷，新发展园林花卉苗木 34. 67 公顷。生猪出栏 27. 06 万头、肉牛 802 头、肉羊 12. 03 万只、肉兔 579. 45 万只、小家禽 362. 33 万羽，肉类总产量 3. 31 万吨，水产品总产量 1. 16 万吨。组织发放蚕种 4620 张。培育发展存栏肉牛 5 头以上适度规模户 115 户，基地存栏奶牛 2025 头；培育年出栏 2000 只以上肉兔适度规模户 106 户；新发展 1000 亩水产健康养殖。兑付耕地农业支持保护补贴资金 2346. 23 万元、森林生态效益补偿和造林补贴资金 27. 02 万元；销售各类补贴机具 207 台，兑付国家补贴资金 26. 44 万元；完成育肥猪投保 7. 25 万头、能繁母猪投保 8129 头、奶牛投保 177 头、肉牛投保 33 头。组织维修各类提灌机具 245 台/3247 千瓦，提水 780 万立方米，灌溉农田 8. 2 万亩次；开展生产技术培训 65 期 1. 77 万人次，发放技术资料 13. 5 万份；完成综合防治示范 5773. 33 公顷、统防统治 1. 87 万公顷次，完成 IPM 绿色防控示范2000公顷。办理采伐林木证69份、蓄积312立方米，无森林火灾发生。出动执法人员256人次、车辆55辆次，立案查处3件，没收违法所得及罚款7470.68元；简易程序案件4件，责令改正6起，为农户挽回经济损失20余万元。是年末，各类蓄水工程2731处，其中小（一）型水库9座、小（二）型水库32座、山平塘2607口、石河堰83道，工程设计蓄水5627万立方米，有效蓄水4515万立方米，设计灌面1.17万公顷，有效灌面7613.33公顷。建有灌溉渠道471.76公里，其中土渠88.83公里、石渠363.25公里、渡槽13.17公里、倒虹管6.51公里。建成集中供水工程11处，其中城市水厂1处，设计供水能力8万立方米/天；乡镇水厂10处，设计供水能力5000立方米/天。建成污水处理工程10处，其中城市污水处理厂1处，设计污水处理能力1.5万立方米/天，配套截污管网18.14公里；乡镇污水处理设施9处，设计污水处理能力0.72万立方米/天，配套截污管网9.6公里。投入60万元，清掏整治62处、修复8处毁损截污管网、打捞水面漂浮物800余吨。农村饮水执法检查18余次，出动执法检查人员80余人次。

【商贸与旅游】 2015年，服务业增加值28.85亿元，社会消费品零售总额46.35亿元，进出口总额2355万元美元，其中进口334美元。80户商家参加西城财富中心举办的贡井区迎春购物暨商品展销会，现场销售额160万元左右，鹰大公司销售商品房8套、价值330万元。邀请5家公司参加第二十一届自贡国际恐龙灯会第五届“携手灯城·龙聚盐都”招商推介会，推介项目30个。180户商家参加川南商贸城举办的“2015川南商品交易博览会暨川南首届冰雪嘉年华”展览，到访1.2万人次，销售额近80万元，商铺店面销售15套、价值约600万元。成功申报省级现代服务业集聚区销售汽车2.23万台27.55亿元。举办三台村梨花游园、中国旅游日暨自贡市第十一届乡村旅游、川南旅游联盟第四届年会、金秋桂花游园、建设镇龙都早香柚采摘节等活动，实现乡村旅游收入17.27亿元。推进艾叶古镇景区、莲花—牛尾森林公园及S305南北环线乡村旅游目的地建设，推出精品旅游线路2条。组织4人次考察台湾乡村旅游发展态势、20人次参加乡村旅游实用人才培训。出台《贡井区服务业发展指导意见》。3月17日，组建区商务旅游和投资促进局。

【财政】 2015年，一般公共预算收入完成1.25亿元，上级补助收入11.03亿元；动用上年结转4310万元，调入资金381万元，调入预算稳定调节基金634万元，地方政府债券转贷收入5000万元。一般公共预算支出完成12.89亿元，上解支出559万元。民生支出10.08亿元，占公共财政支出的78.17%，其中教育支出2.59亿元，科技文化事业支出2074万元，卫生计生支出1.74亿元，农业支出1.13亿元，社会保障支出2.20亿元，城市建设支出1.85亿元。推进乡镇国库集中支付改革，实行乡镇零余额账户管理，规范乡镇资金拨付和管理；执行公务卡强制结算目录，公务卡结算支出580万元。评审154个项目、金额3.88亿元，审减金额5058万元。政府采购项目229个，预算金额1896万元，节约资金244万元。制定《财政资金管理办法》《财政资金对外借款管理办法》《贡井区财政管理业务流程》。

【国税】 2015年，组织税收收入1.59亿元，其中中央级收入1.1亿元，省级收入1707万元，市级收入1902万元，区本级收入1268万元。2685户纳税人享受税收优惠2025.25万元，其中，为2126户未达起征点个体户减免增值税370万元；480户小微企业减免增值税189万元，减免企业所得税73万元；1户高新技术企业减免企业所得税26万元；12户民政福利企业减免税额342万元；3户资源综合利用企业减免税额23万元；1户金融企业减免企业所得税8万元；支持三农企业44户，减免增值税13万元，减免企业所得税96万元；8户企业享受固定资产加速折旧金额221万元，减免税额55.25万元；为5户出口企业退税258万元；办理免抵4户572万元。1户粮食收储企业减免销售额737万元。

【地税】 2015年，组织总收入入库2.71亿元。税收入库2.52亿元，其中省级税收入库4836万元，减收327万元；市本级收入入库1.12亿元，区县级一般预算收入入库6975万元；市和区县级一般预算收入入库1.95亿元；基金附加收入入库1886万元。清理走访纳税人3767户，查补税款198.81万元。清缴欠税入库2610万元。检查11户纳税人，查补税费入库730.66万元。为213户企业依法办理各项减免税1204万元，其中小微企业减免税额14.24万元。完成2000余户纳税人登记基本情况清理，比对修改3000余条数据。

【科技工作】 2015年，申报专利72项，授权专利31项。申报科技项目20项，成功立项12项，获上级资金340万元。新增高新企业1户，累计16户。新引导3户企业与大专院校开展产学研合作。新建科普画廊17座、大型LED电子显示屏1座。参加第30届全省青少年科技创新大赛，69件作品获市级奖，为历年之最，5名教师获科技辅导员创新奖，推荐9件作品参加省级比赛。高新技术产业全年产值145亿元。5月18日至6月20日，“中国流动科技馆”在贡井巡展。7月，盐工新村社区科普大学揭牌成立，育才小学被列为首批全省中小学知识产权普及教育试点学校；9月24日，海川公司获中国创新创业大赛总决赛第三名；贡井街老街子社区获2015年省级科普示范社区。

【项目管理】 2015年，储备5年重点项目318个，计划投资974亿元，其中，产业项目储备146个，计划投资716亿元；基础设施项目储备119个，计划投资178亿元；社会事业和民生项目储备53个，计划投资80亿元。编制全区2015年重大项目计划表，确定69个总投资166.63亿元、年度计划投资61.07亿元项目。年内完工11个、开工在建38个、未开工20个，年度投资61.68亿元，占年计划101%。实施25个市级重大项目，总投资122.89亿元，完成年度投资50.35亿元，占年计划101%。争取建设路和伍家坡片区棚户区改造、贡井司法用房、农村饮水安全、龙潭镇反季节蔬菜示范基地等25个项目，资金6928.6万元。上报争取2016年资金项目8个，总投资3996万元，计划争取中央资金2710万元、省级资金468万元。

【招投标管理】 2015年，审批立项、转报68个，备案10个。36个（预算控制价3070.19万元）政府性投资项目依法按照核定招标方式开展规范招投标，节约资金555.62万元。公开招标2次（预算控制价970.68万元），节约资金77.12万元；开展比选21次（预算控制价1583.83万元），节约资金423.87万元，其中施工13次、监理2次、设计1次、招标代理机构5次；竞争性谈判14个项目，节约资金54.63万元。

【粮食管理】 2015年，加强粮食市场供应监测，确保粮食供需平衡。完善2015年粮食应急预案，同17户经营企业签订粮食应急协议。按照《市级储备管理办法》和《仓储管理规范化》要求，开展全区4500吨市级储备粮、400吨市级储备食用油和5966吨代储中央移库玉米、5000吨代储省级储备粮小麦、7720吨稻谷保护价收购等监管工作。全年未发生安全事故。

【统计工作】 2015年，组织136个“四上企业”按月向国家统计局数据采集平台报送数据，165个固定资产投资项目按月向省统计局数据采集平台报送数据。实施城乡一体化调查户数156户，其中城镇80户。撰写统计分析20篇、统计预警预报2篇、统计公报1篇、统计月报11期、区政府门户网站公开信息56条、统计信息100余条。深入乡镇、部门和企业开展业务指导和调研100余次。组织101名统计人员参加学习，其中统计从业资格认定12人，统计继续教育89人。组织统计业务培训12次。执法检查10个单位，发出整改通知书3个单位、通过7个单位。

【审计工作】 2015年，完成审计项目78个，其中同级预算执行审计项目2个；部门预算执行审计3个；领导干部经济责任审计项目3个；乡镇财政决算审计项目1个；专项资金审计项目4个；专项跟踪审计项目2个；政府性投资审计项目57个，核减政府投资3088万元；土地成本审核项目6个，审定土地成本1.36亿元。全年超审计计划项目12个，审计查出管理不规范金额4.45亿元（其中处以调账3.93亿元，缴纳其他资金22万元，核减政府投资3088万元，核减土地成本2135.38万元），违纪违规金额20万元（其中上缴财政16万元，正在追缴资金4万元），向区纪委、监察局移送涉嫌违纪问题线索3个。11月，成立区政府投资审计中心。是年，区审计局被省人力资源和社会保障厅、四川省审计厅授予四川审计系统先进集体。

【价格监管】 2015年，上报价格监测月报12期、周报52期和11期节日期间相关商品价格监测表。出动320人次开展重大节假日前夕市场检查和教育、涉农、涉企检查828户次。全区11个乡镇、149个行政村、28所中小学校全部建立涉农公示栏

（牌）。为公安司法部门及行政执法机关案件进行价格鉴证评估28件，鉴证评估标的10.27万元。受理群众来电14件，办结回复13件；查处价格违法行为1件，罚款400元。

【质量技术监督】 2015年，办理特种设备注册登记75台，签订“特种设备使用单位目标责任书”97份，填写特种设备现场检查记录116份，重新确定特种设备重大危险源单位11个。开展石油液化气、电梯安全监管大会战、油气输送管道隐患、液化非化工行业使用危险化学品专项整治7次，举行突发火灾事故应急救援演练1次，出动行政执法人员68人次、车辆23台次检查8家单位。检查超市5家、加油站14家、农贸市场2个、眼镜配制场所6家，对12家乡镇卫生院63台医用计量器具开展检定情况普查，对四川凯基化工集团有限公司和四川省红茅烧酒业有限公司2户重点耗能企业开展能源计量审查。全区7户企业10个产品取得四川名牌产品称号，将4户规模以上企业纳入第十二届四川名牌进行培育。

【工商行政管理】 2015年年末，全区市场主体9852户。其中，企业1522户、个体工商业户8183户、农民专业合作社147户。全年新办企业348户、个体工商户985户、农业专合社55户。市场主体注册资本金24.52亿元，其中，企业注册资本金18.69亿元，个体工商户注册资本2.2亿元，农民专业合作社注册资本3.63亿元。全区累计商标注册728件，有效使用商标504件（著名商标7件、知名商标32件次）；累计集体商标1件，国际注册3件。全年新培育省著名商标3件、知名商标6件。累计建立“12315”联络站7个，消费维权服务站12个。区消委会全年受理投诉99件，处理争议金额56.75万元，为消费者挽回经济损失35.25万元。全年查处各类经济违法违章案件98件，其中立案查处18件，当场处罚80件，罚没款34.04万元。

【供销工作】 2015年，实现经营服务总额6.40亿元；实现利润总额611万元，销售总额完成3.17亿元，消费品零售额完成1.83亿元，农资供应总额完成4696万元；农副产品收购总额完成1.51亿元。新建农民专业合作社18个，累计126个；新培育国家级示范专合社1个、省级示范专合社3个、市级示范专合社5个；新建农村社区综合服务社10个，累计54个，新建农村超市2个；新建村级回收网点99个，累计网点161个，11个乡镇和149个村建有回收站点，存活率100%。新培育储备“土地托管”项目1个，项目投资850万元；协助8个专合社争取财政各类补助资金385万元。11月13日，全区首个新型基层供销社——自贡市宝新隆农业专业合作社联合社在五宝镇挂牌成立。龙潭蔬菜专业合作社被评为国家级示范社；自贡市满园春水果专业合作社、自贡市先科农机专业合作社、自贡市金子山水果专业合作社被评为省级示范社。

城乡建设

【规划编制】 2015年，启动桥头镇、白庙镇、莲花镇、牛尾乡四个乡镇《总体规划》调修工作，乡镇规划实现全覆盖。完成艾叶镇总体规划编制，五宝镇总体规划进入专家评审。完成《自贡市贡舒片区控制性详细规划》维护工作。启动7个新村规划编制和老街河街配套基础设施修建性详细规划编制，申报第四批传统村落项目。推进航空文化旅游新区各项法定规划编制和调整工作。

【市政设施建设与维护】 2015年，完成长征大桥红绿灯维修改造项目、春节亮化工作、老盐马路黑化、永忠桥桥面及栏杆整治；完成4条（段）背街小巷市政设施整治和市政设施安全隐患整治；实施长土镇胜利路、成佳镇天府社区和章佳乡凤凰社区3个绿化小广场建设；完成贡兴路延伸线景观绿化品质提升工程，新增绿化面积约1万平方米。完成36条（段）背街小巷整治工作。维修人行道方砖2000平方米，维修路缘石600米，维修树池120个，补砼路面140平方米，补沥青砼路面220平方米。换下水窗74套，换检查井28套，维修下水道850米，疏通下水道651米，疏通下水窗913个。新增市政路灯232盏，新铺设和更换架空线1300米，新铺设电缆2800米，恢复S305道路被盗电缆线400米，更换金架具22套，更换微控电脑12个、交流接触器50个、空气开关26个，更换镇流器488套，更换马路弯管80套、节能灯832支。

【房地产】 2015年，房地产新开工面积18.6万平方米，竣工面积37.7万平方米，实现商品房销售14万平方米；完成固定资产投资12.3亿元，实现建筑业产值2.3亿元。通航城市广场、龙城曦景、犀牛望月城项目有序推进，西城财富中心、贡山壹号三期项目建设完工。

【住房保障】 2015年，公租房二期建成，新增保障性住房304套；公租房四期完成主体施工；完成实物配租516套；开展“农民工住房保障行动”，向12户符合条件申请公租房农民工提供公租房。发放廉租房租金补贴160.8万元。改造危旧棚户区2074户、农村危房1789户，其中C级1675户、D级114户；开工C级1451户、D级106户危旧房建设，其中竣工C级1325户、D级98户。

【交通】 2015年年末，全区境内公路总里程846公里，其中高速公路1条13.13公里、省道2条37.2公里、县道11条135.1公里、乡道15条84.90公里、村道271条538.14公里、专用道路5条7.13公里。全区有旭水河、牛尾河水域通航里程70余公里，游乐船11艘，自用船124艘，重点客运码头1座（牛尾乡客运码头），建有二级监控平台。是年，全区开通公交路线16条，投入运营车辆240台；开通农村客运线路49条，投入运营车辆112台；客运量385万人，旅客周转量5532万人次。全区有货物运输车辆5270台，货运量587万吨，货物周转量8795万吨公里，货物运输周转量位居全市四区第一。全年完成交通固定资产投资2.92亿元。

【环境保护】 2015年，获地表水监测数据1100余个。出境断面（双河口）主要监测指标氨氮浓度为1.48毫克/升，高锰酸盐指数浓度为6.49毫克/升，较2014年下降1.52%。实施空气自动检测361天，其中空气优良天数214天。功能区环境噪声1类功能区昼间为52.2分贝，夜间为44.4分贝；2类功能区昼间为55.5分贝，夜间为45.6分贝；4类功能区昼间为66.3分贝，夜间为48.8分贝。1类区昼间、夜间较2014年分别上升1.5分贝、3.8分贝；2类区昼间下降0.5分贝，夜间上升1.3分贝；4类区昼间下降1.9分贝，夜间下降6.0分贝。工业固体废弃物综合利用率98.42%，危险废弃物集中处置率100%。城区生活垃圾无害化处理率95%。办理建设项目环评审批54个，其中报告表23个、登记表31个。推进“清水、蓝天、绿地、宁静、利废”五大行动，督查通报37期，通报垃圾焚烧29起、秸秆焚烧4起、施工扬尘问题35起。完成排污费入库12余万元。桥头镇和白庙镇通过省环保厅组织的省级生态乡镇验收。完成1个工业企业污染限期治理任务，完成3户工业企业“煤改气”工作，完成13个加油站油气回收工作，搬迁工业企业1户。

【国土资源管理】 2015年，办理国有土地使用权证1340宗，面积58.22万平方米；集体土地使用证329宗，面积3.53万平方米。争取市下达指标132公顷用于保障航空发动机零部件制造项目、狸狐洞水库、工业园区道路、汽贸市场重大项目用地。完成建设项目初预审25宗，用地面积216.90公顷；对已供土地开展交地巡查55次、竣工巡查15次、开工巡查34次。下发责令停止违法行为通知书27份，下发责令改正违法行为通知书14份，对8宗违法用地启动立案调查程序。拆迁征地补偿面积56公顷，支付征地两补款3466.69万元，拆迁农房125户2.03万平方米，安置125户1.64万平方米，办理农转非605人。是年，区国土局获省第二次全国土地调查先进集体体，省地质灾害防治先进集体。

【人防工作】 2015年，开展抗战胜利70周年、“9·18”纪念日活动及人防知识宣传4次，发放宣传资料2000余份。开展“防震减灾知识进学校”活动。完成“9·18”警报鸣放工作。完成桥头镇、白庙镇人防疏散基地建设。全年未出现人防工事、设施安全事故。

【行政审批】 2015年，办理“建设用地规划许可证”1件，“建设工程规划许可证”4件，发放“选址意见书”5件，发放“乡村建设工程规划许可证”村民建房270件、“树木砍伐移植许可”4件、“临时挖掘、占道许可”5件。

【城乡环境综合治理】 2015年，开展建筑垃圾消纳场治理14个，联合预审上报建筑垃圾消纳场5个，1处消纳场投入使用。油煤烟综合治理专项检查10次，完成万年灯路段16家小餐饮店、广场路周边7家餐饮店煤改气工程。对在建工地开展扬尘专项治理检查70次，下达整改通知4份，责令施工方冲洗污染路面30次；查处违规倾倒渣土2次，运渣车沿途洒落行为2次，暂扣渣土运输许可证2个，取缔碎石场1家。对13家露天烧烤摊进行调查，取缔规划区外露天烧烤摊点4家，剩余9家全部换用无烟烧烤车。发放禁烧宣传资料1万余份，处置投诉举报露天焚烧17起，制止露天焚烧垃圾40多次、处罚6人，秸秆禁烧专项执法检查2次，处罚企业1家。违法建设专项治理行动发放执法文书140份，现场制止违建行为480余次，处置“两违”行为21件，总面积4211.49平方米，罚款3.54万元。完成花园路店招店牌提档升级工程。完成长征大桥与建材路口户外广告拍卖。受理各类噪音扰民投诉122件，在“两考禁噪”期间，对6家音乐茶座、2家KTV音量超标行为进行制止，受理处置噪声投诉案件58件。开展农村生活垃圾治理验收工作，印发宣传画报、村规民约14万份，签订“门前三包”责任书6.8万份。长土镇元坝村作为全省第一批代表全市村庄接受检查，通过国家农村生活垃圾治理第三方验收。

文化建设

【精神文明建设】 3月，借助剪纸作品12幅及大型户外公益广告等开展公民道德宣传月活动。组织区道德模范评选活动，1人被推荐为省级道德模范候选人、1人获市级道德模范、2人获市级道德模范评选提名奖；表彰区级道德模范10人、贡井好青年9人、巾帼文明示范基地1个、巾帼文明示范岗1个、巾帼文明示范村3个、“好婆婆、好媳妇、好丈夫、好妯娌、好邻居”76人、“最好家庭”21户。1个镇2个村继续保持“全国文明村镇称号”。6个省级文明单位复查合格、国家级和省级复查合格单位居全市第一。实施农村精神文明“七个一”工程，6个幸福美丽新村文化院坝提档升级。开展“五个一”文明细胞创建载体建设及文明村镇创建和“十星级文明户”创评工作。建立服务队174个，注册志愿者2.4万人。争取20万元建设1所中央级乡村学校少年宫。纪录片《柚乡里飞出的百灵鸟》被推荐在省妇女儿童频道展播。

【文体设施建设】 至2015年年底，建有11个乡镇综合文化站、2个街道文化活动中心、149个村农家书屋、32个社区书屋，92个村建成“村村响”广播工程。全年新增便民阅读点3个（艾叶、成佳、育才小学）。免费开放三馆，区美术馆承办书画展3场。实施农村公益电影免费放映工程1788场。完成数字电视建设860户。对25个乡镇农民健身工程场地实施硬化，安装健身路径8条。

【文化活动】 2015年，开展纪念抗日战争胜利70周年系列活动，春节期间深入11个乡镇及城市社区，送春联4000余幅及开展“迎春趣味运动会”；举办庆“五一”大型文艺晚会；举行自贡市十一届旅游节启动仪式；开展送文化进军营系列活动；举办贡井区十大歌手赛；在陈家祠堂举办川剧座唱17场次。为各乡镇、社区、学校补充或赠送图书1.49万余册，举行“文化自贡　阅读圆梦”校园阅读活动第二届少儿DIY自制图书比赛。举办中小学生阅读征文竞赛征集征文180篇获奖108篇。新成立文体协会2个，筹建1个，支持本土民俗文化展演队伍建设；依托协会开展各类活动20余次，其中比赛6次。指导老年体育协会和区老年大学举办老年大学第二十三届运动会。

【文化市场监管与文物保护】 2015年，检查经营场所530余家次，出动人员约600余人次，周末、夜间巡查近40次，收缴非法出版物90余件，处罚8家，其中办理一般程序案件4件、简易程序案件4件，处以罚款6000余元，下发《责令改正通知书》10余份，对7家无证、4家存在消防安全隐患的单位分别向区工商局、区消防大队抄告。举报专线“12318”畅通，办结率100%。文物保护设点宣传1次，专题宣传3次。其他途径宣传10多次，散发文物保护手册300多本、宣传画报500多张，制做广告宣传牌50幅，印发宣传单2000多份，参与人数5000多人。完成国家文物保护单位与第八批8个省级文物保护单位保护范围及建控地带划定规划申报公布工作。对25个文物保护单位进行立卷归档，其中完成2个国家文物保护单位规范文本制作工作。完成全国“三普”档案工作。清理修补平康桥、中桥、东源井、天池寺等5处文物保护单位保护标志。完成中坝钟氏庄园及夏洞寺、南华宫、胡氏民居文物保护单位专项抢险排危及垃圾清理工作。筹资40余万元实施贵州庙戏楼抢险排危工程。启动前期报批工作，向上争取张伯卿公馆保护修缮资金800万元。争取10万余元用于非物质文化遗产传承保护。开展文物安全专项治理3次，月季检查16次，日常巡查70多次，查找出大小隐患问题10多个，发出书面整改通知9份，口头提出整改意见20多次，督促钟氏庄园、胡氏民居、陈家祠堂、贵州庙、夏洞寺、天禄堂、东源井等10个单位进行隐患整改，无一起人为安全事故。

【档案工作】 2015年，完成区直单位、街道和乡镇年度文书档案归档整理工作。接收到期档案5800余卷进馆。对25个单位开展档案行政执法检查，完成区级机关单位档案规范化管理达省级标准复查和认定工作，对全区5个省、市重点工程建设项目进行登记备案。指导长土镇、成佳镇开展省新农村建设档案建档工作。对区档案馆馆藏档案进行全文数字化扫描3912卷、62万页。开展档案查阅937人次，利用档案1045卷、复印1005页。

【地方志工作】 2015年，完成《自贡年鉴（2015年卷）》（贡井篇），共2.8万余字、93个条目以及反映全区经济建设发展成果照片27张。

社会建设

【教育】 2015年年末，全区有中小学、幼儿园84所，其中普通高完中2所、中等职业学校3所（含民办学校2所）、九年一贯制学校8所、单设初中4所、小学13所、特殊教育学校1所、幼儿园53所（含民办幼儿园52所）。在园幼儿6502人；在校小学生1.41万人，301个班（含辅读校）；在校初中生4187人，99个班；在校普高生3334人，57个班；在校职高生2043人，65个班。全区公办学校、直属事业单位在职教职工1549人。3～5岁学龄前儿童入园率78%；小学招生2669人；初中招生1349人；普通高中招生850人；职业高中招生1120人；“三残”儿童入学率92.8%；农村青壮年非文盲率保持在99%。开展“栋梁工程——家乡助你上大学”区内募资和对上争取捐助款34.8万余元，资助165名贫困大学新生。将全区9568名农村绝对贫困人口中适龄受教育的821名青少年儿童确定为教育扶贫对象，其中学前教育124人、九年义务教育530人、高中段77人、中职21名、高职4名、大专及以上63名。为1.83万名农村学生免除杂费789.18万元；提供202.43万元免费教科书补助家庭困难寄宿生476人，生活补助49.75万元；免除1.83万名学生作业本费57.94万元；为937名学生发放普通高中贫困学生助学金187.4万元，减免613名普通高中贫困学生学费52.07万元。补充普通高中公用经费66.94万元。免除3所中等职业学校1001名学生学费197.2万元，为189名涉农专业和贫困中职学生发放助学金34.71万元。为634名幼儿减免保教费62万元。区教育局获全国青少年爱国主义读书教育活动一等奖、“赛思特杯”四川省第四届中小学安全知识网络有奖竞赛参赛率三等奖、第四次四川省自强模范暨助残先进集体“残疾人之家”；贡井幼儿园获2015年四川省幼儿体操比赛金奖。

【卫生与计划生育】 2015年年末，区属医疗卫生机构16个，村卫生室159个。启动1个省级卫生镇、6个省级卫生村、1个市级卫生镇、6个市级卫生村创建工作。农村孕产妇住院分娩1778人，补助1190人59.5万元。免费婚检2816人，免费孕检2176人。孕产妇死亡率22/10万，婴儿死亡率6‰，5岁以下儿童死亡率9‰，无新生儿破伤风发生。建立城乡居民健康档案2.51万份，规范化管理高血压1.32万人、糖尿病0.41万人。登记管理2.89万名65岁以上老年人，累计免费为65岁老年人体检2.18万人次。完成全区“AA”级、“A”级规范化预防接种门诊等级评审和“AAA”级规范化预防接种门诊初评工作，成功创建省免疫规划示范区。全年出生人口3241人，自然增长率2.58‰。再生育审批528对，其中单独二孩审批402对。依法征收社会抚养费534.41万元。为5324名奖励扶助对象、629名奖励女性扶助对象、680名特别扶助对象、59名手术并发症人员扶助对象兑现资金957.28万元。一次性慰问独生子女伤残死亡家庭65户96人，发放慰问金29.25万元；拨付计生贫困家庭安居工程专项资金5.2万元。兑现独生子女父母奖励金111.22万元。全区55个单位帮扶计划生育家庭730户，其中新增户280户、帮带户450户；新增帮扶基地8个，巩固帮扶基地8个，落实帮扶资金10.27万元。全区参加新农合17.41万人，筹集基金8207.98万元，惠及参合农民18.03万人次，兑现新农合基金补偿7372.54万元。

【劳动监察】 2015年，对区属88户用人单位开展2014年度劳动保障情况书面审查工作，涉及劳动者1.13万人。受理劳动者举报投诉欠薪案件56件，为3309名劳动者追回拖欠工资2434.5万元。受理并移送社保欠费欠薪案件6件。依法处理劳动人事争议案件60件（结案58件，其中立案后调解10件、依法裁决36件、撤诉3件、其他方式处理9件），涉案金额654万元。

【社会保险】 2015年年末，企业养老保险参保313户2.42万人，企业工伤保险414户8894人（农民工参保2052人）；生育保险372户7813人；城乡居民社会养老保险参保8.37万人，其中适龄人员参保4.11万人，超龄人员参保4.26万人，参保缴费2.77万人；机关事业单位养老保险参保人数6781人，其中在职3844人、退休2937人。企业养老保险基金征收2.71亿元，其中清欠400万元；征收工伤保险275.5万元、生育保险168.9万元、城乡居民基本养老保险费555万元、机关养老保险费505万元。为1.92万名企业离退休人员发放养老金3.50亿元；支付工伤待遇109人次268万元；支付生育保险待遇135人次124万元；支付离退休人员丧葬抚恤金201人664.42万元；为485名老机关事业保险退休人员发放养老金628万元；为4.08万名城乡居民养老保险超龄人员发放养老金4093万元。离退休人员养老金资格管理认证人数3.38万人。城镇职工基本医保参保单位313户1.66万人，其中在职职工9183人、退休人员7419人；城镇居民基本医保参保5.27万人。城镇职工医保基金征收5154万元；城镇居民医保基金征收和各级财政补助收入3533万元。城镇职工医保基金实际支出4752万元；城镇居民医保基金实际支出2996万元。城镇职工医疗保险门诊特殊病种审核通过304人。首次兑现1667名公务员2014年门诊补助27万元和91人次住院补助18万元。居民大病保险从7月起实行联网即时结算，全年支付大病保险资金40万元。转移接续流动就业人员基本医疗保险关系661件。失业保险参保5614人，征收失业保险410.39万元；为1465名被征地农民、失业人员发放失业保险待遇1541.59万元，其中失业保险金1426.25万元、医疗保险费及生活补助115.34万元。

【就业服务】 2015年，城镇新增就业3761人，城镇失业人员再就业921人，就业困难人员实现就业325人；高校毕业生就业见习基地14个，高校毕业生实现创业45人；青年劳动者技能培训572人。为45名申报合格的大学生发放创业补贴45万元；组织3名创业大学生参加省举办“我能飞”创业培训，2人进入复赛并获优秀奖。对71户城乡个体创业人员发放小额担保贷款375万元，其中20名大学生发放贷款138万元；对207名城乡创业人员开展GYB创业培训。举办招聘会10场，提供工种547个，提供岗位2207个，为702人开展政策咨询，发布招聘信息800条，发放政策宣传资料6470余份，达成意向性用工协议399人。将原700个公益性岗核减到366个。

【民政工作】 2015年，发放城乡低保累计18.08万人次3260.94万元，其中，发放城市低保累计9.5万人次2250.03万元，发放农村低保累计8.58万人次1010.91万元。7月，组织开展农村低保大清理，将符合低保条件6976户7554人纳入低保，清理取消1890户2005人，新增2144户2187人。是月，将城市低保最低生活保障金由原330元/人·月提高至370元/人·月。城乡医疗救助1.96万人489.4万元。办理结婚登记1899对，离婚登记907对。为1061名90～99岁高龄老人、25名100周岁老人发放高龄补贴126.3万元。全年供养五保老人2248人，其中集中供养1478人、分散供养770人。接收退役士兵123人，落实自主就业金358.2万元，就业培训支出8.4万元。发放义务兵家属优待金211户185万元，发放29名入伍大学生一次性奖励金6.4万元。实施惠民殡葬救助613人48.2万元。

【食品药品监管】 2015年年末，有食品生产企业28家，食品流通领域企业1286家，餐饮服务企业654家；药品生产企业1家，药品流通领域经营企业119家，三类医疗器械经营企业5家、使用单位237家；保健食品经营企业347家；化妆品经营企业70家。是年，签订食品生产企业“食品安全目标责任书”28份。核发“食品流通许可证”264份，其中：新办食品流通许可97家、延续140家、变更16家、注销11家。核发“餐饮服务许可证”153份，其中新办70家，延续66家，变更11家，注销6家。餐饮环节食品质量抽检127批次，其中省抽检40批次、市抽检87批次，对抽检不合格进行案件处理。备案登记群体宴席40家次，全部签订《食品安全责任承诺书》。推行远程视频监控，全区所有学校食堂（含托幼机构）、养老机构食堂、20户社会餐饮单位安装在线视频监控和使用食品安全信息化监管平台软件；在30户小餐饮单位开展“透明厨房”或“隔断厨房”试点。各类专项行动出动执法人员4500余人次、车辆1600余台次，检查企业6500余家次，查获各类一般程序违法违规案件118件，结案123件，涉案金额4.75万元，罚没款22.96万元。监督销毁不合格食品药品500余盒约50公斤，没收不合格产品约2236公斤，食品快检582批次，发出责令改正通知书186份。受理投诉举报55件，办结55件，其中食品44件、药品9件、医疗器械1件、化妆品1件。

【安全生产管理】 2015年，发生安全事故64件，死亡3人，受伤68人，直接经济损失140.69万元。其中：交通事故43起，死亡1人，受伤68人，直接经济损失2.66万元；火灾事故19件，直接经济损失18.03万元；工矿商贸领域发生死亡事故2起，死亡2人，经济损失120万元。重点监管监控单位140户，其中非煤矿山企业7户、烟花爆竹85户、危化生产经营企业33户、冶金铸造企业4户、运输企业6户。全年排查出安全隐患1789件，其中一般隐患1786件、重大隐患3件，均整治完毕。全年投入隐患整治资金4500余万元。组织开展安全法律法规培训1650人次。11月，龙潭镇省级安生社区建设工作通过省专家组验收。

【残联工作】 2015年，录入“量服”平台残疾人1.08万人。对261名精神病患者开展关爱行动，其中：住院救助15人6万元，服药救助25人1.13万元，慰问85人，心理咨询136人。为358名精神残疾、智力残疾三级人员发放救助金21.48万元。实施“阳光家园计划”居家托养救助，发放重度残疾人护理补贴1896人138.17万元。发放残疾人三轮车燃油补贴88人3.2万元。为26名贫困残疾人实施白内障复明手术，为12名0~7岁智残儿童提供康复训练，为50户残疾家庭实施无障碍改造，帮助2652名城乡残疾人实现居家灵活就业，为200名残疾人发放就业创业直补，其中省补85人8.5万元、市补115人5.75万元。招募13名残疾人志愿者自然过渡为乡镇、街道聘用人员。

乡镇街概况

【成佳镇】 辖36个村、1个社区、341个村民小组、4个居民小组。2015年年末，总人口5.56万人。全年实现规模以上企业总产值3.2亿元，固定资产投资3.4亿元，招商引资3.8亿元，农业总产值4.6亿元，农民人均纯收入1.17万元。2月，通过全国文明村镇复查验收。是年，被省双拥工作领导小组表彰为“四川省拥军优属先进单位”，被省档案局表彰为“2015年度社会主义新农村建设档案工作示范乡镇”。

【龙潭镇】 辖18个村、1个社区、162个村民小组、6个居民小组。2015年年末，总人口3.14万人。全年地区生产总值8.99亿元，地方级财政收入24.15万元，固定资产投资2.3亿元，社会消费品零售总额1.23亿元，城镇居民人均可支配收入2.62万元，农民人均纯收入1.06万元。蔬菜播种面积1866.67公顷，产量10万吨，产值1.68亿元。是年，龙潭镇被评为农业标准化示范乡镇；龙潭场社区获“全国综合减灾示范社区”。

【五宝镇】 辖23个村、1个社区、176个村民小组、6个居民小组。2015年年末，总人口3.15万人，其中农业人口2.91万人。全年粮食总产量1.57万吨，花生种植面积533.33公顷，水产养殖面积720公顷。农民人均纯收入9972元。完成176个村民小组农村土地确权实地测绘划界工作。

【长土镇】 辖10个村、5个社区、77个村民小组、66个居民小组。2015年年末，总人口2.09万人，其中农业人口1.14万人。全年农民人均纯收入1.16万元，地区生产总值实现64.37亿元，地方公共财政一般预算收入完成161.71万元，固定资产投资完成2.23亿元，社会消费品零售总额完成1.61亿元，实现各项税收收入3176万元。规模以上企业24户，其中工业类企业20户、商贸企业4户。年内新增规模以上工业企业1户。长土镇获“四川省新农村建设档案工作示范镇”。

【建设镇】 辖11个村、1个社区、98个村民小组、3个居民小组。2015年年末，总人口1.54万人，其中农业人口1.44万人。全年农民人均纯收入1.16万元。奶牛存栏898头，产奶量4000吨。举办“自贡市第十届乡村旅游节”和“第六届龙都早香柚节采摘活动”，接待游客70万人次，实现综合旅游收入3000万余元。“龙都早香柚”被农业部授予国家农产品地理标志登记证书。

【艾叶镇】 辖10个村、3个社区、84个村民小组、29个居民小组。2015年年末，总人口2.09万人，其中农村人口1.39万人。全年农民人均纯收入1.01万元。完成地方级财政税收75.59万元，全社会固定资产投资2.4亿元，工业固定资产投资1.44亿元，招商引资2.5亿元。新建、改造垃圾收集池39口，新建成农民健身广场1个，完成健身广场基础设施建设2个。借助全省住房城乡建设博览会平台，拍摄2期艾叶宣传片在四川电台播放。

【桥头镇】 辖7个村、1个社区、82个村民小组、4个居民小组。2015年年末，总人口1.56万人，其中农村人口1.29万人。全年农民人均纯收入1.17万元；水产品养殖面积266.67公顷，产鱼3500吨，实现年产值4000万元。广播、电视、公路交通、通信等实现村村通。

【白庙镇】 辖8个村、1个社区、80个村民小组、2个居民小组。2015年年末，总人口1.32万人，其中农业人口1.25万人。全年农民人均纯收入1.03万元。血橙获国家“绿色食品”认定。举办“自贡首届白庙镇血橙采摘月”活动，接待游客2万余人，带动消费600万元。创建为省级生态镇。

【莲花镇】 辖11个村、1个社区、80个村民小组、1个居民小组。2015年年末，总人口1.32万人，其中农业人口1.26万人。辖区面积44.33平方公里，森林覆盖率52%。全年农民人均纯收入1.21万元，实现农业增加值2250万元，完成固定资产投资9200万元，招商引资到位资金1亿元，财政一般预算收入0.4万元。出栏肉兔52万只、小家禽32.7万羽、生猪2.07万头，肉类总产量2699吨，水产品500吨。

【章佳乡】 辖7个村、70个村民小组、1个社区。2015年年末，总人口1.04万人。全年农民人均纯收入1.15万元，固定资产投资1.16亿元，招商引资1.19亿元。新装自来水用户830户，缓解偏远村组饮用水困难；新安装光纤用户230户。引入社会资本300余万元，在凤凰新村建设农贸市场2000平方米，建设摊位82个，可为100个商家提供经营，解决就业150余人。1月，凤凰社区办公楼建成投入使用。

【牛尾乡】 辖8个村、1个社区、54个村民小组、1个居民小组。2015年年末，总人口9593人。辖区面积42.8平方公里，森林覆盖率45.3%。全年农民人均纯收入8516元，财政总收入587.64万元，固定资产投资8000万元，招商引资1亿元。

【筱溪街】 辖12个社区、318个居民小组。2015年年末，总人口6.2万人。全年为2万户次2.8万人次发放城市居民最低生活保障634万元，救助困难群众300人次28万元。办理就业失业登记证325个，发放失业金2260人次208万余元；退休认证1.41万人。制定《筱溪街党工委关于部分社区党支部升级党委的实施意见》，完成7个社区党委换届选举工作。

【贡井街】 辖4个社区、78个居民小组。2015年年末，居民6970户，总人口1.71万人。发放低保金1200户2229人509万元，发放廉租住房补贴金2231户5145人次69.78万元。实施医疗救助143人次14.7万元；资助贫困大学生11人2.3万元。老街、河街历史文化街区保护二期工程完工，贡草路（贡井段）、“黄老路”（城区段）完成改造。席草田社区获“省级科普示范社区”称号；老街子获“省级防震减灾科普示范社区”称号。

（贡井区地方志办）

大安区

概 貌

【位置 面积 人口】 大安区位于自贡市东北部，是自贡市中心区之一，东南与隆昌、富顺县接壤，东北与内江市东兴区毗邻，西北与威远县相接，西南与贡井、沿滩区相连，辖区面积401平方千米，辖9镇3乡、4街。2015年年末，总户数16.18万户，户籍总人口45.14万人，比2014年减少0.63万人。其中，非农业人口19.68万人，农业人口25.46万人。在总人口中，男性22.85万人，女性22.29万人。出生人口4082人，人口自然增长率3.03‰；死亡人口4501人；年末常住人口37.90万人，其中，城镇人口18.81万人、乡村人口19.09万人，城镇化率49.62%。

【政区沿革】 大安区原属富顺县，1939年划归自贡市管辖。1944年，由新垱镇（大文）改为自贡市第六区。1950年3—6月，由第六、七、九区合并为第三区。1953年，改称大坟堡区。1955年8月，经四川省人民政府批准改称大安区，1957年合入自流井区。1959年成立大安区人民公社（区级），直属自贡市。1961年7月，恢复大安区建制，沿袭至今。1978年4月，划入富顺县何市区所辖何市、群乐、鸳鸯、永和、永嘉、新店等6个公社。1979年7月，划入自流井区3个公社。1984年，公社改称乡。1988年，撤销何市乡建立何市镇。1994年，撤销爱和乡建立大山铺镇。1995年，撤销团结、胜利、群乐、新店乡，建立团结、胜利、三多寨（原群乐乡）、新店镇。2001年4月，由14个乡镇，调整合并为10个乡镇。2005年8月，划入富顺县牛佛镇、庙坝镇、回龙镇，划出红旗乡归自流井区。2015年，辖凤凰、和平、永嘉3乡；新民、团结、大山铺、三多寨、何市、新店、牛佛、庙坝、回龙9个镇；大安、龙井、马冲口、凉高山4街。

【自然环境与矿产资源】 境内系四川南部丘陵区，群丘起伏连绵，北高南低，多为馒头山，棹状方山，鸡爪丘，系丘陵地貌类型。气候条件优越，属亚热带湿润气候，四季分明，无霜期长，雨量充足。地下矿藏丰富，已探明的有岩盐、卤水、天然气、石灰石、石料、型沙、河沙、卵石、沙金、页岩、黏土等200余种，以岩盐、卤水、天然气、石料著称。境内属沱江水系一、二级支流。釜溪河流域为沱江水系一级支流，威远河、长滩河、旭水河流域为沱江水系二级支流，沱江河流域面积最大，占36.7%。多年平均流量1.44亿立方米，流域面积147.15平方千米。

【农林牧资源】 粮食作物以水稻、玉米、红苕、小麦为主，多种经济作物以油、麻、蔗、灯草为主，经济林以柑橘、梨、桃、橙、早香柚等著称，蔬菜品种多，具有11个大类、170多个品种，尤以二叶子韭黄、葱黄、大白菜、辣椒、生姜、白萝卜、蕉藕闻名于市区内外。饲养畜禽40余个品种，以猪、牛、奶牛、山羊、鸡、鸭、鹅、兔为主。鱼有鲤、鲈、鲶、合鳃型4个目、17科、26个品种，其中鲤科19个品种，占73%；以鲤、鲫鱼、白鲢、花鲢为主。观赏鱼有3大类60余个品种，以刨鱼、孔雀、燕鱼、神仙、地图、红绿灯鱼为主。

【人文自然景观】 境内旅游资源丰富，有世界三大恐龙自然博物馆之一的自贡恐龙博物馆（“中国旅游胜地40佳”之一，联合国教科文组织批准为世界地质公园），有世界第一口人工开凿的超千米深井——燊海井（国家级文物保护单位），有距今1.6亿年的长山岭硅化木（市级文物保护单位），有全市第一口岩盐井——发源井（市级文物保护单位）。有风光秀丽的燊海公园、西山公园、青龙湖，神奇的葛仙山、牛王山等，有集观赏娱乐垂钓为一体的北龙半岛；中国历史文化名镇——牛佛镇，川南古寨堡三多寨及青莲寺、佛子寺、弘发寺、观音阁。建有著名红岩英烈江竹筠（江姐）故居、邓萍故居等红色旅游景点，自贡市烈士陵园坐落在大安街长堰塘挖口山。

政治建设

【区委工作】 2015年，召开区委常委会29次，主要研究干部不担当、党风廉政建设社会化评价、精准扶贫、领导干部任期经济责任审计、政府机构改革，农村资金资产资源管理等事项，出台《大安区领导班子思想政治建设实施方案》《大安区治理领导干部不担当问题责任追究暂行办法》《大安区党风廉政建设社会化评价工作责任追究暂行办法》《大安区精准扶贫开发规划（2015—2020）》《大安区科级领导干部任期经济责任审计实施办法》《大安区涉农资金专项治理行动工作方案》《大安区人民政府职能转变和机构改革方案》《大安区农村集体资金资产资源规范化管理暂行办法》等文件。撤销城乡建设和住房保障局党委及下设党组织，新建区城乡建设局党委、纪委，下设机关、基层联合、鹰大公司、代建中心等4个党支部。举办领导干部读书班4天，开展元旦、春节等节日监督检查400次，查处“四风”典型案件22件，查处违反中央八项规定典型案件25起。出台精准扶贫五年规划，选派26名区乡机关干部担任贫困村第一书记，3834名贫困人口脱贫。

【人大工作】 2015年，召开常委会会议10次，依法作出决议、决定20项，形成审议意见9

件、评议意见2件，主要包括《同意区政府争取楼房湾水库专项建设债券资金的决定》《批准区政府引进社会资本建设保障性住房的决议》等5项重大决议、决定。依法任免国家机关工作人员34人次，任命人民陪审员8人，补选市人大代表1人，接受市人大代表辞职1人。制定《激励和保障区人大代表履职暂行办法》《大安区人大代表履职监督暂行办法》《视察、调查、执法检查规定》《讨论决定重大事项规定》《组成人员履职考核办法》《开展质询工作实施办法》等办法、规定、制度。听取和审议区政府国民经济和社会发展计划、财政预决算、财政收支审计、“十三五”规划编制等执行情况，听取和审议区政府“六五”普法、区人民法院、区人民检察院诉讼监督等工作报告，批准大安区2014年财政决算、2015年财政预算调整方案。开展铁路物流园区、楼房湾水库、农村土地确权、畜牧循环经济、农村资金互助、棚户区改造、养老服务等专项视察22次。开展《中华人民共和国安全生产法》《中华人民共和国食品安全法》《中华人民共和国药品管理法》《中华人民共和国环境保护法》《中华人民共和国档案法》《四川省村务公开条例》等执法检查6次。争取烈士堰水库周边环境污染连片治理费100万元，协助争取国家开发银行大安棚户区改造专项贷款18亿元。“精准扶贫”工程帮扶贫困村5个，市、区、乡镇人大代表帮扶贫困户4950人。提出农村投融资体系建设、培育新型农业经营主体等合理化建议135条，审查备案规范性文件42件，接待群众来访105人次，办理信访案件23件，化解信访老案、积案3件。依法评议区交通局、文化旅游局工作。

【政府工作】 2015年，召开区政府常务会25次，研究重点工程、机构改革、民生问题等事项128项。办结人大代表建议135件、政协提案101件。受理行政复议案件3件，其中，做出撤销决定1件，达成和解1件，不予受理1件。清理规范非行政许可审批事项35项，公示《大安区区级行政权力清单》，清理优化33个区级部门行政权力10大类5925条，其中，行政许可182条，行政处罚4732条，行政征收49条，行政强制235条，行政确认56条，行政裁决4条，行政给付32条，行政检查214条，行政奖励51条，其他行政权力370条。门户网站依法公开政府信息1783条。区国税局、地税局、公安分局等7家单位列为省依法行政示范创建单位。“三公”经费支出比2014年下降3.5%。是年，大安创建为第二批省级经济林木（果）权抵押贷款改革试点区。

【政协工作】 2015年，接收、办理委员提案105件，审查立案101件，办理建议61件，其中，《关于牛佛古镇保护与开发的意见》列为主席会成员督办事项。召开常委会3次，主要审议提案办理、委员履职、重大项目建设等情况；召开主席会议10次，主要讨论委员选举、“一府两院”工作报告、人事变动、表彰等事项。召开大安区政协八届四次全会，听取和审议《区政协第八届委员会常委会工作报告》《提案工作报告》《区人民法院和人民检察院工作通报》，选举增补石伟山、杨正春、应兴、潘义等区政协委员5名，政治协商提出建设性意见、建议4大类30条，提出家庭扶助、资源保护、精细化服务、重大项目建设、旧城改造等建议意见56条，提出建设牛佛镇沱江重工业园区建议。视察楼房湾水库、沱江二桥、大山铺铁路物流园区、朝土路等重点工程建设，视察就业再就业、养老服务体系建设、基层食品药品监管所建设、知识产权强区工程、行政审判、卫生计生机构改革等工作，提出意见建议50条，收集对相关职能部门的意见建议32条，收集工农业发展、旅游、文化等方面建议12条，为盐味源公司、吉星药业、三绿农资等企业和合作经济组织协调解决建设用地、税务登记、杆线搬迁等问题18项，形成《建设重工业园区，振兴自贡工业经济》《打造生态观光农业，促进我市乡村旅游发展》《关于大安区征地拆迁安置问题的调研报告》《大安区计生特殊家庭现状调查及对策建议》等调研报告12篇，收集社情民意34条，编发《社情民意》9期，在《四川政协报》《自贡日报》、自贡政协网站、《政协简报》《大安》等省、市、区媒体载体刊发稿件101件。

【纪检监察】 2015年，增设区纪委（监察局）电教与信息中心，制定《治理领导干部不担当问题责任追究暂行办法》《大安区分层分类全面落实“两个责任”的实施意见》《党风廉政建设社会评价工作责任追究暂行办法》，提拔交流纪检干部8人。立案46件，给予党纪处分和组织处理41人，向司法机关移送涉嫌犯罪干部3人。受理检控类信访举报64件次，开展谈话函询15件次，为23名党员干部澄清是非。开展村（社区）干部违法违纪专项整治，纠正问题165个，取消违规审批城乡低保2311户、3189人，整改现金支付招待费单位78个，查处违反“八项规定”案件10起、“四风”案件32件，查处违纪党员3人。追究“两个责任”落实不力领导干部3人。377名科级领导干部述责述廉，约谈党风廉政建设社会评价工作不力班子7个、干部17人。7个重大项目推进组和“三中心”签订廉洁承诺责任书，37个行政权力单位确定廉政风险点3318个、监察点3242个，制定防范措施77条，督促处置报（预）警事项300条。打造廉政文化示范点22个，创建市级廉政文化示范点2个，创作廉政文化作品27件，原型创作廉政微电影《凝固的欢笑》获市廉政文化优秀作品奖。开展廉政教育100场次、研讨活动60场次，举办“青莲”论坛3期，形成调研成果32篇，在《大安》杂志开辟党风廉政建设社会评价和纪检体制改革工作专栏各1个，刊载调研文章19篇。

【组织工作】 2015年，发展党员184人，党支部统一设置“两册”（支部工作手册、远教工作手册）、“三栏”（党务、村居组务、财务公开栏）、“三台账”（民生诉求、困难群众、稳定工作）。推进“指挥部+项目部+党支部”三部合一模式，在9个重大项目中建立临时党支部，在区“一办四中心”等建立党支部12个。制定《村社干部急难辛险工作专项绩效考核办法（暂行）》《贯彻党组工作条例的实施意见》《科级领导干部任期经济责任审计实施办法》《村社干部急难辛险工作专项绩效考核办法（暂行）》等办法、规章3个，建成永胜村、江姐村、华大社区、马草山社区等党建示范点6个，下派43名区乡机关年轻干部到贫困村、后进村任第一书记。遴选、培训乡（科）级后备干部61人，提拔科级领导干部100人，公开调任教育局副局长等副科级干部3人。采取“聘用制”“合同制”引进紧缺专业人才31人，从高校柔性引进5名研究生学历紧缺专业人才，安排7名紧缺专业人才到项目代建中心、东北部新城管委会等部门顶岗培养，选派300名年轻干部上挂下派锻炼，送培紧缺专业干部82人。依据《调整不宜担任现职领导干部试行办法》调整科级干部5人，经济责任审计干部90人次，审批（备案）干部出国（境）30人次，审批（备案）因私出国（境）干部9人，清理企业兼（任）职干部31人，整改消化超职数配备干部17人。

【宣传工作】 2015年，组建学习贯彻党的十八届四中全会和省市区委全会精神宣讲团和乡镇街分团，征订《法治热点面对面》《理论热点面对面》《中心组理论学习》等理论刊物1000册。邀请省社科院教授盛毅、都江堰市委党校邓蓉等专家作集中辅导报告6场，区委宣讲团做基层微宣讲52场次，开展“做践行社会主义核心价值观和‘三严三实’表率，弘扬‘求真务实厚德自强’大安精神”主题劳模事迹巡回报告10场次。组织自贡春晚大安区专场、第二十一届自贡国际恐龙灯会、庆“六一”、“才艺展演”和留守儿童“涂鸦活动”等文艺演出活动，举办“红梅赞·江姐文化艺术节”、庆元旦·迎新春文艺汇演、“诵读经典、弘扬国学”全民阅读、送春联和书画下乡、“铭记历史建功大安”名人名家书画作品展等特色文化活动。新建乡村少年宫中央项目1个、市级项目3个，征集乡村学校少年宫发展论坛论文20篇，向乡村学校少年宫电视节目推荐论文8篇，江姐小学获得乡村学校少年宫中央项目年度考核一等奖。复查省级（最佳）文明单位8个、省级文明村镇3个、区级文明单位123个。推荐岗位学雷锋先进集体11个、先进个人17人、身边好人6人，5名学生获“自贡市美德少年”称号。开展全国第一次可移动文物普查，李亨祠堂第一期排危加固工程完成，燊海井文物保护维修二期工程拟定维修方案，牛佛镇王爷庙社区传统村落整体保护利用工程项目完成总体方案编制及资金申报。检查经营场所267多家（次），立案办理8件，办结5件，处罚金额1.27万元，取缔违法经营1家，警告并处罚款4家。《大安》杂志征稿400篇，刊发12期、稿件224篇（则），评选2012—2014年优秀稿件20篇；在国家级媒体刊发稿件36篇（件），在省级媒体刊发稿件90篇（件），刊发宣传专版7个；在市级媒体刊发宣传稿件1400篇（件），专版（专栏）9个；在新浪网等新媒体刊发宣传稿件600篇（件）；配合中央电视台、中央人民广播电台、四川电视台、浙江卫视、成都电视台、自贡电视台制作电视专题片7部；在“微大安”发布政务图文微博179条，研判、处置涉区舆情200条，形成《舆情专报》111期，上报社情民意40条，报送网评340条。

【统战工作】 2015年，民革大安总支、农工党大安支部、九三学社大安支社完成换届。举行党外后备干部培训1期，培训党外后备干部30名，下派2名党外后备干部到乡镇挂职锻炼。开展“百企助百学”“百企联百村”“百企帮三老”“百名民主党派成员帮助百名困难群众”“百名宗教爱心人士帮助百名困难儿童”“百名无党派代表人士与百名困难群众结对帮扶”活动。召开2015年大安区首届民营企业“关爱员工、实现双赢”选树活动推荐会，表彰关爱员工优秀民营企业家15人、热爱企业优秀员工30人、爱岗敬业优秀共产党员10人。收到统战系统党外干部“发展中国特色社会主义与构建区域中心城市”征文5篇，民主党派、工商联和无党派人士建言献策50条，撰写调研报告6篇。

【政法工作】 2015年，新组建区国安办。区法院与工商联联合出台服务企业“十条措施”，化解何市火炬砖厂、和平永乐砖厂职工欠薪群体性不稳定事件，举办企业法律专题讲座3次，开展“送法进企业”活动20次。处置东部新城征地拆迁、大安旧城棚户区改造、马吃水荣光苑临时市场取缔、东部新城安置房分配、和平乡火车站保障性住房安置房分配等重大项目信访维稳事件。依法打击回龙镇非法阻碍、破坏砂石开采秩序违法犯罪行为，查处庙坝镇村民反映盗采砂石不稳定事件、聚众扰乱交通秩序案件，行政处罚破坏沱江砂石开采秩序人员17人，逮捕、刑拘和移送起诉10人。化解鑫缘科贸集资5000万元诈骗案，清退辖区集资款1200万元；化解牛佛镇金牛广场征地补偿、自隆高速施工纠纷、“蝴蝶谷”废弃卤井气体外泄、新民镇天元村7、8组污染、海滨化工厂停产等涉稳积案10件；基本化解新店邮政储蓄非法集资案、庙坝沱江二标段砂石开采涉稳案。全年受理矛盾纠纷2090件，调解成功2045件，调处率100%，调解成功率98%。进京非访11人15人次，比2014年减少4人23人次，分别下降26.67%和60.52%。新建龙井街华大社区“调解文化大院”和大安街仁和社区、凤凰乡永胜村“调解文化广场”，“背包法庭”被全省“图说依法治川”栏目采用。成立区县级法学会，批准吸纳会员156人。开展社会稳定风险评估10件，“暖心工程”救助65名干警66万元。区法院、区检察院、区公安分局、区司法局联合签署《关于依法快速办理轻微刑事案件的实施办法》，立案10日内审结案件16件，占适用简易程序案件14.29%。是年，区委政法委获“四川省党委政法委先进集体”，区委、区政府获2015年度自贡市维护社会稳定“优秀单位”。

【公安工作】 2015年，立刑事案件1685起、破案895起，其中，公安部督办案件2起、省公安厅督办案件3起、省公安厅交办案件1起、市公安局督办案件2起；打击处理344人、上升30.30%，提请逮捕189人、上升9.76%，移送起诉344人（一审判决涉恶类犯罪嫌疑人59人）、上升64%，抓获上网逃犯54人（历年逃犯5人）；强制戒毒81人，上升15.71%。侦破“7·17”故意伤害致人死亡和“9·8”故意杀人案，打掉叶某阳、黄某强、张某树等盗窃、抢劫、抢夺团伙，破获昊华鸿鹤化工电缆线被盗案。侦破“3·23”横跨广东、云南、四川等17个省份互联网贩卖、组装枪支团伙，收缴整枪4支、组件1套、子弹600发，抓获犯罪嫌疑人10名。查处毒品案件47起、吸毒违法案件154件，打击涉毒人员55人、吸毒人员288人，破获“2015-03-04特大贩毒案”，抓获犯罪嫌疑人周某枢、钟某，打掉佛山—自贡贩毒团伙，缴获毒品“神仙水”1898.37克、K粉152.22克、大麻28.46克；摧毁临沧、昆明、泸州、自贡等QQ群贩卖冰毒、麻古、大麻贩毒团伙，抓获犯罪嫌疑人9人，缴获“麻古”1.16公斤、冰毒6.65克；破获“9.10”仁和半岛制毒案，抓获犯罪嫌疑人2人，缴获液态冰毒400克。破获省公安厅督办“毛碧春”被拐卖案，抓获犯罪嫌疑人2人。查处涉黄涉赌场所19家、查破刑事案件22起，抓获违法犯罪嫌疑人242人、收缴赌博游戏机45台、赌金30余万元。侦办杨某非法贩卖卷烟网络，查明涉案卷烟价值3000万元。立涉稳刑事案件3起、提请逮捕8人、行政处罚20人。排查处置不稳定因素398条，发生不稳定事件78起，其中上访23起、阻拦施工26起、医患纠纷9起。编发《互联网网络舆情通报》68 期，处置负面舆情、涉警、涉稳类信息等 80 条，导控舆情 760 次。参与灯会、“两会”、“9·3”抗战胜利日、“嘉丰好声音——圣诞狂欢夜”演唱会等安保警卫任务 34 次。开展派出所协管交通试点，在团结、三多寨、何市派出所试点“1+2+3+4”农村道路交通管理警务运行模式（即：1 个交管办、2 名专管民警、3 名协警、履行 4 项职责），参加实战化培训 32 项次、900 人次，参加省第 7 期“战训合一”训练 60 人。

【检察工作】 2015 年，批准逮捕刑事犯罪嫌疑人 145 人、比 2014 年下降 5.83%，提起公诉 254 人、下降 5.64%。其中，批捕暴力、黑恶势力、毒品、侵财等犯罪 78 件 92 人，批捕侵害留守妇女儿童权益犯罪 5 件 6 人，批捕起诉金融犯罪 3 件、破坏市场经济秩序犯罪 1 件；批捕非法处置 100 吨工业废酸环境污染案犯罪嫌疑人 4 名；督促侦查机关立案 5 件，追加逮捕 2 人，追加起诉 10 人；督促撤案 3 件，决定不批捕 3 人、不起诉 4 人；查办政府投资领域职务犯罪 12 件 12 人、上升 33.3%，其中科级以上干部 6 人，起诉区社保局朱某贪污社保金 160 万元“小官巨贪”案；查办受贿犯罪 4 人、行贿犯罪 3 人、渎职犯罪 2 人；配合区法院追究 41 名赌场老板刑事责任；提前介入重大刑事案件 18 件，向涉案单位及其主管部门提出防控建议 10 件。开展警示教育和预防宣传 6 次，提供行贿犯罪档案查询 58 件次。出台《关于化解涉法涉诉信访案件的实施办法》，区法院在化解涉法涉诉信访案件时依法引入律师以独立第三人的身份参与涉法涉诉案件办理，办理信访案件 21 件。是年，区检察院获“全国检察宣传先进单位”。

【法院工作】 2015 年，新建科技法庭 2 个，安装视频监控系统 70 个，播放庭审直播 6 次。受理各类案件 3998 件，结案 3912 件，结案率 98%，法定审限内结案率 100%。审理一审刑事案件 208 件，结案 197 件，结案率 95%，其中，危害公共安全犯罪案件 20 件，判处犯罪嫌疑人 20 人；抢劫、盗窃、强奸、故意伤害等危害人民群众人身财产安全犯罪案件 28 件，判处犯罪嫌疑人 41 人；毒品类犯罪案件 22 件，判处犯罪嫌疑人 24 人；破坏社会主义市场经济秩序案件 2 件，判处犯罪嫌疑人 3 人；贪污贿赂渎职类案件 10 件，判处犯罪嫌疑人 10 人。审理民商事案件 2921 件，结案 2848 件，结案率 98%，其中，离婚案件 306 件，赡养扶养纠纷案件 13 件；权属、侵权及其他民事类案件 1102 件；依法审理合同类案件 1394 件，其中民间借贷纠纷案件 331 件，劳动争议类案件 61 件。审理行政诉讼案件 106 件，结案 104 件，结案率为 98%。受理执行案件 763 件，执结标的金额 1.14 亿元，向社会媒体公布失信人 120 人，司法拘留 23 人。发放司法救助资金 6 万元，减、缓、免交诉讼费 120 万元。受理群众来信和区人大转交来信 24 件，化解信访积案 6 件。开展“送法进企业”专项活动 15 次，召开专题讲座 3 次，结对企业 36 家，发放各类法律资料 1 万份。人民陪审员达 51 人，参审案件 530 件，参审率 95.7%。上网裁判文书 1517 份，《人民法院报》《四川法制报》《四川审判信息》等采用大安“依法治区、司法为民工作”专题文章 47 篇。是年，区法院获“四川省新闻宣传工作先进单位”。

【司法工作】 2015 年，建成法治广场 2 个，“江姐故居”、区行政学校、区就业培训中心分别建成青少年法制、公务员、农民工法制教育基地。建立乡镇、社区法制宣传文艺队 9 个，建立由 9 人组成的普法律师讲师团，配置法制副校长 30 人，11 家企事业单位聘用律师法律顾问。回归刑释解教人员 250 人，安置 245 人；配备专兼职社区矫正工作人员 36 人，社会志愿者 514 人，社区矫正小组 217 个，区财政按 1200 元/人·年标准安排社区矫正工作经费，接收社区矫正人员 125 人，期满解除 136 人，撤销缓刑 3 人，收监暂予监外执行人员 2 人；开展审前调查评估 65 件，对违反社区矫正规定的 38 人给予警告，5 人提出撤销缓刑建议，4 人提出收监建议。配备网格专职调解员 5 名，兼职调解员 1158 人，调解矛盾纠纷 821 件，防止群体性上访 5 件 300 人。开展法律“六进”活动 40 次，组织学法知识竞赛 2 次，开展法制宣传活动 30 次，受教育人数 14 万人次。举办法制宣传板报 50 期，展出宣传展板 30 个，播放电子宣传标语 2000 次，印制“六五”普法案例漫画 5000 册、宣传资料 7.1 万份，提供法律咨询 1777 人次，受理法律援助案件 249 件、315 人，挽回经济损失 90 万元。办理农转非批量公证 7800 件、重大项目公证 6 件、群众公证服务100件，减免公证费12万元。制定《大安区政府常务会议会前学法规定》，安排学习《中华人民共和国宪法》《中华人民共和国人民调解法》《社区矫正实施办法》《中华人民共和国侵权责任法》等法律法规。

【武装工作】 2015年，完成征兵任务。组织专业军事、情报信息、机枪分队、公务员军事、江姐女子民兵排等军事化训练6场次，参训民兵、学生、公务员4600人。出动民兵1095人次执行抢险救灾、维稳执勤、应急处突等任务。派员为外国语学校、江姐中学、牛佛中学等上国防教育课。收集、清理涉及郭伯雄的相关文件资料，收集文件12份、书籍150本、画册20本、报纸100份、杂志150份、光碟12张、电脑信息120条、荣誉室版面一幅。协调区农工委投资20万元修建回龙镇古井村村道，帮扶团结镇朝天寺村困难户10户，资助留守儿童6人，捐款助学贫困儿童5人。清理退还不规范项目票据资金7.71万元，协调设立乡镇武装工作专项经费25万元，购置6大类18种2500件应急应战物资。发放入伍新兵优待金9681元，兑现大学生士兵一次性奖励金53人。在中国国防报上稿1篇，战旗报上稿7篇及西南民兵、国防时报、省军区政工网等媒介上稿共21篇。

【机构编制】 2015年，撤销政府机构9个，组建政府机构5个，调整管理体制单位2个，调整后，区政府工作部门23个、派出机构2个、挂牌机构8个。印发城乡建设局、住房保障局、卫计局、工业园区等涉改部门“三定”方案；水务局下属事业单位区水产渔政站人、财、物整体划转区农牧林业局管理，更名为水产服务中心；整合工业园区和东北部新城管委会为政府派出机构，实行“一个机构、两块牌子、一套人马”；组建东北部新城城管执法中队，聘用协管人员5名；团结、新民、大山铺、凉高山街等乡镇（街道）城管执法中队接受区城管执法分局及新城城管执法中队双重管理，实行联合执法；新建审计中心、纪委监察局电教与信息中心、特殊教育学校，整合工业园区和东北部新城下属“两中心”，整合农林业执法大队和动物卫生监督所。推进事业单位分类改革，教育、卫生、农林、乡镇所属147个事业单位分别划为公益一类、行政类和生产经营类。网上登记、公示事业单位183个，年检率和公示率100%。掌握244个单位基本情况，建立人员信息4834条，其中在编人员信息4120条、编外人员信息714条。注册机关事业单位中文域名212家，注册成功率87%。扩权强镇试点镇从3个增加到5个，扩大试点镇行政管理权限，增核行政编制1名，设置领导职数7名。

【公务员管理】 2015年，招录公务员59人，招聘事业单位专业技术人员50名，引进急需紧缺专业技术人员6人。完善公务员考核办法，在13个区级部门和6个乡镇街道推行平时考核试点工作。草拟《大安区机关事业单位工作人员和编外人员管理暂行办法》，加强机关事业单位工作人员和编外人员管理。开展机关事业单位养老保险并轨工作。

【党史研究】 2015年，制定党史年度工作重点，完成上报市党史研究室信息12条，编写《大安区委2014年执政实录》《2014年中共大安区委大事记》，撰写上报党史研究室调研文章2篇。

【民建】 2015年，民建大安一支部换届。向市、区人代会、政协会提交提案、建议24件，其中，《关于交通信号灯统一规划建设管理的建议》被列为分管副市长重点督办提案，《关于加快推进北环路家居城至一桥段拓宽改造工程的建议》等提案建议被采纳，《关于加快规划建设城市轨道交通的建议》等提案建议被提交到市级职能部门。支部会员提出经济发展、城市建设、项目工作、教育、国土、民政、计生等建议10条，报送社情民意3篇，形成《关于发展旅游观光农业的调研报告》等调研报告6篇，《建设自贡重工业园区，振兴自贡工业经济》在市政协常委会交流。组织民建成立70周年、民建四川省委成立35周年纪念活动，开展“民建光辉历程大家谈”“与党同心读书活动”“读会史颂伟业学会章树新风征文”“发展中国特色社会主义与构建区域中心城市征文”等活动。争取省委会、思源工程基金会募集定点帮扶资金65万元，帮助盐井村新建排灌渠道2千米。“同心温暖工程”慰问会员19人次、慰问金7700元。阿郎食品、金蝶软件、尚德文化传播等会员企业投入扶贫、助学、助困等公益事业资金1.5万元。会员单位组织6批、37人次参加“三下乡”活动，支持贫困村公路建设资金1万元，举办各类技术培训讲座3场、培训172人次。

【九三学社】 2015年，发展入社积极分子1名，第六届大安支社换届准备就绪。开展“坚持和发展中国特色的社会主义学习实践活动”，重点学习实现伟大民族复兴中国梦、九三社史，开展“我爱祖国我爱九三”专题读书活动。组织社员听取由“自贡女摄影家协会”主席吕金凤主讲的摄影讲座，邀请自井区支社开展联谊交流活动。支社人大、政协代表出席市、区“两会”，参加专题调研、视察和民主监督，向市、区政协提出提案7件，撰写《关于大安区农民工返乡创业的调研报告》。雷振刚、苟光跃、林焱尧等社员创作的油画、书法、歌曲获省级参展、参评资格。

【工商联】 2015年，新增会员42名。9月28日，成立回龙镇商会。10月21日，召开区工商联七届五次执委会，增（替）补副会长1人、常委1人、执委2人，新增补4名企业负责人为政协委员。召开提案、议案选题会，撰写提案、议案、建议和社情民意14件，《关于牛佛古镇保护与开发的提案》《关于鼓励社会力量兴办养老机构的提案》列为2015年区政协重点提案。举办“打造优美环境，建设美丽家园”“主动适应发展新常态，实现企业转型升级”主题沙龙活动，召开大安籍昆明自贡商会成功人士座谈会，区商会与浙江四川商会、宁波四川商会签订友好商会协议书。开展“百企助百学”“百企联百村”“百企帮三老”“走基层、解难题、办实事、促发展、惠民生”系列活动，捐款2万元资助贫困大学生10人，捐款2万元资助江姐中学贫困学生10人，精准扶贫促成33户会员企业与26个贫困村结对。开展首届民营企业“关爱员工、实现双赢”选树活动，表彰刘琪等15名关爱员工优秀民营企业家、童绍礼等30名热爱企业优秀员工、杨庆松等10名爱岗敬业优秀共产党员。《关于民营企业“走出去”调研报告》《同舟共济实现双赢，大安区表彰一批民营企业“三优秀”》《“娘家人”助企业振翅飞》《大安工商联组织“互联网+”专题培训》等6篇信息被自贡日报、新华网、四川新闻网、《大安》杂志采用。

【工会工作】 新发展工会组织20个，会员2895人，其中农民工2541人。办理单位工会法人资格证登记30个，发放“会员证”1435本，授牌“职工书屋”示范点6个，36个机关、企事业单位工会换届，选派72名区乡两级工会干部参加省市区总工会培训，组织30人参加市工人文化宫举办的排舞和摄影等培训。举办庆“五一”职工大众体育运动会、庆“十一”职工羽毛球比赛、党建知识抢答赛和“阳光女性·幸福中国”读书征文等活动；举办职工技能大赛40场次，参赛职工1.42万人。下岗失业职工再就业440人，培训下岗失业人员、农民工750人，转移农村劳动力600人。职工提合理化建议994条，采纳实施合理化建议763件，增效220万元，降本150万元。“送清凉”行动慰问174户企业7833人15.75万元，“秋送助学”行动资助学生7.4万元，春节“送温暖”行动发放困难职工爱心卡664张、金额10.9万元。办理职工住院互助保险2700人、女职工大病互助保险722人，追讨19户企业拖欠职工工资1896万元，补助困难职工法律援助金10人、1.35万元，筹资7.8万元春节慰问劳模37人。评选劳模6人，推荐“省示范乡镇（街道）工会”1户、“省示范社区工会”1户、“市示范乡镇（街道）工会”4户、“市示范社区工会”10户。表彰“关爱员工优秀民营企业家”15人、“热爱企业优秀员工”10人。

【共青团工作】 2015年，争取6所星级留守学生之家建设补助资金1.5万元，争取牛佛烟墩、永嘉林远巷两所希望小学建设补助资金100万元，其中烟墩小学建成投入使用；争取省青基会青年就业创业工作经费2万元，大山铺邓萍小学列入2015年度四川省示范性青少年综合服务平台建设计划。“逐梦计划”提供大学生实习岗位30个。开展青年就业创业培训会、咨询会3次，提供青年就业创业服务300人。“暖冬行动”赠送价值3万元爱心礼包给200名留守儿童。成立大安区青年志愿者协会，派遣志愿者参与社区志愿服务2000人次，服务老年人2610人次。招录西部志愿者22名，出台《大安区大学生西部计划志愿者管理办法》，区西部计划项目办被评为“四川省最佳活动开展服务地”“四川省十佳项目办”“全国优秀项目办”。参加植绿、护绿、环境洁美志愿者行动300人次，“传承弘扬雷锋精神·城市因我而文明”活动发放宣传资料6000份、奖品1500份，市民参与承诺签名2000

人次。举办“农信杯”青年足球赛暨中小学“校园足球”赛，中小学、机关青年、企业等18支业余足球队伍300人参赛。举办“能力+智力”“个人+团队”为主题的“奔跑吧！大安青年”户外活动。

【妇女工作】 2015年，创建市级巾帼创业就业示范基地2个，带动周边1200名妇女创业就业。举办牛佛镇“守护明天、让爱回家”外出务工返乡人员就业招聘会，组织200名留守妇女参加市妇联、市就业局举办的招聘会，促成174人就业。开展妇女创业就业能力培训12期，培训1200人次。开展“阳光助幼、幸福家庭、幸福邻里、幸福紫薇、阳光助残”五大行动，“寻找最美家庭”在“妇女之家”晒出家庭照片3600张，举办最美家庭故事会57场，家风家训展示、评议会21场，建立城乡社区“妇女之家”“最美家庭”光荣榜36个，征集“好家风好家训”127条。举办“琢玉读书会周年庆”“庆六一”、世界读书日等活动，邀请市疾控中心领导为400名学生讲解禁毒防艾知识，开展财产分割、劳动合同、家庭暴力等法律知识培训3期，培训妇女220人。建立基层妇女儿童维权服务示范工作站；组织35名乡镇街道和区级部门妇女干部参加拓展训练；举办“经营幸福婚姻、做快乐新女性”专题讲座，发放妇女权益保障法、“两癌”相关资料、妇女保健等宣传资料2500份，接受咨询24人次，义诊服务63人次；开展“六一”庆祝活动35场次，16个乡镇街道和55个区级部门到中小学校进行慰问，发放总值5.5万元的慰问金、慰问品，结对帮扶困境儿童86人、1.72万元。救助贫困母亲20人、两癌患病贫困母亲29人、贫困儿童20人，救助物资价值29.8万元，免费筛查农村妇女两癌1.1万人。

【未成年人保护】 2015年，开展交通法制、国防知识教育等专题讲座8场，参与师生2450人；开展“践行三爱·放飞梦想”暑期夏令营活动，参与青少年65人；摸底排查失学、失管、失亲、失业、失足等“五失”青少年，建立完善日常帮扶、困难求助申报、联动保障等三项制度。筹集爱心物资和现金30万元，为1800名贫困留守儿童送去书包文具、羽绒服和压岁钱等物资。重阳节慰问先进“五老”20人、“失亲”青少年37人，为他们送去价值3万元的毛毯、台灯等物资。组织拉网式检查网吧1次，全区33所网吧全部落实“五老”义务监督员。

【政务服务】 2015年，清理精简行政审批项目3项，保留行政审批项目182项，其中承接上级下放审批项目126项。建立三级便民服务体系，实现乡镇（街道）便民服务中心、村（社区）便民服务室全覆盖。建成标准化乡镇（街道）便民服务中心16个、村（社区）便民服务室118个，实现“小事不出村、大事不出乡”目标。开展全区16个乡镇（街道）便民服务中心、38个村（社区）便民服务室市级标准化场所打造，实现行政审批向股室、政务中心和电子政务平台集中。印发《行政审批服务指南》，行政审批承诺办理时限总体提速70%，其中52项提速超过90%，明确专人每天对16个便民服务大厅进行视频监控，每月对便民服务中心办件情况、违规违纪情况、信息上报采用情况进行统计、评比和通报。完成项目领办代办22个。接受网上咨询30件，网上预审件2件。

【群众工作】 2015年，信访总量1567件，其中来访1267件次，比2014年上升71.91%，现场办结、处理1171件，占92.42%；来信38件，下降79.57%，回复、办结率100%；来电26件，下降75.70%，回复、办结率100%；网上信访236件，下降6.35%，办结率100%。县级领导干部在龙井街、凤凰乡等13个乡镇街道开展“走基层”大下访活动12次，发放宣传资料2.6万份，接待来访群众3845人，受理问题342件，现场解答76件，交办266件，办理204件，惠民义诊2056人次，展出禁毒等展板176块。全年区级交办信访案件34件，涉及重点人员21人，化解省信联办交办信访案件34件、市级信访积案4件，化解何市镇火炬砖厂涉稳等10件突出信访问题。全年排查出各类矛盾纠纷156件，行政拘留游正华等进京非访人员11人次，训诫3人。

经济建设

【工业经济】 2015年，辖区内工业企业总产值512.57亿元，比上年增长2.4%；工业增加值138.21亿元，增长8.5%。其中，区属工业企业总产值464.96亿元，增长6.1%；增加值130.61亿元，增长5.6%。单位工业增加值能耗比2014年下降7.2%。区属规模以上工业企业总户数93户，实现工业总产值452.29亿元，增长10.1%；实现工业增加值125.80亿元，增长10.5%；实现主营业务收入448.48亿元，增长11.9%；实现利润19.02亿元，下降4.0%。规模以上工业企业实现销售产值449.46亿元，增长10.1%，产销率99.37%。工业类投资35.4亿元，增长7.76%。新增规模工业企业7户、"专精特新"企业3户、"小巨人"企业2户、"成长型"企业2户，新建市级中小企业研发机构2个、市级企业技术中心2户，实施技术改造和技术创新项目15个，包装涉及生活资料专业市场、文化旅游、工业、基础设施等项目28个，规模以上工业企业管理系统信息化率54.3%。东联锅炉、双龙桥等24户企业获信贷资金1.71亿元，华西泵阀、大润石化等12户企业获应急周转资金1.27亿元。华夏阀门等5户企业的16个名优产品入选《2015年四川省地方名优产品推荐目录》，南丰化工和华润雪花啤酒淘汰落后产能设备。工业园区实现主营业收入120.14亿元，增长7.11%，新开工项目2个；新规划北部工业园选址新民镇，规划面积6.0平方千米，新增承载能力26.67公顷，重点发展节能锅炉及配套产品装备制造、新材料、电线电缆及电工器材制造。组织企业培训10场次，培训400人次。解决西南电线电缆、华润雪花啤酒等企业生产要素供需，清理闲置土地6.34公顷，征地567.73公顷，调修土地利用规划935.33公顷。县级领导和区级部门联系重点企业154户，收集问题101件，解决问题88个。

【农村经济】 2015年，农业总产值22.19亿元；增加值13.44亿元，比2014年增长3.8%。粮食播种面积19881公顷，增长0.35%，其中，大春播种面积1.52万公顷，增长0.4%；小春播种面积4637公顷，增长0.2%。粮食总产量10.45万吨，增长2.4%，其中，小麦产量0.90万吨，稻谷产量5.11万吨，玉米产量2.21万吨。油料产量1.02万吨，蔬菜产量23.63万吨。肉类总产量3.67万吨，增长1.2%，其中，猪肉产量1.88万吨，下降2.7%；牛肉产量2497吨，增长12.4%；禽肉产量5002吨，增长2.9%。生猪出栏27.16万头，下降2.7%；肉牛出栏2.02万头，增长10.7%；肉兔出栏682.18万只，增长5.6%；家禽出栏333.49万羽，增长2.7%。林业总产值2.24亿元。渔业总产值1.7亿元，水产养殖面积762公顷，比2014年增加8公顷；水产品产量0.71万吨，增长4.8%。农村居民人均可支配收入1.20万元，增长9.5%，其中：工资性收入5725元，增长8.4%；经营净收入3964元，增长6.1%；财产净收入487元，增长22.2%；转移净收入1815元，增长18.1%。人均生活消费支出9630元，增长10.4%。固定资产投资2.7亿元；争取项目资金2924万元；投放鱼种1627吨；巩固退耕还林1606.53公顷，管护公益林600.93公顷，森林覆盖率24.98%，营造林面积653.33公顷。庙坝镇、牛佛镇等6乡镇建成万亩水稻高产示范片2个，稻谷平均亩产616.5公斤；三多寨镇等4个乡镇建成万亩大豆高产示范片2个，大豆平均亩产137.37公斤；牛佛镇、新店镇等6乡镇建成酿酒高粱高产示范片2个，引进蔬菜新品种6个，蔬菜播种面积7800公顷，新建杂柑园区86.67公顷，启动"中国玫瑰海"玫瑰种植加工基地项目，栽植香樟、银杏、桂花213.33公顷；核桃、柑橘等高效林业基地面积增加200公顷，新增造林面积480公顷，森林监测面积6800公顷。新建生猪、肉牛、蛋（肉）鸡等标准化养殖场12个，引进江苏立华牧业有限公司年出栏3500万羽肉鸡的一体化产业项目，改良天然草地畜牧39.87公顷，新建植优质稳产人工饲草201.33公顷，建成青贮壕3380立方米，新建沼液储存池900立方米。抽检水产品质量安全82批次，抽检合格率100%。开展农业新技术现场培训80场次，培训乡村技术骨干478人次、农民技术骨干3.55万人次，发放技术资料12万份；兑付耕地地力保护、农机购置、退耕还林等各类补贴补助资金2517.53万元；立案查处5种禁用高毒农药案件27件，结案26件；无害化处理养殖环节病死猪1097头、屠宰和市场环节病害畜禽产品400公斤；监测养殖场（户）"瘦肉精"319场次，检测结果全部为阴性；春季禁渔期收缴地笼网30副；申报无公害农产品7个。

【新农村建设】 2015年，培育农业龙头企业2户、农民合作社10户、家庭农场6个；三绿农村资金互助社发放贷款45笔1064.6万元，发放林权抵押贷款6笔2100万元，投保生猪目标价格指数保险3万头，比2014年增长4倍。“幸福美丽新村”项目新建道路12.1千米、便民道13.67千米、微田园280户，新村居民集中供水、供电、供气和闭路安装500户，改造民居280户。新发展健康水产养殖53.33公顷。2013—2014年度实施的5个高标准基本农田项目竣工验收，改造农田2725.27公顷。新店、何市2镇整治高标准基本农田项目上报市国土资源局验收，整理农田1842公顷，新增耕地196公顷。实施“九个一批”精准扶贫，下派26名“第一书记”，引导26名成功人士、26个非公企业参与扶贫开发。出台《精准扶贫资金管理暂行办法》，建立扶贫资金信息公开制度及扶贫对象、扶贫项目公告公示制度。团结镇朝天村、何市镇黄桷村3834名贫困人口脱贫。兑现768户移民直发补助资金47.16万元；制定《楼房湾水库工程枢纽区移民进入统规统建集中居住区建设管理办法》。

【商贸】 2015年，服务业增加值41.32亿元，比2014年增长8.6%；社会消费品零售总额58.39亿元，增长11.9%；商贸固定资产投资17.94亿元，增长4.86%；新增限额以上商贸企业（个体）2户、规模服务业企业2户。探索建设川南现代服务业集聚区电子商务中心，川南皮革城网上交易额80万元。建成川南皮革城二期商业市场并投入运营，川南家居城二期、两口塘农贸市场完成主体工程建设，川南奥特莱斯、IT数码售楼部主体建成，川南音乐文化广场1号楼主体工程建成，徐工川南营销服务总部、顺永建材开工建设，川南建材市场二期建设用地挂牌，大山铺农贸市场项目完成征地拆迁，年出栏3500万羽一体化养鸡项目签订投资协议。全年组织企业参加“川货全国行”“万企出国门”等展会48场次。

【旅游】 2015年，实现旅游收入37.48亿元，比2014年增长20.2%；接待游客770.8万人次，增长12%。争取省级旅游发展专项资金80万元，改建和新建旅游公厕各1个。建成川南皮革城二期商业市场并投入运营；对星级农家乐开展节假日安全检查和食品卫生检查34次，各农家乐无游客投诉。江姐第一庄、玉龙酒家分别升级为4星级和3星级农家乐。启动“中国玫瑰海”玫瑰种植加工基地项目，栽植香樟、银杏、桂花213.33公顷。江姐故居申报列入全国红色旅游经典景区名录。

【财政收支】 2015年，地方一般公共预算收入17.76亿元，其中，地方一般公共预算收入1.24亿元，税收返还和上级补助收入15.25亿元，动用上年结转结余及调入资金、地方政府债券转贷收入1.26亿元。一般公共预算支出16.92亿元，比2014年增长28.6%。收支总量相抵结余项目资金6396万元。2015年年末，本级预算稳定调节基金累计结余1099万元。政府性基金收入3.13亿元，其中，上级返还划拨出让土地成本和收益以及其他补助收入2.72亿元，上年结转结余0.4亿元。政府性基金支出2.57亿元，比2014年增长30.4%。社会保险基金收入1.88亿元，比2014年增长26.18%，其中，城乡居民养老保险基金收入0.58亿元、新型农村合作医疗基金收入1.31亿元。社会保险基金支出1.89亿元，比2014年增长37.32%，其中，城乡居民养老保险基金支出0.48亿元，新型农村合作医疗基金支出1.41亿元。地方教育附加、残疾人就业保障金和船舶港务费等11项政府性基金收入转列为一般公共预算收入。

【政府采购】 2015，区交易中心组织交易活动210次，预算价3.03亿元，交易金额2.21亿元，节约资金8181.00万元，节约率27.00%，其中，政府采购160次，采购金额1.92亿元，节约资金7152.19万元，节约率27.16%。组织比选27次，节约资金629.12万元，节约率31.08%。政府投资工程建设项目设置最低下浮比例，评标专家抽取、比选抽取、投标、开标、评标等全程实行电子监控和同步录音录像。

【国税】 2015年，国税税收收入2.46亿元，比2014年下降24.39%，其中，增值税2.08亿元，下降28.24%；消费税733万元，下降35.13%；企业所得税3024万元，增长27.92%。区本级收入892万元，完成区级目标任务的84.47%。清理欠税895.9万元。纳税评估及核查锅炉辅机行业、消费领域加油站、电子电器批发、三大产业链、药品零售行业等84户企业补缴增值税305万元；915户年度汇算申报补缴所得税115万元。办理8户民政福利企业应退增值税328万元，核查18户民政福利企业退税649万元，12户企业放弃享受民政福利企业税收优惠政策。政策性减征增值税4000万元，其中：3900户月收入2万元~3万元的小规模纳税人（含个体）免征增值税1600万元，24户（机砖、自来水、砼）一般纳税人享受增值税征收率由6%调为3%，减征增值税600万元；300户企业享受创业就业和小微企业优惠政策减征增值税500万元、所得税100万元。西部大开发、研发费等加计扣除政策惠及纳税人20户，减征所得税1400万元。办理出口退货物免抵退税4452.96万元，其中：退税3322.09万元，免抵税1130.87万元。办税服务厅增加设置“小微企业优惠政策落实咨询服务岗”，办理增值税发票升级版纳税人企业1566户。

【地税】 2015年，地税总收入3.95亿元，其中：税收收入3.62亿元，基金附加收入0.33亿元。省级税收收入0.61亿元，市及以下地方级税收收入2.66亿元。清理入库房地产税、土地使用税546.3万元，审核财政性补助资金入库税收35.6万元，清缴资产处置税款258万元，自行申报个人所得税227人、427.35万元，清缴历年欠税125.5万元，稽查补征税收1007.52万元，查补工程项目、税源单位、重点行业税款145.6万元。减免小微企业税收344户、948.99万元。清理、公开税收行政权力83项，推广使用机打发票198户，办理“三证合一、一照一码”登记业务72件，清理金税三期上线数据2113条。推行免填单和电子办税服务，办理“同城通办”业务3265户次，开展发票管理、纳税评估、税务稽查、减免缓税等税收执法监察26次。

【发展和改革】 2015年，争取农村危房改造、农村饮水安全、政法基础设施等各类项目290个、项目资金11.74亿元，其中：吉成井棚户区改造配套基础设施、楼房湾水库建设项目等竞争性项目120个、资金4.6亿元，淘汰落后产能、内贸流通发展和创新技术产品等产业类资金3000万元，新店镇共和村“以工代赈”项目资金200万；川南公路物流枢纽中心项目成功列入“四川省2015年100个重点支持项目名单”，获批建设用地指标26.67公顷；楼房湾水库工程、川南IT数码电器城等3个项目列入2015年全省500个重点项目计划；编制报送东方热能锅炉公司电站锅炉烟气脱硝装置产品产业化、东方锅炉工业公司炭黑尾气炉生产线等节能环保补助资金争取项目。编制“十三五”重大储备项目514个，总投资1562.98亿元，“十三五”期间计划投资1530.56亿元。朝土路景观工程竣工验收；川南皮革城二期工程进入外装饰和电梯安装阶段；雄飞·山水名城10号楼进入外装，11—13号楼安装工程完工；兴盛家园1、3号楼主体完工；顺永建材公司新型建材添加剂生产线、何市镇高庙村都市生态农业观光园、两口塘农贸市场、徐州重工川南营销服务总部、牛佛沱江二桥及连接线、威远河大安城区段防洪治理工程、农村饮水安全工程、大安区宽带乡村试点工程、2015年大安区中小学校舍和幼儿园、北环路家居城至一桥段拓宽改造工程、胜利变电站电缆出线埋管工程等12个项目开工建设。光纤通达村134个；农村宽带实现接入能力4米以上行政村比例达100%；农村家庭宽带普及率（光纤通达区域）49.2%。

【物价与粮食工作】 2015年，居民消费价格总指数（CPI）比2014年上涨1.7%，其中，食品价格上涨2.5%，非食品价格上涨1.2%，服务项目价格上涨2.7%，商品零售价格指数上涨0.4%。工业生产者出厂价格（PPI）下降4.6%，工业生产者购进价格（IPI）下降4.1%。争取价调项目15个，补助资金177万元。清理规范行政事业性、经营服务性、行业协会、商会等涉企收费项目，实行涉企收费目录清单管理，调整非居民生活用气销售价格、公办幼儿园收费标准。开展明码标价等专项检查，发放“明码标价、禁止价格欺诈”宣传资料1500份。收到物价咨询、投诉30件，立案处理1件、协调处理5件，退还多收消费者金额5万元。办理“粮食收购资格许可证”2户，换证5户；核准粮食应急供应网点16个，粮食应急配送中心1个，大米、面粉、食用油应急加工网点各1个，运输企业1个。

【统计工作】 2015年，执行GDP核算改革，实施固定资产投资由项目统计改为法人单位统计、形象进度法统计投资额改为财务支出法统计的改革试点。编报工业、能源、农业、投资、商贸、建筑、劳资、综合、核算等专业统计年报和定期报表，193家“四上”企业纳入“企业一套表”联网直报。按月编印《大安区统计月报》，编制公布《大安区2014年国民经济和社会发展统计公报》，编纂印刷《2015大安统计年鉴》，上报区委、区政府统计信息90条，撰写分析文章10篇。拟定大安区第三次全国经济普查公报（1~3号），在《大安》杂志和自贡市统计信息网上向社会公布，撰写经济普查分析研究文章4篇。开展1%人口抽样调查，完成16个乡镇、街道，190个村、社区抽样框基本情况表填报，11月开始入户登记。编印大安区城乡一体化农村记账户及城镇住户调查工作手册。培训无证统计人员77名并参加从业资格考试，158名基层统计人员参加继续教育。统计执法检查“四上”企业12家。

【审计工作】 2015年，审计项目138项，其中6个审计项目查出违规资金1.29亿元，管理不规范资金4.29亿元。审计投资项目106个，送审总额2.9亿元，审减额0.27亿元，审定额2.63亿元，审减率9.29%。审计征地面积36.94公顷，审定征地总成本7244.14万元；审计和调查区政府欠农村信用联社债务、小金库等项目11个。成立区审计中心，加强对工程量、工程招投标、监理职责、施工单位套用定额、投资资金管理使用和物资采购程序、工程合同订立、项目立项可行性等审计监督。对2014年度城镇保障性安居工程跟踪审计，对11名科级干部进行任期经济责任审计。推进审计信息化，实践审计OA和AO交互计算机技术。全年提出审计建议28条，提交工作报告、信息32篇，公开政府信息28篇。

【工商行政管理】 2015年，新增企业277户、注册资本6.05亿元，分别比2014年增长53.12%、169.46%；新办个体工商户1137户、从业人员1617人、注册资金1.62亿元，分别增长31.6%、34.1%、76.3%。“大众创业、万众创新”行动为7名高校毕业生、37名下岗失业人员、6名退转军人、39名返乡农民工、8名残疾人办理个体执照65户、私营企业执照16户。清理行政权力事项672项，开展行政调解68件，办理行政许可（审批）事项5384件。办理股权出质登记2件，担保债权金额3000万元，协调银行办理贷款397笔、金额2750万元，办理动产抵押登记22件、抵押物价值9914万元，实现借贷款5380万元。9月25日起，实行“三证合一”登记制度改革，新办、变更“三证合一”企业65户，换发新版“三证合一”营业执照49户。推进“先照后证”改革，将134项工商登记前置审批事项改为后置审批。46户个体工商户、个人独资、合伙企业转型升级为有限公司。“整治不正当竞争”“打击商标侵权”“查处侵害消费者权益”“整治医疗服务”“规范民间融资”等专项行动立案29件，处罚610件，查处虚假违法广告案件2件，检查网站（网店）186个，约谈网络经营企业3户，调解合同争议4件，查处商标侵权案件1件，取缔无证无照经营53户。受理消费投诉161件，调解率96%，为消费者挽回经济损失27.42万元。新增注册商标382件，同比增长79.2%；天花井食品公司“长明”注册商标申报中国驰名商标，华夏阀门公司申报自贡市知名商标，团胜蔬菜专业合作社申报“团结生姜”地理标志商标。

【质量技术监督】 2015年，制定、发布机关服务标准15个，采集申报企业标准1项，5户单位签订诚信计量自我承诺。3月1日起，市质监局特种设备注册登记职能职责划归区质监局，年内注册登记特种设备150台。培育自贡市联合碳素制造有限公司、自贡市佳世特密封制品有限公司等2家第十二届四川名牌企业，对辖区45家取证企业实施分类分级管理。巩固庙坝肉牛省级农业标准化示范基地建设，将CNG压缩天然气充装企业列为标准化服务示范试点。安全检查企业136家，发出安全监察意见书18份，排除安全隐患26处；检查锅炉28台、压力容器46台、压力管道6千米、特种设备生产制造单位16家，排除安全隐患6处；检查化危品生产使用单位、液氯液氨气瓶充装和使用单位21家，排除安全隐患4起；检查电梯172台，排除安全隐患14起；检查气瓶充装单位10家、气瓶检验单位1家，排除安全隐患1起。

【供销工作】 2015年，新培育发展龙头企业2个，建成农产品直销店7个，新发展自贡市大安范子寺花木种植专业合作社、自贡全盛农牧专业合作社等10个农民专业合作社。建成再生资源回收站12个、村级固定回收点44个、流动回收点67个，再生资源回收利用经营总额6122万元，比2014年增长29.9%。推行“龙头企业+专合社+农民”模式，盐帮年代、庙坝肉牛专业合作社、牛佛养蜂专业合作社、三绿农业联合社等建立电子商务平台，电商交易额300万元。制定《大安区农民专业合作社财政项目资金管理暂行办法》。争取

《自贡市家明蔬菜专业合作社2015年省级财政支持农民专业合作社建设项目》《2015年四川省自贡市大安区健康水产养殖基地改扩建项目》《基层社综合改革项目》《三绿健康水产养殖基地品牌化建设项目》等项目资金130万元，争取到市产销对接项目价调基金49万元。大山铺、三绿农业联合社成为"龙头企业（农民专业合作社）+社会能人+供销社+农民"的新型基层社组建模式。牛佛养蜂专业合作社获供销总社示范社称号，艾康农机、双河农牧、明兴水产获省级示范社称号，康犇肉牛、嘉东生猪获市级示范社称号。

城乡建设

【城乡规划与基础建设】 2015年，完成牛佛古镇保护概念性规划、三多寨镇三多寨村传统村落保护规划、牛佛镇张家坝社区、三多寨镇徐家村、何市镇高庙村传统村落申报及相关规划编制工作。完成楼房湾水库移民安置点规划方案设计工作，开展回龙镇、庙坝镇场镇开发建设规划编制前期工作。完成朝土路绿化、盐都大道至化玻厂道路、牛佛镇截污管道工程建设，启动燎鹅路、燎北路等道路建设前期工作，启动东北部新城污水处理厂、牛佛沱江二桥项目建设前期工作。投入150万元启动三多寨镇三多寨村古城墙修缮及古寨内传统石板路恢复设计及前期工作。完成牛佛镇截污管道工程建设。

【住房保障】 2015年，全区共实施7个保障性住房项目建设，其中，续建项目6个，新建项目1个。董家二、三期廉租住房项目主体工程竣工，室外附属工程基本完成。大山铺镇公共租赁住房占地0.46公顷，新建公共租赁住房206套1.52万平方米。东北部新城公共租赁住房进入设计阶段。新建公共租赁住房191套1.15万平方米。牛佛镇公共租赁住房进入工程招投标环节。董家冲经济适用住房二期占地1.67公顷，建设住房413套3.87万平方米。全区公共租赁住房第一批申请租赁657户，审核合格594户。农村危房改造1644户。发布旧城起步区21个地块《模拟征收公告》和《模拟征收补偿安置方案（征求意见稿）》，完成起步区37.33公顷改造范围内2742户房屋改造意愿调查，公布正式模拟征收补偿方案，启动模拟征收补偿协议签订。

【交通建设与管理】 2015年，交通基础设施建设完成固定资产投资7.4亿元，建设农村公路103.6千米。全年获交通基础设施建设项目省级补助资金1.24亿元，比2014年增长8%。4月5日，投资1.2亿元的S207线大安区过境公路改线工程（大山铺铁路物流园区段）开工建设，累计完成路基工程96%、涵洞工程98%、桥梁工程82%、雨污水管道工程91%。邓家坝大桥架设完毕并进入水稳层铺设阶段，累计完成投资8000万元，占总投资的66.67%。全年投入资金6729万元，实施新、改建农村公路103.6千米。投资1.2亿元的牛佛沱江二桥于5月25日开工建设，累计完成投资2664.08万元。投入资金1008万元，实施76千米道路安全综合整治巩固年路侧护栏建设。投资3.1万元对全区县道行道树刷白；投资24.3万元对隆富路（牛佛食品厂至纸厂段）、自华路、自富路、威自路、何瓦路等县道路面进行整治；投资11.6万元对太大路进行沥青灌缝。开展公路巡查1600人次，现场制止和纠正违反公路管理法律法规行为300起，立案查处违反公路管理法律法规一般程序处罚案件18起，查处超限超载车辆1.8万辆（次）。对牛佛沱江大桥（危桥）实施限载管控。发现损坏公路及其设施行为11起，处理11起。检验各类船舶68艘，实施行政许可21件，对水上从业人员120人进行安全法律法规和安全管理知识培训。全区5座公益性渡口、16个候船亭建设完成待验收。建造大功率应急救援艇1艘，启动海事码头及趸船工程建设。全年水上交通安全"三项指标"（事故件数、死亡人数、经济损失）为零。

【环境保护】 2015年，工业废水排放达标率91.0%，工业固体废弃物处置综合利用率100.0%，空气质量达到二级标准天数比例60.7%，水环境质量达标率75.0%，大气环境质量达标率61.6%，城区集中式饮用水源水质达标率100.0%。开展大气污染联合执法检查10次，完成1户企业锅炉煤改气，2户企业完成锅炉淘汰，大气污染综合治理进入常态化管理。出台《水污染防治行动计划》，责令2户企业开展废水治理，对1户企业实施行政处罚。对33家企业进行危险废物申报登记，对6家医疗机构开展医疗废水环境管理专项检查，对辖区内18家重点汽修单位实施危险废物环境监管。

团结镇成功创建为省级生态乡镇，新民镇、团结镇、牛佛镇、三多寨镇开展农村环境连片整治，何市镇完成生态湿地建设。建立饮用水水资源保护区“一库一策”，6个乡镇编制完成饮用水源突发环境事件应急预案，开展民生工程劣V类双龙桥水源整治。全年出动执法车辆230车次、执法人员780人次，累计巡查企业280余次，巡查户数80户，发出环境违法行为限期改正通知书7份，发出责令改正违法行为决定书22份，责令1户企业停产并搬迁，对4户企业实施行政处罚。检查建设单位81户，督促建设单位严格落实环评制度。全年审批建设项目47份，项目按时办结率100%；开展排污许可宣传，发放排污许可证28户；依法完成8户企业竣工验收工作。投资85万元购置监测站仪器设备，空气质量自动监测站运行正常。

【国土管理】 2015年，征地补偿598.44公顷，拆迁农房1076户。其中，完成东部新城征地补偿558.32公顷，拆迁农房601户12.76万平方米。完成川南名校征地补偿18.05公顷，拆迁农房80户1.1万平方米（不含临时房屋）。完成东兴寺旧城改造、北互通、名扬医院等12个项目征地补偿22.08公顷，拆迁农房395户、6.05万平方米。组织土地利用总体规划局部调整2次，调整规划6761公顷，保障大塘山工业园、大山铺污水处理厂等12个项目土地规划需要。完成川南英祥建材市场、大塘山A、C、D地块、芭蕉冲安置房等8个项目土地供应，面积19.84公顷，实现土地收益1.09亿元。完成大安区国土资源“十三五”规划，划定“城市发展边界、永久基本农田、生态保护”等“三条高压线”。制定设施农用地规范管理措施7条，查处违法用地11宗、面积4.43公顷。没收违法建筑8182.88平方米，并处罚款33.58万元，查处结案率100%。争取中央资金980万元，开展盐卤矿山地质环境恢复治理示范工程（一期）；争取省、市资金411.25万元，完成3个地矿地灾治理项目，建设3处应急避难场地、12户地灾避险搬迁安置；清理1970—1999年间自贡师专、东锅、川玻、聚酯、高速路等项目征地农转非人员316人，将补助资金及时发放到位。投资5222万元，开展9个高标准基本农田建设项目，整理土地4973.33公顷。清理办结宅基地审批及登记1488户，完成全年目标任务数的136.5%。成立大安区农村产权交易中心，12个乡镇建立农村产权交易站。

【水资源保护】 2015年，对上争取项目资金1.33亿元，完成固定资产投资5.62亿元，庙坝、何市、永嘉、新店、团结、回龙、牛佛、三多寨等8座乡镇污水处理厂投入运营，《大安区乡镇污水处理厂运行管理暂行办法》颁布实施。2012—2014年农村饮水安全、沱江和长滩河防洪治理、水土流失综合治理、山洪灾害非工程措施等项目竣工验收，安装农村饮水管道120千米。新建威远河城区段防洪堤2.8千米，除险加固双龙桥、朝阳湾、石梯河等3座水库病险水库，新建节水型社会项目渠道2.64千米，整治渠道5.66千米，整治山坪塘1口，治理团结小流域水土流失面积10.48平方千米；建成县级山洪灾害防监测预警平台，建成简易雨量监测站100个、自动雨量监测站6个、自动水位监测站3个、户外大屏3个、自动视频2个，安装无线广播机60套，制作危险区警示牌80个，安装山洪灾害防御宣传栏45个、发放山洪防治宣传光碟1.2万张。打捞江河、水库垃圾及漂浮物7650吨。团结渠春灌放水450万立方米，灌溉面积2300公顷。开展防汛、河道（采砂）、水库、饮用水源地安全检查400次，出动执法人员1200人次。

【环境整治】 2015年，完成全区151条、42千米市政道路管护工作，维修破损道路7.6千米，维修路灯、12.5千米线路。城区市政设施完好率90%，路灯亮灯率98%。执行“五必建”“五不准”城市绿地管理规定，完善绿化维护管理机制，加大对绿化维护资金投入，使绿化维护管理日常化、精细化。“春节”“五一”节期间，在区内主要节点摆放鲜花17万盆。完成15条背街小巷整治、危树清理和2个小广场建设。

【城市管理】 2015年，制订《大安区餐厨垃圾集中收运处理实施方案》，制订东北部新城和老城区两个环卫市场化运行方案。乡镇新设置垃圾池145个，创建省级“美丽乡村”示范村庄5个，大山铺、牛佛两镇确定为环境品质打造提升乡镇，新改建公厕5座、垃圾库2座、小型垃圾填埋场2个；设置背街小巷便民摊区6处、临时夜市摊区3处，取缔无店经营游摊1400户、夜宵摊点3户，规范占道经营5600次，拆除各类乱搭篷伞支架310个，拆除户外广告5幅、店招350幅、软体广告250幅、大型灯箱5个、标识牌10个；城区主街大道洒水3次/天；查处在建和拆迁待建工地19个，立案调查违法建设94件，其中拆除2件、罚款补办手续88件。下达餐饮企业责令整改通知书100份，28家餐饮企业安装油烟净化设施，51家饮食娱乐服行业将燃煤改为天然气、液化气、电等清洁燃料；治理主街大道、广场商业活动20次、营业性文化娱乐场所6次，责令21家音乐茶座整改。全年受理案件3.91万件，处置率95.5%。

文化建设

【文化设施】 2015年，完成18个社区书屋图书配送、编目上架工作。配合完成市文化艺术中心建设任务，完成全国第四次文化馆评估定级工作。完成文化遗产保护桑海井文物保护维修二期工程维修方案及招投标，桑海井“三防”工程获国家文物局批准立项，完成牛佛镇王爷庙社区传统村落整体保护利用工程项目总体方案和工程方案编制及资金申报，争取到400万元中央补助地方公共文化服务体系建设专项资金。争取省级文物维修补助资金35万元、市文物维修补助资金15万元，组织实施李亨祠堂第一期排危加固工程。争取到市级补助资金15万元，实施回龙禹皇宫排危维修。开展全国第一次可移动文物普查，完成42件（套）国有可移动文物登记及数据上报等工作。配合省市完成城际铁路、向家坝水库灌溉工程项目文物考古调查勘探工作。

【文化活动】 2015年，组织参与“金曲迎春.舞动天府”四川省群众广场舞大赛，大安区获市二等奖、省优秀奖。组织自贡春晚大安区专场节目选拔，举办第二十一届自贡国际恐龙灯会文化活动大安区文艺专场演出。举办2015“文化惠民，情系百姓”送文化下基层系列活动大安区专场演出，举办庆“六一”、“才艺展演”和留守儿童“涂鸦”等活动。举办“红梅赞·江姐文化艺术节”等全区性大型特色文化活动，组织参加自贡市第十五届艺术节舞蹈新作和戏曲小品比赛。获“弘扬经典·颂扬国学”自贡市2015诵读比赛第一名。新创作花鼓戏《逛牛佛古镇》、小品《告状》《宝箱》、歌曲《我的家乡》、舞蹈《执子之手》《梦炫》获市专家好评。组建大安区红梅合唱团。全国第四批三级文化馆申报成功。开展“文化下乡”“送欢乐下基层”等公益性文化活动52场，组织开展“文化惠民·服务群众”系列文化培训活动13场。组织参加“中国移动4G杯”自贡市万人迎春健身跑活动，开展“龙腾狮跃”闹元宵系列文体活动，开展大安区首届中国象棋排位赛、大安区第十届老年人钓鱼比赛、“奔跑吧！大安青年”活动、“农信杯”青年足球赛暨“足球进校园”活动、“六一”儿童节慰问活动、马拉松象棋比赛、“全民健身周”暨运动达人挑战赛活动等。组织2支队伍参加2015年自贡市游泳锦标赛，分别获得团体第二名和团体第四名。区老体协代表自贡市参加四川省第八届老年运动会乒乓球比赛。

【广播影视】 2015年，在95个村实施“村村响工程”建设，播放2015年党风廉政建设社会评价宣传工作音频。全年免费放映农村公益电影1776场次，在城市社区、农村院坝11个地点举行抗战主题电影巡回展映。播放宣传抗战历史和英雄人物先进事迹影片117场次，观众1.21万人次。在特殊时期、重大节假日及时启动安全播出应急预案，确保安全播出，实现“零插播、零停播”。

【地方志工作】 2015年，编纂《自贡年鉴》（2015年卷大安区部分），征集年鉴资料75万字、图片120张，设置概况、经济建设、城乡建设、政治建设、社会发展、乡镇街概况等6个篇章，共4.5万字，图片15幅。完成编纂《四川年鉴》大安区部分组稿。组织《自贡市大安区志（1989—2006)》出版项目招标。选派1名工作人员参加省地方志工作办公室组织的业务培训。

【档案工作】 2015年，完成大安综合档案馆建设项目征地、补偿、规划选址、立项、土地预审、土地划拨、环评、地勘、规划许可、建筑设计方案等前期工作。争取档案馆建设国家补助资金612万元、省财政预算补助资金120万元，完成档案馆地下车库立项并将红线图报市规建局批复。制订学校档案达标工作方案，开展对涉及单位档案工作人员业务培训，深入单位进行业务指导，完成9个学校档案规范化管理达标。完成2个经济科技单位档案达标验收工作。争取区档案馆档案数字化专项经费12万元，启动招投标程序，完成150万页的档案文件目录录入扫描备份工作。对朝土路3个工程项目档案进行全部数字化处理备份。完成3个乡镇40个村（社区）档案管理达标工作。

社会建设

【教育】 2015年，编制完成《大安教育事业“十三五”发展规划》。区四大班子先后7次研究川南名校建设工作。全年面向社会公招教师22名，内部招考10名。开展初中办学水平评估，全区13所学校通过评估，4所学校被评为优秀。在全市率先开展民办教育机构专项督查和年度评估工作，联合审批民办幼儿园2所、注销2所。全年投入4621万元，新改扩建校舍及运动场3.96万平方米，动态消除危房1.61万平方米。投入1086.6万元，新建“班班通”教学多媒体设备306套；组织1770名教师参加教育部“一师一优课，一课一名师”网络赛课活动。3所学校申报创建市校园足球示范校，创建省、市区“阳光体育示范学校”14所，创建市区校园文化示范校9所、建成市级以上体育艺术特色示范校9所，青少年科技示范校3所，建成学生社会实践基地8个。开展“农信杯”校园足球赛，全区9所学校10支代表队140名学生参加比赛。江姐中学女足参加国家级、省级大型足球赛事5次，均获二等奖；自贡市外国语学校学生在省青少年拳击锦标赛上获得2金2银1铜及3个第五名。实施“三免一补”、中职高中助学金和免学费、“三儿”（家庭经济困难儿童、孤儿、残疾儿童）资助、江姐家乡助你上大学等扶贫攻坚行动，落实惠民资金2743.8万元，组织教育系统“扶贫日”捐款1.5万元。实现大安特殊教育学校2015年秋季招生办学。投入18万元，为所有校车安装GPS智能管理系统，对校车实行24小时全程监控。全区近20所学校实行食堂自主经营管理，投入60万元安装监控摄像头110个，实现所有食堂监控全覆盖。2015年，全区表彰名教师5名、名校长1名、优秀教师30名、优秀教育工作者4名、优秀支教教师3名、优秀班主任18名、师德标兵10名、优秀团队干部2名。是年，辖区内中小学校38所，小学教学点57个。在中小学学校中，中学14所（九年制学校6所，初中5所，完全中学3所）、小学15所。年末，在校学生3.92万人，其中，小学在校学生2.11万人、普通中学在校学生1.09万人；专任教师2032人，其中，小学专任教师1037人、普通中学专任教师693人。初中升学率93.2%，高中升学率91.0%，学龄儿童入学率100%。

【医疗卫生】 2015年，医疗业务总收入1.01亿元，项目总投资6490万元，建设面积1.48万平方米。引进自贡名扬医院新建项目，签约招商投资3000万元。基层医疗卫生单位规范药品网上招标采购1993万元，工程招投标622万元。乡镇卫生院及社区卫生服务中心标准化建设达标率100%，行政村卫生室覆盖率98%，牛佛中心卫生院成功创建国家级群众满意医院。自贡家馨医院在全市45家民营医疗机构抽查考核验收中排名领先。开展12类基本公共卫生服务，居民健康档案建档率97.38%，慢病管理5.5万人。开展免费婚前体检1467对。孕产妇住院分娩率100%，婴儿、5岁以下儿童死亡率分别下降到3.81‰和6.09‰。调处辖区各类医患纠纷17例。参与“两考”、马桑沟征地拆迁等医疗保障12次，出动医务人员82人次、救护车辆19台次。全年全区义务献血38.37万毫升。全年受理行政审批788件，办结788件，评议率、满意率均100%。出动车辆72台次、监督人员713人次，检查饮用水、学校、茶坊、宾馆等公共场所356户（所）。检查医疗机构366家，取缔游医7起。公开招考补充卫生专业技术人员34名。在全市率先为573名离岗（在岗）乡村医生发放补助资金26.86万元。组织364名执业医师参加抗菌药物临床应用授权培训，组织700人参加年度医师护士定期考试考核工作，继续医学教育网卡覆盖率100%。免费测血压2300人次，发放宣传品5万份，发放避孕药具2万人次。免费为农村妇女“两癌”筛查7200人，为困难残疾人上门体检120人次，为1170名机关事业单位退休职工健康体检。

【人口与计划生育】 2015年，征收入库社会抚养费925.29万元。发放独生子女父母奖励金148.12万元、农村奖励扶助资金387.84万元、计划生育特别扶助资金414.24万元，对117户新增独生子女伤残死亡享受特别扶助家庭发放一次性慰问金45万元。落实“三结合”帮扶户650户，其中新增200户，落实帮扶基地15个；新改建计生困难家庭住房13户，拨付资金19.5万元；帮助40名贫困独生子女家庭大学生，发放补助资金7.6万元；开展“两全保险”，为1.8万名农村独生子女、城镇低保户中0～18周岁独生子女和136名基层计生干部免费办理保险，投入经费19万元。开展国家免费孕前优生健康检查，与出生缺陷干预工作同步推进，全年城乡参检人数3677人，参检率108.15%。加强对违法生育行为查处力度，违法生育处理率90%以上。全区出生人口4082人，出生性别比107.08，符合政策生育率81.88%，人口自然增长率3.03‰；死亡人口4501人。

【劳动就业】 2015年，城镇新增就业6429人，下岗失业人员再就业1500人，就业困难对象实现就业580人。城镇登记失业率控制在4.0%以内，动态消除零就业家庭。举办青年技能培训740人次、品牌培训300人次。转移输出农村劳动力4.24万人。开展“春风行动”系列活动20场次，提供就业岗位3000个，免费提供就业服务3000人次，帮助就业400人，发放就业促进法、就业培训、职业介绍、小额担保贷款等宣传资料1.5万份。促进高校毕业生实现创业36人，发放高校毕业生创业补贴36万元。实现返乡人员创业302人，实现产值11.5亿元，带动2000人就业。全年完成创业培训210人，完成青年劳动者技能培训600人。开展农民工就业技能提升培训846人、就业技能培训1452人。开发公益性岗位750个，安置城镇失业人员、高校毕业生等850人次，发放公益性补贴700万元、社保补贴300万元。开展被征地农民培训班2期，培训人员50人，帮助17名被征地农民实现就业。

【社会保障】 2015年，城镇职工养老保险参保1.11万人，工伤保险参保1.12万人，生育保险参保0.79万人，失业保险参保0.69万人。城镇职工基本医疗保险、城镇居民医疗保险、新农合参保人数分别达1.65万人、6.4万人和27.55万人，参保率分别达97.1%、97.2%和99.99%。开展“社保政策入基层”活动，发放宣传资料8000份；对参保单位缴费情况逐个稽查，对缴费大户、欠费“钉子户”重点监控。开展城镇职工基本养老保险个体参保中断缴费补缴业务，为5900名征地农民办理养老保险。企业职工养老保险增加8801人，工伤保险增加1778人，生育保险增加1545人。连续第十二次为2.33万名企业退休职工调整养老金待遇，人均增加167元/月，补发养老金1558.59万元。全面实施城乡居民大病医疗保险，666人享受241.46万元大病保障资金。全区养老保险认证2.2万人，查实违规领取养老金2起，追回损失6.91万元。建立医保结算指标动态调控机制，对医保管理服务质量实行信誉等级评定；累计检查两定点医疗机构135家次，拒付医疗机构不合理费用230万元，暂停医保服务结算2家，责令整改3家。推进社会保障经办服务下延，将社会保障44项服务延伸到乡镇（街道）。优化特殊病种人员就医购药。

【劳动监察】 2015年，开展农民工工资支付情况专项检查，查处施工单位16户，为1072名农民工追讨工资3250万元。开展2014年企业书面年审专项工作，年审企业90户，涉及劳动者3216人。实地检查劳动用工企业448户8840人，补缴社保费58万元。对工业园区内29户企业进行就失业登记专项检查，涉及劳动者2757人。对4户职业培训学校和9个劳务派遣企业进行专项检查，规范培训机构和劳务派遣行为。受理劳动人事争议案237件，结案237件，其中，调解结案89件、裁决142件、其他方式处理6件，涉及职工237人，为劳动者追回损失419.21万元。

【民政工作】 2015年，享受城市低保人数13.66万人次，发放低保金3148.18万元，累计人均月补差230.44元；农村低保保障人数8.96万人次，发放保障金1076.31万元；五保供养标准调整为260元和370元，集中供养率65.5%；城乡低保、农村五保参合参保2.56万人，资金277.50万元；累计救助2.95万人次，医疗救助金881.52万元。城乡医疗救助政策范围内住院自负费用救助比例达71%。完成新增公办养老机构床位54张，新增民办养老机构床位280张，维修改造公办养老机构床位156张。维修改扩建新店镇敬老院和黄家山敬老院。建设城乡社区日间照料中心10个、农村社区日间照料中心7个。完成居家养老服务覆盖1.4万人，建立起为老人提供助餐、助浴、助洁、助急、助医等“五助”综合服务网络；依托“8812349”居家养老公共信息服务平台，为全区上万名空巢、高龄困难老人提供养老服务。开展重点优抚对象“一站式”结算服务，为163人次重点优抚对象发放医疗保障金36.4万元。资助1~6级残疾军人参加城镇职工医疗保险，投入资金15.3万元。全区累计为2.26万人及时足额发放抚恤补助金874.7万元。接收2014年退役士兵161人，发放自主就业金478.75万元；组织62名退役士兵完成车工、汽车驾驶等专业技能培训。修订完善区级自然灾害应急预案，指导乡镇完成本级自然灾害应急预案编制。完成16个乡镇（街道）和区综合减灾救灾信息平台建设，对38名基层灾害信息员进行培训。建成避难场所14个，占地14.8万平方米，可为15万人提供应急避险。指导华大社区、凉高山社区开展“全国综合减灾示范社区”创建活动。区本级财政落实救助资金36.90万元，将自然灾害生活救助资金全部纳入“一卡（折）通”发放。村务公开面100%，规范化率90%以上。全年办理结婚登记2996对，离婚登记1006对，合格率100%。开展区民政局婚姻登记处创建国家AAA级婚姻登记机关准备工作，开展1990年及以后2.02万对婚姻登记历史数据补录工作。实施惠民殡葬救助116人，救助金额7.79万元。

【食品药品监管】 2015年，全区食品药品监管服务对象2811家，其中，食品类2229家（生产企业41家、餐饮单位377家、流通经营单位1721家、保健品经营单位90家），药品类179家，医疗器械类9家，医疗机构305家（医院27家、村卫生室186家、诊所92家），化妆品类89家。全年检查食品生产企业151户次、餐饮服务单位790户次、流通经营单位2420户次。开展中药材（中药饮片）、含特殊药品复方制剂等专项整治8次。推进药品电子监管信息化建设，全区175家零售药店实现电子监管全覆盖，122户药品经营企业通过新版GSP认证。检查药品生产企业12户次、经营企业245户次，检查医疗器械生产企业12户次、经营企业185户次、使用单位45户次，检查化妆品经营单位56户次。办理行政许可620件，其中，餐饮185件、食品流通435件。全年受理投诉举报33起，其中，食品类22起，药品类8起，医疗器械类3起，受理率、办结率和回复率100%。开展监督抽检和风险监测349批次，其中，食品305批次、药品44批次。开展快速检测411批次。案件立案110起，结案103起，罚没款金额近40万元。

【残疾人事业】 2015年，全区16个乡镇、街道建立健全残联组织，实现“五有”（有阵地、有牌子、有人员、有经费、有活动）。新建区残疾人综合服务中心1026.37平方米，规范化建设达标率100%。为1.69万名残疾人落实帮扶方案，涵盖残疾人养老、医疗、最低生活保障、康复、教育、就业、扶贫等。完成城乡残疾人居家灵活就业4691人，帮助2288名农村贫困残疾人发展生产，为447名贫困残疾人适配辅具，救助贫困家庭脑瘫儿童30人；居家托养344名智力、精神和重度残疾人；救助重度听力残疾儿童13人、智力残疾儿童18人；资助集中托养机构建设1个，为60户残疾人家庭实施无障碍改造，为符合条件的3447名一、二级重度残疾人分别给予每月80元、50元护理费用补贴。

乡镇街概况

【凤凰乡】 2015年，全乡地区生产总值增长8.3%；实现规模工业总产值153.3亿元；财政总收入1.25亿元；完成固定资产投资9.23亿元，同比增长26.67%；招商引资到位资金9.25亿元；服务业增加值增长8.6%。工业锅炉、东方通用能源、东方热能等9户企业获国家、省市专项资金346.1万元，争取应急周转资金2300万元；盐帮年代、国名食品实现网上交易额110万元。山水名城、恒大名都商业体建成。投入20万元实施凤凰坝至北环路连接段公路改造工程，新修村组便民路6千米。威远河防洪治理工程主体竣工。凤凰新城9万平方米小区商品房建成投用，雄飞山水名城一期主体竣工。城乡居民养老保险参保2360人，城镇居民医疗保险参保7200人，新农合参保4982人、参合率98%。全年发放低保资金328万元，清理不符合条件低保对象149户。新建2个社区日间照料中心并投入使用。凤凰中心卫生院完成改建搬迁。

【和平乡】 2015年，规模工业总产值68.50亿元，主营业务收入67.25亿元；社会消费品零售总额0.54亿元；固定资产投资7.50亿元；招商引资签约资金5.56亿元；各类工商税收0.12亿元，比2014年减少54.16%。新型农村合作医疗参合率98%以上。城乡居民参加养老保险3067人，农村及城市60周岁享受低保人员参加养老保险2654人，领取养老金人员年检认证率93.61%以上。依法征收社会抚养费71.1万元。筹集18万元维修提灌站、水渠、山坪塘等。完成东部新城征地拆迁土地调查456.56公顷，签订新城安置点和“两横两纵”道路建设191户（第一批次）农房拆迁协议，办理农转非4900人。

【新民镇】 面积35.28平方公里，辖8个村123个村民小组、1个社区居委会4个居民小组。2015年，完成工业总产值31.26亿元，工业增加值9.38亿元，利润总额5300万元，固定资产投资4.8亿元，财政收入6830万元，农民人均纯收入1.18万元。燎北路、北环路开工建设；区公安分局指挥中心、西南电线电缆二期项目建设基本完工；完成自泸高速公路自贡北互通连接线及匝道建设拆迁工作。全年发放退耕还林补助8.99万元，发放耕地地力保护补贴7089户187.89万元，兑现2015年种植业保险受灾户151户。新审批城乡低保145户152人，发放“三保”资金318.92万元，因灾救济及冬春救助特困群众1004人次，发放救助资金12万元。城乡居民参加社会养老保险9668人，新农合参保人数2.04万人，城乡居民参加医保4551人。

【团结镇】 面积21.2平方公里，辖9个行政村、1个社区、92个村民小组。2015年，固定资产投资10.29亿元，同比增长18%；规模以上工业增加值15.6亿元，增长25%；社会消费品零售总额增长21%；招商引资到位市外资金12亿元。川南皮革城二期、川南家居城二期基本建成，川南新天地·奥特莱斯商业步行街、川南IT数码城、徐州重工川南营销服务总部开工建设，川南公路物流枢纽中心列入省重点项目。总投资2.8亿元的自贡中国玫瑰海项目落地实施，一期完成投资2000万元，种植玫瑰33.33公顷。投入22万元改善水利基础设施，争取道路硬化项目资金300余万元。全年为598名城乡低保人员发放低保金74.88万元，资助91名分散五保户、501名农村低保对象参加农村新型合作医疗，发放医疗救助金11.57万元，新建留守儿童之家2个。取消不符合城乡低保条件对象234户283人。新型农村合作医疗保险参保率99%。完成219人被征地农民社会保险工作。是年，团结镇创建为省级生态乡镇。

【大山铺镇】 面积37.5平方公里，辖6个村2个社区。2015年，规模以上工业企业总产值82.4亿元，增长22.8%；规模工业利润1.4亿元，增长21%；固定资产投资8.09亿元；社会消费品零售总额1.55亿元，增长13.97%；财政收入1.15亿元，增长11.87%；粮食总产量7990吨；招商引资13.7亿元，增长10.8%，其中省外资金7.2亿元。铁路物流园区专用线建设、大山铺农贸市场改造、铁路物流园区安置房等重大项目累计完成投资6500万元。川南家居城二期、川南皮革城二期、川南音乐文化广场主体工程基本建成，自贡东北部新城动迁安置房二期开工建设。全年发放粮食直补、综合直补和退耕还林补助100万元，发放独生子女父母奖励金26.2万元、城乡低保金572万元、涉战涉核人员补助金38万余元、救济款32万余元、医疗救助金34.5万余元。新增城镇就业279人，城镇登记失业率控制在4.0%。新型农村合作医疗参保2.3万人，参合率99.5%；城乡居民养老保险参保1.21万人。是年，大山铺镇创建为全国“卫生镇”，江姐村创建为全国“文明村”。

【三多寨镇】 面积40.2平方公里；辖9个行政村115个村民组、1个社区3个居民小组。2015年，固定资产投资3.7亿元，同比增长13.5%；实现财政税收392万元。新改建公路2.45千米，硬化村组道路17千米。安装太阳能路灯，开展村民文化活动广场建设，实施风貌打造102户，新建垃圾池52个。全年发放各项惠农资金675万元。完成三多寨敬老院改扩建工程，城乡低保清退率46%，实施危破房改造144户。

【何市镇】 2015年，全镇固定资产投资4.05亿元，规模以上工业总产值6.35亿元，限额以上商贸企业销售额3639.4万元；招商引资到位市外资金6.31亿元、省外资金4.46亿元；农民人均纯收入1.01万元，出栏肉牛4565头、肉兔76.8万只，种植蔬菜800公顷、高粱102公顷、珍稀苗木100公顷，发展绿色水产养殖6.67公顷。新建山平塘68口、蓄水池29口、石河堰3座；投资20万元新建垃圾池78口、维修垃圾池47口、扩建垃圾池20口、改造大型垃圾库5个，新增垃圾容量800吨。发放土地生产能力补贴286万元，取消城乡低保79户82人，纳入城乡低保、五保1522户1694

人，改造危破烂房207户，兑现独生子女奖励资金577户5.19万元；新农合参保3.41万人，城镇居民医保参保1000人，新农保参保1.33万人。发放冬春救助金24万元。

【新店镇】 面积22.9平方千米，辖5个行政村、1个社区。2015年，固定资产投资1.43亿元；招商引资1.48亿元；社会消费品零售总额增长11.5%；财政收入165万元。全年硬化道路11千米。总投资近300万元，土地平整工程中旱地坡改梯12.66公顷，格田整理19.96公顷。“金土地”工程建设规模845.75公顷，其中坡改梯73公顷、格田整理121.03公顷，新增耕地面积91.3公顷。全年整治农渠2361米，新建囤水田埂132条，整治蓄水池11口，整治山坪塘63座、石河堰4座，新建桥涵工程50米。以新店村、晏家村为核心，发展“大雅柑1号”20公顷苗木基地、成品果示范园。以盘石村为基地巩固发展血橙种植166.67公顷；发展“川南手套产业基地”，手套年产值3000万元。全年发放城乡低保金60万元，惠及农村低保户455户489人、城市低保户36户38人。新农合参保率98%。发放五保供养金40万元，惠及五保户130户131人；发放优抚资金30万元、救灾资金12万元。投资147万元对敬老院进行改造，新增床位54个。

【永嘉乡】 面积21.38平方千米，辖4个行政村44个村民小组。2015年，建成200公顷川早二号核桃苗基地，年产值100万元以上；新建钟鼓山村生态野鸡养殖场1个，年出栏肉鸡2万只；发展规模化肉牛生态养殖基地1个，年出栏肉牛280头；发展33.33公顷红香椿特色经济林种植。总投资700万元的节水项目沱江二期工程4千米管道建设全面完成。总投资450万元的新房村“金土地”项目工程基本完成。全年为农村低保425户457人累计发放低保金204.5万元，为城市低保19户21人累计发放28.2万元，为五保139户139人（集中107人，分散32人）累计发放135.97万元。城乡居民社会养老保险参保4494人，城镇居民医疗保险参保130人，新农合参保1.23万人。劳务输出7500人。投入农村环境卫生整治专项经费10万元，新建（重建）垃圾池42口、维修维护垃圾池265口。

【牛佛镇】 面积75.65平方千米。辖18个行政村、2个社区、224个村民小组、5个居民小组。2015年，全镇地区生产总值17.7亿元，增长5.2%；规模以上工业增加值完成4.5亿元，增长15%；地方公共财政预算收入1604万元，增长49.09%；固定资产投资5.5亿元，增长24.59%；社会消费品零售总额1.8亿元，增长7%；招商引资5.6亿元；农业增加值1.24亿元，增长6%；农民人均纯收入1.03万元，增长10%。牛佛沱江二桥、公租房等项目加快建设。建成泥鳅苗繁育基地10.67公顷，新发展生猪、肉羊、蛋鸡等标准化禽畜养殖场7个。建成“牛佛蜂蜜”产品直销店2个。发展藤椒20公顷，年产新鲜花椒75万公斤。投资3000万元的马儿山生态园建成投用。完成北大街城乡环境品质提升打造工程。新改建农村公路6.39千米。完成4个村农网整体改造工程和35个村组低电压整治。投入资金近400万元，实施双龙桥水库饮用水源地治理工程和陈家村连片环境整治项目。发放耕地地力保护补贴、农机购置补贴补资金441.28万元。城镇居民养老保险完成率100.79%，新合参保完成率98%。新批低保110人，清退不符合条件低保对象71人。5个村卫生室改扩建工程完成，20个村（社区）便民服务室完成标准化改造。

【庙坝镇】 面积34.39平方千米，辖8个行政村81个村民小组和1个社区3个居民小组，总户数7483户。2015年，财政收入122万元，固定资产投资1.3亿元，完成省外招商引资4300万元。采取“一事一议”硬化道路5.2千米，新建堰塘16口、石河堰3座、水池8口。实施农村饮用水安全工程19千米。引进投资9000万元打造葛仙山旅游开发。推广循环生态养殖模式，存栏肉牛1.17万头，出栏肉牛8645头，产值1.4亿元，纯收入2100万元。发放城市低保金12万元、农村低保金50.2万元、农村五保补金11.2万元、临时救济金3万元；城乡居民医保参保完成100%，新农合参合率98%以上。新增城镇就业人员23人，下岗失业再就业7人，困难对象再就业人数6人，农村劳动力转移就业1.7万人。城乡居民养老保险参保8534人。发放独生子女奖励金8.65万元，为1055名独生子女提供保险1.05万元，提供帮扶资金

7500元助学独生子女4人，提供独生子女困难家庭房屋改建资金3万元。打造全程机械化农业示范片6.67公顷，规范化栽培6.67公顷，实施优质再生高粱166.67公顷，高产创建示范片20公顷。新发展柑橘苗圃基地1.33公顷，改造低产果园20公顷。完成新造林6.67公顷，兑现资金22万元。完成80万元专项扶贫项目投资建设。推进3500万羽一体化养鸡项目建设。

【回龙镇】 面积42.73平方千米，辖9个行政村、1个社区。2015年年末，总户数1.05万户，总人口3.66万人。全年地区生产总值4.1亿元，增长10%；固定资产投资1.03亿元，增长18%；财税收入94.79万元；社会消费品零售总额增长12.5%；劳务收入1.3亿元，农民人均纯收入1.03万元。打造高粱及土豆基地33.33公顷，核桃种植26.67公顷，其他果树苗木40公顷；完成高标准农田建设36.53公顷。兑现耕地地力保护补贴、退耕还林直补资金264万元。实施农村危房改造75户。新改建山坪塘10口，新建囤水田80根、排灌渠2214米、蓄水池6口。参加城乡居民养老保险1.25万人；新型农村合作医疗保险参保3.31万人，参合率99.04%，新农合报销8.15万人次、资金476.75万元。城乡居民大病医疗救助76人次、发放资金14.7万元；清退不符合条件低保对象181户192人；地质灾害搬迁3户，资金补助94万元；完成农村安全饮用水工程，新铺设管网3.20万米。

【龙井街】 面积2.25平方千米，辖华大、广华、大楻桶、红苕地等4个社区。2015年，固定资产投资1.40亿；规模工业总产值3.31亿元；规模工业主营业务收入3.25亿元，规模工业利润总额0.12亿元；招商引资0.87亿元；城镇居民人均可支配收入2.94万元。道路维修1000米，新安装路灯42盏、维修路灯40盏，整治"危坎"8处，维修危墙2处，处理危树75棵。新增低保户32户，累计469户，做到应保尽保。办理城镇居民医保6620人，其中办理普通居民医保5823人、特殊人群居民医保797人。新增重度残疾人护理费用补贴对象32人，发放轮椅、手杖等残疾人辅助器具27个。举办文化进社区、进楼栋演出8场次。

【大安街】 面积2.2平方千米，辖大安街、扇子坝、马草山、仁和、洞口井等5个社区居民委员会18个居民小组。2015年，规模工业总产值11.72亿元，规模工业增加值20.35%；工业企业产品销售率98.6%，主营业务收入11.47亿元，利润总额2063万元；工业固定资产投资1.23亿元；招商引资到位资金1.05亿元，城镇居民人均可支配收入2.67万元。日间照料中心正式启动运营。周家冲小区改造竣工验收。取消不符合低保户134户194人；新批33户37人。开展大病医疗救助71人次，救助金23.32万元；新增享受90岁老人高龄补贴43人。落实惠民殡葬14人，惠民资金9529元；发放独生子女父母奖励金8.65万元；为84个独生子女死亡、伤残家庭申报发放扶助金2.60万元。城镇新增就业816人，下岗失业人员再就业226人，就业困难人员就业97人。编制大安街国民经济和社会发展"十三五"规划，编制涉及重大产业、重大基础设施、重大民生及社会事业项等项目11个，计划总投资5.76亿元。

【马冲口街】 2015年，规模以上工业总产值6285万元、主营业务收入6253万元、工业利税104万元。固定资产投资6565万元，招商引资到位市外资金4755万元、省外资金2600万元。申报正隆科技有限公司厂房建设等4个项目，总投资1.17亿元。全年新增就业1020人，200名失业人员实现再就业；城镇居民医保参保6179人；企业退休人员年审人数7181人；纳入低保1383户，保障人数2197人；享受独生子女父母奖励1033户，独生子女特别家庭扶助84户。完成辖区1条便民道硬化和16盏绿灯安装。救助困难群众243人次，落实惠民殡葬15人。为97名90岁及以上老人申报每月发放长寿补贴金1.03万元，帮助29名残疾人免费适配轮椅、凳式手杖等辅助器具，发放重度残疾人补贴53人1.9万元。取消低保124户225人，金额4.33万元。

【凉高山街】 2015年，规模以上工业总产值36.7亿元，利润总额1.09亿元，增加值增长19%；全社会固定资产投资1.44亿元；招商引资1.18亿元。新增居民养老保险参保306人，新增就业723人，失业人员再就业265人，"4050"人员就业163人。新审批低保24户28人，取消低保42户，月减少金额1.2万元，调低低保31户，月减少金额3140元。大病医疗救助3批32人，救助金额4.6万元。发放高龄老人长寿补贴金4.8万元，廉租住房补助560人60万元，发放“送温暖”慰问金7.83万元。发放免费乘车卡155张、电力爱心卡70张，女职工大病互助保险参保基金203名2.03万元。救助残疾人阳光家园6户，帮助残疾人就业15人，为88名重度残疾人办理护理补贴。

（大安区地方志办）

沿滩区

概　貌

【位置　面积　人口】　沿滩区位属四川盆地南，沱江支流釜溪河下游，地处自贡市南郊，介于北纬29°23′19″至29°67′53″、东经104°40′42″至105°58′0″之间，东、南与富顺县交界，西与自流井区和宜宾县毗邻，北与大安区接壤。辖区面积469平方公里，年末耕地面积2.66万公顷。2015年人口自然增长率3.87‰，年末户籍总人口39.08万人，其中农业人口26.79万人、非农业人口12.29万人，年末常住人口29.48万人，其中城镇人口11.47万人。

【建置沿革】　沿滩区原名自贡市郊区，成立于1953年6月15日，其时辖地为今自流井、大安、贡井所辖部分地域的20个行政乡，即红旗、太平、永胜、三台、天池、黄桷、和平、民乐、新燕、爱国、团结、互助、胜利、世平、永安、新胜、建设、水平、新华、固胜。1959年2月，将其分别属于富顺、宜宾两县部分地域划归郊区。1961年7月，将郊区成立之初所划的地域分别划回自流井、大安、贡井3个区。1983年3月，郊区更名为沿滩区，时辖地完全是从富顺、宜宾两县划拨的原部分地域。2005年8月1日起将沿滩区所辖的舒坪、高峰、仲权、农团、漆树5个乡镇划入自流井区，将富顺县所辖的瓦市、仙市2个镇划入沿滩区。2007年7月1日，将四川省自贡个体私营经济发展园区管理委员会划归自贡高新技术产业开发区托管。中共沿滩区委、区政府于1960年5月迁驻沿滩镇。区所辖行政区域或撤或建或并，时有变化。2015年年末，辖区内有沿滩、邓关、永安、黄市、联络、富全、王井、卫坪、兴隆、瓦市、仙市等11镇和九洪、刘山等2乡，共计19个社区、170个行政村。

【自然环境与资源】　沿滩境内地势西北高、东南低，海拔多在300米~400米之间，属缓坡低丘、缓坡中丘地貌类型，其中绝大部分地区属浅丘地带，无成型山脉，宜耕面积大。全境地处中亚热带季风气候区，属川西夏旱和川东伏旱过渡地带，热量丰富，雨量充沛，四季分明，年均降雨量1032毫米，主要集中在6—9月，年均气温17.8℃，年无霜期323~354天，具有发展农业的天然优势。沱江一级支流釜溪河沿区境东部自北向南蜿蜒而下，过境段长57公里，另有长5公里以上的河流14条，其干支流总长239公里。境内小（一）型水库9座，小（二）型水库40座，总库容5278万立方米；山坪塘3157口、石河堰100道。西南地区第一大变电站（500千伏）——洪沟变电站坐落于瓦市镇。主要矿藏有黄（黑）卤、天然气、砂岩、页岩、石灰石、河沙等。主要旅游资源有金银湖风景区、仙市古镇等。以井盐文化主根系为依托萌生发展的仙市古镇，始建于1400多年前的隋代，1992年被列为四川省历史文化名镇，2007年5月被建设部、国家文物局评选为第三批中国历史文化名镇。

【交通】　境内交通便利，以公路交通为主要形式。2001年实现乡乡通公路。内宜、成自泸赤、自隆、乐自等4条高速公路穿越区境。2015年年末，境内公路通车总里程750.82公里，其中，高速公路53.50公里，省道36.62公里，县道129.19公里，乡道98.12公里，村道433.39公里。有客货运输车辆3049辆。有客运公司2个、客运车辆111辆，境内客运线路7条，跨县客运线路7条；有出租汽车公司5个，出租汽车383辆；有货运业户254户，货运车辆2555辆；河道里程（含共管河道）67公里；客运码头4个，有各类船舶206艘。

政治建设

【区委办公室工作】　2015年，牵头起草制定《中共自贡市沿滩区委关于集中力量打赢扶贫开发攻坚战的实施意见》《关于开展“三严三实”专题教育实施方案》等重要文件。全年审核办理区委、区委办公室文件153件、区委常委会会议纪要21件，编发《沿滩信息》27期、《区情周报》51期、《情况反映》1期；开展专题督查18次，上报《督查专报》8期，下发《督查通报》12期。完成沿滩区2015年经济工作会、区十一次党代会第四次会议、区委十一届十次全会等52次大型会议会务工作。开展密码管理科学化、规范化建设，全年共收发、办理各类电报283份。完成《中国共产党自贡市沿滩区执政实录（2014年卷）》编纂。围绕助推“一线经济带”建设，着眼乡村旅游新增长点，形成《沿滩区发展乡村旅游的成效与建议》资政报告，并在《自贡党史》《沿滩调研》等刊物上刊发。开展纪念抗战胜利70周年专题宣教活动，先后举办纪念抗日战争胜利70周年文艺汇演、版画展和爱国电影展播等系列宣传教育活动。承担依法治区和全面深化改革领导小组办公室工作，牵头起草制定《依法治区2015年工作要点》《沿滩区农村产权抵押融资试点工作的实施方案》等重要文件，编发《沿滩改革》24期，完成依法治区领导小组会议、全面深化改革领导小组和专项小组联络员会议等会务工作。

【人大工作】 2015年，召开区人大常委会议7次、人大主任会议9次，听取和审议重大工业产业项目推进、财政预决算、2014年城市维护费执行和2015年计划安排、法院审判监督、检察院规范司法行为专项整治等“一府两院”工作报告39个，提出审议意见12条，依法作出决议决定16条。依法任免“一府两院”国家机关工作人员47人次，对发改局等5个单位和部门开展工作评议。围绕培育和发展农业产业化经营龙头企业、2014年城市维护费执行和2015年计划安排、食品药品监督管理、单独二孩政策执行、公安工作、消防工作、农村危房改造、莲花垃圾两厂周边整体搬迁、瓦市洪金路建设等工作开展专题视察或调研，提出意见建议50条。对《环保法》《动物防疫法》等法律法规实施情况开展执法检查。对《政府性投资项目管理办法》等4个规范性文件进行备案审查，依法处理涉诉涉法信访7件。转交督办人大代表议案1件、建议48件，代表满意率100%，问题解决率81.3%。每季度开展一次主任接待代表活动，累计接待代表25人，收集反映问题21个，协调解决18个。加强人大自身建设，制定《专题询问办法》《跟踪督办办法》《审议意见处理规定》等6项制度规定，修订完善《常委会议议事规则》《主任会议议事规则》等制度。

【区政府办公室工作】 2015年，全年编制《政务信息》40期，刊登信息近500条，上报市政府信息590条、采用83条。完成政府工作报告等重要材料编写60余篇。全年共制发区政府和区政府办各类文件208件，受理省市各类文件1508件，处理各乡镇、部门请示、报告477件。加强政务目标和督查管理，全年开展督查92次，接待市目督办督查33次，完成政府工作报告中承诺的16件实事、10次常务会决定事项、市区两级领导所有批示件、督查件的督查落实。完善《沿滩区绩效管理办法》。全年办理人大代表议案建议49件，政协委员提案50件，办结率、回复率和代表、委员满意率均100%。区接待服务中心共接待客人24批次290余人，参与重大活动、重要会务服务14次。

【政协工作】 2015年，出台《关于新形势下进一步加强和改进人民政协工作的意见》。在政协八届四次会议期间，政协委员集中围绕“一府两院”报告提交大会发言材料9篇，提出意见建议90余条、政协提案58件。政协常委会就“十三五”规划编制、农村一二三产业融合发展等提出50余条意见建议；组织6项专题调研和12次专题视察。专题视察行政执法与刑事司法衔接信息共享平台建设。参与“一线经济带”建设、农村一二三产业融合发展、九洪“两厂”周边群众整体搬迁、沿滩复合绿道项目规划设计、沿滩城区污水处理厂、高速公路建设等重点工作。主席会会同区政府对58件提案进行集中督办，政协委员对办理工作较为满意。组织政协委员对部分党政部门班子建设、队伍建设、党风廉政建设、执法执纪情况进行民主监督，给予评价，提出整改建议；组织2次庭审旁听，参加委员30余人。参与脱贫攻坚，对黄市镇红旗村、光明村和富全镇蒲殿村19户65人开展一对一帮扶。向市政协和区委、区政府报送社情民意信息20余条，其中，“关于药品使用说明书文字太复杂、字体太小的情况反映”被省政协采用并转报全国政协。支持党派、团体参政议政，各民主党派、工商联及无党派人士提交提案24件，参与调研、视察100余人次，提出建议意见50余条。

【法制工作】 2015年，落实依法行政责任制，与区级部门分别签订2015年度依法行政责任书。完善重大事项报告制度，探索重大决策出台前向本级人大及其常委会报告制度；完善行政决策规则和程序，健全规范性文件和重大行政决策合法性审查制度。规范行政执法行为和规范行使行政执法自由裁量权，转发并落实《四川省规范行政执法裁量权规定》和市级细化、量化行政裁量标准，组织领导干部和执法人员进行依法行政专题学习和培训。全面推进行政审批制度改革，编制《沿滩区行政许可项目目录》，清理优化区级9项行政权力5188项，并加强行政权力事项动态调整。实现行政执法与刑事司法衔接工作信息共享，"两法衔接"信息平台与行权平台完成对接。依法建立行政复议委员会，畅通复议渠道。

【电子政务】 2015年，指导全区政府系统网站开展第一次全国网站普查工作，区5家网站实行关停并转，区政府门户网站和区政务服务大厅网站通过检查。区政府门户网站开设专栏首次发布区人大议案建议、区政协提案办理情况，全年公开政府信息1624条，区政府政务微博公开信息87条。加强区政府门户网站管理维护，完成区政府门户网站公安机关互联网站备案、信息系统安全等级保护定级备案。在全市县（区）政府网站绩效评估中排名第二。

【民族宗教工作】 2015年，开展"民族团结五进"活动，在"5·20"防震减灾宣传日、"4·7"世界卫生日、法制宣传日发放民族政策相关材料500余份。开展家庭拒绝非法宗教、远离邪教、反对暴恐、防渗透反渗透宣传活动，发放宣传资料13万份。开展法律进宗教场所活动4次，会同公安、法院等部门向宗教教职人员发放消防法、防暴恐相关内容、法律基础知识等宣传资料50份，培训人员100人次。组织100余名少数民族群众参加各级政府组织的种养殖技术培训。申请少数民族示范户支持资金30万元，仙市镇少数民族品种兔养殖示范项目完成投资60万元。

【应急管理】 2015年，制定《沿滩区应急委员会工作规则》，明确管理体制。深化防灾减灾知识"五进"活动。通过区政府门户网站应急专栏、移动短信平台发布灾害预警、应急演练信息。将《突发事件应对法》、应急管理基础知识等列入区级部门例行学习内容。组织10名机关干部参加四川省2015年突发事件应急管理与维护社会稳定专题培训；开展生命健康安全教育救护培训、消防知识与应急技能培训，参训人数200人次。开展沿滩区养老机构地震应急演练、高层楼房火灾救援疏散等防灾救灾演练5次，参演单位20个，参演人员500人次。制定和修改《沿滩区防洪抗旱应急预案》《区政府大楼灭火和应急疏散预案》。完成整改各类危险源、危险区域等安全隐患27处。完成13个乡镇气象灾害认证准备工作。

【武装工作】 2015年，组织10名专武干部参加军分区组织的专武干部和民兵连排长集训。开展专武干部集训3次、各类民兵训练5次，参训民兵895人次；组织民兵综合应急连125人次进行实弹射击130人次；组织民兵综合应急连30人开展应急拉动和夜间训练；组织2期民兵情报信息员集训。调整民兵组织32个、基干民兵1617人。全年召开4次专题会议，研究部署征兵工作，完成新兵征集任务。规范13个乡镇基层武装部民兵信息组建设。在《解放军报》《战旗报》等军队主要媒体发稿6篇。投入30余万元对营区环境、会议室、民兵训练基地进行维修改造。投入10万元开展扶贫帮困工作；向结对帮扶的贫困学生提供9000元助学资金。为退伍老军人查阅相关登记100余次；成立沿滩区军人军属法律援助站，免费为军人军属提供法律咨询服务8次，协调军地相关部门妥善处理涉军纠纷5起。

【纪检监察】 2015年，围绕重大决策部署开展监督检查，组织对重点工程（重大项目）推进、惠民政策落实、政府采购、经济适用房和廉租住房分配、民生工程建设等涉及的职能部门履职情况进行再监督，提出整改意见25条，对3个单位、7名干部实施问责。落实"两个责任"印发《沿滩区2015年党风廉政建设和反腐败工作意见》和《沿滩区分层分类全面落实"两个责任"的实施意见》，强化责任追究，对3个单位2014年度工作予以党风廉政建设"一票否决"，对6个单位主要领导进行诫勉谈话，对5个单位主要领导进行约谈，对2个单位主要领导进行批评教育。出台《沿滩区党风廉政建设“一案双查”暂行办法》，1名局领导班子成员因落实主体责任不到位被诫勉谈话。开展“两个评价”，制定《2015年度“两个评价”工作方案》，开展惠农补贴清理、农村危房整治、城乡低保清理等专项行动，立项解决16个方面突出问题，建立“问题”台账，将省市社会评价中反馈的105个问题实行“销号”处理。受理办结行风热线群众反映问题17件。2015年全区党风廉政建设社会评价结果列全省第55名，提升45个名次。持续推进专项整治，印发《关于推进正风肃纪常态化的实施意见》，集中开展村（社区）干部违规违纪违法行为专项整治，清理各类违规资金150余万元，查纠问题427个。开展正风肃纪常态化监督检查80余次，发现40余个问题，责成21个单位限期整改，5个单位作出书面说明，3个单位受到效能警示扣分，2名责任人被效能问责，立案查处群众身边“四风”和腐败问题37件，党纪政纪处分37人，点名道姓通报曝光典型案件17件，通过“廉洁沿滩”网站向社会通报曝光13件。加强选人用人监督管理，对19名拟任副科级领导干部进行任前财产公示，对35名拟提拔干部开展廉政情况审查，对新任职或交流使用干部廉政谈话112人次。严格落实《沿滩区建立健全惩治和预防腐败体系建设2013—2017年实施方案》，组织开展“第四届廉政文化集中宣传教育月活动”，发放宣传单17万余份，张贴宣传画1005幅、户外公益广告106幅、海报424幅，悬挂标语1081条，利用LED显示屏94块，发送手机短信7万余条。开展正反典型教育，拍摄展演廉政微电影《我有一双明亮的眼睛》，开展科级干部“一季一作业”活动，先后组织800余名党员干部到自贡监狱、自流井区检察院等廉政基地接受警示教育，组织观看警示教育片1600余人次，发送廉政短信4.8万余条。全年受理信访举报64件次，初核违纪线索55件，立案50件，党纪政纪处分51人，涉及科级领导干部5人。开展“创铸树”活动，组织开展“讲政治、守纪律、守规矩”业务学习教育4期，参学240余人次；组织“三严三实”专题党课学习160余人次；组织7人参加中省市纪委组织的专题研修班培训；抽调3人330天参与市纪委办案，抽调12人144天参与市纪委办案陪护，抽调2人80天参与区纪委办案。探索干部交流机制，全年交流提拔34人，其中提拔9人，交流出系统16人。

【“三严三实”专题教育】 2015年，组织学习教育，举办全区科级主要领导干部读书班，区委书记带头讲党课，党员县级领导分别到联系点和分管单位讲党课19次。开展“三个专题”学习研讨、“不严不实”、不敢担当问题大讨论、南充拉票贿选案专题剖析反思会，组织开展讲党章、学党章、守党章系列活动，组织学习新修订的《中国共产党纪律处分条例》和《中国共产党廉洁自律准则》。先后召开13次专题会议，梳理形成区委政府领导班子不严不实7个方面问题、19种具体表现、56条意见建议，典型案例21个。做好“群教”活动深化整改，建立问题清单，落实整改措施45条。印发《自贡市沿滩区践行“三严三实”党员干部行为规范》，推动严实要求内化于心、外化于行。组织开展“十三五”发展规划大研讨、抓重点解难点大突破、服务基层作风大转变3大主题行动。建立四大班子定期联席会机制，梳理全区93个重大项目，每名县级领导牵头3—5个。实行领导干部领办难点项目制度，县级领导领办难点事项19件，科级主要领导干部领办事项56件。建立县级领导分片联系基层制度，24名县级领导每人联系1个乡镇、4个重大项目和1户重点企业，全年开展走访调研150余人次，建议献策80余条，协调解决实际问题50余个。

【领导班子和干部队伍建设】 2015年，共调整干部169人次。完成区长、区法院院长、区人大代表补选任务。完成全区366名科级领导干部年度考核工作，遴选科级领导干部培养对象60人。选派120余名年轻干部到全区中心工作、重点工作锻炼。配合完成遴选县处级领导干部培养对象等工作。印发《2015年全区统筹实施的干部培训计划表》，重点实施科级领导干部领导能力提升清华研修班、村（社区）干部新农村建设专题班、中央财经大学新预算法培训班等主题班次，统筹推进各单位各系统培训办班60余期，累计培训1800余人次。配合省、市开展调训56人次，17人参加全市2015年县处级领导干部培养对象递进班培训。落实干部选任预审制度，消化超配干部41人。执行回访制度和干部谈心谈话制度，回访局乡领导班子28个，开展谈心谈话243人次。坚持领导干部个人有关重大事项报告制度，共收到干部重大事项报告68件。对全区920余名公务员（含参公）、事业副科级领导干部进行干部人事档案清理，对185名公务员开展职级晋升工作。对26个直属党委、总支开展选人用人“一报告两评议”工作，升级“12380”信息举报系统。草拟《沿滩区区管领导班子和领导干部年度考核办法（试行）》。制定《以民主集中制为核心的领导班子运行机制建设试点工作方案》，明确目标任务、确定试点单位。结合局乡班子运行现状，讨论确立6个重点研究子课题，每个试点单位均明确2～3个子课题进行研究，并根据自身班子运行情况对具体实施方案、推进措施、步骤等进行细化。定期到试点单位开展工作指导4次，收集问题意见26个，形成《乡镇党委班子内部运行制度》《领导班子民主决策工作事项（初稿）》《领导班子民主决策程序和议事规则（初稿）》。

【老干部工作】 2015年，制定年度学习计划，采取撰写心得、座谈交流、实地参观等形式，组织开展全年“两会”和全国“四先”事迹表彰会等学习。围绕抗战胜利70周年，汇编形成《铭记历史·圆梦中华——沿滩区离退休干部学习、回顾、感悟集》；组织老干部参加全市老干部系统纪念抗战胜利70周年歌咏会并获二等奖。离休干部赵学武捐出抗战胜利70周年国家一次性补助金5000元，全体老干部响应捐款1.3万元，助推社会扶贫工作。老干一支部被表彰为“全省离退休干部先进党支部”，退休干部姜玉良被表彰为“全国关心下一代工作先进个人”，区老干部活动中心完成省规范化达标建设。

【人事人才工作】 2015年，招录公务员51人，招聘事业单位工作人员72人，招募“三支一扶”志愿者23人，考核引进卫生等专技人才11人。更新全区考官库至30人，改进笔试招考收、发试卷方式，确保招考工作规范性。做好全区机关事业单位人员工资标准调整和离退休人员增加离退休费的工作。坚持公平公正，统一职级晋升条件，实施全区县级及以下机关公务员职务与职级并行政策。建立200万元人才发展专项资金，配套制定《人才引进暂行办法》《人才专项资金使用管理暂行办法》等制度。为中天胜新材料有限公司成功争取省人才“千人计划”创新团队，德玛新能源科技有限公司总经理熊德明成功争取市人才“双千计划”创业领军人才，并在全市人才表彰大会上作交流发言。通过下派挂职、公招录用、企业签约、科研合作、技术咨询等方式引进具有硕士研究生学历和急需紧缺专业人才32人，引进各类人才167人。采取集中与分散、自培与送培等方式，利用党校、高校资源，开展教育系统专业技术人才北师大培训班、企业经营管理人才能力提升班、农村实用人才技能培训班、大学生创业培训班等70余场次，累计培训各类人才4600余人次。

【基层党组织建设】 2015年，开展软弱涣散党组织整顿，探索“5＋X”综合量化指标，建立整顿工作项目制、帮扶制等4项长效机制，全区23个软弱涣散党组织转化提升达100%，成功承办全市基层党建专题拉练。实施城市党建综合示范点打造，沿滩新城龙湖社区党支部接受省党代表视察。扩大党组织向城市新区、工业园区覆盖，新成立社区、非公党组织2个。推行非公片区党建模式，开展“非公带非公”“机关带非公”党建活动。推进“三分类三升级”活动，先进、中间、后进党组织分别完成巩固、提升、转化任务。开展“三联三服务”“十个一”活动，从递进培养对象、后备干部、大学生村干部中选派21名第一书记，落实脱产工作和吃住在村要求，每月给予1000元生活补助，区委书记逐村走访第一书记，组织部长每晚与第一书记在线交流。探索村后备干部作用发挥机制，82名后备干部先期进入村级班子，参加村级事务。举办村（社区）党组织书记示范培训班，实行“大班＋小班”方式，全区169名村（社区）支书参训，完成49名村（社区）支书到省市轮训任务。实施满两个聘期大学生村干部分流计划，完成分流1人，引导创业发展特色养殖产业1人。推行发展党员工作情况报告、定期分析和督促检查“三项制度”，完成全年发展计划178人，组织195名入党积极分子参加专题培训。制定2015—2018年党员教育培训规划，全年培训各类党员1万余人次。投入党费6万余元，慰问党员281人，走访慰问全区贫困党员1194人次，慰问率100%。举办党务干部专题培训班，80余名党务干事参训。坚持党员旁听党委会、党代表列席党委会制度，全面推行乡镇党代会年会制，办理提案28件，代表满意率95%以上。深化“四议两公开一监督”，探索党组织领导下的居民自治、村民自治，解决城市小区停车难等居家难事。发挥村务居务监督委员会作用，健全“三委”运行机制，推行党员评议村干部、民主评议党员、党员议事决事等制度，确保党员知情权、参与权、选举权、监督权。实施村级阵地达标建设工程，全面消除27个不达标村级阵地。提高村（社区）正常离职干部生活补助，从每干满1届每月10元提高到15元。推行“联述联评联考”制度，开展直属党委、总支书记抓党建专项述职工作，制定并落实区委和26个直属党委党建述职整改方案。创新书记领办党建课题制度，实施书记党建项目410个，推动书记抓党建责任落实。

【理论宣讲】 2015年，组织开展“从严治党”“三严三实”“一线经济带”等专题理论学习12次，参学率96%以上。撰写心得体会40余篇，上报20余篇。编印《沿滩区“三严三实”专题学习资料》3本共300余册，向市报送学习动态、学习信息等30余篇（条）。邀请省市专家、知名学者为各级领导干部解读党的理论创新成果、重大战略决策，全区开展主题宣讲2200余场次，受众11.3万人次。开展“奋发向上·崇德向善”读书教育活动，全区2万余名中小学生参加，收到征文2000余篇，上报20余篇。

【对外宣传】 2015年，在各级各类媒体上稿3234篇（条），组织拍摄《幸福美丽新村——仙市箭口》《千年盐运、活力沿滩》《追求卓越品质、铸就魅力沿滩》三部宣传片。围绕“三严三实”专题教育、质量强区、党风廉政建设、依法治区、精准扶贫、农民工返乡创业等工作，滚动播放LED电子屏2万余条（次），悬挂横幅300余幅，制作反映各行各业成就的展板150余张、宣传橱窗50余块，制作大型户外广告40块、举办宣传栏80期。设立“沿滩好人榜”，全年向省市推荐候选人50余人次。

【舆情管控】 2015年，统筹做好全区网络舆情信息监看专人制、全天制和节假日值班、信息零报告制度，及时预警舆情信息70篇条，编发《舆情快报》5期、《舆情专报》6期，召开网络舆情处置会4次，以网上网下联动的方式有效处置辖区内重大网络舆情5起。做好备案登记工作，充分发挥好其正面引导作用。目前全区登记备案机关事业单位网站16个，政务微博6个，微信公众账号12个。筹备开展专题培训2次。

【统战工作】 2015年，组织党外人士进行《中央统一战线工作条例》专题培训，选送8人参加省、市社会主义学院培训班。组织召开党外人士情况通报会6次，提出合理化意见建议50多条；组织20多名党外人士参加征文活动，撰写12篇献良策文章。党外人士撰写提案15件。关心贫困少数民族生活，慰问贫困少数民族家庭49户、慰问金1.04万元，实施少数民族扶贫项目。开展法律进寺庙宣传活动3次，培训信教群众和基层干部60多人次，向信教群众发放法律资料200册。开展对台交流，接待台湾同胞6次；台商彭萌刚助学捐款5000元，发放给九洪乡小学10名贫困学生。完成民盟、民建、农工三个民主党派支部换届工作。推进“盟沿合作”项目，民盟市委组织23个基层支部结对帮扶九洪乡23户贫困家庭。

【政法工作】 2015年，受理商事案件596件、执行案件324件，执结253件，执结标的1017万元；指导企业化解15件劳动争议；成功预警、化解10起影响辖区经济发展不稳定因素。开展社会稳定风险评估19件，成功预警、化解、处置各类不稳定苗头86起，对39名重点人员进行告诫，治安拘留8人、刑事拘留5人，完成安保任务23次。受理矛盾纠纷1421件，调解成功1405件，调解成功率98.87%。强化巡逻防控，组织20名特巡警、10名交警、10名派出所民警联勤联动。配备专兼职网格员238人，组织业务培训35场次；录入基础信息70万条，办理服务事件8万件，走访服务特殊人群1.2万人次，收集社情民意7800条，参与社会治安“三项重点”工作4500人次，上报异常情况90条；区级受理信访量同比下降9%，乡镇受理信访量同比下降15%，大要案发案率保持全市最低。集中清理拖欠职工、农民工工资等涉民生案件94件，为农民工挽回经济损失420.8万元；为101名困难当事人依法减、缓、免诉讼费31.2万元，对3起案件的7名困难当事人发放救助资金

2.1万元；建立16个基层法律援助工作站，受理法律援助案件223件，为受援人挽回经济损失410余万元；共接收刑满释放人员196人，衔接率、安置帮教率90%，无重新犯罪。开展"法律七进"活动，建立3个"青少年法制教育基地"，培养"法律明白人"513人，"送法上门"4000户，送法下基层6次，发放宣传资料7万份，提供法律咨询和服务5.3万人次。

【群众与信访工作】 2015年，县级领导参与接访207天次，接待来访群众111人次，接待受理信访55件次，区委、区政府主要领导批阅群众来信13件，全部按照规定时限、规定要求办结完毕。全年受理办理信访1589件2957人次；办理国家信访局交转重点信访事项11件、省信访局交转重点信访事项10件；办理市交办信访事项15件；修改完善信访联席会议相关制度，提出《沿滩区推进诉访分离的实施意见（建议方案）》。现场解答群众疑问、协调解决群众反映的问题161件次。受理网上信访258件次，全部按照规定时限、规定要求办结。开展信访问题排查分析16次，排查信访突出问题157件，化解113件，化解率72.6%。

【机构与编制管理】 2015年，印发《沿滩区人民政府职能转变和机构改革方案》《沿滩区人民政府机构改革方案的实施意见》，将区政府工作部门调整为23个。对卫生和计划生育、水产渔政、生猪屠宰管理等行政职能以及相关公益服务职责进行整合。完成区农林执法大队和区动物卫生监督所机构整合，设立区农牧林业综合执法大队；完成区妇幼保健院和区计划生育宣传技术指导站机构整合，综合设立区妇幼保健计划生育服务中心。完成事业单位分类工作。完善机构设置，设立区特殊教育学校、区低收入家庭认定指导中心、区政府投资审计中心，更名设置机关事务服务、密码管理等工作机构。研究机构编制事项26项；核批各类机构调动、公招人员编制使用计划221名；精简设置政府工作部门23个，精简事业单位5个，新建事业单位5个。222个机关事业单位完成中文域名注册、缴费或续费工作，完成率94.1%。实行事业单位网上登记管理，完成180个事业单位在线提交办理登记业务，事业单位法人年检制度改为年度报告公示制度。

【党校工作】 2015年，举办入党积极分子培训、科级领导干部培养对象递进培训、村（社区）党组织书记专题培训、公务员培训及专业技术人员培训等各级各类培训班5期，培训654人。开展科研项目，由王建斌主笔的《关于农业乡镇推进新型城镇化的研究》在省委党校课题立项；由张华香撰写的论文《解读梅里美作品中的异域人物形象》在全国公开刊物《时代文学》2015年1月刊登；在市级刊物发表论文1篇；报送区级课题2篇。在乡镇开展"十八届四中全会精神解读""沿滩区2015年三代会精神解读"宣讲26场2500人次。

【打击违法犯罪】 2015年，开展"1·16集中统一清查行动"，先后破获省公安厅督办的"彭长统、施金花等人生产销售伪劣产品案"、市公安局督办的"6·8钟晓刚拦路抢劫案""6·3命案""谢秋华、谢志强等人团伙诈骗案""朱波、马友军、何国德等人团伙盗窃案"等大要案件。全年抓获各类违法犯罪嫌疑人513人，其中批准逮捕74人、刑事拘留165人、直诉102人、取保候审146人、监视居住18人、强制隔离戒毒8人。全年共立刑事案件1105件，破案290件，破案率26.24%，立案数同比上升50.34%，破案数同比上升56.76%；受理治安案件569件，查处303件，治安处罚105人，治安拘留92人，同比分别上升29.91%、37.10%、52.38%、21.74%。

【检察工作】 2015年，起诉破坏市场经济秩序犯罪案件8人；批准逮捕普通刑事犯罪嫌疑人69人，提起公诉113人；批捕暴力犯罪、"两抢一盗一诈骗"多发性侵财犯罪、毒品犯罪等37人，提起公诉52人；对4名未成年犯罪嫌疑人作出不批捕决定；主持和解各类刑事案件15件；立案侦查系列职务犯罪案件19件19人；查处县处级以上干部要案2人；查处行贿犯罪7人，介绍贿赂犯罪1人，同比上升60%；监督公安机关和自侦部门立案、撤案9人，纠正漏捕、漏诉8人，对侦查违法行为提出纠正意见5件；强化民事行政诉讼监督，办理生效裁判监督案件2件，向市中级人民法院提出再审检察建议1件；依法督促移送线索8件8人，公安机关立案5件5人；对事实不清、证据不足或无逮捕必要的案件决定不批捕39人、对情节轻微的犯罪嫌疑人不起诉27人；监督职务犯罪案件5件，公诉案件1件；强化对办案活动的刚性约束和有效监管，共监管案件87件，结案审核69件；对145名社区服刑人员矫正活动进行监督。

【审判工作】 2015年，受理各类案件2377件，办结2297件，结案率97%；审结刑事案件82件，结案率90%；判处人犯134人；重点打击故意伤害、抢劫等严重刑事犯罪及盗窃等多发性侵财犯罪，共审结案件18件，判处罪犯40人；审理国家工作人员贪污贿赂和渎职犯罪案件9件11人；审结民商事案件1250件，结案标的2.9亿元；审结民间借贷纠纷案件158件，审结合同纠纷案件378件；审理婚姻家庭及继承、赡养等案件246件，审理土地流转、农业承包经营权等案件19件；新收并审结行政诉讼案件12件，新收并执结行政非诉执行案件82件；执结案件361件，执行到位标的1.72亿元，投资近20万元建立执行指挥中心。对59件案件的当事人减、缓、免缴诉讼费32.6余万元；审结劳动争议、交通事故纠纷案件179件，司法确认54件；巡回法庭共审理、调处各类案件743件；邀请机关干部、人大代表、政协委员、人民陪审员及社会各界群众342人次全程旁听，以案说法，警示和预防职务犯罪；公布生效裁判文书1112件，科技法庭使用率90%；推动“三型”法庭建设工作，全区建成4个科技法庭，实现庭审全程录音录像。

【司法行政】 2015年，沿滩区被四川省依法治省领导小组办公室、四川省司法厅命名为四川省法治示范区。沿滩新城板仓社区被司法部、民政部评为第六批“全国民主法治示范村（社区）”。全年共排查矛盾纠纷634次，预防纠纷371件，受理各类纠纷1145件，调解成功1140件，调解率100%，调解成功率99.6%。在全市率先采取司法“e”通技术对矫正人员进行管控，累计接收矫正人员440人，解除矫正309人，在矫人员131人，管控率100%，无重新犯罪。建立16个基层法律援助工作站，区法律援助中心受理法律援助案件223件，为受援人挽回经济损失410余万元。办理公证事项335件。律师事务所和法律服务所共代理案件359件，挽回经济损失近1.1亿元。以“法律七进”为载体，组织开展法治宣传，举办法治骨干培训班7场次，集中送法下基层6次，累计编印、发放宣传资料7万份，提供法律咨询和服务5.3万人次。建成3个“青少年法制教育基地”。

【政务服务】 2015年，以“提升服务质量，优化投资环境”为主题，从建立机关服务标准化体系、深化行政审批制度改革、打造高效优质服务窗口等6个方面推进质量强区工作，建立岗位标准、机关服务标准和机关管理保障标准3大类共35个标准。开展投资项目三级并联审批，为沿滩工业园区15户企业提供上门并联审批服务。重点抓好9个乡镇便民服务中心和39个村（社区）便民服务室升级改造，升级后的乡镇便民服务中心面积达100平方米，社区达50平方米，村达30平方米。区政务服务中心受理、办结行政审批服务事项21.3万件，13个乡镇便民服务中心办理15.2万件，按时办结率、群众满意率均100%。全年组织政府集中采购66件次，采购预算金额6100万元，成交金额4898万元，节约资金1202万元，资金节约率19.7%。

【工会工作】 2015年，以“当好主力军、建功十二五”“节能减排、安全和谐、争创工人先锋号”为主题开展劳动竞赛活动，企业活动开展面达90%以上，参与职工1万人次以上。开展集中建会和工会组织规范化建设，机关、事业单位建会率及职工入会率100%，企业单位建会率及职工入会率98%以上；各类基层工会组织规范化建设活动面达85%以上，162个基层工会组织达规范化建设活动标准。开展工资集体协商要约行动，参与活动企业面达100%。开展惠民帮扶活动，慰问走访困难职工群众986户，发送慰问金和慰问品共41.84万元；举办就业招聘会4场，发放就业政策宣传资料3000余份，250余人达成就业意向性协议；三八妇女节，为30名建档困难女职工购买大病互助保险；组织11名省（部）级劳模进行免费健康体检，对14名市级困难劳模进行入户走访慰问，发送慰问金5600元；在六一儿童节开展“绽放微笑·爱心圆梦”慰问活动，走访慰问贫困留守学生、农民工子女、建档困难职工子女等共562人，送价值6万余元的文具礼包和爱心早餐；夏季“送清凉”慰问企业23户，为1000余名生产一线职工送价值4万余元的清凉药品；“金秋助学”资助困难职工家庭子女56人，发放助学金12.75万元；救助困难职工群众18人，发放救助金2万余元；组织180余名51～60周岁建档困难职工进行免费健康体检。

【共青团工作】 2015年，开展以“学雷锋树新风”为主题的志愿服务活动。组织青年志愿服务队、巾帼志愿服务队、就业志愿服务队、文化志愿服务队、宣传志愿服务队等100余名志愿服务者开展就业指导、文明宣传、政策咨询、卫生整治、规范车辆停放等各种志愿服务活动；结合“生态自贡”建设中的青春筑绿活动，组织青年志愿者参加义务植树，植树面积近2公顷，共栽植香樟1000株、黄葛树1000株；开展对留守学生结对关爱、走访慰问共20场次，受益儿童2000余人，募集资金10万余元，慰问特殊青少年300余人；打造3所星级留守学生之家；服务青年就业创业，成立SYE青年创业工作站，招募志愿者导师10人；启动“逐梦计划”，为50名大学生参与社会实践和职业体验提供暑期实习岗位；开展机关青年交友活动，在沿滩镇詹井玫瑰园举行“玫瑰之约”机关青年交友联谊活动；在青少年宫举办“六一”游园活动、第三届“青少年宫杯”少儿现场书画比赛。区教育局团委被评为四川省“五四红旗团委”，沿滩新城龙湖社区团支部被评为四川省“五四红旗团支部”，7人被评为“市优秀团员”和“市优秀团干”、3个团组织被团市委评为“优秀共青团组织”，瓦市镇大觉村青年唐申彬被省委宣传部和团省委评为四川省“乡村好青年”。

【妇联工作】 2015年，组织乡镇妇联主席、分管领导、区级妇委会主任50余人开展三八节活动，13个乡镇的14支舞蹈队伍230余名妇女参与广场舞展演；173个村、社区妇女之家参与寻找最美家庭活动，共寻找出50户“最美家庭”，评出区级“最美家庭”20户、市级“最美家庭”4户，发放宣传画20张，倡议书5000份；200余名女职工参加“职场女性、魅力人生”素质讲座；4个乡镇300余名妇女参加女性健康讲座；组织乡镇、村（社区）妇女干部60余名参与妇女干部培训；发放妇女权益保护法、未成年人保护法等宣传资料3000余份，解答群众咨询13人次；开展春风行动，为400余名留守儿童父母达成就业意向。刘山乡刘家山社区、沿滩镇升坪街社区创建为市级巾帼文明岗，黄市镇群英村、沿滩镇跃进村创建为市级巾帼文明示范村，自贡市金海陶瓷有限责任公司、四川丽鹰鞋业有限公司、四川鑫光管业制造有限公司创建为市级巾帼创业就业示范基地。卫坪镇板仓社区组织实施的“三新”项目（“新家园、新女性、新生活”项目）得到省社科院“低成本、造血型、普适性”的评估结论，并在省委办公厅相关会议上进行交流发言。开展慰问帮扶，为112名“五失”女童和贫困儿童编织毛衣132件，慰问433人（贫困妇女253人、贫困儿童173人、困难党员3人、贫困群体4人），慰问物资价值5万余元。

【工商联工作】 2015年，新发展商会会员114人；新建联络镇、刘山乡、九洪乡三个乡镇商会和工业集中区商会；通过省工商联审核，被评为省级“五好”工商联建设达标区县；帮助30余家非公企业化解纠纷，为企业减少诉讼成本200余万元；依托“互联网+”发展电子商务，企业实现网销收入7000万元，汇丰石业阳忠锋获第七届中国电子商务“十大牛商”评选四川赛区第二名；组织在外成功人士返乡创业企业4户；非公企业申报科技项目12项，实施科技成果转化项目9项；80户非公企业筹集金秋助学金23.2万元，资助116名大学新生顺利入学；慰问瓦市镇沱湾村5名贫困群众和党员；邓关宏氟防腐设备有限公司发生镁粉爆炸，区、乡商会筹集3万元进行帮扶慰问。

经济建设

【主要经济指标完成情况】 2015年，全年地区生产总值（GDP）实现119.96亿元，按可比价计算，比2014年增长11.6%。其中，第一产业增加值15.63亿元，增长3.9%；第二产业增加值81.26亿元，增长13.2%；第三产业增加值23.07亿元，增长10.2%。一、二、三产业对经济增长的贡献率分别为3.9%、79%、17.1%，分别拉动经济增长0.4、9.2和2个百分点。一、二、三产业结构比由2014年的13.6∶67.6∶18.8调整为13∶67.8∶19.2。规模工业总产值完成239.86亿元，同比增长14.9%；规模工业增加值完成70.02亿元，同比增长15.9%；规模工业利润总额完成14.53亿元，同比增长23.58%；服务业增加值完成23.2亿元，同比增长11.2%；社会消费品零售总额实现

43.9 亿元，同比增长 11.5%；全年非公有制经济实现增加值 76.05 亿元，按可比价计算，比 2014 年增长 11.9%，占地区生产总值的比重为 63.4%。其中，民营经济实现增加值 75.2 亿元，按可比价计算，比 2014 年增长 11.9%，占 GDP 的比重为 62.5%，民营经济增加值对经济增长的贡献率 65.2%。其中，第二产业、第三产业民营经济所占地区生产总值的比重分别为 47.2% 和 11%，对经济增长的贡献率分别为 54% 和 9.9%。全年完成全社会固定资产投资 105.09 亿元，比 2014 年增长 9.8%，其中区属投资完成 101.59 亿元，比 2014 年增长 16.1%；全年实现财政总收入 6.10 亿元，比 2014 年下降 0.7%。区级地方一般公共预算收入 1.75 亿元，增长 12%，其中，税收性收入 1.18 亿元，下降 7.9%。全年实现财政总支出 17.23 亿元，比 2014 年下降 30.4%。全区一般公共预算支出 15.73 亿元，增长 18.5%；全年城镇居民人均可支配收入 2.50 万元，比 2014 年增长 8.7%，人均消费性支出 1.84 万元，比 2014 年增长 13.6%。农村居民人均可支配收入 1.20 万元，比 2014 年增长 9.6%，人均消费性支出 9560 元，比，2014 年增长 17.7%。

【工业经济】 2015 年，新增规模企业 5 户，全区拥有规模以上工业企业 100 户。规模工业总产值完成 239.86 亿元，同比增长 14.9%；规模工业增加值完成 70.02 亿元，同比增长 15.9%；规模工业利润总额完成 14.53 亿元，同比增长 23.58%；全年非公有制经济实现增加值 76.05 亿元，按可比价计算，比 2014 年增长 11.9%，占地区生产总值的比重为 63.4%。其中，民营经济实现增加值 75.2 亿元，按可比价计算，比 2014 年增长 11.9%，占 GDP 的比重为 62.5%，民营经济增加值对经济增长的贡献率 65.2%。

【工业园区建设】 2015 年，完成征地 25.07 公顷；完成平场 43.33 公顷；乘犀路（二期）920 米道路建设工程完成硬化；完成绿化 1.5 万平方米；完成汇通路 1150 米主排水二期涵沟工程、孵化器二装、室外景观工程建设，科技孵化园成功开园；第三期安置房建设工程完成平场；新入统规模以上企业 6 户，累计达 26 户；新引进项目 6 个；新开工项目 9 个，续建项目 8 个，实现投产项目 9 个；实现固定资产投资 20 亿元，同比增长 38%；实现产值 102 亿元，同比增长 27.5%；规模以上工业增加值 32%，比目标任务 26% 高出 8 个百分点；兑现奖励扶持资金 1230 万元，利用应急临时周转金为 8 户企业转贷 1.9 亿元，新增企业贷款 1.8 亿元；园区供水专线建设工程全线贯通；110 千伏变电站建设工程完成场站及园区范围内外线塔基建设；2.1 公里园区天然气环网建设工程建成并投入使用。

【招商引资】 2015 年，加大项目推介，组团参加“中国国际新材料产业博览会”“中外知名企业四川行”等招商活动；新签约硬质合金生产项目等重大产业项目 19 个，实现到位市外资金 78.82 亿元；新引进战略性新兴产业项目 2 个、返乡创业项目 3 个；中粮包装、金成硬质合金等签约入驻项目新开工建设，睿鑫波纹管、振鹏鞋业等 6 个项目建成投产。

【企业创新发展】 2015 年年末，全区拥有高新技术企业 8 户、市级以上研发中心 10 个。建材行业加速技术改造，澄帆建材采用自动化生产线并投入工业机器人作业；云帆建材与北科大材料学院对接，主攻新型建材；中天胜公司新材料开发应用项目、中皓公司生产自动化控制项目等在行业中处于领先地位，东联锅炉、巨光硬面、中天胜公司、德马新能源等企业拥有国内领先的先进技术。全年指导企业获得专利认证 100 余项。

【农牧林渔业】 2015 年，全年粮食播种面积 2.84 万公顷，产量 16.54 万吨，其中小春面积 7640 公顷，总产 2.43 万吨，较 2014 年增长 1.95%；大春粮食播栽面积 2.07 万公顷，其中：水稻栽播 1.09 万公顷，玉米种植 0.41 万公顷，高粱栽植 0.26 万公顷，红苕 0.31 万公顷。夏播大豆（套作）0.40 万公顷。完成小春油菜种植面积 0.47 万公顷以上，总产 5934 吨，较 2014 年增加 540 吨；大春花生种植面积 866.67 公顷。在黄市镇、刘山乡和永安镇及仙市镇百胜村发展优质蔬菜基地 220 公顷；在全市率先完成生猪价格指数保险试点，投保保费 232.65 万元；在仙市、瓦市片核心区发展甜橙 400 公顷；实施九叶青花椒丰产栽培技术推广示范项目，建设花椒示范林 66.67 公顷，花椒示范林亩产 500 公斤，巩固提升黄市镇、刘山乡、永安镇花椒产业示范基地200公顷；渔业产业完成水产品总产量1.17万吨，鱼种投放量2800吨；开展农村土地承包经营权确权登记工作，完成13个乡镇的外业调绘与指界工作，已确权登记2.43万公顷，占应确权总面积的98%，已确权农户8.1万户，占应确权农户的98%；实施一事一议财政奖补，村级公益事业一事一议财政奖补项目140个，涉及87个村，受益农户1.81万户、人口6.71万人，筹资和筹劳折资1701.14万元，争取各级财政奖补资金1774.46万元；巩固退耕还林成果2646.67公顷；新建沼气池30口；培训新型农民1770人；组织农民实用技术培训15万人次。

【水务工作】 2015年，完成沿滩水厂二期3万吨净水厂1座，配套建设7公里输配水管及相关配套设施，新增供水能力3万立方米/日；投资1969万元实施农村饮水安全工程，完成富全、永安等6个乡镇水厂改（扩）建以及供水管网延伸建设，解决3.1万农村居民和1.3万学校师生饮水安全；投资317万元，整治永安王沟、黄市扇子坝2座病险水库；总投资1789.4万元的省级小型农田水利重点县项目在黄市镇霞光村、水井沟村及永安镇长田村、新元村、新正村开工建设，新增灌溉面积260公顷，恢复灌溉面积166.67公顷，改善灌溉面积273.33公顷，新增节水灌溉面积660公顷，新增蓄引提水能力105万立方米，新增节水能力69万立方米，新增粮食生产能力0.18万吨，新增经济作物产值170万元，增加农民人均纯收入355元；总投资300万元的2015年度农业综合开发水土保持项目开工建设，综合治理水土流失6.67平方公里。

【财政改革】 2015年，落实新预算法各项规定，完善政府预算体系，编制"三本预算"并提交区人代会审查；加大政府预算统筹，将地方教育附加等11项政府性基金全部转列一般公共预算；推进财政信息公开，除涉密单位外，区本级所有预算单位的部门预算和"三公"经费全部向社会公开，预算报表细化到款、项；加强支出监管，压缩一般性支出，强化预算执行动态监控，跟踪监控公务卡强制结算目录执行情况，规范和减少现金使用行为；严格控制"三公"经费，全区"三公"经费支出1521.78万元（含会议费272万元），比2014年同期减少97.95万元；开展涉农资金和"严肃财经纪律，落实监管责任，确保资金安全"专项整治工作；扩大政府购买公共服务试点项目，拓展公共服务提供渠道；加强专项资金管理，推进预算绩效各项管理工作；启动并完成财政数字身份认证与授权管理系统（简称"CA系统"）项目建设，推行政府采购平台、财政支付无纸化、电子印章等系列改革。

【财政收支】 2015年，财政总收入完成6.10亿元，其中，上划中央收入完成1.44亿元，上划省级收入完成1.00亿元，上划市级收入完成1.90亿元，地方级财政收入完成1.76亿元（地方级一般公共预算收入完成1.75亿元，占预算的101.25%，增长12%）。一般公共预算支出完成15.73亿元，占预算的93.07%，比2014年增长18.48%，其中，实现民生支出11.15亿元，占一般公共预算支出的70.89%，比2014年同期增加1.92亿元。

【地税工作】 2015年，共组织各项收入4.26亿元，同比减少7.95%。其中，税收收入4.05亿元，同比减少6.99%。完成区级公共财政收入1.08亿元，同比减少7.65%。自征税收1.28亿元，同比增加2.29%。

【国税工作】 2015年，共组织税收收入1.43亿元，占年计划的93.72%，同比减收816万元，下降5.38%。实现《全国税收征管规范（1.0版）》《全国税务机关纳税服务规范（2.2版）》的无缝衔接；落实税收优惠政策，全年办理各类优惠9562万元，小微企业增值税、企业所得税优惠面均100%。

【商贸与旅游】 2015年，服务业增加值完成23.2亿元，同比增长11.2%；社会消费品零售总额实现43.9亿元，同比增长11.5%。举办首届自贡·刘山樱花节、第三届自贡·九洪西瓜节、仙市镇"第十六届民俗风情节"、自贡·仙市古镇第二届金秋旅游节等一系列"信步沿滩·美过周末"旅游活动，实现一、三产业融合发展，拉动消费1.5亿元。支持重点服务企业提档升级，新培育限额以上商贸企业2户、规模以上服务业企业4户；推进恒大商贸城、瓦市杰达农贸市场、沿滩新城会展中心、楼荫塘步行街等商贸项目建设并投入使用；一批农产品实现网上销售，发展电子商务企业5户、电商网店285家；完成房地产开发投资26.42亿元，施工面积254.99万平方米。

【科技和知识产权工作】 2015年，获市级表彰1项。组织专家开展企业指导服务34人次；组织14户企业参加高新技术企业认定、制造业信息化专项行动、科技金融结合等6个专题学习培训。新培育国家高新技术企业2户，国家高新技术企业达12户，省级创新型企业3户；支持企业实施国家和省市科技项目18项，促进企业技术创新和成果转化；争取国家、省市科技计划项目20余项，获财政奖补资金600余万元；指导企业申请专利115件。

【审计工作】 2015年，完成审计项目19个，查出主要问题金额3.52亿元，其中，违规金额3.51亿元，管理不规范金额0.01亿元。审计处理处罚金额35191万元，其中应上缴财政10268万元、应归还原渠道资金24874万元、应调账处理金额49万元；审计发现非金额计量问题8个；审计促进整改落实有关问题资金31577万元，其中增收节支6656万元、已调账处理金额47万元、审计促进拨付资金到位24874万元；审计后挽回（避免）损失47万元。出具审计报告和专项审计调查报告19篇，提出审计建议30条，提交审计信息20篇。

【统计工作】 2015年，强化经济预警预测和统计分析，定期召开专题会，对经济增长潜力作出预测。新入统工业企业5户、房地产企业1户，新入统项目80个；按月编辑《统计信息》《沿滩经济要情》《沿滩统计季报》《沿滩统计分析专刊》《沿滩区年度国民经济和社会发展统计公报》；建立统计工作联席会议制度；对全区13个乡镇综合统计、城乡调查、农村农业统计基础以及10个企业法人单位进行专项执法检查；完成沿滩区1%全国人口抽样调查工作；推进名录库规范化建设，制定《沿滩区基本单位名录库规范化建设管理实施方案》《沿滩区基本单位名录库建设和管理制度》《沿滩区基本单位名录库维护更新管理制度》《沿滩区基本单位名录库建设和管理工作评比考核办法》等20项工作制度、职责、办法；完成并上报工业、农业、固定资产投资、建筑及房地产、能源、商贸等各类定期统计调查，完成区地税系统纳税人满意度、城乡居民住户收入、人才资源等统计调查和服务业统计监测、妇儿两纲监测等工作。

【工商行政管理】 2015年，新发展各类企业192户，同比增长68.45%；新发展农业专业合作社18户，同比增长38.46%；新发展个体工商户1038户，同比增长24.76%。为企业办理股权出质5户，股权金额2905万元，被担保数额1.12亿元；办理动产抵押18件，抵押物价值总额2.63亿元，实现担保债权1.89亿元。办理户外广告登记21户，查处违法户外广告11件。新申请商标注册5件，其中涉农商标2件；有效注册商标累计362件，拥有中国驰名商标1件，四川省著名商标4件，自贡市知名商标11件。加强“12315”消费者权益保护，以群众关心的建材市场、服装、消防器材、农村商品质量为重点，开展流通领域商品质量监测和专项整治行动，抽检各类商品9个批次，合格7个批次，查处各类违章违法行为23件；建立“一会三站”6个，开展“五进”活动7次，发布消费警示3期，受理投诉151件，为消费者挽回经济损失50余万元；接受咨询200多人次；开展各类专项行动12次，查处各类违法违规案件201件，立案查处各类违法违章案件32件，结案32件。区工商局被省工商局评为“红盾春雷行动2015”先进集体。对96户违法失信主体实行联合惩戒，申报创建省、市级“诚信守法企业”2户，命名区级“诚信守法企业”2户。

【质量技术监督】 2015年，推进全省首批“质量强市示范城市”创建工作，共印制质量宣传手册1000份，编辑质量强区信息简报40余期，其中2条信息被5家中央、省级媒体采用，省质量协会测评综合满意度91.21%。年末，全区有锅炉28台、压力容器26台、电梯140台、起重机械156台、气瓶1.51万支，有工业气充装企业1家、液化气充装企业2家，全年下达监察指导书7份、查处安全隐患8起。对农资、农机、建材、汽车配件等开展执法检查100余人次，开展8次专项整治活动，其中农资专项整治1次、强制性认证产品专项检查3次、节假日专项整治4次。

【供销工作】 2015年，全系统实现经营服务总额3.50亿元，其中，消费品零售总额1.09亿元，农资供应总额0.29亿元，农副产品收购总额0.40亿元。建设农村社区综合服务社8个；新发展专合社3个，培育省级示范专合社1个；新建农产品直销店3个。

城乡建设

【新城建设】 2015年，完成《二期控制性详细规划》报批。完成第四批安置房、龙湖景观、交通梳理、照明、金色沙滩、踏浪广场、人行桥管涵、市民广场舞台改造、六角亭等10余项技术设计工作。完善龙湖公园配套设施；魔幻时光综合体项目A区中的D-08地块商业、住宅建成27.9万平方米，D-09地块会议中心主体完成，B-15地块商住部分土石方工程、五星级酒店土石方工程完成工程量的90%。创兴城、君豪御园等10个房产开发项目完成开发面积25万平方米，第三批动迁安置房完成4万平方米主体工程建设，第四批动迁安置房设计方案上报待审，第五期公租房建设完成立项审批手续，金帝广场集中商业和农贸市场主体工程完成，岱山医院投入使用，沿滩新城实验中学设计方案报批，新建市政供水加压设备2套并投用，铺设高低压供水管网5600米。包装储备项目9个，全年签约项目4个，完成招商引资30亿元；完成2015年第8批城市建设用地31.67公顷申报基础工作；取回2014年3批城市建设用地批文，完成蛇金山1、2组和老房7组魔幻时光B区项目用地23.18公顷土地征收；取得2014年5批、6批11.84公顷用地批文，为时代大道提供用地保障；启动卧龙湖东区66.67公顷土地利用规划调修，为教育产业落户提供用地指标保障。完成“魔幻时光”B区的A-07、B-09、C-14等地块供地基础工作，完成自贡高新区9期安置房项目、王家大院A地块、阳光邻里（两湖大桥）项目、新城二期拟出让地块36户农房拆迁，启动卧龙湖东区教育产业用地涉及蛇金山4组范围34户农房拆迁，完善糍粑坳棚改拆迁方案。建成7.2万平方米恒大商贸城、8000平方米龙湖时代商业街、4000平方米贡爵府商业街、14万平方米创兴500强商业中心和8500平方米观澜商业街，完成恒大商贸城和创兴500强商业中心1.4万平方米、龙湖时代商贸街3.7万平方米的商业招商，新增商户85户，恒大影城、嘻哈乐园、吉满楼、龙湖春天、游泳馆等投入运营，伊凡酒店对外营业。

【规划编制】 2015年，完成《一线经济带规划》《釜溪河复合绿道沿仙段规划》编制；完成2个乡镇市级规划调修任务，其中邓关镇为“百镇建设行动”试点镇；制定全区村村规划任务28个，完成规划8个；协助完成自贡市养老设施规划布局；传统村落—仙滩社区保护规划完成并通过省评审。

【市政建设】 2015年，投资18.6万元，实施春节城区亮化工程；投资3.4万元更换电缆480余米；投资6万元，维修更换公路路灯120余盏，路灯亮灯率98%以上。

【村镇建设】 2015年，完成黄市等小城镇综合开发12.5万平方米；邓关亿城花园完成投资1.08亿元，完成建筑面积3.9万平方米；永安平安花园完成投资6200万元，主体工程完工，完成建筑面积1.85万平方米；自贡市福乐园生态养老公寓（刘山乡）完成投资520万元，完成建筑面积0.48万平方米；瓦市镇果园新村完成投资9000万元，建成总建筑面积2.9万平方米；联络新村项目完成投资1600多万元，建成总建筑面积1.16万平方米。仙市等乡镇围绕“百镇建设行动”，转移农业人口3378人；投资1.18亿元，完成沿滩至仙市道路改造8公里、S206道路黑化1.7公里。

【园林绿化】 2015年，启动釜溪河复合绿道建设；投资500万元，实施工业集中区等城区绿地建设26.67公顷；启动九洪、联络、永安等乡镇社区小广场申报工作，待市主管部门审批；完成S305道路、城区绿化管护面积30余万平方米；处理沿滩城区危树50余株。

【建筑业】 2015年，开展新《安全生产法》等政策法规宣传20余次，完成全区16个建筑施工企业安全业绩和年度复检。对全区建筑施工安全实施拉网式排查，共排查施工现场15处，排查安全隐患48处，责令限期整改1处，对查出安全隐患进行安全生产状况评估，制定整改方案、落实整改措施，督促及时整改，遏制各类安全事故发生。全年完成建筑业产值20.9亿元。

【房地产与住房保障】 2015年，经济适用房三期B标段四期216套建成完工，并面向社会公开出售；经济适用房三期A标段84套基本建成。廉租房三期150套、公租房一期98套全面建成并启动实物配租；2014年续建公租房二期200套主体竣工，进入室内外装饰装修阶段；公租房三期（工业集中区）1300套开始平场；公租房四期（邓关镇）204套进入土地报征阶段；推进84套教师公租房（分布在永安镇、刘山乡、瓦市镇）建设，其中，刘山教师公租房24套进入主体施工，瓦市教师公租房44套进入网上公开招标，永安教师公租房16套完成招投标并进入平场阶段。新建五期公租房（沿滩新城管委会）510套进入设计方案审批，六期公租房（沿滩镇）593套进入方案设计审批。糍粑坳片区棚改405户，签订农房拆迁协议291户，拆除195户；完成王家大院片区城市总体规划设计，取得糍粑坳地块规划设计条件通知书，签订项目框架合作协议；实施邓关片区棚改488户，签订房屋拆迁协议48户，拆除46户，完成安置房建设选址、公开招标比选，进入土地报征环节；启动沿滩滨河路洪沟片区棚户区改造1250户，其中犀牛口地块改造191户，签订房屋拆迁协议149户，拆除141户；回购建成的区经济适用房三期A标段作为拆迁安置用房，完成回购协议签订；完成农村危房改造1410户。

【人防地震工作】 2015年，完成人防专业队伍组训；推进人防机动指挥所建设相关手续办理；联络、富全2个疏散基地建设启动；完善《沿滩区地震灾害应急预案》，开展防震减灾日宣传活动1次，开展防震避震应急疏散演练1次。

【交通建设】 2015年，开展G348、S206、S213等国省干线改造项目、G348（原S305）与内宜高速永安互通连接线项目、公路改善工程、渡改桥工程、村组道路等项目前期工作。全年争取到省级补助资金1.03亿元，自隆高速公路沿滩段建设全面完工并试通车，成自泸赤高速瓦市互通连接线工程完工，仙市大桥建成通车，沙溪桥、河底坝桥完工通车，扇子坝桥、石牛渡桥完成设计等前期工作，大崖桥、石门坎桥、富贵桥3座危桥进行可研立项，联网公路沿仙路主体工程完工，联网公路王富路（王井至九洪段）于12月开工建设，农村公路改善工程自富路、余沙路、陶王路完成可研、评审等前期工作，公路安保工程完成路侧护栏29.37公里，自贡汽车南站于10月开工建设。投入资金92万元，新建海巡艇1艘；向上争取资金200万元建设海事趸船码头。全年完成交通基础设施固定资产投资3.05亿元。

【国土资源管理】 2015年，实施耕地保护，确保全区耕地保有量不少于2.09万公顷，基本农田保护面积不少于1.53万公顷。全面完成耕地质量等别年度更新评价工作。全年上报62.63公顷新增建设用地，上报3个乡镇批次、1个中心城区批次合计4次调规，面积47.82公顷，保障重大项目和重要发展地块的规划用地需求。起草《沿滩区深化城乡建设用地增减挂钩试点实施细则》，在九洪乡、富全镇探索宅基地自愿有偿规范退出，开展深化“增减挂钩”试点。推进兴隆镇光辉村、桃山村、九洪乡九洪村、沿滩镇人民村、联络镇八一村、黄市镇光明村等土地整理项目，总投资2537.44万元，总规模1784.5公顷，实现新增耕地60.82公顷。推进节约集约用地，通过四川省第三届国土资源节约集约模范县（市）第一批达标考核。加强矿产资源管理，完成采矿权使用费征收5500元、矿产资源补偿费征收2万元；组织11个现有矿山企业开展矿业权储量动态监测和矿区范围实地核查，经省国土资源厅批准，确定新设1个建筑用砂岩矿山、3个砖瓦用页岩矿山，延续采矿权5个，征收采矿权价款4.5万元；完成“非煤矿山安全大检查”专项工作。加强地质灾害防治，对纳入省级的134个地质灾害监测点，不定期邀请督导组专家进行踏勘指导，编制“地质灾害防灾预案”和“突发性地质灾害防治应急预案”，建立险情巡查、灾害应急调查和灾情速报制度，组织13个乡镇监测责任人和专职监测人共168人参加“沿滩区2015年地质灾害防治工作培训会”。全年依法征收土地20.93公顷，安置被征地拆迁农户61户，安置面积9000余平方米。开展土地执法动态巡查52次，参加巡查人员156人次，巡查覆盖率100%，发现违法用地迹象15起并全部制止；发放责令停止违法行为通知书8份、整改通知书3份；开展土地利用动态巡查15次，对64宗地开展动工和日常巡查，发现违法行为制止率100%；对国土资源部下发的图斑开展2014年度卫片执法检查，核查图斑234个，监测面积96.36公顷，经合法性判定，沿滩区2015年度卫片执法监督检查监测图斑不涉及违法用地。开展土地确权登记，全年登记发放国有土地使用权证2276宗，核发集体土地使用权证3285宗。完成2014年土地详查变更的成果上报，完成宗地代码编制工作。完成762户农房审批工作，审批农房面积7.69万平方米，其中，新建农房290户，面积3.59万平方米；危房迁建233户，面积3.23万平方米；原地改扩建239户，面积7521.23平方米。

【城乡环境综合治理】 2015年，以农村生活垃圾治理“迎国检”为主抓手，推进城乡环境综合治理，改善城乡环卫基础设施条件。以沿滩新城违章搭建专项治理为载体，遏制违章搭建，提升城市品质。开展“业兴、家富、人和、村美”幸福美丽新村和环境优美镇村示范建设。城市集中式饮用水源水质达标率95%，城市生活垃圾无害化处理率95%。完善“户定点、组分类、村收集、镇（乡）转运、区运输、市处理”机制，90%的村庄农村生活垃圾得到处置，全面达到国家验收标准；餐厨垃圾处置实现起步，医疗固废无害化处置率保持97%，城市道路机械化清扫率63.5%；城镇化率42.1%，城市绿化覆盖率39.77%，城市人均公共绿地13.25平方米；秸秆综合利用率85%，沼气普及率70%。开展2个环境优美示范镇和6个环境优美示范村庄创建工作；推进环卫基础设施建设，完成5座公厕和2座垃圾库建设，乡镇、村新建垃圾收集池408个，改造维护800余个，购置洒水车1辆和果皮箱、垃圾桶937个，累计建成水冲式公厕60座（其中旅游公厕5座）、垃圾库39座（其中地埋式垃圾库1座），购置大型环卫车辆8辆、小型环卫车辆30辆，投资10万元维修整治地埋式垃圾库，投资4万元新建环卫岗亭1座。城区停车场点建设工程完成前期规划、勘测、设计等工作，规划22个停车场点；制定《沿滩城区规范停车秩序具体实施方案》，提供停车位1241个。加强农村环境污染治理，实施沿滩区新农村建设20公里示范长廊农村环境连片整治；试点推进建制镇污水处理配套管网建设；加强水环境治理，整治入河排污口；出动2550人次，清除卫生死角33处，清理垃圾55吨，打捞水上漂浮物、清理河道淤泥850吨；出动3800人次，清除“牛皮癣”喷涂广告256处、4266张；出动830人次，规范店招店牌700块，取缔一店多招270块，取缔户外广告93处、软体广告104幅、占道经营摊点410个、棚伞203把、临街灶台8处；督促21处在建工地硬化进出口道路并配备冲洗设备，查处9起车辆带泥上路行为。

【环境保护】 2015年，开展第44个世界环境日宣传，贯彻落实新《环境保护法》《大气污染防治法》。开展总量减排工作，全年工业化学需氧量排放48.29吨，工业废水排放量29.33吨，工业烟（粉）排放量600.31吨，工业固废物产生量1.82吨，工业二氧化硫排放量734.93吨，同比2014年化学需氧量削减5.30%，氨氮排放量削减5.00%. 核发排污许可证17个，完成区级环评项目审批32个。开展大气污染防治行动，实施企业燃煤锅炉“煤改气”工程，淘汰4家企业的燃煤锅炉；开展建筑扬尘治理和秸秆禁烧行动；开展乡镇饮用水源专项整治，对11个集中式饮用水源地环境状况开展日常巡查，设置饮用水源保护区标志牌、界桩、警示标志；实施高滩、碾子滩水库整治工程；开展环境质量监测，全年出具监测报告172份；严格环境监察执法，对10户重点污染源加强监管；打击环境违法行为，对4户超期试生产的违法行为进行立案处罚，并移交公安机关依法处理；自贡市金富农牧有限公司养殖粪便污染河水行政处罚案被评为全省2015年环保行政处罚优秀案卷。

【供电】 截至2015年年底，国网自贡供电公司沿滩客户服务分中心担负沿滩区及自流井区、富顺县、宜宾南溪部分地区2150.2平方公里供电任务；运行维护管理的10千伏及以下配电线路共33条，长度1791.7千米，配电变压器2679台、装接容量59.9万千伏安；电压合格率99.5%，市区、农村供电可靠率分别为99.86%、99.83%；实现连续安全生产5358天。建设完成220千伏仙市变电站、110千伏沙坪变电站；建成10千伏南兴线、南城线、板融线及沙昊Ⅰ、Ⅱ线、沙工线等配电线路14.5千米，大修技改10千伏线路7.8千米；农网升级改造工程共完成各类批次项目267个，完成投资6010万元，新建10千伏线路112千米，新增配电变压器267台，改造低压线路293千米，农网改造涵盖132个村、862个组，受益农户3.88万户；完成沿滩镇狮子山、和平路、二十梯、沿滩粮站等

4个老旧小区配电设施改造任务，共改造变压器4台、低压架空线路7.21千米，更换下户线8.5千米。

文化建设

【精神文明建设】 2015年，结合廉政教育和全国、省、市道德模范评比表彰开展公民道德教育，建立好人榜，选树身边典型。区文明办获四川省未成年人教育工作先进单位。全区设立好人榜25个、公示栏60个，宣传身边好人事迹150余人。全区登记注册志愿者3万余人，组建12支区级常规化志愿服务队、13支乡镇常规化志愿服务队，志愿人数600余人。开展星级文明户创评活动，评选市级最美家庭1户，区级20户，乡镇级400余户。黄市镇农丰村幸福美丽新村精神文明建设示范点“七个一”工程建设，在全市作经验交流和电视展播，全区幸福美丽新村7个示范点建设成效明显。

【基础保障】 2015年，新建、改造13个乡镇综合文化站、174个村（社区）文化活动室、16个留守儿童文化之家等，为农家书屋和社区书屋补充图书3.12万册，为13个乡镇文化站和7个城市社区配送演出服装和道具、器乐等文化专用设施，完成1038户直播卫星“户户通”工程建设。成立区版画家协会，发展会员120余人，建成沿滩二小、徐氏雕刻、美术馆等三大创作基地，组建机关、乡镇、企业、学校等四个创作小组，设立仙市陈家祠、百胜村等2个展示基地。沿滩农民版画《古盐都遗韵》《天坑》等40幅优秀作品参加四川省首届农民美术作品展并入选《四川省首届农民美术作品展作品集》，成为全省入围作品最多的区县。在各乡镇、各部门推进“3+1”文化精品工程，50多个节目参加2015年自贡春晚选拔。

【文艺文学创作】 2015年，在各级刊物发表作品324篇，其中国家级发表42篇、省级发表89篇、市级发表193篇，获国家级奖7篇、省级奖10篇、市级奖11篇。区文化馆志愿者服务队队长王一羽代表沿滩区参加四川省民歌大赛，获原创作品及演唱三等奖，代表沿滩区参加第十五届自贡市十大歌手比赛，以第二名的成绩获十大歌手称号；舞蹈《魅力西藏》、歌曲《木叶吹啊吹》、双人舞《陪伴》、小品《西瓜情》参加市第十届文化艺术节；打造沿滩版画文化品牌，全年共创作版画作品300余幅，举办专题版画作品展3次，区美术馆和仙市陈家祠共陈列版画200余幅，版画《山海经系列》参加市书画展，被市美术馆收藏，版画《茶馆》入选全国十二届版画展，区美术馆集体创作的版画作品《二十四字核心价值观》入选省委宣传部画册。是年，《自贡日报》2次专版报道沿滩区版画。

【广播电影电视】 2015年，154个行政村广播“村村响”工程全面完成。

【档案工作】 2015年，组织79个单位参加档案工作规范化专题培训，完成6个单位档案规范化管理达标认定复查晋升工作；完成联络镇、九洪乡2个新农村建设档案工作省级示范乡镇创建工作；开展重大项目档案清理、管理。全区103个立档全宗单位全部按《归档文件整理规则》进行归档整理，档案到期移交入馆350卷（件）。全年接待查阅利用2040人次，利用档案8000卷次。其中，婚姻、土地、招工、知青等档案查阅利用1195人次，4245卷次；文书档案查阅用263人次，2965卷次；退伍军人档案474人次，320卷次；图片档案10人次，265卷次；其他档案查阅98人次，205卷次。

【地方志工作】 2015年，采取印发文件、座谈交流、制作手册等形式，对新修订的《四川省地方志工作条例》《自贡市〈四川省地方志工作条例〉实施办法》和《地方志事业发展规划纲要（2015—2020）》等法规政策进行学习宣传，增强依法治志意识。完成《自贡年鉴（2015）》沿滩部分7个分目100个条目共4万余字的编辑任务，向区内机关事业单位免费发行《自贡年鉴（2015）》60余册；完成2015年沿滩大事记季度编报工作；为区内庆祝抗日战争胜利70周年、举办“十二五”成果展、农业项目申报、沿滩城区建设规划编制等提供地情资料，服务地方经济社会发展。开展志书、年鉴征集，向省地方志办购买志书72部，向省内外地方志机构相互交换志书、年鉴20余部。

社会建设

【教育】 2015年年末，全区有各类学校和教育机构131所（个）。其中，普通高中1所、职业高中1所；单设初中9所、单设小学2所、九年义务制学校2所、乡镇中心校10所、小学教学点44个；幼儿园46所（其中省示范幼儿园1所，乡镇中心幼儿园12所，民办幼儿园33所）；民办职业教育培训机构1所；农村成人文化技术学校12所；教师进修校1所，职业教育中心和特殊教育中心各1个。年末在校学生39367人，其中普通高中1626人、职业高中695人、初中7799人、小学20015人、入园幼儿9232人；全区在职教职工1964人，退休职工1159人。投入资金3000多万元，推进第二期学前教育三年行动计划，联络中心园建成并投入使用，兴隆中心园等3所中心园主体工程竣工，启动刘山中心园等3所中心园迁建工程。投入资金2000多万元，启动实施永安百祥小学危改、自贡14中食堂建设和15所学校校舍维修改造、食堂改造和电源线路改造等。庆祝教师节，评选表彰90名优秀教师、教育工作者。仙市向阳小学校长聂政获“马云乡村教师奖”。引进67名教师并全部补充到缺编学校。区内教师轮岗交流154人次。投入资金300多万元解决农村学校教师交通费和职称聘任矛盾。投入资金1300多万元，实施教师公租房、周转房建设，九洪乡教师周转房竣工。德育活动案例《走进残疾人》获全国优秀案例，教师参加全市品德与生活（社会）优质课竞赛获2个一等奖。推进校本课程开发，每所学校均开发出2门及以上校本课程，形成各具特色的课程体系，2所学校被评为“自贡市课堂教学改革先进学校”。中考、对口高职升学质量继续保持全市领先。学生参加中国少年科学院全国展示交流活动，获4个金奖、2个银奖、1个铜奖；参加中国少年科学院“小院士”课题研究活动，获四川片区1个一等奖、3个二等奖。推进“省级艺术区域整体改革试点县”建设，创新体育艺术教育，1名学生获央视中学生频道电视节目主持人大赛全国一等奖；45件学生作品参加市第九届艺术节展演，其中6件艺术表演作品获一等奖，11件获二等奖；学生参加四川省第十一届艺术人才大赛，共474人次获等级奖；参加省第八届中小学生艺术节展品活动，校园集体舞《快乐舞动》获省一等奖，多名学生获省等级奖；区教育局获“四川省第八届中小学生艺术节优秀组织奖”。开展阳光体育活动，参加全市中小学生田径运动会，获初中组、职高组第二名；参加全市中学生篮球比赛，获冠军；参加全市首届中小学生足球赛，获小学男子组冠军、高中女子组亚军；1名学生参加全国青少年斯诺克系列赛两获少年组冠军；2所学校创建为市级阳光体育示范校，3所学校被教育部认定并命名为“全国青少年校园足球特色学校”。全面落实“三免一补”政策，减免718名在园幼儿保教费，免除690名高中（含中职）学生学费，资助567名高中（含中职）学生，向337名大学生发放生源地信用助学贷款，向9名高校家庭经济困难新生发放入学资助金，为190名品学兼优、家庭经济困难学生发放助学金。完善留守关爱机制，建立留守学生工作档案，开展留守结对帮扶活动。建成“留守学生之家”11个，其中星级“留守学生之家”5个，建成市级乡村学校少年宫12个，设立“心理健康咨询室”25个，实现“留守关爱”机构全覆盖。投入50多万元，为各中小学、幼儿园安装保安巡更系统和门禁系统，更新监控摄像头。

【医疗卫生】 2015年年末，全区拥有卫生医疗机构（包括医院、卫生院、医疗站、卫生防疫和妇幼保健机构）211个，比2014年年末增加2个；拥有病床863张，拥有卫生技术人员1080人。黄市、邓关2个乡镇卫生院改扩建工程进入开工手续办理阶段，10个村卫生室建设项目全面启动。全年完成固定资产投资3600万元，对上争取1.5亿元。全年开展基本公共卫生项目培训4次，培训医疗技术人员350人次；开展基层卫生人员培训5次，培训510人；完成全科医生转岗培训3人次；通过公招录用和双选引进医疗人员52人。全区参加新型农村合作医疗农民27.74万人，参合率99.88%，政策补偿率77.44%。完成慢病特殊病种体验、确认、慢病卡发放工作，涉及20个病种，发放慢病卡2056张。巩固完善基本药物制度，基本实现4个100%（使用基本药物100%、进行网上采购100%、实行药品零加价100%、集中支付100%），群众医药负担有所减轻。全面推进以规划布局、能力提升、严格控费、分级诊疗、人事薪酬制度为主的区人民医院综合改革。以重大传染病防治为重点提升公共卫生服务，全年区内没有发生突发公共卫生事件。全年累计报告法定传染病12种225例，发病率90.69/10万，发病数较2014年同期上升

11.39%。报告3例艾滋病、死亡3例，报告52例肺结核病，没有狂犬病报告。乙类传染病报告8种114例，发病率45.95/10万，发病数较2014年同期减少5%；丙类传染病报告4种111例，发病率44.74/10万，发病数较2014年同期增加35.37%；无甲类传染病发病报告。完成自愿免费婚前医学检查1960对，全区居民规范化建档率97.25%，疫苗接种率95%以上，管理65岁以上老年人2.76万人，高血压患者管理率90.09%，糖尿病患者管理率90.03%，精神疾病患者管理率93.98%。"除四害"达国标，创省级卫生场镇3个、卫生村21个，创省级卫生单位7个，农村无害化卫生厕所改造4000户。开展"亿万农民健康促进行动"和爱心献血活动，连续五年超额完成市政府下达的献血任务，名列全市第一。开展救灾救急工作，组织募捐200余万元送往灾区。开展卫生监督执法检查，发出卫生监督指导及整改文书230份，未发现"黑诊所"，清理游医摊点7家，实施行政处罚8起，罚款0.34万元。

【民政】 2015年，城市最低生活保障月人均补差从330元调整到370元，农村低保月人均定额补助水平由95元调整到115元。累计发放城乡低保保障金额3616.9万元、城乡医疗救助金864.9万元，救助2.47万人次；推进养老服务体系建设，改扩建敬老院3所，新增民办机构床位120张，维修改造公办机构床位130张，建立瓦市镇农村区域性养老服务中心1个，建设城乡社区日间照料中心11个、农村幸福院10个，为1.36万名困难家庭的失能老人和80周岁以上高龄老人提供居家养老服务；办理老年优待证726件，为925名90岁以上高龄老人和19名百岁老人按时足额发放高龄长寿补贴金，在重阳节走访慰问困难老人；接收安置2014年退役士兵148人，退役士兵接收安置率100%，发放自主职业金321.8万元。

【人口与计划生育】 2014年10月至2015年9月，全区累计出生人口4423人（一孩2801人，二孩1583人，多孩39人），同比减少2人，人口出生率11.26‰；政策内生育3427人，符合政策生育率77.48%，同比下降7.99个百分点；累计死亡2660人，同比减少99人，人口死亡率6.79‰，同比下降0.23个千分点；人口自然增长1763人，自然增长率4.5‰，同比上升0.26个千分点。通过移动短信平台、进村入户、召开院坝会和发放宣传资料等形式宣传"单独二孩"政策，出动宣传车45次，张贴标语53幅，发放"单独两孩政策有关知识问答"3万余份，发送短信2万余条，举办专题培训13期600余人次；全年受理单独二孩申请376件，办结376件，提供政策咨询745人次。开展计生优质服务，为全区1248对待孕夫妇实施免费孕前优生健康检查，农村计划怀孕夫妇科学知晓率90%；推进避孕药具"十进"工程，新建20个城市社区避孕药具免费自取点。开展省级计划生育依法行政示范区创建，制订《关于创建省级人口计生依法行政示范区的实施方案》，以"一法三规"为主题开展法制宣传月活动；办理生育证390个，申请备案非诉社会抚养费强制执行案件420件，征收社会抚养费1416.80万元。推进人口文化阵地建设，新建人口文化村8个、人口文化农家乐4个、人口文化中心3个、人口文化站室13个、人口文化广场1个。推进幸福家庭建设，印发《关于进一步做好独生子女伤残死亡家庭扶助工作的实施意见》，一次性发放慰问金17.75万元；完成2015年奖励扶助申报审核，确认奖扶对象4718人、伤残特扶对象88人、死亡奖扶对象214人；通过计划生育"三结合"规划落实帮扶户652户，建立帮扶基地18个；完成65户幸福家庭创建规划。开展生育关怀行动，发放补助资金24.55万元帮助16户计划生育贫困家庭实施危房改造；投资13万元，为全区村级计生干部和独生子女购买"两全"保险。

【就业与再就业】 2015年，提供公益性岗位247个，帮扶困难群体实现就业。全年城镇新增就业3120人，城镇登记失业率控制在4.0%以内。全年品牌培训50人，青年劳动者技能培训570人，创业培训245人。发放大学生创业补贴36万元，促进创业项目36个。发放失业人员失业保险待遇1705人次182万元，发放失地无业农民失业保险待遇409人775.94万元。开展"春风行动""就业援助月""民营企业招聘周""群众工作月招聘活动"等就业服务专项活动，举办就业招聘会14场，发放政策业务宣传资料9000余份，提供用工岗位4000余个，入场求职者达5000余人次，签订意向性用工协议1000余人次。在永安、卫坪、邓关等乡镇开办种养殖培训班、彩灯制作培训班、家政服务等创业培训班，共培训学员3025人。落实创业扶持政策，发放创业担保贷款76万元，引导、促进高校毕业生实现自主创业30人，带动就业90人。

【社会保险】 2015年，城镇职工基本养老保险基金征收1.68亿元，城镇职工基本医疗保险基金征收2667万元，失业、工伤、生育保险基金分别征收214.27万元、186万元、91.5万元；参加城镇职工基本养老保险3.9万人，参加城乡居民基本养老保险完成14.17万人，参加城镇基本医疗保险4.74万人，参加失业、工伤、生育保险分别为0.42万人、0.65万人、0.59万人。实施公务员医疗补助，补助总金额近60万元。

【劳动监察与仲裁】 2015年，以“恶意欠薪入刑”为主要内容，以建筑领域为重点，加大政策宣传和执法检查，依法查处群众举报36件，责令补签劳动合同283件，追讨贡爵府、恒大绿洲等项目拖欠的民工工资984万元。全年共办理劳动人事争议仲裁案件101件，为劳动者挽回经济损失242万余元，时效内结案率100%。

【住房公积金】 2015年，增加新建制单位7个，新建制人数323人。全年归集公积金7960.76万元，同比增长28.27%，公积金归集余额突破2亿元；为1727户职工办理公积金提取4314.96万元，同比增长51.81%，其中住房消费提取3425.31万元，占提取总额的79.38%。优化贷款项目管理，降低贷款保证金比例，将房屋开发企业保证金比例由5%、7%、10%、15%降为3%、5%、7%和10%，将土地和在建工程已抵押楼盘保证金比例由100%调整为50%。为212户职工发放5014.5万元公积金贷款，同比增加46.18%，贷款余额突破2亿元。提高个贷最高贷款额度，由40万元提高到60万元；降低最低首付款比例，由30%降低到20%；延长最长贷款年限，由25年延长到30年；调整担保人政策，将原来6种情况需要提供担保人减少为2种；实现连续8年贷款零逾期。

【惠民帮扶】 2015年，全区惠民门诊共接待惠民对象3.5万人次，优惠资金34万元；惠民药房接待惠民对象7300余人次，优惠资金3.9万多元，优惠率近15%；惠民超市接待惠民对象6300余人次，优惠资金5.6万元，优惠率12%；惠民职业培训学校累计培训2000余人次，帮扶实现就业1100余人，优惠金额5.2万余元。在元旦春节期间开展“送温暖惠民生”帮扶活动，共慰问困难群众1.42万人次，发放慰问金和慰问品共280余万元。

【安全生产监管】 2015年，全区共发生各类安全事故45起，死亡9人，受伤37人，事故起数、死亡人数、受伤人数同比分别下降21.9%、18.5%和13.5%，全年未发生较大及以上安全生产事故。印发《沿滩区安全生产“党政同责”暂行规定》（自沿委办〔2015〕20号），明确“党政同责、一岗双责、齐抓共管”和“管行业必须管安全、管业务必须管安全、管生产经营必须管安全”的原则和要求。完善《沿滩区安全生产委员会议事规则》《沿滩区安全生产警示和约谈制度》和《关于建立完善安全生产领域打非治违常态化工作机制的实施意见》。开展以“加强安全法治，保障安全生产”为主题的全国安全生产宣传日活动，设立宣传展板29块，发放安全知识资料3000余份，接受群众咨询200余次。开展安全隐患大排查10余次，出动检查人员5000多人次，查出各类事故隐患843个，投入332万元整治完善830处，整改率98.5%，对暂时不能整改的隐患，落实监控预防措施，确保辖区安全稳定。完成省级重大隐患整治挂牌督办1个。检查烟花爆竹零售网点280余家次，查处隐患46处，整改隐患46处，查处违法违规烟花爆竹零售经营网点32个，收缴罚款5.25万元，检查烟花爆竹生产（批发）企业7家次，查处并整改隐患20处，执行夏季高温停产制度，确保烟花爆竹生产安全；开展危化品行业安全监察，检查危险化学品生产经营和储存企业57户，查出隐患159处，下达整改指令书16份，整改隐患159处，整改率100%，辖区内危化品企业预案备案率100%；检查非煤矿山企业12家次，排查整改隐患22处。强化职业危害防治，完成建设项目职业危害预评价2个、验收评价3个，通过现状评价22个，检查存在职业危害因素企业25户，查处并整改问题35处，全区108户企业完成职业危害申报工作，在生产中存在职业危害的场所达到职业危害告知率

95%、检测率 90%、员工职业健康体检率 50% 以上。推进安全社区建设，黄市镇评定为省级安全社区，沿滩镇通过国家级安全社区建设启动备案成功，兴隆镇、永安镇、富全镇、卫坪镇、仙市镇、瓦市镇、王井镇等 7 个乡镇通过省级安全社区建设启动备案成功。全年实施安全生产行政处罚 4 件，处罚责任单位 7 个、责任人 16 人。

【食品药品监管】 2015 年年末，全区共有食品药品监管对象 3400 多个，其中，食品生产加工企业和作坊 200 余户（获证企业 18 户），食品经营户 1800 余户，餐饮服务单位（含学校食堂、单位集体食堂）500 余个，药品经营企业 81 户，医疗机构（含卫生站、诊所）240 余个，化妆品经营使用单位 650 余个，医疗器械批发企业 1 户。开展春季“雷霆”行动，对白酒、肉及肉制品、婴幼儿配方乳粉、食品添加剂等进行专项整治，检查食品生产企业 110 户次、各类食品集贸市场 65 个次、食品经营户 2226 户次、学校（托幼机构）食堂 140 余家次、养老机构食堂 19 家次、社会餐饮服务单位 107 家次，监督销毁存在安全隐患的食品 109.1 公斤。10 家社会餐饮、1 家养老机构和 27 家学校食堂安装监控视频；30 家小餐饮实施透明窗或隔断厨房；在全区 21 所学校食堂推行“自贡市食品安全电子监管平台”软件；对全区 340 户餐饮单位开展量化评定，其中，大型餐饮 7 户、中型餐饮 41 户、小型餐饮 133 户、快餐店 3 户、小吃店 59 户、饮品店 26 户、学校食堂 64 户，全年共 15 户餐饮单位通过市食品药品监管局 B 级单位评定验收。印制食品药品安全手册，统一制作餐饮登记台账，分别与 64 所学校（托幼机构）签订责任书和承诺书。集中开展药品零售企业药师在岗履职和处方药销售情况、违法药品广告、疫苗质量、装饰性彩色平光隐形眼镜、含银杏叶产品召回等各类专项检查，检查药械化妆品经营使用主体 154 家次，收缴违法产品 50 余个品种共 64 公斤，收缴毒性药材雄黄 8.8 公斤。全区共上报药品不良反应 135 例，医疗器械不良反应事件 10 例，完成药物滥用调查问卷 160 余份，开展药械安全研判 3 次。对重点区域和高风险品种开展监督抽样，共监督抽样食品 233 批次，其中，食品生产流通环节 143 批次、餐饮环节 90 批次；监督抽样药品 75 批次；快速检测农残、甲醛、猪肉注水、二氧化硫、亚硝酸盐等 415 批次。

【残联工作】 2015 年，为全区 1.6 万名残疾人制定“量体裁衣”式个性化服务方案，落实教育就业、康复、社会保障等服务 13.99 万项次，落实覆盖率 122.25%。全年投入资金 12.78 万元，为 213 名 3－4 级智力、精神残疾人提供“阳光家园”居家托养补助；投入资金 31.24 万元，为 3787 名城乡残疾人实现居家灵活就业，其中投入资金 18.5 万元，为 261 名残疾人提供居家灵活就业和创业直接补贴；投入资金 194.1 万元，为 2689 名重度残疾人提供护理费用补贴；投入资金 15.14 万元，扶持 4448 名农村贫困残疾人发展生产，改善生活条件；义务教育阶段适龄残疾少年儿童入学率 86.92%；对符合低保条件的残疾人实现“应保就保”。继续开展残疾人康复服务，全年实施白内障复明手术 135 例（其中全免费 26 例），开展低视力家长训练 12 人次、盲人定向行走训练 36 人次，0—18 岁智残儿童社区康复训练 24 人，肢体残疾人社区康复 48 人；为 30 名精神病患者提供服务和住院救助，开展聋耳机构训练 4 人；投入资金 45.8 万元，为 27 名贫困家庭脑瘫儿童、6 名贫困家庭重度听力残疾儿童、13 名智力残疾儿童实施康复救助；投入资金 18.2 万元，为 536 名贫困残疾人免费提供必备辅助器具；全年培训康复协调员 38 人；建立完善社区康复站 2 个。开展残疾人就业援助月活动，组织残疾人参加市、区残疾人专场招聘会各 6 场，帮助城镇残疾人新增就业 52 人。为 38 名下肢残疾人发放机动三轮车燃油补贴资金 1.39 万元。向未使用残疾人的行政事业单位启动征收残疾人保障金 120 万元。全年核发第二代残疾人证 1552 个。

乡镇概况

【沿滩镇】 2015 年，全镇地区生产总值 22.1 亿元，较“十一五”末（下同）增长 130.2%；完成规模以上工业增加值 35 亿元，增长 833%；固定资产投资实现 3.6 亿元，增长 80%；国税地税 3310 万元，增长 77.9%；农民人均纯收入 9800 元，增长 70.1%。完成犀牛口大桥、楼荫塘商业步行街、新天地项目的主体工程建设，完成 10 万平方米以上的商住房建设，完成对上报征土地 16 公顷，全面启动滨河路片区棚户区改造和第六期公租房工作，完成半岛大道、洪沟大道土石方工程量的50%。以人民村3、4、5组为中心的玫瑰园、葡萄园形成“两园”特色产业；人民村“团山坝”集中居住区小区基础设施建设完善；詹井村“鸡公山”集中居住区建设第一期3600平方米住房投入使用；投入200余万元，对人民村3组、4组、陈家祠88户进行风貌改造；投资1130余万元的詹井村金土地项目完成设计评审；人民村高标准农田建设投资150万元；投资66万元的詹井、团结、跃进等村的“一事一议”项目完成申报验收。城镇新增就业220人，城镇失业人员再就业40人；城乡养老保险覆盖人数1.37万人，参保缴费人数2080人；引导失地农民就业和自主创业45人次；兴元路日间照料中心建成投入使用；启动残疾人康复中心项目建设前期工作；妥善处理信访件43件458人次。

【邓关镇】 2015年，完成固定资产投资2.13亿元，招商引资2.04亿元，国税完成483万元，地税完成302万元。新培育限额以上商贸企业2户（龙江平价超市和友盛花园酒店），限额以上商贸企业零售总额增长22%。农业增加值增长4%，农民人均纯收入增长11.5%。完成邓关镇总体规划调修，详规制作完成并上报审批。棚户区改造项目完成招标工作，完成15户安置房用地拆迁。镇域基础设施建设项目亿城路一段建成并投入使用，二段主体工程完工；亿城·上海花园一期工程全面完工，二期工程在建。新签约重大项目1个（四川自贡百味斋食品股份有限公司）。筹资60余万元安装路灯74盏，场镇亮化全覆盖。黑化邓板路理工学院黄岭校区路段1.7公里，硬化高三路1.95公里；改造盐业社区1900余户天然气入户管线安装；8个“一事一议”财政奖补项目全部完成；完成镇便民服务中心和会仙桥、盐业2个社区便民服务室升级达标建设。

【王井镇】 2015年，实现地区生产总值6.31亿元，地方公共财政收入95.21万元，全社会固定资产投资2亿元；完成国税地税1600万元；实现工业总产值13.2亿元；粮食总产8332吨，农业增加值增长4%，农民人均纯收入10261元；新培育限额以上商贸企业1户。6户规模企业发展升级，完成自贡恒力电力一期厂房建设，启动LNG调峰储气库项目前期工作，新引进自贡顺通电缆桥架公司，协助完成10千伏“王沙”线输电塔基建设7个。发展特色农业，蔬菜种植66.67公顷，健康水产养殖133.33公顷，西瓜产量1946吨。完成电梯公寓“井源小区”建设，改造城镇危旧房屋122户，新建社区日间照料中心1个，建设WIFI站点6个，实现场镇免费上网全覆盖。新增就业280人，城镇登记失业率控制在4%以内。整治泥碎石路7.8公里、生产便道1公里，硬化乡村道路5.5公里，整治山坪塘3口，新建幼儿园1所。

【九洪乡】 2015年，实现地区生产总值3.65亿元；国税完成372.6万元、地税完成125.4万元；固定资产投资1.68亿元；招商引资9800万元；吸引社会资本，注册3户1000万元以上龙头企业；粮食总产1842万吨，农业增加值增长4.3%，农民人均纯收入增长12%。投资70万元实施三河、周湾、石塔山及九洪村高标准农田建设；争取资金71万元，完成农村道路、水利等一事一议项目。推广洋姜种植133.33公顷，张湾葡萄园发展到33.33公顷，全乡水产养殖53.33公顷，九洪跑山鸡实现年出栏10万只，莲花黑山羊初具规模。成功举办“自贡·九洪第三届西瓜节”。垃圾“两厂”周边农户住房整体搬迁集中居住区。投资410万元，完成打渔箭、河底坝、跳蹬桥3座桥梁建设；投资420万元，完成莲花、白罗、周湾、三河、张湾等9条村道硬化工程；投资46.5万元，完成敬老院原综合楼改造工程；投资184万元完成九洪场镇店招店牌塑造工程，投资80余万元新建垃圾库、垃圾池、水冲厕、人行道等硬件设施及街道硬化、绿化、亮化和美化。新农合参保2.80万人，参合率98.7%，新农保参保1.57万人；发放低保保障金和高龄补贴935万元；完成2个村卫生室建设；新增就业90人，失业人员再就业50人，就业困难人员再就业20人，岗位技能培训60人，就业技能培训90人，公益性岗位就业17人，帮助222名残疾人实现居家灵活就业。

【黄市镇】 2015年，完成规模工业总产值5308万元，完成规模工业增加值1769万元，比2014年增长23%；固定资产投资1.6亿元；国税完成86万元，地税完成76万元；规模以上工业企业营业收入5400万元，增长23%；规模以上商贸企业零售总额3986万元，增长20%；引进招商引资项目4个，到位资金1.8亿元。投资1300万元，实施道路、水利、棚改、水源保护、公共服务等基础设施建设，投资204万进行棚户区二期改造。实施霞光、光明、水井沟村高标准农田、小农水等项目，建成集中成片标准农田133.33公顷，完成农丰、凤凰、红旗、霞光、水井沟村道及断头路建设7公里。建成甘蔗、花椒、柑桔、蔬菜、水产、花卉苗木等优势产业133.33公顷，发展葡萄、西瓜、草莓等特色产业26.67公顷。投资250余万元，对光明村5组65户民居进行统一风貌塑造。群英村农村廉租房代表沿滩区迎接全省幸福美丽新村建设现场参观视察获好评，并在全省进行交流发言。新建4处农民健身工程和建设路径项目。实现脱贫60户200人。投资40余万进行城乡环境综合治理。新增各种奖励扶助对象48人；救助各类弱势群体1306人，救助金额18.30万元，解决因灾生活困难和无衣被困难群体1229人，救助资金8.91万元。投资32万元对敬老院进行改造装修；新农保和城乡居民社会养老保险参保缴费人数7358人，城镇居民基本医疗保险参保人数2136人，新农合参保人数2.26万人。

【永安镇】　2015年，工业生产总值2.63亿元，拥有规模以上企业5家，实现工业增加值7.56亿元，增长25%；有耕地面积1006.67公顷，实现农业总产值7.39亿元。有远程教育广播站13处；农家书屋13座，藏书13万册；腰鼓队、秧歌队、民间舞蹈队各1支；有职业中学1所，永安中心幼儿园主体工程完工，柏祥小学新建工程动工修建。新农合参合率99.89%。城镇新增就业260人，下岗失业人员再就业60人，就业困难人员再就业20人；城乡居民社会养老保险覆盖人数1.09万人；农村低保652户781人，城市低保257户393人。投入150余万元对瓦市、前进、彭石等村5.5公里道路进行硬化；投资40万元对农贸市场顶棚进行维修；投资40余万元，对兴加村人行桥进行新建；实施柏祥村高标准农田项目建设，新建囤水田7根、山坪塘5口，建成田间道2630米；投资6万元建设前进村日间照料中心；完成彭石村、兴加村村级阵地建设；新建农民健身广场2个；投入近120万元，新建垃圾池110个，新建大型垃圾库1座。

【刘山乡】　2015年，完成固定资产投资1.31亿元；地税完成348.8万元，国税完成50.3万元；服务业增加值增长9.5%；农民人均纯收入9456元，同比增长13.7%。投资50余万完成市街店招店牌统一安装；投资93.7万完成刘山市街危旧房改造项目；投资50余万元进行城乡环境整治；引进社会资本投资1300万元，占地3866.69平方米的福乐园社会养老院建成投入使用；投资150余万元进行自来水厂管网改造；投资75万元的回龙上湾大院全面整治；投资40万元进行文昌宫农耕文化园建设；投资120.1万元实施新村内道路等基础设施建设，新建农村新村4个；投资637万元在战斗村、红光村实施金土地项目；投资49.8万元新建立志村苦水洞和云丰村洞子上提灌站；实施村组道路新建和拓宽改造11公里。成功举办首届自贡·刘山樱花节和第二届刘山蜜柚采摘节，吸引13万余人赏花、摘果；新发展农家乐14户，新培育家庭农场5个；开展就业、创业等各类技能培训340人次；完成中心敬老院改扩建项目，新增床位20张；新型农村合作医疗参合率99%；完成49户危房改造；发放低保资金77.5万元，发放资金4.81万元对困难群众进行临时救济；刘山学校24套教师公租房完成主体建设。

【联络镇】　2015年，固定资产投资完成1.35亿元；服务业增加值和社会消费品零售总额分别增长8.6%和10.5%；国税、地税入库分别为200万元和160万元。投资2000余万元建设“碧丰花卉园林基地”，新建家庭农场1个；完成农民聚居点规划4处，启动新村生态湿地公园、新华知青场大院改造和农村廉租房建设，实施195户城镇危旧房屋改造；完成联络新村1.4万平方米、联络新居5400平方米农民新村建设；投资218万元实施农村居民安全饮水项目，延伸改造自来水管网24公里；投资200万元实施高滩水库饮用水源地环境整治；投资628万元在八一、江冲、中心等村实施高标准农田建设；完66户农村危房改造；新增垃圾收集池（垃圾桶）122座（个），整治老街公厕1座，改造场镇排污管网1500米，安装村道线路牌、警示牌等400余块

(处)；建成乡镇中心幼儿园1所、社区休闲健身小广场2处、农村文化大院1个。

【卫坪镇】 2015年，全镇完成地区生产总值12.5亿元，同比增长11.6%；固定资产投资1.6亿元；国税收入504万元、地税收入908万元；规模以上工业总产值12.5亿元、增加值3.36亿元、利润总额1.38亿元；农民人均纯收入8660元。"唐庙肉鹅"基地全年出栏商品鹅8万羽，带动周边400余农户养殖增收；新发展3.33公顷观赏花卉基地；规划打造周末生态暴走路线1条。投入150余万元，新建曾家桥桥头农家大院1个，维修整治关门石提灌站1个，硬化组道2公里，新建毛基路1公里、囤水田4口、山坪塘2口、生产人行道1条。城镇新增就业280人，开展就业技能培训3期；发放救灾、救助、慰问资金（物品）26余万元；落实独生子女父母奖励、计划生育奖特扶18余万元；向21名贫困大学新生发放助学金4.05万元；城乡低保动态管理，实现应保尽保；新型城乡居民社会养老保险3410人，城镇居民基本医疗保险4438人，新型农村合作医疗6724人，小额人身保险3101人；脱贫33户贫困户，改造农村危房19户；兑现各类惠农补贴72.16万元。获"创建第五届全国文明城市2015年度先进集体"。

【兴隆镇】 2015年，实现工业总产值4.87亿元，工业增加值完成1.51亿元；完成固定资产投资8636万元；引进省外资金招商项目1个，投资额1.35亿元，实际到位资金7000万元；完成"国地两税"600万元；农民人均纯收入9350元，增长12%；社会消费品零售总额4743万元，增长13%；服务业增加值3015万元，增长9.7%。投资290万元完成卫星村、舒滩村高标准农田项目建设；投资834万元，完成光辉村、桃山村金土地项目建设；投资40万元完成沙田村阵地建设，其中办公室203平方米，文体广场600平方米；新发展果蔬13.33公顷、水产6.67公顷；新培育家庭农场2个、农家乐1个；投入资金32万元修缮垃圾池65个，新建垃圾池120个，增设垃圾箱19个；投入资金150余万元完成舒滩村"飞来寺"新村基础设施建设；投资88万元，对棚户区改造及道路修复；创建"城市日间照料中心"和社区居家养老服务站，为辖区年满60岁的老年人提供洗脚、理发等服务1900人次；投资18万元，扩建敬老院98平方米多功能室。

【富全镇】 2015年，地区生产总值实现4.69亿元；粮食总产量1.30万吨；国、地两税完成345.28万元，同比增长27.88%；固定资产投资完成1.2亿元；农民人均纯收入8325元，同比增长3.3%。成功举办"富全李子采摘季""打谷文化体验周""招商引资推介会"三大活动，招商引资落底项目资金2.7亿元。投入资金1.5亿元实施土地增减挂钩项目；结合增减挂钩项目投入300万元，实施森林公园生态旅游度假区项目，新增桉树9万株66.67公顷；投入55万元，升级改造鸡粪处理厂生产设备；建设蒲殿、新房粮油高产核心示范片266.67公顷，投入300余万元实施富全镇粮食生产能力提升工程；新发展优质马铃薯种植基地100公顷，推广全机械化水稻栽植13.33公顷；舒安村新发展中药材种植13.33公顷、龙虾养殖6.67公顷；投入6万元扶持60户建档立卡贫困户发展肉鸡、肉兔、生猪养殖1053羽（只）；发展优质稻基地753.33公顷、订单大米种植基地133.33公顷；投资137万元，配套建设代寺新村公共服务设施，新建渠道1.6公里，新建山坪塘10口，整治囤水田田坎80米；投入15万元，对辖区4个敬老院实施改造；发放粮食直补、综合直补等惠农资金225.862万元，发放低保资金97.41万元、五保资金18.84万元，发放各类优抚优待金19.47万元、自主择业金14.30万元。

【仙市镇】 2015年，完成固定资产投资2.36亿元，招商引资2.3亿元，完成规模企业产值4593万元、增加值1377万元，国税入库171万元，地税入库193万元，农业增加值增长4%，服务业增长11%，社会消费品零售总额增长10%，农民人均纯收入增长12%。投入30万元委托自贡市城市规划设计院开展新一轮小城镇总体规划调修，完成新方案专家论证；完成古镇正街54号45户2250平方米危旧房维修整治，新建化粪池1个，实施大岩街道硬化整治；完成省级百镇示范小城镇建设绩效考评验收；完成百胜、南和传统村落申报工作；仙沿路拓宽改造完成，仙市大桥开工建设；投资800万元在八斗、箭口、百胜3个村实施幸福美丽新村建设；新栽植柑桔14.67公顷；开展古镇公园（鱼洞2组塘湾头）和箭口娴居一条街（盐帮客栈至仙市大桥）两个地块的规划设计；投资150万元启动传统村落污水管网建设。举办“2015仙市古镇第十六届民俗风情节”和“2015自贡仙市古镇金秋旅游节”，接待游客近100万人次，旅游综合收入突破7000万元。投资50万元对南华宫改造整治，投资40万元对敬老院进行改造。中考上重点高中线48人。发放城乡低保100余万元，完成农村危改160户。

【瓦市镇】 2015年，固定资产投资完成1.93亿元；完成国税80.4万元，地税215万元；招商引资市外到位资金2.79亿元；农业增加值增长4.8%；限额以上商贸企业零售总额增长20%。城镇新增就业120人，新型农村合作医疗参合率97.31%，新型城乡居民社会养老保险覆盖1.92万人，医保新参保1150人。完成双塘村农民集中居住区主体建设，王家村农民集中居住区于9月开工建设。培育3户限额以上商贸企业、4家超市，回乡人员创办1家服装加工企业。新发展藤椒基地36.67公顷。投资911.75万元实施高标准基本农田项目建设。完成农村危房改造125户。5个村级卫生室开工建设。

（沿滩区地方志办）

荣县

概貌

【位置　面积　人口】 荣县地处四川盆地南部，东邻威远、贡井，南界宜宾，西连井研、犍为，北接仁寿。面积1605平方千米。2015年年末总户数23.37万户，总人口68.61万人。现辖21个镇、6个乡、50个社区居委会、296个村委会。

【建置】 秦代，县境属蜀郡；汉代，属犍为郡南安县。晋代，分南安东部置冶官县。北周武帝时期，设公井镇。隋代，置大牢县，隶属资阳郡。唐代，划大牢、威远县于公井镇置荣州；升公井镇为公井县，隶荣州。宋代，废公井县入荣德县。明洪武九年（1376），降荣州为荣县。清宣统三年（1911）9月，荣县独立，成立军政府。民国元年（1912）设县公署，隶属嘉定府。次年，隶属上川南道。民国3年（1914）隶属建昌道。民国24年（1935）隶属四川省第二行政督察区专员公署，县公署更名县政府。1949年12月6日，荣县解放，隶属川南行政公署资中专区（后名内江专区）。1978年4月，荣县划归自贡市。

【气候】 2015年，县平均气温18.7℃，比多年平均偏高1.1℃；年总降水量1063.8毫米，较常年偏多14%；日照时数为1400.1小时，偏多174.3小时。县境内出现13次局部或区域暴雨天气过程，出现大雾天气15天，霜冻天气4次，霾天气62天。

【资源】 矿产资源主要有岩盐、卤水、气田水、石灰石、陶土、膨润土、长石石英砂、页岩以及煤、天然气、菱铁等，其中陶土、盐卤与铁的开采始于秦汉。年末耕地3.99万公顷，森林覆盖率40.9%。水资源总量8.7亿立方米。自然保护区1个，文物古迹与风景名胜众多，尤以荣县大佛、辛亥革命军政府旧址、吴玉章故居、高石梯森林公园、双溪湖及桫椤谷著称。荣县大佛为世界第一如来佛、世界第二石刻大佛。荣县是四川省首批公布的省级“旅游兴县”工程项目县。吴玉章故居陈列馆和荣县大佛为全国重点文物保护单位，大佛景区为国家AAAA级景区。

政治建设

【县委工作】 2015年，召开全委（扩大）会3次，审议并通过《关于实施扶贫开发攻坚行动的意见》；通报2015年上半年全县经济社会发展情况，安排部署下半年全县经济社会发展工作；审议通过《关于终止部分县委委员职务及递补部分县委候补委员为县委委员的请示》《关于召开中国共产党荣县第十三次代表大会第五次会议有关问题的请示》；审议通过《中国共产党荣县第十三次代表大会第五次会议关于中共荣县县委工作报告的决议（草案）》《中国共产党荣县第十三次代表大会第五次会议关于中共荣县纪委工作报告的决议（草案）》。召开常委会32次。会议学习传达贯彻上级会议和文件精神，听取审议部门汇报，讨论决定人事、机构、国民经济和社会事业发展计划、党风廉政建设，决定召开重要会议，讨论重要报告，部署和总结工作。全年累计起草、审改文稿500余篇，签发文件211份，编印《领导批示》11期、《办公室通报》10期，向市委报送县委规范性文件36件并全部通过审核备案，办理中央及省文件170个、市文件161个。完成2014年度绩效管理考核工作，分解下达2015年度目标任务及考核细则，发出《督查通报》17期、《督查专报》18期。接待台湾地区中国电视公司《大陆寻奇》栏目赴荣县拍摄专题片工作，新补充登记台属2人。对县检察院等19个单位涉密和非涉密网络进行专项保密检查。对全县87个单位产生的2014年度国家秘密、涉密人员变化等保密管理数据库进行更新。对35个乡镇、部门的电子政务内网计算机、办公网络、涉密载体管理等进行检查。编纂完成《中国共产党荣县历史》第二卷、《中国共产党荣县执政实录》（2014卷）初稿以及《抗战时期荣县的救亡刊物—流火》《吴玉章与救国时报》。启动《中国共产党荣县历史》第三卷编纂工作。推进依法治理邪教工作。全年共刊发《荣县要情动态》263期，收集信息4600余条，采用1200余条。编辑上报省、市信息1000余条，信息被省委《每日要情》采用12条，上报市委信息得分1316分，排名居全市区县第一。

【人大监督】 1月21日至23日，召开第十七届人民代表大会第四次会议。会议听取和审查县政府工作报告、县2014年国民经济和社会发展计划执行情况及2015年计划草案报告（书面）、县2014年财政预算执行情况及2015年财政预算草案报告（书面）、县人大常委会工作报告、县法院工作报告、县检察院工作报告。大会期间共收到议案31件，代表建议、意见29件。全年召开人大常委会会议19次。听取和审议县政府关于调整2015年财政预算支出的议案、关于房地产市场运行情况的报告、关于农村土地承包经营权确权登记颁证工作情况的报告和有关人事任免等事项。召开主任会议11次。听取和审议县政府关于传染病防治工作的报告、关于农村公共服务运行维护标准化示范点工作情况的报告及县检察院关于诉讼监督工作的报告等有关事项。2015年，人大常委会做出《关于批准荣县2014年财政决算的决议》《关于批准2015年地方政府债券转贷资金置换存量债务预算调整方案的决议》《关于批准2015年地方政府债务限额的决议》等。组织部分市、县代表集中视察沿威荣路县城至墨林段察看重载车对公路损毁和道路扬尘影响及连乡公路墨林至双石段公路建设情况。依法任免国家机关工作人员70人次，任命人民陪审员11名。

【政府工作】 2015年，召开全体（扩大）会2次。会议审议2014年县政府工作报告、县2014年国民经济社会发展计划执行情况暨2015年计划（草案）报告、县2014年财政预算执行情况和2015年财政预算（草案）报告等；审议并通过《关于实施扶贫开发攻坚行动的意见》。召开县政府常务会议20次。会议研究荣县长山镇污水处理厂TOT项目实施方案、旭阳镇东街、附东街和东桥街棚户区改造、荣县污水处理厂二期TOT项目实施方案、小井沟水利工程建设征地移民安置工作等重大问题，讨论通过《荣县扶贫小额信贷工作实施方案》《荣县政府性投资评审管理暂行办法》《荣县工业用地先租赁后出让管理暂行办法》等规范性文件。全年共制发《荣县2015年推进简政放权放管结合转变政府职能工作方案的通知》《关于取消非行政许可审批事项和承接政府内部审批事项的公告》等县政府文件120件，同比下降10%；制发《关于进一步加强乡村医生队伍建设的实施方案》《关于进一步深化农产品产地准出和市场准入工作》等县政府办文件91件，同比下降12%。处理部门、乡镇及各单位上报请示、报告等文件632件，提出拟办意见1200余条。指导乡镇、部门建立完善预案50个。承办全市森林防火应急演练，组织大规模应急演练6次。出台《荣县人民政府办公室关于深化政务公开工作的实施意见》，全年通过县政府门户网站依法主动公开政府信息2708条、政府文件105个，通过市政府门户网站发布政府信息623条，通过官方政务微博发布信息496条。完善规范依法申请公开程序，全年共收到依法公开申请3件，办结3件。班子成员到基层开展不少于3个月的调研，形成《小井沟水库（越溪河）上游污染源现状调查报告》等6篇调研报告。完成7件县政府规范性文件合法性审查；组织法律顾问参与政府决策会议11次，审查合同协议6份。办理行政复议案件10件，受理8件。完成县本级33个行政权力单位6512项行权事项清理审核，形成《荣县县本级行政权力清单》。县政府常务会组织学法8部，参加学习领导干部300余人次。组织开展路侧护栏、长山污水处理设施等专项、重点政务督查，撰写督查材料22份，发出督查通报6期、专报2期，实地督查和电话督查共73次。全年收到县人大办、县政协办、县党代办转来的“三会”议案、提案、建议193件。其中：县人大议案2件，代表建议意见60件；县政协提案111件；县党代表提案22件。所有议案、提案、建议均在规定时限内办复完毕，办结率和满意率100%。全年承办市政府办转来的市人大代表建议2件，市政协委员提案6件，办结率和满意率均100%。

【政协工作】 1月20日至22日，召开政协第十三届荣县委员会第五次全体会议。会议听取并审议政协第十三届荣县委员会常务委员会工作报告和政协第十三届荣县委员会常务委员会第十三次会议以来提案工作情况的报告；听取和讨论县政府工作报告和县法院、县检察院工作报告等。会议期间共收到提案118件，立案111件。召开政协常委会议5次。会议审议《政协第十三届荣县委员会常务委员会工作报告（送审稿）》；审议通过《政协荣县委员会常务委员会议事规则》；听取县教育局“关于义务教育均衡发展工作情况”的通报；专题协商《双溪生态旅游小镇及双溪环湖路规划》；审议通过县政协《关于建立小井沟、双溪水库生态补偿机制的调研报告》等有关事项。召开主席会议18次。会议协商《关于2015年全县及县本级财政预算编制情况的报告（草案）》；协商讨论县政协2015年“荣县工业经济运行及发展情况”“建立小井沟、双溪水库水源保护补偿机制”的调研方案和民主评议县城管局工作方案等有关事项。对电子商务发展、棚户区改造和保障性住房项目推进等15个方面工作进行视察。继续向31个县级职能部门派驻民主监督员。收集社情民意信息100余条，向市政协、县委、县政府报送40余条。表彰优秀政协常委13人、优秀政协委员24人、优秀委员小组5个、优秀提案15件。

【纪检工作】 2015年年末，有纪检监察组织74个（不含县纪委监察局），其中，县级部门纪委（纪检组）47个（包含2个驻荣单位）、乡镇纪委27个。落实“三转”，退出议事协调机构85个。发出专项季度巡查检查通报（简报）3期、反馈并整改问题42个，监督县属单位“三重一大”决策事项774项。在2015年下半年全省党风廉政建设社会评价调查中得分86.36分，列全省183个区县第47位、全市各区县第1位，较2014年下半年上升22位。开辟“廉洁荣州”专栏，播出电视节目9期。组织召开2次全县领导干部集中警示教育会。开展作风督查1300余次。查处群众身边“四风”和腐败问题类案件65件。探索干部“歇职”管理制度，各乡镇“歇职”基层干部23人次。受理检控类信访举报115件（次），同比减少53.06%。全年立案97件，党纪政纪处分97人。

【组织工作】 2015年，举办党政领导干部读书班、县委中心组成员专题学习，开展县乡党员领导干部“三严三实”专题教育。制定《党员干部行为规范》、出台《荣县领导班子思想政治建设十二条规定》。建立重点问题两级联动两个结合整改常态化机制。建立干部研判选拔监督“五位一体”工作体系，建立54个县级部门、27个乡镇班子运行情况季度研判分析动态台账。开展科级干部个人评价工作，全面掌握全县600多名科级干部基本情况。全年交流调整干部15批次213人次。实施第二批优秀年轻干部人才递进培养计划，公开遴选32名科级干部培养对象和50名村（社区）主要负责人培养对象。开展第二批“老实人”干部人才评选工作，分类建立213名“老实人”干部人才库。建立超职数配备干部台账，完成178名超职数干部消化工作。开展干部谈心谈话，全年累计谈心谈话393人次。出台《受处分干部重新启用管理办法》。开展领导干部经济责任审计工作，对11个单位16名领导干部进行经济责任审计。建立干部培养培训“1+3”工作体系，举办各类培训18个班次，培训党员干部3000余人次。组织1.2万名党员开展“学党章、用党章、尊党章”知识竞赛。构筑“三位一体”创新创业人才体系，出台《关于促进人才柔性流动的意见》，设立2015年人才开发专项资金300万元。建立基层党组织建设“四位一体”工作体系，出台党组织书记抓基层党建工作14类责任清单，建立基层党建工作“2+3”定期督查机制，专项督查村（社区）党组织176个。选派58名优秀年轻干部任后进村、贫困村第一书记，成功转化后进党组织57个。

【党建工作】 2015年年末，全县有40个机关基层党组织，其中3个机关党委、13个直属党总支、24个直属党支部，机关党委、总支下辖72个二级党支部；中共党员1536人。全年发展新党员19名，转正预备党员23名。对直属届满的9个总支（支部）进行按期换届选举。倒排确定5个软弱涣散基层党组织。对直属总支、支部的5名违规违纪党员按照相关条例进行处罚。组织40个直属党组织和1000多名党员到社区开展结对服务、组团服务和志愿服务三服务，在社区认领67个服务项目，帮助社区贫困户237户，捐款捐物27.84万元，组建“党员突击队”“党员服务队”“党员义工队”64支。选派118名优秀中青年干部担任联络干部，承担“三联三服务”对口联络工作。全年有28名县级领导、82个县级部门（单位）参与联系全县45个社区、102个村（含32个省级贫困村）、204个小组、408户困难户帮扶活动。

【宣传工作】 2015年，推进县委中心组和各二级党委（党组）中心组学习制度化、规范化。以“玉章讲坛”“院坝微宣讲”为载体，到乡镇、机关等举行宣讲报告会100余场次。编印《荣县干部理论学习与形势教育读本》5000册。县委中心组成员撰写理论文章、调研报告或心得体会35篇，其中理论文章《坚持“人”的小康和“物”的小康并重》在《四川日报》刊载。实施社会主义核心价值观建设“3554工程”，创作核心价值观农民漫画并入选全国“核心价值观百家经验”。开展“荣县好人”征集评选活动，命名表彰朱邦谊等首批“荣县好人”20名。制定《荣县精神文明创建和管理办法》，双石镇金台村被中央文明委表彰为第四届全国文明村。表彰首届荣县“十佳美德少年”，建设示范家长学校1所、社区家庭教育示范站1个。策划大佛文化旅游、荣州春晚等文化活动，开展文化科技卫生法律“四下乡”、“情暖荣州”文艺惠民活动14场次。荣县农民漫画走进“自贡灯会”，参加全省首届农民艺术作品展。

【统战工作】 2015年，有中国国民党革命委员会荣县总支、中国民主同盟荣县总支、中国民主建国会荣县总支三个民主党派，成员179名，其中民革党员46名、民盟盟员87名、民建会员46名，党外副科级以上30名（其中副县级实职干部5名，民主党派成员20人），部门、单位正职负责人11人。全年发展民主党派成员6名，向组织推荐后备干部20人。

【政法工作】 2015年，出台《开展作风巡察的实施方案》，建立领导干部调研联系点制度。县委常委会5次研究维稳工作，政府常务会6次研究维稳工作。成立以县委书记、县长为组长，县委政法委书记为副组长，维稳领导小组成员单位一把手为成员的维稳领导小组。开展社会稳定风险评估65次。排查出不稳定因素1252条，化解1200余条。为50个城镇社区88个网格配备专职网格员88名，为296个行政村296个网格配备兼职网格员296名。完善“大调解”体系，排查矛盾隐患300余件、化解281件，排查突出矛盾纠纷10件、化解5件，排查调处各类矛盾纠纷2322件、调解成功2116件。培养专业调解员300余人，建立乡镇人民调解委员会28个、村（社区）人民调解委员会346个、企业人民调解委员会62个，配备专兼职人民调解员3841人。深化“平安四川·荣县”建设，建立3000余人的“红袖标”治安巡防队伍。

【公安工作】 2015年，完成222个高清视频监控点位建设。在全市率先任命专职指挥长，专司指挥调度工作。“110”指挥平台共受理各类报警电话4.75万起，同比增长7%。全年搜集情报信息750余条，编写《网侦信息》102期。全年共立刑事案件2303件，同比上升16.49%；破获各类刑事案件694件，破案率上升1.02%；抓获违法犯罪嫌疑人员498人，提请逮捕214人，移送起诉415人。侦破县内首起公安部毒品目标案，抓获犯罪嫌疑人9人，收缴毒品3万余克；摧毁公安部督办的朱吾禹等网络制贩枪团伙。受理经济案19件，立案侦查19件，破案13件，提请逮捕5人，移送起诉18人，追回网逃犯4人。破毒品犯罪案件47件，抓获涉毒违法犯罪人员247人。查破涉枪涉爆违法犯罪案件21件20人。完成实有人口8073人、实有单位3611个、实有房屋12.15万间管控工作。办理居民身份证3.06万件、户口迁入1311件、迁出4381件、出生入户6753件、死亡注销5920件。农村派出所开展道路安全检查80次，检查各类车辆2566辆。办理出入国境2.11万人次。

【检察工作】 2015年，审查批捕各类刑事犯罪嫌疑人202人，提起公诉322人。建立健全生态环境资源保护协作机制，批捕破坏生态环境资源犯罪9件16人。批准逮捕涉众型经济犯罪1件1人，起诉4件8人。对16件未成年人刑事案件落实专人办理、犯罪记录封存等制度。为11名生活困难的刑事被害人或近亲属落实救助金2.2万元。立案侦查贪污贿赂犯罪15件18人。立案查办渎职侵权职务犯罪案件1件。纠正侦查机关不当立案15件17人。出台首个《关于规范强制医疗执行活动实施办法》，办理强制医疗监督案件1件。县检察院被省检察院评为检察宣传先进单位和全省刑事申诉检察精品案件单位，被市检察院评为“三等功集体”。

【法院工作】 2015年，受理刑事案件293件，审结284件，依法对408人判处刑罚。审结故意伤害、抢劫、强奸、毒品等案件68件87人。惩办腐败犯罪7件11人。审结非法吸收公众存款案3件5人，涉案金额7373万元。受理民商事案件3937件，审结3713件，结案标的额8.36亿元。强化巡回审判，审理婚姻家庭、劳动争议、涉军纠纷等案件1414件。审结民间借款、金融借贷等案件954件，结案标的额4.11亿元。受理行政案件55件、审查非诉行政执行案件549件，结案604件。受理执行案件2088件，执结2030件，执结标的额1.3亿元。建成执行指挥中心，完善“点对点”查询系统功能。推行“申请执行人权利清单”制度。152名“老赖”被录入全国法院失信被执行人名单库。全年共司法拘留12人。完善司法救助体系，为困难当事人减免缓交诉讼费及提供司法救助130余万元。完善诉讼服务中心功能，开通“12368”诉讼服务热线。引入诉讼财产保全责任险，拓宽申请人保全担保渠道。建成6个科技法庭，实现庭审全程录音录像。加强裁判文书上网力度，在中国裁判文书网上公开裁判文书3243份。

【司法工作】 2015年，收集组建“六五”普法五年迎检档案100余个，制作迎检展板20余个。开展“法律七进”活动，选聘组建法律进乡村（社区）宣讲团、法制宣传队举办法治讲座300余次。开展场镇街头法制宣传和“送法进村（社区）”“送法到户”活动30次、举办法治讲座15次。组建县内第一支法治文艺宣传队——荣州路社区星星法治文艺宣传队。全县有各级人民调解委员会436个，人民调解员1715人。受理各类矛盾纠纷1944件，调解1944件，调解成功1903件。受理医患纠纷29件，调解成功26件。全县在册社区服刑人员391人。新增233名刑满释放人员，安置208人，帮教214人。有律师事务所3个，注册执业律师49名，基层法律服务所4个。全年受理法律援助案件323件。建成双石、长山2个规范化法律援助工作站。

【武装工作】 2015年，训练民兵3045人次，完成征集新兵任务。成立县军人军属法律援助工作站。指导乐德、新桥等7个乡镇基层武装部规范化建设，完成3年内实现27个基层武装部规范化建设达标任务。

【消防工作】 2015年，在双石镇组建镇政府专职消防队，建成“微型消防站”20余个。全年开展检查单位和场所1236家，查出火灾隐患和消防违法行为405处。全年发生一般火灾56起，经济损失238万元。接警出动501次，抢救疏散被困人员1812人，保护财产价值189.5万元。

【工会工作】 2015年年末，全县有乡镇总工会1个、区域性工会联合会50个、行业工会联合会5个、乡镇工会联合会27个、工业园区工会联合会1个、局工委8个、基层工会1165个，工会会员24.73万人。建立调解委员会组织730个、劳动法律监督组织743个，聘任工资协商指导员64名、维权巡视员5名、安全生产监督员350名。表彰县2015年第二届“最美劳动者”。筹集资金20万元开展“送温暖工程”活动。建立贫困职工档案1575个，对205名患重大疾病困难职工进行医疗救助。新建立县政协、县法院、县委组织部等县级职工书屋3个。组织全县80余个单位2196人参加职工住院互助保险。开展四川省女职工大病互助保险，新增1093人参保。

【妇联工作】 2015年，全县设有27个乡镇妇联、114个机关妇委会（含河西新区妇委会）、346个村（社区）妇代会。开展“家庭教育大讲堂”活动4次，举办家庭教育讲座20场次。为11名患病妇女筹集帮扶资金5万元；为贫困儿童捐助物资2000余元。开展“家政服务员”培训3期，培训家庭服务员150人，培训蜀绣爱好者80余名，建立居家灵活就业基地1个。创建省级“最美家庭”3户，市级“平安家庭”20户、绿美庭院11户、县级“最美家庭”10户。申创市级“巾帼文明示范村”2个、“巾帼文明岗”4个、“巾帼创业就业示范基地”3个。启动农村女童安全救助工作，建立结对帮扶台账。

【群众和信访工作】 2015年，信访总量5883人次，同比下降18.6%；集体访44批481人次，下降1.2%和12%；到京访7批9人次，下降62.5%；县长信箱39件，下降18.7%；“市长热线”1件，下降100%；全国信访信息系统9件，下降92%；全省信访信息系统100件，上升100%；网友留言148条，上升43%；市委书记市长信箱平台80件，上升87%；群众到县访上升。9大民生工程84个量化考核指标及8件民生大事7个量化考核指标全面完成。全年排查出矛盾纠纷和突出问题46件，市挂牌督办的5件市领导包案全部化解，省交办两批36件全部化解，息诉息访32件。

【政务服务】 2015年，旭阳、长山等26个乡镇完成便民中心标准化建设，旭阳镇便民服务中心被评为“便民服务标准化示范乡镇”，新建成观山镇、双古镇、复兴乡等5个大厅式便民服务中心，完成346个村（社区）便民服务室升级达标建设工作。全县27个乡镇便民服务中心全部开通行政效能视频监控系统和行政审批通用软件系统。县政务服务中心入驻窗口单位43个，窗口工作人员137人，保留行政许可事项182项。9月25日，设立“三证合一”综合窗口，将原工商营业执照、组织机构代码证、税务登记证“三证合一”。开展“局长进大厅”活动，全年局长进大厅324人次。

经济建设

【主要经济指标】 2015年，实现地区生产总值186.13亿元，同比增长9.1%。其中，第一产业增加值40.72亿元，增长3.8%；第二产业增加值95.15亿元，增长10.3%；第三产业增加值50.25亿元，增长10.4%。三次产业对经济增长的贡献率分别为7.8%、62.7%、29.5%，三次产业分别拉动经济增长0.7、5.7、2.7个百分点。三次产业结构由2014年末的22.6:51.8:25.6调整为21.9:51.1:27.0。全年人均地区生产总值3.15万元，比2014年增加2149元。

【工业】 2015年，全部工业增加值实现83.61亿元，增长9.9%，对经济增长的贡献率为53.9%。其中，规模以上工业企业增加值实现60.67亿元，增长12.1%。年末规模以上工业企业87户；规模以上工业企业总产值实现204.48亿元，增长11.5%；工业产品销售率95.7%，下降3.3个百分点。完成工业及技改项目50余个，实施重大工业续建项目7个，开工项目15个，储备项目2个。培育全省“小巨人”企业8户、“成长型”中小企业4户、“专精特新”中小型企业3户。

【农业】 2015年，创建为国家级蔬菜标准化、生猪标准化示范县和省级现代农业示范区、现代畜牧业重点县，现代林业重点县建设通过省级验收。培育农业新型经营主体，新增农民专合社40个、家庭农场254家，创建省级示范场3个、市级示范场4个。实施品牌战略，被省政府认定为农产品质量安全监管示范县，新增无公害农畜产品14个、绿色食品25个，双古镇被评为全国一村一品示范村镇。推进新农村建设，累计建成乐德镇回龙殿村等53个幸福美丽新村。完善农业基础设施，完成2066.67公顷高标准农田建设，整理土地1733.33公顷、新增耕地133.33公顷；新建、整治山坪塘336口，新、改建渠道60公里、提灌站9座。

【种植业】 2015年，农作物播种面积10.08万公顷，其中，粮食作物7.26万公顷，经济作物0.82万公顷，其他作物2万公顷。粮食总产量42.32万吨，油料总产1.44万吨，蔬菜总产60.46万吨，茶叶总产1.06万吨，水果总产14.27万吨，蚕茧产量1710吨。农村经济总收入74.82亿元，农民人均收入1.21万元。争取中央、省、市各类农牧业项目38个，总投资9240万元。建立万亩高产示范片区5个。

【畜牧业】 2015年，荣县被认定为四川省现代畜牧业建设重点县，实施国家级生猪调出大县奖励资金建设、羊标准化生产基地县建设等项目，中央财政投资分别为450万元、200万元。全年生猪出栏69.78万头，肉羊出栏31.7万只，肉牛出栏7337头，小家禽出栏655.16万羽，肉兔出栏

1402.09万只。肉类总产量8.08万吨，牛奶产量906吨，禽蛋产量1.26万吨。生猪等主要畜禽规模化养殖比重75%，畜禽规模化养殖标准化生产面70%。新增省级标准化畜禽养殖示范场2个、市级标准化畜禽示范场1个，新建生猪标准化规模养殖场（小区）5个。

【林业】 2015年，完成2001—2004年退耕地还林5471.33公顷年度检查验收及政策补助资金兑现。实施2015年巩固退耕还林成果后续产业建设1425.33公顷和2015年新增巩固退耕还林成果800公顷建设。启动2015年度新一轮退耕还林93.33公顷建设任务。实施国有林管护1473.33公顷，集体公益林管护1.22万公顷，管护自然保护区110公顷。完成油茶新造林333.33公顷，低产低效油茶林改造133.33公顷。《川南丘陵地区乡土油茶良种选育及产业化研究与示范》获省政府2014年科技进步二等奖。现代林业重点县建设工作通过省、市级考核验收。全年采伐森林面积589.05公顷、蓄积3.02万立方米、材积1.8万立方米。办理征占用林地9宗13.68公顷、林权流转76宗606.79公顷、林权抵押贷款10宗656.27公顷。实现林业总产值10.6亿元，农民人均林业收入1489元。

【商贸旅游】 2015年，海宁皮草城正式入驻荣县，美吉特·家居建材科技博览城一期项目完工。新培育限额以上商贸企业6户、规模以上服务业企业4户。成功创建省级电子商务进农村示范县。推进“中西部地区中小城市基础网络完善工程”建设，新建移动4G网络基站216个，农村宽带接入比例达80%。举办2015年大佛文化旅游节和巴蜀佛文化旅游论坛。旅游综合收入实现48.6亿元，同比增加18%；接待国内外旅游人数310万人次，同比增加10.1%。

【财政与金融】 2015年，地方财政收入40.59亿元，增长25.7%。其中，地方公共财政预算收入实现5.56亿元，增长14.2%；政府性基金收入1.87亿元，下降46.4%。在地方公共财政预算收入中，税收性收入3.35亿元，下降7.5%；非税收性收入2.21亿元，增长77.5%。地方财政支出39.36亿元，增长35.2%。其中，地方公共财政预算支出30.17亿元，增长22.1%；政府性基金预算支出2.4亿元，下降41.3%。在地方公共财政预算支出中，一般公共服务支出2.05亿元，增长2.9%；农林水事务支出5.65亿元，增长26.9%；教育支出5.59亿元，增长33.0%。年末，金融机构各项存款余额196.47亿元，各项贷款余额93.97亿元。

【科技创新】 2015年，实施省重大科技成果转化项目2项、市级以上科技项目10项，立项经费65万元。新培育高新技术企业1户。高新技术产业产值74.6亿元，占规模以上工业总产值的17%以上。科技对经济增长贡献率50%。专利申请量90件，其中发明专利4件。获得授权专利33件，其中发明授权6件。

【统计工作】 2015年，生猪调出大县监测调查在16个乡镇中抽取20个调查小区开展。在旭阳镇等18个乡镇20个粮食产量抽样调查小区开展县级粮食产量抽样调查工作。发布第三次全国经济普查数据公报1、2、3号，编印普查资料。在荣县度佳镇灯坡村组织开展全省第三次农业普查试点。完成《荣县第三次全国农业普查国家专项试点组织实现工作报告》《荣县第三次全国农业普查省级试点PDA采集技术报告》《荣县第三次全国农业普查省级试点宣传工作报告》《荣县第三次全国农业普查省级专项试点数据分析报告》《荣县第三次全国农业普查省级专项试点业务技术报告》《荣县第三次全国农业普查省级专项试点经费情况报告》6个专题报告。对31个网点3734户1.1万名居民人口变动情况进行登记。完成各乡镇、河西新区接入统计广域网建设和升级，推进“一套表”统计数据采集处理平台建设与应用。

【审计工作】 2015年，完成审计项目94个（被审计单位89个），其中，财政类审计76个（部门预算执行审计8个，乡镇财政决算审计6个，行政事业及专项资金审计12个，政府投资项目审计50个），领导干部经济责任审计16个，国有企业审计2个。审计查出主要问题金额9.08亿元，其中，违规金额1906万元，管理不规范金额8.89亿元。审计期间整改金额8.5亿元。审计处理处罚金额1.16亿元，其中，应上缴财政81万元（含罚没25万元），应减少财政拨款和补贴1634万元，应归还原渠道资金125万元，应缴纳其他资金1万元，应调账处理金额9800万元。

【工商行政管理】 2015年年末，全县有企业4307户，个体工商户1.29万户，农民专业合作社369户，家庭农场321户；有注册商标919件，有驰名、著名、知名商标企业39户。全年新增市知名商标3件：乐德红商标，华锦春商标，粒粒阳光商标；新增省著名商标1件：金岁方商标。建立“荣县工业园区商标工作指导站”。立案归档96件，罚没入库101.75万元。

【质量监督】 2015年，开展农村公共服务运行维护标准化试点工作。开展特种设备安全隐患“大排查、大整治”、电梯安全监管大会战、油气管道安全隐患整治攻坚战、危化品“打非治违”、“六打六治”等专项行动。检查特种设备使用单位70余家，发出安全监察指令书37份。新增代码证588户，到期换发代码证719户，变更代码证30户，年检代码证1480户，迁入代码证5户，迁出代码证3户，注销代码证73户。

城乡建设

【城乡规划】 2015年，县城总体规划（2013—2030）获省政府正式批准，县域多规合一规划（2016—2030）编制方案通过省住建厅专家评审。旧城、河东片区、河西新区拓展区、工业园区（郝家坝集中区）控规编制和“两河四岸”、景观大道城市设计工作全面完成。东兴镇等10个乡镇总规编制完成，乡镇总规修编实现全覆盖。保华镇旭湾村等10个新村规划编制完成，行政村新村规划编制完成70%。

【重大项目建设】 2015年，全县127个重大项目完成投资70亿元，县综合档案馆等63个项目实现开工，长山中心水厂等61个项目顺利推进，吴玉章故居维修改造工程等46个项目全面竣工；全县储备重大项目20个，总投资80亿元。G348荣县至竹园段改建工程纳入省级重大项目，争取补助资金1.5亿元。小井沟水利工程进展顺利，大坝枢纽工程、输水干渠分别完成总工程量的92%、96%；推进移民搬迁安置工作，完成安置对接2176户8191人，分别占实施任务的82.8%和82.3%。

【市政建设】 2015年，完成白塔山公园改造工程的道路铺装、风筝广场、管理房、公共厕所、绿化、排水系统、安全护栏等设施设备建设，该工程通过竣工验收并交付使用；由自贡市星河房地产开发公司投资3550万元建设的星河公园，用地3.5万平方米，完成投资500多万元。

【村镇建设】 2015年，省补助百镇试点专项资金1178万元。长山镇人和场整合搬迁工程启动；于佳乡、复兴乡棚户区改造工程主体完工；乡镇危房改造开工7个点，开工建筑面积1.23万平方米全部竣工；争取中央补助农村危房改造资金1872万元，实施农村危房改造2496户；县财政安排资金新建农村廉租房60户，精准扶贫改造100户，帮扶自建改造危房154户，集体闲置房屋改造安置84户，以租返租221户。

【住房保障】 2015年，续建完成2014年公共租赁住房建设702套，总面积2.84万平方米，总投资7097.25万元；新建公共租赁住房1009套，分配公共租赁住房1440套；制定《荣县公共租赁住房管理办法》，对保障性住房的申请条件、待分配房源情况、分配程序、分配结果等进行公示；建立和完善保障性住房信息管理系统，实行保障性住房电子信息化管理。

【交通与通信】 2015年年末，境内公路总里程1684.99公里。按行政等级分：省道里程68.98公里；县道里程294.67公里；乡道里程281.25公里；村道1015.49公里；专用公路里程24.60公里。有机动车6.82万辆，其中汽车1.79万辆、摩托车5.02万辆。全年邮电业务总量3.51亿元，增长2.3%，其中，电信业务总量2.93亿元，增长0.8%；邮电主营业务收入3.22亿元，下降2.0%，其中，电信主营业务收入2.56亿元，下降5.0%。年末本地固定电话用户5.2万户；年末移动电话用户37.41万户；国际互联网用户8.54万户。

【水利设施】 完成2014年、2015年度总投资各100万元的小型水库移民后扶项目。维修养护东佳、墨林部分山平塘、石河堰、提灌站等水利设施，项目总投资120万元。实施幸福堰、高跳蹬、朱家河、下高洞4处农村小水电增效扩容改造项目，总投资463.22万元。申报红岩二坝、马蹄沟等6座新出险水库除险加固项目，实现到位资金1668万元。编制和审查李子坝应急抗旱水库工程设计报告，项目总投资4816万元。规划上报双龙、沙溪河、柏林坳等6座水库项目。旭水河锁江桥等4处病险水闸项目初设报告获批复，总投资7368.5万元。完成度佳镇小型水利工程体制改革试点。新增农业灌溉面积606.67公顷，改善灌面846.67公顷。水利工程蓄水1.17亿立方米、供水1.15亿立方米。长山中心水厂新建工程项目完工投入运行，复兴中心水厂新建、留佳水厂管网延伸、墨林水厂管网延伸3个项目完工投入运行。县城生活污水处理厂二期工程完工，总投资4995万元。开工建设度佳、正紫、保华等16个乡镇生活污水处理设施工程。全县建成整合后的集中供水工程35处，城乡自来水普及率65%，集中供水水质检测合格率70%。

【环境保护】 2015年，建成县城区生活污水处理厂（二期）、长山生活污水处理厂，处理能力1.75万吨/天；建成度佳等16个场镇生活污水处理设施，处理能力3330吨/天。对自力公司等3户工业企业、巴尔农牧集团鼎新养殖基地等2户规模化畜禽养殖场进行治理，确保污染物达标排放。加强矿产开采业、建材业等监管，固体废物综合利用率100%。造林面积3200公顷，森林覆盖率40.9%。全年城区环境空气质量优良天数250天。

【饮用水保护】 2015年，规范河道采砂行为，完成全县河道砂石资源招标出让第三阶段工作，依法出让采砂河段1个。严格执行水资源管理“三条红线”制度，35处集中供水水源地保护实施常态化管理。坚持城区河道40余公顷水域和10公里排污渠保洁，投入劳力5600人次、打捞船8艘，清扫打捞垃圾4000余吨。

【国土资源管理】 2015年，实施“金土地”整理和城乡建设用地增减挂钩项目，实现耕地占补平衡。全县耕地保有量6.45万公顷，基本农田保护区面积5.54万公顷。全年省、市政府批准农用地转（用）征收11个批次，总用地面积45.29公顷。办理农用地转（用）征收96.51公顷。拍卖成交2宗国有建设用地使用权，面积4.64公顷，成交价款1947.78万元；办理土地协议出让22宗，补缴土地价款808.12万元；办理划拨用地11宗，面积17.8公顷，划拨总价款2195.39万元；催收土地出让欠款及违约金7305.55万元，实现土地出让价款3128.75万元，入库1.84亿元。完成全县2014年度土地遥感监测与变更调查工作。投资50余万元基本建成城镇地籍数据库，联网审批、登记进入试运行。完成2014年矿产资源开发利用年度检查工作，开展2015年度地质灾害防御基础调查和统计上报工作；完成全县《地质灾害防御方案》编制，核定全县地灾隐患点133个，其中，市、县级监测点13个。

【小井沟工程】 截至2015年年底，大坝枢纽工程完成总工程量95%。其中，大坝主体填筑至430.2米设计高程，大坝趾板砼浇筑完成，26块大坝面板混凝土浇筑完成10块，固结灌浆完成，帷幕灌浆完成；坝后坡358.8米以下干砌石完成，进行358.8米以上排水沟及框格梁施工。溢洪道引渠段、闸室、交通桥墩浇筑完成，检修闸门埋件完成安装，泄槽段、挑流鼻坎段开挖并完成混凝土浇筑，完成总工程量约90%。泄洪洞闸室及上部排架、交通桥混凝土浇筑完成，检修门、工作门埋件、门叶安装完成，启闭机安装完成，组织下游排架施工，完成总工程量约91%。取水洞闸室及排架、交通桥混凝土浇筑完成，取水闸门及拦污栅埋件安装完成，实施工作门安装；取水洞洞身衬砌完成280米，出口泵站取水池及闸室、排架混凝土浇筑完成，完成总工程量约93%。5号、6号、8号、9号副坝完工，7号副坝填筑基本完成，组织4号、7号副填筑施工，完成总工程量约85%。排洪渠隧洞1314米洞身混凝土浇筑完成，上游900米明渠砌筑完成，下游消力池及泄槽段开挖、衬砌完成，1号公路桥、老米滩公路桥、1号、3号、4号机耕桥施工基本完成，组织2号公路桥、大桥子施工，完成总工程量约78%。完成输水干渠总工程量96.5%。

文化建设

【群众文化体育活动】 2015年，组织各类群众文化活动100余场次。举办2015荣州春节与元宵节文艺晚会、“2015年春节文艺社团调演”，以“情满荣州·文化惠民”为主题开展送文化下乡文艺演出活动，承办“书香天府　全民阅读”四川省2015年“农民读书月”活动启动仪式现场会。举办2015年荣县大佛文化旅游节，组织开展2016荣县春晚系列活动。县图书馆、县文化馆、县美术馆以及全县27个乡镇综合文化站对公众提供免费开放时间累计8.2万小时，免费接待19.8万人次。吴玉章故居陈列馆、军政府旧址等爱国主义教育基地免费接待参观者10.8万人次。新创作《婆婆扭街舞》《乐德红》《诗书荣州》《家的味道》《盐魂》《糖粑粑》《牛》《钟鸣福至》8件精品文化艺术节目。组织开展“体彩杯”元旦万人长跑、“龙腾狮跃闹元宵”、全民健身周等主题活动，开展球类、棋类、游泳、太极、健身舞等系列体育活动和比赛50余场。举办“星河杯”荣县第六届运动会。

【文化遗产保护开发】 2015年，编制申报省级纸质文物修复专项补助经费，用于馆藏纸质文物修复；完成全国重点文物保护单位荣县镇南塔和省保单位军政府旧址保护规划编制立项工作，编制吕仙崖摩崖造像保护规划，荣县大佛本体保护方案编制确定设计单位；吴玉章故居树人苑建筑群风貌维修改造工程竣工。加强抗战文物抢救、保护展示工作。4月，在全县范围开展“非遗”摸底调查工作，15项非物质文化遗产项目纳入县级“非遗”名录。做好铁厂镇“土陶”、望佳镇“石工号子”“万钟工笔画”、东兴镇“抬工号子”等申报市级非物质文化遗产准备工作。留佳麒麟灯、双石农民漫画、古文竹编龙、长山锣鼓、双石花船等非遗项目有7人批准为市级以上非物质文化遗产项目代表性传承人。成功申报“双石镇农民漫画”和“长山锣鼓”2个市级非物质文化遗产项目。

【广播电视】 2015年，制作播出《荣县新闻》251期，播发新闻稿件2850条；制作播出社教栏目《每周话题》52期；《荣山旭水》104期；开办党风廉政建设专栏《廉洁荣州》8期；制作专题片12部。开展“专项整治慵懒散浮拖”“创省级卫生县城，建美好生活家园”“三严三实”“回眸十二五　展望十三五”等专题专栏系列宣传活动。加强对外宣传，送省、市电视台、电台新闻稿件330余条，被采用200余条。推进广播电视“村村通”“村村响”工程建设，全年安装直播卫星“户户通”4000余户，发展数字电视用户3950户，投资新建成130个行政村广播“村村响”工程。推进农村电影公益放映全数字化，全年放映场次超过3552场，累计观影人数13.65万人次；实现“一村一月一场电影”。

【民族宗教】 2015年年末，全县有少数民族28个、680户、1063人。其中；具有清真饮食习惯的回族126户、251人，维吾尔族2户、2人。开展创建“和谐寺观教堂”活动。全县有佛教信众7万余人、教职人员16人。全县合法宗教活动场所6个：荣县二佛寺、荣县药王庙、荣县白云寺、荣县醒悟寺、荣县文昌寺、荣县古佛寺，分别坐落在旭阳镇二佛路、鼎新镇鲤鱼村、度佳镇高湾村、长山镇得胜村、留佳镇莲花街、旭阳镇古佛巷。

【档案管理】 2015年，284个全宗单位馆藏档案22.58万卷2.14万件。完成荣县棚户区改造工程等137个重大建设项目登记工作。开展数字档案室试点工作，完成县房屋权属登记中心20万卷产权登记档案和县卫生计生局550卷6.65万页档案数字化，并投入使用。接收档案资料123册，其中征集《吴氏族谱》《周氏族谱》《荣县篮球运动史志》各1本。全年接待查档群众2.67万人次，查阅档案3.13万卷次。县国税局通过档案规范化管理标准达省一级复查验收；县疾控中心通过档案规范化管理标准达省二级复查验收；县政协办、县委统战部、县委宣传部、县审计局、县安监局、县人民医院、县中医院、县职教中心、县人力资源社会保障局、县直机关工委、团县委、县妇联、东佳镇、长山镇、双古镇通过档案规范化管理标准达省三级复查验收。河口镇、铁厂镇、古文镇被评为社会主义新农村建设档案工作示范乡镇。

【地方志工作】 2月初，启动《荣县年鉴》（2015卷）资料收集、编辑核校工作；5月底，基本完成年鉴稿件收集初纂任务，撰稿单位纸质稿件150万字，10月底，完成印刷出版任务。2015年，完成季刊《荣县大事记》4期编辑出版工作；完成《四川年鉴·市州县》、《自贡年鉴·区县》荣县概况（2015）和图片等相关资料征编报送工作，报送文字资料5万余字，图片10余幅。印刷出版《荣县史话》，设建置沿革、史海钩沉、地方文化、人文与自然景观、现代风貌五章，全书7万余字。

社会建设

【教育】 2015年年末，全县有各级各类公办学校61所，其中普通高中5所、职高2所、单级初中4所、九年制19所、小学26所、幼儿园3所、特校1所、电大进修学校1所；教育占地128公顷，校舍面积54万平方米，教育资产总值4.51亿元；有学生6.55万人，其中高中1.06万人、初中1.13万人、小学3.11万人、在园幼儿1.25万人；有在职教师3867人，其中本科及其以上学历2260人、专科学历1380人，教师专业合格率100%；有学校附设幼儿园62所、民办幼儿园66所、民办职业技术学校1所、民办短期培训机构1个。全年有120名学生获国家、省级表彰奖励、1150名学生获市、县级表彰奖励；荣中、一中、东街小学被列为“全国青少年校园足球特色学校”建设单位，荣中、东街小学被评为“全国学校体育工作示范学校”，荣中被评为“四川省教育工作先进集体”，一中被评为“四川省阳光体育示范学校”，西街小学、鼎新学校被评为“四川省优秀少先队集体”，富北学校被评为“四川省五四红旗团支部”，双石小学、河西幼儿园等12所学校获得“自贡市艺术教育特色示范学校”等称号。

【卫生与计划生育】 2015年年末，全县有医疗卫生机构599个，其中，县直医疗卫生机构单位5个、乡镇（中心）卫生院27个、社区卫生服务中心1个、非政府举办社区卫生服务站1个、村卫生室433个、民营医院10个、个体诊所80个，设有县新型农村合作医疗服务中心、县卫生执法监督大队。全县各级各类医疗卫生机构有执业（助理）医师1493人，其中执业医师1010人、执业助理医师483人，护士1328人，乡村医生489人。全年人口出生6318人，出生率9.29‰，符合政策生育率80.55%，死亡人口5432人，人口自然增长886人，自然增长率1.3‰。全年创建省级卫生镇1个、省级卫生村8个、省级卫生单位6个、省级无烟单位6个；创建市级卫生镇2个、市级卫生村8个、市级卫生单位6个、市级无烟单位6个，成功创建为省级卫生县城。全县共有49.63万人参加农村合作医疗保险，参合率99.88%，其中，五保、低保对象3.34万人，参合率100%；补充医保参保人数41.27万人，参保率83.4%。

【人事与劳动保障】 2015年，机关事业单位养老保险参保1.63万人；企业职工基本养老保险参保10.49万人；城乡居民养老保险覆盖人数26.68万人，续缴、新增缴费8.19万人；城镇职工基本医疗保险参保2.98万人，城镇居民基本医疗保险参保10.36万人；工伤保险参保2.9万人；失业保险参保1.19万人；生育保险参保9150人。征收机关事业单位养老保险费1540万元；征收企业职工养老保险费4.8亿元，其中清欠289.91万元；征收城乡居民养老保险费1493.16万元、城镇职工基本医疗保险费7690万元、城镇居民基本医疗保险费6863万元、工伤保险费1273.29万元、失业保险费（含被征地农民）1287.33万元、生育保险费179.49万元。全年支付机关事业单位离退休人员养老金1639.5万元、企业离退休人员养老金9.6亿元、丧葬抚恤费2099.88万元、城乡居民养老保险金1.02亿元、城镇职工基本医疗保险基金7769万元（政策范围内报销81.1%）、城镇居民基本医疗保险基金7622万元（政策范围内报销73.2%）、失业保险金（含被征地农民）880.27万元、工伤保险待遇2740.47万元、生育保险待遇156.43万元。城镇新增就业7930人，认定高校毕业生见习基地17个，为50名高校毕业生提供91个见习岗位。为41名自主创业者发放创业担保贷款265万元，为93名大学生发放创业补贴93万元。全年转移农村劳动力23.8万人，其中省内转移11.47万人、省外转移12.33万人，实现劳务收入41.71亿元。2015年，面向社会公招公务员（参公人员）117人、定招生24人、选调生11人、体改生5人。办理101名试用期满转正定职公务员登记工作。办理人事任免20件，任免人数87人。办理人员流动手续405人。办理非领导职务晋升11人。为2名受处分人员重新确定非领导职务。完成消化超职数配备科级非领导职数10人。面向社会公开考试、考核招聘卫生、教育等事业单位工作人员443人。办理工作人员流动手续217人。开展职称社会化评审，评审初级专业技术职称135人。开通“荣县高校毕业生实名制信息管理软件系统”，办理登记报到大中专毕业生454人。

【民政工作】 2015年，向上级争取项目资金1.88亿元，各项民政事业保障资金支出2.12亿元，其中：基层政权和社区建设150万元，城乡低保1.1亿元，城乡医疗救助2242.05万元，优待抚恤3499.49万元，退役安置1012.78万元，社会福利1778.39万元，防灾救灾592万元，临时救助99万元，其他生活救助166.64万元，福利彩票公益事业580.29万元，慈善救助42.92万元。新建长山镇敬老院，启动社会福利院（光荣院）项目，总投资2158万元。办理婚姻登记1.35万对。撤销原乐德镇、新桥镇、双古镇、长山镇设立的4个婚姻登记处，自10月16日起，全县婚姻登记（除涉外婚姻登记在省民政厅外）集中在县民政局婚姻登记处办理。开展全国地名“二次普查”前期工作。命（更）名道路19条。

【扶贫移民工作】 2015年，向贫困村、贫困人群无偿提供资金、物资（折合）410万元，帮扶贫困农户5032户，慰问特困职工2900余名、贫困党员1100余人，资助贫困妇女1200余人，资助贫困学生450人，扶持残疾人800余人。下派91个单位120名业务骨干驻村帮扶，下派32名第一支部书记，为贫困村引进各类项目50余个、资金3000余万元，开展国家法律、法规、政策咨询、文化卫生下乡等活动专场20余场，开展各类农业实用技术培训142期、培训农户9.4万人次，赠送各种图书3万余册，印发各种实用技术资料10万余份。建立5077名农村移民后期生活补助档案和专门账户，兑现补助资金257.63万元。争取到大中型水库移民后期扶持切块资金160万元，分别在留佳镇、保华镇、铁厂镇、度佳镇实施，新建移民新村污水处理工程3个、新建农村饮水管道5050米、整治电灌站1座、硬化田埂1555米、新建便民路1190米。

【食品药品监管】 2015年，实施“网格化监管、格式化检查、痕迹化管理”监管模式，完成药品抽检98批次、食品抽检1513批次（含快检850批次），合格率96.63%。上报药品不良反应495例、器械不良事件134例。免费提供农药残留快速检测仪和检测试剂，县惠友超市奥运绿洲店、西街广场店农残检测室建成运行；与成都曙光公司合作，以“三品一标”获证主体为重点，建立农产品质量安全追溯管理平台，全县有4家企业加入该平台。办理餐饮许可证386家，食品流通许可证809家。

【安全监察】 2015年，全县发生各类安全事故119起，同比下降19.45%；死亡23人，同比下降8%；受伤124人，同比下降17.88%；直接经济损失230.07万元，同比下降18.75%；未发生较大及以上安全事故，实现“四下降一为零”工作目标。建成二级以上质量标准化示范煤矿井1对，建成安全高效示范矿井1对。双石镇创建成为四川省安全社区。评选安全镇（局）长10人。

【残联工作】 2015年，实施白内障患者免费复明手术450例。为1050名农村贫困残疾人给予资金、物资和技术帮扶。救助贫困脑瘫儿童30名、贫困重度听力儿童7名、智残儿童康复训练70名，为6名贫困家庭重度听力残疾人配备助听器。为490名精神、智力残疾人发放“阳光家园”专项资金29.4万元，完成贫困残疾人家庭无障碍改造100户。开展关爱行动服务2992人，精神病人免费服药260人，住院救助10人、救助资金13.9万元。全年为119名下肢残疾人发放4.34万元机动车燃油补贴。荣县被命名为全省残疾人“量体裁衣”个性化服务示范县，于佳乡获全省“量服”示范乡称号。

【人民生活】 2015年，城镇居民人均可支配收入2.51万元，增长8.9%。城镇居民人均生活消费支出1.76万元，增长9.3%，其中，食品烟酒支出7329.36元，增长1.4%；衣着支出1718.74元，增长30.5%；居住支出2948.5元，增长5.1%；生活用品及服务支出1329.55元，增长40.1%；医疗保健支出1021.8元，下降3.9%；交通通信支出1342.94元，增长38.9%；教育文化娱乐支出1226.76元，增长24.7%。全年农村居民人均可支配收入1.2万元，增长9.3%。农村居民人均生活消费总支出9625.88元，增长17.9%，其中，食品烟酒支出4021.07元，增长9.3%；衣着支出513.55元，增长29.8%；居住支出1916.97元，增长25.2%；生活用品及服务支出575.91元，增长13.7%；交通通信支出992.67元，增长37.1%；教育文化娱乐支出725.22元，增长61.4%；医疗保健支出794.53元，下降0.8%。

乡镇概况

【旭阳镇】 辖区面积143.63平方公里，其中城区面积14.5平方公里。辖26个村329个村民小组和12个社区居民委员会197个居民小组。2015年年末，总人口15.98万人，其中非农业人口

10.16万人。全年人口自然增长率1.3‰。工业总产值56.6亿元，农业增加值4.6亿元。耕地面积3637公顷，粮食总产量4.28万吨，农业总产值7.14亿元，农民人均可支配收入1.38万元。培育3家企业申报规模以上工业企业，规模以上工业实现产值46.7亿元；固定资产投资2.02亿元。招商引资1.6亿元。限额以上商贸企业58个，社会消费品零售总额29亿元，限额以上社会消费品零售总额15.6亿元，市场6个。地方公共财政收入实现2.3亿元。有幼儿园36所，小学6所，初中1所，普通高中2所。镇级卫生院1所，村级卫生室63个，个体诊所56个。

【留佳镇】 辖区面积82.68平方公里，辖13个行政村234个村民小组和2个社区居委会9个居民小组。2015年年末，总人口4.09万人，其中非农业人口4474人，耕地面积2457公顷。农业总产值2.22亿元，同比增加4%；农民人均纯收入1.03万元，工业总产值2.06亿元。粮食总产量2.49万吨。推进柑橘品种改良，全年完成66.67公顷；推进“四川特色晚熟脐橙第一镇”建设。有乡镇企业4个。中学1所，小学2所。文化站1个。医院2所，村卫生室43个。

【双石镇】 辖区面积56.4平方公里，辖12个行政村245个村民小组和2个社区居委会10个居民小组。2015年年末，总人口3.85万人，其中非农业人口5140人，耕地面积2883.49公顷。全年人口自然增长率负1.01‰。工业总产值10.2亿元，农业总产值3.57亿元。地方一般公共预算收入653.14万元；农民人均纯收入1.8万元，同比增长12%。粮食总产3.32万吨。乡镇企业94个，其中私营企业15个、规模以上企业4个。完成招商引资项目11个，引进省内资金2.12亿元，引进省外资金1.03亿元。完成一般性预算收入653.14万元，固定资产投资2.01亿元。完成双石镇国家级乡村旅游示范区建设项目，累计投资3.5亿元建成5000亩观光农业为主的产业及旅游基地。有幼儿园6所，小学2所，初中2所，普通高中1所。卫生院1所，村卫生室14个，个体诊所3个。

【乐德镇】 辖区面积87.26平方公里，辖17个行政村213个村民小组和2个社区居委会。2015年年末，总人口3.39万人，其中非农业人口5704人，耕地面积2752公顷。全年人口自然增长率负1.90‰。工业总产值7500万元，农业总产值3.07亿元，财政收入1510.91万元。农民人均纯收入1.01万元，同比增长12%。粮食产量2.75万吨。规模以下工业企业产值7500万元，乡镇企业产值380万元，招商引资4300万元。有中学1所、小学2所、幼儿园3所。医院2所，村卫生室19个。

【长山镇】 辖区面积81.2平方公里，辖13个行政村190个村民小组、2个社区居委会12个居民小组。2015年年末，总人口3.52万人，其中非农业人口8500人，耕地面积1518公顷，林地面积3350公顷。全年人口自然增长率1.2‰。工业总产值12.81亿元，工业增加值5.38亿元，农业总产值3.03亿元，完成固定资产投资2.06亿元。城镇居民人均可支配收入2.01万元，同比增长11.75%；农民人均纯收入1.29万元，同比增长12.11%。粮食总产1.75万吨。乡镇企业60余个，其中工业企业35个（规模以上工业企业6个），建筑企业2个。有真武山、花龙沟2个风景名胜区，全年接待国内游客20万人次，旅游收入800万元。长山锣鼓和龙舞参加省、市非物质文化遗产展演。

【高山镇】 辖区面积69.73平方公里，辖22个行政村224个村民小组和2个社区居委会2个居民小组。2015年年末，总人口3.11万人，其中非农业人口1550人，耕地面积1995.5公顷。全年人口自然增长率负0.85‰。工业总产值3.73亿元，农业总产值2.74亿元。粮食总产量2.03万吨，农民人均纯收入1.19万元。乡镇企业11个。招商引资5100万元。财政收入1408.18万元。有卫生院1所，村卫生室19个，个体诊所1个。

【双古镇】 辖区面积96.56平方公里，辖18个村203个村民组和1个社区居委会。2015年年末，总人口2.59人，其中非农业人口2430人，耕地面积1517.67公顷。全年人口自然增长率2.3‰。公共财政收入882.3万元。农民人均纯收入1.12万元，同比增长12%。粮食产量1.69万吨。有企业（私营）41个，其中规模以上企业5个，工业总产值4.14亿元。招商引资5000万元。有九年义务教育学校2所，幼儿园3所。卫生院1所、卫生分院1所。

【度佳镇】 辖区面积83.5平方公里，辖11

个行政村194个村民小组和2个社区居委会6个居民小组。2015年年末，总人口2.73万人，其中非农业人口7069人，耕地面积1827公顷。全年人口自然增长率1.5‰。工业总产值10.8亿元，农业增加值1.92亿元，全社会固定资产投资1.17亿元，社会消费品零售总额3200万元。粮食总产1.89万吨。农业总产值2.7亿元，农民人均纯收入9325元。乡镇企业25个，规模以上企业4户，乡镇企业总产值11亿元，其中规模以上工业总产值9.4亿元，同比增长10%。地方财政一般预算收入1100万元。幼儿园3所，小学2所，初中1所。卫生院2所，村卫生室11个，个体诊所7个。

【来牟镇】 辖区面积55.72平方公里，辖9个行政村189个村民小组和2个居委会6个居民小组。2015年年末，总人口2.68万人。全年人口自然增长率负1.73‰。粮食播种面积2910公顷，粮食总产1.94万吨，同比增加2%；农民人均可支配收入1.21万元，同比增加12.33%。招商引资3979万元，新增规模以上企业2家，实现工业总产值21.51亿元，其中规模以上工业总产值18.65亿元。固定资产投资完成1066万元。公共预算收入322.93万元。创建成为“四川省生态乡镇”。有初中1所、小学2所、幼儿园2所。

【保华镇】 辖区面积66.05平方公里，辖10个行政村149个村民小组和2个社区居委会3个居民小组。2015年年末，总人口2.47万人，其中非农业人口2296人，耕地面积1666公顷。农业生产总产值3.37亿元，同比增长8%；工业产值实现10.3亿元，同比增长10%；财政收入1077.23万元；农民人均可支配收入1.19万元。固定资产投资880万元。招商引资1380万元。有幼儿园4所、小学2所。

【过水镇】 辖区面积47.58平方公里，辖9个村163个村民小组和2个社区居委会。2015年年末，总人口2.3万人，其中非农业人口1000人，耕地1731公顷。全年人口自然增长率0.6‰。粮食总产1.72万吨，农业总产值2.67亿元，农民人均纯收入1.2万元。引进5家企业落户，工业生产总值完成9500万元，同比增长9%。招商引资8000万元。地方财政一般预算收入111.2万元。有卫生院2所、村卫生室19个、个体诊所1个。

【鼎新镇】 辖区面积52.8平方公里，辖11个行政村143个村民小组和1个社区居委会4个居民小组。2015年年末，总人口2.29万人，其中非农业人口2020人，耕地面积1666.67公顷，林地面积1200公顷。全年人口自然增长率负0.22‰。工业总产值9350元，农业总产值6.2亿元；农民人均纯收入1.64万元，同比增加1901元。粮食总产1.8万吨。培育新型农业经营主体11家，其中家庭农场7个、农民专业合作社4个。民营企业47个，其中私营企业4个、个体企业43个。地方财政一般预算收入120.02万元，同比增长1.6%。有幼儿园2所、小学1所、初中1所。卫生院1所，村卫生室22个，个体诊所2个。镇卫生院被国家卫生计生委评为“2014—2015年度群众满意的乡镇卫生院”。

【东佳镇】 辖区面积80.31平方公里，辖8个行政村146个村民小组和1个社区居委会5个居民小组。2015年年末，总人口2.09万人，其中非农业人口1158人，耕地面积1968公顷。全年人口自然增长率负9.2‰。地区生产总值6.7亿元，同比增长3%。工业总产值6600万元，农业总产值1.27亿元，农民人均纯收入1.17万元。粮食总产1.73万吨。有企业6家。地方财政一般预算收入34.47万元。有幼儿园3所、小学3所、初中1所。卫生院1所，村卫生室11个。

【河口镇】 辖区面积67平方公里，辖8个行政村162个村民小组和2个社区居委会。2015年年末，总人口2.15万人，耕地面积1632.47公顷。全年人口自然增长率负1.24‰。粮食总产1.64万吨；农民人均纯收入9066元，同比增长11%。公共财政预算收入145.22万元。招商引资5462万元。

【望佳镇】 辖区面积31.8平方公里，辖11个行政村145个村民小组和1个社区居委会5个居民小组。2015年年末，总人口2.01万人，其中非农业人口1526人，耕地面积1412.5公顷。工业总产值4200万元，农业总产值3.58亿元，地方公共财政收入825.93万元，招商引资5329.5万元。农民人均纯收入1.53万元，同比增加1518元。粮食总产1.5万吨。乡镇私营企业3个。幼儿园5所，小学1所，初中1所。乡级卫生院1所，村卫生室

14 个。

【观山镇】 辖区面积 44.87 平方公里，辖 18 个行政村 150 个村民小组和 2 个社区居委会 8 个居民小组。2015 年年末，总人口 2.01 万人，耕地面积 1331.57 公顷。全年人口自然增长率 1.5‰。农民人均纯收入 1.13 万元，同比增加 1120 元。粮食总产 1.6 万吨。县级龙头企业 1 户，农民专合组织 8 户，家庭农场 2 个，协会 2 个。有企业 5 户，企业生产总值 2.3 亿元，其中规模企业总产值 1.3 亿元。地方财政预算收入 113.5 万元。招商引资 4800 万元，全社会固定资产投资 5066 万元，同比增长 1.3%。有幼儿园 4 所、小学 1 所、初中 1 所。乡级卫生院 1 所，村卫生室 15 个，个体诊所 1 个。

【新桥镇】 辖区面积 51.92 平方公里，辖 8 个行政村 100 个村民小组和 1 个社区居委会 5 个居民小组。2015 年年末，总人口 1.86 万人，其中非农业人口 2425 人，耕地面积 1423.87 公顷。全年人口自然增长率 2‰。工业总产值 6.27 亿元，农业总产值 1.38 亿元，地方公共财政收入 1495.06 万元。农民人均纯收入 1.14 万元，同比增加 548 元。粮食总产 1.39 万吨。乡镇企业 14 家，其中规模以上企业 3 家。招商引资 3298 万元。初中 1 所，小学 2 所，幼儿园 4 所。乡级卫生院 1 所，村卫生室 8 个。

【古文镇】 辖区面积 51.18 平方公里，辖 10 个行政村、2 个社区居委会、129 个村民小组。2015 年年末，总人口 1.62 万人，其中非农业人口 889 人，耕地面积 1193.26 公顷。全年人口自然增长率负 1.92‰。农业总产值 2.41 亿元，同比增长 3.5%；农民人均纯收入 1.01 万元，同比增长 12.49%；财政总收入 761 万元，同比增加 31.6%；完成工业总产值 8250 万元，同比增长 13.13%。粮食总产量 1.38 万吨。地方财政一般预算收入 37.68 万元。有九年义务制学校 1 所。卫生院 1 所，村卫生室 12 个。

【铁厂镇】 辖区面积 59.01 平方公里，辖 10 个行政村、108 个村民小组、1 个社区居委会。2015 年年末，总人口 1.34 万元人，耕地面积 706.67 公顷。全年人口自然增长率负 3.31‰。农业总产值 1.06 亿元，全社会固定资产投资 3025 万元。农民人均纯收入 1.02 万元，同比增加 475 元。乡镇企业（私营企业）18 个，乡镇工业企业总产值完成 4.7 亿元。招商引资 3010 万元。财政一般预算收入 234.58 万元。有初中学校 1 所、小学 1 所、幼儿园 1 所。镇文化站 1 个，镇卫生院 1 所。

【正紫镇】 辖区面积 37.84 平方公里，辖 8 个行政村 75 个村民小组和 1 个社区居委会 4 个居民小组。2015 年年末，总人口 1.08 万人，耕地面积 799.13 公顷。全年人口自然增长率 1.21‰。农业总产值 1.76 亿元，同比增加 15.5%。粮食总产 9509 吨。农民人均纯收入 1.03 万元。乡镇企业 2 个。地方财政一般预算收入 51.04 万元。招商引资 2500 万元。有中学 1 所、小学 1 所、幼儿园 2 所。乡镇卫生院 1 所。

【古佳乡】 辖区面积 38.24 平方公里，辖 8 个行政村 89 个村民小组和 1 个社区居委会 1 个居民小组。2015 年年末，总人口 1.05 万人，其中非农业人口 453 人，耕地面积 839.73 公顷。全年人口自然增长率 2.3‰。工业总产值 833 万元，农业总产值 1.15 亿元，农民人均纯收入 1.04 万元。粮食总产 8194 吨。个体工业 16 个。幼儿园 1 所，小学 1 所。乡级卫生院 1 所，村卫生室 11 个。

【复兴乡】 辖区面积 21.7 平方公里，辖 8 个行政村 74 个村民小组和 1 个社区居委会 1 个居民小组。2015 年年末，总人口 8493 人，其中非农业人口 433 人，耕地面积 566.13 公顷。全年人口增长率 0.12‰。工业总产值 797 万元，农业总产值 4118 万元。农民人均纯收入 9600 元。粮食总产 5152 吨。乡镇企业 5 个。幼儿园 1 所，小学 1 所。乡级卫生院 1 所，村卫生室 7 个。

【墨林乡】 辖区面积 42.89 平方公里，辖 7 个行政村 73 个村民小组和 1 个社区居委会 7 个居民小组。2015 年年末，总人口 8514 人，其中非农业人口 406 人，耕地面积 508.3 公顷。全年人口自然增长率负 1.24‰。工业总产值 2629 万元，农业总产值 1634 万元，农民人均纯收入 9333 元。招商引资 510 万元。村文化室 7 个，村体育场 6 个，农家书屋 9 个。有中心校 1 所。乡级卫生院 1 所，村卫生室 3 个。敬老院 1 所，入住供养老人 33 人。

【东兴镇】 辖区面积 57.16 平方公里，辖 6 个行政村 64 个村民小组和 1 个社区居委会。2015 年年末，总人口 8008 人，其中非农业人口 470 人，耕地面积551.6公顷。全年人口出生率8.72‰，人口自然增长率8‰。乡镇企业总产值2.8亿元；规模以上工业总产值2.5亿元，同比增加12%。农业增加值4348元，农民人均纯收入1.06万元。粮食播种面积1186.67公顷，产量5695吨。乡镇企业205个，其中：私营工业企业10个（规模以上企业3个）。社会固定资产投资2060万元，社会消费品零售总额实现4180万元，招商引资550万元。财税一般预算收入285.91万元。有九年制义务教育学校1所、幼儿园2所。卫生院1所，村卫生室5个。

【雷音乡】 辖区面积37.4平方公里，辖4个村60个村民小组和1个社区。2015年年末，总人口8149人，其中非农业人口200人。全年人口自然增长率负3.11‰。农业总产值8596万元，同比增长12.5%。财政收入485.42万元，招商引资550万元。有小学1所。文化站1个，农家书屋5个，远程教育站点5个。卫生院1所，村卫生室4个。投入245万元建设的敬老院项目投入使用，入住五保老人33人。

【于佳乡】 辖区面积20.56平方公里，辖6个行政村60个村民小组和1个社区居委会3个居民小组。2015年年末，总人口8090人，其中非农业人口530人，耕地面积451公顷，林地面积677公顷。全年计划生育率92.68%，人口自然增长率负2.07‰。工业总产值3300万元，农业总产值9100万元。农村居民人均纯收入9013元。地方财政一般预算收入41.89万元，固定资产投资6000万元，社会消费品零售总额691万元。粮食总产5432吨。有乡镇企业16个。幼儿园1所，小学1所。医疗卫生机构1个。

【金花乡】 辖区面积42.7平方公里，辖5个行政村63个村民小组和1个社区居委会1个居民小组。2015年年末，总人口6838人，其中非农业人口283人。农业总产值3708万元，同比增长3.3%。地方财政一般预算收入10.72万元，固定资产投资790万元，招商引资630万元。小学1所，文化站1个，农家书屋5个。卫生院1所。敬老院1个，集中供养五保户23人。

（荣县地方志办）

富顺县

概　貌

【位置　面积　人口】 富顺县地处四川盆地南部、沱江下游，位于北纬28°55′—29°19′、东经104°40′—105°16′之间。东邻隆昌，南接泸州，西靠沿滩，东北与隆昌临界，西北与大安相连，西南接壤宜宾。县政府驻地富世镇，距省会成都200余千米。2015年年末，辖区面积1342平方千米。居民户数31.96万户，人口108.32万人。其中，农业人口73.95万人，常住人口83.01万人，城镇化率37.2%。

【建置沿革】 富顺县原为古代江阳县治域，北周天和二年（567年）划出富世盐井及周围地区，设雒原郡及所辖之富世县。隋开皇二年（582年），撤郡存县，隶于泸州，县域约1500平方千米。唐贞观二十三年（649年），更名富义县。北宋乾德四年（966年），升县为监，隶于梓州（潼川）府路，境域约3000平方千米。太平兴国元年（976年），改名富顺盐监。元世祖至元十二年（1275年），改富顺监为富顺安抚使司；至元二十年（1283年），升为州，隶于四川行中书省之叙州路。明洪武四年（1371年），降州为县，隶于叙州府。清代因之。民国前期，先后隶于川南道、永宁道。民国17年（1928年），裁道，隶属四川省。民国24年（1935年），隶于四川省第七行政督察区，县域2208平方千米。新中国成立后，先后隶于泸县、隆昌、泸州、宜宾专区。1983年3月，划归自贡市管辖。2001年4月，撤区并镇，全县辖27镇、4乡。2005年7月，自贡市区划调整，县域庙坝、牛佛、回龙镇划归大安区管辖，瓦市、仙市镇划归沿滩区管辖。全县辖22镇、4乡，辖区面积由1603平方千米减为1342平方千米。

【地质水文】 县境地势由北向南倾斜，地形以馒头状浅丘为主，占总面积90%以上。浅丘多由页岩和泥岩组成，相对高度20米—60米之间，坡缓土厚，宜耕种。河流属沱江水系，沱江由北向南纵贯县境，境内河段长94千米，年平均径流量每秒350立方米。另有大小溪河367条。其中，长度10千米以上，流域面积30平方千米以上25条；长度50千米以上，流域面积100平方千米以上3条。

【气候】 2015年，平均气温19.1℃，比常年平均气温高1.1℃。极端最高气温37℃，极端最低气温3.9℃。降水量1076.4毫米，比常年平均降水多6%。日照时数1073小时，比常年平均日照时数少2%。全年气候特点：暖冬天气明显，春季气温异常偏高，夏无酷暑，秋绵雨明显。

【自然资源】 县境自然资源丰富，沱江富顺段可开发电能6.8万千瓦，建有装机容量1.4万千瓦、1.8万千瓦水电站各1座。有煤炭、石灰石、卵石、河沙、建筑石料等矿产资源14种，矿产地148处。野生植物有药材60余种，野生动物以鸟类、鱼类为主，以及龟、鳖、野兔等。2015年年末，森林面积2.79万公顷，森林覆盖率35.2%，主要树种有马尾松、杉树、大头茶桉、泡桐、笋竹等。实有耕地面积4.91万公顷，主要种植花生、油菜、大豆、芝麻、甘蔗、优质柑橘、茶叶、蚕桑等经济作物和水稻、小麦、玉米、高粱、红薯等粮食作物。禽畜养殖以生猪、肉牛、黑山羊、鸡、鸭、鹅、兔为主。

【旅游资源】 县城聚集有国家级文物保护单位富顺文庙、省级文物保护单位“戊戌六君子”之一的刘光第墓，有西湖、五府山、钟秀山、千佛寺、回澜塔、天然石佛、福源灏清代民居、后街——市中花园古城区等景区景点。县境沱江段因拦江发电，形成黄泥滩、黄葛灏2座人工湖；沿沱江有明清建筑风貌保存完好的四川省历史文化名镇——狮市古镇，中国历史文化名镇——赵化古镇，以及与合川钓鱼城齐名的虎头城古迹遗址等。青山岭山脉横贯县境东南，山中有传闻明朝建文皇帝隐居的金田寺遗址，有始建于明朝末年的普法寺，天池湖景区坐落其间；其尖山坡一带，具有独特的喀斯特地貌，有上、下仙鹅洞及仙女洞等溶洞。李桥镇五条沟景区方圆10平方千米，山高林密，风光秀美。年末，县境有森林公园2个、旅游景区5个。

政治建设

【重大决策】 3月26日，县委、县政府出台《加快推进新型工业化进程的意见》，提出通过完善工业体系，加快工业项目建设，推进工业技术创新与结构升级，培育大企业与大集团，着力发展化工新材料、机械机电制造、农产品加工、纺织服装等四大主导产业，推动高端产业、高新企业以及战略新兴产业发展；力争全年实现规模以上工业产值250亿元，比2014年增长8.6%；培育主营业务收入超1亿元企业52家，工业化率升至50%。6月2日，县委、县政府发布促进残疾人事业发展实施意见，旨在增强全社会扶残助残意识，健全残疾人权益保障机制，优化残疾人事业发展环境；重点做好残疾人医疗康复和残疾预防，生活与住房基本保障，以及教育、就业、扶贫等工作，让全县8.25万残疾人实现小康。同日，县委、县政府印发《加强偏远农村教育工作实施意见》，明确：优化校点布局，到2016年，撤并学校（校点）11所（个）、恢复学校（校点）9所（个）、新建学校（校点）39所（个），全县所有村级小学、教学点和距离县政府驻地30千米以外中学、完全小学办学条件基本达到省级标准，实现义务教育均衡发展；加强农村学校教职工和校长两支队伍建设，加快校舍、教师公租房等基础设施建设，强化安全教育与管理，健全留守儿童教育管理机制，开展偏远农村学生职业技术教育等；着力打造一批中小学名校，提高教育现代化程度，教育综合实力进入川南地区先进行列。8月6日，县委印发《贯彻党的十八届四中全会精神全面推进依法治县的决定》：在全县开展宪法教育和群众性法治文化活动，弘扬社会主义核心价值观，把法治教育纳入精神文明创建内容。推进依法执政，健全党的领导体制，完善党的执政方式，加强党内制度建设；健全依法决策机制，规范执法行为，推进政务公开，强化行政权力制约和监督；推进司法改革，加强司法规范化建设与监督，确保公正司法；完善现代社会治理体制，健全依法维护群众权益和化解纠纷机制，完善法律服务体系，实现社会依法治理。9月17日，县委、县政府印发精准扶贫攻坚“八大工程”实施意见，即：生产发展产业富民“三带动”工程，美丽新村危房改造“三结合”工程，基础设施公共服务“四优先”工程，优惠政策“四兜底”工程，医疗救助爱心援助“六落实”工程，教育与技能培训“三减免三资助”工程，财政金融社会“三投入”工程，到村到户对口帮扶“五到位”工程。未来5年每个贫困村投入不少于500万元，确保全县每年减少农村贫困人口6000人左右。2019年，全县农村贫困人口全部脱贫；2020年，有劳动能力贫困户年人均纯收入超全省当年农村人均可支配收入10%以上。实现村有“1+6”服务中心、幼儿园，组有硬化路、宽带能入网，适龄子女就近入学；户户有安全饮用水，有生活用电和广播电视。

【县委工作】 2015年，组织开展“情满富顺·三下乡”、党政领导干部读书班、“三严三实”主题教育、纪念抗日战争胜利七十周年等重大活动。促进经济社会协调发展，制订农村扶贫开发、残疾人发展与偏远农村教育工作等重大决策；转变政府职能，推行政府机构改革；推进依法治县，建设法治富顺、法治政府和法治社会。3月9日，召开县委第十一届代表大会第四次会议，听取、审议县第十一届委员会工作报告和纪委工作报告，并形成相关决议。全年召开县委全委会、常委会等会议35次，编写富顺信息45期、社情民意13期，撰写产业发展、经济建设、党的建设等调研报告32篇，出版《中共富顺历史大事记》（2004—2014）、《中国共产党富顺执政实录》（2014年卷）等党史资料。

【人大监督】 2015年，审议国民经济和社会发展计划执行情况，视察重点企业、重大项目和经济园区，提出建议60余条。执法检查统计法、食品安全法等法律法规贯彻落实情况，监督政府依法行政；组织代表旁听案件庭审，监督司法公正。开展民生监督，调研饮用水源安全、棚户区改造等项目，撰写调研报告20余篇。全年组织视察与调研活动38次、执法检查8次，收集代表议案、建议和意见130件。召开县人大常委会议7次、主任会议16次，听取和审议专项工作报告24个，做出决议4项、决定8项；补选市人大代表2人、县人大代表8人，罢免县人大代表1人，任命国家机关工作人员32人，免职14人、接受辞职1人。3月12—15日，召开县第十五届人大四次会议，听取和审查县人大、县政府、县法院、县检察院工作报告，并通过相关决议；选举胡晓明为县检察院检察长。9月29—30日，召开县第十五届人大五次会议，选举曾健为县政府县长。

【政府工作】 2015年，推进依法行政，组织“会前讲法”活动896场（次），参与学习党政干部1.1万人（次）。清理优化行政权力6772项，取消行政审批项目前置条件38项，公开政府文件、财政预决算等政务信息2496条。召开政府常务会议14次，研究招商引资、项目建设、人事任免等事项，做出“城乡建设用地增减挂钩试点”“调整乡镇财政管理体制”等重大决策；举办“植树节”“重大项目集中开工”等活动。调整产业结构，加快城乡基础设施建设，促进经济社会和谐发展，全年地区生产总值221.79亿元，比2014年增长8.9%。支出民生资金24.1亿元，完成民生工程9项、实事14件。实施精准扶贫攻坚“八大工程”，脱贫7个村、8096人。

【政治协商】 2015年，发挥民主监督，效能与廉政测评党政、公共服务部门65个，民主评议单位2个。参政议政，调研产业发展、城市建设、教育、医疗等问题，撰写调研报告4篇，收集社情民意12条，办理委员提案129件。加强文史宣传，编撰出版《一方灵秀之地·富顺》系列文史丛书，举办书画摄影优秀作品展等。是年，成立政协委员企业家联谊会，县政协内设机构调整为提案、学习文史联谊、经济、科教文、法制群团、人口资源环境、农业等7个专门委员会。全年召开政协常委会议6次，协商讨论县政府、县检察院、县法院工作通报，听取民主评议单位工作情况，信任投票拟提拔干部等。召开主席会议11次，协商讨论部门预算、城乡建设用地增减挂钩试点等工作，增补政协委员3人。

【机构改革】 2015年，撤销政府工作部门6个，新组建县卫生和计划生育局、县经济商务科技和信息化局、县文体广电旅游和新闻出版局，接收省垂管部门2个。改革后，县政府设置工作部门24个，减少3个。按照“政事分开、事企分开、优化结构、精简效能”原则，分类管理全县事业单位365个，划为行政类4个、公益一类305个、公益二类19个、生产经营类7个，暂缓分类22个，不纳入分类1个，实施行政类改革1个、生产经营类改革2个。扩权强镇，整合镇乡机关综合办事机构，接收政府部门委托、下放事权107项。年末，有县级党政群机构56个，事业机构369个；行政编制2314人（含政法专项编制619人），事业编制1.48万人（含参公管理编制719人）。

【纪检监察】 2015年，落实“两个责任”，党政部门“一把手”向县纪委全委会述责述廉，县委书记约谈2014年度落实责任不到位镇（乡）党委书记3人，取消评优评先资格15人，“一案双查”领导干部7人，受警示单位4个。预防腐败，公示行政权力4145项，执行领导干部个人事项报告、述责述廉、廉政谈话等制度，诫勉约谈科级领导干部3人、函询科级领导9人，廉洁审查拟评优评先单位283个、个人1123人。明察暗访单位83个，通报存在“四风”问题单位29个，问责14人，清退违规发放津补贴21.76万元。受理检举控告类信访举报219（件）次，党纪政纪立案146起，处分146人，挽回经济损失240余万元。是年，创建县中医院、富世镇釜江社区等廉政文化示范点22个，全县党风廉政建设满意度指数84.98，全省排名87位，比2014年上升44位。

【组织工作】 2015年，开展“三严三实”教育活动，组织乡科级领导140余人开展读书活动，观看《江姐》《吴玉章》以及南充拉票贿选案《深刻的反思》等专题片，党组织书记上党课991次。加强干部管理，落实职务与职级并行、镇乡非领导职务设置等政策；遴选、培养年轻科级干部44人、村和社区后备干部40人，调整科级领导干部202人，免去涉嫌违法违纪干部7人职务；建立科级干部家庭成员信息库，经济责任审计领导干部14人。提升干部综合能力，举办干部培训班371期，培训4万余人（次）。年末，全县有党政机关干部2481人。其中，县级领导30人、正科级213人、副科级399人。有直属党委39个、党总支45个、基层党支部997个，党员3.44万人。其中，年内新发展党员328人。

【思想政治宣传】 2015年，组织开展“三严三实”、依法治县等10余项专题学习。成立宣讲团，举办党的十八届五中全会和省委十届七次全会精神宣讲活动500余场次，听众20余万人（次），表彰学习型机关10个、学习标兵14人。宣传富顺经济社会发展，制作深化改革、产业发展等专题10余个，播出《富顺新闻》250期，出版《富顺宣传》100期，获中央及省级媒体采用稿件487篇。开展群众性文体活动，举办迎春文艺汇演、书法美术摄影展等活动120余场，编辑出版《富顺民歌民乐作品选》《富顺老照片》等文化丛书。完善文化阵地建设，建成富世镇海棠、古佛镇凤仪幸福美丽新村文化院坝，配送50个留守儿童之家、30个老年活动中心活动器材和村社文艺队伍音箱280个。年末，全县有专（兼）职文化宣传员558人。

【统战工作】 2015年，举办纪念抗日战争和世界反法西斯战争胜利70周年诗歌朗诵比赛。发挥民主党派参政议政、民主监督作用，召开迎春座谈会、情况通报会等12次，调研城市建设与管理、职业技能培训与产业发展等，组织“送医、送春联、送科技下乡”和访贫助学活动。动员非公经济人士捐款1000余万元，投入助学、扶贫等公益事业。宣传民族宗教政策，解决2户少数民族家庭住房困难，创建和谐寺观教堂，培训宗教界代表人士7人。做好侨务、对台和海外统战工作，建立镇乡侨心书屋，接待台商投资考察2次，春节慰问重点台胞、台属10户。

【政法工作】 2015年，推进经济社会和谐发展，制订依法强制开工方案14个，拆除房屋151栋4.68万平方米，确保沱江三桥、代寺镇污水处理厂等14项重点工程平稳推进。建成社会治安科技防控体系动态视频网络，破获县境首例邮寄毒品案件，侦破命案6起；6月19日，抓获潜入县境“伊吉拉特”恐怖组织成员6人。完善大调解体系，司法调解案件835起、行政调解案件427起。全年调解矛盾纠纷3246起，处置医患纠纷42起、劳资纠纷25起，无群体性事件。是年，县公安局破获刑事案件1237起，查处治安案件2710起；县检察批准逮捕案件164起249人，移送法院起诉264起418人；县法院受理各类案件6659起，审（执）结6319起；县司法局实施法律援助案件335起，发放司法救助金3例14万余元。

【武装工作】 2015年，修订作战指挥战备方案，建成作战指挥中心和战备器材库，补充战备物资。提升干部技能，培训干部战术标图等技能，组织森林灭火、水上救援等演练，军事训练民兵570人。开展国防教育，完成夏、秋季征兵任务。开展双拥共建活动，就业技能培训退伍军人；走访慰问复员退伍军人、现役军人、军烈属，以及困难群众、留守儿童，发放慰问金3.2万元。参与县域经济建设和社会治理，出动民兵预备役人员2500余人（次），完成山火扑救、执勤等任务。

【民主党派和工商联】 2015年，县境有民革、民建、民盟、农工等民主党派4个，新发展民主党派成员15人，换届选举李世超为农工民主党富顺县委主委、汪晓东为民盟富顺总支主委、张灿为民建富顺总支主委。年末，民主党派有成员293人。其中，民革59人、民建53人、民盟59人、农工122人。是年，县工商联组织非公企业家50余人到浙江大学参加综合能力提升培训，协助40余家企业融资贷款近2亿元。动员在外成功人士建设家乡，招商引资2.7亿元。引导非公企业开展慰问老人、捐资助学等活动，无偿捐赠资金及物资总值204万元。加强基层商会建设，实施怀德商会换届，筹建宁波商会。年末，建有镇乡商会4个，北京、西藏等异地商会6个。

【工会活动】 2015年，制订"大群团"工作实施方案，建成试点党委群团工作部5个，镇乡、村和社区服务中心10个。新建工会20个，入会职工（含农民工）2130人。开展女职工趣味运动会、男子篮球公开赛等工会活动。举办"中国梦·劳动美"等主题劳动竞赛，参与职工1.5万人（次），收集合理化建议5629条、技术革新399项，创经济价值1890万元。推荐评选2011—2015年全国劳模1人、省级劳模2人、市级劳模6人。维护职工合法权益，开展劳动用工、职业病防治、工资清欠等督查行动，为3549名职工追讨工资3451万元，女职工参加大病互助保险1875人；帮扶困难职工360人，资助物资、现金总值45.86万元。举办"春送岗位"招聘会2次，签订用工协议185份；"夏送清凉"慰问生产一线职工1.2万人，发放价值40余万元防暑降温药品；"秋送助学"资助困难职工家庭子女100人，助学金25万元；"冬送温暖"慰问困难职工2718人（次），送慰问金88万余元。年末，全县有工会组织1276个，会员33.2万人。

【共青团工作】 2015年，开展社会主义核心价值观等主题教育实践活动。建有"小红帽""富顺义工"等社会志愿者组织8个、服务站27个，注册青年志愿者4000余人，开展社区服务、应急救援等活动20余次。创建星级留守学生之家21个，开展"家乡助你上大学"、送教下乡等活动，资助困难青少年80余万元。开设青少年素质拓展专业10余个，招生3.5万人（次），舞蹈、书法、美术等艺术培训乡村青少年近2000人。是年，换届选举团县委第十八届委员会，新建直属机关团组织4个、非公有制企业团组织10个，发展团员2000余人。表彰先进基层团组织19个，优秀团干部32人、团员37人，推优入党优秀团员150人。年末，有基层团组织1844个，团员5.3万人。

【妇联工作】 2015年，促进妇女就业，创建市级妇女居家灵活就业基地2个、省级巾帼文明岗1个、市级巾帼文明岗2个，培训农村妇女蚕桑养殖、甜橙管理等实用技术。举办"三八"妇女节运动会、家庭教育知识讲座等活动，评选绿色、卫生、低碳家庭312户，绿化优美庭院12户、"最美家庭"10户。开展帮扶活动，资助15户贫困户生产资金2.7万元；"六一"儿童节，送飞龙镇贫困留守儿童书包、书籍等价值5000余元，结对资助贫困学生68人3.52万元；慰问贫困母亲80人，送慰问金3.2万元，宫颈癌、乳腺癌免费检查妇女2.4万人，医疗救助33人33万元。是年，召开县第十五次妇女代表大会；建立机关、企事业单位妇女组织57个，镇乡妇联26个。

【信访和群众工作】 2015年，推进网上信访制度改革，办理省信访信息系统网上投诉91件，市、县主要领导信箱与热线电话留言216件，回复"人民网"网友留言382件，县信访局获全国网民留言办理先进单位。组织信访下乡活动15次，排查农村居民点建设、高速公路占地补偿、企业改制等信访及矛盾纠纷221件。全年受理群众来信、来访、来电及网上信访1862件（次），比2014年增长5.98%。其中，县本级办理信访1100件。督查信访积案化解责任单位14个，化解省级交办信访30件、市领导包办信访3件。

【政务服务】 2015年，探索"互联网+政务"服务模式，网上年检组织机构代码400件、上网纳税1554户。公示县级行政权力清单，取消行政事业性收费36项，免征小微企业、非营利性机构收费27项；承接行政审批事项8项，下放28项，保留182项，取消22项。督促行政权力网上公开运行，办理除审批外行政事项7117项，居全市第一。完善公共资源交易与政府采购监控体系，交易公共资源356宗，招投标和政府采购金额5.02亿元，比预算少支出1.35万元；产权出让成交金额2.09亿元，增值213.25万元。办理工程监理、房屋产权等中介服务事项3.29万项，收入3935.91万元。升级达标镇乡便民服务中心16个、村和社区便民服务室79个。全年26个镇乡便民服务中心办结服务事项15.4万项，375个村和社区便民服务室办理咨询事项10.15万项、服务事项10.22万项。县政务服务中心进驻部门和单位35个，办理行政审批和公共服务事项123.03万项，按时办结率100%。各帮扶中心、帮扶站投入资金1.05亿元，接济贫困群众79.3万人（次）。

经济建设

【主要经济指标】 2015年，全社会固定资产投资122.56亿元，比2014年增长6.2%。社会消费品零售总额97.98亿元，增长11.7%。地区生产总值221.79亿元，按可比价计算，增长8.9%。其中：第一产业增加值39.24亿元，增长3.9%；第二产业增加值117.81亿元，增长10.2%；第三产业增加值64.74亿元，增长9.2%。三次产业比重由2014年18.2∶53.9∶27.9调整为17.7∶53.1∶29.2。全年农业产值64.28亿元，增长4.5%；工业增加值96.07亿元，增长9.9%；非公有制经济增加值123.54亿元，增长9.5%，对经济增长贡献率59.6%，拉动经济增长5.3个百分点。

【种植业】 2015年，发展现代农业，推广粮食经济作物复合种植面积3181.33公顷，建中稻—再生稻产业基地3.01万公顷、中稻—再生稻“创吨粮工程”6706.67公顷、高粱—再生高粱产业基地1万公顷。建成代寺、赵化镇甜橙示范区1573.33公顷，永年、富世—互助省级现代农业园区1353.33公顷，全国绿色食品原料（塔罗科血橙、梨橙）标准化生产基地8720公顷。引进“川干香1号”、“川椒红胜”辣椒新品种，栽植面积108公顷。投资3.9亿元，实施重大项目12项。建高标准农田3200公顷，推广测土配方施肥面积5.37万公顷，实施粮食生产能力田间工程、退耕还林成果基本口粮田等。落实惠农政策，发放3.79万公顷耕地地力保护补贴8089.52万元；政策性农业保险参保水稻、玉米等作物面积3.61万公顷，保费987.74万元。全年播种粮食面积7.07万公顷，产量50万吨，比2014年增长5.7%。其中，再生稻接受国家统计局和省调查队现场测产，有收面积2.91万公顷，产量7.52万吨。粮食生产连续8年获省政府“丰收杯”奖。

【农业机械】 2015年，机耕面积3.57万公顷（次），机收面积2660公顷，机械半机械植保面积5万公顷（次）。小麦、玉米、水稻等农作物机械半机械脱粒量43.55万吨，加工农副产品30.5万吨。是年，财政补贴1295户农户85.23万元，购置农机具1320台。新增提灌机械352台2300千瓦，修复、改造提灌机具1436台1.47万千瓦，机电提水量1800万立方米。年末，全县农业机械总动力29.58万千瓦，比2014年增长4.1%。

【林业】 2015年，投资5600余万元，实施民生工程5项，退耕还林46.67公顷，管护天然林2066.67公顷、重点公益林3146.67公顷，续建退耕还林面积9353.33公顷，抚育公益林4933.33公顷。“绿地”行动绿化城乡道路25千米，栽植黑杨、巨桉26万余株。全年投资2.34亿元，管护、抚育退耕还林9353.33公顷，营造甜橙、巨桉、桢楠、香椿等林木2613.33公顷，全民义务植树54万株。保护森林资源，投保森林面积1.16万公顷，有害生物防治面积1333.33公顷。全县有木竹制品加工企业和专业合作社25家，年产竹笋2.5万吨、竹（木）胶合板8万张、竹片2万吨。办理林木采伐许可证382份，采伐蓄积林木5180.45立方米，占采伐指标26.5%。林业总产值19.13亿元，比2014年增长9.38%。年末，森林覆盖率35.2%，比2014年提高0.7个百分点。

【畜牧业】 2015年，实施肉羊、生猪产业化等项目建设，改建、扩建规模化养羊场10个、猪场2个、牛场1个，创建国家级示范养殖场1个、省级示范场2个、市级示范场3个。全年出栏生猪66.59万头、肉牛1.15万头、肉羊46.72万只、家禽878.59万羽、肉兔1606.02万只，肉类总产量8.81万吨，禽蛋产量1.29万吨。生猪良种三元杂交改良率95%，畜禽规模养殖率70%。防控猪口蹄疫、牛口蹄疫、羊口蹄疫、猪瘟、禽流感等疫病，免疫畜禽890.46万头（只）、犬只3.22万只。产地检疫畜禽200.19万头（只），屠宰检疫动物112.06万头（只），肉类检疫2180.23吨，检出并无害化处理病害动物3391头（只）。

【水产养殖】 2015年，举办水产养殖技术培训19期，培训渔业技术员、农户800余人（次）。发展现代水产养殖，改建、扩建标准化鱼池50余公顷，创建农业部认定健康养殖示范场1个、无公害水产基地1个，面积110余公顷。在镇溪河等天然水域增殖放流南方鲇、翘嘴鲌等鱼苗13万余尾。全县有养殖面积2233公顷，投放鱼苗总量4782吨，水产品产量1.83万吨，比2014年增长4%。其中，淡水养殖1.71万吨、淡水捕捞1236吨。渔业总产值3.61亿元。查处渔业案件9起，年检、年审渔业船舶561艘。

【水利】 2015年，投资282万元，实施代寺小流域综合治理项目，坡地改梯田49公顷，栽植林木158公顷，保土耕作372公顷；整治山坪塘3口，新建蓄水池10口。投资150余万元，清理溪河、水库、塘堰漂浮物180余吨，接受国家农村垃圾治理验收。全年水利投资5.2亿元，实施大坡上水库、农村安全饮水、县乡污水处理、小型农田水利等工程10类，整治水利工程307处，新建渠道85千米，整治渠道30千米，安装管道39.5千米，治理河道5.05千米，新增、改善和恢复灌溉面积1040公顷，解决9.5万人饮水问题，治理水土流失面积3000公顷。年末，全县建有水利工程1.08万处，常年蓄水8100余万立方米，有效灌溉面积2.19万公顷。

【工业经济】 2015年，促进产业调整升级，扶助工业项目38项，获国家及省市资金1478万元，技术改造江阳磁材、威力富戎等企业，淘汰江阳玻璃、玉佛机砖厂等6家企业产能。开工建设有机废弃物生物天然气、等离子裂解减排等项目22项，竣工投产豆花蘸水、装饰材料等项目28项。全年投资17.91亿元，实施工业项目79项。规模以上工业产值252.49亿元，比2014年增长10.7%；增加值73.47亿元，增长12%。年末，有规模以上工业企业109家，比2014年减少2家。其中，产值超10亿元企业有中昊晨光化工研究院（16.8亿元）、四川东方变压器集团有限公司（15.6亿元）、县锦明笋竹食品有限公司（14.7亿元）、四川顺麒材料有限公司（12.4亿元）、四川富益电力股份有限公司（10.7亿元）、县恒信昌纺织有限公司（10.7亿元）。

【商务流通】 2015年，组织“名优特新”企业20余家参加“川货全国行”呼和浩特、长春、厦门等地市场拓展活动，在县境举办“迎春购物月”、春季商品展销等促销活动，发展汽车、家电、休闲娱乐等消费热点。商贸投资3.5亿元，兴建四星级富丽大酒店、西部农贸物联港等项目，续建红瑞祥五星级酒店、富顺豆花村等项目。新增限额以上商贸企业17家、重点服务业企业5家。全年社会消费品零售总额97.98亿元，比2014年增长11.7%。21家外贸备案企业进出口总值2645万美元，服装首次出口创汇3万美元。年末，有限额以上商贸企业113家，重点服务业企业23家。

【供销合作】 2015年，发展专业合作组织2个、产销对接专业合作社2个，新建农产品直销店2家、美丽新村生活超市1家。供销系统有成员社8个，县属公司及社会企业类成员社12个，加盟企业1家，专业合作社49个。农村社会化服务体系建有社区综合服务社84个、再生资源回收站点155个、农产品收购网点24个。全年供销系统消费品零售额4.41亿元，供应化肥5217吨；收购农副产品总值4.01亿元，回收再生资源总额3582.5万元。经营服务总额12.01亿元，利润800.74万元。

【财政税收】 2015年，健全政府预算体系，国有资产经营和处置收益、政府性基金收入等纳入公共预算，财政预算报县人民代表大会审议。促进企业发展，投入企业技术改造、产品研发、节能减排等资金2.47亿元，为企业融资担保1.06亿元；设立企业信贷周转基金，累计提供周转金1.04亿元。通过项目扶持、融资贷款等方式，筹措乐自隆高速路连接线、S305绕城改线、沱江三桥等重点工程建设资金近23亿元。落实营业税改增值税、中小微企业税收优惠等政策，取消、暂停行政事业性收费56项，降低收费标准12项。全年国税收入2.19亿元，地税收入6.13亿元。地方公共财政预算收入6.51亿元，比2014年增长9.1%；公共财政预算支出40.03亿元，增长27.89%。

【金融保险】 2015年，县境有银行业金融机构9家，年末存款余额259.08亿元，比年初增长14.1%；贷款余额124.17亿元，比年初增长9.2%。有保险业经营机构7家，保费收入4.78亿元，增长13.53%。其中：财产险收入1.3亿元，增长9.49%；人身险收入3.48亿元，增长15.11%。各类赔付支出5752.3万元，增长4.81%。其中：财产险赔付4987.11万元，人身险赔付655.36万元。

【国有资产运营管理】 2015年，建立国有资产台账和专人管理权证制度，接收万坳、市中花园、西城等农贸市场8个。筹资1800万元，投资入股市能源投资有限公司。公开拍卖富世镇门面4处，金额197万元；出租资产111处，年收益131万元。国企改制完成县糖酒公司破产终结和民爆公司法人资格清算，注销富顺县医药公司。为晨光科技园区基础设施建设、滨江路棚户区改造等项目融资2.9亿元；建立中小企业应急周转金制度，向12家企业发放周转金19笔9600万元。

【招商引资】 2015年，召开返乡人士座谈会12次，回引天思养生养老、德蓉地产、天翔豆花文化村等项目，协议投资50亿元以上。到广州、浙江等地招商，洽谈电商产业园、纺织服装等项目10余项，涉及投资近30亿元。参加中外知名企业四川行、全国知名商会自贡行等招商活动，签订投资协议6份，资金27亿元。全年新签订生猪养殖、星级酒店建设等投资1亿元以上项目13项，履约项目58项，到位市外资金75.98亿元。

【科技推广】 2015年，实施科普惠农兴村计划，成立专业技术协会5个，设立科普站点11个、科普宣传栏10个，开展科普宣传24次。开展国家级知识产权强县工程试点，举办知识产权保护宣传活动2次，发放资料5000余份；申请专利199件，授权专利144件，资助专利41件6.25万元，4件专利获实施与促进专项资金40万元；青少年参加全国创新大赛，获一等奖3项、二等奖1项。推进企业、高校科研合作，实施辣椒新品种培育、中药材——铁皮石斛精深加工、大容量特种变压器开发等项目51项，获省、市补助经费1031万元，县电力金具有限公司成为国家高新技术企业。

【统计与调查】 2015年，实施工业、农业、服务业、科技等专业统计30余项，按月编发《富顺县统计月报》，反映地区生产总值（GDP）、农业、工业等经济发展水平。撰写《统计分析》11篇、统计信息60余篇，发行《富顺县领导干部经济手册（2015）》650册，制作《统计专刊》4期400余册，展示县域经济和社会发展全貌。完成1%人口抽样调查登记、汇总、上报等工作。国家调查队在全县设立调查网点3500个，实施产粮大县监测、消费价格等调查16项，开展农民增收、农村环境保护等专项调查。全年撰写经济信息和分析报告89篇，被四川调查总队、省委和省政府办公厅采用3篇，国家调查总局、中共中央办公厅、国务院办公厅采用2篇。调查统计全年地区生产总值221.79亿元，比2014年增长8.9%。城镇居民可支配收入2.55万元，增长8.9%；农村居民可支配收入1.21万元，增长9.5%。

【审计管理】 2015年，财政预算审计县财政局、地税局及食品药品监督管理局；经济责任审计板桥镇、县环保局等4个单位领导干部6人；民生专项资金审计城镇保障性安居工程、整村连片扶贫开发、小型农田水利设施建设等项目17项；投资审计工程项目103项；效益审计调查滨江路棚户区改造项目前期投入情况等。全年审计项目127项，查出违纪违规金额4.47亿元，责成归还原渠道2.24亿元，减少财政拨款或补贴3500万元，缴纳其他资金1.88亿元，审减工程投资3491.6万元。

【工商行政管理】 2015年，监管流通领域商品质量，抽检农资、服装、建材、手机等94批（次），服装合格率26.67%、建材合格率35.29%、手机合格率55.55%，立案调查不合格商品。规范市场秩序，检查企业、个体户3407家（户），商场、集贸市场等248家（次）。全年立案查处违法违章案件134起，当场处罚2162起，取缔无照经营户118户。受理消费者投诉72起、申诉46起，为消费者挽回经济损失7.47万元。是年，推进“三证合一、一照一码”工商登记制度改革，办理统一社会信用代码营业执照1100个。新发展公司492家、个人独资企业532家、合伙企业9家、个体工商户3119户；登记农民专业合作社73个、家庭农场360个。注册农产品商标12件，培育江阳磁材“恒大”、戎春酒业“戎春”商标为省著名商标，世英农业开发公司“世英”商标为市知名商标。

【物价监管】 2015年，日常价格监测商品9大类90个品种，发布价格动态分析30余期；成本调查水稻、油菜籽、生猪等5类农产品。开展农资价格、教育收费等专项检查，处理价格与收费投诉38起。制订水、气阶梯价格方案，组织听证会，调整气价、电价、油价、水价等。稳定市场价格，征收主要副食品价格调节基金428.8万元，支出224万元。其中，惠民项目补贴3万元，平抑市场价格波动准备金40万元，扶持生产发展资金85万元。全年食品价格上涨2.5%、非食品价格上涨1.2%，服务项目价格上涨2.7%。工业生产者出厂价格下降4.6%，工业生产者购进价格下降4.1%。

【质量技术监督】 2015年，推进质量强县和品牌工作，质量与安全检查农资生产企业8家、鞭炮生产企业8家；产品认证检查儿童玩具、手机、摩托车销售点15个；产品生产许可检查建材、化工企业37家（次）。全县有质量AA级企业2家、A级企业6家，“富顺香辣酱”上榜国家地理标志产品价值榜，品牌价值55.38亿元。计量监督检测加油站76家、车辆检测单位2个、市场19个；计量抽查包装生产企业13家，合格率99%。特种设备安全检查使用单位152个，登记特种设备328台，责令18个单位整改安全隐患。推行组织机构代码网上办理，新办代码621个，变更登记271个；年检代码1461个，迁入11个，迁出5个，注销73个。

城乡建设

【规划与建设】 2015年，编制县城南环路、晨光园区及招公山城市设计与规划，审定镇乡总体规划14项、控制性详细规划12项。招投标监管建筑业项目69项，面积83.1万平方米；施工合同备案项目77项，面积78.93万平方米；办理施工许可证69份，建筑面积156.3万平方米；拆除违法违章建筑459处，面积4.16万平方米。建筑业产值50.81亿元。城市建设柏油路面黑化街道7.5千米，亮化、绿化街道6.3千米，开工兴建北湖公园；农村危房改造4963户，竣工2551户。全年投资23.02亿元，实施重大建设项目25项。年末，县城建成区面积扩至21.1平方千米，常住人口22.6万人，城镇化率37.2%。

【幸福美丽新村建设】 2015年，投资2.16亿元，新建幸福美丽新村17个，完善40个幸福美丽新村设施。建成农民聚居点3个，聚居农户165户；农村保障房5处，解决131户贫困户住房问题；风貌改造农房325户。新建村级服务中心6个、文体广场7个。产业发展种植花卉苗木148公顷，高产示范桑园113公顷、特色经果林327公顷；建10万头生猪场二期工程、白鹅及肉鸭养殖场等，发展特色水产养殖面积16.67公顷。硬化道路64.23千米，新建产业道44.66千米、便民路43.4千米、石拱桥2座。建石河堰4道、蓄水池49口、提灌站7座，整治山坪塘178口、渠系47.89千米。

【交通运输】 2015年，投资9.48亿元，改造省道12.5千米、县道96.5千米，修筑通乡公路53.2千米、村级公路96.2千米，安装路侧护栏113千米。新建马口田治理超载站，马口田、城南两处治理超载站查处超限车辆194辆，卸货2426.85吨。引导运输企业规模化经营，发展城市公交企业1家、货运企业1家。全县有客运企业7家、专业出租车公司3家、货运企业13家；建有二级客运站2个、四级客运站1个、五级客运站5个，开通客运班线144条，通车里程2315.6千米。投资184万元，改渡口为人行桥4座。检验船舶374艘，总吨位2.1万吨。全年公路客运周转量2.92亿人千米，货运周转量13.36亿吨千米；水上运输通航里程160.65千米，客运周转量213万人千米，货物周转量579万吨千米。

【邮政通信】 2015年，电信富顺分公司建成“4G”基站130个，光纤通达286个村，覆盖用户20余万户。全县有宽带用户7万户，天翼手机用户11万户，电信电视用户5万户，邮政通信主营业务收入9273万元。移动富顺分公司投资1.46亿元，实施TD—LTE网络和光纤入户建设，建成“4G”基站458个，改造“2G”“3G”基站438个；新建光纤小区148个、端口1.3万线，覆盖用户4.5万户；打造100兆光纤宽带城市，发展高速上网及高清电视用户2万户；建成156个村宽带端口8968线。联通富顺分公司投资7000万元，新建“2G”“4G”基站80个，完成县城区和板桥、永年等6镇乡光纤网络接入。年末，全县有固定电话用户10.52万户、移动电话用户50.2万户、互联网宽带用户10.61万户。是年，县邮政局正式更名为中国邮政集团公司四川省富顺县分公司，业务收入9920万元。

【城市供水】 2015年，实施城乡供水一体化建设，代寺片区接收柑坳、骑龙、狮市水厂，板桥并购彭庙水厂，童寺水厂供水扩展至万寿片区。投资1000万元，建设安和供水加压站。发展城区用户1.2万户，代寺、童寺等农村用户7544户。全年取水1520万立方米（包括原水），销售水量1085万立方米，经营收入3188万元，利润68万元。出厂水合格率100%，综合水质合格率98%。是年，投资3450万元的城市生活污水处理二期工程投入运行，建成污水管网3.34千米，处理污水302万立方米，减排COD（化学需氧量）1148吨、氨氮94吨，处理污泥1349吨。6月，污水处理厂移交北京首创水务投资有限公司经营管理。

【电力供给】 2015年，修建琵琶220千伏、桂花井35千伏输变电站各1座，农网升级改造线路217.33千米及18个村组低电压网络。投资1200余万元，完成S305线电力设施改造、柑坳站增容等工程。黄葛灏、黄泥滩水电站年发电2.07亿千瓦时，年售电量4.81亿千瓦时，营业收入3.47亿元。年末，有110千伏枢纽变电所1座，110千伏输电线路1条13.08千米；35千伏降压变电所14座，线路22条201.34千米；10千伏线路82条1793千米。供电人口120万人，供电面积1350平方千米。

【城市供气】 2015年，宣传安全用气知识，发放《冬季安全用气》资料5万份，张贴画报200份。组织安全检查6次，探测供气管道720千米，排除安全隐患380余处，整改中低压隐患54处，更换调压器116台；维修用户灶具、热水器等燃器具1245台（次）。敷设各类燃气管线510千米，调峰“三站”投入试运行。新发展城区用户6376户、农村用户6261户、营业用户152户。全年天然气购进总值4789万元，输差率15.24%。营业收入1.34亿元，缴纳税金1416万元。

【房地产管理】 2015年，修建公租房500套、竣工527套，分配廉租房和公租房480套，按季度发放廉租住房补贴320万元。房地产开发投资30.07亿元，在建项目8项，商品房施工面积182.26万平方米、竣工面积8.6万平方米。核发商品房预售许可证22个，预售面积55.84万平方米，售出面积28.83万平方米。新增住房公积金缴纳单位19个、归集金额2.5亿元；累计缴纳单位594个，公积金总额11.73亿元、余额7.35亿元。年内向320个单位职工781人发放贷款2.03亿元；累计发放380个单位职工6277人住房贷款9.02亿元、余额5.87亿元。房屋产权登记1.13万宗，发放房屋所有权证1.13万份。

【国土资源管理】 2015年，征收土地192.06公顷，拆迁农房237户5.97万平方米，支付拆迁补偿资金1.71亿元；收购国有闲置、荒芜土地4宗2.02公顷，支付资金2356.9万元。供应国有建设用地50宗71.97公顷，收益7.2亿元；补办划拨国有土地使用权出让手续760宗4.82公顷、转让1894宗10.64公顷，收入1004.58万元。建征地拆迁安置房6.52万平方米，安置群众655户。城乡建设用地增减挂钩在怀德、彭庙镇复垦地块413个，面积28.87公顷；赵化、飞龙、长滩等镇整理土地3428.8公顷，新增耕地311.87公顷。立案查处违法用地采矿行为193起，拆除违法违章建筑面积2.19万平方米。全年办理土地资源行政审批和服务事项1.92万项，审批农房建房4473户56.68公顷，发放国有、集体土地使用证1.46万份。

【环境保护】 2015年，开展工业废气、建筑施工扬尘等执法检查40次，制止富世镇等10个镇乡秸秆、垃圾焚烧行为60余次。县城区空气质量优良天数240天，可吸入颗粒物（PM10）达标天数292天。投入环保资金1187万元，综合治理沱江（釜溪河）、镇溪河流域水污染问题，镇溪河流域集中式饮用水源水质达标率100%。实施减排项目28项，建成26个镇乡污水处理厂、6家规模畜禽养殖场减排设施，以及县城市污水处理厂二期工程。编制沱江河及集中饮用水源地水质监测报告75份、企业排污监测报告109份。环境监察工业企业80家，纳入危险废物登记管理企业（含医院）42家，责令17家企业整改安全隐患；审批建设项目82项，验收竣工项目14项，立案查处违法案件12起。是年，富顺评为全省环境优美示范县城，童寺、赵化镇评为省级环境优美示范镇乡，石道乡谭家村、赵化镇普安村等8村评为省级环境优美示范村。

【市政管理】 2015年，规范市容秩序，规整占道经营商户136家，取缔校园周边违规经营商户35户，查处县城区扬尘污染54起，清理城区小广告1000余张，拆除存在安全隐患大型楼顶广告牌5块、违章设置招牌56块。购置钩臂式垃圾车、高压冲洗车等城区保洁设备9台，聘请保洁人数334人，清运垃圾3.8万吨，垃圾无害化处理率95%。建立农村“户集、村收、乡镇转运”等生活垃圾处理模式，农村生活垃圾有效处理率86.83%。赵化镇、童寺镇评为市级环境优美示范镇，代寺镇李子铺村等10个村评为县级环境优美示范村。投资612万元，实施基础设施建设项目19项。维修、改造西湖及五府山景观，更换县城区街道LED路灯4272套，维修人行道1万余平方米、路面1.2万平方米，清掏维修下水道2千余米，新建公厕垃圾库1座、垃圾压缩站2座。年末，县城区有公厕41座。其中，水冲式39座。

文化建设

【文化活动】 2015年，举办文化下乡、“全民阅读”、纪念抗战胜利70周年美术书法摄影作品展等活动120余次，观众10万余人。歌曲《盐巴妹儿》获全省第二届民歌大赛三等奖，歌舞《富顺豆花》、童寺唢呐《太阳出来喜洋洋》、长滩莲萧《富顺非遗开新篇》参加成都第五届国际非遗节展演；舞蹈《糍粑海椒香又辣》、小品《石头结》获自贡市第十五届文化艺术节创作、表演一等奖，美术、摄影作品获一等奖各1项。是年，建成童寺镇省级示范文化站；在酒店、电影城等场所设置电子书借阅机8台。全县开放公共图书馆1个、文化馆1个、体育健身馆1座、镇乡综合文化站26个、农家书屋319个。年末，有文化学会、协会13个。

【体育】 2015年，举办迎新年万人健身跑、“8·8”全民健身日活动、篮球赛、中小学生及农民运动会等体育活动10次，参加人数1万余人。参加全省中学生及青少年羽毛球锦标赛，获金牌2枚、银牌2枚、铜牌3枚，被评为体育道德风尚运动队。全年获市级以上体育赛事金牌3枚、银牌2枚、铜牌5枚。年末，建有体育协会19个，会员5000余人。

【文物与非物质文化遗产保护】 2015年，开展全国首次可移动文物普查，采集文物997件。维修富顺文庙大成殿、崇圣祠、大成门及围墙、堡坎等设施，排除刘家祠、谢持碑亭、刘光第故居、狮市川主庙等市、县级文物。保护非物质文化遗产，评审论证《富顺羊肉汤》等项目9项。举办非物质文化遗产镇乡、学校巡回展出，组织富顺汉灯、童寺唢呐、长滩连箫等节目参加省、市展演。年末，县境有国家级文物保护单位1个、省级文物保护单位8个、市级文物保护单位20个、县级文物保护单位20个。馆藏文物975件。其中，一级文物4件、二级文物9件、三级文物216件。

【广播电视】 2015年，播放《富顺新闻》《龙门阵》《电视问政》等自办电视节目6套490余期，制作专题节目10余部。实施广播村村通工程，播放《富顺新闻》《富顺新天地》《天气预报》等新闻、时政、音乐节目。宣传社会公德、职业道德和家庭美德，播出公益广告260条。组织电影放映队10支，在全县26个镇乡319个村放映3828场，观众38万余人（次）。全年广播电视收入3237万元。年末，有线广播电视传输干线网络总长2160.35千米。全年新增有线电视用户6368户、地面数字电视用户1887户、高清电视用户7378户。有线电视总用户11.16万户，入户率34.52%。其中，数字电视用户5.6万户。广播综合覆盖人口107.38万人，覆盖率98.08%；电视综合覆盖人口106.28万人，覆盖率97%。

【档案管理】 2015年，举办档案信息化、规范化培训11期，培训档案人员1269人（次）。指导全县各立档单位归档2014年文书档案5956盒，监督销毁到期会计档案3.64万册，接受代寺、怀德等镇乡文书档案635卷。数字化处理馆藏社保退休、农民建房、学籍等档案126万余页，录入档案检索信息12万余条。接待1.3万人（次）查阅档案3.5万卷（次）、资料1000余册，出具各类档案证明3.4万份（次）。是年，教育系统27个法人单位档案管理达省三级以上标准，富和、长滩、石道等3镇乡创建为全省新农村建设档案工作示范镇。年末，全县档案管理达省三级及以上标准单位

244个。

【地方志工作】 2015年，创新年鉴编纂内容，增设“人物传记”“人物简介”“人物名录”等内容，经四川科技出版社出版发行《富顺年鉴》（2015年卷）。全书80余万字，设类目30余个、条目2000余个，综合反映全县农业、工业、城乡建设、经济管理、文化体育、居民生活、宗教等经济和社会发展概况。编辑上报《四川年鉴》《自贡年鉴》富顺篇，展示县境政治、经济、文化和社会发展简况。汇编《中国县镇年鉴》富顺部分资料，反映2014年度县境经济与社会发展、特色旅游与传统文化等内容，收录县境主要景区景点及镇、村照片等。

【宗教活动】 2015年，县境有佛教、伊斯兰教、天主教、基督教等宗教团体4个。开放富世镇千佛寺、万寿镇普法寺、兜山镇云峰寺、富和乡雷音寺、赵化镇罗汉寺、童寺镇同心寺等寺庙6座，信众1万余人，举办观音会等活动。建有清真寺1座，信教群众100余人，组织教友开展开斋节、古尔邦节等宗教活动。有位于县城、安溪两地天主教堂各1座，教友700余人，组织弥撒、洗礼等活动。有基督教堂1处，信教群众100余人，参与复活节、圣诞节等活动。

社会建设

【教育】 2015年，推进教学改革，组织首届课堂教学改革教师论坛等活动，评出好文章505篇、好教案368篇。开展送课下乡15次，教学结对城乡学校20余所。高考本科上线2401人。其中，重点本科464人。落实教育惠民“三免一补”政策，资助贫困家庭儿童、中小学生及大学新生7.61万人（次）3142.97万元。投资1.44亿元，新建、改造校舍11.12万平方米。举办中小学生运动会、艺术节、青少年风采大赛等文体活动，学生获第六届全国特殊奥林匹克运动会羽毛球赛男子单打、双打银牌，全国青少年三人制篮球赛二等奖，全省中学生田径锦标赛单项冠军4项，第三十届青少年科技创新大赛国家级奖项4项、省级奖25项。教师参加互动课堂教学观摩、教育电视优秀课例评比等活动，获国家级奖项10项，全省多媒体技能大赛一等奖项2项；获省级优秀教师4人、优秀教育工作者1人。年末，全县有普通中学56所，职业中学1所，小学85所，教学点102个，幼儿园70所，电大进修校1所，特殊教育学校1所。在校中小学生11.35万人、入园幼儿2.79万人；在职教职工6247人。其中，新聘教师330人。

【卫生】 2015年，富顺列为省级分级诊疗监测县，4家县级医院与县26所镇乡卫生院、8所民营医院签订双向转诊协议，获省、市部分医院对口帮扶。推广中医药服务，中医药资源普查收集套方1200余个，县级医疗机构及26个镇乡卫生院设置中医科。完善公共卫生体系，创建AAA级预防接种门诊2个，儿童免疫接种率99%以上，65岁以上老年人健康管理率75.35%，孕产妇住院分娩率100%。新型农村合作医疗参合农民79.77万人，筹集基金3.79亿元，支付医疗费用3.23亿元。城镇职工、居民参加医疗保险14.75万人，缴纳医保基金1.96亿元，支出医疗费用1.75亿元。国家卫计委评定代寺镇中心卫生院为群众满意卫生院，县人民医院、县妇幼保健院、县晨光医院为“爱婴医院”。年末，全县有医疗卫生单位769个。其中，公立医院3家，民营医院8家，妇幼保健机构1个，疾病预防控制中心1个，镇乡卫生院26个，村卫生室673个。拥有床位2818张，医疗卫生技术人员2435人。其中，执业医师（含助理）881人，注册护师、护士1101人。

【人口和计划生育】 2015年，计划生育“三结合”帮扶农户962户，奖励独生子女家庭1.9万户171.83万元，扶助1.32万人1467.66万元，发放独生子女高考升学奖学金51.1万元，安居工程补助经济困难计划生育家庭58.8万元。孕前优生健康检查5465人，全年出生人口1.3万人，人口出生率10.53‰；死亡1.3万人，人口自然增长率3.81‰。

【人事管理】 2015年，公开招考公务员162人、取消录用资格2人，参公登记290人。年度考核予以嘉奖340人、记三等功86人、降职3人、辞职2人。公开招聘事业人员408人，转聘代课教师15人、大学生村干部4人，安置“三支一扶”计划志愿者6人、转业士官11人、军队转业干部2人。评审专业技术职称中级资格234人、初级资格340人，向省、市推荐评审高级职称100人。落实收入分配改革，调整机关事业单位工作人员1.25万人基本工资，增加离退休（职）人员6594人退休（职）费。是年，经考核合格，有机关事业单位职工1.04万人正常晋升工资。办理机关事业单位工作人员310人退休手续。

【就业服务】 2015年，培训企业在岗人员4200人、农村劳动力1.12万人，技能提升培训5000人。举办企业用工招聘活动20期，发布缝纫、销售、会计等用工信息1000余条，提供就业岗位3500个，促成就业863人。举办创业培训班25期，培训750人；发放小额担保个人贷款45万元，补贴创业高校毕业生62人62万元。公益性岗位补贴1207人1392万元，城镇新增就业7916人，城镇登记失业率4.2%；转移农村劳动力36.5万人，劳务收入54.5亿元。纳入失业保险1.58万人，征收失业保险基金609.04万元，失业补贴1098人487万元。受理劳动投诉举报78起，追讨农民工3439人被拖欠工资3219万元。仲裁劳动人事争议案件160起，赔付劳动者405万元；调解85起，为劳动者挽回经济损失200万元。

【社会保障】 2015年，稽核养老保险参保企业53家、工伤保险参保企业53家、生育保险参保企业38家，清收欠费251.6万元，清缴被征地农民社会保险欠费841万元。集中办理个体参保人员中断保险补缴手续5004人，征收养老基金1.28亿元。接收外出就业农民工205人转移养老保险费413.53万元，退役军人28人养老保险费138.16万元。全县参加企业养老保险（含退休人员）12.08万人，征缴养老基金6.24亿元；工伤保险2.57万人，征缴工伤基金798.4万元；生育保险1.63万人，征收生育基金303.7万元。332个机关事业单位参保1.2万人，征收养老基金998万元。是年，调整企业退休人员6.22万人待遇，月人均增加173.7元。全年发放企业职工基本养老金12.25亿元，机关事业单位离退休人员1048人养老金2248万元。

【民政】 2015年，纳入城乡低保5.45万人，发放低保金1.05亿元。供养“五保”对象6967人，支付生活费1363.3万元，集中供养率59.6%。补助孤儿105人生活费82万元。全额资助城乡低保、农村“五保”对象参加医疗保险及新型农村合作医疗，发放90岁以上老人2784人高龄补贴334万元，通过政府购买服务方式，居家养老服务困难家庭失能老人及80周岁以上高龄老人1.13万人（次）。生活救助受灾群众4525人783.6万元，医疗救助城乡困难群众1.45万人（次）1221.1万元。有伤残军人、军烈属、复员军人等优抚优待对象1.05万人，发放定额补助及生活补助等3455万元。接收退役士兵437人，汽车驾驶、机械维修、厨艺烹饪等技能培训300人，发放自谋职业、自主就业补助等费用1041万元。登记结婚8066对、离婚2359对，补办结婚登记3142对、离婚登记117对；办理收养登记6例。新登记社会组织30个，备案社区社会组织3个。年末，有社会组织256个。

【食品药品监管】 2015年，举办食品药品安全知识培训300余期，培训从业人员6000余人（次）。检查食品生产经营企业8000余家（次）、餐饮单位5600余家（次）、药品医疗器械经营单位5680余家（次），抽检食品996批（次）、药品97批（次）。制订食品药品安全党政同责规定，查办药品、食品、化妆品等案件397起，罚没金额79.67万元；取缔存在安全风险“小灶酒”生产企业67家。登记备案农村厨师435人，检查农村群宴1228户1.61万桌。办理餐饮服务许可392份、食品流通许可671份。年末，辖区有食品生产经营企业3000余家，餐饮企业1800余家，药品医疗器械生产经营企业281家，化妆品经营单位147家。

【安全生产】 2015年，检查煤矿45次，排除隐患90余处、关闭企业4家、责令停产整顿5家；检查烟花爆竹生产经营单位305家，发出责令限期整改书3份，关闭零售点284个；检查危险化学品生产经营企业36家，责令限期整改3家、查处违规企业2家。建立隐患排查治理系统，收集1040家企业、个体工商户信息，开展消防安全、粉尘防爆等专项整治活动，检查企业、经营场所894家，整改隐患199处、责令3家企业停产停业整顿。督促15家企业完善职业卫生基础设施，排查59家企业卫生隐患66处。是年，发生各类事故157起，死亡18人、伤100人，经济损失220.75万元。

【残疾人帮扶】 2015年，建立县助残志愿服务大队和村、社区残疾人协会，登记管理残疾人2.62万人。落实残疾人最低生活保障、医疗、就学等保障政策，居家托养精神智力三级残疾人618人，护理补贴重度残疾人6200人，资助精神病患410人住院、服药费用。投入资金56.5万元，改造153户农村贫困残疾人危房及居住环境。资助残疾人1100人生产发展资金38万元，慰问贫困残疾人、残疾大学新生等1257人（次）。培训残疾人技能，采取居家灵活就业、自主创业择业等形式，安置残疾人5905人，补助593人生产资金42万元。实施贫困脑瘫儿童康复手术6例，康复训练50人；人工耳蜗植入和康复训练0—6周岁聋儿3人，配置重度听力残疾儿童11人助听器。全年无偿资助残疾人普通型辅助用具1500件（套）。

乡镇概况

【富世镇】 属县政府驻地，辖区面积48.59平方公里。境内有国家重点文物保护单位——富顺文庙，以及西湖、千佛岩等景区景点。2015年末，辖农业行政村14个，社区居民委员会17个。居民户数4.92万户，常住人口14.72万人。其中，非农业人口17.04万人。是年，播种粮食面积1772公顷，产量1.24万吨；种植蔬菜6734公顷，产量3.16万吨；出栏生猪3.08万头、羊1.53万只、肉兔60.22万只。工业投资2700万元，建成黄晶美味食品有限公司，技术改造县东风机械厂，36家规模工业企业产值47.96亿元。培育规模商贸企业57家，新建瑞祥商贸城综合农贸市场，社会销售品零售总额25.94亿元。实施新型城镇化、新农村等建设，修建乡村道路、饮水、卫生等设施。全年固定资产投资47.93亿元，地区生产总值64.21亿元，农村居民人均可支配收入1.41万元，城镇居民人均可支配收入2.7万元。开放镇文化站及村、社区书屋32个，举办文体活动98次，放映电影218场。纳入城乡低保1.11万人，参加新型农村合作医疗2.63万人、城镇居民医疗保险5.08万人。

【东湖镇】 辖区面积70.66平方公里。镇政府驻地东街，与县城隔沱江相望，是县城东区交通枢纽。2015年末，辖农业行政村22个，社区居民委员会3个。居民户数2.07万户，人口7万人。是年，招商引资8.41亿元，兴建亿草园林业、生态农业观光等项目4个。建成标准化猪场5个，生态鱼塘30余公顷。全镇出栏生猪3.1万头、羊1.5万只、肉兔58.89万只。播种粮食面积3509公顷，产量2.49万吨。投资1810万元，技术改造企业2家，82家工业企业产值64.35万元。其中，14家规模企业产值60.15亿元。全年地区生产总值26.17亿元，农村居民人均可支配收入1.22万元，城镇居民人均可支配收入2.52万元。纳入城乡低保2528人，城乡居民参加养老保险2.1万人，新型农村合作医疗5.53万人。开放村、社区书屋25个，举办文体活动20余次，放映电影264场。

【狮市镇】 辖区面积43.01平方公里。镇政府驻地狮子滩，距县城13千米。古镇属省级历史文化名镇，保留有天后宫、禹王宫、川主庙、文昌庙等明清建筑。2015年末，辖农业行政村12个，社区居民委员会2个。居民户数9423户，人口3.31万人。是年，扩能改造纸业与制衣企业2家，11家工业企业产值4577.8万元。推广种植再生高粱333.33公顷，播种粮食面积2589公顷，产量1.68万吨。培育年出栏生猪200头以上养殖大户48户，全镇出栏生猪2.21万头、羊1.61万只、肉兔62.21万只、家禽30.54万羽。全年地区生产总值4.67亿元，农村居民人均可支配收入1.24万元，城镇居民人均可支配收入2.33万元。成立村级文艺表演队伍3支，开展“迎国庆”、庆“三八”趣味运动会等文体活动6次，电影下乡放映240场。纳入城乡低保1013人，参加新型农村合作医疗2.74万人、城镇居民医疗保险760人。整修水利设施5处，建成社区文化广场、饮水安全工程等，全社会固定资产投资2.26亿元。

【代寺镇】 辖区面积72.3平方公里。镇政府驻地代寺场镇，距县城13千米。2015年末，辖农业行政村18个，社区居民委员会2个。居民户数2.14万户，人口6.83万人。是年，农业技术培训农民1.8万余人，推广种植高粱——再生高粱333公顷，发展养羊专业合作社5个、肉牛养殖场1个。播种粮食面积5116公顷，产量3.75万吨；出栏生猪3.36万头、羊2.27万只、肉兔62.21万只、家禽32.88万羽。纺织服装园区投资2.43亿元，建富戎包装厂生产线及园区道路设施等，入驻企业36家，投产企业28家，有规模工业企业12家，产值22.56亿元。镇境有集市3个，有限额以上服务业企业6家、个体商家946户，全社会消费品零售总额5.71亿元。投资6.15亿元，修建污水处理厂、垃圾压缩中转站、电力提灌站等基础设施。全年地区生产总值12.34亿元，农村居民人均可支配收入1.28万元，城镇居民人均可支配收入2.48万元。建成村级文化广场3个，开展“我是社区好歌手”等文体活动130余次，放映电影400余场。参加新型农村合作医疗5.57万人、城镇居民医疗保险3475人；发放城乡低保1786人低保金275.17万元；农村养老保险参保2.83万人，领取人数1.03万人，金额461万元。

【琵琶镇】 辖区面积55.11平方公里，有煤炭、石英砂、石灰石、沙石等矿产资源，出产徐家粉条、观音寺白酒等优质农产品。镇政府驻地琵琶场，距县城13千米。2015年年末，辖农业行政村13个，社区居民委员会1个。居民户数1.12万户，人口4.13万人。是年，引资5544万元，实施新农村综合体和示范片建设，建成高标准农田233.33公顷、精养鱼池100公顷、苗木基地66.67公顷。投资2.8亿元，修建琵琶220千伏变电站、村民集中居住点、污水处理厂、供水与供气设施等。播种粮食面积2911公顷、产量2.15万吨；出栏生猪3.46万头、肉兔58.23万只、家禽33.8万羽。有规模工业企业2家，产值6.45亿元。全年地区生产总值6.51亿元，农村居民人均可支配收入1.16万元，城镇居民人均可支配收入2.23万元。开展群众文体活动，建有大龙队、连箫队等村级文艺团队17支，队员530余人。城乡居民参加养老保险1.66万人、城镇医疗保险765人、新型农村合作医疗3.48万人。

【骑龙镇】 辖区面积69.02平方公里。镇政府驻地骑龙场，距县城16千米。2015年末，辖农业行政村20个，社区居民委员会3个。居民户数1.63万户，人口5.98万人。是年，示范种植中稻—再生稻1330余公顷、高粱—再生高粱267公顷、绿色花生667公顷。播种粮食面积4771公顷，产量3.13万吨；出栏生猪3.23万头、羊1.68万只、肉兔64.2万只、家禽48.03万羽。引资兴建邦特混凝土、洛源食品等企业，2家规模工业企业产值2.95亿元。开放村、社区书屋23个，建成村级健身设施5处。农村居民参加养老保险3.32万人，参加新型农村合作医疗5.55万人。硬化村道9.58千米，改造危房172户。全年固定资产投资2.13亿元，地区生产总值7.61亿元，农村居民人均可支配收入1.2万元，城镇居民人均可支配收入2.34万元。

【中石镇】 辖区面积30.54平方公里。镇政府驻地中兴场，距县城24千米。2015年年末，辖农业行政村9个，社区居民委员会1个。居民户数7125户，人口2.36万人。是年，引进生态养殖与农副产品销售企业2家，发展畜禽规模养殖场6家。播种粮食面积1994公顷，产量1.47万吨；出栏生猪2.27万头、肉羊1.14万只、家禽30.64万羽；有水产养殖面积210公顷，产量652吨。4家工业企业产值1.68亿元，利润1911万元。全年地区生产总值3.83亿元，农村居民人均可支配收入1.17万元，城镇居民人均可支配收入2.24万元。建有秧歌、健身舞等群众文体团队5支，举办篮球赛、文艺表演等活动，放映电影112场。纳入城乡低保579人，参加新型农村合作医疗2.15万人、农村居民养老保险2390人，城镇居民参加养老保险2390人。改造农村C、D级危房56户，竣工场镇公租房面积1361平方米，建安全饮水管网14千米、村道13.6千米。全社会固定资产投资9846万元。

【龙万乡】 辖区面积50.77平方公里。乡政府驻地万坳场，距县城13千米。2015年年末，辖农业行政村14个，社区居民委员会2个。居民户数1.01万户，人口3.48万人。是年，引资2000万元，兴建木材加工厂1家；有鞭炮、服装规模工业企业2家，产值1.21亿元。示范种植中稻—再生稻1385公顷、高粱—再生高粱330余公顷，播种粮食面积3049公顷、产量2.23万吨。出栏生猪2.33万头、羊1.08万只、家禽30.94万羽。建污水处理厂1个、硬化道路19.35千米，整修电灌站4座。全年固定资产投资1.1亿元，地区生产总值3.63亿元，农村居民人均可支配收入1.04万元，城镇居民人均可支配收入2.08万元。举办群众文体活动8场次，纳入城乡低保1073人，参加农村居民养老保险4345人、新型农村合作医疗3.11万人。

【互助镇】 辖区面积49.74平方公里，有天然气、建筑石料等资源。镇政府驻地古佛坎场，距县城8千米。2015年年末，辖农业行政村13个，社区居民委员会1个。居民户数1.08万户，人口3.85万人。是年，引资1.35亿元，建种猪养殖基地；发展蛋鸡养殖户55户，产鲜蛋2050吨。全镇出栏生猪2.8万头，规模化养殖率80%；播种粮食面积3137公顷，产量2.02万吨。挂果甜橙面积731.4公顷，产量1.06万吨，产值2120万元。有中小企业21家，产值1.42亿元。实施自隆高速路境内连接线工程、土地增减挂钩、水利等项目建设。修建村文化广场1个，建镇广播站1个、村广播室13个，开展文体活动12次，放映电影156场。举办电工、厨师等培训3期，培训165人，转移劳动力1.43万人，劳务收入1.53亿元。参加新型农村合作医疗3.39万人，农村居民养老保险1.61万人，纳入城乡低保1871人。全年固定资产投资2.87亿元，地区生产总值4.37亿元，农村居民人均可支配收入1.26万元，城镇居民人均可支配收入2.26万元。

【童寺镇】 辖区面积53.09平方公里，有煤炭、石灰石、石英砂等矿产资源。镇政府驻地童寺场，距县城27千米。2015年年末，辖农业行政村12个，社区居民委员会2个。居民户数1.18万户，人口3.88万人。是年，推广水稻强化栽培与玉米单株定向移栽高产技术，播种粮食面积2650公顷，产量1.97万吨。发展畜禽规模养殖户18户，全镇出栏生猪2.75万头、羊1.34万只、肉兔48.24万只、家禽32.78万羽。工业投资5200余万元，兴建集成装饰材料、混凝土外加剂生产线等项目，24家工业企业产值4.27亿元。川渝南方石油有限公司与中航油合作成立川渝南方石油集团有限公司，另有限额以上商贸服务企业4家、批发和零售企业3家。全年服务业增加值2.5亿元，地区生产总值9.27亿元，农村居民人均可支配收入1.26万元，城镇居民人均可支配收入2.38万元。举办文化下乡等文体活动28次，申报“童寺唢呐”列入省级非物质文化遗产名录。参加新农合3.06万人，纳入城乡低保1575人。实施现代有机循环农业示范园和新型城镇化建设，完成土地整理、农村电网改造等项目，全社会固定资产投资3.16亿元。

【宝庆乡】 辖区面积31.49平方公里，有煤炭、石灰石、页岩等矿产资源，天池湖景区坐落境内。乡政府驻地众兴场，距县城33千米。2015年年末，辖农业行政村8个，社区居民委员会1个。居民户数6389户，人口2.22万人。是年，示范种植优质中稻—再生稻666.67公顷，高粱—再生高粱300公顷。播种粮食总面积1941公顷，产量1.45万吨；出栏生猪2.04万头、羊1.3万只、肉兔46.95万只、家禽33.99万只。有规模工业企业1家，产值3666万元。投资1200万元，建甘家村凤凰湖花卉苗木基地13.33公顷。天池湖核心景区接待游客13.2万人（次），收入1167万元。全年地区生产总值3.22亿元，农村居民人均可支配收入1.17万元，城镇居民人均可支配收入2.2万元。参加农村居民养老保险9180人、城镇居民医疗保险404人、新型农村合作医疗1.84万人，纳入城乡低保718人。

【古佛镇】 辖区面积30.44平方公里，有煤炭、石英砂等矿藏，出产柑橘、甜柚、桂圆等优质水果。镇政府驻地古佛场，距县城36千米。2015年年末，辖农业行政村8个，社区居民委员会1个。居民户数7293户，人口2.44万人。是年，高产示范栽培中稻160余公顷，播种粮食面积2130公顷，产量1.51万吨。引进天壹畜牧养殖农场项目，发展凤仪、周家村生猪规模养殖和冯坪村林下家禽养殖等产业，培育规模养猪户20户。全镇出栏生猪2.06万头、羊1.39万只、家禽33.04万羽。改造升级煤炭、鞭炮等企业，有规模工业企业5家，产值4.85亿元。全年地区生产总值5.9亿元，农村居民人均可支配收入1.05万元，城镇居民人均可支配收入2.33万元。参加农村居民养老保险1.2万人，发放4352人养老金391.7万元；纳入城乡低保784人；建立居民健康档案1.86万份，参加新型农村合作医疗2.02万人。

【赵化镇】 辖区面积49.82平方公里。镇政府驻地赵化场，距县城40千米。境内有刘光第衣冠冢、培村门厅“两湖会馆”等文物保护单位，是中国历史文化名镇。2015年年末，辖农业行政村11个，社区居民委员会1个。居民户数1.3万户，人口3.98万人。是年，新建甜橙、桂圆示范园10个，面积40余公顷，种植蔬菜100公顷，建有苏坝、鸭池村荔枝、桂圆基地160余公顷、甜橙基地660余公顷，评为农业部绿色食品梨橙原料标准化生产基地。示范水稻强化栽培面积353.33公顷，推广高粱—再生高粱174.73公顷。播种粮食面积2921公顷，产量2.04万吨。注册家庭农场9个，新建蛋鸡智能化养殖基地1个。全镇出栏生猪3.28万头、羊1.57万只、肉兔60.86万只、家禽34.99万羽。有建材、食品加工等规模工业企业5家，产值4.78亿元。地方特产——手工甘薯粉丝产量450吨、产值680万元。硬化村道10千米，敷设饮水管网18.27千米，改造农村电网等。全年固定资产投资2.89亿元，地区生产总值6.3亿元，农村居民人均可支配收入1.19万元，城镇居民人均可支配收入2.38万元。纳入城乡低保1802人，参加新型农村合作医疗2.5万人。

【万寿镇】 辖区面积49.02平方公里，有煤、高岭土等矿产资源，青山岭森林公园坐落境内。镇政府驻地万寿场，距县城28千米。2015年年末，辖农业行政村9个，社区居民委员会1个。居民户数8693户，人口2.92万人。是年，万寿酒业发展集中区引进泸州山村酒业和四川老醅酒业，年产基酒8000吨，产值3.2亿元；16家工业企业产值5.2亿元。投资1330万元，实施小型水利与标准农田建设项目，修建提灌站2座、蓄水池37口，整修山坪塘、石河堰、渠道等设施。播种粮食面积2019公顷，产量1.44万吨；出栏生猪2.41万头、羊1.74万只、肉兔68.96万只、家禽34.49万羽。种植中药材——铁皮石斛4公顷、砂仁10公顷，油茶166.67公顷。建成安全饮水管网17千米，改造鸿远、建国等村低压电网，建青山村运动场等。全年固定资产投资2.4亿元，地区生产总值4.36亿元，农村居民人均可支配收入1.2万元，城镇居民人均可支配收入2.26万元。举办篮球赛、送文化下乡等活动12次，电影下乡放映118场。纳入城乡低保1141人，农民参加新型合作医疗2.47万人，城镇居民参加医疗保险520人。

【安溪镇】 辖区面积75.12平方公里，有煤炭、石英砂、料石、陶土等矿产资源。镇政府驻地安溪场，距县城32千米。2015年年末，辖农业行政村11个，社区居民委员会2个。居民户数1.31万户，人口4.34万人。是年，流转土地种植辣椒13.33公顷、甜橙200余公顷。全镇播种粮食面积2902公顷，产量2.01万吨；出栏生猪2.67万头、羊2.22万只、肉兔63.54万只、家禽31.88万羽；有黑山羊规模养殖户2户，年出栏800头以上生猪养殖户18户。引资兴建砂洗、印染生产与石英砂开采企业，技术改造富戎化工、安溪纸业等企业，27家工业企业产值7.87亿元。全年地区生产总值9.45亿元，农村居民人均可支配收入1.21万元，城镇居民人均可支配收入2.44万元。城乡居民纳入养老保险1.2万人、低保1578人，参加新型农村合作医疗3.5万人、城镇医疗保险1360人。修筑村组道路3.4千米、硬化8千米，整修水库、山坪塘等水利设施9处。全社会固定资产投资2.52亿元。

【飞龙镇】 辖区面积50.2平方公里。镇政府驻地飞龙场，距县城52千米。2015年年末，辖农业行政村11个，社区居民委员会2个。居民户数1.09万户，人口3.81万人。是年，推广水稻规范化栽培技术，播种粮食面积2813公顷，产量2.11万吨。兴办畜禽家庭农场11个，出栏生猪2.31万头、羊1.68万只、肉兔58.25万只、家禽53.38万羽。建大蚕养殖棚102个、小蚕共育室16个，发茧种1.16万张，产量475.6吨。引资1350万元，技术改造县鑫胜建材加工厂。硬化村组道路24.61千米，改造供电、供水网络，建成村级文化广场、污水处理厂等设施。全年固定资产投资1.52亿元，工业总产值4.58亿元，地区生产总值4.26亿元，农村居民人均可支配收入1.02万元，城镇居民人均可支配收入2.17万元。参加农村居民养老保险3426人、新型农村合作医疗3.12万人，有城乡低保1310人。

【怀德镇】 辖区面积46.37平方公里，属省小城镇综合改革试点镇。镇政府驻地怀德场，距县城37千米。2015年年末，辖行政村13个，社区居民委员会2个。居民户数1.13万户，人口3.85万人。是年，引资栽植砂糖橘20余公顷、桂圆10公顷、红心柚20余公顷，桂圆产量800余吨，产值6008万元。播种粮食面积2801公顷，产量2.13万吨。培育畜禽规模养殖户35户，全镇出栏生猪2.13万头、羊1.37万只、肉兔48.9万只、家禽33.05万羽。投资3560万元，技术改造顺通鞭炮引线厂及戎春酒业有限公司，11家工业企业产值6.65亿元。实施美丽新村、安全饮水等项目建设，硬化村道5.5千米，敷设供水管网22千米，建污水处理厂1个。全社会固定资产投资1.51亿元。全年地区生产总值6.12亿元，农村居民人均可支配收入1.16万元，城镇居民人均可支配收入2.37万元。开放村、社区书屋15个，举办文体活动10余次，放映电影207场。参加农村居民养老保险3030人、新型农村合作医疗2.99万人，纳入城乡低保1415人。

【长滩镇】 辖区面积26.27平方公里。属四川省农业厅检测认定的无公害蔬菜基地，出产茄子、菜豆等农业部农产品安全中心检测认定无公害蔬菜品种18个。镇政府驻地长滩坝，距县城64千米。2015年年末，辖农业行政村8个，社区居民委员会1个。居民户数5215户，人口1.95万人。是年，种植无公害蔬菜720公顷，产量5万吨，产值1亿元；优质水果产量2.5万吨，产值5500万元。推广“红糯1号”高粱—再生高粱，播种粮食面积1902公顷，产量1.33万吨。出栏生猪1.6万头、羊1.64万只、肉兔58.23万只、家禽39.97万羽。有规模工业企业1家，产值4亿元；县泸易酒业公司年销售白酒2000万元以上。硬化村组道路5.63千米，新建垃圾中转站2个，改造供电线路3.5千米。全社会固定资产投资1.02亿元。全年地区生产总值3.8亿元，农村居民人均可支配收入9920元，城镇居民人均可支配收入2.07万元。组织非物质文化遗产项目——莲萧参加省、县展演，举办文体活动12次，放映电影90场。城乡居民参加农村养老保险6979人、城镇养老保险506人、新型农村合作医疗1.9万人，列入低保560人。

【石道乡】 辖区面积25.38平方公里。乡政府驻地石道场，距县城53千米。2015年年末，辖农业行政村7个，社区居民委员会1个。居民户数5521户，人口2.04万人。是年，栽种核桃133.33公顷、花椒400公顷、花卉20公顷；成立白鹅养殖专业合作社，发展家庭农场9个、畜禽规模养殖户12户。全乡播种粮食面积1623公顷，产量1.19万吨；出栏生猪1.72万头、羊1.95万只、白鹅4.86万羽、肉兔58.89万只。引资兴建志鸿建材加工厂，13家工业企业产值2.29亿元。兴修山坪塘28口、排灌站2座，建成社区文化广场、污水处理厂、绕场公路等设施。全年固定资产投资8828万元，地区生产总值2.83亿元，农村居民人均可支配收入9802元，城镇居民人均可支配收入2.01万元。纳入农村居民养老保险7600余人、新型农村合作医疗1.6万人、城乡低保760人。

【永年镇】 辖区面积67.87平方公里，属省级小城镇建设和市级扩权强镇试点镇。镇政府驻地永年场，距县城12千米。2015年年末，辖农业行政村15个，社区居民委员会1个。居民户数1.45万户，人口5.15万人。是年，高产示范种植中稻—再生稻230余公顷、高粱430余公顷、蔬菜80公顷。播种粮食面积3345公顷，产量2.45万吨。引资2.79亿元，成立天翔蛋鸡等养殖专业合作社，发展生猪、蛋鸡、黑山羊等规模养殖户319户，全镇出栏生猪4.96万头、羊2.95万只、肉兔83.13万只、家禽30.69万羽。有水产养殖面积850.6公顷，水产品产量1160吨。引资6600万元，兴办生物科技与新型节能建材企业2家，有规模工业企业7家、产值8.07亿元。全年地区生产总值7.33亿元，农村居民人均可支配收入1.24万元，城镇居民人均可支配收入2.43万元。实施广播“村村响”工程，建村广播室15个、广播点75个。举办“连萧”展演、篮球赛等文体活动10次，放映电影180场。参加农村居民养老保险1.85万人、新型农村合作医疗4.09万人，纳入城乡低保2305人。

【彭庙镇】 辖区面积46.68平方公里。镇政府驻地彭庙场，距县城25千米。2015年年末，辖农业行政村10个，社区居民委员会1个。居民户数7611户，人口2.78万人。是年，引进经济林发展项目，种植核桃40公顷、枇杷24公顷、西瓜35公顷。播种粮食面积2253公顷，产量1.62万吨。培育黑山羊规模养殖户20户、家禽规模养殖户50余户、生猪规模养殖户65户。全镇出栏生猪2.18万头、羊2.32万只、肉兔71.5万只、家禽31.58万羽。建石河堰1道，改造供电线路15.6千米、农户危房37户，硬化村道7.35千米，建成高标准农田220公顷。开放村、社区书屋11个，开展全民健身、文艺演出、篮球赛等群众文体活动9次，电影下乡放映114场。参加农村居民养老保险2700余人、新型农村合作医疗2.2万人，纳入城乡低保

1165人。全年固定资产投资9530万元，地区生产总值3.63亿元，农村居民人均可支配收入1.19万元，城镇居民人均可支配收入2.19万元。

【兜山镇】 辖区面积73.23平方公里，有煤炭、石英砂等矿产资源，有云峰寺、九龙湖等旅游景区。镇政府驻地猫儿山，距县城18千米。2015年年末，辖农业行政村13个，社区居民委员会2个。居民户数1.18万户，人口4.22万人。是年，建优质核桃及甜橙基地100公顷，百里冲农业产业化示范区种植葡萄、西瓜及反季节大棚蔬菜666公顷。全镇播种粮食面积2585公顷，产量1.78万吨；出栏生猪1.91万头、羊2.64万只、家禽33.94万羽；有畜禽规模养殖户34户。开放综合文化站1个、村级书屋16个，举办歌咏比赛、篮球赛、趣味运动等文体活动12次。城乡居民参加养老保险4500人，参加新型农村合作医疗3.7万人，纳入城乡低保2231人。投资800万元，修建饮水工程3处；投资1173万元，硬化公路6条25.35千米，建便民桥3座。全年固定资产投资2.01亿元，地区生产总值5.83亿元，农村居民人均可支配收入1.19万元，城镇居民人均可支配收入2.27万元。

【板桥镇】 辖区面积57.15平方公里，境内有木桥沟水库，出产甜橙、黄花藤梨等优质水果。镇政府驻地板桥坝，距县城22千米。2015年年末，辖农业行政村15个，社区居民委员会1个。居民户数1.24万户，人口4.24万人。是年，播种粮食面积3167公顷，产量2.1万吨；出栏生猪2.81万头、羊2.46万只、肉兔71.5万只、家禽30.45万羽。有工业企业24家，产值3.08亿元。全年地区生产总值6.89亿元，农村居民人均可支配收入1.25万元，城镇居民人均可支配收入2.45万元。修建村级农民健身广场2个，组建龙灯队1支。举办文体活动15次，电影下乡放映180场。城乡居民参加农村养老保险1.37万人，参加新型农村合作医疗3.38万人、城镇医疗保险4208人；纳入城乡低保1993人。改造农村危房211户、场镇危房17户；硬化街道1千米，修筑绕镇公路3.6千米；竣工商品房面积3500平方米，建成农民集中居住区4.6万平方米，入住农户366户。全社会固定资产投资3.26亿元。

【李桥镇】 辖区面积71.33平方公里，五条沟自然景区坐落境内。镇政府驻地李桥场，距县城34千米。2015年年末，辖农业行政村13个，社区居民委员会2个。居民户数9223户，人口3.35万人。是年，播种粮食面积2537公顷，产量1.76万吨。引进乐至大耳羊、南江黄羊等优良品种，发展规模畜禽养殖户20户。全镇出栏生猪2.03万头、羊2.2万头、家禽30.07万羽。投资400余万元，实施农村安全饮水工程建设，解决9个村近5000户农户饮水问题；投资568万元，建成人行桥、公路桥各1座，硬化公路18千米，改造供电线路33.3千米。全年固定资产投资1.93亿元，地区生产总值3.56亿元，农村居民人均可支配收入1.15万元，城镇居民人均可支配收入2.1万元。有规模工业企业1家，产值4786万元。实施“村村通”广播惠民工程，扩建村文化广场2个，开展健身操等文体活动，电影下乡放映156场。参加农村居民养老保险1.23万人、新型农村合作医疗2.81万人，纳入城乡低保1414人。

【福善镇】 辖区面积68.51平方公里。镇政府驻地从善场，距县城34千米。2015年年末，辖农业行政村13个，社区居民委员会1个。居民户数9948户，人口3.74万人。是年，播种粮食面积2827公顷，产量1.92万吨；出栏生猪2.12万头、羊1.86万只、肉兔72.93万只、家禽31.06万羽。种植茯苓菌种80万袋、油茶260余公顷、饲料桑330余公顷。引资2715万元，实施农贸市场、农业创意产业园、休闲山庄等项目建设。全社会固定资产投资1.49亿元，建成安全饮水管网17.5千米、村级文化广场3个，以及观乐场镇生活污水处理厂等基础设施，整治高标准农田26.67公顷。参加农村居民养老保险1.36万人、新型农村合作医疗1.09万人，纳入城乡低保1662人。全年地区生产总值3.2亿元，农村居民人均可支配收入1.18万元，城镇居民人均可支配收入2.01万元。

【富和乡】 辖区面积24.55平方公里，有天然气、石油、盐卤等矿产资源。乡政府驻地长石塔，距县城33千米。2015年年末，辖农业行政村7个，社区居民委员会1个。居民户数4793户，人口1.69万人。是年，推广水稻宽窄行栽培、玉米单株移栽等高产技术，播种粮食面积1387公顷，产量1.01万吨。梓橦村养鸡协会发展蛋鸡养殖户36户，年销售鸡蛋478吨。全乡出栏生猪1.78万头、羊1.8万只、家禽30.69万羽。基础设施修筑村组水泥路35千米、便民道2千米，整治石河渠2道、山坪塘8口，安装自来水用户60户、天然气用户61户。全年固定资产投资9013万元，地区生产总值2.05亿元，城乡居民人均可支配收入分别为2.11万元、1.13万元。参加农村居民养老保险7596人、新型农村合作医疗1.56万人，纳入城乡低保656人。

（富顺县地方志办）

自贡高新技术产业开发区

概 貌

【位置 面积 人口】 自贡高新技术产业开发区（以下简称“自贡高新区”或“高新区”）地处自贡市中心南部，位于北纬28°55′37″～29°38′25″、东经104°02′49″～105°16′11″之间。隔釜溪河与旧城区相望，东南与沿滩区，东北、西南与自流井区，西与大安区相邻。规划控制面积100平方公里，其中板仓工业园区40平方公里，城市宜居生活区30平方公里，南岸科技新区10平方公里，卧龙湖国际旅游区20平方公里。2015年年末，托管面积65.39平方公里，已开发面积34.15平方公里，辖丹桂街、学苑街、板仓街和红旗乡、高峰乡3街2乡，21个村、40个社区，总户数6.16万户，总人口24万余人，其中户籍人口16.84万人；男性8.09万人，女性8.75万人；少数民族357人。

【设置沿革】 自贡高新区于1992年5月经四川省人民政府批准成立。同年9月，四川省编制委员会批复成立自贡高新技术产业开发区管理委员会。1994年6月，市委、市政府决定大安区红旗乡从7月1日起纳入高新区管委会统一领导和管理。2006年1月，国家发改委公告确认自贡高新区为省级开发区，更名四川自贡高新技术产业园区。2007年3月，板仓工业园区移交高新区管委会管理。2011年6月，国务院批复自贡高新区升级为国家高新技术产业开发区。2012年12月1日起，自流井区高峰乡移交高新区管委会管理。自贡高新区建立至今经历三次创业，1992—2001年，第一次创业从汇东开始，经过10年开发，建成一座10平方公里左右汇东新城并着手10平方公里南湖生态城规划；2002—2010年，第二次创业实施“经营南湖，开发板仓”战略，规划建设10平方公里南湖生态城和40平方公里板仓工业园区；2011年，启动第三次创业，规划建设10平方公里南岸科技新区和20平方公里卧龙湖国际旅游度假区。高新区已建成国家级新材料高新技术产业化基地、科技兴贸创新基地、新型工业化产业示范基地、知识产权试点园区、知识产权投融资试点园区、大学生科技创业见习基地，四川省“51025工程”重点园区、中小企业创业示范基地。节能环保装备制造、新材料等战略性新兴产业在全省乃至西部地区具有重要地位。

【自然环境与资源】 属亚热带湿润季风气候，冬无严寒，夏无酷暑，无霜期长，年平均气温18℃。多年平均降雨量1000毫米，常年盛行风向4—6月东南风为主，其余时间西北风和北风为主。系四川盆地南部浅丘陵地形，地势西高东低，地貌属背斜构造低丘地带，地表山露多为砂岩和页岩，土壤多为紫红、深黄。主要文化旅游资源有一对山、妙观寺、玉川公祠、南湖公园、汇东公园、釜溪河复合绿道公园、卧龙湖。

【交通概况】 高新区是自贡市的城市新区和产业新区，城市道路里程70余公里。城区的汇东路、汇兴路、汇川路、紫薇路、南湖路、南环路贯穿东西，丹桂大街、兴川街、通达街、龙汇街、南苑街—南林街、西苑街—西林街贯通南北，“六纵六横”主干道立起新城道路骨架，文化路、春华路、华园街、学苑街等支道与主干道相接，将汇东新城与南湖生态城连成一体，并延伸卧龙湖旅游区。板仓工业园区内东西走向的板仓路、玉川路、金川路、龙乡大道和南北走向的荣川路、富川路、卫里路、锦里路、新源路、茂源路、东环路“七纵四横”构成园区道路骨架，并与南岸科技新区相连。自贡客运中心、南湖立交桥、渝昆高速收费站等重要交通设施建在区内，30余条公交线路通达全市；经内宜、成渝、成自泸赤高速公路至成都、重庆各200余公里，南下宜宾70公里即可达最近机场和长江港口；高新区距自贡火车客、货运站2公里，经内昆、成渝铁路，内宜、成自泸赤高速公路连接成都、重庆、昆明，通达全国。

【经济社会发展概况】 2015年，实现地区生产总值255.07亿元，比2014年增长（下同）9.87%，占全市比重22.31%；规模以上工业总产值369.63亿元，增长1.47%，占全市比重21%；规模以上工业增加值110.3亿元，增长0.55%，占全市比重22.43%；固定资产投资总额94.85亿元，下降23.41%，占全市比重14.48%；服务业增加值82.19亿元，增长14.32%，占全市比重23.43%；社会消费品零售总额60.71亿元，增长12%，占全市比重12.1%；财政总收入25.48亿元，下降6.32%，占全市比重24.29%，其中公共财政预算收入2.9亿元，增长3.89%，占全市比重6.53%；公共财政预算支出8.62亿元，下降3.18%；税收收入16.58亿元，下降6.61%，其中国税收入4.84亿元，增长23.39%，地税收入11.74亿元，下降15.11%。城镇居民可支配收入3.08万元，增加3055元，增长11.03%。

政治建设

【省领导考察高新区】 2015年，省委副书记尹力，省委常委、省总工会主席李登菊，省委常委、组织部长范锐平，副省长刘捷，省人大常委会副主任彭渝、黄润秋等省领导先后到高新区调研考察。

【纪检监察】 2015年，印发《2015年党风廉政建设和反腐败工作的意见》《分层分类全面落实“两个责任”的实施意见》，党工委成员、各直属党组织主要负责人签订责任书，制发“两个责任”台账记录本，实行痕迹化管理，推行述职述廉述责“三述”和“一案双查”。纪检监察系统开展“创三优、铸利剑、树新风”活动和“三严三实”专题教育，推动“三转”和“两深”，纪工委退出与主业不紧密议事协调机构27个，保留参与9个，新建制度3项，修订制度5项。召开“两个责任”廉政谈话会、提拔干部任前廉政谈话会。观看廉政警示教育片20余次，发送廉政短信1万余条，征集廉政文化作品100余件，2篇廉政微故事、1件廉政公益广告获市廉政文化“五个一”作品优秀奖，获全市党员干部学《廉洁自律准则》《纪律处分条例》电视知识竞赛二等奖。探索“白黄橙红”四色卡提醒、函询、约谈和纠错示警预腐，发白卡1张、黄卡1张、红卡2张。明察暗访20余次，督促整改问题50余个，收到信访举报54件，办结52件，通报批评9次，批评教育3人，书面检查4人，诫勉谈话2人，党纪政纪处分5人，清退违规发放资金3.28万元。开展党风廉政建设社会评价工作，举办宣传活动60余次，设置宣传栏100余块、广告2块、宣传牌200余块、标语300条，印发《致广大市民的公开信》《自流井区（高新区）党风廉政建设满意度调查问卷》10万份，全省综合排名由2014年146名上升到130名。年末，考核直属单位党风廉政建设，通报表扬7个单位，高新区党风廉政建设连续五年位列全市一等次。

【组织工作】 2015年，开展创“四好”班子、服务型党组织、承诺践诺等活动，推进“四议两公开一监督”，完善“三本台账”。落实“一定三有”“三有一化”，培训党务工作者130人次，党组织调整设置4个、新建3个、换届5个，保障基层党组织工作经费180万元。坚持“三会一课”，严格组织生活，实行分类指导，增强党员教育针对性。机关党组织与社区（村）党组织、275名贫困党员建立帮扶对子，参加党员志愿服务活动3000余人次，帮扶800人次。加强流动党员管理服务，建立台账动态管理，利用电话、互联网、QQ群、微信等平台开展远程教育，流入党员纳入社区党组织管理。发展党员78人，预备党员转正117人。交流科级干部1人，选拔任用副科级干部5人。年末，党工委直属党组织25个，其中党委9个、党工委3个、党总支2个、党支部11个，党员5593人。

【“三严三实”专题教育】 2015年，党工委领导干部在全区和基层单位讲授“三严三实”党课22场，开展“三严三实”专题学习研讨，增强党性意识和宗旨意识。以整改突出问题为导向，立查立改“不严不实”8个方面问题，整改落实6个。深化庸懒散浮拖专项整治，保持正风肃纪高压态势，严格落实中央八项规定、省委省政府十项规定和市委市政府十一项规定。建章立制，构建长效机制，清理制度规范性文件34件，废止6件，继续有效8件，修改20件，新建制度12件。强化刚性约束，督促制度落实，巩固教育成果。

【宣传工作】 2015年，开展宣传教育活动，邀请专家、学者到机关、乡（街）、社区、学校、企业宣讲十八届五中全会精神、“三严三实”、省市委会议精神、社会主义核心价值观，凝聚改革发展动力。开展中国人民抗日战争暨世界反法西斯战争胜利70周年和红军长征入川80周年系列纪念活动宣传报道，旨在铭记历史、缅怀先辈、珍爱和平、开创未来。在《自贡日报》开设“我在一线看高新”“文明高新、共建共享”新闻专栏和“爱上自贡高新的美丽瞬间”摄影大赛栏目，收到摄影作品450幅、刊出44幅，评选一等奖1件、二等奖3件、三等奖6件。在省级以上媒体发稿100余条、市级媒体发稿2000余条、网络媒体刊发4000余条。公开政务信息450余条，发布政务微博信息955条、政务微信信息143条、通知公告20余条，编发《高新快讯》73期、《手机报》230期、《高新舆情》65期，领导批示15件次，报送市委、市政府政务信息600余条。1篇稿件获“宣传自贡好新闻奖”一等奖、2篇稿件获“自贡新闻奖”三等奖。

【机构人事】 2015年，建立干部人事领导小组，推进机构人事改革，妥善处理改革中遇到的特殊问题。规范机关事业单位津补贴，调整基本工资标准和增加离退休费。开展机关事业单位养老保险测算、预扣、摸底和人员信息录入，落实职务与职级并行政策。增加管委会副主任1人，调增3个单位编制107人。录用公务员（参公人员）7人，签约引进高校毕业生10人，招聘事业单位人员101人。调入1人，调出4人，退休3人。年末，高新区行政、事业单位53个，其中行政单位18个（市派驻行政单位8个）、事业单位35个；高新区管委会内设机构12个，群团组织2个；在编在册公务员（含参公）150人，事业人员1262人，副县（处）级以上领导干部8人，科级领导干部74人。年度考核评出优秀公务员26人，其中记三等功1人，优秀事业人员180人。管委会机关表彰优秀公务员9人、先进工作者16人、优秀服务能手27人。

【法制建设】 2015年，普法责任单位签订普法依法治理目标责任书27份，培训村（社区）“法律明白人”500人，区、乡（街）聘请法律顾问6人。坚持重大决策合法性审查，依法按程序设立行政审批、执法，创建法制示范单位3个。开展综治宣传月、安全生产宣传月、“3·15”消费维权、“6·26”禁毒、“12·4”法制日等宣传活动，设法制宣传牌15块、标语100余条，展出图片50余幅，印制小册子、挂历1万份。法律进机关62次、进学校65次、进乡村（社区）98次、进企业60次、进寺庙4次、进单位115次，推进各类群体学法用法守法。年内接收社区服刑人员86人，落实“一人一档，个案矫正”和三阶段教育模式，解除矫正85人，收监3人，在矫114人。安置、帮教刑释人员111人，无重新犯罪。

【公安工作】 2015年，立刑事案件2444件，上升4.04%；破获1024件，破案率41.89%。抓获犯罪嫌疑人856人，其中提请逮捕160人、移送起诉315人、强戒62人，追回网上逃犯114人，挽回经济损失400余万元。受理行政治安案件1468件，上升38.78%；查处1458件，行政处罚467人，其中治安拘留288人。建立立体治安防控网络，城区设立36个社区警务室，推进“天网+地网”“专业队伍+综治力量”巡防模式，开展邻里守望、十户联勤、平安联盟、居民自治。勘测280个监控点位，置换天网视频高清监控点位106个，数据库采集五类信息5000万条，依靠信息化破案172件，通过“四色预警”和监控手段抓获犯罪嫌疑人137人、处理91人。收缴枪支5支、子弹40发、管制刀具59把，侦破“6·2故意伤害致死案”“10·20故意杀人案”和特大毒品案等重大案件，入室盗窃、机动车盗窃、“两抢”分别下降27.02%、10.53%、39.66%。完成47次大型活动保安和10次警卫任务。

【消防工作】 2015年，培训单位负责人、消防从业人员237人，印发中学生消防教育读本2万份、消防安全“三提示”告示牌400块、宣传牌3块，滚动播放消防宣传2万次，发送消防提示信息350余次。开放消防站60余次，接待参观群众8000余人。开展“消防零距离体验活动”，4万余人次参加体验。修订重点单位预案105份，组织应急实战演练40余次。消防安全重点单位“微型站”建设达标。开展“夏季消防大排查大整治”“冬春火灾防控”等行动，查处火灾隐患和违法行为485件，责令“三停”企业5家，查封5个场所，拆除违规使用彩钢板场所15处，办理消防行政案件54件。接警出动130次，出动消防车275辆次、警力1485人，抢救被困22人，疏散423人，抢救财产价值73.9万元。全年发生一般性火灾35起，上升16.67%；直接财产损失29.87万元，上升161.1%，无伤亡。

【社会治安管理】 2015年，建设立体化治安防控体系，社会服务管理177个网格录入事件8864件，推进“天网+地网”“专业巡防+群众巡逻”模式，组建22支红袖章治安巡逻队，队员800余人。重点整治入室盗窃、机动车盗窃、“两抢”“黄赌毒”等治安问题。推进“大调解”和“调解文化大院”示范建设，矛盾纠纷调解成功1301件。全年破刑事案件1024件，查处治安案件1458件。

【维护社会稳定】 2015年，健全稳定信息收集、分析、研判、会商和共享机制，先期预测、先期研判、先期介入、先期化解，增强主动性、有效性。梳理不稳定信息269条，预防串联上访78件，调处化解26件涉稳事件，处置突发涉稳事件12件，其中市挂牌3件。坚持社会稳定风险评估机制，探索引入“第三方”评估，评估社会稳定风险事项16件。教育转化邪教人员4人，破获邪教案2件，抓获15人、取保候审6人、逮捕2人、移送起诉7人。创建无邪教乡1个，无邪教村（社区）3个。高新区管委会被评为市维护社会稳定工作优秀单位。

【工会工作】 2015年年末，全区职工4.63万人，工会会员4.6万人，职工入会率99.41%；基层工会组织330个，涵盖法人单位3480个。新建工会组织14个，发展会员2000人。320个工会实现“双亮”，占96.97%，各级培训工会干部170人次。创建市示范社区工会10个；区工会验收工会组织规范化建设合格单位78家，合格单位累计208家，占63.03%；年末有市模范职工之家7个、市模范职工小家7个、区模范职工之家13个。聘请8名律师建立高新区工会维权律师团。新建12个职工维权帮扶服务点，受助职工122人、金额16.5万元，协调2家企业兑现拖欠工资30余万元。进入全国总工会帮扶工作管理系统473人，救助、慰问、助学1250人，帮扶金额46万元。开展服务企业、服务职工“双服务”活动，走访企业35家，建立环卫职工爱心服务站、点18个。开展“企业工资集体协商集中要约行动”“企业工资集体协商提质增效”活动，签订区域性、行业性工资协商协议5份，单独签订工资集体协商协议254份，23个单位获市工资集体协商优秀单位。新命名市级职工书屋1个、区级职工书屋9个，累计职工书屋15个。参加省、市举办比赛3次，区工会获市总工会2015年度职工文艺工作竞赛一等奖、职工体育一等奖。评选工会工作优秀论文13篇、省劳模1人、市劳模4人、省优秀工会工作者1人、市优秀工会工作者15人、区优秀工会工作者32人、最美劳动者10人、最美劳动者提名奖10人。

【共青团工作】 2015年，发展团员59人，15名团员列为入党积极分子，4名团员发展为中共预备党员。开展“三严三实”“红领巾心向党”“走复兴路·圆中国梦”“纪念抗日战争和世界反法西斯战争胜利七十周年”、社会主义核心价值观系列教育活动16次，覆盖万余名团员青年。开展产业园区大服务、青年技能大比武活动和青年文明号、岗位能手、就业创业见习基地等创建活动，农村青年技能培训65人。组织“假面相亲·为爱牵手”交友、青年歌手大赛、低碳骑行、徒步登山等活动。实施青春筑绿行动10项，开展“做一日花海文明劝导志愿者”活动7次。到敬老院开展“关爱老人温暖社会”活动。升级星级留守学生之家1所，新建青少年综合服务平台3个，团员网络文明志愿者731人，325人次青年志愿者服务残疾、留守、贫困儿童521人次，各级团组织慰问儿童263人，为贫困山区小学募捐书籍250册、衣服200件。

【妇女儿童工作】 2015年，实施女职工建功立业、素质提升工程，累计创巾帼文明岗18个。建立妇女儿童之家39个、女童安全防护队50个，建成市首批“妈咪宝贝屋”示范点6家，占全市54.55%。举办庆“三八”女职工趣味运动会和妇女维权讲座。女职工新购买大病保险1315份，累计参保9894人，17人获赔付19万元；生育保险补助26人6.5万元。300余名未成年人参加文明礼仪知识竞赛，落实3所“乡村少年宫”活动经费10

万元。

【信访和群众工作】 2015年，规范来信来访接待、登记、办理，落实信访问题答复、复查、复核三级终结制。全年接待来访255批775人次，比2014年减少73批137人次；来信11件，比2014年减少8件。办理上级转办37件、网上信访216件、市委书记与市长信箱信访件83件、人民网留言85件、国家和省直转信访件40件、市长热线5件，领导包案化解积案13件。开展“依法维权，为民解难”群众工作月活动，各级干部2437人次下访698次，收集群众意见建议236条，解决苗头性问题46个，处理信访问题82个，督办重点信访17件，提供技术指导24次，落实帮扶资金42.17万元。

【政务服务】 2015年，编制《高新区行政许可事项目录》，向社会公布14个部门74项行政许可事项。清理规范行政处罚、征收、强制等行政权力2905项。统一制作高新区政务中心、村（社区）便民服务室标识标牌及478块入驻窗口桌牌，标准化设置23个乡（街）、村（社区）服务场地、办事制度、机构。全年受理办结政务服务事项2.61万件，其中行政审批1.99万件、公共服务0.62万件，办理提速100%，平均受理时间零个工作日，平均办结时间0.08个工作日，当日受理办结率99.08%。简化行政审批程序，代办工业项目138个，完成代办91个，项目引进到落地开工平均用时60天，5个项目“三并联”审批1天完成。行政审批提前办结率、按时办结率、现场办结率和群众评议满意率100%。

【外地代表团参观考察】 2015年，泸州市、宜宾市、眉山市、绵阳市、广安市、德阳经济开发区、资阳市经济开发区、广东惠州仲恺高新区、绵阳高新区、西藏自治区人民政府驻成都办事处、南充市科学技术与知识产权局等党政考察团先后到自贡高新区考察统筹城乡发展、工业园区、科技创新、城市建设管理、园林绿化。

经济建设

【工业】 2015年末，工业企业112家，其中：节能环保27家，装备制造36家，新材料20家，其他产业29家。88家规模以上工业企业总产值369.63亿元，增长1.47%；规模以上工业增加值110.3亿元，增长0.55%。74家节能环保装备、机械制造、新材料三大主导产业完成工业总产值325.58亿元，占工业总产值88.02%。建设工业项目18个，其中续建9个、新开工9个，竣工投产6个，完成投资10亿元。实施技术改造项目11个，主要行业技术和装备水平升级。列入重点培育计划企业10家，新增规模以上工业企业8家，新增产值2亿元。华西能源公司与巴基斯坦、泰国、印度等“一带一路”沿线国家企业签订工程总包合同金额10.2亿美元，是2014年产值的195%；运机集团签订1.1亿元印度尼西亚塔岛矿山工程长距离胶带输送系统设备采购合同。落实企业扶持资金5200万元，其中：上级4000万元，高新区1200万元。

【商贸服务业】 2015年，实现服务业增加值82.19亿元，增长14.32%；社会消费品零售总额60.71亿元，增长12%，其中批发业2.5亿元、增长2.88%；零售业42.8亿元，增长13.02%；住宿业1.13亿元，增长8.65%；餐饮业14.28亿元，增长11.04%。新增外贸备案企业15家，累计45家，外贸进出口总额6763万美元，下降35.67%，其中：出口6439万美元，增长0.85%；进口324万美元，下降92.15%。20家限额以上住宿业和餐饮业年营业收入7.09亿元，增长5.82%。推进五大新兴先导型产业发展，33家企业申报2015年度中央外经贸发展专项资金项目119个，获批870万元；智周万维、同创新锐分别实现网上交易额1600万元、1900万元，分别增长12%、49%；13家物流企业实现产值7.71亿元，增长48.27%。年内，釜溪河复合绿道4个驿站、华商国际城一期、京东自贡大件运营中心等开业运营。

【财政】 2015年，实现财政总收入25.84亿元，下降6.32%。其中，地方一般公共财政预算收入2.9亿元，增长3.9%（税收收入1.68亿元，下降10.43%；非税收收入1.22亿元，增长33.38%）；基金预算收入8.08亿元，下降9.98%。完成上划中央、省、市收入14.86亿元，下降6.05%。地方公共财政预算支出8.62亿元，下降3.18%；基金支出6.88亿元，下降26.61%；产业扶持专项资金3.29亿元，增长93.53%；建设性支出27.94亿元，增长7.83%。严格预算编制，严控

“三公”经费和行政运行成本，加强财政资金管理，检查单位、部门29个，预算执行上线动态监控系统发现问题12条，整改资金21万元。28个预算单位发公务卡765张，报销金额242万元。政府采购561宗，金额5736.6万元。

【国家税务】 2015年，国税收入首次突破4亿元。全年完成税收收入4.84亿元，增长23.39%。其中：增值税3.94亿元，企业所得税8881.06万元，消费税89.64万元，个人所得税1800元。完成地方级收入1.12亿元，增长18.84%。1326家“营改增”试点纳税人缴纳税款5595.2万元，增长22.98%。税收优惠1.04亿元，其中：免征增值税993.75万元，减免企业所得税3698.13万元，出口退（免）税5282.77万元，福利企业和软件企业退税444.21万元。完成106家次风险应对，清缴入库税款及滞纳金1549.01万元。推进“三证合一、一照一码”登记制度改革，推行增值税发票系统升级版1875家，举办培训16期、培训纳税人1700余人次。

【地方税务】 2015年，组织入库收入12.02亿元，下降15.08%。其中，税收收入11.32亿元，下降15.26%；基金附加收入6988万元，下降12.11%。普查纳税户6889户，比对完善5290户征管基础信息，清理漏征漏管189户，调增定额个体纳税户446户。汇算清缴521户企业所得税1546万元，纳税评估补税651.43万元，清理欠税455万元。年收入12万元以上个人所得税申报350人，应纳税所得额1.44万元，应纳税额1670万元；获取2处以上取得收入信息509条，查补个人所得税6474元。减免253户税收2228.73万元。举办纳税人培训班12期，培训900余人次。

【招商引资】 2015年，累计到位市外资金104.94亿元，其中省外资金51.89亿元；市外固定资产投资类资金62.22亿元。新签约1亿元以上项目15个，包装重大项目21个，市督办项目履约率95.2%、开工率90.4%、资金到位率55.3%。更新制作一系列招商引资画册和多媒体宣传资料，推出中英文版、中德文版。采取“会前走出去，会中展形象，会后请进来”方式进行宣传推介，联系、邀请企业、客商谋求合作。第五届“携手灯城·龙聚盐都”、中外知名企业四川行、中国西部（四川）进口展暨国际投资大会等招商活动期间，布展厅、展板推介高新区，在省、市报刊、电视台、网站开辟专栏宣传高新区投资环境，借力省、市招商平台，会见重要客商100余人、发推介资料1000余册。“走出去”招商和小分队招商80余次、“请进来”招商130余次，接待客商600余人次。搜集追踪重大项目线索60余条，总投资约750亿元；推出PPP项目56个，总投资182.3亿元。

【重大项目建设】 2015年，全区开工79个重大项目，其中新建44个、续建35个，完成投资57.75亿元，占年计划127.77%。其中，46个政府投资项目年度完成投资18.18亿元，占计划108.14%；33个社会投入项目年度完成投资39.57亿元，占计划139.23%。29个列入市重大项目年度完成投资78.3亿元，占计划116%。清华机械、凯茨阀门工业园等13个项目开工建设，节能高效工业泵、徐工川南随车吊等20个项目部分竣工投产。编制“十三五”项目储备库，包装编制项目187个，总投资920亿元。编制“PPP”项目储备库56个，总投资182亿元，重点推荐孵化中心、高峰公园等项目。

【科技创新】 2015年，科技创新经费投入3.5亿元，占比1.61%，其中财政投入2亿元，占本级财政支出11.5%。申报市级以上科技项目45项，获批资金1288万元，推荐重大成果转化、产业化项目20项。新增科技创新平台7个，其中院士（专家）工作站1个、中小企业研发机构6个，拥有研发机构企业占35%，创新型企业41%。新增孵化企业6家，在孵企业24家。挖掘创业项目18个，储备创业个人和团队信息16条，辅导大学生创业项目31个，7个孵化项目获立项扶持资金100万元。新增市级优秀创业创新团队2个、顶尖创业创新团队2个、杰出创新人才3人。新认定高新技术企业6家，高新技术企业总数39家；高新技术产业总产值260亿元，占工业总产值70.34%，实现利税20亿元；产值上亿元高新技术企业21家，占产值上亿企业48%。华西能源公司“清洁高效锅炉智能制造数字化车间”投入运行，建成明珠社区科普体验馆。5项成果获2014年度省科学技术进步奖，15项成果获2015年度市科学技术进步奖。

【国家知识产权试点园区建设】 2015年，完善高新区知识产权服务中心及维权援助中心服务体系，启动知识产权信息服务平台和管理平台建设，打造知识产权“线上+线下”服务格局。全年申请专利681件，增长156.98%；获授权专利321件，增长54.33%；专利技术转化30项，新增产值10亿元。12月30日，历时3年的国家知识产权试点园区建设工作通过国家知识产权局考核验收。

【统计工作】 2015年，统计业务培训2次。开展基本单位、工业、投资、服务业、贸易等统计调查，清理基本单位名录库中法人和产业活动单位，完善管理维护。出版《高新区第三次经济普查主要数据提要》。加强经济运行重点、热点、难点问题动态监测，编写统计分析、信息，定期发布统计数据和经济运行情况。组织全国1%人口抽样调查，首次采用电子终端设备PDA采集数据，抽取丹桂街、学苑街、板仓街和红旗乡15个小区共1333户3601人，完成入户调查、数据录入上报和数据抽查。

【审计工作】 2015年，审计政府投资93个项目结算，总金额6.71亿元，审减1011.67万元，提出审计建议30条，报送领导参阅建议9条，发监察建议书1份。审计高峰乡政府2014年度预算执行和财务收支情况、浙江大学自贡创新中心专项资金，提出处理意见9条、建议7条。审计检查10余次，发现并督促整改问题20余个，通报批评3次，教育处理5人，清退违规发放资金3.28万元。协助省、市审计局开展政府债务、“稳增长、促改革、调结构、惠民生、防风险”、保障房和经济责任审计等工作。

【工商行政管理】 2015年，新增企业1102家、个体工商户1501家。年末，实有市场主体1.32万家，注册资本金总额305亿元，分别增长20.42%、26.68%。其中，私营企业4244家，注册资本金216.88亿元，分别增长23.8%、34.28%；外资企业31，注册资本金3.1亿元，分别增长3.33%、19.23%；个体工商户8398家，资金总额3.97亿元，分别增长22.03%、55.69%。新认定著名商标1件，累计著名商标15件、知名商标52件；板仓工业园区商标服务指导站被列为四川商标战略示范指导站。抽检建材、取暖器材、儿童玩具等商品38批次，不合格10批次；印发不合格商品信息12条，发布消费警示30条。接待消费咨询1800余人次，受理消费者投诉341件，处结率98.5%，挽回消费者经济损失41.3万元。汇兴路“消费维权示范一条街”消费投诉下降54.5%。责令整改52件广告违法行为，立案查处违法案件44件。

【质量技术管理】 2015年，工业产品质量合格率95%以上；培育4家企业争创第12届四川名牌，累计拥有四川名牌产品21个。1家企业获采用国际标准和国外先进标准产品认可，6家企业完成产品标准备案。加强电子计价秤、加油站、出租车计价器、动态汽车衡等计量器具、能源计量日常检查。检查8家“CCC”认证生产企业、26批次商品。开展“打非治违”“安全生产隐患大排查大整治”“气瓶专项整治”“油气输送管道隐患整治”“电梯大会战”专项整治5次，检查特种设备企业120家、发出监察意见书8份、查处隐患23处（督促整改11处）、维护保养20家单位100台问题电梯、组织26家单位开展特种设备应急演练。

城乡建设

【城乡规划】 2015年，做好《板仓一、二期控制性详细规划》《板仓三期控制性详细规划》维护，完善《自贡市第二十中学及卫坪中心学校》校园规划，完成板仓工业园区东一路道路施工图修改设计、南岸科技新区东一路北延线桥涵工程施工图设计等，审查南湖公园西大门景观设计、卫坪中心校教学楼、东区邻里中心等项目方案。审查建设项目规划设计方案和建筑设计方案16件、施工图22套。核发《建设项目选址意见书》14件；《建设用地规划许可证》15件，面积25.79万平方米；《建设工程规划许可证》21件，面积12.73万平方米；《建筑工程施工许可证》30件，面积44.25万平方米。加强批后跟踪管理，核发《建设项目规划竣工核实通知书》69件，核实竣工建筑面积181.43万平方米。核发城镇居民房屋买卖规划用地性质通知书82件。下达南湖生态城和南岸科技新区24宗商务、商业、居住和工业用地规划设计条件。

【统筹城乡发展】 2015年，推进“一元化”户籍改革，完成8263户2.65万个集体经济组织成员身份认定和“集体经济组织成员登记证”发放和户籍变更。征收集体土地77.26公顷，统筹集体土地1357.46公顷，签订房屋拆迁协议607户，拆除房屋1060户16.6万平方米。开工建设安置房40万平方米，竣工交付安置房35.8万平方米。办理征地农民养老保险2988人、医疗保险43人、失业保险313人，创业就业培训300余人。

【城区建设】 2015年，推进南湖生态城建设，开工政府性投资项目33个，其中新建24个、续建9个，年度计划投资8.56亿元，完成投资8.1亿元，总产值3.16亿元。西林街、龙汇南街延伸段、南七路、汇东公园及地下车库、丹桂幼儿园、李家湾C区安置房、南湖公园西大门跨线桥及道路、狮子山公园二期等投入使用，完成学苑街、春华路、文化路、华园街4条道路黑化及24个老旧小区电力改造，推进东兴寺公路大桥和铁路桥（简称“两桥”）及立交改造、汇园路、汇东实验学校南湖校区二期、南湖三期、安置房、紫竹苑安置房建设。拆迁城区房屋379户，面积4.7万平方米；安置997人，安置房屋面积2万平方米。

【卧龙湖旅游区建设】 2015年，实施项目7个，完成年度投资12.5亿元（政府投资6.5亿元，产业投资6亿元），占计划113.64%。景苑二期安置房竣工，桑海森林一期竣工3.25万平方米，盐卤浴竣工6.21万平方米，完成湿地公园一期、卧龙大道一期及龙汇南街延伸段景观绿化、交通标识设置，自贡市中医医院康疗中心开工建设。卧龙湖湿地公园一期竣工开放。硬化道路及路床9.4公里，通车7.4公里，承载能力4平方公里。

【南岸科技新区建设】 2015年，南岸科技新区“一环两横三纵”道路竣工通车。该工程投资1.84亿元，道路长5214米，宽24米、40米，面积16.89万平方米。高新孵化园计划总投资8亿元，占地14.87公顷，主要建筑物面积18万平方米。项目一期工程于9月开工，包括主要建筑物面积10.95万平方米（孵化大楼8.7万平方米、配套用房510平方米、地下车库2.2万平方米）和绿化等配套设施，年末进入主体建设。

【建筑与房地产】 2015年，全区完成建筑业总产值69.49亿元，提高55.08%，其中房屋建筑、设备安装、建筑装饰等总产值31.74亿元，占45.68%；市政、交通等总产值14.9亿元，占21.44%。9家总产值超1亿元建筑业企业全年产值占建筑业总产值90.6%。开工面积80.16万平方米，下降13.97%；竣工面积181.43万平方米，增长48.01%。落实房地产市场宏观调控政策，加强房地产市场监测分析和企业预售监管，房地产市场发展态势总体平稳，房价基本稳定。

【园林绿化】 2015年，投资2.5亿元，完成园林绿化方案设计79个、园林绿化建设工程67个。新增绿地面积114.3万平方米、绿化覆盖面积120.72万平方米，栽植乔木4.6万株、地被35万平方米、草坪42万平方米，栽植、摆放草花183.56万盆，支撑加固易倒易折乔木2000余株。截至年末，全区建成绿地面积924.29万平方米，绿地率34.88%，增长3.12%；绿化覆盖面积1020.88万平方米，绿化覆盖率38.52%，增长3.22%；公园绿地面积357.47万平方米，人均14.29平方米。

【国土资源管理】 编制上报2015年农用地转征用计划和供地计划。省政府批准2014年上报用地7批面积142.97公顷；上报2015年建设用地7批面积124.35公顷，待省政府批准；报批5宗城市林地，面积14.06公顷。勘界测绘9宗城市建设用地，完成土地集约节约更新评价。79个重大项目总用地888.24公顷，已供地470.12公顷。建设项目用地预审12个，面积25.43公顷。供地23宗，面积47.19公顷，土地成交总价8.24亿元。签订18个生产组《征收集体土地补偿安置协议》，征地面积93.14公顷，农转城923人，支付土地和安置补偿费3919.11万元、土地调整费6.12万元，拆迁房屋632户、面积8.96万平方米，搬迁2150人。核查卫片图斑20个、面积15.18公顷，其中违法用地2宗、面积0.11公顷。发出督促开工通知书9份，面积90.4公顷；督促竣工通知书4份，面积28.35公顷。制止土地违法违规行为10件，面积1.44公顷；查处土地违法2件，面积0.07公顷。土地储备198.48公顷。办理国有土地使用证15.32万本，比2014年增加10%。

【城市管理】 2015年，投入环卫经费2164.07万元、城乡环境综合治理经费469.38万元。推广城市管理学、宣、劝、勤、规、正、疏、守、帮、罚“十字工作法”。设土石方倾倒点2处，建筑工地进出口道路硬化23处，修建施工围墙、围挡7590米，办理渣土运输证21件、渣土运输备案29件、洗车场设置备案14件，治理施工现场扬尘1032处次。检查餐饮企业295家，送达限期改正通知书73份，新安装油烟净化设备51家。推广无烟烧烤车，36家露天烧烤安装油烟净化装置，取缔3家。送达违法建筑限期改正通知书467份，拆除违法建筑120处9678平方米，拆除违规设置牌匾547块2946平方米。数字城管受理立案城管案件2.62万件，其中巡查上报2.49万件，占94.88%；社会公众投诉1343件，占5.12%，处置2.62件，处置率99.97%；结案2.6万件，结案率99.38%。城区道路每天2次普扫、4次洒水降尘，全天候保洁。购置多功能抑尘车和吸尘车各1辆，主要街道早、中、晚3次喷雾降尘、吸尘。汇西加油站首台快速洗车设备投入使用。消除市政设施隐患413处、修复人行道1万平方米、路沿1500米、花台1960米，疏通排洪道600米，更换井窨盖500块，修建垃圾压缩转运站，关闭垃圾库（点）6处，清运垃圾4.3万吨。修复更换钠灯1000余盏、节能灯1000盏，修复路灯、景观灯2700余盏，更换和恢复电缆7248米，增配光控路灯节电柜5台，亮灯率98%以上。

【环境保护】 2015年，吸入颗粒物（PM10）浓度均值104.4微克/立方米，降低1.6微克/立方米。发放环境宣传资料6.7万份，制作宣传标语40幅。审批项目47个，制发登记表21份、报告表21份、报告书5份。对120家投产企业验收工作再清理，完成验收88家企业。对在建工地实行日巡查、周复查、月检查，从道路硬化、现场纠正违章、路面保洁、冲洗降尘、文明施工、修建施工围墙、设卡检查运土车辆等7个方面源头管控，责令整改45处、停工整改建筑工地6个、治理施工现场扬尘785处次、硬化道路23条、修建施工围墙8处。治理道路扬尘，黑化原建道路4条，限制黄标车转移登记，执行机动车强制报废标准，加快淘汰黄标车、老旧车。城区道路机械化清扫率50%；每天早、中、晚洒水冲洗路面，多功能抑尘车和吸尘车喷雾降尘、吸尘，每周冲洗行道树、绿化带、花箱、道路边泥沙、人行道油污；建筑渣土、垃圾密闭运输，检查运渣车1360辆，责令整改违规27辆，处罚16辆，处理建筑垃圾占道、裸露堆放40起。治理油烟煤烟污染，检查餐饮企业165家，责令31家安装油烟净化装置、未正常使用油烟净化装置5家限期整改、2家改用清洁能源，处理油烟污染举报投诉15件。发现并制止焚烧秸秆、垃圾285起。安装视频监控，控制重点工业企业燃料、原料、产品堆场扬尘。板仓工业园区污水处理厂日处理污水3000立方米，出水水质达到排放标准。

【道路交通管理】 2015年，属地化管理道路165.8公里、机动车8.5万辆、驾驶人3.5万人，其中重点管理驾驶人1758人、车辆1284辆。开展道路交通安全宣传“五进”活动，发宣传稿244篇、资料4.8万份、微博信息1500余条、手机短信70万余条。新增停车场4个、停车位963个、监控点位1个、卡口1个、电子诱导屏4块、智能红绿灯1组，维护交通标牌172块、新制57块，施划、补划交通标线1.92万平方米，整改危险路段18处。接处警6782起，出警2456起，受理交通事故1561件，上升6.63%；死亡4人，下降20%；受伤751人，下降7.85%；直接经济损失168.2万元，上升60.21%，“四项指标”两升两降。发生并侦破道路交通逃逸案21件。交通事故调解委员会受理纠纷1922件，调解成功1860件，调解成功率96.77%。交通法庭受理交通事故案245件，鉴定19件，判决结案165件，调解结案61件。查处交通违法10.98万件，其中，乱停乱放1.09万件，货车超载86件，客车超员15件，无证驾驶79件，毒驾、酒驾、醉驾152件。刑事立案35件，其中，交通肇事罪13件，危险驾驶罪22件，行政拘留82人，刑事拘留3人，取保候审32人。

【信息化建设】 2015年年末，境内有经营性互联网联网单位23家，终端机器2900多台；非经营性互联网联网单位3200多家；互联网个人用户（不含手机上网用户）4.7万人，占全市个人用户18.9%。建设3G基站218个，新建4G基站732个，建设光纤14.2万皮长公里、管道8208孔公里。完成高新公安指挥中心和高新区应急指挥中心信息化项目建设、汇东公园二期综合安防全景监控摄像机系统和24个点位安装、卧龙湖湿地公园安防项目招标。新增基层单位专线10条，实现管委会到38个基层单位点和60个村（社区）电子政务外网覆盖。自贡智慧高新社会公共服务平台通过验收，市民可在网上预约医疗、教育、社保、民政、生育、伤残等32项业务。制订《高新区公共视频监控系统项目的建设方案》，设计公共视频监控系统点位366个，其中视频监控194个、卡口172套。高新区门户网站发布互动类信息350余条，公开文件22件，发布政务信息26条。高新区门户网站获国家高新区门户网站推荐及综合影响力评估领先奖。

文化建设

【精神文明建设】 2015年，开展第十四个公民道德建设宣传月、“学雷锋、树新风”“我推荐、我评议身边好人”、义诊、文明劝导、美化城乡环境、“百城万店无假货”“百城万店示范街”等活动，丹桂街创建成示范街。举办劳动模范和“最美劳动者”先进事迹巡回报告会4场，组织学生参加文明礼仪知识竞赛。开展争创全国文明城市活动，召开推进会6次、培训会4次，发专报5期、简报24期、督查通报6期，网报33项申报材料和17项未成年人材料，举办“美丽高新，文明市民”文艺演出、文明知识竞赛。63支志愿者队伍911名队员开展宣传、敬老助残扶困、关爱留守儿童、植树护绿等活动。复查21个省级文明单位，抽查2个市级文明单位，命名第三届省级文明社区2个、文明单位1个，获市十大道德模范1人。高新区管委会获市创建第三届省级文明城市先进单位。

【文化体育设施建设】 2015年年末，社区书屋32个、农家书屋22个；农民工驿站3个，其中新建2个；留守儿童之家12所，其中新建10所；农村广播村村响21个，其中新建8个。每个社区书屋更新图书200册，免费开放乡镇文化站、街道文化活动中心4个和社区、农家书屋。为39个社区购置演出服装780套。配套建设丹桂幼儿园、沙坪幼儿园、汇东公园户外游乐设施，添置肖庙幼儿园体育器材。新安装健身路径12条，定期巡查维修健身路径。9月1日，自贡市抗战纪念碑揭碑仪式在南湖公园举行。

【文化市场管理】 2015年，开展“扫黄打非”、非法出版物、网吧治理，建立印刷品承印质量保证体系，检查书店、音像制品零售点172家次，收缴非法出版物800余本、非法音像制品500余张，处罚非法发行、散发出版物2家；检查网吧352家次，处罚违规经营3家，取缔黑电玩1家。办理举报8件、信访2件。

【文化产业】 2015年末，全区文化娱乐场所224家，其中，歌舞娱乐场所12家，网吧26家，打字复印63家，音像制品零售15家，出版物出租、零售31家，邮亭政务亭54家，电子游戏16家，印刷厂7家。全年新增上规模文化经营项目8个，文化产业收入增长18%。7月16日，自贡首家IMAX影院——南湖星维国际电影城开业。

【公共文化活动】 2015年，承办春节灯贸交易会彩灯公园演出（2场）、龙腾狮跃闹元宵、高新区第二届文化艺术节开幕式暨第九届学苑之春文艺演出、第二届文化艺术节青年歌手大赛、现代打击乐音乐会、国学诵读比赛、“百姓大舞台·激情广场舞”比赛、“阳光下成长，关爱留守儿童”文艺展演、“文化进社区，欢乐到基层”演出（3场）、“文化惠民、情系百姓”送文化到企业文艺演出、纪念抗战胜利70周年文艺汇演、70年胜利之歌大联唱、“我要上春晚”高新专场等16场大型文艺演出，参演6000余人次，观众2万余人次。6个节目参加市第十五届文化艺术节比赛及展演，放映公益电影252场。创作舞蹈《金色羌寨等你来》《摩梭甲搓》《警魂·祖国不会忘记》、小品《盐都兄弟连》《公寓就是我的家》、国学情景剧《自古英雄出少年》、情景剧《向前进》等10件文艺作品。举办公文与通讯写作、舞蹈、声乐、版画、手鼓等培训，培训文化骨干800余人次。

【体育】 2015年，在春华、妙观寺等广场每月组织1次交谊舞会，组队参加市迎春长跑。举办高新区第二届运动会，22支代表队参加足球、篮球、乒乓球、羽毛球、网球、门球、拔河、广场舞8个项目竞赛。在绿盛实验学校南湖校区举行四川省青少年男子排球锦标赛。培训社会三级体育指导员600人，13人参加省社会一级体育指导员培训取得合格证。新组建手鼓健身队，成立高新区体育总会。

【档案工作】 2015年，文书档案立卷归档90盒2.18万件，提供档案利用200余人次。加强重大建设项目、统筹城乡、民生档案资料收集、整理、移交、归档、验收，检查、指导乡（街）等单位完善档案工作。

【地方志工作】 2015年，宣传贯彻《四川省地方志工作条例》《自贡市〈四川省地方志工作条例〉实施办法》《全国地方志事业发展规划纲要》等法规。编辑出版《自贡高新区年鉴（2015）》。该书45万字，收录照片250余张。完成《自贡年鉴（2015）》合编任务，共报送7个方面内容68条目2万余字。完成《四川年鉴（2015）》《中国高新技术产业开发区年鉴（2015年）》征稿报送工作。

社会建设

【教育】 2015年，高新区直属中小学校9所，直属公办幼儿园1所，民办幼儿园29所。全年教育投入1.45亿元，增长75.19%；批复新建幼儿园6所、培训学校2所。直属学校小学毕业1433人，增加61人，毕业率100%；初中毕业暨升学考试1199人，增加86人，毕业率100%；国家级示范高中上线率25.69%；中小学招生4111人，其中小学2374人、初中1609人，增招128人。年末，在校中小学生1.69万人，其中，小学255个班1.21万人，增加15个班1160人；初中103个班4774人，增加7个班301人。适龄幼儿学前入园率91%以上。中小学教职工1080人，其中，小学教职工684人，中学教职工386人。丹桂幼儿园竣工开园，高峰乡中心幼儿园完成主体建设，实施汇西小学三期、汇东实验学校南湖校区二期、板仓安置房幼儿园建设。列入市、区课堂教学改革试点学校各2所，其中市课堂教学改革先进学校1所；组织区级教研活动21次，参加教师1036人次；参加市级及以上培训教师1475人次。759人次在省第十一届中小学生优秀艺术人才大赛中获奖，评选市三好学生48人、优秀学生干部16人、先进班集体13个，评选区三好学生79人、优秀学生干部49人、先进班集体25个。统筹安排进城务工人员子女198人、拆迁户子女450人就近入学接受义务教育；免费教科书金额159.22万元，免作业本费51.8万元，减免916人次幼儿保教费45.8万元，补助贫困寄宿学生46人生活费2.88万元。接受省政府义务教育均衡发展督导评估并达标。

【医疗卫生】 2015年，医疗卫生机构107个，其中：市属6个，社区卫生服务中心2个，社区卫生服务站4个，乡镇卫生院3个，民营医院92个。病床500张，在册医生485人，护士451人。门急诊诊疗41万人次，住院1.38万人次，上门服务6.41万人次。财政投入医疗卫生与计划生育经费2164万元，增加742万元，增长52.18%。规范化电子建档15.73万份，建档率96.18%。免疫规划疫苗接种2.39万人次，接种率99.57%；高血压、糖尿病患者规范化管理分别为1.14万人、4742人，规范化管理率分别达98%、94.8%；在管65岁以上老年人2万人，免费健康体检1.8万人。五苗接种率99.59%，扩免疫苗接种率99.54%。报告法定传染病13种1035例，发病率527.72/10万，发病数上升7.14%。开展公众健康宣传咨询活动216次，接受咨询服务5.12万人次，卫生监督巡查196次。消毒监测66家，采集样品412件，合格356件，合格率86.41%。检查公共场所516家次，下发《卫生监督意见书》520份；公共场所和饮用水许可证审、验、换、发证144家。医师注册和变更注册146人次，护士注册和变更注册148人次。采集居民健康卡信息16.45万条，占总人口80%以上。家庭医生进社区、健康团队进农户“双进”签约，城市2.43万户，占82.71%；农村2.39万户，占82.72%。组织无偿献血5次，实际献血250人，献血量8.27万毫升。市残疾人康复中心、卧龙湖康疗中心年内开工建设。

【劳动就业】 2015年，有就业和社会保障服务平台68个，工作人员145人。技能培训663人，投入资金33.72万元。城镇新增就业1603人，其中失业人员再就业331人，困难对象就业116人。开发公益性岗位172个，补贴资金248万元。城镇登记失业率控制在1.2%以内，动态消除零就业家庭。打造省级高校毕业生创新创业园1个，32人实现创业，发放创业补贴33万元。5人参加市高校毕业生创业大赛，获二等奖1人、三等奖2人。建立高校毕业生见习基地8个，落实见习补贴18.4万元。

【社会保险】 2015年，参加城乡居民养老保险2465人，同比增加370人，缴费44.53万元；被征地农民养老保险参保3025人，增加1427人，征缴基金1.51亿元。城镇居民医疗保险参保续保5.86万人，增加3362人，征缴保费1.24亿元；新型农村合作医疗参保2.41万人人，参合率99%。被征地农民失业保险参保571人，减少1586人，发放一次性失业保险金1163.79万元。小额人身意外保险参保1.31万人，减少359人，征缴保费47万元，赔付177例31.5万元。社会化管理企业退休人员2.92万人，增加2896人，实名登记认证2.87万人，认证率98.29%。

【民政工作】 2015年，发放社会救助金2021万元，增长7.61%。发放城乡居民最低生活保障金1529.97万元，增长0.66%，其中，城市1268.23万元，下降1.56%，人均月补差246.85元，增加9.19元；农村261.74万元，增长12.97%，月人均定额补差115元，增加20元。年末，城乡低保4136户5942人，保障人数占户籍人数3.53%，其中城市2471户4100人、农村1665户1842人。门诊医疗救助109人次，救助金13.4万元，人均救助1229.36元；住院医疗救助577人次，救助金154.3万元，人均救助2674.13元。补助低保户参加医疗保险27.06万元，补助91人殡葬资金5.8万元。发放抚恤优待补助、慰问金212.5万元，发放退役士兵、士官57人一次性地方经济补助金97.7万元，发放高龄老人512人生活津贴119.6万元，发放382户城乡困难群众临时救助金19.34万元，为低保和残疾等困难家庭449名应往届大学生发放助学金44.4万元，为年满16周岁就读高中、中专和技校农转城困难学生72人补助5.16万元。新建社区日间照料中心8个、养老院床位80张，为3500老人提供居家养老服务。完成16个民办非企业单位年检。开展规划、在建道路命名及已建道路名称规范工作，上报39条道路命名和更名方案；规范楼栋门牌设置，清理补正沿街错漏门牌。为1名白血病患者募集善款15万余元。

【人口与计划生育】 2015年，出生1515人，自然增长率2.62‰，符合政策生育率92.04%。孕产妇住院分娩率100%，孕产妇、儿童系统管理率96.21%、95.51%，孕产妇死亡率为零，婴儿死亡率1.43‰，剖宫产率66.73%，婚检率84.46%。发放独生子女父母奖励5642人，奖金39.48万元；独生子女家庭、失独家庭慰问金38.7万元。

【食品药品监管】 2015年，建立监管体系和机制，每村（社区）配1名协管员。开展食品药品安全宣传，发放资料2万余份，接受咨询800余人次；在村（社区）、学校设宣传栏16个，培训6期220人。办理食品流通许可证465家，其中，新办276家、变更和延续145家、注销44家；发放餐饮服务许可证424家，其中，新办322家、变更和延续51家，注销51家。重大活动食品安全保障8次。抽检药品45批次，合格43批次，合格率95.56%；抽检食品673批次，合格650批次，合格率96.58%，处理不合格食品23批次；处理投诉举报152件。责令整改148家，发出监督意见书405份，查处违法案件121件，没收不符合规定医疗器械97件，查扣不合格或过期食品543公斤。

【安全工作】 2015年，开展安全进企业、进机关、进家庭、进学校、进社区“五进”活动，普及安全常识、安全操作规程、防灾避灾知识和技能，发安全知识手册、宣传单4.6万份，设大标语260条、展板211块、挂图2100幅、警示标志标牌400块，培训396人，应急演练31次。重点开展道路交通、建筑施工、交通运输、危化物品、烟花爆竹、学校等行业领域安全生产专项整治行动，排查安全隐患2184起，整治2075起，整改率95%。全年发生安全生产事故72件，死亡3人，伤43人，直接经济损失34.06万元。其中，道路交通事故37件，死亡3人，受伤43人，直接经济损失4.48万元；火灾事故35件，直接经济损失29.58万元。事故总数下降2.7%，死亡人数下降66.67%，直接经济损失下降86.9%，受伤人数上升10.26%。

【残联工作】 2015年，建档管理残疾人3011人，换发残疾证99本，新办残疾证263本，征收残保金173万元。健全区、乡（街）、村（社区）残疾人服务网络，推进“量服”工作。残疾人居家灵活就业400人补助2万元，居家灵活就业直补45人3.25万元，农村残疾人扶贫解困50人补助1万元。医疗救助白内障复明手术40人、贫困脑瘫儿童22人、重度听力残疾儿童3人、智力残疾儿童17人。落实“阳光家园”计划补贴94人5.64万元、重度残疾人护理费补贴767人55.64万元、精神残疾人补贴10人5000元。捐赠家庭经济困难残疾人适配辅助器具170件，实施残疾人家庭无障碍改造10户。开展“温暖万家行”活动，慰问贫困残疾人280人，慰问金2.8万元。助残日宣传残疾人政策法规，悬挂标语和发宣传资料5000余份，走访慰问贫困重度残疾人6人。

街乡概况

【丹桂街】 位于汇东龙汇北街以东，辖区面积3.5平方公里。街道办事处驻华园街258号。辖11个社区226个居民小组。2015年年末，常住人口8.79万人。境内坐落自贡市、自流井区党政机关，及市汽车客运中心、汇东公园等，有9年义务教育学校3所，市二、四医院汇东分院和社区卫生服务中心（站）3所。全年就业培训123人，新增就业290人；发放低保金345万元、救助补贴等102.3万元；新建养老服务中心2所；参加城镇居民医疗保险1.02万人；认证企业退休人员1.05万人；出生367人；拆迁安置58户。

【学苑街】 位于汇东龙汇北街以西，辖区面积3.5平方公里。街道办事处驻学苑街28号。辖11个社区230个居民小组。2015年年末，总人口6.7万人。境内拥有大学2所、小学2所、初中1所，建有市一医院汇东分院和社区卫生服务中心（站）2所，拥有一对山商贸城、百盛商场、丽景超市等综合商场，有自然景观一对山，其下坐落妙观寺。2015年，“四上企业”零售总额3.49亿元，就业培训86人，新增就业265人，发放低保金409.11万元、救助补贴等93.95万元，新建日间照料中心1所，被征地农民参加养老保险456人，城镇居民参加养老保险96人、医疗保险1.02万人、小额人身保险1049份，认证企业退休人员8076人，出生257人，拆迁安置105户。

【板仓街】 位于高新区东南部，辖区面积35.26平方公里。街道办事处驻沿滩区糍粑坳卫里街18号。辖12个行政村124个村民小组和4个社区34个居民小组。2015年年末，总人口3.69万人，其中城镇5148人。辖区有板仓工业园区、南岸科技新区、市职业技术学校、市一医院板仓分院、卫坪卫生院、中小学3所、市场3个、釜溪河复合绿道。2015年，第一产业增加值258万元，粮食总产量6709吨；征地81.33公顷；续流转土地644公顷；发放退耕还林补贴16.73万元、农田改造补贴5.56万元；新增就业427人；发放城乡低保金438.7万元、救助补贴等176.94万元；城乡居民医疗参保1.01万人；出生444人；拆迁安置265户。

【红旗乡】 辖南湖生态城，乡境面积10.37平方公里。乡政府驻兴川南街255号大沙坪综合楼。辖3个行政村27个村民小组和11个社区138个居民小组。2015年年末，总人口4.6万人，其中农业人口851人。辖区有9年制学校分校2所、卫生院1所，南湖公园、综合商贸服务体——华商·国际城、泰丰·国际城坐落其境。2015年，续流转土地173.33公顷，就业培训158人，新增就业259人，发放低保金196.12万元、救助补贴等70余万元，医疗参保9391人，认证企业退休人员5168人，出生267人，拆迁安置87户。

【高峰乡】 辖卧龙湖旅游区，乡境面积13平方公里。乡政府驻高峰寺社区汇高路169号。辖6个行政村44个村民小组和3个社区10个居民小组。2015年年末，户籍人口1.08万人，其中城镇2673人。辖区有学校1所、卫生院1所，卧龙湖湿地公园等坐落其境。2015年，农业总产值8592万元，粮食总产量2.05万吨，流转土地368.34公顷，发放农业补贴资金98.13万元、城乡低保金76.8万元、救助补贴金79.59万元，参加新农合6836人、城市医保1735人，新增就业278人，出生180人，拆迁安置161户。

（高新区党政办公室）

人 物

2015 年全国劳动模范名单

东方电气集团东方锅炉股份有限公司工艺部焊接管理组电焊工、班组长　孔建伟
中昊晨光化工研究院有限公司研发总监　张建新
富顺县金农辣椒专业合作社农民科研工作者　陈炳金

2015 年全国先进工作者

自贡市第一人民医院眼科主任　李爽乐

2015 年四川省劳动模范名单

自贡市荣县墨林乡大石门村村主任　龚东梅
自贡希宇园林开发有限公司技术员　应　兴
自贡市贡井区龙潭镇中坝村党支部书记　罗文彬
富顺县东湖棬坝村养鱼专业合作社副理事长　董长生

四川盐道食府有限公司厨师　何　伟
国网四川省电力公司自贡供电公司变电运维三班班长　降春雷
自贡硬质合金有限责任公司职工　邹正勇
四川久大制盐有限责任公司电工组长　孟英权
自贡市公交集团有限责任公司驾驶员　王　燕
四川省自贡市海川实业有限公司车间操作工　唐义勇
自贡市江阳磁材有限责任公司班长　龙云刚
自贡市富顺县环境卫生管理所环卫工人　黄云红
自贡市永安建筑安装工程有限公司班组长　彭维兵
东方电气集团东方锅炉股份有限公司总经理　徐　鹏
四川大西洋集团有限责任公司党委书记、董事长　李欣雨
四川省自贡运输机械集团股份有限公司董事长　吴友华
四川川润股份有限公司风电事业部总工程师　艾文峰
华西能源工业股份有限公司销售经理　邓志飞
中昊晨光化工研究院有限公司设计所副所长　张金刚
自贡市土肥站高级农艺师　李学秀
自贡市沿滩区农牧林业局农艺师　黎　莉
自贡恐龙博物馆科教部主任　徐　娟
自贡市自流井区中医院主治医师　陈　键
自贡市第二十八中学校党政办公室主任　曾　彤
自贡市广播电视台活动专题策划部副主任　尚文青
四川省自贡市第二十中学校教师　巫长英
荣县农业技术推广中心副主任　周远清
自贡市第一人民医院肝胆科副主任　杨　楠
自贡市公安局主任科员　陈玉英
自贡市地方税务局纪检组长　邓红梅

2015年四川省“五一劳动奖章”获得者

四川省自贡运输机械集团股份有限公司车工　徐　程
四川省自贡市贡井区国家税务局党组书记、局长　何志洪
中昊晨光化工研究院有限公司氟化三厂厂长　段绍书

2015年四川省先进基层党组织名单

自贡市大安区龙井街道华大社区党委
富顺县狮市镇花园村党支部
自贡市公安局刑事科学技术研究所党支部
自贡市燃气有限责任公司党委

2015年四川省优秀共产党员名单

王家富　自贡市自流井区园林管理所所长
黄远明　自贡市沿滩区王井镇党委书记
蒋　兵　荣县宣传杂志社党支部书记
宫　强　自贡市公安局高新分局丹桂派出所民警
华　静（女）自贡市司法局行政审批服务科科长
赖永秀（女）自贡市海事局船舶检验科科长
朱泽文　自贡市第一中学校高级教师
林玉全　自贡市第四人民医院神经内科副主任
田宝全　四川文森电器有限公司党支部书记
何信勇　自贡市公交集团有限责任公司三公司驾驶员

四川省践行“三严三实”优秀党员领导干部名单

熊　超（女）自贡市政府办公室党组成员、副主任，市仲裁委员会主任
唐　敏　四川大西洋焊接材料股份有限公司党委委员、董事、副总经理

2011—2015年自贡市劳动模范名单

荣县绿源兔业专业合作社、科原农业有限公司销售经理　邓翠英
荣县金台村生猪养殖专业合作社成员　黄俊芳
荣县双龙陶业制陶工人　吴雪峰
荣县宣传杂志社党支部书记　蒋　兵
四川旭阳药业有限责任公司副总工程师　侯　嘉
荣县司法局旭阳司法所司法所所长　王湘其
富顺县飞龙镇新胜村蚕桑专业合作社农民　胡邦菊
富顺县长滩镇白岩村农民　王　东
四川省洛源食品有限公司机电维修　王玉国
四川富益电力股份有限公司工人　朱小平
富顺县第二中学校年级主任　何启彬
富顺县富世镇金山社区富世镇金山社区党委书记　陈亚兰
自流井区荣边水果专业合作社理事长　杨福贤
四川省兆仓建筑有限公司副总经理　李少华
自贡市自流井区环境卫生管理站保洁队员　胡泽英
自贡市天味食品有限公司生产车间主任　王大良
四川省自贡市大商投资有限公司工程部经理　杨　春
自贡市贡井区建设镇大田村村民委员会党支部书记　缪体华
自贡市华刚硬质合金新材料有限公司制造部部长　王树明
四川省海维塑胶有限公司生产主管　张燕清
自贡市贡井区筱溪街洞桥社区居民委员会党支部书记　付莲英
自贡市贡井区成佳镇人民政府安办主任　王国元
大安区何市雨山村党支部书记　陈文晓
自贡双河农牧专业合作社理事长　张劲松
自贡市西南电线电缆制造有限公司工人　陈晓兵
蜀江春餐饮食品有限公司大堂经理　江兰英
自贡市公安局大安分局治安管理大队大队长　陈立杰
自贡市沿滩区立丰花椒专业合作社理事长　胡　华
自贡双源石化设备制造有限公司班组长　刘桂英
自贡市沿滩区富全镇农业服务中心主任　甘　朋
自贡天龙化工有限公司技术负责人　程　杰
自贡市沿滩区沿滩镇兴元路社区党总支书记　龙国华
高新环卫站保洁员　王忠芬

高新交警大队行政内勤　杨　槐
四川安益生物科技有限公司机电车间主任　申太炬
四川自贡汇东发展股份有限公司助理工程师　林宇峰
川西南公共事务管理中心副经理　王　雁
四川大西洋焊接材料股份有限公司工人　肖全彬
自贡市公交集团有限责任公司驾驶员　羊　敏
自贡市商行营业部主任　袁　媛
自贡水务集团有限公司材料员　赵　敏
中国移动通信集团四川有限公司自贡分公司中心主任　代智敏
自贡硬质合金有限责任公司职工　莫泽斌
中国电信自贡分公司职工　金卫东
自贡硬质合金有限责任公司党委书记、工会主席　张晓军
中昊晨光化工研究院有限公司执行董事、总经理、党委书记　李　嘉
国网四川省电力公司自贡供电公司总经理、党委副书记　姚建东
自贡市燃气有限责任公司党委书记、董事长　龚建强
四川长征机床集团有限公机械所所长　李志勇
东方电气集团东方锅炉股份有限公司技术中心副总设计师兼产品开发一部部长　何　维
四川盐业地质钻井大队队长助理　宋　强
四川久大制盐有限责任公司营销总公司销售部成都片区处长　张　挺
四川川润动力设备有限公司检查站站长　罗红英
四川省汽车运输自贡集团有限公司职工　郑子良
四川飞球（集团）有限责任公司职工　肖　艳
自贡双箭钢锹有限公司班长　丁　勇
自贡市川力实业有限公司　王晓兵
自贡通达机器制造有限公司组长　林　建
四川省自贡市海川实业有限公司常务副总经理　邓利平
四川自贡百味斋食品股份有限公司董事长　甘丘平
华西能源工业股份有限公司主任工程师　刘正刚
四川省自贡运输机械集团股份有限公司副部长　罗孝明
华润雪花啤酒（自贡）有限责任公司工程师　何东康
自贡市赛狮建筑安装有限责任公司班组长　杨　建
自贡市第三建筑工程有限公司班组长　张前明
四川远建建筑工程设计有限公司职工　刘　为
自贡市城市规划设计研究院有限责任公司主任工程师　文继涛
沃尔玛自贡汇兴路分店库控主管　刘玉梅
自贡市粮油科学研究所（自贡市粮油质量检验监测中心）检验监测科副科长　李小梅
四川东方物流有限公司职工　吴　红
盐帮传人餐饮文化有限公司大堂经理　凡义兰
自贡浩瀚文化艺术有限公司艺术总监　刘俊才
自贡市跳水运动学校教练员　李华敏
自贡市中医医院主任　袁全才

四川理工学院化药学院　邹立科
自贡市第一中学校初中部主任　周　毅
自贡市蜀光中学教师　魏　文
自贡市第三人民医院肾病科主任　廖常彬
自贡市精神卫生中心护理部主任　邓克琴
中橡集团炭黑工业研究设计院主任　聂绪建
自贡科瑞德新材料有限责任公司技术部长　梅　华
自贡市川剧艺术中心艺术中心副主任、艺术总监兼工会主席　刘开奎
自贡市中级人民法院审判员　樊成晔
自贡市人民检察院民行处副处长　祁忠全
自贡市公安局交通警察支队沿滩交警大队大队长　钟　昆
自贡市司法局行政审批服务科科长　华　静
四川省自贡市地方海事局科长　赖永秀
自贡日报社总编室主任　杨　眉
自贡市人民政府办公室秘书科科长　漆　铁
四川省自贡市沿滩区国家税务局党组书记、局长　何家明
自贡军分区政治部干事　王　诏
武警自贡市支队保密员　孙　波
自贡市消防支队汇东区大队汇川路特勤中队中队长助理　廖　波
自贡神州旅行社有限责任公司导游　李　鹏
富顺县思容小商品经营部业主　唐斯容
贡井区天池农家乐餐馆业主　郑　群
中国人民银行自贡市中心支行办公室副主任　张明华
邮储银行自贡分行副行长　梁　霞
自贡小井沟水利工程有限责任公司　康平印
四川自隆高速公路开发有限公司总工程师　曾　静

第三届自贡市十大道德模范名单

（排名不分先后）

一、助人为乐模范

曹　翔　32 岁，中共党员，省青年志愿者、市第五人民医院职工
肖建禄、赖群英（夫妇）　富顺县彭庙镇新和村 10 组村民

二、见义勇为模范

李模林　24 岁，成都天一学院学生、富顺县兜山镇桥边村 6 组人
胡世平　51 岁，荣县旭阳镇北街社区居民
王森典　78 岁，自流井区郭街核桃湾社区居民

三、敬业奉献模范

石　胜　41岁，中共党员，东方锅炉股份有限公司用户服务部技术二室主任

降春雷　39岁，中共党员，国网四川省电力公司自贡供电公司检修分公司变电运维三班班长

四、诚实守信模范

黄　海　40岁，富顺县富世镇西湖社区盐井街居民

五、孝老爱亲模范

邓先会（女）　42岁，富顺县兜山镇横溪社区居民

罗春容（女）　72岁，高新区学苑街邓家坝社区居民

组织机构主要负责人名录

（截至2015年12月31日）

【中国共产党自贡市委员会】

市委书记：雷洪金

市委副书记：刘永湘、谭　豹

市委常委：王　猛、李　清、吴　丕
　　　　　黄承伟、李国贵、刘　敏
　　　　　刘笑禹、杜彦坤

市委秘书长、办公室主任：吴　丕

市纪委书记：李　清

市委组织部部长：李国贵

市委宣传部部长：刘　敏

市委统战部部长：肖光俊

市委政法委书记：刘笑禹

市直机关工委书记：李绍彬

市委农工委主任：（空缺）

市委编办主任：陈　洪

市委群工局（市政府信访局）局长：陈显龙

市委政研究室主任：舒国兴

市精神文明办主任：（空缺）

市委老干局局长：张　刚

市委党校（市行政学院）校长（院长）：
　李国贵

市综治办主任：陈　巍

市维稳办主任：李雍麟

市委市政府目标督查办主任：赖　平

市委防邪办主任：龚焕楷

市委台办主任：李如海

市委党建办主任：陈金洪

市委外宣办（市政府新闻办）主任：李　林

市委党史研究室主任：魏家骏

自贡日报社总编辑、党组书记：刘建勇

市委保密办主任：李　刚

市委机要局（密码管理局）局长：刘　勇

【自贡市人民代表大会常务委员会】

主　任：陈　华

副主任：王建威、罗毅平、赵兴明、胡开洪
　　　　詹　勇

秘书长、办公室主任：刘贵君

人代工委主任：杨洪明

研究室主任：罗常明

预算工委主任：杨廷卫

内务司法委员会主任委员：李明杨

财政财经委员会主任委员：陈光跃

教科文卫委员会主任委员：罗　川

农业和农村委员会主任委员：曾桂林

城环资委员会主任委员：罗庆全

【自贡市人民政府】

市　长：刘永湘

副市长：石岷嘉、杨征宇、马　宏、唐　杰

未　也、张邦举
市政府秘书长、办公室主任：曾　嵘
市发展改革委员会（市物价局、市粮食局）主任、党组书记：杨立平
市经济信息化委员会主任、党组书记：张晓东
市教育局局长、党组书记：蒲定波
市科学技术和知识产权局局长、党组书记：杨洪春
市公安局局长、党委书记：马　宏
市监察局局长：毛　碧
市民政局局长、党组书记：熊开来
市司法局局长、党委书记：梁　杰
市财政局局长、党组书记：官　勇
市人力资源和社会保障局（市公务员局）局长、党组书记：卢春艳
市城乡规划建设和住房保障局局长、党组书记：杨万山
市交通运输局局长、党组书记：谭如剑
市水务局局长、党组书记：钟　杰
市农牧业局局长、党组书记：李　勇
市林业局局长、党组书记：陈　军
市商务局（市酒类监督管理局）局长、党组书记：杨玉康
市文化广电新闻出版局（市灯贸管理委员会）局长（主任）、党组书记：卓　越
市卫生和计划生育委员会主任、党组书记：周富民
市审计局局长、党组书记：何　忠
市环境保护局局长、党组书记：徐明远
市体育局局长：郭连，党组书记：李　冰
市统计局局长、党组书记：兰　铀
市外事侨务和旅游局局长、党组书记：曹　影
市城乡管理行政执法局局长、党组书记：林元平
市安全生产监督管理局（市安全生产委员会办公室）局长（主任）、党组书记：陈建新
市国有资产监督管理委员会主任：卢德耀
市投资促进局局长、党组书记：杨大全
市政务服务中心主任、党组书记：赵颖红
市接待办主任、党组书记：邹　嫚
市人民防空办公室主任：周　颜
市食品药品监督管理局局长、党组书记：张松杨
市工商行政管理局局长、党组书记：余　忠
市质量技术监督局局长、党组书记：李泽贵
自贡高新技术产业开发区管委会党工委书记：王　猛，主任：（空缺）
市供销社主任、党组书记：刘学良
市防震减灾局局长、党组书记：陈文康
市档案局（馆）局（馆）长、党组书记：李　伟
市地方志办主任：陈思禄
自贡仲裁委主任：阳胜平
市住房公积金管理中心主任、党组书记：李　琳
四川卫生康复职业学院党组书记：刘建辉，院长：曾晓奇
市政府研究室主任：江声全
市政府法制办主任：熊　超
市政府民宗局局长：李续延
市政府金融办主任：张周林

【中国人民政治协商会议自贡市委员会】

主　席：潘泽金
副主席：牟玉昆、王孝谦、叶智英、肖光俊、刘俊熙、常玉华、徐武斌
秘书长、办公室主任：徐玉华
研究室主任：丁世良
提案委委员会主任：陈世康
学习文史委员会主任：王　武
经济委员会主任：王茂春
教科文委员会主任：张　力
法制群团委员会主任：龚德明
外事联谊委员会主任：王亚男
人口资源环境委员会主任：刘　沙
农业委员会主任：（空缺）

【中国共产党自贡市纪律检查委员会】

书　记：李　清
副书记：毛碧、曹友良、倪勇
常　委：龚作真、黄永怀、刘崇君、曾德培、李雁梅

【自贡市中级人民法院】
院长、党组书记：马泽波

【自贡市中级人民检察院】
检察长、党组书记：田　丰

【民主党派和工商联】
民革自贡市委主委：叶智英
民盟自贡市委主委：石岷嘉
民建自贡市委主委：牟玉昆
农工党自贡市委主委：徐武斌
九三学社自贡市委主委：罗毅平
自贡市工商联（民间商会）主席（会长）：王孝谦
党组书记：刘　义

【社会团体】
自贡市总工会主席：李国贵
共青团自贡市委书记、党组书记：钟　科
自贡市妇联主席、党组书记：万春霞
自贡市科协主席：石岷嘉
自贡市文联主席、党组书记：陈　刚
自贡市侨联主席：(空缺)
自贡市社科联主席、党组书记：朱意明
自贡市残联主席：马　宏
自贡市贸促会会长：杨玉康

【区县】
自流井区委书记：龙腾鑫
自流井区人大常委会主任：(空缺)
自流井区区长：张　序
自流井区政协主席：刘茂常
贡井区委书记：鲜光鹏
贡井区人大常委会主任：林　勇
贡井区区长：黄　劲
贡井区政协主席：罗洪艳
大安区委书记：詹　勇
大安区人大常委会主任：邓国平
大安区区长：黄　麟
大安区政协主席：宋尔端
沿滩区委书记：邹天才
沿滩区人大常委会主任：黄翠梅
沿滩区区长：黄雪智
沿滩区政协主席：王朝华
荣县县委书记：荣　全
荣县人大常委会主任：(空缺)
荣县县长：韩明祝
荣县政协主席：(空缺)
富顺县委书记：邹登权
富顺县人大常委会主任：(空缺)
富顺县县长：曾　健
富顺县政协主席：胡晓波
注：市委部门、市政府部门所属的事业单位略

（市委组织部）

【省管部门】
市国土资源局党委书记、局长：曹　军
自贡气象局党组书记、局长：杨培勇
自贡国家税务局党组书记、局长：王小明
自贡地方税务局局长：向道明
自贡国安局党委书记、局长：李善根
自贡烟草专卖局局长：陈青川
自贡市邮政管理局党组书记、局长：黄贵明
成都海关驻自贡办事处主任：刘伟佳
国家统计局自贡调查队党组书记、队长：曹烈祥

附　录

附录一

中共自贡市委2015年文件目录

1.《中共自贡市委自贡人民市政府关于进一步深化农村改革努力开创“三农”工作新局面的意见》（自委发〔2015〕1号）

2.《中共自贡市委关于全面推进依法治市的决定》（自委发〔2015〕2号）

3.《中共自贡市委关于全面推进从严治党的决定》（自委发〔2015〕3号）

4.《中共自贡市委印发〈中共自贡市委2015年工作要点〉的通知》（自委发〔2015〕4号）

5.《中共自贡市委自贡人民市政府关于深化国资国企改革促进发展的实施意见》（自委发〔2015〕5号）

6.《中共自贡市委关于转发〈中共自贡市人大常委会党组关于进一步加强和改进人大监督工作的意见〉的通知》（自委发〔2015〕6号）

7.《中共自贡市委自贡人民市政府关于2015年党风廉政建设和反腐败工作意见》（自委发〔2015〕7号）

8.《中共自贡市委自贡人民市政府关于2014年目标绩效考评结果的通报》（自委发〔2015〕8号）

9.《中共自贡市委自贡人民市政府印发〈自贡市各区县及市级部门和单位2015年目标绩效综合考评方案〉的通知》（自委发〔2015〕9号）

10.《中共自贡市委自贡人民市政府关于实施精准扶贫攻坚行动的意见》（自委发〔2015〕10号）

11.《中共自贡市委自贡人民市政府关于全面深化改革加快县域经济的实施意见》（自委发〔2015〕11号）

12.《中共自贡市委自贡人民市政府关于争创第五届全国城市的意见》（自委发〔2015〕13号）

13.《中共自贡市委关于贯彻〈中国共产党党和国家机关基层组织工作条例〉的实施意见》（自委发〔2015〕14号）

14.《中共自贡市委关于制定国民经济和社会发展第十三个五年规划的建议》（自委发〔2015〕15号）

15.《中共自贡市委关于新形势下进一步加强和改进人民政协工作的意见》（自委发〔2015〕17号）

16.《中共自贡市委关于全面创新改革驱动转型发展的决定》（自委发〔2015〕18号）

17.《中共自贡市委加强和改进党的群团工作的实施意见》（自委发〔2015〕19号）

附录二

自贡市人民政府2015年重要文件目录

1.《自贡市人民政府印发〈自贡市授予荣誉市民称号实施办法〉的通知》(自府发〔2015〕5号)

2.《自贡市人民政府关于加快发展现代职业教育的实施意见》(自府发〔2015〕8号)

3.《自贡市人民政府印发〈自贡市2015年促投资稳增长八条措施〉的通知》(自府发〔2015〕9号)

4.《自贡市人民政府关于进一步加强审计工作的意见》(自府发〔2015〕12号)

5.《自贡市人民政府印发〈促进房地产业平稳健康发展七条措施〉的通知》(自府发〔2015〕13号)

6.《自贡市人民政府关于推进建筑业转型升级健康发展的意见》(自府发〔2015〕15号)

7.《自贡市人民政府关于进一步促进融资性担保行业健康发展更好服务小微企业和“三农”的意见》(自府发〔2015〕23号)

8.《自贡市人民政府〈印发自贡市2015年推进简政放权放管结合转变政府职能工作方案〉的通知》(自府发〔2015〕24号)

9.《自贡市人民政府印发〈自贡市企业住所(经营场所)登记管理办法(试行)〉的通知》(自府发〔2015〕31号)

10.《自贡市人民政府办公室关于开展政府向社会力量购买服务工作的实施意见》(自府办发〔2014〕5号)

11.《自贡市人民政府办公室印发〈自贡市人民政府办公室请示性公文处理程序规定〉的通知》(自府办发〔2015〕11号)

12.《自贡市人民政府办公室印发〈自贡市公共服务领域金融IC卡推广应用实施方案〉的通知》(自府办发〔2015〕14号)

13.《自贡市人民政府办公室印发〈关于推进经营性国有资产统一监管的实施方案〉的通知》(自府办发〔2015〕15号)

14.《自贡市人民政府办公室印发〈自贡市环境污染防治改革方案〉的通知》(自府办发〔2015〕16号)

15.《自贡市人民政府办公室印发〈关于推广政府和社会资本合作模式的指导意见〉的通知》(自府办发〔2015〕19号)

16.《自贡市人民政府办公室印发〈自贡市五大高端成长型产业发展工作推进方案〉的通知》(自府办发〔2015〕21号)

17.《自贡市人民政府办公室关于加快推进气象现代化建设的实施意见》(自府办发〔2015〕22号)

18.《自贡市人民政府办公室印发〈自贡市2015年“互联网+”重点工作方案〉的通知》(自府办发〔2015〕25号)

19.《自贡市人民政府办公室印发〈自贡市进一步加强科技金融结合创新十二条措施〉的通知》(自府办发〔2015〕28号)

20.《自贡市人民政府办公室印发〈自贡市均衡配置义务教育资源促进教育公平专项改革方案〉的通知》(自府办发〔2015〕29号)

21.《自贡市人民政府办公室关于进一步加强乡村医生队伍建设的实施意见》(自府办发〔2015〕31号)

22.《自贡市人民政府办公室印发〈自贡市六

大新兴先导型服务业发展工作推进方案〉的通知》（自府办发〔2015〕33 号）

23.《自贡市人民政府办公室关于支持返乡人员创业的实施意见》（自府办发〔2015〕34 号）

24.《自贡市人民政府办公室印发〈自贡市促进电子商务发展的八条措施〉的通知》（自府办发〔2015〕37 号）

25.《自贡市人民政府办公室关于深化政务公开工作的实施意见》（自府办发〔2015〕38 号）

26.《自贡市人民政府办公室印发〈自贡市电子政务建设管理办法〉的通知》（自府办发〔2015〕40 号）

附录三

文件选辑

自贡市人民政府
关于切实加强农村饮水安全工作的通知

（自府函〔2015〕12号）

各区、县人民政府，市级相关部门：

为贯彻落实中央和省农村饮水安全有关会议精神，顺利完成“十二五”农村饮水安全工程建设任务，解决农村群众饮水安全问题，现就切实加强全市农村饮水安全工作有关事项通知如下。

一、深刻认识保障农村饮水安全的重要意义

全面完成农村饮水安全“十二五”规划建设任务，到2015年年底基本解决农村饮水安全问题，是党和政府向全国人民的庄严承诺，是对党和政府公信力及执行力的重大考量。保障农村饮水安全事关农村群众身体健康和生命安全，涉及“入口”卫生问题，倍受社会关注，是提高农村群众基本生活条件的民生工程、德政工程，是承载历史责任的伟大事业。各级、各部门务必要解决好这一农村群众最关心、最迫切需要解决的问题，切实履行职责，攻坚克难，积极作为，将农村饮水安全作为践行党的群众路线，服务民生的重要工作抓细抓实，抓出成效。

二、保质保量完成农村饮水安全工程建设任务

（一）科学规划工程建设。

按照城乡供水一体化的总体思路，统筹规划农村饮水安全工程建设。以建设城市供水管网延伸工程和新建区域规模化中心水厂为主，以改造个别小规模乡镇水厂、管网和实施分散打井为辅，解决农村群众饮水不安全问题。

（二）加快工程建设进度。

通过倒排时间计划，优化工作程序，提高办事效率，加快推进农村饮水安全项目建设。2014年项目要在2015年2月底前全面开工，2015年5月底前完工；2015年项目要在2015年2月底前完成项目设计审批，2015年4月底前全面开工，2015年底前全面完成。加快工程扫尾和财务审计决算，确保2013年以前项目在2015年6月底前完成市级验收，2014和2015年项目在2015年12月底前完成市级验收。

（三）保证工程建设质量。

建立工程质量保障体系，严格履行工程建设程序，加强工程质量和安全监管。优化工程设计，规范专家审查，合理确定水处理工艺。坚持项目法人制、招投标制、工程监理制、合同管理制“四制”管理，严把原材料进口关、设备采购关、施工质量关、竣工验收关“四道”关口，层层落实领导责任和技术责任，建立有效的工程质量管理制度，加强质量监督，确保工程建设质量。

（四）加大工程建设投入。

各级政府要加大投入力度，做好财政预算安排，确保2014年和2015年市级和区县级地方财政配套资金足额落实到位。通过鼓励企业和个人投资、争取银行融资及受益农户筹资投劳等方式，多渠道筹措农村饮水安全工程建设资金，加强农村饮水安全“最后一公里”建设，逐步提高农村集中供水入户率。

三、切实抓好农村饮水安全工程运行管理工作

（一）加强饮用水源保护。

开展乡镇集中式饮用水源专项整治行动，加大污染治理设施建设力度，重点针对全市划定的涉及80个乡镇的74处主用水源保护区和27处备用水源保护区，严厉查处各类污染水体的行为，全面控制农业面源污染，加大水源日常监管和水质监测力度，确保2016年全市乡镇集中式饮用水源地水质达标率达到90%以上。

（二）提升工程运管能力。

加强乡镇水厂从业人员业务培训，提高工程运行管理水平，保障工程良性运行。配置专业设施设备，加强日供水1000立方米或供水人口1万人以上规模的乡镇水厂水质自检能力建设。积极申报立项，落实配套资金、建设场地、检测人员和运行经费，加快建成两县单独运行和四区联合运行的县级农村饮水安全检测中心。

（三）强化运行监督管理。

加大农村饮水安全工程运行日常监管和部门联合执法力度，督促运行管理单位完善水处理工艺，规范操作流程，强化消毒环节，加强水质检测，确保出厂水和管网末梢水水质达标。

（四）创新工程管理体制。

积极推行“供水公司（总站）+水厂+农户”和“水厂+协会+农户”等农村饮水安全工程管理模式，加强建后管理，为群众提供高效优质的服务。创新农村饮水安全工程运行机制，探索所有权与经营权分离，通过政府购买供水服务的方式，委托有资质的专业管理单位对供水工程实行专业化、规范化管理。

（五）落实扶持优惠政策。

探索农村饮水安全工程运行管理县级财政适当补助机制，通过财政补贴、水费提留等多种渠道，建立县级维修养护基金，并逐步完善基金使用管理制度。按照“补偿成本、合理收益、优质优价、公平负担”的原则，完善合理的水价形成机制，力争全市农村村级以上集中供水工程政府定价或政府指导价3年内基本调整到位。落实国家关于农村供水工程用电、用地和税费等优惠政策，降低运行成本，保证工程的可持续运营。

四、强化农村饮水安全工作各项保障措施

（一）落实各级政府领导责任。

实行农村饮水安全行政首长负责制。各区县政府对辖区内农村饮水安全负总责，主要领导为第一责任人。各乡镇政府是所管辖农村集中供水工程监管和集中式饮用水源保护的实施主体，主要领导为第一责任人。各区县要落实工作责任，明确任务分工，加强目标考核，形成政府统一领导、水务部门牵头负责、相关部门协力推进的工作格局。

（二）明确相关部门职责分工。

发展改革部门负责农村饮水安全项目实施方案审批、投资计划审核下达、方案变更审批等工作，督查检查投资计划执行和项目实施情况，贯彻落实农村供水价格政策。

财政部门负责将我市四区农村饮水安全工程项目年度投资计划市级配套资金纳入年度财政预算并及时足额拨付到位，协调督促区县财政落实地方配套资金，贯彻落实农村饮水安全工程财政扶持政策，加强农村饮水安全工程建设资金使用监督管理。

水务部门负责指导农村饮水安全规划编制、项目实施、工程运行管理，协助指导饮用水源保护，强化农村饮水安全工程项目建设管理，组织开展项目督促、检查和验收工作。

卫生计生部门负责指导农村饮水安全工程卫生学评价和项目建成后的水质监测，加强卫生监督，严格农村集中供水工程卫生执法检查，依法处罚违法行为。

环境保护部门负责指导乡镇集中式饮用水水源地环境状况调查评估和环境监管工作，牵头实施乡镇集中式饮用水水源专项整治行动。

（三）强化工作目标督查考核。

各级政府要将农村饮水安全纳入年度重点工作任务并加强考核，市目督办要将农村饮水安全工程作为民生项目加大目标考核力度。各级、各部门要建立定期通报制度、督促检查制度和工作绩效考评奖惩制度，确保全面完成目标任务。

附件：80个集中式饮用水源所在地乡镇名单

2015年1月26日

附件

80 个集中式饮用水源所在地乡镇名单

自流井区（5 个）：高峰乡、农团乡、漆树乡、仲权镇、荣边镇。

贡井区（8 个）：莲花镇、五宝镇、牛尾乡、艾叶镇、白庙镇、成佳镇、章佳乡、建设镇。

大安区（9 个）：庙坝镇、何市镇、回龙镇、永嘉乡、三多寨镇、新店镇、团结镇、大山铺镇、牛佛镇。

沿滩区（9 个）：富全镇、兴隆镇、九洪乡、刘山乡、永安镇、联络镇、邓关镇、瓦市镇、仙市镇。

荣县（25 个）：于佳乡、新桥镇、复兴乡、留佳镇、乐德镇、正紫镇、铁厂镇、长山镇、古佳乡、来牟镇、雷音乡、墨林乡、鼎新镇、过水镇、观山镇、双古镇、高山镇、东兴镇、金花乡、东佳镇、度佳镇、河口镇、双石镇、古文镇、保华镇。

富顺县（24 个）：骑龙镇、互助镇、怀德镇、古佛镇、飞龙镇、赵化镇、童寺镇、彭庙镇、狮市镇、石道乡、安溪镇、中石镇、龙万乡、琵琶镇、宝庆乡、板桥镇、兜山镇、万寿镇、代寺镇、永年镇、长滩镇、福善镇、富和乡、李桥镇。

自贡市人民政府
关于加快发展现代职业教育的实施意见

（自府发〔2015〕8 号）

各区、县人民政府，市级有关部门：

为加快发展我市现代职业教育，提升职业教育服务地方经济和社会发展水平，根据省政府《关于加快发展现代职业教育的实施意见》（川府发〔2014〕48 号）精神，现提出以下实施意见。

一、明确指导思想和目标任务

（一）指导思想。以立德树人为根本，以服务发展为宗旨，以就业为导向，以质量为核心，以改革为动力，紧紧围绕“五个自贡”建设，整合和优化职业教育资源，创新人才培养模式，统筹协调发展职业教育，重点发展中高等职业教育，大力开展职业技能培训，构建具有自贡特色的现代职业教育体系，加快培养适应经济社会发展需要的高素质技术技能人才，为加快自贡经济建设和社会发展提供更加有力的人才保障和智力支持。

（二）总体目标。大力发展中等职业教育，积极发展高等职业教育，广泛开展职业培训，到 2020 年全面建成学历教育与职业培训相结合、中高职相互贯通、校企深度融合的现代职教体系，满足人民群众对教育的多样化需求，满足经济发展和社会进步对高素质劳动者的多样化需求。

——结构规模更趋合理。加快普及高中阶段教育，总体保持中等职业学校与普通高中招生规模大体相当，高等职教规模占高等教育的一半以上，继续教育参与人次逐年增长。形成政府企业社会多元办学，职业教育全日制与非全日制、学历教育与非学历教育沟通衔接，公办民办共同发展的新格局。

——院校布局和专业设置更加适应区域经济社会需求。调整完善职业院校区域布局，科学合理设置专业，使专业设置更加适应区域经济社会需求，重点支持节能环保装备、盐及盐化工、新材料、航空及燃机、页岩天然气、新能源汽车、彩灯、现代农业产业以及医疗康复等产业的发展，促进学校骨干特色专业错位发展；建成一批示范职业院校和示范专业，建立以校企合作为主要特点的办学制度和职业教育集团，覆盖全市职业院校和重点行业产业。

——基础能力建设得到加强。职业院校办学条件明显改善，专兼结合的“双师型”教师、实训设备配置与培养目标相匹配，信息技术广泛运用，总体达到国家规定的办学条件和标准，人才培养水平显著提升。

——制度体系更加完善。现代职业教育战略地位更落实，制度政策更成熟，政府和部门职责更明确，发展保障水平更高。

二、构建具有自贡特色的现代职业教育体系

（一）强化中等职业教育的基础地位。以市为主统筹中等职业学校布局和专业布点，加快普及高中阶段教育，重点发展中等职业教育。落实普通高中招生“三限”政策，合理确定普通高中最低控制分数线，实施中职招生“阳光工程”，规范招生秩序，不断扩大职业教育办学规模。实现普通高中和中等职业学校招生比例大体相当，普职协调发展。推进中等职业学校标准化、规范化建设，探索建立职业教育与普通教育融合的综合高中。加强县级职教中心建设，统筹县域内职业教育与培训资源。到2018年，有中职学校的区（县）建成或改造1所合格的中等职业学校或综合高中。

（二）加快职教基础能力建设和高等职业教育改革创新。编制“十三五”职业教育建设规划。在全市建成一批水平高、与企业对接紧密的示范性实训中心、公共实训基地。加快四川卫生康复职业学院新校区建设；推进自贡高级技工学校升格为技师学院；加强市级高技能人才培训基地建设；推进自贡电大创建社区大学。深化高职院校治理结构、专业体系、培养模式和招生入学制度等关键领域改革，全面提高整体办学水平。适时启动自贡职业技术学院建设工作，构建具有自贡特色的高等职业教育体系，重点培养服务区域发展的高素质技术技能人才。

（三）切实推进中高职教育衔接。加强中高职衔接平台建设，推进中高职培养目标、专业设置、课程体系和实习实训等方面衔接。积极发展5年一贯制、“2+3”和“3+2”等多种形式的五年制高等职业教育，加强中等和高等职业教育人才培养的衔接，鼓励市内职业学校主动与市内或市外中职、高职学校进行合作办学，搭建完善技能人才成长的“立交桥”。

（四）加强职业院校信息化建设。通过全市教育系统云平台建设，加快推进职业院校数字化基础能力建设，加强优质教学资源共建共享，逐步实现全覆盖。充分利用信息技术改革传统教学，探索智慧课堂，促进信息技术与专业课程、项目教学等深度融合，提升教学、实习和实训质量。

（五）积极发展多种形式的继续教育。以社区教育为抓手、以开放大学为引领，促进终身教育体系和学习型社会建设。加强市、区县、乡镇（街道）、村（社区）四级成人教育网络和阵地建设。利用职业院校资源和成人教育网络阵地，广泛开展职业技能培训，充分满足劳动者多样化、差异化的教育培训需求，构建劳动者终身职业培训体系，基本消除劳动者无技能从业现象。

三、激发职业教育办学活力

（一）深化职业院校综合改革。落实职业院校在专业设置、人事管理、教师评聘、收入分配等方面的办学自主权，推动学校面向市场自主办学。职业院校依法制定章程和制度，完善治理结构，建立绩效考核内部分配机制，建立现代职业学校制度。推进校长聘任制改革和公开选拔试点。建立校长负责制考评制度。

（二）深化职业教育课程改革。以“特色专业建设”项目为抓手，推动中职学校面向市场调整专业布局，扭转专业同质化倾向，加强示范专业建设，形成一批具有较大就业优势的品牌专业，打造一批骨干、重点和特色专业。以推进课程体系建设和课堂教学改革为抓手，建立专业教学标准和职业标准联动开发机制，形成特色鲜明、动态调整的职业教育专业课程体系。大力推进教育教学改革，推行项目教学、理实一体化教学的新型教学模式，加大实习培训在教学中的比重，创新顶岗实习形式。建立健全行业企业参与的职业教育质量评价制度和公示机制。强化以育人为目标的实习实训考核评价。完善技能大赛制度。继续做好民族地区“9+3”免费职业教育工作。

（三）提高教师整体素质和技能水平。实施教师专业标准，在总量控制的前提下，按照《四川省中等职业学校机构编制管理暂行规定》（川编发〔2012〕99号），核定公办中等职业学校教职工编制，动态调整，按规定配齐教师。支持公办中等职业学校在编制总数10%内自主聘用具有相应专业职业资格的专业技能人才任教，同级财政部门给予经费保障。职业学校要广开门路，积极引进企业人员到学校任兼职专业教师。在中等职业学校设置正高级教师职务（职称）。增加中等职业学校特级教师评选比例。落实教师企业实践制度，完善教师全员培训制度，推进校企共建“双师型”教师培养培训基地。加强市、区县、学校职业教育科研教研体系建设，落实人员编制和经费保障，整体提升职业教

育科研教研水平。在5年之内，将职业院校教师轮训一遍。

（四）支持社会力量举办职业教育。社会力量举办的各层次职业院校与公办职业院校具有同等法律地位，依法享受相关教育、财税、土地、金融等政策。在设置标准、准入审批、督导评估等方面与公办职业院校一视同仁。健全政府补贴、购买服务、助学贷款、基金奖励、捐资激励等制度。支持独资、合资、合作举办民办职业院校；加快民办职业院校产权制度改革，探索发展股份制、混合所有制职业院校，允许社会力量以资本、知识、技术、管理等要素参与办学并享有相应权利。支持社会力量以购买、承租、委托管理等方式改造办学活力不足的公办职业院校，探索所有制不同的职业院校相互委托管理和购买服务的机制。建立民办职业院校分类管理制度。加强民办职业院校之间的沟通、交流、整合。形成政府、企业、社会多元办学，公办民办共同发展新格局。

（五）加快技能人才培养。制定激励政策，发挥企业重要办学主体作用，推动企业依法举办或参与举办职业教育。深化校企合作、产教融合，加快技能型人培养。切实抓好省教育综合改革试点项目——“产教融合制度建设试点”，建立多部门参与的职教集团推进机构，引导大中型企业、规模以上行业龙头企业、示范职业院校探索多样化职教集团，到2017年，引导组建4个职业教育集团。规模以上企业要组织职工教育培训，对接职业院校，设立学生实习和教师实践岗位。多种形式支持企业与职业院校共建共享生产性实训基地、产品研发中心、科技创新中心。通过政府购买服务等方式对举办职业院校的企业给予支持。落实校企合作的企业税收和奖励政策。探索建立企业社会责任报告制度。支持职业院校引进国（境）外优质教育资源。举办中外职业院校合作办学项目、职业教育骨干师资国（境）外培训项目。鼓励职业院校与跨国企业共建实训基地。

四、提高发展保障水平

（一）发挥行业指导作用。构建职业教育行业指导体系，加强行业指导能力建设，分类制定行业指导政策。通过授权委托、购买服务等方式，把适宜由行业组织承担的职责交给行业组织，并给予政策支持，深化服务监管。行业组织要履行好发布行业人才需求、推进校企合作、参与指导教育教学、开展质量评价等职责，建立行业人力资源需求预测和就业状况定期发布制度。

（二）完善财政职业教育经费投入机制。各级政府依法制定与办学规模和培养要求相适应的财政投入制度，改善职业院校基本办学条件，制定落实职业院校生均经费标准，并纳入同级公共财政预算予以保障。2015年，全市建立公办中等职业学校财政生均经费拨款制度，并逐步建立财政生均拨款动态调整机制。各级政府要全面落实地方教育附加费用于职业教育比例不低于30%的政策，加强职业教育和培训经费统筹，发挥好企业职工教育培训经费以及就业经费、扶贫和移民资金等各类资金在职业培训中的作用。依法设立民办教育专项资金，用于资助民办学校的发展和表彰、奖励。县级以上政府要建立职业教育经费绩效评价制度、审计监督公告制度、预决算公开制度。

（三）健全社会力量投入激励政策。鼓励社会力量捐资兴办职业教育。完善财政贴息贷款、政府购买服务等政策，健全民办职业院校融资机制。探索利用国（境）外资金发展职业教育的途径。完善民办职业教育收费制度，逐步形成主要由市场决定的收费价格形成机制。对办学质量高、社会效益好的民办职业院校，各地财政以安排项目方式给予扶持。通过公益性社会团体或县级以上政府及部门向职业院校捐赠的，其捐赠按现行税收法律规定进行税务处理。企业要依法履行职工教育培训和足额提取教育培训经费的责任，一般企业按照职工工资总额的1.5%足额提取教育培训经费，从业人员技能要求高、实训耗材多、培训任务重、经济效益较好的企业可按2.5%提取，其中用于一线职工教育培训的比例不低于60%。除国务院财政、税务主管部门另有规定外，企业发生的职工教育经费支出，不超过工资薪金总额2.5%的部分，准予扣除；超过部分，准予在以后纳税年度结转扣除。对不按规定提取和使用教育培训经费并拒不改正的企业，由县级以上政府依法收取企业应当承担的职业教育经费，统筹用于本地区的职业教育。

（四）完善资助政策。健全公平公正、多元投入、规范高效的职业教育资助政策。全面落实职业院校助学金资助政策，并逐步建立补助标准动态调整机制，加大对涉农专业学生的助学力度。完善新型职业农民培养资助政策。有关部门和职业院校要加强资金管理，严查“双重学籍”和“虚假学籍”等问题，确保资助资金有效使用。

五、加强组织领导

（一）落实政府责任。完善分级管理、地方为主、政府统筹、社会参与的管理体制。各级政府要加强组织领导，健全政府统筹领导、部门合力推进职业教育的工作机制，形成加快发展现代职业教育的合力。

（二）强化督导评估。把发展现代职业教育工作纳入绩效考评指标体系，加强对区县政府和相关部门履行发展现代职业教育职责情况的督查，强化督查结果的运用。

（三）营造良好氛围。加强职业教育宣传，引导全社会确立尊重劳动技能、尊重知识技能、尊重创新技能的观念，提高职业教育的社会影响力和吸引力，营造有利于现代职业教育发展的舆论氛围。

附件：重点任务分工及进度安排表

2015 年 4 月 16 日

附件

重点任务分工及进度安排表

序号	工作任务	负责单位	时间进度
一、构建具有自贡特色的现代职业教育体系			
1	加快普及高中阶段教育，重点发展中等职业教育	市教育局、市发改委、市财政局、市人力资源社会保障局、各区县政府	持续实施
2	推进中等职业学校标准化、规范化建设，建设职业教育基地，创新发展高等职业教育，实施中高职衔接	市教育局、市发改委、市财政局、市人力资源社会保障局、市国土资源局、各区县政府	2015 年年底前出台具体措施
3	建立现代职业学校制度，促进职业教育与基础教育、继续教育的沟通衔接	市教育局牵头	持续实施
4	加快四川卫生康复职业学院新校区建设	市卫生计生委、市教育局、市发改委、市财政局、市人力资源社会保障局、市国土资源局等	力争在 2017 年前建成
5	适时启动自贡职业技术学院的建设工作	市教育局、市发改委、市财政局、市人力资源社会保障局、市国土资源局	力争 2018 年前启动
6	推进自贡市高级技工学校升格为技师学院	市人力资源社会保障局、市教育局、市发展改革委、市财政局	持续实施
7	推动自贡广播电视大学创建社区大学	市教育局、市发改委、市财政局、市人力资源社会保障局、市国土资源局	2020 年前建成
8	积极发展多种形式的继续教育	市人力资源社会保障局、市教育局、市发改委、市财政局、市农牧业局、市扶贫和移民工作办公室、市残联等	持续实施
9	加强职业院校信息化建设	市教育局、市发改委、市科技局、市经济和信息化委、市人力资源社会保障局	持续实施
二、激发职业教育办学活力			
10	深化职业院校综合改革	市教育局、市发改委、市财政局、人力资源社会保障局	持续实施
11	深化职业教育课程改革，全面提升教育教学质量	市教育局、市人力资源社会保障局	持续实施

续表

序号	工作任务	负责单位	时间进度
12	实施“双师型”教师队伍建设计划。实施教师专业标准。健全教师专业技术职务（职称）评聘办法。落实支持教师到企业实践和职业院校面向企业聘请专兼职教师等政策措施	市教育局、市人力资源社会保障局、市财政局、市经济和信息化委、市国资委	2015 年年底前出台具体措施
13	支持民办职业教育；探索发展股份制、混合所有制职业院校，支持以资本、知识、技术、管理等要素参与办学	市教育局、市发改委、市财政局、市人力资源社会保障局、市工商局	持续实施
14	社会力量举办的职业院校依法享受相关教育、财税、土地、金融等政策。健全政府补贴、购买服务、助学贷款、基金奖励、捐资激励等制度，鼓励社会力量参与职业教育办学、管理和评价	市教育局、市发改委、市财政局、市人力资源社会保障局、市政府法制办、市国土资源局、市地税局等	持续实施
三、提高发展保障水平			
15	落实支持企业举办或参与举办职业教育的政策措施，发挥企业重要办学主体作用	市发改委、市教育局会同市财政局、市人力资源社会保障局、市地税局、市国资委等部门和各区县政府	持续实施
16	分类制定行业指导政策，建立行业人力资源需求预测和就业状况定期发布制度	市教育局、市人力资源社会保障局	持续实施
17	建立与办学规模和培养要求相适应的财政投入制度，依法制定落实职业院校生均经费标准，改善职业院校基本办学条件	市财政局、市发改委、市教育局、市人力资源社会保障局等部门，各区县人民政府	2015 年 12 月底出台具体措施
18	加大实习培训在教学中的比重，创新顶岗实习形式，强化以育人为目标的实习实训考核评价制度	市教育局、人力资源社会保障局、市财政局等	持续实施
19	地方教育附加费用于职业教育比例不低于30%，设立民办教育专项资金。加强职业教育和培训经费统筹，建立和落实职业教育经费绩效评价制度、审计监督公告制度、预决算公开制度	市财政局、各区县政府	持续实施
20	健全社会力量投入激励政策，完善财政贴息贷款等政策，健全民办职业院校融资机制	市财政局、市教育局、市人力资源社会保障局、市政府法制办等部门和各区县政府	持续实施
21	完善职业教育资助政策	市财政局、市教育局、市发改委、市人力资源社会保障局、市农牧业局	持续实施
四、加强组织领导			
22	落实职业教育法律法规、政策、政府和部门职责，加快政府职能转变，减少部门职责交叉和分散，减少对学校具体事务的干预	市政府法制办、各有关部门和各区县政府	持续实施
23	完善职业教育督导评估办法，强化督导评估，积极支持第三方机构开展评估	市教育局牵头	2015 年 6 月底前出台具体措施
24	加强职业教育宣传，引导全社会确立尊重劳动技能、尊重知识技能、尊重创新技能的观念，提高职业教育的社会影响力和吸引力，营造有利于现代职业教育发展的舆论氛围	市教育局、市人力资源社会保障局	持续实施

自贡市人民政府
印发《自贡市2015年促投资稳增长八条措施》的通知

（自府发〔2015〕9号）

各区、县人民政府，市级各部门：

现将《自贡市2015年促投资稳增长八条措施》印发给你们，请认真贯彻执行。

自贡市人民政府
2015年4月22日

自贡市2015年促投资稳增长八条措施

为主动适应经济发展新常态，努力应对经济下行压力，在落实现有政策的基础上，结合自贡实际，提出以下措施。

一、加快重大项目建设

建立重大项目开竣工激励机制，对列入市重大项目年度计划的项目，按审核开工时间如期开工的，给予项目业主5万~10万元补助；提前开（竣）工的，根据提前时间增加1万~5万元补助。建立重大项目推进激励机制，市财政安排500万元专项资金奖励重大项目责任单位。将市重大项目前期工作专项资金增加至1000万元，提前启动10个“十三五”重大节点项目。各区县要参照以上措施加快本级重大项目建设。（责任单位：市发改委、市财政局、市经济和信息化委、市商务局、市政府农工办）

二、鼓励大众创业万众创新

加大对小微企业的扶持力度，全面落实国务院、省政府扶持小微企业发展的各项政策。积极支持大学生创业，确保成为全省青年创业促进计划首批市州，争取免息免担保贷款300万元以上；对符合条件的大学生创新创业园，在市工业发展专项等资金中安排给予30万~100万元的补助，对符合条件的高校大学生创新创业俱乐部，在市人才专项资金中安排给予5万~10万元的补助；在大学生创业专项资金中安排300万元，对在校大学生和毕业5年内的高校毕业生通过工商注册或民政登记的创业主体，以及在孵化基地内的创业项目，给予1万元创业补贴。（责任单位：市经济和信息化委、团市委、市发改委、市科技局、市商务局、市人力资源社会保障局、市工商局、市人才办、各区县政府等）

三、大力实施“回引工程”

把返乡创业者纳入创业政策扶持范围，平等享受税收优惠、小额贷款担保贴息等扶持政策。在就业专项资金中安排300万元用于开展返乡创业农民工职业技能培训。在市农业专项资金中安排300万元，用于支持农民返乡发展成为新型农业经营主体，经营规模每新增100亩给予1万元项目补助。（责任单位：市人力资源社会保障局、市政府农工办）

四、千方百计促销扩产

争取省级服务业综合改革资金300万元，对服务业重大项目投资及利用互联网开展网络销售等给予补助。争取省内贸流通服务业发展资金200万元，对参加“惠民购物全川行动”“川货全国行”“万企出国门”和市组织的重大促销活动的企业，以及新入统服务业企业和商贸企业给予补助。争取省外经贸区域发展协调资金300万元，对重点外经贸进出口企业给予补助。加大政府采购支持“自贡造”产品，进入政府采购的我市中小工业企业，评标时在同等条件下售后服务增加一定分值。（责任单位：市商务局、市财政局）

五、加大融资扶持力度

完善金融机构考核办法，存贷比每提高1个百分点，增加奖励20万元。建立贷款风险补偿机制，市和区县共同出资设立风险补偿专项资金。增加自贡市国投融资担保有限责任公司注册资本3000万元。在自主控制风险的基础上，国有担保机构担保费率上限下调0.5~1个百分点。鼓励区县政府参股民营担保机构。试点设立风险投资政府引导基金。对成功上市的企业每户给予20万～100万元补助，在主板上市企业的补助由市财政安排，在非主板上市企业的补助由区县财政安排。（责任单位：市政府金融办、市财政局、各区县政府等）

六、强化要素保障协调

对新租赁国有闲置场地的企业，租金按同地段市场价格的30%～50%给予优惠。对主网直供区年用电量300万～1000万千瓦时的企业，在工业发展专项资金中分季度对新增用电给予50%、40%、30%、20%的电费补助；享受省用电补助的企业，补助标准低于上述标准的，差额部分由市级财政补贴。在就业专项资金中安排200万元，对新增就业人员20人以上并自主培训的企业，按新增就业人数给予人均400元的培训补助。（责任单位：市经济和信息化委、市国资委、市人力资源社会保障局、各区县政府等）

七、加大专项资金扶持

增加市工业应急临时周转金5000万元。在市工业发展专项资金中安排1000万元用于支持企业技术改造，安排300万元用于工业企业上半年贴息贴现及其他补助，安排200万元用于支持企业拓展市场、提升发展能力。设立通用航空产业专项资金，促进我市通用航空产业发展。（责任单位：市经济和信息化委、市财政局等）

八、依法执行优惠政策

在清理规范财政税收优惠政策的基础上，继续执行没有法律法规障碍的优惠政策。研究制定依法合规的普惠性产业扶持政策，确保对产业的支持力度只增不减。列入重大项目计划的项目，地方服务性收费按低限收取。加大政府购买服务力度，提高中小企业服务券及公共服务平台资金补助水平。（责任单位：市级各有关部门、各区县政府等）

市级各部门要努力向上争取促投资稳增长的政策和资金支持，争取成效纳入市委、市政府目标绩效管理。

自贡市人民政府
印发促进房地产业平稳健康发展七条措施的通知

（自府发〔2015〕13号）

各区、县人民政府，市级有关部门：

现将《促进房地产业平稳健康发展七条措施》（以下简称《措施》）印发给你们，请认真贯彻执行。

本《措施》自印发之日起施行，文中除有明确的政策适用时限规定外，其余政策的适用期至2016年12月31日。实施期间，若国家、省有相关新政策出台，按国家、省新政策执行。

自贡市人民政府

2015年5月4日

促进房地产业平稳健康发展七条措施

为贯彻国家、省的部署，稳定群众合理的住房消费，促进房地产市场平稳健康发展，结合我市实际，制定以下措施。

一、做好住房金融服务工作，满足居民家庭住房需求

对贷款购买首套普通自住房的家庭，贷款最低首付款比例为30%，贷款利率下限为贷款基准利率的0.7倍；对拥有1套住房并已结清住房贷款，为改善居住条件再次申请住房贷款购买自住普通商品房的家庭，银行业金融机构执行首套房贷款政策；对拥有2套及2套以上并无贷款记录或贷款已结清的购房家庭，可参照执行首套房贷款政策；对拥有1套住房且住房贷款未结清的家庭，为改善居住条件再次申请住房贷款购买自住普通商品房的，最低首付款比例调整为不低于40%，贷款利率按不低于基准利率的1.1倍执行。在上述基础上，各银行业金融机构根据借款人的信用状况和还款能力等因素，确定首付比例和利率水平。对外地到自贡购房家庭同样享受本地家庭的贷款政策。

二、加大住房公积金对合理住房消费的支持力度

继续执行住房公积金个人住房贷款最高额度政策，即，双职工最高贷款金额40万元，单职工最高贷款金额30万元。缴存职工家庭使用住房公积金委托贷款购买首套普通自住房，最低首付款比例调整为20%，对拥有1套住房并已结清住房贷款的缴存职工家庭，为改善居住条件再次申请住房公积金贷款购买普通自住房的，最低首付款比例调整为30%。住房公积金贷款最长年限调整为30年。持有我市户籍在市外其他城市缴存住房公积金的职工，在我市购买自住住房（含保障性住房）并符合我市住房公积金贷款条件的，可在我市申请住房公积金个人住房贷款。租住公共租赁住房的职工，可按照实际房租支出全额申请提取住房公积金；租住商品住房且无自有住房的职工，可申请提取住房公积金支付房租，其中，未婚职工最高提取额度为450元/月，已婚职工最高提取额度为900元/月；在省内购买普通自住房（含保障性住房）的职工，可申请提取住房公积金支付购房首付款或偿还贷款。市公积金中心要简化提取手续、提高审核效率。

房地产项目取得房屋预售许可证后，住房公积金管理中心可受理、审核和发放住房公积金个人住房贷款。房屋产权登记机构应在受理抵押登记申请之日起10个工作日内办理完毕抵押登记手续。住房公积金管理中心应在抵押登记后5个工作日内完成贷款发放工作。

继续取消住房公积金个人住房贷款保险、公证、新房评估等收费项目，实现“零收费”，减轻贷款负担。

三、实施财政补贴

自2015年5月8日起，对城乡居民家庭购买的我市自住商品房，给予100元/平方米的财政补贴。市政府《关于促进房地产业平稳健康发展的意见》（自府发〔2014〕18号）关于对家庭购买的首套普通商品住房给予实际成交额0.5%的财政补贴政策的执行截止日期调整为2015年5月7日。

对我市农村居民购买城市商品住房，又自愿放弃农村宅基地并由政府组织复垦的，根据经验收合格的拆旧复垦地块面积和地面建构筑物主体结构，对其拆旧复垦指标进行收购。具体收购标准为：主体结构为土木结构的，收购价（含地面建构筑物及附着物补偿费，下同）为16万元/亩；主体结构为砖木结构的，收购价为18万元/亩；主体结构为砖混结构的，收购价为20万元/亩。除享受上述财政补贴和城乡建设用地增减挂钩货币化安置政策外，经与房地产开发企业协商一致后可享受商品住房团购优惠政策。

金融机构按照国家政策规定向居民家庭在我市购买自住普通商品房提供贷款（不含住房公积金贷款），贷款利率不超过（含）人民银行公布的同期贷款基准利率，且贷款合同签订时间和贷款发放时间均在2015年5月1日至2015年10月31日期间的，财政部门按金融机构实际发放贷款金额的6%对金融机构给予一次性补助。

四、强化住宅用地管理

市、区县国土资源管理部门要会同城乡建设住房保障部门及时核实已供住宅用地开、竣工情况，并在土地市场动态监测与监管系统中更新；根据我市商品住房累计可售面积总量、未开工住宅用地总量等指标，在确保城镇保障性安居工程建设年度任务计划所需用地指标前提下，科学编制当年住宅用地供应计划；在确保保障性住房和危旧房棚户区改造安置住房用地指标的前提下，可根据我市经济发展和市场需求等情况，对保障性住房、危旧房棚户区改造安置住房和中小套型普通商品住房三类住宅用地占住宅建设用地总量的比例进行调整；要采取有效措施，灵活确定地块面积、组合不同用途和面积地块搭配供应，支持国有工矿棚户区安置住房建设地块同其他商业开发地块、城镇危旧房棚户区改造地块等搭配供应。

五、优化房地产项目审批

取消商品住房套型结构比例限制，不再执行“商品住房建设，套型建筑面积90平方米以下住房（含经济适用住房）面积所占比重，必须达到开发建设总面积的70%以上”的规定。对于在建商品住房项目，国土资源和城乡建设住房保障部门在不改变用地性质和容积率等必要规划条件的前提下，允许房地产开发企业按规定程序适当调整套型结构，对不适应市场需求的住房户型进行调整，满足合理的自住和改善型住房需求。暂停执行公共租赁住房作为商品住房开发项目的配建条件，不再将配建的套数、面积、套型结构、建设标准、配套设施和违约责任等作为土地出让和规划批复的前置条件。

分期实施的房地产项目工程竣工后，房地产开发企业可依据相关法律法规向市、县城乡建设住房保障部门申请分期规划核实；根据规划核实分期验收情况，向市、县国土资源部门申请分期用地验收。

已通过招标、拍卖、挂牌等出让方式供应的同一宗土地，在完清全部土地出让金后，确需分割、合并或调整边界的，经市、县国土资源部门会同市、县城乡建设住房保障等部门按规定程序会审同意后，可分割办理土地使用权证。

六、继续推行保障性安居工程和征地拆迁还房以购代建

各区县要大力推进危旧房棚户区改造货币化安置，出台优惠政策措施，引导鼓励居民主动选择货币化安置；搭建服务平台，支持居民自主购买商品住房。对购买符合条件的商品住房作为保障性住房和危旧房棚户区改造安置住房的，将其纳入2015年全市保障性安居工程计划，享受国家、省、市保障性安居工程有关资金补助政策。各区县要加大征地拆迁安置还房中的货币化安置力度，鼓励被拆迁安置居民购买在建或已建商品住房。有条件的区县也可购买符合要求的商品住房作为征地拆迁安置房房源。

七、继续支持房地产开发企业的合理融资需求

辖区内各银行业金融机构在防范风险的前提下，合理配置信贷资源，支持资质良好、诚信经营的房地产开发企业开发建设普通商品住房，积极支持有市场前景的在建、续建项目的合理融资需求。将各银行业金融机构支持居民家庭住房贷款、房地产开发企业贷款以及对保障性安居工程建设贷款纳入自贡市银行业金融机构2015年支持地方经济发展工作目标考核范畴，切实引导各银行业金融机构积极做好辖区内住房金融服务工作。积极引导房地产开发企业通过引入风险基金等社会民间资本扩大市场化融资渠道，支持符合条件的房地产开发企业在银行间债券市场发行债务融资工具。积极探索开展房地产投资信托基金（REITs）试点。

本《措施》有效期自印发之日起至2016年12月31日止。

自贡市人民政府
关于进一步促进融资性担保行业健康发展更好服务小微企业和“三农”的意见

（自府发〔2015〕23号）

各区、县人民政府，市级各部门：

为贯彻落实国家和省关于规范发展融资性担保行业，努力破解小微企业和“三农”等融资难、融资贵问题的要求和部署，根据省政府《关于进一步促进融资性担保行业健康发展更好服务小微企业和“三农”的意见》（川府发〔2015〕17号），结合我市实际，现提出以下意见。

一、充分认识发展融资性担保行业的重要意义

发展融资担保是破解小微企业和“三农”融资难、融资贵问题的重要手段和关键环节，对于稳增长、调结构、惠民生具有十分重要的意义。各级、各相关部门要坚持规范与发展并重、市场主导与政府引导相结合，采取有力措施，健全担保体系，提升服务功能，努力壮大融资性担保机构实力，增强融资性担保机构服务我市小微企业和“三农”的能力。

二、建立健全融资担保体系

（一）积极发展政府主导的融资性担保机构。各区县要将发展政府主导的融资性担保机构纳入地方政府支持小微企业和“三农”发展的重要工作和考核内容。要加大投入，通过出资设立、增资扩股、整合重组等方式，力争各区县建立1个政府控股或参股的、资金实力强、经营管理好、立足服务地方经济的融资性担保机构，引导地方融资担保业健康发展。

牵头单位：各区县政府（含高新区管委会，下同）、市政府金融办。

相关单位：市财政局、市国资委。

时间进度：长期实施。

（二）发挥政府控股融资性担保机构的引领作用。完善政府控股融资性担保机构考核机制，降低或取消对政府控股融资性担保机构的盈利要求，鼓励其扩大业务规模，根据自身业务发展情况和能力水平适时增加国有资本，鼓励其吸收各类社会资本增资扩股。鼓励政府控股的担保机构降低担保费用，更好地服务地方经济、小微企业和“三农”。

牵头单位：市政府金融办。

相关单位：各区县政府、市财政局。

时间进度：2015年12月底前完成并持续推进。

（三）支持民营融资性担保机构规范可持续发展。鼓励民营融资性担保机构通过增资扩股、引进战略投资者、兼并重组、上市等方式增强资本实力，提升服务能力。鼓励民营资本有序进入融资性担保行业，引导有条件、有意愿的民营融资性担保机构兼并重组或引入国有资本，优化股权结构，提升规范化水平和抗风险能力。

牵头单位：市政府金融办。

相关单位：各区县政府、市经济和信息化委、市国资委。

时间进度：长期实施。

（四）鼓励融资性担保机构加入省级再担保体系。鼓励我市融资性担保机构积极加入省级再担保体系，通过多种方式分散担保风险。支持符合条件的融资性担保机构开展再担保业务，提高行业承保能力，促进良性发展。

牵头单位：市政府金融办。

相关单位：市经济和信息化委、市国资委、人行市中心支行、自贡银监分局。

时间进度：长期实施。

三、加大财税政策扶持力度

（五）强化财政扶持政策。完善现有支持融资性担保业发展的财政政策，继续加大财政资金对融资性担保业的扶持力度，通过资本注入、风险补偿、业务补助、费用补助等方式，支持融资性担保机构更好地服务小微企业和“三农”。

牵头单位：市财政局。

相关单位：各区县政府、市经济和信息化委、市政府金融办。

时间进度：2015年9月底前完成并长期实施。

（六）继续落实税收扶持政策。按照国家相关税收政策规定，继续对运作规范且符合条件的融资性担保机构实行准备金所得税税前扣除政策、所得税减按15%征收的西部大开发税收优惠政策、3年内免征营业税政策，进一步简化免税行政审批。

牵头单位：市经济和信息化委。

相关单位：市地税局、市国税局。

时间进度：按国家相关政策实施。

四、强化银担合作，提升服务能力

（七）银行业金融机构要主动作为。积极推动银行业金融机构在风险可控、责任明晰的前提下，与融资性担保机构开展长期、稳定、深入的业务合作，努力创建平等、互利、共赢的银担合作新模式。银行业金融机构要对国有和民营担保机构一视同仁，探索建立合理的银担业务风险分担机制。鼓励银行业金融机构对担保机构承担全部代偿风险的小微企业和“三农”贷款给予优惠。对管理完善、风险可控的担保机构，要适当放大担保倍数。银行业金融机构不得要求担保机构拉存款、做回报，不得在业务保证金之外收取其他保证金等。

牵头单位：自贡银监分局。

相关单位：人行市中心支行、市政府金融办。

时间进度：2015年9月底前完成并长期实施。

（八）担保机构要练好内功。融资性担保机构要聚焦主业、增强实力、创新机制、规范经营，针对新形势下小微企业和“三农”新特点，积极开发多样化的产品和服务，创新业务模式，提升服务质量和水平；要坚持合规经营，加强自身风险内控机制建设，切实防范风险，严格做到“三严格、三不准”（即严格保证金管理，不准高额收取、挪用或占用客户保证金；严格规范收费，不准收取担保费用之外的其他费用；严格贷款流向管理，不准占用客户贷款，切实降低企业融资成本）；要加强融资性担保机构从业人员队伍建设，提高从业人员职业道德和专业素质。

牵头单位：市政府金融办。

相关单位：各区县政府。

时间进度：长期实施。

（九）共同促进银担合作。融资性担保行业监管部门要会同银行业管理部门、融资担保行业协会等积极搭建银、政、担三方信息共享和沟通平台。建立融资性担保机构与银行业金融机构之间的信息交换机制，加强对被担保人的监督，防范担保风险。银行业监管部门要加强政策倾斜和窗口指导，按照商业银行存贷比计算口径，对符合条件的小微企业和涉农融资担保贷款，可以不列入存贷比考核范围；对银行不承担风险或者只承担部分风险的，可以适当下调风险权重。征信管理部门要不断完善融资担保征信管理制度，推动融资性担保机构积极接入征信管理系统。国土资源、城乡建设住房保障、工商行政管理等部门要依法为融资性担保机构申请办理抵质押有关手续提供支持。

牵头单位：市政府金融办。

有关单位：市国土资源局、市城乡建设住房保障局、市工商局、人行市中心支行、自贡银监分局。

时间进度：长期实施。

五、完善监管机制，有效防范风险

（十）坚持属地管理原则。各区县政府是本行政区域内融资性担保机构监管和风险防范的第一责任主体，要加强对融资性担保机构监管工作的组织领导，要坚持规范和发展并重，因地制宜，科学规划，严格准入和退出，加强事中事后监管，促进融资性担保机构依法合规经营。建立健全市、区县两级政府统一领导、相关部门协同配合、快速反应的行业风险防控处置机制，对行政区域内的重大风险事件要及时上报、依法依规妥善处置。坚守风险底线，严厉打击非法集资等违法犯罪活动，防范区域性、系统性风险的发生。

牵头单位：市政府金融办。

相关单位：各区县政府、市打击和处置非法集资工作领导小组办公室。

时间进度：长期实施。

（十一）完善行业监管制度。根据国家和省的要求，结合我市实际，全面总结行业发展经验和教训，依照融资性担保行业相关监管规定，积极研究完善行业发展和监管的规范性要求，建立健全行业统筹规划、市场准入和退出、公司经营规范、强化日常监管、有效防控风险等系列行业监管制度，采取现场检查和非现场检查相结合的方式加强监管。

牵头单位：市政府金融办。

相关单位：市经济和信息化委、人行市中心支行、自贡银监分局。

时间进度：2015 年 12 月底前完成并长期实施。

（十二）加强行业综合监管。融资性担保业务监管联席会议各成员单位要按照部门分工，加强协同配合和信息沟通，共同完善促进行业健康发展的政策措施，研究解决行业发展的重大问题，共同推进银担合作、日常监管和风险防控等工作。

牵头单位：市政府金融办。

相关单位：市发改委、市经济和信息化委、市财政局、市商务局、市工商局、人行市中心支行、自贡银监分局、市政府法制办。

时间进度：2015 年 9 月底前完成并长期实施。

（十三）提升行业监管效能。综合运用年度检查、监管评级、第三方信用评级（审计）等手段，加快实施分类监管，对运作规范、业务良好、风险可控的融资性担保机构，在放大倍数、业务拓展、资本金运用等方面给予政策倾斜。加强与省级监管部门的交流沟通，利用好全省融资性担保行业监管信息系统，完善监管手段，提高监管效率。加大监管力量和监管经费等投入力度，特别要加强基层监管队伍建设，保障行业监管部门有效履行监管职责。发挥行业协会自律、维权、服务功能，推动制定行业标准、规范经营行为、开展从业培训、推动信用评级、促进信息共享、培育企业文化等工作。

牵头单位：市政府金融办。

相关单位：各区县政府、市经济和信息化委、市财政局、人行市中心支行、自贡银监分局。

时间进度：2015 年 12 月底前完成系统建设工作，长期实施。

2015 年 8 月 4 日

自贡市人民政府办公室
印发自贡市2015年食品安全重点工作安排的通知

（自府办函〔2015〕83号）

各区、县人民政府，市级有关部门：

《自贡市2015年食品安全重点工作安排》已经市政府同意，现印发给你们，请认真贯彻执行。

自贡市人民政府办公室
2015年8月4日

自贡市2015年食品安全重点工作安排

为进一步提高食品安全治理能力和保障水平，根据国务院、省政府关于2015年食品安全重点工作安排，结合我市实际，现就自贡市2015年食品安全重点工作安排如下。

一、加强环节管控，解决重点问题

（一）加强食用农产品源头治理。严格农业投入品管理，加大对农兽药违禁超限、非法添加有毒有害物质、病死畜禽收购屠宰、农资制假售假等违法行为的打击力度。继续开展食用农产品产地环境污染治理，加快土壤修复。加强生猪、牛羊等畜禽屠宰企业的规范管理，推动病死畜禽无害化处理。

（二）加强食品生产加工监管。建立完善食品生产加工企业监管档案。集中开展超范围超剂量使用食品添加剂、违法添加非食用物质等重点问题的专项治理和肉制品、水产加工品等重点产品的综合整治。

（三）加强食品市场流通监管。建立完善食品流通企业监管档案。以农产品批发市场为重点，初步建立批发市场食用农产品可追溯体系。继续打击无证无照、销售和使用无合法来源食品和原料、侵权仿冒等违法违规行为。

（四）加强餐饮服务监管。以学校食堂、工地食堂、职工食堂、农村群宴为重点，强化监督管理措施，严防食物中毒事件发生。加大对旅游景区餐饮、大型餐饮配送企业、大型聚餐场所等重点单位（场所）的监督检查和抽检监测力度。继续推行餐饮环节量化分级管理，严查超范围超限量使用添加剂和添加非食用物质等违法违规行为。积极推进餐饮服务食品安全监管信息化和“明厨亮灶”。

（五）突出重点品种整治。加强对婴幼儿辅助食品、乳制品、肉及肉制品、食品添加剂、保健食品等重点品种的监管。针对安全隐患多、易引发系统性风险的重点品种组织开展专项整治。

二、健全管理制度，严格监管执法

（一）健全管理制度。建立食品流通环节市场准入管理、信息公示、不合格产品退市等制度，推行食品索证索票制度，确保产品可追溯。主城区及其他区县政府所在地乡镇（街道）范围内的集贸市场、食品经营单位要全面建立原料进货索证索票制度。乡镇（街道）食品经营单位要全面建立食品进货台账制度。

（二）严格规范监管。探索建立主动排查、预防为主的工作模式。健全完善问题核查、飞行检查、动态监督、随机抽检、明察暗访相结合的风险隐患排查防控体系。建立执法活动全过程记录制度，依法公开行政处罚信息。

（三）严厉打击违法犯罪行为。通过“以打促建、打建结合”，查办一批重大违法案件。实施检打联动，加大核查处置力度。严格规范执法，严禁以罚代刑。强化行政执法与刑事司法衔接，建立完善线索通报、案情通报、案件移送、信息发布等工作衔接机制。

三、规范生产经营，落实主体责任

（一）健全企业质量安全管理制度。大力实施食品质量安全授权人和食品安全管理员制度。加快形成上下游食品质量安全信息可查询、过程可控制、责任可追究的追溯体系。加大从业人员食品安全教育培训力度。建立食品生产企业风险问题报告制度。开展大型餐饮服务企业风险自查报告制度试点工作。

（二）完善企业主体责任体系。督促企业完善食品安全生产经营者主体责任制度，落实食品质量安全授权人员（食品安全管理员）、管理人员、从业人员岗位责任。严格落实食品交易场所开办者、食品展销会等集中交易活动举办者、网络交易平台经营者等的食品安全管理责任。强化违法违规企业食品安全主体责任追究，依法加大行政处罚力度，推进处罚结果公开。

（三）推进食品安全信用体系建设。探索建立食品信用分级分类标准，依法及时公布严重违法食品生产经营者相关信息，探索建立诚信信息共享机制和失信行为联合惩戒机制。

四、夯实基层基础，加强能力建设

（一）加强监管体系建设。深入推进基层食品安全监管体制改革，建立统一、权威、专业、系统的食品安全监管体系。健全部门间、区域间食品安全协调联动机制，完善分级分类监管制度，合理划分各级食品安全监管事权，实现无缝衔接，形成工作合力。

（二）加强监管能力建设。明确和规范市、县两级食品监管事权。健全乡镇（街道）或区域食品安全监管派出机构，建立重心下移、保障下倾的工作机制。加大选调、公招力度，提高基层监管人员在编率，着力解决“空编”问题。加快推进农产品质量安全监管体系建设，强化县乡农产品质量安全监管能力，健全乡镇或区域性农产品质量安全监管机构，逐步建立村级监管员队伍。加强基层装备建设，重点加大对检测执法车辆、办公设施、执法装备等薄弱环节的建设投入。

五、推进社会共治，完善治理体系

（一）强化宣传引导。积极宣传贯彻《中华人民共和国食品安全法》，深入开展政策解读。妥善做好突发事件和热点问题舆情应对，主动回应社会关切。将食品安全纳入公益性宣传范围，组织开展食品安全宣传周等重点宣传活动。

（二）加强社会监督。积极支持新闻媒体开展舆论监督，完善投诉举报体系。积极推行有奖举报制度，提高公众参与监督的积极性和主动性。

六、加强组织领导，严格落实责任

（一）加强组织领导。各级政府要加强对本地区食品安全工作的统一领导，认真履行食品安全属地管理职责，将食品安全工作列入重要议事日程，层层签订责任书，加强督查考核。

（二）落实各方责任。建立健全“地方政府属地管理责任、部门监管责任、企业主体责任、相关部门协管责任”的责任体系，各有关部门要制定具体措施，细化任务分工，精确时间进度，认真抓好落实。

（三）严格责任追究。根据食品安全法等法律法规，严肃追究失职渎职人员责任。

自贡市人民政府办公室
印发自贡市均衡配置义务教育资源促进教育公平专项改革方案的
通 知

（自府办发〔2015〕29 号）

各区、县人民政府，市级有关部门：

《自贡市均衡配置义务教育资源促进教育公平专项改革方案》已经市政府同意，现印发给你们，请认真贯彻实施。

自贡市人民政府办公室
2015 年 9 月 1 日

自贡市均衡配置义务教育资源促进教育公平专项改革方案

为贯彻落实党的十八届三中全会、省委十届四次全会和市委十一届九次全会精神，深化教育领域综合改革，进一步建立健全城乡义务教育资源均衡配置机制，促进教育公平，特制订本方案。

一、总体思路

按照国家、省关于均衡发展九年义务教育的要求，坚持把促进公平作为基本教育政策，建立健全义务教育均衡发展的体制机制，均衡配置城乡义务教育资源，加快缩小区域、城乡、校际教育差距，促进基本公共教育服务均等化。到2018年，全市基本实现县域内义务教育均衡发展的目标，让学生接受良好的义务教育，教育公平得到极大体现，人民群众对教育的满意度显著提高。

二、改革目标

（一）义务教育学校基本办学条件全面改善。到2018年，实现城乡义务教育学校办学条件基本均衡。贫困地区农村义务教育学校教室、桌椅、图书、实验仪器、运动场等设施设备满足基本教学需求，学校宿舍、床位、厕所、食堂等设施设备满足基本生活需求，留守儿童学习和寄宿的需要得到基本满足，村小和教学点能够正常运转，县镇超“大班额”现象基本消除，逐步实现小学班额不超过45人、初中班额不超过50人。

（二）城乡校长、教师配置更加合理。校长、教师管理制度基本适应义务教育均衡发展的需要，校长、教师轮岗交流更加规范化、制度化、常态化，到2018年，县域内校长、教师的交流比例达到10%。

（三）优质教育资源实现城乡共建共享。教育信息化体系基本覆盖城乡各级各类学校，到2016年，“三通”（宽带网络校校通、优质资源班班通、网络学习空间人人通）通达率达到90%以上。建好“两平台”（教育资源公共服务平台、教育管理公共服务平台），实现全市优质课课堂同步，进一步提高优质教育资源利用率和教育管理信息化水平。

（四）“择校热”和特殊群体受教育问题基本解决。义务教育免试就近入学政策得到全面落实。家庭经济困难学生的资助范围进一步扩大，资助标准进一步提高。进城务工人员子女和残疾儿童受教育权益得到有效保障。

三、创新机制围绕上述目标，着力推进教育体制机制改革，全力推进义务教育均衡发展，促进教育公平。

（一）建立义务教育学校标准化建设推进机制。落实国家、省办学条件基本标准，按照“保基本、兜网底、缺什么、补什么”的原则，从困难地方做起，从薄弱环节入手，改善义务教育学校基本办学条件，满足教育和生活基本需要。

（二）建立健全“扶弱保底”的投入保障机制。坚持“补短板、保基本”政策，教育建设项目和资金优先保障贫困地区和薄弱学校需要，并向必须保留的村小和教学点倾斜。健全生均公用经费动态调整机制，确保学校办学基本需要并逐步提高保障水平。

（三）健全中小学校舍安全保障长效机制。建立健全校舍安全年检、预警、信息通报公告、隐患排除、项目管理、责任追究等制度体系，建立健全教育教学设施设备日常管理机制。通过维修、加固、重建、改扩建等形式，使所有校舍、场地均符合国家规定的建设标准，全面消除并严禁使用D级危房，确保师生的生命财产安全。

（四）建立校长、教师定期轮岗交流激励机制。通过工资待遇、职称评定、培养培训、住房保障、表彰奖励等政策倾斜，促进县域内教师合理交流，引导鼓励城镇学校优秀校长、教师到农村学校、城市薄弱学校任职任教。

（五）建立优质教学资源均衡配置机制。通过加强信息化基础设施建设、共建共享优质教育资源、促进信息技术与教育教学深度融合，加快推进教育信息化，促进优质教育资源向边远薄弱学校辐射。

（六）建立特殊群体接受教育“扶贫助弱”机制。完善覆盖各级各类学校家庭经济困难学生资助体系，健全进城务工人员随迁子女、农村留守儿童和残疾儿童等群体受教育的统筹保障机制，建立健全特殊教育服务保障机制，切实保障特殊群体受教育的权益。

四、改革措施

（一）启动实施“义务教育薄弱学校改造计划”。通过统筹建设项目和资金等措施，进一步加大投入力度，为义务教育薄弱学校全面改造校舍、运动场、围墙、堡坎等附属设施，按照规定为义务教育薄弱学校配足配齐实验教学仪器、音体美卫器材及设施设备，添置符合标准的宿舍设备、食堂设备、饮水设备、安保设备、课桌椅、图书等。

牵头单位：市教育局；责任单位：市发改委、市财政局。

（二）促进城镇学校校长、教师到农村、薄弱学校交流任职任教。

1. 健全城镇教师支教制度。继续推行城镇教师支援农村、薄弱学校教育活动。城镇中小学教师晋升高级教师原则上要有1年以上在薄弱学校或农村任教经历。

2. 完善城乡学校结对帮扶机制。组织城镇学校与农村学校进行学校、教师结对帮扶。定期选派城镇骨干教师到农村学校举办讲座、公开课、示范课；选派农村学校教师到城镇学校培训、学习、挂职锻炼。

3. 逐步提高农村教师的工资待遇，探索建立偏远农村学校教师生活补助制度。

4. 轮岗交流的校长、教师要确保在秋季开学前全部到位。到2018年，校长、教师轮岗交流实现制度化、常态化。

牵头单位：市教育局；责任单位：市委组织部、市委编办、市发改委、市财政局、市人力资源社会保障局。

（三）依托信息化手段扩大优质教育资源覆盖面。进一步完善“政府主导、企业参与、学校购买服务”的教育信息化建设机制，全面实施“3211”建设计划，即“三通”“两平台”“一试点”（一批教育信息化示范区域和试点学校），“一基地”（一批教育信息化师资人员培训培养基地）建设计划。在3年内建成自贡市教育专网（VPN）、自贡市教育云数据中心、自贡市教育资源公共服务平台及自贡市教育管理公共服务平台，建成覆盖城乡学校的教育信息化体系并全面投入使用，实现全市中心校以上学校校内重点区域有线无线和一般区域无线网络全覆盖，校际间网络高速互联互通，基本实现教育现代化和均衡化发展的目标任务。

牵头单位：市教育局；责任单位：市发改委、市财政局、市人力资源社会保障局。

（四）多措并举破解择校难题。

1. 严格执行义务教育阶段学生免试就近入学政策，健全义务教育学校免试就近入学机制，义务教育阶段学生一律就近入学，全面实行划片招生。所有义务教育公办、民办学校均不得通过考试选拔学生，不得将各类竞赛证书或考级证明作为招生依据，不得提前进行择校生、借读生预报名登记。初中学校不得提前从小学招收选拔学生，不得以特长生名义招生。严禁义务教育学校择校乱收费。

2. 认真落实教育部、教育厅关于省级示范性普通高中公费生招生指标均衡分配到初中学校并逐步提高分配比例的规定，结合初中学校办学水平综合评估，逐年提高分配比例。

3. 着力推进优质教育资源共享。通过建立学校联盟、对口帮扶、学区化管理等方式，充分发挥优质学校和优秀教师的示范引领作用，促进先进的教育理念、管理模式、育人方式和学校文化共享。完善教育信息化设施配备配置，积极开发优质数字化课程教学资源，逐步实现城乡义务教育学校“校校通、班班通、人人通”。通过推进信息技术在教育教学中的广泛应用，使农村和边远地区师生享受优质教育资源，以信息化促进义务教育均衡发展，实现教育公平。

牵头单位：市教育局；责任单位：市发改委、市财政局、市人力资源社会保障局。

（五）全面保障公平受教育机会。

1. 健全家庭经济困难学生资助体系，认真贯彻落实义务教育“三免一补”政策（即免除义务教育阶段在校学生学杂费、作业本费，免费提供教科书、学生字典，发放生活补贴）。

2. 全面保障进城务工人员随迁子女平等接受义务教育的权利。按照将常住人口全部纳入区域教育发展规划、将随迁子女全部纳入财政保障范围的“两个全部纳入”要求，坚持以流入地为主和以公办学校为主的“两为主”政策，按照进城务工人员随迁子女在校人数拨付教育经费，适度扩大公办学校资源，优先满足进城务工人员随迁子女在公办学校平等接受义务教育。在公办学校不能满足需要的情况下，可采取政府购买服务等方式保障进城务工人员随迁子女在依法兴办的民办学校接受义务教育。

3. 积极实施特殊教育提升计划。认真贯彻落实《关于特殊教育提升计划（2014—2016年）的实施意见》（川办发〔2014〕43号文转发），根据特殊教育学校实际制定生均公用经费标准，加大对特殊教育的投入力度，确保每个区县都有1所特殊教育学校，并采取措施落实特殊教育教师待遇，努力办好每一所特殊教育学校。在普通学校开办特殊教育班或实行随班就读，接收具有接受普通教育能力的残疾儿童少年学习，提高残疾儿童少年入学率。保障儿童福利机构的适龄残疾孤儿接受义务教育，鼓励和扶持儿童福利机构根据需要设立特殊教育班或特殊教育学校。对因残疾较重等原因应入学而未入学的残疾儿童实施送教上门。

牵头单位：市教育局；责任单位：市发改委、市财政局、市人力资源社会保障局、市妇联、市残联。

（六）全面提高义务教育质量。

1. 全面实施素质教育。坚持育人为本，严格按照部颁课程计划，保证薄弱学校、农村学校开齐体育、音乐、美术、科学和综合实践活动、实验教学等课程并开足课时，确保所有义务教育学校开齐课程、开足课时。切实落实国家课程、地方课程、校本课程“三级课程”的管理要求，并切实做好校本课程开发工作，建设富有特色的学校课程体系。重点加强对综合实践活动课和艺术体育类学科的教学管理，促进学生全面发展。强化实验教学，保证各学科演示实验、分组实验开出率达到规定要求，培养学生实践操作能力，不断提升教学质量和水平。

2. 大力推进中小学课堂教学改革。解放思想，更新观念，正视学生学习能力发展的客观要求，切实推行基础教育课程改革倡导的教学理念和教学方法，全面落实以学生为主体、教师为主导的原则。全面推行“先学后教”类课堂教学改革，充分组织学生自主学习、小组合作学习与展示交流，从根本上改变教师“满堂灌”、学生被动学习、课业负担过重、教学效率低下的现状，把课堂教学引向学生的能力培养与素质提升，大幅度提高教学效率与教学质量。鼓励学校组织人员编写校本教材和校本资料。

3. 切实减轻义务教育阶段学生过重课业负担。深入推进基础教育课程改革，把减轻中小学学生过重课业负担作为实施素质教育、提高教育质量的重要前提，全面加强学校管理，严格执行课程方案，减少作业量和考试次数。进一步完善教育质量监测评估体系，引导学生、家长和社会树立正确的成才观念，促进学生健康成长。

4. 大力推进中考及高中招生制度改革。推进初中学业水平考试改革，逐步减少考试科目，减少集中统一考试学科。增加分阶段考试及考核科目，更好地体现素质教育的要求。引导初中学校全面实施素质教育，克服“应试教育”倾向，提升学生综合素质。

5. 有效开展义务教育学校素质教育综合督导评估。全面评价学校在推进基础教育课程改革，深入实施素质教育，规范办学行为，提高教育教学质量等方面的工作。改变单纯以学生考试成绩和学校升学率评价学校教育质量的倾向，引导学校、教师、家长、社会树立正确的教育质量观，切实为学生的身心健康发展和终身发展奠定坚实的基础。改革对教师的评价制度，建立以师德水平、教学业绩、专业发展等为主要指标的综合评价体系，促进教师发展。禁止单纯以学生考试成绩评价教师工作业绩。

牵头单位：市教育局；责任单位：市委宣传部、市精神文明办、市妇联、市残联。

自贡市人民政府办公室
关于进一步推进城市棚户区改造货币化安置工作有关事项通知

（自府办发〔2015〕32号）

各区、县人民政府，高新区管委会，市级有关部门：

为加快我市棚户区改造步伐，缩短安置周期，满足群众多样化居住需求，促进房地产市场健康发展，根据《国务院关于进一步做好城镇棚户区和城乡危房改造及配套基础设施建设有关工作的意见》

（国发〔2015〕37号）精神和省上关于危旧房棚户区改造货币化安置工作的要求部署，经市政府同意，现结合我市实际，就进一步推进城市棚户区改造货币化安置工作有关事项通知如下。

一、鼓励棚户区改造居民选择货币补偿安置

在我市四城区（含高新区）城市棚户区改造中，被征收房屋为住宅，被征收人选择货币补偿安置的，在按规定享受我市现在执行的货币补偿、搬家补助、提前搬迁奖励、临时安置补助、水电设施补偿、附属设施和附着物补偿、购房补贴等棚户区改造安置补偿政策的基础上，征收部门再按照被征收房屋合法产权面积增加25平方米（增加后不足50平方米的按50平方米计算）为基数，给予被征收人500元/平方米的购房补助，此项补助费用由项目实施业主承担。同时，被征收人购买商品住房的，享受《自贡市人民政府印发促进房地产业平稳健康发展七条措施的通知》（自府发〔2015〕13号）中“对城乡居民家庭购买的我市自住商品房，给予100元/米的财政补贴”的政策。

二、鼓励房地产开发企业实施购房优惠

鼓励信誉良好的房地产开发企业提供优质房源，以优惠价格供选择货币补偿安置且有购房需求的被征收人选择购买。鼓励房地产开发企业在各棚户区改造项目房屋征收现场设置销售点，由售买双方协商，以所售楼盘上一季度网签备案均价为参照，按该楼盘相同房源市场实际售价，再给予被征收人实际购房面积不低于200元/平方米的团购优惠。

本通知适用于自流井区、贡井区、大安区、沿滩区、高新技术产业开发区辖区内城市棚户区改造国有土地上的住宅房屋征收。

本通知自印发之日起施行，至2017年12月31日止。本通知下发前市、区政府已发布征收决定的城市棚户区改造项目，按原征收安置政策执行。

荣县、富顺县可参照执行。

2015年9月14日

自贡市人民政府办公室
关于支持返乡人员创业的实施意见

（自府办发〔2015〕34号）

各区、县人民政府，市级各部门：

为深入贯彻落实国务院办公厅《关于支持农民工等人员返乡创业的意见》（国办发〔2015〕47号）和省政府办公厅《关于支持农民工和农民企业家返乡创业的实施意见》（川办发〔2015〕73号）精神，进一步做好在外人员（含在外务工、经商的城乡居民）返乡创业工作，全面推进大众创业、万众创新，经市政府同意，现结合我市实际，提出如下实施意见。

一、降低返乡创业门槛

放宽经营场所登记要求，允许“一址多照”“一照多址”、集群注册。允许返乡创业人员将持有合法产权证明的房屋（住宅应按相关规定执行），在符合规划、安全、环保、消防等要求的前提下作为企业住所或生产经营场所申请登记。放宽注册资本登记条件，除法律、行政法规及国务院决定对特定行业注册资本最低限额另有规定的外，取消注册资本最低限额；对公司股东（发起人）的认缴出资额、出资方式和出资期限不作限制；允许返乡创业人员以货币或实物、土地使用权、知识产权等非货币资产作价出资，货币出资和非货币出资不受出资比例限制。放宽经营范围，凡国家法律法规未禁止的行业和领域，一律向返乡人员开放。鼓励返乡人员投资自贡市“五大高端成长型产业”和“六大新兴先导型服务业”及农业产业化项目，鼓励返乡人员引入劳动密集型企业在我市落地。对政府主导、财政支持的农村公益性工程和项目，可采取购买服务、政府与社会资本合作等方式，引导返乡人员创设的企业和社会组织参与建设、管护和运营。

二、简化项目审批手续

对国家、省下放的涉及返乡创业的行政审批事项，有关市级部门要及时承接，无缝对接；对取消的涉及返乡创业的行政审批事项，各级政务服务平台部门窗口应即时停止受理，已受理未办结的应即时停止办理。对非行政许可审批事项要严格按照相关要求开展对应清理，不再保留“非行政许可审批”类别。清理返乡创业投资项目前置审批条件和强制性中介服务事项，简化投资项目报建手续，减少审批材料，压缩前置审批环节，切实提高行政审批效率。在各级政务服务部门开设专门的服务窗口，指导返乡人员办理创业的相关手续，实行“一站式”服务。

三、建设返乡创业孵化园

各区县（含高新区，下同）要依托现有的工业园区（集中区）、现代农业园区、物流园区等，盘活闲置厂房等存量资源，创办返乡创业孵化园或返乡创业基地。有条件的乡镇要在城镇规划建设中预留生产设施用地，用于建立返乡创业特色产业基地、返乡创业小企业基地或返乡创业“一条街”。支持县、乡两级结合产业优势建立返乡创业电子商务基地或返乡创业小型电子商务集聚区，鼓励返乡人员创办农村快递服务网点。各级政府可在不增加财政预算支出总规模、不改变专项资金用途的前提下，通过合理调整支出结构，以投资补助、贷款贴息、返乡创业园建设奖补等方式支持返乡创业孵化园建设；安排整合相关项目，支持返乡创业园完善水、电、交通、物流、通信、宽带网络等基础设施。

四、落实定向减税政策

严格执行免收税务登记证工本费和发票工本费政策。返乡人员创业，符合政策规定条件的，可适用财政部、国家税务总局《关于进一步扩大小型微利企业所得税优惠政策范围的通知》（财税〔2015〕99号）、《关于进一步支持小微企业增值税和营业税政策的通知》（财税〔2014〕71号）、《关于对小微企业免征有关政府性基金的通知》（财税〔2014〕122号）和人力资源社会保障部、财政部《关于调整失业保险费率有关问题的通知》（人社部发〔2015〕24号）等政策规定，享受减征企业所得税、免征增值税、营业税、教育费附加、地方教育附加、水利建设基金、文化事业建设费、残疾人就业保障金等税费减免和降低失业保险费率等政策。各级财政、税务、人力资源社会保障部门要密切配合，严格按照相关政策规定和国务院《关于税收等优惠政策相关事项的通知》（国发〔2015〕25号）要求，切实抓好工作落实，确保优惠政策落实到位。

五、落实财政扶持政策

市、区县要预算安排返乡创业扶持资金，在现有的工业发展、服务业发展、农业等专项资金中安排一定比例资金支持返乡创业工作。市和各区安排的资金主要用于各区，富顺县、荣县安排的资金用于本县。对返乡人员新流转土地50亩以上发展特色农业的，按每50亩5000元的标准给予补助；对返乡人员创办领办的新型农业经营主体，属于劳动密集型小企业的，按贷款额度的2%给予贴息补助，每个企业最高补助不超过5万元；对返乡人员入驻省级小企业示范基地，其创办的科技型小微企业，给予企业50%的厂房租金补贴；对返乡人员创办的各类经济实体，招用就业困难人员的按规定给予社会保险补贴和岗位补贴；对返乡人员创办的小微企业新招用毕业年度高校毕业生，签订1年以上劳动合同并缴纳社会保险费的，给予1年社会保险补贴。对符合各项支农惠农资金、小微企业发展资金等其他扶持政策支持条件的返乡创业人员，要及时纳入扶持范围。强化示范带动作用，通过开展创业大赛活动，全市每年评选20名“返乡创业之星”，并按5万元/人的标准给予奖励。

六、加大信贷支持力度

鼓励和支持金融机构、各类担保机构探索担保方式创新，采取多种形式和手段为返乡创业人员提供融资担保服务。鼓励金融机构将返乡创业人员的房屋产权、机器设备、大件耐用消费品和有价证券以及注册商标、发明专利、应收账款等作为抵（质）押物，向返乡创业人员发放贷款。鼓励金融机构将法律法规不禁止、产权归属清晰的各类农村资产作为抵押担保物，在全市开展农业产权抵押融资试点和农村土地流转收益保证贷款试点，在荣县开展中小企业和新型农业经营主体信用保证保险试点。落实创业担保贷款政策，返乡创业人员从事个体经营或创办企业，可按规定程序申请创业担保贷款，贷款最高额度为10万元，期限2年，在贷款基础利率基础上上浮3个百分点以内的，由财政给予贴息；贷款期满可展期1年，展期不贴息。

七、完善返乡创业公共服务

按照统筹城乡的要求，及时将返乡创业人员纳入社保、住房、教育、医疗等公共服务范围。健全创业指导制度，组建创业指导专家服务团队。开展创业+职业技能培训，对符合条件的参训返乡创业人员，按规定给予培训补贴。建立综合信息发布制度，为返乡创业人员提供服务。市人力资源社会保障局要牵头建立在外务工人员基本信息库，收集返乡创业推荐项目。市财政局要牵头建立支持返乡创业财政支持政策目录。市工商联要牵头收集在外成功人士返乡创业意愿，负责在外经商人员返乡创业组织联络工作。市政府信息公开办要牵头收集和发送返乡创业政策信息。

八、加强组织领导

建立自贡市就业创业工作联席会议制度（另行文），统筹协调全市就业创业工作。各区县、市级各有关部门要抓紧制定具体方案和配套政策，确保各项政策措施精准到位。市政府将对支持返乡创业工作进行专项督查，采取定期不定期方式，对各区县、市级各有关部门工作开展情况进行通报。自贡籍在外大中专毕业生、退役士兵等人员返乡创业、非自贡籍人员来市创业，参照本实施意见执行。本政策与我市现行政策有重复的，按照就高不就低的原则执行。本政策措施自发布之日起执行，有效期两年。

2015年9月21日

自贡市人民政府办公室
印发自贡市促进电子商务发展的八条措施的通知

（自府办发〔2015〕37号）

各区、县人民政府，市级有关部门：

《自贡市促进电子商务发展的八条措施》已经市政府同意，现印发给你们，请认真贯彻执行。

自贡市人民政府办公室

2015年10月27日

自贡市促进电子商务发展的八条措施

为充分发挥电子商务在调结构、转方式、扩内需、促发展中的重要作用，推动产业做大做强，根据省政府办公厅《关于促进电子商务健康快速发展的实施意见》（川办发〔2013〕82号），现结合我市实际，提出以下政策措施。

一、培育重点电子商务企业及项目

对市场、商场、商贸企业等通过电子商务形式实现年网络交易额首次突破100万元、200万元、500万元、1000万元的，分别给予2万元、5万元、10万元、20万元的补助。对从金融机构获得融资100万元以上，并将全部融资额投资电子商务的重点项目，给予不超过50%的贷款贴息补助，最高不超过50万元。对实际投资额（土地资金和基建款除外）超过100万元且正常运营半年以上的第三方电子商务平台企业，给予不超过投资额50%的补助，最高补助金额不超过50万元。

二、鼓励电子商务创新发展

对本地孵化的在注册制实行前进入新三板、创业板（二板）、中小板、主板的电子商务企业，在享受省市以上奖励的基础上，再给予10万~20万元的补助。对获得国家、省级电子商务（创新或示范）企业称号的，分别给予50万元、20万元的补助。

三、鼓励电商招大引强

对国内外知名的综合性或专业性电子商务上市企业在我市成立总部或分销中心、区域性总部等机构的，依据其营业收入、吸纳就业和产业水平等情况，给予不超过80万元的补助，其中营业收入上亿元的给予200万元的补助。对落户自贡的独立法人电子商务企业，营业收入达1000万元以上的，根据其经营业绩给予10万～50万元的补助。

四、支持电子商务载体（孵化器）建设

鼓励利用闲置工业厂房、空置商务楼宇、仓储用房等存量资源兴办电子商务，创建电商孵化器和大学生电商众创空间，对面积在1000平方米以上、具备电子商务企业运营所需的配套服务设施的，按电子商务企业实际入驻使用面积，给予运营主体10元/平方米·月的房租补贴。

五、支持电商进社区

对投资50万元以上（土地资金和基建款除外），以社区物业、便利店、连锁超市等作为服务载体，搭建团购、本地生活服务、家政服务、农副产品进社区渠道的电商企业，给予不超过投资额50%的补助，最高补助金额不超过50万元。对实现网上交易额200万元以上的社区电商企业给予项目运营、市场营销等直接费用不超过50%的补贴，最高补助金额不超过50万元。

六、支持电商进农村

积极引导农业生产基地、农产品加工企业、农资配送企业、物流龙头企业、农民专业合作社、快递企业等按照统一标识和要求建立电商服务站，对符合条件的电商服务站给予每站0.5万元的补助。对投资50万元以上（土地资金和基建款除外）或实现农副产品网上交易额100万元以上的农村电商企业，给予不超过投资额或项目运营、市场营销费用50%的补助，最高补助金额不超过50万元。

七、支持电子商务企业营销推广

对在我市举办的全国性、区域性、行业性的电子商务专业活动，给予主办企业不超过场租、布展、运输、宣传等直接费用50%的补助，最高补助金额不超过20万元。对经我市主管部门认可的电商企业组团参加市外或境外电子商务展会、营销推广及培训考察等专业活动，给予企业展位、布展、运输、宣传、保险等直接费用60%的补助，最高补助金额不超过5万元；其中差旅费补助每个企业不超过2人，补助金额不超过0.5万元/人。

八、鼓励引进和培育电子商务人才

对电子商务企业从市外引进年薪在20万元以上，且服务时间超过1年（含1年）的电子商务高级人才，按其个人所得税地方实得部分给予全额补助。对纳入全市规划的电商企业或行业协会等开展的电子商务人才培训，给予其场租、讲课、资料等直接费用50%的补贴，每场次最高不超过10万元。对被评为市级以上电子商务优秀人才的，给予1万～2万元奖励。单个企业在同一年度内因上述措施获得的各类补助总金额原则上不超过100万元。支持企业的数量、金额依据当年资金规模和发展需要，在政策限额内安排。市商务局、市财政局要按照简便、明确、快速、有效的要求，优化申请奖补资金的办理程序，明确审查条件，精简办理手续，实行归口管理、集中办理。各级、各相关部门在本措施之外不得另行设置约束条件。本措施适用范围为自贡市四区两县（含高新区），施行时间为2015年1月1日至2017年12月31日。

索 引

本索引采用内容分析索引法，按索引主题词汉语拼音字母顺序排序。

D

F

G

H

J

K

L

M

N

P

Q

R

S

T

W

X

Y